STUDIES ON VOLTAIRE
AND THE EIGHTEENTH CENTURY

209

GENERAL EDITOR   HAYDN MASON
                  DEPARTMENT OF FRENCH
                  UNIVERSITY OF BRISTOL
                  BRISTOL BS8 1TE

ROBERT CHALLE

Difficultés sur la religion proposées au père Malebranche

Edition critique
d'après un manuscrit inédit
par Frédéric Deloffre
et Melâhat Menemencioglu

Ouvrage publié avec le concours du
Centre nationale de la recherche scientifique

THE VOLTAIRE FOUNDATION

AT THE TAYLOR INSTITUTION, OXFORD

1982

ISSN 0435-2866

ISBN 0 7294 0289 4

Typeset by Cheney & Sons Ltd, Banbury, Oxon OX16 8EY

Printed in England at The Alden Press, Oxford OX2 0EF

Table des matières

Liste des abréviations

1192: Manuscrit 1192 de la Bibliothèque Mazarine

1197: Manuscrit 1197 de la Bibliothèque Mazarine

Correspondance: Frédéric Deloffre, 'Une correspondance littéraire au début du XVIIIème siècle; Robert Challe et le *Journal littéraire* de La Haye', *Annales Universitatis Saraviensis* (1954), pp.144-182.

Ed. 1768: Edition de Naigeon et d'Holbach (Londres [Amsterdam, Marc-Michel Rey] 1768 [1767])

Ed. Mortier: Edition de Roland Mortier (Presses universitaires de Bruxelles, Bruxelles 1970)

Illustres Françaises: *Les Illustres Françaises*, édition critique publiée avec des documents inédits par Frédéric Deloffre (Paris, Société d'Edition les Belles Lettres, 1959), 2 vol. à numérotation suivie.

Journal de voyage (parfois *Journal*): *Journal d'un voyage fait aux Indes orientales (1690-1691)*, par Robert Challe, écrivain du Roi, texte intégral, établi avec introduction et notes par Frédéric Deloffre et Mélâhat Menemencioglu (Paris, Mercure de France, 1979).

M: Manuscrit 1163 de la Bibliothèque Mazarine.

Mémoires: *Mémoires de Robert Challe*, manuscrit Na. Fr. 13799 de la Bibliothèque nationale. Il est renvoyé aux folios de ce manuscrit, qui seront indiqués dans l'édition en préparation des *Mémoires*.

S: Manuscrit Sepher de la Bibliothèque publique de Leningrad

Suite du *Don Quichotte*: *Continuation de l'histoire de l'admirable Don Quichotte de la Manche. Tome VI. et dernier*. A Lyon, Chez Thomas Amaulry, rue Mercière, au Mercure Galant. M.DCCXIII. Avec privilege du Roy. Exemplaire de l'université Harvard (un autre à la Bibliothèque municipale de Barcelone).

Introduction

Dans un ouvrage magistral sur la *Crise de conscience européenne*, Paul Hazard a montré que les germes de toutes les idées des 'philosophes' des Lumières existent dès la période 1680-1715. On peut aller plus loin, et dire avec Gustave Lanson, qui fournissait ses preuves:

Plusieurs des ouvrages les plus hardis ou les plus violents qui furent imprimés après 1750, de ceux qui nous servent à étudier la grande bataille de 1760-1770, datent en réalité du commencement ou du moins de la première partie du XVIIIème siècle.[1]

Ceci est particulièrement vrai du plus fameux peut-être de ces ouvrages, le *Militaire philosophe ou Difficultés sur la religion proposées au R. P. Malebranche, prêtre de l'Oratoire, par un ancien officier* (Londres 1768), qui parut, malgré sa date, dès septembre 1767. Il est à la fois l'un des plus anciens, puisqu'il fut écrit au plus tard en 1710-1711; le plus considérable, le 'Meslier' peut-être excepté, puisque les 193 pages de la version imprimée ne représentent, semble-t-il, qu'à peine un cinquième du texte original; le plus systématique dans ses critiques contre le christianisme. Selon les termes d'Ira O. Wade:

What is interesting is not so much their rejection [des articles qui fondent le caractère divin de la religion chrétienne] as the thorough way in which the author analyzes their seeming defects and sums up practically all the criticism directed against the church in the eighteenth century.[2]

Mais l'ouvrage est aussi le plus remarquable des traités de déisme 'constructif'. Ira O. Wade, qui en juge autant d'après sa connaissance des déistes anglais que d'après celle des déistes français, le remarque encore:

It represents one of the most complete analysis of critical, as well as one of the most detailed exposition of constructive deism. It was unusual in these essays for the critical deists to pay much attention to constructive deism, or for the constructive deists to expend their time and energies upon critical deism. The author of the *Difficultés*, however, conceived his work in such a way that the section on constructive deism became the logical result of his attack against the christian religion. Thus his critical deism is one of the fullest documents we have, while his constructive deism represents better than any document we have seen the creed and tenets of constructive deism.[3]

Mais le *Militaire philosophe*, ou plutôt l'ouvrage original auquel on a donné ce titre, présente encore une autre sorte d'intérêt que l'intérêt doctrinal. Témoignage détaillé, intelligent, sincère et presque douloureux, il reconstitue, si on le complète par ce que l'on sait par ailleurs de l'auteur, et une fois cet auteur identifié, bien entendu, l'itinéraire spirituel exemplaire qui a mené l'une de ces victimes de la 'crise de conscience européenne' d'un catholicisme dévot au rejet du catholicisme et au déisme.

Ce n'est pas tout encore. L'auteur, ce prétendu 'militaire philosophe', est une personnalité attachante et un écrivain né. Inconnu jusque vers 1950, il devient l'un des auteurs de premier plan dans une période (1700-1715) pendant laquelle les grands classiques sont morts, La Bruyère compris, tandis que Le Sage et Marivaux n'ont pas atteint leur pleine maturité. Mais n'anticipons pas: les règles d'une saine méthode, tout autant qu'un sentiment de justice, nous invitent à retracer d'abord les étapes de la connaissance de l'ouvrage et de la découverte de son auteur. A ce double égard, en effet, les contemporains de la première publication étaient fort mal informés.

1. *Le Militaire philosophe* et les contemporains

D'Alembert, qui fait le premier allusion au *Militaire philosophe* dans une lettre à Voltaire du 22 septembre 1767 (Best.D14436), ne donne aucune indication sur l'auteur:

Il nous pleut ici de Hollande des ouvrages sans nombre contre l'infâme. C'est la *Théologie portative* [de Holbach], l'*Esprit du clergé* [de John Trenchard et Thomas Gordon, trad. par d'Holbach et Naigeon], les *Prêtres démasqués* [de Holbach], le *Militaire philosophe*, le *Tableau de l'esprit humain* [de Charles Borde], etc.

Diderot n'en dit pas davantage quand il annonce le livre à Sophie Volland le 24 du même mois.[4] Le 31 octobre, les *Mémoires secrets* signalent que l'ouvrage est interdit en France et qu'on l'attribue à Voltaire; un peu plus tard, le 7 janvier 1768, apparemment après l'avoir lu, le chroniqueur y reconnaît 'le goût et le style de Fréret'.

Voltaire, pour sa part, n'y prête d'abord aucune attention. A la lettre de d'Alembert citée plus haut, il répond le 30 septembre de façon vague: 'Les livres dont vous me parlez sont entre toutes les mains.' (Best.D14447). Le 12 octobre encore, écrivant à Damilaville (Best.D14474), il ne fait allusion qu'à la *Théologie portative*; il est alors absorbé par la composition de l'*Homme aux quarante écus*. Mais dès qu'il a parcouru le *Militaire philosophe*, son jugement est d'emblée très favorable. Le 18 novembre (Best.D14536), il écrit à Damilaville:

On a imprimé en Hollande des lettres au P. Malebranche. L'ouvrage est intitulé *le Militaire philosophe*. Il est excellent. Le P. Malebranche n'aurait jamais su y répondre. Il fait très grande impression dans les pays où l'on aime raisonner.

Quelques jours plus tard, son opinion est confirmée dans une lettre à Marin (Best.D14554):

Parmi une grande quantité de livres nouveaux qui paraissent sur cette matière, il y en a un surtout dont on fait un très grand cas. Il est intitulé *le Militaire philosophe*, et imprimé en effet chez Marc-Michel Rey; ce sont des lettres au P. Malebranche qui aurait été fort embarrassé d'y répondre.

Jusque là, rien n'a été dit sur la provenance de l'ouvrage ou sur l'identité de l'auteur. Par la suite, Voltaire restera aussi enthousiaste et aussi mal informé. Certes, à partir du début de 1768, il attribue le livre à Saint-Hyacinthe, mais dans des termes peu convaincants, et manifestement parce qu'il trouve du même coup un père putatif pour une de ses œuvres fort compromettantes; le 2 janvier, il écrit ainsi au marquis d'Argence (Best.D14639):

Savez-vous bien qu'on a imprimé en Hollande un petit livre intitulé *le Philosophe militaire*? Ce n'est pourtant pas vous qui l'avez fait. On le connaissait depuis longtemps en manuscrit. Cet ouvrage est dans le goût du curé Meslier.[5] Il est de Saint-Hyacinthe que la chronique scandaleuse a cru fils de l'évêque de Meaux Bossuet. Il avait été en effet officier un ou deux ans [...] Il paraît une autre brochure du même Saint-Hyacinthe intitulée le *Dîner du comte de Boulainvilliers*. On pourrait vous l'envoyer par la poste de Lyon.

Chaque fois qu'il reviendra sur cette attribution, ce sera pour fournir un alibi au dangereux *Dîner*.[6]

Le texte le plus pertinent de la critique du temps sur le *Militaire philosophe* est presque exactement contemporain de cette lettre. C'est un article de Grimm dans la *Correspondance littéraire* du 1er janvier 1768, faisant précisément suite à une analyse du *Dîner du comte de Boulainvilliers*:

M. de Saint-Hyacinthe, à qui le titre attribue le *Dîner du comte de Boulainvilliers*, était, je crois, militaire de son métier [...] On prétend qu'il est l'auteur d'un autre ouvrage qui vient de sortir de la boutique de Marc-Michel Rey, d'Amsterdam. Il est intitulé *le Militaire philosophe* [...]. On assure que cet ouvrage est connu en manuscrit depuis bien longtemps; je n'en avais jamais entendu parler. Quoi qu'il en soit, il est certain qu'il ne sort ni de la manufacture de Ferney, ni de celle d'où nous sont venus le *Christianisme dévoilé*, la *Théologie portative* et d'autres écrits de ce genre. C'est une troisième manière dont la source est ou véritablement ancienne, ou bien entièrement neuve et encore inconnue. Cela n'a pas le piquant des ouvrages de la fabrique de Ferney, mais cela est fait avec une simplicité et un bon sens peu communs [...]. L'ouvrage est partagé en dix-huit vérités. A la fin de chacune, il y a un résumé en forme de syllogisme. Je crois que l'auteur peut hardiment défier et le P. Malebranche et tous les logiciens de l'Europe, de lui répondre en syllogismes aussi clairs, aussi précis, aussi nets que les siens. Serait-ce donc un avantage réservé à la vérité[7] d'avoir toujours un fatras de raisonnements à perte de vue à opposer aux objections les plus pressantes par leur vérité même? L'auteur emploie les premiers chapitres ou les premières vérités de son livre à établir le droit, l'aptitude et le devoir indispensable de chaque homme d'examiner sa religion; il démontre ensuite la compétence de la raison humaine à juger ce procès, et il prétend qu'on est obligé d'abandonner sa religion quand on la trouve fausse ou mauvaise. Après cela, il entreprend de prouver qu'aucun livre ne peut être l'ouvrage de Dieu, qu'aucune religion factice ne peut établir ses faits avec certitude, pas même avec vraisemblance, et qu'il faudrait à chaque religion une suite continuelle et actuelle de miracles incontestables et toujours subsistants. La dix-septième vérité est que personne n'est obligé d'embrasser quelque religion factice que ce soit; et la dernière que toute religion factice est contraire à la morale ou lui est totalement inutile. Ce dernier chapitre est faible, et je ne serais pas fort étonné si l'on me disait qu'il a été ajouté après coup, et qu'il est d'une autre main. C'était cependant cette dix-huitième vérité qu'il fallait établir avec le plus de soin, et pousser jusqu'à l'évidence. En général, il n'y a dans tout ce livre ni force ni chaleur, ni éloquence, mais simplement du bon sens; il est vrai que ce bon sens est bien embarrassant pour ceux qui voudraient jouer le rôle du P. Malebranche, et résoudre les doutes du Militaire philosophe. Ce livre est resté aussi rare que la brochure du *Dîner*. Le prix courant du peu d'exemplaires de l'un et de l'autre qui ont échappé à la vigilance de la police a été un louis et trente-six francs.[8]

Ce jugement est de bonne critique. Grimm a bien vu – mais peut-être le lui avait-on fait entendre – que le dernier et le plus long (pp.153-193, soit quarante pages, contre cent-cinquante pour les dix-sept premiers) des chapitres est d'une autre main. Une note au bas de la p.192 annonce d'ailleurs:

Les principes de ma morale sont plus amplement développés dans un autre ouvrage que je destine uniquement à ce sujet, où je ferai voir l'indépendance de la morale de toute religion factice, qui ne peut jamais que nuire à la morale universelle, ou à la religion de la nature.

Ce qui, comme le remarque très justement Roland Mortier[9], annonce un ouvrage du baron d'Holbach paru en 1770, le *Système de la nature, ou Des lois du monde physique et moral*. Grimm a aussi bien senti le caractère 'véritablement ancien' de l'ouvrage, la 'simplicité' et le 'bon sens peu commun' de l'auteur, sur l'identité duquel il ne formule d'ailleurs aucune hypothèse.

Après l'époque de la publication, et en dehors d'une brève suggestion de l'abbé Galiani, qui semble reconnaître dans le *Militaire philosophe* la main de son ami d'Holbach,[10] et d'une insinuation de l'abbé Nonnotte, qui, dans ses *Réponses aux objections des philosophes contre la foi*,[11] entrevoit dans l'auteur 'un échappé de l'université', ce qui n'est pas si mal vu, il faut attendre la notice de Barbier dans son *Dictionnaire des anonymes et pseudonymes*, pour avoir un avis formulé avec précision, t. III, p.300b: 'ouvrage refait en très grande partie par Naigeon sur un manuscrit intitulé *Difficultés sur la religion proposées au père Malebranche*. Le dernier chapitre est du baron d'Holbach.' Pour sa part, Quérard confirme les dires de Barbier dans les *Supercheries littéraires dévoilées*.

Ces indications sont dignes d'attention par leur origine, car Barbier était un ami de Naigeon et celui-ci lui avait confié souvenirs et anecdotes sur la période qui nous intéresse; notables parce qu'elles donnent le vrai titre du manuscrit et signalent les remaniements profonds que Naigeon fit subir à une 'très grande partie' de l'ouvrage; importantes même par leur silence au sujet de l'auteur du manuscrit original: Naigeon avait dû ignorer son identité, et cette ignorance laisse peu d'espoir de trouver mention directe de son nom. C'est par d'autres voies qu'il faut tenter d'aborder le problème de l'attribution.

2. *Le Militaire philosophe* et la critique

Après un siècle d'attente, un premier pas indispensable fut franchi lorsque Gustave Lanson découvrit, à la Bibliothèque Mazarine, trois manuscrits correspondant au texte non du *Militaire philosophe* publié, mais des *Difficultés sur la religion* signalées par Barbier. On a lieu de supposer que ces manuscrits pourraient provenir de bibliothèques conventuelles de Paris, dont les livres, confisqués en 1793, furent ensuite mêlés à des ouvrages provenant d'autres fonds, avant d'être de nouveau partagés entre des bibliothèques publiques de Paris, chaque bibliothécaire choisissant dans le fonds commun ceux qui l'intéressaient[12]. Le seul moyen d'en déterminer la provenance serait de disposer de catalogues où leurs titres seraient portés. Encore cela n'apprendrait-il rien sur leur plus lointaine origine et moins encore sur l'original.

Quoi qu'il en soit, le premier de ces manuscrits est un beau volume in f°, relié en veau, d'une écriture de copiste, sur un papier encadrée et réglé de 363 sur 328 mm, comportant en tout 481 pages, soit 14 pp.pour une Préface (8 pp.) et une lettre-dédicace à Malebranche (6 pp.) portant en tête *Difficultés sur la Religion proposées au P. Malbranche* (*sic*), suivi de *M. R. P.* (6 pp.); 26 pp., numérotées de 1 à 26, pour un *Premier cahier contenant ce qui m'a fait ouvrir les yeux*; 135 pp., numérotées de 27 à 162 pour un [Second cahier] intitulé *Examen général des religions factices*; 154 pp., numérotées de 1 à 154, pour un [Troisième cahier] portant pour seul titre *E*; 151 pp., numérotées de 1 à 151, pour un *Quatrième cahier contenant un Système de Religion fondé métaphisiquement sur les lumières naturelles, et non sur des faits.*

Ce manuscrit 1163 de la Bibliothèque Mazarine, à qui nous attribuerons le sigle M en hommage à Roland Mortier qui en a donné une édition d'importance décisive, présente un intérêt particulier dans l'histoire du texte. L'éditeur de 1768 annonce en effet dans son Avertissement: 'L'ouvrage que l'on donne au public existait depuis fort longtemps dans les bibliothèques de plusieurs curieux; il paraît maintenant imprimé pour la première fois d'après une copie prise sur un manuscrit très correct, provenant de l'inventaire de feu M. le comte de Vence.' Quoique le catalogue de cette vente, étudié avec soin par R. Mortier, pp.17-19, ne détaille pas les ouvrages compris sous le titre de Théologie polémique, nous pensons que M est bien le 'manuscrit très correct' dont il est ici question. Chaque fois qu'on peut le vérifier, le texte de l'édition suit celui de M, y compris dans les corrections qui y sont apportées[13].

Les deux autres manuscrits découvert par Lanson à la Bibliothèque Mazarine se rapprochent autant l'un de l'autre qu'ils s'écartent de M. L'un et l'autre sont in 4°, et donnent un texte beaucoup moins étendu que M. L'un et l'autre sont des recueils, dont le texte qui nous intéresse ne constitue chaque fois qu'une pièce, la seconde sur quatre dans le ms 1192, sous le titre *Système de religion purement naturelle, adressé au P. Malbranche*; la seconde sur quatre dans le ms 1197 sous le titre *Système de religion purement naturelle et objections contre le christianisme, adressées au P. Mallebranche, par Mr...., officier militaire dans la marine.* C'est ce dernier manuscrit que Lanson cite quand il veut l'opposer à M; il en considère d'ailleurs, p.26, le texte comme identique à celui du ms 1192. On verra plus loin, pp.11-12, que ces deux manuscrits dérivent en effet d'un même archétype.

Le mérite de Lanson, et il n'en ambitionnait pas d'autre, avait été d'ouvrir les voies. En 1932, dans ses *Studien zur Aufklärungsliteratur im Anschluss an Naigeon,*[14] Dritter Abschnitt 'le Militaire philosophe', Rudolf Brummer poursuivit l'œuvre de son prédécesseur. Après avoir soigneusement étudié dans une première section la *Théologie portative* et dans une seconde la *Contagion sacrée*, ouvrages qu'il pense avoir été composés respectivement en 1760 et entre 1765 et 1768, il en vient au *Militaire philosophe* qu'il estime avoir fortement influencé les ouvrages précédents. Grâce aux documents examinés plus haut, notamment le texte de Grimm, il retrace l'histoire de la publication du livre. Il décrit aussi avec des précisions nouvelles les manuscrits de la Mazarine; résume soigneusement le texte du manuscrit M, en citant les passages les plus significatifs, etc.

Cette étude de fond, complétée par d'autres remarques, lui permet d'affirmer l'unité de composition de l'ouvrage, mise en question par Lanson. Il l'établit: 1°. sur l'enchaînement logique de toutes les parties et sur les renvois d'une partie à l'autre; 2°. sur les constantes intellectuelles de l'auteur (rationalisme, respect à l'égard de l'Etre suprême, argumentation identique contre les religions révélées...); 3°. sur des particularités de présentation (rigueur de la démonstration, arguments empruntés à la physique et à la géométrie, références à l'art militaire et naval, au droit, recours à des comparaisons concrètes, allusions de caractère personnel); 4°. sur des similitudes d'expression (ainsi, lorsque l'auteur veut évoquer un personnage quelconque, il l'appelle Pierre; s'il veut en citer d'autres, il recourt à une même suite de prénoms); 5°. sur l'homogénéité du style qui, s'il ne vise pas à l'élégance, est toujours clair, frappant et vigoureux. Ecartant avec raison l'hypothèse suivant laquelle la quatrième partie aurait été composée plus tardivement que les autres, Brummer admet enfin que la date portée à la fin de l'édition de 1768, 'A L.... le 18 mars 1711'[15] correspond bien à celle de l'achèvement de l'ouvrage.

L'étude d'Ira O. Wade sur le *Militaire philosophe*, au second chapitre de son livre *The clandestine organization and diffusion of philosophic ideas in France from 1700 to 1750*, ne tient pas compte de celle de Brummer; elle n'en apporte pas moins quelques nouveautés intéressantes. Nous avons déjà cité, p.1, des formules qui définissent excellemment l'originalité et l'importance des *Difficultés sur la religion*; il faudrait y ajouter celles qui établissent l'antériorité de cet ouvrage par rapport à la critique religieuse de Voltaire ou aux thèses de la *Profession de foi du vicaire savoyard*.

Mais la contribution essentielle d'Ira O. Wade est le fait qu'il signale l'existence d'un troisième manuscrit de ce qu'il appelle la 'version abrégée', représentée jusque là par les ms 1192 et 1197 de la Mazarine, à savoir un manuscrit conservé à la Bibliothèque publique de Leningrad (Théologie, in 4°, 92 D), de la main de l'abbé Sepher[16]. Sans qu'Ira Wade s'en doutât, cette indication devait, on le verra, donner aux recherches une impulsion décisive.

Restait à rendre le texte des *Difficultés* accessible aux chercheurs. Ce fut la tâche de Roland Mortier, qui en publia en 1970, aux Presses universitaires de Bruxelles, une excellente édition qui reproduisait intégralement le texte de M. En même temps, M. Mortier montrait comment Naigeon avait transformé cette œuvre ardemment déiste en un traité de matérialisme athée. Ajoutant de nouvelles découvertes, comme celle des extraits de l'ouvrage parus dans le *Courrier du Bas-Rhin*, à la documentation déjà rassemblée par ses prédécesseurs, il présentait un tableau de l'influence qu'il avait exercée. Entre autres apports, il relevait des indices permettant d'imaginer que les *Difficultés sur la religion* ont été effectivement envoyées à Malebranche sous une forme ou sous une autre. Il ne restait plus qu'à découvrir l'auteur et à savoir si le texte du manuscrit 1163 était bien le sien.

3. A la recherche du mystérieux auteur

Roland Mortier avec dessiné avec précision un 'portrait-robot' de l'auteur. Les coordonnées fournies par le texte lui paraissaient si contraignantes qu'elles 'suffisaient à exclure toute identification avec un auteur quelconque de la fin du XVIIème et du début du XVIIIème siècle' (p.38). A défaut, il examinait l'hypothèse suivant laquelle cet auteur serait un certain Robert de Villeneuve, ingénieur militaire et cartographe, qui exerça son activité en Nouvelle France entre 1685 et 1692. Mais devant la minceur des indices, il se refusait à envisager une attribution, 'même hypothétique', des *Difficultés sur la religion* à ce personnage (p.39).

L'idée du 'portrait-robot' était excellente. Elle avait déjà permis à Roland

Mortier d'exclure comme auteurs présumés Thémiseul de Saint-Hyacinthe, né en 1684, et donc trop jeune pour convenir, et, à plus forte raison, Fréret, né en 1688. Dans un article intitulé 'Boulainviller auteur du *Militaire philosophe*?' paru dans la *Revue d'histoire littéraire de la France* (1972), pp.22-31, M. André Robinet tenta de pousser plus avant dans la même voie. Il précisa un certain nombre de repères, notamment chronologiques: l'auteur est né vers 1660 à Paris; il est d'une famille catholique; il fait une classe de philosophie; contracte un engagement militaire vers 1680; participe à la persécution des huguenots vers 1684-1685; assiste à un siège; n'est pas marié à vingt-quatre ans; écrit son ouvrage à Paris vers 1710. Mais comment interpréter ces données? un 'génial faussaire' ne peut-il pas avoir procédé à ce 'montage' grâce à une 'bibliographie antérieure à 1711'? Dans cette hypothèse, André Robinet, après avoir évoqué le nom de Voltaire, songerait plutôt à Dortous de Mayran, qui, précisément, sera en correspondance avec Malebranche de septembre 1713 à septembre 1714.

Mais il ne retient pas cette hypothèse: à juste titre, car s'il y a une chose qui frappe dans les *Difficultés sur la religion*, c'est bien l'accent de sincérité douloureuse de l'auteur. M. Robinet préfère interpréter comme authentiques les détails biographiques fournis par l'ouvrage. Ce qui le conduit à proposer l'attribution à Boulainviller, né en 1658, qui a fait une classe de philosophie en 1673-1674, a été mousquetaire de 1679 à 1688, s'est marié en 1689, remarié en 1710 après la mort de sa femme, et est mort en 1722. A ces coincidences, M. Robinet pouvait ajouter un indice extérieur, d'ailleurs fragile; on lit dans un avertissement en tête du manuscrit 1193 de la Mazarine:

Ces doutes [*Doutes sur la religion chrétienne*] sont attribués à Saint-Evremont et à M. de Maribeau [*sic*, sans doute pour *Mirabeau*] de l'Académie Française; d'autres en font auteurs ou Mallet ou Boulainviller. Il y a de ce dernier un manuscrit intitulé *Examen des religions* qui peut donner quelque fondement à cette conjecture, et il faudrait les reconfronter ensemble avec un autre manuscrit intitulé *Difficultés sur la religion* attribué au même Boulainviller.

Mais cette attribution, satisfaisante si l'on s'en tient aux critères définis plus haut, se heurte à des objections très fortes dès que l'on élargit le problème. Boulainviller est spinoziste; il n'est pas pauvre et inconnu comme l'auteur des *Difficultés sur la religion* dit l'être. Le fait qu'il existe quelques lacunes dans sa biographie ne permet pas de penser qu'il a visité tous les pays où le 'militaire philosophe' dit être allé. En outre, lorsque Fréret, dans la Préface de l'*Abrégé d'histoire ancienne jusqu'à l'époque des Israélites*, manuscrits 1577-1578 de la Bibliothèque Mazarine, donne la liste des ouvrages de l'auteur, Boulainviller, il ne fait aucune allusion aux *Difficultés*, qui seraient pourtant le principal et le plus significatif de ces ouvrages. Enfin, qui se donne la peine de parcourir les œuvres de l'auteur des *Mémoires sur les généralités*, et par exemple l'*Abrégé* signalé plus haut, y cherche en vain le ton familier, le tour concret, la véhémence qui frappent dans les *Difficultés sur la religion*.

Pourtant, la solution du problème est intervenue peu après la courageuse tentative de M. Robinet. On la doit au docteur Francis Mars, qui l'a exposée dans l'érudite revue *Casanova gleanings*, vol. XVII, Nouvelle série, 1 (1974), pp.21-23, sous le titre 'Avec Casanova à la poursuite du militaire philosophe.

Une conjecture raisonnée, Robert Challe'. Pour être l'auteur des *Difficultés sur la religion*, dit le docteur Mars:

Il faut, et il faut nécessairement avoir vécu au Canada et avoir acquis des éléments d'algonquin; être allé aux Antilles, aux Indes Orientales, et sinon avoir poussé jusqu'au Siam, du moins en connaître les mœurs et les rites; pouvoir témoigner de l'opulence des jésuites à Québec et à Goa; avoir vu 'chez eux' les Esquimaux, Iroquois, Indous, Hottentots, Angolais, Lapons, Caraïbes et nègres esclaves, ainsi que les Anglais et les Hollandais; avoir bourlingué en Méditerranée, et, semble-t-il, jusque dans l'Archipel; avoir rencontré en Espagne des juifs et des mahométans convertis devenus prêtres catholiques; avoir traversé le Piémont, visité Rome et observé le luxe de la cour pontificale; s'être trouvé plus d'une fois dans les plus pressants dangers, entouré d'ennemis, prisonnier, dans des naufrages, 'accusé de crime capital'. Une hypothèse réellement *réaliste* doit rendre compte de tous les faits qui (par contraste avec les pays où il dit honnêtement 'j'ai lu') autorisent l'anonyme qu'on prétend identifier à écrire: 'Je ne parle point sur des relations, j'ai vu..., ceci est la pure vérité..., j'ai vu de mes yeux...'

Nous ne ferons pas ici la biographie détaillée de Robert Challe qui confirme dans tous ses détails, et bien au-delà, la thèse du docteur Mars en fournissant tous les événements historiques vérifiables correspondant aux exigences qu'ont successivement énoncées ceux qui ont tenté d'identifier l'auteur. On la trouvera dans la Vie de Robert Challe, en tête de l'édition du *Journal de voyage aux Indes* publiée au Mercure de France (1979). Non seulement la concordance est quasi-parfaite[17], mais les notes du présent ouvrage apporteront une foule de détails d'ordre biographique ou bibliographique, sans compter les traits de caractère et de style, qui corroborent la thèse. Tant il est vrai qu'une vérité une fois découverte ne peut qu'être confirmée et jamais démentie par des découvertes ultérieures.

Ainsi, Challe, né à Paris en 1659, d'une famille catholique de la petite bourgeoisie parisienne, a fait sa philosophie, s'est engagé comme volontaire pour une campagne, a assisté à ce titre au siège de Saint-Omer (1677), a étudié et connaît assez bien les fortifications pour en discuter avec François Martin, gouverneur de Pondichéry, est expert en droit bénéficial et en histoire ecclésiastique, consommé dans la 'pratique', excellent chasseur, tous détails également requis pour être l'auteur 'réaliste' des *Difficultés sur la religion*. Un seul exemple parmi cent autres donnera une idée de ces rapprochements. Pour prouver que la raison humaine est capable d'atteindre des vérités qui ne tombent pas sous le sens, et par conséquent a compétence pour juger en matière de religion, l'auteur des *Difficultés* cite l'opération par laquelle, grâce à un sextant et à des calculs trigonométriques, on peut calculer la hauteur d'une montagne sans la gravir: 'Je mesure une montagne inaccessible, et cela par des règles certaines' (p.70). Or, c'est précisément la démonstration à laquelle Challe s'est livré, devant des officiers et des ecclésiastiques admiratifs et surpris, lorsque l'Ecueil, à bord duquel il allait aux Indes, est passé au large du pic de Ténériffe (voir note II.38). L'intérêt exceptionnel que présente l'attribution des *Difficultés sur la religion* à un personnage connu est de voir comment un auteur, à partir d'une expérience humaine particulière, élabore des arguments généraux à l'appui d'un système de pensée.

A tous des indices fondés sur la concordance entre les faits auxquels il est fait allusion dans les *Difficultés* et les événements de la vie de Challe, on peut en ajouter de non moins probants tirés des domaines les plus variés. Nous l'avons fait de façon systématique dans un article, 'Robert Challe père du déisme français', paru dans la *Revue d'histoire littéraire de la France* (1979), pp.947-980. Il nous suffira d'en reprendre ici les grandes lignes, puisque tous les rapprochements notables sont signalés en note et regroupés dans l'index à la fin du volume.

Le premier argument auquel on peut recourir est fondé sur la présence, dans les *Difficultés sur la religion* et dans les autres œuvres de Challe (*Journal de voyage aux Indes*, *Mémoires*, *Illustres Françaises*, correspondance, suite du *Don Quichotte*), des mêmes 'structures associatives'. C'est ainsi que l'idée 'les sauvages vivaient innocents avant le christianisme' suggère, dans les *Difficultés sur la religion*, pp.245-246, la séquence 'ils sont entichés à présent de tous les vices des chrétiens', 'jusqu'à la vérole répandue par les chrétiens'; 'pour comble, le pape partage leurs terres sans droit'; 'le christianisme a trouvé le moyen de ne pas tenir la foi jurée'; 'les princes païens ont été meilleurs souverains que les papes'. Dans le *Journal de voyage*, pp.100-101, le point de départ est tout différent et purement fortuit. Passant devant le pic de Ténériffe où les papes avaient placé le méridien d'origine, Challe se souvient que ce méridien marquait aussi, par la bulle *Inter coetera*, la limite entre la partie du monde attribuée par le pape aux Espagnols et la partie attribuée aux Portugais; ce qui suggère la séquence: 'un tel partage choque la justice et le droit d'autrui'; 'cette donation a été l'origine de ces cruautés inouïes des Espagnols dans le Nouveau Monde'; 'ils en ont rapporté la vérole'; retour au 'droit d'autrui' qui n'est pas ménagé dans cette donation; 'Cicéron, quoique païen, avait la conscience plus timorée'; 'les païens de l'Antiquité avaient une morale pure, alors que les chrétiens ont des mœurs corrompues'; 'le paganisme n'a point connu la restriction mentale', etc. C'est dire que dans des œuvres de genre différent, puisque dans l'une l'auteur laisse aller sa plume alors que dans l'autre il la conduit suivant les exigences d'une démonstration rigoureuse, un même ensemble associatif a été mis en branle par des stimuli très différents eux aussi, mais reliés l'un comme l'autre à ce système par des liens propres à une mémoire donnée.[18] On pourrait déceler bien d'autres structures associatives curieuses, groupées tantôt autour de la démonstration de l'immortalité de l'âme[19], tantôt autour du thème du peuplement de l'Amérique et de la présence des Caraïbes aux Antilles;[20] ou appelées, plus curieusement encore, par un lieu, comme le pont Notre-Dame, où l'auteur dit habiter,[21] et qui évoque pour lui un embarras de voitures et la rencontre fortuite d'un ami que l'on souhaitait revoir; parfois même d'apparence purement verbale, comme le concours des mots *pénétration*, *faire découvrir*, *mille* (*beautés*), en parlant d'une femme dans les *Illustres Françaises*, t. II, p.485 et des beautés de la nature dans les *Difficultés*, p.275, n.IV.27.

Un type d'argumentation moins spécifique, mais non moins frappant, peut être tiré de l'identité de culture, de doctrine en matière religieuse, d'idées politiques, de tour d'esprit, de talent et de style enfin de l'auteur des *Difficultés sur la religion* et de Robert Challe.

De la culture, d'abord. Sur seize auteurs anciens, surtout latins, cités dans les *Difficultés*, quatorze le sont à plusieurs reprises dans le *Journal de voyage*, les *Mémoires* et les lettres de Challe. Les deux qui ne le sont pas, Hérodote et

Valère-Maxime, ne figurent dans le présent ouvrage qu'une seule fois et accidentellement. La même remarque peut être faite pour les auteurs profanes modernes, tels que Cervantès, le plus cité ici, et dont Challe a continué le *Don Quichotte*. Le seul apport nouveau est constitué par les apologistes de la religion, comme Bastide ou Abbadie, qui remplacent en partie les saint Bernard et saint Augustin de la période antérieure: mais il n'y a rien là que de normal, étant donné le propos de l'auteur.[22]

Identité de doctrine. Toutes les critiques contre la religion qu'on trouve ici, sauf sur certains points de dogme et les attaques contre la Révélation et ses instruments, se trouvent déjà exposées dans les autres œuvres de Challe, tant en ce qui concerne le culte (culte des saints, prières propitiatoires, etc.) que la discipline de l'Eglise (contre les papes et l'infaillibilité, la prédestination, les moines et spécialement les moines mendiants, les persécutions, etc.). Parmi les convergences les plus notables, il faut observer à quel point l'auteur des *Difficultés* est tenté, malgré son rationalisme, par la théorie de la métempsycose, à laquelle il se rallie presque dans le *Journal de voyage*[23]; et plus encore peut-être le fait dans ce même *Journal* il en arrive pratiquement à réduire la religion aux trois principes, éternité de Dieu, immortalité de l'âme, rémunération des œuvres, bonnes ou mauvaises, qui sont le fondement du déisme dans les *Difficultés sur la religion*.[24]

Mêmes idées politiques. Le partisan de l'absolutisme, de la sévérité des juges, n'est pas moins présent dans les *Difficultés de la religion*, et dès les premières pages, que dans tout le reste de l'œuvre de Challe.

Même caractère. Roland Mortier a fort bien défini cette 'physionomie attachante, raisonneuse et ardente à la fois, d'une émouvante dignité' (p.38). Le portrait convient parfaitement à l'auteur du *Journal de voyage* ou au correspondant des journalistes de Hollande. Ardent, emporté jusqu'à tout sacrifier à des vengeances qui manquent de le perdre, tel est bien entendu l'écrivain du roi de l'Ecueil, ainsi que nous l'avons montré.[25] Que Challe soit 'raisonneur' n'est pas à démontrer à qui a seulement parcouru le *Journal de voyage*. Et il suffit pour établir son 'émouvante dignité' de citer les derniers mots qui nous sont parvenus de lui, à la fin de la lettre du 8 septembre 1718 à l'équipe du *Journal littéraire*. Après avoir cité Horace, *Post obitum fama. Viventem odimus, sublatum desideramus*, 'La gloire vient après la mort. Vivant nous lui portons envie, mort nous le regrettons', il ajoute encore *Est homo qui nunquam desiderandus erit*, 'Il est un homme qui ne sera jamais regretté'. L'image du 'silencieux auteur des *Illustres Françaises*' coïncide exactement avec celle du mystérieux auteur des *Difficultés sur la religion*. Allons plus loin. Quand on songe à ce que pourrait être un traité comme celui-ci, bardé de ses syllogismes comme un cours de l'Ecole, on est frappé de l'insistante présence de l'auteur, de la crudité de certaines confidences: il n'en est guère d'autre qui présente ainsi son cœur mis à nu. Tout s'explique dès qu'on observe que toute l'œuvre de Challe, mémorialiste ou romancier, n'est qu'un recueil de confessions, ou transposées ou voilées par un farouche anonymat.

Même talent et même style. Les *Difficultés sur la religion* témoignent d'une vigueur de conception, de construction et d'expression dont peu de contemporains auraient été capables. Certes l'auteur n'est pas un Pascal; comme le dit Bachaumont, ou celui qu'on appelle ainsi, cité par R. Mortier p.31, son livre est 'd'un homme qui cherche plus à convaincre qu'à persuader'. C'est un homme de pratique, familier de la chicane et des procès-verbaux, qui, au soir de sa vie, pendant quelque 'loisir forcé'[26] écrit un immense traité que son destinataire refusera peut-être de lire. Mais n'en a-t-il pas été de même de presque toute l'œuvre de Challe, depuis la suite du *Don Quichotte*, qui lui fut volée, des nouvelles, rejetées par la censure, des *Tablettes chronologiques* et des *Mémoires* qui ne trouvèrent pas d'éditeur, jusqu'au *Journal de voyage* qui ne parut qu'après sa mort? N'était le succès de librairie des *Illustres Françaises*, et la révélation tardive de son auteur par Prosper Marchand, son nom même nous serait inconnu. Pourtant, cet homme qui écrit les *Difficultés sur la religion* dans un style qui a parfois la lourdeur d'un procès-verbal, entasse les images frappantes, forge des mots sans le moindre scrupule[27]. Comment ne pas reconnaître encore en lui l'auteur du *Journal de voyage aux Indes*?

4. A la recherche de l'original perdu

Si la démonstration dont nous venons de donner les grandes lignes ne peut laisser place à aucun doute pour le fond, tant par la multitude des indices convergents que par l'absence d'indice véritablement divergent, une impression de gêne peut subsister dans l'esprit du lecteur qui, pénétré de la lecture de Challe, aborde celle des *Difficultés sur la religion* dans l'édition Mortier. Certes, le plus souvent, on y retrouve les familiarités, les brusqueries, les transitions abruptes, enfin ce ton 'bourgeois' que la marquise d'Argenson, admiratrice des *Illustres Françaises*, reprochait pourtant à leur auteur[28]. Mais parfois aussi certains passages donnent une impression de correction plus froide, ou même évoquent le tour d'esprit de quelque disciple de Voltaire. En un mot, si l'attribution de l'ouvrage à Challe ne peut être sérieusement contestée, on peut se demander s'il y a toujours tenu la plume.

La difficulté qui subsistait ainsi est désormais levée grâce à l'étude approfondie du manuscrit de Leningrad signalé p.6, dont nous avons pu avoir communication sous la forme de photographies d'un volume apparemment en petit in 4° de 355 pages, dont la description détaillée sera donnée plus loin, p.12. Pour en apprécier l'intérêt, il faut le situer d'une part par rapport aux deux manuscrits 1192 et 1197, et d'autre part par rapport au manuscrit M, 1163 de la même bibliothèque, qui, jusqu'ici, est le seul à avoir sérieusement retenu l'attention des critiques

Le premier point ne soulève aucune difficulté. Le manuscrit de Leningrad, que nous désignons par S du nom de l'abbé Sepher, qui l'a établi de sa main, est le prototype direct des ms 1192 et 1197, qui en procèdent indépendamment. Ces deux manuscrits ne présentent aucune variante commune entre eux qui les opposerait à S. Du reste, ils sont de mains de copistes, alors que, comme l'avait précisé son ancien propriétaire, Pierre Doubrowski, S est entièrement de la main de Sepher, qui l'a même signé Seph. à la fin de la table, p.16. Les ms 1192 et 1197 contiennent d'autres pièces: S semble entièrement consacré aux *Difficultés sur la religion*. L'abbé Sepher signale ses remarques, portées en marge, par la mention 'note du présent copiste', ce qui les distingue d'autres mentions entre parenthèses, non signées, lesquelles sont manifestement des gloses d'un manuscrit antérieur: le tout passe indifféremment dans les ms 1192 et 1197 sans indication de provenance. Enfin, les copistes de ces deux manuscrits prennent des libertés avec le texte. Le second surtout y ajoute des phrases, parfois des paragraphes en fin d'extrait. Du reste ces manuscrits ne sont pas seulement sans autorité; nous les avons entièrement collationnés dans le cadre d'un séminaire, et nous pouvons affirmer qu'en dehors de deux ou trois corrections de détail de ms 1192, ils n'apportent aucun élément permettant d'élucider les difficultés qui peuvent se poser. Nous les avons donc négligés, à l'exception des quelques leçons améliorant S, pour porter toute notre attention sur ce dernier manuscrit.

La question des rapports entre S et M est infiniment plus délicate et plus intéressante. Le premier problème est celui de leur chronologie relative.

Le ms M a été établi, nous semble-t-il, vers les années 1730-1745. Le filigrane du papier, étudié par A. Robinet, montre que celui-ci n'a pas été fabriqué après 1740.[29] Une phrase interpolée, p.205, n.III.319, semble indiquer que le remanieur n'a pu l'y introduire qu'après 1732. D'autre part, le ms M doit être celui du comte de Vence, dont la vente eut lieu pour les livres du 25 juin au 12 juillet 1760. Ces deux indices confirment grossièrement l'impression produite par le manuscrit lui-même.

Le ms S est peut-être un peu plus tardif que M. Le filigrane du papier, comportant un lion assis sur ses pattes de derrière et la date de 1749, selon une communication de Mme Tamara Voronova à Mlle Eva Nowicka, reporte la copie à 1750 au plus tôt. Certes, elle ne peut être postérieure à la mort de l'abbé Sepher, qui eut lieu en 1781. Les inscriptions portées sur la page de titre, de la main de Sepher, semblent indiquer, dans la mesure ou leur complexité permet de les interpréter correctement, que le manuscrit a été établi avant que l'édition de 1768 ne paraisse, et que Sepher y a introduit, après cette publication, des corrections et additions portant sur son intitulé. Voici d'ailleurs la description de cette page; les barres obliques signalent les changements de ligne, les mots corrigés, biffés ou ajoutés sont entre crochets. Après l'ex-libris de la main de Doubrowsky,[30] *Ex musaeo Petri Dubrowsky*, on lit ce qui suit de la main de Sepher:

Sisteme / de religion purement naturelle; / [*un ou deux mots biffés illisibles, comme* 1ᶜ et] Livre [2ᶜ. *add. interl.*] qui contient les / objections contre le christianisme; / adressées / au P. Malebranche / [*filet*] / par un militaire, / [*en la marine biffé; ces deux lignes entre parenthèses*] / Ce 2ᶜ. livre n'a pas esté impr., [*la suite jusqu'à* éditeur *a été portée après coup dans l'espace resté libre à droite*] Le 1ᵉʳ. l'est / mais [sans l'avis / au lecteur et / sans la préface / de l'éditeur. *biffé*] / [*filet*] / L'ouvrage a esté fait / avant les miracles [*un mot biffé*; de Mr. Pâris: v. p.188. *add. interl.*][31] vers [et avant *add. interl.*] [*un mot biffé*] 1716. v. les p.. 44, 199, / 66[32] [*une barre verticale*] p.182 il est parlé de la bataille / de Hochtet.[33] / [*filet*] / Les objections de la le. partie [et *biffé*] [*trois mots en add. interl. biffés*] du 1ᵉʳ (ou 2ᶜ.) livre) [p.1 *add. en-dessous du et biffé*] / [*et restitué après-coup en début de ligne*] les preuves de la 2e. [p.267 *add. interl.*][34] ne sont / pas communes. [*la suite sans doute portée après coup d'une écriture plus serrée*] Ces dernières / sont ce que j'ai lu de plus [*quelques lettres biffées*] séduisant. / [*filet*] / L'ouvrage est ppalement contre L'écrit. Ch. / et surtout contre le dogme et la morale de l'écrit. / [*filet*]

Comme on le voit, les parties relatives à la publication du 'ier livre' – c'est-à-dire la partie négative de l'ouvrage par opposition au IVème cahier comportant le système de déisme 'positif' – évidemment postérieures à 1767-1768, se dénoncent comme des additions postérieures, et indiquent apparemment *a contrario* que le manuscrit a été établi avant cette date. Mais quoi qu'il en soit, et même si S a été composé tardivement, nous voulons dire après M, ce qui est en effet probable, cela ne signifie pas que son texte provienne de M ou d'une source identique à M.

Mais considérons d'abord l'hypothèse inverse. M peut-il dériver de S? Ce n'est pas seulement la chronologie qui l'exclut. M donne un texte beaucoup plus étendu que S, puisqu'il contient des parties entières qui ne sont représentées dans S par aucun extrait, à savoir la préface de l'éditeur, réel ou supposé; la lettre d'envoi à Malebranche; tout le premier cahier à l'exception de trois brefs extraits; les 'vérités' 7, 8, 9, 11, 12, 13, 19, 20, 21 du second cahier; pour le troisième cahier, section I, art. 5; section II, art. 2, 4, 8; septième section, art. 2, 3; dixième section, art. 2, 3; toute la seizième section et la conclusion du cahier; pour le quatrième cahier, la section III, art. 1, 2; la section IV, art. 3; toute la section V et l'épilogue. On ne peut imaginer que l'auteur de la version M, partant des morceaux isolés de la version S, ait comblé toutes les lacunes et reconstitué l'armature logique qui soutient l'ensemble.

Il est tout aussi invraisemblable que S représente un état primitif que l'auteur lui-même aurait travaillé pour aboutir à M. La preuve que S ne présente que des morceaux choisis, des 'extraits', c'est que l'abbé Sepher fait allusion à une version complète de l'ouvrage lorsqu'il remarque (voir plus haut) que l'édition de 1768 ne comporte pas 'l'avis au lecteur et la préface de l'éditeur.'[35]

Reste l'hypothèse admise implicitement jusqu'ici par tous les critiques[36] selon laquelle les versions courtes, représentées jusqu'ici par 1192 et 1197, et désormais par leur prototype S, découleraient de M. Elle n'est pas moins irrecevable que les précédentes. Comme on le verra, la version S est en général, pour les extraits qu'elle donne, plus développée que la version M. Mais ce qui est plus important pour la démonstration, les passages que cette version est seule à comporter ne sont en aucune façon des amplifications: ils supposent une connaissance de l'auteur qu'un éventuel remanieur ne pouvait avoir, outre qu'il n'aurait eu aucune raison d'introduire dans un ouvrage de ce genre et à cette date des détails de caractère personnel. En revanche, il était très naturel qu'un remanieur éliminât des détails trop particuliers ou trop familiers qui n'étaient plus du goût du temps.

Commençons par un exemple relativement banal; il s'agit de l'extrait LVII de S qui traite de l'Incarnation, parallèlement à M, pp.253-255 de la présente édition. On pourrait faire ressortir toutes les raisons tenant à l'évolution de la langue et du goût qui expliquent les transformations apportées au texte de S pour aboutir à M, tandis qu'on ne pourrait en apporter en sens inverse. Tenons-nous-en à un alinéa qui n'apparaît que dans S, p.254, et qui est introduit par la phrase 'C'est sur l'expérience que j'ai fait la présente réflexion':

On me rapporta que des paysans avaient dit des sottises de moi: je n'y fis pas seulement attention. Sur des discours moins choquants, tenus par des personnes qui font quelque figure dans le monde, je pris feu et poussai les choses jusqu'à me perdre.

Quel remanieur aurait assez bien connu le caractère querelleur et les innombrables démêlés de Challe pour l'imaginer? Elle est en revanche naturellement venue sous la plume de l'auteur, et tout naturellement aussi le remanieur l'a supprimée, car elle n'a aucune place dans un traité de propagande anti-chrétienne destinée à un public dont le grand homme est Voltaire.

L'exemple qui va suivre est plus significatif encore. Il s'agit d'un passage figurant dans M au IIIème cahier, section II, 'le Nouveau Testament', art. 1, 'si ce livre est divin'. Il a pour correspondant l'extrait XXVII de S, auquel la table des matières se réfère en ces termes: 'L'Evangile est composé de préceptes généraux outrés. Saint Paul et l'Apocalypse sont inintelligibles. J.-C. est venu; et a été condamné justement par les prêtres.' Voici les deux textes en regard (p.176):

M	S
Au reste, il est certain qu'il y a de bons préceptes dans l'Evangile, mais il en est beaucoup d'outrés et d'impossibles.	Au reste, il est certain qu'il y a dans l'Evangile quelques préceptes qui partent d'un bon cœur, mais la plupart outrés et impossibles dans l'usage; sont-ils des marques de la divinité?
	N'ai je qu'à dire qu'un gouverneur de place de doit point dormir, qu'un soldat ne doit jamais fuir ni se rendre, qu'une honnête femme ne doit ouvrir les yeux que sur son mari, qu'un homme de probité ne doit pas toucher du doigt l'argent d'autrui? Il serait plus divin de dire qu'un gouverneur doit veiller de toutes ses forces, ne dormir qu'autant que la nature le demande absolument, et qu'il doit éviter les débauches et les exercices violents qui causent un long sommeil.
Ce ne sont pas des choses vagues, dites par-dessus les nues, qui sont belles, mais ce sont celles qui distinguent précisément et positivement ce qu'il est bien difficile de distinguer, ce sont celles qui prescrivent les devoirs de manière qu'on en connaisse l'équité avec la possibilité de les remplir suivant la faiblesse humaine et les nécessités de la vie.	Ce ne sont pas des choses vagues, dites par-dessus les nues, qui sont belles; ce sont celles qui sont dites précisément, qui déterminent positivement ce qu'il est bien difficile de distinguer; c'est de prescrire les devoirs d'une manière qu'on en connaisse l'équité, avec possibilité de les remplir suivant la faiblesse humaine et les nécessités de la vie.
Et après tout, montrez-moi une religion dont la morale n'ait pas mille choses de très bon, et même presque tout. Aucune ne tolère les vices. Prenez garde, mon Révérend Père, que je ne parle point de quelques sectes fanatiques; toutes les religions ordonnent la probité, la justice dans le commerce des hommes. Sont-elles toutes divines?	
Le livre des Actes des Apôtres est ...	Le livre des Actes est ...

Le fond des deux textes est le même; les différences consistent en certains aménagements de forme, ainsi que dans l'existence dans chaque version d'un alinéa que l'autre n'a pas.

Disons un mot du style et du ton. Corrigera-t-on, vers 1740, *de bons préceptes* en *des préceptes qui partent d'un bon cœur,* ou l'inverse? ajoutera-t-on *dans l'usage* après *impossibles,* ou le supprimera-t-on? La réponse est évidente. On éliminera le tour trop familier *qui partent d'un bon cœur;* on évitera le tour *impossibles dans l'usage,* qui vieillit. On ira donc du texte de S à celui de M, et non l'inverse. Passons au fond.

M donne seul le paragraphe 'Et après tout, montrez-moi...' A première vue, on n'a pas de raison de le croire apocryphe. Pourtant, il est sans exemple que l'abbé Sepher, après avoir commencé un extrait, pratique une coupure dans le texte qu'il reproduit. S'il considère un passage, même court, comme inutile, il termine son extrait et en commence un autre après la coupure. On est donc amené à risquer une hypothèse: ce paragraphe aurait-il été ajouté pour compenser une suppression, celle du paragraphe *n'ai-je qu'à dire qu'un gouverneur...* de S? Mais pourquoi le supprimer?

Il faut avouer qu'il commence par un exemple inattendu de 'précepte outré' de l'Ecriture: un gouverneur de place ne doit point dormir. Si des prédicateurs rigoureux ont dû souvent prêcher qu'un honnête homme ne doit point toucher l'argent d'autrui, qu'une honnête femme ne doit regarder que son mari, voire qu'un soldat ne doit jamais fuir, on les voit mal affirmer au nom du Christ que le sommeil est interdit à un gouverneur de place. Qui plus est, l'idée est reprise et développée dans la seconde moitié du paragraphe, avec la précision inattendue elle aussi que le gouverneur doit fuir les débauches, tandis que les autres exemples sont abandonnés.

Est-il possible que ce paragraphe ait été forgé par l'abbé Sepher ou qui que ce soit d'autre pour remplacer un paragraphe plus banal, mais plus pertinent, ou n'est-ce pas plutôt l'inverse qui a dû avoir lieu? Tout doute est levé lorsqu'on lit le passage suivant du *Journal de voyage aux Indes,* p.213, dans lequel Challe raconte comment s'évanouirent ses espoirs de faire fortune dans une entreprise de pêche en Acadie, dans les années 1683 et suivantes:

Le Roi nous avait donné des troupes pour garder Chedabouctou, dans l'Acadie, où la Compagnie des pêches sédentaires, dans laquelle j'étais pour mon malheur intéressé, s'était fixée dans l'enfoncement du cap de Canceau. Les officiers, au lieu de retenir les soldats dans leur devoir, ne les employaient qu'à traiter les pelleteries des sauvages; et eux, à table, ou à la chasse toute la journée, consommaient notre poudre et notre plomb. Passe pour celui-ci: il faut être occupé; mais nos liqueurs et notre marchandise de traite, qu'ils se faisaient donner de force! Encore disaient-ils, en vivant à discrétion, comme dans une ville prise d'assaut, qu'ils étaient bien malheureux de servir des b.... de marchands, qui étaient auprès de leur feu à se gratter les c... avec leurs maîtresses.
Je prie de me pardonner l'expression; elle me rappelle un cruel ressouvenir, puisque je perdis tout ce que je possédais au monde. M. de Seignelay voulait mettre ordre à cette mauvaise conduite des officiers français, mais les Anglais ne lui en donnèrent pas le temps. Notre fort était bien garni de trente canons bien montés, avec toutes les munitions nécessaires, tant de guerre que de bouche. Il fut pourtant, grâce à la vigilante conduite du gouverneur et des officiers, pris d'emblée un beau matin du 23 juin 1687, par un seul détachement d'Anglais venus à travers les bois depuis La Hève, où ils m'avaient pris, moi, avec une barque chargée de pour plus de cinquante mille écus de castor, et parce que je m'étais fait tuer dix-neuf hommes et que je ne m'étais rendu que blessé à quatre endroits, ils me conduisirent à Baston [*sic*] où ils voulaient, disaient-ils, me faire pendre. Il n'est pas question ici de dire comment je fus traité. Je reviens à ce gouverneur de Chedabouctou.

Il fut pris dans son lit, dormant entre deux filles ou femmes sauvages, sans sentinelle, et sans tirer un seul coup de pistolet. Les autres officiers, sages imitateurs d'une si judicieuse conduite, furent tous pris comme lui, les portes du fort étant ouvertes. Les trois vaisseaux qui travaillaient à la pêche furent pris sans résistance. Le fort fut détruit rez pied, rez terre, le canon fut mis sur les vaisseaux; et un mois ou environ après, je les vis arriver à Baston, où j'étais, avec pour plus de cent mille francs de poisson, tant vert que sec, et pour plus de cinq cents mille francs de pelleteries. Beau spectacle pour moi! Tout y a été abandonné par notre compagnie, et je n'y ai pas retourné depuis, ayant été ruiné de fond en comble.

Le nom de ce gouverneur mérite d'être su. Il s'appelait Louis François Duret de La Boulaye, de bonne famille. Il avait du service, et avait fort bien défendu le Pont d'Avendin en Flandre contre le prince d'Orange en 1677, et s'est laissé prendre comme un sot. Il est pourtant âgé d'au moins cinquante ans. Deux femmes à cet âge! était-ce pour se réchauffer en plein été, ou avait-il le diable dans les reins? J'ignore où il s'est retiré: M. de Seignelay l'a fait rechercher partout. Il a été condamné à être pendu; mais quand il l'aurait été, que cela m'aurait-il fait? y aurais-je rattrapé mon bien?

Si l'on ajoute que Challe a repris ce récit dans ses *Mémoires* en s'excusant sur ce qu'il ne peut 'songer à cet endroit sans sentir renouveler dans [son] cœur la rage et la colère', car la perte était pour lui 'd'assez grosse conséquence pour ne la pas regarder en stoïque' (f.134r), il paraîtra aussi naturel qu'il se réfère indiscrètement à un incident qui l'a ruiné, qu'invraisemblable qu'un remanieur songe à introduire dans un traité 'philosophique' une anecdote de ce genre, dont le caractère très personnel jure avec le ton de détachement ironique que doit garder l'auteur.

5. Comment éditer les *Difficultés sur la religion?*

Si l'on disposait d'un texte complet des *Difficultés sur la religion* dans la version S, celle-ci devrait évidemment, d'après ce qu'on vient de dire, être la source unique d'une édition de l'ouvrage tel que l'avait conçu l'auteur. La version M ne devrait être invoquée que pour corriger les fautes de S, ou, exceptionnellement, pour restituer quelques passages adoucis par l'abbé Sepher. L'édition publiée par Roland Mortier conserverait l'intérêt particulier de montrer comment le texte de 1710 fut remanié une première fois au goût de 1740, avant de l'être une seconde fois par Naigeon au goût de 1767. Mais les 355 pages assez peu remplies de S ne représentent qu'à peu près le quart du texte de M. A défaut du texte complet dont a dû disposer Sepher[37], il est essentiel de se faire une idée aussi précise que possible de la valeur de M, qui représente notre seule source pour les trois quarts de l'ouvrage.

Une première question se pose. Comment l'abbé Sepher a-t-il choisi ses extraits? On a déjà vu que ceux-ci couvrent en gros toute l'étendue de l'œuvre, mais que leur répartition est inégale. Il faut aussi tenir compte de la différence de longueur des extraits, qui vont d'une dixaine de lignes à une dixaine de pages du manuscrit S.

Pour établir les pourcentages qui suivent, on a pris pour unité les pages du manuscrit Sepher. On a estimé, d'après divers calculs, qu'une page de S représente un peu moins du tiers d'une page de l'édition Mortier, et un peu moins des sept dixièmes d'une page de l'édition de 1768 du *Militaire philosophe.*

On a donc multiplié respectivement par 3,2 et 1,4 les pages de ces éditions pour les réduire aux pages de S. Voici donc le résultat en 'pages corrigées', c'est-à-dire correspondant à celles de S. Les pourcentages sont donnés par rapport à M, texte le plus complet:

	TEXTE M	EDITION 1768		TEXTE DU MANUSCRIT S		
	p. cor.	*p. cor.*	%	*extraits*	*p.*	%
Préface	16	–	0	–	–	0
Lettre-dédicace	13	8,4	66	–	–	0
Ier cahier	64	39	70	1-3	5	17
IIème cahier	304	144	47	4-17	58	17
IIIème cahier	371	–	0	18-61	186	50
IVème cahier	371	–	0	62-88	84	24
Epilogue	26	–	0	–	–	0

L'étendue du texte de S par rapportà celui de M est, on le voit, très inégale. Les deux cahiers négligés par Naigeon pour l'édition de 1768 sont les mieux traités, comme si Sepher avait voulu compenser leur absence dans cette édition. Le cahier le mieux représenté, en étendue brute, dans S, est le IIIème (50% de M); puis vient le IVème (24%); enfin le Ier et le IIème cahier, chacun avec 17%. Pour approfondir la comparaison entre S et M, il faut aussi considérer l'étendue relative des textes correspondant aux mêmes passages donnés par les deux manuscrits. Cette fois, c'est le texte de S, le plus long parce qu'il est antérieur au remaniement, comme on l'a vu, qui va servir d'étalon et auquel sera attribué le coefficient 100. Le pourcentage de M par rapport à S sera en quelque sorte le 'coefficient de fidélité quantitative' de la version M à la version S, supposée conforme à l'original:

	NOMBRE DE PAGES DE S	NOMBRE DE PAGES DE M		% DE M PAR RAPPORT À S
		brutes	*corrigées*	
Ier cahier	4	1,3	4	100
IIème cahier	58	14	45	78
IIIème cahier	186	37,4	120	64
IVème cahier	88	27	87	98

Ces chiffres qui, rappelons-le, portent sur des passages correspondants, ayant même début et même fin, concordent avec l'impression que donne le collationnement des deux versions. Pour le cahier III et, dans une moindre mesure, pour le cahier II, S donne un texte sensiblement plus long que M. Cela signifie que le texte de M a été sensiblement abrégé par le remanieur. En revanche, pour les cahiers I et IV, le texte de M est d'une longueur pratiquement égale au texte de S. Les différences tiennent souvent à des omissions par 'saut du même au même' et jouent tantôt contre une version et tantôt contre l'autre.

Ainsi, l'éditeur des *Difficultés sur la religion* doit tenir compte de deux situations différentes. Pour les cahiers I et IV, les textes divergent certes quelque peu, tant du fait des négligences de copie que de quelques retouches opérées plus ou moins consciemment par les responsables de chaque version: mais un apparat critique classique peut rendre assez facilement compte de ces divergences. En revanche, pour les cahiers II et III, le texte de M est fortement remanié, et abrégé respectivement d'un cinquième et de près d'un tiers. Il faut alors recourir à un autre mode de présentation, dans lequel les deux textes apparaissent l'un en face de l'autre.

Reste une question importante: comment apprécier la valeur du texte de M quand nous ne disposons pas de celui de S pour le contrôler? Les considérations qui précèdent permettent déjà de dégager une observation importante: le texte de M semble fidèle pour les cahiers I et IV, peu digne de confiance pour les deux autres. Il faut aller plus loin et essayer d'apprécier pour chaque partie de l'ouvrage le genre de traitement qu'a pu subir l'original avant de nous parvenir sous la forme de la version M.

La Préface

La Préface pose un problème particulier. Qui l'a écrite, le prétendu éditeur ou l'auteur lui-même? De la réponse dépend le degré et même la nature du crédit qu'on doit lui accorder, y compris sur la façon dont le manuscrit original se présentait.

Elle se donne comme écrite par un éditeur; et l'on sait qu'effectivement des 'éditeurs' sont intervenus à propos des ouvrages de Challe. Le manuscrit des *Mémoires*, conservé à la Bibliothèque nationale, porte les traces matérielles d'une telle intervention; celui des *Tablettes chronologiques* en comportait aussi, suivant le témoignage des journalistes hollandais, comme en fait foi une lettre du 22 janvier 1715 (*Correspondance*, p.173); Challe répudie la paternité du sous-titre des *Illustres Françaises*,[38] qu'il faut donc attribuer à quelque 'éditeur', et c'est encore un personnage de ce genre qui est intervenu pour modifier la fin de la suite qu'il avait écrite pour *Don Quichotte*.[39] Mais l'intervention de l'éditeur n'implique pas que celui-ci écrive une préface, surtout si l'auteur en a écrit une lui-même. Celle des *Illustres Françaises* et celle du *Journal de voyage* sont de Challe, écrivant à visage découvert dans le premier ouvrage, sous un masque dans le second, si l'on en croit Prosper Marchand,[40] et dans des termes qui ne sont pas sans faire penser à ceux de la Préface des *Difficultés sur la religion*.

Du reste, si la Préface n'est pas de l'auteur, on peut se demander quand et à quelle fin elle aurait été écrite. Peu de temps apparemment après la mort de Challe (27 janvier 1721): plus tard, il n'aurait plus été nécessaire de se soucier d'une 'pauvre veuve chargée d'une nombreuse famille' pour expliquer le retranchement de 'traits historiques d'un grand poids'. Ce sont même, à une époque tardive, des renseignements sur l'auteur qui auraient pu intéresser le lecteur, comme ceux que Prosper Marchand donnait pour la réédition Marc-Michel Rey (Amsterdam 1748) des *Illustres Françaises*; ou, si l'éditeur n'avait rien su de l'auteur, c'est au contraire ce mystère résultant de l'ancienneté de la composition qu'il aurait pu mettre en valeur.

Si la Préface est l'œuvre d'un 'éditeur', il faut donc qu'elle ait été écrite après 1721, mais peu après, par quelque exécuteur testamentaire ou ami, tel que Boscheron, qu'on sait avoir été en rapport avec Challe,[41] ou l'abbé d'Allainval, qui devait alors résider à Chartres et fut en mesure de publier, en 1733, un inédit de lui.[42] Mais quelqu'un aurait-il songé à publier, vers 1725, autrement qu'à l'étranger et de façon quasi clandestine, un livre comme les *Difficultés sur la religion*? On peut en douter, car les risques auraient été plus grands pour lui que pour la veuve de l'auteur, Marie Lueil, qui ne savait même pas signer son nom.[43] Et s'il l'avait fait, comme cela ne pouvait se faire que dans un pays protestant, aurait-il été attaquer sans nécessité, dans sa Préface, p.38, les auteurs protestants? Or, certains passages de la Préface, notamment les conseils aux futurs lecteurs, p.40, montrent que celui qui l'avait rédigée envisageait, au moins dans l'absolu, une publication de son ouvrage, fût-elle tardive et peut-être posthume.

A ces raisons qui font douter de l'intervention d'un autre que l'auteur dans la Préface, s'en ajoutent d'autres qui conduisent positivent à estimer que celle-ci est de la même main que le reste de l'ouvrage. Elles sont de divers ordres.

Un premier rapprochement de poids s'établit entre ce qui est dit de l'auteur dans cette Préface et ce que Challe pouvait à bon droit penser de lui-même. On y parle p.37 de son 'humanité, de sa candeur', de sa 'droiture'; il était 'un des plus honnêtes hommes qui fût au monde, aimé de tous ceux qui le connaissaient, et estimé de tous ceux qui avaient affaire à lui'. 'Candeur' et 'droiture' rappellent la 'sincérité' dont Challe fait constamment profession.[44] 'Honnête homme' correspond à sa réputation: d'après un témoignage, récemment découvert,[45] de Bottu de La Barmondière, un magistrat qui l'avait reçu à sa table en 1715, Challe, 'quoique franc original et le plus ratier de tous les humains, ne laisse pas d'être bon homme et honnête homme'. L'estime de ceux qui l'approchent, signalée dans un passage de ton très personnel du IVème cahier , p.334, nous est aussi confirmée par la façon dont en parle Brossette à la même époque, selon un autre témoignage inédit[46] . Certes, un ami intime de Challe aurait pu s'exprimer ainsi, mais cela suppose que l'éditeur et cet ami intime n'aurait fait qu'une même personne, et c'est là tout le problème.[47]

Les idées prêtées à l'auteur et approuvées sans réserve par le préfacier sont aussi exactement celles de Challe.

En fait de religion, les trois principes définis dans la Préface, immortalité de l'âme, existence d'un Dieu 'punissant le crime et recompensant la vertu' ne résument pas seulement l'ouvrage, ils sont, comme on l'a remarqué, p.10, ceux que l'auteur du *Journal de voyage* énonce avec la plus grande netteté. Et si le préfacier réduit la doctrine de l'ouvrage au déisme, il ne prend pas moins soin d'attaquer vigoureusement l'athéisme de Spinoza et, plus 'pernicieuse' encore, 'la fatalité [...] des actions des hommes, et par conséquent la licence pour tout ce qu'il y a de plus abominable' (p.38). Or, on sait quelle haine Challe porte à l'athéisme,[48] et quel est son attachement à la liberté humaine, fondement de toute morale. Bien des 'philosophes', Naigeon et d'Holbach, par exemple, ne l'auraient pas suivi aisément dans cette voie.

Fait plus remarquable encore, le préfacier souligne, avec éloges, le solide conservatisme social et politique de l'auteur: 'Il fait voir l'injustice des plaintes qu'on fait contre la distribution des biens de la fortune' (p.39). Or cette position est loin d'être unanimement partagée après 1720. Non seulement ce n'est pas celle du curé Meslier, mais, comme le remarque justement Roland Mortier, Naigeon juge bon d'ajouter au texte du *Militaire philosophe* une phrase qui fait de la religion 'le bouclier de la tyrannie contre les peuples', alors que Challe lui reproche de ne pas les rendre assez obéissants envers leur souverain. Du reste, à l'époque même de la composition des *Difficultés sur la religion*, quelque réviseur des *Tablettes chronologiques* de Challe s'était permis de le contredire sur une opinion du même genre, et les rédacteurs du *Journal littéraire* avaient approuvé la critique:[49] que la Préface exprime ici son accord avec les vues de l'auteur est donc très significatif. Il l'est plus encore de voir que le préfacier n'est pas d'accord avec le réviseur de la version M. Lorsque Challe, exprimant des vues que l'on qualifierait de 'réactionnaires', déconseille la clémence aux rois, aux juges, aux 'capitaines', le réviseur censure tout le passage, p.193, comme le montre la comparaison avec l'extrait XXXIV: dans ces conditions, on imagine mal qu'il mette en lumière dans la Préface des aspects qu'ils aurait voilés ou éliminés dans l'ouvrage lui-même. Réviseur et préfacier sont donc deux personnes différentes.

Outre les similitudes de doctrine, il est des raisons psychologiques pour attribuer la Préface à l'auteur. Celle-ci ne résume pas seulement l'ouvrage, elle anticipe sur lui, elle brûle déjà de la passion qui l'enflammera. L'auteur de la Préface voit les ecclésiastiques déchaînés contre lui, les combat avec leurs propres armes ('les théologiens de chaque religion n'attaquent-ils pas les fondements de toutes les autres...?', p.37); les enferme dans des dilemmes ('Ces fondements sont bons ou mauvais. S'ils sont bons, ils n'ont rien à craindre; s'ils sont mauvais, pourquoi l'univers ne secouera-t-il pas un joug si injuste?', p.37), suivant un mode de raisonnement qui apparaît souvent dans les *Difficultés*;[50] oppose à leur pratique celle d'un théologien protestant ('M. Jaquelot en a agi en homme de bien...',[51] p.37); suggère aux 'puissances' de remplacer la proscription des écrits anti-religieux par l'obligation d'en publier en même temps la réfutation (p.38, cf. p.181). Il faudrait un éditeur bien pénétré de son sujet pour devancer aussi remarquablement l'auteur.

La même Préface plaide pour l'ouvrage avec beaucoup plus de chaleur qu'on ne l'attendrait d'un tiers. Elle proclame, p.38, qu'il plaira 'infiniment' à ceux qui 'cherchent sincèrement la gloire de leur créateur avec leur salut', qu'il prêche une vérité 'incontestable' et la prêche 'sans intérêt'; p.38, qu'il établit d'une manière 'solide, claire et distincte' non seulement une religion, mais aussi une métaphysique, une politique, une morale. La méthode de la démonstration est exposée en des termes fort pertinents, p.39, qui rappellent, sans les copier, des passages de l'ouvrage, p.120. Toutes ces réflexions témoignent d'une grande familiarité non seulement avec la pensée de l'auteur, mais avec la démarche même de son esprit.

Mais c'est surtout lorsque le préfacier des *Difficultés sur la religion* plaide coupable qu'il évoque le plus la manière de Challe. Concédant quelque désordre dans la rédaction de l'ouvrage, quelques répétitions, il ajoute, p.39: 'Rien de tout cela ne donne atteinte à la force et à la justesse de l'ouvrage. S'il paraît un peu défiguré, ce ne sera qu'au goût d'une délicatesse excessive, ou pour mieux dire, aux petits génies qui ne sont touchés que de l'ajustement.' Pour un ouvrage tout différent, puisqu'il s'agit d'un roman, la Préface des *Illustres Françaises* propose des considérations analogues. Elle attaque les lecteurs qui ne jugent que d'après une correction toute formelle: 'Quelques lecteurs, de ceux qui ne lisent que pour chicaner un auteur sur un mot mal àpropos mis [...] en trouveront sans doute qui leur feront condamner tout l'ouvrage; mais la naïveté de l'histoire a voulu cela pour la plus grande partie, ainsi que quelques phrases qui paraîtront embarrassées.' (p.LXII).

Semblablement, l'Avertissement du *Journal de voyage*, p.56, louant l'auteur de ne pas 'se gêner', de 'laisser aller sa plume tout comme elle le voulait', applique la remarque à son style, 'très agréable et très engageant', où pourtant 'on ne laissera pas de remarquer, mais très rarement, certaines négligences qui lui sont sans doute échappées.'

La Préface des *Difficultés* prie le lecteur qui trouve 'quelque endroit plus vif qu'on ne l'attendrait' de réfléchir que l'auteur est 'un homme de guerre accoutumé à parler naturellement, qui se laisse emporter à son sujet et à la force de ses pensées' (p.39). A quoi correspondent, dans les *Illustre Françaises*, des considérations sur les réactions qu'ont provoquées des déclarations très franches d'une héroïne du roman sur le goût des femmes pour les plaisirs de l'amour (p.LXII), et, dans l'Avertissement du *Journal de voyage*, p.54, des explications peu convaincantes sur les raisons qu'on a eues, mais dont on n'a pas tenu compte, de 'faire main basse' sur quelques passages 'où la pudeur n'est pas toujours assez ménagée'.

A propos de la composition, le préfacier des *Difficultés sur la religion* évoque, p.39, 'quelques répétitions', 'certains articles [qui] auraient pu être mieux placés': mais, dit-il, 'ç'aurait été la mer à boire que de chercher à mettre ces articles dans leur juste rang'. Même aisance de la part de l'auteur des *Illustres Françaises*, p.LXIII, lorsqu'il justifie les insuffisances de sa composition:

Il ne me reste qu'un mot à dire, qui est que le commencement ou l'entrée de mon histoire est un peu embrouillé pendant quatre ou cinq feuillets: c'est que j'ai suivi, pour la liaison de mes histoires, la première idée qui m'est venue à l'esprit, sans m'appliquer à inventer une économie de roman.

Et tout comme ces menus défauts des *Difficultés* ne donnaient 'la moindre atteinte à la force et à la justesse de l'ouvrage' (p.39), de même il n'y a 'rien d'obscur et d'embrouillé' dans les diverses histoires qui constituent le roman (p.LXIII). Qui du reste autre que l'auteur aurait pu songer à donner, sur la façon de lire son ouvrage, les conseils d'une ferme et attentive pédagogie qui sont prodigués ici, p.40, aux 'personnes qui ne sont pas faites aux raisonnements un peu profonds'?

Mais sa marque apparaît encore dans d'autres traits: la brièveté des paragraphes, le caractère abrupt de leur succession, où les transitions ne sont guère ménagées, très comparable à ce qu'on trouve dans la Préface des *Illustres Françaises*; la véhémence du ton; le style enfin. C'est ainsi qu'on relève dans cette préface la fréquence des interrogations oratoires, notamment avec *pourquoi*;[52] des accumulations, qui tantôt se présentent sous les formes classiques de combinaisons de nombres pairs ou impairs,[53] et tantôt sont de véritables entassements où les nombres se bousculent, comme dans la mêlée confuse des ministres des différentes religions, p.37: 'Le pape, l'évêque, le curé, le ministre crient contre le muphti, etc.' Les deux formules se retrouvent tout au long des *Difficultés sur la religion*, et spécialement la seconde lorsqu'il est question des mêmes ministres, pp.53, 120, 133, etc.

Le préfacier dit que l'auteur a multiplié les images concrètes pour se rendre accessible 'aux plus simples génies' (p.39). Mais lui-même n'en donne-t-il pas lui-même les premiers échantillons p.37, lorsqu'il montre Jaquelot, champion du christianisme, 'jetant le gantelet, attendant, la lance en arrêt, quiconque voudra se présenter pour le démentir', ou p.38, lorsqu'il compare les apologistes chrétiens qui réclament la proscription des livres contre la religion à 'un faux monnayeur qui fuit dès qu'il voit mettre ses pièces au feu'. Il faudrait un pasticheur habile pour attraper aussi bien le ton de l'auteur du livre. Il n'est pas jusqu'à des traits de style propres à Robert Challe qui n'apparaissent dans les quelques pages de la Préface: mots familiers comme *cagot*,[54] emploi inhabituel de *défiguré*,[55] frappe de néologismes composés avec *entre-*,[56] affection pour le mot *génie* dans un emploi archaïsant,[57] usage vieillissant de *qui* pour *ce qui*,[58] opposition entre *servir Dieu* et *s'en servir*,[59] goût pour les citations latines,[60] etc.

Mais si, comme il le semble bien, la Préface est de Challe, il reste à interpréter un certain nombre d'indications qui y sont contenues, notamment celles qui concernent la biographie de l'auteur et l'état du manuscrit original.

Les premières sont assez naturelles. Le fait de parler de la 'veuve' de l'auteur s'explique immédiatement par la fiction du 'manuscrit posthume'; on trouve du reste l'équivalent dans l'Avertissement du *Journal de voyage*, qui est aussi donné comme posthume.[61] La mention de la 'grosse famille' dont elle est chargée peut, si elle est fausse, comme il est probable, n'être qu'une plaisanterie ajoutée, comme un moyen de plus de dérouter les curieux, à la 'suppression de certains traits historiques d'un grand poids' signalée en même temps, p.40. En revanche, l'allusion à la pauvreté de la veuve est sans doute pour Challe une amère préfiguration de ce qui se passera à sa mort.[62] Quant à la description de l'auteur comme 'un homme de guerre, accoutumé à parler naturellement', elle est très naturelle de la part de Challe. Si, dans ses œuvres autobiographiques, il n'a pas cherché à dissimuler qu'il n'a été qu'un 'officier de plume', il laisse aussi apparaître que cette fonction n'a été pour lui qu'un pis aller, après un engagement comme volontaire pour la campagne de Flandre de 1677 et des campagnes en Nouvelle France qui faillirent le conduire à une lieutenance du Roi en Acadie. En outre, parmi les déformations qu'il fait subir à la vérité pour corriger l'image qu'il veut léguer de lui à la postérité, on observe que, dans ses *Mémoires*, f.27r, il fait de son père un militaire, en l'espèce un garde du corps d'Anne d'Autriche, alors que celui-ci, comme l'a montré Jean Mesnard dans 'L'Identité de Robert Challe', p.921, ne fut jamais que 'juré porteur de grains' puis 'juré auneur et visiteur de toiles', charges toutes civiles évidemment. Il est d'autant plus naturel qu'il se donne pour militaire qu'il a une expérience de la guerre comportant la participation à la plus grande bataille navale du siècle, La Hougue. Dès cette époque, du reste, comme l'a souligné Gustave Lanson, le métier des armes emporte traditionnellement une grande liberté d'expression dans le domaine religieux qui s'accorde fort bien avec le personnage de l'interlocuteur de Malebranche.

Reste une question. Que penser des considérations sur la façon dont se présentait le manuscrit original et sur celle dont a été établi le texte, et spécialement du passage suivant (p.39):

On pourra trouver quelques répétitions, que l'auteur aurait peut-être rangées d'une manière qui n'a pas assez paru, mais on a mieux aimé risquer de mettre une bonne chose deux fois que de l'omettre. Peut-être remarquera-t-on aussi que certains articles auraient pu être mieux placés: le nombre des renvois et des interlignes est si grand dans l'original, il y a tant de petites pièces attachées avec des épingles, qu'il a été comme impossible de ne se pas tromper. C'aurait été la mer à boire que de chercher à mettre ces articles dans leur juste rang: il a, de nécessité, fallu donner un peu au hasard.

Quand on considère l'importance du propos de l'auteur, le fait qu'il n'est ni écrivain ni encore moins philosophe de profession, que la 'rapidité de sa plume', comme il le dit quelque part dans ses *Mémoires*, l'empêche de s'astreindre à une composition rigoureuse, on comprend qu'après avoir procédé, sans doute en plusieurs fois dans l'intervalle de ses tournées, à une première rédaction de l'ouvrage, il se soit trouvé au moment de le mettre au point devant des difficultés qu'il aborde avec la désinvolture d'un homme d'action. Dernière remarque: si le préfacier était celui qui a remanié l'original pour en faire la version M, dirait-il qu'il a préféré 'risquer de mettre une bonne chose deux fois que de l'omettre', lui qui supprime, p.221, un développement de plusieurs pages correspondant à l'extrait XLVI avec ce seul mot d'excuse, 'Je l'ai démontré ailleurs', alors que l'auteur se place ici d'un point de vue sensiblement différent?

En conclusion, nous estimons que l'auteur de la Préface, qui du reste ne prend jamais figure individuelle, et l'auteur de l'ouvrage se confondent: il en résulte que cette Préface doit être considérée avec une attention particulière. Qu'elle ait été écrite immédiatement après la première rédaction (serait-ce le 18 mars 1711, date donnée par l'édition du *Militaire philosophe*?), ou un peu plus tard, lorsque le succès des *Illustres Françaises* eut donné confiance à Robert Challe, qu'elle fût destinée à préparer une éventuelle publication, ou simplement à accompagner le manuscrit dans le cabinet de quelque curieux, tel que l'abbé Bignon, voire un familier des Vendôme,[63] elle marque le moment où le polémiste, dépassant ses problèmes de conscience personnels, assume pleinement son rôle devant la postérité.

La Lettre-dédicace à Malebranche

Nous ne disposons encore pour ce passage que du texte du manuscrit M. Il est évidemment de l'auteur. Celui-ci a dû le soigner et quoique le style en soit assez familier, il ne comporte, pas de négligence marquée. Pourtant, on n'a aucune raison de penser qu'il ait été remanié. En effet, les archaïsmes y sont nombreux. Signalons, par exemple, l'emploi de *couvercle*, p.41, au sens de couverture, en parlant d'un livre; de *suffisance*, p.42, pour capacité; d'*apparence*, *ibid.*, au sens de vraisemblance. Les faits de grammaire sont plus significatifs encore, quoiqu'ils passent inaperçus à une lecture rapide. Citons, dans l'ordre du texte, p.41, l'emploi de *lorsque* pour *alors que* ('surtout lorsque vous ne savez pas le sujet de ses visites'); de *la plupart* suivi d'un singulier, p.41 ('la plupart s'est présentée'); de *pourquoi* comme relatif, p.41 ('la raison pourquoi'), de *quelque chose* suivi d'un adjectif non précédé de *de*, p.42 ('quelque chose digne de votre attention', cf. p.80, n.II.60; la non-répétition du pronom sujet, p.43 ('J'en connais tout le beau, je suis convaincu du bon, et en vois tout le faible'); enfin, l'emploi de *si* ... *que* dans un tour positif; p.43 ('je [...] le mettrai en si grand jour qu'il vous plaira').

Le Premier cahier

Le premier cahier permet, cette fois, d'établir une comparaison entre le texte du manuscrit M et celui du manuscrit S, œuvre de l'abbé Sepher. On dispose en effet de trois extraits de ce manuscrit, courts (moins de cinq alinéas en tout) et très groupés, puisqu'ils vont de l'alinéa 45 à l'alinéa 51 compris, sur un total de 64 alinéas pour le cahier entier.

La comparaison de ces deux séries de textes ne fait apparaître que de faibles divergences, que l'on pourrait être tenté de mettre sur le compte de deux lectures différentes d'un original difficile à déchiffrer. Peut-on en déduire que le premier cahier n'a guère été révisé, et se présente donc à peu près dans son état original? Ce serait négliger une particularité du manuscrit M que personne, de Gustave Lanson à Roland Mortier, n'a encore signalée, sans doute parce que sa signification ne pouvait apparaître tant qu'on ne disposait pas du manuscrit S.

Cette particularité consiste dans la présence, dans la marge de M, d'un sigle A en face du début du second alinéa, exactement en face de la troisième ligne qui commence dans le manuscrit par *arrivé aux empereurs grecs et allemands*, et d'un B au milieu de l'alinéa 6, entre deux lignes dont l'une finit par *Louis* et l'autre commence par *Goffredy*. Pour l'interpréter, il faut la rapprocher de sept autres mentions marginales similaires composées chaque fois d'un A suivi, un peu plus loin, d'un B. Or, il se trouve que trois fois, pour les pages 173, 174 et 176, nous disposons, grâce aux extraits XXVI, XXVII et XXVIII du ms S, du moyen de comparer le texte de M avec celui de l'original; dans les deux premiers cas, il s'avère que le texte de M a fait l'objet d'un remaniement profond, et dans le troisième qu'il consiste en une addition pure et simple. On peut en conclure, avec une très grande vraisemblance, que les passages ainsi marqués par A et B correspondent à des refontes du texte original. On peut supposer qu'en général les retouches apportées par le remanieur au texte original qu'il avait sous les yeux ont été portées sur celui-ci sous les formes habituelles de suppressions par biffures, de corrections par surcharge, d'additions interlinéaires, etc.: c'est ainsi qu'a opéré le réviseur du manuscrit des *Mémoires* conservé à la Bibliothèque nationale. Mais parfois le remaniement a dû être si profond que le remanieur a dû récrire le texte sur une ou plusieurs feuilles séparées; il a alors, à l'intention du copiste, signalé par un A le moment où celui-ci devait laisser le manuscrit pour se remporter à la version remanié, et par B le moment où il devait revenir à l'original. Et le copiste aurait gardé ces signes comme repères, par exemple à l'intention d'un correcteur.

Ainsi, la présence et la fréquence relative de ces indications marginales donnent-elles une indication intéressante sur le degré d'authenticité de tel passage ou de telle partie. Encore faut-il se souvenir que lorsque la modification consistait en une suppression, il était facile de la porter sur l'original sans qu'une mention spéciale la signalât à notre attention.

De ce qui précède, on peut conclure, avec prudence, que le texte du premier cahier ne semble pas avoir été systématiquement modifié, à l'exception d'un important passage consistant en un très long alinéa (§ 2), trois alinéas de dimensions normales (§ 3, 4, 5), enfin la moitié du long alinéa 6. Mais on ne peut exclure que des suppressions y aient été opérées.

Le Deuxième cahier

Le deuxième cahier, intitulé *Première partie* et sous-titré *Examen général des religions factices*, ne comporte guère de mention marginale, à l'exception de deux séries de traits en marge, à savoir un double trait, p.96 , juste avant le paragraphe *Mais quand cent mille personnes*, un arc souligné de points, p.128, une ligne avant le paragraphe *Cette définition, dans son total*. Ce type de traits peu inclinés par rapport à l'horizontale ne figurant pas ailleurs, et les passages en question ne se retrouvant pas dans le manuscrit S, aucune indication ne peut être tirée de leur présence. Peut-être s'agit-il de repères par lesquels celui qui révisa le travail du copiste marqua l'avancement de sa besogne.

Du reste, les quatorze extraits (IV-XVII) du ms S permettent de déceler des états différents du texte de M. Les premiers extraits, comparés avec M, révèlent dans cette version un travail de condensation très sensible, portant sur différents aspects de l'original. Ainsi, par rapport à l'extrait IV, M supprime un alinéa hostile à l'athéisme; par rapport à l'extrait V, l'exemple concret de l'achat d'un 'quarteron d'épingles', détail sans doute trop familier; par rapport à l'extrait VIII, plusieurs arguments contre l'assimilation des *Commentaires* de César à l'Evangile; par rapport à l'extrait X, un long passage où l'auteur développe comment les rois manifestent leurs volontés et accréditent leurs représentants; un autre non moins étendu où sont précisés les caractères que devraient avoir les ministres des cultes s'ils étaient les ministres de Dieu; un troisième passage où Challe justifie les châtiments appliqués aux condamnés qui, de bonne foi, avaient ignoré la loi, et où il nie en même temps que Dieu puisse en agir de même à l'égard des hommes: soit au total plus de la moitié du texte; par rapport à l'extrait XI, la parabole des dix fils est abrégée, et la fin d'un développement remplacée par un *etc.*; par rapport à l'extrait XII, plusieurs détails concrets, allant de l'emploi du mot *manducation* à un alinéa entier sont supprimés. Enfin, rien ne correspond dans M à l'extrait XIII. Si l'on s'en tenait à ces extraits, on pourrait estimer que le texte de M abrège d'un tiers l'original. Mais l'examen comparé des quatre derniers extraits (XIV-XVII) et du texte de M amène à modifier cette conclusion.

En effet, M est semblable à S pour l'extrait XIV, à une omission et à une légère modification près; les deux manuscrits ont des textes très semblables pour les extraits XV et XVI; enfin l'extrait XVII, fort long, ne fait même pas apparaître les légères retouches de style dont la version M est coutumière. Pour ces passages, les suppressions opérées par M n'atteignent pas 2% de l'original, et les divergences ne dépassent pas 3 ou 4 %.

Avec les précautions qui s'imposent, on pourrait donc tenter de conclure comme suit. Tandis que les pages 59-109 du deuxième cahier portent les traces d'une révision profonde, qui a éliminé des exemples et des passages de caractère familier ou concret, les pages 124-140 semblent avoir été épargnées par le réviseur, au point qu'il aurait été fort possible de présenter le texte de S sous la forme de variantes traditionnelles, au lieu de recourir à la présentation synoptique.

Le Troisième cahier

Le troisième cahier, le plus long avec le quatrième (110 pages chacun dans l'édition Mortier, respectivement 164 et 151 pages de M) n'a pour titre qu'un grand *E* en haut et à gauche de la première page, comme si le copiste n'avait fait que commencer à calligraphier le titre. Cet *E* est le même que celui qu'on lit en tête du second cahier, intitulé, on s'en souvient, 'Première partie. Examen général des religions factices.' Lanson a proposé de lire: 'Examen de la Religion'; il faudrait plutôt compléter en 'Examen de la religion chrétienne'. On peut formuler l'hypothèse que, par prudence, l'auteur ou le remanieur aurait omis de compléter le titre de ce troisième cahier.

C'est celui pour lequel S présente le plus d'extraits, quarante-quatre (XVIII-LXI) sur un total de quatre-vingt huit, et les plus étendus: parallèles au tiers du texte de M, ils représentent en longueur la moitié de ce texte, c'est-à-dire que, par rapport à l'original, M a subi une réduction d'un tiers. On doit aussi tenir compte de sept indications fournies par les sigles A et B, qui signalent le début et la fin de passages profondément transformés dans M.

Une comparaison plus détaillée montre que les remaniements portent sur l'ensemble du texte. Les passages de M profondément remaniés se trouvent ainsi correspondre aux extraits XXXVI, XXXVII, XLVI, LI, LII, LVI, LVII et LIX. Mais les sigles A et B se trouvent tous dans la première moitié du cahier, respectivement pp.157, 165, 167, 173 (correspondant à l'extrait XXVI, passage remanié et comportant une addition), 174 (correspondant aussi à l'extrait XXVI, passage très abrégé et remanié), 176 (correspondant à l'extrait XXVII, passage consistant en une addition pure et simple), 186. Cela corrige l'impression qu'on pourrait avoir que le début du cahier aurait été moins remanié que la fin. On trouve aussi en marge de M des croix à quatre reprises, en face de *Mais les Juifs*, p.154, de *Les Mahométans...* et *Mais quand on accorderait*, p.155, de *Je n'ai jamais été content d'aucune version*, p.156. L'absence d'extraits correspondant à ces passages dans S ne permet pas d'interpréter ces signes.

En quoi consistent les modifications? Non pas en des bouleversements dans l'ordre des passages: l'ordre des extraits correspond à celui de M: aucune modification n'a donc été apportée au plan de l'auteur. Dans le détail même, les transpositions sont très rares: si, par rapport au texte de l'extrait XXII, un alinéa de M a été déplacé, p.161, c'est que la chronologie des problèmes posés par le Déluge l'exigeait.

En ce qui concerne les suppressions, la plus importante, p.221, correspondant à l'extrait XLVI, est implicitement justifiée par le réviseur qui laisse entendre que ce passage en répète un autre. Les autres suppressions ne sont pas motivées.

Les modifications, nombreuses, se rattachent à des motifs qu'on peut classer sous quelques rubriques.

1°. Sont supprimés des passages jugés trop favorables au Christ (XL, p.174, 'J'ai trop bonne opinion de sa simplicité...') ou aux premiers chrétiens (XXVI, fin, p.174; XLVIII, p.230); trop 'déistes' (XXXIII, fin, p.193; LIII, p.246, à propos des châtiments éternels); trop durs pour les moines que l'auteur voudrait voir 'vendre aux Algériens' ou les anabaptistes accusés de refuser l'obéissance au magistrat (XXXVII, p.203). Comparer le remplacement significatif d'un passage trop sévère pour les athées au IIème cahier.

2°.D'autres suppressions font disparaître les vues théologiques, philosophiques ou morales jugées trop personnelles: en faveur du pythagorisme (XLVIII, pp.230-231); contre le précepte de se haïr soi-même (XXXVI, p.201); contre la virginité, le jeûne (XXXVII, p.203); refus de tout pardon aux grands criminels (XLVIII, p.231); rejet de la notion de concupiscence (LIV, pp.247-248, passage très abrégé); assimilation des attributs de l'homme aux attributs de Dieu (LVI, pp.251-252); attaque contre la grâce, dangereuse pour la morale, éloge de la fierté humaine (LVIII, p.257); pour la prédication 'à la pélagienne' et la totale liberté humaine (LIX, p.260). Un développement contre le précepte qu'il faut aimer ses ennemis est fortement abrégé (XXXVI, pp.199-200).

3°. Praticien de métier, Challe juge sévèrement les témoignages des évangélistes ou ceux des premiers chrétiens sur les martyres, parce qu'ils ne se présentent pas dans les formes requises; il donne des conseils au Christ, voire à Dieu sur la façon dont il aurait fallu opérer les miracles de façon irrécusable, etc. Le réviseur le dispense souvent de ce rôle de conseiller juridiques de la divinité, ainsi XIX, p.148, sur la Bible; XXVIII, p.180, comment aurait dû être présentée l'Immaculée Conception; XLVI, p.223, comment Daniel aurait dû prophétiser.

4°. En politique, les idées 'réactionnaires' de Challe sont souvent censurées et atténuées: l'homme le plus digne de la félicité suprême est le 'roi digne de ce nom' (XXXIII, p.192); contre la clémence (XXXIV, pp.193-194); vigoureuse défense du droit de propriété (XXXV, p.196).

5°. Des réflexions où s'affirment les goûts personnels de l'auteur sont réformées; disparaît un passage défendant 'le plaisir de boire avec modération, celui de se défendre ou d'attaquer ceux qui nous ont fait du tort', de 's'applaudir d'avoir inventé quelque belle et bonne chose' (XXXVI, p.201); un souvenir personnel concernant la 'hauteur' des moines (XXXIII, p.192), ou un affaire avec des paysans (LVII, p.254).

6°. Plusieurs exemples tirés de l'expérience particulière de l'auteur sont éliminés, même lorsqu'ils ne sont pas donnés pour tels. Le plus remarquable est celui du 'gouverneur de place', étudié dans l'introduction, pp.15-16. L'exemple d'une fausse dénomination des mâts d'un navire est remplacé par celui d'une bévue sur les marées en Méditerranée (XIX, p.149). Une référence à une coutume propre aux pays de marais-salants disparaît (XXXV, p.196); de même, dans un domaine différent, une allusion à un fait historique ignoré du réviseur, à savoir le supplice de la 'princesse géorgienne schismatique' (XLIX, p.234).

7°. Le réviseur est sévère pour les plaisanteries de l'auteur et les pourchasse, ainsi lorsqu'il parle de parents qui 'travaillent pour eux' quand ils donnent naissance à un enfant (XXXI, p.189; comparer l'expression 'travailler à faire un troisième' dans les *Illustres Françaises*); lorsqu'il imagine de façon très drôle le Te Deum des oiseaux et des pots (XLIII, p.217) ou la transfiguration d'un paysan en évêque (LI, p.237). Ce qui n'empêche pas le réviseur d'amplifier à l'occasion une plaisanterie de l'auteur, par exemple sur les poissons du Déluge, p.159, correspondant à l'extrait XXII.[64]

Les corrections 'positives', additions comme dans le dernier exemple cité, ou substitutions, pourraient ouvrir des perspectives sur la personnalité du réviseur. Elles sont malheureusement assez peu significatives. Il en est ainsi de l'addition du nom de Mars à celui de Jupiter, p.213, ou d'Hérode à Pilate p.218; de la mention du nom de Gassendi à propos d'astronomie, p.210, ou de l'attribution à Phèdre d'une fable où l'auteur songe en fait à La Fontaine, p.250; ou même de la mention d'Odin dans une phrase interpolée, p.205, qui permet seulement de fixer un repère chronologique. Quelques additions anti-chrétiennes n'en apprennent guère davantage, comme le rappel des 'missions à la dragonne' contre les huguenots, p.245, l'attaque contre le prologue de l'Evangile selon saint Jean, p.173, l'explication de l'Epiphanie par l'avarice des prêtres ('il faut faire des présents'), p.180, ou des attaques générales contre les religions (la veuve indienne résiste aux 'menaces tonnnantes' des prêtres, p.213).

Comme, d'autre part, les aménagements apportés au style, notamment par l'élimination ou le remplacement de mots vieillis ou familiers (comme *vif-argent* remplacé par *mercure*, p.153) et par l'allègement de la phrase, participent plutôt du goût d'une époque que de préférences individuelles, on voit que même une étude attentive des modalités du remaniement n'apporte pas d'informations précises sur la personnalité du remanieur. Mais son intérêt est ailleurs; en faisant ressortir en quel sens ont été opérées les transformations apportées au texte, elle indique *a contrario* en quel sens on peut chercher à retrouver l'original lorsque nous ne le connaissons qu'à travers la version M.

En conclusion, on peut résumer comme suit les observations qui précèdent en ce qui concerne le IIIème cahier:

1°. M donne une idée assez fidèle de la démarche de l'auteur dans ses grandes lignes.

2°. Les suppressions totales n'affectent pas des passages très étendus. Si des passages plus longs sont omis, quelques phrases les résument à grands traits.

3°. A des passages presque intégralement conservés, à de menues retouches de style près, succèdent des passages fortement condensés.

4°. Les aspects les plus personnels de la pensée ou de l'imagination de l'auteur sont voilés ou supprimés. Les détails concrets ou familiers sont corrigés.

5°. Le style est rectifié suivant l'esthétique des années 1740-1750. Il devient plus abstrait, plus nerveux, moins familier, plus 'voltairien'.

En somme, c'est dans cette partie que la personnalité de l'auteur apparaît le moins au niveau du détail, quoiqu'on y reconnaisse encore son tour d'esprit et sa pensée.

Le Quatrième cahier

Le quatrième cahier est assez bien représenté dans le manuscrit Sepher par dix-sept extraits (LXII-LXXXVIII), occupant 89 pages du volume sur un total de 355. Le premier de ces extraits correspond au début de M, à l'exception d'un court alinéa de M qui ne paraît pas sur le même plan que le reste; le dernier n'est pas très éloigné de la fin (p.335), mais aucun extrait ne correspond au texte de l'Epilogue. Le titre de S semble abrégé par rapport au titre de M, lequel doit être proche de l'original (voir p.269, LXII.a).

Mais contrairement à ce que ferait attendre cette différence de titre, le texte des deux manuscrits est sensiblement le même. En comparant cette situation avec ce qu'on avait constaté pour les cahiers II et III, on en vient à penser que, cette fois, le texte de M ne résulte pas d'une révision systématique de l'original, même dans le détail. Pour ne citer qu'un exemple, peut-être minime mais significatif, tandis que dans le IIIème cahier, p.159, le remanieur remplace *devant que*, vieilli, par *avant que*, il le laisse subsister dans le IVème cahier, p.300. Il épargne aussi bien des traits de caractère, comme tel aveu presque candide ('malgré la violence qu'il faut faire à ma vivacité, à une certaine indignation et à ma paresse', p.294). Certes, les divergences sont assez nombreuses, puisqu'elles affectent environ 5% du texte. Mais en aucun cas un paragraphe ou même une phrase ne semble avoir été volontairement supprimé ou ajouté. Dans la grande majorité des cas, les divergences semblent dues à des lectures plus ou moins heureuses d'un original difficile à déchiffrer. Du reste, dans les rares cas ou les deux textes diffèrent sensiblement, par exemple p.296, var. LXXV.j, ou p.315, var. LXXXIV.d, aucun des deux n'est satisfaisant, ce qui semble indiquer que la difficulté remonte à l'original.

Pourquoi le texte de M n'a-t-il pas, cette fois, été remanié comme celui des cahiers précédents? Apparemment parce que, dans l'esprit du responsable de la refonte, seuls les cahiers II et III devaient être utilisés dans la bataille philosophique. Le système déiste n'avait apparemment pour lui qu'un intérêt secondaire. On sait d'ailleurs que d'Holbach et Naigeon l'ont écarté de leur publication. Dans ces conditions, le manuscrit original (ou n'importe quel texte le reproduisant) a dû être livré tel quel au copiste.

Quoi qu'il en soit, la similitude entre les versions M et S rend cette fois inutile la présentation synoptique: elle incite même à tenter de retrouver chaque fois qu'il est possible le texte original et à rejeter en variante le texte non retenu. Mais laquelle des deux versions, celle de M ou celle de S, faut-il alors proposer au lecteur en reléguant l'autre dans l'apparat critique, comme le suggèrerait un souci de 'cohérence'? A vrai dire, aucune des deux.

Prendra-t-on M, puisqu'il n'a pas fait l'objet d'une révision systématique? Mais l'absence d'une volonté arrêtée de transformation n'exclut pas les retouches opérées au fil de la plume par quelque lecteur ou par le copiste lui-même. Pour ne prendre qu'un exemple, la présence du nom *escroc* dans *un escroc encapuchonné*, p.308, var. LXXXII.b, ne résulte-t-elle pas d'une addition, d'autant plus qu'on lit ici *escrocq*, au lieu de la forme avec *x* qu'on trouve ailleurs pour *excroquer*? Certes, le cas est discutable; mais il est bien d'autres circonstances où M présente indiscutablement un texte qui, par rapport à S, s'avère lacunaire (p.273, var. LXIV.e; p.291, var. LXXII.b; p.309, var. LXXXII.d), médiocre (p.309, var. LXXXII.i), difficile (p.318, var. LXXXV.d).

Peut-on pour autant décider de donner la préférence à S, chaque fois qu'on dispose de son texte, bien entendu? Cette solution n'est pas plus satisfaisante que la précédente. Quoique assez fidèle, le texte de S est loin d'être parfait. Après avoir copié son texte sur l'original (ou ce qui lui en tenait lieu), l'abbé Sepher n'a procédé à aucun collationnement de contrôle. Il en résulte de nombreuses et sérieuses lacunes par 'saut du même au même'; ainsi, pour la seule page 322, deux fautes de ce type font sauter la première fois deux lignes (var. LXXXVI.c) et la seconde autant (var. LXXXVI.f), rendant le passage quasi-incompréhensible. On trouve dans le manuscrit bien d'autres lacunes du même genre, qu'il est impossible de laisser subsister dans un texte destiné à une lecture courante.

Du reste, à côté de ces imperfections involontaires, et pour ne rien dire de l'omission de quelques termes jugés insultants pour l'état ecclésiastique, comme *prêtreau*, p.282, var. LXIX.k, il est une autre cause d'infériorité pour S, nous voulons dire le système des extraits. Soit pour rendre plus clair le début d'un extrait, soit pour en renforcer la conclusion, soit encore pour supprimer des références devenues sans objet du fait qu'elles renvoient à des passages de l'œuvre qui ne sont pas donnés, l'abbé Sepher n'hésite pas à modifier, assez discrètement d'ailleurs, le texte qu'il reproduit.

Dans ces conditions, pour donner un texte qui soit à la fois lisible et aussi proche que possible de l'original, ce qui nous paraît être le devoir évident d'un éditeur, nous avons dû nous résigner à présenter un texte composite. Toutes choses égales par ailleurs, nous partons du texte de M, puisque c'est de toute façon celui qui est nécessairement donné lorsque nous ne disposons pas de S. Mais chaque fois que l'un des deux textes donne un sens manifestement supérieur, ou même chaque fois qu'il présente une *lectio difficilior*,[65] nous lui donnons la préférence en signalant bien entendu la leçon rejetée en variante. On pourra être amené aussi à tenir compte de ce que l'on sait des habitudes stylistiques de Challe. Ainsi, dans le manuscrit olographe des *Mémoires*, on s'aperçoit qu'un réviseur a, parmi les corrections qu'il apporte au texte, systématiquement pourchassé la liaison *et*, dont Challe est prodigue; jamais en revanche il ne lui arrive d'ajouter un *et*. Entre deux textes dont un seul contiendrait cette liaison, il y aurait lieu de retenir celui-ci.

6. Résumé des thèses et présentation de l'édition

La Préface, qui n'existe que dans la version M, doit être de l'auteur. Le texte ne semble pas en avoir été profondément remanié.

Il en est de même pour la lettre de dédicace à Malebranche, dont le texte n'est également donné que par M.

Le texte du Ier cahier est partiellement donné par S. La comparaison ne fait pas apparaître de remaniement systématique. Pourtant, on a des raisons de croire qu'un assez long passage de ce cahier a été refondu.

Au moins une moitié du IIème cahier et l'ensemble du IIIème cahier ont été profondément remaniés dans le sens de la condensation et de l'élimination des aspects personnels et particuliers. Pour ces deux cahiers, les textes sont présentés synoptiquement, celui de S étant à droite.

La version M du IVème cahier n'a pas été l'objet d'un remaniement exprès. Le texte que nous avons présenté, fondé en principe sur celui de M, vise dans la mesure du possible à retrouver l'original. Les variantes non retenues sont présentées dans un apparat critique en fin de volume; elles sont numérotées a, b, c, etc. à partir du début de chaque 'extrait', dont le numéro est donné en chiffres romains. La variante XIV.b est donc la seconde variante du XIVème extrait.

Dans le cas de présentation synoptique, les remarques concernant le texte sont appelées par des chiffres, comme les notes ordinaires, puisqu'elles ont un caractère de commentaire.

Il en est de même des remarques concernant le texte, lorsqu'on ne dispose que du manuscrit M. Dans ce cas, n'ont été enregistrés en principe que les corrections du manuscrit qui sont de la main du réviseur. Nous avons négligé les corrections immédiates de la main du copiste.

Nous avons aussi relevé en principe les différences entre le texte que nous présentons et celui de l'édition Mortier. Celui-ci a été établi avec beaucoup de soin; il importe que le lecteur qui disposera de cette édition en même temps que de la présente soit en état de connaître les données du problème, notamment le texte de M, en cas de divergence. Pour faciliter le passage d'une édition à l'autre, en même temps que le recours au manuscrit M, nous avons gardé, entre crochets, la pagination de ce manuscrit, qui figure également dans l'édition Mortier.

L'orthographe a été modernisée, à l'exception des noms propres et des graphies notant une prononciation différente de la nôtre; pour les details, voir la note grammaticale. On a également modernisé la ponctuation.

Les nombreuses abréviations de S, dont la page de titre donne une idée, ont été résolues, sauf *1°*, *2°*, etc. On notera qu'à *2ᵉ* de S correspond ordinairement *second* de M; cette différence n'a pas été signalée dans l'apparat critique.

Rappelons enfin qu'un commentaire suivi portant sur les thèses de l'auteur est présenté dans une postface, qu'on trouvera aux pp.361-421.

Filiation des manuscrits et éditions

La filiation des manuscrits et éditions est rappelée dans le stemma suivant, pour lequel un certain nombre de sigles ont été utilisés, à savoir:

M, manuscrit 1163 de la Bibliothèque Mazarine

S, manuscrit Sepher de la Bibliothèque publique de Leningrad

1192, manuscrit 1192 de la Bibliothèque Mazarine

1197, manuscrit 1197 de la Bibliothèque Mazarine

éd. 1768, édition de Naigeon et d'Holbach (Londres [Amsterdam, Marc-Michel Rey] 1768 [1767])

éd. Mortier, édition de Roland Mortier (Presses universitaires de Bruxelles, Bruxelles 1970)

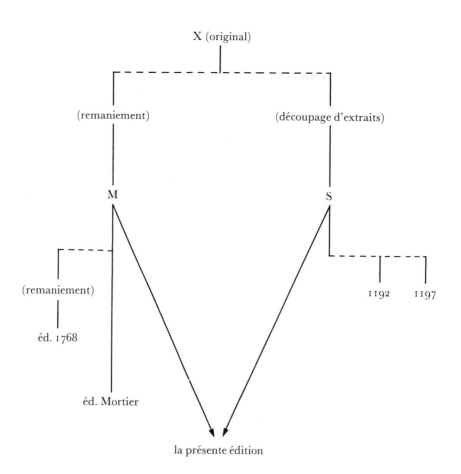

Conventions

Dans la présentation synoptique, rappelons que M est à gauche, S à droite. Lorsqu'un paragraphe doit être interrompu pour faire apparaître une concordance avec le texte correspondant de l'autre manuscrit, l'interruption est signalée par le sigle → . Lorsque le texte du paragraphe interrompu réapparaît, il figure en début de ligne, sans retrait.

Dans la présentation non synoptique (cahiers I et IV), le début d'un extrait est signalé par le sigle ‖ suivi de l'appel *a* renvoyant à une note critique qui donne le numéro de cet extrait. Pour le début du IVème cahier seulement, l'appel *a* renvoie au titre de S, et le début de l'extrait LXII, qui commence quelques lignes plus loin, est signalé par l'appel *b*.

Les paragraphes des originaux ont été respectés, sans que l'on se fasse d'illusion excessive sur leur signification. Il semble en effet qu'au moins à certains moments le copiste de M aille à la ligne chaque fois qu'il introduit une phrase commençant par une majuscule. Quant à S, des blancs au milieu de la ligne semblent parfois devoir être interprétés comme des indications d'alinéas.

Abréviations courantes

Les œuvres de Robert Challe sont désignées en abrégé comme suit:

Journal de voyage (parfois *Journal*): *Journal d'un voyage fait aux Indes orientales (1690-1691)*, par Robert Challe, écrivain du Roi, texte intégral, établi avec introduction et notes par Frédéric Deloffre et Mélâhat Menemencioglu (Paris, Mercure de France, 1979).

Mémoires: *Mémoires de Robert Challe*, manuscrit Na. Fr. 13799 de la Bibliothèque nationale. Il est renvoyé aux folios de ce manuscrit, qui seront indiqués dans l'édition en préparation des *Mémoires*.

Illustres Françaises: *Les Illustres Françaises*, édition critique publiée avec des documents inédits par Frédéric Deloffre (Paris, Société d'Edition les Belles Lettres, 1959), 2 vol. à numérotation suivie.

Correspondance: Frédéric Deloffre, 'Une correspondance littéraire au début du XVIIIème siècle; Robert Challes et le *Journal littéraire* de La Haye', *Annales Universitatis Saraviensis* (1954), pp.144-182.

Suite du *Don Quichotte*: *Continuation de l'histoire de l'admirable Don Quichotte de la Manche. Tome VI. et dernier*. A Lyon, Chez Thomas Amaulry, rue Mercière, au Mercure Galant. M.DCCXIII. Avec privilège du Roy. Exemplaire de l'université Harvard (un autre à la Bibliothèque municipale de Barcelone).

Ouvrages de référence sur Challe:

Jean Mesnard, 'L'identité de Robert Challe', *Revue d'histoire littéraire de la France*, 79 (1979), pp.915-939

Frédéric Deloffre, 'Robert Challe, père du déisme français', *Revue d'histoire littéraire*, 79 (1979), pp.947-980.

Mélâhat Menemencioglu, 'Gallouin-Don Juan, une clé pour Robert Challe', *Revue d'histoire littéraire*, 79 (1979), pp.981-993.

Œuvres de Malebranche: Elles sont citées d'après l'édition des *Œuvres complètes* publiée sous la direction de M. André Robinet (Paris, Vrin). Ce sont notamment *De la Recherche de la vérité*, t. I et II, et les *Entretiens sur la métaphysique et sur la religion*, t. XII-XIII. Les numéros de pages que nous indiquons pour ces deux ouvrages sont respectivement ceux des éditions de Paris, Michel David, 1692 et de Paris, Michel David, 1711; ils figurent en italique dans l'édition Robinet.

Œuvres de Pascal: Il ne pouvait être question, sauf cas particulier, de citer les *Pensées* de Pascal autrement que dans l'édition de Port-Royal, la seule que Challe pût connaître. Les numéros de chapitre et d'alinéas que nous donnons sont donc relatifs aux *Pensées de M. Pascal sur la religion et sur quelques autres sujets*; les numéros de pages renvoient spécialement à l'édition de Paris, Guillaume Desprez et Jean Desessartz, 1714, avec Approbation et Privilège du Roi. Le contenu de cet ouvrage et celui de l'édition de 1678.

Œuvre de Bastide: L'indication 'Bastide, p....' renvoie à un classique de l'apologétique chrétienne que Challe semble avoir souvent en vue: l'abbé Louis Bastide, *L'Incrédulité des déistes combattue par Jésus-Christ* (Paris, J. de Nully, 1706), 2 vol. in 12°.

Notes

Rappelons que les notes critiques sont appelées par des lettres numérotées par extrait. Les autres notes sont appelées par des chiffres numérotées par parties, à savoir l'introduction (sigle int.), la Préface (sigle P), la Lettre-dédicace (sigle L), les quatre cahiers (sigles I, II, III, IV), la postface (sigle pf.). Toutes les notes sont à la fin du volume.

Un nom figurant entre parenthèses à la fin ou dans le corps d'une note signale une dette de reconnaissance. L'abréviation F.R. désigne M. Francis Renault, auteur de l'article intitulé 'Le militaire philosophe et le père Malebranche', dans la *Revue d'histoire littéraire*, 79 (1979), pp.1019-1024.

Difficultés sur la religion
proposées au père Malebranche

Préface

Il est aisé de juger de l'esprit de l'auteur de cet ouvrage, par le mérite de la personne à qui il s'adresse pour être éclairé; et du fond de son cœur, par la manière dont il lui parle dans sa lettre. Sa morale prouve assez son humanité, sa candeur, et sa droiture; et sa sincère persuasion de l'immortalité de l'âme, et de l'existence d'un Dieu libre, agissant pour une fin, punissant le crime et récompensant la vertu, avec tout ce qu'il traite sur ce qu'emporte cette persuasion, convainquent incontestablement de sa vraie religion et de sa solide piété.

Les ecclésiastiques ne manqueront pas de crier qu'il paraît un livre impie, exécrable, rempli de blasphèmes, et qui ne peut être que l'ouvrage d'un démon sorti des enfers; qu'on veut ouvertement saper les fondements de la religion par le pied. Ils fulmineront, ils remueront ciel et terre, ils étourdiront le peuple, ils intéresseront les grands, et mettront tout en rumeur, en trouble et en confusion. Au fait, ce démon était un des plus honnêtes hommes qui fût au monde, aimé de tous ceux qui le connaissaient et estimé de tous ceux qui ont eu affaire à lui.[1] Le livre ne dit pas un mot qui ne respire la gloire de Dieu, et l'équité, unique source du bonheur des hommes: mais les ecclésiastiques appellent saints ceux qui leur font du bien; quiconque [2] se récrie contre leurs fourberies et leurs exactions, est un diable incarné.

On attaque les fondements de la religion; eh pourquoi non? ces Messieurs les attaquent bien, ils blasphèment bien. Les théologiens de chaque religion n'attaquent-ils pas les fondements de toutes les autres; ne traitent-ils pas leurs dieux de démons; leurs simulacres, d'idoles; leurs prophètes, d'imposteurs; et leurs prêtres de séducteurs?

Il y a donc un droit général de combattre toutes les religions, ou toutes ont tort de s'entrechoquer. Si les ministres de religion n'avaient pas plus d'intérêt à soutenir leurs lois, leurs dogmes, et leurs préceptes, qu'on en a à les suivre, ils ne feraient pas si grand bruit. Le pape, l'évêque, le curé, le ministre crient contre le muphti, l'iman contre le bonze, et le talapoin contre le rabbin; le rabbin crie contre le pape, l'évêque, le curé, le muphti, le bonze et le talapoin; le muphti contre le pape, le rabbin et le talapoin. Le bonze et le talapoin crient contre le pape, le rabbin et le muphti, tous s'entrefoudroient. Pourquoi le philosophe, l'homme sage et sans prévention, ne criera-t-il pas contre ces gens-là? quel droit chacun d'eux a-t-il que celui-ci n'ait pas? Voyons qui a tort, voyons qui se plaint avec raison, voyons qui prêche la vérité.

Ces fondements qu'on vante sont bons ou mauvais. S'ils sont bons, ils n'ont rien à craindre; s'ils sont mauvais, pourquoi l'univers ne secouera-t-il pas un joug si injuste [3] et si pesant?[2] Par quelle raison ne se bornera-t-on pas à ce qui est réellement à la gloire de Dieu, nécessaire au salut des hommes et utile à leur tranquillité?

M. Jacquelot[3] en a agi en homme de bien; convaincu de sa croyance, champion du christianisme, il jette le gantelet, et attend, la lance en arrêt, quiconque voudra se présenter pour le démentir. Il propose ses preuves, et invite tout le monde à fournir ses objections, promettant de ne point se prévaloir en faux brave des avantages de la religion régnante, de n'exposer personne à la malignité des cagots, ni à la rigueur des lois extorquées par les ecclésiastiques; un honnête homme ne peut agir autrement, et un tel procédé fait plus d'honneur à la religion, que tout le faste avec lequel on la prêche, et l'autorise bien mieux qu'un million de sentences de l'Inquisition.

Spinosa[4] emploie sa rare subtilité à établir l'athéisme, et ce qui est encore plus pernicieux, la fatalité et la nécessité des actions des hommes, par conséquent la licence pour tout ce qu'il y a de plus abominable; cependant il est imprimé et est assez commun; à la vérité il est défendu, mais avec le respect dû aux Princes et aux Puissances, il eût été peut-être mieux de n'en rien faire. Ses principes sont manifestement faux ou arbitraires, il se contredit partout sur le chapitre de la liberté qu'il suppose en mille endroits, quoiqu'il la nie positivement.

Le remède contre les écrits qui blessent la religion qu'on fait profession de croire véritable et seule bonne, est d'y répondre solidement, et de n'en point permettre la vente et la publication sans la réponse et prétendue réfutation. Cette précaution est judicieuse et suffisante; loin de la craindre, on la demande au nom de Dieu.

[4] Les proscriptions des livres font bien plus de tort à la religion que tous les écrits imaginables. C'est dire en propres termes qu'on prône une fausseté qui ne peut soutenir le moindre examen, comme un faux monnayeur qui fuit dès qu'il voit mettre ses pièces au feu.

Les écrivains protestants insultent les papistes, sur ce que leurs objections leur font tant de peur, qu'ils ne veulent pas seulement qu'on les voie dans les controversistes, quoique la réponse les suive, puisqu'eux-mêmes avertissent que s'il se présente quelques livres qui attaquent les fondements de la religion chrétienne, loin d'en faire le détail, ils n'en annonceront pas même le titre.

N'est-ce pas se laisser aveugler par ses préjugés, ou par son intérêt? Ils s'étendront sur tous les écrits qui renversent les fondements de toutes les religions, sauf la leur; *propria dissimulans, cur aliena notas?*[5] C'est une injustice criante, l'effet de l'amour-propre contre lequel on fait tant de bruit, ou plutôt du lâche et sordide intérêt, au moins du brutal esprit de parti. N'est-ce pas avouer que les fondements de la religion chrétienne en général sont de la même solidité que ceux du papisme en particulier, que les chrétiens sentent leur faible, comme le Pape le sien, n'ayant que la ruse pour engager, et la violence pour retenir.

Au reste, le présent écrit ne peut nuire qu'à ceux qui ne s'embarrassent pas de servir Dieu, mais qui sont dévorés du zèle de s'en servir,[6] qui veulent être respectés sans mérite, commettre toutes sortes de crimes avec impunité, et vivre dans l'opulence et les plaisirs, sans travail et sans soin. Cet ouvrage plaira infiniment à ceux qui cherchent sincèrement [5] la gloire de leur créateur avec leur salut; il prêche la pure vérité incontestable, il la prêche sans intérêt; il ne demande point de dîmes, de gages, d'honoraires, de pensions, d'annates etc. Il justifie parfaitement la justice divine, et ôte tout prétexte aux scélérats de s'excuser, ou de vivre dans leur maudite sécurité.

Il établit d'une manière solide, claire et distincte, ce dont toutes les religions conviennent obscurément; il ne tend qu'à retrancher les funestes effets du fanatisme, de la fourberie, de l'orgueil, de l'avarice, de l'ambition et de l'esprit tyrannique.

L'auteur n'en est pas demeuré là; outre qu'il rend sensible la crainte de Dieu, et la plus pure morale, il lève toutes les difficultés sur la Providence, la Prescience, la justice, la miséricorde et la bonté de Dieu, et sur la Prédestination; il fait disparaître toutes les contrariétés qu'on veut trouver dans la nature humaine, il explique le bien et le mal moral et en outre la cause, il fait voir l'injustice des plaintes qu'on fait contre la distribution des biens de la fortune, il établit le libre arbitre d'une manière incontestable et sur des démonstrations palpables, qui finiront toute dispute et mettront cette vérité hors de toute atteinte; et tout cela par[7] un petit nombre de principes clairs et dont personne ne peut disconvenir.

Le nom de démonstration qu'il donne à ses preuves dans le deuxième cahier n'est point une usurpation ou un abus de termes, comme dans bien des écrits, dont les auteurs n'ont jamais eu l'effronterie de réduire en syllogismes les impertinences qu'ils débitent pour preuves. Celles que l'on verra ici sont de véritables démonstrations en forme. La méthode en est plus facile que la commune; il commence par proposer une vérité claire et incontestable qu'il détaille, qu'il tourne de tous sens pour en **[6]** faire pénétrer la force et la mettre au grand jour; puis il prend cette vérité pour la majeure d'un syllogisme.[8]

Chacun de ses arguments est fini et absolu, sans avoir besoin de rappeler les autres par un enchaînement pareil à celui des géomètres, qui est à la vérité quelque chose d'admirable, mais que peu de gens peuvent suivre, par conséquent mal convenable à une matière que les personnes doivent entendre. C'est ce qui a engagé l'auteur à semer son travail d'une infinité de comparaisons à la portée des plus simples génies, dont on admirera la parfaite justesse.

Heureux l'état, heureuse la république, où régnerait la religion qui fait la matière du dernier cahier; heureux le prince qui s'y tiendrait et dont les sujets n'en auraient point d'autre. Heureux les particuliers qui la professeraient, et qui vivraient avec ceux qui y seraient fidèles. On pourra trouver quelques répétitions, que l'auteur avait peut-être rangées d'une manière qui n'a pas assez paru, mais on a mieux aimé risquer de mettre une bonne chose en deux façons que de l'omettre. Peut-être remarquera-t-on aussi que certains articles auraient pu être mieux placés: le nombre des renvois et des interlignes est si grand dans l'original, il y a tant de petites pièces attachées avec des épingles, qu'il a été comme impossible de ne se pas tromper. Ç'aurait été la mer à boire que de chercher à mettre ces articles dans leur juste rang; il a, de nécessité, fallu donner un peu au hasard.

Rien de tout cela ne donne la moindre atteinte à la force et à la justesse de l'ouvrage. S'il paraît un peu défiguré, **[7]** ce ne sera qu'au goût d'une délicatesse excessive, ou pour mieux dire, aux petits génies qui ne sont touchés que de l'ajustement. La véritable beauté les passe; il peut aussi être arrivé que ces articles sont de nouvelles pensées que l'auteur a jetées à peu près où elles pouvaient convenir, ce qui a d'autant plus d'apparence qu'ils sont négligés.

Si l'on trouve le tout trop affirmatif par rapport au titre, et quelque endroit plus vif qu'on ne s'attendait, le lecteur doit faire réflexion qu'un homme de guerre, accoutumé à parler naturellement, n'a pas les ménagements et les précautions d'un homme de cabinet. Il oublie ce titre, et se laisse emporter à son sujet et à la force de ses pensées; peut-être aussi que ces endroits si vifs, et même durs, eu égard à la qualité de la personne à qui on parle, n'ont point été employés dans la copie donnée au P. Malbranche, soit que l'auteur les ait omis par respect, soit que ce soit de ces morceaux ajoutés comme nous venons de conjecturer.

On finit en avertissant[9] le lecteur qu'on a cru devoir retrancher certains traits historiques d'un grand poids, mais qui auraient pu caractériser l'auteur et attirer bien des maux à une pauvre veuve, chargée d'une grosse famille, à qui le père n'a guère laissé que l'honneur. Que n'a-t-on point à craindre de la soupçonneuse cruauté de l'Inquisition?

Les personnes qui ne sont pas faites aux raisonnements un peu profonds et aux matières en quelque façon abstraites, qui n'ont aucune entrée dans les sciences exactes, trouveront bon qu'on les avertisse qu'ils doivent lire ce livre non en le dévorant pour ainsi dire, mais doucement, par pauses et à diverses reprises; qu'ils se bornent à une vingtaine **[8]** de feuillets plus ou moins, autant que cela peut renfermer une espèce d'unité de matière.

Si on se laisse emporter à l'ardente curiosité, ou à un certain point qu'on cherche, on en est si occupé que tout le reste échappe; quoique les yeux parcourent toutes les lettres et toutes les lignes, l'esprit n'est point frappé du sens qu'elles renferment, on se trouve au bout de sa lecture embarrassé d'idées confuses, et point instruit d'une manière claire et convaincante, qui est l'effet que doit produire un écrit tel, et du caractère de celui-ci.

Le meilleur, au moins le plus sûr, est de lire deux fois le livre entier: la première, épuiser[10] et contenter cette ardente curiosité qui est une passion. La deuxième est toute pour la raison, et cette passion n'embarrasse plus.

[9] Difficultés sur la religion proposées au P. Malbranche

M. R. P.

Prétendre vous entretenir serait une témérité que je n'ai pas. Des heures aussi précieuses ne s'accordent pas à un inconnu, surtout lorsque vous ne savez pas le sujet de ses visites. Mais j'espère que vous voudrez bien jeter les yeux sur ces petits cahiers[1] qui contiennent mes difficultés sur la religion, et par conséquent que votre charité ne peut refuser,[2] à moins qu'elles ne fussent indignes de la sublimité de votre génie, ce que je n'appréhende pas. Je suis aussi tranquille sur la faiblesse de mon style, et sur mon peu d'érudition. Un esprit d'une si rare élévation, d'une pénétration et d'une profondeur si extraordinaire, l'auteur de *La Recherche de la Vérité* ne la[3] méprisera pas pour être exposée sans art. Le métier que je fais ne m'a pas permis de faire un grand progrès dans les lettres, mais j'ai sujet de me croire un peu de bon sens et de discernement. Jugez-en, M.R.P., par ce petit endroit. Etant encore assez jeune, et à même de beaucoup de livres d'histoires, de relations de voyages, de comédies, de romans, j'ai lu avec avidité *La Recherche de la Vérité*;[4] je l'ai relue, contre mon génie et ma coutume, j'étais ravi d'admiration et cependant je trouvais des articles où il me semblait que le grand Père Malbranche s'oubliait, lui et ses principes.

[10] J'aurai l'honneur de vous communiquer ces petites remarques quand il vous plaira, j'espère même qu'elles vous paraîtront plus plausibles que venant d'un docteur en forme, que la jalousie pique souvent plus que l'amour du vrai et du juste. Elles partent d'un esprit sans érudition, et plus prévenu que personne du monde de votre mérite. Ainsi, ce ne peut être que l'effort de l'instinct naturel, ou plutôt la raison toute pure; si ce n'est une illusion, il en sera de même de tout ce que je mettrai ici en œuvre. Je puis assurer V.R. qu'il n'y aura rien qui ne me soit venu naturellement, je n'ai jamais vu seulement par le couvercle le Spinosa ni aucun autre livre de pareille espèce, ni de sociniens, ni de déistes.[5] J'ai même évité de lire ces sortes de livres quand il s'en est trouvé quelqu'un sous ma main. Et je souffrais quand je rencontrais dans d'autres quelque chose qui en approchait. Je n'ai pas seulement voulu jeter les yeux sur un Lucrèce qu'un de mes amis me laissa il y a quelques mois.[6] Le peu de lecture que j'ai n'a pu que donner occasion à quelques-unes de mes pensées. Je n'en emploierai pas une de celles que je puis tenir d'autrui par la lecture et par les conversations.

Ce n'est pas que je prétende ne rien dire que de neuf; au contraire, je suis persuadé que la plus grande partie a été dit ou pensé par bien d'autres, mais je ne l'ai pas appris d'eux. La plupart s'est présenté de soi-même et la méditation a fourni le reste.

Il semble que c'est le caractère de la vérité de s'offrir naturellement et sans recherche à tous les esprits; il n'y a nulle raison pourquoi la fausseté viendrait ainsi se présenter d'elle-même et pourquoi plutôt l'une que l'autre.

Il est bien vrai qu'en examinant une question on peut prendre le change en se laissant trop frapper d'une des faces du sujet. [11] Mais quand, sans y penser et à la seule occasion de ce sujet, une idée claire paraît tout à coup, ce ne peut être que la vérité.[7]

Tout ceci, M.R.P., n'est point un trait de vanité, c'est seulement pour encourager votre Révérence à passer le premier feuillet par l'espérance de trouver quelque chose digne de votre attention.[8] Je présume que vous vous trouverez assez engagé à une réponse lorsque vous ferez réflexion que je ne suis pas le seul que ces difficultés aient frappé et ébranlé. Je vous avouerai ingénûment, M.R.P., que ma foi est en grand risque si le père Malbranche ne me satisfait pas. Je n'attends rien des hommes nés et à naître. Au reste, je proteste devant Dieu que je crois, crains et reconnais pour mon créateur et mon juge, que quoique tout ce que je vais dire me paraisse très solide, j'en souhaite de tout mon cœur la réfutation. Je dis bien davantage. Si vous pouvez, M.R.P., mettre les choses en équilibre, que vous me payiez de bonnes raisons capables de balancer les miennes, quoiqu'elles ne les détruisent pas tout à fait, la force de l'éducation, appuyée de la bonne opinion de votre suffisance,[9] l'emportera. Mais je ne me paierai pas de contes, d'exclamations, d'autorités, d'allégories, ni d'autres preuves de catéchistes et de missionnaires.[10]

Je sais, M.R.P., que sur tout autre sujet je serais un extravagant avec un pareil préambule, mais en matière de religion on met tout en usage, et lorsque vous avez bien dit que l'on ne pouvait s'assurer de la réalité des corps que par l'Ecriture sainte, que vous avez trouvé J.C. ressuscité glorieusement dans une fourmi devenue papillon,[11] que vous avez apporté comme une bonne preuve de ce qu'on nous prêche le consentement de tant de personnes à des choses incroyables, de quoi n'est point capable le plus grand génie pour soutenir une telle cause?

Les préjugés et l'engagement font trouver tout de mise; ce qui a quelque mauvaise apparence est une conviction. On trouve [12] passable ce qui paraît ridicule à toute personne sans prévention. Vous avez, M.R.P., tant d'exemples de pareilles faiblesses, et de noms si révérés, auxquels vous pouvez mêler le vôtre sur ce chapitre, que votre réputation ne court aucun risque pour cela. Tout le monde dit que le grand P. Malbranche parle là en prêtre chrétien, et en théologien; il ne parle pas en gentilhomme incapable de déguisement, ni en philosophe qui n'apporte pas des fadaises pour des raisons.

Ne vous jetez pas non plus, M.R.P., sur ces lieux communs de libertinage et de corruption de cour, car outre que chaque religion peut faire le même reproche à l'autre, que les juifs peuvent dire aux chrétiens qu'ils ont déserté pour éviter la circoncision, pour manger toutes sortes de viandes etc., pour que ces arguments eussent quelque apparence, il faudrait que les sectateurs d'une religion factice valussent mieux que les sauvages et que les philosophes. Eh! quelle différence, bon Dieu!

J'appelle religions factices toutes celles qui sont artificielles, qui sont établies sur des faits, et qui reconnaissent d'autres principes que ceux de la raison et d'autres lois que celles de la conscience.[12] Ce ne sont point les scélérats, les tyrans, les exacteurs, les traîtres, les assassins, les empoisonneurs qui se révoltent contre les religions, ils en ont mêmes sentiments que les autres; ils sont même assez communément dévots jusqu'à la superstition. Ce sont les gens de bien, qui aiment la vertu et l'honneur, qui écoutent leur conscience et leur raison, qui se voient avec horreur engagés dans des opinions ridicules et funestes.

A mon égard, j'ai été non seulement chrétien, catholique à brûler, mais dévot et diseur d'*obsecro*, d'allégresses, d'oraisons de Ste Brigitte[13] etc., et en même temps tout des plus débauchés,[14] au lieu que présentement que je mène une vie réglée et quasi exempte de passions, je sens bien qu'il n'y a que la force de [13] l'éducation qui agit; je serais de même payé du paganisme le plus abominable.

Je finis en avertissant V.R. qu'en me disant sans érudition, j'entends par comparaison avec les savants, les critiques, les gens qui font leur métier de l'étude, car si je suis bien au-dessous de ces Messieurs, je suis aussi un peu au-dessus du manant. J'ai lu la Sainte Ecriture entière.[15] J'ai quelque teinture de l'histoire, je suis un peu physicien et ai quelque entrée de mathématiques,[16] en sorte que j'entendrai tout ce qui sera solide, quelque sublime qu'il soit.

J'ai lu votre *Métaphysique*,[17] M.R.P., et vos *Conversations chrétiennes*.[18] J'en connais tout le beau, je suis convaincu du bon, et en vois tout le faible. Si le grand Père Malbranche n'avait été que philosophe, il ne serait pas tombé en tant de cas que je n'ose appeler par leur nom. Platon se serait répandu en petitesses, en puérilités, en mystérieuses fadaises, s'il avait voulu accorder la théologie de son pays avec les sentiments qu'il avait de la divinité.

Il faut encore que je supplie V.R. de n'être pas choquée des termes qui pourront m'échapper. Je prends un personnage libre, indifférent et dégagé de tout respect politique; un personnage de pure nature, un personnage de sauvage, qui n'a l'esprit barbouillé d'aucune prévention ni supposition. Je me regarde, M.R.P., comme élevé avec vous dans un désert, avec une mère muette, sans autre guide que notre raison, et autre instruction que nos réflexions et méditations.

Après cela, M.R.P., le scandale n'est point à craindre. Le P. Malbranche n'est point un esprit faible, et cet écrit ne vous passera point, à moins que vous ne le jugiez digne d'une réponse publique, auquel cas il en faudrait donner une copie fidèle en entier avec la réfutation à chaque article. Comme je vous conjure au nom de Dieu de me la faire, ce sera lui qui [14] récompensera vos peines.[19] Pour moi, je ne puis vous offrir que mon respect et la reconnaissance infinie avec laquelle j'aurai l'honneur d'être toute ma vie, de votre Révérence, M.R.P., le très humble et très obéissant serviteur.

S'il y a quelque chose d'obscur et trop serrée, je l'étendrai et le mettrai en si grand jour qu'il vous plaira. Je me retiens de crainte d'alarmer votre patience, et d'ailleurs la longueur du travail me fait peur, mais s'il n'y avait qu'un ou deux points à épuiser, je le ferais certainement avec plaisir, et je les pousserais sûrement jusqu'à leur fin.

[1] Premier cahier
Contenant ce qui m'a fait ouvrir les yeux[1]

La première chose qui m'a choqué dans notre religion est la puissance du Pape. Dès mes plus tendres années, je n'entendais pas lire une gazette, que lorsque l'on en était à ces différends ordinaires entre la Cour de Rome et les Etats catholiques, je n'entrasse en une indignation qui aurait mis en poudre Pape, clefs et tiare, si j'en avais eu le pouvoir. Je ne pouvais comprendre la faiblesse des souverains de se faire volontairement esclaves d'un malotru que le dernier des hommes peut mépriser impunément. Il en était de même lorsque j'entendais parler de dispenses de mariage, d'excommunications, de détrônement, d'interdits de royaumes, etc. Mais ç'a été bien pis quand j'ai vu de mes yeux[2] le faste, l'orgueil, la débauche, la vanité, l'avarice, les intrigues et la politique de cette cour; quand j'ai su ces annates pour les bénéfices,[3] ce tarif d'absolutions, ce dogme tant pratiqué d'enfreindre ses serments et de ne tenir aucun compte de sa parole; enfin, quand j'ai su que cette Sainteté si révérée était souvent un vieux[4] mangé de goutte et pourri d'ulcères, qui suivent les plus infâmes maladies, donnant ou refusant tout au gré de l'avarice de sa concubine, laquelle même durant ses délices décidait souverainement sur toutes sortes de matières, se trouvant ainsi l'oracle du Saint-Esprit.[5] Ensuite se présenta l'Inquisition et toutes les violences dont on use pour soumettre les gens, sous prétexte de religion, et priver le genre humain de toute liberté; la cruauté qu'on pousse jusqu'à se faire une fête des exécutions et de voir [2] rôtir vifs des malheureux et des innocents,[6] tandis qu'on traite de tyrans abominables ceux qui en font bien moins et avec plus de justice, car à l'égard des anciens empereurs, il n'y a point de comparaison à faire: on venait leur apporter une nouveauté qui mettait le trouble et la discorde partout, qui les tirait d'un état où ils se trouvaient fort bien.[7] Dès qu'on a été les maîtres, on a renoncé aux beaux principes qu'on leur prêchait, et on a forcé les Romains à quitter cette religion sous laquelle ils avaient conquis et conservé l'empire de l'univers. Cette religion était fausse, nous examinerons la nôtre. Quant aux païens d'à présent, quel tort ont-ils de se défaire de gens qui viennent renverser des lois et des coutumes avec lesquelles ils vivent en paix, pour leur en apporter qui sèmeront la haine et la discorde, et les rendront esclaves de mille marauds?

Je voudrais bien qu'on instruisît l'Empereur de la Chine de ce qu'il fait en souffrant nos missionnaires;[8] qu'on lui apprît ce qui est arrivé aux empereurs grecs et allemands[9] et comment on a traité un roi d'Angleterre et un comte de Toulouse; quel a été le sort des rois de l'Amérique;[10] qu'on lui fît connaître que rien que la puissance de son empire ne le met à l'abri d'un pareil traitement, sur lequel il peut infailliblement compter dès que la plus grande partie de ses sujets sera infectée du papisme, où l'on soutient que tout est juste et que les seuls papistes sont justes. Ils prêcheront hardiment que tout leur appartient de plein droit, comme leurs docteurs l'ont écrit et décidé; par conséquent, qu'ils peuvent s'emparer de tout ce que possèdent quelques sortes de gens que ce soit; qu'on l'instruisît qu'il s'élèvera vingt mille républiques dans ses Etats dont les biens et les personnes seront hors de sa juridiction et pour lesquels il sera obligé d'avoir plus d'égards et de ménagements **[3]** qu'ils n'en auront pour lui; qui soutiendront hautement qu'ils peuvent le priver de la vie et de l'Empire s'il n'est pas de leur opinion sur toutes leurs fantaisies, sans que lui, pour quelque cause que ce soit, puisse seulement leur faire la moindre correction; que ces gens-là se diront exempts de toutes charges publiques, posséderont les plus beaux biens et lèveront sur le peuple plus d'impôts, le laissant seul chargé de toutes les dépenses de l'Etat et d'aller courir les risques et les fatigues de la guerre pour les mettre à couvert de leurs ennemis, tandis que ces Messieurs seront à table, au lit, à se promener dans leurs superbes jardins, ou à séduire les femmes et les filles des malheureux qui courront s'exposer pour leur défense; qu'on lui fît voir au doigt et à l'œil[11] qu'il faudra qu'il sorte tous les ans plus de dix millions de son Empire, pour aller à Rome, pour acheter des provisions d'évêques et d'abbés, des dispenses de mariages, des absolutions, indulgences, etc. Et enfin que le Pape le déclare ennemi de Dieu, par conséquent déchu de son trône, et ses sujets déliés du serment de fidélité qu'ils lui doivent, moyennant lequel arrêt il ne lui restera seulement pas des domestiques et qu'il sera réduit à courir pieds nus, présenter les épaules aux étrivières.[12] Ces missionnaires, ces apôtres ont tant de bonne foi qu'ils se garderont bien de prêcher ces vérités. Ils font les chattemites, les doucereux et les humbles en attendant l'heure de montrer les griffes et les dents. Il faudrait aussi instruire le peuple que ces gens qui crient à pleine tête qu'aucun intérêt ne les mène ne les auront pas plus tôt gagnés qu'ils demanderont la dixième partie de leurs revenus, de leurs travaux et de leur **[4]** industrie, ne les marieront que pour de grosses sommes[13] et les contraindront à se faire enterrer à grands frais, qu'ils leur défendront les choses les plus essentielles et les plus naturelles, afin de leur en vendre la dispense;[14] qu'ils leur enlèveront leurs femmes et leurs filles, qu'ils les violeront, les massacreront, sans qu'ils en puissent espérer aucune justice.

Mais ces Juifs, ces hérétiques sont dans leur pays, ils sont dans leur propre bien. De quel droit peut-on les violenter dans leurs consciences, les poursuivre avec le fer et le feu et par des voies abominables, contraires à la nature, à la raison et aux règles de justice reconnues de toutes les nations?[15] Ces gens sont bons sujets, bons citoyens; tout leur crime est de ne pas subir les lois tyranniques que l'orgueil et l'avarice des gens d'Eglise ont imposées.

Tout le train des ecclésiastiques en général (par lequel on voit manifestement que ces mystères si révérés ne sont que des nasses tendues pour pêcher les richesses et les grandeurs) m'émut infiniment. Ils ont l'impudence de prêcher la pauvreté, regorgeant de biens; l'humilité, au comble des plus glorieux états; le désintéressement, prenant à toute main où il ne leur est rien dû, et cent fois plus qu'il ne faudrait quand il leur appartiendrait quelque salaire, se faisant payer d'avance avec la dernière rigueur,[16] ce que ne font pas les plus misérables manœuvres; la sobriété et la frugalité, au milieu des festins continuels, des tables abondantes et délicieuses; la simplicité, dans les palais superbes, avec des équipages magnifiques et des armées de serviteurs. Il ne faut pas être d'une humeur bien soupçonneuse pour croire que telles gens sont des fourbes; mais on ne peut s'en laisser **[5]** piller et gourmander sans être bien insensible, bien paresseux et bien lâche.

Je fis après cela réflexion sur toutes ces cérémonies en si grand nombre, et telles que je reconnaissais[17] chez les Grecs et chez les Romains païens, dans mes leçons de classes; j'ai depuis vu le reste chez les idolâtres indiens et américains, j'y ai trouvé les moines, les chapelets, les reliques, etc.[18]

Sur[19] l'attention qu'on a à préoccuper l'esprit des enfants, avant qu'ils soient en état de juger de ce qu'on leur propose, sur ces légendes farcies de miracles ridicules et même odieux, de suppositions impertinentes, de faussetés grossières et pourtant approuvées, publiées, prêchées, imprimées et peintes dans les temples, enfin autorisées comme toutes les autres choses qu'on nous donne, comme ce que la religion a de plus saint et de plus sacré; sur la vénération des reliques, lorsque je vis que ce n'étaient que des os pourris à l'ordinaire, moi qui m'étais imaginé que c'étaient des membres comme les miens. Où est la certitude que ces squelettes qu'on tire des magasins inépuisables de Rome soient des corps de martyrs? La vraisemblance, s'il y en a, est-elle proportionnée au risque évident d'idolâtrer, si on se trompe? et quelle nécessité de courir ce risque sur les canonisations qui n'ont d'autre appui qu'une foi humaine et qui, sans la moindre nécessité, nous exposent à rendre un culte divin à des damnés?[20] Car enfin, quand il y aurait quelque fond à faire sur la déposition de gens prévenus, ignorants, intéressés etc., sait-on l'intention de ces prétendus saints? les témoins ne peuvent déposer que du fait matériel. Sait-on seulement s'ils ont été baptisés? Leur curé était peut-être comme M^e. Louis Goffredy[21] qui baptisait au nom du diable, ou juif ou mahométan, comme j'en ai connu en Espagne.[22] Mais bien pis, on en canonise **[6]** pour des crimes, pour avoir abandonné leur devoir essentiel et causé mille maux, pour avoir faussé leur parole. Enfin, qui répondra à cette difficulté? St. Paul dit lui-même qu'il ne sait s'il est digne d'amour ou de haine, qu'il ne se sent coupable de rien, cependant qu'il n'est pas justifié.[23] Le Pape sait-il les actions et les intentions de Jean de Capistran[24] comme St. Paul savait les siennes propres? Quand il les saurait également, il devrait rester comme lui dans l'incertitude. Si on allègue les miracles, outre que tout le monde raisonnable n'en doit pas croire et que tout homme sage n'en voit point, J.-C.[25] a dit qu'il envoierait au fond des enfers des personnes qui auraient fait des miracles en son nom.[26] L'antéchrist en fera: répondez, M.R.P. – Il est donc évident que ces canonisations ne sont autre chose qu'un moyen de se donner un grand relief et de payer de fumée des services très réels, aux dépens du véritable culte qui n'est dû qu'à Dieu seul. Que peut-on inventer de plus beau, et qui coûte moins, que de faire dresser des temples et des autels aux gens, de leur attribuer la pluie ou le beau temps, les tempêtes et les vents favorables, la protection des villes et des royaumes entiers, etc.? St. Louis a ruiné la France, fait périr un million d'hommes, il est tombé lui-même en esclavage et définitivement mort de la peste.[27] S'il eût réussi, il en revenait au Pape deux ou trois millions par an, avec un accroissement immense de pouvoir et de grandeur. Comment payer tout cela? Un trait de plume, on l'inscrit au catalogue des saints.[28] On en fera apparemment de même au roi Jacques second[29] qui a faussé ses serments et ses promesses, renversé les lois fondamentales du royaume et ruiné toute sa famille.

Je passerai de là à tous ces gueux vagabonds par les villes et les campagnes, sans autre métier que celui de demander ce qu'on appelle la charité, à tant de moines mendiants,[30] **[7]** bien gras et bien logés, sans autre souci que de faire les gens d'importance et les agréables, tandis qu'un effronté faquin va escroquer des malheureux qui, entassés dans des trous avec leur famille, crèvent sous le poids du travail et des charges publiques; et tant d'autres[31] moines riches et orgueilleux, prenant titre de pauvres et humbles, qui accumulent les terres et les seigneuries, les baronnies et les justices, les châteaux avec les plus beaux droits, dépensant chacun plus que n'ont de rente la plupart des gentilshommes chargés de pourvoir leurs filles et de pousser leurs garçons.

L'attirail de l'évêque qui me tonsura me choqua encore beaucoup, quand je comparai sa table avec la nôtre; c'était un jour maigre, je compris sans peine que les jeûnes[32] ne coûtent guère à ordonner quand on les fait ainsi, non plus que les fêtes,[33] quand on a pour métier de ne rien faire.

La vue de certaine Notre-Dame, où ma mère me mena en allant s'acquitter d'un vœu, m'a révolté contre le culte des images dès mon enfance. Je comptais pendant le chemin que je verrais la Vierge en l'air, comme on la représente dans les tableaux, mais quand je ne vis qu'une mauvaise petite figure de pierre noire, à laquelle on faisait toucher des chapelets au bout d'un bâton, je tombai de mon haut et rien ne m'a jamais paru si ridicule. Je n'avais pas sept ans, cependant toutes les grandes idées qu'on m'avait imprimées de la bonne Notre-Dame des Ardillières[34] s'évanouirent comme un songe. Je ne regardai une pierre que comme une pierre, et je vis fort bien que cette pierre si vantée et si célèbre, si pleine de pouvoir, avait besoin d'un piquet pour la soutenir et d'une grille de fer **[8]** pour sa sûreté.[35] Pourquoi, disais-je en moi-même, faire tant de chemin, se fatiguer et dépenser considérablement? N'avons-nous pas mille semblables marmousets[36] chez nous? Enfin ce bureau au milieu de l'église pour recevoir l'argent des pauvres idiots me donna fort mauvaise opinion des ministres de l'idole.

Vers l'âge de 12 ans, je commençai à m'apercevoir des mauvaises raisons des prédicateurs qui ne me persuadaient que de leur envie de se faire une réputation d'habiles gens. Un certain catéchisme, qui pour appuyer ce qu'on dit de l'hostie brisée, qu'elle contient sous chaque parcelle le corps entier de J.-C., disait qu'on se voit tout entier dans chaque pièce d'un miroir cassé,[37] et mille autres pareilles ridiculités, me remplit de doutes et de soupçons.

Certain livre avec de belles estampes[38] me tomba entre les mains étant encore en seconde, à l'âge d'environ 13 ans.[39] Il me plut fort. Certains traits figurés et pleins de pointes me paraissaient beaux. L'amour-propre qui mit du mercure derrière les objets et fait qu'on se voit au lieu de voir Dieu au travers,[40] l'instrument crochu appelé la réflexion avec lequel les philosophes avaient passé sous les murs de la Ville de la vraie Volupté,[41] me charmaient. Mais quand j'en fus venu à l'article: *Que vois-je? Philédon à genoux aux pieds d'un crucifix?*[42] je crus rêver, tant tout ce que j'avais lu me menait peu à cette conversion. Ce n'était point en vérité la corruption du cœur qui me fermait les yeux, je crois que j'avais encore mon innocence baptismale, avec une foi aveugle, sans soupçon et à toute épreuve.

Mais quand en philosophie,[43] on répondit aux raisons dont je combattais les formes substantielles et les accidents absolus,[44] par les conciles, les décisions des papes et le mystère de l'Eucharistie, je commençai tout de bon à douter et à former le dessein d'examiner ce que c'est que religion.

Quoique jeune, et que je n'eusse qu'environ dix-huit ans, la force de l'éducation est telle que je ne cessai pourtant point d'être dévot **[9]** et de me couvrir de signes de croix depuis la tête jusqu'aux pieds dans la crainte excessive où[45] j'étais des diables, des revenants et des sorciers. Par bonheur, en quittant le portefeuille,[46] ayant pris un parti où l'on court des dangers plus réels que ceux-là,[47] je ne tardai guère à revenir de mes terreurs paniques, ce qui porta encore un grand coup à ma foi. Je disais en moi-même: j'étais persuadé de ces folies, j'en vois le néant et la vanité. N'en serait-il pas de même du reste?

La persécution des huguenots suivit ces premiers temps.[48] Ah! M.R.P., quelles cruautés et quelle fermeté n'ai-je pas vues! Quand il me revient que, pleins de vin, nous tirâmes un misérable vieillard, accablé de goutte, de son lit où il ne pouvait souffrir le poids de ses draps et le fîmes danser en pleine place, sans que ses cris pitoyables et les larmes de deux pauvres filles qui se traînaient à nos pieds pussent fléchir notre barbarie – quel cruel souvenir![49] – la plume me tombe de la main et mes yeux ne la peuvent plus guider.

Mais quelle atteinte à cette religion dont on fait sonner si haut l'équité et la douceur, quelle atteinte à l'opinion de cette grâce qui soutenait les martyrs, car tout cela n'eut point d'effet; il nous fallut abandonner la maison après l'avoir ruinée.[50] C'étaient cependant l'évêque et les curés qui nous plaçaient,[51] qui nous pressaient de nous porter à toutes sortes d'excès, qui prêchaient que Dieu se sert de tous moyens et qui riaient lorsqu'on leur rapportait quelque pareille horreur.

Tout cela m'engagea à relire le Nouveau Testament, quelques morceaux des Pères et des théologiens, ce qui, en vérité, fit un mauvais effet. Depuis j'ai cherché les philosophes chrétiens qui ont fait encore pis.[52] Quand j'ai vu que les efforts de tant de grands génies se réduisaient à tant de pauvretés et à des discours vagues, équivoques et qui ne formaient aucune **[10]** preuve et qui ne peuvent qu'étourdir, ou éblouir des enfants ou des femmelettes,[53] j'ai conclu qu'il n'y avait rien de solide ni de bon à dire. Il est de fait que je ne suis jamais si revenu de la religion que lorsque je lis les livres faits pour l'expliquer ou pour la soutenir.

Je ne sais si je me trompe, mais je crois remarquer une supercherie dans ces sortes de livres. Tous les auteurs commencent par l'existence de Dieu, dont personne ne doute; ainsi ce ne peut être que pour couvrir du nom odieux d'athée des gens qui sont plus persuadés qu'eux qu'il y a un Dieu, qui en ont des idées plus justes, qui l'adorent bien mieux, puisque c'est du fond de leur cœur et sans aucun intérêt présent; au lieu que tous ces suppôts de religion factice se font une métairie, ou plutôt une seigneurie de son nom et tiennent à la religion par de gros revenus, de grands honneurs, ou par l'espérance d'y parvenir.

Ces auteurs prétendent encore surprendre les esprits et gagner l'estime et la confiance en étalant leur science et leur pénétration. Le commun du monde juge qu'un homme qui dit de belles et bonnes choses au commencement de son ouvrage ne finit pas par des fadaises. Ainsi prévenu, il donne à l'autorité le même consentement qu'il avait donné à la raison. Mais quelle terrible chute pour un homme raisonnable, quand de ces sublimes spéculations ces auteurs tombent au fait et au point en question; que de pauvretés, que de puérilités, que de faux raisonnements, que de fausse monnaie, que de balivernes!

Un autre article, c'est le mauvais traitement qu'on fait à ceux qui ont quelque chose à proposer pour l'éclaircissement de la vérité, le soin qu'on a de leur imposer silence, soin qu'on pousse jusqu'à exercer les dernières cruautés sur des personnes [11] qu'un génie[54] extraordinaire porte à faire de belles découvertes qui n'ont aucun rapport naturel avec une religion si terrible, pendant qu'on récompense magnifiquement des sots ou des fourbes pour des fadaises, des discours en l'air et des faussetés manifestes.

La vérité n'a pas besoin d'une si indigne politique. C'est le mensonge qui s'introduit par ruse, se fait valoir par impudence et se soutient par la cruauté. De là naissent les défenses publiques d'enseigner la vérité, cette tyrannie qu'on exerce dans les collèges et les universités, où l'on fait jurer les professeurs de n'enseigner qu'une telle doctrine, qu'ils connaissent pour fausse et ridicule.

Que dirai-je de l'effronterie d'alléguer tout ce qui peut servir, quelque peu de fondement qu'il y ait, de rejeter les plus solides principes, d'éluder les plus clairs passages du livre qu'on donne pour les lois de Dieu, ainsi que les plus justes raisonnements quand ils ne sont pas favorables, comme de prendre à la lettre tout ce qui convient et est avantageux, et d'expliquer figurément tout ce qui incommode? Que peut-on imaginer de plus positif que ces mots:[55] Vous avez reçu gratis, donnez gratis; ne portez point d'or ni d'argent; n'ayez point de bourse. Y a-t-il rien de plus clair en soi, par rapport à ce qui est dit devant et après, et par rapport au dessein de celui qui parle?[56] rien n'est plus raisonnable et plus juste, ne s'en moque-t-on pas? On ne vend rien, on donne tout pour de l'argent,[57] et pas la moindre chose sans cela.

Mille et mille autres choses se sont, à la file, présentées à mon esprit: ces prêtres sans mérite ni science, brutaux, vicieux, etc., après leurs ordinations comme auparavant, quoiqu'on veuille que cette ordination leur donne un caractère réel et physique.[58] Où est donc la vertu de ce caractère, de cet être ajouté à l'âme? [12] Je n'en ai jamais vu d'effets sensibles qu'une avarice et une avidité sans bornes, un orgueil brutal, ou un air tartuffe avec une insolente présomption.

Ces principes ridicules de l'invocation des saints, comme si Dieu se laissait gagner par des sollicitations,[59] comme ceux qui se disent ses lieutenants par celles de leurs mignons ou de leurs maîtresses. C'est qu'on ne veut point d'un Dieu qui voit tout, qui est partout, d'un Dieu qui n'agit que par le seul mouvement de sa sagesse et de sa justice. Un tel Dieu est adorable, mais il est inutile à l'ambition et à l'avidité; il en faut un qui ait besoin de solliciteurs, afin que chacun s'empare du saint qu'on ira chercher la fraude en main. De là partent ces vœux, ces marchés, ces propositions si folles et si insolentes qu'on fait à Dieu et qu'on n'oserait faire aux domestiques d'un Grand qui se piquerait un peu d'honneur: si tu me délivres de prison, je te donnerai mon pesant d'or; si[60] tu me fais gagner la bataille, je massacrerai la première personne qui se présentera devant moi, fût-ce ma fille propre; je ferai bâtir un édifice somptueux où je te tiendrai à l'engrais[61] comme porcs tant de maroufles qui n'auront d'autre occupation que de débaucher les femmes et les filles des environs, de se bourrer de vins et de viandes, sauf quelques heures employées à chanter tout le contraire de leurs pensées et de leurs désirs. Il faut un Dieu qu'on fait quand il plaît, afin d'obliger le peuple d'assister à cette belle production et à en payer l'ouvrier.[62]

Le nom impertinent de Vicaire de Dieu et de Vice-Dieu[63] qui va jusqu'à l'impiété, sous lequel on trouve prétexte de montrer à tous ce qu'il y a de plus relevé dans le monde, et d'accabler les peuples d'un joug inoui. C'est mettre en parallèle la toute-puissance de Dieu avec la faiblesse des hommes par un raisonnement plus ridicule que si on concluait qu'un homme qui a deux bons yeux doit avoir un conducteur parce qu'un aveugle ne s'en peut passer.

La fourberie[64] d'attribuer à punition **[13]** ou à récompense les événements les plus communs, quand cela peut autoriser l'erreur et donner couleur à la superstition. Ces indignes et absurdes propositions par lesquelles on érige en miracles tout le bien qui arrive à des scélérats quand ils ont été favorables aux ministres de la religion, et les désavantages qu'ont soufferts les personnes du plus grand mérite, dont on met encore la mémoire en abomination quand ils se sont opposés aux actions et aux usurpations de ces Messieurs.

Ces conversions qu'on vante tant,[65] et qui ne sont que le fruit des sciences humaines, des finesses, des intrigues, de la politique, et des violences quand on le peut.

Ces conciles dont les décisions sont baptisées du nom de la vérité et d'oracles du Saint-Esprit, et qui n'ont d'avantage sur ceux qui ont décidé tout le contraire que d'être les derniers et d'avoir obtenu un arrêt de revision par des pratiques de cour, de basses flatteries, souvent criminelles, et où l'on voit manifestement présider l'orgueil et l'intérêt.

Ces sacrements dont on nous prêche tant la nécessité et qui ne sont pas en notre pouvoir; ces livres réputés sacrés après avoir été profanés dans[66] des temps où l'on en devait avoir plus de connaissance; ces fêtes de saints ignorées pendant douze siècles, et non seulement inventées sans le moindre fondement, mais encore rendues de la dernière solennité: la Conception, l'Assomption, Sainte Anne, Saint Joachim,[67] etc.

L'attention des ecclésiastiques à faire observer leurs ridicules ordonnances, pendant qu'ils se rient de celles de Dieu et de la raison; quel fracas pour un malheureux qui a mangé un œuf en carême,[68] ou épousé sa commère,[69] mais il peut en toute sûreté négliger sa famille, maltraiter sa femme, laisser périr un enfant de la nourriture duquel il est chargé, etc.

[14] Enfin, en un âge plus mûr, un peu de lecture, d'expérience et de réflexion m'ont fait entrevoir qu'on a bien fait, défait et refait des livres, qu'on en a bien supprimé, qu'on en a bien supposé, qu'on en a bien ajouté et retranché, et changé aux livres véritables, et qu'on ne s'est pas plus épargné en fraudes qu'en allégories et explications détournées.

Ce fut alors que j'examinai, non en historien ni en critique, qui est un travail infini et qui ne dit rien, mais[70] en philosophe, en homme qui, voulant sérieusement trouver la vérité, la cherche de bonne foi dans sa source et dans ses principes, et non dans ces faits incertains et embrouillés où la superstition est peinte des mêmes traits et des mêmes couleurs que la vérité; non dans les livres où l'on trouve le pour et le contre, le oui et le non, et que les plus habiles n'entendent jamais parfaitement, mais dans la droite raison qui parle toujours clairement et uniformément, même aux plus simples génies.

Plus j'examinai les principes de notre religion, plus je vis qu'on n'agit pas conséquemment; il suffit qu'ils aient servi à étourdir le peuple, on s'en moque aussitôt. Par exemple, si une messe est ce qu'on nous dit, une seule suffit; il est inutile de répéter une chose d'un prix infini; si plusieurs font plus qu'une, pourquoi borner les prêtres à n'en dire que 368 par an?[71] Il serait plus raisonnable de les occuper à en dire depuis le matin jusqu'au soir. On porte le Saint Sacrement, le corps, l'âme, la divinité de J.C. pour faire honneur au pape; J.C. fait partie de son cortège, et sort chaque fois que le pape sort; le pape ne le suit pas de cent mille fois une. Le pape, les évêques et les gros bénéficiers laissent comme une corvée la messe à dire à des gens gagés pour cela. Quand on voudrait savoir cette déclaration positive de ce qu'ils en pensent, disant que[72] ces saintetés, ces éminences, ces grandeurs ont des affaires d'importance qui ne leur permettent [15] pas d'employer le temps à la plus sublime action de toute la religion:

1°. Cela est faux, ils en ont de reste pour jouer, chasser, faire l'amour, festiner; ils en ont de reste pour gouverner des Etats, être ministres des rois, etc.;

2°. Il n'y a point d'affaire qui puisse égaler en importance celle de donner à Dieu la plus grande gloire qu'il puisse recevoir, et de procurer aux hommes le plus sûr moyen d'attirer sa bénédiction;

3°. Ils entendent bien la messe et il ne faut pas plus de temps pour la dire. C'est donc qu'ils la regardent comme une mômerie[73] et toutes ses simagrées comme un travail ridicule et inutile, au lieu qu'ils y assistent en repos, sur un bon carreau,[74] sans se donner le moindre mouvement, pensant à leurs plaisirs, aux projets de leur ambition et de leur avidité, ou occupés d'une agréable musique.

Le métier de curé est sans doute le plus essentiel de tous les ministères ecclésiastiques. C'est le curé qui instruit des principes, qui donne les premières impressions et les plus forts sentiments de la foi; c'est lui qui introduit dans l'Eglise, qui fait les chrétiens, qui remet les péchés, qui distribue l'Eucharistie, qui marie ceux qui doivent engendrer les Papes, les cardinaux, les évêques, etc. Cependant c'est un métier de paysan; un pape, un cardinal, un abbé, un gros prieur ne fera curé ni son frère ni son neveu, il les fera plutôt chanoines,[75] qui est le poste le plus ridicule et le plus inutile: tousser, cracher, roter, etc., pendant qu'une douzaine de malotrus sont, comme ils disent, à aboyer sur le parchemin.[76]

Pourquoi, puisque la foi du pape ne peut manquer[77] et que la foi a tant de force, ne commande-t-il pas aux montagnes de sauter dans la mer[78] et d'abîmer les corsaires de Barbarie qui donnent tant d'alarmes à ses Etats et à ses voisins? Peut-être les convertirait-il encore par un si beau miracle.

[16] Est-ce suivre ces principes et ces belles idées d'un homme au-dessus des anges, qui peut, quand il lui plaît, faire descendre Dieu du ciel en terre, de la manière[79] dont un cardinal non prêtre traite un vicaire de village?

Dieu peut tout, ainsi il n'y a que sa volonté à implorer; pourquoi donc N.S.P. le pape ne va-t-il pas tout seul défaire l'armée des Turcs? Un enfant qui a un fardeau de 20 livres à déplacer va hardiment à son père, à son frère,[80] à un ami de la maison; il n'appelle pas une vingtaine d'autres enfants pour aider à ce père, à ce frère ou à cet ami, parce qu'il voit distinctement, quoique sans réflexion, qu'il suffit à ces gens-là de leur volonté et que le pouvoir ne leur manque pas. Mais ce serait tenter Dieu![81] C'est tout de même le tenter avec cent mille hommes: cette armée est suffisante ou ne l'est pas pour avoir la victoire. Si elle l'est, inutilement fait-on des vœux, des prières, des bénédictions, etc. On n'en fait point pour faire porter à un crocheteur un quarteron de fagots, pour faire traîner un muid de vin à deux chevaux. Si cette armée n'est pas suffisante, c'est donc tout de même tenter Dieu qu'avec un seul homme. Il n'y a pas plus de miracle, pas plus d'action particulière de Dieu à battre une armée de cent mille hommes avec un seul soldat qu'avec cent mille autres dès que ces cent mille ne sont pas suffisants. Il faut une action particulière de Dieu, et quelque action que ce soit ne coûte pas plus à Dieu qu'une autre.

On dit encore qu'il n'est pas permis de se donner la mort. Cependant on commande des jeûnes et on prétend qu'ils peuvent faire mourir, puisque ce n'est que pour cette raison que s'en dispensent les rois, les princes et tous les grands; d'ailleurs, rien n'est si commun dans la vie des saints que leur mort prématurée par les jeûnes et les mortifications; on en trouverait mille de cette sorte.

[17] Les moines, ces frelons du public, font briller leurs autels de marmousets d'or et d'argent habillés comme eux; on en prêche le pouvoir et les miracles. Quand la tempête ou les guerres ont renversé le sacré repaire, ce n'est point à ces saints qu'on s'adresse pour le relever; on va faire sa cour aux grands, on dupe le marchand et le bourgeois, on encense l'infâme exacteur,[82] on suborne la veuve. Les absolutions, les indulgences, les intrigues, tout est[83] mis en œuvre. Enfin le misérable qui est embarrassé à se fournir de pain relève la maison de ces grands amis de Dieu, qu'il a revêtus de son pouvoir. Le fin de l'histoire est que les moines sont les suppôts, les émissaires et les soldats du pape, entretenus aux dépens du public sans lui[84] rien coûter. On décerne donc de temps en temps l'apothéose à quelqu'un pour les accréditer et les rendre vénérables au sot vulgaire.

Enfin, ce qui a terriblement assailli ma prévention, c'est quand j'ai vu de grands peuples plus sages que nous,[85] au moins mieux réglés dans leurs mœurs, être également persuadés de mille extravagances dont nous nous moquons. Elevons-nous un peu, M.R.P.; transportons-nous un moment dans ce pays intelligible,[86] et regardons de là Paris et Pékin, Rome et Constantinople, Madrid et l'ancien Mexique. Regardons de là le pape et le muphti, le bonze et le rabbin, le paysan avec son curé, le nègre avec son marabou, le Turc avec son iman, le Persan avec son molla, le Siamois avec son talapoin, l'Américain, le Brésilien, le Virginien, avec leurs werovanes, leurs coquaroux.[87] De bonne foi, qui est le plus ridicule? Est-il plus extravagant de courir et d'attendre respectueusement toutes sortes de biens d'une figure à dix visages, avec cent bras, que d'une oublie[88] incrustée dans un vase précieux et rayonnante de pierreries; de se tenir dans une rivière pour retirer le soleil de son éclipse,[89] que d'employer [18] quelques gouttes d'eau jetées en l'air pour empêcher le tonnerre, etc.? Il n'y a point d'impertinences dans le paganisme le plus outré dont on ne trouve une fidèle copie dans notre religion; le parallèle n'en est pas difficile. Fournissez, M.R.P., une liste des extravagances païennes, je ferai l'autre partie. Nous avons même des choses incomparablement plus choquantes et plus pernicieuses, le purgatoire, la transsubstantiation, la prédestination, la confession et tant d'autres.

Un grand moyen pour étouffer bien des disputes, ce serait de les mettre en fait, je veux dire de laisser les raisonnements où les deux partis s'égarent et s'opiniâtrent, pour les mettre dans l'état de disputer réellement ou par suppositions. On découvrirait[90] leurs sincères sentiments.

Par exemple, je soutiens que Jupiter vaut mieux que le Dieu des chrétiens. Vous n'en conviendrez pas, et nous disputerons jusques à la mort, mais je vous demande, M.R.P., dans lequel des deux royaumes vous aimeriez mieux aller: dans l'un, le roi est un ivrogne, un débauché, volage en ses galanteries, qui corrompt tout autant de femmes et de filles qu'il peut; dans l'autre, le monarque est chaste et sobre, mais il fait rôtir vifs presque tous ses sujets par pure fantaisie, sans aucun égard à leur mérite, à leurs vices ou à leurs vertus, comme un potier fait un pot de chambre d'une partie de sa terre, et de l'autre quelque vase de parade.[91] Si vous ne voyez pas la conséquence, vous vous jetterez sans doute dans les Etats du premier, et voilà la question décidée, car ce premier est Jupiter et le dernier le Dieu des chrétiens. Avouez donc, malgré que vous en ayez, que le paganisme était plus supportable que le christianisme, qui n'en peut avoir triomphé que par surprise en exagérant ce qu'il avait de mal, et en cachant ses propres horreurs.

Ce n'est de tous côtés qu'un amas de contrariétés et de suppositions [19] qui se détruisent les unes les autres. || [a] On ordonne d'aimer Dieu, et en même temps on le rend le plus odieux qu'il soit possible d'imaginer et de concevoir. On dit que le genre humain est une masse de perdition condamnée à des [b] supplices horribles et éternels, dont Dieu n'a tiré qu'un très petit nombre par sa volonté absolue. En admettant cette supposition, je confesse que si je[c] suis de ce petit nombre, on peut me demander cet amour de Dieu, mais[d] il y a cent mille fois plus à craindre qu'à espérer; ainsi, je suis presque sûr d'être réprouvé, et comment veut-on que j'aime celui qui vraisemblablement[e] me prépare des tourments éternels et sans fin? Si[f] vous étiez pris des Algériens, M.R.P., avec toute votre communauté, et que vous sçussiez certainement que le Dey a ordonné[g] qu'on vous empalât tous, sauf un seul qu'il veut, de sa grâce spéciale et gratuite, qu'on renvoie en France avec des présents; jusqu'à l'exécution, aucun l'aimerait-il?[h] Et après l'exécution, aimerait-on un homme si capricieusement cruel?

On dit que le baptême nous régénère, nous donne part au Royaume de Dieu, qu'il devient par là notre Père. Comment accorder cela avec la prédestination? Le baptême est inutile aux prédestinés et aux réprouvés, puisque les uns doivent absolument posséder ce Royaume, et que les autres en sont absolument exclus.

|| [a]On veut que J.C., Dieu et homme, ne soit qu'une seule et unique personne. A l'instant même qu'on prêche cette belle idée, on la divise, [b] si on en a besoin; il avoue son ignorance, c'est qu'il parle comme homme; l'homme et Dieu ne sont donc pas la même personne: le mot de personne exprime l'indivisibilité. Pierre est une personne parce que Pierre ne peut être mis en deux. Pierre et Jean sont deux personnes, parce qu'on les peut[c] séparer mentalement et[d] que réellement ils le sont. Pierre peut être ignorant et Jean savant, mais Pierre ne peut pas être [20] ignorant et savant[e] sur le même article. Quand J.C. a dit qu'il ignorait le jour du jugement qu'il prêchait, il y avait deux personnes, ou il mentait; une même personne ne peut dire oui et non sur le même sujet sous prétexte des différents caractères; l'interrogation qui lui est faite est faite à sa

personne entière. Un hermaphrodite parfait, interrogé s'il peut faire une femme féconde, ferait un mensonge en disant que non et qu'il n'y a qu'un mâle qui le puisse. Son excuse qu'il ne le peut comme femelle serait de mauvaise foi et ridicule – car on l'interroge comme mâle et femelle[f] – puisque le mâle et femelle ne sont qu'une même personne; ainsi[g] interrogerait-on J.C. homme et Dieu ne faisant qu'une même personne. Dans toutes unions[h] morales, il en est de même.

J'ai connu un capitaine de vaisseaux qui était aussi secrétaire du Roi. Interrogé s'il n'a jamais été à la mer, aurait-il pu répondre que non, moyennant cette belle ruse jésuitique[i] qu'il n'y a jamais été comme secrétaire du Roi?[j]

Tout le corps monacal crie d'un ton de Polyphème qu'on ne peut se donner trop tôt à Dieu; sur cet axiome admirable, on reçoit des filles de 15 ans à s'engager pour toute leur vie dans un état contraire à la raison et à la nature, dont le désespoir les rongera jusqu'à la mort. Que ne les reçoivent-ils donc à trois ans, cela serait bien encore plus beau, puisque ce serait encore bien plus tôt. Quand l'âge de 15 ans serait plus mûr que celui de trois ans, il est sûr qu'il ne l'est pas suffisamment, ainsi ce plus ne conclut rien. Ils ne donneraient pas à un moine de cet âge l'administration de leurs biens; le R.P. Procureur, le R.P. Ministre, le R.P. Titrier sont toujours des anciens. Les Besaciers même ne prennent pas pour leur père spirituel un garçon de 15[92] ans. Je ne parle point de la moinerie masculine; on ne fait tort **[21]** à personne pour la vie présente de l'enrôler dans la sacrée milice. S'il perd quelque chose, il en est dédommagé par mille autres. Fût-ce un roi qui quittât sa couronne, le métier de directeur et confesseur fournit plus abondamment[93] de quoi remplir toutes sortes de cupidités et donne le moyen d'en jouir plus tranquillement que la royauté. Les sophis et les sultans, avec leurs milliers de femmes, ne savent ce que c'est que délicatesse de plaisirs. C'est pour ces Mrs. qu'elle est réservée. Tenir une jeune et aimable enfant enchantée de son mérite et toujours prête à tout et de toutes manières, avec une docilité qu'on ne peut exprimer et une tendresse respectueuse, est un chatouillement de tout autre goût que l'amour et les jouissances du vulgaire. On a outre cela la glorieuse satisfaction d'être regardé comme un saint, on garde une partie de sa distinction et on en acquiert une infinité de nouvelles. A l'égard de la gueusaille qui prend ce métier, il est évident que c'est un profit tout clair; la fainéantise, le rang, le droit d'immunité, le respect de ceux dont on n'aurait pas même eu l'honneur d'être méprisé, etc. sont des biens réels que ces gens troquent contre toutes les misères de la vie malheureuse.

|| [a]On demande une foi aveugle, et[b] on prêche qu'il se faut garder des faux prophètes, qu'on doit prendre garde à n'être pas séduit. St. Paul dit qu'il faut tout sonder, tout examiner, qu'il y aura des séducteurs.[94] A quoi donc s'en tenir? Autant vaut-il prendre trois dés, pour le papisme, pour le calvinisme et le luthéranisme. Si[c] j'examine, si je sonde, c'est mon propre jugement que je suis. Je suis donc juge, et plus de foi. A moins que l'on ne[d] dise impudemment: croyez-moi à l'aveugle, sans soupçon, et sans examiner ce que disent les autres.

[22] On[e] dit qu'on doit aimer son prochain comme soi-même,[95] et on crie comme la plus belle et la plus essentielle chose du monde qu'il faut se haïr soi-même; il faut donc haïr son prochain.[96] Ce ne serait jamais fini si on[f] voulait parcourir le reste de ces absurdités.[g]

Mais tout cela mérite bien sans doute un examen. Le joug que nous portons est assez pesant pour nous y soustraire,[97] si nous pouvions; c'est le comble de la misère et une extrême folie d'être la dupe d'extravagants et de scélérats.

Je comprends bien que vous m'allez dire que je risque à beaucoup perdre pour gagner peu, puisque quand même je serais la dupe des ecclésiastiques, il ne s'agit que de quelques années de souffrances, au lieu que s'ils ont raison, je tombe dans des peines éternelles.[98] Cela est fort bien imaginé; rien n'est plus spécieux, plus touchant, plus capable d'émouvoir. Malheureusement, c'est un fantôme d'argument qui ne conclut rien.

Ce raisonnement est le même dans la bouche du muphti et du pape, du rabbin et du talapoin, du curé et du ministre. Il faut que le Turc[99] reste turc, le Juif, juif, l'idolâtre, idolâtre, le protestant, protestant. Les Juifs crient que Dieu n'est que le Dieu des enfants d'Abraham et des circoncis, les Turcs que Mahomet a la clé du paradis, les protestants que les chrétiens catholiques sont des idolâtres, les païens ne manquent pas de damner les Juifs, les Turcs et les chrétiens qui blasphèment contre leurs Dieux dont ils ont l'histoire et la généalogie depuis des temps infinis avant ces nouvelles sectes.

Il n'y a donc pas plus de risque à quitter le christianisme que le judaïsme, le mahométisme, et le paganisme, jusques à ce qu'on ait examiné les choses et reconnu s'il y a effectivement du danger à courir, et où; mais je puis bien vous égorger de votre épée.[100] Vous faites mille choses injurieuses à Dieu, vous **[23]** lui donnez les qualités d'un tyran abominable; vous adorez une oublie,[101] un verre de vin, vous imputez mille faiblesses à la divinité, etc. Renoncez à toutes ces choses sur lesquelles vous risquez votre salut éternel, malgré la raison qui vous crie avec mille voix que ces choses sont abominables; il ne faut qu'un peu d'effort sur la prévention et l'éducation; au moins, risque pour risque, il y en a moins d'un côté que de l'autre. Enfin, si vous vous trompez, vous avez une excuse bien légitime en ce que vous aurez suivi les lumières que Dieu vous a données pour vous conduire, au lieu que dans l'état où vous êtes vous y renoncez[102] à la persuasion d'hommes aveugles et intéressés.

D'ailleurs, le gain que je ferai ne sera plus borné à me tirer de la tyrannie; j'en serai plus fidèle à mes devoirs, et les remplirai avec plus d'exactitude quand je les aurai réduits à leurs véritables bornes, outre la tranquillité que je goûterai, délivré de mille vains scrupules et de tant de folles terreurs qui m'alarment, continuellement entêté de mille besoins imaginaires,

Mais bien plus, quand je connaîtrai Dieu tel qu'il est, je l'adorerai de bon cœur, et par choix; voyant que ce qu'il demande de moi est naturel, juste et raisonnable, je m'y porterai aisément et de bonne volonté, autant que la faiblesse humaine le peut permettre, au lieu que dans les sentiments des dogmes chrétiens et sous le poids des lois papistes, je ne puis que le craindre et l'avoir en horreur.

Il est clair qu'il n'y a point d'homme raisonnable qui, après un examen sérieux, ne fît son souverain bien d'anéantir ou Dieu ou soi-même pour ne pas courir les risques dont on nous épouvante. Envisagez-les, M.R.P., et vous conviendrez, bien loin de sentir de la vénération et de la reconnaissance, **[24]** que vous ne sentez que de l'indignation et que l'existence est pour vous un présent détestable.

Mettons ceci en fait pour vous en arracher l'aveu. Supposons, M.R.P., que vous êtes endormi d'un sommeil profond qui doit durer huit jours entiers; auriez-vous quelque obligation à un Roi qui vous ferait éveiller par la force de quelques médicaments, et en même temps vous couvrirait le corps de certaine poudre qui cause une cruelle démangeaison, avec défense de vous gratter le moins du monde pendant les mêmes huit jours,[103] à peine d'être brûlé à petit feu, mais aussi sous promesse de belle récompense si vous vous en absteniez? Vous regretteriez assurément votre sommeil et maudiriez ce Roi. La religion chrétienne nous met en bien pire état, surtout par rapport à la prédestination, qui nous porte quasi dans le désespoir du salut, puisque le nombre des élus n'est presque rien en comparaison de celui des réprouvés, sans compter qu'il n'y a pas de proportion des biens aux maux. L'éternité bienheureuse n'est point à mettre en parallèle avec l'éternité malheureuse, les maux sont pires que les biens ne sont bons: vous-même aimeriez mieux être anéanti que de tirer au sort pour le paradis ou pour l'enfer, n'y ayant qu'un bon billet contre cent mille de mauvais.[104]

Revenons au gain que je ferai, outre la liberté de corps et d'esprit; il est certain que depuis que je commence à me débarrasser de bien des articles de mon catéchisme, j'ai de tout autres sentiments de Dieu, et depuis que je me suis défait de certains scrupules, je suis tout un autre homme à l'égard de mes devoirs essentiels, tout un autre père, tout un autre fils, tout un autre mari, tout un autre maître, **[25]** tout un autre sujet, je serais tout un autre soldat ou tout autre capitaine. Je consulte la raison et la seule conscience qui m'instruisent à la véritable justice, au lieu que je ne consultais que la religion qui m'étourdissait de préceptes frivoles et injustes; mes scrupules ne tombent plus sur ces vaines pratiques, je me moque de jeûner, je me passe de messe, je ne passe plus sur bien de petites injustices qui entraînent quelquefois de grands malheurs.

Présentement je ris de toutes nos superstitions et garde toute mon attention pour l'équité. Depuis que je ne crains plus de mourir sans confession,[105] je suis tranquille sur la mort; c'est une indifférence éclairée et acquise par réflexion qui me fait voir ce que c'est que la vie, et le véritable compte que nous avons à en rendre à celui dont nous la tenons. J'aurais présentement une véritable bravoure, tranquille, modeste et libre, au lieu que je n'en avais qu'une de tempérament, peut-être de crainte, de vanité, peut-être pire, et qui ne me laissait pas l'usage de la raison, occupé de la crainte[106] de manquer à recevoir les sacrements et de celle de paraître lâche.[107] Mais je n'accepterais pas l'offre d'aller persécuter des innocents, je ne serais pas le satellite des scélérats qui n'épargnent ni le bien, ni l'honneur, ni le sang des hommes pour accroitre ou assurer leur tyrannie. Je refuserais tranquillement les plus grandes récompenses et souffrirais la mort tout de même, plût à Dieu en être à l'occasion;[108] enfin, je suis sans crainte, sans désirs, je me trouve même moins sensible aux luxe, à la vanité, à la galanterie; je m'imagine que si j'étais en quelque grand poste, ceux qui auraient affaire à moi seraient fort heureux par comparaison au train commun du monde **[26]** et à mes premières allures.

Il s'agit, M.R.P., de savoir si j'ai tort. Pour en commencer l'examen, voici comme je raisonne et comme je divise la matière. Il faut avoir de la religion, ou il n'en faut point avoir. Vous ne manquerez pas de répondre qu'il en faut avoir.

Pour avoir une religion, il faut demeurer dans celle où on est né, quelle qu'elle soit, ou bien les croire toutes bonnes et prendre indifféremment celle qui convient le mieux; ou bien les examiner toutes et prendre celle qu'on trouvera bonne; ou bien, si on les trouve toutes fausses et mauvaises, s'en faire une soi-même.

Je ne vois ni milieu, ni alternative. Vous ne donnerez, M.R.P., dans la première ni dans la deuxième proposition. Reste donc d'examiner toutes les religions établies, mais, si on les trouve toutes fausses et pernicieuses, de s'en faire une soi-même fondée sur les pures idées naturelles, sur la raison, sur cette lumière que Dieu a donnée à tous les hommes pour les conduire, lumière qui est une participation à sa propre intelligence, sans laquelle nous ne pouvons découvrir ni suivre aucune vérité, sans l'instinct et le dictamen de la conscience qui nous instruit clairement, sans recherches, sans étude, sans instruction, sans besoin de consultation étrangère, toujours, en tous lieux et même malgré nous.[109]

[27] [Deuxième cahier]
Première partie. Examen général des religions factices

L'examen de chaque religion en particulier ne nous est pas possible, puisque tous les peuples ne nous sont pas encore connus, et qu'une vie de cinq cents ans ne suffirait pas encore à cela, sans nulle autre occupation.[1] Contentons-nous donc d'en faire une masse et de l'examiner en gros.

Toutes les religions factices ne peuvent accorder leur croyance avec notre raison; elles gênent les consciences, pillent les biens et attentent partout à la liberté et même à la vie. Qu'elles établissent leurs droits ou qu'elles avouent qu'elles sont une vraie tyrannie exercée sur des gens surpris ou trompés. C'est au demandeur à prouver sa demande, ce n'est point au défendeur à prouver qu'il ne doit rien. Si le demandeur ne peut prouver la dette, le défendeur est déclaré quitte.[2]

Qu'on ramasse toutes les preuves de chaque religion, on verra qu'elles sont fausses et ridicules. Les moins absurdes sont équivoques et également concluantes pour les autres. Aussi aucun théologien n'est-il assez fol pour les proposer en forme par argument. Il n'y a pas un juge qui osât sur de pareilles allégations juger une question de cinq sols.

[28] Ce devrait être assez que la vue claire de la vanité de ces preuves pour se soustraire au joug.

Vous opposerez peut-être, M.R.P., qu'il ne faut pas être juge en sa propre cause. Cette maxime est vraie quand on conteste avec un autre qui est intéressé comme nous dans le jugement et qui a le même droit de vouloir être juge. Dans la religion, la chose ne regarde que soi-même; donc on est juge naturel. Ce serait être fol de s'en rapporter à un autre qui préférerait ses intérêts aux vôtres. Mr le Curé ne s'en rapporte pas à moi pour savoir combien il vendra le grain qu'il a extorqué des dîmes, ni la cire des enterrements. Pourquoi aurais-je plus de confiance en ce qu'il me dit que lui n'en aurait pour moi?

Si vous dites qu'il y a contestation intéressée entre certains hommes qui se disent ministres de la religion et le reste des hommes, vous aurez raison. C'est l'intérêt qui a fait inventer toutes les religions factices, c'est l'ambition, c'est l'envie de dominer, c'est l'envie de satisfaire ses passions et d'acquérir sur les esprits un crédit qui donnât une autorité sur les hommes que la nature n'avait pas donnée. Voilà encore les motifs qui engagent aujourd'hui à s'enrôler dans cette agréable milice.

Si vous décidez que c'est là la contestation d'intérêt et que je n'y puis être juge, étant partie, vous commencez à affaiblir l'idée de votre religion. Mais soit, prenons donc un juge désintéressé et sans parti ni préjugé. Prenons un sauvage, prenons un enfant[3] que nous élèverons dans les sciences exactes, dans la véritable philosophie, dans la saine logique. Apprenons-lui la géométrie, l'algèbre, sans lui parler d'aucune religion et plaidons devant lui quand il aura trente ans.

Je gagerais ma vie qu'aucune religion n'acceptera le défi, qu'aucun suppôt de ces religions ne garderait les conventions **[29]** par rapport à l'éducation de l'enfant si on le lui confiait, et que si on en venait à l'épreuve, chaque parti soutiendrait indépendamment qu'il a gagné sa cause, ou qu'il n'en est point qui n'assassinât ou n'empoisonnât le juge pour couvrir son imposture. Comme ce moyen n'est pas près ni facile, je vas[4] développer les moyens de m'en passer, découvrir l'erreur et établir la vérité.

Je vais, M.R.P., établir plusieurs vérités incontestables, qui ne pourront être combattues par aucun esprit solide et sincère, étant des vérités réelles, éternelles et nécessaires, que tous les hommes voient également et suivant lesquelles tous universellement agissent, et tout au moins vérités auxquelles on ne peut refuser son consentement quand on les entend proposer et que l'on en comprend le sens.

Sur ces vérités, je formerai des raisonnements, qui non seulement renverseront tous les fantômes de preuves qu'allèguent les religions factices, mais encore qui en manifesteront l'impossibilité; après cela, pour détruire entièrement les préjugés, la prévention et les scrupules de l'éducation, nous descendrons dans le détail des arguments de notre religion, mais toujours sans entrer dans la discussion des faits: c'est une matière hors de ma portée et hors de celle de la plupart du monde, que les plus habiles ne peuvent fixer; il[5] reste toujours sujet de dispute, et l'on n'est jamais venu à la vérité par cette voie.

Si j'attaque quelques faits, ce n'est que pour donner plus de jour à mes pensées, c'est une espèce de confirmation ou d'éclaircissement et je ne me fonde jamais sur eux. C'est pourquoi, si je me trompe dans ces endroits-là, comme cela peut être, ou si vous me demandez mes garants, je les abandonne sans craindre que mon courage en soit moins solide. J'excepte les faits actuellement existants et dont on peut faire une expérience journalière, mais je n'insisterai **[30]** point sur les autres, quoique je n'en aie cité aucun que de bonne foi, après les avoir appris d'honnêtes gens, de bons auteurs, ou bien après en avoir été témoin.

Je ne me pique pas de science historique, je lis fort peu de livres qui en traitent[6] et je ne puis plus compter sur ma mémoire. Le commun du monde est plus savant que moi sur ce chapitre.

Je ne me fonde que sur la raison commune à tout le genre humain. La religion est faite pour tous les hommes, elle est nécessaire à chaque particulier, idiot ou bel-esprit, sourd, aveugle, ou ayant l'usage de tous ses sens. Ainsi, ce ne doit point être par les sciences qu'on y entre, ni par aucune érudition acquise, ni par le moyen des sens, qui sont trompeurs et dont tous les hommes ne sont pas également partagés; mais ils le sont tous également de raison,[7] quoiqu'ils ne le soient pas d'esprit. La raison ne gît qu'à porter un jugement sain sur ce que nous voyons ou entendons; l'esprit est d'inventer, ou plutôt de saisir plus vivement. Celui à qui il faut dix ans pour apprendre la géométrie a autant de raison que celui qui l'a inventée: il n'a pas tant d'esprit.

L'article des insensés et des furieux ne doit point faire d'accroc; étant incapables de faire bien ou mal moralement, la religion ne leur est pas nécessaire. Il n'en est pas ainsi des sourds, muets et aveugles.

Première vérité. Chacun est libre sur le fait de la religion.
La religion est une chose singulière.

Tout ce que l'on peut imaginer, sauf la religion, intéresse **[31]** le public ou quelque particulier. Je m'explique: toutes mes actions servent, ou nuisent, à la société, à la république, ou à quelque membre de la société; même les choses qui paraissent ne regarder que mon intérêt personnel sont dans ce cas, hors la religion.[8] Si je me blesse, si je me ruine, si je me tue, c'est une plaie que je fais à la république;[9] elle en souffre de l'altération dans ses forces; je fais tort à ma famille, à mes parents. Mais que je me damne, ni la république, ni le moindre particulier n'en souffrira, non plus que personne n'y gagnera si je me sauve. Voilà donc la seule chose où chacun est pour soi seul, chaque particulier est en droit d'examiner lui-même le parti qu'il doit prendre, sans se laisser entraîner par la multitude.

La multitude est en droit d'imposer et de contraindre en d'autres occasions, parce que l'intérêt étant commun, il n'est pas juste qu'un seul l'emporte sur tous, ou le petit nombre sur le plus grand; tous croyant avoir raison, il est juste que le particulier, ou le petit nombre, cède au plus grand, quand même on croirait voir clairement que ce grand nombre a tort, parce que ce grand nombre croit aussi le petit dans l'erreur, que les inconvénients seraient plus grands si le petit nombre se trompait et faisait souffrir la multitude, et qu'en tout cas il est moins à craindre qu'un particulier souffre pour la faute de plusieurs, que plusieurs soient malheureux pour quelques particuliers. Mais quant à la récompense ou à la peine de l'autre vie, mon destin n'intéresse personne; je puis donc me décider par mes lumières seules quand je suis seul intéressé.

Tous les hommes sont nés libres. Il n'y a de subordination naturelle que celle des enfants aux pères. Si les hommes étaient aussi **[32]** sages qu'ils devraient et qu'ils peuvent être, il n'y aurait point d'autre domination: cela est encore ainsi parmi quelques sauvages.

Apparemment que, quelque famille en ayant pillé ou insulté quelque autre, la famille offensée a eu recours à ses voisins et à ses amis, les agresseurs en ont fait autant et il a fallu un chef pour commander différentes familles qui n'avaient point de subordination, chacun étant souverain. Voilà ce qui a donné l'établissement des républiques et des monarchies.[10]

La conduite intérieure et la religion n'ont eu aucune part là-dedans. Ainsi le monarque, et le magistrat, sort de sa sphère quand il veut étendre son pouvoir sur les sentiments qu'on doit avoir sur la divinité et sur le culte qui lui convient;[11] il n'est point apparent qu'une famille se soit allée exposer à la guerre sur ce que des voisins avaient d'autres sentiments qu'elle. Ce n'est que le tien et le mien, ce n'est que l'idée de la justice distributive qui puisse avoir aigri l'esprit et allumé les passions, quand on a souffert quelque tort, pour en venir à l'horreur de tuer et de piller les autres, et pour s'exposer soi-même à de pareils malheurs.[12]

Il est donc certain qu'en fait de religion chaque particulier est libre, que le prince, le magistrat et la république n'ont aucun droit de commander sur cet article. A la vérité, aucun particulier n'a le droit de s'opposer à la religion publique, il n'a que la seule voie de remontrance, comme en toute autre occasion lorsqu'on propose quelque nouveauté qu'on croit utile.

Ceux qui ont inventé les moulins à papier, l'imprimerie, etc., ne pouvaient forcer le monde à s'en servir, ils ne pouvaient légitimement exciter ni sédition, ni révolte; ils ne devaient se répandre **[33]** ni en plaintes, ni en lamentations; ils auraient même dû cesser leurs remontrances, dès que l'on le leur aurait ordonné, quoique l'on eût eu très grand tort de rejeter des découvertes si utiles, et ce [...] ne les dispensait point[13] de l'obéissance que l'on doit à l'autorité publique.

Les persécuteurs se targuent d'ordinaire du plus faux principe qu'il soit peut-être possible d'imaginer: que ceux qui ont la vérité de leur côté sont en droit de contraindre ceux qui sont dans l'erreur.[14] Il faudrait d'abord que cette vérité que chacun croit tenir fût évidente, au lieu que toute religion n'est qu'une opinion dont les preuves sont si frivoles qu'aucune témérité ou plutôt qu'aucune folie n'approche de celle de se croire assez sûr de la bonté de sa religion pour être en droit de tourmenter ceux qui en ont une autre.

Mais ce n'est rien que cela. Qu'on passe aux tyrans qu'ils sont[15] en possession de la vérité, je nie que la vérité soit en droit de contraindre. La justice a droit de se faire obéir par force. La raison en est simple: la justice est une vérité où plusieurs personnes ont intérêt. Mais une vérité purement vérité, dont l'acceptation par Pierre ne fait rien à Jacques, n'a nul droit de contraindre, c'est une vérité de fait et de démonstration. Il y a des lieux sur la terre où le soleil paraît continuellement pendant six mois, et où la nuit est continuelle pendant autant de temps.[16] Les trois quarts des hommes en doutent. Quelqu'un est-il en droit de les brûler vifs s'ils ne l'avouent? C'est une vérité de fait et de démonstration qu'un arpent de terre long a plus de tour qu'un rond;[17] je ne puis forcer personne à le croire. Mais si j'avais entouré de murs un arpent de terre en rond pour un certain prix, et que celui pour qui je l'aurais fait ne voulût me payer que le même prix pour avoir **[34]** ensuite bâti des murs pareils tout autour d'un arpent de terre long, je puis le forcer à me payer davantage. Mon droit de contrainte ne vient pas de la simple vérité, c'est du droit général qu'il faut que chacun ait le sien. La comparaison de la vérité de la religion est aisée à faire; ce que je crois, ce que je dis contre la religion est indifférent à la république, mais si j'infère de mes principes que je suis en droit de commettre des actions contraires à la justice et aux biens des particuliers, par la loi de l'Etat je suis punissable, non pas par ma croyance, mais par mes actions.

Argument démonstratif.

Le prince et le magistrat ne doivent point se mêler de ce qui est absolument indifférent au bien public. L'affaire du salut est absolument indifférente au bien public. Donc le prince et le magistrat ne doivent se mêler en rien de l'affaire du salut.

Le salut est absolument l'affaire personnelle de chaque particulier. C'est à chaque particulier à se mêler de ce qui lui est uniquement personnel, donc c'est à chaque particulier à décider sur l'affaire de son salut. Donc c'est à chaque particulier à se

[Extrait IV] Le prince et le magistrat ne doivent point se mêler de ce qui est absolument indifférent au bien public. Donc le prince et le magistrat ne doivent point se mêler de l'affaire du salut. Le salut est absolument l'affaire particulière de chaque particulier. C'est à chaque particulier à se mêler[18] et à décider de ce qui lui est particulier. Donc c'est à chaque particulier à se faire ou à se choisir une religion, puisque la religion est le moyen prochain du salut.

faire ou à se choisir une religion, puisque vous dites vous-même que la religion est le moyen prochain et direct du salut.

Il s'ensuit de tout ce que j'ai dit que tout ce qu'une religion peut avoir qui ne fait tort à personne est hors de la juridiction des hommes.

Une république bien policée ne souffrira pas qu'on **[35]** immole des victimes humaines.[20] Elle ne souffrira pas qu'on prêche que Dieu est un aveugle qui agit par nécessité et que l'homme est forcé à faire le bien par des grâces victorieuses, qu'il n'est pas libre: tout cela livre l'homme à ses passions; tout cela l'engage à suivre son penchant; s'il se tourne du côté du mauvais, cela autorise tous les crimes et en ôte tous les remords. Cette république sage ne permettra pas le dogme que le célibat est une vertu,[21] parce que ce dogme mis en pratique prive l'État de la plus grande richesse. Elle ne souffrira pas qu'on dise que le comble de perfection est d'abandonner sa femme, ses enfants, pour se retirer dans un coin et s'occuper de méditations pendant qu'on laisse périr sa famille. C'est ainsi que les anabaptistes ont été presque détruits,[22] non pas à cause de leur religion précisément, mais à cause des désordres qu'elle autorisait et à cause de leurs séditions.[23]

Mais laissez prêcher qu'il y a des dieux subalternes, qui donnent la pluie ou la font cesser, etc.; que c'est honorer la Divinité que de se fouetter; que quelques paroles prononcées font un Dieu d'un morceau de pain; que Dieu a des ministres qui remettent les péchés, pourvu que par là on n'autorise pas le crime, qu'on ne séduise pas le sexe et qu'on ne pille pas les bourses, mettez-y l'ordre nécessaire que ces remetteurs de péchés ne voient point leurs pénitents, ni pénitentes, qu'ils n'en puissent jamais recevoir la moindre chose, etc. Tout cela est fol et ridicule, mais n'est point dommageable au bien de la vie présente et

Si un particulier se faisait une religion dont quelque dogme fût préjudiciable au bien public, le magistrat est non seulement en droit, mais en obligation de la réprimer, non seulement par rapport à la religion, mais par rapport à la société.[19]→

La conclusion qui sort de là, claire et incontestable, c'est que tout ce qu'une religion peut avoir qui ne fait tort à personne est hors de la juridiction des hommes.

Mais une république bien policée ne souffrira pas des invectives humaines, elle ne souffrira pas l'athéisme qui, ôtant toute crainte de l'avenir, livre le cœur humain à toutes ses passions.[20] Elle ne souffrira pas qu'on prêche que Dieu est un être aveugle, qui agit par nécessité; ce qui comporte le même désordre. Elle ne souffrira pas qu'on enseigne aux enfants que l'homme n'est pas libre, ce qui autorise tout les crimes et détruit tous les remords. Elle ne permettra pas le dogme qui enseigne que c'est une vertu que le célibat,[21] que c'est le comble de la perfection que de ne rien faire, d'abandonner sa femme et ses enfants, de ne point porter les armes; et tant d'autres dogmes si faux et si pernicieux à la société. Les anabaptistes ont été exterminés,[22] presque avec raison, non à cause de leur religion précisément, mais à cause de leurs désordres et séditions.

Mais laissez prêcher qu'il y a des dieux subalternes, que c'est honorer la divinité que de se fouetter, de tuer des animaux, de se laver, de croire que quelques paroles prononcées font un dieu de quelque vaine chose que ce soit, que Dieu a des ministres qui remettent les péchés, pourvu que par là on ne séduise point le sexe et qu'on ne pille point le peuple; mettez-y l'ordre nécessaire, que ces remetteurs de péché ne voient jamais leurs pénitents et leurs pénitentes, qu'ils n'en puissent jamais recevoir la moindre chose. Tout cela est fol et ridicule, mais peu dommageable au bien de la vie présente, seul but des monarchies, des de la société, seul but des républiques, des monarchies et de tous les gouvernements politiques; contentez-vous de gagner un malheureux par la raison, ou de le guérir par la saignée et l'ellébore.

républiques et de tous les gouvernements politiques. Contentez-vous de gagner les hommes par la raison sans vouloir les guérir par la saignée et l'ellébore. [Fin de l'extrait IV.]

[36] *Deuxième vérité*. La Religion ne se peut traiter par des livres ni par des discours.

Les choses spirituelles entre des êtres spirituels ne se peuvent traiter que par des voies spirituelles et sur des objets spirituels; on ne peut mettre en usage que des choses, des opérations et des actes spirituels. Or la religion est le commerce et la relation entre des êtres spirituels et intelligents, et la Divinité purement spirituelle. L'action de la Divinité vers les esprits créés pour les instruire de l'ordre et, si l'on veut, de ses volontés, et de ces esprits vers Dieu pour le reconnaître et lui obéir, ne peut donc être qu'une action spirituelle; la religion ne peut donc se traiter que par des actions spirituelles. Dieu se communique à tous les esprits, il se laisse apercevoir par eux jusques à un certain point, l'esprit médite les vérités qu'il voit et il en conclut le respect et l'obéissance pour Dieu et pour les vérités qu'il voit en lui.

Dieu nous a donné les sens, qui sont des facultés dont l'âme ne se sert que par le moyen du corps pour juger des choses matérielles, par rapport à la conservation de la machine à laquelle il lui a plu de l'unir; il nous a donné aussi la raison, qui est une faculté purement spirituelle et une action immédiate de l'âme pour juger des choses spirituelles par rapport à nos devoirs et à notre véritable félicité.

Ce n'est donc pas sur des livres et des discours humains qu'on ne peut consulter que par les sens qu'il faut se fonder, mais sur des vérités métaphysiques et sur des conséquences que la raison en tire.

Il est vrai que les livres et les discours sont mixtes et **[37]** tiennent quelque chose du spirituel par les sens que les hommes ont attachés aux paroles et par celui qu'ils ont donné aux figures tracées, et comme ils sont aussi mixtes, leurs esprits étant unis à une machine matérielle, ces figures et ces paroles sont propres au commerce qu'ils ont ensemble.

Mais à l'égard de Dieu, qui est purement spirituel, ils ne doivent se servir que de leurs parties purement spirituelles, comme ils ne se servent que de la partie purement matérielle quand ils n'ont affaire qu'au corps purement corps. On pousse une pièce de bois pour la ranger de son chemin et on ne lui fait pas un compliment. Nous sommes entre les êtres purement spirituels et les êtres purement corporels; nous devons mettre en usage notre esprit quand nous avons affaire aux esprits, notre corps quand nous avons affaire aux corps, et l'un et l'autre quand nous avons affaire aux hommes.

Il en est de même de Dieu avec les êtres intelligents; il agit spirituellement sur l'âme en ce qui le regarde uniquement et directement, et dans ce qui regarde le corps, ou l'âme par rapport au corps, il agit par le moyen des êtres matériels.

Il a instruit l'âme par le moyen de la raison, de la reconnaissance de l'ordre, et de la vue des vérités réelles, nécessaires et éternelles; il a donné au corps un mouvement organique, une succession d'agitation de différents corpuscules, ce qui est la vie matérielle; il a disposé toutes choses de façon que le choc[24] ou l'application des corps extérieurs font une telle impression sur les corps animés, et que l'âme est avertie des accidents à craindre pour ce corps auquel elle tient, afin de les éviter ou d'y remédier s'ils sont arrivés.

Il est aussi ridicule de se servir d'action corporelle pour toucher un pur esprit ou pour pénétrer une vérité, qu'il **[38]** le serait de se servir d'une action spirituelle pour remuer une pierre de taille ou une enclume.

N'allez pas dire que les discours et les livres instruisent les hommes des vérités les plus abstraites et métaphysiques. Primo, cela ne conclurait rien; les hommes sont mixtes, nous l'avons déjà dit, et ils n'ont pas d'autres moyens de se communiquer leurs pensées.

2°. Ce n'est pas[25] par leur autorité, c'est en apprenant à l'un ce que l'autre a découvert. On n'est pas instruit de ces choses parce qu'elles sont dans ce livre, mais parce qu'on voit ces choses quand le livre avertit qu'on les peut voir et enseigne la manière de les trouver.[26] Ce point sera plus détaillé ailleurs.

Les religions factices sont comme un homme qui dirait: un grand fleuve passe entre Orléans et Etampes. On y passe et repasse sans voir une goutte d'eau. Les auteurs qui traitent de sciences sont comme celui qui vous dirait qu'il y a plusieurs ruisseaux à Etampes.[27] On y va, on les voit, on s'y baigne.

On sait bien que les histoires instruisent par leur propre autorité; aussi cette instruction est-elle tout incertaine. La plupart des faits qu'elle[s] contien[nen]t sont contestés; les plus approuvés ne sont pas sûrs et l'on en peut douter sans être accusé de se refuser à l'évidence. Aucune de leurs narrations n'emporte un consentement absolu comme nos sciences exactes, D'ailleurs on n'y fonde d'opinion qu'autant que ces faits sont renfermés dans les bornes de la possibilité naturelle; sinon on les appelle fables ou romans[28] s'ils ne se trouvent pas dans le cours ordinaire des forces humaines; de quoi sont remplis les livres des religions factices? De faits hors des bornes de la nature, de la coutume et de la raison. Ce sont par conséquent des romans et des fables.

Outre cela, l'histoire nous dit qu'un tel a fait cette action, **[39]** qu'il a dit telle chose, qu'il a prononcé ce jugement; mais c'est la raison qui décide du droit, et si l'historien prononce sur le mérite ou le tort de ces actions, la foi que je puis lui accorder sur les faits ne s'étend point sur les jugements qu'il en porte.

L'histoire m'apprend qu'un de nos rois[29] prêchait sans cesse la dissimulation. Je n'en donne pas davantage dans cette maxime. Je n'en fais cas qu'autant que la raison me fait voir qu'elle est bonne et utile et juste. Cela me donne tout au plus lieu d'examiner une pensée qui me serait peut-être échappée.

Mais les livres de religion factice mettent en fait que c'est Dieu qui les a dictés. Ainsi, en acceptant le fait on accepte le droit, puisque Dieu ne peut mentir. Ces livres ne peuvent passer que pour des fables et des romans, par les raisons qu'on a vues déjà et par d'autres qu'on verra bientôt. Ainsi, on n'en doit point accepter les faits. Dieu ne dicte point de livres, il parle immédiatement aux esprits, si tant est qu'il ait des ordres journaliers à leur donner, et les hommes ne se servent de ces moyens[30] que faute de se pouvoir autrement communiquer leurs conceptions.

Argument démonstratif.

Les choses purement spirituelles entre des êtres purement spirituels ne se peuvent traiter que par des moyens purement spirituels. La religion est une chose purement spirituelle entre des être spirituels. Donc la religion ne se peut traiter que par des voies purement spirituelles. Prêter l'oreille à des discours, jeter les yeux sur des livres ne sont point des actions purement spirituelles. Donc la religion **[40]** ne se peut traiter ni par des livres ni par des discours.

J'entends le fond de la religion, car il est hors de difficulté qu'on peut d'homme à homme se communiquer ses méditations sur les grandeurs de Dieu, sur nos besoins et nos devoirs vers lui et vers les autres hommes. Mais ce n'est jamais qu'à la charge que la raison en jugera et, je le répète, c'est d'homme à homme et non de Dieu aux hommes. Ces livres ne font jamais que proposer la question et les moyens de la décider; mais ils ne valent pas des décisions.

J'ai dit que la raison est une faculté purement spirituelle; ce qu'on peut alléguer au contraire n'est d'aucun poids. On dira, par exemple, qu'un insensé, un épileptique, un homme ivre a perdu la raison par l'action des corpuscules purement matériels, et de là on conclut. La conclusion est fausse: la raison n'en est pas moins entière en eux, quoique les dérangements du corps empêchent qu'elle ne fasse ses fonctions d'une manière apparente;[31] les objets se présentent aux insensés et aux furieux si différents de ce qu'ils sont que leur raisonnement peut être très conséquent par rapport à la manière dont la chose leur paraît, quoique ce raisonnement ne soit pas conséquent par rapport à la chose en elle-même.

Un homme qui verrait des blés mûrs à travers des vitres vertes jugerait qu'ils ne sont pas en état d'être coupés. Le jugement, mauvais dans le fond, serait bon à son égard et sa raison aurait jugé sainement.

C'est pour cette même raison que ces gens[32] font des galimatias et des actions ridicules, leurs sens et leur imagination leur présentant des objets bizarres et plusieurs à la fois. Mais la chose supposée telle qu'ils la voient et qu'elle les frappe, leurs jugements sont justes.

N'en demeurons pas là. Mettons cet article en plus grand jour par un moyen métaphysique aussi incontestable que le premier **[41]** et peut-être plus frappant.

Les mots qui composent les langues ont été inventés par les hommes, et par conséquent ne signifient que ce que les hommes concevaient et connaissaient et que ce dont ils ont des idées. Il est donc impossible que par le moyen des langues Dieu les instruise de ce que nous nommons mystères; puisque ce sont des choses nouvelles et au-dessus de la raison, il faudrait que Dieu donnât de nouvelles idées, afin de faire de nouveaux mots qui y répondissent, sans quoi le mystère est une pure proposition en l'air.

Par exemple, dans la Trinité, le père est autrement le père que je ne suis le père de mes enfants; il est impossible que j'entende ce mot autrement que par l'idée qui y est attachée, et par conséquent il est impossible que j'entende ce qu'on me veut dire. On ne peut me donner d'autre idée de la paternité que celle que j'ai de mon père à moi, et si c'est là l'idée qu'on me veut donner, j'en découvre la fausseté aussitôt par les lumières de ma raison.

Il en est de même de tous les autres mots dont on voudra se servir. Ils ont chacun leur idée, à laquelle ils sont liés, et on ne peut y en joindre une autre que par de longues périphrases qui ne feront que changer une idée ordinaire en une autre, sans m'en donner jamais une nouvelle, au-dessus de la raison et de la portée de l'esprit humain.

Par exemple, dire aux hommes qu'il faut qu'ils croient la Trinité est la même chose de dire à un paysan qu'il faut qu'il croie que Pâris était abros.[33] Si j'en demeure là, il ne sait ce que cela veut dire, il ne le croit ni ne le nie.

On dira peut-être que Dieu a enseigné la langue aux premiers hommes. Cela n'a nulle apparence. Les hommes se sont formé eux-mêmes des mots pour s'entendre. C'est ce qui fait la différence [42] des langues et que ces langues sont plus ou moins copieuses selon que les hommes qui s'en servent ont plus ou moins d'arts et de science. La langue algonquine, qui est presque générale dans l'Amérique septentrionale, si on la réduisait en dictionnaire, ne tiendrait que deux ou trois feuillets.[34]

Et quand il serait vrai que Dieu serait l'auteur des langues, il est constant que Dieu n'a pas donné des mots pour les mystères de la religion chrétienne, puisqu'il n'était point question de Trinité avant la mort de Jésus-Christ. Ainsi l'impossibilité de l'instruction par les livres et les discours est toujours réelle.

Troisième vérité. Qu'on doit examiner sa religion et en juger.

Non seulement on peut examiner si l'on a pris le bon parti, mais même on le doit. Suivant les principes de toutes les religions factices, l'erreur est exagérée par elles comme de si grande conséquence qu'il faut bien attentivement examiner si on ne s'est pas engagé légèrement.

Rien n'est si aisé que de se tromper en matière de religion, puisqu'il y en a cent mille qui se fondent toutes sur les mêmes principes. C'est un pays coupé de cent mille routes et où l'on trouve des millions de guides et de sentiments différents.

Toutes les religions se fondent sur des livres, sur des traditions, des discours de certains hommes distingués par des titres, des honneurs, des biens et des habits; toutes vantent leur antiquité; toutes s'attribuent une institution divine et miraculeuse; toutes ont des légendes remplies de miracles, temples pleins d'ex-voto et de remerciements des gens qui ont reçu des faveurs miraculeuses, et cela journellement, toutes [43] ont le même caractère extérieur, toutes ont beaucoup de sectateurs et de zélés dévots.

[Extrait V] Non seulement on peut, mais on est obligé d'examiner si l'on a pris le bon parti, lorsqu'il est très facile de se tromper, qu'on s'est engagé légèrement et que l'erreur est de la dernière importance.

Rien n'est plus aisé que de se tromper en matière de religions, puisqu'il y en a un millier de différentes, qui s'appuient toutes sur les mêmes principes. C'est un pays coupé de cent mille routes, dont aucune ne tend directement à la ville capitale, et où l'on trouve des millions de guides de différents sentiments.

Toutes les religions se fondent sur des livres, des traditions, des discours de certains hommes distingués par des titres, des biens et des habits. Toutes vantent leur antiquité, s'attribuent une juridiction divine et miraculeuse; toutes remplissent leur légendes et leurs temples de miracles journaliers; toutes ont le même caractère extérieur; toutes ont un nombre infini de sectateurs et de zélés dévots.

Toutes disent qu'elles sont celle qu'il faut suivre, et qu'il est important de ne s'y pas tromper. Cependant chacun de nous a pris sans choix la première qu'on lui a présentée. Avons-nous examiné, avons-nous choisi, vous et moi, M.R.P., avons-nous fait ce que nous faisons en achetant la moindre bagatelle?

Tous les hommes se laissent mener sur cet article comme les bœufs qui vont indifféremment à la tuerie ou à l'étable. On reste dans celle où on est né, et c'est un grand hasard si un, en cent mille, entre dans un examen sérieux.

On professe une religion comme on porte une espèce d'habit et comme on parle une langue. Je suis né à Paris, je suis papiste; je porte un habit, une perruque, un chapeau, et je parle français, etc. Ce n'est pas parce que le papisme est la meilleure religion, l'habit le vêtement le plus commode, et le chapeau le couvre-chef le plus agréable, ni la langue française plus douce et plus expressive. Si j'étais né à Constantinople, je parlerais turc, je serais mahométan, j'aurais la tête rasée et je porterais un turban.

Vous pensez de même, M.R.P., et selon toute apparence vous vous seriez fait dervis ou un autre religieux; vous auriez écrit pour l'Alcoran. Se peut-il imaginer un plus grand aveuglement? Peut-on aller au-delà de souffrir un joug terrible pendant toute sa vie, et croyant qu'il n'y a qu'un bon chemin et que le reste mène à une éternité malheureuse, peut-on prendre sans réflexion le premier chemin qui se présente?

S'il n'y avait qu'une religion sur la terre, dont l'institution fût de temps immémorial, on pourrait rester en repos et croire **[44]** que tous les hommes ne se sont pu accorder dans une fausseté. Mais de siècle en siècle il en parait une nouvelle, on s'entrecrie: *vous vous égarez*, et personne ne s'émeut. On va son train même sans écouter.

On ne dispute point l'importance de ne se point tromper. Cependant, on n'y fait aucune attention. Serait-ce mal s'exprimer, que de dire qu'on est plus difficile au choix d'un quarteron d'épingles, qu'à celui d'une religion? Car enfin, on regarde ces épingles en les prenant, et on ne regarde point du tout la religion. Chacun prend la première qui lui est proposée. Avons-nous choisi, avons-nous examiné, vous et moi, mon Révérend Père? Avons-nous fait ce que vous et moi faisons, quand nous allons acheter la moindre bagatelle?

Tous les hommes se souffrent mener sur cet article comme des bœufs qui vont indifféremment à la tuerie ou à l'étable. Chacun prend la religion de ses parents, chacun reste dans celle où il est né. C'est un grand hasard si en cent millions de personnes, il y en a une seule qui, de soi-même, entre en examen d'une affaire si essentielle.

On professe une religion comme on parle une langue, comme on porte une espèce d'habit. Je suis né de Paris, je suis papiste, je parle français, je porte une perruque et un chapeau, etc. Ce n'est pas parce que le papisme est la meilleure religion, parce que la langue française est la meilleure, ce n'est pas parce que le chapeau est le couvre-chef le plus commode et le plus agréable. Si j'étais né à Constantinople, je serais mahométan, je parlerais turc, j'aurais la tête rasée, et je porterais des turbans.→

Vous pensez de même, mon Révérend Père, et selon toute l'apparence, vous vous seriez fait dervis ou autre religieux de même espèce; vous auriez écrit pour l'Alcoran.

Se peut-il imaginer un plus étrange aveuglement? La stupidité la plus brutale peut-elle aller au-delà de souffrir un joug terrible pendant toute la vie et risquer toute l'éternité, sans la moindre réflexion, sans la moindre attention et le moindre examen?

S'il n'y avait qu'une seule religion sur toute la terre, dont l'institution fût de temps immémorial, on pourrait en quelque façon rester en repos, supposant que tous les hommes ne peuvent pas s'être accordés sur une fausseté. Mais il y en a une infinité, qu'on charge tous les jours d'articles nouveaux. On en fait de nouvelles de siècle en siècle. De quelque côté que vous vous tourniez, vous trouvez d'autres hommes qui crient que vous vous égarez. Vous leur criez la même chose; ni eux ni vous ne s'en émeuvent pas davantage. Chacun va son train à l'ordinaire, sans s'arrêter, sans se détourner, sans seulement écouter.

Cependant, ou toutes les religions sont indifférentes à Dieu, auquel cas il serait toujours judicieux de prendre la plus raisonnable et la plus simple, tant pour ne pas s'imposer des devoirs inutiles que pour se soustraire aux pilleries de ces petits tyrans qui s'intitulent ministres de Dieu; ou bien si Dieu n'approuve qu'une religion, ou que[35] quelques-unes, et s'il doit punir les autres, c'est le comble de la folie de s'en rapporter au hasard de la naissance et de l'éducation, et de rester tranquille.

Cependant, de deux choses l'une. Toutes les religions sont indifférentes, et Dieu se contente de la bonne foi et de la bonne intention, imputant à crime ou à vertu l'observation ou la transgression des lois que chacun croit être de Dieu; ou bien Dieu n'en approuve que quelques-unes ou qu'une seule. Au premier cas, il serait toujours judicieux de prendre la religion la plus raisonnable et la plus simple pour ne pas multiplier ses devoirs et par conséquent la difficulté de les remplir, et prudent de se soustraire au pillage de tant de petits tyrans qui se disent ministres de la divinité. Mais au deuxième, c'est le comble de la folie et de la brutalité de s'en rapporter au hasard de la naissance et de l'éducation et de rester tranquilles.

Argument démonstratif.

Non seulement on peut, mais on doit examiner si l'on a pris le bon parti dans une affaire qu'on croit de la dernière importance, où il est aisé de se tromper et où l'on s'est engagé légèrement.

On croit l'affaire de la religion de la dernière importance, il est très aisé de s'y tromper; on s'y est engagé sans précaution ni examen. Donc on peut, et on est étroitement obligé, d'examiner si l'on a pris le bon parti dans l'affaire de la religion.

Cela dérive même de vos principes, M.R.P. Je vois dans le Nouveau Testament qu'il faut sonder, qu'il faut se garder des faux prophètes, qu'il faut prendre garde d'être séduit.[36] Il faut donc examiner.

Argument démonstratif. Non seulement on peut, mais on doit examiner si l'on a pris le bon parti dans une affaire de la dernière importance où il est aisé de se tromper, et où l'on s'est engagé légèrement. L'affaire de la religion est de la dernière importance; il est très aisé de s'y tromper, et on s'y est engagé sans nul examen ni précaution. Donc on peut et on est étroitement obligé d'examiner si l'on a pris le bon parti dans l'affaire de la religion. Cela est reconnu dans le Nouveau Testament. Il y est dit qu'il faut sonder, qu'il faut se garder des faux prophètes, qu'il faut prendre garde d'être séduit.[36] [Fin de l'Extrait V]

[45] *Quatrième vérité.* On peut trouver et reconnaître la vérité, et l'on est obligé de se servir de ce pouvoir en fait de religion.

Il y a des règles et des moyens.[37] Je ne pense pas que cela soit disputable. Je trouve la pesanteur d'une bombe et son volume par le moyen d'un seul éclat que j'ai entre les mains. Je trouve le centre d'un cercle sans qu'il y soit marqué. Je mesure une montagne inaccessible, et cela par des règles certaines.[38]

Pour les moyens, boire et manger sont des moyens efficaces de soutenir et d'entretenir la vie. Renverser un vase plein d'eau est un moyen efficace pour le vider. Souffler un feu un peu grand est un moyen efficace pour l'allumer davantage, etc.

Or les règles et les moyens ne sont pas pour parvenir au néant, mais à l'être et aux modifications de l'être, et comme l'être et la vérité ne sont pas distincts, il y a donc des moyens et des règles pour parvenir à la vérité.

Le sentiment populaire fait deux pièces de cette vérité universelle. L'être métaphysique, à proprement parler les essences, est ce qu'il appelle la vérité, et les essences existantes sont ce qu'il appelle être, mais les philosophes reconnaissent toutes les essences existantes et non-existantes pour une vérité.[39]

Il est néanmoins vrai qu'il y a deux espèces de vérité à notre égard. L'une est celle que l'on appelle première, et qui se présente d'elle-même et que tous les esprits, même les moins pénétrants, voient dans l'instant qu'on les arrête. L'idée en est simple, et la vue claire et facile, comme: le chemin le plus court est le plus droit, cent mille nombres pairs joints ensemble n'en feront **[46]** jamais un impair, ou un et un font deux.

L'autre espèce de vérité est celle qui se découvre par une suite de raisonnements tirés des premières vérités, comme sont la plupart des propositions de géométrie et d'arithmétique. Mais, quelques épineuses que soient ces vérités, il y a des règles pour trouver et démontrer les théorèmes, et des moyens pour expliquer les problèmes après que les règles en ont découvert la solidité.

N'est-ce pas pousser la tyrannie à l'excès que d'excepter la religion de la nécessité de suivre les règles de la recherche de la vérité?[40] N'est-il pas, au contraire, juste et raisonnable de les recommander d'autant plus étroitement que l'observation en est indispensable, à proportion du malheur que l'on croit qu'entraîne l'erreur après elle et du bonheur qui, selon vos principes, doit suivre de l'attachement à la vérité?

On convient que la religion est la chose la plus importante puisqu'elle est le moyen du salut. Cependant on ne veut pas convenir qu'il faille apporter sur la religion la moindre des attentions qu'on apporte sur le choix de toute autre chose.

Chaque troupe de suppôts de religions veut qu'on ferme les yeux, qu'on bouche les oreilles, qu'on ne fasse aucun usage de sa raison ni de son esprit et qu'on se laisse mener par le nez. Ils ne feraient pas cette proposition à un enfant qui aurait des souliers neufs. Il dirait qu'il veut examiner et choisir le chemin de peur de gâter la chaussure. Pourquoi les hommes faits n'en font-ils pas de même? Ils doivent faire application des meilleures règles pour trouver la vérité, et des plus sûrs moyens pour éviter la surprise, la fourberie et la prévention.

Il ne s'agit donc plus que de savoir s'il y a des règles pour découvrir la vérité en fait de religion, ou si elle est exceptée de toutes les règles. Il ne m'importe que vous disiez l'un ou **[47]** l'autre. S'il n'y a point de règles ni de moyens pour la fonder, il faut rester en suspens et se moquer de toutes les religions comme de pures opinions populaires, sans fondement; au moins il ne faudrait prendre aucun parti, n'y ayant pas plus de raison pour l'un que pour l'autre.[41]

Mais s'il y a des règles et des moyens pour s'assurer de la vérité en fait de religion, voici comme il faut raisonner.

Argument démonstratif.

Il est d'autant plus indispensable de suivre les règles de la recherche de la vérité qu'il est important d'éviter l'erreur. Il est plus important d'éviter l'erreur en fait de religion qu'en tout autre. Donc il est [plus][42] indispensable de suivre les règles de la recherche de la vérité en fait de religion qu'en tout autre. Donc il faut examiner la religion par les règles d'une véritable logique, par le bon sens, par le juste raisonnement et avec toutes les précautions que la sagesse et la prudence inspirent, et que l'expérience confirme.

Je ne vois rien à répliquer, sinon qu'il est bien triste de convenir que l'examen est nécessaire lorsqu'on sent qu'il va découvrir la fausseté et la fourberie d'une chose qui donne tant de biens, de si beaux titres et tant de pouvoir.

C'est une malice noire de crier: Il faut se soumettre à Dieu; ce n'est pas à l'esprit humain à sonder les volontés de l'Etre parfait, à borner sa puissance, encore moins à pénétrer dans les secrets de sa sagesse; il faut obéir aveuglément.

Ce n'est pas là la question. On ne doute point de tout cela. Le doute ne tombe point sur l'obéissance, il tombe sur le commandement. Il ne s'agit pas de savoir si je dois obéir à Dieu, mais bien de savoir s'il a ordonné telle chose, **[48]** si tel livre est son ouvrage, s'il contient ses volontés et s'il a établi quelques hommes pour expliquer et interpréter ce livre. Et enfin, quand on aurait découvert que Dieu a fait un pareil établissement, quoique contraire aux pures idées qu'on a de sa puissance, de sa sagesse et de sa justice, encore faudrait-il démêler

[Extrait VI] Argument démonstratif. Il est d'autant plus indispensable de suivre les règles de la recerche de la vérité qu'il est important d'éviter l'erreur. Il est plus important d'éviter l'erreur en fait de religion qu'en tout autre. Donc il est plus indispensable de suivre les règles de la recherche de la vérité en fait de religion qu'en tout autre.

Donc il faut examiner la religion par tous les préceptes de la véritable logique, par le bon sens, par le juste raisonnement, et avec toutes les précautions que la sagesse et la prudence inspirent et que l'expérience confirme en toutes occasions.

Je ne vois rien à répliquer: et garder le silence sans examiner, c'est dire qu'on est persuadé que l'examen découvrirait la fausseté et la fourberie. C'est une malice noire et non une simple mauvaise foi de crier qu'il faut se soumettre à Dieu; que ce n'est pas à l'esprit humain à sonder les volontés de l'être parfait ni à borner sa puissance, encore moins à pénétrer les secrets de sa sagesse; mais qu'il faut obéir aveuglément.

Ce n'est pas là la question. On ne doute point de tout ce pompeux étalage. Le doute ne tombe pas sur l'obéissance; il tombe sur le commandement. Il ne s'agit pas d'examiner si je dois obéir à Dieu, mais de voir si Dieu a commandé telle chose, si tel livre est son ouvrage et contient ses volontés, s'il a établi quelques hommes pour expliquer et interpréter ce livre. Enfin, quand on aurait découvert que Dieu a fait un pareil établissement, il faudrer encore démêler ses véritables ministres, parmi le grand nombre de ceux qui s'attribuent ce caractère,

ses véritables ministres parmi le grand nombre de ceux qui s'attribuent ce caractère, quoique tous contraires les uns aux autres.

Un roi fut contraint de quitter ses états. Il avait laissé la reine avec une princesse d'une beauté parfaite, seule héritière de ses états. Un malotru, gueux, dégoûtant, vient avec un mauvais écrit sans seing et sans sceau dire à la reine qu'il accourt de la part du roi pour épouser cette belle princesse et se mettre en possession de tout ce qui lui est destiné. «Je sais bien,» dirait-il, «que cela ne paraît pas raisonnable, que cela est au-dessus de votre génie, mais ce n'est pas à vous à contrôler les ordres du roi, et vous ne devez pas résister aux volontés de votre époux. Obéissez, ou vous serez traitée comme une rebelle et une femme qui n'aime ni ne respecte son mari.»

Bien loin que la reine se rendît à un pareil discours, et acceptât de pareils ordres, elle dit: «Je ne refuse point d'obéir aux ordres de mon roi et de mon époux. Je suis prête à suivre ses volontés sans les examiner, persuadée qu'il ne fait rien qu'avec prudence et pour de bonnes raisons, quoique je ne les voie pas; enfin je suis prête d'obéir à tout ce que je saurai qu'il a commandé. Mais, infâme imposteur, tu n'as aucune marque que tu viennes de la part du roi. J'ai mille marques que tu n'en viens pas. Il est trop sage pour qu'une pareille pensée lui soit tombée dans l'esprit, trop juste pour ne m'en avoir pas averti d'une manière sûre, si c'était sa volonté, et trop puissant pour manquer de moyens **[49]** pour le faire. Tu es un fol, un extravagant, un fourbe, que l'amour et l'avarice transporter.» Elle le fit jeter dans les ténèbres extérieures etc.[43]

quoique contraires les uns aux autres.

Un roi fut contraint de s'éloigner de ses Etats. Il avait laissé la reine avec une princesse d'une très rare beauté et d'un grand mérite. Un malotru, vieux, gueux, estropié, dégoûtant, hideux, vint avec un mauvais écrit, sans seing, sans sceau, dire à la reine qu'il accourait de la part du roi pour épouser cette belle princesse et se mettre en possession des trésors qui lui sont destinés: Je sais bien, disait-il, que cela ne paraît pas raisonnable, que cela est au-dessus de votre génie, mais ce n'est pas à vous à contrôler les ordres du roi, et vous ne devez point résister aux volontés de votre époux. Obéissez, ou bien vous serez traitée comme une rebelle et comme une femme qui n'aime et ne respecte pas son mari.

Bien loin que la reine se rendît à pareil discours et acceptât de pareils ordres, elle dit: «Je ne refuse point d'obéir aux ordres de mon roi et de mon époux. Je suis prête à suivre ses volontés sans les examiner, persuadée qu'il ne fait rien qu'avec prudence et pour de bonnes raisons, quoique je ne les voie pas. Enfin je suis prête à obéir aveuglément à tout ce que je saurai qu'il a commandé. Mais, infâme imposteur, tu n'as aucune marque que tu viennes de la part du roi. J'ai mille marques que tu n'en viens pas: il est trop sage pourqu'une pareille pensée lui soit tombée dans l'esprit, trop juste pour ne m'en avoir pas avertie d'une manière sûre, si c'était sa volonté, et trop puissant pour manquer de moyens de le faire. Tu es un fol, ou un fourbe, ou un effronté, qu'un amour extravagant et l'avarice transportent.» Elle le fit jeter dans les ténèbres extérieures. [Fin de l'Extrait VI]

Je ne crois pas que le grand génie du père Malbranche puisse trouver de la disparité.

Aucun ministre de religion n'a de marques qu'il soit envoyé de Dieu; c'est un homme comme un autre et le même qu'il était avant d'être dans cette milice. Ils demandent des choses extravagantes, fort à leur profit et à la charge des autres. S'il y a de la distinction entre lui et les autres hommes, c'est bien souvent de celle qui, bien loin de le faire connaître pour le porteur d'ordre de Dieu, fait voir qu'il n'en croit point, ou qu'il n'y pense guère. C'est enfin son libertinage honteux qui le distingue souvent. On criera: «Nous avons l'Ecriture Sainte, le sang de J.-C., celui des martyrs, etc.» L'homme de ma parabole crie aussi: «J'ai l'écrit du roi, toute la cour est témoin que cet ordre est du roi et les courtisans m'ont accompagné une partie du voyage et ils m'attendent avec impatience pour me ramener au roi avec la princesse.»

On a des raisons invincibles pour croire que Dieu ne se sert point de ministre et pour rejeter des lois qui sont ridicules, et qui seraient indignes du moindre homme de bon sens et de probité.

Les hommes ont des ministres et des vicaires parce qu'ils en ont besoin. Dieu n'en a pas besoin, donc il n'en a pas. Les princes ont des favoris, donc Dieu n'en a point;[44] c'est une faiblesse humaine dans les princes. On serait donc en droit de traiter tous les suppôts de religions factices comme la reine dont nous avons parlé a traité son imposteur.

J'ai ouï dire que chez les capucins on fait des commandements [50] ridicules aux novices pour éprouver leur obéissance,[45] mais je n'ai pas ouï dire que l'on revêtit ces ordres du nom du maître.

S'il était évident que les lois que prêchent les religions vinssent de Dieu, quelque absurdes qu'elles pussent paraitre, les esprits s'y devraient soumettre, et ils n'auraient pas grand mérite, la vérité la plus claire étant que Dieu ne peut rien faire que de bien. On s'en prendrait à notre esprit borné qui ne peut concevoir les différents rapports qui sont entre tous les êtres, et qui, ne voyant pas toutes les vérités métaphysiques, nous empêche[46] de faire les combinaisons et de tirer les conséquences. Et nous ne voyons pas même toutes les vérités qui sont à notre portée d'une même vue, ce qui est un obstacle aux jugements de rapport dont nous sommes capables. De là viennent tant de difficultés où nous demeurons court, tant de choses que nous ne pouvons expliquer, quoique nous soyons convaincus de leur vérité, comme les mouvements, l'espace sans vide, la divisibilité de la matière à l'infini,[47] l'accélération du mouvement, les marées, les accès de fièvre, l'obéissance de nos membres à notre volonté etc.; mais on voit avec évidence que cela est; on ne s'en prend qu'à soi de ne pas le comprendre, à peu près comme quand on voit un tour de gibecière surprenant: on ne comprend pas comment il se fait, mais l'on voit qu'il se fait, on est persuadé, on est sûr, il n'y a point de doute.

Que les ministres et les suppôts des religions factices fassent donc voir avec la même évidence qu'ils ont des ordres de Dieu, on s'y soumettra, quelque extraordinaires qu'ils paraissent. L'incrédulité ne tombe pas sur l'étendue du pouvoir de Dieu, ni sur la justice de ses volontés, mais on nie à bon droit que tels hommes parlent de sa part, que tel et tel livre [51] soit son code. Prouvez le fait, Messieurs. Le roi peut me faire maréchal de France. Je vous dis que je le suis, m'en croirez-vous sans autre preuve? les troupes m'obéiront-elles? les gouverneurs de places me remettront-ils leurs places, leurs provisions? les receveurs des deniers du prince m'en donneront-ils à discrétion parce que je dirai: Je suis maréchal de France et j'ai des ordres?

De bonne foi, M.R.P., aucune religion a-t-elle la moindre chose qui convainque des faits dont elle fait un titre? Si les suppôts de ces religions sont de bonne foi, ils ressemblent à Don Quichote: il se fondait sur *Amadis, Les douze pairs de France, Lancelot du lac* etc. S'ils ne sont pas de bonne foi, ce sont des scélérats et des imposteurs. Qu'ils optent, les autorités de Don Quichote sont aussi bonnes que les leurs.[48]

Cinquième vérité. Il faut examiner la religion sans prévention et sans intérêt.

La règle la plus essentielle et la plus générale pour la recherche de la vérité, c'est de se dépouiller de toute prévention et de tout intérêt.[49]

Il est impossible de porter un jugement équitable sur un point de droit et de fait dont on est déjà persuadé. On tourne naturellement toutes choses de ce côté-là; ce qui est plus éloigné paraît proche, les faussetés ont de la vraisemblance et ce qui a quelque ombre d'apparence passe pour indubitable.

On rejette les meilleures raisons lorsqu'elles combattent ce que notre esprit a déjà reçu. On ne veut pas seulement les écouter. Si l'on y prête l'oreille, c'est avec une contrainte [52] qui empêche que l'on ne soit touché. On écoute moins les raisons qu'on nous donne pour les goûter si elles sont bonnes, que dans le dessein de les combattre. On reste dans son opinion. Les faibles traces que l'impatience qu'on a eue d'écouter n'a pas laissé graver dans le cerveau, s'évanouissent; celles que la première prévention a gravées sans obstacle et à fond restent seules endurcies par le temps.

C'est bien pis quand on est intéressé. La générosité est une vertu rare et élevée: rien ne paraît si juste que ce qui est utile, le plaisir nous séduit toujours, c'est par là qu'un chacun canonise ses passions. L'avare damne volontiers le voluptueux et l'avare, dans l'esprit du débauché, est le plus clair revenu du diable. Tel paysan qui, logé chez son père, trouve la dîme un impôt odieux et une tyrannie abominable, la trouve la chose du monde la plus juste dès qu'ayant barbouillé sa souquenille de noir, il devient monsieur le curé.

Il faudrait donc, pour juger sainement, qu'une question fût toute neuve à notre égard et que le oui et le non nous fût indifférent. Si Socrate, Lucrèce, Sénèque, Epicure étaient encore vivants, on pourrait leur proposer l'infaillibilité du pape, la messe, la Trinité et toutes les autres fables, et s'en rapporter à leurs décisions après leur avoir montré les titres sur quoi ces belles idées sont fondées.

Un homme élevé dès l'enfance dans une religion qu'on lui a rendue vénérable, n'en prononçant jamais le nom qu'avec des épithètes magnifiques et imposantes: sacré, saint, etc., cet homme ne peut manquer de la croire incontestable.

La raison en est évidente et l'expérience certaine. Allez dire aux Juifs que Moïse était un rusé politique qui en imposait à des esprits grossiers, dites aux Turcs que [53] Mahomet était un ambitieux, un imposteur, vous verrez comme vous serez reçu. Les ministres de toutes les religions ont, outre la prévention, le plus vif intérêt qui puisse remuer les hommes. Désabuse-t-on les peuples, les voilà tombés du comble des biens et des honneurs dans la fange dont ils étaient sortis. Se résout-on à une pareille chute? On soutiendra plutôt éternellement que le blanc est noir.

Lorsqu'on a trouvé vide un tombeau où l'on prétendait qu'était le corps d'un saint, les chanoines d'Amiens l'ont-ils quitté? ont-ils dit: *nous avons tort?* ont-ils restitué les offrandes faites aux prétendues reliques? refusent-ils celles qu'on apporte encore?[50]

Qui pourrait donc être un bon juge? Le pur naturel que j'ai déjà décrit.[51] Encore faudrait-il le placer dans une île déserte, à l'abri de l'Inquisition et des efforts des cagots contre ceux qui veulent découvrir leur manège, leurs surprises, leurs subornations.

Comme nous n'avons pas ce juge, élevons-nous donc, M.R.P., au-dessus des préjugés, des sentiments d'intérêt et de tous engagements. Regardons tout avec égalité d'esprit pour examiner sérieusement et de bonne foi comme ce qui nous serait proposé la première fois dans une matière qui ne nous regarderait pas.

Ne donnons aucune attention à l'autorité de ceux qui proposent la question, renonçons à toute opiniâtreté, formons une bonne résolution de nous rendre aux raisons claires et évidentes de recevoir les conséquences justement tirées des premiers principes, des vérités métaphysiques, des vérités distinctes qui emportent notre consentement malgré nous, et que tous les hommes voient également en quelque pays et en quelque temps que ce soit.[52]

La maxime que l'intérêt et la prévention corrompent notre jugement est universellement reconnue. On ne laisse nulle part un homme juge du différend qu'il a avec un autre; personne **[54]** ne veut qu'on instruise son fils dans des sentiments qu'il croit pernicieux; un chrétien ne laissera pas élever son fils par un dervis, ni un Turc le sien par un jésuite.

Argument démonstratif.

Pour juger sainement d'une question, il faut l'examiner sans prévention et sans intérêt. L'affaire de la religion est une vraie question. Donc, pour en juger sainement, il faut l'examiner sans prévention ni intérêt.

L'affaire de la religion est une véritable question, ou jamais il n'en fut. Tout le monde entend par question la demande que l'on fait sur l'existence et la qualité d'une chose. Y a-t-il une ville de Paris? Paris est-il plus grand que Londres? etc. Tout de même: y a-t-il une religion ordonnée par Dieu, outre la religion de la conscience? la religion chrétienne, la turque, la bramine, la siamoise, la chinoise, la brésilienne sont-elles fondées sur les ordres particuliers de Dieu? Voilà la question, voilà sur quoi il faut que tous les hommes prononcent, voilà ce qu'ils doivent examiner sans intérêt, sans prévention, pour se rendre sans opiniâtreté à la vérité claire et distincte, et résister sans faiblesse aux impostures et aux sophismes.

Sixième vérité. Que la raison est capable de découvrir la vérité.

Tout ce que fait un être infiniment sage et puissant est parfait par rapport à sa fin. Pourquoi les hommes manquent-ils si souvent d'atteindre leur but? c'est qu'ils n'ont pas assez de sagesse pour voir tout ce qu'il faut pour y parvenir, ni assez de puissance pour se le procurer, quand même ils le connaîtraient. **[55]** On ne peut pas avancer qu'un être veut une chose, qu'il sait tout ce qu'il faut pour qu'elle soit, qu'il est tout-puissant, et que cette chose n'est pas.

Les hommes sont l'ouvrage de Dieu; la raison est leur essence; leur caractère, c'est les lumières qu'il leur a données pour se conduire. C'est une faculté de consulter la vérité que nous apercevons en Dieu. Il est de l'essence de l'homme, de l'être intelligent et raisonnable, de connaître et de juger,[53] comme il est de l'essence d'un cercle que tous ses diamètres soient égaux.

C'est une absurdité, c'est un blasphème de dire que Dieu a créé des êtres faits de façon qu'ils voient clairement les choses d'une autre façon qu'elles ne sont effectivement, j'entends quant aux essences métaphysiques, et non pas aux figures et aux autres modes des êtres matériels que les sens atteignent imparfaitement. Cette imperfection est nécessaire à leurs fonctions et ne porte aucun préjudice aux besoins corporels.

C'est encore une plus grande absurdité et un plus grand blasphème de dire que Dieu a créé des intelligences pour leur ordonner de croire le contraire de ce qu'ils [*sic*] voient distinctement; encore pis s'il ne donne pas à ce ridicule commandement une marque qui prouve qu'il vient de lui.

La moindre chose que l'on puisse demander, c'est de voir assez clairement que c'est la volonté de Dieu, pour contrebalancer l'idée claire que nous avons qu'un être parfait ne peut avoir donné de pareils ordres. On peut bien demander une certaine croyance, mais est-il rien de plus singulier que de la demander contre les principes qu'on a établis soi-même?

Un astronome exigera d'un paysan qu'il croie le soleil plus **[56]** grand que la terre, mais lorsqu'il lui aura enseigné les démonstrations sur lesquelles cette connaissance est indubitablement appuyée, il serait scélérat et insensé de lui envoyer dire par un inconnu, sans la moindre marque qu'il vienne de la part de l'astronome, de lui envoyer, dis-je, ordonner de croire que le soleil n'est pas plus grand qu'une assiette, et de le maltraiter ensuite s'il se refuse à cette croyance et s'en tient aux démonstrations de l'astronome.

Abrutissez la raison humaine, faites-la passer pour aveugle, pour incapable de discerner la vérité de l'illusion; c'est faire deux extravagances des plus grossières:

1°) C'est se servir de la raison pour prouver qu'il n'y a point de raison, c'est se jeter dans un cercle ridicule, car si l'on prouve par des raisonnements que la raison est fautive, ces raisonnements peuvent être faux et par conséquent ne prouvent rien; s'ils concluent et font preuve, la raison peut donc établir des certitudes et découvrir la vérité.

J'ai quelquefois entendu des prédicateurs parlant des mystères se jeter ainsi sur les erreurs où les hommes tombent en raisonnant et sur celles des sens. Mais, pauvre homme, disais-je en moi-même, pourquoi me rendrais-je donc à tes raisonnements, pourquoi ne m'en irais-je pas, puisque je t'entends débiter impudemment tant de fadaises?

2°) C'est attribuer à Dieu de l'impuissance ou de la malice. De l'impuissance, s'il a fait ses efforts sans réussir; de la malice, s'il n'a pas voulu réussir. C'est un maître qui envoie son valet au bois avec une cognée de verre; c'est un général qui fait marcher ses troupes au combat avec de la graine de navette au lieu de poudre; c'est un prince qui envoie des vaisseaux en mer

[Extrait VII] Si nous n'avons aucun moyen de connaître le vrai, c'est attribuer à Dieu de l'impuissance ou de la malice; de l'impuissance, s'il a fait ses efforts sans réussir; de la malice, s'il ne l'a pas fait. C'est un maître qui envoie son valet aux bois sans une cognée, c'est un capitaine qui fait marcher ses soldats avec des graines de navet dans leurs fourniments; c'est un prin-

[57] avec des boussoles qui ne sont pas aimantées et avec des compas qui ne sont pas justes.

Enfin, si notre raison est erronée, Dieu ne peut punir des fautes qu'on fait en la suivant: c'est la lumière qu'il nous a donnée pour nous conduire. Si je donne des poids et une balance fausses à un facteur que je charge de recevoir pour moi des effets, le punirais-je de m'en apporter une moindre pesanteur que celle qui devait me revenir? «Je l'ai pesé exactement aux poids que vous m'avez donnés», me dira-t-il, «je suis prêt à le prouver». Qu'aurais-je à répondre?

Après cela, on tombe dans le pyrrhonisme le plus outré et dans l'extravagance de soutenir qu'un homme ivre, fol, épileptique dans l'accès de son mal, est aussi propre à recevoir la religion qu'un homme sage en son bon sens. Pesez bien cette conséquence, M.R.P., on ne la peut éluder.[54]

On prétend se tirer d'affaire en disant que les mystères ne sont pas contre la raison, mais qu'ils sont au-dessus d'elle, et moyennant cette futile distinction, on étourdit la populace et l'on croit fermer la bouche à tout le monde. J'ose pourtant répondre à cette proposition.

Quand ces prétendus mystères seraient au niveau de la raison, quand ils ne feraient que l'étonner sans la choquer, établissez vos preuves, c'est ce que l'on demande et à quoi vous ne pourrez parvenir. Ainsi parlent les avocats dans une cause désespérée: ils avancent sans pouvoir prouver, sûrs d'être sifflés, mais enfin il ne fallait pas rester court.

Je soutiens que ce sont des absurdités et des impossibilités positives.

[58] Ce qui est au-dessus de la raison, c'est ce qu'on ne comprend point, mais dont on ne voit point l'impossibilité. Je ne comprends pas comment se fait la circulation du sang dans les animaux, de la sève dans les plantes, mais je n'y vois point d'impossibilité; cela est, si vous voulez, au-dessus de ma raison, mais cela n'est pas

ce qui met ses vaisseaux en mer avec des compas faux, avec des boussoles dont l'aiguille a perdu sa vertu ou qui n'a jamais été touchée de l'aimant, en sorte qu'elle n'est point capable de se tourner toujours au nord. Enfin, si notre raison est erronée et fautive, Dieu ne peut point nous punir pour les fautes que nous faisons en la suivant. C'est la lumière qu'il nous a donné pour nous conduire, c'est l'aune et la balance pour mesurer. En nous en servant de bonne foi, nous n'avons pas plus de tort qu'un facteur auquel un marchand aurait donné une fausse balance ou de faux poids pour recevoir des effets, et qui prendrait pour cent livres ce qui n'en pèserait réellement que soixante.

On prétend se tirer d'affaire en disant que les mystères ne sont point contre la raison, mais au-dessus de la raison, et moyennant ce *distinguo*, on étourdit la populace et on veut fermer la bouche à tout le monde. Cependant, mon Révérend Père, quand cela serait au niveau même de la raison, quand ces prétendus mystères ne feraient que l'étonner sans la choquer, établissez vos preuves, c'est ce qu'on vous demande, c'est ce que l'on attend et à quoi vous ne sauriez parvenir. Vous êtes comme les avocats chargés d'une cause désespérée. Ils disent tout ce qui leur vient en pensée; ils sont bien sûrs d'être sifflés, mais ils ne s'en embarrassent pas, ayant le louis d'avance.[55]

Je soutiens que vos mystères sont des absurdités, des impossibilités positives.

Ce qui est au-dessus de la raison, c'est ce qu'on ne comprend pas, mais dont on ne voit pas l'impossibilité. Ce sont là deux choses bien différentes: je ne comprends pas comment se fait la circulation du sang dans les animaux et de la sève dans les plantes, mais je n'y vois pas d'impossibilité. Cela est, si vous voulez, au-dessus de la

contre; cela la passe, mais ne la blesse pas.

Dites à votre laquais que par l'algèbre on détermine tous les jeux qui peuvent venir au piquet et la façon de les jouer. Il sera surpris, étonné, mais il ne vous dira pas que cela n'est pas possible; il n'ira pas chercher des moyens pour vous prouver que cela est impossible, comme si vous lui disiez que vous pouvez faire en sorte qu'il ait quatorze de rois et son adversaire une tierce majeure.[56]

La Trinité et la Transsubstantiation sont d'une pareille impossibilité. Cela révolte l'esprit et offense la raison.

raison, mais cela n'est pas contre. Cela la passe, mais cela ne la blesse pas. Dites à un laquais que, par le moyen d'algèbre, on déterminera toutes sortes de jeux qui peuvent venir au piquet, et toutes les manières de le jouer, il dira que cela est au-dessus de sa science, qui est sa raison, il sera surpris; il ne dira pas que cela ne se peut, et il n'ira pas chercher des moyens pour se rassurer contre cette impossibilité, et vous la prouver, comme si vous lui disiez que par quelque moyen que ce soit, vous pouvez faire qu'il ait quatorze de rois, et son adversaire une tierce majeure.[56] La trinité, la transsubstantiation, sont une pareille impossibilité: une proposition détruit l'autre. Tout le monde voit et se récrie naturellement contre, au lieu que ce qui est simplement au-dessus de la raison ne révolte point l'esprit et ne fait que l'étonner. [Fin de l'Extrait VII]

Je finis en défiant, vous, M.R.P., et tous les hommes, de tourner les choses de façon à récuser la raison. Après des ruses, des subtilités et tout le manège de l'école, il faudra que chaque religion vienne plaider sa cause devant la raison, et pour elle et contre les autres.

Argument démonstratif.

Tout ce que fait un être infiniment puissant et infiniment sage est parfait par rapport à sa fin.

L'être infiniment sage et infiniment puissant nous a donné la raison pour distinguer la vérité de l'erreur.

Donc la raison est capable de nous faire distinguer la vérité de l'erreur.

[59] Si l'on me nie la mineure, c'est se déclarer fol et pis encore; je nierai aussi que Dieu nous ait donné des yeux pour voir, la voix pour parler, les oreilles pour entendre, les pieds pour marcher, etc.

Septième vérité. **Dieu nous a instruits clairement de ses volontés; il ne peut punir que des crimes libres; il n'y a point de ministres; aucun livre n'est son ouvrage.**

On doit en toutes rencontres préférer l'évident à l'incertain et le clair à l'obscur; cela ne se peut nier.

On ne doit donc pas dire qu'on est obligé de négliger les justes connaissances que l'être parfait nous a données de ses attributs pour lui en donner de fantastiques, manifestement contraires à ce que nous en concevons par son impression. On ne doit pas oublier les lumières de sa raison pour suivre des fantaisies, à moins que ceux qui les proposent ne les prouvent clairement, ou ne montrent avec cette même clarté l'ordre qu'ils ont reçu de l'être à qui je dois obéir pour m'engager à les suivre.

Est-il aussi clair et aussi évident, aussi sûr, aussi certain que quelque livre est l'ouvrage de Dieu qu'il est clair et évident que la raison est un présent de sa toute-puissance? Il n'y a pas de milieu: nous sommes des êtres nécessaires et subsistant de toute éternité, ou nous sommes des créatures qui tenons tout de Dieu et chaque chose pour une fin, des membres pour agir, une mémoire pour nous représenter **[60]** le passé, et la raison pour connaître et juger.

Est-il aussi sûr et aussi certain que quelque homme est ministre de Dieu pour me commander de sa part des choses à quoi ma raison s'oppose, qu'il est certain que la raison est la lumière que Dieu m'a donnée pour examiner toutes choses et pour en juger? Cette raison crie de toute sa force: «Ces prétendus ministres sont des fous, des fourbes ou des scélérats». Outre cela, le nombre des incidents, des doutes, des controverses, des disputes et des sentiments différents est infini; il est impossible de consulter sur un nombre infini et de savoir assez bien une infinité de questions; pour en pouvoir juger, il faut donc que Dieu nous ait donné un principe général dont l'usage est infini.

Alléguez que ces livres et ces honnêtes docteurs ne prêchent rien contre la raison, mais seulement des choses au-dessus de la raison:

1°. Cet échappatoire est détruit dans la vérité précédente.

2°. Cela ne fait rien à l'affaire. Il nous faut toujours de l'autorité, même quand ce qu'ils prêchent ne blesserait pas la raison.

3°. Je soutiens que chaque chose particulière à quelque religion factice que ce soit est directement opposée à la raison et qu'on ne peut l'accepter, cette chose, qu'en y renonçant. Chacun l'avoue de la religion d'autrui.

Traitons-nous les mystères de l'ancien paganisme, de celui des Indes et de l'Amérique, de choses au-dessus de la raison? Les païens traitaient-ils la grâce, la Trinité etc. de choses au-dessus de la raison? Toutes les différentes sectes ne traitent-elles pas les sentiments les unes des autres de choses contraires **[61]** au bon sens et à la raison?

Il s'ensuit de là que tout homme sans prévention reconnaît tous ces mystères pour autant d'impostures tyranniques ou fanatiques.

Il est donc évident qu'il faut écouter notre raison préférablement à quoi que ce soit. Or en consultant notre raison, notre conscience et les idées que nous avons de l'Etre parfait, nous voyons que tous les autres êtres raisonnables ont les mêmes idées qui, nous venant naturellement, ne peuvent nous venir que de Dieu.

Nous voyons que Dieu est juste, de la justice que nous connaissons, de la justice qui traite chacun suivant ses mérites, de la justice qui fait des lois praticables par ceux qui y sont soumis, de la justice qui fait connaitre ses lois. Nierez-vous plutôt, M.R.P., ces sentiments de ma raison et les direz-vous moins incontestables que les *Métamorphoses*,[57] le *Pentateuque*, l'Evangile ou l'Alcoran? Est-il plus évident que ces livres sont l'ouvrage immédiat de Dieu qu'il n'est évident que les sentiments que je viens d'étaler me viennent de cet être parfait?

Donnez gloire à Dieu, M.R.P.[58] Croyez-vous aussi sûr que Dieu ait appelé David un homme selon son cœur, qu'il est sûr qu'un homme tel que David n'était point selon le cœur de Dieu? Est-il aussi évident que Jupiter est le père d'Hercule qu'il est évident que Dieu n'est point sensible aux plaisirs charnels? Est-il aussi évident que des femmelettes et des pêcheurs grossiers et ignorants sont incapables de mensonge et d'illusion qu'il est évident qu'un homme mort en croix ne parle, ni n'agit le troisième jour? Est-il aussi évident qu'un homme ait mis **[62]** la moitié de la lune dans sa manche[59] qu'il est évident que toutes les manches du monde n'en tiendraient pas le quart? Les livres qu'on veut donner pour divins ne contiennent rien que ce que chacun se sent capable de dire s'il veut. Nous voyons de même que tel homme qui se dit ministre de Dieu n'a rien plus[60] que les autres; les sens et la raison nous disent tout cela et ils ne nous disent rien sur cette prétendue révélation, sur cette prétendue mission. Si vous prétendez qu'emportés par la force de l'engagement et de l'éducation ils disent quelque chose, oserez-vous dire que c'est avec la même clarté? Je ne crois pas que vous l'osiez.

Pour se déterminer en toute occasion, et surtout dans une matière de la dernière importance, on doit peser les raisons et se rendre aux plus fortes.

J'ai les plus fortes raisons qu'il soit possible d'imaginer pour voir que Dieu est un être parfait, qu'il est juste et qu'il n'est point un tyran, au sens auquel tout le monde l'entend.

Je n'ai que la plus mauvaise raison à donner dans le contraire car on n'en peut pas présenter de plus frivole que d'alléguer: telles gens le disent, tel livre le porte. Mais telles gens peuvent être des fourbes ou des visionnaires, tels livres peuvent être des fables ou des romans. Il y a de même ailleurs des gens et des livres qui disent le contraire.

Il n'y a guère de crime qui ne soit aussi autorisé par telles gens et tels livres.

Entre deux propositions dangereuses, entre deux partis opposés qui ne sont pas indifférents à choisir, il ne faut pas moins qu'une démonstration pour déterminer un homme sage.

[63] Faire Dieu de trois pièces distinctes, s'il n'est pas vrai qu'il en soit composé; adorer un homme crucifié, s'il n'est pas vrai qu'il soit Dieu; adorer une oublie,[61] s'il n'est pas vrai qu'elle soit transsubstantiée, etc., tout cela est aussi criminel et aussi dangereux que de ne le pas faire et de ne pas croire ces choses si elles sont véritables. Ce qui met une différence, c'est le pur rapport de la conscience interrogée sans prévention. De quel côté la balance pencherait-elle, M.R.P.? Mais il est certain qu'en établissant que nous ne sommes pas plus portés par notre raison à croire l'un que l'autre, il faut toujours au moins rester indécis jusqu'à la démonstration. Puisque l'un et l'autre parti est également dangereux, on court le risque, ou d'idolâtrer, ou de ne pas croire la vérité et de ne pas rendre à Dieu l'hommage qui lui est dû.

Les gens engagés dans les religions factices font précisément ce que ferait un officier commandant un petit corps de cinq à six mille hommes qui, au lieu de se retirer sous le canon d'une place dont il serait le maître, attendrait en rase campagne l'ennemi fort de cent mille hommes, et cela sur la parole d'un homme qui lui promettrait qu'une légion d'anges viendra à son secours.[62]

Argument démonstratif.

Il faut préférer l'évidence à l'incertitude, la clarté à l'obscurité.

Il est évident et clair que Dieu est juste, de la justice la plus pure; que tel livre est humain; que tel homme qui me[63] prêche n'est qu'un homme. Il est très incertain que Dieu **[64]** soit juste d'une autre justice que celle que nous connaissons, que tel livre soit l'ouvrage de Dieu, que tel homme ait ses ordres particuliers; au contraire, cela paraît évidemment faux aux personnes sans prévention.

Donc il faut croire que Dieu est juste, de la justice que nous connaissons qui, s'il veut punir, ne peut punir que les mauvaises actions libres, que les actions contraires à ses volontés dont il a clairement instruit. Donc il faut agir dans le principe qu'aucun livre n'est l'ouvrage de Dieu, qu'aucun homme n'est son ministre ni son interprète, et que tous ceux qui prennent ce titre sont des imposteurs ou des insensés.

Il ne m'est point venu en idée de définir le mot de libre; tout le monde en a l'idée claire; il n'y a que l'extravagance théologique chrétienne qui ait pu faire une distinction là-dessus et imaginer une liberté d'indifférence et une liberté de contrainte. J'entends par le mot de libre ce que tous les hommes entendent quand ils disent qu'on n'est pas libre d'avoir faim, mais qu'on est libre de manger, ayant du pain; qu'on n'est pas libre de penser à s'aller baigner, mais qu'on est libre de ne pas y aller, si l'on est seul, sans que personne vous violente.

Huitième vérité. Qu'il faut raisonner en fait de religion.

En quelque matière que ce soit et en quelque occasion que l'on se trouve, le discernement ne se peut faire que par l'instinct, les sens ou le raisonnement.

Il est démontré ci-dessus qu'il faut faire un choix en fait de religion et qu'il faut examiner si l'on a pris le bon parti.

[65] Il est évident que nous n'avons point d'instinct pour cela, autrement tous les hommes auraient la même religion, comme tous les hommes se grattent quand leurs corps leur démangent:[64] tous crient quand ils se blessent, tous s'assoient ou se couchent pour se reposer.

Nous n'avons point non plus de moyens du côté des sens, qui ne jugent que de la configuration ou du mouvement de la matière.

Reste la voie du raisonnement: il faut donc raisonner, il faut donc philosopher, il faut tirer des conséquences des premiers principes, en faire l'application à la religion et donner où se trouvera la solide évidence.

Il faut rejeter tout ce que la raison, consultée sans passion, sans prévention, et sans intérêt, déclare faux ou mal fondé. Tout cet article n'est qu'une argumentation, qui n'a pas besoin d'être appuyé ni réduit [*sic*].

Neuvième vérité. Qu'on est obligé d'abandonner sa religion quand on la trouve mauvaise.

On n'a pas plus droit de retenir qu'on n'en a eu de prendre.

Je ne crois pas que nos plus sévères casuistes se fissent un scrupule de se sauver des prisons d'Alger.

Cependant les religions factices commettent une bien plus grande injustice que les corsaires, puisqu'elles commencent par surprendre les hommes en les prévenant dès l'enfance, leur imposant par autorité et abusant de leur faiblesse. [66] Les corsaires combattent contre des hommes faits, ils courent les mêmes risques de l'esclavage et de la vie que celui qu'ils font courir aux autres, et enfin ceux qui vont à la mer s'exposent à ce danger dont ils ont pleine connaissance et liberté de s'en défendre.

Où est l'apparence de droit de s'emparer de l'esprit d'un enfant pour l'infatuer de tout ce que l'on veut? Si l'on voulait garder les règles, on attendrait qu'il eût vingt ou vingt-cinq ans. Alors, sans user d'autorité, on lui proposerait les principales religions, les preuves sur lesquelles elles s'appuient et ce qu'il y a à dire contre. En ce cas, s'il venait à abandonner celle dont il aurait fait choix, on aurait raison de l'appeler apostat. On ne pourrait pas cependant le blâmer absolument: changer, en soi-même, n'est pas vice; ce peut être une vertu. Mais changer sans bonne raison, c'est une inconstance vicieuse et blâmable.

Le mineur se fait relever par l'autorité publique dès qu'il y a eu de la surprise de la part de ceux avec qui il a contracté, quoiqu'il n'ait point été forcé et ne dépendît point de ceux qui ont abusé de sa faiblesse, quoi même qu'il fût en état et en pouvoir de peser la chose.[65]

A fortiori donc me puis-je relever de mon engagement dans la religion.

A vingt-cinq ans, on ne relève plus un jeune homme de ce qu'il peut faire, parce qu'il est juste qu'il tienne ses engagements avec ceux qui ont intérêt qu'il les accomplisse et qu'il doit avoir à cet âge assez de raison pour n'être pas surpris.

[67] Mais dans les occasions où un homme seul est intéressé, on ne l'oblige point à effectuer ses promesses qui ne sont alors que de simples desseins et des résolutions conditionnelles. Personne ne criera contre moi quand j'aurai dit que je veux passer ma vie à Paris si après cela je vas demeurer en Languedoc, dont je trouve l'air plus sain.

Je puis de même quitter ma religion si je la trouve mauvaise: 1° parce que l'on m'y a fourré par surprise, 2° parce que c'est une affaire qui ne regarde que moi, où personne n'a intérêt; ainsi je ne puis être ni blâmé ni puni pour ce changement.

Chacun peut se remettre à l'état où il était en naissant quand on l'a initié dans sa religion, parce qu'il était hors d'état de juger, de refuser de se soumettre, n'ayant ni discernement, ni liberté.

Quant aux adultes, ils ont le même droit d'abandonner la seconde qu'ils ont prise que la première qu'ils ont laissée. On est toujours bien fondé à examiner les raisons auxquelles on s'est rendu.

Argument démonstratif.

On n'a pas plus droit de retenir qu'on n'en a eu de prendre.
La religion a pris sans droit.
Donc elle n'a pas droit de retenir.
La force et la surprise ne donnent point de droit.
[68] La religion a pris par force et par surprise.
Donc elle a pris sans droit, donc on peut l'abandonner.

*
**

A l'égard des adultes:
Quand on n'a pas été pris par force et par surprise, on a cédé à des raisons qui sont toujours sujettes à révision, comme nous l'avons vu.
Quiconque s'aperçoit que dans une affaire de conséquence il a pris un mauvais parti, convertit une erreur en crime atroce s'il se fait un faux point d'honneur de la persévérance. Donc il est en droit de quitter son erreur quand il la reconnaît.

*
**

Dilemme sans réplique:
Il faut examiner et juger de la religion dans laquelle on se trouve, soit par choix ou par le hasard de la naissance. Ou bien, il ne faut ni l'examiner, ni en juger.
S'il ne faut pas l'examiner ni en juger, chacun restera dans la sienne. Le juif restera juif; ainsi du païen, du mahométan, du chrétien, du papiste, du protestant, soit qu'il soit né dans sa religion ou s'y soit engagé.
Aucune religion n'adoptera cette conséquence nécessaire qu'en sa propre faveur, ce qui est le comble de l'injustice.
S'il faut examiner, voici, après mûres réflexions, le jugement que j'en porte. Je la trouve folle, extravagante, injurieuse à Dieu, pernicieuse aux hommes, facilitant et même autorisant les vols, les séductions, l'ambition et l'intérêt de ses ministres, la révélation des mystères des familles. Je la vois comme ayant été une source de [69] meurtres et de traitements tortionnaires faits sous son nom. Elle me semble un flambeau de discorde, de haine, de vengeance, un masque propre à l'hypocrite et à tous ces malheureux vêtus de noir qui vantent cette religion ou ses effets prétendus. Enfin, j'y vois dans son tronc l'idolâtrie, la superstition et les fraudes pieuses.
Avec cette idée de votre religion, outre le droit de l'abandonner, je suis dans l'obligation la plus étroite d'y renoncer et de l'avoir en horreur; de plaindre ou de mépriser ceux qui la prêchent et d'anathématiser ceux qui la soutiennent par leurs violences.
Si je ne me trompe, ce n'est pas ma faute si j'en ai[66] cette idée: j'ai donné toute mon attention et employé toute ma capacité à en bien juger, avec la même bonne foi et la même circonspection dont j'agis dans les occasions de ma vie les plus intéressantes.

Dixième vérité. Aucune religion ne peut établir ses faits.

Des faits ne peuvent s'établir que par des pièces recevables et des témoignages concluants. Aucune religion factice n'a de pièce ni de témoignage revêtu de la forme[67] que la raison, que l'expérience, et les coutumes de toutes les nations demandent.

On peut regarder l'affaire de la religion comme un procès où chaque religion est le demandant et toutes les autres ensemble le défendeur.

Le christianisme soutient qu'il a la vérité de son côté. [70] Le paganisme, le judaïsme, le mahométisme le nient. Le mahométisme soutient qu'il est la bonne religion. Le paganisme, le judaïsme et le christianisme le nient. Ainsi du reste.

Ou bien on peut regarder toutes ces religions factices comme les demandeurs contre le bon sens, la raison, la justice et la liberté de tous les hommes défendeurs. Cela est incontestable. Ainsi je puis dire: des pièces sont des écrits communs entre des parties, comme un contrat, ou des ordonnances des supérieurs, comme un jugement, un arrêt.

Où sont les pièces de cette espèce? Chaque religion a au plus un factum. Où a-t-on vu juger un procès sur un factum d'une des parties?

Qu'est-ce que l'*Evangile*, l'*Alcoran*, le *Pentateuque*? Une narration contre laquelle une simple négation suffit.

Pierre dit qu'il m'a trouvé à Londres, prisonnier de guerre, dépouillé sur la paille, réduit au pain des prisonniers. Il fait une description pathétique de ma misère prétendue et de sa générosité qui l'a engagé à me prêter cent pistoles, à ce qu'il dit.[68] Il me les demande et n'a pour preuve qu'un écrit de sa façon, qu'un mémoire. Je nie tout cela. Le voilà condamné aux dépens, et moi renvoyé.

Ce serait encore bien pis s'il y avait de l'impossibilité dans les faits qu'il allègue, par exemple s'il disait qu'il m'a apporté cent mille écus sous son manteau, qu'il est venu de France en l'air, qu'il est entré invisible dans la prison où j'étais, car outre qu'il n'y aurait aucune preuve du prêt, j'en trouverais[69] la négative dans l'impossibilité des faits qu'il alléguerait.

[71] Il est absurde d'alléguer qu'on ne prouve point l'impossibilité contre un fait; cela n'est vrai qu'autant que le fait est sûr. Ainsi, prouvez ce fait incontestablement et j'avouerai que ma raison d'impossibilité ne vaudra rien.

Les religions crient que Dieu a parlé à un homme, l'a armé de sa toute-puissance, qu'il lui a révélé qu'il est de trois pièces qui n'en font qu'une, etc. Qu'elles prouvent leurs faits. Jusque-là j'en suis quitte pour nier, mais je fais plus, je prouve ma négative, à quoi on n'oblige personne.

Cela n'est pas, en ce qu'il y a une impossibilité physique.

A l'égard des témoignages: 1° Les témoins doivent être en état et capables de discerner les choses en question. Un sourd ne sera pas témoin pour des paroles, ni un aveugle pour des gestes ou des couleurs. Hé! qui peut être témoin pour des miracles? Un homme d'une prudence consommée, d'une expérience et d'une sagesse infinies, savant, adroit, défiant, pénétrant, avec la volonté et le temps d'examiner ne serait pas encore capable de rendre un témoignage assuré. De quel poids peut donc être le rapport de gens ignorants, grossiers et bercés avec des contes pleins de superstitions et de fadaises, de gens prévenus et intéressés, etc.?

On voit des miracles à proportion qu'on est ignorant des secrets de la médecine, de la chimie, des mathématiques, etc., à proportion qu'on ignore les tours de main, les souplesses, les vertus de certaines choses et les effets de certaines machines.

Tout était plein d'esprits, de démons, de possédés il y a deux siècles.[70] Des marionnettes parurent aux Suisses montagnards un effet de la magie et un effet miraculeux.[71] N'aurait-on pas **[72]** trouvé en Amérique dix mille habitants du pays qui, à la vue de l'effet de la poudre, auraient assuré que les Castillans faisaient des miracles et étaient dépositaires des foudres de Dieu?

2° Des témoins doivent être sans intérêt dans la chose en question. Toutes les religions ont des témoins de leurs partis: ils veulent contraindre par force à les croire, donc ils ne sont pas désintéressés.

3° Des témoins doivent être entendus par des supérieurs qui soient indifférents sur le succès. Cela est-il, et y a-t-il une preuve qui puisse m'empêcher de douter sur la vérité des pièces, et de dire qu'elles sont supposées et attribuées faussement à tel ou à tel?

Argument démonstratif.

Des faits ne peuvent s'établir que par des pièces recevables et des témoignages concluants.

Aucune religion n'a de pièces recevables, ni de témoignages concluants.

Donc aucune religion ne peut établir ses faits. J'entends, par des pièces recevables, des écrits communs entre des parties ou des ordonnances des supérieurs.

Des témoignages concluants sont ceux des personnes éclairées et désintéressées qui ont suivi et examiné avec la science et l'attention requises les faits en question.

Aucune religion n'a des pièces ou des témoignages pareils. Donc aucune religion n'a de pièces recevables ni de témoignages concluants.

*
**

Voilà la mineure du premier syllogisme bien prouvée. Si l'on nie la majeure de celui-ci, qu'on soutienne donc que des **[73]** pièces de ma propre fabrique sont bonnes contre un autre, et je vas[72] m'acquitter avec tous mes créanciers et rendre tous les hommes mes débiteurs, ou bien qu'on me donne une autre définition de ces pièces recevables et des témoignages concluants. Pour moi, je n'en sais point d'autre, ni n'en comprends.

Je suis sûr que les suppôts des religions auront bientôt fait une autre définition, qui leur sera favorable, mais je suis sûr aussi qu'ils l'auront bientôt démentie si on leur demande de l'argent sur des pièces ou des témoignages selon[73] leur définition.

Quand l'on dirait que les histoires ordinaires passent pour des preuves en bien des affaires de conséquence, cela n'avancerait rien.

1° Ces histoires ont été faites sans rapport à la contestation que l'on veut régler, et par conséquent sans intérêt pour ce fait. Si elles étaient de même date que le commencement de la prétention, on n'y aurait pas plus d'égard que si l'une des parties l'avait faite, à moins qu'elles ne fussent appuyées de pièces telles que nous les demandons.

2° Une histoire toute simple ne fait jamais une absolue conviction, mais une preuve plus ou moins plausible suivant les circonstances. Risquera-t-on son salut éternel sur des vraisemblances et des plausibilités?

3° Il y a une grande différence entre les histoires ordinaires, qui n'ont point été contestées, et qui par là sont en quelque façon reconnues, ou bien celles des religions contestées et accusées de faux dès qu'elles ont paru.

[74] 4° Les histoires ordinaires ne contiennent rien d'impossible, rien qui passe la force des hommes. Dès qu'elles sont semées de faits extraordinaires et romanesques, c'en est assez pour les faire rejeter sans autre examen.

Dire que les religions donnent leurs histoires pour contestées et remplies de faits extraordinaires, c'est dire qu'elles les donnent pour fables, à moins qu'on n'ait des preuves plus fortes que celles que l'on a pour les histoires ordinaires, dont la plus forte est le consentement unanime des hommes, car il est aussi aisé d'écrire du faux que du vrai. Le roman de Jean de Paris[74] ne contient rien de surnaturel, ce n'est pas cependant une histoire. Les contes de fées sont un tissu de choses[75] contre la nature, ce sont des fables.

Onzième vérité. Il faudrait à chaque religion un cours continuel et actuel de miracles incontestables.

Les preuves doivent être proportionnées à la difficulté et à la conséquence des choses en question.

Pour une chose aisée, la moindre vraisemblance suffit. Pour une bagatelle, on se contente du plus léger témoignage, de quelques paroles.

Mais pour une chose difficile, il faut de grandes apparences, de forts témoignages pour m'engager à la croire et à m'y conformer, et plus une chose est de conséquence, plus on demande de convictions, et des plus solides et des plus concluantes.

[75] Voyez la différence de la procédure criminelle à la procédure civile: quoique dans la dernière il s'agisse du bien et de l'arrangement des familles, il s'agit dans l'autre de la vie et de l'honneur. C'est pourquoi les juges y sont à jeun; si les voix sont égales, la cause est renvoyée, etc.[76]

Qu'un jeune homme vous dise qu'il a vingt-six ans,[77] vous le croyez, pour peu qu'il ait l'air plus formé que les enfants. Mais s'il vous demande ensuite cent pistoles sur son billet, vous commencez à examiner si en effet il est majeur. Mais s'il vous proposait de vous vendre une terre cent mille écus, argent comptant, vous voudriez voir son extrait baptistaire. Voilà pour la conséquence, voyons pour la difficulté.

Si, ayant l'honneur de vous voir, M.R.P., je me plaignais d'avoir trouvé un grand embarras sur le pont Notre-Dame,[78] vous me croiriez. Si je disais qu'il y a eu vingt personnes de blessées, vous pourriez me croire avec étonnement. Si j'ajoutais que, de ces vingt personnes, cinq ont eu l'œil droit crevé, cinq l'œil gauche, cinq le bras cassé et cinq la jambe, vous commenceriez alors à ne me point croire du tout. Mais que serait-ce donc si j'ajoutais que j'ai soufflé sur tous ces gens-là, et qu'ils ont été guéris; que serait-ce si je vous disais que j'ai pris un carrosse d'une main et l'ai enlevé pour laisser passer les autres, et si je concluais de là que vous me devez du respect, de la considération et une obéissance aveugle, à moi et à tous ceux qui porteront tel ou tel habit? Acquiesceriez-vous à mes lois, **[76]** vous rendriez-vous à mon témoignage sur la belle raison que vous m'avez bien cru lorsque je vous ai parlé de l'embarras que j'avais rencontré?

Vous me mettriez dehors par les épaules, M.R.P., vous me traiteriez de fol, et si votre patience allait jusqu'à me répondre, vous me diriez que vous avez cru ce qui était croyable, et non une fable; que vous avez cru ce que vous n'aviez aucun intérêt de soupçonner de faux, et non ce qui vous serait à charge sans fondement.

Ceci n'est point une comparaison, c'est absolument la même chose que le fait des religions, il n'y a que les termes à changer. M. le curé, M. le bonze, M. l'iman, M. le ministre, M. le rabbin et M. le talapoin débitent des fables sans aucune apparence de possibilité et concluent de là qu'il leur faut porter respect, obéissance, argent, qu'il les faut exempter de toutes charges publiques, ne les accuser d'aucuns crimes, et s'ils sont manifestes, n'en point faire de punition, de peur de scandale.

Pour des faits surnaturels, il faut des preuves surnaturelles, c'est-à-dire que pour établir un miracle qu'on rapporte, il faut en établir un devant celui qu'on veut persuader.

M. le curé me dit qu'un verre d'eau versée sur la tête et une croix faite en l'air, en marmottant quelque chose, ôte les péchés. Pour preuve de cela, qu'avec pareille chose il guérisse un épileptique. Ses messes, le son de ses cloches, ses processions etc. procurent la santé, conjurent les tempêtes, les insectes, etc.[79] Pour preuve de cela, qu'avec pareille chose il relève un pan de mon mur qui est tombé. Ainsi des autres: qu'ils prouvent ou se taisent.

Pour prouver sa puissance et son autorité sur des choses dont on ne peut faire l'expérience, il faut établir un pareil cas approchant des choses que l'on peut expérimenter, sans quoi **[77]** on ne doit pas attendre de croyance. Le géomètre dit qu'il mesure exactement la distance qui est entre deux points inaccessibles. Je doute, il en fait l'expérience entre deux points accessibles, je mesure après son opération, je vois que cela est juste, je crois qu'il peut faire ce dont j'avais douté d'abord.

Je dis que mes messes tirent les âmes du Purgatoire. Hé bien, tirez avec une messe un homme de la Bastille.[80]

Les empiriques, les charlatans, les opérateurs qui sont pour la santé ce que les apôtres et missionnaires sont pour le salut, font des épreuves. Il n'exigent pas qu'on les croie sur leur parole, ils se brûlent, se percent, s'empoisonnent et se guérissent de tout cela. Ils voient que, l'intérêt qu'ils ont à persuader étant certain, il faut de nécessité une preuve qui persuade ceux qui les écoutent qu'ils disent vrai.

J'ai vu quelque part[81] ce beau raisonnement: vous croyez bien les *Commentaires* de César, pourquoi ne croiriez-vous pas l'Evangile?

[Extrait VIII] J'ai vu quelque part[81] ce beau raisonnement: vous croyez bien les *Commentaires* de César: pourquoi ne croyez-vous pas l'Evangile?

Je dois donc croire aussi l'Alcoran: la conséquence en est égale.

Je crois les *Commentaires* de César. C'est qu'ils ne disent rien dont on ne comprenne la possibilité. Si César disait qu'il a passé la mer à pied sec,[82] que les eaux se sont rangées et accumulées des deux côtés pour le laisser passer,[83] et tant d'autres sottises, ni vous ni moi, M.R.P., nous ne le croirions pas; bien moins encore si les porteurs de ce roman en tiraient des conséquences utiles pour eux et onéreuses pour nous.

Mille monuments semés de tous côtés les autorisent encore, et quand nous disons que nous croyons les *Commentaires* de César, [78] cela ne dit pas que nous jurerions ou parierions notre vie qu'ils sont absolument et entièrement vrais. On doute de bien des endroits, et on ne veut pas que je doute de relations cent fois plus singulières.

Sur un fait, même croyable, le seul intérêt de celui qui le propose met en droit d'en douter, et l'intérêt que nous avons qu'il soit faux nous met en droit de l'examiner à

1°. Je dois donc aussi croire l'Alcoran. La conséquence est également tirée.

2°. Je crois les *Commentaires* de César, c'est qu'ils ne disent rien dont on ne comprenne la possibilité, et dont on ne voie le semblable tous les jours. Si César disait qu'il a passé d'Italie en Egypte en marchant sur la mer,[82] qu'il a fait un chemin sec au fond de la mer entre la France et l'Angleterre,[83] qu'il rendait la vie à ses soldats tués aux combats, assurément, mon Révérend Père, ni vous ni moi ne le croirions. Ce serait bien pis si les porteurs d'un tel roman en tiraient des conséquences avantageuses pour eux et pour nous fort à charge.

3°. Ces *Commentaires* n'ont point été révoqués en doute. Les Gaulois n'ont point nié leur défaite. Les nations nommées n'ont rien dit contre, et mille monuments en sont semés de tous côtés.

4°. Quand nous disons que nous croyons les *Commentaires* de César, cela ne signifie point qu'on en soit absolument sûr. Bien loin de parier là-dessus mon salut éternel, je ne parierais pas ma vie, mon bien. En fait de religion, on parie son salut éternel sans fondement et contre mille bonnes raisons; on parie que Dieu a fait une révélation matérielle et par écrit, que c'est à Moïse, à Mahomet, etc.; que le livre qui porte leur nom est leur véritable ouvrage; qu'il est entier, sans tronquement, ni addition, ni falsification, ni corruption; qu'on en entend le langage et le style et qu'on en comprend le vrai sens, malgré tant de difficultés de beaucoup de circonstances de cette histoire. Il y a toute apparence que si nos aïeux eussent écrit eux-mêmes l'histoire de la perte de leur liberté, ou que leurs écrits, s'ils en ont fait, fussent venus jusques à nous, nous donnerions bien des démentis à leurs successeurs. Je ne crois César qu'autant qu'il me plaît et qu'il me convient; et quand je n'en croirais rien du tout, je ne serais point criminel ni sujet à aucun châtiment.

5°. Sur un fait même croyable, le seul intérêt de celui qui le propose met en droit d'en douter, et l'intérêt que nous avons qu'il soit faux nous donne celui de l'exa-

toute rigueur. Si on venait me dire que mon fils a été tué à l'armée,[84] je le croirais, mais si le porteur de la nouvelle ajoutait qu'il l'a fait son héritier, et cela sans autre preuve, je cesserais de croire et la mort et la donation.

miner à toute rigueur. Si on me venait dire que mon fils qui est devant Barcelone a été tué,[84] je le croirais, mais si le courrier ajoutait qu'il l'a fait son héritier on mourant, sans autre preuve, je ne croirais ni la mort, ni la donation. [Fin de l'Extrait VIII]

Si l'on me dit que les monts Pyrénées étaient au Japon, mais qu'à l'ordre de tel homme ils ont fait un saut de trois cents lieues[85] et se sont venus porter où ils sont, je n'en croirais rien; mais si dans l'instant une voix me disait la même chose, que regardant partout je ne visse personne qui eût pu prononcer ces paroles, je commencerais à douter; mais si, levant les yeux, je voyais des étoiles s'arranger, former des mots, et que j'y lusse cela, je croirais.

La preuve est aussi singulière que le fait et entre en proportion avec lui.

Argument démonstratif.

Les preuves doivent être fortes à proportion de la difficulté de la question, et évidentes à proportion de son importance.

La question de la religion factice roule sur des choses impossibles, ou du moins surnaturelles, et de la dernière importance.

[79] Donc il faut aux religions factices des preuves au-dessus des forces de la nature, et qui soient de la dernière évidence.

Il faut deux espèces de miracles pour les choses surnaturelles comme la résurrection, le don des langues, etc. Il faudrait faire voir la lune pleine pendant huit jours, ressusciter des morts devant tout le monde.

Pour les choses impossibles, comme la Trinité, qu'ils fassent un triangle avec trois bâtons dont un seul soit plus grand lui seul que les deux autres ensemble. Des prédications et des catéchismes sont des preuves bien différentes.

Mais, dira-t-on, les religions factices ont un nombre prodigieux de miracles. Oui, à ce que disent leurs livres. Pour me les faire croire, faites-m'en voir un bien évident. Vous ne pouvez, ni moi non plus.

Douzième vérité. On court risque d'être dans l'erreur en suivant quelque religion factice que ce soit.

Des faits ne peuvent être établis avec une parfaite certitude. On a beau prendre toutes les mesures que la prudence et la pénétration la plus fine peuvent suggérer, on ne peut trouver que des vraisemblances. Elles atteignent quelquefois un haut degré, une espèce de conviction, mais toujours au-dessous de l'évidence parfaite et de la vérité incontestable.

La différence entre l'histoire et la fable n'est pas que l'une est vraie et l'autre fausse, c'est que l'une est peut-être vraie et qu'il y a même apparence qu'elle l'est, et [80] que l'autre est sûrement et évidemment fausse.

Le lieutenant criminel, qui a condamné un homme convaincu par pièces et par témoins, ne peut pas dire qu'il n'a pas condamné un innocent, et le dire avec certitude. Il peut assurer qu'il l'a condamné innocemment.

Pour qu'un fait fût incontestable, il faudrait à notre égard qu'il fût impossible que nos sens se trompassent, que notre imagination ne pût être frappée que des objets présents, et suivant ce qu'ils sont réellement, et que nous fussions enfin au-dessus de toute illusion.

Pour qu'un fait fût prouvé incontestablement, il faudrait qu'il fût impossible que les hommes mentissent ou se trompassent.

On ne peut donc établir de faits incontestablement. Il n'y a que les vérités métaphysiques qui sont incontestables et qui arrachent un consentement parfait et irrévocable.[86]

Ce serait une belle chose si l'on avait fondé l'arithmétique sur des procès verbaux[87] de comptes et sur des arrêts. On aurait fait de bonnes friponneries en expliquant ces pièces comme les théologiens avec qui *oui* signifie quelquefois *non*: «C'est une allégorie, une contrariété apparente».

Y aurait-il plus de difficulté à trouver des preuves de fait et des autorités pour faire croire qu'en ôtant 20 de 100, il reste 90, que pour faire croire à des peuples entiers qu'un mort est ressuscité et monté au ciel, etc.?

Il faut donc de nécessité consulter les vérités métaphysiques pour trouver une certitude absolue.

Si, dans les affaires de la vie, on s'en rapporte à des preuves de fait, c'est qu'on ne peut faire autrement. La vie n'est composée que de faits matériels, il faut bien juger sur des faits matériels. Mais en tablant sur ces preuves, on ne prétend pas rendre un jugement exempt d'erreur; on prétend seulement faire le **[81]** meilleur jugement qu'on puisse faire en pareil cas, quoiqu'au fond il soit peut-être mauvais.

Mais peut-on croire sans preuves? S'il y en a de légères, on en demeure à une faible opinion; s'il y en a de plus fortes, on donne un consentement conditionnel. On nie tous les jours et l'on découvre la fausseté de certaines opinions reçues et revêtues de grands témoignages.

Les chimistes ont de très grands hommes entre eux, et de fort honnêtes gens, qui assurent avoir fait eux-mêmes l'expérience de la pierre philosophale.[89] Bien des gens travaillent sur leurs mémoires et croient y parvenir. Cependant la pierre philosophale est une imagination sans fondement, une folie, un égarement de l'esprit humain.

Où est donc la certitude des religions qui ne sont fondées que sur des faits? C'est se moquer que de crier *c'est Dieu même qui atteste ces faits*; et l'on ne prouve que par des discours et des écrits humains. Il faut toujours établir que ces livres sont l'ouvrage immédiat de Dieu; des faits impossibles ne peuvent se prouver. On n'est pas le maître de s'en convaincre, quelque chose qui soit alléguée en leur faveur, parce que le raisonnement qui en découvre l'impossibilité est plus clair et plus évident que toutes les preuves qu'on peut donner.

Des faits surnaturels ne peuvent jamais avoir une parfaite certitude, même pour ceux qui en seraient les témoins, parce qu'il est plus aisé que tous leurs sens les trompent qu'il n'est aisé que cela soit. Qu'est-ce donc quand ils ne sont fondés que sur des relations et des ouï-dire?

Disons donc hardiment: les religions factices allèguent des faits impossibles et surnaturels, donc des faits qu'elles ne peuvent prouver.

A l'égard des faits naturels et possibles, elles n'ont point de preuves en forme.

[82] Quand on trouverait une religion factice mieux fondée que les autres, ce ne serait pas une conclusion qu'on doit s'en tenir là:

1° parce qu'on n'est pas sûr de la bien entendre;

2° parce qu'une chose meilleure qu'une autre peut ne valoir rien; autrement les choses mauvaises seraient bonnes à l'égard de ceux qui n'en connaîtraient pas de meilleures.

Ainsi, la meilleure religion de l'Amérique était bonne avant que nous y eussions passé. Qui nous a dit que celle des terres australes ne vaut pas mieux que la nôtre[90] et qu'il n'en viendra pas des apôtres dans notre continent comme nous en envoyons à la Chine?

En un mot, donnez-moi une démonstration de la divinité de vos livres. Je consens de m'y rendre, quoique j'en aie dit que ces livres sont humains.

Argument démonstratif.

Tous les faits ne peuvent emporter une certitude évidente.

Les religions factices sont fondées sur des faits.

Donc elles sont incertaines. Donc, en les suivant, on court risque d'être dans l'erreur.

[83] *Treizième vérité*. Les Religions factices ne se donnent elles-mêmes que pour incertaines.

Croire, ce n'est pas savoir, ce n'est pas voir. Croire suppose une incertitude. J'entends: savoir démonstrativement et voir de la vue de l'esprit.

Je sais et je vois que les trois angles d'un triangle sont égaux à deux droits, que la diagonale d'un carré est plus longue qu'un des côtés, et je crois qu'Alexandre a vaincu Darius et qu'il a conquis la Perse.

Les vérités métaphysiques, les vérités essentielles, éternelles et nécessaires se voient de cette vue de l'esprit. Elles lui sont présentes. Il les regarde, il ne lui reste aucun doute, aucune ombre d'incertitude. On est convaincu avec la plus parfaite assurance.

Cette conviction n'est point susceptible du plus ou du moins. Elle est immuable, et l'on est sûr que tous les êtres intelligents, que Dieu même voit la même chose. On n'a ni peur ni espérance de trouver le contraire. Les plus grandes menaces, les plus grandes promesses n'engageront pas un instant à chercher un point dans un carré qui soit également éloigné de toutes les extrémités. On en voit clairement l'impossibilité parce qu'on voit clairement ce que c'est qu'un carré.

Que le Roi propose cent mille écus à qui pourra prouver que César n'a jamais été en Angleterre, il y aura là-dessus mille dissertations dans six mois.

On voit tous les jours les opinions les plus générales, les croyances **[84]** les plus invétérées, combattues et détruites.

Mais on n'a jamais vu, ni on ne verra jamais personne revenu des démonstrations d'Euclide, ni d'aucune autre vérité que l'esprit voit.

La vue produit l'affirmation qui tombe sur le réel, le néant est l'objet de la dénégation, mais croire n'est pas affirmer, comme ne pas croire n'est pas nier. Qu'on me dise que tel, que je connais homme d'honneur, a assassiné son camarade, je ne le crois pas, mais je ne le nie pas. Je parierais dix pistoles que cela n'est pas, et je ne parierais pas tout mon bien.

Quand on m'a enseigné la géométrie, on ne m'a pas dit que les théorèmes étaient vrais, on m'en a fait voir la vérité. On m'a appris le chemin de la trouver, on m'a averti et rien de plus. Après cela, j'ai vu leur vérité aussi bien que mon maître. C'est de là qu'est née ma persuasion, et non pas de ma confiance[91] en mon maître.

On avertit un voyageur qu'en tel endroit il y a un monument; il le voit, n'importe quel est celui qui l'a averti. Mais si l'on ajoute que ce monument est l'ouvrage de N., l'autorité seule fait une impression; on peut croire et ne pas croire.

Il y a donc une différence entre croire et voir. Croire signifie ne pas contester, acquiescer par provision jusqu'à une meilleure instruction. Ce mot emporte du doute et laisse la porte ouverte à une croyance contraire.

La croyance peut croître à l'infini sans jamais atteindre le dernier degré de perfection. Pour la certitude, la vue produit tout d'un coup ce dernier degré. Pour la certitude parfaite, il est impossible que l'on me fasse plus certain que je ne le suis que la corde d'un arc a moins d'étendue que l'arc, mais on peut me **[85]** rendre plus assuré que je ne le suis que l'arc qui est à la tête du pont de Saintes est de Jules César, quoique j'en aie lu l'inscription.[92] On peut aussi diminuer ma croyance sur cet article.

Nulle religion factice n'a promis encore de faire voir, ni n'a exigé que l'on dît que l'on voyait, non pas faute de bonne intention, mais cela révolterait les esprits et pourrait faire crouler tout l'édifice.[93]

Elles se contentent de demander qu'on croie, qu'on ne dispute pas, qu'on se rende, et cela leur est égal si sur cette simple prévention on se laisse piller et traiter en esclave.

Toutes les religions factices ont la même autorité, la même domination, exercent la même tyrannie sur les esprits, les volontés, les consciences. les biens et les actions les plus nécessaires. Cela ne vient pas de leurs probabilités ou vraisemblance; il est impossible qu'elles soient au même degré. Elles ne tiennent donc cette autorité que de la prévention, que de la ruse d'infatuer dès l'enfance, que de la stupidité de l'homme qui se laisse entraîner au courant. Ce petit article est bien fort et mérite bien toute l'attention du P. Malebranche.

L'autorité des religions factices est égale parce que la force de l'éducation est égale, aussi bien que la force de l'exemple. On lui barbouille la tête, à cet enfant; son esprit est sans expérience; il est parmi tout un peuple esclave de même; on lui prêche à grand bruit que ce sont des vérités qu'il ne faut pas même examiner. Il grandit, les nécessités de la vie l'occupent, les passions l'amusent, il voit emprisonner et traîner au supplice le premier qui ose lâcher une parole; il en reste là.

Si la solitude, quelques réflexions, quelques avertissements, quelques occasions lui donnent un peu à penser, il doute, **[86]** il entrevoit la vérité d'une vue obscure et passagère, mais le torrent l'entraîne; il craint même de voir plus clairement la vérité qui lui échappe.[94]

N'est-il pas vrai, M.R.P., que ce n'est pas la vérité qui nous fait croire, mais seulement la prévention? Si votre curé vous avait dit dès l'enfance qu'il y a sept personnes en Dieu, et trois sacrements, l'auriez-vous démenti? Vous auriez reçu ces articles comme vous recevez ceux du catéchisme portant trois personnes en Dieu et sept sacrements.

Vous mettriez vos talents en usage pour les sept personnes comme pour les trois. Le curé, le muphti et le bramin sont aussi persuadés que vous. Est-ce parce qu'ils ont raison? Vous ne le direz pas. Voilà une égalité de croyance sans une égalité de raison; c'est donc la seule force de l'éducation qui est égale en tout. Des causes inégales ne font point des objets égaux, et la force de la vérité n'y a nulle part.

On dira peut-être: mais quelques missionnaires convertissent des nations entières. Si l'on voyait comme je l'ai vu la façon dont cela se fait, les ruses, les traits machiavélistes, la force, la violence qu'on emploie dès qu'on le peut, on ne ferait pas cette objection que chaque religion peut faire, car on voit des conversions dans toutes.

Je l'ai dit, M.R.P., je ne veux entrer dans la discussion d'aucun fait. Voici cependant deux réflexions qui feront effet.

La plupart des conversions se font chez des nations sauvages qu'on surprend par autorité et par l'avantage que nous donnent sur eux les armes, les sciences et les arts: on les convainc aisément de l'existence d'un seul Dieu; on les éblouit par les spectacles de nos cérémonies, on les charme par la **[87]** beauté de nos chants, on leur fait présent de quelques bagatelles, on prend empire sur leur esprit, on leur débite quelque partie de la religion qu'ils n'entendent pas et qu'ils n'osent contester, et ils abandonnent leurs enfants à tout ce que l'on veut leur apprendre.[95]

On m'en montra un à qui on avait donné de l'eau-de-vie pour laisser baptiser son enfant. Il le rapporta le lendemain pour avoir la même récompense.[96]

Les autres sont des peuples idolâtres. On leur montre le ridicule de leur religion en leur cachant celui de la nôtre; on se rend recommandable par une supériorité de science; on leur prouve l'unité de Dieu; on leur débite les dogmes les moins rebutants et les moins onéreux du catéchisme et on leur choisit ceux qui approchent le plus de leurs rêveries, en sorte qu'il n'y a que le nom à changer.[97]

On ne parle point des suites de cette doctrine: point de dîmes, point d'excommunications, point d'interdits, point de tarif d'impôt sur les mariages et les enterrements.

Voilà le don de Dieu, voilà ces âmes gagnées à Jésus-Christ. Je n'en parle point sur les relations, j'ai vu.[98]

Que ne mettra-t-on pas dans la cervelle des hommes en s'y prenant ainsi? Une chose de fait, c'est que les nègres qui passent en Turquie se font mahométans, ceux qui sont élevés dans les colonies protestantes sont luthériens, calvinistes etc.,[99] comme les nôtres sont catholiques romains.

Enfin, nous ne pouvons convertir que par les miracles, la grâce ou le raisonnement. J'ai suffisamment anéanti la grâce dans la première partie, j'achèverai dans celle qui [88] suivra. On ne fait point de miracles; si l'on en cite[100] du temps passé, ces peuples en citeront autant en leur faveur, et également établis. Il en faut donc revenir à la conviction par raisonnement. Il faut donc laisser chaque particulier juge et le tenir suffisamment quitte si sa raison ne le condamne pas à changer.

Prenez, M.R.P., cet article des conversions pour une digression. On aime à parler de ses voyages.[101] Je vas encore hasarder quelques lignes, mais un pareil écart ne m'arrivera plus.

Voici les arguments les plus forts de ces nouveaux apôtres: Nous sommes plus savants que vous, plus habiles, plus pénétrants. Nous croyons telle chose, vous devez la croire. Nous venons ici sans intérêt. Croyez-vous que nous soyons des imposteurs qui, avec mille dangers, sans aucun profit, traversions les mers uniquement pour vous tromper?

Voilà ces sophismes de prédicateurs qui passent, parce qu'une partie de l'auditoire n'a pas le temps de l'examiner, partie n'en a pas la capacité, et que personne n'ose ouvrir la bouche pour y contredire. Voyons leur solidité, M.R.P.

Le premier de ces arguments ne conclut rien. On peut être habile en mille choses et se tromper en une. Les Chinois, bien plus savants que les nègres, leur enseigneraient-ils la bonne religion? Archimède, Euclide, Platon, etc. étaient idolâtres.

Le second argument est une fausseté manifeste. Il n'est pas vrai que ces missionnaires marchent sans intérêt.[102] Beaucoup font de grosses fortunes. D'ailleurs la curiosité, l'envie de voyager, le plaisir de sortir du couvent, le libertinage, que de motifs pressants!

[89] Je ne nie point qu'il ne puisse y en avoir quelques-uns que le seul motif de la religion engage, ce qui n'est qu'un pur effet de l'opinion. Ils en feraient autant pour toute autre religion s'ils y avaient été élevés. Mais quand tous seraient guidés par ce motif, ce sont des esprits simples dont la communauté profite et ensuite en fait de gros établissements,[103] et la république monacale s'accroît.

J'ai vu les jésuites à Goa.[104] Quelle opulence! qu'ils jouissent bien du travail de leurs missionnaires! Le gouverneur habite une cabane de planches à Québec; l'intendant y est très à l'étroit.[105] Les munitions nécessaires à la conservation de la colonie sont dehors, ou mal à couvert, pendant que pour neuf révérends il y a des édifices à trois étages, bâtis de bonnes pierres de taille, couverts d'ardoise de France, avec un bois renfermé au milieu de trois jardins. Ils mènent les sauvages dans un terrain, les engagent à le défricher; puis, sous quelque prétexte, ils les mènent ailleurs. Le terrain leur reste et fait une bonne métairie. Le séminaire de St. Sulpice a gagné ainsi la seigneurie de l'île de Montréal.[106]

C'est le zèle de la maison de Dieu qui les consume et qui les porte aux extrémités de la terre.[107]

Le même désintéressement les engage à abuser de l'autorité et du crédit qu'ils ont près du Roi pour s'introduire où on ne veut point d'eux. Ils ont forcé les Nantais à les recevoir,[108] Troyes les verra établir dans ses murs malgré la résistance de ses citoyens; le zèle de ces bons pères m'en est garant.[109]

Il me paraît évident qu'on aurait les mêmes succès partout, prêchât-on les fables d'Esope.[110] On obtient tout des hommes en les prenant par leurs faibles, et l'obsession, la force, la ruse, les récompenses, les menaces, les punitions sont des moyens efficaces dont ils se servent pour faire donner ces pauvres gens dans leur sens.

[90] Argument démonstratif.

Toutes les religions factices se contentent de demander qu'on croie, elles n'osent demander plus.

Croire n'est qu'un acquiescement conditionnel, qui suppose incertitude, emporte le doute et laisse lieu au changement.

Donc toutes les religions factices ne demandent qu'un acquiescement conditionnel, supposent incertitude et laissent lieu au changement. Donc tout homme engagé dans une religion factice n'a aucune certitude parfaite sur sa religion, et suppose même qu'il n'en peut avoir, puisqu'il est réduit à croire.

Quatorzième vérité. Aucune religion factice ne peut exiger une véritable croyance.

Croire n'est pas une chose libre, la croyance est nécessairement proportionnée aux raisons de croire.

Il en est de la vérité comme du bien. On aime le bien nécessairement et l'on se rend à la vérité intérieurement malgré qu'on en ait.

On dispute beaucoup dans les écoles sur cet article du bien. Il se peut résoudre, je crois, en deux mots: le bien n'est autre chose que ce qu'on aime. Disputer si l'on peut aimer le mal, c'est disputer si l'on peut aimer actuellement ce que l'on n'aime pas. Bien est le nom général de ce qui est aimable, le bien est ce qu'on aime, ce qu'on aime est le bien.

Vérité à notre égard n'est autre chose que ce dont on est convaincu intérieurement. Disputer si l'on peut refuser son consentement intérieur à la vérité, c'est disputer si l'on peut **[91]** n'être pas convaincu de ce dont on est convaincu.[111] Vrai est le nom général de ce qui convainc; ce qui convainc est la vérité; la vérité est ce qui convainc.

La vérité est l'objet d'affirmation du jugement, comme le bien l'est du choix de la volonté.

On peut parler à peu près de même sur les opinions.

On n'est pas libre sur un certain degré de croyance. Il suit nécessairement du degré de vraisemblance et des raisons, de sorte qu'on ne peut s'empêcher d'avouer intérieurement certaine opinion, quoiqu'on puisse agir comme si on ne l'avait pas; et sans certaines raisons persuasives à notre égard, on ne peut avoir certaine croyance, quoiqu'on puisse agir comme si on l'avait.

Si l'on veut prendre la peine d'examiner ces degrés, on verra qu'il y en a quatre.

Lorsque les raisons de croire sont au-dessous de la difficulté, on ne croit point du tout. Quand elles sont médiocrement au-dessous, elles produisent le doute et le soupçon. Quand elles égalent la difficulté, il en résulte la simple opinion. Et quand elles passent la difficulté, elles produisent la croyance, qui peut croître à l'infini, sans jamais atteindre à la certitude parfaite, comme nous l'avons remarqué.

On me dit qu'on vient de voir chez un curieux un tableau d'Apelle; je n'en crois rien.[112] Un autre dit qu'il est de Raphaël et qu'il a coûté cent mille francs; je reste en quelque façon en suspens, parce qu'il est plus aisé que celui qui me parle mente ou se trompe qu'il n'est aisé que cela soit. Un troisième me dit qu'il l'a vu et qu'il n'a coûté que deux mille écus;[113] j'acquiesce et je ne nie point le fait parce qu'il est aisé que cela soit. Mais si cinquante personnes me disent la même chose, **[92]** si celui qui possède le tableau m'en assure, si celui qui l'a vendu me le confirme, alors je le crois pleinement. Encore plus si je vas[114] chez le curieux et si je trouve ce[115] tableau très beau. Encore plus si les maîtres l'estiment ce prix, parce qu'il y a plus d'apparence que cela est ainsi qu'il n'y en a que les gens mentent et se trompent. Mais, après tout, je n'en suis pas absolument sûr. Très peu de chose pourrait m'en faire douter et le nier si, par exemple, après tout cela, le curieux voulait m'engager à l'acheter et que les gens qui m'ont assuré son prix fussent de ses amis ou associés d'intérêt avec lui.

Mais[116] quand cent mille personnes et cent millions de livres m'assureront que le Louvre a été bâti en une heure,[117] je nierais sans restriction, parce qu'il est plus aisé que tous ces gens se trompent qu'il n'est aisé que cela soit ainsi. Quelque dépense qu'on ait voulu faire, quelque nombre d'ouvriers qu'on ait pu y mettre, il y a une impossibilité presque physique. Je nierais bien plus absolument si ceux qui veulent me persuader avaient intérêt à le faire, et moi à ne m'en[118] pas rapporter à eux.

L'application de tout ceci au fait des religions factices va d'elle-même.

Les suppôts de ces religions n'ont aucune preuve qui égale la difficulté des faits qu'ils proposent. Loin de là, les contes qu'ils font sont plus impossibles que le bâtiment du Louvre en une heure, et même en une minute. Il est donc bien plus assuré qu'ils mentent ou qu'ils se trompent qu'il n'est aisé, ou possible, que ces choses soient réelles. Outre cela, en le faisant croire ils se font rois, et moi en les croyant je deviens esclave.

Peut-être trouverez-vous, M.R.P., que je répète et que je suis trop diffus, mais la croyance étant la première pierre du bâtiment, j'ai cru devoir la discuter à fond, au risque **[93]** de quelques répétitions.

Je sais bien qu'on dira que ces choses incroyables sont données pour surnaturelles, qu'on convient que dans l'ordre de la nature elles peuvent être niées. Qu'on convienne donc qu'il est fou de les croire sans en avoir de preuves, puisqu'elles nous sont préjudiciables et ne nous convainquent pas intérieurement.

Quand toutes les preuves qu'on allègue seraient aussi bonnes qu'elles sont absurdes, elles ne seraient valables que pour ceux qui auraient été témoins. Quand j'aurai vu des miracles, je conclurai de ceux-là aux[119] autres. Je conviendrai du pouvoir de celui qui les fait; mes sens, par leur autorité, l'emporteront sur mon raisonnement quant aux choses surnaturelles, mais non pour des impossibilités métaphysiques comme la Trinité, la transsubstantiation et les suites, le péché originel, la grâce nécessaire, la médiation des saints, ni le vicariat de la Divinité, etc. parce qu'il est plus aisé que mes sens me trompent qu'il n'est aisé que tout cela soit.

Tout cela bien examiné, on voit clairement qu'on ne peut faire un commandement de la croyance. On peut seulement exiger qu'on agisse comme si l'on croyait.

Tel qui dit qu'il croit[120] se trompe peut-être. Encore plus celui qui dit qu'il croit fermement, puisqu'en fait de religions factices, il n'y a point de preuves qui emportent l'absolue conviction.

Les gens savants ne croient point pour la plupart, les personnes médiocrement éclairées ont des doutes, le paysan et l'homme borné dit qu'il croit et ne sait ce qu'il dit par le mot de croire.[121]

Qu'est-ce donc que la religion du commun du monde? Un étourdissement, un aveuglement, c'est un homme dans une foule.[122] **[94]** Il est entraîné à droite ou à gauche suivant le mouvement de ce qui l'entoure, c'est un homme qui suit la mode, quoique gênante et contre le bon sens, sans y faire attention; il y est attaché parce que c'est la mode.

Qu'est-ce que la religion d'un cagot théologien qui lit la Bible, les Pères, St. Thomas, etc.? C'est la prévention d'un infatué qui s'est tant rebattu d'un simple fait d'éducation qu'il en a fait une opinion. A force de s'en échauffer, de cette opinion, il s'y est opiniâtré jusques à en faire une espèce de persuasion, comme un aveugle de naissance[123] qui, ayant ouï dire à des railleurs que le bleu pèse plus que le jaune, se serait formé une idée des couleurs sur ce principe, et comme les hâbleurs qui viennent à croire réellement l'histoire qu'ils ont fabriquée, ou bien comme ces entêtés qui, ayant donné dans une sottise, fabriquent des raisons pour se persuader qu'ils ont bien fait et viennent enfin à en être persuadés.

La grandeur des récompenses que promettent les religions éblouit; l'horreur des châtiments dont on menace transit, de sorte qu'on reste sans liberté et sans jugement, faute d'examiner quel est le fondement et l'apparence de tout cela. On ne songe pas qu'en obéissant aux uns, on désobéit aux autres, qui font les mêmes promesses et les mêmes menaces.

Dans quelque religion qu'on eût été, suivant son tempérament et les circonstances de sa vie, on eût été dévot, cafard, zélé. Ce n'est donc pas la force de la vérité, mais l'entêtement et la prévention qui agissent.

Argument démonstratif.

On n'est pas libre de croire.

On ne peut faire commandement de ce qui n'est pas libre.[124]

Donc on ne peut faire un commandement de croire, donc les religions ne peuvent exiger la croyance.

[95] Second argument.

La croyance est nécessairement proportionnée aux raisons de croire et aux preuves.

Aucune religion n'a d'exactes et solides raisons, ni de preuves convaincantes.

Donc aucune religion n'a de croyance exacte et solide.[125]

[Extrait IX] Ier Argument démonstratif

On n'est pas libre de croire. On ne peut faire un commandement de ce qui n'est pas libre; donc aucune religion ne peut exiger la croyance, qu'autant que vous l'en jugez digne.

IIème Argument

La croyance est nécessairement proportionnée aux raisons. Si aucune religion n'a d'exactes et de solides raisons, aucune religion ne mérite de croyance exacte et solide.

Troisième argument.

Il n'y a que les raisons de croire, ou les préventions de l'éducation, qui puissent attirer la croyance, ou plutôt le consentement, qu'on donne aux religions factices.

Ce n'est pas les raisons.

Donc c'est l'éducation seule.[126]

IIIème Argument

Il n'y a que les raisons de croire, ou la force de l'éducation, qui puissent attirer la croyance, ou plutôt le consentement qu'on donne aux religions factices. Ce ne sont pas les raisons ordinairement, donc c'est l'éducation seule.[126]→

Je prouve la mineure: si c'étaient les raisons de croire, toutes les religions n'étant pas également bonnes, les croyances ne seraient pas égales. Cette croyance est la même, et aussi vive dans toutes les religions. Donc ce n'est pas les raisons.

Je prouve la mineure: si c'étaient les raisons, les croyances ne seraient pas pour toutes [*sic*] égales. Ces croyances sont égales. Donc ce ne sont pas les raisons. [Fin de l'Extrait IX]

Je prouve la majeure: les croyances[127] sont proportionnées aux raisons de croire. Les raisons de croire que proposent les religions factices ne sont pas égales. Donc les croyances ne seraient pas égales.

La preuve de la mineure est évidente, ou bien les religions sont indifférentes, et toutes sont bonnes.

Les chrétiens diront que la grâce entraîne, mais chaque religion aura une pareille échappatoire, chacun dira: Les malheureux qui suivent une autre religion en voient bien la fausseté, mais la malice ou l'intérêt les opiniâtrent, ou la grâce leur manque, ou leur destin les lie, etc.

[96] *Quinzième vérité.* Des livres et des discours ne sont pas des moyens dont Dieu s'est servi pour instruire les hommes.

Les moyens sont proportionnés aux qualités de celui qui les emploie.

Dieu a voulu faire savoir ses volontés aux hommes; il est infiniment sage, il a vu les meilleurs moyens; il est infiniment puissant, il a pu les prendre; il est infiniment juste, il les a donc pris en effet.

Voyons si des livres, des paroles, des discours et des décisions prononcées par des hommes sont les meilleurs moyens et si ces moyens ont un juste rapport avec les attributs divins.

Une sagesse infinie ne peut prendre que des moyens infaillibles. Il est évident à la raison qu'un livre ne peut pas venir aux mains de tout le monde, qu'il peut être perdu ou corrompu, que chaque nation ne l'entend pas, que chaque particulier ne sait pas lire, qu'il y a des aveugles de naissance, des sourds et muets qui ne peuvent apprendre. Ce n'est donc point un moyen général ni sûr pour instruire.

Les traductions, interprétations, les prédications de certains hommes sans marque de mission ni de ministériat, différemment capables et fidèles, sujets aux passions: tout cela est bien moins infaillible encore. Ceux qui veulent bien combattre la raison voudront peut-être bien ne pas réfuter l'expérience. Ils n'ont qu'à prêter l'oreille et entendre les disputes de tous ces ministres et interprètes. Ils les entendront se reprocher leur infidélité, leur ignorance. Qu'ils ouvrent les yeux: ils verront les désordres que causent ces disputes.[128]

Si Dieu avait des ministres, ils seraient tous également capables. **[97]** Les consécrations, les ordinations etc. les rendraient savants et de mœurs réglées. Nous disons bien que tout prêtre est également prêtre pour transsubstantier le pain en J.-C., pour baptiser, absoudre, marier, etc. Pourquoi ne le seraient-ils pas de même pour entendre et expliquer l'Evangile? Cela est autant de leur ministère. Je vais le dire, pourquoi on ne l'avance pas: c'est que l'expérience en donnerait le démenti. Je dirai bien ce qui est au centre de la terre,[129] je le détaillerai, mais je ne serai pas assez fol pour dire ce qui est dans la poche de mon voisin. Des livres, des discours ne sont pas une voie sûre. Dieu en a pu prendre une autre, meilleure, et il ne l'aurait pas fait?

Dieu est infiniment juste, c'est-à-dire il ne peut demander que ce qui est possible et raisonnable et traite chacun suivant ses mérites. Le mérite des actions résulte de la conformité avec la loi, et leur malice du contraire.→

La loi est la volonté du législateur donnée à entendre à ceux pour qui elle est faite, autant qu'il est en sa puissance. La volonté de Dieu n'est pas donnée à entendre aux hommes autant qu'il en a la puissance, quand elle n'est exprimée que par des livres qui peuvent être contestés et par la bouche des hommes qui peuvent se tromper ou suivre leurs passions.

Quant au livre, il faudrait qu'il vînt immédiatement dans les mains de chaque particulier, en sa propre langue, que chaque particulier le sût lire naturellement, que ce livre fût clair, sans équivoque, en sorte que l'on n'eût besoin d'aucune interprétation. Il faudrait enfin, pour prouver que ce livre vient de Dieu, que chaque particulier le reçût par un miracle, ou bien qu'il vînt naturellement, et comme les fruits.

Quant aux ministres, aux vicaires de Dieu, il faudrait qu'ils fussent au-dessus du reste des hommes et tout ce qu'ils ne sont pas.→

Si le Roi pouvait former ses ministres et ses ambassadeurs, **[98]** il les ferait parfaits et tels que rien ne leur manquerait pour bien remplir leurs fonctions.

[Extrait X] La loi est la volonté du législateur exprimée et donnée à entendre à ceux pour qui elle est faite, au moins autant qu'il est en sa puissance. La volonté de Dieu n'est point exprimée ni donnée à entendre aux hommes qu'on en veut instruire, qu'autant qu'elle est dans les livres et dans la bouche des hommes.

Pour le livre, il faudrait qu'il fût mis immédiatement entre les mains de chaque particulier en sa propre langue, que chaque particulier le sût lire naturellement, qu'il sentît ce qu'il doit lire, que ce livre fût clair, sans équivoque, dans le sens naturel, en sorte qu'il n'eût besoin d'aucune explication ni d'interprétation; il faudrait que ce livre se trouvât partout naturellement, comme il vient partout naturellement des fruits capables de fournir la nourriture.

Pour l'organe des hommes, les traductions, explications, interprétations, il faudrait que les traducteurs entendissent parfaitement la langue de leur livre et toutes les autres, et que tous les prédicateurs parlassent incessament à chaque particulier; enfin qu'ils fussent tous instruits par la divinité pour parler avec clarté et uniformité.

Quand les rois envoient des ambassadeurs, ils ne les font pas partir au hasard d'être bien ou mal instruits; ils les feraient les plus habiles du monde, s'ils le pou-

Les rois enfin, qui ne sont que des hommes, expliquent leurs édits et leurs volontés sont déclarées nettement. Je n'ai pas ouï dire qu'on eût jamais manqué à les afficher, à revêtir de toutes les formalités nécessaires les arrêts, et ceux qui sont chargés de les faire exécuter sont munis de pouvoirs authentiques.

vaient, et tels qu'il ne leur manquerait rien pour s'acquitter parfaitement de leur commission.

On sait bien que les lois des princes n'ont point tout cela, non plus que leurs juges et leurs ministres; mais c'est que les princes sont des hommes: encore font-il tout ce qu'ils peuvent pour en approcher, et ils en approchent effectivement à proportion de leur habileté. Ils font leurs ordonnances les plus claires qu'ils peuvent, en la langue la plus commune de leurs sujets. Ils n'y emploient ni énigmes, ni paraboles.[130] Ils ne parlent point par figures; ils signent, ils scellent, ils publient, ils affichent, ils font des déclarations quand il survient quelque difficulté. Je n'ai pas ouï parler qu'il y ait eu le moindre doute sur la volonté du Roi pour la capitation.[131]

A l'égard de leurs ministres, ils leur donnent des lettres de créance, il donnent des provisions à leurs juges, tout cela signé de leur main, scellé de leur sceau; ils les gagent, ils les distinguent par des habits, enfin ils épuisent sur cela leur prudence et leur pouvoir. Si quelqu'un y manquait, ce serait un tyran et un scélérat; et je ne sache pas qu'on ait rien reproché là-dessus aux Phalaris[132] et aux Nérons. Cela est si bien reconnu chez les chrétiens, que le protestant soutient la clarté de l'Ecriture quant à l'essentiel, et les papistes la nient et établissent un tribunal visible; ce qui ne peut avoir pour fondement que la vérité sur laquelle j'insiste:→

Dieu ne peut rien nous demander qui ne soit possible. Il est le maître de nous mettre à portée[133] de remplir ses ordres, quels qu'ils soient. Un homme sensé envoiera-t-il son serviteur au marché sous prétexte qu'il y trouvera peut-être quelqu'un de ses fermiers qui lui donnera de l'argent pour faire ses emplettes, et ne lui donnera-t-il point d'argent pour les faire quand il en aura en abondance?→

Dieu ne peut rien demander qui ne soit possible, d'autant plus qu'il est maître de mettre ceux à qui il demande en état qu'il ne tienne qu'à eux d'y satisfaire. Un homme raisonnable, qui a de l'argent à plein coffre, envoiera-t-il son serviteur au marché, sur le hasard qu'il trouvera peut-être en chemin un de ses fermiers qui lui apporte sa rente?

C'est pourtant ainsi qu'on veut que Dieu en agisse, lorsqu'on nous envoie à certains livres, à certains hommes, qu'on ne trouve que par aventure; encore il y aurait cette différence essentielle, que le serviteur peut

La comparaison serait plus juste en tout point de dire que les religions factices font ressembler Dieu à un homme qui envoierait son intendant payer une dette sans lui indiquer le créancier.

Que diriez-vous, M.R.P., d'un prince qui ferait des édits ambigus et qui établirait des gens pour les interpréter, avec charge au peuple de les nourrir et entretenir? C'est pourtant là ce que les chrétiens imposent à Dieu.

prendre de l'argent du premier venu sans aucun risque, et qu'on ne peut prendre de même la religion que le premier rencontré proposerait.→

La comparaison sera plus juste en disant qu'on veut que Dieu envoie comme ferait un seigneur qui enverrait son intendant payer une dette sans lui indiquer le créancier. L'intendant ne manquerait pas de gens qui se diraient le créancier et demanderaient son argent.

Les voies que nous appelons naturelles sont les voies de Dieu; les voies artificielles[134] sont les voies des hommes. Si Dieu avait voulu se servir de ministres, ils seraient distingués par des marques naturelles qu'il n'y aurait que lui qui pût imaginer et imprimer, et qui frapperaient l'esprit et les sens sans équivoque. Ces ministres n'auraient besoin ni d'art ni d'étude. Ils parleraient toutes sortes de langues. Ils entendraient et se feraient entendre à toutes sortes de distances. Enfin, ils auraient directement, de la part de Dieu, tous les talents nécessaires à leur emploi. Ils passeraient les mers et les montagnes.

Tout cela est encore reconnu par tous les suppôts de religion factice: ils ne manquent pas de remplir leurs livres de ces espèces de miracles. Mais ce qui est essentiel, c'est que ces ministres seraient non gagés, mais exempts des nécessités de la vie; au lieu que tous les ministres de religion sont dans la nécessité d'excroquer ou de voler publiquement à force ouverte.

Que diriez-vous, mon Révérend Père, d'un prince qui ferait des édits ambigus et qui établirait des avocats pour les interpréter, avec la charge au peuple de les nourrir et les entretenir splendidement? Quand le prince a fait ce qu'il a pu pour instruire son peuple de ses lois, les châtiments qu'on fait subir à ceux qui les transgressent sont justes à son égard, quoiqu'ils soient injustes à l'égard des condamnés, s'ils n'ont pas eu connaissance de la loi; et ces innocents sont condamnés par rapport à la faiblesse inséparable du prince qui ne sait point s'il est vrai qu'ils aient effectivement ignoré la loi. Quand même il le saurait, on pourrait être obligé de faire un exemple, pour ôter un prétexte dont tout le monde pourrait se servir à tort comme à droit, et par là frustrer une loi utile au total de l'Etat, quoique fatale à quelques particuliers. De même qu'on expose quelques particuliers à la guerre pour sauver toute la ville, parce qu'on n'a pas d'autres moyens de résister à l'ennemi.

Mais il est clair que ces châtiments ne sont justes à l'égard du prince qu'autant que, dans la nécessité de faire cette loi, il a fait absolument tout son possible pour qu'elle parvînt à la connaissance de chaque particulier.

Tels châtiments ne seraient donc pas justes à l'égard de Dieu, qui peut, sans la moindre difficulté, instruire clairement chaque particulier, et qui sait l'ignorance de ceux qui ont erré; en sorte qu'on ne peut pas dire que d'autres abuseraient du prétexte de cette ignorance, puisqu'il ne peut être trompé: cela fait une différence infinie. La volonté de Dieu n'étant point exprimée ni donnée à entendre clairement à chaque particulier, comme Dieu le peut, elle n'est donc point une loi, ou plutôt ce qui n'est point exprimé et donné à entendre clairement à chaque particulier ne peut être sa volonté, et ce ne sera point sur cela qu'il jugera les créatures intelligentes.

Dieu n'a point donné de loi aux hommes, ou il leur en a donné une intelligible, et non matérielle, une loi toujours présente, qui parle à l'esprit et à la volonté, une loi entendue et connue des sourds et des aveugles, qui ne laisse point de lieu à l'ignorance, une loi publiée et intimée à chaque homme.

Dieu n'a donc point donné de lois aux hommes, ou il leur en a donné une intelligible et non matérielle, une loi toujours présente, qui parle immédiatement à l'esprit et à la volonté, sans l'usage artificiel et incertain des langues; une loi entendue des sourds et des aveugles, qui ne laisse point de lieu à l'ignorance; une loi publiée suivant toute l'étendue de la puissance de Dieu et clairement intimée à chaque particulier. [Fin de l'Extrait X]

Quoi donc! un homme sage fera-t-il un commandement tel que l'on n'y entende rien si l'on ne sait le chinois et si l'on n'a lu mille volumes?

N.S. Père le Pape est plus raisonnable. Il ne parle pas grec **[99]** aux ministres de ses plaisirs, à son Mercure, à sa maîtresse, à son Ganymède.[135]

Que diriez-vous, M.R.P., d'un homme qui vous ferait ce récit:→

J'ai dix enfants. Résolu de disparaître pour quelque temps, je ne leur ai rien dit de la façon dont je voulais qu'ils agissent en mon absence.

Je laisse à Pierre, en partant, un écrit en grec contenant mes volontés. Il était en termes obscurs; il fallait en prendre une partie au sens figuré, l'autre au naturel; il était plein d'hyperboles, d'allégories, de paraboles; il y avait des choses contre la nature et la raison; il n'était ni écrit, ni signé par moi, ni scellé de mon sceau.

Dès que je fus parti, Pierre montra l'écrit à ses frères, leur dit qu'il contenait mes ordres et qu'il avait le pouvoir de l'expliquer, qu'il logerait dans le plus bel appartement, que c'était à eux à le nourrir. Il ajouta qu'il devait dominer ses frères, rester tranquille, et eux devaient songer aux affaires, veiller, courir, etc.

Cela fait, il a fait un écrit en français et a dit: Voici la traduction.→

Jacques[137] l'a lue sans y voir ce que Pierre prétendait y trouver. Paul l'a interprétée d'une autre façon. François a voulu voir l'original où, ne voyant rien qui m'en fit connaître l'auteur,[138] et le trouvant ridicule, il s'en est moqué et a fait ce qu'il a cru de mieux suivant son sens et les intentions où il jugeait que je devais être, vu la connaissance qu'il avait de moi. Jean a pris le parti de Pierre. Des cinq autres, qui ne savaient pas lire, trois se sont rendus au parti de François, un à celui de Paul et l'autre à celui de Jacques. Ce n'a été que massacres, batteries, divisions dans ma famille.

[Extrait XI] J'ai dix enfants, et, avec eux, j'ai vécu quelques années. Je leur ai parlé de quelque chose de peu de conséquence, sans leur rien dire de la manière dont je voulais qu'ils se conduisissent en mon absence. J'ai laissé à Pierre en partant un écrit en grec, qu'il entendait, contenant mes volontés. Cet écrit était en termes obscurs, d'un style extraordinaire, dont il fallait prendre une partie au sens naturel et l'autre allégoriquement, plein d'hyperboles, d'expressions figurées, de fables, de paraboles et d'énigmes. Ces volontés mêmes étaient contre la nature et la raison, et cet écrit n'était ni écrit de ma main, ni signé, ni cacheté de mon cachet.

Sitôt que j'ai été parti, Pierre a montré l'écrit à ses frères, leur disant qu'il contenait mes ordres, avec le pouvoir, à lui, de l'expliquer; qu'il n'avait qu'à se tenir dans le plus bel appartement de la maison, où il[s] serai[en]t obligé[s] de le nourrir de ce qu'il y aurait de meilleur. Il ajouta que ses frères obéiraient à toutes ses fantaisies; que, pour lui, il n'était tenu qu'à passer une heure ou deux sur certains livres[136] dont même il avait aucun compte à rendre, tandis que les autres courraient, veilleraient, travailleraient.→

Cela fait, il a mis mon écrit en français et l'a fait acheter à ses frères, soutenant qu'ils y trouveraient que les blés doivent être sur les montagnes, les vignes dans les vallées, les prés parmi les rochers.

Jacques a lu la traduction, sans y rien trouver de ce que Pierre prétendait. Il y voyait même le contraire. Paul l'a encore interprété d'une autre manière. François a demandé à voir l'original, où, ne voyant rien qui marquât qu'il fût de moi, et d'ailleurs le trouvant ridicule en tout ce qu'il contenait d'extraordinaire, il s'en est moqué, et a fait ce qu'il a cru de mieux suivant son sens et les sentiments où il m'avait vu. Jean a pris le parti de Pierre. Des cinq autres, qui ne savaient pas lire, trois se sont rendus au parti de François, un à celui de Paul, l'autre à celui de Jacques. Ce n'a été que divisions, batteries, massacres dans leur famille.

Je suis revenu. Après avoir fait mille caresses à Pierre et à Jean, **[100]** j'ai déshérité, battu et chassé les huit autres.→

Ils ont beau[139] crier que je n'avais qu'à dire un mot, qu'ils auraient obéi avec respect et soumission, mais que, n'entendant pas le grec et ne voyant aucune marque que l'écrit vînt de moi, ils ne se sont pas crus obligés de le reconnaître, ni d'obéir, que d'ailleurs cet écrit était susceptible de plusieurs sens contraires, n'avait aucun rapport avec le caractère que je leur avais montré, qu'il était même opposé aux idées qu'ils devaient avoir de moi, en sorte qu'ils ont cru que Pierre s'érigeait en tyran, etc.[140]

Tout cela n'a rien fait. J'ai été inexorable. Ils sont morts de désespoir, de misère et des coups qu'ils avaient reçus.

Ne regarderiez-vous pas, M.R.P., ce personnage comme un monstre pis[141] mille fois que les Denys, les Néron et les Phalaris?[142]→

Je suis rentré au bout de trois ans. J'ai fait venir mes dix enfants devant moi, et après avoir fait mille caresses à Pierre et à Jean, je leur ai donné tous mes biens. J'ai roué de coups tous les autres, je les ai jetés dehors et les ai déshérités comme enfants rebelles aux ordres de leur père.

Ils ont beau[139] crier que je n'avais qu'à leur dire un mot, qu'ils auraient obéi aveuglément, qu'ils étaient pleins de respect et de soumission, mais que, n'entendant point le grec, et ne voyant aucune marque que l'écrit de Pierre vînt de moi, ils ne se sont pas crus obligés de le reconnaître ni d'obéir; que d'ailleurs cet écrit était susceptible de plusieurs interprétations, n'ayant nul rapport à ce qu'ils m'avaient vu faire ou dire avant mon absence, en sorte qu'ils n'ont pu croire Pierre qui s'érigeait en tyran, passant le temps dans les plaisirs et l'oisiveté pendant qu'il les chargeait de travaux rudes.

Tout cela n'a rien fait, j'ai été inexorable. Ils sont morts de misère, de désespoir et des coups qu'ils avaient reçus.

Ne regarderiez-vous pas ce personnage comme un monstre, comme un barbare, comme un scélérat, comme un fol, comme un dénaturé, comme un enragé, devant qui les Denis, les Phalaris[142] et les Nérons sont des saints? C'est un guet-apens, une injustice abominable sans le moindre prétexte, au lieu que les plus exécrables pestes du genre humain avaient, au moins, quelque mauvaise raison: ils voulaient se faire craindre ou se défaire de ceux qu'ils craignaient. [Fin de l'Extrait XI]

Voilà pourtant au naturel le portrait du dieu de ces religions factices. Voilà ce qui fait les athées. Ils ne peuvent croire un tel Dieu, ils nient qu'il y en ait, au lieu d'en imaginer un autre.[143]

Cet article est un peu diffus. Je sais bien que je parle au père Malebranche, mais je ne suis pas un père Malebranche.

Argument démonstratif.

Les moyens sont proportionnés aux qualités de celui qui les emploie.

Des livres et des discours humains ne sont pas des moyens d'instruction dignes ni proportionnés à la sagesse, à la puissance, à la justice de Dieu.

Donc des livres et des discours ne sont pas des moyens dont Dieu se sert pour instruire les hommes de ses volontés.

[101] *Seizième vérité.* Des livres et des discours humains ne sont pas des moyens dont Dieu se soit pu servir pour instruire les hommes.

La justesse des moyens doit être proportionnée à l'importance de la fin.[144] On apporte plus de précautions à mesure que l'objet qu'on se propose est plus de conséquence.

On ne peut nier, quand on est engagé dans une religion factice, que la conservation de la vie animale et la propagation de l'espèce ne soient moins de conséquence que la vie spirituelle. Il faut donc que les moyens pour vivre de cette vie spirituelle soient au moins aussi sûrs et aussi faciles que pour entretenir la vie animale et perpétuer l'espèce.

Comparons-les, ces moyens, M.R.P. Ceux qui concernent la vie animale sont simples, clairs, évidents, faciles; nous y sommes même invités par le plaisir. Ils sont infaillibles, sans équivoque; chacun les a en soi-même, libres ou esclaves, sans science, sans yeux, sans oreille, sans besoin d'interprète qu'il faille payer. On les voit, on les connaît, on s'y porte et l'on s'en sert.
Les moyens que toutes les religions factices proposent sont rebutants, difficiles à acquérir, incertains, sujets à des disputes éternelles, avec mille décisions contradictoires qu'il faut acheter bien cher, et rester dans l'incertitude.[145]

[Extrait XII] La justesse des moyens doit être proportionnée à l'importance de la fin.[144] Non seulement l'être parfait, mais le moindre des hommes apporte des précautions, à mesure que le but qu'il se propose est de conséquence. Un fol prend même plus garde à sa santé qu'à sa main; un enfant de trois ans a plus soin d'un biscuit que d'un morceau de pain; on porte un grand miroir avec plus d'attention qu'un chassis vitré.

On ne niera pas que la conservation de la vie animale et la propagation de l'espèce ne soient infiniment moins de conséquence que la vie spirituelle, qui consiste à adorer son créateur et à suivre ses lois, pour mériter ses récompenses et éviter ses châtiments. Il faut donc que les moyens pour vivre de cette vie spirituelle, pour parvenir à la véritable religion, soient au moins aussi sûrs et aussi faciles que ceux pour entretenir la vie animale et perpétuer l'espèce.

Comparons-les, ces moyens, mon Révérend Père. Ceux de la vie animale sont clairs, évidents et faciles. Nous y sommes même invités par le plaisir. Ils sont infaillibles et sans équivoque. Chacun les a en soi-même, libre ou esclave, sans science, sans yeux, sans oreilles, sans besoin d'interprètes qu'il faille chercher et payer.

Ceux que toutes les religions factices proposent sont de toutes les choses les plus difficiles à acquérir, les plus rebutantes, les plus incertaines, et sur lesquelles les disputes sont éternelles, dont il y a cent décisions toutes différentes, qu'il faut chercher et acheter sans savoir à laquelle il faut s'en tenir.

Que toutes les religions factices avouent donc qu'à leur compte, Dieu est aussi imprudent qu'un prince qui donnerait cinquante maîtres à son fils pour lui montrer à prendre des mouches, et ne lui en donnerait point pour apprendre à lire et à écrire, l'histoire, les sciences, la politique; qu'un père qui, voulant que son fils aille en certaines villes, lui montrerait les sentiers de vingt bourgades où il n'aurait que faire, et à l'égard de cette ville, le conduirait jusqu'à un carrefour de trente chemins et le planterait là.

Si la sagesse infinie en eût agi par rapport aux moyens de conserver la vie animale comme les suppôts des religions factices prétendent qu'elle en a agi pour la vie spirituelle, le genre humain n'eût pas duré trois semaines.[146]

C'eût été une belle chose si, pour apprendre à soutenir notre vie et à la perpétuer, il y eût eu un livre en langue étrangère, **[102]** plein de contrariétés, de discours ampoulés et ridicules.

C'aurait été une belle chose, et bien digne de la sagesse infinie, de remplir la terre d'hommes et de femmes, de faire un livre en une langue inconnue, en style bizarre et burlesque, plein d'énigmes et de contradictions, pour instruire ces hommes et ces femmes de ce qu'ils auraient à faire afin d'entretenir leur vie, croître et multiplier: sans doute que le genre humain n'aurait pas duré trois semaines.

Dieu nous a donné des moyens clairs et faciles pour soutenir notre vie, qui est une affaire moins importante que la vie éternelle que vous attendez, M.R.P. Donc[147] Dieu nous en a donné de clairs pour l'affaire la plus importante, puisqu'il l'a fait pour la moins essentielle.

Ce n'est point un tel moyen, qui demande tant de soins, qui est si rempli de difficultés insurmontables, qui laisse dans un perpétuel doute, dont Dieu s'est servi dans la religion. Il n'a point donné de moyens sûrs et faciles pour ce qui est le moins de conséquence, et des moyens incertains et difficiles pour ce qui est le plus important.

Il y a plus: l'expérience eût pu nous apprendre ce qui est nécessaire pour le soutien et la multiplication de l'espèce. Un seul homme l'eût découvert entre cent mille, tous en seraient bientôt venus à son sentiment. L'expérience les aurait convaincus.→

Outre l'importance, qui emporte nécessairement autant d'évidence et de facilité pour la religion que pour la vie et la multiplication, il y a encore une autre raison aussi forte; c'est que si l'expérience n'avait pu faire découvrir les moyens sûrs pour la nourriture et la propagation, il aurait suffi qu'entre cent mille un seul eût découvert la manducation et l'accouplement: ce qui n'eût pas manqué, chacun ayant un instinct pour cela. Toutes les folies à quoi les autres se seraient portés auraient été alors sans succès et aussitôt abandonnées, et tous les hommes auraient embrassé unanimement les moyens sûrs. [Fin de l'Extrait XII]

Mais en fait de religion, il n'y a point d'expérience à faire; chacun a le même droit de soutenir ses extravagances; chacun a ses visions, ses révélations, ses apparitions, conformes à ses fantaisies.

Palinure mort demande la sépulture à Enée;[148] la fille siamoise demande des mets sur son tombeau;[149] le papiste demande des messes; des vaisseaux romains périssent au même lieu où l'on avait noyé les poulets sacrés des augures;[150] la terre s'ouvre sous les rebelles aux lois de Moïse; J.-C. ressuscite trois jours après sa mort, il monte au ciel; Mahomet est déclaré prophète par une voix souterraine, il partage la lune en deux.

Dans toutes ces suppositions également prouvées et véritables, il fallait donner aux hommes un guide sûr, des moyens clairs de connaître, et qui fussent en eux, et les éclairassent même malgré eux.

Aussi Dieu en a-t-il usé ainsi. La conscience est, pour la morale, ce que l'instinct est pour la vie animale, ou pour mieux dire, nous avons deux instincts, l'un pour le corps et ce qui le concerne, l'autre qui nous instruit à chaque instant de nos devoirs à l'égard de Dieu et des autres hommes. Il parle à l'âme **[103]** immédiatement. La privation de tous les sens n'interrompt pas ses fonctions un seul instant et ne fait pas taire sa voix. Il ne faut point de consultation. Elle parle clairement, cette voix,[151] chacun l'entend.

Si Dieu avait voulu augmenter ou changer quelque chose à une si belle disposition, ou nous donner de nouveaux ordres, il l'aurait fait par des moyens d'une égale beauté, d'une égale facilité et d'une égale sûreté.

C'est Dieu lui-même qui m'a dit et qui a gravé dans mon esprit qu'il est également partout, qu'il est un, qu'il est juste, qu'il ne se peut prendre par les présents. S'il veut que je pense autrement, qu'il le dise à mon esprit d'une façon aussi claire qu'il lui a dit le reste.

Aura-t-on la témérité de dire que Dieu ne peut pas faire connaître ses volontés, surtout comme il me les fait connaître par les moyens de ma conscience? Ne pouvait-il pas inspirer à tous les hommes qu'ils sont obligés de faire ou de croire telle chose, comme il leur a inspiré qu'il est parfait et qu'ils doivent agir avec les autres comme ils voudraient qu'on en agît avec eux?

Si Dieu voulait que je crusse les articles de votre[152] catéchisme, il pouvait former tous les cerveaux avec les mêmes traces[153] que la lecture de ce catéchisme et les exhortations laissent dans le cerveau d'un enfant, et voilà tous les hommes instruits d'une façon claire, sûre et digne de sa puissance. Il n'y aurait point, en ce cas, de crainte d'être séduit ou d'être trompé.

Argument démonstratif.

La justesse des moyens doit être proportionnée à l'importance de la fin.

[104] La religion est une fin plus importante que la conservation de la vie et la propagation, donc les moyens pour la religion doivent être d'une plus grande justesse que ceux pour la vie et la propagation, ou au moins aussi justes.

Second argument.

Les moyens pour la religion doivent être aussi justes que pour la vie animale.
Les moyens de la vie animale sont l'instinct.
Donc les moyens pour la religion doivent être aussi justes que l'instinct.

Troisième argument.

Les moyens pour la religion doivent être aussi justes que l'instinct.

Des livres et des discours humains ne sont pas si justes que l'instinct.

Donc des livres et des discours humains ne sont pas des moyens pour la religion.

Quatrième argument.

Les moyens pour la religion doivent être aussi justes que l'instinct.

Il n'y a que la conscience qui soit aussi juste que l'instinct.

Donc il n'y a que la conscience qui soit un moyen pour la religion.

La conscience est un autre instinct, plus parfait et qui a une plus noble[154] fin.

[105] *Dix-septième vérité*. Des religions établies sur des livres et des discours ne viennent point de Dieu.

Dieu prend toujours les voies les plus simples et les plus courtes. Il ne faut à ceci ni commentaire, ni éclaircissement. Il serait fol de faire un circuit pour aller à un point où l'on peut venir par une ligne droite.[155]

Or la voie de parler aux hommes par l'instinct et par le sentiment intérieur est plus courte que de faire un livre et de renvoyer à d'autres hommes pour lire, traduire, expliquer. Et quand l'on voudrait supposer que Dieu eût voulu se servir de choses matérielles, il était plus simple de faire un livre tel qu'il n'eût besoin ni d'explication, ni d'interprétation, et il aurait établi des hommes capables d'annoncer ses lois s'il avait voulu avoir des ministres, et ces hommes auraient eu un caractère visible et marqué de leur mission.

Quand on saura positivement que tel livre vient de Dieu et contient ses lois, et que tel homme est interprète de ces lois, on exécutera les préceptes du livre et on aura recours à l'homme en question dans les difficultés.

Mais quand un homme dira: *Tel livre est de Dieu, j'en suis l'interprète*, il faut être aussi sot qu'il est effronté pour le croire sur sa parole. Paye-t-on un impôt que l'on vient demander sans être certain si celui qui le lève est autorisé des ordres du Roi et d'un édit qui ordonne le paiement de ce qu'il demande?

[Extrait XIII] Il y a une différence infinie entre faire respecter une chose et la rendre digne de respect, entre faire obéir et établir le droit d'obéissance. Le magistrat fait respecter le droit de la loi; il y fait obéir, mais il ne la rend pas respectable, ni ne lui donne le droit d'exiger l'obéissance: il la fait exécuter, mais il ne lui donne rien de ce qui oblige à l'exécuter. Il ne fait qu'appliquer aux cas particuliers la force générale de la loi. On sait d'ailleurs que telle constitution est la volonté du législateur. Le magistrat n'est que pour veiller à ce qu'elle ne soit transgressée; quoique, de fait, il soit la cause qu'elle est observée, il ne contribue en rien à l'obligation de l'observer. D'où il suit manifestement que tous les suppôts des religions factices ne donnent pas la moindre autorité à leurs livres pour tout ce qu'ils en disent. [Fin de l'Extrait XIII][156]

Etablissez, Messieurs les ministres, le principe de la divinité du livre et de votre mission. Si je doute du livre, le livre ne peut établir le ministre. Si je doute du ministre, tout ce qu'il me dira n'établira rien en faveur du livre.

[106] Argument démonstratif.

Dieu prend toujours les voies les plus courtes et les plus simples.

Des livres et des discours humains ne sont pas les voies les plus courtes et les plus simples.

Donc les religions fondées sur des livres et sur des discours humains ne sont pas venues par les voies de Dieu, donc elles ne viennent pas de Dieu.

La justice et la sagesse de Dieu prouvent ma majeure. Je ne crois pas qu'un homme sensé ose nier la mineure.

Dix-huitième vérité. Toutes les religions factices sont fausses ou au moins incertaines.

La vérité ne peut être vue sans être reconnue, ni reconnue sans arracher le consentement.

Si une proposition qui contient une vérité est refusée sincèrement, c'est que le refusant n'entend pas la proposition, et qu'elle ne contient pas une vérité à son égard.

J'ai vu des gens contester de bonne foi des vérités. J'ai vu au siège de...... un officier me soutenir que de quelque figure que fût un terrain capable de contenir quatre

[Extrait XIV] La vérité ne peut être vue sans être reconnue, ni reconnue sans arracher le consentement.

Si une proposition qui contient une vérité est refusée sincèrement, c'est que le refusant n'entend pas la proposition, et qu'elle ne contient pas une vérité à son égard.

J'ai bien vu des gens contester de bonne foi des vérités. J'ai vu, au siège de Luxembourg,[157] un major soutenir que, de quelque figure que fût un terrain capable de concents hommes, il ne fallait pas plus de travail pour le fortifier que s'il eût été rond ou carré; et lorsque je dis que ce terrain pourrait être de telle figure qu'il faudrait cent fois plus de toises de fossé que s'il était rond, je fus sifflé par quelques autres officiers qui nous écoutaient, et regardé comme un homme qui veut raffiner sur tout et qui se plaît dans les propositions extraordinaires et fausses.

[107] Qu'est-ce que ces gens combattaient? Ce n'était pas la vérité: elle était masquée pour eux. Ils étaient très braves gens, mais point géomètres. Sitôt que je leur eus fait mesurer le tour d'une carte avec un fil, et qu'ayant coupé cette carte en cinq ou six suivant sa longueur, j'en eus mis les morceaux bout à bout, aucun ne contesta plus. Ils furent étonnés de voir le vrai, ils s'y rendirent dans l'instant.

Il est incontestable que ce qui est nié et disputé sérieusement par quelqu'un est une fausseté ou une obscurité.→

tenir quatre cents hommes, il ne fallait pas plus de travail pour le fortifier que s'il était rond; et lorsque je dis que ce terrain pourrait être de telle figure, qu'il faudrait cent fois plus de toises de fossés que s'il était seulement carré, je fus sifflé par le reste des officiers et regardé comme un homme extraordinaire qui veut raffiner sur tout.

Mais qu'est-ce que ces gens combattaient? Ce n'était pas la vérité: non plus qu'on ne manquerait point de respect à son père en le maltraitant masqué; la vérité était masquée pour ces officiers, braves gens, mais point géomètres. Sitôt que je leur eus fait mesurer le tour d'une carte avec un fil, et ayant coupé cette carte suivant sa longueur en quatre ou cinq, j'en eus mis les morceaux bout à bout, aucun ne contesta plus; le simple coup d'œil les désabusa.

Il est donc certain que ce qui est contesté sérieusement, en conscience, et non de paroles seulement, est une fausseté ou une obscurité. [Fin de l'Extrait XIV]

La vérité en elle-même est ce qui est; par rapport à nous, c'est ce que nous connaissons être.[158] C'est ce que nous voyons clairement sans en pouvoir douter et que nous concevons être vu par toutes les intelligences comme nous le voyons.

Dieu seul voit toutes les vérités avec toutes leurs combinaisons, leurs rapports et leurs conséquences, et cela d'une seule vue. Les êtres bornés ne voient que quelques vérités, les unes après les autres; ils en voient certains rapports; ils en tirent quelques conséquences avec le temps et à force d'application. Mais enfin, ce qu'ils voient clairement est une vérité qu'ils ne sont pas libres de nier. Ce qu'ils voient clairement [n'être pas est un] néant dont[159] ils ne sont pas libres de croire l'existence.

Ce n'est donc que de bouche que les hommes affirment les articles de foi des religions factices. Ils ne les voient ni par les yeux du corps, ni par les vues de l'esprit. Loin de là, ils voient le contraire par leurs sens et par leur raison. Il est certain qu'ils ont ouï prêcher cela, mais le fait reste incertain et sujet à contestation.

La vérité se soutient, se voit et se fait voir par elle-même. Plus on l'examine, plus on la connaît; plus on l'attaque, plus on l'éclaircit; plus on l'approfondit, plus elle est incontestable. [108] Elle n'a pas besoin d'être insinuée par ruse et par surprise, ni maintenue par des violences. Elle ne craint point la lumière. Il ne faut point l'apprendre aux enfants comme à des perroquets, afin qu'en occupant l'imagination, on profite du fatal empire qu'elle a sur la raison.

Il n'y a que trop de scélérats qui combattent les conséquences de la vérité par leurs actions, mais ils n'en sont pas moins intérieurement convaincus. Ce n'est pas pour faire connaître la vérité que les lois s'arment, c'est pour lui faire obéir, c'est pour en faire pratiquer les conséquences, pour que la crainte des châtiments balance les passions des hommes qui les engagent à agir contre leur conscience. Et la conscience n'est autre chose qu'une vue perpétuelle de certaines vérités.

Un voleur de grand chemin que des juges condamnent à être roué vif ne s'emporte point contre eux.[160] Il ne leur en veut point de mal. Il connaît la vérité de la nécessité où ils sont et du droit qu'il leur a donné de le faire. Voilà une grande conviction.

Il ne faut point de violence pour faire convenir tous les hommes d'une vérité, quoiqu'il en faille pour les faire vivre suivant cette vérité. La vue de la vérité, et l'acquiescement intérieur qui la suit, ne nous coûte rien. C'est la pratique des ordres de la vérité qui intéresse nos passions.

Tous les hommes conviennent qu'il y a une justice, qu'il faut que chacun jouisse en paix du fruit de ses travaux, que l'on doit exécuter ce que l'on a promis sans contrainte; mais tous les hommes ne vivent pas suivant cette justice et leurs intérêts ou leurs passions les font manquer à ces choses qu'ils reconnaissent être de droit.

Il y aura éternellement des voleurs, mais il n'y aura jamais **[109]** personne qui croie qu'il est juste de voler et qu'il est injuste[161] d'établir des tribunaux pour veiller à la punition du vol et de l'assassinat.

Si quelqu'un était assez extravagant pour écrire contre la justice, il ne ferait assurément pas grands progrès. Que pourrait-il dire? Ceci vous paraît peut-être hors d'œuvre,[162] M.R.P.; cependant il s'ensuit naturellement que si les religions factices étaient une vérité, il ne serait pas nécessaire de les établir et de les maintenir comme on fait. On pourrait faire des lois pour faire suivre telle religion qu'on voudrait, mais si c'était une vérité, les faits ne seraient pas contestés. Quand on a condamné à mort les assassins, le législateur ne s'est point efforcé de prouver que l'assassinat était un crime: chacun en est persuadé.

S'il y a tant de religions extravagantes, ce n'est pas que le peuple agisse directement contre la vérité réelle, mais c'est qu'ils en ont tiré de fausses conséquences.

Toutes les nations ont vu et voient clairement et distinctement, d'une vue de l'esprit sans ambiguïté et incontestable, qu'il y a un premier principe qui a fait tout ce que nous voyons, mais au lieu d'en tirer la conséquence qu'étant infini, il ne se gouverne pas comme les êtres bornés, on a agi avec lui comme avec les hommes. On croit le gagner par des grimaces, par de vaines cérémonies, par des présents, par des sollicitations d'amis, etc. Puis l'orgueil, l'avarice, l'envie de dominer et l'ambition ont engagé des gens à se dire ministres de Dieu, qui n'en a que faire. Ils ont multiplié la Divinité pour avoir chacun la sienne et attirer un plus grand nombre d'offrandes. Ils ont fourré partout dans la suite des extravagances que leurs imaginations déréglées et leurs passions leur inspiraient; ils ont **[110]** entassé folie sur folie et impôt sur impôt.

On peut, sur la Divinité, tirer des conséquences du plus au moins, et non du moins au plus. On peut bien faire une comparaison de Dieu aux hommes, par leurs vertus, par ce qu'ils ont de bon et de beau, et non par leurs défauts, leurs faiblesses et leurs vices.

Les hommes se laissent corrompre par les présents. On ne peut rien appliquer là-dessus à la Divinité. Outre que Dieu est incorruptible, les présents ne lui peuvent faire ni plaisir, ni profit.[163]

Si les malheureux mortels avaient consulté les idées claires que Dieu leur a données, ils se seraient moqués des religions factices et auraient puni leurs inventeurs comme filous et voleurs publics.

La géométrie et l'arithmétique ne causeront jamais ni débat, ni guerre; il n'y a que faire d'inquisition pour les maintenir; on les apprend mieux à un homme fait qu'à un enfant, à un grand génie qu'à un petit esprit; on laisse la liberté à tout le monde de les examiner; on n'a pas peur que les idées d'une nation pervertissent ni que certaines gens répandent leur venin et infectent l'esprit; il ne faut ni conciles, ni synodes; aucun esprit n'en conteste les propositions dès qu'il les entend; on ne verra jamais de brigue pour soutenir ou renverser la moindre partie de ces sciences; elles n'ont pas besoin d'être soutenues, ni crainte d'être renversées; c'est que ce sont des vérités.

Que peut-on dire des religions factices, qui produisent des haines irréconciliables entre des nations entières, qui les arment, qui les portent à se détruire par les voies du fer et du feu et à passer à la rage, à oublier le droit et la raison, à employer les trahisons, l'assassinat? C'est que ce sont des faussetés.

La vérité produit l'acquiescement et la concorde. Ce qui produit la guerre et la dispute doit donc être une fausseté, **[111]** au moins une obscurité, une incertitude soutenue aveuglément par passion et par intérêt.

Cela est d'autant plus évident que le zèle de chaque religion est le même, quoique toutes diffèrent infiniment et s'anathématisent mutuellement.

Il faut un an pour apprendre l'abrégé de la religion, et dix ans pour y être un peu habile. Il faut savoir lire et écrire les langues étrangères, passer sa vie à feuilleter des livres ridicules et être assez prévenu pour les regarder comme vénérables et y trouver de la raison malgré le bon sens, et se faire une étude sérieuse de fables, de subtilités, de concordances impossibles, et perdre l'esprit à concilier des contradictions.

Vous ne pouvez nier cela, M.R.P. Ainsi ne me reprochez pas que je veux faire de la religion une science. Au contraire, je demande qu'elle n'en soit point une, et toutes les religions factices en ont l'embarras, sans en avoir le vrai.

Je veux que ce soit un instinct, une idée innée, une connaissance à la portée de tout le monde. Elle n'est point une lumière douteuse, c'est une science naturelle. Comme celle de porter les pieds l'un devant l'autre pour marcher est tirée de la connaissance qu'on a naturellement que l'on avance en parcourant successivement les espaces contigus, tout le monde peut y être docteur sans argent et sans perdre de temps.

Revenons, M.R.P., plus précisément à notre but. Il est certain que quand une chose est contestée sincèrement par un grand nombre, cette chose est fausse ou mal entendue.

Que peut-on penser quand on voit que la religion la plus universellement reçue a au moins les trois quarts des hommes contre elle et que chacune est regardée par les autres comme **[112]** fausse, diabolique et abominable?

Nous sommes certainement forcés d'avouer que nous suivons avec une opiniâtreté brutale une fausseté, ou au moins[164] une chose douteuse, à laquelle nous n'entendons rien, où nous ne pouvons démontrer que nous ayons[165] raison, et où les trois quarts des hommes croient voir clairement que nous avons tort.

Chaque religion a les yeux libres sur les ridiculités et les impossibilités des autres.

Il en est comme de l'amour. Celui qui est frappé de cette passion ne voit point les défauts de son objet;[166] les autres les voient. Ne voyez-vous pas clairement, M.R.P., la supposition de la révélation de l'Alcoran? Les juifs et les païens voient de même celle de l'Evangile, et encore mieux les savants. Le P. Malbranche connaîtrait bien et mettrait dans un beau jour le ridicule du christianisme si la prévention et le préjugé de l'éducation n'avaient pas mis un bandeau sur ses yeux, ou même s'il voulait essayer d'écarter ce bandeau et de penser par lui-même.

Mais, d'ailleurs, voyons-nous clairement que faute d'un verre d'eau versé sur notre tête, avec quelques paroles, par autrui, nous sommes éternellement l'objet de la vengeance d'un être infiniment juste?

Tous les autres hommes voient clairement qu'un être infiniment juste ne peut punir que ceux qui auront librement contrevenu à une loi connue. Les Juifs et les Turcs voient-ils clairement que le retranchement d'une partie de leur peau soit une sainteté? tout le reste des hommes voit que c'est une absurdité. Les Indiennes voient-elles clairement qu'en se brûlant vives après la mort de leurs maris elles renaîtront plus heureuses **[113]** et qu'à la huitième fois elles gagneront une félicité de mille ans?[167] tout le reste des hommes voit clairement que c'est une folie et une sottise.

Donnez gloire à Dieu,[168] M.R.P. Voyez-vous aussi clairement que J.-C. est dans l'hostie, corps, âme et sang,[169] et que ce même corps est en cent mille lieux en même temps, comme tous les autres hommes qui ne sont pas catholiques romains voient que cela est absurde et impossible?[170]

Argument démonstratif.

La vérité ne peut être vue sans être reconnue, ni reconnue sans arracher le consentement.

Aucune religion factice n'arrache le consentement.

Donc aucune religion factice n'est une vérité vue et reconnue.

Pour la mineure, la chose est claire: tous les hommes donneraient dans celle-là et l'on n'aurait que faire de prévenir les esprits des enfants, ni d'embrouiller leur imagination. Il en serait comme de la géométrie, et des lois contre les voleurs et les assassins.

Second argument.

Tout ce qui est contesté sincèrement et en conscience est faux, obscur ou incertain.

Toutes les religions factices sont contestées sincèrement et en conscience.

Donc toutes les religions factices sont fausses, ou au moins obscures et incertaines.

*
**

On pourrait rétorquer qu'une religion naturelle sera aussi contestée. La réponse ne coûtera guère.

1° Elle ne sera contestée que par des gens prévenus, car **[114]** sûrement elle sera reçue de tous ceux qui n'ont point de préjugés contraires ou qui seront capables de connaître et de juger.

2° Une religion naturelle ne sera pas contestée. On dira peut-être qu'elle ne suffit pas.[171] Toutes les religions factices contiennent la religion naturelle, mais elles en défigurent les principes en les couvrant de fausses conséquences. Tous les hommes professent la religion naturelle. Le mal est qu'ils ne s'en sont pas tenus là.

3° Si la contestation sur des sentiments intérieurs que chacun apporte au monde avec soi peut faire contre[172] moi, cela fera encore bien plus contre vous et contre toutes les religions factices, pleines d'imaginations ridicules et singulières et contraires au bon sens. Je n'aurai rien édifié, mais j'aurai toujours détruit le monstrueux édifice des religions fondées sur des faits.

Dix-neuvième vérité. Personne n'est obligé en conscience d'embrasser quelque religion factice que ce soit.

Personne n'est obligé en conscience de lire, d'entendre ni de croire quelque fait que ce soit. Je défie tous les théologiens de l'univers de m'apporter la moindre raison pour m'obliger à les ouïr prêcher, encore moins à les croire lorsqu'ils rapportent quelques faits, encore moins si ces faits sont impossibles ou contre les lois de la nature. Je parle pour un premier sermon, un sermon d'apôtre. Il en est de même de lire un livre, de croire les faits qu'il contient.

Si un enfant se trouve dans un désert, fera-t-il un crime? **[115]** S'il veut rester dans sa chambre sans voir ni écouter personne, sera-t-il ennemi de Dieu? Si quelqu'un est né sourd, peut-il entendre le prédicateur,[173] peut-il connaître ces livres sacrés et ces mystères, les lui fera-t-on entendre par signes? S'il est né aveugle, peut-il lire ces livres? Ces défauts naturels les damneront-ils?

Celui qui n'est ni aveugle ni sourd est-il obligé de savoir qu'il y a un tel livre? est-il obligé de savoir lire? est-il obligé d'entendre la langue dans laquelle il est écrit? est-il obligé de s'en fier à une traduction? Est-il enfin obligé de la lire?

Quant aux faits, on pourrait bien dire qu'un homme est fol s'il refusait d'en croire de certains, comme l'existence d'une ville nommée Rome ou Paris. Mais assurément personne ne le jugera coupable, ni sujet à la moindre peine, puisqu'il est certain que la croyance n'est pas un acte libre.

Si l'on est obligé d'écouter cet homme qui vient me prêcher, je suis de même obligé d'écouter tous ceux qui me prêcheront. Il n'y a pas plus de raison pour écouter le premier sermon que me fera le muphti que celui du curé, du molak, du bramin, du ministre, etc. Si je suis obligé de lire un livre, je suis obligé de les lire tous, Alcoran, Evangile, Bible, et tout le reste.

Une multitude d'hommes se disent ministres de la divinité. Une multitude de livres portent le titre de divins. Jusques à l'examen, tout est égal, et comment connaître celui qui est véritable? comment savoir, si l'on n'a lu tous ceux qui prétendent être l'ouvrage de Dieu?

[116] Ceci est une démonstration contre toutes les religions factices. Aucune n'ayant que de simples allégations, sans preuves en forme, ne peut produire que quelque apparence, sans conviction totale.

Quand les apôtres, et Mahomet, prêchaient, par quelle règle était-on obligé de sortir de chez soi pour les aller entendre?

Par quelle règle était-on obligé de sortir de chez soi pour courir sur leur passage? Comment pouvaient faire ceux qui étaient malades, esclaves, prisonniers? pourquoi aller plutôt entendre l'un que l'autre?

Cette seule pensée bien méditée et approfondie,[174] et poussée où elle peut aller, est suffisante pour faire revenir de l'aveuglement et de la prévention ceux qui sont engagés dans quelque religion factice que ce soit.

Car enfin, avant que je susse qu'il y a tel livre, dicté par Dieu, contenant ses lois, et tel homme interprète de ce livre, et prêchant ce que je dois croire, je n'avais nul soupçon de cela. Je ne pouvais donc pas avoir d'obligation de les chercher.

Si je suis obligé de courir acheter ce livre et écouter ce personnage, quand le bruit de l'un et de l'autre vient jusques à moi, je suis donc obligé de courir de même à tous les bruits qui se répandront. Je n'ai pas plus de raison pour le premier que pour le second.

Ainsi, jamais de repos, jamais de certitude. Je serai toujours en doute lequel est le bon. Tous ont le même exorde; tous se disent le code de Dieu; tous sont farcis de miracles, de fables, avec force promesses **[117]** et menaces. De même pour les apôtres: je suis obligé[175] de les écouter tous, si je suis obligé d'en écouter un; et toujours incertitude.

A qui se rendrait un peuple chez qui arriveraient en même temps un rabbin, un dervis, un talapoin, un moine chrétien, un ministre luthérien et un calviniste? La voie des miracles n'est plus ouverte, ils en rapporteront également. Si c'est aux allégations de faits, voilà un procès impossible à discuter. Quand ces peuples auraient toute la science nécessaire, la vie d'un homme ne suffit pas pour le vider.

Si c'est aux raisons, *ergo* plus de foi. Si c'est aux vraisemblances, *ergo* incertitude. Ils s'en retourneront comme ils sont venus, à moins que le plus rusé, le plus effronté et le plus empressé ne l'emporte.

Argument démonstratif.

Personne n'est obligé en conscience d'écouter, de lire, ni de croire quelque fait que ce soit.

On ne s'engage dans les religions factices qu'en écoutant,[176] lisant et croyant certains faits.

Donc personne n'est obligé en conscience de s'engager dans aucune religion factice.

Bien loin qu'on soit obligé en conscience de croire des faits, on n'est pas obligé de croire les plus évidentes vérités proposées par les hommes, soit qu'on ne veuille pas les écouter, soit qu'on ne les comprenne pas.

Prouverez-vous aussi bien la divinité de vos livres et de votre mission que vous prouverez que les triangles équiangles sont proportionnels? Si quelqu'un ne veut pas vous en croire, ni vous écouter, ou que, vous écoutant, il ne comprenne pas la démonstration, est-il coupable? Pourquoi serait-il plus **[118]** tenu à croire ce qui n'est pas et ne peut pas être démontré que ce qui l'est?

Vingtième vérité. Toutes les religions factices sont fausses.

De mauvaises raisons, en quelque quantité qu'elles soient, n'en font pas une bonne, et cent mille apparences ne détruisent pas une vérité constante.

Il est vrai que, dans la nécessité de se déterminer, il faut se rendre à des apparences ou à de mauvaises raisons; mais c'est quand il n'y a point de bonnes raisons contraires ou quand de l'autre côté il n'y a rien du tout. Mais alors on voit clairement qu'on court risque d'être trompé.

Au lieu que quand il y aura une bonne raison, une preuve incontestable, toutes les vraisemblances, toutes les raisons fausses et équivoques disparaissent. On marche sûrement, on voit clairement qu'on prend le bon parti quand on suit une vérité métaphysique.[177] On marche à tâtons, toujours prêt à se précipiter quand on n'a pour guide que des faits, des livres et des discours.

Il est clair et évident que la figure circulaire contient plus de liqueur que toutes les autres d'égale grandeur. Inventez toutes les raisons imaginables, apportez toutes les apparences, produisez un million d'écrits et d'hommes qui témoignent qu'en certain lieu il y a un vaisseau triangulaire d'un pied de haut et de deux de tour qui contient autant d'eau qu'un vaisseau rond[178] de pareil tour, de pareille hauteur et de pareille profondeur, qu'avancerez-vous? persuaderez-vous?

Qu'avancent les religions factices en criant qu'elles ont un si **[119]** grand nombre de preuves, quoique contestables, que toutes ensemble forment une démonstration?

Elles avancent autant que celui qui soutenait qu'on trouverait bientôt le mouvement perpétuel parce qu'il avait vu une montre qui allait un an.

Une démonstration établit une parfaite certitude, ne laisse aucun doute, ni de changement ni de sentiment. Elle anéantit toutes les mauvaises preuves. Au contraire, cent millions de preuves de prédicateur, cent millions de vraisemblances s'en vont en fumée dès qu'il paraît une démonstration contraire.

Or il y a des démonstrations contre toutes les religions factices.

Argument démonstratif.

De mauvaises raisons, en quelque quantité qu'elles soient, n'en font pas une bonne et mille apparences ne détruisent pas une vérité contraire.

Toutes les religions factices n'ont que des apparences et de mauvaises raisons contre des vérités constantes.

Donc toutes les religions factices ne détruisent pas une des vérités constantes qui leur sont contraires.

*
* *

Pour prouver la mineure, il n'y a qu'à venir au détail. Tout ce qui sera conforme aux premières vérités éternelles sera reçu. Qu'arrivera-t-il? Qu'il n'y aura qu'une religion; nous serons tous de la même, ce qui reviendra à ce que j'ai lu et ouï dire.

Que les hommes ôtent des religions ce qu'ils y ont mis, ils seront tous d'accord sur ce point.

Second argument.

Toutes les choses établies sur de simples apparences et sur des vraisemblances sont fausses ou mal fondées, si elles sont contraires aux premières vérités.

[120] Toutes les religions factices sont établies sur de simples apparences et sur des vraisemblances contraires aux premières vérités.

Donc toutes les religions factices sont fausses ou mal fondées.

*
* *

Je ne crois pas, M.R.P., que vous me niez ma mineure. C'est tout ce que je puis dire de plus favorable aux religions factices et au christianisme en particulier. Si je voulais l'entreprendre, je prouverais bien incontestablement qu'elles ne sont pas même fondées sur des apparences et des vraisemblances, mais je remets cela à la partie suivante.

Vingt-unième vérité. La profession de quelque religion factice que ce soit est criminelle.

C'est un crime de risquer de commettre un crime sans une nécessité évidente.

Nos chaires retentissent de l'obligation de fuir l'occasion prochaine du péché. Ainsi cet article est reconnu par ceux contre qui je l'emploie. Et qu'est-ce que c'est que l'occasion prochaine en comparaison de l'alternative dont il s'agit dans la profession d'une religion factice?

Quelque grande que soit la tentation, quelque pressante que soit l'occasion, on peut se promettre de s'en tirer, mais en se soumettant à une religion factice on est dans la nécessité d'idolâtrer, si cette religion est fausse. Or, selon vous, Dieu est jaloux des adorations.[179] Donc selon vous on risque, d'un risque alternatif où il n'y a que le oui et le non, d'être abominable devant Dieu en embrassant quelque religion factice que ce soit, puisqu'elles sont fausses, incertaines ou mal fondées.

[121] Celui qui suit une religion factice avec réflexion est comme quelqu'un qui tirerait un coup de fusil dans une porte derrière laquelle il saurait sûrement

un homme caché. Cet homme n'en occupe que la moitié; ainsi il peut le toucher ou ne le point toucher; le hasard en décidera.

Le hasard nous a faits, M.R.P., vous et moi, de la religion catholique romaine, sans choix, sans examen, sans jugement. Nous sommes peut-être idolâtres, comme notre homme qui a tiré son coup a peut-être commis un homicide. Quand il ne l'aurait pas commis, il s'est exposé à le commettre. Il ne peut être que très criminel.

On soutiendra en vain qu'il faut indispensablement se ranger à quelqu'une des religions factices que ce soit. Tous les hommes ont la religion naturelle à laquelle ils peuvent s'en tenir jusqu'à ce qu'on leur ait prouvé qu'il y en a une autre, venue de la part de Dieu.

Et nous venons de voir une douzaine de démonstrations proprement dites au contraire.

Le Siamois s'expose donc à adorer un simple homme ou un nom en l'air; le Juif, à donner à Dieu des sentiments extravagants, de la faiblesse, de l'injustice, des lois ridicules et des passions; le mahométan à regarder un imposteur comme envoyé de Dieu et à regarder comme divines des lois barbares; les chrétiens en général s'exposent à prendre Dieu pour un tyran et à lui donner des compagnons et des égaux; les papistes à adorer une oublie[180] et du vin, à mettre notre confiance à des os pourris, à prier des pierres et du bois.[181] Hé! quel plus grand crime peut-on commettre? Si Dieu peut être offensé par nous, quelles punitions ne doit-il pas à ces crimes, s'il n'a égard ni à la prévention ni à la stupidité? **[122]** La prudence défend de se rendre à de mauvaises apparences; la justice et le devoir indispensable veulent qu'on s'en tienne à ce qu'il y a de plus clair et de plus solide dans une affaire d'importance. Que dirons-nous donc de celui qui néglige sa raison et sa conscience, et les plus claires lumières qu'il a reçues de Dieu, pour suivre des scélérats, ambitieux et intéressés, qui le jettent dans des pratiques impertinentes, injurieuses à Dieu, honteuses et ruineuses au genre humain, qui prostitue à des corps et à de la matière vile les respects qui ne sont dus qu'au créateur?

Que dirons-nous de celui qui attribue à l'Etre suprême des fautes et des vices dont il n'oserait accuser un homme du commun? de celui qui donne des compagnons à Dieu, qui le fait de trois pièces, etc.? Et cela sur des livres et des ouï-dire, et contre la raison et les lumières qu'il a reçues de Dieu, contre sa conscience qui lui crie au fond du cœur que ces choses sont impossibles.

On peut bien risquer une action criminelle en elle-même lorsque cette action diminue un mal certain en lui-même, plus grand que celui que causera cette action. Dans un accouchement désespéré, par exemple, où l'enfant et la mère périront infailliblement, on fait périr l'enfant pour sauver la mère, ou l'on fait une opération à la mère qui la met dans un danger évident, mais on sauve l'enfant. L'un de ces deux homicides que l'on risque de commettre devient innocent, parce que l'une et l'autre de ces personnes seraient infailliblement mortes. Ainsi l'on fait du bien à l'une sans faire de tort à l'autre.

On ne peut rien dire de semblable des religions factices. Il est incontestable que la religion naturelle est innocente et bonne. On n'a pas la moindre preuve raisonnable et apparente que **[123]** Dieu en demande d'autre; on en a mille presque évidentes[182] du contraire. On ne peut disconvenir que le culte de toutes les religions factices est criminel en lui-même et qu'il n'y a qu'un ordre positif de Dieu qui en puisse ôter le crime.

Le risque est tout au plus égal d'embrasser une religion factice ou de n'en point embrasser. Si cette religion est établie par Dieu, je suis un rebelle de ne la pas suivre; si elle n'est qu'une invention de l'orgueil, de l'avarice et de l'ambition des hommes, je suis un idolâtre. Tout est jusqu'ici en équilibre, mais la raison fait pencher la balance.

Je n'ai nulle preuve que cette religion soit divine; j'en ai mille qu'elle n'est pas digne même d'un homme sage. Si je m'abstiens de toutes ces croyances et de tous ces cultes, quand il serait vrai que Dieu les a ordonnés, je ne le vois pas; je vois ou crois voir le contraire. Ma conscience et ma raison ne me reprochent rien, elles ne s'élèvent point devant Dieu contre moi. J'aurai une très légitime excuse,[183] et toute excuse bonne fait effet sur les cœurs les plus barbares. Si au contraire, malgré mes lumières, je suis cette religion et que j'idolâtre en la suivant, ma conscience et ma raison s'élèveront contre moi devant Dieu. Il n'y a pas de compensation à faire comme dans le cas de l'accouchement; l'incertitude et l'inaction ne peuvent être aussi coupables qu'un mauvais choix, et la religion naturelle ne peut être criminelle.

Argument démonstratif.

C'est un crime de risquer d'en commettre un, sans une nécessité claire et indispensable.

C'est risquer de commettre un crime sans nécessité claire et indispensable que de suivre quelqu'une des religions factices.

[124] Donc c'est commettre un crime que de suivre quelque religion factice que ce soit.

Je prouve la première partie de la mineure, que c'est risquer de commettre un crime d'embrasser une religion factice.

Second argument.

C'est un crime de prostituer son adoration à des créatures et d'attribuer à Dieu des défauts, des passions et des vices.

On court risque de prostituer ses adorations à des créatures, d'attribuer à Dieu des défauts, des passions et des vices en suivant quelqu'une des religions factices que ce soit.

Donc on court risque de commettre un crime en suivant quelqu'une des religions factices que ce soit.

On ne peut nier la mineure de ce syllogisme. Il est bien sûr et bien net que le culte de la religion factice consistant en adorations, c'est idolâtrie si elles sont adressées à des choses qui ne sont que matière, comme à une oublie, si cette oublie n'est pas Dieu.

Il est clair que la Trinité suppose une imperfection. Il est sûr que le mahométisme attribue à Dieu une faiblesse en croyant que la circoncision lui plaît et que l'ablution lave les péchés. Le judaïsme peint Dieu sujet à la colère, conservant un désir de vengeance. L'Evangile montre J.-C. fils de Dieu, et Dieu, si possédé du désir de se venger des Juifs qu'il craint de leur parler clairement, de peur qu'ils ne se convertissent s'ils comprenaient le sens de ses paroles.[184] Le péché originel, la prédestination le montrent injuste et par conséquent vicieux.

[125] Pour la seconde partie de la mineure du premier syllogisme, que c'est sans une nécessité claire et indispensable, cela va sans dire jusqu'à ce que l'on m'ait montré cette nécessité qui ne peut résulter que d'un commandement de Dieu. Montrez vos patentes, Messieurs les curés, bonzes, talapoins, rabbins, molaks, muphtis, ministres; montrez-moi l'ordre de Dieu.

Ce point est discuté, et tourné de cent façons, et réduit à l'impossible dans tout le cours de cette partie.

Je crois, M.R.P., que dans tout ce que je viens de dire, je ne me trompe pas. On ne peut pas traiter tout ceci de prétendues démonstrations.

Tout ce que j'ai posé comme vérité réelle et incontestable et comme premier principe est réellement tel. Proposez-les aux passants, étalez-les dans le barreau, servez-vous-en chez les négociants, chez les artisans, chez les paysans, alléguez-les dans les académies des sciences, personne ne se récriera. Ce ne sont pas des principes arbitraires ou inintelligibles; je n'en vois pas qui laissent le moindre doute.

Je parierais ma vie qu'il n'y a point d'être intelligent, sans intérêt et sans prévention, qui ne les reçoive tous sans contestation et sans le moindre scrupule, si on les lui explique comme je me suis efforcé de le faire.

Les vingt-une propositions que je viens de ramasser sont les conséquences des syllogismes en forme dont ces premières vérités bien expliquées font la majeure. Ainsi, ce sont de véritables démonstrations.

La fabrique de mes syllogismes me paraît dans les règles, sinon qu'il y a quelques-uns un peu complexes, mais le manque de simplicité ne les empêche pas d'être concluants. Il est aisé de détailler et de développer l'argumentation; je l'ai évité[185] pour ne pas tomber dans une enfilade d'ergotismes ennuyeux.

[126] Suivant la méthode ordinaire,[186] j'aurais dû faire autant de théorèmes de toutes ces propositions et en donner des démonstrations en forme. Mais j'ai cru qu'il serait mieux de proposer d'abord des vérités incontestables, puis en tirer des conséquences et les appliquer à la question, que de commencer par des propositions qui sont de grands paradoxes et qui ne manqueraient pas de choquer le P. Malbranche, imbu de sa religion et qui a porté ses vues d'un autre côté qu'à l'examiner comme il faut.

Car enfin, M.R.P., vous la supposez, et ne la[187] prouvez pas. Au reste, je n'ai pas enfilé mes propositions de l'une à l'autre à l'ordinaire. Ce n'est pas de peur d'intriguer le R.P. Malbranche, c'est de peur de m'égarer moi-même dans un labyrinthe de ma façon. J'ai mieux aimé me borner à chaque vérité sans la lier aux autres, afin de l'examiner de tous côtés, sans distraction, sans embarras et sans danger.

J'ai rassemblé toutes ces conséquences afin que, paraissant comme un seul point de vue, elles fissent leur effet ensemble et frappassent assez vivement pour vous faire voir, M.R.P., qu'elles méritent bien une réponse.

[127] Réfutation de la foi

Il ne me reste plus qu'un monstre à combattre, monstre plus bizarre et plus inconcevable que la chimère de la fable, cet être de raison que la folie humaine a forgé, que la vanité, l'orgueil et l'avarice ont eu l'effronterie de proposer, que le plaisir de marcher sur la tête des hommes fait soutenir et que la faiblesse, la paresse, la stupidité ont fait recevoir; enfin, que l'exemple et la coutume font continuer à tolérer.

C'est la foi, mot en l'air qui ne signifie absolument rien, ou qui veut dire la chose la moins recevable qu'on puisse imaginer, quand il ne s'agirait que de la plus petite bagatelle.

Que chacun fasse un peu de réflexion, chacun trouvera qu'il n'y a point d'affaire, de si petite conséquence qu'on la veuille supposer, dans laquelle on donnât comme on fait dans la religion. C'est une bagatelle pour un fermier général que dix pistoles: les donnerait-il à un inconnu qui les lui demanderait, disant qu'il part pour la mer du Sud[188] et qu'il lui rapportera dix mille louis dans deux ans?

Cet inconnu est au moins cent mille fois plus croyable que les ministres de quelque religion factice que ce soit. Au moins ce que cet homme dit est possible et ce qu'il promet n'est point hors des lois de la nature. Notre religion se moque du monde de faire sonner si haut ce mot de foi, comme si elle était la seule qui la prêchât, qui en eût besoin et qui ait trouvé dans trois lettres et dans un vain son, une mine d'or, avec une source intarissable d'honneur.

Toutes les religions factices demandent la même chose. Le paganisme des Grecs et des Romains demandait qu'on crût [128] que Jupiter, Neptune et Pluton avaient partagé l'univers; que la fumée de l'encens, le sang des animaux égorgés, gagnait ces dieux; qu'ils s'unissaient aux simulacres qu'on leur consacrait; qu'ils étaient plus présents dans les simulacres et dans les temples qu'on leur dédiait qu'ailleurs; qu'ils faisaient tous les jours des miracles, etc. Toutes choses contre la raison et sans preuve, qu'il fallait pourtant faire profession de croire, à peine d'athéisme ou d'hérésie.[189]

Le paganisme d'aujourd'hui demande à peu près la même chose. Le judaïsme demande qu'on croie que le retranchement d'une partie du corps est le sceau de Dieu,[190] que Dieu habite un temple,[191] que sa demeure principale est au ciel,[192] que les Hébreux sont son peuple, et qu'il hait toutes les autres nations,[193] qu'il ne faut pas manger de certains animaux,[194] qu'on est impur pour avoir touché un cadavre,[195] etc., toutes choses[196] contre raison et sans preuve, qu'il faut cependant croire à peine d'athéisme ou d'hérésie.[197] Le mahométisme veut aussi qu'on croie la circoncision nécessaire, que l'eau répandue sur le visage et sur les bras efface le péché,[198] que l'ange Gabriel a apporté l'Alcoran, qui est écrit sur une table d'émeraude qui est dans le ciel, que les femmes n'auront point de part dans le vrai paradis, etc., toutes choses contre la raison et sans preuve, qu'il faut tout de même croire, à peine d'athéisme ou d'hérésie.

Le christianisme ne demande pas autrement, ni avec plus de preuves et de raison, qu'on croie que Dieu est fabriqué de trois pièces; qu'il punit le péché d'un seul homme en un nombre infini d'autres; que la nature est corrompue; qu'il a fallu que l'une des trois pièces de la Divinité se soit immolée à l'autre pour satisfaire toutes trois; que cette **[129]** satisfaction ne sera appliquée qu'à un petit nombre choisi par fantaisie, sans qu'il paraisse la moindre marque de cette prétendue satisfaction, pacification, réparation; ni que la mort, les maladies et les erreurs en aillent moins leur train, quoiqu'on les attribue au péché qu'on prétend être expié et à cette corruption de la nature qu'on prétend réparer; qu'on croie que des livres indignes d'un homme médiocre en vertu, en esprit et conscience ont été dictés de Dieu, etc.

La catéchisme romain a rassemblé tous les articles de foi du judaïsme et de toutes les sectes païennes. Il y en a ajouté dont les païens les plus extravagants ne s'étaient point avisés et en une prodigieuse quantité: toutes choses sans preuves, contre la raison et les sens, qu'il faut pourtant faire profession de croire et payer bien cher[199] à peine du feu, de la perte de l'honneur et des biens et de la dissipation de la famille.

Ce qui est encore commun à toutes les religions factices ou qui ne demande[200] pas moins de foi, étant de même contre la raison et sans preuve, c'est le ministériat. Toutes ont des prêtres, des pontifes, des docteurs et des interprètes, c'est-à-dire des hommes qui, libres des soins de la vie, vivent à leur aise des abus qu'ils ont insinués et des extravagances dont tout un peuple est infatué, abus et extravagances dont ils se moquent à la vue d'un peuple endormi, ou pour mieux dire, ensorcelé. Ils traitent ce peuple en esclave, ils aggravent tous les jours son joug, entassent préceptes sur préceptes, cérémonies sur cérémonies, croyance sur croyance, et toujours à leur profit du côté de l'intérêt et de l'orgueil. Un petit coup d'œil, un moment d'attention ferait voir que la religion véritable n'a point de ministres, que le vrai Dieu n'en a que faire, qu'ils sont aux autres hommes ce que les loups sont aux brebis et que c'est eux qui, de la religion naturelle dictée par Dieu même, **[130]** ont fait une religion factice, pleine de fables, d'impertinences et de crimes de nature.[201]

L'orgueil et l'intérêt sont les fondements de tout l'édifice. Otez ces deux articles, que Mrs. les pontifes, prêtres et docteurs soient sans honneurs ni gages, leur religion leur sera aussi indifférente que celle de leurs voisins. Si ces gens-là s'opposent à la moindre bagatelle et soutiennent la moindre vétille où ils ne paraissent point directement intéressés, c'est qu'ils craignent qu'on n'entame la masse d'iniquité. Ils savent bien que la moindre brèche emporte la ruine d'un mauvais édifice.

On joue tous les jours sur le théâtre les gens de justice, les magistrats et toutes les formalités du Palais. Les juges, qui ont l'autorité en main et qui pourraient directement l'empêcher, le souffrent et en rient comme les autres.[202] C'est que, sachant bien que la justice est une vertu réelle, et ses tribunaux d'une nécessité absolue, ils ne craignent point qu'on en découvre le faux et l'inutilité. Ils blâment eux-mêmes hardiment ces abus et ceux qui les commettent. Les gens de guerre ne souffrent point les lâches. Ils sont ravis qu'on les raille: quand un officier a souffert un affront, il faut qu'il quitte le corps. Les ecclésiastiques prennent la protection des plus horribles crimes, ils ne souffrent jamais qu'on les punisse en aucun de leur corps; ils ne veulent pas même qu'on en parle.

On n'oserait pas exposer au public le moindre vice particulier aux prêtres, pas seulement ceux qui sont indifférents au fond de la religion, Que dirait tout le sacré corps du clergé si on représentait la mollesse, la délicatesse des évêques, des abbés et de tous les gros bénéficiers, si on les représentait avec leurs maîtresses, faisant le carême avec des pyramides de gibier,[203] etc? Si on représentait un curé refusant l'absolution à un sergent[204] qui s'accuse de s'être **[131]** fait payer comme étant allé à cheval, quoiqu'il n'eût marché qu'à pied, et le sergent tirant des parties[205] d'enterrements où M. le Curé s'est fait payer sa présence, outre son assistance[206] et son droit, pendant qu'il était à quarante lieues de là, le poète, les comédiens et les spectateurs seraient excommuniés et le Roi n'aurait point de repos qu'il n'eût interdit le théâtre entier pour bien du temps.

Quelle tempête n'exciterait point le redoutable corps des moines si l'on faisait une farce de leurs intrigues pour engloutir les successions, pour s'insinuer chez les riches veuves, pour s'attirer les jeunes filles à leur direction, et de tout ce qui se passe dans ce sacré commerce, si on y mêlait leur brutale ivrognerie, leur gourmandise, si on y régalait le peuple de tout ce qu'ils lâchent sur la religion et sur leur propre institut quand le vin en extorque la vérité.[207] Au fond, ils ont raison: la foi! la foi! Il faut les croire des saints, des personnes hors du siècle, hors du monde, détachés de toutes passions, qui se sont donnés à Dieu, ont renoncé à toutes les créatures. Sans la foi, ils sont perdus.

Il ne faut pas attaquer la moindre petite pratique de ces saintes personnes; il ne faut pas se servir de leurs habits, pas seulement de leurs termes. Il faudrait si peu de chose pour réveiller le peuple; le peuple réveillé pourrait si aisément se porter à quelque réflexion, et la moindre réflexion ferait mettre en pièces tous ces scélérats.

Examinons enfin ce que c'est que cette foi qui fait faire de si belles choses; qui soustrait les sujets à leurs souverains; qui fait des rois de tant d'indignes sujets; de tyrans, de malotrus et d'infâmes; des saints des vicieux les plus abominables; qui arme le fils contre le père, la femme contre le mari, qui arrache le pain aux malades, aux vieillards, aux estropiés et aux enfants pour regorger de viandes de jeunes moines **[132]** fainéants et vigoureux.

Certes, *bella chosa et bene trovata* qui fait à gogo vivre tant de gens, *omni genere*:[208] pardonnez ce trait burlesque, M.R.P.; il est en sa place naturellement. Au fond, ce qu'on appelle *a parte Dei* avoir la foi, n'est autre chose que se laisser mener par le nez, que de faire généralement tout ce qui plaît à certains hommes contre toute raison, pour leurs intérêts et contre les siens propres, que de se dépouiller du bon sens, de la liberté, de ses biens en faveur de certains orgueilleux et fainéants, sans que ces Mrs. soient en la moindre chose dignes de ces déférences et de ces sacrifices. Voilà la définition sincère de la foi, ou bien, si vous voulez, la foi est un aveuglement volontaire ou un acquiescement extorqué par la ruse et par surprise sous le beau prétexte en l'air des ordres de Dieu.

Par la voie qu'on s'y prend, il n'y a qu'à inventer; qu'on pousse jusques où peut aller l'imagination, sans excepter les plus hautes extravagances, on s'en entêtera comme on fait de la religion. L'expérience est aisée à faire: fourrez dans le catéchisme tout ce qu'il vous plaira, vous verrez s'il ne sera pas reçu également de vos enfants et des hommes faits qu'on convertit.

Les Turcs ont fait plus vite et de plus grands progrès que les chrétiens. Les Anglais et les Hollandais en font comme les ministres: s'ils ne sont pas si grands, c'est que leurs ministres ne se donnent pas tant de soins, parce qu'il y a peu à gagner pour eux[209] et qu'ils ne sont point membres d'une communauté qui ne dit jamais « c'est assez ».

Les conversions font couler l'or, les perles et les pierreries à Rome et dans la société. Le Pape, qui a de quoi payer leurs services en mille manières, tirerait par exemple six millions de la Chine [133] catholicisée sans l'honneur[210] et la gloire. D'ailleurs je crois les ministres protestants de meilleure foi, plus humains, moins capables de certains tours de souplesse familiers à nos missionnaires. Les Hollandais sont trop éloignés de la Barbarie et des Espagnols.

En passant, dites-moi, M.R.P: le don des miracles ne serait-il pas aussi nécessaire et essentiel à nos missionnaires dans l'Amérique - surtout le don des langues - qu'il l'a été aux apôtres? Je ne vois point d'excuse, mais une bonne réponse, c'est qu'ils l'ont tous comme les apôtres l'ont eu. Je suis très sûr que ceux qui viendront dans quelques siècles verront une belle *Légende* et de beaux *Actes des apôtres de Rome*. Ce sera eux qui auront fait sortir de la terre les fontaines et les grandes rivières; les morts auront été ressuscités, toutes sortes de maladies guéries; ils auront passé la mer à pied sec,[211] volé par dessus les grands lacs. Ces livres sont peut-être déjà faits, avec les images et estampes. On trouvera le béat entre les bras des anges qui le transportent: tout cela paraîtra dans son temps écrit par ces bienheureux pères, par ces saints personnages; des croix, des lames gravées seront enterrées pour être découvertes au hasard dans la suite.

On y trouvera qu'un vénérable ravi en extase vit Dieu qui lui représentait toute l'Amérique plongée dans l'idolâtrie, avec une boussole dont l'invention sera un miracle et une révélation due à la sainteté du personnage et à la nécessité d'aller réduire tant de nations sous l'empire de J.-C. Il y aura belle carrière. C'est ainsi que la religion et ses suppôts se sont emparés de mille choses et se font honneur de ce où ils n'ont pas plus de part que j'en ai aux conquêtes d'Alexandre. Les cordeliers et les jacobins ne se peignent-ils pas leur fondateur[212] qui arrache des mains de Dieu la foudre dont il allait exterminer tout le genre humain en l'an 1200? Les [134] derniers ne s'attribuent-ils pas toute la gloire de la bataille de Lépante, sur la solide raison qu'elle fut gagnée le jour qu'ils font une certaine procession? La foi voit tout cela distinctement; aucun des confrères du Rosaire n'en doute.[213] La raison crie: «O scélérats! d'honnêtes gens et de braves gens souffrent la faim et la soif, l'ardeur du soleil, les blessures, la mort; ce n'est pas à eux qu'est due la victoire, c'est à ces coquins qui font une mômerie pendant que la broche tourne, que les casseroles fument sur le fourneau et que le vin délicieux les attend à la glace.» Ah, infâmes imposteurs, impudents séducteurs, que je vous laisserais volontiers aux Algériens, Salétins[214] etc. pour voir si, à force de processions, vous vous tireriez des bastonnades.→

Mais voici la définition de la foi que j'ai apprise au catéchisme, c'est un don de Dieu par lequel nous croyons en lui et à tout ce qu'il a révélé à son Eglise.[215]	[Extrait XV] Mais voici la définition de la foi que j'ai apprise au catéchisme: c'est un don de Dieu par lequel nous croyons en lui, et à tout ce qu'il a révélé à son Eglise.[215]

Que restera-t-il de l'anatomie de cette excellente description, de l'analyse de cette juste définition? Une fumée, un pur néant, ce qui arrive à l'ombre, à l'approche de la lumière: il devrait[216] frapper davantage, mais comme ce n'est qu'une pure privation, il s'évanouit; cependant l'ombre paraît quelque chose de réel aux ignorants, aux esprits grossiers, aux gens sans réflexion; ils disent qu'il va, qu'il remue, etc.

C'est un don de Dieu. Qu'entend-on par là? Toutes choses sont un don de Dieu: une rivière est un don de Dieu,[217] par lequel il coule continuellement de l'eau en certain lieu; le soleil est un don de Dieu, par lequel toute une grande partie de l'univers est éclairée. Si c'est ainsi qu'on l'entend, quand la foi serait quelque chose, elle n'a rien de particulier. Il n'y a rien qu'on ne puisse définir un don de Dieu.→

Entend-on un miracle, une action particulière de Dieu, finie et terminée, à un certain particulier, pour et dans un certain temps déterminé, un acte extraordinaire de sa puissance, dont le terme est un nouveau tour de l'esprit de ce particulier? En ce cas, montrez-moi donc quelques marques de cet acte extraordinaire. **[135]** Celui qui l'a véritablement doit le sentir; si c'est quelque chose de réel, il doit s'en apercevoir. Quelque enthousiaste, quelque mystique, quelque fanatique dira bien qu'il le sent.[218]

Que restera-t-il de l'anatomie de cette excellente description, de l'analyse de cette juste définition? Une fumée, un pur néant, ce qui arrive à l'ombre à l'approche de la lumière. Elle devrait frapper davantage, mais comme ce n'est qu'une pure privation, elle s'évanouit. Cependant l'ombre paraît quelque chose de réel aux ignorants, aux esprits grossiers, aux gens sans réflexion; ils disent qu'elle va et qu'elle remue.

C'est un don de Dieu: qu'est-ce qu'on entend par là? Toutes choses sont un don de Dieu; une rivière est un don de Dieu, par lequel il coule continuellement de l'eau en certain lieu; le soleil est un don de Dieu, par lequel toute une grande partie de l'univers est éclairée. Si c'est ainsi qu'on l'entend, quand la foi serait quelque chose, elle n'a rien de particulier. Il n'y a rien qu'on ne puisse définir un don de Dieu.

Entend-on par là un miracle, une action particulière de Dieu, finie et terminée, faite sur un particulier, pour un tel but et dans un certain temps déterminé? un acte extraordinaire de sa puissance dont le terme est un nouveau tour dans l'esprit de ce particulier? En ce cas, montrez-moi donc quelque marque de cet acte extraordinaire dans ce particulier: celui qui l'a véritablement doit le sentir. Si c'est quelque chose de réel, il doit s'en apercevoir. Quelque enthousiaste, quelque mystique, quelque fanatique dira bien quelque chose, mais cela sera-t-il solide? [Fin de l'extrait XV]

Mais: 1° il y en a dans toutes les religions; par conséquent, nul fond à faire sur leur disposition. Tous disent la vérité, ou tous extravaguent; au moins a-t-on la même raison de le croire.

2° Tous les sectateurs de religions différentes sont également pris, retenus[219] et opiniâtres, et il faut avouer qu'ils ont tous ce don de Dieu, ou que personne ne l'a. Si le don de Dieu n'était que d'un côté, il ferait un plus fort effet que toute autre espèce de persuasion.

3° On peut dire la même chose généralement de toutes les persuasions. On n'est persuadé de la religion que comme de la puissance de l'Empire romain, que comme un paysan l'est de la science d'un charlatan qui lui excroque[220] quelques sols en lui vantant l'efficace de ses drogues et lui promettant qu'il le guérira de la goutte. Trouvez-moi une centaine d'atomes de différence entre cette persuasion et celle que forme le curé, l'iman, le rabbin, le talapoin sur le fait de la religion dans l'esprit du même paysan. S'il y en a, c'est par hasard. Il est peut-être plus persuadé du pouvoir du charlatan que d'aucun article de son catéchisme. La probabilité agit de même dans les discours du charlatan et du prédicateur; les villageois donnent dans l'un comme dans l'autre.

Que la même personne soit convertie par un missionnaire ou dupée par un filou ou par un charlatan, elle a senti la même chose sans aucune différence. Il s'en est rapporté à l'apparence de la bonne foi, à l'apparence de raison, à la mine, au geste, au ton de voix, à une certaine autorité que donne l'effronterie, enfin aux talents de l'un et de l'autre. Constantin ne sentit pas autre chose quand on l'engagea à se faire chrétien [136] que quand sa femme l'engagea de faire périr son fils.[221] Nous ne croyons pas à la religion parce que c'est la vérité, ce n'est que parce qu'on nous a dit d'une certaine façon que c'est la vérité. On nous l'a dit avec autorité, sans nous donner le temps de l'examiner et dans un temps où nous étions incapables de le faire.

Il est sûr que nous avons cru avant de voir si ce qu'on nous proposait était vrai ou faux. La vérité n'a donc nulle part à notre croyance. Aussi d'autres croient-ils le contraire; tout de même nous le croirions également si nous avions été en leur place. On dit que c'est la vérité que ce qu'on croit, sans pouvoir dire qu'on croit parce que c'est la vérité.

Oh! la Providence place les élus dans l'endroit où elle voit qu'ils seront instruits suivant ses volontés. Je pourrais, pour toute réponse, alléguer l'impossibilité de ces élections par rapport à la justice de Dieu. Je veux passer plus loin et apporter une démonstration sur le fait même, pour rembarrer toutes ces vaines échappatoires.

Il n'y a qu'à y faire l'application du principe que le hasard n'est pas uniforme et de tous les raisonnements que je ferai dans le IIIème cahier à l'égard de la prescience à l'article des prophéties, dont voici un échantillon d'avance. Donnez-moi cent mille nègres de vingt ans, arrangés sur une ligne. Je ferai le premier catholique romain, le second calviniste, le troisième luthérien, le quatrième turc, le cinquième païen, le sixième socinien, et ainsi jusqu'au bout,[222] ou bien, si vous voulez, j'en ferai dix païens, puis trois turcs, puis dix sociniens, ensuite quatre protestants, et ainsi de toutes les mômeries qu'il vous plaira imaginer. Je ne puis lire dans la prétendue prédestination; donc j'agis par hasard, mais j'agis à coup sûr [137] et uniformément, donc je n'agis point par hasard, donc il n'y a point de telle prédestination, donc il n'y a ni élection ni élus. Ajoutez que si Dieu fait naître des élus dans les lieux où ils seront instruits de sa religion, il fait naître les réprouvés dans des lieux où ils seront instruits de fausses doctrines. Or à quoi est-ce que je reconnais que c'est comme élu que je suis né en France où l'on donne un catéchisme chrétien, et non comme réprouvé? Tous les hommes doivent être dans une perpétuelle incertitude sur l'orthodoxie et l'hétérodoxie de leur pays, sans aucune espérance d'en sortir. Voilà encore, M.R.P., un de ces petits traits qui frappent à mort. Nous sommes, vous et moi, dans cette situation et nous abandonnons le bon sens pour donner dans l'élection et la prédestination. Il n'y a pas le mot à répliquer. Au fond la foi est impossible, telle qu'on la suppose à l'égard de ce qu'on appelle mystère. Il faut entendre pour croire, et on ne peut pas dire qu'on croie ce qu'on n'entend pas.

Un paysan croira bientôt qu'un carré fait sur le plus grand côté d'un triangle d'équerre par un de ses coins est égal aux deux carrés faits sur les deux autres côtés, quoiqu'il n'en conçoive ni la raison, ni la démonstration, parce qu'il entend chaque partie de la proposition. Il sait ce que c'est qu'un carré, qu'un coin d'équerre, qu'un triangle et ce que c'est qu'égalité; mais dites-lui en latin la même proposition, on ne pourra plus dire qu'il la croit; on peut tout au plus dire qu'il croit que celui qui parle dit la vérité. Ainsi il est superflu de lui faire aucune explication. Il doit donc suffire à Messieurs les apôtres de dire: nous sommes gens qui ne mentons jamais; il n'en faut pas davantage. Tout le reste est comme s'ils **[138]** prêchaient en chinois à Paris et en français à Pékin ou, si l'on veut, comme s'ils prononçaient une suite de paroles forgées à leurs fantaisies ou, pour mieux dire, comme s'ils se taisaient.

Enfin, le néant n'est point un don de Dieu et la foi est un néant. Si ce n'est pas un néant, c'est une substance ou un accident. Si c'est une substance, c'est donc une de ces entitatules[223] des péripatéticiens ajoutées à l'âme comme la forme substantielle à la matière,[224] et, par conséquent, une chimère. De même si c'est un accident absolu, comme les qualités de ces mêmes philosophes.

Reste donc à dire que c'est une modification de l'âme, que Dieu tourne l'âme de manière à croire certaines choses. Cette supposition est facile à détruire: 1° s'il en était ainsi, cette action de Dieu sur l'âme suffirait sans apôtres ni missionnaires ni aucuns prêtres. On ne voit personne croire de cette manière, donc c'est la seule suggestion qui fait effet, comme dans les autres affaires du monde, dans lesquelles Dieu n'agit pas plus extraordinairement que lorsque le feu échauffe ceux qui s'en approchent; 2° l'âme ne croit jamais rien que par certaines raisons, bonnes ou mauvaises, sans quoi les livres ni les prédicateurs ne font aucun progrès. Insistez que Dieu agit avec les prédicateurs et ces livres en donnant le don de les croire. N'est-ce pas se moquer, M.R.P.? Dieu fait-il par deux ce qu'il peut faire par un? Le seul don de la foi suffirait au moins pour les sourds,[225] et aucun sourd n'eut jamais la foi, si on compte sur ce don. **[139]** Pourquoi donc tant de raisonnements à perte de vue, tant de mouvements, tant de crimes et d'intrigues? 3° enfin, tous peuvent également se vanter de ce miracle en leur faveur. Quelle marque spéciale le jésuite a-t-il plus[226] que le rabbin, le dervis et le talapoin que Dieu agit avec lui? quelle marque celui qui se fait catholique romain a-t-il que Dieu agit pour lui et en lui, plus que celui qui se fait juif, turc, païen? Cela est si sûr qu'on a la même opinion de la foi des sectateurs de toutes les religions que de la sienne propre: on fait jurer le Turc sur l'Alcoran, comme on jure sur l'Evangile; le Turc fait jurer le chrétien sur l'Evangile.

Venons au second membre de la définition par lequel nous croyons en lui. Il ne faut rien de particulier pour croire en Dieu: le présent universel fait à tous les hommes, la raison, est plus que suffisante pour cela. Incontinent qu'on[227] saura qu'une chose vient de Dieu, on y croira malgré qu'on en ait. Il n'y aura là ni miracle, ni mérite, non plus qu'à croire qu'il est jour à midi.

C'est un terme fort mal placé que le mot de croire, en cet endroit. On ne croit pas Dieu, on le sait; on ne croit pas à Dieu, ni en Dieu;[228] on sait que ce qui vient de Dieu est sa pure vérité; il ne s'agit que d'en tirer de justes conséquences. On n'a pas besoin d'instruction pour cette science, c'est une vue à laquelle on parvient sans secours étranger, par la seule attention, au plus par la moindre méditation.

S'il fallait un don de Dieu, une action particulière du Créateur dans les hommes sur le fait de la religion, ce serait un don[229] de connaître que telle chose vient de sa part, et non un don de **[140]** croire ce qui vient de sa part. Quand un général envoie un ordre à un officier, ce n'est point un ordre d'obéissance, qui n'est point douteuse; il ne s'agit que de faire savoir sa volonté; c'est pourquoi le général signe cet ordre ou l'envoie par un aide de camp connu.

Ce qu'on exige n'est donc pas de croire ce que Dieu a dit, mais de croire que Dieu a dit telle chose. Or cela ne se peut croire que par une foi humaine, par conséquent[230] douteuse et incertaine, qu'on doit examiner et qu'on peut même refuser d'entendre.

Le troisième membre, «et en ce qu'il a révélé à son Eglise», est de même nature. On n'a besoin d'aucun don extraordinaire pour croire ce que dira l'Eglise de Dieu. C'est pour croire que Dieu a des ministres, des vicaires et des interprètes qu'il en faudrait; c'est pour croire qu'un certain nombre d'hommes qui n'ont rien de particulier que l'impudence, l'orgueil et l'avarice, sont l'Eglise de Dieu; c'est pour reconnaître que des livres remplis de fables, de folies, de puérilités, de contradictions, de choses pernicieuses et abominables, sont des révélations divines.

Cette définition, dans son total, est donc fausse, d'une fausseté de fait. Elle devrait être: c'est un don de Dieu par lequel nous croyons qu'il a fait une révélation par écrit et que certains hommes composent son Eglise, qui en est la dépositaire et l'interprète. Elle serait alors juste dans le sens des suppôts de la religion, mais d'une même justesse que celle de la chimère ou du néant. Ce don est aussi réel que nous l'avons vu dans la discussion du premier membre de la fausse définition.

J'ai vu quelque part d'autres définitions[231] de la foi: c'est un consentement inévident, donc incertain et sujet à l'erreur; c'est une persuasion fondée sur le témoignage de personnes **[141]** sincères et éclairées; et sur quoi fondé prendre ces personnes pour sincères et éclairées? l'intérêt qu'ils ont exclut toute espérance de sincérité; et par où juger de leurs lumières? la plupart des ministres des religions factices sont des personnages grossiers et ignorants, brutaux et imbéciles; s'il y en a d'habiles, s'il y a des gens de science et d'érudition, cela est commun à toutes les religions factices, qui sont les antipodes les unes des autres; outre cela,[232] la ruse et les violences dont on use marquent assez[233] qu'on n'a pas de bonnes raisons.

Ce qu'on dit, que Dieu a voulu que la foi fût un mérite, et qu'il n'y en aurait point si les choses étaient connues manifestement, est aussi bien fondé: 1° je vous nie que Dieu veuille faire un mérite d'une impertinence, et je soutiens que c'est une impertinence d'agir sans raison, de croire sans aucun sujet ce qui est incroyable, de recevoir des impossibilités sans un témoignage manifestement infaillible. Le mérite n'est pas à croire, mais à agir suivant sa croyance, comme le mérite d'un soldat n'est point d'avoir une épée, mais de s'en servir.

Dieu nous a donné la connaissance de notre devoir, comme le prince donne l'épée au soldat. Cette épée ne fait rien à la gloire du soldat, c'est l'usage qu'il en fait; et tout au contraire, dans les religions factices, on met tout le mérite en la croyance et en la foi, qui est mettre tout le mérite du soldat dans son épée.

2° Il n'y aura plus de mérite quand la foi sera un don de Dieu,[234] quand les choses seront connues et crues par les voies ordinaires, par les sens et par la raison, puisque ce sont tout de même des dons de Dieu. Le don de la foi ne sera qu'une **[142]** autre espèce de don, ce qui ne fait rien pour le mérite: le mérite d'un soldat est de tuer les ennemis de son prince; que ce soit avec une épée, une pique ou un mousquet dont ce prince l'ait armé, cela n'influe point dans ce mérite. Il ne peut [y] avoir de mérite que dans ce qui est libre et qui nous appartient; je n'aurai pas plus de mérite en croyant par ce don qu'en voyant par mes yeux. On peut s'en tenir à cet argument.

On croit aux religions comme aux autres choses du monde, ou par un don de Dieu. Si c'est par les voies ordinaires, cette croyance est sujette aux mêmes inconvénients, à l'erreur et aux malheurs qu'elle attire; si c'est un don de Dieu, il n'y a nul mérite, pas plus qu'à sentir de la douleur ou du plaisir dans certaines circonstances.

3° Il faudra donc croire généralement tout, et être de toutes les religions. Elles demandent toutes la foi avec les mêmes raisons de la demander. Si l'une se vante d'en avoir plus, ou une meilleure, c'est une discussion inépuisable; quand même en se rompant la tête pendant toute sa vie on parviendrait à trouver plus d'apparence à l'une qu'à l'autre, cela ne conclurait rien, puisque toutes ces apparences ne font pas un fondement solide et que le contraire est démontré. D'ailleurs ce n'est pas une preuve qu'une chose soit bonne de ce qu'elle est moins mauvaise qu'une autre: un coup de poing n'est pas bon, quoiqu'il soit moins mauvais qu'un coup de pistolet. On peut dire en quelque façon qu'un homme fait est plus en état de lever un poids de mille livres qu'un enfant; il n'est pas moins faux qu'il le puisse lever. On peut, en ce sens, trouver une religion factice mieux fondée qu'une autre: il n'en sera pas moins vrai qu'elle ne l'est point du tout.

[143] En voilà sans doute assez pour l'anéantissement du mot de foi, amas d'impossibilités, d'inutilités, de contradictions et d'absurdités; pour réduire en fumée sa définition et toutes les imaginations qu'on en peut former. Je n'en demeure cependant pas là. Voici, M.R.P., encore quelques réflexions qui pourront augmenter la lumière et dissiper plus parfaitement cet ombre.[235]

La foi des personnes engagées dans une religion factice, quand même elle serait divine, est une foi purement humaine, telle que celle par laquelle je crois que Pharamond[236] est le fondateur de la monarchie française. Ce n'est que sur des témoignages humains que ces gens croient leurs livres divins, et leurs ministres et interprètes d'institution divine. Si un sot me dit qu'un sage a dit telle chose, c'est sur la foi du sot que je crois. Si quelque Romain eût été dire à Brutus que Caton crie publiquement que le parti de César est le plus juste, Brutus, mettant les armes bas, n'aurait pas agi sur la foi de Caton.

[Extrait XVI] 1°. La foi des personnes engagées dans une religion factice, quand même elle serait divine, est une fois purement humaine, telle que celle par laquelle je crois que Pharamond[236] est le fondateur de la monarchie française: ce n'est que sur des témoignages humains que ces gens croient leurs livres divins et leurs ministres et interprètes d'institution divine. Si un sot me dit qu'un sage a dit telle chose, c'est sur la foi du sot que je crois. Si quelque Romain avait été dire à Brutus que Caton dit publiquement que le parti de César est le plus juste, Brutus, en mettant les armes bas, n'aurait pas agi sur la foi de Caton.

2° Répondez à ce dilemme, M.R.P.: il y a raison de croire, ou il n'y en a pas. S'il y en a, on n'a que faire de foi, on n'a que faire de don particulier et extraordinaire. S'il n'y en a pas, toutes les religions sont en pareil droit; elles sont toutes également fondées en l'air sur le fanatisme et l'aveuglement.

3° Si la foi est un don de Dieu, je l'aurai quand il me la donnera. Ce n'est pas ma faute s'il ne me la donne pas. Le Roi ne punit personne pour n'être pas noble. Je ne suis pas plus criminel de ne pas croire que de ne pas voler, c'est à Dieu à me donner des ailes.

Si vous dites qu'il faut demander la foi, comment saurai-je **[144]** quand je l'aurai obtenue? et à quel coin ce don de Dieu est-il marqué?

Il faut demander la foi pour une religion particulière, ou en général pour la bonne. En la demandant pour une religion particulière, je ne sais ce que je fais; c'est peut-être la pire. En la demandant pour la bonne, lorsque je l'aurai pour une certaine en particulier, comment saurai-je que c'est par le don de Dieu, et non pas ma faiblesse qui a succombé sous le poids de l'éducation ou des ruses, des fourberies ou des intrigues? Il faudrait un miracle manifeste qui témoignât que mon consentement est l'effet d'une action particulière de Dieu, et non de celle des hommes, qui imposent par autorité, par science ou par finesse. Jusques à ce miracle, je dois toujours demander la foi, de quelque religion que je sois, n'ayant jamais un légitime sujet de croire que j'ai la véritable. Qu'avons-nous, M.R.P., sur cet article, plus[237] que le juif, le mahométan, le païen, etc.?

2°. Répondez à ce dilemme, mon Révérend Père. Il y a raison de croire ou il n'y en a pas. S'il y en a, on n'a que faire de foi; on n'a que faire de don particulier et extraordinaire. S'il n'y en a pas, toutes les religions sont en pareil droit; elles sont toutes également fondées en l'air par le fanatisme et l'aveuglement.

3°. Si la foi est un don de Dieu, je l'aurai quand il me la donnera. Ce n'est pas ma faute s'il ne me la donne pas. Le roi punit personne pour n'être pas noble. Je ne suis pas plus criminel de ne pas croire, que de ne pas voler en l'air; c'est à Dieu à me donner des ailes.→

Si vous dites qu'il faut demander la foi, comment saurai-je quand je l'aurai obtenue? et à quel coin ce don de Dieu est-il marqué?→

Il faut demander la foi ou pour une religion particulière, ou en général pour la bonne. En le demandant pour une religion particulière, je ne sais ce que je fais, c'est peut-être la pire. En la demandant pour la bonne, et lorsque j'aurai la foi pour une certaine en particulier, comment saurai-je que c'est par le don de Dieu, et non par ma faiblesse qui a succombé sous le poids de l'éducation ou des ruses, des fourberies ou des intrigues? Il faudrait un miracle manifeste, qui témoignât que mon consentement est l'effet d'une action particulière de Dieu et non de celle des hommes, qui m'imposent par autorité, par science ou par finesse. Jusqu'au miracle, je dois toujours demander la foi, de quelque religion que je sois, n'ayant jamais un légitime fondement de croire que j'ai la véritable. Qu'avons-nous, mon Révérend Père, sur cet article plus[237] que le juif, le mahométan et le païen? [Fin de l'extrait XVI]

4° Si la foi est de croire des extravagances, la religion la plus extravagante est la plus belle: il faut plus de foi, elle aura plus de mérite, chacune sera tout à tour la meilleure à mesure qu'elle ajoutera des folies aux premières fantaisies et des brutalités à ces folies.

5° Toutes les impertinences imaginables et les crimes les plus horribles peuvent être des matières de foi. On a autant de droit de dire que les augures, les songes apprennent l'avenir, que de dire que des paroles chantées font gagner des batailles, apportent la fertilité. Certain scélérat en pourpre a eu autant de droit de faire le panégyrique de la sodomie que les prêtres de la Tauride[238] et du

Mexique de mettre **[145]** au rang des honneurs divins qu'ils rendaient à leurs dieux le massacre de leurs citoyens ou des étrangers; que l'on en a pour la cruelle persécution qu'on fait à tant d'honnêtes gens pour la religion; que l'on a pour ces insignes parjures, pour les meurtres contre la foi donnée, pour ces massacres dont on frappe des médailles et dont on érige des trophées. Nos aïeux avaient autant de raisons d'enfermer[239] quelques-uns de leurs enfants dans des statues ardentes où ils étaient en peu de temps étouffés et réduits en cendres, qu'on en a pour faire mourir à petit feu ces misérables victimes de l'orgueil et de l'avarice qu'on enferme dans des cloîtres dès leur enfance et qu'on oblige à se priver de tous les droits de la nature, sans leur en rien laisser que leur cœur à dévorer, si elles n'ont assez de courage pour se précipiter, comme j'en ai vu plus d'un exemple. Les Candiots[240] et les Egyptiens auraient autant de raison pour mettre parmi leurs cérémonies sacrées la prostitution de leurs femmes et leurs filles; et certains peuples des Indes en ont encore autant pour certaines actions encore plus ridicules,[241] que nous en avons pour prostituer nos adorations à l'or, à l'argent, au bois, aux pierres,[242] au pain et au vin. J'ai autant de droit de donner tout ce qui me plaira pour l'expiation de mes péchés qu'on en a pour l'eau du baptême et la circoncision, pour une croix au front avec du charbon.[243] J'ai autant de droit d'avancer qu'il y a de la sainteté en quelque action qu'il me plaira, qu'on en a pour empêcher des malheureux de gagner leur vie en certains jours et de manger ce qu'ils ont, comme on en a de les contraindre de faire certaines offrandes. Il n'y a donc qu'à mettre le grand mot de *foi* en jeu, et exiger tout ce qu'il vous plaira.

6° On a beau faire et beau dire, il n'y a que la vue claire de la vérité qui puisse produire une absolue certitude; il n'y a **[146]** que l'évidence d'un premier principe, ou une démonstration tirée de conséquence en conséquence, sans répugnance du bon sens. Que les suppôts de la religion, toute la prêtraille, les béats, les cagots, les enthousiastes, les illuminés et les mystiques disent tant qu'ils voudront qu'ils croient fermement un tel fait, un tel mystère, ils ne s'entendent pas eux-mêmes. Ils croient fortement, mais non pas fermement, ils ne sont pas inébranlables dans leur croyance, parce qu'ils n'ont pas de certitude, qui[244] est impossible. Ils ne croient pas ce fait, cette baliverne revêtue du nom de mystère comme ils croient que 12 a 1/2, 1/3, 1/4 et que 13 n'a rien de semblable. En veulent-ils une preuve plus incontestable malgré tout ce qu'ils pourront dire en levant les yeux au ciel et prenant un ton radouci?

On a vu et on verra éternellement des gens revenir de la croyance et de ces mystères. On n'en a point vu, et on n'en verra jamais changer de sentiment sur les parties aliquotes de 12 et de 13. Ces cagots se trompent donc, ces entêtés ne s'examinent donc pas; ils ne font pas ce qu'ils disent, quoiqu'ils le croient peut-être; il n'est point absolument sûr qu'ils ne changeront jamais; ils n'en peuvent répondre eux-mêmes; mille et mille gens ont été dans le même sentiment, qui en sont revenus. Il est à croire que Socin, Bemar, Luther, Calvin, Ochin[245] et Bèze étaient très bons papistes à vingt-six ans. Je puis répondre de moi[246] et je ne crois pas que personne m'ait passé sur ce chapitre.

On reviendra à la charge en disant que s'il y avait plus de certitude, il n'y aurait point de foi et point de mérite. Le bon sens reviendra aussi et dira que cette foi et ce mérite sont impossibles; qu'on ne croit que suivant la raison de croire, que la prévention, l'autorité et l'exemple en sont de mauvaises; que de telles raisons ne peuvent donner de certitude, mais **[147]** seulement causer un étourdissement, tout au plus un acquiescement. Ainsi, des peuples tout entiers croient descendre des dieux; ainsi plusieurs villes croient avoir une chose unique, ainsi a-t-on cru les formes substantielles, la terreur du vide, etc.

Dites encore que ces gens qui ont changé n'étaient point des élus, que la grâce leur a manqué. Je vous demanderai auquel des deux cette grâce a manqué, de celui qui de protestant se fait papiste, ou de celui qui de papiste se fait protestant; de celui qui se fait juif de chrétien, ou qui de chrétien se fait juif; du mahométan qui prend l'Evangile, ou du chrétien qui prend l'Alcoran? Chacun bénit également Dieu de la grâce qu'il lui a faite; chaque parti dit également que Dieu a abandonné l'apostat, mais cette grâce sera examinée et traitée comme nous examinerons ici la foi dans le cahier suivant.

Remettez encore le don de Dieu sur la scène, tout anéanti qu'il est, je prouve encore que c'est un fantôme. Contentez-vous de dire aux sauvages qu'ils demandent la foi, qu'ils prient jour et nuit, qu'ils se fouettent, qu'ils jeûnent, que plusieurs saints religieux fassent des processions,[247] qu'ils disent des messes à milliers, qu'ils découvrent des reliques, les descendent, les promènent; qu'on baptise même ces sauvages, qu'on les confirme, que les juifs et les mahométans les circoncisent, que les uns fassent des pèlerinages à La Mecque, les autres à Jérusalem, que les païens fassent des hécatombes, des tauroboliums, etc.; jamais les sauvages ne sauront un article du catéchisme d'aucune religion. Moi qui m'en moque et qui sais comme il s'y faut prendre, je leur en apprendrai et leur en ferai croire plusieurs.

On ne peut nier tout cela que des lèvres. Ceux qui le nient **[148]** ainsi se démentiront sur le champ: il n'y a qu'à enlever leurs enfants pour les donner à des docteurs d'une autre religion, on verra le fond qu'ils font sur le don de Dieu.

7° Pour que je fusse obligé de croire quelque religion factice, en la supposant même véritable, il faudrait qu'il y eût une obligation de croire telles vérités, que je visse cette obligation naturellement par la raison, comme je vois que le néant ne peut rien produire; ou que je la sentisse par instinct, comme je sens que je me délasserais en m'asseyant; ou par conscience,[248] comme je crois qu'il faut traiter les autres comme on veut être traité. Aucun homme ne voit, ne connaît, ni ne sent rien de semblable.

Oh bien! jetez du paradis en enfer saint Augustin et un grand nombre d'évêques qui ont nié les antipodes[249] et damnez la plupart des hommes pour croire la terre plus grande que le soleil et la lune que les étoiles fixes. Damnez même tout le monde entier, car il n'y a pas un seul homme qui croie toutes les vérités, pas même toutes celles qui lui ont été proposées. Il n'y en a pas un qui ne meure hérétique de cette manière, et dans l'impénitence finale.

On n'est donc obligé au plus qu'à croire certaines vérités. Eh! lesquelles? Ce ne peut être que celles qui paraissent croyables. Ainsi j'en suis quitte lorsqu'on me propose une chose qui ne me paraît pas digne de croyance; je suis sans obligation de subir le joug d'aucune religion factice que ce soit. Toutes me paraissent sans fondement, quand même il serait vrai que quelqu'une en aurait, tout ainsi qu'on n'est point obligé d'entendre un son. Ce son est à notre portée, ou il n'y est pas. S'il y est, nous l'entendons; s'il n'y est pas, il est impossible que nous l'entendions, quelque commandement qu'on nous en fasse **[149]** et quelque envie que nous en ayons. Nous sommes donc sur le fait de la religion comme des gens qui feraient profession de croire qu'ils entendent des coups de tonnerre pendant tout l'hiver ou à Paris les coups de canon qu'on tire à la Chine. Comme cette réflexion est décisive toute seule, permettez, M.R.P., que je la tourne encore d'une autre manière.

On n'est point obligé de croire aucunes vérités, ou l'on est obligé de les croire toutes, ou l'on est seulement obligé d'en croire quelques-unes.

Si l'on n'est point obligé d'en croire aucune, chacun est libre et serait bien fou de se charger du pesant fardeau de quelque religion factice que ce soit. Si on est obligé de les croire toutes, voilà tous les hommes damnés sans en excepter aucun; il n'y en a jamais eu un qui croie toutes les vérités, même les plus constantes.

Si l'on est obligé d'en croire quelques-unes, qui marquera ces quelques-unes? Chacun imprimera le coin à celles qu'il croit, sans attention ni pourquoi il les croit: si c'est par de bonnes raisons ou par de simples préjugés, préventions et éducation. Qui décidera entre tant de prétendants? Il faut de nécessité se borner à ce qui est croyable; donc personne ne peut juger qu'à son égard particulier.

C'est à chaque particulier à sentir la force des raisons et le degré de cette force, comme il sent l'impression que les objets éclairés font sur les yeux, et les corps ébranlés sur les oreilles, et comme il sent les degrés de cette impression, lesquels causent une vue ou une audition plus ou moins forte, plus ou moins sûre ou douteuse. Aucun autre n'en peut juger, c'est-à-dire personne ne peut juger si je vois **[150]** ou si j'entends, ni si c'est clairement ou obscurément. C'est donc à chaque particulier à prononcer et à déclarer définitivement ce qui est croyable, par conséquent les vérités qu'il est obligé de croire, ou plutôt suivant lesquelles il doit agir, savoir celles dont il est convaincu.

C'est donc une des vérités les plus constantes, qu'un mortier à bombes[250] serait plusieurs années à tomber d'une étoile fixe. Cette vérité est-elle croyable à un paysan? S'il la croit, c'est sur l'autorité de ceux de qui il l'apprend; c'est encore à lui à juger de la suffisance[251] de cette autorité. Direz-vous qu'il faut consulter? Je vous demande encore qui. Et voilà un embarras infini dont la décision ne peut jamais être faite que par lui en fait de religion. Les unes renvoient à des hommes, les autres à des livres, les uns à l'Evangile et au Pape, d'autres au Pape seul, d'autres à l'Evangile seule [*sic*], d'autres à l'Alcoran et au Muphti, d'autres aux rabbins, d'autres aux bonzes, aux talapoins, etc. Il faut encore consulter pour savoir qui dit vrai, et qui consulter? Il faudra toujours s'en rapporter à soi-même pour le principe, la source et la racine de la persuasion.

Puisqu'il faut que je juge moi-même du fondement sur lequel je puis appuyer ma persuasion, en portant mon jugement sans passion et sans intérêt, avec toutes les précautions dont je suis capable et de bonne foi, j'en suis quitte devant Dieu si je me trompe. Or, par un tel jugement, je trouve toutes les religions factices fausses, ridicules, la plupart abominables, et toutes injurieuses à Dieu et pernicieuses aux hommes, comme je l'ai déjà dit.

Après avoir consulté tous les docteurs, je vois que ce **[151]** sont des fourbes qui m'apportent tous des raisons dont ils voient le ridicule et dont ils ne se paieraient point sur quelque sujet que ce fût, s'il y allait d'un liard de leur intérêt. Je vois que tous ces personnages qui se donnent pour vénérables sont des tyrans publics et que tous ces marchands de biens spirituels auraient bientôt fermé boutique si on ne les payait qu'en monnaie spirituelle.

Je suis donc en droit et en obligation même de m'en tenir à la religion naturelle que Dieu m'a dictée lui-même, qu'il a gravée dans mon cœur, que je vois clairement comme je vois la lumière à midi, comme j'entends un coup de canon étant dans la batterie,[252] c'est-à-dire sans difficulté, sans recherche et sans ambiguïté.

Les religions factices ne sont pas seulement pernicieuses aux hommes par le pillage qu'elles exercent sur les biens et la liberté, elles sont encore l'anéantissement de la morale et des véritables vertus.

Il faut bien distinguer la vertu en elle-même, le bien moral, d'avec les vertus chrétiennes, les vertus musulmanes, les vertus judaïques, bramines, etc. C'est une fourberie des ministres de toutes les religions de donner ces épithètes aux actions bonnes en elles-mêmes. Il n'y a qu'une conscience et qu'une probité, il n'y a qu'une espèce de vertu qui est toujours la même, et qui ne peut changer. Si la probité, la conscience et la vertu dépendaient de la religion, il y aurait autant d'espèces de probité, de conscience et de vertu qu'il y a de religions, puisqu'elles sont toutes contraires les unes aux autres.

[152] Si l'on se sauve en disant que toutes les religions conviennent sur le point de la probité, de la conscience et de la vertu, comme cela peut être, n'en faites donc point honneur à aucune. Tous les hommes conviennent de l'arithmétique et de la géométrie; une nation ne va pas se vanter d'être plus raisonnable qu'une autre sur cet article. On ne dit pas: l'arithmétique allemande, anglaise, espagnole, italienne; on ne dit pas: la géométrie française, espagnole, moscovite, – j'entends pour le fond, cela se pourrait pour la méthode. Ces sciences sont les mêmes à toutes les nations.

La vertu est tout ce qui est suivant la raison et la conscience.

Les vertus de religion sont tout ce qui est suivant les préceptes particuliers à chacune. Quand j'envoie mon enfant naissant, par le froid ou par le chaud, à deux ou trois lieues, pour qu'on lui verse de l'eau sur la tête, qu'on lui mette du crachat aux yeux et du sel dans la bouche, voilà une vertu chrétienne; quand les Juifs ou les Turcs font circoncire les leurs, c'est une vertu mahométane; quand l'Indienne se précipite dans le bûcher où brûle le cadavre de son mari, c'est une vertu bramine,[253] etc.

Mais quand je tiens ma parole, quelque chose qu'il m'en coûte, quand je m'expose généreusement aux dangers pour conserver la liberté de mon père, de mes frères, de ma famille et de mes citoyens, quand je tire le dernier sol de ma bourse pour payer mes dettes, quand je vis pauvre plutôt que de m'enrichir par des tromperies, par des hâbleries et par des flatteries, etc., voilà de véritables vertus.

C'est donc une malice et une supercherie énorme, ou [153] une folie détestable, de confondre les vertus morales, les véritables vertus, avec les impertinences des religions factices, et de donner à ces véritables vertus des noms dérivés de celui des religions.

[Extrait XVII] C'est donc une malice et une supercherie énorme, ou une folie détestable, de confondre les vertus morales, les véritables vertus, avec les impertinences des religions factices, et de donner à ces véritables vertus des noms dérivés de celui des religions.

Ceci soit dit pour prélude, M.R.P.: ayez la bonté de m'écouter sans passion et sans prévention. J'espère vous prouver bien clairement ce que j'ai proposé, que les religions factices anéantissent entièrement la morale.

J'entends par la morale ce qui regarde les actions libres, en tant qu'elles peuvent être bonnes ou mauvaises, raisonnables ou brutales, justes ou injustes, convenables ou contraires à la société et aux intentions de la nature, c'est-à-dire aux volontés éternelles du créateur.[254] C'est ce en quoi consiste la vertu ou le vice, ce qui fait les hommes bons ou méchants et qui les rend dignes de récompenses ou de châtiments devant Dieu.

Or il est bien évident que plus il y a de lois, plus il est difficile de les observer, et que dans la grande difficulté de les observer[255] toutes, on ne s'attache qu'à quelques-unes, dont le choix tombe naturellement sur les plus aisées ou les plus pressées, je veux dire sur lesquelles on insiste davantage. On donne encore par un secret penchant dans celles qui ont quelque éclat extérieur, et voilà d'où vient que tant de méchants jeûnent, disent des offices, allument des cierges, bâtissent des chapelles, dorent des images, etc.

Ou bien ce choix tombe sur quelques-unes de ces lois où il y a une facilité réelle parmi quelques difficultés apparentes et spécieuses, comme de garder la virginité, quoiqu'il soit mille fois plus difficile d'être bon père ou bon mari que de n'être ni l'un ni l'autre, de se retirer dans un désert ou dans un couvent, quoiqu'il soit mille fois plus difficile d'être honnête **[154]** homme parmi les difficultés de la vie commune que d'être bon moine ou bon ermite, et par conséquent qu'il y ait mille fois plus de vertus.

Cependant on fait de la virginité et de la monacalité[257] le comble de la vertu et de la perfection à cause de quelques plaisirs dont on se prive, qui ne sont qu'une bagatelle en comparaison des embarras qu'on évite. Si c'en était le lieu, je ne me mettrais guère en dépense pour prouver que ces vertus de religions factices sont de véritables vices

Ceci soit dit pour prélude, mon Révérend Père. Ayez la bonté de m'écouter sans passion et sans prévention; j'espère vous prouver bien clairement ce que j'ai posé, que les religions factices anéantissent entièrement la morale.

J'entends par la morale ce qui regarde les actions libres, en tant qu'elles peuvent être bonnes ou mauvaises, raisonnables ou brutales, justes ou injustes, convenables ou contraires à la santé et aux intentions de la nature, c'est à dire aux volontés éternelles du créateur.[254] C'est ce en quoi consiste la vertu et le vice, ce qui fait les hommes bons ou méchants, et qui les rend dignes de récompense ou de châtiment devant Dieu.

Or il est bien évident que plus il y a de lois, plus il est difficile de les observer toutes. On ne s'attache qu'à quelques-unes, dont le choix tombe naturellement sur celles qui sont les plus aisées ou les plus pressées, je veux dire sur celles sur lesquelles on insiste[256] davantage. On donne encore par un secret penchant dans celles qui ont quelque éclat extérieur. Et voilà d'où vient que tant de méchants jeûnent, disent des offices, allument des cierges, bâtissent des chapelles, décorent des images.

Ou bien ce choix tombe sur quelques-unes de ces lois où il y a une facilité réelle parmi quelques difficultés apparentes et spécieuses, comme de garder la virginité, quoiqu'il soit mille fois plus difficile d'être bon père et bon mari que de n'être ni l'un ni l'autre; de se retirer dans un désert ou dans un couvent, quoiqu'il soit mille fois plus difficile d'être honnête homme que d'être bon moine ou bon ermite, et par conséquent qu'il y ait mille fois plus de vertu.

Cependant on fait de la virginité et du monalisme[257] le comble de la vertu et de la perfection, à cause de quelques plaisirs dont on se prive et qui ne sont qu'une bagatelle en comparaison des embarras qu'on évite. Si c'en était ici le lieu, je ne me mettrais guère en dépense pour prouver que ces vertus de religions factices sont de

suivant la raison, et même suivant l'Evangile.

C'est bien encore pis quand ces espèces de vertus imaginaires sont incessamment rebattues et prêchées, qu'on ne voit célébrer l'apothéose que de ceux à qui on les attribue, à moins que ce ne soit pour payer quelque grand service rendu, ou tenté, pour le décernateur d'apothéose, N.S.P.L.P. C'est bien encore pis lorsque la transgression de ces lois fanatiques est bien plus blâmée que celle des lois naturelles, et qu'elle est même impunie.

De là vient qu'on voit très peu de paysans qui manquent la messe, le prêche, la prière musulmane, etc., quoiqu'ils aient mille fatigues à essuyer par le mauvais temps dans l'éloignement[258] de leur demeure au temple. On voit très peu de papistes manger des œufs au carême, très peu de Turcs boire du vin, très peu de Juifs manger du porc, très peu de bramins tuer des animaux pour se nourrir: presque tous n'en sont pas moins fripons, trompeurs, négligents en leur besogne pour laquelle on les paie, ils maltraitent leurs femmes, etc.

De là vient qu'on ne voit point de juge chrétien qui manque à faire baptiser ses enfants, point de Juif qui manque à les faire circoncire, on ne voit guère de catholiques romains qui manquent la messe et manquent à faire leurs pâques, etc.; **[155]** presque tous sont dans l'habitude de se rendre aux présents, aux sollicitations; de faire languir de pauvres plaideurs pendant qu'ils dorment ou se divertissent, de négliger l'étude qui leur est nécessaire, de n'examiner pas les choses suffisamment etc., sans compter les injustices criantes.

De là vient qu'on voit beaucoup d'officiers et de soldats dévots qui ne manquent point la messe, qui ont leurs heures et leurs chapelets dans leurs poches, qu'ils disent fort régulièrement; qui, blessés, demandent plutôt le confesseur que le chirurgien, etc.

Cependant ceux qui ne pillent pas le Roi, leurs hôtes et le soldat sont bien rares. Aucun ne remplit son devoir comme il entend la messe. On souffre la friponnerie d'un munitionnaire[259] qui fait présent de quelques bouteilles de vin de Champagne.

véritables vices, suivant la raison et même suivant l'Evangile.→

C'est bien encore pis quand ces espèces de vertus imaginaires sont incessament rebattues et prêchées; qu'on ne voit célébrer l'apothéose que de ceux à qui on les attribue, à moins que ce ne soit pour payer quelque grand service rendu ou senti pour le décimateur de l'apothéose, Notre Saint Père le Pape. C'est bien encore pis lorsque les transgresseurs de ces lois fanatiques sont bien plus blâmés que ceux des lois naturelles.

De la vient qu'on voit très peu de paysans qui manquent la messe, le prêche, la prière musulmane, quoiqu'ils aient mille fatigues à essuyer par le mauvais temps, dans l'éloignement[258] de leurs demeures des temples. On voit très peu de papistes manger des oeufs en carême, très peu de Turcs boire du vin, très peu de Juifs manger du porc, très peu de bramines tuer des animaux pour se nourrir: presque tous n'en sont pas moins fripons, trompeurs, négligents en leur besogne pour laquelle on les paie; et ils maltraitent tous leurs femmes.

De là vient qu'on ne voit point de juge chrétien qui manque à faire baptiser ses enfants. On n'en voit point de juifs qui manquent à les faire circoncire; on ne voit guère de catholiques romains qui manquent la messe et à faire leur Pâque; et presque tous sont dans l'habitude de se rendre aux présents, aux sollicitations; de faire languir de pauvres plaideurs pendant qu'ils dorment ou qu'ils se divertissent; de négliger l'étude qui leur est nécessaire; de n'examiner pas les choses suffisamment; sans compter les injustices criantes.

De là vient qu'on voit beaucoup d'officiers et de soldats qui ne manquent point la messe, qui ont leurs heures et leurs chapelets en poche qu'ils disent fort régulièrement; qui, blessés, demandent plutôt le confesseur que le chirurgien.→

Cependant, ceux qui ne pillent pas le roi, leur hôte et le soldat sont bien rares: aucun ne remplit son devoir comme il dit ses heures. On souffre la friponnerie d'un munitionnaire[259] qui fait présent de quelques bouteilles de vin de Champagne. Le

Le capitaine avance le soldat qui lui sert de laquais; le colonel, l'officier subalterne qui lui fait la cour la plus assidue; l'officier général, le capitaine qui joue bien au trictrac, qui sait détourner la balle, etc.

C'est pour cette raison que la dévotion est si justement et si fortement décriée. On la peut définir l'attache aux préceptes particuliers de sa religion. Les gens qui s'en piquent se font un plan de certaines pratiques: pourvu qu'ils les exécutent, ils se croient saints et regardent déjà leur figure comme peinte, dorée et brillante sur les autels, ils regardent leurs os comme exposés aux adorations du peuple. Les lois naturelles, la conscience et la probité sont comptées pour rien. La candeur, la bonne foi, la droiture ne font pas la moindre figure dans leur esprit.

[156] Ces gens ne voient dans les légendes, n'entendent dans les sermons attribuer la sainteté qu'à ces sortes de fadaises, qu'à des jeûnes, des disciplines, des retraites au désert et au cloître, des lectures, des chants, du célibat, etc. On ne prêche que ce que la religion a de propre; si on parle quelquefois de la morale, ce n'est qu'en passant, on n'appuie guère là-dessus. La plupart du temps ce n'est que quelque fade raillerie ou quelque mauvaise satire des modes et des manières courantes, jamais contre les fourberies et les exactions des ministres de la religion; jamais le texte n'est: *Gratis accepistis, gratis date.*[260]

Sans scrupule ces dévots sont avares, fourbes, traitres, durs, lâches, insensibles, orgueilleux, méprisants, superbes, vains, mauvais payeurs,[261] effrontés emprunteurs, prenant leurs aises aux dépens d'autrui, sans pitié, sans miséricorde, sans quartier. Ils font payer le jour du terme, et d'avance, le plus qu'ils peuvent;→

capitaine avance le soldat qui lui sert de laquais, le colonel l'officier subalterne qui lui fait la cour la plus assidue, l'officier général le capitaine qui joue bien au trictrac, qui sait détourner la balle.

C'est pour cette raison que la dévotion esr si justement et si fortement décriée. On la peut définir l'attache aux préceptes particuliers de la religion. Les gens qui s'en piquent se font un plan de certaines pratiques: pourvu qu'ils les exécutent, ils se croient saints et regardent déjà leur figure comme peinte, dorée et brillante sur les autels; ils regardent leurs os comme exposés aux adorations du peuple: les lois naturelles, la conscience et la probité sont comptées pour rien; la candeur, la bonne foi, la droiture ne font pas la moindre figure dans leurs esprits;→

ces gens ne voient dans les légendes, ils n'entendent dans les sermons attribuer la sainteté qu'à ces sortes de fadaises, qu'à des jeûnes, des disciplines, des retraites au désert ou au cloître, à des lectures et des chants, au célibat. On ne prêche que ce que la religion a de propre; si on parle quelquefois de morale, ce n'est qu'en passant, on n'appuie guère là-dessus. La plupart du temps, ce n'est que quelque fade raillerie ou quelques mauvaises satires des modes et des manières courantes: jamais contre les fourberies et les exactions des ministres dela religion, jamais le texte n'est *gratis accepisti[s], gratis date*[260]

Sans scrupule les dévots sont avares, fourbes, traitres, lâches, durs, insensibles, orgueilleux, méprisants, superbes, vains, mauvais payeurs,[261] effrontés emprunteurs prenant leurs aises aux dépens d'autrui, sans pitié, sans miséricorde, sans quartier; il faut payer le jour du terme ou d'avance, autant qu'ils peuvent. [Fin de l'extrait XVII]

il ne faut pas que la moindre chose leur manque, pas un instant de plus ou de moins. Si vous les interrogez sur les jeûnes, les lectures, les illuminations, l'ornement des images, etc., ils vous répondront d'un ton doux et d'un air composé: Ne faut-il pas faire quelque chose pour notre bon Dieu? Oui, sans doute, misérable cafard! il faut faire quelque chose pour Dieu, mais ce n'est pas des folies: il faut faire quelques sacrifices à son créateur, et on ne prend le parti de lui en faire de quelques soins et de quelque dépense, de quelque pratique gênante, mais inutile, que parce que cela coûte bien **[157]** moins que la résistance aux passions contraires à son devoir.

Aussi le nombre des personnes vertueuses est très petit, celui des dévots est grand; rien n'est plus commun. Les vertus morales sont des vertus, les vertus de religions sont des vices et des folies.

J'ai une fois entendu un sermon sur la paresse. Il y eut deux ou trois mots sur les désordres qu'elle cause dans les juges qui négligent la visite des procès, et les pères de famille qui négligent le soin de leurs affaires, mais tombant aussitôt sur ceux qui perdent la messe, vêpres et le salut, ce fut où se déployèrent tous ces rares talents et où l'on fit tonner l'éloquence et le zèle.

Il est naturel que les trois quarts de l'auditoire conclut que c'est bien un plus grand crime de se contenter de prier Dieu chez soi, sans l'aller[262] chercher bien loin, que de donner gain de cause à celui qui a tort dans une affaire de conséquence et où l'on est préposé et payé pour rendre justice, que de donner à la débauche le temps que l'on doit à ses affaires domestiques et laisser sa famille dans l'indigence et dans l'obligation d'affronter ceux qui lui ont fourni le pain. En effet, les personnes qui ont une grande expérience dans le monde ne se fient jamais à gens qui courent les messes, les indulgences, les saluts et les sermons, qui vont à confesse régulièrement trois ou quatre fois par semaine, qui ont le prie-Dieu avec le tableau de dévotion au chevet de leur lit, le crucifix avec les cierges allumés, qui disent certains offices tous les jours sans y manquer, quelque **[158]** affaire qui leur survienne, etc. Un tel personnage qui aura de la bonne foi, de la parole, de la sincérité, de la bravoure, de la générosité et de la justice est un vrai corbeau blanc.

La vraie morale est donc accablée sous un tas de lois ridicules en quoi consiste chaque religion factice. La conscience a beau parler; le bruit des catéchismes, du sermon, du prêche, des exhortations au confessionnal, des livres antiques empêche de l'entendre.

Quelle différence entre la réprimande d'un véritable confesseur à un homme qui a battu sa femme pour un léger sujet jusqu'à lui faire perdre son fruit, et le fracas qu'il fait à celui qui aura mangé deux œufs en carême,[263] à celui qui aura traité de vol les dîmes, les prix des enterrements et des mariages. Ah! l'Enfer est ouvert; pour ce malheureux, point d'absolution.

Une petite considération se présente encore ici qui ne sera pas tout à fait hors de sa place, puisqu'elle confirme ce que j'ai dit, que les religions factices sont injurieuses à Dieu. Elles rendent Dieu dépendant des hommes, elles le rendent leur redevable; rien n'est plus commun que d'entendre prôner qu'un tel prince conserve ses droits et ses autels, qu'il augmente son empire et qu'il y va de la gloire de Dieu à maintenir ce prince. On ose même mêler tous ces blasphèmes dans les prières qu'on adresse à Dieu directement, l'engageant par son propre intérêt, en sorte qu'il ne reste qu'à dire en propres termes que Dieu est obligé en conscience, à peine d'ingratitude, de donner une longue et heureuse vie à son protecteur.

Après cela, celui qui a bâti des temples, fondé des monastères, qui a contraint des peuples par le fer **[159]** et le feu, les massacres et les désolations, à professer sa religion, se regarde comme l'ange tutélaire de la Divinité, laquelle ne peut se dispenser de foudroyer ses ennemis et tous ceux qui oseront lui résister, quelque droit qu'ils en aient. On ne manque pas de crier miracle à tout ce qui lui arrive d'avantageux: cela ne pouvait manquer, Dieu est trop bon politique. Quand ce prince est vaincu ou battu de tous côtés, mangé de vers tout vivant,[264] les cafards baissent le nez et gardent le silence.

Voilà M.R.P., des vérités réelles, incontestables: quiconque les niera prononcera des paroles qui ne répondront point à sa pensée. Ces vérités seront reçues de tous les esprits, qu'on les propose à des paysans grossiers, à des femmes, à des enfants et des sauvages, aux plus sublimes génies, à des savants, à des philosophes, en quelque temps que ce soit et dans tous les climats. Personne dégagé d'intérêt et de prévention ne les contredira. J'en ai fait l'expérience, M.R.P.; j'ai appris mes principes sous divers prétextes et sous différentes formes à des enfants et à des docteurs.

Dieu a dit cela, donc c'est la vérité! Voilà le raisonnement de tous les suppôts de religions factices. Voici celui des hommes de bon sens et désintéressés: *Cela est faux, donc Dieu ne l'a pas dit.* Il ne s'agit pour chaque parti que de prouver son antécédent.

Soutiendrez-vous bien, M.R.P., que vous prouverez par les livres des Juifs que l'Evangile, l'Alcoran etc. sont dictés par Dieu même, comme je prouverai que **[160]** Dieu n'est point composé de trois pièces, qu'il ne punit personne pour les fautes d'autrui, que c'est une folie de se couper une partie du corps, etc.?

Nierez-vous bien que je prouverai plutôt que Dieu est un, et un simple être, que c'est une injustice de punir Pierre pour le crime de Jacques, que se tronquer est plutôt un vice qu'une vertu, que vous ne me prouverez que Dieu a révélé la Trinité, le péché originel et la sainteté de la circoncision, etc.?

J'entre dans Marseille, j'envoie dire au gouverneur que je suis maréchal de France, qu'il vienne me recevoir et m'apporter les clefs de la ville. Il me répond: Vous n'êtes point maréchal de France, et votre imposture sera punie par les clefs de la prison. Quel sera le succès de ma prétention? Je n'ai pas la moindre marque de ma dignité, ni patentes, ni gardes, ni bâton; on a des marques du contraire. Toutes les religions factices sont fondées dans leurs prétentions comme moi dans la mienne.

Quand je n'aurais que ce rayon de lumière naturelle qui me fait voir que Dieu est infiniment sage, puissant et juste, par conséquent qu'il a vu le plus court moyen pour m'instruire de ses volontés, qu'il a pu le prendre et qu'il l'a effectivement pris, puisqu'autrement il aurait agi contre la justice, je serais aussi fondé en démonstration que les géomètres. Euclide n'a rien prouvé sur des notions plus claires, ni tiré plus conséquemment de ces notions.

Or Dieu ne m'a rien dit que par un bon moyen, que **[161]** ce que ma conscience et ma raison me dictent. Me parler par des livres et par la bouche des hommes serait le plus mauvais des moyens à mon égard et le plus indigne de sa grandeur. Il ne veut donc de moi que ce que cette raison me déclare être de mon devoir et que ce que cette conscience me demande. Dieu ne me fera pas rendre compte d'autre chose. S'il avait voulu m'imposer d'autres obligations, il me l'aurait fait savoir de la même manière, et par une voie aussi sûre et aussi facile.

On ne me tirera pas plus de ce principe, M.R.P., que vous de ceux sur lesquels vous avez fait de si belles découvertes en algèbre et en géométrie.[265] Il serait donc inutile de rien examiner de tout ce que les religions factices proposent comme leur fondement. Je suis bien sûr que vous ne prendriez jamais la peine d'examiner tous les contes qu'on pourrait faire pour vous persuader qu'il y a quelque part un triangle dont un seul côté est plus grand que les deux autres. Cent millions de livres, cent millions de témoignages, d'autorités, de témoins mourant même en votre présence plutôt que de se dédire de ce qu'ils auraient avancé sur l'existence dudit triangle, ne vous émouvraient assurément point, si ce n'est pour déplorer leur folie. Si une inquisition vous obligeait à déclarer que vous croyez ce beau fait, il n'en serait pas moins vrai que vous n'en croiriez rien.

Cependant, comme la prévention et l'éducation font une cruelle impression, il ne faut rien oublier pour l'effacer. C'est une espèce de masse qu'il faut dissoudre et dissiper, c'est un poids si accablant qu'il ne laisse pas la force de s'en décharger **[162]** si l'on n'est puissamment secouru. Voyons donc, M.R.P., ce que c'est que la religion dans laquelle nous sommes nés, en laquelle nous avons été élevés et où nous avons vécu jusques à présent.

[Troisième cahier]
E[xamen de la religion chrétienne?]

[1] On débute par soutenir que la raison et la conscience ne suffisent pas et qu'une révélation était nécessaire. Est-ce que Dieu n'avait pas vu tout ce qu'il fallait, et que, s'étant aperçu par la suite du défaut de lumière des hommes, il y suppléa par cet excellent moyen, comme lorsque le Roi donne une déclaration après un édit? Il saute aux yeux que cette raison est une pure invention, fille de la nécessité où l'on se trouve lorsque l'on veut absolument être porteur d'une révélation.

La raison et la conscience sont parfaitement suffisantes pour la conduite des hommes. Dieu l'a ainsi connu, nous le sentons assez, et il en eût fait davantage s'il eût été nécessaire. Ce serait pour remédier aux maux et aux désordres que cause cette prétendue révélation qu'il en faudrait une seconde en interprétation;[1] celle-là est d'une absolue et évidente nécessité, je ne doute point que quelque jour il ne s'en trouve. Certains R.R.P.P. besaciers[2] en avaient déjà fabriqué une sous le titre d'Evangile Eternel.[3]

On tourne les païens en ridicule sur la pluralité de leurs dieux. Nous en avons trois principaux, sans compter les subalternes. A la vérité, nous disons que nous n'en avons qu'un, mais ce sont des mots en l'air. Il ne tenait [2] qu'aux Grecs de dire que Jupiter, Neptune et Pluton n'étaient qu'un seul dieu en trois personnes, et même avec moins d'absurdité que nous, puisque l'une de ces personnes n'était pas la souche et le principe des autres. Ils n'ont rien dit de ces trois dieux qui les distingue plus que ce que nous disons du Père, du Fils et du St Esprit: l'un a engendré l'autre, l'un a envoyé l'autre, l'un s'est fait homme par l'opération de l'autre, l'un s'immole à l'autre, etc.

A l'égard des dieux inférieurs, ne nommons-nous pas nos anges enfants de Dieu, comme ils nommaient Apollon, Mercure, Pallas et les autres? Ne pouvaient-ils pas dire que les uns étaient des créatures d'une grande excellence et les autres des hommes vertueux comme nos saints? Nous leur bâtissons de même des temples et des autels, nous leur adressons des vœux, nous leur faisons des sacrifices, nous leur attribuons des miracles,[4] peut-être même passons-nous les païens dans toutes ces extravagances. Si nous prétendons qu'il y ait de la différence, ce n'est que par des distinctions et des subtilités. Il est à croire que les prêtres et les savants mythologiens faisaient les mêmes distinctions pour l'explication de toutes ces filiations, de ces adultères et de ces amours. Il était aisé de s'en tirer par allégorie. Saturne est l'éternité; ainsi, dire que les trois grands dieux étaient fils de Saturne, c'était dire qu'ils étaient éternels. Les explicateurs du *Cantique des Cantiques*[5] trouveraient mille belles choses dans le coup de faux, le détrônement et l'emprisonnement de Saturne; cela n'est pas plus difficile à trouver que les profonds [3] mystères qu'ils découvrent dans la chanson d'amour.

Nous reprochons aux païens les vices de leurs dieux: l'ivrognerie, l'impudicité, l'emportement etc. Outre l'explication figurée, cela n'est pas à mettre en parallèle avec ceux dont nous couvrons notre Dieu en le faisant un tyran abominable qui nous impute un crime auquel nous n'avons aucune part, nous précipite par la seule fantaisie dans des tourments horribles et éternels, qui fait des lois auxquelles on n'entend rien quand on les a, et traitera comme transgresseurs de ces lois une multitude de gens qui n'en ont jamais entendu, ni pu entendre parler.

Un grand docteur[6] a bien osé dire que Dieu a voulu mêler la lumière avec les ténèbres pour tendre des pièges aux esprits impurs et pour humilier les fidèles mêmes.

Tous les vices des dieux de la fable sont-ils à comparer avec une malice aussi noire? Peut-on rien imaginer de plus horrible? Un tel Dieu, s'il existait, loin de mériter nos respects, serait digne de notre exécration, dans la rage où nous serions de le voir hors de la portée de nos coups.

Je sais bien que l'on tente de sauver toutes ces horreurs, mais que dit-on? Des galimatias. Il faut venir au fait. Cela est comme St Paul et St Augustin le disent, ou cela est autrement. Si cela est autrement, St Paul et St Augustin et leurs commentateurs sont des extravagants et des furieux dont il faut brûler les écrits par la main du bourreau.

Vous criez au blasphème; j'y crie aussi, M.R.P. La différence qu'il y a, c'est que vous blasphémez Dieu, l'Etre Suprême, votre Créateur, qui vous a si parfaitement instruit de sa justice. **[4]** Je ne blasphème que des hommes qui ne valent peut-être pas grand-chose.

Tous les païens, les juifs, les mahométans sont damnés, et nos enfants même, s'ils ne sont baptisés,[7] et tout cela: Trésors de Sagesse! Qui empêchait les Egyptiens, les Grecs, les Romains, qui empêche tous les païens d'aujourd'hui de faire la même exclamation sur tout ce qu'on leur reproche de plus ridicule et de plus abominable?

Pour les idoles et le culte qu'ils rendaient aux simulacres, ce qui nous les fait appeler idolâtres, il n'y a nulle différence d'eux à nous. Nous attribuons de la vertu à des pièces de sculpture et de peinture; nous en préférons certaines à d'autres; nous comptons qu'il faut les chercher, qu'il faut les toucher, nous leur donnons une sphère d'activité.[8]

Qu'auraient répondu les chrétiens à des païens, s'ils leur avaient dit que leurs dieux s'unissent hypostatiquement[9] à leurs simulacres? Cela n'est pas moins possible que de s'unir au corps humain. Qu'auraient répondu les chrétiens si les Egyptiens, ridicules parmi les païens même, leur avaient soutenu que les rats, les oignons, les crocodiles etc. sont véritablement des dieux cachés sous les espèces et sous les accidents de ces animaux ou de ces légumes?[10] Cela n'est pas plus impossible que d'être caché sous les accidents du pain et du vin.

C'est peut-être trop préluder. Je viens aux preuves de la religion chrétienne prises en général, sans égard aux manies particulières de chaque secte, que toutes les autres condamnent. Toutes ces preuves se réduisent à onze articles suivant la connaissance que j'en ai.[11] Au moins ce sont les plus vantées. **[5]** S'il y en a quelques autres, elles ne me feront pas peur et il ne m'en coûtera guère pour mettre leurs forces au niveau de celles-ci.

1°) Les livres des Juifs appelés l'Ancien Testament, inspirés et dictés par Dieu même: ils contiennent l'histoire de la création du monde, le péché du premier homme, le déluge universel, les prophéties, les promesses d'un restaurateur de la nature corrompue, et d'un libérateur qui doit sauver de la damnation éternelle encourue par tout le genre humain, passé, présent et à venir;

2°) L'Evangile, ou Nouveau Testament, dicté aussi par Dieu même: il contient l'histoire de ce réparateur et libérateur; sa conception miraculeuse, son illustre naissance, sa doctrine incomparable, sa mort, sa résurrection, la révélation de la Trinité, celle de la Résurrection et du Jugement dernier, celle de l'empire de Satan et des tentations, le tout confirmé par un million de miracles;

3°) L'accomplissement des prophéties, contenues dans les livres des Juifs;

4°) La manière surprenante dont le christianisme s'est établi;

5°) Le témoignage des martyrs;

6°) La tradition;

7°) Les pères et les conciles, l'antiquité, le consentement de personnes illustres par les sciences et par les mœurs;

8°) La dispersion des juifs;

9°) Le merveilleux effet du christianisme **[6]**;

10°) Les admirables découvertes des philosophes chrétiens par les lumières de l'Evangile, à la clarté desquelles ils ont trouvé que la corruption de la nature avait besoin d'un réparateur qui lui méritât une grâce sans laquelle la faiblesse de l'homme ne lui permettait[12] pas de se porter au bien, et que l'énormité du péché du premier homme ne pouvait être expiée que par une victime[13] d'un prix infini;

11°) Enfin la sainteté du culte de cette religion.

Section première. Des Livres des Juifs.

Article premier. Si ces livres sont divins.

On en a si bonne opinion qu'on en défend la lecture. Les Russiens les ont entièrement supprimés et les plus judicieux ne les regardent que comme allégoriques, c'est-à-dire comme des fables. Origène a tranché le mot.[14]

Si l'on avait de bonnes raisons et de bonnes preuves à donner pour persuader que ces livres sont divins, on n'en citerait pas de pitoyables, on ne se jetterait pas à droite et à gauche sur tant de pauvretés. Voyez par exemple cette belle raison: *L'Ecriture ne nous dit rien que ce que la conscience nous dicte et que l'idée de l'être parfait confirme.*

Cela est faux: la conscience ne nous dicte point de sacrifier des animaux, encore moins d'égorger nos propres enfants;[15] mais quand cela serait vrai, il résulte de **[7]** cette sentence que ces livres sont inutiles, puisque tout homme est capable de penser, de dire et d'écrire ce qu'ils contiennent, donc ils n'ont aucun caractère de la divinité. Loin que ces livres aient un caractère de divinité, ils en ont de la plus basse humanité. Mais, dit-on, il faut les grâces du St Esprit pour sentir.

Dès qu'on en est réduit là, c'est donner gain de cause à son adversaire: cette grâce du St Esprit n'est autre chose que la prévention frauduleuse et l'artificieuse surprise. Une grande démonstration que ce n'est qu'un galimatias, c'est qu'il n'y a aucun endroit qui ne soit contesté et différemment interprété.

Rassemblez toutes les sectes et tous les sentiments des différents docteurs, vous verrez, M.R.P., que cela est vrai à la lettre. C'est un bel expédient que celui que l'on chante sur tant de tons: *Il ne faut pas s'attacher à la lettre ni à l'écorce, il faut pénétrer le sens caché.* Voilà une invention aussi digne de Dieu que serait celle d'une femme qui donnerait à un enfant de deux ans des pommes de pin, des noix de coco,[16] des châtaignes avec leur robe épineuse, et lui dirait: Mangez, mon fils, mais ne vous arrêtez pas à l'écorce, cherchez le noyau. — Oui, mais je serai mort de faim avant d'avoir fait la moindre ouverture à cette écorce; je mordrai mille endroits qui me casseront les dents et m'empoisonneront la bouche quand je croirai attraper le noyau etc.

Ces livres sont si équivoques qu'un fameux écrivain[17] a dit en deux mots bien clairs, quoique sans trop se commettre, **[8]** qu'il faut savoir la religion avant de la lire. Cela n'a pas besoin de commentaires: on ne peut mieux dire que c'est un pot-pourri où naturellement on n'entend rien, mais où l'on trouve tout, suivant ses préjugés.

On en vante l'antiquité.[18] Les livres d'Hermès[19] en ont davantage, au dire de tous. Les[20] pyramides d'Egypte couvertes d'hiéroglyphes[21] étaient des livres égyptiens, il y en avait devant[22] Jacob même; mais quand ces livres seraient les premiers de tous ceux que nous avons, que cela conclut-il? Ceux qui n'ont aucune connaissance des livres de Moïse sont-ils en droit de croire l'Iliade et l'Odyssée un ouvrage de Dieu même?

Le judaïsme lui-même, quoiqu'il prêche l'unité d'un Dieu, retombe dans le paganisme par tout ce qu'il croit des anges, des sacrifices, des présents d'or et de richesses faits à la divinité, des oracles, des songes, des vœux, des sorts à marché fait avec promesse de récompense,[23] des actions détestables admises par acte de religion, de la localité de Dieu,[24] des augures, des talismans, des prodiges, des deux principes, le bon et le mauvais, du destin, de la fatalité, et par tout ce que les rabbins ont ajouté à leurs livres sacrés.

Enfin, ils en agissent universellement avec leur Dieu comme les païens avec les leurs: ils en parlent aussi tout de même. Les premiers monuments de l'histoire fabuleuse ont, à chaque ligne, des actions et des conversations avec Jupiter, Mars, Mercure, Apollon, Minerve, Cérès, etc. Parmi les hommes, on n'en était pas plus étonné pour voir un dieu.[25] Les livres de Moïse sont semés d'apparitions: la familiarité de Dieu et des anges **[9]** avec les hommes était liée intimement; il ne paraît pas la moindre surprise dans ceux à qui Dieu parlait tête-à-tête.

A la vérité, les chrétiens ont épuré une partie de tout cela; mais ce n'est pas au moyen des livres et de la théologie des Juifs et de l'Evangile, c'est par la philosophie et les autres sciences. Il y a grande apparence que ces livres qu'on donne à Moïse lui sont fort postérieurs et le pur ouvrage des rabbins. Ces gens grossiers, d'un génie porté à la fable et à la superstition, aux récits merveilleux, aux expressions hyperboliques et outrées, enfin réduits au galimatias, langage ordinaire des ignorants glorieux, ont mis par écrit leurs fantaisies et leurs traditions sous un nom qui avait de l'autorité.

Si Moïse en est l'auteur, il fait une rhapsodie de contes qui couraient de son temps, comme on en aurait pu faire de ceux qui couraient au Mexique et au

Pérou quand les Européens y passèrent; on pourrait en faire aussi de semblables dans notre continent, qui seraient tout aussi sensés, aussi véritables et aussi dignes de l'Etre parfait.

Nous voyons que tous les écrivains de toutes les religions ont passé dans leur temps pour des débiteurs de fables et de prodiges, et leurs écrits nous sont garants qu'ils méritaient ce titre; pourquoi distinguerions-nous les écrivains juifs?

Mais sans entrer dans ces discussions ni alléguer qu'on **[10]** ne sait pas d'où ces livres nous viennent, ni comment ils ont été conservés, sans dire que ces livres ont été falsifiés ou supposés, qu'il y en a eu de perdus et qu'on peut soupçonner ceux qui disent les avoir retrouvés d'en être les auteurs; sans remarquer qu'il parait en cent endroits que Moïse n'en peut être l'auteur.

Supposons ces livres, tels que nous les avons, originaux et sans corruption. Que contiennent-ils? Des histoires inutiles et ridicules, de pernicieux exemples, des actions détestables louées et attribuées à des inspirations divines,[26] des contrariétés, des anachronismes, mille et mille absurdités qui mettent les plus habiles commentateurs dans la nécessité de se jeter dans l'allégorie, ou de débiter des impertinences à milliers.

Qui sont les auteurs de ces livres? Des hommes très vicieux, ignorants, grossiers, dont on veut nous donner de grandes idées et dont les juifs eux-mêmes disent tout le mal imaginable: Moïse était un glorieux, un ambitieux; David un avare, un voluptueux, un politique qui mêla dans le service de la religion tout ce qu'il crut utile à sa famille, un hypocrite, qui punit sans grande nécessité ceux qui avaient tué Saül[29] et un de ses fils, pour se faire honneur de ce qui ne lui coûtait rien; puis il livra aux ennemis de ce prince sept autres de ses fils, sous un prétexte ridicule, parce qu'ils l'embarrassaient.[30] C'était enfin un homme sans humanité, sans probité.→

Les propres narrations[32] de ces livres en font voir la vanité, aussi bien que l'histoire des autres nations.

Que peut-on enfin imaginer de plus horrible que le sacrifice de Jephté et d'Abraham,[34] de plus puéril que le conte de Samson,[35] de plus impertinent que le livre de Job,[36] de plus pernicieux et de plus indigne que les actions de Judith, **[11]** de

[Extrait XVIII] Supposons ces livres, tels que nous les avons, originaux et sans corruption; que contiennent-ils? Des histoires inutiles ridicules, de pernicieux exemples, des actions détestables louées et attribuées à des inspirations divines, des contrariétés, des anachronismes, mille et mille absurdités qui mettent les plus habiles et les plus célèbres commentateurs dans la nécessité de se jeter dans les allégories ou de débiter des impertinences à milliers.

Qui sont les auteurs de ces livres? Des hommes très vicieux, ignorants, grossiers, et dont les Juifs mêmes disent tout le mal imaginable. Moïse était un glorieux, un ambitieux,[27] David un avare, un voluptueux,[28] un politique qui mêla dans le service de la religion tout ce qu'il crut utile à sa famille, un hypocrite, un tyran qui punit sans nécessité ceux qui avaient tué Saül[29] et un de ses fils pour se faire honneur de ce qui ne lui coûtait rien. Puis il livra aux ennemis de ce prince sept autres de ses fils sous un prétexte ridicule.[30] La raison véritable, c'est qu'ils pouvaient l'incommoder. Ce sont tous gens sans humanité et sans probité.[31]

Les propres variations de ces livres on font voir la non-vérité, aussi bien que les histoires des autres nations et le train présent du monde.

Que peut-on imaginer de plus horrible que l'action des douze patriarches envers leur frère Joseph?[33] Ils auraient mérité, en bonne justice, d'être roués en place de Grève. Y a-t-il rien de plus extravagant que le sacrifice de Jephté,[34] de plus puéril que le

Jaël et d'Aod;[37] que les brigandages de David,[38] ses massacres et ses vengeances inhumaines?

C'est peu de louer ces horreurs: elles étaient faites par ordre ou par inspiration de Dieu; c'était Dieu qui suscitait ces barbaries, c'était lui qui commandait l'usurpation de la terre de Chanaan et toutes les exécrables actions avec lesquelles on y parvint.[39] Il est bien aisé de justifier tout ce qui fait frémir la nature, s'il ne tient qu'à en charger la divinité, en supposant qu'on agit par ses ordres. Les Grecs pillèrent ainsi la Libye et s'en emparèrent, et aujourd'hui.[40] C'est dans ces livres qu'on trouve des ordres de traverser les mers pour aller mettre en esclavage des peuples entiers;[41] ce n'est pas le tout d'en éviter le blâme, on se canonise, on s'en glorifie, on se porte pour ministre de Dieu et pour exécuteur de ses ordres.

Si le genre humain était réduit en une seule république, la plus sage précaution qu'on pourrait prendre serait d'exterminer jusqu'à la mémoire d'un tel code. Les protestants reprochent aux papistes leurs légendes, les vies et les extravagances de leurs saints, leurs visions, leurs révélations etc., pendant qu'ils font leur plus sainte occupation de feuilleter les livres des Juifs, mille fois pires.

Il est vrai que parmi un tas de lois ridicules et impertinentes, dignes du père éternel des Petites Maisons, il s'en trouve quelques-unes de raisonnables, mais passent-elles la portée d'un esprit médiocre? Il est vrai que parmi tant de faits détestables et d'un pernicieux exemple, il s'en trouve de beaux, et dignes d'être imités, mais passent-ils les actions héroïques des anciens païens? **[12]**

Si Dieu voulait détruire les Amorrhéens et les Philistins,[42] s'il voulait faire mourir Holopherne, Sisara et Eglon,[43] ne le pouvait-il sans autoriser par ses ordres des actions si injustes, sans fournir de si horribles prétextes aux hommes lâches, ambitieux et cruels, et enfin sans qu'il en coûtât au moins l'innocence de ceux qu'il employait?

conte de Samson,[35] de plus impertinent que le livre de Job,[36] de plus pernicieux et de plus indigne que les actions de Judith, de Jahel et d'Aod?[37] que les brigandages de David,[38] ses massacres et ses vengeances inhumaines?

Mais c'est peu de louer toutes ces horreurs, elles étaient faites, ajoute-t-on, par ordre de Dieu. C'était Dieu qui suscitait toutes ces barbaries. C'était lui qui commanda l'usurpation de la terre de Canaan et toutes les exécrables actions avec lesquelles on y parvint.[39] Il est bien aisé de justifier tout ce qui fait frémir la nature, il n'y a qu'à en charger la divinité et supposer que c'est par ses ordres qu'on agit. Les Grecs pillèrent ainsi la Lybie et s'en emparèrent, et aujourd'hui ce sont les Turcs. C'est dans ces livres qu'on trouve des ordres de traverser les mers pour mettre en esclavage des peuples entiers.[41] Ce n'est pas le tout d'en éviter le blâme, on s'en glorifie, on se canonise, on se porte pour ministre de Dieu et exécuteur de ses volontés.

Si le genre humain était réduit à une seule religion, la plus belle loi qu'il pût faire serait d'exterminer jusqu'à la mémoire d'un tel code. Les protestants reprochent aux papistes leurs légendes, les vices et les extravagances de leurs saints, leurs visions, leurs révélations, pendant qu'ils font leur plus sainte occupation de feuilleter les livres des Juifs mille fois plus mauvais.→

Il est vrai que parmi un tas de lois ridicules et extravagantes, dignes du père éternel des petites-maisons, il s'en trouve quelques-unes de raisonnables, mais passent-elles la portée d'un esprit médiocre? Il est vrai que parmi tant de faits détestables et d'un pernicieux exemple, il s'en trouve de beaux, dignes d'être imités: mais passent-elles [*sic*] les actions héroïques des anciens païens?

Si Dieu voulait détruire les Amorrhéens, les Philistins,[42] s'il voulait faire mourir Holopherne et tant d'autres,[43] ne le pouvait-il sans autoriser, par ses ordres, des actions si injustes, sans fournir de si horribles prétextes aux hommes lâches, ambitieux et cruels?→

Quand on remarquerait quelque chose de singulier et d'extraordinaire, pour y soupçonner un caractère de divinité il faudrait que ces endroits continssent des sublimités auxquelles tous les hommes ne pussent atteindre, par exemple de véritables prophéties. Il eût fallu prédire le jour et l'heure du tremblement de terre qui renversa Antioche; le jour et l'heure que telle île disparaitrait, le jour et l'heure qu'il en sortirait une de la mer; le jour de la destruction de Jérusalem, nommer par qui, dire comment, circonstancier tout sans emblème, sans allégorie et sans nulle équivoque.

Alors on aurait vu et pu soutenir que Dieu a eu part à ces livres, mais les fables, les suppositions miraculeuses dont il est semé ne peuvent que le [*sic*] rendre méprisables.[44]→

Les anciennes histoires de toutes les nations sont de même caractère, et si les Américains avaient eu l'art d'écrire, nous y aurions trouvé d'aussi belles et d'aussi solides histoires; le recueil de leurs traditions est à peu près semblable.

Quand on remarquerait quelque chose de singulier et d'extraordinaire, pour y soupçonner quelque chose de divin, il faudrait que ces endroits continssent des sublimités auxquelles tous les hommes ne pourraient atteindre par eux-mêmes; par exemple, et par rapport aux prophéties, il fallait prédire le jour et l'heure du tremblement de terre qui renversa la moitié d'Antioche, le jour et l'heure que telle île disparaîtrait, le jour et l'heure qu'il en sortirait une de la mer; prédire l'an, le mois et le jour que l'Amérique serait découverte, et donner un dictionnaire de la véritable langue de ces peuples avec une carte du pays.→

Alors on aurait vu et on aurait pu soutenir que Dieu a eu part à ces livres. Mais les fables et les suppositions miraculeuses dont ils sont semés ne peuvent que les rendre méprisables.

Les anciennes histoires de toutes les nations sont de même caractère, et si les Américains avaient eu l'art d'écrire, nous y aurions trouvé d'aussi belles et d'aussi solides histoires. [Fin de l'Extrait XVIII]

Il est vrai que Moïse ne connaissait qu'un dieu et qu'il en parle quelquefois d'une manière assez convenable, mais outre qu'il est manifeste qu'il avait été instruit par les Egyptiens, dont les sages ne donnaient[45] pas dans les extravagances populaires, les seules lumières naturelles [13] dans un bon esprit sont capables de cela. Mille philosophes en ont bien mieux parlé et nous ne pouvons refuser la palme à Platon, qui a, dit-on, pénétré jusqu'à notre Trinité;[46] il ne se piquait pourtant pas de révélation ni d'avoir des tête-à-tête avec la divinité, ses disciples ni ses sectateurs ne lui ayant jamais rien attribué de semblable.

Pour entrer en quelque détail, il faudrait, M.R.P., donner ces livres à examiner, puis demander ce que l'on en pense. Se récrierait-on plus sur leur divinité que sur celle du plus fabuleux roman?[47] Non! Mais on commence à prévenir en disant: Voilà des livres divins. Il faut les croire ou brûler.[48] Lisez-les à présent, et voyez si cela n'est pas évident.

Secondement, on reconnait qu'une chose est divine quand elle a ce que n'ont pas les choses qui ne sont pas divines, lorsqu'elle a ce qu'il n'y a qu'une puissance infinie qui puisse fournir; par exemple, un corps vivant, croissant, engendrant est un ouvrage divin: l'effort des hommes, et toute leur industrie ramassée, ne peut rien faire de semblable. En est-il de même de ce livre? Un écolier de troisième en ferait un meilleur dans ses vacances, à très peu d'endroits près, et ces endroits que j'excepte sont infiniment au-dessous des écrits des philosophes. Ajoutez quelque chose à ces livres et donnez-les à quelqu'un qui ne les ait jamais lus, pour voir s'il découvrira cette addition; prenez-en quelques lambeaux, et les fourrez[49] dans un autre ouvrage, pour voir si on remarquera du divin, et que cet endroit n'est pas sorti de la tête d'un homme comme le reste. Beaucoup de ces livres étaient apocryphes il y a quelques **[14]** siècles,[50] quelques-uns le sont encore parmi les juifs et les protestants. Où était donc, et où est encore leur caractère de divinité?

En troisième lieu, Dieu n'a ni idiome, ni caractères; Dieu est un pur esprit, sa langue est purement spirituelle, et ses caractères purement spirituels; il parle immédiatement aux esprits, et les esprits l'entendent; aucune connaissance ne vient de Dieu que celle qui arrive aux esprits sans l'entremise des choses artificielles. Il n'y a que les vérités métaphysiques qui soient de véritables instructions de Dieu: ce sont les principes dont il nous a donné la faculté de tirer des conséquences, à quoi il faut ajouter la conscience et l'instinct. C'est pour cela que tous les hommes s'accordent sur ces vérités, sur la conscience et sur l'instinct, ils sont tous instruits par le même maître. La géométrie, l'arithmétique, les principes de la morale et de l'équité sont les mêmes chez tous les peuples; les plus sauvages et les plus barbares ne diffèrent en rien là-dessus des plus civilisés, au lieu que sur les autres choses, et à l'égard de la religion surtout, autant de têtes, autant de sentiments. Quelle raison en peut-on apporter, sinon que ce sont des fantaisies humaines, que chacun a la sienne?

Cet axiome est incontestable: une chose niée par la plus grande partie des hommes n'est point une vérité, encore moins une déclaration de Dieu. Chaque religion est niée par tous ceux qui en professent d'autres: tirez la conséquence.

[Extrait XIX] Si Dieu faisait un livre matériel, il serait tout d'un style, étant d'un seul auteur. Ce style serait universel, le plus simple et le plus raisonnable. Celui en question est de vingt styles différents; il est écrit d'une méthode particulière à une seule nation, et de la manière la moins propre à l'instruction.

Quatrièmement, si ce livre était divin, s'il n'était pas entièrement parfait, au moins le serait-il autant que le plus parfait que les hommes puissent faire; il serait clair, **[15]** net, sans équivoque, sans obscurités, sans absurdités, sans contrariétés, sans répétitions inutiles, il n'aurait besoin ni d'interprétation ni d'explication; et quand il serait vrai que ces contrariétés et ces absurdités ne seraient qu'apparentes, c'est toujours un défaut terrible qu'on ne passerait pas à un homme.

Ces livres sont pitoyables, mal digérés, dans la langue la plus ignorée et la plus imparfaite;[51] livres écrits sans voyelles, en sorte qu'il dépend de la fantaisie de faire un point qui forme les mots que l'on veut des mêmes lettres: P, R, différemment ponctués feront PouR, PaR, PeuR, comme

Si ce livre était divin, s'il n'était absolument parfait, au moins le serait-il autant que le plus parfait que les hommes puissent faire. Il serait clair, net, sans obscurités, sans équivoques, sans contrariétés, sans absurdités, sans répétitions inutiles; il n'aurait besoin d'aucune interprétation ni explication. Quand même il serait vrai que ces contrariétés et absurdités ne seraient qu'apparentes, c'est toujours un défaut terrible qu'on ne pardonnerait pas à un homme.→

Ces livres sont de tous les livres les plus pitoyables et les plus mal digérés, dans la langue la plus imparfaite et la plus ignorée.[51] Ces livres sont écrits sans voyelles, en sorte qu'il dépend de la fantaisie de faire des mots. L'impératif et le futur sont la même chose, et c'est la grande ressource

on voudra; l'impératif et le futur sont la même chose, et c'est la grande ressource des prophéties: tous les commandements passent pour prédictions. Je dis à mon laquais d'aller mettre une lettre à la poste, il y va, j'ai prophétisé.[52] Ils sont écrits sans distinction de mots, sans virgules, ce qui jette les gens sincères dans des embarras insurmontables.

Ceux qui ont mis les points qui servent de voyelles, qui prennent la même inflexion tantôt au futur, tantôt à l'impératif, qui ont distingué les mots, fixé les périodes par des points et des virgules, qui choisissent dans un double sens, qui prennent une expression pour ironie, une autre comme interrogation ou affirmation, ces gens ont-ils eu aussi une conversation avec Dieu?

Cinquièmement, on trouve dans ce livre une infinité de choses contre les vérités de fait sur la composition de l'univers. On répond que Dieu n'a pas voulu apprendre la cosmographie aux hommes. Soit, on ne dit pas tout ce qu'on sait, **[16]** mais lorsqu'on parle, on ne dit pas les choses autrement qu'elles ne sont, on parle juste si l'on en est capable. Cette réponse serait bonne pour un silence, mais il y a des faussetés positives: on ne parle point contre une vérité connue. Quoique le principal dessein ne soit pas d'instruire, si je parle d'un naufrage arrivé dans la Méditerranée, je ne dirai pas que l'orage commença avec le flux de la mer, quoique mon dessein ne soit pas d'instruire de la différence de cette mer d'avec les autres.[54]

Sixièmement enfin: divin ou non divin, il faut de nécessité soumettre ce livre à la raison. J'y vois Dieu de mauvaise humeur, se fâchant, se dépitant, se repentant, s'apaisant comme un enfant pour des bagatelles. Le voilà de figure humaine, changeant de place etc. On entre dans un labyrinthe dont jamais on ne trouvera la sortie; tous ces sens mystiques, tous ces types,[55] toutes ces prophéties s'évanouissent. Il ne faut pas crier que la raison est la servante;[56] elle est la reine, elle fixe la

des prophètes: tous les commandements passent pour des prédictions. Ces livres sont écrits sans distinction de mots, sans ponctuation, ce qui donne tout de même le moyen de trouver tout ce qu'on veut et jette les plus sincères dans un embarras insurmontable.

On trouve en ce livre une infinité de choses contre les vérités de fait sur la composition de l'univers. On répond que Dieu n'a pas voulu instruire les hommes de la cosmographie. Soit, on ne dit pas tout ce qu'on sait; mais lorsqu'on parle, on ne rapporte pas les choses autrement qu'on sait qu'elles sont; on parle juste, si on en est capable. Cette réponse serait bonne si on gardait le silence, mais il y a des faussetés positives, et l'on parle[53] contre une vérité que l'on connaît soi-même. Quoique le principal dessein ne soit pas d'instruire d'une vérité, si je parle d'une histoire arrivée à la mer, je ne dirai pas qu'un officier, sortant de sa chambre et voulant embrasser le grand mât, en fut empêché par le mât de beaupré contre lequel il choppa, quoique mon but ne soit pas d'instruire de la fabrique d'un vaisseau, des noms et de la disposition des mâts.[54]

Divin ou non divin, il faut, de nécessité, soumettre ce livre à la raison; il faut interpréter cet écrit, prendre ici un sens littéral, là un figuré, un précepte pour un commandement, un autre pour simple conseil. Sinon, on se jette dans un abîme d'absurdités: voilà Dieu de mauvaise humeur, jurant, pestant, se fâchant, se dépitant, se repentant, s'apaisant, comme un enfant pour des bagatelles; le voilà de figure humaine, changeant de place. On entre dans un labyrinthe dont jamais on ne trou-

force, l'intention et la signification de cet ouvrage de Dieu.

vera la sortie, et tous ces sens mystiques, tous ces types,[55] toutes ces prophéties s'évanouissent. Il ne faut point croire que la raison est la servante;[56] elle est la reine, elle fixe la force, l'intention et la signification de cet ouvrage de Dieu.

Vous n'oseriez, M.R.P., le donner pour ce qu'il est naturellement, comme on donne le, *Manuel* d'Epictète ou les *Offices* de Cicéron.[57] Voilà donc votre livre divin devenu en lui-même humain par l'usage; c'est l'arc d'Hercule entre les mains des Pygmées, les flèches qu'il décoche ne sont que de la force des Pygmées.[58] Votre livre divin n'est qu'une énigme que les hommes expliquent et le sens qu'on donne à une énigme n'est qu'un peut-être sans nulle solidité assurée. C'est à l'auteur à dire le mot; il a donné un canevas sur lequel chacun a travaillé à sa fantaisie.

Vous n'oseriez donner ce livre pour ce qu'il est naturellement, comme on donne le *Manuel* d'Epictète ou les *Offices* de Cicéron.[57] Voilà donc votre livre divin devenu en lui-même humain par l'usage. C'est la massue d'Hercule entre les mains des Pygmées; les flèches qu'ils décocheront ne porteront des coups que de la force des Pygmées.[58] Votre livre divin n'est qu'une énigme que les hommes expliquent; et le sens qu'on donne à une énigme n'est qu'un peut-être qui n'a point de solidité. C'est à l'auteur même à dire le mot; ce n'est qu'un canevas sur lequel on travaille, et où l'on trace ses fantaisies. [Fin de l'Extrait XIX]

Le fondement de toute la religion des Juifs est la vocation [17] d'Abraham;[59] la preuve en est avec celle du jugement de Pâris et du ravissement de Ganymède. Mais au fond, n'est-ce pas une impertinence? Cette idée que Dieu haïsse tous les hommes, sauf la postérité d'un particulier à cause de son mérite, est indigne. Plaisante espèce de mérite pour Abraham de croire en Dieu! Il connaissait certainement que c'était Dieu qui l'appelait; s'il ne le connaissait pas, c'était un fou d'aller égorger son fils sur une vision cornue; s'il le connaissait, où est le mérite, et la foi?

Un paysan à qui le Roi ordonnerait de jeter dans la rivière un écu qui ferait tout son vaillant, avec promesse de le bien récompenser, serait-il le meilleur et le plus digne des Français s'il se mettait en devoir d'exécuter cet ordre? Mais, me dira-t-on, c'est un fils unique, ardemment souhaité, obtenu après longtemps, tendrement aimé. Hé bien! que conclut-on et que veut-on que je conclue? Que si Abraham avait une idée juste de l'Etre suprême, il ne pouvait croire qu'un commandement si éloigné des sentiments qu'il a mis dans nos cœurs et qui sont un devoir de l'humanité, vînt de Dieu, et qu'ainsi il avait une idée fausse de la divinité et ne méritait pas ce nom d'adorateur du vrai Dieu, puisqu'il faut avoir une idée distincte de l'objet qu'on adore.

Je ne veux point, ainsi que j'ai eu l'honneur de vous le dire, M.R.P., entrer dans une discussion de faits qui emporterait beaucoup de peine et nulle décision; voyons seulement le nombre prodigieux de versions, d'interprétations différentes, des milliers de sectes opposées qui se fondent également sur ces livres,[60] et concluez de leur divinité, si vous l'osez encore.

Les erreurs de faits, les faussetés, les hâbleries, les défauts contre le bon sens, contre les premiers principes, contre les sciences [18] exactes, contre les pures idées

[Extrait XX] Les erreurs de fait, les faussetés, les fables, les hâbleries, les défauts contre le bon sens, contre les premiers principes, contre les sciences exactes, de la divinité et de la vérité, les mauvaises maximes, les exemples abominables, les contrariétés et les équivoques y sont en si grand nombre, que des milliers de commentaires ne peuvent ni les pallier, ni les expliquer, ni les accorder; on les baptise du nom de contrariétés apparentes, d'obscurités à adorer. Voilà en vérité de beaux sujets d'adoration.

Obtient-on[61] la bénédiction de Dieu, son amour et ses grâces par une supercherie soutenue de mensonge et de faussetés grossières? Le bon sens ne dit-il pas que les souhaits du père tombent sur celui sur qui il les veut faire, et pour qui il les fait, non sur celui sur qui il les fait matériellement? Si, lorsqu'un saint personnage vient d'achever sa confession, un libertin se glissait en sa place et le supplantait avec adresse,[62] l'absolution que donne le prêtre serait-elle pour le libertin? Le dévot en serait-il frustré? Je ne pense pas que la Sorbonne le décide ainsi. Mettez donc, M.R.P., l'histoire de Jacob et d'Esaü, qui fait la seconde pièce du sac, au rang des puérilités les plus misérables.→

Dieu est au ciel, disent ces livres. Est-il plus là qu'ailleurs? Et qu'est-ce que le ciel? J'attends la réponse de ces prophètes.

Les enfants d'un sacrificateur font des sottises avec des femmes à la porte du temple;[63] la punition en est que les ennemis de ce peuple, qui sont aussi ennemis de Dieu, viennent tuer trois mille hommes et ravir la pièce la plus vénérable de tout le meuble sacré. Vengeance bien concertée!

On ordonne des fêtes à la nouvelle et à la pleine lune, et on n'a pas l'esprit d'enseigner le cours de la lune. Il faut placer des sentinelles sur le haut des montagnes pour avertir;[64] tout est en combustion si le temps est couvert. Le Dieu des Juifs se trouve moins habile que nous, qui donnons à nos pilotes des almanachs **[19]** et des tables des déclinaisons et as[censions][65] droites.

contre les pures idées de la divinité et de la vérité, les mauvaises maximes, les exemples abominables, les contrariétés, les équivoques y sont en si grand nombre, qu'on ferait une montagne de volumes composés pour les pallier, les expliquer, les accorder, après les avoir baptisées du nom de contrariétés apparentes, d'obscurités à adorer. Voilà en vérité de beaux sujets d'adoration.

Obtient-on la bénédiction de Dieu, son amour et ses grâces par une supercherie soutenue de mensonges et de faussetés grossières? Le bon sens peut-il soutenir que les souhaits d'un père tombent sur celui sur lequel il les prononce matériellement, et non sur celui pour qui il les fait, et cela deux cent ans après? Si, lorsqu'un personnage vient d'achever sa confession, un libertin se glissait en sa place et le supplantait avec adresse,[62] l'absolution que donne le véritable ministre serait elle pour le libertin? le dévot en serait-il frustré? Je ne pense pas que la Sorbonne, ni le Sacré Collège, fasse une telle décision. Mettez donc, mon Révérend Père, l'histoire de Jacob et d'Esaü, qui est la deuxième pièce du sac, au rang des puérilités les plus puériles.

Dieu est-il plus au ciel d'ailleurs? Et, qu'est-ce que le ciel? Ces sacrés docteurs, ces pontifes, dont les livres renferment la science auraient dû dire de belles choses sur cette question et faire de belles réponses.

Les enfants d'un sacrificateur font des sottises avec des femmes à la porte du temple.[63] La punition est que les ennemis du peuple entier, qui sont aussi sans doute les ennemis de Dieu, viennent tuer trois mille hommes et ravissent la pièce la plus vénérable de tout le meuble sacré. Cette vengeance est bien concertée!

On ordonne des fêtes à la nouvelle et à la pleine lune, et on n'a pas l'esprit d'enseigner le cours de la lune; il faut placer des sentinelles sur les montagnes pour la voir.[64] Tout est en combustion si le temps est couvert. Le Dieu des Juifs est moins habile, ou moins prudent que nous, qui donnons à nos pilotes des almanachs et des tables de déclinaisons et d'as[censions][65] droites.→

La vérité est que le pauvre Moïse croyait impossible qu'on eût là-dessus aucune science; il aurait cédé le pas à qui lui aurait prédit une éclipse, ou bien il l'aurait fait punir comme magicien.

J'ai lu quelque part le titre d'un livre: *Politique tirée de l'Ecriture Sainte.*[66] Ce doit être bien pis que Machiavel: on y trouvera que les peuples appartiennent aux rois, comme les chiens et les chevaux à leurs maîtres,[67] qu'il est permis de tout sacrifier à son ambition, jusqu'à sa promesse et sa foi; qu'on peut employer les trahisons, les mensonges, les impostures; qu'on peut assassiner un roi avec lequel on est en paix; qu'un particulier peut massacrer son voisin qui enfreint une loi ecclésiastique;[68] qu'un roi peut priver ses enfants légitimes de la couronne pour la mettre sur la tête d'un bâtard, et d'un bâtard que l'on a d'une femme arrachée par force à son mari;[69] on y trouvera non seulement la polygamie,[70] mais l'usage légitime des concubines en quelque qualité que ce soit;[71] les rois peuvent fonder sur plusieurs passages le droit de tout usurper et d'exercer leur tyrannie. Et puisque Dieu punit le crime de David par la mort de trente mille hommes de ses sujets,[72] il faut bien que les sujets soient un autre genre d'hommes que le roi.

C'est sur ces livres que Cromwell s'appuyait pour colorer sa tyrannie; il couvrait toutes ses injustices de leurs décisions et de leur autorité.

Autres impertinences: l'opinion extravagante qu'il y a de mauvais génies, des démons malfaisants, qui maltraitent les hommes, employer[75] des finesses grossières comme les eaux de jalousie[76] pour guérir la lèpre, ou du moins à sa prétendue guérison;

La vérité est que le pauvre Moïse croyait impossible qu'on eût là-dessus aucune science: il aurait cédé le pas à qui lui aurait prédit une éclipse, ou l'eût fait punir comme un magicien.

J'ai lu quelque par le titre d'un livre, *Politique tirée de l'Ecriture sainte.*[66] Ce doit être bien pis Machiavel. On y doit trouver que les peuples appartiennent aux rois en propre, comme les chiens et les chevaux à leur maître;[67] qu'il est permis de tout sacrifier à son ambition, jusqu'à sa parole et sa foi, qu'on peut employer les trahisons, les mensonges, les impostures, qu'on peut assasiner un roi avec lequel on est en paix, qu'un particulier peut massacrer son voisin qui enfreint une loi ecclésiastique,[68] qu'un roi peut priver ses enfants légitimes de la couronne pour la mettre sur la tête d'un bâtard, et d'un bâtard tiré d'une femme arrachée par force à son mari.[69] On y trouvera non seulement la polygamie,[70] mais l'usage des concubines légitime en quelque quantité que ce soit.[71] Les rois peuvent s'emparer de plusieurs passages de ce livre et y fonder le droit de tout usurper et d'exercer les plus horribles tyrannies. Puisque Dieu punit le crime de David par la mort de cinquante mille de ses sujets,[72] il faut bien que les sujets soient un autre genre d'hommes.

C'est sur ces livres que Cromwell s'appuyait pour colorer sa tyrannie et couvrait de leurs décisions et de leur autorité toutes ses injustices.

Qui parcourrait ces livres exprès pour en extraire les sottises, ferait une furieuse récolte. Je n'en prendrai pas la peine, ma mémoire m'en présente assez. Mettre la saincteté à jeûner sans nécessité et sans raison,[73] à manger d'une chose plutôt qu'une autre, à cesser de travailler; prendre pour argent comptant et pour vérité des apparitions d'esprits, des possessions de démons, le pouvoir des sorciers, des magiciens, des négromanciens;[74] l'opinion extravagante qu'il y a de mauvais génies, des démons malfaisants qui maltraitent les hommes; employer des finesses grossières comme les eaux de jalousie[76] et la prétendue guérison de la lèpre.

si le bonhomme Moïse avait su la vertu du mercure, il aurait réussi sans ordonner tant de pas inutiles.

Que veut-on de plus ridicule que la distinction des animaux **[20]** en mondes et immondes, que ces impuretés pour avoir touché un cadavre, pour des infirmités naturelles, que la circoncision donnée comme loi de Dieu?[78] il m'en revient mille autres trop longues à détailler.

Si le bonhomme Moïse avait su la vertu du vif-argent, il aurait réussi sans faire tant de pas inutiles.

Que veut-on de plus impertinent que ce fatras de lois, que la distinction des animaux en mondes et immondes, que la défense des mariages en certain degré,[77] que ces impuretés pour avoir touché un cadavre, pour des infirmités naturelles, que la circoncision?[78] Il y en a mille autres que je vois en gros sans pouvoir les détailler. [Fin de l'Extrait XX]

Mettons ce livre entre les mains d'un homme non prévenu; il en fera tout au plus le cas des *Métamorphoses*. Les Juifs [étaient][79] plus entêtés de leurs contes qu'aucune autre nation, ou ils faisaient semblant de l'être pour contenter leur vanité et se dédommager du mépris avec lequel les autres nations les regardaient.

La principale de ces orgueilleuses folies était d'attribuer à des actions particulières de Dieu ou de ses anges tout ce qui leur arrivait de bien ou de mal et d'en chercher la cause dans leur conduite. Ample matière d'exercer leur imagination!→

David fait un dénombrement du peuple. Voilà un grand crime! Pour punir David, Dieu fait périr trente mille hommes qui n'avaient nulle part à son prétendu crime. Bel arrêt, bien digne d'un Etre infiniment juste! Mais que faire? C'était un grand fléau que la peste; on ne voulait pas démordre de la prévention que Dieu tenait sous sa protection cet auguste peuple. Une perte[80] si terrible en étant une mauvaise preuve, il fallait donc imaginer quelque chose qui lui eût attiré cette punition. A quoi s'en prendre? La religion était sur un bon pied, on s'en prit à ce qu'on put.

Qui est le peuple, qui est le particulier qui n'en pût faire autant, et dire sa famille gouvernée immédiatement par Dieu, en expliquant ainsi tous les événements?

[Extrait XXI] David a fait un dénombrement du peuple, voilà un grand crime. Pour punition du crime de David, Dieu fait périr cinquante mille hommes qui n'y avaient aucune part. Bel arrêt, bien digne de la justice d'un être infiniment juste! Mais que faire? C'était un très grand fléau que la peste: on ne voulait pas démordre de la prévention que Dieu tenait sous sa protection cet auguste peuple. La peste si horrible en était une mauvaise preuve; il fallait donc imaginer quelque chose qui lui eût attiré une si furieuse désolation. A quoi s'en prendre? La religion était sur le bon pied. Où pêcher[81] un sujet à la colère de Dieu? On s'en prit à ce qu'on put.→

Qui sont les peuples, qui est le particulier qui n'en peut[82] faire autant, qui ne puisse pas faire soutenir que toute sa famille est gouvernée immédiatement par Dieu même, et s'y prenant ainsi? [Fin de l'Extrait XXI]

Il faudrait suivre ce livre ligne à ligne, pour en ramasser toutes les pauvretés. Cela passe ma patience. En voilà assez pour faire ouvrir les yeux aux pauvres mortels abusés.

Quand je lus la Bible,[83] j'étais prévenu autant qu'on peut l'être, **[21]** j'attendais les plus belles choses du monde et je brûlais d'impatience de les voir. Mon attente fut mal remplie; quand je vis tous les rois malheureux accusés d'indévotion, cela me fut suspect: On a imputé, me disais-je, la bonne fortune à la dévotion et la mauvaise à l'irréligion. Les prêtres et autres gens de loi étaient à la fois les censeurs et les historiens, ils relevaient les moindres déférences qu'on avait pour eux et y attribuaient la fortune des princes.

Les chrétiens n'ont pas oublié cette supercherie: l'empereur Héraclius était pieux et dévôt, il vainquit Cosroès, il retira la vraie croix. Bénédiction de Dieu! Mahomet lui enleva la moitié de son empire et y planta sa religion. Ho! C'est qu'il avait favorisé les monothélistes![84] Bel expédient, bien digne de Dieu, comme si le Roi faisait venir les Turcs qui s'emparassent de la Provence et du Languedoc, après avoir pillé ces provinces, parce que le chancelier aurait mal interprété un de ses édits. C'est le train de toutes les religions: Cambyse se blesse à la cuisse de sa propre épée, sa plaie est incurable: c'est qu'il avait blessé un bœuf qui était le dieu Apis.[85] Et sans fouiller dans l'antiquité, nous voyons le corps du clergé suivre la même route.

Cependant, dira-t-on, il y a des fêtes qui durent encore et que les Juifs célèbrent scrupuleusement, qui sont des monuments perpétuels, des faits historiques. Dites donc aussi que les fêtes des païens, que ces processions infâmes à l'honneur de Cérès étaient des monuments de faits historiques, et ne révoquez pas en doute un seul endroit des *Fastes* d'Ovide.[86] Dites donc, Messieurs les protestants, que les fêtes de l'Assomption, de Sainte-Marie-aux-neiges, Notre-Dame de Lorette, St Pierre aux liens, l'apparition de St Michel, la Portioncule,[87] le Scapulaire, les stigmates etc., dites que tout [22] cela est fondé sur des vérités, dont ces fêtes sont des monuments irréprochables.

On a bien l'effronterie de vanter le pouvoir de l'eau bénite contre le tonnerre, on en récite mille faits miraculeux, on en fait des tableaux, des livres, on en infatue de pauvres filles cloîtrées qui croient tout cela bien certain. Cependant les églises qui en sont les magasins, qui en sont bénites du haut en bas, souvent par un Monseigneur en personne, sont foudroyées tous les jours, elles sont consommées, et même le très saint sacrement aussi, quoiqu'il soit la source de toute bénédiction. On a bien mis de nos jours un tableau à sainte Geneviève au nom de toute la ville de Paris et du royaume pour la remercier du secours reçu par l'intercession de cette bonne patronne l'année mille sept cent neuf.[88] Hé, vérité éternelle, où fut-il donc ce secours? Les blés pourris en terre reverdirent-ils? En tomba-t-il du ciel? Tous les pauvres n'en furent-ils pas aux abois? Un tiers n'en mourut-il pas de faim?[89] Hé bien, dans deux cents ans, sur la foi de ce tableau, on fera le récit d'un miracle que l'on n'osera nier avec une si bonne attestation.[90]

Mais les Juifs, un peuple entier dispersé par toute la terre, croient ces livres qui leur imposent de si dures lois et des devoirs presque impossibles à remplir; ils les gardent avec tant de soin et de respect depuis tant de siècles. Ce peuple garde de même le Talmud rempli de folies bizarres et monstrueuses. Tous les autres peuples de la terre gardent eux-mêmes et leurs livres et leurs traditions chargés de commandements onéreux.

Les fréquentes révoltes des Juifs contre Moïse marquent assez qu'ils étaient mal convaincus de sa mission,[91] et quelle qu'ait été leur obéissance, cela dit seulement qu'ils étaient des sots, de vils esclaves qui admettaient tout, pourvu qu'ils eussent du pain.

Les soumissions, les croyances, les vénérations ne font aucune preuve [23] si ce n'est pour établir que les hommes sont les dupes: les Candiots se soumirent à Minos, les Romains à Numa, les Péruviens à l'Inca. Les idolâtres n'ont-ils pas été soumis à des lois inhumaines jusques à massacrer leurs enfants et eux-mêmes?[92] Les calenders,[93] les dervis, les fakirs, parmi les mahométans, ne font-ils pas des lois qui leur ordonnent, à de certaines processions, de se taillader les bras et les cuisses à coups de couteau, et ne continuent-ils pas, quoique quelques-uns en meurent? Les chrétiens ne sont-ils pas foulés aux pieds par le pape, ne subissent-ils pas ses hauteurs, ne paient-ils pas les impôts qu'il met jusque sur leurs sacrements?[94]

Mais on sent la divinité de ce livre, il est rempli d'onction,[95] il parle au cœur. Oui, de ceux qui en sont infatués! Faisons-le lire à quelqu'un avec les ouvrages de Cicéron;[96] qui des deux parlera plus au cœur? J'accepte l'épreuve et je passe condamnation. Les livres apocryphes ne font-ils pas le même effet que les autres, depuis qu'il a plu de les nommer canoniques? Ce n'était pas cela auparavant; il y a, je le sais, des endroits touchants; mais dans les romans, dans les *Epîtres* et les *Métamorphoses* d'Ovide,[97] n'y en a-t-il pas plus? La description d'un fait, faux ou vrai, fait le même effet; d'où vient sent-on[98] tant d'émotion aux tragédies qu'on ne peut retenir ses larmes?

Je sais bien qu'il y a de beaux préceptes et de belles sentences, mais n'y en a-t-il pas dans Epictète, dans Juvénal, dans Horace?[99]

Qu'on me donne cent enfants; j'en laisserai une partie écouter la seule raison, sans les prévenir en aucune manière: ils se moqueront de votre sainte Ecriture. Ne le voyons-nous pas tous les jours? Nos enfants se moquent de l'Alcoran et les enfants des Turcs de nos saintes Ecritures. Mais, pour revenir à mon projet, j'infatuerai le reste des enfants de révélations, de livres sacrés, de volonté de Dieu déclarée aux hommes par des écritures confiées à de vénérables personnes, [24] je leur donnerai ensuite pour ces livres merveilleux tout ce qu'il vous plaira: *Jean de Paris*, *Mélusine*, *Robert le Diable*,[100] et tout le reste de la Bibliothèque bleue. Je soutiens qu'ils en auront les mêmes sentiments que nous avons des livres juifs. Vous sentez malgré vous, M.R.P., que je dis la vérité.

Les mahométans ne[101] peuvent lire l'Alcoran sans soupirer à chaque verset, ils y trouvent l'esprit de Dieu et autant de miracles que de lignes. Toutes les religions touchent également leurs sectateurs: l'exhortation d'un talapoin fait le même effet sur le cœur d'un Siamois dévôt que le sermon du curé, du moine ou du ministre sur celui d'un Européen.

Mais quand on accorderait que Dieu a dicté ces livres, si cette révélation était nécessaire à tous les hommes, il fallait donc la donner dans tous les dialectes du monde, et suivant tous les changements qui y sont arrivés. Ce livre en hébreu peut-il être regardé comme un livre destiné à tous les hommes? Un l'entend entre dix millions, et le roi du Pérou[102] disait très bien que ce livre, qu'on lui montrait comme saint et la voie du salut, ne disait mot.

Quand vous diriez, M.R.P., que Dieu a pourvu à cet inconvénient en établissant des ministres, que le pape et les évêques sont les gardiens et les interprètes et les explicateurs de ces livres, le pape et les évêques devraient donc entendre tous les dialectes dans l'instant qu'ils sont évêques ou papes, ou du moins devraient-ils dans l'instant entendre l'hébreu et le grec qui sont les langues originales de ces livres charmants, et ils devraient nous en donner une explication uniforme en tous les points. Mais c'est un malheur qu'un ignorant que l'on fait évêque n'y entende rien; il est obligé de s'en rapporter à un autre, et un savant, sans être ni juif ni chrétien, fait la leçon à tous les papes et évêques. Ce n'est donc qu'à proportion de son génie et de son **[25]** travail qu'on y entend quelque chose, et avec toute l'incertitude imaginable. Ainsi certains visionnaires préten-dent lire dans l'arrangement des étoiles[103] et croient trouver mille belles choses par là.

A prendre les choses en toute rigueur, on n'est point sûr de savoir une langue morte; il n'y a aucune démonstration[104] métaphysique qui puisse m'empêcher de nier l'explication qu'on donne aux mots, encore moins pour les inflexions des verbes. Vous n'oseriez parier votre salut éternel que nos explications sont certaines là-dessus. Donc, M.R.P., une religion fondée sur des livres écrits en langue morte n'est qu'une hypothèse, apparente et vraisemblable, mais problé-matique et incertaine enfin, sur quoi on risque son salut éternel. Combien les chrétiens ne doivent-ils pas trembler après cette réflexion, se formant l'idée d'un Dieu aussi pointilleux que celui qu'ils croient sans cesse à leurs trousses.

Quelle est donc l'infatuation[105] de ceux qui n'y entendent rien? Qui a dit à ce paysan, à cet artisan français, allemand, suédois, espagnol, anglais etc., que ce livre qu'il feuillette n'est ni tronqué, ni corrompu, ni falsifié, ni altéré, qu'il n'y a ni additions ni omissions, après la quantité de mains dans lesquelles il a passé? Qui leur a dit que leurs traductions sont bonnes et que l'intérêt, l'ignorance ou l'entêtement n'ont point engagé à altérer le texte? ils ont tous les sujets du monde de le soupçonner, puisque l'on voit tous les jours des théologiens s'entrereprocher des suppositions, des falsifications, des altérations, des tronquements et des additions.

Il n'y a nulle traduction où l'esprit de parti ne saute aux yeux, et qui ne fasse aisément connaître à la lecture de quelle secte est l'auteur: les Jansénistes ont trouvé, ou fourré, dans les homélies de St Jean Chrysostome, la nécessité qu'ils veulent que leur grâce emporte, quoique cet évêque la combattît positivement. J'ai un **[26]** Valère Maxime qui donne des cantons à Metellus:[106] fiez-vous après cela aux traductions.

Tout homme qui sait deux langues, ne fût-ce que le provençal et le français,[107] sait qu'il est impossible de faire une traduction parfaite. On reproche des fautes grossières à un fameux auteur sur la traduction d'un livre en langue vivante et composé presque de nos jours, dans notre voisinage où il avait demeuré long-temps.[108] Quel succès peut-on attendre d'un livre en langue barbare, imparfaite, morte depuis trente siècles, inconnue à toutes les autres nations, et qui n'a jamais été en usage qu'à mille lieues de nos frontières?

Je voudrais bien que le Roi fît faire le bail de ses fermes et le tarif de ses impôts en moscovite,[109] et qu'il laissât aux fermiers généraux et à leurs commis, l'autorité et le soin de les traduire; ils y trouveraient le triple des droits, ils en mettraient sur chaque cheveu, il faudrait bientôt acheter la charge de buveur et de mangeur, sans quoi défense de s'immiscer dans ces fonctions.

Sans ignorance et sans malice, on donne naturellement dans ces[110] préjugés, et c'est encore de quoi faire soupçonner les traductions. Il est certain que pour peu qu'il y ait d'apparence, on trouve dans ce livre tout ce que l'on veut qui y soit. Je n'ai jamais été content d'aucune version et je l'ai toujours trouvée différente de l'original.[111] Ainsi, quand il serait vrai que les livres des Juifs auraient été un ouvrage divin et non celui de fort malhabiles gens, comme il est clair, ces livres saints n'auraient aucune sûreté à cause des corruptions, à cause des expressions particulières à l'hébreu, à cause des usages auxquels elles avaient rapport, usages inconnus maintenant, surtout parce qu'on ne peut s'éclairer sur la vraie signification des mots par d'autres livres, celui-là étant **[27]** unique dans cette langue, par la quantité surprenante de ces mots, les autres langues en ayant mille fois moins, et les traductions parfaites étant impossibles, quand même on ôterait toute idée de fourberie. Toutes ces raisons vous paraissent-elles frivoles, M.R.P.? Je ne le puis croire.

J'ai vu une belle emblème[112] sur ce que je traite ici, dans une des fameuses églises de Paris; un jour de fête, on avait mis d'un côté des tapisseries représentant le Nouveau Testament, et de l'autre les *Métamorphoses* d'Ovide.

Après cela le protestant, le catholique jurent et croient également que leur Bible est sans corruption et la parole de Dieu même.

Article second. Si ces livres contiennent l'histoire de la création du monde et du déluge.

Quand tout ce que ces livres contiennent serait reconnu, cela ne conclurait rien pour leur divinité, ni pour la mission de Moïse, – il aurait pu prendre son système des Egyptiens ou des autres peuples –, mais ils contiennent sur l'origine du monde, et sur mille autres faits, des rêveries contraires au bon sens, à la puissance et à la sagesse de Dieu, comme les traditions du Mexique et des autres nations américaines.

Les pyramides des Egyptiens, semées de tous leurs hiéroglyphes,[113] et leurs autres monuments étaient leur histoire. Plusieurs étaient plus anciennes que Moïse; vraisemblablement, c'est de là qu'il avait tiré une partie de ses idées.

Dieu a sans doute créé le monde en un instant, et non en sept jours.[114] Pourquoi un nombre infini d'instants, où un seul suffit? Pourquoi sept jours, plutôt que six ou huit?

[28] Dieu n'a pas attendu l'existence du monde pour voir que le monde était bon. Moïse en parle comme d'un homme qui, craignant de s'être trompé dans ses projets, est ravi d'en voir la réussite.[115] Il n'a point eu besoin de repos puisqu'il ne s'est point fatigué. Il ne cesse point d'agir, son action est en lui-même, sans mouvement extraordinaire, et toujours égale.

Cette précieuse histoire bien supputée ne donne guère au monde que six mille ans. Les Egyptiens et les Chaldéens avaient des supputations astronomiques et des histoires de plusieurs milliers de siècles, ils avaient des traditions de dix-huit à vingt mille ans; la ville de Saïs[116] avait des mémoires de huit mille ans. Les Chinois comptent à présent par des annales[117] bien suivies et bien authentiques près de neuf mille ans de leur empire. On nie impudemment tout cela, non que l'on puisse convaincre de faux, mais cela ne convient pas. Moïse avait l'imagi-nation[118] trop bornée pour un faiseur de romans; ne pouvant pas trouver d'événements pour remplir un plus long espace de temps, il l'a raccourci, et encore le pauvre homme a-t-il été obligé de faire vivre ses héros huit à neuf cents ans.[119]

Il est plus apparent que le monde est très ancien que très nouveau. Les mémoires, les traditions et les histoires de peuples fameux par leur grandeur, leurs arts, leurs sciences et par les armes, sont plus croyables que celles de ces misérables fugitifs, grossiers, ignorants, qui n'ont jamais occupé qu'un misérable coin de terre, dont ils ont été chassés plusieurs fois, n'étant que le jouet de leurs voisins. Ils sont les seuls de leurs sentiments; tous les autres peuples contemporains avaient une idée différente; pourquoi les croire?

Cette impertinence de la jeunesse du monde a fait tomber dans une autre; on a de là conclu de la brièveté de sa durée.

[29] Jésus-Christ et ses apôtres ne parlaient de leurs siècles que comme on parle de l'automne à l'égard de l'année, ils s'exprimaient toujours par les mots de *derniers temps*, de *consommation des temps*.[120] Les Pères ont bien fait pis, ils ont fixé la durée du monde à six mille ans, qui expireront bientôt. Je l'assure, moi, pour un million de siècles. Nous sommes également bien fondés à assurer. La postérité verra bientôt qui, de ces braves docteurs à caractères physiques ou de moi, pauvre laïc ignorant, a le plus de raison; si ils se sont trompés une fois, et que le monde dure plus que les six mille ans qui ont fixés, il est juste de me croire et de les regarder comme des menteurs ou des imbéciles.

On pourra faire cet argument qui sera incontestable dans quelques siècles. On ne doit regarder un endroit d'une chose comme sa fin, si cet endroit n'est au moins par delà sa moitié. Jésus-Christ et ses apôtres ont parlé de leur temps comme de la fin des temps, donc ils en ont parlé comme étant au-delà de la moitié des temps, c'est-à-dire de la durée du monde.

La majeure ne fait pas la question. On ne dira pas, allant de Paris à Rome, que l'on est dans les derniers jours de son voyage quand on sera à Lyon, on ne le dirait pas même à Marseille; mais posé qu'on puisse le dire quand on est à moitié, dans trois[121] cents ans au plus il sera manifeste que Jésus-Christ ou Moïse ne savaient ce qu'ils disaient. Si le christianisme subsiste alors, on trouvera des explications forcées et l'on s'écriera: *ô obscurité adorable!*

Le monde avait des caractères de nouveauté, l'Amérique les avait de même. Peut-être dans cent mille ans d'autres découvertes que l'on fera vous engageraient sur ce principe à ne donner que trois mille ans à des terres ou à des peuples qui, suivant votre calcul, auront cent cinq mille sept cents et quelques années. **[30]**

Nous allons trouver dans l'examen de l'histoire du déluge[122] quelque chose de bien plus net et de moins susceptible de subtilités et de souplesses. Presque toutes les nations n'en ont aucune idée, et malgré tous les soins de nos missionnaires, on n'en a pas trouvé la moindre trace dans l'Amérique.

1°) Rien n'est si mal décrit; il y a mille répétitions inutiles, des contrariétés; c'est une suite de galimatias dont il est presque impossible de faire un extrait qui contienne distinctement les faits en question.

2°) Où peut s'être retirée la quantité d'eau nécessaire à couvrir le globe de la terre – près de deux lieues de haut, et peut-être plus, y ayant des montagnes qui

[Extrait XXII] 1°. Rien n'est si mal écrit que la Bible. Il y a mille répétitions inutiles, et des contrariétés; c'est un cours de galimatias dont il est presque impossible de faire un extrait qui contienne distinctement les faits en question.

2°. Où peut s'être retirée la prodigieuse quantité d'eau nécessaire à couvrir le globe de la terre près de deux lieues de haut dans certains endroits, et peut-être plus, y ayant

ont plus que cette hauteur perpendiculaire?[124] Dans ces cataractes du ciel que Dieu ouvrit, le beau réservoir!, il faut au moins trois fois plus d'eau qu'il n'y en a dans la mer. Moïse aurait dû dire que Dieu éleva le fond des mers, en sorte que l'eau se répandit sur tout le globe de la terre, mais il n'y a pas certainement l'eau nécessaire pour passer de quatorze coudées[126] les plus hautes montagnes; du moins cela aurait-il eu une espèce de sens, mais cette idée, toute simple qu'elle est, passait de beaucoup la portée du pauvre Moïse. Un écolier sortant du collège, avec un peu d'esprit, en aurait bien appris à cet homme qui avait eu tant de tête-à-tête avec Dieu![127] Il fallait, pour donner une exacte vraisemblance, dire que Dieu changea l'air en eau jusqu'à une certaine hauteur, soit tout d'un coup, soit peu à peu, et qu'ensuite il remit cette eau en air. Mais suivant toutes les apparences, Moïse était un ignorant qui se trouva en état d'en imposer à des stupides, par la règle qu'au royaume des aveugles, un borgne est le roi.

3°) La rare invention que ce bateau, pour conserver la race **[31]** de tous les hommes et de tous les animaux! Il faut avoir l'esprit bien grossier, ou n'avoir que des esprits bien grossiers à contenter, pour étaler de pareilles rêveries. Où était la difficulté que Dieu conservât les animaux sous les eaux, ou qu'il ranimât les cadavres noyés, ou qu'il en créât d'autres? Le miracle eût moins coûté que de les rassembler des extrémités de la terre en traversant les mers. Et un être parfait, à qui tout est également possible, va toujours à ses fins par les moyens les plus simples.

4°) Les fondements et la quille de ce bateau devaient être pourris avant que le premier pont fût fait, puisqu'on a employé cent ans à sa fabrique entière.[128] On ne s'est jamais servi d'un bateau qui ait été seulement dix ans sur les chantiers.

5°) Qu'avaient fait les animaux terrestres pour encourir la peine de la destruction, et pourquoi les poissons en étaient-ils exempts? Avaient-ils mieux vécu? Il eût fallu ensuite faire tarir les eaux.

des montagnes qui ont plus que cette hauteur perpendiculaire?[124] Il y faudrait au moins trois fois plus d'eau qu'il y en a dans toute la mer.[125] Moïse devait dire que Dieu éleva le fond des mers, en sorte que l'eau s'en répandit sur tout le globe de la terre, mais il n'y a certainement pas assez d'eau pour faire la hauteur nécessaire à passer de quatorze coudées[126] le sommet des plus hautes montagnes. Cela aurait eut quelque espèce de sens, mais toute simple que soit cette invention, elle passait la portée de Moïse, qui n'avait aucune idée de la cosmographie. Un écolier sortant du collège en aurait bien appris à cette homme qui avait des tête-à-tête avec Dieu.[127] Il fallait, pour donner une exacte vraisemblance à son histoire, dire que Dieu changea l'air en eau jusqu'à une certaine hauteur, soit tout d'un coup, soit en quelques jours, et qu'ensuite il réunit [*sic*] cette eau en air. Mais, suivant toutes les apparences, Moïse était un ignorant qui se trouva en état d'en imposer à des stupides, par la règle qu'au royaume des aveugles, un borgne est un roi.

3°. La rare invention que ce bateau pour conserver la race de tous les animaux! Il faut avoir l'esprit grossier ou n'avoir affaire qu'à des esprits bien grossiers, pour étaler de pareilles rêveries. Où était la difficulté que Dieu conservât les animaux sous les eaux, ou qu'il en ranimât les cadavres noyés, ou même qu'il en recréât d'autres? Il paraît même que le miracle aurait moins coûté que de les rassembler des extrémités de la terre, en traversant les mers.

4°. Les fondements de ce beau vaisseau devaient être pourris devant que le premier pont fût fait, puisque on employa cent ans à sa fabrique entière.[128] On ne s'est jamais servi d'un vaisseau qui ait été seulement dix ans sur les chantiers.

5°. Qu'avaient fait ces animaux terrestres pour encourir cette peine d'une destruction totale? Et que n'avaient pas fait les poissons pour un être exempts?

6°) Comment cent mille espèces de petites bêtes sont-elles venues de l'Amérique et des îles où elles sont particulières? Comment y ont-elles repassé? Il ne sert de rien de dire que l'Amérique touche par le nord à notre continent,[129] car les animaux des pays chauds ne peuvent souffrir le froid de la zone glaciale, et d'ailleurs ils n'y trouveraient pas leur nourriture.

7°) Comment n'est-il passé en Amérique ni éléphants, ni chevaux, ni chameaux[130] etc.? Comment a-t-on pu rassembler dans l'arche la nourriture propre à toutes ces espèces d'animaux? Il fallait encore à Noé une révélation pour les lui faire connaître et un miracle pour les lui livrer. Quelle était la nourriture des **[32]** colibris, petits oiseaux gros comme une noisette qui se nourrissent du suc qu'ils tirent des fleurs et des arbres toujours verts?

8°) Comment huit ou treize personnes[131] ont-elles pu suffire à fournir la nourriture à tant d'animaux, à les nettoyer, à tirer de l'eau pour les abreuver? Comment épuiser l'eau que faisait ce vaisseau, tant bon qu'on le veuille supposer? Il passait de quatre toises au moins nos navires de cent canons; huit forts matelots sans autre occupation ne suffiraient pas aux pompes si l'on était six mois en mer seulement, et pas quinze jours s'il pleuvait continuellement, et qu'une multitude prodigieuse d'animaux y répandît continuellement son urine. C'était bien pis s'il fallait baqueter, l'usage des pompes étant alors inconnu.[132] Je ne dis rien de l'impossibilité de loger tout cela: elle saute aux yeux, elle a été objectée mille fois et a donné lieu à des beaux châteaux en Espagne.[133]

9°) Comment l'art d'écrire, et tant d'autres que savait Noé, n'est-il pas venu à sa postérité et particulièrement en Amérique? Cet article mérite bien un peu de réflexion.

6°. Comment cent mille espèces de petites bêtes sont-elles venues de l'Amérique et des îles où elles sont particulières? Comment y ont-elles repassé? Il ne servira à rien de dire que l'Amérique touche par le nord à notre continent,[129] car quand cela serait vrai, les animaux des pays chauds ne peuvent souffrir le froid de la zone glaciale. Les sapajous ne sauraient seulement passer un hiver en France; d'ailleurs, ils n'y trouveraient pas leur nourriture.

7°. Comment n'est-il point passé de chevaux en Amérique, ni d'éléphants, ni de chameaux? Comment a-t-on pu rassembler dans l'arche les différentes nourritures propres à toutes les espèces d'animaux? Il fallait encore à Noé une révélation pour les lui faire connaître, et un miracle pour les lui livrer. Mais quelle était la nourriture des colibris, petits oiseaux gros comme une noisette, qui ne vivent que de quelques sucs qu'ils tirent des fleurs ou des feuilles des arbres toujours verts?

8°. Comment huit ou treize personnes[131] ont-elles pu suffire pour fournir la nourriture à tant d'animaux, à les nettoyer et tirer de l'eau pour les abreuver? Une forte fille ne peut suffire à vingt vaches qui paissent tout le jour en campagne. Un vigoureux palefrenier ne suffirait pas à cent chevaux, quoiqu'on le déchargeât de les étriller. Et comment épuiser l'eau que faisait ce vaisseau, tant bon qu'on le veuille supposer? Il passait quatre toises nos navires de cent canons, et huit forts matelots qui n'auraient pas d'autre occupation, ne suffiraient pas aux pompes, si l'on était seulement six mois en mer, et pas seulement quinze jours s'il pleuvait continuellement et qu'une multitude prodigieuse d'animaux y répandissent leur urine; c'était bien pis s'il fallait baqueter, l'invention des pompes étant alors inconnue.[132] Je ne dis rien de l'impossible de loger tout cela, qui crève les yeux et qui a été objecté mille fois: sur quoi on a bâti des châteaux en Espagne.[133]

9°. Comment l'art d'écrire, et tant d'autres que savait Noé, n'est-il point parvenu jusqu'à nous et principalement dans l'Amérique? Cet article mérite bien une attention un peu sérieuse.

10°) Il fallait donc embarquer de presque toutes les espèces d'arbres; la terre fut inondée dix à onze mois;[134] il n'y a pas peut-être une espèce d'arbre qui ne meure étant seulement un mois dans l'eau. On pouvait embarquer des graines, soit:

11°) Mais où le pigeon trouva-t-il une branche d'olivier verdoyante? Enfermez dans l'eau un olivier en caisse, ou bien dans un vallon inondé; il n'y sera pas trois mois sans être dépouillé de feuilles et d'écorce, mais au bout de dix mois vous verrez son état. Les petites feuilles d'olivier qui nous viennent dans les barils, outre qu'elles ne sont plus vertes, ont eu une lessive et sont confites au sel. **[33]**

12°) Il n'y a point d'oliviers dans le pays où l'on dit que l'arche s'arrêta. Moïse est tombé dans l'inconvénient des hableurs. Un badaud de Paris qui voudrait faire croire qu'il a été en Irlande dirait qu'il y a vu faire vendange.

13°) La terre devait être couverte de vase et de limon, les feuilles et les fruits devaient être pourris. De quoi vécurent les animaux au sortir de l'arche pendant au moins un an, en supposant que les arbres ne fussent pas morts? Pour les hommes, on dira qu'ils tirèrent des provisions de leur navire.

10°. Voici bien une autre difficulté: il fallait donc aussi embarquer de presque toutes les espèces d'arbres. La terre fut inondée pendant dix ou douze mois:[134] il n'y a peut-être une seule sorte d'arbres qui ne meure étant seulement un mois sous l'eau. On en peut aisément faire l'expérience.

11°. La terre devait être couverte de vase et de limon, plus de trois pieds d'épais. Les feuilles et les fruits devaient être pourris: de quoi vécurent donc les animaux au sortir de l'arche pendant un an, supposant que les arbres de fussent pas morts? Pour les hommes, on dira qu'il tirèrent des provisions de leur navire.[135]

12°. Où le pigeon trouva-t-il un rameau d'olivier verdoyant[136] enfermé dans l'eau? Un olivier en caisse bien inondé, ou un qui sera dans un vallon en pleine terre, sera dépouillé de ses feuilles et de son écorce en moins de trois mois; mais attendez-en dix de plus pour voir en quel état il sera, ne comptez pas sur les feuilles et petites branches qu'on trouve dans les barils d'olives; outre qu'elles ne sont plus verdoyantes, elles se conservent parce qu'elles ont passé par une lessive et qu'elles sont confites au sel.

13°. Il n'y a point d'oliviers dans le pays où l'arche s'arrêta.[137] Le proverbe est qu'il leur faut le vent de la Méditerranée: il n'en vient point à quarante lieues de ses rivages. Moïse est tombé là dans l'inconvénient ordinaire aux hâbleurs. Un badaud de Paris qui se vanterait d'avoir été en Irlande, dirait qu'il y a vu faire vendange. [Fin de l'Extrait XXII]

Article troisième. Du Péché du premier homme.

Trouvez, mon révérend père, dans toutes les fables et les romans, quelque chose de plus burlesque que la tentation d'Eve. Ce serpent qui était le plus fin des animaux,[138] qui parla, qui fut condamné à manger la terre et à marcher sur la poitrine,[139] tout cela est si grotesque que ce sont des objections ordinaires. Voici sur ce sujet ce qui m'est venu, que je ne sache point qui ait été proposé par d'autres, et par conséquent à quoi je ne trouverais nulle part de réponse.

Comprenez-vous, M.R.P., que l'homme sortant des mains de Dieu, qui ne peut qu'être parfait au possible, fût sans[140] l'idée du bien et du mal? Voilà un grand problème de métaphysique.

En voici un de physique: expliquez-moi, je vous prie, comment cette idée peut naître de quelque partie d'un fruit tombé dans l'estomac après avoir été broyé par les dents. Il ne paraît pas que cela puisse faire effet que sur les puissances matérielles, [34] sur la mémoire ou les passions, et nullement sur de pures idées.

Autre absurdité: Adam était comme les bêtes. S'il ne connaissait pas le bien et le mal moral, il aurait battu ou tué sa femme dans un moment de passion émue etc.

Autre, pire encore, où je ne comprends pas de réplique. Si Adam n'avait nulle connaissance du bien et du mal moral, quel crime a-t-il fait? C'est pour cela qu'on ne punit ni les enfants ni les insensés. Si Adam n'avait aucune idée du bien ou du mal moral, il ne savait pas que ce fût un mal d'aller contre le commandement de Dieu. Dieu en ce sens l'avait averti d'un malheur qui le menaçait,[141] savoir la perte de l'immortalité, mais il ne méritait pas plus de punition qu'un enfant que l'on avertit de ne pas courir de peur de tomber. Si l'on voulait le mettre en état de mérite ou de démérite, c'était après que ses yeux furent ouverts qu'il fallait lui faire une défense ou un commandement positif. Voilà certainement le prétendu pécheur justifié entièrement, et l'impossibilité du péché *a priori*. Daignez cependant ouvrir les yeux, M.R.P., sur cinq ou six points concernant cet article qui sont actuellement démentis par des faits dont tout le monde peut être témoin.

1°) On dit qu'il n'y a eu qu'un seul homme dont tout le genre humain est sorti.[142] Je passe sur la difficulté insurmontable du transport de la postérité de cet homme dans l'Amérique et dans tant d'îles dont le langage est totalement différent de notre continent,[143] je soutiens qu'il y a des races toutes différentes. Les Indiens, sous le même climat que les Européens, sont tout autres; les Caraïbes tout différents des nègres, quoique sous le même climat. Les Caraïbes sous la zone torride sont gras et blancs,[144] les Iroquois dans un pays couvert de neige sont noirs [35] et secs, aussi bien que les Esquimaux dans un pays encore plus froid. Ces nègres sont absolument différents du reste des hommes par leur couleur, leurs cheveux, leurs yeux, par la fabrique de leur visage tel que les passions ni l'âge n'y paraissent presque pas; ils ont les lèvres, les pommettes[145] des joues, le bout des mammelles de la même couleur: tout est noir. Nous avons le corps blanc et ces endroits rouges, il en est de même de l'extrémité des parties génitales. Je ne parle que de peuples que j'ai vus chez eux. Les Hottentots[146] diffèrent encore des Lapons; les habitants des terres australes diffèrent peut-être encore davantage. Il y a entre toutes ces races d'hommes la même différence qu'il y a entre les races de chiens: les lévriers, les dogues, les braques et les barbets ne viennent sûrement pas du même animal, ce sont des espèces particulières, quoique convenantes en bien des choses qui constituent la nature du chien. Un lévrier et une levrette feront des lévriers; un lévrier et une barbette feront des chiens métis tenant de l'un et de l'autre; de même des blancs et des nègres: les nègres qui viennent de nos îles font des nègres, les Caraïbes font des Caraïbes à Angola.[147] Si Dieu n'avait mis qu'un barbet et une barbette sur terre, nous n'aurions que des barbets, cela est palpable.

2°) La femme fut condamnée à enfanter avec douleur.[148] La cause étant commune, cette douleur devait être égale à toutes les femmes; celles des sauvages n'en sentent presque pas. Mais les femelles des animaux ont-elles participé à cette belle sentence? Elles sont tout de même malades en faisant leurs petits, jusqu'à en mourir, comme il arrive tous les jours. Cela marque manifestement que ces inconvénients sont une suite nécessaire de la construction de la machine, à quoi il n'y a pas de remède par une voie générale; il y a grande apparence que les douleurs de l'enfantement **[36]** ne sont si grandes que par accident. L'excès n'en doit pas être mis sur le compte de la nature. Les animaux sauvages souffrent moins et sont plus proprement délivrés que ceux que nous avons rendus domestiques. Les femmes de nos paysans en sont quittes à bien meilleur marché que les duchesses, et enfin les sauvagesses, comme je l'ai déjà dit, ne souffrent presque pas.

Moïse devait aussi donner quelque semblable raison des incommodités périodiques des femmes, encore plutôt de cet autre inconvénient qui arrive à leur lait qui devient un poison aux enfants dès qu'elles deviennent grosses, et de ce que l'homme est le seul animal qui ne nage pas naturellement.

3°) Que la connaissance et la honte de la nudité sont aussi une suite du péché d'Adam,[149] plusieurs grands peuples ne savent ce que c'est que cette honte: les nègres, les Caraïbes, les Canadiens s'en rient. Bien plus, élevez des enfants de l'un et l'autre sexe sans leur en parler, vous verrez le faux de cette supposition. Et sans cette épreuve, nous voyons bien que nos enfants n'y sont sensibles qu'après qu'on les en a avertis. J'ai vu une fille de quatorze à quinze ans, sourde de naissance, qui avait été mise dans un couvent qui fut pillé en Piémont; j'en fis ce qu'il me plut, je la tournai, touchai à ma fantaisie sans qu'elle s'en effarouchât, qu'à la première approche

[Extrait XXIII] Que la femme fût condamnée à enfanter avec douleur,[148] la cause étant unique, cette douleur devrait être égale à toutes les femmes; celles des sauvages n'en sentent presque pas. Mais les femelles des animaux ont-elles participé à cette belle sentence? Elles sont tout de même malades en faisant leurs petits, jusqu'à en mourir, comme il arrive tous les jours. Cela marque manifestement que ces inconvénients sont une suite naturelle dela construction de la machine. Il y a donc beaucoup d'apparence que les douleurs de l'enfantement ne sont si grandes que par la nature: c'est la manière de vivre des femmes et des animaux. Cela est si vrai que les femelles des animaux sauvages sont incontinent délivrées et que l'on n'en voit point mourir en travail, ni même y rester longtemps, comme celles de ceux que nous avons rendus domestiques. De même les femmes de nos paysans sont quittes à bien meilleur marché que les duchesses; et enfin les sauvagesses, comme je l'ai dit, ne souffrent que très peu.→

Moïse devait aussi donner quelque semblable belle raison des incommodités périodiques des femmes, et encore plus de cet autre inconvénient si terrible qui arrive à leur lait, lequel devient un poison à leurs enfants quand elles deviennent grosses; et de ce que l'homme est le seul animal qui ne nage pas naturellement.

Que la connaissance et la honte de la nudité soient aussi une suite du péché d'Adam,[149] plusieurs grands peuples ne savent ce que c'est que cette honte; les nègres, les Caraïbes, les Canadiens, bien plus, élèvent des enfants de l'un et de l'autre sexe sans leur en parler, et font voir le faux de cette supposition. Nos enfants même n'y sont sensibles qu'après qu'on les en a avertis, ou qu'ils se sont aperçus de la réserve qu'on a là-dessus. J'ai vu une fille de quatorze à quinze ans, sourde de naissance, qui avait été mise dans un couvent et qui fut déshonorée en Piémont sans aucune révolte de sa part. [Fin de l'Extrait XXIII]

qu'elle crut que je la voulais fouetter. Elle fit bien plus, car ayant pris une chemise devant elle, elle la vint lever et m'examina avec étonnement et me mania sans honte. Ceci, M.R.P., est la pure vérité,[150] c'est ce qui m'a fait faire cette réflexion.

Que répondriez-vous aux Caraïbes, M.R.P., et aux Canadiens sauvages, s'ils vous disaient pour réponse à vos sermons [37]: Adam était tout nu avant son péché, sans s'en apercevoir; c'est son péché qui lui a ouvert les yeux. Vous qui les avez ouverts, c'est que vous en descendez et que vous participez à son péché, comme vous en convenez. Donc, nous qui n'avons ni cette ouverture d'yeux, ni cette honte, nous qui ne connaissons point de parties honteuses, nous descendons d'un autre homme qui n'a point péché. Quand vous êtes venus dans ces terres, vous les avez trouvées habitées. Les descendants d'Adam n'ont pu y passer, nous sommes une race sainte, la postérité d'un homme fidèle aux ordres de Dieu, nous sommes dans l'état d'innocence et de pure nature où vous seriez si Adam eût résisté à la tentation. Nous n'avons que faire de libérateur ni de médiateur, nous n'avons point besoin de votre baptême et de vos sacrements, ni de vos mystères; vous êtes une race maudite et criminelle, retirez-vous, votre commerce attirerait sur nous la colère de Dieu, offensé par vous et qui n'a reçu de nous que de fidèles et pures adorations.

Je ne pense pas qu'il puisse y avoir rien de plus effronté et de plus hors de sens que d'aller dire à des gens: Il faut avoir honte de sa nudité, à cause de certain péché dont nous venons vous apporter le pardon et vous appliquer le mérite d'une victime qui a satisfait pour vous; cependant, il faut vous couvrir, vous ne pouvez pas rester nus, car en punition de ce péché, Dieu a imprimé dans les cœurs la honte de la nudité; travaillez, prenez mille peines pour avoir des habits. Quelle contradiction en tous les points!

4°) Il y a encore une condamnation de manger son pain à la sueur de son visage, de labourer la terre qui ne produira qu'avec peine, et des fruits mêlés de mauvaises herbes.[151] Les Iroquois, les Hottentots, les Caraïbes, les Tartares, et peut-être bien d'autres ne travaillent point, ne labourent point, ne sèment point,[152] et ils se portent [38] mieux que nous; plusieurs nations de nègres en font de même. Voilà la condamnation frustrée, ou ces gens sont d'une autre race que nous.

Moïse n'avait pas fait grand chemin, il n'avait vu que des hommes habillés, travaillant, semant et labourant; il n'imagina pas que cela pût être ailleurs autrement. Pauvre physicien, mauvais cosmographe, historien très mal muni de connaissances: les Massagètes,[153] de son temps, et dans un pays peu éloigné du sien, vivaient aussi sans travail.

5°) Cette rare histoire veut encore que ce soit ce péché qui ait causé la mort.[154] Pour peu d'attention que l'on veuille faire, on voit que la dissolution est un accident nécessaire et inévitable à toute machine matérielle: les bêtes, les arbres, exempts de participation, ne meurent-ils pas? Les pierres, les diamants meurent; notre corps est

[Extrait XXIV] Cette rare histoire de la Bible veut encore que ce soit ce péché qui ait causé la mort.[154] Pour peu d'attention qu'on veuille faire, ne voit-on pas que la dissolution est un accident nécessaire et inévitable à une machine matérielle, et qu'ainsi la mort est essentielle et naturelle aux animaux? Les brutes et les arbres

une machine matérielle: il a plu à Dieu d'y unir un être intelligent. Cette union n'y apporte aucun changement.[155] Adam était-il exempt de la mort violente; aurait-il résisté à un coup de canon, son col était-il intranchable, ou aurait-il vécu la tête coupée? Plusieurs hommes ne se seraient-ils pas noyés, écrasés etc.?

exempts de participation au péché ne meurent-ils pas? Les pierres et les diamants mêmes meurent. La machine de notre corps, à laquelle il a plu à Dieu d'unir un être intelligent, ne diffère en rien de celle des animaux. Cette union n'y apporte aucun changement.[155] Adam était-il exempt de la mort violente? Aurait-il résisté à un coup de canon? Son col était-il intranchable? Ou aurait-il vécu la tête tranchée? Plusieurs hommes ne se seraient-ils pas noyés, écrasés, etc.? Quel traitement auraient reçu ceux-là.→

Mais pour mettre la question hors de toute dispute, la génération était instituée avant le péché. Si les hommes avaient multiplié sans mourir, la terre aurait été couverte en moins de trois mille ans comme le parterre de l'Opéra le jour d'une première représentation. Loin d'avoir des champs pour se nourrir, les hommes et les bêtes n'auraient point eu de quoi se poser au bout d'une centaine de siècles.

Mais pour mettre la question hors de toute dispute, la génération avait instituée avant ce péché. Or si les hommes avaient multiplié sans mourir, la terre aurait été couverte en deux ou trois mille ans comme le parterre de l'Opéra à une première représentation. Loin d'avoir des champs pour se nourrir, les hommes n'auraient pas seulement eu de place pour se coucher au bout d'une centaine de siècles. [Fin de l'Extrait XXIV]

Comme les suppositions ne coûtent rien, on dira qu'à certain âge Dieu les aurait enlevés tout vivants dans le ciel. Mais **[39]** cela est dit en l'air. Après cela, voilà une belle invention! A quel propos Dieu aurait-il fait les hommes? Cette machine matérielle est inutile dans le ciel. Pourquoi les faire rester sur la terre un temps? Qui aurait déterminé ce temps s'ils eussent été impeccables?

J'entends[156] d'ici quelque capuce vénérable s'écrier: Qui es-tu, vil atome, qui veux scruter les desseins de Dieu? Humilie-toi et adore la profondeur de ses jugements, et respecte l'obscurité qu'il a voulu répandre sur bien des choses. Est-ce à toi à l'interroger? Non, s'il me parlait; mais c'est vous que j'interroge, vous dont l'intérêt se trouve à m'abuser, vous qui ne vivriez pas à l'aise si l'on avait détruit ce monstre de fables que vous nous[157] débitez et qui vous font respecter des faibles,[158] vous enfin qui, pour la plupart, seriez occupés à labourer la terre si on n'était infatué de ces misères. Répondez si vous le pouvez; vous abaissez Dieu, vous en faites un tissu d'imperfections. J'en ai une plus haute idée, et ce n'est point manquer à l'Etre suprême que de voir vos fourberies ou vos sottises, et de vous mépriser autant que vous êtes méprisables; mais vous faites la cause de Dieu de la vôtre, cet usage est ancien et ne m'étonne point.

J'espère, Mon Révérend Père, que vous conviendrez que la création du monde eût été inutile si l'homme eût été impeccable, puisque la seule vue de la possibilité est égale, pour Dieu, et qu'il n'avait pas besoin de créer pour connaître l'effet de ses productions.

On pourrait ajouter à ces cinq articles la promesse d'une longue vie à ceux qui respecteront leurs pères,[159] dont la fausseté n'est pas moins évidente, et la célèbre description de la terre de Canaam, de cette terre promise dont on fait un pays de Cocaigne[160] et qui, dans le vrai, est un des mauvais pays du monde, ou du moins inférieur à bien d'autres.

Puis Dieu ordonne de détruire ce peuple jusqu'au dernier.[161] Imaginera-t-on que nous croirons cela et que nous ne dirons pas: quand Dieu aurait pu ordonner un massacre, il est impossible que quelqu'un **[40]** des vaincus ne se sauve par sa résistance et sa soumission. Peut-être dans deux mille ans d'ici on donnera le massacre de la St Bathélemy comme une exécution des ordres de Dieu, et Henri III et ses mignons seront regardés comme les ministres pieux dont Dieu s'est servi pour détruire les protestants.

Article quatrième. S'il y a des prophéties dans ces livres.

Mille endroits de ces livres nous disent que Dieu ne prévoit pas les actions libres. S'il les prévoyait, à quoi bon tenter Adam? Il n'y avait tout d'un coup qu'à le mettre dans l'état où il fut depuis, puisqu'il savait sûrement qu'il le mériterait. A quoi bon tenter Abraham, s'il savait l'effet de sa foi? Mais il y a bien plus: après son acte d'obéissance, Dieu lui dit: *Je connais à présent que tu crains le Seigneur.*[162] Il n'en savait donc rien auparavant, ou bien il faut se récrier sur la grossièreté de l'écrivain ou sur son peu d'exactitude dans un livre de si grande conséquence.

Dieu, selon lui, ne voit donc pas les pensées actuelles des hommes et il lui faut des actions extérieures pour l'en faire juger. Ainsi en usent les hommes.

Je soutiens, quant à moi, qu'il est impossible qu'il y ait des prophéties sur les actions des hommes. Nous sommes libres. Qu'un prophète vienne me dire que je mettrai demain un habit rouge, à coup sûr, il en aura menti: je ne suis point un[163] horloge ni une marionnette, j'ai en moi un principe de choix et de détermination pour mes actions. Dieu prévoit absolument les actes nécessaires qui suivent d'un enchaînement de causes, une éclipse de soleil par exemple, la durée du monde, une inondation etc., mais il est absurde de dire qu'il prévoit absolument les actions libres.

A l'égard des actes libres, Dieu voit tous les cas, toutes les circonstances **[41]** possibles, tous les degrés de probabilité pour le oui ou pour le non, toutes les suites possibles des actions dans toutes les circonstances possibles, et toutes les combinaisons possibles de tout cela, ce qui est une connaissance infinie: une petite circonstance, une action d'un être libre dérange tout. Dieu voyait cette action possible, mais il ignorait laquelle de toutes les possibilités présentes à lui dérangerait cet ordre; il voyait cependant le plus ou le moins d'apparence.

On se couvre d'une fausse idée que Dieu ne serait pas infini et que sa puissance serait bornée s'il ne prévoyait pas les actions de tous les êtres. On peut dire aussi qu'il n'est pas infini parce qu'il ne prévoit pas les choses impossibles, et s'il ne peut faire un bâton sans deux bouts, une partie d'un tout plus grande que le tout dans lequel elle est contenue, un carré dont un côté soit plus grand que sa diagonale, il faut dire aussi que sa puissance est bornée.

Dieu peut tout, son pouvoir, sa science, sa prévoyance sont sans bornes, il n'y a nulle difficulté, mais cela ne signifie pas qu'il peut ce qui est impossible.

Cela signifie qu'il voit toutes choses comme elles sont et peuvent être: les nécessaires comme nécessaires, avec un *assurément*, les contingentes comme contingentes, avec un *peut-être*, et comme pouvant arriver ou ne pas arriver, suivant la détermination libre des agents auxquels il a donné une volonté libre, qui a eu elle-même la faculté de se tourner et de se porter de quel côté elle veut.

Dieu,[164] sans contredit, peut tourner ma volonté et la déterminer à telle ou telle chose. Il peut imprimer à mon bras tel ou tel mouvement,[165] mais dans l'instant qu'il use de ce pouvoir, il agit inconséquemment et rend inutile cette liberté d'action et de détermination qu'il a mise en moi, que je ne me donnerai point la peine de prouver parce que chacun la sent. S'il agit inconséquemment, il cesse d'être parfait, **[42]** il cesse d'être Dieu, puisque l'idée de Dieu entraîne avec soi l'idée d'un être parfait, et il n'est pas plus possible à Dieu de faire un acte d'un être imparfait que de faire un cercle dont les diamètres soient inégaux.

Il[166] est également faux que Dieu prévoie les actions des êtres libres, comme il le serait de croire qu'il ne prévoit pas les cas nécessaires qui suivent d'un enchaînement de causes. Vous semez un gland, Dieu voit dans l'instant s'il prendra racine, à quelle hauteur et grosseur il parviendra, la longueur et grosseur des branches, leur quantité, celle des feuilles, des glands qu'il produira par chaque année, ceux qui prendront racine, leur postérité à l'infini, quand ce chêne mourra etc., pourvu qu'aucun homme[167] ne trouble l'économie naturelle. Dieu en prévoit encore toutes les possibilités, mais il ne voit point laquelle de toutes aura une réussite.

Jetez un boisseau de dés du haut d'un clocher; dès que la secousse[168] est donnée, Dieu sait la chance que feront tous ces dés, sur quelle face chacun sera posé, parce que cela dépend du degré de force de cette secousse, de la situation des dés dans le boisseau, de la dureté des dés et de la dureté et configuration de la matière sur laquelle ils tomberont. Cette secousse était libre, vous la pouviez changer à l'infini, Dieu voyait tous les degrés de force que vous y pouviez donner, et toutes les chances que les dés auraient amenées. C'est tout ce que Dieu voyait à cet égard. En quoi sa connaissance est infinie.

Il nous a donné la liberté de vouloir et d'agir, il voit tout ce que nous pouvons vouloir, tout ce que nous pouvons faire; s'il voyait distinctement ce que nous voudrons ou ferons, il verrait au-delà de la possibilité.

Il est de l'essence d'un être libre de n'être fixé à rien, de pouvoir aller au blanc, au noir, à droite, à gauche, comme il est de l'essence du cercle d'avoir tous ses diamètres égaux, comme il est de l'essence de l'éternité de n'avoir ni commencement ni fin. On peut donc dire également: *Dieu ne voit point déterminément l'action future d'un être* **[43]** *libre* comme on dit: *Dieu ne voit point le dernier moment de l'éternité* sans pour cela qu'on donne des bornes à sa connaissance; et que *Dieu ne peut interrompre notre liberté comme il ne peut faire un cercle dont les diamètres soient inégaux*, sans pour cela que l'on borne sa puissance. C'est au contraire la prôner que de dire qu'elle est conforme aux choses qui en sont l'objet; en parlant autrement, ce serait dire que ses connaissances sont fausses, et voir une chose autrement qu'elle n'est, est-ce voir?

Mais, dira-t-on, Dieu ne voit donc que comme les hommes; il y a une grande différence si l'on parle en général: Dieu voit distinctement et comprend tout, nous voyons peu et avec obscurité; il voit tout par sa nature, nous ne voyons que par la faculté qu'il nous a donnée; Dieu voit toutes les conséquences et toutes leurs combinaisons d'une seule vue claire; Dieu voit toutes les possibilités et tout ce qui en peut[169] résulter dans toutes les combinaisons; mais si l'on se fixe à un point, il n'y a nul inconvénient à dire que Dieu ne voit que comme les hommes que quatre et quatre font huit. Dieu voit en même temps une infinité d'autres choses, mais cela ne fait rien à la simple vue de deux fois quatre font huit.

Vous rabaissez Dieu, crieront des zélés diseurs de patenôtres: est-ce donc en disant de Dieu des faussetés manifestes et impertinentes qu'on l'honore? Est-ce en mentant qu'on l'élève? Dites donc, pour l'honorer davantage, qu'il voit le premier et le dernier moment de l'éternité, qu'il voit ou a l'idée de quelque chose plus grand que lui? qu'il peut faire une montagne sans vallée. On ne peut élever Dieu davantage qu'en disant qu'il voit et connaît tout parfaitement, et connaître parfaitement, c'est connaître la vérité, c'est voir les choses telles qu'elles sont.

Dieu a créé les êtres libres; plus ces êtres sont libres, plus il y a de grandeur dans son ouvrage, et cette grandeur est au suprême degré lorsque ces êtres sont si libres qu'il ne voit pas à quoi ils se porteront; sans cela nous sommes des machines d'une perfection fort bornée. Un **[44]** être libre a plus de perfections qu'un qui ne l'est pas, donc ceux qui nient la liberté donnent moins de gloire à Dieu, puisque plus l'ouvrage est parfait, plus l'ouvrier a de gloire. Un roi qui fait un prince souverain et indépendant, marque plus de puissance que celui qui fait un duc tel que ceux d'à présent.

Jamais la grandeur romaine n'a tant éclaté que lorsque le sénat a fait des rois souverains dans leurs états.

Il est vrai, M.R.P., que j'ai su depuis quelques années[170] que les sociniens niaient la prévision, mais je puis vous assurer que j'avais les pensées que je viens d'expliquer longtemps avant d'avoir vu aucun de leurs écrits ni aucune de leurs raisons; et, comme j'ai résolu d'épuiser cette matière malgré toutes ces raisons, ne laissons pas de voir ce que c'est que vos prophéties:

1° La plupart des prophètes étaient samaritains, donc hérétiques et d'une secte condamnée par le reste des Juifs. Comment ceux-là ou ceux de l'autre secte méritaient-ils également les inspirations divines?

2° On a donné nom de prophéties à tout ce que l'on a voulu, on y a cousu bien des pièces à mesure qu'on en a eu besoin; presque toutes sont des récits de choses passées ou des menaces ou des imprécations de colère. On prétend se sauver en disant que ces faits passés étaient des figures ou des types.[171] Sur quoi fondé cela? Les livres n'en disent rien, non plus que du sens mystique; on reconnaît bien là que la nécessité est la mère de l'invention; le moindre particulier trouvera les figures ou les types de sa vie dans Hérodote dès qu'il n'y a qu'à chercher quelque convenance ou ressemblance.

Jean Huss était le type de Servet,[172] je suis le type de mille malheureux qui naîtront dans les siècles futurs. J.-C. était le type de Jean Huss, et tout l'Evangile est une prophétie à son égard. Il n'y a point d'histoire dont je ne puisse tirer des lambeaux, dont je ferai des prophéties pour qui il me plaira. De combien de magistrats le consulat du cheval de Caligula[173] n'est-il pas la figure? **[45]**

Mais à quoi bon ces figures, bel expédient et bien digne de l'être parfait, pour instruire de faibles créatures de choses au-dessus de leur portée? Quel beau type de notre religion ne trouverait-on pas dans l'histoire des Incas, qui offraient des pains au soleil dans leurs fêtes solennelles? On trouve des sens mystiques où l'on veut.

Les figures qui sont au cimetière Saint-Innocent, posées par Nicolas Flamel, représentent une Résurrection: les chimistes y trouvent le secret de la pierre philosophale.[174] Tous ces écrits à qui l'on donne le beau nom de prophéties sont des galimatias. Ecrivons nos songes ou les visions d'un frénétique, ce seront d'aussi belles prophéties s'il se trouve des gens qui veuillent bien faire leur métier d'en appliquer quelques lignes à tous les événements, soit dans le sens naturel, allégorique ou ironique.

Jurieu a mille fois mieux prouvé[175] la destruction du papisme et le triomphe du calvinisme en France pour l'an 1713 par les prophéties de l'Ancien ou du Nouveau Testament que l'on n'établira jamais la naissance du Messie à l'an 755 de la fondation de Rome; toutes les applications sont arbitraires, on trouve le pour comme le contre.

Je vais trouver dans le premier livre qu'il vous plaira la prophétie de toute ma vie en l'appliquant et l'expliquant comme on fait les livres des Juifs, citant les Evangiles et les Pères, et même plus juste et plus fidèlement. J'ouvre les *Lettres du chevalier D.H.* page 265,[176] les derniers mots sont: «Je vois que cet exercice m'est extrêmement contraire». Je suis revenu de la chasse avec la fièvre afin que les écritures soient accomplies, quand le prophète D.H. a dit: «Je vois que cet exercice m'est extrêmement contraire». Les premiers mots de la page suivante sont: «Mon mariage est rompu». On m'a voulu marier à l'âge de vingt-quatre ans, ce qui ne réussit pas,[177] *Ut implerentur verba prophetae, D.H. dicens:*[178] «Mon mariage est rompu».

Voilà comme les apôtres ont trouvé des prophéties, voilà comme les prédicateurs trouvent dans ces livres divins ce qu'ils veulent, **[46]** et les textes du panégyrique d'un saint imaginaire, ou de l'oraison funèbre du premier qui veut les payer.

Qui ne fera des prophéties pareilles à celles qu'on nous donne? Si vous alléguez quelques morceaux de ces livres qui aient un air plus positif, en serez-vous plus forts? Que risque un soi-disant prophète qui ne fixe point de temps et qui ne marque nulle circonstance précise? Je prédis que Paris sera détruit en sorte qu'on n'en apercevra pas le moindre vestige et que la Seine passera au nord de Montmartre. Si cela arrive, je suis prophète; sinon, ma prophétie subsiste et dans cent millions de siècles on ne sera pas en état de dire que j'ai menti. Je sais la formule d'échappatoire de Messieurs les théologiens: le temps marqué par la Providence, ce temps réservé dans les trésors de la sagesse divine ne sera point arrivé. Et si une inondation ou un tremblement de terre abîme l'île que l'on appelle la Cité et l'ancien Paris, et que l'inondation soit assez forte pour que les eaux gagnent jusqu'au nord de Montmartre, quoiqu'elles se retirent, on dira encore que j'ai prophétisé.

Ainsi les Juifs attendent leur délivrance. Si l'on prédisait les éclipses de cette façon, la moindre paysanne en saurait autant là-dessus que Messieurs de l'Observatoire.

Si Dieu avait voulu faire une prophétie, elle eût été sans équivoque.

Tous les prophètes qui parleront clairement ne seront pas longtemps en crédit; les plus fins parlent obscurément, en termes généraux et ambigus. Il se rencontre des interprètes officieux qui épuisent leur génie, leur science et leur force pour trouver du sens et de la raison dans des visions cornues.

Nostradamus est cent fois plus positif, Ovide a bien mieux prédit que son nom et ses *Métamorphoses* seraient immortels, Sénèque qu'on découvrirait l'Amérique.[179] Quelles tortures se donnent tous **[47]** les jours mille gens pour ajuster ensemble les prophéties de Jacob et de Daniel![181] On y trouverait encore du rapport, fussent-ils plus contraires qu'ils ne sont, s'il est possible.

Je voudrais bien que les Scaliger et les Petau[182] etc. eussent été païens. Ils auraient bien fait voir le faux de ces prédictions. Tous ces habiles gens ne peuvent convenir ensemble. Chacun change la chronologie la mieux établie, dément tous les historiens, fait mourir tel prince, régner tel autre avec son père ou son oncle, change le nom de l'un, allonge la vie de l'autre etc.

Ils passent sur le ventre à mille articles de ce vénérable livre même, ils bouleversent tout, font mille suppositions sans règle que leur fantaisie, parce qu'ils se sont mis en tête de trouver de l'apparence où il n'y en a point. Encore nul n'a-t-il trouvé le secret de satisfaire les autres et soi-même; il y a autant de systèmes que d'interprètes. Si ces prétendues prédictions avaient du sens, chacun l'y verrait et l'y trouverait de la même manière.

Mais quand cela serait plus solide et qu'il y aurait au moins une légère apparence, serait-ce là des prophéties dignes de Dieu par rapport à leur usage? Y avait-il dans toute la Judée dix personnes en état de débrouiller ce chaos? Où était l'évidence à tout un peuple pour reconnaître ce Mes-

[Extrait XXV] Tous les prophètes qui parleront clairement ne seront pas longtemps en crédit. Les plus fins ne parlent qu'obscurément, en termes généraux et ambigus. S'il se rencontre des interprètes officieux qui épuisent leur génie, leur science et leur force pour trouver du sens où il n'y en a point, et de la raison dans des visions cornues, alors la prophétie sera en honneur.

Nostradamus est mille fois plus positif que tous nos prophètes. Sénèque a bien mieux prophétisé qu'on découvrirait l'Amérique, Ovide que son nom serait immortel, aussi bien que ses *Métamorphoses*,[179] Virgile que le pouvoir des Romains n'aurait point de fin.[180] Quelle tortures se donne-t-on tous les jours pour ajuster ce qu'on appelle les prophéties de Jacob et de Daniel![181] Quand ces vénérables oracles diraient tout le contraire, ou qu'étant tels qu'ils sont, les faits seraient tout différents de ceux en question, ces interprètes y trouveraient autant de rapport.

Je voudrais bien que des Scaliger, des Pétau[182] eussent été juifs ou païens, ils auraient bien fait voir le faux de ces belles prédictions. Tous ces habiles gens ne peuvent convenir ensemble. Chacun change la chronologie la mieux établie, dément tous les historiens, fait mourir tel prince, régner l'autre avec son père ou son oncle, change le nom de celui-ci, allonge la vie de celui-là, passe sur le ventre à mille articles des plus positifs de ce vénérable livre même, bouleverse tout, et fait cent mille suppositions qui n'ont d'autre fondement que la fantaisie et la nécessité où il s'est mis de trouver de l'apparence où il n'y en a point. Encore aucun ne vient-il à bout de satisfaire les moins difficiles, ni lui-même. C'est autant de différents systèmes; on en fait tous les jours de nouveaux. Si ces prétendues prédictions avaient du sens, chacun l'y verrait de la même manière.

Mais quand cela serait plus approchant du solide, et que tant de travaux atteindraient quelque espèce de succès, seraient ce là des prophéties dignes de Dieu par rapport à leur usage? Y avait-il dans toute la Judée dix personnes capables de débrouiller ce chaos et d'ajuster tant de

sie, si différent de celui qu'ils devaient attendre suivant le sens naturel, en voulant regarder ces livres comme prophétiques? Il fallait au moins marquer le jour de sa naissance et qu'il eût une marque sans équivoque, car il peut être né d'autres enfants le même jour et au même moment dans le même lieu. Et quand la prophétie eût marqué le temps et le lieu, elle eût été imparfaite sans cette marque, et inutile. Tout ce que l'on eût pu ajouter touchant les actions et les discours du personnage prophétisé n'eût encore abouti **[48]** à rien. Le premier venu pouvait parler et agir comme devait le faire l'homme prophétisé pour s'appliquer la prophétie. Il fallait donc une marque singulière et inimitable.

Si l'on allègue les miracles, la prophétie était assez inutile et les miracles parlaient assez s'ils étaient vrais.

faits différents, incertains et inconnus? Où était l'évidence à tout un peuple pour la reconnaissance de ce Messie, dissemblable à celui qu'ils avaient lieu d'attendre suivant le sens naturel, en les voulant prendre pour prophéties? Il était au moins nécessaire que les prêtres sussent précisément le jour de la naissance, et qu'ils eussent une marque sans équivoque; car il peut naître d'autres enfants le même jour et au même moment dans le même lieu. Sans cela, quand même la prophétie aurait été précise pour le temps et le lieu, elle aurait été imparfaite et inutile. Tout ce qu'on aurait pu y ajouter touchant les actions et les discours du personnage prophétisé n'aurait encore abouti à rien. Le premier venu aurait pu agir et parler comme le portait la prophétie, pour se l'approprier; il fallait donc une marque singulière et inimitable.→
Si l'on allègue les miracles, la prophétie était assez inutile, les miracles parleraient suffisamment. Une simple promesse satisferait à tout. [Fin de l'Extrait XXV]

Article cinquième. La promesse d'un Libérateur.

On pouvait nier cette promesse. Les Juifs n'y songeaient assurément point au sens qu'on la prend; on ne la peut au plus trouver qu'en termes vagues et si peu circonstanciés que ceux à qui et pour qui elle a été faite, qui en étaient les dépositaires, ne la connaissent pas et en attendent encore l'effet, et un tout autre effet que celui que les chrétiens prétendent.

Enfin, quand vous gagneriez quelque terrain sur les Juifs, ce ne serait que dans leur méthode et suivant leur manie. C'était le train de ces ignorants d'établir ce qu'ils imaginaient, et cela n'est d'aucun poids pour le reste des hommes.

Les Grecs et les Romains ne faisaient rien sans avoir consulté les augures et pris les auspices, les Orientaux ne font rien sans consulter les astrologues et les devins. En conclurez-vous que je dois rentrer chez moi si, en sortant, je touche le seuil de ma porte?

Cette remarque est plus considérable qu'il ne semble; sommes-nous donc obligés de donner dans la folie des Juifs? On veut convaincre tout le genre humain par les pratiques extravagantes de la plus petite et de la plus méprisée des nations.

On ne nie point qu'il n'y ait quelques applications assez heureuses de certains passages, mais on en trouve tous les jours **[49]** de plus justes dans des auteurs qui n'ont jamais pensé à des choses indifférentes à quoi on applique quelques-uns de leurs passages. *Uno avulso non deficit alter*[183] était fort bien trouvé pour le second duc de Bretagne. La mort du premier était-elle donc prédite par Virgile, et la naissance du second promise?[184] Passons au Nouveau Testament.

Section seconde. Le Nouveau Testament.

Article premier. Si ce livre est divin.

Les mêmes raisons générales rapportées contre les livres des Juifs foudroient aussi cette supposition ridicule; et en particulier, la seule vue suffit pour le faire mépriser. Rien n'est plus mal conçu, sans ordre, sans suite, mal exprimé; mauvais langage, répétitions de choses inutiles, omissions de choses nécessaires; rien n'est plus défectueux, rien n'est plus plein de contrariétés, de galimatias, de fausses citations.

Je sais qu'il y a plusieurs ouvrages très laborieux sous le nom de chaînes, concordances, harmonie,[185] par lesquels on prétend pallier les défauts palpables de ce livre divin. Ce soin que prennent les zélés partisans de la divinité de ce livre n'est-il pas concluant pour faire voir que c'est un mauvais ouvrage qu'ils connaissent pour tel? Un livre divin a besoin que par des explications forcées on fasse voir qu'il ne se contrarie pas, qu'il est d'accord avec lui-même sur les faits et sur l'arrangement de ces faits, je ne dis pas sur les dates, car il n'y en a pas une: en ce temps, *in illo tempore:*[186] on peut faire mille hypothèses là-dessus pour concilier les faits, et encore n'en vient-on pas à bout, mais on se sauve mieux dans le désordre.

Je conviendrai volontiers que ce livre est écrit simplement **[50]** et avec un grand air de bonne foi. Convenez de même qu'il est écrit en mauvais langage, mauvais style, avec confusion et obscurité, sans discernement, sans attention et qu'aucun livre au monde n'est plus mal bâti. Nos anciens Gaulois ont de même un air de naïveté qui plaît et semble emporter la croyance jusque dans les romans;[187] qu'un paysan fasse une fausse histoire, il parle grossièrement et simplement; soit ruse, soit stupidité, son air naïf persuade.

Le St Esprit, dit-on, néglige les vains ornements de la rhétorique humaine. Je le veux, mais est-ce un ornement de rhétorique de suivre le bon sens, de faire entendre clairement et simplement sans équivoque, de ne proposer que de solides raisons de la manière la plus courte et la plus claire qui se puisse?→

[Extrait XXVI] Il est bien sûr que si Dieu voulait vêtir un homme pour l'hiver, il ne lui donnerait pas un pourpoint découpé. Il lui en donnerait un de bon[ne] étoffe, qui lui couvrirait tout le corps.→

Dieu, en dictant un livre, négligerait les vains ornements de l'invention des hommes, toutes ces figures ridicules, ces antithèses, ces hyperboles, ces répétitions tournées de dix façons, et tant d'autres

Ainsi, Dieu, en dictant un livre, négligerait certainement les vains ornements de l'invention des hommes, et toutes ces figures ridicules au bon sens, ces antithèses, ces hyperboles, ces répétitions tournées de dix fadaises dont nos prédicateurs sèment leurs sermons, mais il ne négligerait pas la netteté, la clarté de l'expression, la solidité des raisons, la justesse des comparaisons etc. C'est justement de l'omission des choses essentielles que l'on se plaint, et qu'il faut reconnaître pour des défauts humains, des marques de la plus grande ignorance et du génie le plus grossier.

Les légendes des siècles barbares sont écrites de même simplement, d'un air de bonne foi, en mauvais langage, mauvais style; elles sont remplies d'impertinences, de suppositions grossières, de miracles ridicules et d'impostures.

Mais il est faux que le St Esprit des chrétiens néglige les ornements de la rhétorique: l'Ancien Testament est plein d'hyperboles et d'autres figures; des livres entiers sont en vers;[188] et cette affectation de commencer chaque article d'un livre par les lettres de l'alphabet, **[51]** tout de suite, n'est-elle pas un des plus puérils ornements humains? L'Evangile ne parle qu'en figures, ce n'est qu'apologues. N'admire-t-on pas le début de St Jean: *In principio erat verbum et verbum erat apud Deum*[189] etc.? Que cela est sublime! s'écrie-t-on. Oui, sans doute, ce coq-à-l'âne et ces répétitions ridicules ont bien mérité la monture que l'on a donnée à St Jean: il s'élève jusqu'au ciel sur un aigle.[190] Et, remarquons-le en passant, Mon Révérend Père, Jupiter avait un aigle, Junon un paon, Minerve une chouette; il a fallu donner aussi des bêtes symboliques à nos évangélistes: St Jean a l'aigle, St Luc le bœuf etc.

Il est inutile que je fasse là-dessus la moindre réflexion, le fait parle assez.

Revenons au livre divin, donnons-le à cent personnes séparément et disons-leur à chacun[191] d'en extraire un système de religion, seulement un catéchisme; aucun

façons, et tant d'autres fadaises dont nos prédicateurs sèment leurs sermons; mais il ne négligerait pas ce qui est fondé sur la raison, la netteté, l'arrangement, la clarté de l'expression, la solidité des raisons, la justesse des comparaisons. C'est justement l'omission des choses essentielles dont on se plaint et qu'il faut reconnaître, malgré qu'on en ait, pour des défauts et des marques de la plus grossière ignorance et du génie le plus grossier.→

Il n'y a pas seulement une date dans tout ce livre: *en ce temps-là*. On peut faire mille et mille hypothèses pour en concilier les faits, encore n'en peut-on venir à bout; mais enfin on se sauve toujours dans le désordre.→

Les légendes des siècles barbares sont de même écrites d'un air de bonne foi, en mauvais langage et mauvais style, et cependant remplies d'impostures, de miracles ridicules et de suppositions grossières.

Après tout, il est faux que le Saint-Esprit des chrétiens néglige les ornements de la rhétorique: l'Ancien Testament est plein d'hyperboles et autres figures. Cette affectation de commencer chaque article d'un livre par les lettres de l'alphabet selon leur suite, n'est-elle pas un des plus puérils ornements humains? L'Evangile ne parle qu'en figures, ce n'est que paraboles. Convenez, mon Révérend Père, qu'il est aisé de faire un pareil livre et une semblable narration en l'air, sans aucun fait réel qui y ait rapport. Il m'est aussi aisé de dire que j'ai cent mille écus dans mes coffres, comme si c'était la vérité. Chose admirable! un livre fait par Dieu même, pour être la dernière instruction qui sera donnée aux hommes, et par conséquent qui devrait être la plus parfaite qui se puisse, n'est pas une instruction, mais un recueil de coq-à-l'âne fait exprès.→

Qu'on donne ce livre divin à mille personnes séparément pour en faire chacun un système de religion, pour en tirer seulement un catéchisme, il n'y en aura pas un de ne sera semblable à l'autre, ni pareil à celui d'aucune secte que ce soit. Mille sectes sous nos yeux, toutes opposées entre elles, s'y fondent également: l'instruction est[192] donc mal faite.

Quand il n'y aurait qu'une faute, c'en serait assez pour prouver que ce livre n'est pas divin ni l'ouvrage de Dieu;→
il y en a mille palpables. Si vous les rejetez sur les copistes, ou sur la perte ou sur le dérangement de quelques morceaux, ce qui est apparent en bien des endroits, Dieu a donc abandonné le soin de ce livre ou il ne l'avait jamais pris.

Ce qu'il y a de plus plaisant, c'est que ceux qui ont fait ce livre supposé divin n'ont jamais pensé que Dieu y eût la moindre part. Ils disent le contraire positivement en assurant qu'ils ne disent que ce qu'ils ont vu ou ouï dire à des gens fidèles,[193] et ils le sont au point de se contredire les uns les autres et eux-mêmes.→
Mais,[194] M.R.P., ils ont donc rapporté ou ce qu'ils ont vu ou ce qu'ils ont ouï dire à des gens qu'ils croyaient fidèles. On ferait un beau livre en ramassant les idées de la populace et les contes que l'on fait sur les moindres choses. [52]

semblable à l'autre, ni égal ou pareil à celui de quelque secte que ce soit. Il est de fait, sous nos yeux, que cent sectes différentes y trouvent leur fondement. On ne le peut nier, ni par conséquent que cette instruction est mal faite.→
Quand il n'y aurait qu'une seule faute, ce serait assez pour prouver invinciblement que ce livre n'est pas l'ouvrage de Dieu.

Il y en a mille palpables, sans compter celles que vous pouvez rejeter sur les copistes ou sur la perte ou sur le dérangement. Cela est plus qu'apparent. On ne peut même se passer de l'admettre. On ne peut aussi désavouer que Dieu a abandonné le soin de ce livre, et qu'ainsi, quand l'original aurait été son ouvrage, ce qui reste ne l'est plus. Cette instruction, loin donc d'être l'ouvrage de l'Etre parfait, n'est pas seulement le travail d'un habile homme. Un habile homme fait un livre où l'on peut apprendre la géométrie et l'algèbre, qui sont bien plus difficiles que ne doit être la religion. On fait tous les jours des catéchismes et des cours de logique et de théologie.

Ce qu'il y a de plus plaisant, c'est que ceux qui ont fait ce livre qu'on suppose divin, n'ont jamais pensé que Dieu y ait la moindre part. Loin de là, ils disent positivement le contraire, affirmant qu'ils ne rapportent que ce qu'ils ont vu ou ouï-dire à des gens de probité,[193] et ils sont si fidèles qu'ils se contredisent les uns les autres.

Les uns rapportent les mêmes faits avec des circonstances toutes différentes et opposées à celles rapportées par les autres. Les uns omettent des faits importants, quoiqu'ils en rapportent d'indifférents et même d'inutiles. Il est vrai qu'on peut dire que c'est une marque qu'ils ne se sont point entendus, mais il est vrai qu'on doit dire aussi qu'ils étaient mal attentifs et mal informés.[195]

Les premiers chrétiens et les premiers Pères n'ont point pris ce livre pour divin. Ils savaient qu'il n'avait été fait qu'après coup, par occasion, de pure volonté, comme les autres histoires. Ils ne rajustaient point du nom de saint[s] les évangélistes ni les apôtres; c'était simplement Pierre, Paul, Marc. Ils disaient leur sentiment des personnes et des écrits, en en parlant à tous égards comme d'Hérodote et de Platon. Ce n'est que par la suite que les chrétiens ont authentiqué ces livres. Ce n'est que d'eux-mêmes, de leur seule autorité, par fantaisie ou par nécessité, qu'ils en ont dressé le canon et qu'ils les ont consacrés, déclarant leurs auteurs saints, prophètes et inspirés de Dieu. [Fin de l'Extrait XXVI]

Combien de folies n'entasserait-on pas sur le rapport de gens crédules et de bonne foi et sur celui des malins, des gens qui prennent plaisir à débiter des choses merveilleuses et des menteurs que l'on ne connaît pas pour tels? Que ne dit-on pas des possédées de Loudun?[196] Nous savons vous et moi ce qui en est.

Dieu parlerait-il incertainement s'il avait inspiré les auteurs de ce livre? Y verrions-nous huit ou dix? y verrions-nous ou plus ou moins?[197] une certaine personne, lorsqu'ils en nomment d'autres sans nécessité? Y aurait-il des peut-être, etc.? Ce qui fait qu'on se sert de ces termes, c'est que l'on ne sait pas les choses au juste.

Dieu se servirait-il de paraboles et de comparaisons autrement que pour expliquer et faire entendre ce qu'il a dit positivement? S'il en faisait, en ferait-il de mauvaises, de fausses? Sans doute, il n'en donnerait que d'une absolue justesse. Je sais que l'on répond qu'elles sont suffisantes pour son but. Premièrement, cela est faux; il y en a plusieurs qui y vont très mal et qui naturellement diraient autre chose; il y en a de mal expliquées. Ce sont des faits et je rentre dans le raisonnement.

N'est-il pas vrai, M.R.P., que si l'on donne une comparaison qui ne soit pas absolument juste, quoique suffisante à la rigueur pour ce que l'on prétend, c'est que l'on n'a pu[198] en trouver de meilleure? Ou au moins c'est que l'on n'a pas voulu se donner la peine d'en chercher, mais que s'il s'en était présenté une meilleure, on l'aurait préférée à une moins bonne: pouvez-vous dire le contraire de bonne foi? Je ne le crois pas, avouez donc que celui qui a employé les mauvaises comparaisons, encore qu'elles soient suffisantes (je veux le supposer), avouez, dis-je, qu'il n'en avait pas de meilleures ou qu'il n'a pas voulu prendre la peine d'en chercher, ou qu'il a tort. Aucun des trois ne peut convenir à Dieu, donc Dieu n'a point fait de comparaisons.

Ceci, M.R.P., est démonstratif, et je ne connais rien qui le soit davantage. Voilà donc la divinité du livre, de celui qui l'a fait et de l'inventeur des paraboles démonstrativement détruite. [53] Si l'on répond que les évangélistes les ont mal rapportées, il n'y a donc aucun fond à faire sur leur rapport; si l'on dit que J.-C. parlait seulement comme un homme, il peut donc être tombé dans l'erreur.

Hé! Grand Dieu, que peut-on imaginer de plus affreux que ce qui est semé dans ce livre?

On parle obscurément, de crainte que ceux à qui l'on parle n'entendent ce qu'on leur demande. On veut qu'ils entendent des oreilles et qu'ils n'entendent pas de l'esprit, afin que, ne pouvant obéir, on leur puisse imputer un crime, afin d'avoir occasion de les punir. Je sais combien on a retranché, ajouté, changé et diminué à ce livre, combien de morceaux rejetés d'abord et révérés ensuite, combien d'autres dans le cas contraire, reçus puis rejetés. Combien de gens ont eu intérêt de le corrompre et d'y donner des sens différents selon les occasions!

Il nous reste encore beaucoup de ces livres[199] qui ont été en parallèle avec nos livres canoniques d'aujourd'hui. Qui a fait le choix? Qui a fait le Canon? Des hommes, quatre cents ans après la mort des écrivains, ont décidé les uns divins, les autres non.[200] On peut donc s'être trompé, avoir pris le faux Evangile pour le véritable, et le vrai pour le faux. Où est donc la certitude, quand même je voudrais croire que Dieu a eu part au premier Evangile ou que les auteurs étaient de bonne foi?

Ha! que, si on osait, M.R.P., on refondrait bien ce divin livre, qu'on le ferait bien parler un autre langage! La bonne intention ne manque pas, non plus que pour les Pères. Malheureusement, le parti est divisé en trop de sectes qui se veillent les unes les autres; sans cela, je crois bien qu'on mettrait la chose en tel état que le tout serait clair et net, qu'il ne resterait plus occasion de disputer ni de faire bande à part au préjudice de N.S.P. le pape et de tous ses subalternes.

Au reste, il est certain qu'il y a de bons préceptes dans l'Evangile, mais il en est beaucoup d'outrés et d'impossibles.	[Extrait XXVII] Au reste, il est certain qu'il y a dans l'Evangile quelques préceptes qui partent d'un bon cœur, mais la plupart, outrés et impossibles dans l'usage, sont-ils des marques de la Divinité?
	N'ai-je qu'à dire qu'un gouverneur de place ne doit point dormir,[201] qu'un soldat ne doit jamais fuir ni se rendre, qu'une honnête femme ne doit ouvrir les yeux que sur son mari, qu'un homme de probité ne doit pas toucher du bout du doigt l'argent d'autrui? Il serait plus divin de dire qu'un gouverneur doit veiller de toutes ses forces, ne dormir qu'autant que la nature le demande absolument, et qu'il doit éviter les débauches et les exercices violents et inutiles, qui causent un long sommeil.
Ce ne sont pas des choses vagues, dites par dessus les nues, qui sont **[54]** belles, mais ce sont celles qui distinguent précisément et positivement ce qu'il est difficile de bien distinguer, ce sont celles qui prescrivent les devoirs de manière qu'on en connaisse l'équité avec la possibilité de les remplir suivant la faiblesse humaine et les nécessités de la vie.	Ce ne sont pas des choses vagues, dites par-dessus les nues, qui sont belles. Ce sont celles qui sont dites précisément, qui déterminent positivement ce qu'il est bien difficile de distinguer; c'est de prescrire les devoirs de manière qu'on en connaisse l'équité, avec possibilité de les remplir suivant la faiblesse humaine et les nécessités de la vie.
Et[202] après tout, montrez-moi une religion dont la morale n'ait pas mille choses de très bon, et même presque tout. Aucune ne tolère les vices. Prenez garde, Mon Révérend Père, que je ne parle point de quelques sectes fanatiques; toutes les religions ordonnent la probité, la justice dans	

le commerce des hommes. Sont-elles toutes divines?

Le livre des Actes des apôtres est une fort mauvaise histoire et visiblement imparfaite;[203] Dieu ne reste point en chemin, et d'ailleurs toutes les religions en peuvent avoir et en ont de pareilles, avec les récits des merveilleuses actions de leurs instituteurs et de leurs premiers prédicateurs.

Quant aux Epîtres[204] de St Paul surtout, et les autres, c'est un galimatias perpétuel. Je n'ignore pas ce que St Hiérôme[205] et bien d'autres en ont pensé. Que peut-on attendre d'un visionnaire qui a ouï une voix que ses compagnons n'entendaient pas, qui a été ravi au troisième ciel où il a entendu ce que l'oreille n'a pas entendu? Il est bien difficile de se donner pareille vanité en faisant le mystérieux et ne rapportant rien de ces choses admirables! Sancho Pança en avait vu bien d'autres dans son voyage sur le cheval de bois.[207]

Je ne dis mot de l'Apocalypse, c'est tout ce qu'on voudra.→

On sait combien de temps elle a été regardée comme une production fanatique.[208] On a reconnu enfin l'utilité dont elle pouvait être, à mesure que l'on s'est assuré de la crédulité des peuples. C'est dans des coq-à-l'âne qu'on puise ce que l'on veut; on est borné dans des discours raisonnables et précis.

Enfin J.-C. a été condamné pour sa doctrine par autorité publique des Juifs. Leur loi portait ordre précis de tuer quiconque voudrait les en détourner, quand même il ferait des miracles. Si les Juifs attendaient un Messie, à qui était-ce à juger les prétentions de celui qui se **[55]** disait l'être? Ce ne pouvait être qu'aux chefs de la religion, aux pontifes, aux lévites, aux anciens de la

Le livre des *Actes* est une fort mauvaise histoire. Toutes les religions en peuvent faire un semblable, et je ne doute pas qu'elles n'en aient. Il est visiblement imparfait,[203] et Dieu ne reste pas en chemin.

A l'égard des épîtres,[204] surtout celles de saint Paul, c'est un galimatias perpétuel: il y a plus de sens, de suite et de raison dans les discours d'un frénétique. Je n'ignore pas ce que saint Jérôme[205] et bien d'autres en ont pensé. Que peut-on attendre d'un visionnaire qui a ouï une voix que ses compagnons n'entendaient pas, qui a été ravi au troisième ciel, où il a ouï ce que l'oreille n'a pas ouï? Il fallait rapporter quelques-unes de ces belles choses que l'homme ne peut pénétrer, par exemple l'anneau de Saturne qui n'était pas encore découvert.[206] Il est bien difficile de se donner pareille vanité, en faisant ainsi le mystérieux! Sancho Pança en avait bien vu d'autres dans son voyage sur le cheval de bois![207]

Je ne touche point à l'Apocalypse, c'est tout ce qu'on voudra. Quiconque aura perdu l'esprit, ou acquis l'imprudence [*sic*] de publier des fables ridicules sous le nom de mystère, en fera de même à la journée ou à deux sols par feuillet; il ne faut que le temps d'écrire.

On sait fort bien combien de temps elle a été mise au rang des productions fantastiques;[208] enfin, on a reconnu l'utilité dont elle pouvait être, à mesure de la crédulité du peuple. C'est dans ces coq-à-l'âne que l'on puise ce que l'on veut: on est borné dans des discours raisonnables et précis.

Enfin Jésus-Christ a été condamné pour sa doctrine par autorité publique des Juifs. Leur loi portait ordre positif de tuer quiconque voudrait les en détourner, quand même il ferait des miracles. En supposant que les Juifs attendaient un Messie, à qui était-ce à juger la prétention de ceux qui se disaient l'être? Ce ne pouvait être qu'aux chefs de la religion,[209] aux pontifes, aux

république. Ils ont rendu un arrêt solennel et déclaré sa doctrine contraire à la Loi, qu'ils croient tenir de Dieu même et qui devait être éternelle suivant les paroles de Moïse. La suite a fait voir combien cette doctrine est pernicieuse pour la morale qu'elle renverse en mille endroits, si elle en donne quelquefois de bons principes.

Si c'était l'intention de Dieu que la Loi de Moïse dût céder la place à une autre, Dieu aurait déclaré aux Juifs que cette loi n'était que provisionnelle; il aurait marqué le temps où elle devait finir. Au lieu de cela, la Loi de Moïse est partout prêchée comme devant être éternelle. Moïse était donc un imposteur. Quand même J.-C. aurait fait des miracles, on nous prêche aujourd'hui que nous ne devons nous rendre à aucun pour changer notre religion: les Juifs avaient même raison.

Mais était-ce devant de la canaille qu'il les fallait faire, ces prétendus miracles? C'était devant la synagogue, au milieu du temple, devant les pontifes, les scribes,[213] et là, expliquer clairement sa tierce partie dans la divinité, avec tout le reste dont on nous étourdit tous les jours.

sacrificateurs, aux lévites et aux anciens de la république. Ils ont rendu[210] un arrêt solennel et déclaré sa doctrine contraire à leur loi qu'ils tenaient de Dieu même, et qui devait être éternelle. La suite a fait voir que cette doctrine est une source de mille fantaisies, qu'elle renverse la morale et cause mille désordres.

Si c'était l'intention de Dieu que la loi de Moïse dût céder la place à une autre, Dieu leur aurait déclaré que cette loi n'était que provisionnelle et marqué distinctement le temps et les circonstances où elle devait finir. Au lieu de cela, la loi de Moïse[211] est partout prophétiée[212] comme devant être éternelle et comme le comble de la perfection. Ainsi Moïse était donc un imposteur. Mais quand il serait vrai que Jésus-Christ eût fait des miracles, on nous prophétie aujourd'hui que nous ne devons nous rendre à aucuns miracles pour changer notre religion. Les Juifs avaient la même raison.→

Mais était-ce devant la canaille qu'il les fallait faire, ces prétendus miracles? C'était en pleine synagogue, au milieu du Temple, devant les pontifes et les scribes;[213] et là, expliquer clairement, et nettement sa tierce partie dans la divinité, avec tout le reste dont on nous étourdit tous les jours. [Fin de l'Extrait XXVII]

Article second. La venue d'un libérateur.

Je n'ai qu'à écrire dans toutes les îles de l'Archipel[214] que je suis le libérateur qui leur a été promis, que je viens sauver et délivrer de la servitude où languit le reste de ce peuple autrefois si célèbre, etc. Ils entendront sans doute que je vaincrai les Turcs et leur rendrai leurs places, leur liberté. Point du tout, je ne ferai rien, ils resteront le jouet d'une nation barbare qui les **[56]** pille, leur enlève leurs biens, leurs femmes, leurs enfants, mais je leur débiterai des paraboles et je leur dirai ensuite: *C'est de vos péchés que je viens vous délivrer, c'est de la servitude de Satan.*[215] Et je les délivrerai de leurs péchés comme nous le sommes des nôtres.

Les chrétiens pèchent-ils moins que les autres? Pour que cela fût, il aurait fallu abolir les lois et les passions. Montrez-moi, je vous prie, M.R.P., la moindre singularité qu'aient les chrétiens. Qu'est-ce qui les distingue de ceux qui n'ont pas été rachetés? Celui qui est baptisé croit-il sans autre instruction? Ne croirait-il pas de même avec l'instruction et l'éducation s'il n'était baptisé? L'absolution d'un païen serait-elle distinguée par un béat dans le confessional de celle que donnerait le prêtre? L'extrême-onction rend-elle la santé, ou fait-elle quitter la vie sans regret et tranquillement? L'ordre rend-il le prêtre plus sage, plus éclairé, plus savant, plus réglé dans ses mœurs? Le mariage fait devant Monsieur le curé fait-il faire plus d'enfants, ou les fait-il faire mieux conditionnés, empêche-t-il plus les discordes, les mauvais ménages, les galanteries, les meurtres même, que celui des sauvages fait sans cérémonie et par le seul consentement? Les enfants respectent-ils plus leurs pères? Les pères sont-ils plus sages, plus attentifs à leurs devoirs? Et celui qui a reçu la confirmation a-t-il une foi plus pure? Celui qui a reçu dans sa bouche le pain consacré, qui est le corps même de Jésus-Christ, lequel est Dieu, celui-là vit-il mieux? Est-il plus honnête homme? De quoi sommes-nous donc délivrés, sauvés et rachetés, si tout cela ne nous change point?

[57] *Article troisième.* La naissance miraculeuse de ce libérateur.

Quand on passerait sur tous les vices de l'Evangile, qui sont sans nombre, où est le fond qu'il y a à faire sur un roman, où est l'apparence des preuves, à commencer par la généalogie? Ne tient-il qu'à débiter des générations, à ranger des noms en certain ordre?[216] Je vais me faire descendant de Cyrus aussi solidement. Admettrait-on une pareille pièce sur quelque contestation que ce fût? Les Juifs en conviennent-ils? On blâme nos propres docteurs d'en avoir marqué les bévues en tâchant de les concilier; il valait mieux les passer sous silence; peut-être peu de gens y eussent pris garde.

Ne tient-il qu'à dire, vingt ans après la mort d'un homme dont on a connu le père et la mère, qu'il a été conçu sans père,[217] que sa naissance a été annoncée par des esprits à des bergers,[218] que des rois sont venus de bien loin pour l'adorer, conduits par une étoile?[219] Il n'en a rien dit de son vivant, qu'importe!→

Mais quel bruit cette naissance fit-elle? en parla-t-on? Cinquante ans, peut-être quatre-vingts,[220] s'écoulèrent avant qu'on en fît aucune mention. Où est le témoignage de ces bergers? A qui racontèrent-ils sur le champ leur aventure? Qui étaient ces rois? Où étaient leurs royaumes? Trois rois ne sortent pas de leurs Etats, ne passent point sur ceux des autres, sans qu'il en reste quelque mémoire au moins pendant cinquante ans. Il y avait dans ce temps-là des astronomes qui auraient remarqué le cours d'une étoile si extraordinaire, d'un

[Extrait XXVIII] Ne tient-il qu'à dire, vingt ans après la mort d'un homme dont on a connu le père, la mère, les frères, qui n'a jamais dit qu'il fût conçu ni né autrement que les autres; ne tient-il, dis-je, qu'à dire que cet homme a été conçu sans père,[217] que sa naissance a été annoncé par des esprits et des bergers,[218] et que des rois, conduits de bien loin par une étoile, sont venus l'adorer?[219] J'en puis dire autant de mon père.

Quel bruit cette naissance fit-elle? Vingt ans, cinquante, peut-être quatre-vingt années[220] s'écoulèrent sans qu'il en fût fait mention. Cela montre la faiblesse du témoignage de ces bergers ou de ceux à qui ils racontèrent les choses sur-le-champ. Dites-nous qui étaient ces rois, où étaient leurs royaumes? Des rois ne sortent point de leur pays et ne passent point sur ceux des autres sans qu'il en reste quelque mémoire, au moins pendant une cinquantaine d'années. Il y avait en ce temps-là de curieux astronomes qui auraient assuré-

mouvement inouï; nous en aurions **[58]** quelque témoignage, ou bien on aurait donné le démenti aux premiers chrétiens; mais peut-être cette étoile n'était-elle visible que pour les trois rois?→[221]

Il est plus simple de croire l'histoire de l'Epiphanie une pièce de rapport dans l'Evangile. Cela dit toujours qu'il faut faire des présents: ils apportèrent de l'or.

Pour mettre la chose raisonnable, il fallait qu'un prophète prît Marie à l'âge de six ans et qu'il eût dit en pleine synagogue: «Gardez cette enfant comme vous voudrez, mais à quinze ans elle accouchera d'un garçon sans la coopération d'aucun homme.» Alors les Juifs auraient cru, à mesure des soins qu'ils auraient pris de la garder. Ou bien il fallait la prendre à deux ans et dire qu'elle accoucherait à quatre. Encore pouvait-on contester, à moins d'avoir été bien informé par un bon nombre de témoins. Il eût fallu le faire naitre d'un rocher ou d'un homme: miracle pour miracle, l'un ne coûte pas plus que l'autre à Dieu, et est bien différent pour les hommes.

Si vous alléguez, M.R.P., la foi qu'on a aux histoires, je vous alléguerai la foi qu'on n'a pas aux fables et aux romans, mais j'ai discuté ce point ailleurs (vérités 10 et 11).[223]

Il y a bien plus ici: c'est que cette histoire a été contredite universellement dès qu'elle a paru, et par les gens mêmes chez qui le tout[224] devait s'être passé, ce qui n'est pas arrivé à Pierre de Provence.[225]

Il faut encore remarquer que cette histoire faisait un honneur infini à la nation juive, que toute la terre allait reconnaître pour le peuple de Dieu, la source primitive de la religion, honoré de l'incarnation d'un dieu dans leur race et leur sang. S'oppose-t-on à une vérité de fait, quand surtout elle nous élève si haut?

---

ment remarqué une étoile qui faisait un cours si extraordinaire et d'un mouvement inouï. Il était aisé de donner le démenti sur ce chapitre aux premiers chrétiens.[221]

Si cette histoire est fausse, l'Epiphanie est une pièce de rapport dans l'Evangile.→

Pour mettre la chose en termes raisonnables, il aurait fallu un prophète qui eût pris Marie à quatre ans, et qui eût dit en pleine synagogue: «Voilà une fille[222] qui fera un garçon toute seule à quinze ans, sans aucun commerce d'hommes. Gardez-la comme il vous plaira. Ce garçon sera notre Messie.» Alors ils auraient été persuadés à proportion des soins qu'ils auraient pris pour n'être point trompés. Mais comme cela est d'une extrême difficulté, il aurait été bien mieux de la prendre à deux ans, et dire: «Cet [*sic*] enfant accouchera d'un garçon à six ans.» C'était encore un signe sujet à contestation. Il fallait le faire naître d'une roche, ou d'un homme. Miracle pour miracle, c'était la même chose pour Dieu, et une chose toute différente pour les hommes.

Si vous alléguez, mon Révérend Père, la foi qu'on a aux histoires, je vous alléguerai la foi qu'on n'a pas aux romans et aux fables. Il y a bien plus ici, c'est que cette histoire a été contredite universellement dès qu'elle a paru, et par les gens mêmes chez qui tout devait être passé, ce qui n'est pas arrivé à Pierre de Provence.[225]

Il est encore à remarquer que cette histoire faisait un honneur infini à la nation juive, que toute la terre allait reconnaître pour le peuple de Dieu, pour la source primitive de la religion, et honorée de l'incarnation d'un Dieu dans leur race et leur sang. S'oppose-t-on à une vérité de fait si manifeste qui nous élève si haut? [Fin de l'Extrait XXVIII]

---

[59] En vérité, M.R.P., est-il raisonnable de détruire les livres des Juifs d'à présent parce que, disons-nous, ils[226] contiennent des blasphèmes? Peuvent-ils se défendre de nos prétentions sans en venir à ce qu'il nous plaît d'appeler blasphèmes?

Les premiers chrétiens ont tout de même blasphémé les dieux des païens; nos théologiens, nos missionnaires blasphèment Mahomet et les dieux des Indes, de l'Amérique; il faut convenir que nous avons tort, ou bien dire que les empereurs romains avaient grande raison et agissaient justement de faire brûler tous les livres des chrétiens qu'ils pouvaient recouvrer, et que les Chinois sont aujourd'hui en droit d'en faire autant.

Mais on ne gagne pas son procès en faisant brûler les écrits de sa partie ou en empêchant qu'ils ne paraissent; c'est en y répondant et en faisant voir qu'ils contiennent des faits faux ou de mauvais raisonnements. La justice ne veut pas que l'on plaide seul: une partie qui a produit ses pièces et ses raisons invite l'autre à en faire autant, et ce n'est qu'après ces sommations que l'on prononce le jugement, étant à croire que celui qui n'ose apporter ses moyens n'en a pas de bons. Mais celui qui ne veut pas que ses adversaires les produisent en craint la force: il n'y a jamais eu que la tyrannie et l'effronterie ecclésiastique qui ait imaginé d'imposer silence à ceux avec qui elle a été en contestation en supprimant leurs pièces.

Rien ne décrédite plus le christianisme que cette attention à étouffer ce qui lui est opposé, pendant qu'on adopte les plus grandes extravagances, les plus impudentes suppositions qui lui sont favorables.

Tout ce que les rabbins peuvent dire ne ferait pas tant d'effet sur un esprit raisonnable que la fourberie des livres sibyllins[227] **[60]** et du témoignage fourré dans Josèphe.[228] Car enfin, ces rabbins peuvent mentir, mais il est impossible que des gens qui aiment la vérité ou qui l'ont de leur côté tombent dans ces indignes ruses; on ne trouvera pas un exemple d'un plaideur fondé sur de bons contrats qui ait fait de faux titres, mais on en trouvera qui auront fait de fausses quittances contre un bon contrat, ou de faux contrats contre des gens à qui ils n'avaient jamais rien prêté.

Si le christianisme avait eu de bonnes raisons et de justes fondements, il n'aurait point eu recours aux fraudes et aux mauvais raisonnements; on n'aurait pas fermé la bouche à ceux qui proposaient des objections; on n'aurait point brûlé les pièces que l'on alléguait pour éclaircir la matière.	[Extrait XXIX] Si le christianisme avait eu de bonnes raisons et de justes fondements, on n'aurait jamais eu recours à tant de fraudes, de suppositions, de mensonges et de mauvais raisonnements. On n'aurait point fermé la bouche à ceux qui proposaient des objections. On n'aurait point brûlé les pièces et les livres qu'on alléguait pour éclaircir la matière.
On fait sonner bien haut que nos Evangiles ont un grand témoignage pour eux, trois évangélistes étant morts pour en soutenir la vérité,[229] ce que n'ont fait ou n'auraient voulu faire aucuns des historiens de l'antiquité dont nous croyons les récits. Raisonnement ridicule:	Je sais qu'on fait sonner bien haut que nos Evangiles ont un témoignage bien singulier, trois évangélistes étant morts pour en soutenir la vérité,[229] ce que n'ont fait ni Hérodote, ni Thuc[yd]ide, ni Salluste, ni Tite-Live, ni aucun historien. Raisonnement ridicule!
1°) Quand on nierait cette mort, où en est la preuve en bonne forme? On ne sait ce qu'ils sont devenus et ce que l'on en dit sont des contes. Il faudrait aussi que ceux qui ont fait l'histoire de leur prétendue	1°. Quand on nierait cette mort, où en est la preuve en bonne forme? On ne sait ce qu'ils dont devenus, et tout ce qu'on en dit, ce sont des contes faits à plaisir. Il faudrait aussi que ceux qui ont fait l'his-

passion fussent morts pour la soutenir, ce qui ne suffirait pas: l'erreur, la prévention et l'entêtement ayant fait des martyrs dans toutes les religions.

2°) Il faudrait avoir le procès de leur condamnation pour savoir si c'est précisément pour cela qu'ils ont subi le supplice: ils pouvaient avoir fait d'autres crimes, avoir choqué les magistrats ou le gouvernement, avoir excité des séditions etc.

Que j'aille raconter des fables par les rues, on ne me fera pas mourir; mais si moi, en ces fables, j'arrache les filles à leurs mères, **[61]** les femmes à leurs maris, si j'épuise le bien des familles, si je détourne les peuples de l'obéissance due à leur souverain, si je suppose la vertu dans la fainéantise etc., on me fera mourir fort équitablement. Conclura-t-on de là que je suis mort pour le soutien de mes fables, et cela en emporterait-il la vérité? La mort de plusieurs jésuites et moines au Japon[230] et ailleurs emporte-t-elle la vérité du papisme?→

La mort de quelques ministres protestants emporte-t-elle la vérité de la Réformation? Les anabaptistes ont été conduits au supplice à milliers,[231] sont morts avec la plus grande fermeté et avec toutes les marques de la plus sincère persuasion.

toire de leur prétendue passion fussent morts martyrs en témoignage de leur fidélité: ce qui même ne suffirait pas, puisqu'il pourrait y avoir de l'erreur, de la prévention et de l'entêtement, toutes les religions ayant des martyrs.

2°. Il faudrait avoir le procès de leur condamnation pour voir si c'est précisément et simplement pour cela qu'ils ont subi le supplice. Ils peuvent avoir fait d'autres crimes, avoir choqué le gouvernement ou le magistrat, avoir excité des séditions.

Que j'aille raconter des fables par les rues, on ne me fera pas mourir pour cela; mais si, moyennant ces fables, j'arrache les filles à leurs mères, les femmes à leurs maris, si j'épuise le bien des familles, si je détourne le peuple de l'obéissance due aux princes, si je suppose la vertu dans la fainéantise, on me fera mourir fort équitablement. Conclura-t-on de là que je suis mort pour le soutien de mes fables, et que cela en emporte la vérité? La mort de plusieurs jésuites au Japon[230] emporte-t-elle la vérité des relations qu'ils nous en ont données?

Ceci sera touché dans l'article du témoignage des martyrs. Les anabaptistes ont été conduits au supplice: des milliers sont morts[231] avec la dernière fermeté, et toutes les marques d'une sincère persuasion. [Fin de l'Extrait XXIX]

Article quatrième. La doctrine incomparable du Jésus-Christ et la pureté de sa morale.[232]

Je suis prêt d'embrasser la plus pure des morales, par qui qu'elle ait été prêchée, mais je ne puis traiter cet endroit tranquillement: outre de la mauvaise foi, il y a de l'impudence. Pardonnez, M.R.P., je suis hors de moi quand je vois des fraudes si infâmes soutenues avec tant d'effronterie.

Je m'aperçois, par exemple, qu'on glisse partout le mot de religion. Si cette personne, dit un cagot, n'avait eu de la religion, elle eût nié ce dépôt ou cette dette dont le billet est perdu. Malheureux hypocrite! Dis: si elle n'eût eu de la probité, et garde ton mot de religion pour celui qui fait dire force messes, pour celui qui fait porter aux talapoins des festins pour servir aux morts de sa famille, pour celui qui fait des pèlerinages à la Mecque, pour celui qui, guidé par son brachmane, ne mange ni sole ni lapin, ni rien qui ait eu vie.

[62] On a abusé, ou bien l'on cherche à abuser votre religion, dit-on à un grand que l'on veut détourner de faire quelque chose. Qui devinerait que cela s'applique dans les cas les plus profanes, pour dire: «On vous en a imposé, ou voulu imposer.» Bientôt, Messieurs les ecclésiastiques ont beau jeu; quoique la religion soit la pomme de discorde, ce sera elle qui fera tout, elle entretiendra la paix dans les familles, la fidélité dans le commerce,[233] elle maintiendra la société, inspirera la bravoure au militaire, la justice au magistrat; les noms de conscience, de probité, d'honneur, de désintéressement seront oubliés: nous voyons déjà cela fort avancé. Les mots d'Eglise, de charité, de sacrement, de prêtre, de clerc, de saint signifiaient[234] tout autre chose que ce qu'on leur fait signifier à présent, et l'on nous rapporte ce que l'on en a dit dans la signification qu'ils avaient, on l'applique à celle dont on les a insensiblement revêtus. Sacrement signifie un serment solennel, un engagement; rien n'est si sacré, rien n'est si saint; on adopte ce mot pour désigner certaines simagrées, que l'on dit instituées de Dieu, que les ecclésiastiques vendent; et les sacrements, dans leurs dernières significations, se trouvent parés de l'idée de saint et de sacré que l'on avait attachée à leur première signification.

Eglise signifie assemblée de tout un peuple, chose toujours vénérable. Bientôt ç'a été le seul peuple chrétien, puis un petit nombre de tyrans en camail et en petit collet, gens très peu vénérables et qui citent en leur faveur ce que l'on a dit de tout un peuple.

Ainsi de prêtre: c'est un magistrat sénateur; celui de clerc: un autre magistrat subalterne; il signifie à présent un homme qui fait descendre Dieu en terre à la baguette, qui remet les péchés.

Charité signifie amour, tendresse, intérêt vif pris en quelqu'un; il signifie maintenant «donner».

Saint est un homme juste, innocent, respectable; à présent c'est un homme à qui le pape assigne une place près de Dieu, qu'ils **[63]** croient local, c'est un homme qui commande à la nature, fait la pluie et le beau temps, et que l'on fait entrer en partage d'honneurs et de culte avec Dieu.

Mais revenons à cette incomparable doctrine. Jésus-Christ[235] a dit: *Soyez soumis aux puissances.*[236] Les puissances défendent la publication de l'Evangile. Les empereurs romains défendaient l'exercice du christianisme: les apôtres ne pouvaient manquer de pécher contre ce commandement ou contre celui qu'ils avaient de prêcher.

Qu'a-t-il dit de nouveau? Ces paraboles, ces proverbes, le baptême, la cène[237] ne sont que de vieilles rubriques juives. S'il y a quelques sentences bonnes, raisonnables, nos paysans en sèment souvent dans leurs discours, et fort à propos.

Il a fait comme Luther: il a laissé le fond du judaïsme et voulu réformer ce que la fraude, l'orgueil et[238] l'avarice avaient introduit dans la religion, et déclamer contre les pontifes, les sacrificateurs et les autres tyrans qui s'étaient emparés de la religion; mais avec de si bonnes intentions, il était bien éloigné d'en avoir la capacité.

Je soutiens qu'il a parlé sans exactitude et en esprit grossier. Il ne faut que le même exemple: *Soyez soumis aux puissances, toute puissance vient de Dieu.* Beau trait de morale, beau trait de politique! Les Arabes, les corsaires, les voleurs armés ont de la puissance; faut-il leur être soumis, ne me point défendre? C'était la distinction de la puissance légitime qu'il fallait faire, planter les bornes de cette puissance.

Nous avons vu que toutes les religions factices sont la ruine de la morale. Il est aisé de démontrer que le christianisme en est l'anéantissement total, par les dogmes de la foi, de la prédestination, de la grâce, à quoi l'on peut ajouter l'efficace des sacrements.

Lorsque Numa dit que la nymphe Egérie lui dictait des lois,[239] **[64]** son principal but n'était pas de faire croire qu'il avait des révélations, c'était d'instruire les peuples, de leur faire dépouiller leur barbarie. Le christianisme, au contraire, fait son principal de faire croire que Jésus-Chist est Dieu par tiers et[240] en total. La vertu et les bonnes actions ne sont qu'un accessoire, inutiles sans ce préalable. Il faut croire, mais quoi? Des impertinences, des choses impossibles, ou tout au moins inintelligibles, des choses que la raison, le bon sens et le sentiment intérieur démentent. On fait consister la perfection à être persuadé d'un galimatias que l'on ne peut croire si on ne l'entend, et que l'on ne peut jamais entendre.

Des gens ont dit que la foi était seule nécessaire, qu'elle seule justifie, que les œuvres sont inutiles, le salut nous étant donné gratuitement. Que reste-t-il à la morale?

On ne peut faire aucune bonne œuvre sans le secours particulier de Dieu, et ce secours, il ne le donne qu'à ses élus. Chacun se trouve dispensé de bien faire ou du moins légitimement excusé en disant que ce secours lui a manqué quand il a commis des crimes. Je l'ai ouï dire à une bigote prise en flagrant délit; elle répondit au juge d'un air du métier: Dieu m'avait abandonnée.[241]

On a osé dire que les bonnes actions sans la grâce, loin d'être méritoires, étaient un crime. Les plus grands personnages de l'antiquité, dont la mémoire est en si grande vénération, n'ont pas fait une action héroïque qui ne les ait rendus criminels; ce sont autant d'illustres vicieux, les victoires qu'ils ont remportées sur leurs passions sont autant de forfaits. Socrate, Phalaris, Sénèque et Néron sont égaux. Qui de nous sait en faisant une bonne action s'il n'augmente pas le nombre de ses péchés? Nous ignorons si nous avons la grâce.

Ceux sur qui la raison a conservé quelque empire, saisis d'horreur à l'aspect de ce dogme, disent que Dieu n'a jamais refusé **[65]** sa grâce quand on l'a bien demandée. Mais que cela conclut-il? Il faudrait avoir la mesure de cette demande, et un modèle déterminé de la manière de demander, efficace par lui-même, comme dans la transsubstantiation: cinq mots,[242] voilà l'affaire faite! Sans quoi le criminel en sera toujours quitte pour dire qu'il a demandé de son mieux et n'a pas obtenu. Le dévôt même ne saura s'il a réussi, quoiqu'il n'ait rien épargné.

Que dira-t-on de ces béats, de ces saints à révélation et à extases, qui sont avec Dieu comme Hyacinthe était avec Apollon, Adonis avec Vénus, de ces gens qui se croient plus au-dessus des autres hommes que Dieu n'est au-dessus d'eux? Ceux-là crieront qu'il ne faut que la contemplation,	[Extrait XXX] Que dira-t-on des béats, des saints à révélations, à extases, de ces gens qui sont avec Dieu comme Hyacinthe avec Apollon et Adonis avec Vénus, de ces gens qui se prétendent les plus parfaits et plus au-dessus des autres hommes que Dieu est au-dessus d'eux? Ceux-là crient

qu'un état purement passif, moyennant quoi c'est grossièreté de pratiquer les vertus, de suivre ses devoirs, et folie de ne pas faire ce que l'on a envie de faire, quoique ce fût un crime pour d'autres; qu'après les noces spirituelles ils ne sont plus eux-mêmes. Ils peuvent suivre leurs premiers mouvements et les supposer toujours divins; enfin ils sont impeccables après ces noces spirituelles. Parlez-moi de la morale chrétienne et mettez-vous en société avec ces saints, ces béats dont tous les premiers mouvements ne peuvent être des crimes. Donnez-leur votre bourse, votre fille, votre femme à garder!

hautement qu'il ne faut que la contemplation, qu'un état purement passif. Moyennant quoi, c'est grossièreté que de pratiquer les vertus, que de suivre ses devoirs, et folie de ne pas faire tout ce qu'on a intention de faire, quoique ce fût un crime pour d'autres; qui disent qu'il n'y a point de loi pour eux, que la raison est une fausse lumière qu'il ne faut point consulter; qu'il faut suivre sans hésiter les premiers mouvements et les supposer divins; qu'après les noces spirituelles ils ne sont plus eux-mêmes, mais Dieu même; par conséquent impeccables, quand ils négligeraient leurs devoirs essentiels, quand ils seraient hautains et artificieux. Parlez-moi de la morale chrétienne, et mettez-vous en société avec les parfaits et les saints; donnez-leur votre bourse, mais non, votre fille, votre femme à garder! [Fin de l'Extrait **XXX**]

Enfin, les chrétiens admettent la prédestination et soutiennent que Dieu a ses élus. Si cela est ainsi, si mon état pour l'éternité est une chose fixe et déterminée, c'est folie de m'en tourmenter et je ne ferai pas la moindre chose dans l'espérance d'obtenir un bon, ni d'en éviter un mauvais.[243]

Il est inutile de s'étendre là-dessus, cette matière rebattue cent fois sera toujours aux théologiens le tonneau des Danaïdes; tous leurs détours, toutes leurs distinctions subtiles qui embarrassent **[66]** quelquefois le raisonnement sans persuader la raison, n'aboutissent à rien; il en faut revenir à nier cette détestable doctrine, ou tomber dans toutes ces absurdités.

Quand des gens imbus de pareilles doctrines se refuseront à leurs passions criminelles, il faudra que leur conscience parle bien haut pour les arrêter; aussi n'est-ce point elle qui les retient d'ordinaire, ces béats confits en contemplation: la crainte humaine est leur seul frein.

Ajoutez à ceci les casuistes et les directeurs, gens dont le métier est de tenir registre de tous les crimes imaginables et qui en instruisent ceux qui n'y auraient souvent pas pensé, ou qui les auraient regardés avec plus d'horreur s'ils les avaient crus ignorés. Parlons de ces vénérables auteurs de *Sommes des péchés*[244] qui s'ingénient pour trouver un moyen de pécher en sûreté de conscience.

Les indulgences et l'absolution autorisent les plus grands crimes par l'espérance du pardon. La Brinvilliers, monstre parmi les plus infâmes créatures, avait sa confession générale toute prête. Elle[245] avait empoisonné son père, sa mère, ses frères, les pauvres de l'Hôtel-Dieu; elle comptait, quand elle serait satisfaite et qu'elle se serait rassasiée de crimes, en être quitte pour aller tout conter au premier bélître revêtu d'un habit de prêtre.[246] Combien de gens sont en repos après le pillage des provinces, après les meurtres, après avoir arraché la femme à son mari, la fille à sa mère, le fils à la pauvre veuve, parce qu'ils se sont confessés et ont reçu l'absolution d'un cafard qui les a encore excusés et graciesés parce qu'ils sont puissants. A-t-on jamais refusé l'absolution au bienfaiteur du couvent?

On fait plus. Le plus vil, le plus infâme exacteur, le plus barbare tyran, l'homme le plus vicieux enfin, n'a qu'à fonder un couvent, une chapelle seulement, on lui élèvera un mausolée superbe **[67]** auprès des autels;[247] il y sera représenté entre les bras de la Piété; toutes les Vertus pleureront autour du tombeau d'un homme qui ne les a connues au plus que de nom, ou dans ceux qu'il a persécutés; un indigne flatteur prononcera dans cette chaire, qu'il appelle chaire de vérité, un discours à sa louange et placera dans le sein de la divinité le sujet de l'horreur publique.

Comment le scélérat, le vicieux ne restera-t-il pas dans la sécurité en voyant sanctifier un homme mille fois plus coupable que lui?

Mais[248] pour revenir à ce directeur, quelle espèce d'homme sera-ce donc, qui entretiendra tête-à-tête une jolie femme, qui aura toute sa confiance, qui pourra lui faire les questions les plus singulières? Et qui pourra s'assurer de ne point succomber aux tentations presque inévitables? Aussi n'y en a-t-il point qui n'y succombassent, si la crainte humaine ne les retenait. La débauche, la curiosité et l'envie de gouverner les familles et les états différents, en se rendant maîtres de tous les secrets, sont les seules choses qui ont fait inventer ce prétendu sacrement.

J'ai vu des confesseurs demander au pénitent qui se présentait quelle était sa profession. C'était un domestique: Passez au confessionnal du bout de l'église, lui dit le vénérable, je ne confesse point les domestiques. Que dire de ces gens qui, après vous avoir exhorté dans le confessionnal à faire des aumônes, après vous en avoir prêché la nécessité et fait entendre qu'elles dispensent de presque toute pénitence, après vous avoir muni d'une absolution, vous disent que si vous êtes dans le dessein de faire quelque aumône, ils sont plus dans le besoin que bien d'autres? Répondez, M.R.P., en dis-je plus qu'il n'y en a? Vous n'oserez pas me nier ce que j'avance,[249] et je ne dis pas encore tout ce que j'en sais.

On peut bien remarquer la différence de la morale et de la religion; c'est la différence des lumières naturelles qui sont données par Dieu **[68]** même d'avec les instructions artificielles des hommes.

Les philosophes païens n'ont pas exagéré les vices de Constantin et de Clovis, qui étaient apostats à leur égard;[250] les chrétiens ont voulu mettre en abomination les vertus presque sans nombre de l'empereur Julien.[251] Si Néron s'était fait chrétien, s'il eût fondé des églises, enrichi les prêtres, les moines et les évêques, peut-être en ferions-nous la fête.

N'est-ce pas dire: Moquez-vous des vertus, foulez aux pieds la probité, soyez cruels, barbares, tyrans, remplis de tous les vices, cela n'est rien; sacrifiez tout à vos passions, à vos plaisirs, à votre ambition, vous serez des saints, on vous élèvera des autels si vous faites profession de croire certaines choses, de forcer les autres à les croire, et que vous enrichissiez et respectiez certaines gens qui sont les dispensateurs de la sainteté ou du moins du nom de saint.

En vain mille innocents, tourmentés, dépouillés de leurs biens, morts de misère par vos rapines, en vain le sang répandu par vous criera vengeance au ciel; bagatelles, donnez aux ecclésiastiques; les présents apaisent la divinité comme les hommes.

Un scélérat, protecteur des religions factices, est un saint dans celle qu'il professe; un honnête homme vertueux qui en voit le faux, l'abus, qui veut s'y opposer, est un ennemi de Dieu, on n'épargnera rien pour s'en défaire: trahisons, meurtre; on le poursuivra avec le fer et le feu; si l'on réussit, c'est un juste châtiment de Dieu, on en rendra grâces, on en fera un miracle.

Faisons une petite réflexion avant d'entrer dans le détail du christianisme. Voyez, M.R.P., les Géorgiens et les Mingréliens,[252] peuples qui ont abandonné l'étude de la philosophie et qui sont chrétiens: ils lisent l'Evangile, des prêtres leur expliquent **[69]** cette doctrine incomparable, cette pure morale. Dans quels affreux désordres, dans quelle vicieuse brutalité ne vivent-ils pas?

Il n'y a rien dans l'Evangile que la seule lumière naturelle ne dise clairement; nos théologiens se récrient et admirent les dogmes de tout rapporter à Dieu, de l'humilité, du mépris des richesses, du pardon des injures, de l'amour des ennemis, de la destruction de l'amour-propre; cela remplit l'oreille du peuple qui écoute sans réflexion. Faisons-y en un peu, s'il vous plaît, M.R.P., et entrons dans le détail.

Tout rapporter à Dieu: toutes les religions en font de même jusqu'au paganisme, tous les monuments anciens sont pleins de punitions qu'ils ont fait[253] des crimes, des récompenses données à la vertu, tout y prêche la crainte et le respect des dieux. Le talapoin donne Sommonocodam[254] pour l'exemple de toutes les vertus et pour celui dont émanent celles que nous sommes assez heureux de pratiquer.

Il n'est point au-dessus de l'esprit de connaître que Dieu est notre créateur et notre juge, ou du moins de croire qu'il y a un créateur et un juge, et que nous devons avoir en vue son approbation.

Ce précepte fût-il nouveau, il ne donnera pas d'autre sentiment de son auteur que ceux qu'on a de Platon et de Confucius. Après cela, il faut expliquer cette expression de tout rapporter à Dieu. Si l'on entend par là le pur amour des mystiques, c'est une extravagance, la production d'un cerveau creux ou le langage d'un visionnaire ou d'un imposteur; nous ne pouvons aimer que ce que nous connaissons pour utile et capable de nous donner du plaisir;→

nous ne sommes point les maîtres d'aimer ou de haïr, non plus **[70]** qu'aucun autre être intelligent. Dès qu'on a la faculté d'aimer, on aime invinciblement ce qui est aimable à son propre égard, et cependant l'on peut agir comme si l'on haïssait; de même, au contraire, on peut haïr et agir comme si l'on aimait: je puis traiter durement ma maîtresse et caresser ma femme qui me déplaît.

Nous ne pouvons donc aimer Dieu d'un amour désintéressé, mais seulement par rapport à nous-même; nous pouvons estimer les choses sans rapport à nous et par un acte désintéressé, mais nous ne pouvons aimer Dieu que par la vue du bien qu'il doit nous faire. Pour l'estime, le respect, l'adoration, cela suit de la connaissance ou de l'idée des perfections de Dieu.

[Extrait XXXI] De quelque subtilité qu'on se serve, et quelque apparence qu'on apporte, nous ne sommes point les maîtres d'aimer ou de haïr, non plus qu'aucun être intelligent. Dès qu'on a la faculté d'aimer, on aime invinciblement ce qui est aimable à son propre égard; mais on peut agir comme si l'on n'aimait point. Je puis mettre ma maîtresse dehors, et caresser ma femme qui me déplaît.

Nous ne pouvons donc aimer Dieu d'un amour désintéressé, mais seulement par rapport à nous-mêmes, quelque effort que nous fassions; nous ne saurions même le concevoir, quelque torture que nous donnions à notre esprit. Nous pouvons bien estimer les choses sans rapporter [*sic*] à nous, et par un pur acte désintéressé; mais l'estime est fort différente de l'amour, et si

Si l'on m'allègue la reconnaissance comme un principe nécessaire de notre amour, l'être est-il un bien comparable à la crainte et au risque où le christianisme me met d'être tourmenté pendant une éternité suivant une puissance infinie? Puis-je appeler un bien l'espérance d'un meilleur sort et d'une félicité sans bornes que je ne puis obtenir que par l'observation de tant de lois difficiles, au milieu de tant de violentes tentations? Non, en vérité, M.R.P.,→

où est donc le sujet d'amour? C'est beaucoup si, dans cette religion, la crainte et le respect restent; on frémit au seul nom de la mort par l'incertitude où l'on est de la suite;[255] on serait tranquille sur l'anéantissement, et la plupart des hommes en souhaiteraient l'instant.

Ce respect, cette crainte, la considération de l'immensité de Dieu, l'attention sur sa puissance, sa sagesse et sa justice produisent le sentiment qu'on nomme adoration; c'est le seul dont nous soyons capables.

[71] On ne peut soutenir que l'espérance de biens infinis, presque impossibles à acquérir, avec une alternative de peines presque impossibles d'éviter, soient un sujet d'amour pour celui qui promet et menace; proposez à un enfant tout ce qu'il pourra désirer, s'il est une après-dîner tranquille sur une chaise, et le fouet s'il remue; vous verrez s'il vous[256] aimera!

différente qu'on peut estimer des choses que l'on hait.

Rien ne peut donc produire en nous le sentiment d'amour vers Dieu, que la vue du bien qu'il nous fait ou qu'il nous doit faire. Pour ceux d'estime, de respect ou d'adoration, cela suit de ses perfections. A dire la vérité, toutes les religions factices, et surtout la nôtre, nous laissent fort à sec sur l'amour de Dieu.

L'être est-il un bien, au risque de cinq cent millions contre un que nous serons éternellement tourmentés suivant une puissance infinie? La vie remplie de tant de misères avec ce risque est-elle un bien? L'espérance d'un meilleur sort et d'une félicité sans bornes, qu'on ne peut obtenir que par l'observation de tant de lois difficiles, au milieu de tant de violentes tentations, peut-elle être appelée un bien? Non, en vérité, mon Révérend Pére.

C'est bien encore pis si vous y mettez l'incertitude sur la religion hors de laquelle tous nos efforts ne sauraient nous sauver de l'enfer.→

Où est donc le sujet d'amour? C'est beaucoup s'il nous reste la crainte et le respect. On frémit au seul nom de la mort;[255] on serait tranquille sur l'anéantissement, et la plupart des hommes en souhaiteraient l'instant.

Ce respect et cette crainte, avec la considération de l'immensité de Dieu et l'attention sur sa puissance, sa sagesse et sa justice produisent le sentiment qu'on nomme adoration, qui est le plus beau dont nous soyons capables.→

On ne peut soutenir que des biens infinis, mais presque impossibles à acquérir, avec une alternative de peines infinies presque impossibles à éviter, soient un sujet d'amour pour celui qui promet et qui menace. Promettez à un enfant des confitures s'il est une après-dînée tranquille dans sa chaise, et le fouet au cas qu'il badine un seul instant: vous verez s'il vous aimera. Tout ce qu'on dit sur ce chapitre, ne sont que des raisons superficielles, sans force et même fausses.

C'est, dit-on, Dieu qui nous nourrit, qui nous fournit tant de choses nécessaires et agréables, nous devons l'aimer. Nous aimons bien père, mère, bienfaiteur. Crème fouettée que cela! Dieu ne nous donne-t-il pas de même les maladies, les poisons, les accidents?

D'ailleurs, revenons toujours à convenir que l'être n'est pas un bien. Ceux qui diront le contraire parleront contre leur sentiment intérieur.→
Je nie[257] que je doive de l'amour à mon père pour m'avoir mis au monde et avoir eu le premier soin de mon enfance; je lui dois du respect, mais la reconnaissance et l'amour naissent des bienfaits que j'en reçois lorsque je suis en état de les sentir et qu'ils adoucissent mes peines et me sont d'une utilité personnelle.

A l'égard de la nourriture, les Corsaires de Salé et d'Alger nourrissent les esclaves qui leur appartiennent; la nourriture est un bien à l'homme appartenant;[258] on doit de la haine à qui nous en prive, mais non de l'amour à qui nous la laisse.→
Il a été prouvé que Dieu ne nous a point fait un bien en nous donnant l'être; nous en fait-il davantage en l'entretenant? S'il nous eût faits purs esprits, ou qu'il nous eût proposé de grands biens faciles à acquérir, nous pourrions aimer. Mais, M.R.P., vous en convenez intérieurement, il est impossible d'aimer le Dieu qu'on nous représente.

Il ne reste donc que la crainte de Dieu, de ses jugements, [72] de ses châtiments et le respect pour sa grandeur:→

C'est, dit-on, Dieu qui nous a donné l'être, qui nous nourrit, qui nous fournit tant de choses nécessaires et agréables. On est bien obligé d'aimer son père et sa mère et ses bienfaiteurs. Crème fouettée que tout ce brillant étalage!

1°. Dieu nous donne tout de même les poisons, les maladies, etc.

2°. Je nie qu'on soit obligé d'aimer son père simplement pour nous avoir donné la naissance, ni même pour nous avoir nourri jusqu'à l'âge où nous pouvions nous pourvoir nous mêmes. Quand ils nous ont donné la naissance, ils ont travaillé pour eux et non pour nous. D'ailleurs, ce n'est point, peut-être, un bien, et ce peut être même un grand mal.→
A l'égard de la nourriture, les corsaires d'Alger nourrissent et logent leurs esclaves: les aimeriez-vous, mon Révérend Père, si vous étiez dans leurs fers?

Dieu ne nous a fait ni bien ni mal en nous donnant l'être et en l'entretenant. S'il nous avait faits purs esprits, pour lors l'être serait un bien; ou bien si notre condition était telle que nous puissions parvenir aisément à de grands biens, et ne tomber que difficilement dans de petits maux. Tout de même que ce serait un mal, s'il nous avait unis pour l'éternité à un corps goutteux, avec la gravelle, le mal de dents, ou si dans l'état où nous sommes il n'avait aucun égard à notre faiblesse et à la force des tentations.

Il ne reste donc assurément que la crainte de Dieu, de ses jugements, de ses châtiments, avec le respect pour sa grandeur.
[Fin de l'Extrait XXXI]

quelle est la religion factice qui ne prêche pas la même chose?

Alléguez à présent la bonté de Dieu qui a donné son fils unique, qui, non content de l'avoir livré à la mort pour nos péchés, le laisse encore sur nos autels: balivernes pour le peuple. *Ad populum faleras.*[259]

Le mot d'amour ne peut, si l'on veut, faire de mauvais effets; cependant la simple et nue vérité vaut mieux que l'exagération, à l'égard surtout de Dieu, qui est la vérité même. Cette simple vérité est qu'il faut tout rapporter à Dieu et n'être même vertueux que pour mériter son approbation; mais vouloir que cela soit sans intérêt, sans crainte, sans espérance, c'est une pure illusion, un fantôme qui ne peut entrer que dans le cerveau d'un véritable fol.

Tous les béats, les mystiques et les extatiques qui disent qu'ils aiment Dieu sans intérêt, pour lui seul, sans aucun retour vers eux-mêmes, qu'ils subiraient les peines de l'enfer si c'était son plaisir et autres belles choses, sont des gens hors de bon sens qui prononcent des mots qu'ils n'entendent pas. Ils ont ouï dire, ils répètent,→

ils s'échauffent dans leur fantaisie jusques à donner la fièvre à leur imagination. Ainsi certaines gens se croient braves, ils vantent leurs prouesses imaginaires et se persuadent qu'ils sont capables d'en faire dans les occasions; cependant ce sont des misérables à souffrir vingt nasardes. Si l'on en vient au fait, alors ils reconnaissent leur folie.→

Nos extatiques sont tels qu'ils se disent comme il est vrai qu'ils voient J.-C. les flatter, les caresser, leur percer le sein,[260] leur arracher le cœur et tant d'autres visions.→

[Extrait XXXII] Tous les béats, tous les mystiques et les extatiques qui disent le contraire, qui croient qu'ils aiment Dieu sans intérêt, pour lui seul et sans aucun retour vers eux-mêmes, qu'ils subiraient les peines de l'enfer si c'était son bon plaisir, et autres pareilles belles choses, sont des hâbleurs ou des gens hors de bon sens, qui prononcent des mots sans pénétrer ce qu'ils signifient. Ils ont ouï-dire des paroles, ils les répètent.

On peut rapporter ici ce que a été dit sur la croyance, c'est à peu près la même chose. Ces personnes s'échauffent dans leurs fantaisies, jusqu'à donner la fièvre à leur imagination. Alors ils s'emportent à toutes sortes d'expressions, et s'entêtent de ce qu'elles signifient. Ainsi certaines gens se croient braves: ils vantent leurs prouesses imaginaires, ils se croient capables d'en faire dans les occasions: au fond, ce sont des lâches à souffrir vingt nasardes. En est-on au fait et au prendre, ils connaissent la vérité de leur folie.

Enfin on peut dire de nos enthousiastes et de nos extatiques qu'ils sentent véritablement ce qu'ils disent, comme ils voient véritablement Jésus-Christ les baiser, les caresser, leur percer le sein,[260] leur arracher le coeur, et tant d'autres visions. [Fin de l'Extrait XXXII]

[73] Si l'on épluchait les écrits des philosophes avec autant d'envie d'y trouver de belles choses et la même complaisance qu'on a pour l'Evangile, l'on y verrait une bien plus parfaite morale. Si on lisait l'Evangile avec l'esprit de critique que les chrétiens portent à la lecture des philosophes, qu'ils y verraient des maximes plus pernicieuses! Mais les gens de parti renoncent à la sincérité; on insiste sur un mot qui fait honneur au parti que l'on soutient et l'on en néglige un millier qui feraient briller celui que l'on veut ruiner; et on a beau jeu en agissant ainsi, lorsque l'on empêche par le fer et le feu et les cachots qu'aucun ose répliquer.

L'humilité est un être de raison, si ce n'est pas la modestie[261] et un sentiment raisonnable qui fait que nous nous attribuons ce qui nous est dû avec raison et qui nous est convenable. Y a-t-il un peuple, sans excepter le plus sauvage et le plus farouche, qui ne mette cette disposition d'esprit au nombre des vertus les plus essentielles et les plus nécessaires à la société? On voit cette vertu prônée dans tous les écrits des païens, et le vice contraire fait le sujet de leurs plus pathétiques déclamations.

Quant à soi-même, on se doit un sentiment raisonnable et judicieux; quant aux vertus devant Dieu, on ne peut jamais s'enorgueillir, quelque bien que l'on vive.[262] La raison de cela est qu'il faut une connaissance infinie pour démêler les motifs qui nous font agir.

Je ne comprends rien qui soit tant à l'honneur de Dieu que ce plaisir intérieur que sentent les hommes pour avoir été fidèles à la pratique des vertus, mais le christianisme veut l'interdire; il outre tout pour se donner un air de singularité.

[Extrait XXXIII] Il faut avoir perdu l'esprit pour mettre un tyran abominable, un Phalaris et un Néron, au rang des princes vertueux et aussi sages que des Trajans et des Antonins, et pour mettre les Trajans et les Antonins au rang des mauvais princes comme les Phalaris et les Nérons.→

Il y aura de l'extravagance à un homme de probité de se **[74]** dire le plus grand pécheur, ce n'est point l'exagération qui plaît à Dieu, c'est l'exacte vérité, et la connaissance de nos bonnes actions ne doit pas nous empêcher de trembler devant Dieu. Lorsque nous croyons faire le mieux, il n'est pas possible[262bis] que notre véritable motif ne se dérobe à notre vue, cela se remarque avec un peu d'attention; on abandonne quelquefois par paresse ce qu'on croit négliger par générosité.

Il y aura donc aussi de l'extravagance à un homme de probité de se dire le plus grand pécheur. Ce n'est point l'exagération qui plaît à Dieu, c'est l'exacte vérité; ce qui n'empêche point que nous ne devions trembler devant la divinité. Il n'y a qu'une pénétration infinie qui voie absolument le coeur humain. Nous devons toujours craindre de nous tromper sur les jugements que nous portons de nous-mêmes, lors même que nous croyons faire le mieux. Il n'est pas impossible que le véritable motif qui nous fait agir se dérobe à notre vue, comme on peut le remarquer en bien des occasions, si on y donne une forte application. On abandonne quelquefois par paresse ce qu'on croit négliger par générosité.→

Voilà, je crois, à quoi on doit mettre devant Dieu et devant les hommes cette vertu, soit qu'on la nomme modestie ou autrement, et non pas à se faire passer pour fou pour s'humilier, comme faisait certain saint,[263] ou d'appeler un chevreau son frère comme faisait un autre.

Je crois que voilà le véritable caractère de la modestie devant les hommes et de l'humilité même devant Dieu. Si on la met en autre chose, c'est une pure illusion, une idée outrée, qui ne peut être d'aucun usage. Ce sera courir tout nu par les rues, afin de passer pour fou comme certain saint[263] qui appelle un chevreau son frère.

Le roi se mettra-t-il au-dessous de ses sujets par humilité? abandonnera-t-il le timon de l'État, disant qu'il n'est pas digne de le tenir? obéira-t-il lorsqu'il doit commander? Non, il reconnaîtra qu'il est fort au-dessous de la perfection et des grands talents qui seraient absolument nécessaires, et il essaiera d'y parvenir. Il s'attachera à connaître les occasions où il faut user d'autorité ou de complaisance, de violence ou de douceur. Il bannira de sa cour les jeux de hasard, le luxe et les flatteurs. Il s'instruira de tout autant qu'il pourra. Il n'épargnera point ses peines pour faire justice lui-même. Enfin, songeant qu'il est à ses peuples et pour ses peuples, il remplira son devoir de son mieux, avouant qu'il ne fait que ce qu'ils sont en droit de lui demander. Si la nécessité l'embarque dans une juste guerre, il y sera des premiers; il donnera l'exemple d'une tranquille bravoure, du mépris des commodités, des plaisirs, de la patience à toute épreuve dans les fatigues et les disgrâces. Et comme la véritable vertu héroïque est la plus difficile et la plus utile, si Dieu prépare des récompenses éternelles, et s'il peut élever des créatures jusqu'à la vue de son essence, c'est à un mérite si rare à espérer cette parfaite félicité.[264]

Ces cafards qui prêchent l'humilité dans ce sens visionnaire, quels respects n'exigent-ils pas du reste des hommes? Quels respects bien plus étonnants le père gardien n'exige-t-il pas des autres malotrus de moines?→

Tous ces cafards qui prêchent l'humilité d'une manière toute différente, ne laissent pas de l'entendre de même.[265] Il n'y a qu'à voir quels respects, quelle déférence, quelle obéissance les ecclésiastiques exigent des autres hommes, à qui ils donnent les noms de laïcs, et bien davantage le père gardien[266] des moines mendiants.

Celui qui est le dépositaire et l'interprète infaillible de cette loi d'humilité, de cet Evangile, en prenant[267] la qualité de serviteur des serviteurs,[268] dont il ne fait aucune fonction, veut exercer toutes celles de Roi des Rois: il s'est osé laisser[269] nommer Vice-Dieu, il agit avec la plus brutale opiniâtreté, le faste et l'orgueil le plus choquant. Il y a longtemps qu'on a dit avec raison qu'il y avait plus de vanité sous un froc que sous un casque: rien n'est si insolent ni si haut qu'un moine, qu'un cagot, qu'un jésuite lorsqu'il croit le pouvoir impunément; rien n'est si lâche, si flatteur, si rampant, lorsqu'il croit avoir besoin de quelqu'un qui ose n'en pas faire grand cas.

Enfin cet Evangile et cette humilité tant vantée est-elle bien pratiquée par le premier dépositaire et l'interprète infaillible des décisions de l'Eglise, en prenant,[267] d'un côté, la qualité de serviteur des serviteurs, dont il ne fait aucune fonction, et de l'autre celle de roi des rois, et qui exerce tous les droits de la royauté autant qu'il peut, avec la plus brutale opiniâtreté et le faste le plus orgueilleux? Il y a longtemps qu'on a dit qu'il y plus de vanité sous un froc que sous un casque. Il est certain que rien d'est si audacieux que le moindre valet de pied du couvent, que le moindre cagot, quand il croit le pouvoir être impunément, comme aussi rien n'est si lâche et si rampant devant ceux qui peuvent et qui osent les mépriser. Quels exemples n'ai-je pas vus là-dessus![270]

Tout doit se terminer à un juste usage de ses droits, à une opinion raisonnable de soi-même et à une judicieuse déférence

Tout doit donc se terminer à une opinion raisonnable de soi-même, et à un juste usage de ses droits, avec une déférence pour ses supérieurs.**[75]**

Le pardon des injures est de même la clémence prêchée et louée par tous les peuples, mais elle a ses bornes;[272] on doit une exacte justice à ceux qui nous sont soumis, mais on ne doit point laisser leurs fautes totalement impunies. Ce serait tolérer le crime que d'agir autrement; et si, dans bien des cas, on ne faisait pas justice soi-même, on serait à chaque instant en proie aux gens injustes; l'économie des sociétés serait détruite.

Mais, dira-t-on, c'est à la justice publique à venger les injures des particuliers; il faut donc que celui qui se plaindra et qui dénoncera celui qui lui a fait injure ne lui ait pas pardonné.→

judicieuse pour ses supérieurs. Il est certain qu'en gardant avec exactitude ces trois points, nous serons réellement modestes, et exempts d'orgueil ou de vanité devant Dieu, puisque cela ne nous empêche point de reconnaître que nous tenons tout de lui; de nous voir dans un degré infiniment au-dessous de sa justice comme de son immensité; et d'être pénétré des profonds respects que nous devons à son essence, qui est celle de tous les êtres existants et possibles. [Fin de l'Extrait XXXIII][271]

[Extrait XXXIV] Le pardon des injures, la clémence estimée, prêchée et vantée chez tous les peuples, doit être dans de justes bornes: sans quoi elle devient un vice. Si les rois pardonnent les crimes, si les juges ont pitié des voleurs et des assassins, si les capitaines ne punissent pas la désertion, que sera-ce? On dira que cela est vrai à l'égard des personnes publiques; que cependant les particuliers ne doivent pas se venger, mais pardonner. Cela a aussi ses bornes; outre qu'il y a peu de gens qui ne soient en quelque façon hommes publics. Le père de famille l'est en quelque façon à l'égard de sa femme, de ses enfants, de ses serviteurs. Le maître l'est pour son serviteur. Mais à prendre le mot de particulier dans sa plus étroite signification, on ne peut disconvenir que les particuliers ne soient souvent en droit de se venger, et même dans l'obligation de se faire faire réparation.[273] Il faut que les crimes soient punis, sans quoi toute l'économie des sociétés humaines est renversée. Il faut au moins que la crainte de la punition retienne les méchants: par conséquent qu'elle soit possible, et quelle arrive quelquefois. Inutilement en parle-t-on: il est sûr que si l'on n'en fait jamais, les hommes s'extermineront bientôt.

On dira encore qu'il faut que ce soit la justice publique qui fasse cette punition. Politiquement, j'en conviens, et[274] c'est pour empêcher l'abus du droit naturel, non en l'abolissant ou le niant, mais en le confirmant. D'ailleurs cette justice publique ne peut ordinairement agir que par la dénonciation du particulier: il faut donc que ce particulier ne pardonne pas, et qu'il

A reprendre les choses dans l'origine, comme cela se doit en bonne et saine philosophie,[275] les hommes sont nés libres et chacun apporte au monde le droit de se maintenir, de reprendre ce qui lui a été pris, de repousser par la force ceux qui veulent le troubler et d'empêcher par la punition d'une injure que l'on n'ait l'audace de lui en faire d'autre.[276]

Si vous niez ce droit si évident, M.R.P., vous l'ôtez aux républiques et à tous les rois qui ne le tiennent que de la cession des particuliers. Si vous alléguez qu'après cette cession les particuliers ne sont plus en droit d'en user, je vous réponds que s'ils ont cédé leurs droits, ils ont compté que le magistrat les vengerait→
et il y a des cas où ils ne peuvent y avoir recours. Par exemple, lorsqu'ils manquent de témoins.→

Mais, après tout, les sauvages qui ne sont gouvernés par personne l'ont tout entier, ce droit naturel: l'Evangile n'est donc pas fait pour eux, ou bien il leur prêcherait le moyen de se détruire.

Il en faut revenir à la raison: elle nous dit qu'il ne faut pas être si sensible aux injures qu'on en poursuive la vengeance à toute outrance et sans égard aux faiblesses des autres; elle nous dit **[76]** qu'il faut se laisser toucher à leur repentir,→

se plaigne du tort qui lui a été fait, quoiqu'il sache bien que cette plainte produira un châtiment.

A prendre la chose dans son origine, comme il faut toujours, autant qu'il est possible, et comme cela se doit en bonne forme, tous les hommes sont nés libres: ce n'est que par hasard, d'institution humaine et par accident, qu'il y a des républiques, des princes et des magistrats; cela n'est point essentiel à la nature humaine. Naturellement chacun a droit de se maintenir; par conséquent de repousser par la force ceux qui les [*sic*] veulent troubler dans ses justes possessions; de se faire rendre ce qui lui a été pris, et de réprimer par la punition du tort qui lui a été fait l'audace de lui en faire d'autres.[276]→
Si vous niez ce droit si nécessaire et si évident, vous l'ôtez aux républiques qui ne le tiennent que de la cession des particuliers. Si vous dites qu'après cette cession les particuliers ne l'ont plus, je vous répondrai qu'ils ne l'ont cédé qu'en supposant que les magistrats leur feraient raison.

Or il y a des cas où ils y manquent, et où avec toute la droiture imaginable ils ne le peuvent, par exemple si on n'a point de témoins; alors le particulier a tout son droit, qu'il n'a point cédé pour ces occasions.
Outre cela, les sauvages l'ont, ce droit; il ne leur faut donc point prêcher cette doctrine. Si les peuples civilisés n'ont plus ce droit, ce n'est pas que ce soit un mal que la vengeance; ils s'en sont dépouillés, mais à certaines conditions que nous venons de voir, hors desquelles ils y entrent et ils en usent avec justice quand ils n'en usent pas mal, c'est à dire qu'ils se vengent dans une juste nécessité et sans excès.
Il en faut toujours revenir à la raison, qui dit qu'on ne doit pas être si sensible aux injures qu'on en poursuivre la vengeance à toute outrance, sans égard au tort que nous en souffrons, aux faiblesses et aux passions de ceux qui les ont faites; qu'il faut se laisser toucher à leur repentir, pardonner en certaines occasions et en certaines circonstances, par exemple lorsque les offenseurs ont cru avoir de fortes raisons,

mais elle nous dit aussi que dans d'autres cas il faut se venger, comme lorsqu'on a une juste raison de craindre une nouvelle offense, lorsque notre honneur souffrirait si nous restions dans l'inaction[277] etc. Et en même temps ma raison me prescrit une méfiance de moi-même qui m'empêche d'agir entraîné par un premier mouvement, parce que je crains de me faire illusion à moi-même et de croire plus mes passions que la justice.

lorsqu'ils reconnaissent d'eux-mêmes leurs fautes, et que probablement on n'a rien à craindre de semblable d'eux.

Mais cette même raison dit que dans d'autres rencontres il faut punir et se venger, comme quand on a un juste sujet d'appréhender une nouvelle offense, lorsque l'offense a de grandes suites, lorsque notre honneur souffrirait si nous restions dans l'inaction;[277] songeant néanmoins toujours qu'il faut se méfier de soi-même,[278] n'ayant recours aux remèdes violents qu'à l'extrémité. [Fin de l'Extrait XXXIV].

La question du point d'honneur tombe ici trop naturellement pour ne la pas traiter[279] en deux mots.

Les théologiens qui, revêtus des noms qui les ont rendus vénérables au sot peuple, n'ont aucun besoin du véritable honneur, s'en moquent; ils sont sûrs, sans éclat, de conserver toujours les égards qu'ils veulent que les autres hommes aient pour eux. Qu'ils soient fourbes, trompeurs, infidèles, sans parole, cela ne fait rien: ils peuvent pousser jusqu'aux crimes noirs sans rien craindre. Il n'en est pas de même de l'homme d'épée, de l'homme de robe, du marchand, des filles, des femmes: les prédicateurs, les moines, les prêtres crient à haute voix contre la vengeance à force ouverte; ils ne veulent point de celle-là. S'ils vous avaient trompé, volé, débauché votre femme ou votre fille par le sacré moyen de la confession ou de la direction, vous iriez vous venger sur eux. Ah! l'Evangile le défend. Ayez recours aux tribunaux, vous verrez combien on vous fera justice! Ces oints du Seigneur en sortiront blancs comme neige,[280] et l'on fera voir au prince qu'il doit interposer son autorité pour leur sauver la honte de la condamnation, si on ne peut soustraire l'évidence du crime. Le point d'honneur est une folie, disent-ils, et contraire à l'Evangile. Soit, mais ils ajoutent: contraire à la raison. [77] Sur quoi fondé? suis-je maitre de l'esprit et du sentiment des hommes? L'honneur en général est l'estime actuelle des hommes. Il faut donc que je fasse ce qui me l'acquiert dans le pays où je vis. En Turquie, une femme est perdue d'honneur si elle marche le visage découvert; en Europe la vestale la plus prude[281] marche sans voile; en beaucoup d'endroits des Indes les femmes sont nues, jusqu'à la ceinture au moins; que serait-ce en Europe? Il faut se conformer aux coutumes; parmi tant de gens d'épée, un homme serait perdu s'il souffrait certaines paroles, certains gestes ou des coups sans se battre; il faut se conformer aux sentiments.

Quoi de plus odieux, de plus surprenant que[282] de voir les dévôts convenir que pour sauver sa vie ou même son argent, on est en droit de tuer celui qui veut nous l'ôter, et de les voir nous refuser le même droit contre celui qui nous ôte notre honneur, bien plus cher aux gens de cœur que toutes les richesses du monde et que la vie? Est-ce

[Extrait XXXV] Il est extraordinaire, surprenant et odieux qu'on convienne que pour sauver son argent et sa vie, on soit en droit de tuer les voleurs et les assassins, et qu'on refuse ce même droit pour sauver son honneur, qui est plus cher que les richesses et que la vie au gens de cœur. Est-ce donc à messieurs les théologiens à

donc aux théologiens à décider de ce qui est un bien pour moi? Les ecclésiastiques passeraient-ils que l'on décidât que le respect est le seul bien pour eux et que l'argent est inutile? Est-ce ma faute si les hommes parmi lesquels je vis ont mis l'honneur en certaines choses? Mais l'honneur est une folie, crieront-ils. Ah! leur vie à la plupart prouve assez qu'ils en sont persuadés.

Dans des pays, on laisse les passants manger ce qu'ils veulent des raisins dans les vignes; dans d'autres contrées on les poursuit comme des voleurs. Il en est de l'honneur tout de même, il faut se conformer aux usages; l'Evangile ne peut le nier, à moins de traiter l'honneur et l'estime des hommes avec qui Dieu veut que je vive comme une chimère, et par conséquent elle ne peut le nier sans aller au fanatisme.

Je ne prétends point par là blâmer la défense des duels; elle était nécessaire à cause de l'excès et de l'audace des étourdis [78] qui s'entêtaient d'une fausse idée de la bravoure; mais cela ne fait rien au droit que chacun a d'en user bien. Ce n'est pas un crime de boire un verre de vin avant d'entrer au conseil de guerre pour juger un criminel, mais c'est une loi juste et une sage précaution d'ordonner que l'on y aille à jeûn.

Rien ne serait plus utile à la société que le duel bien entendu, si les hommes n'y avaient recours que lorsqu'ils n'ont ni pièces ni témoins pour avoir justice. Les brutaux et les usurpateurs seraient plus réservés. C'est par cette raison que l'on voit plus de politesse, que l'on entend moins de

décider ce qui est un bien pour moi? Il serait beau que je voulusse décider que le seul bien pour eux est le respect, et qu'il ne leur faut point d'argent! Ce n'est pas ma faute si les hommes parmi lesquels je vis ont mis l'honneur en certaines choses. Je garde en Europe mon argent que j'abandonnerai en certains lieux d'Afrique et d'Amérique. Tout le genre humain a un droit général de conserver tout ce qui lui est utile, quand il lui appartient naturellement et légitimement; et cette utilité en bien des occasions est relative aux usages différents des peuples. Je puis donc faire application de mon droit général suivant ces usages. Dans les marais salants, on ne défend point à chacun de prendre sa provision de sel.→

En certaines provinces, on ne défend point de manger du raisin dans les vignes. En d'autres lieux on poursuivraient les gens comme des voleurs. Il en est de l'honneur comme de toutes ces choses; il faut avoir égard aux usages. L'Evangile ne peut dire le contraire, à moins qu'il ne défende l'honneur absolument, à moins qu'elle [*sic*] ne tombe dans l'excès et l'impossibilité, comme dans ses préceptes singuliers, et qu'elle n'aille par conséquent au fanatisme.→

Je ne prétends pas par là blâmer la défense des duels; au contraire je l'approuve et la loue à cause des abus où l'on tombe naturellement à ce sujet. Le prince est absolument obligé de les punir, et de réprouver l'audace et la fausse bravoure des étourdis: ce qui ne fait rien au droit que chacun a d'en bien user. Ce n'est pas un crime de manger un morceau de pain et de boire un verre de vin avant d'entrer au conseil de guerre pour une affaire criminelle; cependant c'est une sage précaution et une juste loi d'ordonner qu'on n'y puisse délibérer qu'à jeun.

Il est certain que ne rien ne serait plus utile à la société que le duel bien entendu, si les hommes savaient se contenir dans de justes bornes, et qu'ils n'y eussent recours que lorsqu'ils n'ont ni pièces ni témoins pour avoir justice. Les brutaux et les usurpateurs seraient plus réservés. C'est pour

mots injurieux, qu'il y a moins de manque de parole dans un camp que dans une ville, et dans les troupes que parmi le reste des hommes.

cette raison qu'il y a moins de paroles injurieuses et de manques de paroles dans les camps que dans les villes, et dans les troupes que parmi les bourgeois.→

Mais s'il y avait une bonne et brève justice à espérer, qu'il ne fallût pas un temps infini et une grande dépense pour avoir raison, qu'on fût sûr que la cabale, l'intrigue et le crédit n'empêcheront point de l'obtenir, ce serait une brutalité, de même que de dire qu'il ne faut aucune discussion ni explication.→

C'est aussi une brutale fureur de dire que l'on peut se faire justice soi-même lorsque l'on peut établir son droit par pièces ou par témoins devant les juges naturels; l'on rentre dans son droit de se la faire soi-même si le crédit et la brigue prévalent contre le bon droit.

C'est une fureur de dire qu'il faut se faire justice à soi-même quand on peut établir son droit par pièces ou par témoins et devant les juges naturels, sauf néanmoins à se faire justice si on ne l'obtient point.

La raison la plus plausible qu'on allègue contre les duels, c'est que le faible outragé succombe sous l'effort du plus vigoureux qui est un injuste et qui a tort. Mais lorsque le plus faible est assez outragé pour courir le risque d'un combat, qu'il le demande, il est aussi fort d'ordinaire que son adversaire qui ne fait que l'accepter et que sa conscience accuse; cette règle n'est pas infaillible, mais devant la justice réglée, est-il moins commun de voir le bon droit de l'homme sans protection succomber sous la puissance d'un usurpateur titré? Du moins, dans l'autre, le faible ayant raison, s'il succombe, a la consolation d'avoir fait partager le danger à celui qui l'a outragé contre le droit.

La raison la plus plausible qu'on apporte contre les duels, que le faible qui a raison succombe sous l'effort du plus vigoureux qui a tort, n'est pas si vraie qu'il le semble: il est sûr que celui qui a raison a une certaine force; il est piqué, et le sentiment de sa douleur le rend plus vif, plus ardent et plus déterminé. [Fin de l'Extrait XXXV]

Revenons au pardon des injures. Suivons toujours la loi[283] et la raison naturelle: que l'offensé se mette à la place de l'offenseur; [79] qu'il se mette dans les mêmes circonstances et qu'il juge à tête reposée, en écartant la passion, quelle punition il croirait mériter; qu'il traite ainsi hardiment celui qui l'a offensé.

J'ai ouï dire qu'on avait demandé à un empereur une ville pour la gouverner suivant la République de Platon;[284] je voudrais voir une ville gouvernée suivant l'Evangile où l'on fût persuadé que les bonnes œuvres sont inutiles au salut, parce qu'il y a une prédestination immuable, où l'on souffrît toutes les insultes sans en tirer de vengeances[285] pour pardonner à nos frères, où chaque particulier vendit son bien pour le donner aux pauvres,[286] où l'on ne semât ni recueillît, comme les oiseaux du ciel, où l'on ne songeât point au lendemain en disant: Dieu nourrit bien les moineaux, abandonnons-nous à la Providence![287]

Voyons un peu comment on entend ce pardon des injures. Un pape reçoit un soufflet, il ne se contente pas d'une vengeance ordinaire, il excommunie. C'est, selon lui, damner à toute éternité dans un feu inextinguible un homme très sage et très vertueux. Ce n'est pas tout: il a voulu aussi damner toute sa famille et toute sa postérité pour tous les siècles, et la bulle de cette excommunication se renouvelle et se publie tous les ans.[288] Le pape devait tendre l'autre joue suivant le précepte de l'Evangile.

Direz-vous avec les ultramontains, M.R.P., que le pape étant Dieu en terre, il peut faire ce qu'a fait Dieu, qui a damné tous les hommes pour une légère faute de leur premier père? La morale est belle, bien fondée et digne d'être citée pour sa pureté.

Ce n'est pas cependant la rage d'un seul particulier, cela se perpétue et se renouvelle tous les ans et on l'approuve solennellement tous les ans en le continuant.

Hé! vrai Dieu! où les pointilles pour le rang sont-elles observées [80] comme parmi les ecclésiastiques, où le sont-elles pour l'intérêt et la vengeance mieux que parmi eux? Mais ils ont obtenu que l'on punirait plus rudement le plus simple coup donné à un faquin inutile vêtu de noir, dont le métier est de faire descendre Dieu en terre pour de l'argent, que le meurtre d'un honnête homme, quelque nécessaire qu'il fût au bien public. C'est là le pardon des injures.

Julien, que les chrétiens veulent croire un monstre parce qu'il avait abandonné leur religion, Julien, dis-je, se contenta de répondre à une satire que les habitants d'Antioche avaient faite contre lui;[289] César ne punit point Catulle qui avait déclamé contre lui;[290] Cimon et un autre Grec prièrent leurs enfants de ne pas songer à les venger;[291] mais Sixte-Quint fait couper la langue et le poignet à un misérable qui vient s'accuser sur l'espérance de l'impunité qu'on lui avait promise;[292] Sixte, par une explication forcée, prétend être en droit de manquer à sa parole et il se venge ainsi d'un mot qui ne blessait ni son honneur ni sa probité. Où est donc l'efficace de cette morale? Et quand il y aurait tout ce que l'on prétend y trouver de beau, elle était bien inutile, puisque, dictée par Dieu même, elle ne peut élever au point de vertu où les philosophes sont parvenus par la seule réflexion et par le mouvement de leur cœur droit et de leur conscience. Antioche eût été rasée, Catulle eût été perdu si César et Julien eussent été imbus du christianisme.

Théodose est un des héros de cette loi: il fait massacrer dix mille hommes dans la même ville d'Antioche pour moins qu'une satire![293] Lycurgue, païen, sauve de la fureur du peuple et retire chez lui un séditieux qui l'avait outragé jusques à lui crever un œil lorsqu'il publiait ses lois.[294] Mais, me direz-vous, Ambroise refusa la porte de l'église à Théodose couvert de ce sang injustement répandu. Et Démosthène n'a-t-il pas reproché à Philippe ses vices?[295] Fallait-il être chrétien pour sentir l'horreur du crime de Théodose, et que craignait St Ambroise en le reprochant? Il connaissait [81] trop le génie de l'empereur, et si c'est là une action héroïque, qu'on en trouvera de pareilles dont le christianis-me[296] n'est point le premier moteur!

Convenez, M.R.P., que ce précepte pris à la lettre est une hyperbole et qu'il ne peut ni ne doit être exécuté; si on ne le prend pas à la lettre, c'est la clémence connue, prêchée et admirée chez toutes les nations. J'approuve fort le pardon des injures, mais il faut que l'offense soit purement particulière et que l'impunité ne puisse être dangereuse pour l'exemple ou avoir de mauvaises suites. Tel n'était point le pardon que la reine Elisabeth de Hongrie accorda aux meurtriers de son père.[297] Quoique je l'aie vu cité dans un livre fameux comme action chrétienne et article de canonisation,[298] je le regarde comme un crime affreux contre la nature, contre l'ordre et les lois.

L'amour des ennemis est une expression en l'air: l'amour n'est point un acte libre, on ne peut pas aimer ou haïr qui l'on veut; il eût fallu dire, pour être dans le vrai: *Traitez vos ennemis aussi bien que vous traiteriez ceux que vous ne haïriez pas*; alors cela retombe dans la clémence et le pardon des injures.→

Je crois que, pour être dans la juste vérité, il faut pardonner, tolérer et souffrir les torts des autres à notre égard sans poursuivre avec une animosité trop forte les gens qui les ont, ces torts; qu'il faut, par la voie la plus douce, se mettre à l'abri de leurs mauvais desseins, et ne consentir à leur perte que lorsqu'il ne nous reste nul autre moyen de nous mettre en sûreté,→

[Extrait XXXVI] *L'amour des ennemis* est une expression en l'air et vide de tout sens: on n'est pas le maître d'aimer qui l'on veut, ni ce qu'il faut. On peut seulement traiter les gens comme si on les aimait, quoiqu'on ne les aime pas, et même qu'on les haïsse. Le précepte ne peut donc tomber que sur le traitement et non pas sur l'amour, qui n'est pas un acte libre. Une personne exacte, sans union hypostatique avec la divinité, aurait dit: *Traitez vos ennemis comme vos amis.* Cela n'est pas impossible, mais cela retombe encore dans le pardon des injures, la clémence et la mansuétude.

Il ne faut pas s'emporter avec excès contre ses ennemis, et vouloir tout renverser pour une injure personelle. Il faut souvent dissimuler et souffrir avec patience, quand l'offense n'entraîne pas une ruine totale, ou la juste crainte d'une récidive.

Il faut considére que nous sommes tous membres d'une même société, et qu'il est plus à propos pour le corps qu'un membre seul soit blessé que deux etc. On doit pardonner, tolérer, souffrir ses ennemis, ne pas exercer contre eux tout son ressentiment, ni toute sa puissance sur ceux qui cherchent à nous perdre: il suffit de se mettre à l'abri de leur mauvais dessein par la voie la plus douce si on peut, ne consentant à leur perte que dans l'extrémité et lorsqu'il n'y a point d'autre moyen que celui-là de se mettre en sûreté. Il faut même, dans leur perte et dans leur punition, garder toute la modération possible, agissant moins par passion que par équité et par les lois d'une défense nécessaire, moins pour nous venger, pour satisfaire notre vanité ou notre sensibilité, que pour prévenir le désordre et le dommage à venir; moins encore pour la réparation du tort qui nous a été fait, que pour l'exemple qui résulte du malfaiteur.→

enfin, je crois que si l'on était sûr de n'être jamais offensé de ses ennemis, il faudrait vivre avec eux de la manière la plus gracieuse du monde.

Enfin je crois que si on était sûr de n'être jamais offensé par ses ennemis, on devrait vivre avec eux de la manière plus gracieuse qu'il fût possible.

Ce serait la matière d'un bel ouvrage que l'explication des distinctions à faire sur ce sujet, avec des règles bien fondées et bien suivies, quoique ce ne fût qu'un développement de la droite raison dont tous les hommes sont pourvus. On trouve mille morceaux dans les philosophes qu'il n'y aurait qu'à arranger; on en trouve la pratique dans l'histoire des grands hommes, mille fois plus belle et en plus grand nombre que dans les livres juifs et dans ceux des chrétiens comme chrétiens.

Pousser les choses au-delà des bornes que nous venons de planter, c'est se jeter dans le fanatisme qui n'est que le partage de certains particuliers: on n'en voit point d'exemple public.→

Le pape... aimait-il l'empereur Henri?[299] Innocent XI aimait-il Louis XIV? Le clergé aimait-il les huguenots? Quelle amitié!

Le pape... aimait-il l'empereur Frédéric?[299] Innocent XI aimait-il Louis XIV? Le clergé aimait-il les huguenots en 1684? Quelle amitié!

Le commandement de l'amour des ennemis est impossible, donc **[82]** il n'est[300] pas émané de Dieu. Si l'on dit que c'est agir avec eux comme avec ses amis, il faut mettre la prudence au nombre des vices pour donner un pareil précepte. Il faut de la précaution avec son ennemi juré, ou l'on est insensé.→

Ce commandement de l'amour des ennemis n'est donc point émané de Dieu, puisqu'il est impossible. Si on le veut expliquer favorablement en disant que ce n'est autre chose que de les traiter comme amis, on verra encore qu'il y a du galimatias qui mettrait le monde en combustion. Je donne la clef de mon coffre et de ma maison à mon ami. Je lui confie ma femme et mes filles dans un voyage, je couche et mange chez lui sans précaution: je serais insensé d'en user de même avec un ennemi juré.

Pour établir de pareils commandements, il faut mettre la prudence au rang des vices. Celui qui les a faits a parlé sans s'entendre, ou a voulu se singulariser à tort et à travers. Lui-même ne les a point pratiqués: il a fui ses ennemis, il les a repris aigrement, il les a maudits,[301] et a eu avec eux bien d'autres manières qu'on n'a pas avec les gens qu'on aime.

Celui qui a donné ces préceptes ne les a point pratiqués, il a fui ses ennemis, les a repris aigrement, les a maudits[301] et enfin n'a pas agi avec eux comme avec des gens qu'il aimait; il est vrai qu'il a demandé pour eux[302] le pardon de sa mort,[303] mais, suivant notre croyance, nous voyons s'il l'a obtenu; il était en droit d'espérer que son père ferait plus d'attention à ses recommandations.→

Enfin les Incas, en se disant fils du soleil comme J.-C. s'est dit fils de Dieu, ont donné en propres termes le même précepte d'oublier les injures.

Enfin les Incas avaient donné un pareil précepte en propres termes, en se disant fils du soleil, comme Jésus-Christ en se disant fils de Dieu.

La destruction de l'amour-propre est une chimère; on ne peut pas le détruire tant que l'on existe; il est question de le régler; voilà ce qu'un esprit bien sensé eût recommandé.

La destruction de l'amour propre et de l'orgueil sont deux chimères. La première chimère est assez détruite, par ce que nous avons vu qu'il est de l'essence de tout être intelligent de s'aimer et de ne rien aimer que par rapport à soi. Le commandement de se haïr soi-même est une hyperbole démesurée. Il faut de nécessité donner dans le faux, ou expliquer ces idées fanatiques, les rapportant à de justes idées de soi-même qui ont été suffisamment expliquées; et ce n'est qu'une sérieuse résolution de ne jamais manquer à son devoir par trop de ménagement pour sa conservation ou ses plaisirs. Il ne s'agit pas plus de détruire son amour-propre que de détruire son existence, l'une [*sic*] n'est pas plus possible que l'autre. Il s'agit de régler son amour-propre et de le faire taire quand le devoir l'ordonne, comme de faire un bon usage de son existence. C'est ainsi que la vérité et l'exactitude demandent qu'on parle. Un petit esprit, emporté de ce qu'on appelle dévotion, confond tout.

La deuxième de ces chimères n'a pas plus de réalité. On fait ici ce qu'on a fait partout: on attribue à la simple chose ce qui ne se peut dire que de l'excès ou de l'abus qu'on fait de cette chose. L'homme est orgueilleux comme il est ivrogne, comme il est téméraire, avare ou prodigue. Il n'y a rien de mal dans le plaisir de boire avec modération,[304] dans celui de se défendre ou d'attaquer ceux qui nous ont fait tort, dans celui de conserver ses biens; il n'y a nul crime à se rendre justice, à sentir du plaisir quand on a réussi dans une entreprise difficile, à s'applaudir d'avoir inventé quelque belle et bonne chose, pourvu qu'on en demeure là, sans se croire impayable, sans mépriser les autres.

Il n'y avait pas plus de mal à Archimède de se croire plus habile qu'un maçon et qu'un menuisier de Syracuse, et à Caton de se croire plus honnête homme que Catilina, qu'à Milon de Crotone de se croire plus fort qu'une fille de douze ans. [Fin de l'Extrait XXXVI]

Quant à la pauvreté et au mépris des richesses, les philosophes ont mille fois mieux tourné cet article que l'Evangile et ils l'ont mieux pratiqué. Comparez les cyniques deux cents ans après Diogène avec les évêques cent ans seulement après les apôtres, comparez les moines indiens avec les capucins, le raisonnement devient inutile, la comparaison parle! Spinoza, qui passe pour un athée, refusa une pension de 800 livres et se contenta d'une de 500 livres.[305] Le pape a décidé qu'un évêque ne pouvait se passer de moins de six mille livres de rente: deux bonnes familles de gentilshommes se croiraient riches de ce bien.

L'aumône est joliment pratiquée: les grands chemins, les rues sont pleines de pauvres, de mendiants, d'estropiés.[306] En voyait-on autant à Lacédémone sous les lois de Lycurgue?

Les Turcs sont charitables plus que nous; le christianisme ne peut donc se vanter que d'avoir fait des mendiants volontaires, et non pas d'avoir engagé à pratiquer une aumône profitable **[83]** au vrai pauvre dans l'impossibilité de gagner sa vie. Le bel exploit! Je parierais bien que si on avait borné les papes à une dépense modique, leur maison à quatre chambres, leur table à deux plats, leurs domestiques à deux personnes, on n'aurait vu ni annates, ni indulgences, ni dispenses etc.

La nature parle sur la nécessité de l'aumône. Qu'a donc dit l'auteur de l'Evangile? Des dogmes outrés, impraticables, ridicules: *Vendez vos biens, donnez-les aux pauvres si vous voulez être parfaits.*[307] Il faudrait donc que ces pauvres les rendissent sur le champ, voulant aussi être parfaits, ou plutôt ils doivent le refuser: nul acquéreur ne se présenterait. Il faut donc, pour que tout le monde soit parfait, que tous les biens soient abandonnés. Et où prendre de quoi dire la sainte messe si tout reste en friche? C'est peut-être le partage des terres qu'il ordonnait d'après Lycurgue et les deux Gracchus.

On peut dire à l'honneur du christianisme qu'il prescrit une perfection impossible. Que serait-ce si tout le monde gardait sa virginité, si tout le monde se donnait à la contemplation?[308] Le bel effet qu'a produit cette morale! Un tas de marauds font vœu de pauvreté, puis ils emploient tout pour enlever le bien aux familles et la substance aux vrais pauvres. La perfection de la pauvreté est de ne rien posséder; de la libéralité, c'est de tout donner et de ne rien garder; la modestie est de s'abaisser outre mesure; la chasteté de ne point engendrer; la clémence de ne rien punir: la sobriété eût dû consister aussi à ne boire ni manger jamais!

[Extrait XXXVII] On peut donc dire à l'honneur du christianisme que ces vertus sont inutiles ou pernicieuses, et, étant telles, il faut se donner de garde de les pratiquer. Que serait-ce si tout le monde abandonnait son bien, gardait sa virginité, se donnait à la contemplation,[308] sans souci des choses nécessaires à la vie? La belle morale! Effet admirable qu'elle a produit! Un tas de marauds se font pauvres de but en blanc pour faire métier de fainéantise, puis, poussant l'effronterie et la fourberie à tout excès, on les voit, par mille bassesses et mille crimes, enlever le bien des familles et la substance [*sic*] aux véritables pauvres. Quand vendra-t-on tous ces pauvres et ces coquins aux Algériens? Ils apprendraient là en quoi consistent la pauvreté et le travail. Ils se trouveraient soumis à une morale d'une autre rigueur que celle de leur patriarche. C'est là qu'ils porteraient véritablement leurs croix, et je crois qu'ils ne crieraient pas *amplius, domine!*[309]

Les ministres de cette pure morale ont bonne grâce de nous la vanter pendant qu'ils élèvent des bâtiments superbes, qu'ils ont des tables délicates, des équipages somptueux, des souverainetés, des principautés, des titres pompeux qu'ils se donnent **[84]** mutellement.

Il fallait aussi ordonner un jeûne perpétuel, car enfin, mon Révérend Père, ne vous lassez pas de remarquer que toutes ces vertus chrétiennes, dont l'on nous veut donner la prédication pour un caractère de divinité, ne sont que des excès ou des impossibilités. La perfection de la pauvreté est de ne rien posséder du tout et de ne rien faire, celle de la libéralité de tout donner et de ne rien réserver, celle de la modestie de s'abaisser sans mesure, la chasteté de ne point engendrer, la clémence de tout pardonner et de ne rien punir. La sobriété doit donc être aussi à ne boire et à ne manger jamais. Aussi y a-t-il eu des fous qui ont été des carêmes sans manger.

Cette conséquence n'est point outrée, elle est juste et naturelle. N'a-t-on pas aussi trouvé qu'il ne faut point porter les armes, qu'il ne faut saluer personne, qu'on ne doit nulle obéissance aux magistrats, qu'il ne faut point prêter serment en justice, ni défendre sa vie, son bien, son honneur et sa liberté?[310] [Fin de l'Extrait XXXVII]

On connait l'arbre à ses fruits,[311] a dit J.-C. Hé bien! je connais aux effets qu'elle produit que sa morale est détestable. Qu'on me donne les biens de l'Eglise, qu'on réduise chaque bénéfice à six cents livres, les prélatures à mille écus, les moines et moinesses à cinquante écus, je me charge de si bien faire qu'il n'y aura pas un seul mendiant dans le royaume, ni un seul pauvre, ni aucune malheureuse réduite à faire, pour gagner sa vie, un métier infâme. Pourquoi donc quêter, pourquoi mettre des impôts pour l'Hôtel-Dieu?[312]

On me demande de l'argent au nom de Dieu, et moi je dis: «Au nom de Dieu, je te prie de travailler. Si tu es infirme, va-t-en à monseigneur l'évêque qui a cinquante mille livres de rente qui lui ont été confiées pour distribuer à tes semblables, à M. le Curé qui reçoit les dîmes auxquelles tu dois avoir part; pour moi, je ne suis point chargé de nourrir les pauvres, non plus que d'entretenir les ponts et chaussées. Il y a des fonds pour eux. Si je te trouve mourant de froid, je te ferai entrer chez moi pour te chauffer; si tu es nu, je te couvrirai d'un haillon; si tu te noies, je te retirerai de l'eau, je te soignerai.»[313] Mon cœur me dicte tout cela sans l'Evangile, la seule raison est la source de la bonne morale. Je gagerais ma tête qu'une bergère de trente ans, qui n'aura vu que ses troupeaux, répondra juste à toutes les questions de pure morale qu'on pourra lui faire, pourvu que l'on veuille bien les humaniser et les mettre à la portée de son entendement.

Je ferais volontiers une petite analyse des deux principales pièces de l'Evangile, l'Oraison dominicale[314] et le Sermon sur la montagne,[315] mais je tomberais dans les répétitions de ce que j'ai déjà dit. Faisons seulement, M.R.P., quelque attention à un seul mot: *Notre Père qui êtes aux Cieux.*

Que signifie cela? Dieu est en certain endroit, et qu'est-ce que c'est que les cieux? est-ce le bout de l'univers? y en a-t-il un bout? Nous appelons les cieux ce qui borne notre vue. S'il y a une extrémité à l'univers, la concevez-vous bornée par le néant? S'il n'y a point d'extrémité, il n'y a point de centre et les cieux ne sont point encore là. La localité de Dieu **[85]** en détruit l'immensité, qui est un des attributs les plus essentiels de la divinité. Concluez, M.R.P., sur ce que veut dire ce beau début. J.-C. et ses apôtres n'avaient pas une plus haute idée de Dieu que les païens qui le supposaient borné et placé, et se transportant suivant ses besoins. Le livre divin dont il est question fait descendre la divinité, la fait remonter. Le récit de l'ascension[316] ferme la porte à toute allégorie. J.-C. monta au ciel en corps et en âme, il est assis à la droite de Dieu son père;[317] il s'agit d'un corps matériel placé à côté de la divinité, il faut donc circonscrire la divinité dans un lieu ou rayer cette ascension. Dieu n'est-il pas partout, M.R.P., n'est-il pas également en tout temps, en tous lieux? Mais un esprit grossier, ayant à former une fable, la forme suivant le rapport de ses sens.

Mais enfin, que conclurait la beauté et la pureté de la morale si on avait la complaisance de trouver telle celle de l'Evangile? Un sauvage serait-il bien fondé à croire Platon fils de Dieu ou envoyé de Dieu parce qu'il trouverait de belles choses dans les ouvrages de ce philosophe? Pourquoi les chrétiens se fondent-ils sur des preuves aussi misérables si la vérité est de leur côté?

Article cinquième. Mort, Résurrection, Ascension de ce Médiateur.

La mort, si je la crois, ne me fait voir qu'un homme prêchant contre les idées reçues, un novateur qui mérite punition puisqu'il se fait suivre du peuple, puisqu'il l'ameute; cela vise à la sédition. Pour les miracles qui l'accompagnèrent, ce sont des enjolivements pareils à ceux de toutes les légendes des religions factices. Voyons la résurrection et l'ascension.

[1°.] Quand il s'agirait seulement d'un fait naturel, on en voudrait **[86]** de meilleures preuves que celles qu'on donne: deux ou trois folles disent qu'elles n'ont plus trouvé le cadavre.[318] Peut-être ne l'avait-on pas mis là, ou l'en avait-on ôté pour pouvoir après crier au miracle. Elles disent qu'elles l'ont vu vivant: ainsi, tous les jours, on débite des histoires d'esprits, de diables, de lutins, ainsi des gens faibles et de bonne foi, l'esprit rempli des contes qu'on leur a

[Extrait XXXVIII] A l'égard de la mort de Jésus-Christ, c'est une histoire qui mérite la même croyance que les autres. Pour les choses qui sont hors le cours ordinaire de la nature, pour les miracles qui la précédèrent, l'accompagnèrent et la suivirent, ce sont des enjolivements auxquels on doit autant de foi qu'à tous ceux dont toutes les légendes des religions factices sont remplies. Examinons seulement la résurrection et l'ascension.

1°. Quand il s'agirait d'un fait naturel, d'un simple enlèvement, où sont les preuves? Deux ou trois folles disent qu'elles n'ont plus trouvé le cadavre:[318] peut-être ne l'y avait-on pas mis, pour après cela crier au miracle. Elles disent qu'elles l'ont vu vivant: ainsi tous les jours des femmelettes, des cagotes, des enfants, des fous disent qu'ils ont vu des esprits, des diables et autres choses dont ils ont le cerveau rempli par les sots contes qu'on leur fait

faits, croient voir toutes ces choses. La dévote papiste voit son père et sa mère demander des messes, la dévote siamoise voit sa fille maigre parce que les domestiques mangeaient les viandes qu'on portait sur son tombeau et la revoit grasse après avoir eu soin qu'on les y laissât entières et en grande quantité, ainsi les Romains voyaient les ombres de leurs parents dont les corps étaient sans sépultures; ainsi après sa mort apparut Odin.[319]

2°. Ceux qui rapportent cette histoire la rapportent différemment,→

tous ceux qui ont vu le prétendu ressuscité étaient gens de sa faciende,[320] parents ou amis, et cela nous est passé sans preuves authentiques. Un simple récit est-il suffisant pour faire croire?

3°. Ces témoins et écrivains étaient-ils désintéressés? Outre le plaisir de dire du singulier, on apportait des biens à leurs pieds, ils se trouvaient oracles, arbitres de tout, et ils acquéraient de l'empire sur les esprits.

4°. Il eût fallu que cette résurrection se fût faite devant des témoins désintéressés, devant les prêtres, en pleine synagogue, devant Pilate, Anne et Hérode, il eût au moins dû leur apparaître. Le plus déterminé chicaneur avancerait-il en justice un fait sur un simple récit? Et recevrait-on la déposition de son complice en sa faveur? Que doit-on donc faire pour un fait sur-

tous les jours. Ainsi la dévote papiste voit son père, son mari qui lui demande des messes; ainsi la dévote siamoise voit sa fille maigre, parce que les domestiques mangeaient les ragoûts qu'elle envoyait à son tombeau, et ensuite elle la voit grasse, après qu'on les a portés directement aux talapoins. Ainsi voyaient les Romains les ombres de ceux dont les corps n'avaient point été enterrés.

2°. Ceux qui rapportent ce témoignage se contredisent les uns les autres, et le rapportent tout différemment.

3°. Les autres témoins qui disent avoir vu Jésus-Christ étaient tous gens de sa famille, comme frères, parents, amis, disciples, serviteurs du prétendu ressuscité. Encore n'en a-t-on aucun témoignage en forme, mais simplement un simple récit sur des ouï-dire.

4°. Ces témoins ou écrivains parlaient pour une chose où ils étaient intéressés, et dont ils voulaient persuader tout le monde. Outre le plaisir de persuader les autres et d'acquérir un empire sur les esprits, ils devenaient les oracles et les arbitres du monde, chacun apportait du bien à leurs pieds. Ils étaient véritables parties.

5°. Si l'on voulait donner quelque couleur à cette résurrection, il fallait dire qu'on avait apporté le cadavre au milieu de la synagogue, après lui avoir coupé le cou et arraché le coeur, afin qu'il fût sûr que c'était la dépouille d'un homme véritablement mort; et qu'on avait vu la tête se rejoindre au corps, le coeur se rattacher à tous les ligaments qui le tiennent, et enfin le cadavre se revifier[321] [*sic*], marcher, parler. Pilate et les apôtres étaient des sots; il fallait enterrer Jésus-Christ au milieu de la synagogue.

6°. Il fallait au moins que le ressucité parût à la face de tout le peuple et aux yeux de ceux qui l'avaient vu mourir, qu'il retournât manifestement en plein jour à Caïphe, à Pilate, à Anne, à Hérode, dans le temple et dans les palais de Jérusalem, aussi bien que dans les autres lieux où il avait prêché, à Cana, à Capharnaüm, à Samarie. Un témoignage authentique de

naturel et qui n'est pas [87] plus croyable que les fables d'Esope et que les *Métamorphoses?*[322]

tous ces gens serait une pièce à produire. Mais, sur un simple récit, le plus déterminé chicaneur n'oserait proposer en justice le fait le plus aisé et le plus ordinaire avec de semblables preuves. Qu'est ce donc pour un fait surnaturel, et dont aucune personne sensée n'a vu d'exemple? Les fables d'Esope sont tout aussi croyables, les *Métamorphoses* d'Ovide le sont davantage.[322] [Fin de l'Extrait XXXVIII]

Il est ressuscité lui-même, et par ses propres forces, donc il est Dieu, disait un prédicateur que j'ai entendu. Je voudrais, ajoutait-il, voir ici des Juifs, qu'auraient-ils à répondre? Fait-on un pareil défi de bonne foi? Et croit-on cet argument sans réplique? Si cela est, la prévention est bien forte; ne dirait-on pas que les Juifs l'ont vu ressusciter, qu'ils en ont eu la moindre nouvelle fondée sur de bonnes preuves? Je puis prêcher ainsi le mahométisme à Constantinople, et défier toutes les religions contraires de me répondre!

Les deux évangélistes apôtres qui auraient pu voir son ascension[323] n'en parlent point; il n'y a que Luc et Marc,[324] qui ne peuvent le rapporter que sur un ouï-dire. L'un le fait partir pour le ciel sur le mont des Olives, et l'autre le fait partir de Béthanie.[325] Les autres circonstances emportent aussi contrariété. Ainsi, Romulus fut enlevé au ciel.[326] Il n'y a point de religion peut-être dont le héros ne soit aussi monté au ciel une fois, et toujours suivant l'idée populaire: on croit qu'il n'y a de ciel qu'au-dessus de notre tête et que Dieu y habite localement.

Les Siamois ont débité la même chose de Sommonocodan quatre cents ans avant l'Evangile et avec la même circonstance de l'impression de ses pieds sur un rocher, comme nous en avons aussi sur notre Tabor.[327]

Article sixième. La Révélation de la Trinité.[328]

On ne peut jamais croire ce dogme extravagant quand on ferait, pour le persuader, un million de miracles. Il serait [88] plus croyable que ces miracles soient une illusion de nos sens ou d'une puissance qui voudrait s'amuser, il serait, dis-je, moins absurde de croire que celui qui fait ces miracles nous traite comme des enfants à qui l'on fait bien des contes, appuyés sur les prestiges de l'adresse d'un joueur de gobelets, que de m'imaginer trois êtres absolument distincts qui n'en sont qu'un seul. Nous avons démontré ailleurs que la croyance n'est pas une chose libre, et que nous ne pouvons croire que ce qui nous paraît possible. Venons à l'examen de ce dogme:

1°) Il n'est point dans l'Evangile. Je n'entre point dans la distinction que les premiers chrétiens ne l'ont point cru, que plusieurs assemblées de trois et quatre cents évêques ont décidé le contraire; je n'ai que ce mot à dire: donnez le Nouveau Testament à lire à une personne non prévenue, qu'il en extraie les dogmes, donnez-le à mille, je parie qu'il n'y en a pas un seul à qui la pensée de la Trinité vienne de cette lecture.

2°) J.-C. n'a jamais prêché ni supposé la Trinité; il n'a point dit qu'il fût Dieu; loin de là, quand on le voulut lapider comme blasphémateur pour avoir dit qu'il était fils de Dieu, il s'excusa en citant des occasions où des hommes avait été appelés dieux.³²⁹→

Les Juifs se contentèrent de sa réponse, elle était claire et leur apprenait distinctement qu'il ne se tirait pas du nombre des créatures. On ne lui dit point en croix: *Descends, si tu es Dieu*, mais si tu es prophète. Les disciples qui en parlaient sur le chemin d'Emmaüs n'en parlaient point comme d'un dieu, mais comme d'un homme prophète. Enfin ils lui mettent ces paroles dans la bouche le jour de l'Ascension: *Je vais à mon Dieu et au vôtre*.³³⁰ Ils ne **[89]** l'auraient point fait parler ainsi s'ils l'avaient cru Dieu. Un des rois de Sparte, allant voir son collègue, n'eût point dit à un citoyen: Je vais voir mon roi et le vôtre.

3°) Tous les passages que l'on rapporte à la divinité de J.-C., en y comprenant même ceux qui sont manifestement ajoutés après coup, ne sont pas si positifs que ceux qui la détruisent. Mais quand cela serait, que conclurait-on?→

Un gouverneur de province dira mille fois que le roi et lui ne font qu'un, que qui lui désobéit ou le choque, c'est au roi même que l'offense s'adresse,³³¹ on voit bien qu'il parle par figure.→

[Extrait XXXIX] Jésus-Christ n'a jamais prêché ni supposé la trinité. Il n'a point dit qu'il fût Dieu. Loin de là, quand on l'a voulu lapider pour blasphémateur, pour avoir dit qu'il était fils de Dieu, il s'excusa en citant certaines occasions et certains endroits où les hommes avaient été appelés dieux.³²⁹

Les Juifs se contentèrent de sa réponse, entendant distinctement qu'il ne se tirait point du nombre des créatures. Ils ne lui dirent pas en croix: *descends si tu es Dieu*, mais *si tu es prophète*. Les apôtres qui en parlaient sur le chemin d'Emmaüs, n'en parlaient point comme d'un dieu, mais comme d'un homme prophète. Enfin ils lui mettent ces paroles en la bouche le jour de l'Ascension: *Je vais à mon Dieu et au vôtre*.³³⁰ Ils ne l'auraient assurément point fait parler de cette sorte, ni en ces termes, s'ils l'avaient cru Dieu. Un des rois de Sparte, allant voir son collègue, n'aurait point dit à un citoyen: Je vais voir mon roi et le vôtre.

Tous les passages qu'on rapporte pour prouver la divinité de Jésus-Christ, en y comprenant encore même ceux qui ont été ajoutés manifestement par fourberie, ne sont comparables ni en force, ni en nombre, à ceux qui la détruisent. Mais quand cela serait autrement, loin de conclure pour une chose impossible, cela ne conclurait pas seulement pour une chose difficile. Il aurait fallu, après un discours réel et positif, prévenir la répugnance, donner la solution des difficultés, et insister en disant que la chose est ainsi, malgré tout ce que l'esprit voit au contraire.

Qu'un gouverneur de province dise mille et mille fois qu'il est roi, que le roi et lui ne sont qu'un, que qui le choque choque le roi, que quiconque lui désobéit est criminel de lèse-majesté:³³¹ l'on ne l'accusera jamais de s'être fait roi, parce qu'il est évident qu'il parle par relation et par figure; qu'il saute aux yeux que ces termes ne doivent pas être pris à la lettre; qu'en mille occasions il parle du roi comme de son maître, dont il reçoit les ordres et dont il est éloigné et dépendant. Pour qu'on pût lui faire un crime de ses expressions, et lui imputer

Il eût donc fallu que J.-C. eût expliqué ce grand mystère, cette admirable révélation, en disant: «C'est à la lettre que je vous dis que je suis Dieu. Voici comment: il n'y a qu'un Dieu, comme Moïse vous l'a dit, mais il ne savait pas que Dieu est composé de trois personnes, égales entre elles, et qui cependant ne font que la même. Je suis la seconde de ces personnes; cela vous paraît extraordinaire, ou plutôt incroyable, cela est pourtant vrai, réel et sans hyperbole.» Si J.-C. eût parlé ainsi, il serait évident qu'il se serait porté pour Dieu, il n'en serait pas moins vrai qu'il eût été encore plus évidemment un fol et un imposteur.

l'affectation de la royauté, il faudrait qu'il ajoutât: Vous croyez que je parle figurément; mais non, je parle exactement; je suis roi, véritablement roi! Quoique le Roi soit à Versailles, et que ce soit lui qui m'ait envoyé ici, cependant je suis roi comme lui; je ne dépends pas plus de lui que lui de moi; nous sommes absolument en parallèle, égaux et en mêmes droits. Alors il serait justement accusé de folie et de crime d'Etat.

Il aurait donc fallu tout de même que J.-C. eût expliqué ce grand mystère, cette admirable révélation, en disant: Vous ne pouvez croire que je sois Dieu, vous vous étonnez avec raison que j'en prenne la qualité; cela est néanmoins vrai à la lettre, et voici comment. Il n'y a qu'un Dieu, comme Moïse vous l'a dit; mais il ne savait pas que ce Dieu est composé de trois personnes, chacune desquelles est égale à la divinité; et moi je suis la deuxième de ces trois personnes. Cela vous paraît contradictoire et incroyable: cela est néanmoins vrai, réel, et sans hyperbole ou figure. Voilà comme on instruit des choses qui ne sont pas croyables. Si J.-C. avait parlé de la sorte, il serait sûr qu'il se serait porté pour Dieu. Il n'en serait pas cependant moins évident que ce serait un fol et un imposteur. [Fin de l'Extrait XXXIX]

Il ne tient qu'aux païens de secouer les absurdités dont on les accuse, en disant que tous leurs dieux ne sont que les personnes d'un même dieu: cela vaut autant pour cent mille que pour trois, auxquels il a plu aux chrétiens de se borner.

A quoi bon ces trois personnes puisqu'elles sont égales? L'unique preuve de l'unité de Dieu, c'est que Dieu est infini, par conséquent un seul fait autant que cent mille; il en est de même des personnes .

Pourquoi la troisième personne ne produit-elle pas une quatrième **[90]** et ainsi à l'infini? Elle n'est donc pas égale aux autres puisqu'il lui manque cette qualité qu'ont les deux autres.

A moins que l'on ne dise que la vertu de produire un être immense et infini, un véritable dieu, n'est qu'une bagatelle qui ne mérite aucune attention, et qui ne distingue point celui qui en a la vertu de celui qui ne l'a pas.

Si ces trois personnes sont égales, qui a déterminé la seconde à se faire homme et à s'immoler à la justice de la première plutôt que la troisième, ou que la première à l'une des deux autres? ont-ils tiré au sort? Mais voilà la première personne satisfaite: qui satisfera les deux autres? Elles devraient s'immoler tour à tour, pour que chacun fût content.

Il est bien aisé de voir que cette Trinité est une invention postérieure à laquelle on n'avait pas pensé dans le temps; on a fait un dieu du législateur des chrétiens, et pour cela on a supposé l'Evangile de St Jean, comme on l'a cru longtemps, ou du moins en a-t-on supposé le pompeux verbiage du commencement,[332] et le pauvre peuple a cru ce que l'on a voulu, sans voir la faiblesse de cette autorité, quand même St Jean en serait l'auteur. Voilà donc J.-C. devenu Dieu! Que n'a-t-on pas bâti sur cette base de divinité!

Article septième. La Révélation de la Résurrection et du jugement dernier.[333]

Autre belle découverte! Mais ce qu'il y a d'admirable, c'est que l'Evangile n'en dit mot que comme d'un sentiment déjà reçu de beaucoup de Juifs.[334] Nous avons déjà touché l'inutilité du corps dans un état de récompense, nous le reverrons encore; en attendant, M.R.P., ayez la bonté de voir de bonne foi où peut être la raison de cette résurrection et quelle misère à **[91]** des gens d'esprit et de bon sens de dire que le corps a participé aux crimes ou aux vertus, qu'ainsi il est juste qu'il soit puni ou récompensé comme ayant eu part aux actions criminelles ou vertueuses. J'ai vu et entendu prêcher cela.

Quelle pitié que des gens éclairés sur d'autres matières, qui disent les plus belles choses du monde et les plus sensées sur d'autres sujets, aient la faiblesse ou la mauvaise foi de parler ainsi!

De la chair, du sang, des os, des nerfs, des ongles sont-ils plus capables que des pierres de connaître le bien ou le mal, et de se déterminer pour l'un ou pour l'autre? Se peut-il qu'un philosophe qui vient d'admettre et de prouver la distinction du corps et de l'âme, qui a démontré que le corps n'agit ni ne sent que par l'opération de l'âme, se peut-il qu'il débite après cela un sentiment aussi contraire à son raisonnement et à la raison?[335]

Mais le corps peut être souillé, et l'esprit pur.[336] Le contraire est aussi possible: une fille prise par des bandits et souillée par force de toutes les manières ne perd que la virginité du corps; son esprit ne participe point à la souillure de son corps. Et au contraire un vieillard, dans l'impuissance de contenter ses désirs auxquels il livrerait toute sa volonté, serait très peu chaste quoique son corps le fût. Quel traitement recevraient ces corps après la résurrection? Ils méritent un traitement différent de celui des âmes auxquelles ils étaient joints. Comment s'accorder et quelles misérables opinions cette belle doctrine n'a-t-elle pas autorisées? Des peuples ont été en transes, croyant voir arriver la dissolution du monde. Misérables mortels, nous nous laissons avilir, nous nous mettons au-dessous des brutes: nous renonçons à notre raison, elles suivent toujours leur instinct.

C'est quelque chose de beau que les réponses de J.-C. aux questions qu'on lui faisait sur la résurrection et le jugement dernier. **[92]** On s'est moqué des réponses équivoques des oracles païens. Celles de J.-C. sont-elles plus claires? Qu'est-ce que c'est que *dans les derniers temps?*[337] Est-ce

[Extrait XL] C'est en vérité quelque chose de fort beau et de fort divin, que les réponses de Jésus-Christ aux questions qu'on lui fait sur la fin du monde, le jugement et la résurrection. C'est justement battre ce qu'on appelle la campagne, ou répondre en Normand. On s'est moqué des

dans cent mille ans, ou dans cent millions d'années? Qu'y a-t-il de plus pitoyable que les signes qu'il en donne, de cette *consommation des temps*?[338]→

Avouez, mon Père, qu'il avait bien peu de connaissance de l'astronomie, et que sa divinité en savait bien moins que Gassendi.[339]

oracles des païens: les réponses de Jésus-Christ sont-elles plus claires et plus justes? Qu'y a-t-il de plus pitoyable que les signes de ce redoutable jugement?

Je ne dirai pas qu'il se servait de restriction mentale jésuitique: j'ai trop bon opinion de sa simplicité et de sa droiture. Mais, entre nous, avouez, mon Révérend Père, qu'il croyait bonnement que le soleil et la lune étaient fort près d'ici, qu'il n'y arriverait de changement sensible que par miracle, qu'une éclipse lui aurait fait grande peur, l'aurait embarrassé, et lui aurait fourni matière à bien de mauvaises moralités! Il regardait les étoiles comme des pommelles dorées dont on ornait les soliveaux du ciel, et il n'aurait jamais osé leur donner la grandeur de la place de Jérusalem. Si on lui eût parlé astronomie ou algèbre, si on lui eût demandé des nouvelles du Mexique, sa divinité eût été bien intriguée! Assurément, ce n'était pas la peine d'exiger un signe du ciel. [Fin de l'Extrait XL]

Je voudrais qu'on examinât les possédés et les saints à révélation, en priant l'esprit qui les agite de m'expliquer tel ou tel rapport des figures mathématiques, de me donner la solution d'un tel problème; s'ils répondaient juste, cela serait beau, mais le R.P. Malebranche mettrait bientôt tous les saints et tous les diables *a quia*.

Ces corps ressuscités, que sera-ce? Ils se pénétreront les uns les autres, ils se transporteront dans un instant d'un bout à l'autre de l'univers sans choquer les autres corps ni sans en être retardés. Quelle misère! Les auteurs de cette belle invention savaient-ils définir ce que c'est qu'un corps?

Je passe ce qu'on pourrait dire sur cette résurrection par rapport au même corps: cela est impossible, il ne faut pas être grand physicien pour voir que ce corps mort change de substance, qu'après avoir été herbe, légume ou fruit, il redevient chair ou sang d'un autre homme, et successivement de plusieurs milliers d'hommes par le même moyen.[340] C'est une belle comparaison que celle de saint Paul avec son grain de blé mis en terre.[341] On peut bien dire ici: A gens de village, trompette de bois.[342] Le grain de blé est une plante entière et parfaite,[343] que l'humidité et les sels de la terre développent [93] à l'aide de la chaleur du soleil. En est-il de même d'un cadavre? N'a-t-il besoin que d'être pénétré de certains corps pour devenir homme vivant? Les habiles gens! Et qu'ils donnent de belles preuves d'une instruction divine!

Article huitième. La Révélation de la Prédestination.

Cet article vient naturellement à tant d'endroits où je l'ai déjà touché que je n'en dirais rien, n'était qu'il me vient une pensée que je crois décisive.

Dieu devait créer tout d'un coup ses élus et ses réprouvés, mettre les uns dans le bonheur qu'il leur prépare et les autres dans ces feux où ils doivent brûler éternellement. Pourquoi laisser en suspens pendant des millions d'années l'exécution d'une chose conforme à ses décrets et où il n'y a rien à changer, et où il[344] ne revient rien à Dieu de la durée du monde ou de la vie des hommes? La vue de la durée ou la durée elle-même est tout un pour Dieu; ainsi, dès qu'il voit ce qui doit être, la durée est inutile et un être parfait ne fait rien d'inutile. Personne ne s'avisera de mettre un quintal dans un côté d'une balance et vingt livres dans l'autre, pour voir si le quintal sera enlevé.

Si nous nous plaisons à voir une machine dont nous connaissons les forces, les mouvements et le succès, c'est que nous admirons l'invention et l'assemblage des moyens, c'est que cette vue flatte nos sens ou notre amour-propre, si nous en sommes les inventeurs; c'est que nous voyons plus parfaitement les choses actuelles que nous ne les pouvons imaginer, c'est enfin que ce que nous voyons de ces effets nous donne des idées que nous n'avions pas.

[94] Mais en Dieu, dont la vue est toujours égale, l'actualité n'ajoute rien; il ne voit pas mieux une chose existante que possible, il ne voit pas avec plus de satisfaction Judas en enfer et Pierre en paradis que s'ils y eussent été placés sur le simple décret de sa prédestination. Leurs actions étaient aussi présentes à Dieu de toute éternité, en admettant la prescience, que lorsqu'elles ont été faites.

Inutilement dira-t-on que Dieu veut que les hommes méritent leur état, puisque l'on soutient que le salut est gratuit; inutilement dira-t-on que les damnés auraient[345] lieu de se plaindre: il est indifférent d'être puni pour une action qu'on n'a pas faite ou pour une qu'on n'a pu s'empêcher de faire.

L'application de tout ceci est naturelle au sacrifice de J.-C., de quelque manière qu'on le prenne.

Article neuvième. La Révélation du pouvoir de Satan et de ses tentations.[346]

Le terrible animal que ce lion rugissant qui tourne incessamment autour de tous les pauvres mortels pour les dévorer![347]

Quand cela est prêché dans un village, quand cela est barbouillé sur les murailles, Dieu sait comment frémissent tous[348] les habitants! Ceux de Grèce et d'Italie frémissaient de même au récit des cruautés des lamies. Ceux des Indes frémissent de même à la vue de leur idole qui tient dans sa gueule un marmouset qu'elle dévore.

Vous vous en moquez, M.R.P., vous vous seriez moqué de même du diable si cela vous avait été nouveau à vingt-cinq ans, et vous vous en moqueriez encore aujourd'hui, si vous vouliez faire un tour dans ce pays intelligible dont vous nous avez[349] donné **[95]** une si belle description. Et des esprits mille fois au-dessous du R.P. Malebranche s'en moqueront, pour peu qu'ils veuillent faire la moindre attention.

Où en est la preuve? où en est l'apparence? C'est une suite de rêveries des anciens, de leurs génies, de leurs dieux jaloux et malfaisants. C'est l'effet de la stupidité du peuple qui invente des miracles ou des causes extravagantes pour expliquer ce qu'il ne peut concevoir.

Nous avons déjà vu que les esprits sont incapables de vertus et de vices, ce qui anéantit la fable de Lucifer: un pur esprit connaît Dieu et la moindre idée qu'il en a est incompatible avec la pensée qu'on donne à ce lion rugissant qu'il montera et qui[350] sera semblable à lui. Cette fable ne peut sortir que de gens aussi grossiers qu'étaient les Juifs, gens s'en tenant à leurs sens, sans penser qu'ils avaient un jugement. Un enfant de quatre ans imaginera-t-il de déplacer de son siège un homme vigoureux? Cette comparaison est infiniment faible, et par rapport à l'enfant, et par rapport au pur esprit.

Concevez-vous bien, M.R.P., qu'un esprit puisse parler immédiatement à un autre esprit? Concevez-vous qu'il le tourne de tel ou tel côté? Imaginez-vous que ce pur esprit, souffrant des tourments infinis comme on le raconte, ait la patience de venir tourner autour d'un malotru pour lui faire avaler un œuf vers la pleine lune de mars? Et si vous concevez cela, concevez aussi comment un pur esprit, comme celui qui vit en nous, ne distingue pas que c'est Satan qui parle et que ce n'est pas lui-même, que ce n'est pas le naturel, la raison, la volonté, les passions.

[Extrait XLI] Concevez-vous bien, mon Révérend Père, qu'un pur esprit comme le diable puisse agir sur des corps et en remuer les organes pour troubler leur harmonie ou leur tempérament? Concevez-vous bien qu'il puisse parler immédiatement a des esprits unis à une portion de matière, qui pour ainsi dire les couvre et les absorbe? Concevez-vous que ce pur esprit souffrant des tourments infinis, comme on le raconte, ait la tranquillité de venir inquiéter un malotru, et faire autout de lui mille courbettes, pour lui faire rompre le carême et avaler un œuf vers la pleine lune de mars? Si vous le concevez, concevez aussi que des esprits unis à une machine matérielle ne sentissent point ces impressions et ces paroles extraordinaires des purs esprits, et qu'ils ne distinguassent point ces tentations et ces actions de pur esprit de celles d'homme à homme; je veux dire qu'on ne connût point quand c'est Satan qui parle et quand c'est leur propre naturel, leur raison, leur volonté et leurs passions? Quelqu'un s'est-il jamais aperçu de cette différence? Quelqu'un a-t-il jamais senti d'autre impression ni d'autre impulsion que celle de son humeur et de son tempérament?

Vous-même, M.R.P., avez-vous jamais senti des mouvements qui ne vinssent de la seule fabrique de votre corps, de votre tempérament, de votre humeur sans aucune [96] diablerie?→

Vous-même, mon Révérend Père, avez-vous jamais remarqué, en quelque occasion que ce soit, qu'il se passât rien en vous qui [ne] pût arriver tout de même par la seule constitution naturelle, par la seule fabrique de notre corps et par les lois de son union avec notre esprit, sans aucune diablerie?

Pourquoi le diable perd-il son temps à tenter les hérétiques, ces gens qui portent l'attentat jusqu'à brûler N.S.P. le Pape en effigie, gens acquis au diable sans rémission? Pourquoi sont-ils tentés de faire les choses que leur fausse religion regarde comme crime, tout ainsi que nous le sommes?→

Un juif, un calviniste, un Turc sentira la même tentation pour adorer l'Eucharistie, si on le presse par promesses et par menaces, que nous sentirions si l'on nous pressait d'adorer Mars ou Jupiter.

Nos grands-pères les Gaulois étaient tentés de ne pas donner leurs enfants à brûler vifs, comme nous le sommes de ne pas jeûner ou aller à confesse; il est même à croire que beaucoup s'en dispensaient, comme nous nous dispensons souvent de faire la sainte quarantaine ou d'aller dans la quinzaine de Pâques nous jeter aux pieds d'un vénérable prêtre.→

Pourquoi le diable les détournait-il de ces actions diaboliques et détestables? il n'y avait donc point de part, à ces tentations? Les nôtres sont semblables. Pourquoi viendraient-elles d'une cause différente?→

C'est le diable qui empêche une fille de se laisser mener par le nez à un directeur qui veut la faire religieuse, parce qu'il a de grands desseins pour son salut, d'autant plus vifs qu'elle est belle et que ce serait dommage qu'elle fût exposée dans le monde. C'est donc le diable aussi qui empêche une dame indienne de se brûler avec son mari[352] malgré les menaces tonnantes de ses prêtres qui la pressent de se remettre entre leurs mains.

Les païens et les hérétiques, ceux qui portent le crime jusqu'à brûler notre Saint-Père le pape en effigie, gens acquis au diable sans rémission, ne sont-ils pas tentés comme nous? Ne ressentent-ils pas précisément, pour les choses qui sont crimes suivant leur fausse religion, la même espèce de tentation que nous ressentons pour celles qui le sont suivant la nôtre, que nous nommons sainte et véritable?

Un calviniste, un juif, un Turc sentira la même tentation pour adorer l'Eucharistie, si on l'en presse par promesses ou par menaces, que nous sentirions si on nous pressait d'adorer Jupiter.

Nos grands-pères étaient tentés de ne pas donner leurs enfants à brûler vifs, comme nous le sommes de ne pas faire le carême, ou de ne pas aller à confesse. Il est même à croire que quelques-uns s'en dispensaient, comme quelques-uns de nous rompent la sacrée quarantaine de jeûne, ou passent la sainte quinzaine de Pâques sans s'aller jeter aux pieds de leur curé, ou de quelque vénérable frocard.[351]

Quel pourrait être le but du diable dans cette tentation à l'égard de ceux qui lui sont acquis? Loin de là, il devait les porter aux actions diaboliques et détestables. Vous avouerez sans peine, mon Révérend Père, qu'il n'y a là aucune opération diabolique. Les tentations que nous sentons sont semblables: il n'y a donc pas davantage de diablerie.

Croyez-vous, mon Révérend Père, qu'il n'y ait aucune de ces pauvres dames indiennes qui ne soit tentée de ne se pas jeter toute vive dans le bûcher de son mari?[352] Je crois qu'on peut compter qu'il y a de violentes tentations qui les dominent dans cette rencontre. Il y en a même qui succombent et qui ne se brûlent point. Est-ce donc aussi le diable qui agit sur leur esprit et leur cœur? Leurs prêtres ne manquent pas de dire quelque chose de semblable, comme les nôtres lorsqu'une fille quitte le voile dans un couvent, ou qu'elle ne se laisse pas mener par le nez par son directeur, qui a de grands desseins pour son salut parce qu'elle est belle, et qu'il serait dommage qu'un si beau corps fût le

Il ne faut que la constitution de notre machine pour **[97]** nous tenter: voilà le diable. Il ne faut que notre raison pour nous engager à résister au désir des actions honteuses: voilà la grâce. Vous le prêcheriez et le prouveriez, mon Révérend Père, si c'était un dogme reçu et que le contraire fût soutenu par les Indiens ou par des hérétiques.

partage du démon.

Il ne faut assurément que la nature et la constitution de notre machine pour nous tenter, et voilà le diable. Il ne faut que notre raison pour nous porter à combattre la tentation: voilà la grâce. Il ne faut que la force de notre libre volonté pour vaincre, et voilà tous les secours qui nous sont nécessaires. [Fin de l'Extrait XLI]

Article dixième. Les Miracles de J.-C. et de ses apôtres.[353]

Je n'en nie point la possibilité. Pourquoi Dieu ne pourrait-il pas suspendre la force qu'il a donnée à certaines créatures, pourquoi ne pourrait-il pas l'augmenter ou la diminuer? Il n'y a pas plus de difficulté à retenir une pierre en l'air qu'à lui avoir donné la faculté de descendre jusqu'à terre, si c'est le mouvement des corps qui l'environnent qui détermine le sien. Dieu peut arrêter ce mouvement comme il a pu le donner, ou bien mettre dans la pierre un autre mouvement capable de résister à celui-là.

Quand j'arrête une boule qui devait encore rouler, je m'oppose aux forces de la nature; il est vrai que c'est par une autre force naturelle, mais pourquoi Dieu ne le ferait-il pas par sa toute-puissance, sans l'interposition d'aucun corps? Quand même ce serait par l'interposition d'un corps, ce serait un miracle si c'était par l'ordre immédiat de Dieu que ce corps se présentât contre le cours des choses naturelles.

Enfin, je ne vois pas l'ombre de raison à disputer. J'aimerais autant que l'on dît qu'un horloger ne peut **[98]** arrêter une pendule ou retarder ou précipiter son mouvement, et si je n'avais pas vu des gens disputer sur la possibilité des miracles, jamais il ne me serait venu en pensée que l'on pût avoir le moindre doute sur ce chapitre.

Mais il est évident que Dieu n'a jamais fait qu'un seul miracle et qu'il n'en fera jamais d'autre: c'est la création de l'univers. Et un être infiniment sage ayant tout établi d'une façon parfaite, vu ses desseins, rien ne le peut déterminer à y faire le moindre changement: il a prévu toutes les combinaisons possibles des mouvements qu'il a imprimés, il a donné en même temps tout l'ordre nécessaire et tous les remèdes possibles aux inconvénients qui pouvaient résulter.

Il n'y a que les êtres bornés qui puissent agir et soient obligés d'agir suivant les occasions et de remédier aux accidents, parce qu'ils n'ont pu tout prévoir et que, quand même ils prévoiraient, ils ne pourraient remédier.

Les hommes, en mille occasions, souhaiteraient du changement dans les lois que Dieu a établies et même dans les essences internes des choses; l'extrême désir les porte à demander du changement par des prières, par des vœux, par des cérémonies, par des sacrifices et par tout ce que leur imagination leur suggère de folies; ils ne manque plus que l'accomplissement de leurs désirs, qui serait arrivé naturellement, et voilà un miracle.

La source des miracles prétendus et de l'espoir qu'on en a est causée par les désirs immodérés des hommes. La curiosité excessive a produit l'astrologie judiciaire,[354] et un homme sensé doit croire les histoires de miracles comme celles que l'on fait de l'accomplissement des prophéties des astrologues. La pratique **[99]** des prêcheurs de miracles dément leurs prétentions: on n'a point vu, dans aucune religion, faire des vœux pour obtenir des choses contre l'ordre de la nature. On demande la guérison d'une maladie sans pour cela cesser les remèdes et le régime, on fait des vœux sur un vaisseau pour arriver à bon port et l'on ne cesse point la manœuvre.[355] Je voudrais voir de ces gens qui promettent des miracles, pour peu qu'on ait de foi gros comme un grain de moutarde,[356] je voudrais, dis-je, les voir presser un homme qui a un bras de moins de demander à leur saint de lui en faire repousser un autre. Ils n'auront garde: ce n'est point un effet qu'ils puissent attendre des causes naturelles. L'astrologue[357] ne prédira jamais non plus à un particulier qu'il sera roi, il le prédira à un prince de sang: il a des hasards pour lui.

On forge pourtant des recueils de prodiges étonnants, de miracles contraires à toutes les causes naturelles; on dit ce que l'on veut; mais n'est-ce pas se démentir soi-même que de ne rien faire pour obtenir de tels miracles? Croit-on que de rejoindre une tête coupée[359] au corps dont on l'a séparée coûtât plus à Dieu que de guérir une fièvre? Ce serait avoir une idée bien imparfaite de la divinité. Pourquoi donc ne le demande-t-on pas comme on demande l'autre?

[Extrait XLII] On ne voit point faire de miracles pour relever un bâtiment[358] renversé, pour ressuciter un mort qui a la tête coupée,[359] pour faire revenir un bras emporté. Il est bien vrai qu'on forge des recueils fabuleux qui contiennent de tels prodiges. Rien n'est plus aisé, mais on les donne aussi aisément qu'on doit les recevoir difficilement.

C'est cependant faire une manifeste injure à la divinité, et dire positivement qu'on croit que certaines choses lui coûteraient plus que d'autres. Pourquoi n'ose-t-on pas lui demander ces dernières choses? Il est vrai qu'on ne demanderait pas cent millions au roi et qu'on lui demande bien mille pistoles. Mais est-il donc plus difficile au pouvoir infini de Dieu de ressuciter un mort, de faire revenir un bras, que de faire cesser une fièvre,[360] que de faire pleuvoir?[361] La chose est d'une égalité absolue. Pourquoi donc n'agir pas également et pour l'un et l'autre?

La politique est judicieuse: le peuple ne verrait jamais réussir de tels vœux; il ouvrirait les yeux, et sa bourse serait fermée. Tous les suppôts de religion factice promettent des miracles aux vœux et aux offrandes, et le hasard décide entre eux.

La politique est judicieuse: si on faisait de ces vœux et de ces prières, il n'en résulterait qu'un seul fruit; c'est que le peuple ouvrirait les yeux et n'ouvrirait plus ses coffres à tant de cagots et de cafards qui n'ont point de saints qui fassent de l'argent. [Fin de l'Extrait XLII]

Que cinquante paroisses se vouent au néant pour n'être point grêlées, que cinquante autres se vouent à quels saints il plaira au curé, je gage contre le vénérable pasteur **[100]** pour celles qui sont vouées au néant, je gage une grosse somme: qu'il ait assez de foi pour mettre le double contre le simple! Il n'en fera rien. Le hasard serait trop grand, et ne faisons-nous pas tous les ans les mêmes vœux, les mêmes processions? Les années sont-elles égales?

On connaît qu'une chose est la cause de l'autre quand elle en est suivie immanquablement et immédiatement, et quand celle qui en est l'effet se rencontre toujours par l'action de celle qui en est la cause. On ne touche point au feu sans se brûler, à l'eau sans se mouiller; on conclut de là que ces deux éléments sont les causes des effets que nous sentons. Mais cent millions de maladies se guériront sans vœux et d'autres seront guéries après le vœu, mille vaisseaux périssent avec les noms et les images des saints: il faut donc être fol pour croire ces vœux et ces invocations la cause des cérémonies qui nous succèdent. Les temples de Neptune et d'Esculape[362] étaient couverts d'*ex-voto* comme ceux de N.D. de Lorette, de St Nicolas,[363] etc. Ceux des bonzes et des talapoins le sont actuellement de même, ils ont tous des histoires admirables: Sommonocodan[364] fit un saut de trois mille lieues!

Quoi de plus fol que ces bénédictions[365] de drapeaux et d'armes! En sont-ils plus heureux? Quoi de plus ridicule que ces *Te Deum* après une victoire![366] Ceux qui ont été battus doivent donc être indignés contre Dieu; si cette victoire est une grâce de Dieu, les vaincus ont à se plaindre, sinon il ne faut point de remerciement.

Avons-nous fait moins de vœux pour la campagne d'Hocstekt [*sic*]que pour celle de Fleurus?[367] Les Allemands en avaient-ils fait plus?

[Extrait XLIII] Quoi de plus ridicule que ces prières pour la prospérité des armes, et ces *Te deum* lorsqu'on est victorieux?[366] Ceux qui ont été battus doivent donc être indignés contre Dieu: la raison est égale. Si cette victoire est une récompense, il ne faut point de remerciement; si c'est une grâce, c'est une injustice à l'égard des vaincus.

Mais avons-nous moins fait de prières et de vœux pour la campagne d'Hochtet [*sic*] que pour celle de Fleurus?[367] Les Allemands en avaient-ils fait davantage? Les Turcs et les païens, dont à notre compte les vœux et les prières sont des abominations devant Dieu, n'ont-ils pas battu les chrétiens en mille rencontres,[368] malgré nos quarante heures, nos messes, nos jubilés, nos vaisseaux, armes et drapeaux bénis? Les Anglais, peuple schismatique et retranché de l'Eglise, seul corps que Dieu écoute, ont-ils été exaucés dans toutes leurs victoires contre le roi Jacques, héros du papisme? Je voudrais bien avoir quelque chose de prix à disputer contre le Saint Père armé d'*agnus Dei*, et contre un marabou armé de grigris![369]

[101] Il faut remercier Dieu de tout, et le remercier de rien en particulier. Il n'a pas plus de part à une inondation qui ravage un pays, à un tremblement de terre qui engloutit une ville, qu'à un seau d'eau

Il faut remercier Dieu de tout et ne le remercier de rien. Il n'a pas plus de part dans une peste qui ravage un royaume entier, dans un tremblement de terre qui abîme une ville de fond en comble, dans le

qui se renverse et noie une fourmilière[370] et qu'à un mur qui en tombant écrase une nichée de rats.

gain d'une bataille, dans la pluie ou la sécheresse venue à propos, que dans un seau d'eau renversé qui noie une fourmilière,[370] que dans un mur en ruine qui écrase une nichée de rats, que dans le sort de plusieurs pots entassés dans une charette, dont quelques-uns se brisent, les plus forts restent, les plus faibles tombent en pièces; que dans la fortune des oiseaux qui profitent des grains de blé qui coulent d'un sac percé. Si les oiseaux et les pots étaient merciers, s'ils avaient des prêtres qui se fissent bien payer de leur charlatanerie, ils chanteraient des *Te deum*, et ce serait aux prières de ces saints dévots personnages que les pots[371] devraient leur conservation, et les oiseaux leur bonne fortune.

J'entends vos reproches et vos exclamations, M.R.P.: Vous niez la providence, me dites-vous. Oui, sans doute, je nie celle-là. La providence de Dieu n'est autre chose que le simple acte de sa sagesse par lequel il a prévu tout ce qui devait arriver de l'enchaînement nécessaire des causes qu'il a créées, et le coup de sa puissance qui a tout disposé dans l'ordre où il devait être. Ceux qui en prêchent un[e] autre s'en moquent dans leur cœur; personne n'a plus d'attention qu'eux aux accidents et ne prend plus de mesures pour les éviter ou pour y remédier.

J'entends vos reproches et vos exclamations, mon Révérend Père: Vous niez, me dites-vous, la Providence. Oui, sans doute, je nie celle-là. La providence de Dieu n'est autre chose que le simple acte de sa sagesse, par laquelle il a tout prévu ce qui avait un enchaînement nécessaire, et l'unique coup de sa puissance, par lequel il a tout disposé comme il devait l'être.[372] Ceux qui en prêchent une autre et la font sonner si haut, s'en moquent dans leur coeur, et font voir leur imposture par leurs actions,[373] comme pour les miracles. On ne voit aucun d'eux qui ne cherche à éviter les effets de la providence ou y donner remède.

Ces moines qui font profession de s'abandonner à la providence sont les plus attentifs à n'être point dans le cas d'en attendre du secours.→

Aucuns genres de gens ne fondent mieux la cuisine, et n'a [*sic*] recours à tant de bassesses, d'indignités ni de filouteries, d'impostures, d'effronteries et de lâchetés pour se faire un fonds et un rempart contre (la providence)[374] et les adversités de la vie, que ceux qui font profession ouverte de s'abandonner à la providence. [Fin de l'Extrait XLIII]

Excusez, M.R.P., un trait de chanson convient bien peu à un sujet si sérieux, mais il vient trop bien au sujet pour me le refuser.[375] Le voici: *Frère André, notre quêteur, sait faire agir la providence.*[376]

Mais attaquons directement les miracles du Nouveau Testament. Qui me prouvera d'abord qu'ils sont rapportés fidèlement? Ou bien qui me prouvera que ces estropiés guéris fussent véritablement estropiés, Lazare n'était pas mort[377] etc.? Nous voyons tous les jours sous nos yeux des choses pareilles.

Ces livres écrits dans le goût des Orientaux avec des expressions figurées et hyperboliques peuvent être ramenés **[102]** au sens naturel. Ainsi disait-on jadis à Rome que Pompée n'avait qu'à frapper du pied pour avoir une armée, ainsi un poète représente

> *... les deux mers étonnées*
> *De voir leur flots unis au pied des Pyrénées.*[378]

Dans les mains d'un commentateur théologien, cette expression voudrait dire une mer portant des vaisseaux de roi et non pas un fossé de sept à huit toises de large.

Esculape ressuscita Hippolyte[379] de la même façon peut-être que J.-C. Lazare, c'est-à-dire qu'il était très mal et près de mourir quand il lui donna des remèdes qui le guérirent.

Nous avons assez prouvé ailleurs qu'un fait n'est jamais assez suffisamment prouvé pour être cru miraculeux, et sans entrer dans la discussion des faits, personne ne peut être obligé en conscience de croire sur le rapport d'autrui les faits même les plus vraisemblables.

Outre cela, toutes les religions que vous regardez comme fausses ont de pareils miracles crus de même, contenus dans des livres révérés; leur mémoire est célébrée, perpétuée par des fêtes, par des temples, des monuments.

Les Juifs, chez qui ces miracles doivent s'être passés, les nient; ils ont fait subir le dernier supplice à celui qui se vantait de les avoir faits.

L'Assomption de Marie est une assez bonne preuve que les chrétiens prêchent des miracles sans fondement et qu'ils célèbrent des visions par des fêtes solennelles.[380]

Je défie tous les théologiens de soutenir nos miracles par **[103]** des raisons qui ne conviennent pas et qui ne fassent pas pour les miracles des Turcs, des Siamois etc. Je les défie de combattre les miracles de ces peuples par des raisons qu'on ne puisse employer contre eux.

Si vous dites, M.R.P., comme d'autres l'allèguent, que les Juifs n'ont pas nié les miracles de J.-C., la populace qui est à Saint Ovide[381] ne nie rien et voilà de plaisants juges! A-t-il fait ces miracles devant les scribes, les pharisiens, les prêtres? Il devait faire des miracles devant Pilate, devant Hérode:[382] ces témoignages auraient eu du poids. Et d'ailleurs la populace, témoin de ces miracles, n'a point nié, soit. Mais a-t-elle certifié? On peut dire seulement que leur pensée n'est pas venue jusqu'à nous.

[Extrait XLIV] Si vous dites, mon Révérend Père, comme je sais qu'on l'allègue, que les Juifs n'ont pas nié les miracles de Jésus-Christ, je vous répondrai avec bien de la justice que les Juifs étaient mauvais juges, et que ces miracles n'avaient pour témoins que la canaille, comme il se rencontre tous les jours à Saint-Ovide[381] et ailleurs une populace superstitieuse et ignorante; que c'était au moins devant les pharisiens, les scribes et les pontifes qu'il fallait donner des marques de sa puissance et de sa qualité, et plutôt devant Pilate, devant des philosophes, des critiques, des épicuriens, dont le témoignage en bonne forme aurait été de quelque poids. Les plus considérables des Juifs, sans exception de leurs docteurs, étaient des ignorants bercés de ces fadaises, des esprits grossiers, sans science et sans réflexion, qui ne connaissaient d'autre étude que celle de leurs livres extravagants, sur lesquels ils bâtissaient des chimères à l'infini.

Des gens qui ne font aucun usage de leur raison, qui n'ont lu que *Le Pédagogue chrétien, Les Sept Trompettes, Le Bouquet Sacré*[383] etc., croiront tant de miracles qu'on voudra; tels sont les Juifs infatués de leurs légendes. La dévote croira tout miracle attribué à un moine: Dieu a armé le saint personnage de sa toute-puissance. Si c'est un mahométan, un hérétique, c'est le diable, qui est le singe de Dieu, qui l'a fait, mais elle ne révoquera jamais en doute le miracle; amoureuse du merveilleux, elle le croit parce qu'il est merveilleux.[384]

Des gens qui n'ont aucune teinture de la philosophie, ni aucune entrée dans les sciences exactes, qui n'ont jamais fait usage de leur jugement, qui n'ont jamais lu que des légendes, des *Pédagogues chrétiens*, des *Sept Trompettes*, des *Banquets* [*sic*] *sacrés*, des *Méthodes d'honorer la Vierge*,[383] croiront tant de miracles qu'on voudra. Ils ne s'aviseront jamais de démentir et de soupconner d'erreur ou de fraude le moindre malotru qui racontera ce qui sera de plus ridicule. Si c'est à un moine qu'on l'attribue, c'est Dieu qui a armé de sa toute puissance le vénérable personnage, à qui Dieu est redevable de l'honneur qu'il lui a fait de s'être consacré à lui dans un pays de cocagne où il jouit des commodités de la ville et des délices de la campagne. Si c'est à un protestant, un païen, un mahométan qu'on le donne, c'est le diable qui est le signe [*sic*] de Dieu. Mais jamais ils ne nieront le fait. Cela leur paraît trop facile et trop agréable. Il faut du singulier,[384] en fait de religion. [Fin de l'Extrait XLIV]

Personne ne croit le miracle peint dans le tableau que la plus spirituelle et la plus savante ville du monde a offert dans l'église de Ste Geneviève, pour le secours prétendu que sainte Geneviève a donné à la France l'année passée 1709;[385] les pauvres sont morts à milliers, cependant on la remercie. Personne ne croit le miracle, personne ne le nie: dans deux cents ans d'ici, toute la canaille le **[104]** croira. Des peuples plus éclairés que les Juifs, misérable nation, l'opprobre du monde entier, les Espagnols, les Italiens, les Allemands, les Français croient les révélations de Ste Brigitte, les apparitions qu'elle raconte, ainsi que Ste Thérèse, Ste Gertrude, Ste Catherine de Sienne, Marie d'Agreda.[386] On ne nie point tout cela: tous les moines font semblant de le croire; les religieuses en sont presque toutes persuadées; les papes, les docteurs, les évêques le croient, puisqu'ils approuvent ces livres. Puis-je conclure autrement sans dire qu'ils veulent abuser de la crédulité du peuple? s'ils en abusent en ce point, quel préjugé pour le reste!

Les pères ont-ils nié les miracles attribués aux dieux des païens? Non. Sont-ils vrais miracles, mon Révérend Pére? Les pères en donnent l'honneur à Dieu. Quel fond doit-on faire sur les miracles tels que l'on les croit?

Enfin, quand les Juifs les auraient crus et qu'ils les croiraient encore, cela prouverait qu'ils sont superstitieux et amateurs du prodigieux; et des gens qui se laissent brûler plutôt que de traiter d'extravagance ce qui est contenu dans le Talmud méritent-ils d'être écoutés? Si le conte de Mélusine[387] était l'héritage et le bien d'une communauté, s'il y avait des gens gagés pour le soutenir, avec pouvoir de traîner au bûcher ceux qui le nieraient, il serait en vénération. On y aurait ajouté merveilles sur merveilles, il y en aurait à présent quatre volumes.

Dans l'avant-dernier siècle,[388] que de diables, que de follets, que de sorciers, de revenants, que de gens accusés et convaincus de magie!→

[Extrait XLV] Il se faisait journellement des miracles il y a trois ou quatre siècles, et encore souvent dans le dernier.[388] A présent on n'en parle plus; il ne s'en fait point. Tout était plein de revenants, de follets, de démoniaques. Tout retentissait de pactes avec le diable. On allait à monsieur le curé qui mettait le contractant dans le bénitier jusqu'au cou, la tête enchaperonnée[389] de l'étole. L'on contraignait le diable à rapporter la promesse. Il n'y avait pas de village sans quelque maison infectée d'esprits et deux ou trois familles de sorciers. On portait ces impertinentes opinions comme fondement de procès devant les parlements.[390]→

Toutes ces folies ont cessé. Le diable est-il devenu plus tranquille, plus honnête, moins malin? Non, c'est que l'on n'est plus si grue,[391] il y a partout des physiciens, des mathématiciens, des chimistes, des gens résolus et peu crédules qui prêteraient le collet[392] au diable; adieu les profits de l'exorcisme.

Toutes ces folies ont cessé. Est-ce que le diable est devenu plus tranquille, plus honnête, moins malin? Est-ce que Dieu a perdu de sa puissance ou de sa bonne volonté? C'est que le monde n'est plus grue.[391] Il y a partout des physiciens, des mathématiciens, des chimistes, des philosophes, des gens résolus qui prêteront le collet[392] au diable et lui donneront les étrivières: et voilà messieurs les pauvres saints et leurs ministres dans l'inaction, réduits aux seuls fruits du purgatoire. Un exorciste serait aujourd'hui berné. Ils soupirent, ces bons personnages, après un temps de ténèbres et d'ignorance où leur pouvoir se ranimera et[393] les miracles reviendront sur les rangs. [Fin de l'Extrait XLV]

J'ai lu un jour, faute d'autres livres, l'Histoire de l'Exorcisme[394] **[105]** et du procès de Louis Gauffredy faite par un de ces exorcistes approuvés par le pape, par les facultés de théologie; je ne veux que ce livre pour détruire la fourberie des exorcismes et l'imposture des sortilèges.

Les miracles des possédés guéris dans l'Evangile sont maintenant ridicules et montrent la sottise des écrivains. Mais laissons les faits, je soutiens que les miracles sont inutiles pour l'instruction des hommes, quand même j'accorderais que Dieu voulût en[395] faire:

1°) parce que les hommes qui les verraient ne sont pas en état d'en connaître la vérité;

2°) parce qu'il faudrait recommencer partout et devant chaque particulier.[396] La raison en est claire: que le miracle soit tant évident qu'il vous plaira, cette évidence n'est que pour celui qui en est témoin. Celui à qui on le rapporte ne peut raisonnablement le croire, parce qu'il est un million de fois plus vraisemblable que celui qui le conte est trompé ou veut tromper, qu'il n'est vraisemblable que le miracle soit arrivé.

Où sont les hommes véritablement sensés et sans esprit de parti qui aient vu des miracles? S'il y en a, qu'ils les croient, mais les autres seraient fous d'y ajouter foi.

D'ailleurs, si les miracles étaient un moyen raisonnable d'insinuer la croyance, tous les hommes seraient exposés à l'erreur; combien de prestiges de l'art seraient des miracles pour les nations qui les ignorent: l'effet de la poudre, par exemple, n'était-il pas un miracle pour les sauvages du Mexique? **[106]** Qu'un imposteur fasse des mines, ait des fusées de bombes qui brûlent quoiqu'on les plonge dans l'eau,[397] qu'il tue les rebelles à ses volontés d'un coup de pistolet, faut-il que ces pauvres gens croient tous les dogmes qu'il leur prêchera, si ce sont des crimes? Il conduira quelques-uns des incrédules sur l'endroit où il a fait une mine, il les exhortera. S'il ne les convainc point, il s'écriera que le feu de l'enfer va le venger: ces malheureux sautant en l'air parmi[398] le feu et la terre ne seront-ils pas un exemple aux autres et un spectacle persuasif? N'auront-ils pas vu des miracles? Ils seront donc dans l'obligation d'embrasser la morale de l'imposteur.

Qu'en dites-vous, M.R.P., cela est-il concluant? Et ces pauvres gens séduits ainsi auront-ils tort dans le système que nous avançons sur les miracles prétendus de J.-C., et ne peut-on pas trouver des inventions qui tiennent autant du prodige par rapport à nous? Faudra-t-il que nous croyions ce qu'on nous prêchera si cela arrive? Mais l'Antéchrist, dont le peuple a si grand peur, fera des miracles, dit l'Apocalypse.[399]

Section troisième. L'accomplissement des prophéties.

Je trouverai également dans l'Ancien Testament les prédictions de l'histoire de France, je l'ai démontré ailleurs.[400]

[Extrait XLVI] Qu'on donne tout l'Ancien Testament à un homme de bon sens, qui n'ait pas été bercé de l'Evangile et de ses commentaires, il y trouvera des prophéties de ce que nous prétendons qui soit prophétisé comme dans l'*Ilade*, l'*Enéide* et les *Métamorphoses*. Qu'on donne à un autre l'Evangile après en avoir retranché tous les endroits où il est dit que cela avait été prédit; qu'il prenne ensuite l'Ancien Testament, le lise et le médite. Lui viendra-t-il seulement en pensée que cet Ancien Testament ait le moindre rapport avec le Nouveau, et que ce Nouveau en soit l'accomplissement?

Je dis bien davantage: laissez l'Evangile en l'état qu'il est, et donnez tous les livres des Juifs à notre pur naturel[401] sans lui dire que c'est de ces livres que l'Evangile parle: je soutiens encore qu'il n'aura pas le moindre soupçon que ces livres contiennent le figure de l'Evangile et la prédiction des faits qui y sont rapportés. Il sera, sur cet article, comme celui qui lit l'histoire romaine après l'*Iliade* d'Homère. Lui vient-il dans l'esprit que cette *Iliade* contient les types,[402] les figures, les symboles de cette histoire et qu'elle en prophétise les incidents?

Cependant, je demande qu'on retranche de l'Evangile les passages cités pour prophéties, afin de laisser libre et sans prévention l'esprit de celui qui lira, et qu'il ne trouve dans les livres juifs que ce qui y est effectivement, et non ce qu'on veut qui y soit. Ou bien mettons aussi en différents endroits de l'histoire romaine des lambeaux de l'*Iliade*, par exemple quelque endroit qui soit souvent répété, et qui ait rapport au dernier des Horaces, qui resta vainqueur après avoir fui longtemps: et on verra que c'est ainsi qu'on peut bâtir des chimères et étourdir les sots, à la mode des évangélistes, de nos théologiens et de nos prédicateurs.

Cette expérience rendrait la question sans réplique. Ces figures, ces prophéties, y sont, ou elles n'y sont pas. Cet accomplissement s'est fait ou ne s'est pas fait: si tout cela est, on l'y verra. Les frelons n'accepteront point le jugement du singe sur le miel;[403] ils aimeront mieux faire entendre une fourmilière. Les chrétiens feront tout de même, ils tireront tant de lignes de différents livres, ils tordront tous [tant?] les auteurs, ils chercheront tant de subtilités de raisonnements, tant de détours de grammaire, ils auront recours à tant de tours de souplesse, à tant d'effrontées suppositions, qu'ils bâtiront un chaos qui éblouira la populace, et peut-être eux-mêmes, et qui rebutera tout le reste du monde. On se jettera dans des difficultés insurmontables, dont naît un embarras et une incertitude dans laquelle la vie se passe. Cela suffit, les ministres du chaos jouissent de leurs droits pendant le dispute, qui ne peut avoir de fin.

Cependant le chaos de chaque cervelle est tout différent de celui des autres, ne convenant qu'en une certaine chose, qui est que c'est un pur ouvrage de volonté et non de jugement; qu'on ne voit pas ce qu'on dit être véritable, mais qu'on veut qu'il le soit.

Donnez la Bible entière avec tous les livres du monde à mille personnes qui n'aient pas entendu parler de la religion chrétienne, qu'ils dressent une chronologie et placent tous les faits, il n'y en aura pas un où Daniel soit à quatre-cents quatre-vingt-dix ans de Jésus-Christ.[404]

Quand il n'y aurait que la difficulté et l'obscurité, cela seul suffirait pour convaincre les esprits raisonnables que Dieu n'y a point de part, et qu'il ne peut avoir fait un pareil ouvrage pour l'instruction du genre humain.

Cette prophétie de Daniel, qu'on cite avec tant d'emphase,[405] quelle est-elle? Ne disons pas que les Juifs n'ont jamais regardé Daniel comme prophète, ne disons pas que le mot de prophète[406] chez eux signifiait théologien et non pas un homme **[107]** qui prédit, laissons l'interprétation différente qu'on peut donner aux mots, laissons la difficulté sur les mois et les années de ce temps-là, supposons que cela veut parler du Messie qui doit venir, dit-il, dans soixante-neuf semaines.

Sait-on le temps où Daniel a vécu, sait-on même bien sûrement celui de la naissance de J.-C.? Comment donc faire l'application de la prophétie, quand elle serait telle en hébreu qu'on nous la donne en latin?[407]

Daniel devait marquer d'une manière sûre l'année où il écrivait, les évangélistes devaient marquer de même le temps de la naissance de J.-C.→

Cette prophétie de Daniel, qu'on cite impudemment avec tant de fanfare,[405] quelle est-elle? Ne disons point que les Juifs n'ont jamais regardé Daniel comme prophète; laissons là que prophète,[406] parmi eux, s'appelait théologien, et point du tout celui qui prédit l'avenir; laissons là l'interprétation des mots à quoi on doit donner tout un autre sens. Laissons la difficulté des mois et des années de ce temps-là, et supposons que cela veut dire que le Messie viendra dans soixante-neuf semaines.

Sait-on le temps auquel Daniel a vécu? Sait-on seulement avec exactitude celui de la naissance de Jésus-Christ? Comment donc faire l'application de cette prophétie, quand elle serait réelle et claire et telle dans l'hébreu qu'on nous la donne en latin?[407]→ Daniel devait marquer le temps où il écrivait d'une manière sûre et solide; dire, par exemple: J'écris l'année qu'il y a tant d'éclipses de soleil et de lune, arrivées tant de jours les unes avant les autres, ou bien tant d'années devant ou après cette année-là. Les évangélistes devaient marquer de même le temps de la naissance de Jésus-Christ. Alors la chose aurait été fixe, on serait monté par calcul astronomique jusqu'à l'année de Daniel, sûrement et sans équivoque.[408]

On fait des semaines d'années,[409] on en eût fait de siècles ou de mois, si cela eût été nécessaire. On se contente du premier moment d'une de ces semaines de nouvelle fabrique, on prend le temps de la naissance, du baptême, de la mort de J.-C. indifféremment, et avec cela il y a vingt systèmes différents, dont le meilleur est ridicule.→

Qui a dit que ce moment d'où on doit compter est l'édit du roi? d'où sait-on que c'est le premier ou le second édit? Quel est ce roi? On prend celui qui cadre le mieux à la vision qu'on se forge; il faut aller chercher dans les autres histoires où les noms des rois de la nation juive ne se trouvent point; on choisit, on change les noms, on les fait revivre, on les fait mourir comme on veut, on les multiplie, on les met deux à deux: que de torture pour colorer une fausseté manifeste!

L'oblation[410] devait finir, au compte des interprètes et de Daniel, la soixante-neuvième semaine. Elle a duré par-delà la soixante-douzième et peut-être jusqu'à la quatre-vingt-septième, qui est le temps d'Hadrien, comme il est très vraisemblable.

A le bien prendre, cette oblation avait fini dès le temps des Macchabées, plus de cent-vingt ans avant la naissance de J.-C. **[108]** C'était Aaron qui avait été consacré sacrificateur,[411] et cette consécration coulait par génération dans toute sa postérité, laquelle finie ou dépossédée, il n'y avait plus de sacrifices, n'y ayant plus de sacrificateur ayant un caractère.

On fait des semaines d'années,[409] on en aurait fait de siècles ou de minutes, si on y avait mieux trouvé son compte. Et on s'est contenté de placer le premier instant d'une de ces semaines de nouvelle fabrique; on prend le temps de la naissance de Jésus-Christ, on prend celui de son baptême, on prend celui de sa mort. On place ces instants indistinctement et arbitrairement, sans aucun fondement solide; et avec tout cela, il y a une vingtaine de systèmes différents, dont le meilleur est ridicule. On en est si content qu'on en fait tous les jours de nouveaux. Le plus effronté Normand n'aurait jamais la hardiesse de faire une demande de cinq sols sur une pareille hypothèque.

Qui a dit que cette parole dont on doit compter est l'édit du roi? D'où sait-on que c'est le premier ou le deuxième édit? Connaît-on qui est ce roi? On prend celui qui cadre le mieux à la vision qu'on forge. Il faut aller puiser dans les autres histoires, où les noms des rois de l'histoire juive ne se trouvent point. On choisit, on baptise, on les fait revivre, on les faire mourir quand il plaît, on les multiplie, on les accouple. Enfin on se fonde sur un roman de sa propre façon. Que de tortures pour donner quelque couleur à une imposture manifeste, à deux ou trois lignes d'un livre traduites arbitrairement!

L'oblation[410] devait finir, au compte de nos interprètes, ou au compte de Daniel, dans leur juste interprétation, la soixante-neuvième semaine; elle a duré par-delà la soixante-douzième et peut-être jusqu'à la quatre-vingt-septième, qui est le temps de l'empereur Adrien, comme il est fort vraisemblable.

A le bien prendre, cette oblation avait fini dès le temps des Macchabées, plus de cent-vingt ans avant la naissance de Jésus-Christ. C'était Aaron qui avait été consacré sacrificateur,[411] et cette consécration coulait par génération dans toute sa postérité, laquelle finie, éloignée ou dépossédée, il n'y avait plus de consécration, et par conséquent de sacrificateur ni de sacrifice; toute autre personne n'avait point de caractère.

Il fallait un nouveau Moïse pour consacrer les Macchabées qui, n'étant point de la race d'Aaron, n'avaient point le droit de sacrifier: l'oblation était donc finie, comme parmi nous la messe serait finie si tous les prêtres ou évêques étaient morts ou éloignés.

Ajoutons qu'on ne sait la destruction du temple, la dispersion des Juifs et le reste que par les écrivains profanes. Où est donc la certitude divine de l'accomplissement de ces prophéties?

Celle de Jacob[413] est aussi bonne, aussi belle et aussi vraie: il fallait donc dire que le sceptre tomberait dans la famille de Juda et que le Messie en sortirait. Je laisse aussi les protestations que font les Juifs contre le faux sens que nous donnons ici à leurs livres. On a vu une explication de cette prophétie tout aussi bien fondée que les autres, qui fixe la conversion des juifs et la destruction du papisme à l'année 1716.[414]

La famille de Juda fut plus de sept siècles sans sceptre; quand elle le tint, ce fut pour peu de temps. La nation avait perdu ce sceptre longtemps avant J.-C., si l'on ne veut appeler ainsi la liberté qu'on leur avait laissée de se gouverner suivant leurs lois. Si l'on suit ce dernier sens, le sceptre a été dans la nation après J.-C., ce qui est contraire à la prédiction.[415]→

Il fallait un nouveau prophète comme Moïse et une nouvelle consécration. Les Macchabées n'étaient point de la race d'Aaron; ils n'avaient donc ni droit ni pouvoir de sacrifier; l'oblation était donc finie, comme parmi nous la messe serait finie si tous les évêques et les prêtres étaient morts ou éloignés.

Ajoutez qu'on ne sait la fin de l'oblation, non plus que la destruction de Jérusalem et du temple, la dispersion des Juifs et le reste, que par des histoires étrangères; qu'ainsi il n'y a point de certitude divine pour l'accomplissement de ces prophéties, que pour ceux[412] que la prévention ou l'entêtement porte à voir tout ce qui n'est point.

Celle de Jacob[413] est tout aussi bonne, aussi belle, aussi vraie. Il fallait débuter par dire que le sceptre tomberait dans la famille de Juda, et qu'il n'en sortirait point que le Messie ne fût venu. Je laisse tout de même ici la difficulté de l'interprétation et les plaintes des Juifs sur le faux sens que les chrétiens donnent à leur livre à cet endroit. On a vu une explication d'une prophétie qui fixe la conversion des Juifs et la destruction du papisme en l'année 1716.[414] On verra dans peu comme elle est véritable. Elle est aussi bien fondée que celle de la naissance de Jésus-Christ comme Messie.

La maison et la race de Juda fut plus de sept siècles sans sceptre. Quand elle le tint, ce fut pour peu de temps. La nation même l'avait perdu bien des siècles avant Jésus-Christ, ou elle l'avait conservé longtemps après, si on veut prendre le sceptre pour une liberté qui restait aux Juifs de se gouverner suivant leur religion et leurs lois.[415] Ils soutiennent même qu'ils ont encore le sceptre, ou au moins qu'ils l'ont conservé plus de mille ans après la mort de Jésus-Christ, y ayant toujours eu des princes de la captivité qui commandaient absolument à toute la nation.

Enfin, il est clair et hors de toute atteinte de chicane, que ce sceptre a péri du temps d'Hérode, ou qu'il est resté jusqu'au temps de Vespasien. Ainsi, Jésus-Christ étant mort au milieu de ces deux temps, ce sceptre était ôté environ quarante ans avant sa naissance, ou a subsisté quarante ans après

Si l'on examinait les autres articles de cette prétendue prophétie, on y trouverait de belles choses: Levi est un vase d'iniquité,[416] c'est pourtant à ses descendants qu'il échut d'être les oints du seigneur et de vivre du travail des autres.

C'était la mode du temps que les pères de famille débitaient quelque morale à l'article de la mort, c'était la mode de la nation **[109]** de parler par figure.[417] Après cela, attrape qui peut: le champ est libre aux commentateurs et aux interprètes.

Que J.-C. n'expliquait-il aux prêtres cette chronologie et n'appuyait-il l'idée qu'il était le Messie par de bonnes raisons!→

Vous ne briserez point ses os.[418] Voilà qui est bien rencontré! La chose est de grande conséquence pour la prédire!

A l'égard des prophéties de J.-C. lui-même, il a été fort retenu: il a éludé toutes les occasions qui se sont présentées d'en faire;[419] il a refusé de satisfaire ses chers disciples. Le trait est prudent. On prend comme prédiction ce qu'il a dit des contradictions que trouverait sa doctrine et des châtiments qui tomberaient sur ceux qui la prêcheraient.[420] Il fallait un grand fonds de science pour cela!

sa mort, suivant la plus favorable chronologie des chrétiens, quoique, suivant cette prétendue prophétie, le sceptre ne dût point être ôté que le Messie ne fût né, et qu'il dût même rester jusqu'à sa prédication et à sa mort.

Si l'on examinait les autres termes de cette admirable prophétie, on ferait bien d'autres découvertes. Lévi est un vase d'iniquités,[416] cependant ces descendants furent choisis pour être les oints du Seigneur, et à qui échut la bonne part de vivre du travail des autres. On trouverait mille choses à dire sur le reste. La vérité est que c'est une prophétie comme tous les coq-à-l'âne que l'on voudra faire.→
C'était la mode du temps que les pères de famille débitaient quelque morale à l'article de la mort. C'était la mode à la nation de parler par signes mystérieusement.[417] Après cela, attrape qui peut, et le champ est libre sux commentateurs et aux interprètes.
Enfin, que Jésus-Christ n'expliquait-il clairement lui-même ces merveilleuses prophéties? Que ne disait-il aux pontifes, aux scribes et aux pharisiens, et à la synagogue: Je suis le Messie promis par Jacob et par Daniel? Que ne leur fixait-il cette chronologie par de bonnes raisons, en levant toutes les difficultés, et les convainquant par leurs livres et leurs traditions? Il n'y a en vérité jamais pensé; et quand il y eût pensé, cela passait une capacité qui ne s'étendait qu'à débiter des maximes triviales, et à attaquer des [*sic*] abus des prêtres de son temps.
Vous ne briserez point ses os:[418] n'est-il pas encore bien rencontré? La chose n'était-elle pas de grande conséquence pour la prédire? Et ne la voilà-t-il pas bien prédite?
A l'égard des prophéties de Jésus-Christ lui-même, il a été fort retenu sur ce chapitre. Il a éludé toutes les occasions qui se sont présentées d'y briller: il a refusé de satisfaire ses chers disciples, en quoi, certes, il a eu la prudence des serpents. On ose néanmoins alléguer comme prophéties ce qu'il a dit des contradictions que trouverait sa doctrine, et des châtiments qui pourraient tomber sur ceux qui la prêche-

raient.[420] Il fallait un grand fonds de science pour cela. Il ne fallait pas moins qu'être Dieu.

Mais ce qu'il fallait prédire bien net, c'est que les successeurs de ses disciples, en prêchant la pauvreté, le désintéressement et l'humilité, monteraient au comble des richesses, des grandeurs et du luxe; qu'il aurait une succession de vicaires dont les premiers ramperaient sur la poussière, et les autres marcheraient sur la tête des rois et traiteraient les empereurs en esclaves. [Fin de l'Extrait XLVI]

S'il eût prédit clair et net que les successeurs de ses disciples, en prêchant la pauvreté, l'humilité, le désintéressement, monteraient au comble des grandeurs, du luxe et des richesses, cela eût été plus beau. S'il eût dit qu'il aurait une succession de vicaires dont les premiers ramperaient dans la poussière, et les autres marcheraient sur la tête des rois et traiteraient les empereurs en esclaves,→ qu'ils vendraient à des prix énormes les dispenses de leurs lois: cela valait bien la peine qu'on en fût averti et c'était un beau sujet de prophétie; mais ma foi, M.R.P., avouez-le franchement, le prophète ne s'attendait pas à un pareil succès!

[110] *Section quatrième.* La manière surprenante dont le christianisme s'est établi.

Nous nous faisons honneur de ce qui ne nous appartient pas; notre christianisme n'est point celui de ce temps-là; le nôtre s'est établi petit à petit, empiétant aujourd'hui sur la raison, demain sur la liberté, et enfin sur les biens, les lois et l'équité; la violence et la ruse ont eu de la peine en treize siècles à mettre les choses en l'état où elles sont.

Cependant je veux entrer dans le détail de cet article dont on est si satisfait et qu'on publie d'un air victorieux.

St Paul dit lui-même que l'Evangile est prêché par envie et par avarice;[421] peut-être sont-ce ceux-là qui ont le mieux réussi. Mais pour ne pas trouver cela si merveilleux, comment les flagellants trouvaient-ils moyen de réduire les hommes à se mettre nus et à se déchirer de cruels coups de fouet?

[Extrait XLVII] Saint Paul dit lui-même que le saint Evangile a été prêché par envie et par avarice.[421] Peut-être sont-ce ceux là qui ont le mieux réussi? Cet établissement est extraordinaire en supposant les hommes tels qu'ils devraient être: Mais tout le merveilleux cesse, dès qu'on fait réflexion que rien n'est plus aisé à remuer que l'imagination, pourvu qu'on trouve l'endroit sensible. Comment les flagellants trouvèrent-ils moyen de réduire les hommes à se dépouiller tout nus dans les places publiques et à se déchirer de cruels coups de fouet? [Fin de l'Extrait XLVII]

Cet Evangile porte une loi de forcer tout le monde, loi dont on voit de si cruelles exécutions: *Compelle intrare*.[422]

Pour juger sainement de ce point, il faudrait avoir les écrits des Juifs et des païens sur cet établissement miraculeux. On prêchera bientôt aux Américains que leurs pères se sont convertis par miracle et par l'inspiration du Saint-Esprit, on ne parlera ni de fourberies, ni de violences, ni de massacres qui ont été si beau train!

Un évêque a bien eu l'impudence d'écrire de nos jours qu'on n'avait violenté les huguenots ni dans leurs personnes ni dans leurs biens, **[111]** et cela dans le temps que les galères étaient actuellement remplies de ces malheureux, qu'un courage aussi héroïque que mal placé avait fait triompher de la tyrannie,[423] et lorsque l'on traînait par les rues les corps de ceux qui s'étaient dédits des confessions qu'on en avait extorquées,[424] et enfin lorsque l'on voyait les dragons érigés en missionnaires employer le viol et le massacre pour faire embrasser la pure et sainte religion.

Je croirai que les chrétiens ont toujours employé la ruse et la violence parce que cela est encore. Pourquoi croirais-je que dans les premiers siècles il n'y avait que candeur, simplicité, bonne foi et patience? On nous le dit. Et qui sont ceux qui le disent? Des gens intéressés à le faire croire.

Enfin, si la religion chrétienne n'a eu besoin que de sa pure morale pour s'établir, vous êtes donc des scélérats, messieurs les missionnaires, évêques, inquisiteurs etc. qui prenez le contrepied de ceux dont vous vous dites les successeurs, vous qui volez, pillez, brûlez vifs ceux qui ne veulent pas prendre vos fers.

Mais quand cet établissement serait merveilleux, qu'en conclurait-on? Il est plus surprenant encore que des rois se laissent écraser par le pape, il est plus surprenant que le paganisme se soit établi, que l'inquisition avec sa politique et ses cruautés n'ait encore pu détruire le mahométisme et le judaïsme en Espagne.

Le luthéranisme et la calvinisme ont donné au papisme le même coup que la religion païenne et la judaïque ont reçu du christianisme. C'est un simple moine;[425] cependant, en moins de temps, malgré les roues, les fers et les feux, malgré les plus puissants princes de la terre; les sociniens, les anabaptistes, sans prince de leur religion, se sont soutenus malgré le carnage **[112]** horrible qu'on en a fait, et se maintiennent au milieu des persécutions.

Mais détruisons par un simple parallèle cette raison de prédicateur, cette fausse lueur dont on veut éblouir le monde. Le mahométisme s'est établi promptement;→

les chrétiens reprochent aux Turcs que Mahomet était un malotru, un vil esclave,

[Extrait XLVIII] La réformation de Luther et Calvin a donné le même coup au papisme que le christianisme au judaïsme et au papisme, et cela par un simple moyen,[425] en bien moins de temps, et malgré les roues et les feux, malgré les plus forts et les plus considérables princes et les plus grandes puissances de la terre. Les sociniens, les anabaptistes n'ont aucun prince ni république pour eux; ils se sont cependant établis et se maintiennent au milieu des contrariétés et des avanies, et après le carnage horrible qu'on en a fait.

Mais faisons un juste parallèle qui détruira sans ressource cette raison de prédicateur, cette fausse lueur dont on veut éblouir le monde: comparons le progrès du mahométisme et du christianisme.

Les chrétiens publient et reprochent partout aux sectateurs de l'Alcoran que

un ignorant; il a donc commencé sa puissance sans aucun moyen apparent;[426] s'il en a eu plus par la suite, il n'a fait que ce que font les chrétiens. Mahomet a vu sa religion au bout de vingt ans dans un état de splendeur où la chrétienne n'est parvenue qu'au bout de trois siècles: cet établissement est donc bien plus merveilleux; encore y a-t-il cette différence que le christianisme n'a eu à combattre qu'au[427] paganisme et une religion extravagante, bien plus que la chrétienne à qui la mahométane a résisté.[428]

Autre réflexion à faire, c'est que les apôtres ont moins établi le christianisme que ruiné le paganisme; cette religion était à un point si outré qu'il ne fallait qu'y toucher pour la renverser: ils prêchèrent l'unité de Dieu, on se réveilla au bruit de cette vérité, on reconnut ses erreurs qui faisaient honte à la raison;→

après cela on put[429] aisément engager les personnes sortant avec effroi de leur erreur à croire quelques articles, mais ce n'était pas notre catéchisme,→
et encore moins la *Somme* de St Thomas, les Clémentines, les Décrétales.[430] Si les apôtres avaient prêché la trinité et le reste de l'attirail de la théologie, ils n'auraient guère avancé; s'ils avaient parlé de transsubstantiation, de l'adoration du pain, du vin, du culte des saints, des images, les prêtres païens leur auraient rétorqué leur argument; le peuple les aurait lapidés s'ils en étaient venus aux dîmes, aux impôts sur le mariage etc.

Mahomet était un malotru, un vil esclave, un ignorant. Il a donc commencé sa puissance sans aucun moyen apparent.[426] Si par la suite il en a acquis, il n'a fait que ce qu'on fait et font tous les jours les chrétiens. Mahomet, de son vivant et en moins de vingt ans, s'est trouvé dans un état de puissance où Jésus-Christ n'est jamais parvenu, que ses disciples n'osaient espérer, et que les chrétiens n'ont atteint qu'au bout de trois siècles. L'établissement de mahométisme est donc quinze fois plus merveilleux, plus surprenant et plus miraculeux que celui du christianisme, par conséquent plus apparemment divin. Encore y a-t-il cette différence que le christianisme n'avait à faire qu'à un paganisme outré, et que le mahométisme combattit le christianisme qui n'avait pas encore poussé la superstition au dernier point, ni établi la tyrannie qui règne aujourd'hui.[428]

Il y a encore une réflexion à faire plus considérable que tout cela, c'est que les apôtres ont moins établi le christianisme que détruit le paganisme. La religion courante était venue à un point si outré et si extravagant, qu'il ne fallait qu'y toucher pour la renverser, comme le papisme du temps de Luther. Les premiers chrétiens prêchèrent l'unité de Dieu. Tout le monde se réveilla au bruit de cette unité si claire et si visible, et reconnut conséquemment ces erreurs du paganisme, indignes, grossières et honteuses à la raison humaine.→ Après cela, on put aisément engager les hommes à croire quelques articles qui n'étaient pas de notre catéchisme.

Il n'aurait pas été aisé, dans ces premiers temps, de présenter la *Somme* de saint Thomas, encore moins les *Clémentines* et les *Décrétales*. Si les apôtres avaient prêché clairement la trinité, tout le tintamarre de la grâce et le reste de l'attirail de la théologie même calviniste, que je crois la plus simple, ils n'auraient guère avancé; et ils n'auraient assurément rien fait du tout s'ils étaient seulement entrés dans la dixième partie du papisme, s'ils avaient poussé jusqu'à la transsubstantiation, à l'adoration du pain et du vin, au culte des saints, des reliques, des images. Les prêtres païens leur auraient bien rétorqué leurs arguments, et le peuple les aurait lapidés s'ils en étaient venus aux dîmes, aux impôts sur le mariage et les enterrements, et au pouvoir du pape sur les empereurs.

Il est donc vrai que le christianisme n'a triomphé qu'avec bien de la peine,→

Il est donc vrai que l'Evangile n'a triomphé qu'avec bien de la peine, par de mauvais moyens et après un long espace de temps, du paganisme outré; et que l'Alcoran, en vingt ans, a renversé le christianisme qui approchait de sa première pureté.

les apôtres ne prêchèrent que le pur déisme [113] auquel ils mêlèrent le nom de J.-C., en sorte qu'on n'en avait guère d'idée que comme d'un prophète envoyé de Dieu.→

Les apôtres ne prêchèrent que le pur déisme, auquel ils mêlèrent le nom de Jésus-Christ d'une manière obscure, en sorte qu'on n'en avait d'autre idée que celle d'un prédicateur envoyé immédiatement de Dieu, que la malice des hommes, ennemis de la vérité, avait fait périr; en récompense de quoi Dieu l'avait comblé d'une grande gloire et d'une puissance extraordinaire; ce qui n'avait rien absolument de choquant.

Après cela, on déliait les Juifs d'une loi insupportable. Mais s'ils avaient eu affaire à une religion raisonnable, ils n'auraient pas fait un prosélyte.→

C'était au ridicule de la religion d'alors qu'ils durent[431] leur succès. S'il tombait sous la main un de ces gens à excès: *Vendez vos biens!* lui disait-on; mais ils furent rares, ces zélés, dans les commencements.

C'est au ridicule et à l'abomination de la religion d'alors plutôt qu'à la bonté de la leur qu'ils doivent leur succès.

Peut-être la débauche s'en mêla-t-elle. Ces femmes-sœurs que l'on traînait, après leur avoir fait vendre leurs biens, firent des chrétiens, comme la paresse et le libertinage font aujourd'hui des moines. Ces repas nocturnes attirèrent des jeunes gens dont ils favorisaient les amours. Ces mystères où le vin était reçu[432] ne nuisit à rien. Dieu sait si ces baisers de paix en attirèrent, si cette fraternité qui rendait tout commun en écarta les pauvres,→

Peut-être même la débauche s'en mêla-t-elle. Ces femmes-sœurs qu'on traînait partout après les avoir ruinées firent des chrétiens, comme le même brigandage et la même débauche fait aujourd'hui des moines. Ces repas nocturnes atti[rè]rent des jeunes gens dont c'était favoriser les amours voluptueux. Ces mystères où le vin dominait[432] emportèrent les femmes et les filles. On leur faisait un mérite et une action de piété de l'usage d'une liqueur charmante que leur loi[433] leur défendait. Dieu sait si ces baisers communs entre les deux sexes et le régal de voir des hommes et des femmes se dépouiller nus pour le baptême attirait du monde au christianisme. Cette communauté de biens livra nécessairement les chrétiens, faits pauvres, à une totale obéissance, quoiqu'elle n'ait jamais été si

et suivant le rapport de St Clément Alexandrin,[435] on ajouta encore la communauté des femmes: chaque sexe y trouva son compte. Bien d'autres choses, que des gens qui auraient une plus grande connaissance de l'histoire que moi pourraient dire, sans compter celles dont on a pris soin d'abolir la mémoire, ont fait cet effet merveilleux, cet établissement miraculeux.→

On prêchait qu'il ne fallait que la foi, que les œuvres sont inutiles pour le salut: en fallait-il plus pour gagner tous les scélérats qui comptaient que le baptême lavait tout et effaçait tous leurs crimes, de façon à les porter tout droit en paradis?

parfaite que celle de Pythagore[434] et de ses disciples.→

Mais on y ajouta la communauté des femmes, suivant le rapport de saint Clément le Romain,[435] où l'un et l'autre sexe trouva son compte, comme en bien d'autres choses que gens plus historiens que moi pourraient dire, sans compter celles dont on a pris grand soin d'abolir la mémoire.

On prêchait qu'il ne fallait que la foi, que les œuvres sont inutiles pour le salut. En fallait-il davantage pour gagner les scélérats, qui comptaient ainsi que le baptême avait le pouvoir de laver toutes leurs infamies et les nettoyer de leurs crimes, de manière à les mener tout droit en paradis?

Le paganisme, tout corrompu qu'il était, demandait des purifications, et confessait n'en avoir point pour les grands forfaits. C'est ainsi que l'on attira Constantin, bourrelé en sa conscience pour des actions abominables, dont les prêtres des idoles lui déclarèrent généreusement qu'ils n'avaient point de remèdes capables de les[436] purger. [Fin de l'Extrait XLVIII]

On dit: Méfiez-vous d'un tel auteur, il est païen, juif zélé, il le faut lire avec précaution. Pourquoi ne dirait-on pas de même: Méfiez-vous d'un tel auteur chrétien, il parle pour sa religion avec autant de prévention que le païen ou le juif pour la leur, il emploie autant de ruses pour vous faire donner dans son sens. Tout ce que dit un auteur grave et honnête homme, s'il n'est pas pour notre religion, c'est une imposture dictée par l'esprit de parti; tout ce que dira d'extravagant un auteur, homme décrié par ses amours et sa conduite, est admirable s'il parle en faveur de la religion que nous professons. Et enfin, dès qu'il y eut des empereurs et des rois [114] devenus chrétiens, la violence marcha après la ruse: Charlemagne, le roi de Danemark[437] et d'autres potentats faisaient égorger sans façon ceux qui ne se conformaient pas à leur religion; on agit de même en Amérique et dans tous les pays d'Inquisition. Cette façon d'agir ne s'est point démentie; pourquoi veut-on me faire croire qu'il soit si merveilleux d'établir une chose quand on ne laisse que le choix du supplice ou de l'accepter?

Section cinquième. Le témoignage des martyrs.

Le sang de tant de martyrs[438] sont de grands mots qui remplissent bien la bouche d'un déclamateur; l'harmonie frappe l'oreille, et l'esprit est séduit par l'image; mais en vérité, M.R.P., cela peut-il atteindre tant soit peu un esprit raisonnable?

1° Il n'y a peut-être pas la millième partie de vrai dans ce qu'on dit là-dessus; nous n'avons pour preuve que des actes chrétiens, beaucoup sont postérieurs aux faits qu'ils racontent; et s'épargne-t-on les fraudes pieuses?

2° Dans tout ce qu'on nous conte, il y a très peu de martyrs, c'est-à-dire gens qui aient souffert pour la seule croyance; on insultait les prêtres des dieux, on souillait les temples, on renversait les autels et les simulacres, on excitait des séditions, on méprisait les magistrats, on refusait de porter les armes pour le prince: ces actions purement fanatiques méritent des punitions dans tout état policé et sont réellement criminelles, puisqu'elles vont contre l'ordre établi et contre le bien de la société, puisqu'elles le troublent.

3° Il y avait des hérétiques dès le temps de ces persécutions. Combien de ceux-là périrent? Les païens n'examinaient pas s'ils

[Extrait XLIX] *Le sang de tant de martyrs:*[438] ce sont de grands mots qui remplissent avantageusement la bouche d'un déclamateur. Ce fait frappe l'oreille avec harmonie, et l'esprit avec quelque apparence. La canaille s'en étourdit: mais, en vérité, mon Révérend Père, cela peut-il atteindre tant soit peu un esprit raisonnable, car je ne dis pas un géomètre, un philosophe? Ne faut-il pas avoir renoncé à la pudeur, à la bonne foi, à la candeur, à la probité, à l'honneur, à la conscience, pour se parer de telles plumes?

1°. Il n'y a peut-être pas là-dessus la millième partie de ce qu'on dit. Nous n'en avons nulle certitude et nulles pièces, que de la part des chrétiens, qui ne s'épargnaient point en pieuses fraudes et en suppositions, pour se faire valoir et pour décrier les païens.

2°. De ceux-là mêmes qui ont souffert véritablement, il n'y a que très peu de martyrs au sens que nous l'entendons, c'est à dire par la seule croyance. On insulta les prêtres, on berna leurs cérémonies, on souilla leurs temples, on renversa leurs simulacres, on causa des séditions, on refusa d'exercer les magistratures, on ne voulut pas porter les armes pour le service du prince, on méprisa les magistrats; tout cela est véritablement criminel, ce fut ce qui attira les plus grandes tempêtes.

3°. Il est plus que vraisemblable que les prêtres païens firent comme les nôtres. Voyant que la nouvelle religion allait à renverser leur grandeur, à éteindre leur crédit, à détruire leurs revenus, ils insinuèrent aux princes qu'on en voulait aussi à leur puissance, que les chrétiens prêchaient une certaine liberté, un affranchissement des lois anciennes, de nouveaux principes de morale et de politique; et sur cela, indépendamment du fond de la religion, les rois s'armèrent pour leur destruction.

4°. Il y avait des martyrs parmi les hérétiques de ces temps-là. Les païens n'examinaient pas trop quelle espèce de

étaient **[115]** catholiques ou non: ils avaient renoncé à l'ancienne religion, c'était assez. Le sang de ces hérétiques doit-il me persuader de la vérité de leur croyance?→

D'ailleurs, cette fermeté dans les supplices était une vertu du temps.→

Que ne souffrit pas Epicaris[439] plutôt que de nommer ses complices? Ces amphithéâtres où le sang coulait à grands flots pour le divertissement, où de vils esclaves mouraient en riant et où l'on envoyait demander s'il était temps qu'ils se couchassent pour expirer, tout cela mettait les esprits dans une situation où nous ne sommes pas et à laquelle on a l'obligation de cette force d'esprit, de ce courage dont on veut se faire honneur et qu'on traite de miracle.

Enfin, M.R.P., quand les choses seraient à la lettre comme les prédicateurs nous le disent, direz-vous que l'on n'ait vu des martyrs que dans notre religion?[441]→

L'opiniâtreté en a fait dans toutes les sectes, l'entêtement de toute religion engage des hommes à mourir gaiement en attendant la récompense qu'ils espèrent. Ne voit-on pas en Amérique des gens qui se font écra-

chrétiens ils punissaient; il suffisait qu'ils eussent renoncé à l'ancienne religion. Ainsi, une grande partie du sang des martyrs était pour l'erreur.

5°. Si nous voulons nous rendre justice, nous conviendrons que la fermeté des martyrs était une vertu du temps. On était amoureux de la gloire. On la mettait dans cette fermeté-là comme dans une autre, comme Scaevola à se brûler la main, Régulus à souffrir les cruautés des Carthaginois, comme le philosophe qui se brûla vif dans le camp d'Alexandre. On voyait à toute heure mille exemples du mépris de la mort, et mille autres de la constance dans les tourments.

Que ne souffrit pas certaine courtisane[439] plutôt que d'avouer ce qu'on voulait d'elle! Ces amphithéâtres où le sang coulait tous les jours à longs flots par pur divertissement, où de vils esclaves mouraient en riant, où l'on envoyait demander s'il était temps qu'ils se couchassent pour expirer, avaient mis les esprits dans une situation où nous ne sommes pas, et à laquelle on a l'obligation de cette force d'esprit et de courage, dont on se fait honneur avec tant de bruit, et qu'on veut qui soit un miracle.

Enfin, mon Révérend Père, quand les choses seraient à la lettre comme nos livres[440] et nos prédicateurs le disent, ce ne serait toujours rien. Soutiendrez-vous que les hommes ne sont capables de souffrir que pour la vérité,[441] et qu'ils ne font pas, pour une fausse opinion, tous les efforts qui sont en leur pouvoir? On a beau crier qu'il n'y avait que l'action du Saint-Esprit, la grâce de Jésus-Christ, qui pût fortifier jusqu'à de jeunes filles à souffrir les plus cruels tourments: autant de paroles en l'air, autant de vaines déclamations, autant de tours de rhétorique et d'art suborneur, autant de traits d'éloquence, peste publique qui ne va qu'à faire recevoir de mauvaises raisons.→

Les hommes sont libres; il suffit qu'ils s'entêtent d'une chose, telle qu'elle soit, vraie ou fausse. Vous le savez, mon Révérend Père, toute personne qui veut faire réflexion le sait et le voit, et quiconque veut donner

ser sous les roues d'un chariot où l'on traîne certaine idole?[442] Ce martyre est encore plus volontaire que celui de nos saints.

La réformation n'a-t-elle pas son martyrologe plus sûr et plus authentique que le nôtre? L'Inquisition sous nos yeux ne fait-elle pas tous les jours des martyrs, et qui périssent pour la seule croyance, qui se tireraient du feu s'ils voulaient dire quatre mots?→

Direz-vous, M.R.P., que c'est la force de la vérité, la grâce de J.-C. qui les soutient? Certaine espèce de cordelier souffrit bien le feu à l'occasion d'un habit court ou long.[443] Enfin, jusqu'à l'athéisme a eu des martyrs.[445] Ce dernier trait prouve assez qu'on n'est point martyr d'une religion, mais du préjugé ou de l'entêtement.

la moindre attention au train du monde en conviendra; il ne faut point être philosophe pour cela. Mais d'autant qu'en fait de religion, comme dans les procès, on nie tout, n'y a-t-il pas une infinité de païens qui sont tous les jours martyrs, comme ceux qui se font écraser sous les roues d'un chariot où l'on traîne certaine idole,[442] comme ces femmes qui se brûlent vives avec le cadavre de leurs maris? Ce martyre est même plus volontaire que celui de nos saints.

La réformation n'a-t-elle pas été attaquée par le fer et par le feu? N'a-t-elle pas son martyrologe, plus certain que le nôtre, et dont les histoires de leurs propres persécuteurs font mention, dont on trouverait encore les actes de condamnation et d'exécution authentiques et incontestables dans nos propres mains? L'Inquisition, sous nos yeux, ne fait-elle pas tous les jours des martyrs et de vrais et parfaits martyrs, par la seule croyance, sans qu'on leur puisse imputer ni rebellion, ni insulte à la religion régnante, ni à ses ministres dont ils baisent les pas, et qui se tireraient du feu s'ils voulaient dire quatre mots?

Direz-vous, mon Révérend Père, que cela emporte aucune marque de vérité? Que c'est la force du Saint-Esprit et la grâce de Jésus-Christ qui les soutient? Certaine espèce de cordeliers souffrit bien le feu à l'occasion de l'habit court ou long.[443] Une princesse géorgienne schismatique a bien souffert des tourments horribles pendant deux ans;[444] enfin, l'athéisme même a bien eu des martyrs.[445] [Fin de l'Extrait XLIX]

[116] *Section sixième.* La tradition.

Qu'y a-t-il de plus douteux que cette tradition à laquelle on veut donner de l'autorité? Comment la peut-on définir? La connaissance de certains faits venus de main en main, des pères aux enfants, et les écrits faits de siècle en siècle.

Mais tous ces pères ont-ils la mémoire assez bonne pour ne rien changer à ce fait, ceux qui l'apprennent d'eux peuvent-ils s'assurer de n'en point confondre ou omettre quelque circonstance? Il faut que ceux qui ont vu ces faits aient eu un jugement solide et que l'on ne pût tromper, il leur fallait la science, la prudence, la pénétration, le temps et les occasions nécessaires pour faire un juste discernement, il fallait qu'ils eussent surtout une droiture que l'envie de dire des choses surprenantes ne pût altérer, il fallait qu'ils fussent exempts de la faiblesse orgueilleuse de donner leurs idées et leurs fantaisies pour des choses réelles, qu'ils fussent au-dessus de l'avarice, de la vanité, sans désir de profiter de la crédulité des autres pour les dominer; et il faudrait de plus que tous les hommes fussent incapables de mentir, d'oublier ou de confondre les choses.

Il n'y a que faire de grands raisonnements pour prouver qu'un fait s'altère, se corrompt et se change entièrement en passant en plusieurs bouches: le peut-être devient assurément, l'unité devient un millier.

Comment la tradition pourrait-elle suffire pour la doctrine? Nous ne la trouvons point[446] suffisante pour les faits les moins importants. Si elle était un bon moyen, ignorerait-on la fondation de bien des villes, l'origine de certains peuples, et enfin les faits les plus éclatants? Cette seule réflexion renverse absolument la tradition et fait voir qu'elle ne peut établir que des probabilités très faibles, mais il y a **[117]** bien plus: tous ces faits rapportés dans les histoires de cent façons différentes et avec tant d'incertitude, ces faits sont à peu près indifférents à ceux qui les rapportent, mais en fait de religion une fausseté est quelquefois une mine d'or.

L'avarice, la fourberie, la superstition, l'envie de dominer, toutes les passions s'en mêlent, on propose tout, la crédulité du peuple reçoit tout, les ignorants s'entêtent, on obsède les puissances, on les abuse, on leur fait voir les cieux ouverts; s'ils autorisent et la fable et ses suppôts, c'est un saint.

Et en vérité, M.R.P., croyez-vous que si les apôtres revenaient, ils fussent en état d'entendre la moitié des disputes des théologiens? Ils auraient besoin d'aller au catéchisme et de faire un quinquennium.[447]→

[Extrait L] Naturellement, mon Révérend Père, entre nous, si les apôtres revenaient, ne faudrait-il pas qu'ils allassent au catéchisme un avent et un carême, à peine d'être déclarés hérétiques, ou au moins refusés à la Sainte Table? Que serait-ce donc s'ils voulaient avoir le rang de docteur? J'ai peine à croire qu'un *quinquennium*[447] sur les bancs de Sorbonne les mît seulement en état d'entendre l'état de la question sur la moitié des disputes de nos théologiens.

Si J.-C. revenait prêcher en Espagne ou en Italie, le lendemain on le traînerait à l'Inquisition[448] s'il disait que la puissance des ministres de l'Evangile n'est pas de ce monde,[449] que les prêtres ne doivent point avoir d'argent, pas même de poche pour en serrer, point d'armes, pas même un bâton. O Dieu, voilà des propositions hérétiques, scandaleuses, tendantes à séduire le peuple, injurieuses et attentatoires surtout au Saint-Siège apostolique! Il trouverait bien d'autres gens que les Juifs et il n'en serait pas quitte pour une passion de vingt-quatre heures!

Mais il faut encore aller plus loin. Si Jésus-Christ revenait au monde et qu'il fût prêcher en Italie et en Espagne, il serait traîné le lendemain dans les prisons de l'Inquisition.[448] Il y aurait dans ses discours bien des propositions tendantes à séduire les âmes pieuses, scandaleuses, hérétiques, injurieuses au Saint-Siège. Comment recevrait-on ce dogme pernicieux, que les ministres de l'Evangile ne doivent point dominer les uns sur les autres, que leur puissance n'est point de ce monde,[449] que les prêtres ne doivent point avoir d'argent, pas même de poches pour en serrer,[450] point d'armes, pas même un bâton? Il trouverait bien d'autres gens que les Juifs, il n'en serait pas quitte pour une passion de vingt-quatre heures.

Les apôtres sont les premiers tombés dans le désordre sur la tradition. Ecoutez saint Paul: Je n'ai point de précepte du Seigneur sur la virginité,[451] etc. Et cependant on en fait une vertu, de cette idée contraire au bon sens, à l'ordre de l'univers, aux plus claires intentions du créateur. Quel dogme eût eu besoin de plus d'autorités pour passer que cette doctrine impertinente, que cette barbarie qu'on exerce sur des milliers de jeunes gens sacrifiés à l'orgueil, à l'avarice et à la vanité, tandis qu'on dit qu'on les consacre à Dieu?

Les apôtres sont les premiers tombés dans le désordre à l'égard de la tradition; ils ont, de leurs propres mains, ajouté à la doctrine. Ecoutez saint Paul: Je n'ai point de précepte du seigneur sur la virginité.[451] En voilà assez, en quatre lignes, pour prouver qu'elle est une idée purement humaine; et de plus, elle est une idée contre le bon sens, contre la constitution de l'univers, contre les plus claires et les plus nécessaires intentions du créateur; et le célibat a pour fondement l'imagination la plus impertinente dont les hommes puissent s'aviser, et une barbarie dénaturée qui s'exerce tous les jours sur de malheureux enfants que l'on sacrifie à l'orgueil et la vanité, ainsi qu'à l'avarice abominable, en disant qu'on les consacre à Dieu, au lieu de sacrifier à Dieu ces passions, inouïes chez les peuples qui n'ont ni prêtres ni pontifes. [Fin de l'Extrait L]

Je ne m'appuie point sur l'histoire, M.R.P., tant parce que **[118]** j'y suis peu versé que par la persuasion que j'ai qu'on ne va pas au vrai par cette route: la physique s'appuie sur les expériences, elle ne peut être d'une infaillible vérité, comme les mathématiques[452] qui regardent intelligiblement la matière même.

Il est de la dernière évidence que les dogmes de la religion ont toujours été en augmentant et qu'il en sera de même jusqu'à ce que le bâtiment soit si monstrueux qu'il ne se puisse plus soutenir, comme il serait déjà arrivé sans les oppositions.

La puissance ecclésiastique et son tribunal juridique, chimère des plus folles, n'aurait-elle pas éclipsé toute la puissance des magistrats et anéanti celle des souverains? Ces fariboles, ces parchemins remplis de mots à faire peur aux petits enfants,[453] n'ont-ils pas[454] arraché le sceptre des mains à des rois, à des empereurs; n'ont-ils pas fait tomber les armes des mains de leurs soldats; n'ont-ils pas débauché leurs domestiques et soustrait leurs enfants à leur puissance? N'avait-on pas étendu la défense de se marier au huitième degré? On l'eût étendue au millième. N'avait-on pas défendu les secondes noces? Ah! combien perd le Saint Père! Enfants rebelles, songez à quel prix se serait monté l'argent des dispenses! Vous ôtez plus de quatre millions de rente à notre mère[455] Sainte Eglise!

Vous ne direz pas, M.R.P., que ce que les apôtres prêchèrent le jour de la Pentecôte n'était pas suffisant au salut. Cependant, il est impossible qu'ils aient prêché et que les auditeurs aient retenu tous les articles de croyance qu'on donne dans nos cahiers de théologie, ni même tout le catéchisme; donc, notre religion est fort différente ou du moins plus chargée que celle des apôtres.

Tout va du même train. César n'entreprit point ce qu'osèrent ses successeurs.

[119] Quant à la tradition littérale, c'est-à-dire aux livres, nous avons déjà prouvé qu'un livre ne vient jamais purement de main en main, tant par les fautes des copistes que par la fraude de ceux qui trouvent leur compte aux changements qu'ils y font; puis[456] les traductions et les sens altérés par ignorance, par prévention ou malice, et les ratures des manuscrits suppléées par conjectures: chacun suit ses préjugés, et en pareille matière on peut tromper même étant de bonne foi.

Qu'on donne à quelqu'un toutes les traditions, toutes les Ecritures, et dites-lui de faire un système de religion. De quelle secte croyez-vous qu'il sera? N'étant auparavant pour aucune, sûrement il en fera une nouvelle. Le moyen d'instruction par la tradition et les livres est donc inefficace, donc il ne vient pas de Dieu et qu'il[457] est indigne de lui.

Qu'on ne dise pas que les évêques sont les dépositaires infaillibles de la doctrine de la Tradition: nous en avons vu d'hérétiques, nous en voyons tous les jours de fols.

Votre évêque n'en sait qu'à proportion de son étude, de son application et de sa capacité, le Saint Esprit n'y a donc point de part; ainsi tout ce jeu de théâtre, ces courbettes, ces lectures faites d'un ton imposant, ces paroles vénérables de consécration, tout cela est donc moins que rien.

[Extrait LI] Est-ce comme évêques que ces seigneurs mitrés ont cette connaissance de la doctrine orthodoxe et de la véritable doctrine? Tournez donc autour d'un paysan, habillez-le comme il vous plaira avec un manteau à l'antique, coiffez-le d'un bonnet de figure bizarre, mettez-lui une crosse d'or à la main, un diamant de mille écus au doigt, graissez-le où il vous plaira, faites le reste des simagrées, enfin consacrez-le dans toutes les formes et l'épiscopisez dans toute l'épiscopisation[458] possible: qu'il vous déploie après tout cela la tradition. Si ce n'est pas comme évêque et par le pouvoir de l'imposition des mains et de toutes ces belles cérémonies, unies à tant de belles choses tirées de la boutique des brodeurs et des orfèvres, si ce n'est que comme ayant lu et étudié, votre épiscopat ne fait rien à la chose.

Le Saint-Esprit n'a aucune part à cette érudition. Toutes ces courbettes, tout ce manège de valet de garde-robe, toutes ces lectures faites d'un air imposant, toutes ces paroles prononcées d'un ton vénérable, tout cela sera appelé par son nom un jeu de théâtre, des fadaises propres à éblouir et à abuser le peuple. Votre évêque n'en sait qu'à proportion de son travail, de son application et de sa capacité. Aussi la plupart, par stupidité et par paresse, sont-ils des ignorants, incapables de rien par eux-mêmes, ni de juger de ce qu'il faut faire que par des savants à gages. [Fin de l'Extrait LI]

Parlons plus humainement: comment les évêques ont-ils été les dépositaires de cette tradition? Dans les premiers temps, la voix du peuple les faisait, bien ou mal; les rois en disposent aujourd'hui. Il eût fallu, pour que cette idée pût valoir, que chaque évêque eût eu son successeur en apprentissage. C'est ainsi que les arts se perpétuent, et encore dans ce fait la chose n'est pas égale; le successeur peut mal entendre ou avoir mauvaise mémoire et la tradition se corrompt ainsi.

[120] Enfin, Messieurs les évêques, faites ce que dit ce livre divin: buvez du venin, parlez[459] diverses langues, guérissez les malades, on acceptera peut-être alors votre doctrine ou du moins on vous croira dignes successeurs de ceux qui, dites-vous, faisaient ces choses.

Mais je perds le respect, c'est aller contre les règles que de demander raison et expérience. Ne révélons pas le ridicule de ces messieurs ni leurs vices, de peur de scandaliser notre mère Ste Eglise en ses époux; nous ne sommes que ses enfants, obéissons à ses maris.

Section septième. Les Pères, les Conciles, l'étendue de la religion et le consentement des personnes illustres par leurs sciences et par leurs mœurs.

Article premier. Les Pères.

C'est un nom imposant et vénérable, qu'on a donné à certaines personnes qui sont peintes ensuite avec un pigeon près de leur oreille, les yeux au ciel, une main sur la poitrine et l'autre à la plume, avec quantité d'éclats de lumière qui les viennent frapper pour les combler d'inspirations qu'ils vont jeter sur le papier.

Que tout cela dit-il? Le voici: on veut faire un système; la raison et l'expérience y sont contraires; il a fallu adopter certains ouvrages; et d'un chaos de raisonnements on tire ce que l'on veut, mais le bon de l'affaire, c'est qu'on ne prend que ce qu'on voit qui accommode. Il n'y a pas un de ces graves personnages dont on suive tous les sentiments; les inquisitions[460] en ont ôté ou retranché bien **[121]** des endroits et il n'y en a point d'eux qui ne soit aujourd'hui très hérétique.

On crie, on fulmine contre ceux qui parlent des pères avec peu de respect. Montrez-moi quels en sont les dogmes;[461] vous me les citez pour appuyer votre sentiment, je vous les citerai aussi pour appuyer le mien, qui combat le vôtre.

Quant aux faits qu'ils rapportent, je ne pense pas qu'aucune personne sans prévention fasse grand cas du témoignage de gens qui osent faire des raisonnements ridicules et les produire pour nous persuader. Les faits s'affermissent en vieillissant; les premières années passées, les autres

[Extrait LII] Pour revenir aux faits, je ne pense pas qu'aucune personne sans prévention fasse grand cas du témoignage de gens qui osent bien produire des raisonnements[462] ridicules, puisque des faits[463] s'affermissent en vieillissant, et à mesure que le bruit s'en répand au loin. Il n'y a

siècles sont en droit de disputer sur la vérité; mais un raisonnement ridicule est toujours ridicule. Il est donc naturel de dire: Puisqu'ils ont bien hasardé des arguments dont on découvre le faux, pourquoi se seraient-ils épargnés en faux faits et en suppositions qui acquièrent de la vraisemblance par les années et qui leur donnaient de l'espérance pour l'avenir?

On peut dire que les plus habiles de ces pères étaient des déclamateurs et bien peu de chose davantage.→

Y a-t-il des livres au monde plus remplis de faux principes, de subtilités, de comparaisons ridicules et forcées, d'allégories frivoles, de jeux de mots puérils, et de pointes basses et fades, de figures etc.? Et tout cela est donné pour raisons, et puis, des contes en l'air, des fables, fruit des génies les plus ignorants, des contradictions etc. On ne laisse pas de dire impudemment: *Saint ...*

que les premières années à passer dans la honte qui couvre un imposteur. Les siècles suivants sont en droit de disputer,[464] et le plus fort a toujours raison: mais les faux raisonnements[465] portent partout et dans tous les temps tout ce qu'il faut pour les faire siffler. L'antiquité ni l'éloignement du lieu où ils ont été fabriqués ne leur donnent pas la moindre apparence. Il est donc naturel de dire: Ces gens-là ont bien hasardé des arguments dont on peut toujours découvrir le faux; pourquoi se seraient-ils épargnés en faux faits et en suppositions qui acquièrent de la vraisemblance par les années et leur donnent de l'espérance pour l'avenir?

Nous devons juger de ces gens, que l'on nomme Pères, comme de nos évêques. Ce sont de grands hommes par les épîtres dédicatoires, par leurs oraisons funèbres, ou par les préambules de leurs mandements. Au fond, les Pères étaient des entêtés, des fanatiques, infatués de la Cabbale, de l'astrologie et de mille extravagances qui n'ont de fondement que dans l'ignorante vanité. C'étaient des séditieux, des flatteurs, des calomniateurs qui s'entre-déchiraient les uns les autres, des brouillons, des inconstants, des girouettes à tout vent, des emportés, opiniâtres, avares, orgueilleux, presque tous d'un esprit assez borné et sans science. Si de tels gens paraissaient en ce temps-ci, on les sifflerait.→

On peut dire que les plus habiles étaient des déclamateurs et bien peu de chose davantage. C'étaient de mauvais rhéteurs, qui rampaient dans la poussière parmi les païens et qui se jetèrent dans le parti des chrétiens où ils pouvaient briller. C'étaient des gens malaisés qui embrassaient l'occasion de devenir tout d'un coup grands seigneurs par la promotion à l'épiscopat.[466]

Y a-t-il des livres au monde plus pleins de raisonnements ridicules, de faux principes, de fades subtilités, de tours pitoyables, de pauvres comparaisons, d'allégories frivoles, de jeux de mots puérils, de pointes froides et basses, d'affectation, de figures, que les écrits des Pères? Et tout cela donné pour des raisons, avec des contes en l'air, des fables, des impostures, de fausses *tel prouve admirablement ceci*; on l'a ouï dire de même et l'on admire ce Patron, sans connaître.

citations, des contradictions sur contradictions et de l'ignorance, des arguments dont la rétorquation allait contre eux-mêmes. [Fin de l'Extrait LII]

Vous le voyez comme moi, mon révérend père, si Mr. Arnaud, si vous-même,[467] vous aviez voulu écrire contre les sentiments des pères, **[122]** si vous aviez voulu écrire contre le christianisme, comme les pères ont écrit contre d'autres religions, vous n'auriez pas eu besoin de plus qu'une brochure pour écraser et anéantir leurs raisonnements et tout ce système.

Article second. Les Conciles

Premièrement, c'est une effronterie manifeste de les appeler généraux, il n'y en a jamais eu un de général; à prendre même ce mot moralement,[468] il n'y a jamais eu que les sujets de l'empire romain. Les apôtres cependant, à ce que l'on nous dit, avaient prêché par tout le monde.[469]

Mais passons cette réflexion qui n'est pas absolument concluante, je voudrais bien qu'on assemblât tous les grivois[470] des régiments qui doivent cette année traverser le royaume, pour qu'ils décidassent la manière dont le soldat doit être traité chez son hôte. Je ne doute pas que le premier statut ne fût: *En entrant dans la maison, le soldat s'emparera de la clef de la cave*, puis on statuera que la plus belle chambre et le meilleur lit garni de la plus jolie personne de la maison leur est dû. Ho! l'on verrait bien de beaux canons!

De même, dans ces sacrés synodes, on n'a pas manqué d'élever le clergé, de dégrader en quelque façon le reste du peuple, et l'on attribue le pouvoir souverain de décider aux intéressés.

L'Eglise se trouve ainsi maîtresse des secrets, du salut éternel, maîtresse des biens; elle est exempte de tout subside, de toute juridiction, de travail, de contribution au bien public; tout est à Dieu, l'Eglise est son épouse, nous décidons que nous sommes **[123]** l'Eglise, *ergo* tout est à nous.

Cependant ces pères des conciles, ces gens reconnus pour la plupart ignorants ou fanatiques, ont décidé ce qu'ils ont voulu, et il est aisé de démontrer que leur intérêt, l'ambition, la politique, l'envie de dominer et quelquefois l'opiniâtreté et l'esprit de parti ont été les seuls motifs de toutes les décisions. Parmi ces pères et ces éminences, que de débauchés, que d'impies, que de gens indignes du nom d'homme, que d'étourdis, que d'ivrognes, que de gens noircis de crimes et des plus infâmes débauches! Ce sont pourtant de ces gens dont les conciles sont composés, et l'on veut que je croie que le St Esprit vient se reposer sur eux et que ces gens sont différents quand ils sont en synode de ce qu'ils sont naturellement.

Qui fait les papes? La brigue, l'argent, les promesses. Qui fait les évêques? La flatterie, les intrigues de cour. Souvent, les dignités ecclésiastiques ont été la récompense des crimes ou de la complaisance pour les vices des souverains.

Puis on est en droit d'excommunier une nation pour le crime, faux ou vrai, de son roi, et tant d'autres horreurs.

Le pape Innocent X, importuné des plaintes qui lui revenaient contre ses officiers, mis en place à prix d'argent par sa belle-sœur,[471] sa concubine, se tira d'affaire par cette excellente réponse: Les châtier ou les dépouiller de leurs places, ce serait insulter le Saint-Esprit qui me guide en toute occasion. Mais, Très St Père, lui aurais-je dit, vous punissez et déposez les évêques qui ne vous obéissent pas ou quand ils débitent une doctrine qui ne vous plaît pas. Qu'eût-il pu répondre, sinon: Les forfaits de mes officiers font tort au peuple; que m'importe! Mais les évêques, c'est à moi personnellement qu'ils feraient tort.

[124]

Sous un prince ferme et puissant, tous ces évêques rampent, ils croient tout ce qu'il veut;[471bis] sous un autre, ils s'élèvent et se font craindre de tous ceux qui ne leur inspirent point de crainte; et l'admirable de l'affaire, c'est que ces pères des conciles, malgré l'inspiration du St Esprit, ont besoin de théologiens pour les souffler. Chaque évêque a le sien!

Dieu a fait le monde par le seul acte de volonté d'une minute, et on le tient 25 et 30 ans à délibérer sur un point de controverse, et pendant ces trente années, que croire? Le Saint Esprit était donc bien embarrassé à prendre son parti. Et ses organes se querellent, se battent, disputent, changent d'avis et de parti. Homère a-t-il peint ses dieux plus faibles et plus ridicules?

La belle décision que le premier synode des disciples de J.-C. a donnée: *Vous ne mangerez pas de chair de bête étouffée!*[472] L'abolition de ce précepte à peine paraît quelque part, il est tombé de lui-même; en voici la raison: les ecclésiastiques n'ont eu nul intérêt à le soutenir.

Je nie que Dieu s'en mêle et je raisonne comme cet Egyptien et sa femme: les prêtres de ce peuple les avaient imbus de l'idée ridicule que les dieux devenaient amoureux de leurs femmes et on avait persuadé à ces pauvres gens superstitieux d'envoyer leurs femmes dans le temple du dieu qui la demandait. Une femme au retour du temple dit à son mari qu'il ne s'était passé entre le dieu et elle que rien de très humain;[473] ils conclurent que c'était une friponnerie des prêtres débauchés et scélérats. Avaient-ils tort? Je vois, moi, que ces assemblées sont comme toutes celles où l'on agite divers intérêts: l'ambition, l'orgueil, l'opiniâtreté y tiennent leur coin. Je conclus comme l'Egyptien.

Des conciles ont décidé le contraire des autres, puis on a donné les **[125]** noms qu'on a voulu: une assemblée de cinq cents évêques est appelée conciliabule; ses décisions ne convenaient pas; une autre, de cent et même de trente évêques, est appelée concile général par la raison contraire. Et enfin, saint Augustin, cet Achille, ce héros de la persécution, ce chevalier de la grâce a dit tout uniment et sans figure: *Un concile général réforme les abus où un autre est tombé.*[474]

Et on a l'impudente impertinence de dire: Dieu se sert de ces altercations, de ces fourberies pour parvenir à son but. Quel horible ridicule!

Mais saint Grégoire de Naziance a dit et reproché à ces membres de concile la lâcheté, l'ignorance et la prévarication. Ces conciles sont eux-mêmes des sujets de dispute. Dès que leurs canons ont paru, on conteste sur le sens qu'on y doit donner; on dispute tous les jours sur la doctrine du Concile de Trente et du synode de Dordrect.[475] On a quatre copies différentes du Concile de Constance,[476] et pour terminer, les conciles supposent la religion et ne la prouvent point.

Article troisième. Etendue, antiquité de la religion, consentement d'un grand nombre de gens de mérite

Pour l'antiquité, le paganisme, la religion des Persans et bien d'autres sont de plusieurs siècles avant le christianisme; d'ailleurs, si l'antiquité l'autorise, elle était donc douteuse au moins le premier jour; elle n'est pas encore absolument sûre, elle ne fait seulement qu'augmenter de vraisemblance.

De même pour l'étendue: le paganisme et le mahométisme **[126]** seraient donc les vraies religions: l'une a été mille fois plus étendue, a eu bien plus de sectateurs que la chrétienne, et l'autre est suivie encore aujourd'hui dans des pays bien plus étendus et par plus d'hommes; mais quand le christianisme était resserré dans un coin de la terre, quand le nombre des chrétiens était petit, la religion était donc fausse.

Le consentement de tous nos gens savants, éclairés, de tous nos philosophes ne passe pas ce qu'on sait du paganisme: les Cicérons, les Sénèques, les Socrates, les Platons, les Aristotes, les Euclides, les Diophantes,[477] les Catons, les Plutarques, les Ptolémées, voilà des gens illustres en toutes sortes de sciences! Les Chinois, les Arabes, les Persans ont aussi leurs philosophes, leurs gens de mérite qui suivent leur religion.

Si vous répondez, M.R.P., que tous les Anciens voyaient la vérité, sur quoi le concluez-vous, et vos Modernes la voient-ils moins? Il y a bien plus lieu de soupçonner nos savants que les leurs; il n'y avait point d'Inquisition du temps des païens, je ne sais que Socrate à qui il en a coûté la vie pour avoir nié la pluralité des dieux.

Et d'ailleurs, nos savants pour la plupart tiennent à la religion par de grands liens, l'intérêt.

La religion païenne ne faisait pas vivre les savants anciens. Ce ne sera pas celui à qui la religion vaut cinquante mille livres de rente qui la réfutera et qui en fera voir l'absurdité, ce ne sera pas non plus celui qui vit dans l'espérance d'attraper tôt ou tard quelque bon bénéfice.

[127] [*Section huitième*]. La Dispersion des Juifs

On fait sonner cet endroit bien haut. Je conviens que c'est une chose singulière, mais qu'est-ce que cela dit? La dispersion est un malheur comme un autre, l'état des nègres est mille fois plus singulier et pire. Quel crime ont-ils commis? Le malheur n'est pas toujours la suite du crime: peut-on dire que des gens sont criminels sans autre preuve sinon qu'ils sont malheureux? et quel crime ont-ils fait? Ils ont tué un dieu.

Ce même peuple a été vaincu, captif et dispersé tant d'autres fois, et dix tribus des douze étaient dispersées plusieurs siècles auparavant. Pourquoi les deux autres ne le seraient-elles pas par le cours des choses humaines? Et il n'y a eu que les deux tribus qui aient condamné J.-C. Qu'avaient donc fait les dix autres et pourquoi à présent la punition s'étend-elle sur eux?

Les Grecs, autrefois si braves, si fameux, sont depuis trois cents ans esclaves des mahométans. Ont-ils crucifié une pièce de la divinité?

Il y a encore dans les Indes des anciens habitants de ce pays-là que rien ne peut détacher de leur religion malgré les avanies dont on les accable, pires mille fois que les traitements que nous faisons aux Juifs.[478]

Mais si ce peuple, riche comme il est sous son apparente pauvreté, si ce peuple, dis-je, se voulait rassembler ou s'il l'osait, si le Grand Seigneur se mettait en tête de leur vendre chèrement Jérusalem,[479] oserait-on en ce cas décider dans un concile que les Juifs resteront dispersés comme ils sont, ou que s'ils ne restent pas ainsi, la religion chrétienne est fausse?

Je ne crois pas qu'on ose le décider; il ne faut pas qu'un grand guerrier s'enferme dans une place, et les suppôts de toute religion **[128]** factice ne se restreindront jamais à des preuves de fait. Qu'ils s'en tiennent à leurs légendes, à leurs allégories, à leurs figures, à leurs distinctions en l'air. St Augustin, qui niait les antipodes[480] et croyait cette opinion contraire à sa religion, est un trop bon exemple.

Le métier de prophète est hasardeux: J.-C. n'a pas osé s'en mêler.[481]

Autre preuve: depuis la mort de J.-C. jusques à la destruction du temple, cette preuve manquait. Donnons une raison sans réplique: ceux qui ont fait ce crime, prétendu[e] source, dit-on, des maux que souffrent les Juifs, tous ces gens-là sont morts tranquilles dans la situation où ils étaient nés.

Tout être raisonnable[482] qui veut se venger et qui le peut, ne laissera pas en paix ceux qui l'ont outragé pour accabler leurs descendants innocents du crime de leurs pères.

Mais l'Ecriture dit que Dieu punira les iniquités des pères sur les enfants.[483] Eh bien, cette Ecriture dit le contraire en un autre endroit,[484] mais quand elle aurait toujours soutenu cette ridicule maxime, elle n'aurait fait que nous montrer qu'elle est l'ouvrage d'un fou ou d'un politique, qui, voyant mourir des scélérats dans l'impunité, veut faire craindre le châtiment en disant qu'il sera porté sur les enfants de ces heureux[485] criminels.

D'ailleurs, qui me fait voir que le sac de Jérusalem est un châtiment? Les Juifs se soulèvent, ils ne sont pas les plus forts, on les détruit, et cela arrive souvent. Qu'est devenue Carthage, Thèbes, Lacédémone?[486] Ces villes ont été ravagées par des ennemis plus forts que leurs habitants, et ces habitants ont été dispersés. Il y aurait plus de raison de croire que ces villes abîmées par des feux souterrains ou par la mer ont fait mourir un tiers de la divinité, que des peuples qui sont détruits par la guerre, qui est un ouvrage des hommes.

[129] D'ailleurs cette désolation n'est pas si grande qu'on la fait, puisque l'on montre aux dévôts pélerins le prétoire, la maison d'Anne,[487] etc. Pourquoi ces lieux où J.-C. fut le plus maltraité ont-ils été exempts de ruine?

Mais où était le crime de la plupart des Juifs par rapport à J.-C.? Moïse leur avait donné une loi comme devant être éternelle, avec défense d'y rien changer ni d'écouter ceux qui voudraient y donner atteinte, et les caractères du Messie (supposé qu'ils l'attendissent) étaient bien différents de ceux de J.-C.

Le peuple suit ses conducteurs. J.-C. avait dit lui-même: S'ils sont assis en la chaire de Moïse, écoutez-les, faites ce qu'ils vous diront.[488] Ces prêtres disent que J.-C. est un impie, un suborneur qui détruit la religion établie par Dieu même, qu'il faut traiter avec la dernière rigueur: ce peuple suit les ordres et obéit avec zèle pour sa religion. Il en donna d'éclatantes preuves peu après, lorsqu'ils restèrent cinq jours à la porte de Pilate, s'offrant à souffrir la mort plutôt que de laisser mettre l'image de l'empereur dans leur temple.[489]

Enfin si l'on veut suivre le raisonnement des chrétiens, on peut conclure que l'empire romain fut détruit pour s'être fait chrétien.[490] Il est bien plus étonnant de voir cette formidable puissance tomber sous le coup des barbares que de voir les Juifs écrasés par la force de l'empire romain.

C'est là qu'il y a un beau champ à prendre le ton de déclamateur!

Cet empire s'était formé et avait subsisté dans une force sous laquelle pliait toute la terre; il était glorieux et révéré sous la protection des dieux; ils aveuglèrent le premier apostat de leur culte et de la religion de ses pères, ils lui firent **[130]** abandonner Rome pour transporter ailleurs le siège de l'empire, ils lui firent partager cet empire à ses[491] trois enfants, ils excitèrent des peuples jusqu'alors inconnus, ils les amenèrent du bout de la terre. Ho! mon R.P., que des prédicateurs païens auraient dit de belles choses sur une matière si propre à l'ornement!

Il est plus qu'évident que les Juifs ne sont point coupables: que, quand ils le seraient, nous ne pourrions rien conclure sans mettre les païens à portée de soutenir que la destruction de l'empire romain est une punition des dieux; d'ailleurs il est démontré que leur dispersion n'est point un châtiment et n'en a nulle marque.

Section neuvième. Les merveilleux effets christianisme.

Il faut être armé d'une terrible effronterie pour mettre cet article en jeu. On trouvera chez les philosophes mille exemples de vertus plus brillantes que celles de nos cafards. Aucune secte païenne, aucune nation sauvage n'est tombée dans des dérèglements et dans l'aveuglement sur la morale où l'on a vu les gnotistes, les adamites, et de notre temps les quiétistes, les multiplians, les quakers,[492] qui tous se fondent sur l'Evangile.

N'en est-on pas venu à ce comble d'horreur de dire qu'on pouvait baptiser les enfants des païens et des autres sectateurs de mauvaises religions, puis les tuer de peur que leurs pères ne les entraînent **[131]** dans les précipices où ils sont?

Où est donc le bien que la religion chrétienne a fait? Les hommes en valent-ils mieux? Bien loin de là, on ne voit nulle part plus de scélérats que parmi les chrétiens.

Constantin et Clovis en furent-ils meilleurs pour s'être faits chrétiens,[493] en furent-ils moins usurpateurs, impudiques, meurtriers? Julien, pour s'être replongé dans le paganisme,[494] en fut-il moins chaste, moins généreux, moins frugal, moins patient, moins équitable?

Rome est, dit-on, le centre du christianisme. Où voit-on régner plus durement la politique de Machiavel?[495] Et y a-t-il lieu sur terre où le crime règne avec tant d'impudence et de hardiesse? On y voit la sodomie, les empoisonnements, les meurtres, les assassinats les plus prémédités, les trahisons, les parjures, les lâches vengeances; toute la vertu en ce pays-là se borne à bâtir des temples pour étaler[496] son luxe, à renfermer des os pourris dans l'or et le cristal; la cruauté, l'avarice, la rapine, la fourberie, l'orgueil, l'ambition démesurée et la persécution y sont sur leur trône.

Sous le paganisme, chacun vivait en paix, les adorateurs ne faisaient pas la guerre à ceux des autres dieux pour leur faire renoncer leur culte; voilà donc ce que le christianisme nous a apporté de beau: les divisions qu'il a produites sont sans nombre. Mais jetons un coup d'œil sur ce qu'il a fait depuis peu de siècles: le luthéranisme a causé bien des troubles en Allemagne, le calvinisme a pensé ruiner la France, le jansénisme et le molinisme en viendront à bout; les arminiens en Hollande **[132]** ne l'ont-ils pas mise à deux doigts de sa perte?[497]

J.-C. a dit qu'il laissait la paix.[498] Quelle paix, bon Dieu? Il est vrai qu'il a dit ailleurs qu'il apportait la division,[499] et il y a bien réussi. En disant ainsi le pour et le contre, le blanc et le noir, on a essentiellement tort, mais on a toujours raison avec les gens de son parti.[500]

Que de massacres, de crimes et d'horreurs exercées sous le nom de la religion chrétienne! Dans quelle religion trouvera-t-on une St Barthélemy, des Guelphes et des Gibelins, la mission des dragons contre les huguenots,[501] les horreurs que traîne l'Inquisition et enfin les cruautés horribles exercées à l'Amérique, sans droit ni raison, pour convertir ces pauvres gens?[502]

Les sauvages, avant de nous connaitre, vivaient en paix et dans l'innocence sur bien des chapitres; nous leur avons porté notre religion, notre ambition, notre avarice insatiable, nos fourberies etc. Ils sont entichés à présent de tous les vices des chrétiens, jusqu'à une maladie honteuse dont la débauche des chrétiens a souillé le genre humain.→

Pour comble d'impudence, après avoir chassé de leurs terres ces malheureux peuples, ou bien après les avoir mis en servitude, le pape partage tous ces pays à deux rois[503] qui en jouissent. Et de quel droit en

[Extrait LIII] Jésus-Christ a dit qu'il laissait la paix.[498] Quelle paix, bon Dieu! Il est vrai qu'il a dit ailleurs qu'il apportait la division,[499] à quoi il a fort bien réussi. En disant ainsi le pour et le contre, le blanc et le noir, on a essentiellement raison, mais surtout chez les gens de son parti.[500]

Qui ne frémirait d'indignation au seul récit des massacres, des perfidies, des pillages exercés sous le nom et au nom de la religion? Où a-t-on vu ailleurs une Saint-Barthélémy, des guelfes et des gibelins? Combien d'horreurs, de cruautés, d'injustices, d'actes dénaturés l'Inquisition traîne-t-elle après elle! Combien en entraînent les autres persécutions! Combien de malheureux innocents sont péris de faim et de soif, de froid et de misère! Combien dans les tourments! Y a-t-il ailleurs des exemples des cruautés exercées dans l'Amérique, sans sujet et sans droit?[502]

Les sauvages vivaient dans l'innocence et dans la tranquillité: on en a fait des avares, des ambitieux, des fourbes, des traitres, des menteurs, des voleurs, des trompeurs, et enfin des malheureux. On leur a porté une maladie honteuse et cruelle qui leur était inconnue, dont la débauche des chrétiens a souillé le genre humain. On a traversé les mers pour les chasser de leur patrie, dont on s'est emparé après les avoir dépouillés de leurs biens et exercé sur leurs corps les cruautés les plus barbares pour récompense de leur hospitalité et de la bonté avec laquelle on avait été reçu.

Pour comble d'impudence et d'outrage, laissant voir à visage découvert qu'on se moque de Dieu et des hommes, le chef de cette religion a partagé à deux rois qui s'en disent les héros, les terres de ces peuples

dépouille-t-il l'un pour en revêtir l'autre?[504] C'est qu'on se moque ouvertement de Dieu et des hommes.

infortunés.[503] Ces rois en jouissent actuellement après avoir réduit le débris de des nations en servitude. Juste Dieu, s'il est vrai que vous préparez des châtiments éternels à quelques crimes, votre pénétration infinie en voit-elle de plus grand?[505] [Fin de l'Extrait LIII]

Comparons de bonne foi les païens et les chrétiens;[506] trouvez-moi d'aussi bons princes que Tite,[507] Trajan, Marc-Aurèle, Antonin. Pour en trouver d'aussi méchants que Néron, Phalaris, Denys et Caligula, je ne veux chercher que parmi les papes: Formose, Jean douze, Pascal second, Boniface huit, Sixte Quint, Alexandre six **[133]** et Jules trois.

St Cyprien déclame dans une lettre[508] contre le paganisme: *Il a rempli*, dit-il, *la terre de sang et l'a souillée d'ordures infâmes*. Il parle des excès du théâtre et des combats de l'amphithéâtre; j'avoue que cela était abominable, mais enfin, ces prostitutions publiques ne faisaient tort à personne; cela ne pouvait tout au plus qu'outrer un plaisir permis, naturel et nécessaire, et enflammer outre mesure une passion qui doit être modérée. Mais ces infamies qui se pratiquent à présent dans les couvents, ces avortements si fréquents sont un effet du christianisme plus contraire à l'ordre établi par le créateur. Les gladiateurs étaient des criminels, mais y avait-il autant d'inhumanité à les faire combattre devant le peuple qu'il y en a dans ces infâmes *auto da fey* de l'Inquisition où l'on va voir rôtir vifs des hommes attachés à des potences?

Mais où trouvera-t-on dans aucune autre religion un dogme aussi affreux que celui que l'on nous débite: il y a des gens à qui on n'est pas obligé de garder la foi promise solennellement et sans avoir été contraint.[509] Où entend-on dire que Dieu traite les hommes comme ce potier qui fait un vase pour un usage noble, l'autre pour un usage sale,[510] et cela sans autre raison que de fournir des occasions à sa justice d'éclater en punissant? Un esprit vif et savant ferait une belle pièce en poursuivant cette matière.

Avec l'Evangile, les Pères, les casuistes, les théologiens et les gloses, un chrétien de bonne foi, s'il n'a d'autres lumières que celles de sa religion, sans avoir de cette morale que la nature met dans le cœur de l'honnête homme, ce chrétien, dis-je, trouvera dans tous ces livres saints de quoi autoriser l'envie qui lui prendra de piller, de persécuter, de trahir, de tromper, de **[134]** fausser ses serments et d'aller contre ses promesses, de tuer un homme qui lui fait ou lui veut faire le moindre tort, et avec le seul bon sens, la conscience et la loi naturelle, on ne voit pas le moindre prétexte à toutes ces horreurs.

Et quand même j'accorderais que le christianisme a produit de bons effets, que conclurait-on? La philosophie en a produit de meilleurs dans l'ancienne Grèce; Confucius, à la Chine, a par sa morale tenu en paix ce grand empire, et la religion qu'il y a établie y subsiste et fait moins de mauvais effets que la chrétienne.

Section dixième. Les admirables découvertes des philosophes chrétiens par les lumières de l'Evangile

Article premier. La corruption de la nature et le besoin d'un réparateur

Belle chimère que cette corruption! Les hommes sont ce qu'ils doivent être par leur nature,→

[Extrait LIV] Les hommes sont tels qu'ils peuvent et qu'ils doivent être par leur nature et par rapport au dessein de celui qui les a faits. Ils ne sont pas plus corrompus que la matière qui est étendue et impénétrable, que les nombres impairs qui n'ont point de moitié, que les triangles, que les astres, que tous les corps, que les pierres qui sont froides et cassantes, au lieu que la laine est chaude et flexible.

Les mots de concupiscence, de grâces, et tant d'autres galimatias mystiques et théologiques de l'école qui ne signifient rien, non plus que ceux de contrariété, de guerre intestine, de rebellion de la chair contre l'esprit, et tout ce qu'on peut entendre dans les rêveries de saint Paul, sont des productions de l'extravagance humaine.

il est de l'essence de l'homme de sentir des contrariétés puisqu'il est composé de parties essentiellement différentes. Un arc tend incessamment à se redresser, la corde tend à le tenir courbé, la corde tend à être lâche et l'arc à la tenir tendue: voilà des monstres de contradiction pour des gens qui se récrient sans pénétrer; pour un homme sensé et qui réfléchit, c'est une machine parfaite. Ces contradictions **[135]** constituent[511] son essence et la mettent en état de pousser des flèches avec une violence que la force des hommes ne peut atteindre, et voilà le but et la fin que l'inventeur s'est proposés.→

Il est de l'essence de l'homme d'avoir et de sentir des contrariétés, puisqu'il est composé de parties différentes essentiellement: mais ce composé pris en total et dans un juste équilibre, fait un être parfait en son genre, comme un arc qui tend incessamment à se redresser, quand sa corde tend incessamment à le tenir courbé. La corde tend incessament à être lâche, l'arc tend incessamment à la tenir tendue: voilà un monstre de contradiction pour les sots qui voudront crier et trouver un mauvais sujet à faire des déclamations. Pour des esprits raisonnables, l'arc est une très belle machine naturelle et simple, dont les contradictions constituent l'essence, et la mettent en état de pousser des flèches avec une violence et une adresse que la force des hommes ne pourrait atteindre, ce qui est la fin et l'intention de l'inventeur, dont le but est unique et très simple. Tout de même l'homme, par son corps, est violemment porté à des plaisirs; la plupart de ces plaisirs sont criminels en certaines circonstances, en sorte qu'il n'en doit jouir ni se les procurer innocemment. Il est exposé à des douleurs qu'il ne peut éviter, en marchant par l'étroit chemin de la vertu. Son âme, cet être spirituel qui sent cette attaque, voit qu'il ne la peut soutenir et surmonter; qu'il peut négliger les plaisirs, quelque constants qu'ils soient; qu'il le doit quand il le peut sans crime; qu'il peut souffrir toutes ces douleurs, quelque horribles qu'il les trouve, quand il ne peut les éviter sans abandonner la vertu. Cet être spirituel a une connaissance très exacte, très pure et très parfaite du crime et de la vertu. Il a une volonté qui le met en état de se porter où il lui plaît et de faire un choix dans la plus absolue liberté. Le corps porte donc l'homme à des plaisirs,[512] comme l'arc porte toutes les parties de la corde vers ses extrémités et tend à l'étendre au-delà de son naturel. L'esprit, par la connaissance de son devoir et la force de sa liberté, repousse cette attaque[513] et résiste à l'effort et à l'impression du corps, comme la corde résiste à l'effort et à l'impression de l'arc, le retenant dans son juste état.

C'est dans cette contrariété perpétuelle, dans cet effort et cette résistance, que gît tout l'art de la fabrique; et c'est par là que l'inventeur a atteint son but et qu'il a fait une arme offensive, propre à atteindre son ennemi et le blesser de loin. Dans cette attaque perpétuelle des passions et dans la force perpétuelle d'y résister, gît toute l'industrie de la sagesse divine. C'est par là qu'elle atteint son but; elle a fait un être capable de vice et de vertu, par conséquent digne de punition et de récompense, par conséquent d'exercer sa justice.→

Si la corde qui doit retenir l'effort perpétuel que l'arc fait pour se redresser, rompt ou s'allonge, la machine est défectueuse; si l'esprit, par le principe de son devoir, ne retient pas le corps dans son penchant vers des plaisirs contraires à la société, il est vicieux.

Si la corde qu[i] doit retenir l'effort perpétuel que l'arc fait pour se redresser, y manque en rompant ou s'allongeant, la machine est défectueuse. Si l'esprit, par le principe de son devoir, ne retient pas le corps dans son penchant vers les plaisirs criminels, il est vicieux. [Fin de l'Extrait LIV]

L'esprit voit la justice et la vertu, ce n'est pas tout, il faut résister au penchant des passions qui peuvent entraîner au crime; voilà la difficulté.

Mais c'est une erreur de croire l'homme enclin au mal. Vous ne le croyez pas, M.R.P., au contraire. Ces missionnaires qui vont prêcher le contraire ne le croient pas non plus, ils demandent le chemin et suivent celui qu'on leur montre sans hésiter. S'ils croyaient l'homme porté au mal naturellement, ils prendraient le contraire. Ce parti, pris sans délibération, est une preuve du sentiment intérieur que[514] chacun croit que l'homme suit le bien plutôt que le mal, l'un et l'autre lui étant égal. S'ils étaient seulement indifférents pour l'un et l'autre, ils le feraient également sans choix. Il en est de cela comme du destin que des gens veulent s'imaginer croire: leurs actions, les précautions qu'ils prennent les démentent à chaque instant; la force de la nature les emporte loin de leurs raisonnements.

Le plus grand des scélérats serait vertueux s'il y trouvait aussi bien son compte; l'homme est enclin à son plaisir et à suivre son intérêt; qu'on tourne tant qu'on voudra: tout être qui agit avec connaissance n'a pour but que son plaisir présent ou futur dans toutes ses actions libres, et la raison **[136]** n'a d'autre occupation qu'à refréner ce penchant quand il veut nous porter à l'injustice et à tout ce qui est contraire au bien de la société.[515]

On dit que des choses font plaisir parce qu'elles sont crimes. Je le nie: c'est parce qu'il est gracieux d'agir sans contrainte et de secouer le joug que d'autres ont imposé, mais ce n'est pas parce que cette chose est criminelle qu'elle fait plaisir, c'est parce que l'on se fait un faux honneur de braver les lois.

Il n'y a point d'homme qui fasse le mal sans intérêt[516] et qui ne fasse le bien s'il ne lui en coûte rien absolument.

Enfin, après cette prétendue régénération, les hommes sont-ils différents de ce qu'ils étaient? J.-C. n'avait nulle part dans cette prétendue corruption, il nous a laissé de belles preuves de ses lumières!

Après tout, la nature n'a pu se corrompre d'elle-même; si Dieu nous avait faits différents, il a[517] fallu une nouvelle action pour nous corrompre. Ne serait-ce pas la même chose qu'un fou qui jetterait une belle pendule par la fenêtre parce qu'elle aurait retardé d'une minute? Les hommes sont ce qu'ils ont été et ce qu'ils seront, et encore une fois, ce Dieu qui s'est immolé à Dieu, qu'a-t-il fait? Les peuples qui le croient sont-ils différents des autres?

Ce n'est pas tout. On met dans les mains d'autrui ce moyen de nous appliquer cette réparation: il faut aller chercher le baptême, l'absolution. Mais je suis donc exposé à idolâtrer, sans pouvoir m'en garantir; si celui qui dit la messe n'est pas prêtre, s'il ne consacre pas, qu'ai-je adoré, qu'ai-je mangé si dévotement? Ah! répond-on, Dieu voit votre foi, et vous en applique le mérite. **[137]**

Renvoyez donc les prêtres si cela suffit et si leur ministère est inutile à tout prendre. Et d'ailleurs c'est canoniser les pratiques de toutes les autres religions où il se trouve des gens adorant Dieu sincèrement, et le païen adorant un dieu de bois est dans le même cas que le chrétien adorant une hostie qui n'a pas été consacrée.

Voilà, M.R.P., le labyrinthe et les détours inextricables où l'on s'engage quand on veut se fonder sur des faits.

Article second. Le péché originel qui avait besoin d'une victime d'un prix infini.

Le bon sens est ici trop choqué pour qu'il fût besoin de rien dire. Un grand génie,[518] mais papiste et cagot, accuse notre justice d'être une misérable justice dans les réflexions qu'il fait sur la punition du péché originel. La véritable justice est donc de punir Pierre pour le crime de Jean.

Si quelques lois humaines ont étendu la punition du crime d'un esclave sur tous ses camarades, ce n'est pas qu'on n'en vît l'injustice,[519] mais on a cru cette injustice nécessaire pour retenir les hommes en certains cas; on voulait que les esclaves veillassent les uns sur les autres pour s'opposer au désespéré qui pouvait attenter sur son maître.→

[Extrait LV] Si quelques lois humaines ont étendu la punition du père sur les enfants, et d'un esclave sur tous ses compagnons, ce n'est pas qu'on n'en vît l'injustice.[519] Mais on a cru cette injustice nécessaire pour retenir les hommes en certaines occasions où ils auraient pu risquer leur propre vie sans peine: ce qui ne se peut dire de la damnation éternelle. On craignait aussi que les enfants ne se portassent à venger le supplice de leur père, et on voulait que les esclaves veillassent les uns sur les autres, et s'opposassent au désespoir [*sic*] qui pouvait attenter sur le maître.

Ce n'est pas pour la réparation du crime passé que l'on pousse ainsi la punition, c'est pour le prévenir.→

Ce n'est pas tant pour la réparation du crime passé qu'on pousse la punition à cette extrémité, que pour prévenir les autres et empêcher qu'il ne s'en commette plus de semblable à l'avenir.

Ceci ne peut avoir lieu pour le prétendu péché d'Adam. Pouvons-nous dire que nous soyons formés à l'image et ressemblance de Dieu?[520] Nous voyons comme horrible ce qu'il **[138]** voit comme très saint.

Ce qui ne peut pas avoir lieu dans le péché originel puisqu'aucun homme ne sera jamais dans la situation d'Adam, ni en état de tomber dans un tel forfait. Avec une telle pensée de notre justice, nous ne pouvons pas dire que nous soyons formés à l'image et ressemblance de Dieu,[520] puisque nous voyons comme horrible ce qu'il voit comme très juste. [Fin de l'Extrait LV]

Ce grand saint Paul, qui avait monté au troisième ciel,[521] dit aussi que la sagesse des hommes est folie devant Dieu et, par la règle des contraires, la folie des hommes doit être sagesse devant Dieu.[522] Voilà de belles conséquences à tirer de cette sentence: la probité, la vertu en général est donc folie devant Dieu, et ainsi du contraire.

Voilà, M.R.P., ces admirables découvertes. Votre grand génie s'est efforcé de sauver les horreurs de ces extravagances sans avoir pu contenter les philosophes:→

la fable du loup et de l'agneau peut faire dire que Phèdre avait connaissance de l'admirable doctrine du péché originel, comme Platon de la Trinité. Le loup pouvait ajouter: J'agis comme Dieu, je te punis de la

[Extrait LVI] La fable du loup et de l'agneau excite l'indignation du stupide et des enfants mêmes. Ce n'était pas moi, je n'étais pas né: c'est donc ton père ou quelqu'un de tes parents! Les chrétiens doivent

faute de ton père ou de quelqu'un des tiens.[523]

Dieu est juste de la même justice que les hommes, plus parfaite, plus étendue, mais c'est la même.→

trouver cette indignation déraisonnable; le loup pouvait répondre: jamais [*sic*, pour *j'agis*] comme Dieu par rapport au péché originel.[523]

Notre justice est une raisonnable [*sic*] justice par rapport à celle de Dieu, comme notre force est une véritable force, comme notre existence une véritable existence.

Il est vrai que ce que nous en avons est infiniment au-dessous de lui, mais il n'en est pas moins vrai que nous avons une véritable existence, quoique temporelle et dépendante. La force de Dieu et l'existence de Dieu, n'étant simplement que force et existence, sont du même genre et de la même espèce que la nôtre, et, proportion gardée, on en peut parler en mêmes termes et en avoir les mêmes idées.

La différence n'est pas dans la grandeur et l'indépendance: nous venons tous de rien et Dieu tient tout de lui-même, ce qui ne fait rien à l'essence. La force corporelle en soi est de pouvoir imprimer certain mouvement. Nous ne pouvons pas en imprimer à la terre comme Dieu, mais nous pouvons en imprimer à une certaine portion, et cette impression est la même, en genre, que celle que Dieu imprimerait à tout le globe que nous habitons.

Notre justice est pareillement de même genre que celle de Dieu; quoique infiniment imparfaite en comparaison, elle entre toujours dans sa définition, elle est dans la même catégorie. La définition de la justice[524] est commune pour Dieu et pour tous les êtres intelligents.

La justice métaphysique et prise abstraitement, est de rendre à chacun ce qui lui appartient, de traiter les êtres sensibles suivant leurs mérites. Dieu fait tout cela dans une absolue perfection et avec une facilité inconcevable. Nous le faisons imparfaitement et avec peine; ce qui ne fait rien à l'essence de notre justice, quoique cela fasse beaucoup à ses qualités. La force d'une fourmi pour tourner et placer un fêtu est dix millions de fois au-dessous de l'homme: ce ne laisse pas d'être une force du même genre, qui gît à pouvoir imprimer du mouvement à un corps et à le faire changer de lieu et de situation. Aucune fourmi ne s'avisera jamais de dire, dans sa petite tête, que sa force est une misérable force, et que celle des hommes ne peut lui être comparée en rien.

Si la justice de Dieu est tout autre chose que ce que nous entendons par le mot de justice, et même positivement le contraire, son existence pourra être aussi le contraire de ce que nous entendons par le mot d'existence, et il existera en n'existant point. Sa puissance sera de ne pouvoir pas la moindre chose; sa liberté d'agir sera la nécessité de sa nature; son intelligence de ne rien connaître: et rien ne choquera ensuite les règles de notre liberté, en agissant sans choix et par nécessité; et rien ne choquera les règles de notre sagesse, en agissant sans fin et sans connaître les moyens d'y parvenir. La prévention peut-elle faire lâcher une tirade de tant d'impertinences? Je voudrais bien voir un de ces docteurs dans un désert, je lui donnerais les étrivières, et je répondrais d'un ton de béat à ses plaintes: Rien ne choque tant les règles de notre justice, que de maltraiter quelqu'un dont nous n'avons reçu aucun tort. Cela est injuste et criant devant les hommes aveuglés par le péché originel, mais cela est très juste en soi. Ne vous plaignez point, ne m'accablez point de reproches, ne me menacez point des jugements de Dieu. Sa justice serait comme celle des hommes, s'il me punissait pour vous avoir étrillé sans sujet. Que répondrait ce docteur de chimères?[525] Je crois qu'il conviendrait alors que Dieu est juste de la justice que nous connaissons, que ce qui est en Dieu est plus parfait, mais c'est toujours dans la même idée. L'homme le plus juste n'a qu'une justice imparfaite, Dieu en a une infiniment parfaite, c'est-à-dire qu'il traite également chacun selon son mérite, à quoi ne parvient jamais l'homme, soit par ignorance, soit faute de pouvoir, soit par négligence ou faute de bonne volonté.

Que je fasse un cercle à la main, il ne sera pas de la perfection de celui d'un compas. Mais il sera un cercle suivant la même idée que le cercle parfait,[526] c'est-à-dire que toutes ses parties approcheront d'être également éloignées du centre, au

Ajoutez qu'il est exempt des fautes que l'homme peut commettre en croyant suivre la justice, il connaît tout, il ne peut se méprendre; mais il serait absurde de dire que sa justice est d'une essence différente de la nôtre.

lieu que celui fait au compas aura cette égalité.→

Il en est de même absolument de la justice humaine. Elle est imparfaite, mais elle est dans la même essence que la justice divine, qui est parfaite, parce qu'elle atteint le but que la justice humaine ne fait qu'approcher. [Fin de l'Extrait LVI]

Le conte du péché d'Adam se détruit de lui-même et rien n'est plus humiliant pour l'humanité que d'avoir à combattre de pareilles folies et à se tourmenter pour établir les choses les plus claires.

Adam était maître de ses passions; enfin être parfait et dans l'état d'une nature sans corruption:[527] cette supposition est manifestement fausse; les hommes d'aujourd'hui sont d'une nature plus parfaite, aucun ne succomberait à pareille tentation, sous pareille menace.

Si le roi ouvrait toutes les caisses de ses trésoriers, qu'il y eût de l'or en abondance et une seule pièce singulièrement faite, que l'on dît à tous les paysans du royaume: «Prenez de l'or à discrétion, **[139]** mais ne touchez pas à cette pièce; celui qui la prendra sera pendu dans l'instant et toute sa famille sera esclave», croyez-vous, M.R.P., qu'un paysan à qui je dirais: «Prenez cette pièce, le roi ne défend de la prendre que parce que celui qui en sera le maître sera le roi comme lui», croyez-vous, dis-je, que ce paysan s'y hasardât, sachant qu'il est examiné sans cesse et qu'il ne pourra cacher son action (Car Adam devait connaître l'essence de Dieu et savoir qu'il ne lui pouvait cacher sa désobéissance)?[528] Non, en vérité, il ne le ferait pas. Mais posé qu'il le fît, que diriez-vous du roi qui, instruit que l'on n'a pas suivi ses ordres, dirait: L'état de ce pauvre paysan me touche, je veux lui pardonner; mais on m'a manqué, il me faut une victime. Qu'on pende Monsieur le Dauphin! Ou, si vous m'alléguez que le dauphin ne ressusciterait pas comme a fait le fils de Dieu, le roi serait-il moins extravagant s'il ordonnait que pour réparation on fouettât Mr le Dauphin jusqu'au sang?

Un coup de tambour rappelle du pillage des soldats quelquefois mourant de faim. Qu'est-ce que cela auprès d'un commandement de Dieu fait à un seul homme par lui-même et sous de si terribles peines?

Et ensuite on bâtit l'incarnation. Dieu était offensé, l'offense est infinie, il faut une victime d'un prix infini.→

Ergo, un dieu. On débite cela comme on ferait quelque chose de vrai et dont tout un peuple aurait été témoin.

[Extrait LVII] Il faut encore avancer d'aussi beaux principes pour fonder une cause à l'incarnation. C'est dit-on, que Dieu en était offensé, et l'offense est proportionnée à la dignité de l'offensé, et ainsi l'offense était infinie, et pour la réparer il fallait une victime d'un prix infini, et par conséquent un Dieu.

On débite ces chimères comme des faits constants et avec le même front qu'on débiterait la relation dont tout un peuple aurait été témoin. Ce que c'est qu'un grand génie éclairé des lumières de l'Evangile, soutenu de la grâce et pénétré du Saint Esprit! Sans doute c'est la providence qui

Et pour rentrer dans ma comparaison du roi, jamais le roi n'abimera de taxes et de corvées toute la province limousine parce qu'un Limousin a mangé une figue[530] dans son potager contre son ordre; jamais il ne s'aviserait après d'envoyer Mr **[140]** le Dauphin en Limousin et après l'avoir déguisé de façon qu'on ne le puisse connaître, et cela afin que les Limousins lui donnent les étrivières parce qu'il se dira fils du roi. Voilà une plaisante satisfaction et une belle subtilité!→

Et encore, la comparaison n'est pas juste; quelque léger qu'il soit, c'est toujours un tort que l'on fait au roi et une offense personnelle, et il n'est rien de cela par rapport à Dieu.

Comme ceci, quoique très sensé, pourrait vous paraître une raillerie de peu d'effet, je soutiens, M.R.P., que le principe est faux. La disproportion de l'offenseur à l'offensé fait mépriser l'offense, d'où est venu le proverbe: *Non dignus Caesaris irâ.*[531]

Et qu'est-ce qu'Adam était devant Dieu? Mille fois moins qu'un enfant devant un ancien philosophe. Disons donc que l'offense est petite à mesure que l'offenseur est méprisable, et les mots d'offense[533] ne conviennent pas. L'homme fait des fautes, Dieu les voit, voilà tout; ces fautes ne l'offensent point.

a fait cette belle découverte! Dieu sait comme celui qui l'a trouvée était content de lui-même et combien tout le parti lui a applaudi!

Assurément le roi ne s'aviserait jamais d'un expédient si admirable, si un Limosin[529] avait mangé une figue[530] dans son potager. Sa dignité et sa justice resteraient sans satisfaction; il n'aurait jamais l'esprit d'abîmer toute la province limosine d'impôts, de soldats, et d'envoyer ensuite Monseigneur le Dauphin, si déguisé qu'on lui donnât les étrivières pour avoir dit qu'il est le fils du roi. Il n'y a que des trésors de la sagesse de l'Etre parfait dont il puisse sortir une pareille subtilité.

La comparaison est très juste, et la différence qui s'y rencontre est contre la découverte des philosophes chrétiens et n'offense point Dieu. Le péché ne lui fait point de tort, mais on offense le roi, et on lui fait tort; quelque léger qu'il soit, c'est toujours un tort, non seulement pour la chose dont on le prive, mais pour les suites.

Comme ceci, quoique très juste et très sensé, vous pourra paraître une raillerie, je soutiens, mon Révérend Père, que le principe est faux, et que la disproportion de l'offenseur à l'offensé fait mépriser l'offense, d'où est venu le proverbe *non dignus Caesaris ira,*[531] reçu de tout le monde. C'est sur l'expérience que j'ai fait la présente réflexion. On me rapporta que des paysans avaient dit mille sottises de moi: je n'y fis pas seulement attention. Sur des discours moins choquants, tenus par des personnes qui font quelque figure dans le monde, je pris feu et poussai les choses jusqu'à me perdre.[532]

Il est certain qu'on souffre des enfants, des femmes, des fous, des ignorants et de la canaille, ce qu'on ne souffrirait pas des personnes considérables.→

Et qu'est-ce qu'Adam était devant Dieu? Millions de fois moins qu'en enfant devant un ancien philosophe. Renversons donc l'argument, et disons que l'offense est petite à proportion que l'offenseur est méprisable, sans oublier que les mots d'offensé, offenseur et offense sont ici très improprement placés. Il est faux absolument que Dieu soit offensable. Les hommes font des fautes et Dieu les voit: voilà tout.

Ces fautes ne l'offensent point; il en voit le mal, il les désapprouve, mais elles ne lui portent aucune atteinte. Ceci sera mis en plus grand jour, et nous renversons encore d'une manière plus précise le frivole fondement que nous examinons.

Supposons qu'on offense Dieu, c'est vouloi supposer qu'il est capable de passions, de vengeance et que, pour se venger d'une légère offense, il s'en fait faire une dont il ne sera jamais vengé.[534] C'est, pour un regard dédaigneux dont on est piqué, s'aller faire donner un soufflet et en rester là.

Continuons à philosopher sérieusement; en supposant que l'on offense Dieu, c'est vouloir que, pour se venger d'une légère offense, il se fasse faire un outrage sanglant à coup sûr, et dont il ne sera jamais vengé;[534] c'est pour un démenti s'aller faire donner un soufflet, et en demeurer là. Ajoutez que les hommes deviennent ensuite plus coupables par l'incarnation, puisqu'ils ont plus de grâces.[535]

Si l'on avait voulu continuer ce jeu d'offenses et de satisfactions, qu'est-ce qui serait arrivé au Saint Esprit?

Mais présentement, après le supplice injuste de Jésus-Christ, pour satisfaire la justice divine infiniment offensée par le crime des Juifs, bien autre que celui d'Adam, il faudrait que le Saint-Esprit s'incarnât et que la troisième personne, qui serait le sujet de cette incarnation, fût quelques millions d'années en enfer. Car de livrer cette personne à la fureur de quelque nation, cette peine n'aurait aucune proportion avec le crime. S'il a fallu qu'une partie de la divinité ait subi une mort cruelle et honteuse pour une pomme mangée, ce n'est pas trop de dix millions d'années en enfer pour la mort honteuse et cruelle d'une portion de l'être parfait. De plus, il n'y aurait plus de victime pour ce deuxième crime, puisqu'on s'est borné à une trinité de personnes, et que c'est la première qui doit recevoir la satisfaction.

Si l'on avait mis une infinité de personnes dans l'essence divine, il n'en eût pas plus coûté, et ce jeu d'offenses et de satisfactions aurait pu durer pendant toute l'éternité, ce qui aurait été merveilleux et bien mieux imaginé [Fin de l'Extrait LVII]

Voulez-vous, M.R.P., que votre livre même vous condamne et que je fasse disparaître cette nécessité d'un réparateur? Je viens d'entendre chanter: *Omnia tibi possibilia sunt, transfer hunc calicem a me.*[536] Si J.-C. avait vu cette nécessité, il n'eût pas fait cette prière; s'il ne la voyait pas, **[141]** qu'était-il donc? Homme moins pénétrant que nos habiles[537] théologiens. Je finis par cette petite réflexion qui n'est pas indifférente.

S'il fallait des souffrances en la personne du rédempteur pour une offense infinie, il fallait des souffrances infinies. Si l'on dit que la dignité de la personne qui était Dieu rendait ses souffrances d'un prix infini, voici une contradiction: le plus simple coup était suffisant. Par conséquent, le reste est absolument superflu et je ne crois pas que vous puissiez accorder, M.R.P., que dans la conduite de Dieu, il se trouve des choses inutiles et superflues. Il faut donc se récrier: Quelles folies l'esprit humain n'est-il pas capable d'inventer pour aller à ses fins?

Article troisième. La faiblesse de l'homme qui a besoin de grâce, sans laquelle il ne peut se porter au bien.

Il y a de[538] certaines choses si impertinentes qu'il y a de la folie à les traiter sérieusement. Voyons cependant cette grâce que Dieu nous donne à[539] fur et à mesure, comme on met la main à un moulin à bras, sans quoi il ne tournerait pas.

Si Dieu demande[540] quelque chose aux hommes, il les a mis en état d'exécuter ses volontés. S'il leur manque quelque chose pour cela, qu'il s'en prenne à lui-même, d'autant qu'il voit ce manque et que lui seul y peut remédier.

Extrait LVIII] Si Dieu demande quelque chose des hommes, il les a mis en état d'exécuter ses volontés. S'il leur manque quelque chose pour cela, il faut qu'il s'en prenne à lui-même et non à eux, d'autant plus qu'il voit ce manque et qu'il n'y a que lui qui y puisse remédier. Un homme sage qui a un plein magasin d'instruments à remuer la terre, n'envoie pas son serviteur avec ses seuls ongles pour arracher un chêne de cent ans, et s'il est équitable, il ne le punira pas pour revenir sans l'avoir abattu.

Oh! il est dangereux, dit-on, de flatter l'homme en lui disant qu'il peut par lui-même. Son cœur n'est que trop rempli d'orgueil, sans lui donner encore cette pensée qu'il peut opérer son salut tout seul sans un secours extraordinaire.

Je puis me damner moi-même,[541] vous en convenez, M.R.P., sans que Dieu fasse aucune action victorieuse sur moi et sans qu'il me pousse invinciblement dans le péché. Pourquoi ne croirais-je pas que je puis me sauver de même, sans que Dieu me porte invinciblement [142] par sa grâce victorieuse?

Pourquoi mon esprit n'aura-t-il pas la force par luimême de faire ses fonctions, de me détourner du mal pour me porter au bien? Mon corps a bien cette force pour ce qui le regarde, je n'attends point de grâce pour manger, pour digérer, pour voir, pour

Vous voulez bien que je pense que je puis me donner certaines vertus naturelles,[541] sans que Dieu fasse aucune action victorieuse et invincible pour moi et sur moi: pourquoi ne penserai-je pas que je puis me sauver moi-même, sans aucune action de Dieu qui me porte invinciblement au bien?

Poussez encore le fanatisme et criez: Il vaut mieux penser humblement que tous nos efforts [sont] impuissants sans une action de Dieu particulière, afin d'être toujours tremblant devant sa majesté et toujours en prières. Je suis très sûr que je ne

fuir une chaleur excessive, pour me retirer d'un froid piquant. Ne discernons-nous pas une bonne conséquence d'une mauvaise, un sophisme d'un raisonnement solide, demandons-nous la grâce pour cela? En faut-il plus pour connaître ce que nous prescrit la loi de nature et celle de la société?[542]

sens aucun orgueil en moi et que je ne suis coupable d'aucune présomption pour dire que je puis lever toute sorte de poids jusqu'à deux cents livres, pour casser toutes les glaces des miroirs, pour déchirer toutes les feuilles de papier par une force naturelle que Dieu me donne en même temps que l'existence. pourquoi commettrai-je un péché d'orgueil en disant que je puis obéir aux commandements de Dieu comme je puis les enfreindre?

Il est extravagant et dangereux de refuser à la nature, qui est l'ouvrage de Dieu, tout ce qui lui est nécessaire. Il vaut mieux penser humblement et sagement que c'est faute d'efforts suffisants que nous ne faisons pas tout ce que Dieu nous a commandé, que de donner aux hommes la pernicieuse excuse que leur fournit le manque de grâce. En supposant qu'il y ait du danger, il y en a moins à laisser les hommes dans le naturel sentiment où ils sont de leurs forces qu'ils reconnaissent tenir de Dieu, que de les forcer à croire contre la raison, l'instinct et la conscience, qu'il leur manque quelque chose pour exécuter les volontés de leur créateur.

C'est une impertinence inventée par nécessité de dire qu'il y a de l'orgueil dans le premier sentiment; et quand il y en aurait, il vaut mieux être orgueilleux que voleur, empoisonneur, etc. Et c'est où mène infailliblement la doctrine de la grâce, si, l'on en était une fois bien persuadé, comme celle de la destinée conduit à se précipiter dans tous les périls et à n'en éviter aucun, si la force de l'instinct n'agissait malgré toutes les manies de l'esprit humain. [Fin de l'Extrait LVIII]

J.-C. dit en un endroit qu'il ne s'explique pas clairement de peur que les Juifs ne voient et ne se convertissent;[543] l'esprit a donc assez de force selon lui pour voir le bien et le suivre. Son raisonnement développé est celui-ci: *Je ne veux pas que ces gens se convertissent, cependant je veux les prêcher; je vais leur parler obscurément de crainte qu'ils ne me comprennent et que la vérité ne les frappe et qu'ils ne suivent mes dogmes.* Il n'avait, lui qui était Dieu, qu'à les prêcher et retirer sa grâce, ils auraient entendu sans vouloir se convertir, et J.-C. aurait été dispensé de donner en particulier à ses disciples ces belles explications.

Est-ce la grâce qui me détermine entre deux choses qui me balancent, entre manger certaine chose que j'aime et la crainte

[Extrait LIX] On m'avertit qu'il y a, à cent pas de chez moi, un malheureux qu'une pistole soulagerait, et en même temps

d'avoir mal à l'estomac? Non certainement, c'est moi-même qui me détermine, je le sens bien. Pourquoi, si la seule raison me suffit dans les choses indifférentes, m'en faut-il plus dans les choses de religion? Je ne sens que la même opération de mon esprit dans l'un et dans l'autre cas.

une femme en certain mauvais lieu. J'ai toute la force nécessaire pour prendre l'aventure, et donner la pistole qu'il me faut pour en profiter, ou la donner au malheureux. Ma raison voit clairement le bien et le mal qu'il y a dans ces deux actions comparées l'une avec l'autre. Si je suis [*sic*] la première, je choisis le plaisir de faire un sacrifice à Dieu qui méritera son approbation et sa récompense. Si je fais la deuxième, je préfère le plaisir prochain d'une jouissance au plaisir éloigné des récompenses divines.

Il n'y a rien en cela d'extraordinaire; quelque soit le parti que je prenne, j'agis naturellement. La seule chose singulière qui s'y trouve est le sentiment d'approbation de Dieu et de ses récompenses qui n'entre point dans les autres choix communs. Les raisons sont différentes, mais l'action de mon jugement et de ma volonté sont les mêmes; l'une n'a pas plus de secours extraordinaire que l'autre, et n'en a pas plus besoin. Je suis entêté d'apprendre un air, j'ai un livre curieux qu'il faut que je rende demain. J'entre dans mon cabinet pour lire, je le dévore déjà. Cependant je trouve mon clavecin d'accord[544] et mon livre de musique ouvert. Je m'y jette, j'y passe l'après-dînée. On vient me redemander le livre curieux, il le faut rendre sans l'avoir lu; je n'avais que cette après-dînée pour la lecture, j'avais toute ma vie pour l'air. Est-ce manque de grâce si je suis tombé dans cette faute? Si j'avais lu le livre et remis l'air au lendemain, aurait-ce été un effet de la grâce triomphante de Jésus-Christ? Dites que ce sont là des actions indifférentes devant Dieu, qui ne sont point le sujet de ses grâces: je vous fermerai la bouche en vous disant que, dans toutes les religions, on agit de même. Le bramine sent la même grâce pour apprêter le dîner du bonze que nous à remplir la besace du capucin; le Juif la même grâce pour circoncire son fils, que nous pour baptiser nos enfants; le mahométan le même remords quand il boit du vin, que nous lorsque nous rompons le carême. Montrez-moi ce que nous avons plus qu'eux. Sentez-vous quelque chose qu'ils ne sentent pas? Est-ce la grâce qui les retient sur le point de boire du vin et qui les force à se laver la tête et les bras tous les matins? Ils sont comme nous; ils ont un principe faux ou vrai sur lequel ils raisonnent et suivant lequel ils agissent. Nous avons comme eux un principe vrai ou faux sur lequel nous raisonnons et suivant lequel nous agissons.

Encore une réflexion. Puisque la simple raison suffit pour nous déterminer dans les actions qu'on nomme indifférentes, pourquoi ne suffira-t-elle pas dans celles qui regardent la religion? Sentons-nous autre chose que l'action de la raison dans l'une et dans l'autre rencontre? La raison, dans les affaires que vous nommez indifférentes, me fait voir les inconvénients auxquels je m'expose suivant le train de la vie présente, ou les avantages que je me puis procurer. Cette même raison me fait voir les inconvénients ou les avantages que j'encours[545] par rapport à la vie à venir. Et c'est sur différentes vues que je me détermine. Je prends quelquefois le mauvais parti dans l'une comme dans l'autre, car je puis dire à l'égard du temps comme de l'éternité: *video meliora proboque, deteriora sequor*.[546]

[143] Si j'accepte une fois l'idée de punition et de récompense, j'agis suivant cette idée comme je vois un mets que j'aime, mais qui doit me faire mal à l'estomac.

Une fois posé que Dieu punit et récompense, que c'est une telle action qu'il punit, et une telle autre qu'il récompense, j'agis sur cette foi comme sur toutes les autres opinions et sur toutes les affaires les plus communes de la vie. Ces affaires communes peuvent devenir affaires de religion et le sont dans certains pays. Ces circonstances extérieures n'en augmenteront pas ou ne diminueront pas en moi le pouvoir de me porter à l'action ou à l'omission. Seulement les motifs deviendront considérables.

Mettez dans le catéchisme que c'est un crime de tuer le moindre animal et une vertu de les nourrir,[547] on sentira sur ce point tout ce que l'on sent sur la confession pascale et sur manger gras en carême. On sentira de même certain combat, certains remords.

Mettez dans le catéchisme que c'est un crime de tuer le moindre animal et une vertu de nourrir ceux qui sont vieux et estropiés,[547] on sentira la même impression sur ces actions que sur toutes celles qui font présentement la matière de notre religion, sur la confession pascale, l'abstinence d'animaux en carême, et l'on agira de même suivant les dispositions différentes. On sentira un certain combat en se déterminant, certain remords ou certain consentement [*sic*, pour *contentement*] après l'action. Je défie le plus fin mystique qui sera infatué des deux articles sur le meurtre et la conservation des animaux, comme des autres folies de la religion, d'y trouver la moindre différence.

Vous ne direz pas que la grâce de Jésus-Christ agit sur ces articles: ne dites donc pas non plus qu'elle agit sur aucun autre. Il n'y a absolument que la raison qui parle suivant l'opinion où l'on est. Les idées générales du devoir s'appliquent au cas particulier où l'on serait intéressé. Tout cela est si clair et si net que les prédicateurs ne parlent que dans ce sens, et que les théologiens de toutes les sectes avouent qu'il faut prêcher à la pélagienne,[548] supposant une pleine et entière liberté à laquelle il ne manque rien, une pleine et parfaite puissance d'agir ou de se retenir. Quand on parlerait autrement, les sermons pourraient troubler quelques faibles cervelles, mais le monde n'en irait pas moins son train, et le prédicateur lui-même, au sortir de la chaire, prierait et menacerait, suivant les occasions, tout comme un autre.

On dit qu'il faut demander à Dieu sa grâce pour toute les bonnes œuvres, et que, sans elle il est impossible d'en faire. Craindre dieu est une bonne œuvre, je ne lui ai jamais demandé de grâce pour cela; loin de là, je nie absolument toute autre grâce que le don de la raison.

Je suis pourtant sûr de craindre Dieu et je puis contenter [*sic*, pour *compter*] sur mon expérience, par laquelle je vois que je fais beaucoup de choses et me retiens de beaucoup d'autres au moyen de cette crainte, quoique cela n'aille pas où cela devrait aller, ce dont je demande humblement pardon à mon Dieu, mon créateur et mon juge.

Pourquoi donc les hommes, par la seule force de leur raison et de leur liberté, n'obéiront-ils pas à Dieu, cette même et unique force les faisant obéir aux princes et aux magistrats? Quand ils pèchent contre les lois divines, c'est comme quand ils enfreignent les édits des princes et les lois de leur pays. [Fin de l'Extrait LIX]

Un père de l'Eglise a dit que les vertus des païens étaient des vices parce qu'ils étaient sans grâce.[549] Quoi! Socrate, quoi! Trajan, quoi! Marc-Aurèle, Antonin, Titus seront éternellement dans des tourments horribles, et saint

Bernard, saint Ignace et tant d'autres, imposteurs comme l'un, insensés comme l'autre,[550] sont dans le sein de Dieu où ils goûtent des douceurs sans fin!

Qu'est-ce donc que cette grâce? Ajoute-t-elle quelque chose à mon action? Oh! dira-t-on, avant la rédemption, tous les hommes étaient ennemis de Dieu et ne pouvaient rien faire qui lui fût agréable; oui, je vous entends à peu près: les Troyens se sont vus dans le même cas, le jugement de Pâris qui avait refusé la pomme à Junon avait rendu tout ce peuple odieux à la déesse; l'un est aussi vrai que l'autre.

2°. L'homme sage aime et estime la vertu, même dans son ennemi, et Dieu haïrait même les actions les plus louables parce qu'elles sont faites par des gens à qui il n'a pas daigné se faire connaître!

3° En supposant cette extravagance, la rédemption une fois faite, nous n'avons que faire de grâce. Les hommes pouvaient faire de bonnes actions, les sages païens nous l'ont montré; il ne manquait que d'être réconcilié avec Dieu pour que ces actions lui pussent **[144]** être agréables; nous voici réconciliés, la vertu va donc avoir sa récompense.

Je trouve dans un livre, donné pour prix à un écolier de troisième, que les missionnaires d'Asie jettent à la dérobée quelques gouttes d'eau sur les enfants mahométans, marmottant les paroles christianifiantes[551] et ils croient les avoir baptisés. Ces enfants ont-ils la grâce dans cet instant, ou bien vos missionnaires sont-ils des fanatiques?

La justice veut qu'on ne punisse personne pour une action qu'il n'a pu éviter, ni pour la violation d'une loi ignorée, quand il n'a pu la savoir.

[Extrait LX] La justice veut qu'on ne punisse personne pour une action qu'il n'a pu éviter, quelque criminelle qu'elle soit en elle-même,[552] ni pour la violation de la loi ignorée. La justice veut que l'on récompense la vertu et la bonté d'une action, par rapport à la violence qu'il en a coûté; qu'on regarde pour bonne, au moins qu'on excuse une action faite comme bonne par une persuasion sans passion et sans intérêt, enfin où l'on a apporté tout ce que l'on a en soi de recherches[553] et de bonne intention. Tous les jours les médecins font périr les rois et même nos Saints-Pères les papes. On ne leur fait point leur procès, parce qu'ils ont fait de leur mieux, quoiqu'ils aient mal fait.

On peut bien faire à quelqu'un plus de bien qu'il n'en mérite, mais on ne peut lui faire plus de mal, et encore moins le punir quand il ne mérite aucun châtiment. Un père peut bien vêtir et loger magnifiquement un de ses enfants, lui donner le meilleur morceau à sa table, il ne doit pas cela à tous ses enfants; ainsi, en le faisant pour un seul, il ne blesse pas la justice, pourvu toutefois qu'il traite les autres convenable-

On peut faire aux gens plus de bien qu'ils n'en méritent, mais on ne peut pas leur faire plus de mal, et encore moins leur en faire quand ils ne méritent aucun châtiment. Un père pourrait bien, par prédilection, habiller lui-même un de ses enfants, lui donner la plus belle chambre de son logis, le meilleur morceau à sa table, parce qu'il ne doit point tout cela en général à ses enfants; mais il ne peut pas en habiller

ment. Mais il ne peut pas en habiller un, le caresser, l'instruire, pendant qu'il accablera les autres de coups, qu'il négligera leur éducation et les laissera aller tout nus, et qu'il leur fera un crime de ne pas savoir les mathématiques dont on ne leur a donné nulle leçon, et qu'il récompensera son fils bien-aimé qui a bien retenu une règle d'arithmétique qu'on a été longtemps à lui apprendre.

Prêchez donc tout au plus que Dieu a élu par sa volonté et gratuitement une certaine quantité d'âmes pour les mettre éternellement dans sa gloire, mais qu'il rendra justice aux autres et qu'il récompensera ou punira selon les mérites, et qu'il jugera de leurs actions conformément aux connaissances qu'ils ont pu avoir et aux sentiments dépouillés de passion qui les auront fait agir.

[145] Ce choix sans raison serait bizarre, mais du moins il n'y aurait point d'injustice et je ne puis me faire voir[554] que l'on taxe l'être parfait de plus de vices que l'humanité.

Dites encore, si vous voulez, que la réprobation sera d'être anéanti. Dieu m'a tiré du néant, il m'y replonge. Je n'ai rien à dire,→

l'être n'est ni un bien ni un mal, il n'y a que les conditions de l'être qui y mettent la différence. Que l'on m'invite dans une maison ou non, cela m'est assez indifférent: si c'est pour m'y bien traiter, c'est un bienfait, si c'est pour m'insulter et me faire souffrir, c'est une injure qui mérite toute ma haine.

Criez tant qu'il vous plaira: Dieu est le maître de ses créatures; cela est hors de

un seul magnifiquement, le caresser, l'instruire, pendant qu'il accablera les autres de coups, qu'il négligera leur éducation et les laissera aller tout nus, parce qu'il doit à tous un traitement raisonnable, avec la nourriture et les vêtements.

Prêchez donc tout au plus que Dieu a élu par sa bonne volonté, sans égard au mérite et gratuitement, telle quantité d'âmes qu'il vous plaira, pour les mettre éternellement dans sa gloire et dans sa joie; que le reste sera puni ou récompensé en toute justice par des biens ou des maux, proportionnés en grandeur et en durée à la bonté ou à la malice de leurs actions; que cette bonté ou malice suivra toujours de la connaissance naturelle qu'on aurait du bien et du mal en général, et des sentiments avec lesquels on agira.

Ce choix sans raison et par pure fantaisie serait bizarre. Dieu ne peut être un tyran abominable.

Qu'on dise encore, si l'on veut, que Dieu anéantira quelques hommes, il n'y a point d'injustice. Il les a tirés du néant, il les y replonge. Mais il n'en est pas de même de les rendre malheureux par sa pure volonté. L'être en soi n'est ni un bien ni un mal, ce sont les conditions de l'être. Il est assez indifférent qu'on m'appelle: cependant, si c'est pour me régaler et me caresser, cet appel est un bien; si c'est pour m'insulter, c'est un mal.

Poussons plus loin et accordons que Dieu pourrait priver qui lui plairait de plaisir positif. Il en faut demeurer là. Il ne peut tout au plus avoir créé des intelligences que pour un état indifférent, comme on pourrait appeler quelqu'un et le laisser là sans lui faire ni peine ni plaisir. Mais si une telle action ne blessait pas la justice, elle blesserait la raison et le bon sens.

Criez tant qu'il vous plaira que Dieu est le maître, qu'il a un domaine absolu sur les

contestation. Il n'y a nulle difficulté à l'égard de la puissance, mais il y a impossibilité absolue à l'égard de la morale. Caton pouvait faire mettre ses esclaves en croix, cela était un droit de tous les maitres, mais la justice de Caton ne pouvait vouloir qu'il fît mourir un innocent. Peut-être pourriez-vous faire difficulté sur ce que l'esclave était homme comme Caton; ainsi, disons: Caton était maître des arbres de son jardin. N'eût-il pas passé pour fol de brûler et d'arracher le plus grand nombre sans égard à rien, et seulement parce que sans les tailler ni les arroser, ils n'auraient pas porté d'aussi beaux fruits que quelque autre dont il aurait eu le plus grand soin?

créatures, cela est hors de contestation. A l'égard de la puissance, il n'y a aucune difficulté. A l'égard de la justice, il y a une impossibilité absolue. Caton *pouvait* faire mettre en croix qui il lui plairait de ses esclaves; il comptait, comme le reste des Romains, avoir un pouvoir absolu sur eux; mais la justice ne le lui permettait pas. Et si Caton avait été souverainement juste, il aurait été d'une impossibilité physique qu'il eût fait mourir un innocent, quoiqu'il eût tout le pouvoir et même une espèce de droit. Si vous répliquez qu'un esclave était un homme à l'égard de Caton, vous ne répondrez pas directement à ma distinction de pouvoir et de justice. Mais, pour éviter chicane, Caton avait assurément un pouvoir absolu sur les arbres de son jardin; croyez-vous qu'il en arrachât ou brûlât la plus grande partie, sans autre raison que sa fantaisie, et sans aucun égard à l'ornement qu'ils faisaient et à leur fertilité ou stérilité? Si les histoires rapportaient de lui une telle action, conserveriez-vous l'idée que vous avez conçue de sa sagesse? [Fin de l'Extrait LX]

Mais saint Paul dit cela; mais saint Paul dit le contraire aussi. Tout distributeur de chimères se contredit, il exhorte les Galates à ne pas recevoir la grâce inutilement, il craint pour eux.[555] Comment accorder cela avec sa grâce victorieuse par elle-même?

Rien n'est si consolant à un scélérat que de pouvoir dire que la grâce lui a manqué, et voilà où mène cette belle idée, voilà ces efforts admirables du christianisme! Un misérable **[146]** commettra tous les crimes, à l'heure de la mort il espère avoir un moment de repentir; la grâce ne lui manquera pas et le voilà sauvé.[556]

Section onzième. La sainteté du culte.

Nous avons traité l'intérieur du culte en parlant de la morale; parlons donc ici de l'extérieur: des grimaces, des simagrées, la pompe du luxe humain, voilà ce que j'y vois. Parcourons le rituel et le catéchisme: on débute par y lire que le pape est le vicaire de Dieu en terre, qu'il a tout pouvoir pour absoudre et condamner. Quoi!, un monstre noirci de tous les crimes, un Alexandre VI qui empoisonna son bâtard voulant en empoisonner un autre, cet homme s'appelle Sa Sainteté! Hé bien, Sa Sainteté viola la femme d'un illustre citoyen, Sa Sainteté fit sa concubine de sa propre fille![557] On ajoute que les rois et les empereurs lui doivent l'adoration et des marques de respect que jamais maître n'exigea de son esclave.

J'y vois encore qu'un maroufle encapuchonné[558] a dans sa manche le salut ou la damnation éternelle, qu'il faut adorer une oublie, une cuillerée de vin et chanter pompeusement que c'est là notre Dieu. Que peut-on reprocher de plus fol au paganisme? Qui empêchait les prêtres de Jupiter de marmotter quelques mots sur la statue de Jupiter et de dire que ce dieu devenait présent et qu'il ne restait que les accidents du marbre? Ne sommes-nous pas comme les Egyptiens? Ils adoraient des oignons, nous de la farine. On a dit d'eux: *Sacra gens cui nascuntur in hortis numina.*[559] Ne peut-on pas dire de nous: *Sacra gens cui nascuntur* **[147]** *in arvis numina?*

Quoi? Un misérable, un scélérat très souvent, à qui on a coupé les cheveux et rasé un toupet derrière la tête avec quelques autres cérémonies burlesques, quoi! cet homme a le pouvoir de changer tout le pain de la terre en l'Etre infini, et nous devons l'adoration à la moindre miette de ce pain!

Quoi! Des os pourris ou des guenilles, aussi bien que des figures de pierre ou de bois ou de métail,[560] quoi! voilà ce qui distribue les grâces de Dieu! En touchant ces ordures, en brûlant de l'encens devant elles ou de la cire, on obtient de Dieu ce que l'on veut!

Quoi! Il y a de la sainteté à ne rien faire qu'à chanter à certaines heures, sans songer souvent à ce que l'on dit, à jouir des avantages de la république sans lui être utile en rien, à porter certains habits, des morceaux d'étoffe attachés à un ruban, des grains de bois enfilés dans un cordon, à ne se point marier, à manger telle ou telle chose? Quelles mômeries![561] Ce n'est pas tout. Un cortège pompeux de gens avec leurs chemises sur leurs habits, chantant des choses qui n'ont nul rapport à un cadavre qui les suit, cela hâte la béatitude de l'âme du défunt! Grande quantité de flambeaux qui reviennent à Mr le Curé, le son des cloches qui étourdit les vivants et que l'on fait bien payer, l'assistance de tous ces charlatans qui a un tarif, comme les courtisanes en Italie, voilà ce qui mène tout droit une âme en paradis, et le pauvre qui n'a pas de quoi payer est quasi traîné à la voirie.

Pour le mariage, une pièce[562] d'argent ou d'or, un anneau, des formules impertinentes: *De cet anneau, je vous épouse; de cet argent*[563] *je vous doue, et de mon corps je vous honore*, et un *Ego vos conjungo*, voilà qui est beau! Rien n'est si agréable à Dieu que de frustrer ses héritiers du bien qui leur doit revenir, pour en engraisser des fainéants de moines, ou pour élever des prisons où l'on renferme d'innocentes victimes de l'avarice et de l'orgueil de leurs parents.

Et le plus joli, ce sont ces figures d'hommes nus exposés partout, **[148]** jusque sur les autels: des Christ en croix ou pendant la flagellation; un Saint Sébastien beau, jeune et frais, la draperie jetée en certains endroits, fait surtout un bel effet et réveille l'imagination sur ce qu'elle cache, et cette idée n'en est que plus vive et plus touchante.

Est-ce une sainteté de culte que d'apprendre à des enfants des mots en langue étrangère, mots qu'ils ne comprennent pas? Voilà ce qui honore Dieu.

Mettez tous ces articles et les autres, trop longs à conter, devant notre pur naturel,[564] mettez-y en même temps les pratiques les plus folles des autres religions, croyez-vous, M.R.P., qu'on y trouvera beaucoup de différence?

Ajoutez-y la force du baptême qui envoie dans un instant en paradis un scélérat qui s'est baigné pendant quarante ans dans le sang des malheureux.[565]

Cet homme sans préjugés, qui n'écoute que la vérité, qui connaît Dieu et en a une juste idée, trouverait-il spirituel un culte qui n'est qu'un prétexte de rapines et de vexations, et qui gît tout entier dans des observations matérielles? Non, il ne peut trouver ni spirituel ni saint ce qui ne se fait qu'à prix excessif d'argent payé d'avance, ou exigé ensuite par le ministère des procureurs et des sergents.

Raconter sa vie à un homme, recevoir de l'eau sur la tête, de l'huile aux pieds, aux mains, à l'estomac, allumer des cierges, brûler de l'encens, feuilleter des livres, se promener en chantant, ne sont point des choses qui constituent un culte saint et spirituel.

Que dirons-nous des gages donnés à ces porte-Dieu, de ce Dieu que les rats mangent, que les voleurs jettent aux chiens, que les chrétiens d'une autre secte foulent aux pieds, que l'on trouve dans les balayures? ce Dieu est-il plus adorable que les rats et les oignons d'Egypte? Les grimaces, les révérences, **[149]** les mines, les haussements et baissements de voix, de tête et de mains, ces changements d'habits de masque, ces lumières en plein jour: ferez-vous recevoir ces choses pour saintes?

Les Romains portaient, dit-on, en grande pompe une masse de pâte ayant la figure du ventre d'une femme. Cela se faisait en l'honneur de Cérès,[566] et nous portons au bruit du canon, au son des cloches, avec mille flambeaux allumés, les rues tendues, le peuple prosterné,[567] un morceau de pâte représentant un homme nu au gibet.

Que répondre? Dire que les cérémonies des anciens étaient fondées sur des faussetés et les nôtres sur des vérités? Les prêtres idolâtres, les bonzes, les mollas, les dervis paient leurs peuples aveuglés avec la même monnaie.

Finissons par deux réflexions. Quand on souscrirait à l'Evangile, à quelle secte faudrait-il se ranger? Toutes sont diamétralement opposées, toutes disent qu'elles ont raison et les autres tort: qui peut découvrir la vérité, en supposant même qu'elle est de quelque côté; et après tout le travail imaginable, comment s'assurer d'avoir porté un bon jugement?

Le christianisme a besoin des arts et des sciences. Sans l'art de lire et d'écrire, comment faire pour profiter de cette immense quantité de volumes et comment les eût-on faits, comment conserver ce corps de doctrine, comment les traduire sans la grammaire? Avec quoi les Caraïbes, les Esquimaux, les Iroquois, les nègres et les Tartares entretiendront-ils les prêtres, où prendront-ils le pain et le vin pour la Cène, où prendront-ils de quoi vêtir ces prêtres comme nous pour le cérémonial, où prendront-ils de l'huile, de la cire, comment entretiendront-ils des maîtres de latin, de théologie, de plain chant? Ils ne **[150]** peuvent être chrétiens qu'en se rendant esclaves des Européens. Comment-veut-on que les habitants du sud et du nord depuis le 83e degré jusqu'au pôle reçoivent l'Evangile? Si l'on dit que les apôtres ont été transportés par miracle en ces climats, comment porteront-ils leurs difficultés à Rome et aux conciles? Le papier et le temps manqueraient, si l'on voulait dire tout ce qui se présente à l'esprit. On peut toujours conclure de là que le christianisme n'est pas pour tous les pays, qu'ayant besoin des arts qui ne sont point naturels, ce n'est point une religion donnée par Dieu, puisqu'elle n'est pas née en nous avec les autres lois que nous trouvons gravées dans notre cœur, et que, le culte n'en étant pas praticable en certains climats, ce culte n'est pas nécessaire ou bien que la religion n'est pas pour tous les pays. Optez, M.R.P., que faut-il conclure?

Conclusion de ce cahier

J'ai mis en forme les raisons qui détruisent toutes les religions factices en général; les majeures en sont des vérités claires et incontestables; mettons donc de même toutes les preuves de la religion chrétienne, et voyons sur quoi elles peuvent rouler pour en faire un parallèle.

Les livres des Juifs. Première preuve: Des gens distingués par leurs richesses, leurs habits etc. disent que ces livres sont divins. Donc ils sont divins.

Le nouveau Testament. Seconde preuve: La même que celle des livres des Juifs; je vous laisse à faire le portrait des apôtres et évangélistes, mais ne donnez aucune [151] qualité sans fondement.

L'accomplissement des prophéties. Troisième preuve: Sitôt que des récits de faits passés, ou des imprécations, ou des souhaits peuvent être tournés *ab hoc et ab hac* pour en faire application aux événements postérieurs, ce sont des prophéties. Or nous avons ces souhaits, ces imprécations, ces récits, et en prenant une ligne d'un côté et une ligne d'un autre, nous les appliquons. Donc ce sont des prophéties dont nous pouvons tirer telle conséquence qu'il nous plaira.

Pour l'établissement du christianisme, quatrième preuve: Dès qu'une chose est établie d'une manière singulière et même surprenante, elle est bonne, juste et véritable et c'est l'effet d'une action particulière de Dieu; or le christianisme etc., donc etc.

Pour le témoignage des martyrs, cinquième preuve: Tout ce qui est soutenu jusqu'à la mort par des hommes qui pourraient l'éviter en se rétractant est essentiellement vrai et incontestable; or, le christianisme etc., donc etc.

Pour la tradition, sixième preuve: Tout ce qu'un certain nombre de gens disent être venu jusqu'à eux de main en main est incontestablement vrai; or etc., donc etc. Je pourrais ajouter à la majeure de ce bel argument: quoique contesté par un plus grand nombre et rapporté différemment par des discours et des écrits confus, embrouillés etc.

Pour les Pères, les conciles, l'antiquité, l'étendue, septième preuve: Tout ce qu'ont dit des hommes honorés d'un nom vénérable, tout ce qu'ont décidé des personnes assemblées, tout ce qui est ancien, tout ce que des personnes de science et de mérite font profession extérieure de croire est incontestable; or etc., donc etc.

Pour la dispersion des Juifs, huitième preuve: Quand un peuple est dispersé parmi toutes les nations, sans quitter [152] ses coutumes, ni sa religion, il faut que ce peuple ait été chéri de Dieu et qu'il ait perdu ses bonnes grâces pour avoir tué une portion de la divinité qui s'était faite homme; or les Juifs sont dispersés, ainsi donc etc.

Pour les effets admirables du christianisme, neuvième preuve:
Tout ce qui a causé quelque bien, quand même il aurait produit aussi des

maux horribles, vient directement de Dieu et est une vérité essentielle que tout le monde doit embrasser; or etc., donc etc.

Pour les découvertes des philosophes chrétiens, dixième preuve:

Que dire là-dessus qui ait l'apparence de vraisemblable? Dès que des gens ont eu des imaginations singulières en lisant un livre, et qu'ils les ont produites au jour, c'est une preuve incontestable que ce livre est rempli de ce qu'ils ont cru y lire. Cela est trop misérable pour le placer dans un discours sensé.

Il en est de même de la onzième preuve sur la sainteté du culte.

Je vous demande, M.R.P., si ces majeures sont comme les miennes. Les théologiens se donnent bien de garde de prendre cette voie d'argumentation en forme. Ces fameux auteurs si bien récompensés pour avoir produit *Le Traité de la Religion chrétienne, L'Incrédulité des Déistes confondue, Preuves de la Divinité de J.-C., Démonstration des Vérités de la Religion, Apologie de la Religion,*[568] etc. se contentent tous de prendre le style de prédicateur; ils couvrent le faux de leur raisonnement par des fleurs, et enfin ils ont l'art d'éblouir et de se servir des passions pour séduire la raison.

Je crois, M.R.P., que voilà votre religion détruite par la démonstration du néant de ses preuves, on la détruirait par les faits si on avait les histoires anciennes, et je suis persuadé que si le père Malebranche, les Scaliger, les Peteau, les Chouvrau[569] et autres doctes et gens fondés en lectures l'avaient entreprise, ils le feraient **[153]** peut-être encore; mais entraînés par les préjugés ou par d'autres raisons peut-être moins honnêtes, ils démentent leur conscience et cherchent à prouver ce qu'ils ne peuvent croire quand ils y réfléchissent.

C'est dans les livres de Moïse que tous les philosophes anciens ont puisé leurs sciences et leurs lois: il faut, pour avancer cela, que l'esprit de parti soit un terrible tyran.

Vous direz peut-être, M.R.P., que c'est Satan qui m'inspire des raisonnements aussi solides; je dirai que c'est Dieu et j'aurai cet avantage sur vous qu'il est certain qu'il y a un Dieu et qu'il est presque certain qu'il n'y a point de Satan; et si tout est égal, nous voilà dans un parfait pyrrhonisme.

Toute la haute opinion que j'ai de votre rare et sublime génie et de votre profonde science ne peut me faire espérer que vous tourniez aucune des preuves de notre religion de manière à en faire un argument concluant, comme j'en ai fait vingt contre elle. Convenez que la fausseté de toutes les religions factices est prouvée et démontrée.

J'attends avec impatience la réponse de votre Révérence, je souhaite qu'elle me satisfasse, mais je n'ose l'espérer. Dieu me demande-t-il plus que l'usage de mes talents naturels, plus que l'application sincère des puissances qu'il m'a données? Je ne suis pas plus obligé de savoir lire que de savoir l'algèbre, je ne suis pas plus obligé de savoir le latin, le grec et l'hébreu que le taupinambour.[570] Je ne suis pas plus obligé de croire que tel est un bon et fidèle traducteur que de croire que tel voyageur fait une fidèle relation. Je ne suis pas plus obligé de discerner et de croire que c'est tel qui est le seul dépositaire de la vraie doctrine au préjudice de mille qui le lui disputent. **[154]**

Par quel endroit suis-je obligé de feuilleter vos Ecritures et de m'en rapporter à tel ou tel interprète, si tant est que je veuille croire ces Ecritures valables?

Mais je vois clairement et distinctement par les yeux de la raison que j'ai reçue en recevant l'être,→

je vois des preuves incontestables d'effronterie dans ceux qui proposent la religion chrétienne, et de faiblesse et de stupidité dans ceux qui la reçoivent et qui s'y rendent.

[Extrait LXI] La religion chrétienne a donc[571] des preuves incontestables de l'effronterie et de la faiblesse des hommes, de l'effronterie dans ceux qui le proposent, de la faiblesse et de la stupidité dans ceux qui s'y rendent. [Fin de l'Extrait LXI]

[1] Quatrième cahier
Contenant un système de religion fondé métaphysiquement sur les lumières naturelles et non sur des faits [a]

Pour bien faire entendre et recevoir la doctrine que je prêche ici, il faudrait ne point troubler ceux qui en prêchent d'autres dans leurs honneurs et leurs revenus, et les laisser pendant leur vie en possession de tout universellement ce dont ils jouissent. On viendrait abstraitement à bout d'une entière réformation.[1]

|| [b]Après avoir démontré le néant de toutes les religions factices et, pour ainsi dire, réduit en poussière que le vent fait disparaitre[c] toutes les preuves de la religion chrétienne en particulier, écoutons la RAISON[d].

Elle nous dira qu'il[e] y a vraiment une religion, qu'il est de fait (malgré tout ce que chantent les missionnaires) qu'il n'est point de peuple sur la terre qui n'en ait une. Les plus barbares et les plus sauvages ont quelque sentiment de la divinité, de la survivance de l'âme au corps et de la morale. Il est vrai que ces idées sont faibles ou obscures, faute de méditation ou seulement d'attention.

Cette même raison nous dira qu'il est impossible qu'une fausseté fût tombée également dans l'esprit de tant de millions d'hommes si différents et si[f] éloignés, et pendant des millions de siècles.

Ayons encore recours à notre pur naturel[2] et lui-demandons[g] ce qu'il sent à ce sujet, devenons nous-mêmes pur naturel[h], mettons-nous au-dessus de tout préjugé et de toute instruction humaine et voyons si nous n'avons pas un certain instinct qui nous fait sentir qu'il y a un être au-dessus de nous; au moins si, la chose nous étant proposée, nous n'y souscrivons pas naturellement et sans répugnance comme [2] aux plus claires vérités qu'on nous découvre[i].

Vous avez voulu, M.R.P., jeter de la poudre aux yeux par ce principe, quand vous avez dit que plus le mystère de l'incarnation et autres étaient incroyables, plus leur vérité était certaine puisque tous les hommes les reconnaissent et les confessent:[3]

1°) Mille fois plus de gens nient ces mystères, alors qu'il n'y a qu'un très petit nombre d'athées, et peut-être pas un;

2°) Toutes les religions peuvent faire flèche de ce bois. Plus il est impossible que le souverain dieu soit amoureux d'une fille et se change en taureau pour satisfaire sa passion, plus cela est certain, puisque tant de peuples l'ont cru. Les plus extravagantes doctrines des deux mondes, leurs plus abominables pratiques sont bien fondées en la vérité et la sainteté, puisque de si grands peuples le croient ainsi contre toute raison et toute apparence;

3°) Tout le monde voit le faux de votre raisonnement en ce que les hommes n'acceptent les choses que par l'instruction, la suggestion, l'éducation, l'exemple, la coutume etc.

Ce n'est pas naturellement qu'ils le croient, ce n'est pas sans difficulté qu'ils s'y rendent lorsqu'on leur[4] propose en âge de raison et sans autorité. Mon argument n'est pas que la vérité est tout ce que beaucoup d'hommes croient, quoique hors et contre le bon sens, lorsqu'ils y sont induits, mais ce que les hommes croient naturellement sans induction, fraude ni contrainte, au moins ce qu'ils acceptent sans répugnance, dès lors qu'on le leur fait entendre.

Je soutiens qu'il n'y a que la vérité qui puisse se présenter également à tous les hommes ou leur paraître recevable quand on leur[5] présente; vous soutenez, vous, qu'il n'y a que la vérité qu'on puisse insinuer à quelques hommes par ruse, par surprise, par violence.

Pardonnez-moi, M.R.P., mais ma franchise naturelle l'emporte **[3]** sur le respect que j'ai pour vous et sur les sentiments de droiture qu'on ne peut lui[6] refuser sans insulte. Je ne puis m'imaginer qu'un si grand génie n'ait pas vu ce défaut, ni par conséquent que vous parliez sincèrement. Tous les théologiens sont damnés pour de pareilles espèces de mensonges, mais je ne doute pas que N.S.P. le pape n'ait donné une dispense générale et indulgence plénière sur ce sujet.

Il est certain que tous les hommes sont sur la divinité comme sur le reste des choses incontestables; un sauvage a une idée des quantités, il comprend qu'il y a un certain rapport entre les grandeurs et qu'il y a des nombres, il en fait même quelque usage; mais n'ayant jamais réfléchi ni médité sur des points si évidents, il est resté si court que nous disons qu'il ne sait ni géométrie ni arithmétique, au lieu de dire qu'il n'en sait que très peu. Nous disons tout de même qu'il n'a aucune religion, ni la moindre notion du premier être, au lieu de ne lui en attribuer qu'une petite et confuse, puisqu'il en a également les principes que de l'arithmétique et de la géométrie, desquels principes il ferait plus d'usage si les nécessités de la vie présente l'y engageaient.

Il est inutile de pousser cet endroit, il y a peu d'athées et il n'y en aura point du tout dès qu'il y aura une religion judicieuse contre laquelle les plus pures lumières de la raison ne se révoltent point et qui ne sera point un piège à prendre les hommes pour les jeter dans les fers d'un certain nombre de scélérats qui s'en moquent.[7]

Cherchons-la donc, cette religion judicieuse, réelle et véritable, glorieuse à Dieu et salutaire aux hommes. Pour la trouver, faisons réflexion que la raison est l'unique lumière par laquelle les hommes se puissent conduire et le seul moyen d'atteindre et de pénétrer la vérité par une sérieuse et entière méditation sur leurs idées.[8] Si nous apprenons les sciences par les études, par la lecture et par les discours des maîtres, ce n'est que pour abréger et pour nous prévaloir **[4]** du travail d'autrui, c'est pour nous épargner les fatigues avec lesquelles nous aurions pu parvenir à ces belles découvertes comme les maîtres et même comme les auteurs et inventeurs, ou bien c'est profiter de l'effort des grands génies auxquels nous sommes inférieurs.[9] Avec tout cela, il faut toujours absolument nous consulter, il faut toujours que nous connaissions qu'ils ont raison. Enfin, lorsqu'il faut choisir entre plusieurs opinions, nous sommes les seuls juges, c'est nécessairement à nous-mêmes à décider, si nous ne voulons tirer au sort. Mais on ne se rapporte point au hasard sur une matière de la dernière conséquence; on tourne bien à croix et à pile[10] pour un lot de partage ou pour l'autre, parce qu'il est supposé que les deux lots sont égaux, on ne tourne pas pour savoir si on en aura un ou point du tout.

Entrons donc, Mon Révérend Père, dans ce grand ouvrage, entrons en nous-même, consultons l'Etre parfait auquel notre intelligence est unie, donnons gloire[11] à la raison qui n'est qu'une dans le créateur et les créatures intelligentes, et, par une attention sérieuse et sincère, dégagés de toutes passions et libres de tous préjugés, méritons d'être éclairés.[12]

Ah! Si le R.P. Malebranche, avec la sublimité de son génie, sa pénétration, sa profondeur et toute sa science était aujourd'hui sans prévention et sans engagement, quel service il rendrait au genre humain! Quelle suprême gloire il donnerait à Dieu! Quel beau système fondé, lié, soutenu, bien expliqué, bien exprimé, utile encore plus que merveilleux, il nous ferait voir!

La vérité peut se passer de si rares talents, c'est la fausseté qui en a besoin. Loin de vouloir surprendre par l'éducation, de vouloir forcer par les supplices, la vérité ne veut pas seulement se servir de l'éloquence, elle dédaigne un art trompeur qui peut séduire par de faux brillants, elle se contente de rapporter ses raisons sans art, sans artifice et avec une candide simplicité, sans tour, sans empressement, et, avec si peu d'appareil,[13] elle force les esprits à se rendre comme le soleil, quoique sans violence, se fait voir, malgré qu'on en ait.

[5] Section première. De l'Existence de Dieu.

Dans cette confiance, j'examine la première de mes pensées qui me semble le mériter; || *ce n'est pas si je suis, puisqu'il ne me paraît là-dessus aucune difficulté et que je vois clairement que personne ne peut *b* douter sur sa propre existence,[14] mais qui m'a fait, *c* qui a fait les cieux, la terre, les animaux, les plantes, qui leur a donné la vie, qui a formé un arrangement si merveilleux et imprimé un mouvement si admirable, qui pousse le soleil et la lune jusqu'à un certain point et les renvoie sur leurs pas par une marche égale à celle qu'ils avaient tenue pour y arriver; qui entretient un cours si beau et si surprenant? Sans doute, ce n'est ni un ni plusieurs hommes, puisque je ne puis rien faire d'approchant et que je ne comprends pas même comment cela se fait. C'est donc un être plus sage et plus puissant, car il faut une sagesse extrême pour inventer la fabrique d'un tel ouvrage, en prévoir toutes les difficultés, en comprendre toutes les parties, et en *d* combiner tous les rapports, il faut un pouvoir sans bornes pour exécuter un si vaste projet.

Que je me borne à la contemplation du corps du plus vil animal qui agit, qui se nourrit, qui croît, qui engendre son semblable, qui vit par un mouvement perpétuel de liqueurs fines *e* sans qu'on en voie ni qu'on puisse en comprendre le premier ressort, mon esprit se perd et se confond. Je vois que l'esprit de tous les hommes se perdrait, se confondrait dans la seule imagination des choses nécessaires à la construction d'un pied de mouche ou d'une feuille de chardon; et, quand il serait possible qu'il vînt à bout d'imaginer la mouche avec le *f* nombre et la disposition d'une infinité de filaments creux, cannelés et configurés de cent mille manières, une *g* multitude de liqueurs et de corpuscules coulant entre eux,[15] il n'oserait tenter [6] l'exécution de la moindre, ou plutôt de la plus grossière partie. Celles que nous ne pouvons découvrir qu'avec le microscope sont peut-être composées d'un million d'autres.

C'est donc l'ouvrage d'un être bien au-dessus de nous autres malheureux. Et quel est cet être? Il n'y a que deux réponses: c'est un être qui nous passe en perfection, mais qui ne les a pas toutes dans le suprême degré, ou bien c'est un être absolument infini, qui a toute la sagesse, tout le pouvoir et généralement toutes les propriétés de l'être possibles.

Si j'appuie sur la première réponse, je me demande qui a fait cet être fini si puissant, et me voilà retombé, au moins après beaucoup de cascades, sur la seconde.

Il est vrai qu'il n'est pas absolument impossible qu'un être fini ait formé le monde, en arrangeant seulement les parties d'une matière préexistante. Il y a plus de difficulté de l'union de l'esprit à un corps; néanmoins l'impossibilité n'est pas encore manifeste *h*, non plus que pour la connaissance des actes intérieurs de ces esprits, mais pour le jugement de la bonté ou malice de ces actes, les combinaisons en sont infinies. Ainsi ce serait toujours à l'être *i* infini à qui il devrait rendre compte. Ceci est un peu anticipé et sera traité à fond et distinctement dans la suite.

Dire que tout s'est fait par hasard, par le mélange et l'union fortuite de divers corpuscules, est *j* un amas de paroles qui ne mérite point de réponse. Le moindre ouvrage des hommes porte le caractère d'un être intelligent, d'une certaine sagesse, d'une certaine puissance *k*. On peut bien soutenir verbalement une telle folie et alléguer mille et mille mauvaises subtilités. On peut bien soutenir que ce n'est pas le soleil qui nous éclaire mais qu'il se trouve par hasard sur notre horizon, pendant le temps qu'il y a de la lumière. Je passerai un fer rouge sur le nez de ces gens-là, leur soutiendrai que ce n'est pas moi qui les ai brûlés mais que, par hasard, je les ai touchés, lorsque nécessairement ils devaient sentir la douleur dont ils se plaignent. Je les enfermerai dans une chambre où on ne leur portera **[7]** ni à boire ni à manger, et leur dirai qu'ils s'en prennent au cours fortuit des atomes qui ne sont point agencés de manière à leur présenter du pain et du vin.

Ces espèces d'extravagants, tout spirituels qu'ils peuvent être d'ailleurs, ne seront point dangereux, personne ne donnera dans leur opinion ou plutôt dans leurs discours (car il n'y a nulle apparence qu'ils pensent ce qu'ils disent). Personne n'en fera seulement le semblant sans quelque grand intérêt.

D'où vient admire-t-on[16] tous les jours les productions naturelles qui approchent de celles de l'art, d'où vient les cherche-t-on, d'où vient les serre-t-on avec soin et en fait-on l'objet de sa curiosité? si ce n'est que ces productions que j'appelle naturelles sont de purs effets du hasard, et qu'on a une idée que le hasard ne peut atteindre l'art. Sans cette idée, si on avait présenté à Démocrite, à Epicure, à Lucrèce une pièce de marbre représentant le plan juste de la ville, de leur demeure, et l'élévation des plus somptueux bâtiments, avec le portrait des habitants avec leurs différents habits, suivant les qualités et les exercices, ils n'auraient dû en faire aucun cas, puisqu'ils voyaient tous les jours d'autres effets du même hasard bien autrement considérables. Ce que je viens de dire n'est rien en comparaison de ce qui se voit dans les hommes, dans les animaux engendrant, se remuant, vivant, croissant, dans le mouvement des cieux et des astres, allant et retournant sur leurs pas avec une si prodigieuse vitesse et néanmoins si réglée. Ils n'auraient point admiré un microscope, une montre, un métier à faire des bas d'estame,[17] un orgue, cent mille gros volumes écrits avec une absolue conformité en peu de mois, ils n'auraient pas seulement regardé la mouche d'Archytas;[18] tout cela n'étant rien en comparaison d'un nombre infini d'animaux que nous foulons aux pieds, et qui, dans leurs sens,[19] n'auraient été que le résultat d'un concours fortuit d'atomes.[20] On ne donne point le titre de fort habiles pour savoir imiter le hasard, c'est pour imiter l'art du créateur qu'on l'acquiert. Un peintre qui copie bien des marbres **[8]** est un barbouilleur en comparaison de celui qui copie bien la figure humaine avec tous les caractères des passions. Certainement ces grands philosophes, contre leur système, auraient admiré, recherché et conservé précieusement tous les miracles de l'art que je viens de citer.

|| *°Ces espèces d'esprits forts, fous ou opiniâtres b*, esclaves de la vanité de paraître spirituels et subtils,[21] ne veulent apparemment admettre qu'une force mouvante qui met toute la matière en train, duquel train toute la machine du monde s'est fortuitement formée, comme un ressort, écartant certains petits corps, en formerait certaines figures *°*. Cette idée de forces mouvantes est à leur esprit ce qu'un poids ou un ressort est à leurs sens. C'est une puissance aveugle qui pousse la matière suivant diverses directions, d'où résultent des réflexions et contre-réflexions, en sorte qu'il en naît certains assemblages et certains cours qui font tous les corps et toutes les qualités que nous voyons.

Mais moi, je pense que je vois, je me représente le passé et l'avenir, je médite des moyens *d* et les compare avec les oppositions. Je prends des précautions et viens à bout des choses très composées, très difficiles, très embarrassantes et très traversées. Je suis libre et je me porte où je veux. On m'est contraire *°*. Je dispute de tout, de moi-même, de ma nature. Une puissance aveugle peut-elle m'avoir fait si clairvoyant? *f* Une simple force mouvante peut-elle m'avoir fait pensant, jugeant, combinant, raisonnant, niant, *g* affirmant? Un être sans sentiment peut-il m'avoir fait sensible? Une faculté agissant sans choix et sans fin peut-elle m'avoir fait capable de me proposer une fin, et *h* de trouver les moyens d'y parvenir? On ne donne point ce qu'on n'a pas. On ne fait point *i* infiniment plus parfait que soi-même. Il y a donc un autre être, infiniment plus parfait que l'homme, plus sage, plus libre *j*, plus puissant, plus juste. Et quelles bornes donnera-t-on à ses perfections? Sur quel fondement demeurera-t-il *k* à quelque point que ce soit?

Je puis donc présentement *l* compter que me voilà parvenu à la connaissance du souverain Etre, ce comble *m* de perfections, et si infiniment infini **[9]** qu'à quelque élévation que je me guinde, à quelque effort d'imagination que je me porte, quelque expression que je forme, je suis toujours si fort *n* au-dessous de comprendre et de dire parfaitement ce qu'il est, que mes plus sublimes pensées et mes plus nobles discours sont presque des insultes, comme c'en serait en quelque façon de dire qu'un grand roi a une chambre tapissée, qu'il ne fait point de voyage à pied, qu'il n'apprête point lui-même ses repas etc. *°*

Ce n'est pas ici une chute comme le *Que vois-je? Philédon à genoux aux pieds du crucifix?*[22] ni comme votre *Ah! Théodore, comment pourrai-je vous ouvrir mon cœur?* etc.[23] Pardonnez-moi, M.R.P., je ne vous excepte point de la foule sur cet article, vous allez vous casser le nez comme les autres. Quand il faut en venir à la preuve de la religion chrétienne, de la trinité, de l'incarnation, et à celle de tous ses dogmes particuliers, du péché originel, de la grâce etc., vous dites des pauvretés, des puérilités à faire pitié à un écolier de troisième. Ce n'est pas votre faute, c'est qu'il n'y a que cela à dire.

Voulez-vous souffrir, M.R.P., un effort de franchise qui est presque mon unique tyran? Je crois que, n'osant dire la vérité directement, vous prenez ce tour pour la montrer; prêcher au stupide vulgaire à haute voix et en termes clairs contre ce qu'il trouve établi et dont il est entêté est très dangereux et à peu près inutile. Les esprits solides verront bien qu'un grand génie ne peut prendre une pareille fausseté pour une preuve raisonnable, ni espérer d'en surprendre les esprits les plus médiocres, ainsi ils inféreront ce que je veux dire, qu'on ne peut alléguer que des absurdités en faveur du christianisme.

J'entends, M.R.P., de ce qui est particulier au christianisme, car la ruse est de lui faire honneur de mille choses qui lui sont communes avec le bon sens tout pur et qui ne lui appartiennent non plus que l'avantage d'avoir des yeux et des oreilles aux seuls Français.

Je vous demande très humblement et très sincèrement toutes les excuses possibles d'un trait qui peut-être vous blesse, mais avant de **[10]** vous fâcher, examinez bien, M.R.P., si j'ai tort et s'il ne vous fait pas honneur. Au reste, c'est tête à tête que je parle.

Mes méditations, mes réflexions et mes raisonnements portent naturellement à ma conclusion. Il ne faut point avoir recours à tant de subtilités pour prouver l'existence de celui dont nous sommes l'ouvrage; si quelques personnes se sont égarées pour nier la divinité, leur cœur se taisait pendant que leur bouche parlait, ils n'ont été poussés à l'excès de cette brutalité si déraisonnable que par les conséquences extravagantes que les ministres des différentes religions en tirent. Quoi! ont-ils dit, ici cet être souverain est le soleil, là c'est le feu, en d'autres endroits, c'est un vil animal.[24] De grands peuples célèbres par leur génie, leur science, leur courage adorent une multitude de noms en l'air qui n'ont aucun sujet réel. Il y a cent divinités en un lieu, mille en un autre, des millions ailleurs. On dresse des autels dans une fameuse ville à celle dont on n'a aucune connaissance.[25] On leur donne des femmes, des enfants, des passions, des faiblesses, des vices. On prétend qu'ils se gagnent par des fadaises et même par des choses abominables. On entre en marché avec eux, on mêle des infamies à leur culte, partout cérémonies différentes, odieuses, extravagantes. Quelques-uns parlent d'un seul dieu et lui attribuent tant de pauvretés que rien n'est plus digne de risée et de compassion. D'autres, qui font grand bruit dans le monde, croient ce dieu unique en trois personnes, et tirent de ce dépècement mille et mille conséquences impertinentes, ils lui associent une multitude de subalternes et de tout cela tirent un prétexte non seulement d'excroquer,[26] mais d'exercer les plus horribles tyrannies. Ces gens-là même ne peuvent convenir de leurs principes, et encore moins des différents dogmes qui en doivent suivre. C'est chicanes et combats perpétuels, violences, vexations, cruautés, barbaries sans fin et sans mesure des plus forts contre les plus faibles.

La première vérité ne peut causer tant de différends et de désordres; les hommes ne peuvent s'accorder parce qu'il s'agit d'une fausseté. La vérité est simple et uniforme, elle n'est jamais contestée et universellement défigurée, encore moins insinuée par artifice et soutenue par la violence.

[11] Si ces gens avaient vu régner une opinion juste et raisonnable, un culte sans reproche, tout spirituel et sans intérêt, ils n'auraient point étouffé leurs lumières naturelles et parlé contre l'instinct intérieur dont tous les cœurs humains sont pénétrés. Et après tout cela, cet instinct qu'on nomme conscience et la raison ne laissent pas de murmurer si elles ne crient plus.

Je ne rejette point toutes ces belles pensées métaphysiques que les esprits sublimes ont produites, je suis même persuadé qu'on les peut pousser et éclaircir à l'infini. Mais je suis absolument sûr qu'elles ne sont point à la portée de tout le monde et qu'ainsi, quand elles seraient les plus démonstratives, elles ne seraient pas les plus convenables ni les premières dans les desseins de Dieu sur notre instruction, puisqu'elles sont difficiles à trouver et à comprendre.

Les preuves tirées de la fabrique du monde confondent les savants comme les ignorants, les stupides comme les plus subtils, et même ceux-ci plus que les autres, leur pénétration leur faisant découvrir mille beautés[27] dans l'immensité de l'univers et dans l'art dont chaque partie a eu besoin. On ne peut assez admirer les qualités de cette preuve si bien proportionnée à celle de tous les esprits. Les petits génies se contentent aisément; ainsi, ils en voient assez, quoiqu'ils comprennent peu la beauté de l'univers. Les savants et les grands esprits en demandent davantage; aussi leur pénétration et leur étude leur font-elles découvrir des merveilles à l'infini; ainsi cette preuve est dans la juste mesure.

Je ne fais point ici le personnage de docteur,[28] je ne prétends rien enseigner, je ne veux que réveiller ceux qui dorment, je ne demande point qu'on m'en croie ni qu'on s'en rapporte à d'autres. Je ne propose point l'autorité ni le poids de l'opinion la plus commune. Il est midi, voilà un[29] horloge, voilà un cadran, voilà le soleil sur votre tête: regardez-y. On tourne la tête, on lève les yeux, on voit comme moi, sans en avoir meilleure opinion de mon discernement, sans me payer ni en argent ni en respect. C'est la vérité, c'est la réalité qui frappent et qui agissent.

[12] Cet être que tous les hommes ont présent à l'esprit et au cœur sans presque s'en apercevoir, se fait sentir très vivement au moindre avertissement. Ensuite, une attention médiocre nous fait trouver que c'est l'Etre nécessaire, l'Etre indépendant, l'Etre immense, l'Etre éternel, l'auteur de toutes choses, qui est lui-même l'essence de toutes choses, qui pénètre l'univers sans l'occuper, qui le borne et le passe.

Je pousserais bien loin le récit de mes idées si je ne craignais de m'égarer dans les expressions qui ne répondent point juste à ce que je pense; ce que j'ai dit suffit et voilà l'Etre que toutes les intelligences connaissent et que nous appelons Dieu.

Je suis plus que très persuadé que tout homme sain, entier et neuf (je veux dire: qui ne soit point prévenu par la suggestion, corrompu par l'intérêt), recevra cette proposition sans la combattre, que les peuples entiers s'y rendront sans difficulté et en avoueront hautement la vérité dès qu'on se bornera à ses suites légitimes.

Attributs de la Divinité.

|| [a]Pour passer de la spéculation à la pratique, et tirer les justes et nécessaires conséquences de cette grande et première vérité, il faut un peu rapprocher des idées si élevées et les accommoder à notre faiblesse. Pour y parvenir, je divise cette perception de la divinité, quoique très simple et d'une pièce unique [b], quoique je n'y conçoive qu'une qualité indistincte et indivisible, savoir l'absolue perfection.

Or je ne vois point qu'on [c] puisse regarder cette souveraine et unique perfection qu'à trois égards.

1°. [d] De tout connaître, tout voir, tout comparer, tout combiner, pénétrer toutes sortes de rapports par un seul et même acte: c'est ce que je nomme la sagesse divine.

2°. Pouvoir faire tout ce qui est quelque chose, tout changer, tout déplacer, tout mouvoir, tout arrêter: c'est ce que j'appelle la puissance infinie de Dieu.

3°. Juger juste et précisément du mérite, être soi-même la loi éternelle [d] et nécessaire qui emporte la punition du crime et la récompense de la vertu: voilà ce que j'entends par la justice divine. Il me semble que tout est renfermé là-dedans, sauf l'éternité et l'immensité qui ne sont que des sujets de spéculation **[13]**, et que la moindre attention fait découvrir. A l'égard de la bonté, Dieu n'en [e] a point à notre manière, ni de miséricorde; tout cela est compris dans sa justice, comme j'espère l'expliquer clairement. Il ne reste plus que l'unité que je laisserais par la même raison si l'expérience ne m'apprenait qu'elle influe extrêmement sur la pratique, puisque l'homme est tombé dans une [f] si terrible abîme à cet égard, que presque tout le monde admet la pluralité des dieux, séduit par des scélérats à qui un dogme si monstrueux est nécessaire [g]. Disons-en donc deux mots qui seront suffisants sur une matière si claire.

Naturellement, il ne viendra point en pensée qu'il y ait plusieurs dieux, puisqu'un seul est parfait et possède tout. La moindre attention fait sentir le ridicule de la multitude, et le plus subtil [h] ne peut apporter aucune vraisemblance pour la pluralité puisqu'un seul suffit; il y aurait la même raison pour cinq cents millions que pour deux. D'ailleurs, il y a de [i] l'impossibilité; il faudrait qu'ils se pénétrassent, qu'ils agissent ensemble pour ne faire qu'une même chose par plusieurs actions ou qu'ils se contrariassent les uns les autres [j].

On niera qu'un seul et unique être ait toutes les perfections possibles, mais sans fondement; il n'y a pas plus de difficulté qu'elles soient toutes réunies en un seul sujet que dispersées en plusieurs, et il y a des raisons évidentes pour qu'elles ne soient point partagées, [k] puisque l'une priverait l'autre de son effet si elles étaient conduites par différentes volontés, rien ne pouvant fixer [l] celles qui appartiennent à l'autre, non plus que le nombre de ces êtres.

Ce qu'ont imaginé certaines gens après bien d'autres, et que nous soutenons sous [m] d'autres noms, savoir qu'il y a deux principes, l'un bon, l'autre mauvais, sera réfuté par l'éclaircissement que vous verrez, M.R.P., sur le bien et le mal [n].

Rien n'est plus certain que ce que j'ose affirmer, c'est que tous les peuples qui ont admis la pluralité des dieux en ont toujours reconnu un suprême qui était proprement le vrai et seul dieu; les autres n'avaient ce nom que par figure et par participation dans un sens très différent **[14]**, quoique par la suite des temps et par la corruption ordinaire à toutes choses, cette différence soit devenue obscure et presque imperceptible. Ces êtres subalternes et forgés ne sont que l'invention des prêtres qui ne sont pas embarrassés d'en faire une distinction bien nette, par la règle que c'est une eau trouble et que la pêche en est plus abondante. Cette distinction même a toujours été en s'affaiblissant, le peuple joignant sans peine la même idée aux mêmes mots. Des gens d'érudition feraient une démonstration de ceci par induction en parcourant historiquement tous les peuples de la terre qui nous sont connus. Je le vois assez pour en être sûr, comme je suis sûr que les Romains ont fondé sur de très petits commencements le plus puissant empire dont nous ayons connaissance, mais non pour le détailler et le faire voir aux autres.

Telles gens, j'entends les prêtres, les suppôts, les ministres de religion, personnages se disant vicaires de J.-C. et de Dieu,[30] ses officiers et ses oints, perdront éternellement le véritable culte de la divinité. Je mettrais ma vie contre un liard que l'idolâtrie n'a commencé que lorsqu'il y eu des particuliers qui ont fait leur métier de servir la divinité pour le public.[31] Ils ne trouvaient pas assez leur compte avec un dieu qui remplit tout, qui est partout, qui voit tout, qui entend tout, qui fait tout en lui-même et par lui-même, sans peine, par les seules vues de sa sagesse et de sa justice et par le pur et simple acte de sa volonté. Ils trouvaient bien mieux leur compte, leurs intérêts et le prétexte de se faire respecter avec le moyen de s'engraisser dans la multitude des divinités, dont l'une s'opposait à l'autre, dans des divinités qui se laissent vaincre par des flatteries, des présents, qui se laissent corrompre par leurs favoris, qui ont besoin de seconds, de lieutenants, de vicaires. Enfin, il leur fallait des dieux avec toutes les faiblesses humaines, parce que, pour les flatter et en profiter, on emploierait les présents et autres moyens humains dont ils s'empareraient. C'est pour cette raison qu'on voit ces indignes scélérats s'appuyer impudemment de comparaisons impertinentes qui frappent les esprits grossiers et ignorants, toutes fausses et injurieuses qu'elles soient à la divinité.

Ils ont ensuite passé à faire des dieux matériels afin qu'on ne pût les trouver que chez eux, qu'on les vînt chercher avec des offrandes de la même nature et qu'ils puissent s'enrichir des brutales dévotions **[15]** du peuple. Enfin, sous nos yeux, ce qu'a dit un bouffon burlesque, *On vient l'offrande en main pour te graisser la patte,*[32] s'exécute tous les jours; on donne de l'argent au prêtre pour faire agir Dieu ou le saint, comme on graisse la patte d'un portier pour avoir entrée chez le ministre, et celle du secrétaire, du mignon, du favori, de la maîtresse pour se le rendre favorable et en obtenir quelquefois une injustice.

|| *Les deux premiers attributs de la divinité, la sagesse et la puissance, auxquelles on peut joindre l'éternité et l'immensité, ne peuvent que nous ravir en admiration et par conséquent nous *b* imprimer de profonds respects, avec une souveraine vénération mêlée de crainte et d'une espèce de joie et de plaisir; dont suit la soumission, et tous les autres sentiments que nous comprenons sous le nom singulier d'adoration, incommunicable à tout autre qu'à l'Etre parfait.

Rien ne s'oppose à ce tribut *c*, puisqu'il est d'une équité évidente et qu'il ne nous coûte quasi *d* rien. Ces sentiments ne nous privent d'aucun plaisir et ne nous engagent à rien de pénible. Il n'en naît ni chagrins, ni douleurs *e*; ces sentiments sont naturels et comme forcés, aussi n'emportent-ils que peu ou point de vertu, quoique ce fût un crime horrible que de les ^{f} refuser, à peu près comme il n'y a pas de docilité à se rendre à une démonstration géométrique et qu'il y aurait une opiniâtreté à y résister ^{g}.

Je ne me sers point du mot d'aimer ni de plaire, qui ne me paraissent pas propres; j'essaierai dans un article particulier de vous faire entrer dans mes raisons, M.R.P.

Faisons maintenant réflexion que tout l'univers matériel et machinal n'est point l'objet direct des desseins de Dieu dans sa formation, qu'il a vu de toute éternité ce que fera cette machine éternellement, qu'ainsi l'exécution était inutile pour lui, qu'il n'avait pas besoin de lui donner l'existence, sans que cette existence était^{33} nécessaire pour les hommes: il fallait placer l'homme, il fallait le nourrir et **[16]** donner matière à ses contemplations; celle de sa propre personne aurait été insuffisante ou peu touchante pour la plupart.

Les hommes sont les seuls êtres qui peuvent occuper extérieurement la divinité, savoir par leurs actes qui sont d'une liberté absolue telle que la divinité ne les prévoit point. Si ces actes avaient été déterminés, enchaînés les uns aux autres et prévus, il aurait été superflu de leur donner l'existence. Cela est clair et net à qui voudra le méditer, regardant toujours Dieu comme Dieu, sans tomber dans la ridicule comparaison qu'on a coutume d'en faire avec les hommes par leur faible et leurs vices. Les hommes, après avoir conçu un dessein, se font un plaisir de l'exécuter et de voir qu'il réussit. Il y a mille différences dont chacune est infinie;^{34} les hommes doutent toujours du succès d'une nouvelle invention, ce doute fait le plaisir entier du succès, ils en tirent des commodités etc. J'en demeure là, parlant au père Malebranche qui verra tout cela et se l'expliquera mieux que moi, qui le vois néanmoins bien distinctement et si clairement que j'ose assurer que je satisferai à toutes les difficultés qu'il y voudra trouver.

Ce sont ces actes libres, lesquels, réglés sur l'instinct spirituel que nous nommons conscience et sur la droite raison, sont les vertus que Dieu nous demande, en quoi nous sommes les maîtres de lui obéir. Ce sont ces actes libres lesquels, déréglés à l'appétit de nos passions contre la conscience et la raison, sont le vice que Dieu nous défend, en quoi nous sommes les maîtres de lui désobéir.

Pour pénétrer parfaitement ce point où gît toute la morale, qui contient tous nos devoirs et par conséquent tout le sujet de nos craintes et de nos espérances, enfin l'unique motif de toutes nos actions, examinons le dernier des attributs de la divinité, examinons à fond ce que c'est que la justice divine en elle-même et ce qu'elle emporte à notre égard. **[17]**

Je suis persuadé et je compte qu'en voilà suffisamment sur l'existence de Dieu et sur ses attributs, d'autant que nous avons découvert les causes de l'athéisme, qui n'est même jamais absolu, et que tous les philosophes, et surtout les chrétiens,^{35} ont assez poussé et prouvé ce point qui, à leur égard, n'était pas celui de la difficulté.

Section deuxième. De la Morale.

|| ^a"La justice en elle-même n'est autre chose que ce que ^b dicte la droite raison par rapport à autrui; c'est le droit que chacun a de conserver ce qui lui appartient et l'obligation de ne point violer ce droit, se contentant de ce qu'on possède légitimement et de ce qu'on peut acquérir sans faire tort à personne. Qu'on n'ôte donc ^c rien aux autres, qu'on restitue si on a pris ^d,³⁶ que le supérieur n'ordonne rien qu'il ne voie qu'il devrait accepter s'il était inférieur, qu'il instruise de sa volonté de la manière qu'il connaît la meilleure, autant qu'il est en son pouvoir, et traite ensuite ses inférieurs avec justice ^e par rapport à l'obéissance, c'est-à-dire suivant leurs mérites; que l'inférieur obéisse de bonne foi dans toute l'étendue de ses forces.

Aucun être intelligent sans prévention et sans intérêt ne contestera pas cette définition; nous en avons vu tout le développement dans le second cahier à la 15e vérité de cette définition, qui est la commune notion de tous les esprits.

Débutons par établir une maxime qui devrait avoir été écrite sur la main, l'oubli en ayant causé tant et de si horribles maux. C'est ^f que Dieu nous a donné des idées claires et distinctes de toutes les vérités dont nous avons besoin d'être instruits. Celles qui nous passent ou dont ^g nous n'avons aucun sentiment ne sont point nécessaires pour notre conduite essentielle.

[18] Il ne faut donc rien chercher en Dieu que ce que nous y voyons manifestement: c'est tout ce qu'il lui a plu que nous sachions et, par conséquent, ce qui nous suffit. Suivant toute apparence, on s'est souvent contenté de prêcher que ^h J.-C. était fils de Dieu et que ce n'était que par lui qu'on peut entrer au ciel ⁱ,³⁷ ce qui pouvait avoir un sens tolérable; il n'y avait pas grand venin dans ^j cette prétention, quoique fausse. Ce mot de fils se pouvait expliquer en mille manières, surtout parmi un peuple d'un génie porté à la figure et aux expressions extraordinaires. On pouvait n'entendre par cette prédication autre chose, sinon que ^k Jésus-Christ était une créature d'une grande excellence, faite exprès, ou, si on veut ^l, d'une manière extraordinaire et sans l'intervention d'un homme, pour réveiller les mortels et les rappeler de leurs égarements; que ce n'est qu'en suivant ses leçons qu'on peut ^m mériter les récompenses de Dieu et éviter ses châtiments.

Si on s'en était tenu là et qu'on eût donné une interprétation raisonnable à ces leçons, il n'y aurait pas eu grand ⁿ mal, mais il a fallu chercher du mystère, inventer la trinité, l'incarnation, le péché originel, la grâce, sept ^o sacrements, le purgatoire, enfin tout l'attirail du papisme, le culte des images, les fêtes imaginaires et l'inquisition ^p, pour réprimer les murmures de la nature et de la droite ^q raison, qui troubleraient la possession des fruits de toutes ces inventions diaboliques. Quelles désolations n'ont pas coulé de là ^r? Et qu'est-ce, en comparaison, que ^s ce qui a fait crier aux anciens philosophes: *Tantum religio potuit suadere malorum?*³⁸

Après cette maxime, tirons de la justice de Dieu, qui est la justice essentielle et la justice absolument parfaite, la conséquence qui sera le fondement de toute la morale: c'est qu'il nous jugera avec une souveraine et précise équité **[19]** et que, par conséquent, notre unique affaire est la pratique de la vertu. Voilà ce que j'espère établir avec une évidence manifeste et d'une manière incontestable; je lèverai toutes les difficultés, en sorte qu'il ne restera aucun lieu aux doutes ni aux disputes. [t]

Si j'avais le génie et l'art du R.P.M., les choses seraient mieux tournées ou peut-être plus concises. Quelque peu de paroles de plus ou de moins, un peu mieux ou moins bien arrangées, ne sont que bagatelles, pourvu qu'on m'entende et que mes raisonnements se trouvent solides.

Si tous les scélérats que l'avarice, l'orgueil et l'ambition engagent à se porter à ces raisonnements pouvaient rester muets et immobiles pour quelques années, on verrait renaître la paix et la concorde parmi la plus grande et la plus belle partie du genre humain. On y verrait renaître la liberté, au lieu que les religions factices y ont apporté la discorde avec la désolation, y ont établi la tyrannie et le pillage. Elles ont introduit la plupart des crimes, autorisé ou couvert les autres.

Pour peu que je fasse de réflexions, je vois que celui qui m'a fait, étant d'une sagesse infinie, ne m'a pas fait sans une fin. Mais quelle peut être cette fin? Je comprends cette souveraine sagesse comme absolument contente, n'ayant besoin de rien; cependant me voilà. Quel est son but? Ce n'est pas pour moi, qui n'étais pas quand Dieu a formé le dessein de me faire. D'ailleurs, je conçois qu'aucune intelligence n'agit que pour soi-même, ce qui est encore plus incontestable dans l'être parfait: Dieu a donc eu une fin qui le regarde lui-même.

Sans blesser le respect dû au grand génie du siècle, auquel la vérité est si redevable, il me semble qu'il y a trop de scrupule à vouloir prouver jusqu'à sa propre existence.[39] **[20]** Qui niera bien qu'il est niera bien qu'il pense; enfin, plût à Dieu qu'il n'y eût que ceux qui doutent s'ils sont du nombre des êtres actuels qui fussent dans l'erreur.

Passons donc comme chose sûre que j'existe, par conséquent que Dieu a eu une raison de me faire et une raison qui le regarde directement, non comme chose nécessaire ou utile, mais comme chose convenable suivant son essence infinie.

L'essence de l'homme.

|| [a]Le plus sûr et le plus court chemin [b] pour découvrir les desseins de l'ouvrier est [c] de bien connaître son ouvrage. Examinons donc ce que je suis. Mille et mille raisons, en mille [d] et mille occasions, me disent 1° que je suis un composé de deux parties[40] bien différentes; 2° que j'ai une idée du bien et du mal; 3°[e] que je suis libre. Il est inutile de me sonder plus avant, peut-être même ne trouverais-je rien davantage qui mérite considération. Méditons ces trois articles de toutes nos forces, épuisons tout notre [f] pouvoir à les pénétrer.

Suivant la maxime si sage que nous avons posée, je ne m'embarrasse point des difficultés inutiles, par exemple, si [g] le monde est moins qu'éternel, étant une production et un ouvrage; je ne puis comprendre que ce qui plaît à Dieu aujourd'hui ne lui ait pas plu de toute éternité et convenu. Et quelle [h] raison l'aurait engagé à retarder son action? Qui aurait pu la fixer à un temps plutôt qu'à l'autre? Je comprendrais plutôt qu'il l'a créé de toute éternité, comme on comprend que certains effets sont aussi anciens que leurs causes, mais je comprends plus clairement que cela me passe, et j'en demeure là.

Si la fabrique de l'univers, y comprenant aussi les hommes, est une création telle qu'on l'entend, c'est-à-dire s'il y a eu **[21]** un temps où il n'y avait rien absolument que[i] Dieu, ou si Dieu a travaillé sur des êtres qui subsistaient déjà, en sorte qu'il n'y ait de lui que la disposition et l'arrangement, c'est un abîme que la création au premier sens, on se perd quand on veut la sonder. De rien qu'il se fasse quelque chose est une thèse choquante que notre esprit ne peut admettre.[j]

Il est vrai qu'on peut disputer qu'il y ait contradiction[k] absolue et manifeste, cependant cette idée révolte. La puissance de Dieu est infinie, il est vrai; mais le néant a pour ainsi dire une résistance infinie contre l'être et l'existence. Deux infinis sont égaux. Deux puissances égales restent en équilibre sans que l'une puisse vaincre l'autre. D'un autre côté, l'éternité ne paraît appartenir qu'à un seul et unique être et la raison ne peut l'accorder à la matière indifférente à toute modification, insensible et sans connaissance.[41] J'avoue qu'ici mon esprit se perd et comprend qu'il y a une extrême vraisemblance que tout autre est de même, que[l] ceux qui prétendent voir clair dans cette obscurité sont justement les plus aveugles, si ce ne sont pas des fous ou des orgueilleux qui se vantent de posséder ce qu'ils ne connaissent seulement pas.[m]

Une connaissance distincte sur ce chapitre n'est point nécessaire, il suffit qu'il me soit évident que le monde est, qu'il ne peut s'être fait de lui-même, que par conséquent c'est[n] l'ouvrage d'un Etre sage et puissant en un degré qui passe tout ce que je puis comprendre.

Contentons-nous de dire que Dieu est la cause efficiente du monde, qu'il est notre auteur et notre créateur, tout autant que la chose est possible, d'une possibilité métaphysique la plus grande qui se puisse et que nous ne saurions pénétrer[o]. N'en cherchons pas davantage, nous avons tout ce dont nous avons besoin; passons à la méditation des trois articles proposés pour retomber de là sur la fin de notre création.

[22] *Article premier.* De la distinction de l'âme et du corps et par conséquent de la spiritualité et immortalité de l'âme.

|| [a]Quand je m'examine sérieusement et que[b], libre des embarras de la vie, du bruit et du tumulte du monde; que, débarrassé du tracas des affaires, je laisse aller mon esprit à tout ce qu'il peut atteindre,[42] je sens et je vois que mon corps est une machine admirable dont quelques parties me sont soumises; d'autres vont leur train sans que je m'en aperçoive, sans que je sache comment, et même malgré moi.

En même temps, je vois que cette machine surprenante n'est pas tout *moi* et que je suis quelque chose d'une[c] autre espèce, puisque je puis considérer cette machine, l'estimer ou la négliger, la briser ou la conserver. Je n'y vois rien que ce[d] qui convient aux machines que les hommes font, sauf qu'elle est plus composée, plus parfaite, plus considérable. Mais je suis bien sûr aussi qu'il y a en moi une autre[e] substance que cette matière: je crains, j'espère, je vois le passé, et l'avenir[f], d'un seul principe j'en tire mille conséquences;[g] il n'y a point d'illusion là-dedans. J'ai mille autres raisons qui me convainquent que je suis autre qu'un simple être matériel et machinal: mon camarade me dit sérieusement que je suis un coquin, j'en reçois un chagrin violent qui me porte à risquer ma vie, à perdre ma fortune, à recevoir des blessures qui me feront longtemps souffrir.[h]

Qu'y a-t-il dans ce mot qui ait pu blesser mon corps? Rien. Ce mot en lui-même pourrait signifier une honnêteté, et en[i] [23] quelque autre langue qu'il eût[j] parlé ce serait la même chose. De plus, si un fol, un enfant, une femme, un prêtreau[k] me l'avaient dit du même ton, je n'y aurais pas pris garde. Ce n'est donc pas mon corps[l] que ce mot a blessé, c'est une autre substance que le frémissement de l'air n'a point frappée immédiatement, mais qui a connu que celui qui lui parlait avait de mauvais sentiments de moi[m], qu'il a eu assez mauvaise opinion de mon pouvoir pour[n] me l'apprendre et que ceux qui en sont témoins ou en pourront être[o] informés me mépriseront, les hommes m'insulteront, les femmes me dédaigneront. Il n'y a rien de matériel dans ces sentiments et dans ces réflexions. L'estime et le mépris n'ont ni devant ni derrière, ils n'ont ni dessus ni dessous, gauche[p] ni droite, rien n'y est raboteux ni poli, chaud ou froid, sec ou humide, blanc ni noir, doux ou amer; on ne peut dire que l'un regarde le sud, l'autre le nord.

J'ai cependant reçu un coup, une atteinte, une blessure véritable et réelle, c'est donc une partie de moi qui est un être réel et véritable sans être corporel, que[q] je connais sans pouvoir l'exprimer, que je sens être le véritable moi auquel la machine n'est point[r] essentielle, mais une simple annexe. Dans le temps de la blessure dont je viens de parler, cette machine est restée la même qu'elle était auparavant, sans le moindre changement; je n'ai senti aucune douleur par les sens, j'aurais même[s] pu sentir du plaisir.[t]

La douleur spirituelle se peut rencontrer avec le plaisir corporel, ce qui mettra en plus claire évidence ma pensée et la distinction si importante.[u]

Je veux le faire avouer aux plus opiniâtres et aux moins raisonnables: qu'une femme d'honneur ait été trompée sous l'apparence de son mari, loin d'avoir senti quelque douleur corporelle [24], elle aura senti le plus vif des plaisirs; cependant elle souffrira une peine mortelle en découvrant la fourberie, fût-ce même dans le temps de l'action.[43] Qui peut être la partie souffrante en cette occasion? Ce n'est assurément pas le corps. Donc c'est une substance qui n'est point corps, quoique très réellement existante: cela me paraît de la dernière clarté et à la porté de tout le monde. Ce n'est point non plus la découverte de la fourberie qui fasse quelque mal corporel, elle se pourrait encore faire par des plaisirs corporels, par des festins, par des concerts etc. Supposons que M. de Pourceaugnac soit un être réel, menons-le à la représentation de la pièce qui porte son nom, il crèvera de dépit pendant qu'il verra les autres spectateurs crever de rire. Quelle affection corporelle a-t-il de plus ou de moins que les autres? Tout est égal du côté du sens.[44]

Solution des difficultés.

Quand il se présenterait des difficultés embarrassantes, elles ne peuvent détruire un fait incontestable. Je trouve bien de la difficulté dans le mouvement local, dans le plus ou moins vite: si le nombre des parties est infini, il faut un temps infini pour parcourir le plus petit espace; s'il ne l'est pas, on ne peut passer sur un certain espace qu'en un certain temps, puisqu'une partie indivisible ne peut être parcourue qu'en un instant indivisible. J'en trouve dans l'existence de l'univers que je ne puis comprendre ni éternel, ni tiré du néant;[45] dans la divisibilité de la matière, à laquelle je vois qu'il n'y a point de bornes, néanmoins qui m'embarrasse en ce qu'elle semble mettre autant de parties dans un grain de millet que dans le globe de la terre, et donner un nombre actuellement infini **[25]**. Je n'en suis pas moins persuadé du mouvement local, de l'existence de l'univers et de la divisibilité[46] de la matière à l'infini, parce que je sens ces choses, je les vois et en comprends distinctement la démonstration malgré ces difficultés qui ne peuvent démentir mes sens ni ma raison, quoiqu'ils l'embarrassent, et qui n'ont point de démonstration contraire à me présenter.

Mais quelles sont ces difficultés? Il ne paraît rien de cette âme après la mort, mais il n'y a nulle conséquence de votre non-connaissance au néant. Qui n'aurait vu ni ouï parler du microscope serait bien fondé à nier que le vinaigre est plein d'anguilles. Nous sommes engagés dans un corps qui nous empêche de voir les esprits, nous n'en voyons que les actions, les effets, les opérations et seulement en nous-mêmes; quant aux vues claires et immédiates, nous n'en voyons les effets à l'égard des autres que par les conséquences que nous en tirons, comme quand un autre homme répond à ma pensée, je conclus qu'il l'a entendue et que j'ai fait impression sur lui comme il l'a fait sur moi; comme quand je vois des ouvrages de l'art, je conclus que l'ouvrier avait une fin et qu'il a su trouver les moyens d'y parvenir.

Il y a toute apparence que les âmes, séparées des corps, se verraient à leur manière et que s'il y en a qui restent séparées, elles ont la connaissance des autres qui sont en pareil état, peut-être même de celles qui sont unies à des corps. Je ne reverrais jamais rien d'un boisseau de cendre de plomb tiré dans un canon, je serais néanmoins bien sûr qu'aucun grain n'est tombé dans le néant. J'ai vu l'âme de Pierre agir, faire remuer son corps à sa volonté, entendre ce que je lui disais, comprendre mes pensées, répondre à mes objections, m'en faire, raisonner, tirer des conséquences etc. Pierre est mort, c'est que l'union de cette âme au corps a cessé **[26]** mais le bon sens nie que cette âme soit anéantie. Toutes les questions qu'on peut faire sur son état, sur la localité ou non localité, et autres, mettent à bout ma science, sans donner atteinte à la réalité de cet être dont je suis persuadé par un raisonnement certain sur l'expérience du passé.

2°) Que l'esprit s'affaiblit à mesure que le corps s'altère et se détruit, cela est aisé à comprendre, puisque l'esprit est uni au corps et que cette union consiste à recevoir certaines impressions à l'occasion du corps ou par le moyen de ce corps, à agir indépendamment par lui et de lui. Les actions de l'esprit s'affaiblissent, ou même cessent, si certains organes s'altèrent ou se détruisent par rapport à leur forme, c'est-à-dire se corrompent quoique l'esprit reste entier. Sans aller plus loin, mon écriture est moins nette à mesure que ma plume s'use, à mesure qu'elle sèche ou qu'elle s'ouvre. Personne ne s'est jamais avisé de dire que les deux tiers de l'âme d'un aveugle et sourd est périe ou que celle d'un paralytique l'est à moitié. Le plus grossier paysan conçoit que ces maladies sont les mêmes essentiellement et que le défaut n'est que dans les yeux et dans les oreilles etc. Une comparaison grossière et peu juste le sera assez pour faire concevoir la chose: un bon astronome, avec d'excellents instruments, fera mille observations, prédictions etc. Si on lui ôte ses instruments et qu'on ne voie plus rien de lui, on n'en conclura pas qu'il est mort. Si on a gâté ses instruments, on n'en doit pas aussi conclure qu'il a perdu sa science, supposé qu'il tombât dans quelque erreur. Il avait un astrolabe mal divisé, il a compté 30 degrés où il y en avait 40: ce défaut a influé dans le reste de ses opérations qui a son égard sont justes.

L'union d'un esprit au corps n'est point douteuse, comme on l'a vu, **[27]** et le plaisir et la douleur en convainquent en trop d'occasions. Que ce soit la simple volonté de Dieu qui cause ces sentiments suivant les occasions et les règles qu'il a établies,[47] ou que cela se passe autrement, il n'importe. Je vois que cela est curieux, mais inutile pour ma conduite dont il s'agit ici.

Je sais bien que le pain me nourrit: que ce soit par une qualité appelée nutritive ou parce que ses parties, se divisant, pénètrent celles de mon corps et s'y unissent, cela m'est indifférent. Je mange et je vis. Je conclus tout de même que, quoique les opérations[48] de mon corps altèrent les opérations de mon esprit, mon esprit n'en est pas moins le même; que lorsque l'altération et la corruption du corps sera telle que mon esprit ne paraîtra plus agir en tout à l'égard des autres hommes (comme ceux de tous les morts n'agissent plus à mon égard), mon esprit ne laissera pas d'exister, d'être le même, de penser, s'il reste libre, et d'exercer les mêmes fonctions qu'il exerce présentement, s'il est uni à un autre corps.

Tout de même que je n'ai perdu aucune partie de mon âme pour être devenu sourd, mais seulement une partie de mon corps, il n'y a pas plus à conclure de la cessation totale de mes actions à l'anéantissement de mon âme que de la cessation d'une partie de ces actions à l'anéantissement d'une partie de mon âme.[49]

Il est encore à remarquer que dans ces afflictions de l'âme, dans ces occasions où elle souffre à cause du corps, où elle semble perdre de sa force, elle est toujours la même, comme le soleil éclipsé.

Elle est souvent en état de voir cette perte, d'y faire réflexion, quelquefois de la réparer, mais quand elle ne ferait que s'en apercevoir, c'est assez pour marquer sa réelle distinction. Si dans les fortes affections de l'âme, comme dans le violent sommeil, **[28]** dans les léthargies, dans les rudes accès de l'épilepsie, l'âme parait entièrement anéantie, il est clair qu'elle ne subsiste pas moins; il ne lui reste aucun souvenir de ce qu'elle a fait pendant ce temps, cependant elle existait toujours, ou bien elle est reproduite.

Mais par qui et comment, et pourquoi croire qu'elle a cessé d'être? Elle a toujours agi, c'est-à-dire, toujours pensé. Mais les organes de la mémoire n'ont pas été touchés, peut-être ne l'ont-ils pas été en tout; ces sortes d'états les rendent trop durs ou trop humides, ou les envelopp[e]nt en quelque sorte: il est à croire que dans ces malheureux instants l'âme a des pensées embrouillées, qu'elle se croit dans des embarras, comme il arrive dans les rêves des songes proportionnés à l'état actuel de son corps, comme sont tous les autres.

J'ai sur ce sujet, M.R.P., un recueil de raisonnements et d'expériences qui ne serait pas indigne de votre curiosité.[50]

|| *a*Mais il m'est indifférent de savoir précisément en quoi gît l'union de mon âme à mon corps, comment elle a commencé et comme elle *b* subsiste. Il n'en est pas de même de sa durée; le passé est passé, mais l'avenir demande toute l'attention dont je suis capable. C'est là le véritable sujet de mes craintes et de mes espérances, sur quoi *c* je dois prendre parti. Rien n'approche de la conséquence de ce parti, toute autre occasion où je délibère n'est rien en comparaison: la vieillesse, les maladies, la dissolution de tous les corps, l'histoire, *d* la mort journalière des hommes m'assurent que je mourrai aussi. Il m'est donc de la dernière conséquence de voir si cette mort est une fin absolue de moi tout entier ou si ce n'est qu'une séparation de deux choses entièrement **[29]** différentes, dont une seule est véritablement moi, l'autre n'étant qu'une annexe indifférente, bien moins considérable et plus différente du véritable moi *e* que mon habit ne l'est de mon corps.

Si ce véritable moi reste après cette dissolution qu'on appelle la mort, que *f* deviendrai-je? Car enfin voilà ce véritable moi clairement connu par rapport à son existence, quoique bien confusément par rapport à sa nature. J'ai déjà aperçu et même très bien connu que j'ai été fait pour une fin, que Dieu a eu une raison d'unir mon âme à mon corps, quoique je n'aie pas encore bien approfondi cette raison. Il est donc essentiel d'examiner si mon âme, si le vrai moi n'est point immortel *g*, afin de pourvoir à l'avenir.

Il ne faut point, ce me semble, faire une grande dépense en méditation. Je vois que rien ne périt, que tout ce qui a jamais *h* été est encore, je ne conçois rien qui puisse détruire le moindre atome, je n'ai aucune idée de la destruction entière, de l'anéantissement; au contraire j'en ai une de la durée et de la perpétuité *i* de tout ce qui a une fois existé. Que, sans aucune subtile *j* recherche, j'examine ce que je pense là-dessus, je vois distinctement et sans le moindre doute que rien ne diminue, que par conséquent rien *k* ne périt – j'entends diminuer en soi-même et non par rapport à la composition et à l'assemblage de ces parties. Je vois bien que les corps périssent à l'égard de leur arrangement et à l'égard d'un certain tout qu'ils composent à nos yeux. Une goutte d'eau sur une tuile disparaît à l'ardeur du soleil, ce n'est qu'une dispersion de ses parties. La matière dont cette goutte d'eau était composée reste entière, en quelque *l* nombre de parties qu'elle ait été divisée, et quoique ces parties me soient devenues insensibles; il n'y a point de différence entre cette goutte d'eau et un gros tas de pierres que je voyais dans les champs. On a répandu ces pierres, je n'en vois plus pas une *m*, elles n'en sont pas moins existantes. Si je charge mon fusil de **[30]** tabac d'Espagne au lieu de plomb et que je tire mon fusil en l'air *n*, je ne reverrai assurément aucun brin de mon tabac. Je sais néanmoins que la violente impulsion ne peut qu'épandre les choses et non les détruire; par conséquent, je suis sûr qu'il n'est pas péri la moindre partie d'une poudre si fine, mais seulement qu'elle est écartée et que la légèreté de chaque grain la fait rester en l'air d'où elle ne *o* retombera pas sitôt, peut-être point du tout. Quand même elle retomberait, sa petitesse ne me permettrait pas de la voir, encore moins de la reconnaître, mais ce grain si petit, si léger, devenu insensible, ne laisse pas d'être un véritable corps existant,[51] comme la plus grosse montagne. Il est tout de même que lorsqu'il faisait partie d'un corps sensible.

Pourquoi donc un être d'une nature si excellente et si fort au-dessus de celle du corps, un être qui comprend ces corps, qui les mesure, qui les compare en cent millions de façons, qui en reconnaît mille propriétés, qui les dissout et les remue à son gré, qui pénètre l'avenir et l'infini, pourquoi donc, dis-je, un[p] tel être périrait-il? Je n'ai pas la moindre raison de le soupçonner et je ne conçois pas qu'il s'en puisse présenter aucune. L'instinct même parle là-dessus et je sais que tous les hommes ont naturellement une idée qu'ils seront après[q] leur mort.

Il n'y a donc rien à prétendre pour[r] l'anéantissement et il me reste à examiner si mon âme n'est point un composé dont à la vérité les parties subsisteront toujours, mais dont la mort en les séparant détruit l'essence et le caractère, comme un coup de canon détruirait une mouche ou, si l'on veut, une machine de verre.

Les opérations d'un corps, d'un être composé de parties, sont corporelles, elles gissent[s] en mouvement qui n'est qu'une application successive de parties à parties[t]. Un corps ne peut agir que de cette manière, donc un être qui agit autrement n'est **[31]** point un corps, mais d'une autre nature, malgré les fantômes de mon imagination qui me présente des images matérielles de toutes choses[u].

Si l'esprit a des opérations sans rapport au mouvement, ni à l'extension, ni à aucune suite de division ou de liaison de parties, il[v] est d'une seule pièce; c'est un être simple, sans étendue, incapable de dissolution, donc incapable[w] de périr par rapport à sa forme aussi bien qu'à l'égard de son être.

Or[x] je vois clairement et avec une parfaite évidence que, quoique mon âme pâtisse et souffre, c'est-à-dire qu'elle ait certains sentiments à l'occasion de mon corps, et qu'elle agisse souvent par son moyen et dépendamment de cette machine à laquelle la volonté toute puissante du créateur l'a unie, elle a néanmoins une infinité d'actes et d'opérations qui n'ont aucun rapport avec la matière ni avec les liaisons ou divisions des parties.

Tout ce qui est matériel a une figure, mes pensées n'ont point de figure, elles ne sont donc point matérielles. Si on allègue qu'une matière immense et indéfinie n'a point de figure, les pensées ne sont point indéfinies puisqu'il y en a une multitude sans nombre; bien loin d'être immenses en étendue, supposé qu'elles en eussent, elles seraient les derniers des atomes.

L'idée de la justice, de l'honnêteté, de la récompense, de la générosité, de la bravoure, de l'avarice, de la lâcheté, de l'ingratitude, l'idée de rapport, de proportion, de conséquence, de comparaison, de justesse de raisonnement ne fournissent rien à mon imagination dont elle puisse faire la peinture. Il n'y entre aucune apparence de long ou de court, de large ou d'étroit, de courbe ou de droit. Le discernement d'une juste conclusion, le pouvoir et l'action de tirer une infinité de suites d'un seul principe, la crainte, l'espérance, la confiance aux promesses etc.[y] n'ont point d'odeur, point de palpabilité, tout cela ne se peut percer ou couper, ni ne se peut seulement comprendre comme coupé **[32]**, percé ou foulé; on ne peut sauter par-dessus, on ne peut ni les placer ni les déplacer, on ne peut y imaginer de l'éloignement ni de la proximité. On en peut dire autant du plaisir et de la douleur[z], si on l'entend bien, pour quoi il faudrait philosopher un peu davantage.

Bien plus, mon âme agit sur[aa] des sujets qui ne sont point et qui ne seront jamais. Je puis dans une machine qui aurait cent millions de roues déterminer combien ^{bb} la dernière ferait de tours pendant que la première n'en ferait qu'un quart; dès qu'on sera convenu du nombre des dents de ces roues, et des pignons de leurs essieux, je puis faire mille et mille suppositions et en découvrir tous les rapports. Sans doute que ce qui n'est pas n'a point de parties; je n'agis donc pas en cette occasion de parties à parties. Je n'agis ^{cc} donc pas corporellement, je ne suis donc pas de la matière et un corps. Je détermine ce qui est juste ou injuste, je plante des bornes entre la lâcheté, la bravoure et la témérité. Y a-t-il des espaces entre ces choses? Y ficherai-je des êtres matériels? Qu'est-ce donc quand les grands génies en sont sur la métaphysique et sur les sciences abstraites, qu'ils font la découverte de tant de sublimes vérités qu'ils auraient également faites sans yeux, sans oreilles et sans bras, et qui sont si impraticables matériellement qu'elles ne peuvent être d'aucun usage, que de sujets d'admiration!

Je me trouve et me reconnais immortel, quoique uni à une machine ^{dd} matérielle dont la dissolution rompt tous les rapports que j'avais avec elle, – ce qu'on appelle la mort –, et ce mot de mort bien entendu ne signifie autre chose que l'instant où mon âme, le véritable moi, se trouve dans un état simple et naturel, comme un oiseau dont on brise la cage. ^{ee}

Je sais, M.R.P., ce qu'on dit: que l'âme humaine est une substance incomplète; quoique cela soit dit et puisé dans St Thomas, ce n'en est pas moins une baliverne dont ce **[33]** docteur chrétien s'était avisé pour prouver la résurrection par les sublimités ordinaires des écoles, qui ne gît qu'en paroles vides de sens.^{52} Il n'y a nulle proportion, nul rapport, nulle analogie d'un esprit à un corps; ainsi, si un esprit était incomplet, ce serait un autre esprit qui lui manquerait et non pas un corps. On pourrait soutenir par un aussi bel argument qu'un cadavre est une substance incomplète.

Article deuxième. De la connaissance du bien et du mal.

Les hommes sont faits d'une manière qu'ils ont besoin les uns des autres. C'est un bien pour eux de vivre ensemble et de se rendre des services mutuels. La multiplication de l'espèce ne se peut faire, ne se peut soutenir ni continuer sans une petite société. Les hommes sont donc tenus à certains devoirs réciproques qui font les règles de cette société: voilà le fond, le sujet et l'essentiel de toute la morale.

Ce mot de devoir ne signifie autre chose que l'obligation de faire toujours partout et en toute rencontre pour les autres ce que nous sentons que nous avons droit de leur demander pour nous. Tout le monde connaît ce droit, puisque chacun se plaint si on ne l'observe pas à son égard, et que chacun l'observe à l'égard des autres naturellement, dès que les passions ni aucun intérêt ne s'y opposent. Voulons-nous vivre seuls, sans communication avec qui que ce soit, nous voilà libres de devoirs, mais aussi hors [d'état?] d'exercer aucunes vertus, comme quittes de la crainte de tomber dans aucun vice, si on en excepte certaines actions sur soi-même qui certainement sont criminelles, puisqu'elles sont contre l'ordre.

[34] Les devoirs sont difficiles en bien des occasions, et par conséquent des sujets de vertu, si on les observe malgré ces difficultés, et des sujets de vice si on ne fait pas les efforts nécessaires pour les surmonter. Voilà en abrégé tout le détail de la morale qui sera développé dans la cause finale de notre création. J'espère, mon R.P., le mettre en si grand jour que vous en serez content.

Mais, comme il y a des esprits qui, ayant une fois pris un mauvais parti, soit par intérêt, soit par caprice, soit par mauvaise instigation, le veulent absolument soutenir à quelque prix que ce soit et s'épuisent pour cela en méchantes raisons et en vaines subtilités, qui ne laissent pas d'étourdir les gens peu attentifs et peu faits à débrouiller les sophismes, il est bon de prévenir ce mal en établissant sur des fonds inébranlables la réalité du bien et du mal.

|| *a*Je ne veux qu'un seul fait pour terminer la question: il y a dans toutes les langues des mots pour signifier le bien et le mal moral. Donc tous les hommes ont une idée de ce bien et de ce mal. Qu'on *b* dise tant qu'on voudra que ce bien et ce mal sont arbitraires, cela ne peut tomber que sur le fait particulier. Il n'en est pas moins vrai qu'en général il y a un bien et un mal, dont j'ai l'idée *c*, puisque je dis de toute action particulière qu'elle est bonne ou mauvaise. Il n'importe que je le dise à tort ou à droit *d*, tout ainsi qu'il faut que j'aie une idée de l'être et du néant pour affirmer l'existence ou la non-existence de quelque chose, soit que ma négation ou mon affirmation soient justes ou fausses. Quand les hommes sont une fois convenus de l'application de cette idée générale aux différentes actions et aux différents cas, ces actions ou ces cas sont bons ou mauvais suivant cette convention, et il y a vertu à s'y conformer, ou vice à y contrevenir. *e*

[35] Si l'on dit que les hommes pourraient établir que certaines actions criminelles en elles-mêmes sont justes, outre qu'il y a bien peu de ces actions criminelles en elles-mêmes et que je n'en vois que deux,[53] jamais une nation entière, y comprenant aussi les femmes, ne conviendra unanimement d'un pareil établissement. Au reste, rien n'est mal que *f* ce qui fait tort à quelqu'un et l'on ne fait tort à personne dès qu'on suit les lois d'une libre convention. C'est par cette règle que certains vols n'étaient point un crime à Sparte et en Egypte.

On ne peut pas *g* dire que les mots de bien et de mal soient des termes relatifs, comme ceux de grand et de petit. La raison en est claire. Qui n'aurait vu qu'une seule chose ne dirait pas qu'elle est grande ou petite; mais qui *h* n'aurait vu qu'une seule action lui donnerait, malgré lui-même, sans aucune réflexion ni recherche et par pur sentiment, l'épithète de bonne ou mauvaise. *i* On entend bien que je suppose cette action un peu considérable, et non de celles qu'on nomme ordinairement indifférentes.

Ceux qui ont avancé que la justice est arbitraire et une simple invention humaine pour retenir les hommes dans les bornes qu'il plaît aux souverains, ont pris la partie pour le tout, les effets pour la cause, et les conséquences pour les principes. On peut bien parler ainsi de quelques lois civiles, mais non du bon et du mauvais métaphysiquement pris; pour *j* peu qu'on s'examine soi-même, pour peu qu'on donne d'attention aux actions naturelles des autres hommes, on reconnaît sans peine qu'il y a dans tous les cœurs un sentiment du juste et de l'injuste indépendamment d'aucune loi et sans en avoir [36] ouï parler. Je conviens qu'on se peut tromper *k* sur l'application du principe. Tous les jours des nations entières prennent pour essentiellement injustes des actes indifférents, qui ne peuvent être bons ou mauvais que par la convention ou par des rapports éloignés et qu'on appelle politique, et qui *l* ne fait rien au principe en lui-même.

Quand j'aurais vécu tout seul depuis l'âge de trois ans jusqu'à trente dans un désert, regarderais-je avec les mêmes dispositions celui qui retire un homme de la rivière et celui qui entend sans pitié ses cris et sans se remuer, et celui qui, loin de le secourir, le repousse et s'oppose aux efforts qu'il fait pour gagner le rivage? *m*

D'où vient que parmi des enfants, celui à qui un d'eux a pris quelque chose s'emporte, crie, tempête, que *n* s'il passe près de là une grande personne, l'offensé s'adresse à lui et plaide sa cause avec confiance, tandis que celui qui a fait le petit brigandage reste honteux et obéit au commandement qu'on lui fait de restituer? L'expérience s'en peut faire cent fois le jour.

Les sauvages n'ont ni législateur, ni lois, ni magistrats. D'où naissent donc les guerres qu'ils ont, une nation contre l'autre, sinon du droit général qu'ils croient avoir été blessé en leur *o* endroit? il est certain que toutes les guerres n'ont commencé qu'à l'occasion de quelque injustice, soit que le fait fût véritable *p* ou supposé.

Partagez une troupe d'enfants en deux sans choix et au hasard, donnez à chaque bande un gouverneur, l'un juste et l'autre *q* injuste, vous verrez quelle bande se plaindra.

Veut-on fixer l'idée du bien et du mal moral pour ne se point tromper dans l'application qu'on en aura à faire? *r* Renfermons-la dans ces trois mots: liberté, vérité, secours. Tout ce qui est violence, larcin, viol, coups etc., tout ce qui est fausseté, fourberie, infidélité, faux rapports etc., sont des crimes, ainsi que ne pas prêter, ne pas soulager **[37]** dans le travail, ne pas tirer du danger quand on le peut. Toute résistance à des passions qui nous portent à des violences, à voler, à violer, à frapper etc., toute résistance aux passions qui nous portent à *s* trahir la vérité, à *t* mentir, à tromper, à manquer de parole etc. est une vertu d'autant plus grande qu'on perd plus de plaisir et qu'on souffre davantage. Il en est de même de toutes les espèces de secours à mesure qu'ils nous coûtent.

Cela est si clair et si net que J.-C. n'en a pas eu une autre idée; il promet son paradis à *u* ceux qui auront secouru les autres[54]; il met toute la vertu dans le bien fait à autrui, il ne dit pas: Venez, les bien-aimés de mon père, vous qui vous êtes *v* fouettés, qui avez chanté certaines paroles, qui ne vous êtes point mariés etc. *w* La raison en est essentielle: une violence et un mensonge *x* vers autrui est un tort à son égard; tout secours au contraire est un bien pour lui, et tout bien physique fait à autrui est un bien moral dans celui qui le fait, comme le mal physique fait à un autre est *y* le mal moral dans l'agent. Tout le reste tombe dans la justice arbitraire, comme épouser *z* celle-ci ou celle-là, manger de tel ou tel animal, être nu ou habillé.

Les sentiments d'indignation et de reconnaissance prouvent encore invinciblement l'idée du bien et du mal, le premier étant l'effet du tort souffert, et l'autre du service reçu. Nous avons, indépendamment d'aucune réflexion ou instruction, du penchant pour témoigner *aa* de la gratitude; nous en avons de même à nous venger;[55] donc il y a de la justice et de l'injustice et nous en avons une idée naturelle.

Quelqu'un a fort bien dit[56] que toutes les vertus sont des espèces de justice et tous les vices [bb] des espèces d'injustices. Par l'examen on trouvera qu'il n'y a aucune vertu qu'on ne puisse rapporter à l'équité: la valeur est la soumission à l'obligation où l'on est **[38]** d'exposer sa vie pour secourir sa patrie, pour sauver du danger de la captivité son père, sa mère, sa femme, ses enfants etc. La lâcheté au contraire est l'injustice de préférer un particulier à la multitude, de ménager sa vie lorsqu'en l'exposant on peut servir le public dont on fait partie. Cela est évident dans toutes les autres vertus.

Il n'y a rien à opposer à ces vérités. Inutilement dira-t-on[57] que la même chose est un crime en un lieu et une belle action en un autre [cc], cela ne tombe que sur les actes indifférents en eux-mêmes. Il n'y a point de pays où ce soit une vertu de battre les faibles de but en blanc, de se moquer de sa promesse, où ce ne soit un crime d'assassiner, de violer, de ravir par force. C'est ce dernier article qui a été le sujet des plus anciennes guerres dont nous ayons connaissance; c'était toujours pour des filles ou des femmes enlevées que des nations éloignées, qui d'ailleurs n'avaient rien à démêler ensemble, en sont venues à tant de si célèbres combats.

Mais il est à remarquer que si quelques hommes se sont accordés à ne pas regarder certaines actions comme mauvaises, aucuns ne [dd] se sont jamais accordés à en regarder de certaines comme bonnes. Il n'y a jamais eu, ni il [ee] n'y aura jamais aucuns peuples qui établissent des récompenses pour ceux qui assassinent, qui violent, qui renversent les édifices, qui mettent le feu dans les moissons etc., quoiqu'il y en ait qui n'ont point ordonné de peines pour certaines actions qui en méritent chez d'autres. La raison est qu'il y a des maux qui peuvent être compensés par quelque bien, et d'autres où cela ne se peut, ou bien que ces actions, naturellement indifférentes, sont devenues bonnes ou mauvaises par convention, comme un pari ou un jeu: mettre une boule près ou loin d'un certain point est indifférent, une nation en mettra[ff] le prix à la mettre près, l'autre à la mettre loin; cependant, toutes conviendront **[39]** de la maxime que le prix est dû à l'adresse. C'est ainsi qu'une nation punit une chose que l'autre souffre, toutes convenant de la maxime qu'il faut punir l'injustice.

Les hommes peuvent s'accorder sur certains articles et dès lors leur accord est le droit, n'y ayant plus ni fausseté ni violence. L'adultère à Sparte ne choquait point le droit et la justice, parce que le droit et la justice est non telle ni telle [gg] chose, mais en général qu'on ne fasse tort à personne, qu'on observe ce dont on est convenu. Dans la coutume établie à Sparte [hh] sur l'adultère, la chose était commune et réciproque; on avait le même droit sur la femme de son voisin que le voisin avait sur la femme de l'autre: ce qui n'est point lorsque les lois sont contraires. Parce que l'homme de bien ne fera rien de tout cela, ainsi la partie n'est pas égale, le débauché a tout l'avantage. [ii]

Je ne vois aucun bien ou mal, aucun vice, aucune vertu, qui ne se trouve dans ces lois générales et si parfaitement connues de chaque particulier[jj].

Article troisième. De la liberté.

Ce n'est guère faire honneur à la philosophie de dire que ce qu'on sent soi-même distinctement et d'un sentiment spirituel, que ce que tous les hommes sentent et suivant quoi ils agissent naturellement tous, sans exception d'un seul, que ce qu'on ne saurait combattre par aucune solide raison, encore moins par expérience, soit une illusion du peuple et du bon bourgeois. C'est donner une légitime occasion à ce bon bourgeois et à ce peuple de siffler les philosophes comme de vains personnages qui guindent leur esprit et le mettent à la torture pour trouver des apparences, à force de subtilités **[40]**, à tout révoquer en doute, surtout lorsqu'on voit ces messieurs agir eux-mêmes continuellement contre la doctrine qu'ils prônent. On ne peut apporter pour exemple les erreurs des sens, parce que les sens étant matériels, ils doivent être corrigés par l'esprit.

L'esprit est simple et a ses opérations simples. Il voit ou ne voit pas, quand il voit bien;[58] les sens sont matériels et leurs opérations matérielles, par conséquent susceptibles d'une infinité de formes.

Il y a plus et moins, mal et plus mal, bien et mieux à l'infini,[59] parce que ces opérations ne consistent que dans une application de corps à corps qui se peut faire d'une infinité de manières et jamais entièrement. L'esprit est sans partie; ainsi, quand il est véritablement appliqué, il est appliqué tout entier, par conséquent parfaitement; de là naît la certitude des connaissances spirituelles et l'incertitude de celles qu'on a par les sens.

|| *ª*L'homme est libre absolument dans toutes ses actions.[60] Il n'est pas libre dans ses connaissances et dans ses sentiments *ᵇ*; il n'est pas libre d'aimer, de croire, de haïr, de douter, de nier, de sentir du plaisir ou du chagrin de certaines choses et en certaines occasions: tout cela sont des passions et non des actions. Ce n'est pas lui qui agit en ces occasions, il reçoit l'action d'autrui, de quelque manière que soit la chose. Comme il n'est pas le maître d'exister, il n'est pas aussi *ᶜ* le maître des suites de sa nature et de son existence. Cette nature et cette existence le font sensible, ainsi il souffre bon gré mal gré, soit peine, soit plaisir, comme il existe bon gré mal gré *ᵈ*.

Or le sentiment qu'on a de sa liberté et de celle des autres est un sentiment spirituel, indépendant des sens qui, bien loin d'être combattu par des raisonnements fondés sur les premiers principes, a pour lui la plus pure lumière de la raison, dont tous les hommes généralement sentent la force et dont l'occasion d'en faire l'épreuve est toujours prête.

[41] Dans le même temps que j'agis, emporté par la passion la plus violente, je sens et je vois, pour peu que j'y pense, que je me retiendrais si je voulais; de même, quand je me retiens, je sens que je suis le maître d'agir et je le vois distinctement. On ne peut pas faire plus de difficulté sur la liberté que sur l'existence: comment prouver que j'existe, que par *ᵉ* le sentiment et la vue claire que j'en ai, ou si vous voulez, comment prouver que je pense?[61] En vérité, traiter de pareilles questions, c'est abuser des présents de Dieu et de la patience des hommes *ᶠ*.

Cependant cette impertinente question est agitée, elle est traitée dans les assemblées de gens payés pour être nos maîtres, elle fait un bruit terrible, divise les Etats, les provinces, les magistrats, les familles, les particuliers, elle alarme les peuples et étourdit un grand nombre de gens d'esprit.[62] On cherche des choses difficiles à comprendre quoiqu'on les voie. En voilà une: je ne conçois rien de réel si revêtu des apparences de l'impossibilité.

Ce que j'ai dit au 3ᵉ cahier dans l'article des prophéties[63] au sujet de la

prévention, établit absolument la pleine et absolue liberté, quoique indirectement; il suffira donc d'en dire ici deux mots pour fermer la bouche à tous ces
docteurs et professeurs de folie.

Vous ne direz pas, M. le Docteur, que vous savez l'avenir, ni qu'interrogé sur
une chose dont vous n'avez aucune connaissance ni raison de juger vous en
jugerez juste. N'en pouvant juger qu'au hasard, vous n'en pouvez juger qu'incertainement, tantôt bien, tantôt mal et non cent millions de fois comme il faut.

Je vous demande si je vais m'asseoir ou me tenir debout; je vous ferai
rencontrer juste cent millions de fois; vous n'en avez pas jugé comme sachant
l'avenir, puisque je puis vous faire tomber en défaut tant de fois qu'il me plaira
[42], vous n'avez donc parlé que de fantaisie et au hasard. Le hasard ne peut
pas toujours rencontrer;[64] reste donc que je suis libre et que j'ai fait exprès ce
qu'il fallait pour que vous rencontrassiez. Si je ne suis pas libre, j'agis aussi au
hasard et votre réponse et mon action ne peuvent aussi se rencontrer un si grand
nombre de fois: deux dés jetés cent millions de fois ne donneront pas toujours la
même chance. Ou bien, j'ai agi par nécessité et suivant un enchainement
infaillible, c'est encore la même chose: la nécessité qui me fait agir ne se peut
rencontrer[65] que par hasard d'accord avec la nécessité ou le hasard qui vous a
fait répondre, et par conséquent mon action et votre réponse ne se peuvent
rencontrer cent millions de fois. D'ailleurs je ferai que vous ne rencontrerez pas
seulement une fois ou que vous rencontrerez et manquerez par telle combinaison
de fois qu'il vous plaira imaginer.

Si je ne suis qu'une machine qu'un autre être pousse, il est impossible que je
réussisse en faisant marché de m'accorder à certains coups de hasard. Tout de
même, si je n'agis qu'au hasard, deux hasards ne se rencontrent pas une infinité
de fois. Cependant, je m'engage de mettre la main au chapeau à chaque fois que
jetant trois dés vous ferez dix, de tirer l'épée toutes les fois que vous ferez dix-
huit, et ainsi des actions différentes à chaque chance pendant dix ans. Je n'agis
donc ni comme machine mue par une cause externe, ni par hasard, ni par
nécessité suivant les circonstances. Car, au lieu d'ôter mon chapeau lorsque
vous ferez dix, je m'engage d'en mettre un second sur celui que j'ai: je suis donc
maître de me déterminer, j'agis donc de mon propre pouvoir, j'agis donc
librement, à la vérité d'un pouvoir et d'une liberté que j'ai reçus de Dieu, mais
que j'ai véritablement et réellement dans toute l'étendue possible. **[43]**

|| [a]Si les hommes ne sont pas libres, comment compte-t-on, à coup sûr, de les
faire agir d'une certaine manière déterminée? Comment un général compte-t-il
faire remuer une armée à son gré, même contre les sentiments les plus vifs de la
nature en s'exposant à la mort?[66] Si ce n'est que certain[b] poids qui entraîne
nécessairement, comment est-on certain d'avoir trouvé ce poids, et comment
cent mille hommes se rencontrent-ils tous dans la disposition proportionnée à la
force de ce poids[c]?

Si les hommes n'étaient pas libres, on ne serait pas sûr de porter sa main à sa
bouche plutôt qu'à ses yeux; il en serait du mouvement des bras, des pieds, des
mains comme de celui du cœur.

Si l'on ne sentait pas les autres libres, on se fâcherait contre un horloge[d]
comme contre un homme. Supposant[e] que j'aie le doigt sur la cloche dans le
temps que le marteau va frapper, je recevrai un rude coup, je ne briserai

cependant point^f l'horloge, comme je tuerais peut-être un homme qui m'en donnerait un pareil.[67]

Si l'on ne sentait pas qu'on est libre, on ne promettrait pas certaines choses pendant qu'on n'ose en promettre d'autres. Je promettrai bien à mon ami de l'attendre, je ne lui promettrai pas d'être en bonne santé; je menacerai bien quelqu'un de lui donner un coup d'épée, je ne le menacerai point de^g lui donner la goutte.

Si l'on n'était pas sûr que les autres hommes sont libres, on ne se fâcherait pas quand ils manquent à leurs promesses. Si ce n'est qu'un poids qui fait agir, comme un poids de deux livres agit dans le bassin d'une balance, et emporte^h celui où il n'y en a qu'une, je n'ai pas plus de sujet de trouver mauvais que mon ami **[44]** se soit allé promener au lieu de m'attendre comme il m'avait promis, que s'il avait été enlevé par un parti ennemi: c'est la même chose^i.

Si nous ne sommes qu'une machine qu'un être au-dessus de nous tourne comme il lui plaît, de plus, dans la précédente supposition ce n'était point à mon ami à qui je devais m'adresser pour qu'il m'attendît: c'était à cet être supérieur entre les mains de qui les hommes sont des machines, des polichinelles, des dames gigognes.[68] Car si je veux que Polichinelle batte sa femme, ce n'est point à Polichinelle que j'en ferai la prière, mais à Brioché.[69]

Je ne puis finir cette matière, tant les raisons se présentent en foule. N'y a-t-il différence entre acte et acte, entre rougir et parler? Quelle est cette différence, sinon que l'un est libre, l'autre ne l'est pas? S'il n'y a pas une liberté d'indifférence, la plus absolue qu'on puisse concevoir, je défie tout le genre humain de m'expliquer ce que c'est que volonté. Ainsi, il faudra aussi nier que les hommes aient une volonté ou soutenir que les horloges en ont et même les pierres. Quelle différence mettrez-vous entre l'horloge dont je viens de parler, qui me donne un coup sur la main droite, et un homme qui m'en donne un sur la gauche, si ce n'est que l'horloge n'a ni volonté ni liberté et ne peut faire autrement, au lieu que l'homme pouvait s'empêcher de me frapper? Je voudrais bien voir un de ces docteurs dans la nécessité de cette situation et s'il traiterait l'homme comme l'horloge. Je sais qu'on fait distinction entre volonté et liberté, mais c'est une distinction d'école, des mots et rien plus. Les hommes qui ont fait d'un consentement unanime le mot de volonté ont prétendu exprimer l'idée naturelle **[45]** qu'ils ont de se déterminer et l'action libre de l'âme après la vue des choses; une petite troupe de fous lui veut donner un autre sens.

Il faut avouer la liberté absolue telle que je la soutiens ici, ou nier absolument toutes les démonstrations actuelles et possibles. Or, quand les philosophes se portent à pareilles folies, il est de la prudence du magistrat de les loger aux petites maisons pour en délivrer la société, après les avoir bien étrillés et répondu à leurs plaintes qu'un poids auquel on n'a pu résister a fait agir ainsi, qu'on n'est point la cause de la douleur qu'ils ont ressentie, qu'ils devaient nécessairement la ressentir telle à cet instant-là, que ce n'est que par hasard qu'on a fait jouer les verges dans ce temps-là, qu'inutilement demandent-ils d'être mis dehors,[70] qu'ils n'ont qu'à s'adresser à l'Etre supérieur qui détermine et remue les hommes.

Enfin, si l'homme n'est pas libre d'une liberté qui passe toutes les définitions qu'on en peut donner, Dieu est un trompeur. C'est un esprit de mensonge qui donne une chose pour une autre: il pénètre tous les hommes du sentiment de liberté pour eux-mêmes et pour les autres, quoique cette liberté ne soit point.

Tous les hommes ont la même idée de liberté, ce n'est point une de celles qu'on ne peut rapporter qu'à Dieu, comme l'éternité, l'immensité, elle peut donc convenir aux hommes; on peut même dire que la liberté est plus évidente dans les hommes qu'en Dieu, parce que, quoique Dieu soit infiniment libre, il ne paraît jamais user de sa liberté. Sa sagesse et sa justice déterminent toujours sa puissance. Il peut prendre un plus long chemin pour arriver à un certain point, mais jamais il ne le prend. Il peut condamner un innocent au supplice, mais jamais il ne l'a fait ni ne le fera, au lieu que les hommes font usage de leur liberté sur le bien et sur le mal indifféremment. Ainsi, on paraît [pourrait?] prédire certaines actions de Dieu, pendant qu'on n'en peut prédire aucunes des hommes. Supposons, par exemple, que Dieu va juger un **[46]** accusé innocent, je prédis hardiment que cet accusé sera renvoyé absous. Il n'en est pas de même d'un homme, il peut condamner l'innocent, même le connaissant innocent.

Chose inconcevable! On borne la puissance de Dieu contre toute raison et contre la plus claire expérience, et on l'étend contre la même raison et contre la même expérience. Les mêmes gens qui veulent que Dieu puisse mettre un seul et unique corps en cent mille lieux différents au même instant, qu'il puisse faire une seule et même personne de deux êtres intelligents infiniment distincts, avec deux volontés, ne veulent pas qu'il ait pu faire un être absolument libre, si on le prend seulement du côté de sa sagesse et de sa justice, et non du côté de sa puissance.

Les mêmes gens qui soutiennent que Dieu, comme maître absolu, puisse imputer le crime d'autrui, puisse accabler de malheurs horribles des êtres innocents pendant l'éternité, qu'il ait fait des commandements impossibles, qu'il puisse se servir des plus mauvais moyens qu'on puisse imaginer pour instruire de ses volontés, qu'il ait exprès pris ce chemin pour tendre des pièges à ceux qu'il hait parfaitement etc., ces mêmes gens soutiennent que Dieu n'a pu donner une liberté absolue aux êtres qui lui doivent rendre compte de leurs actions, qu'il n'a pu former un être qui se détermine lui-même suivant les raisons qui se présentent, y ayant tel égard qu'il lui plaît, ou même nul égard suivant l'idée que tous les hommes ont naturellement et généralement, suivant celle selon laquelle ils agissent eux-mêmes, et dont mille et mille expériences les convainquent. Comme s'il y avait des idées universelles fausses, des idées naturelles et permanentes, venant directement de Dieu, fausses et trompeuses! Ils vont chercher dans les livres qu'il appellent sacrés et qu'ils reconnaissent pour **[47]** le code des lois divines, mille lambeaux détachés qui ne disent point ce qu'ils prétendent et s'en cachent mille autres qui disent clairement le contraire.

Comme je ne veux laisser aucun équivoque ni ambiguïté et que, de bonne foi, je préviens toutes les objections qui ont quelque apparence, autant que je puis (malgré la violence qu'il faut faire à ma vivacité, à une certaine indignation et à ma paresse),[71] je vous supplie, M.R.P., de remarquer que tout ce que j'étale ici avec tant de chaleur et tant de raisons que j'entasse en faveur de la liberté, ne regarde que les actions et non les jugements. Je ne suis pas libre à l'égard de la vérité, du bien et du mal en général. Je ne suis pas le maître de trouver une chose véritable qui me paraît fausse, ni bonne celle qui me semble mauvaise, mais je suis le maître d'agir contre la vérité et de prendre un parti que je connais mauvais. Je ne suis pas maître de croire qu'un triangle contient autant qu'un cercle, mais je puis troquer une masse d'argent circulaire contre une triangulaire, de même épaisseur et de même tour.

La liberté du jugement est impossible, j'entends par ce mot, la vue spirituelle; ce ne serait plus une vue, ce serait une folie, comme la liberté de la vue corporelle serait un véritable aveuglement. Quand on voit, on voit nécessairement suivant que les yeux sont affectés; si l'on pouvait voir autrement, on serait aussi embarrassé qu'un aveugle; si, voyant un beau chemin, je puis voir un précipice, j'ai raison d'avancer ou n'avancer pas: je suis dans la même incertitude qu'un aveugle qui craint toujours de se jeter dans une abîme. Les intelligences voient la vérité et la justice **[48]** comme les corps en touchent d'autres et les poussent, s'ils ont du mouvement. On pourrait même dire que les esprits sont appliqués à la vérité et à la justice, c'est-à-dire qu'ils y touchent, qu'ils y sont unis, qu'ils l'ont toujours présente immédiatement en sorte qu'ils ne peuvent n'en pas être affectés,⁷² comme une masse de fer dans un brasier ardent est indispensablement entourée et pénétrée de chaleur. Cette vue spirituelle, cette union à la vérité est la règle des esprits et la liberté ne gît pas sur la règle, mais sur l'usage de la règle.

Voilà, ce me semble, M.R.P., mes trois articles bien établis et incontestablement prouvés pour tout esprit sans prévention. Revenons maintenant au principal de notre thèse, dont ces trois articles d'une si grande importance ne sont néanmoins que les moyens préparatifs. || *ª*Ce n'est que le chemin qu'il fallait dresser pour parvenir à ce qu'il y a d'une plus réelle conséquence, s'agissant de la pratique. *ᵇ* Je vois que je connais le bien et le mal, que je suis libre pour me porter à l'un ou à l'autre, suivant que je le voudrai, et que je serai éternellement. Que *ᶜ* deviendrai-je *ᵈ* pendant cette éternité?⁷³ Ne rendrai-je aucun compte de cette liberté, de cette connaissance? Il n'y a nulle apparence que de si grands présents m'aient été faits inutilement, et si je le vais croire contre la vérité, je me précipite dans un abîme *ᵉ* horrible. Cherchons de bonne foi et de toutes nos forces cette vérité. Elle ne doit point être impénétrable, puisqu'elle est si nécessaire; elle ne doit pas même être cachée.*ᶠ*

Article quatrième. De la cause finale de l'homme.

Quelle que soit l'union de mon âme à mon corps, qui m'est une si grande énigme, je ne vois que Dieu, cet Etre infiniment puissant, qui en puisse être l'auteur, non plus **[49]** que de la machine de mon corps; je n'ai que faire de savoir comment cela se fait, mais pourquoi cela est.

Je dois donc entrer dans les vues de cet Etre parfait et découvrir quels peuvent avoir été ses motifs. C'est en philosophe que je vais agir, c'est pour m'instruire clairement, car je sens en gros par instinct, naturellement, et très bien quoique confusément, tout ce que je vais détailler.

C'est pour réveiller ceux à qui ce sentiment confus est quasi insensible, et pour convaincre les malheureux qui veulent se servir de leur esprit pour étouffer ce sentiment qui crie bien haut, malgré qu'ils en aient.

D'abord, il semble que Dieu, qui ne peut augmenter son infinie félicité ni se donner aucune occupation extérieure qui approche de celle qu'il trouve en lui-même, ne peut avoir eu aucune raison de former d'autres êtres ou d'y faire attention, supposé qu'il y en eût qui lui fussent coéternels.

|| *a*Débarrassons-nous des difficultés inutiles: je suis, je *b* ne puis être que l'ouvrage de Dieu et d'un être intelligent d'une immense perfection. Un tel être n'agit point sans fin et sans raison. Donc il y a eu une raison pour me faire, je ne vois pas le mot à répliquer. Il ne s'agit que de trouver cette raison qui a été la cause finale de ma création.

Repassons donc les attributs de cet être qui est mon créateur, repassons la division que nous avons faite de son infinie et unique perfection. A l'égard de sa puissance, il était inutile qu'il créât actuellement *c*, puisqu'il connaissait cette puissance, et voyait *d* tous les êtres possibles de la même manière qu'actuellement existants.[74] Il en était de même de sa sagesse: elle voyait tout ce qui était beau et bon, tous les moyens de l'exécution, tous les inconvénients, tous les remèdes et l'efficacité immanquable de sa puissance.

[50] Mais il en était bien autrement de sa justice. Elle ne peut s'exercer sur des actes enchaînés les uns aux autres par des lois nécessaires; il en faut de libres. Il faut des actes qui partent d'un principe maître de soi, il lui faut des actes qui appartiennent à l'agent qui les produit. Elle était donc sans action et inutile *e*, et comme morte jusqu'à ce qu'il y eût des êtres hors la divinité qui, quoique son ouvrage, fussent indépendants d'elle à cet égard et qui se pussent porter, en une infinité de manières, à des actes qui méritassent son attention et son jugement.

Il n'y avait pas d'autre moyen pour cet effet que de faire des êtres intelligents, libres, mis en telle situation qu'ils fussent sujets à des passions *f*. De pures intelligences ne sont capables que de méditer, de voir les essences, les premières vérités, de les comparer, d'en tirer des conséquences, d'admirer, enfin de raisonner et d'aimer. Elles ne sont susceptibles ni de vertu ni de vices, puisqu'elles voient clairement le mérite et la valeur de chaque chose, sans que rien les touche qui les puisse *g* écarter du meilleur choix.

La sagesse infinie a donc trouvé, en faveur de la justice infinie, l'expédient d'unir des intelligences à des corps *h* organisés. Ces corps leur laissent leur *i* absolue liberté et leur connaissance parfaite du bien et du mal, du permis et du défendu, de la vertu et du vice, mais ils leur présentent une multitude de plaisirs et de douleurs qui, faisant une grande impression, les portent violemment vers le vice et les y font tomber, s'ils ne se servent de toutes leurs forces pour résister à cette action des corps. Ce sont ces actions du corps sur l'esprit qui sont très proprement nommées passions, puisqu'en cette occasion l'esprit souffre une impression qui est quelquefois si violente que ses derniers efforts ont beaucoup de peine à les sauver.

[51] Ce composé est l'homme. Je suis bien livré à de cruelles tentations pour le vice par le goût des plaisirs et la crainte des douleurs, mais *j* je connais parfaitement mon devoir, sans équivoque et sans obscurité. Je suis le maître absolu de le suivre ou de m'en écarter, malgré même les douleurs présentes et *k* les plus horribles et les plus cruelles.

Je suis donc un être capable d'exercer l'Etre parfait d'une manière digne de lui, puisqu'il n'y a qu'un être infini qui soit capable de connaître et de combiner les différentes circonstances de chacune de mes actions pour en décider le point de bonté ou de malice. Cela dépend de la connaissance plus ou moins claire que j'ai de la loi, de mon attention actuelle, du plus ou moins ^{l} de réflexion, de la faiblesse de mon tempérament, de la force de la tentation, de l'occasion, du penchant naturel, de l'intention et de tant d'autres choses qui ont chacune une infinité de degrés, qu'il est à croire que jamais deux actes ne sont les mêmes moralement, quoique sans différence physique, et j'agis à tous les instants.

Quand il n'y aurait donc qu'un seul homme à la fois, ce serait une occupation continuelle de justice digne de Dieu. Qu'est-ce donc, y ayant tant de millions d'hommes sur notre seule terre, qui a peut-être des millions de sœurs?[75]

Combien de jugements d'une difficulté infinie à chaque instant! Cet exercice, cette occupation durera éternellement puisqu'elle est digne de Dieu; il n'y a nulle apparence qu'elle cesse jamais, Dieu en entretiendra le cours comme il l'a commencé: c'est le sentiment le plus raisonnable, mais il l'est encore plus de [52] ne point décider ^{m} sur une chose qui n'est pas absolument évidente et dont nous n'avons que faire ^{n}.

Passons à une réflexion qui est la plus importante de toutes: Dieu voit toutes mes actions et toutes mes pensées, à mesure que je les forme, il juge de leur bonté et de leur malice. En demeurera-t-il là?

Dieu[76] est juste: cela signifie premièrement qu'il ne fait rien qui ne doive être fait, mais ce n'est pas le tout. Outre que naturellement et sans quelque passion je ne ferais point d'injustice, lorsque quelqu'un en commet devant moi, je sens de l'indignation et je ne manquerais point à en faire la punition, si j'en avais le droit et le pouvoir.

Quand je vois faire quelque action héroïque de reconnaissance, de générosité, de libéralité, d'humanité etc., je me sens ému de certains sentiments qui me portent à l'estime et à l'amour pour celui qui a fait cette action, je voudrais le récompenser; je n'y manquerais pas, si j'en avais le pouvoir sans m'incommoder. Je ne puis mettre ces sentiments au rang des vices ou des faiblesses, je suis forcé de les mettre parmi les perfections, c'est une force, une action raisonnable, judicieuse, louable, conforme aux premières vérités, aux idées les plus nécessaires et les plus réelles.

Je suis donc obligé de comprendre que ces mêmes sentiments sont en l'Etre parfait au plus haut degré et sans mélange de faiblesses; par conséquent, je vois clairement que Dieu ne voit point également les bons et les méchants, qu'il approuve les uns et désapprouve les autres et, qu'ayant le droit et le pouvoir de punir sans que rien s'y puisse opposer, et de récompenser sans s'incommoder de la moindre chose, il fera infailliblement l'un et l'autre.

[53] Cette réflexion est claire et bien fondée; la conséquence en est naturelle et judicieuse, je ne vois rien qui la puisse combattre[77] que de vaines subtilités recherchées, que l'intérêt, la vanité ou l'opiniâtreté dictent, mais que le cœur désapprouve à mesure qu'on les prononce, comme quand on fait la louange de la folie,[78] de la surdité, de l'aveuglement,[79] et comme quand on argumente pour prouver que la damnation vaut mieux que l'anéantissement.

Cependant il est évident que Dieu ne fait ni punition ni récompense dans ce monde, il laisse aller toutes choses suivant leur train naturel, c'est-à-dire suivant les forces qu'il a données à chaque agent. Le tonnerre tombe indifféremment sur une montagne déserte ou sur un temple plein de peuple et de prêtres, sur le pape, sur le muphti, sur le molla comme sur un pourceau. Il tombe sur le simulacre des dieux et sur les reliques, et sur le dieu même des papistes, tout cela suivant les lois du mouvement et de la première impression du créateur dans la matière qui le forme, combinées avec celles qui y concourent.

Les êtres libres agissent tout de même suivant toute la puissance qu'ils tiennent de leur créateur, sans qu'aucune occasion le porte à la restreindre, à l'étendre et à la déterminer; j'ai la même force pour jeter mon enfant dans l'eau que pour l'en retirer s'il y est tombé. Cela est de la dernière évidence, toutes les histoires qu'on prône contre la raison et l'expérience à ce sujet sont des inventions de petits esprits qui croient que cela peut [54] être propre à retenir les méchants, mais plutôt ce sont des fourberies monacales et des applications faites par des scélérats qui tournent tout à leur profit.

Il n'y a ni particulier ni corps de république à qui il ne succède[80] des biens ou des maux. Si ce sont des amis de ces impudents rusés, ils ne parlent point des infortunes,[81] mais ils embouchent la trompette sur les heureux succès, qu'ils rapportent à une protection divine en récompense du bien qu'on leur fait. Si ce sont des ennemis, ils passent sous silence les avantages et les événements agréables, pour publier à pleine voix les adversités qu'ils disent être l'effet de la colère de Dieu irrité contre ces gens qui ne les ont pas voulu adorer.

Comme tout cela n'a de fondement que dans leurs fourberies et sur leur volonté intéressée, chaque parti tourne la chose à son avantage. Le même accident est une punition chez les uns, et une récompense pour les autres. C'est, disent tous les papinasses,[82] la plus belle mort dont puisse finir un ministre des autels. C'est, disent les protestants, que Dieu a puni ce malheureux au milieu de son idolâtrie, qu'il[83] connaissait et dont il abusait le peuple pour se conserver la possession de le piller.

Un sage reconnaît que le prêtre est mort parce que la disposition de son corps était telle alors. Eût-il été d'une autre religion, n'en eût-il point eu du tout, quand il aurait été en toute autre occupation, cela n'eût point altéré sa disposition. Il n'y a pas plus de châtiment ou de récompense qu'à une tuile qui, tombant d'un toit, se brise ou reste entière suivant les forces et les circonstances de sa chute. Dans l'heureuse pluie qui sauva Marc-Aurèle et son armée,[84] les païens s'en firent honneur, les magiciens de même [55], les chrétiens voulurent aussi avoir part à la gloire et l'attribuer à leurs prières. La vérité est qu'il plut parce que les dispositions à la pluie se rencontrèrent suffisantes; quand aucune armée n'eût été en ce lieu-là, il eût également plu. Après cela, on brode l'histoire.

Reste donc que Dieu fait et exécute ses jugements de condamnations et d'absolutions, de punition ou de récompense après la mort. A l'égard de ceux qui regardent la bonté ou la malice de chaque action humaine, ils se font à l'instant même de l'action. La vue de l'action et le jugement de sa qualité morale ne sont qu'une même chose.

Quand nous n'aurions point l'expérience pour preuve infaillible de ce point, quand nous n'aurions pas cette démonstration *a posteriori*, nous aurions un fort argument *a priori*.

Il paraît qu'il ne serait pas de la sagesse infinie de Dieu de punir les hommes pendant la vie, cela ne se pouvant faire sans troubler l'économie générale de l'univers et sans beaucoup affaiblir la vertu; un châtiment sûr et évident qui aurait suivi l'instant même du crime aurait donné une crainte trop vive; il faut que cette crainte soit plus faible, ce que fait l'éloignement et l'incertitude du temps. Sans cela, la liberté est accablée et il reste trop peu de lieu[85] à la vertu. On pourrait même dire que la plus méchante action serait un léger crime, parce qu'il faudrait que l'homme fût comme transporté de fureur pour s'exposer à un châtiment à toute rigueur sûr et subit.

Je répète toujours: un châtiment subit. Sans cela, rien ne fait connaître que c'est un châtiment, à moins que **[56]** pour chaque crime il y en ait un particulier, ce qui est impossible, et que rien de semblable n'arrivât qu'à celui qui aurait commis ce crime: par exemple, que tous les voleurs fussent foudroyés en un temps ou en un autre, que la terre engloutît tous les hypocrites, mais qu'il ne pérît jamais ainsi que des voleurs ou des hypocrites, autrement l'accident reste équivoque et ne peut plus servir à intimider les méchants.

Si la justice humaine fouettait, pendait etc. autant d'honnêtes gens que de voleurs, d'assassins, d'empoisonneurs etc., elle serait sans doute inutile.

Il faudrait que ces beaux messieurs les Légendaires[86] fissent voir que ceux qui ne veulent point porter leur joug sont traités d'une manière singulière et qu'il leur arrive des malheurs qui n'arrivent point à d'autres. Comme c'est tout le contraire, et que notamment la foudre tombe et abîme plus d'églises que de maisons particulières, quoiqu'il y en ait mille contre une église, toute personne de bon sens touche au doigt la forfanterie et l'impudence des scélérats dont nous venons parler.

La[87] parfaite justice de Dieu, outre ce que nous venons de dire, demande que cette créature faible et exposée à de violentes tentations puisse mériter le pardon de ses fautes par le repentir, pourvu que ce repentir soit réel et sincère, suivi de l'amendement et de la réparation du tort fait à autrui,[88] autant qu'on en a le pouvoir. Il est aussi de la même justice de compenser les vertus aux vices, et de n'avoir pas toujours les yeux ouverts sur les mauvaises actions avec le bras levé pour les punir avec toute la sévérité qu'elles méritent, sans égard aux actes vertueux qui coûtent tant: voilà toute la miséricore et la bonté de Dieu, qui n'est qu'une véritable **[57]** justice. Car, comme nous l'avons remarqué ailleurs, il y aurait de l'injustice à mettre des êtres intelligents malgré eux dans une situation violente et exposée à de grands malheurs; ce tempérament remet tout dans les règles d'une parfaite équité. Ayez la bonté, M.R.P., de repasser la fin de l'article troisième de la section 10e du 3e cahier, où ceci est assez détaillé.

Il me souvient d'avoir lu quelque part dans les ouvrages de ces fanatiques ou de ces gens de parti, que Dieu ne doit point de justice à ses créatures,[89] en sorte qu'ils mettent au rang des prérogatives de la divinité de faire des injustices, au lieu que c'est tout au contraire. Dieu en peut faire, mais n'en fera jamais. C'est une extravagance ou un sophisme qui roule sur le mot de devoir, qu'on prend dans un sens différent que celui qui doit être entendu. Devoir signifie deux choses bien différentes: être obligé en sorte qu'on peut être contraint, et ne pouvoir faire, sans agir contre la raison et contre ce qui est convenable à soi-même.

C'est dans ce dernier sens qu'on entend que Dieu doit quelque chose à ses créatures, c'est-à-dire qu'il ne peut agir autrement avec elles sans agir d'une manière qui ne lui soit pas convenable; ainsi dit-on de soi-même: je dois faire un voyage cet été.[90] Ce n'est pas à dire que j'y suis obligé, mais que j'ai des raisons pour le faire. Or Dieu, qui est la sagesse et la justice même, lorsque cette sagesse et cette justice demandent une chose, doit faire absolument cette chose et il est impossible physiquement qu'il ne le fasse pas, quoiqu'il puisse la faire.[91] Comme il est très difficile qu'un honnête homme ne fasse pas certaines choses que l'honnêteté demande.

[58] Je sens encore en moi que je pardonnerais à une personne qui m'aurait offensé, quoique j'eusse le moyen de le punir, si cette personne avait un violent intérêt de se porter à l'action offensante, qu'il m'en témoignât son chagrin devant que je fusse en état de m'en venger et qu'il fît d'ailleurs tous ses efforts pour réparer le mal qu'il m'aurait fait. Je ne puis encore regarder ce sentiment que comme une perfection et comme une espèce de justice; par conséquent, le reconnaître en Dieu. J'en ai d'autant plus de raisons que c'est Dieu qui a fait l'homme avec toutes ces faiblesses, que c'est lui qui l'a mis dans ces périlleuses circonstances, qu'il y a une grande différence entre les offenses que les hommes se font avec celles qu'ils font à Dieu. Lorsque je commets une action qu'on appelle offense vers Dieu, c'est improprement qu'on l'appelle offense parce qu'elle ne fait aucun tort à Dieu. Une raison encore aussi forte, c'est que Dieu voit si mon repentir est véritable et que moi je ne sais point si celui qui m'a déjà outragé ne cherche pas à m'abuser pour me faire encore pire.[92]

Ajoutons, si vous voulez, M.R.P., pour notre consolation, et au hasard de nous flatter, que, quoiqu'une parfaite et souveraine justice soit indifférente et trouve également son compte dans le châtiment et dans la récompense, on peut comprendre que Dieu récompense plus volontiers, au moins qu'il ne voudrait que récompenser et ne jamais punir.

|| *On peut croire encore plus vraisemblablement et bien près de la sûreté* [b] que Dieu usera de magnificence dans ses récompenses et les poussera bien au-delà du juste mérite, mais que les peines et les châtiments ne passeront point la précise proportion d'une exacte sévérité. La raison en est palpable: c'est une cruauté de faire plus de mal qu'il [59] n'en a été mérité, mais on ne blesse point l'humanité [c] ni l'équité en donnant plus qu'il n'est dû.

La comparaison d'un roi [d] qui comble de biens quelque favori n'est pas juste, parce que, le pouvoir de ce roi étant borné, en donnant au-delà du mérite il donne trop, en ce qu'il se [e] prive du pouvoir de donner assez aux autres; mais le pouvoir de Dieu n'ayant point de bornes, il ne fait tort à personne par ses libéralités.[f]

Or, par toutes ces raisons qui sont incontestables, je trouve que, la chose bien examinée, il y a plus de bien dans une bonne action que de mal dans la mauvaise. Il faut un grand effort pour la première, nous sommes entraînés dans la dernière, la vertu est un saut, le vice est une chute. A Dieu ne plaise que je veuille flatter les méchants, peut-être personne au monde ne les traiterait-il plus mal que moi, ni plus rudement.[93]

|| *Il suit de là que Dieu n'a point de miséricorde et de bonté à notre mode,[94] car on entend par ces mots un pardon et une condescendance sans raison et de pure volonté. Tout est justice en Dieu. En nous la bonté, telle [b] qu'on la prend ordinairement, est injustice, au moins faiblesse.

Je crois, M.R.P., avoir remarqué dans quelques-uns de vos ouvrages que vous êtes de ce sentiment;[95] dont je me sens extrêmement glorieux, car je vous assure que je l'ai toujours eu dès mon enfance.

De chercher quelles seront les récompenses et les peines, c'est tenter l'impossible: il n'y a qu'une chose sûre, c'est que le tout sera dans une parfaite et souveraine équité[c]. L'éternité de peines ne paraît pas plausible, aucun crime **[60]** ne pouvant jamais être infini. A l'égard des récompenses, il y aurait plus d'apparence,[96] par la raison que nous venons de dire, et la vertu pourrait être si héroïque, si grande, si entière, si pure qu'elle serait en quelque façon digne d'une récompense éternelle devant la libéralité et la magnificence divine, quoiqu'elle ne la mérite pas devant sa justice.[d] La métempsycose par le corps des autres hommes, même par le corps des animaux et dans tant d'autres mondes dont le nombre est peut-être immense, est ce qui se présente le plus naturellement à l'esprit; mais je n'ai pas oublié la maxime si sage par laquelle j'ai commencé si judicieusement: je ne succomberai point à la tentation de débiter ce qu'on pourrait dire de plus apparent là-dessus, bien sûr de n'avoir rien à dire d'absolument solide,[97] et qu'il me suffit d'être pénétré de la pensée claire et incontestable que je serai traité avec une exacte justice suivant mes mérites.

Ce qu'on dit des peines du feu est une vision, aussi bien que la raison dont se servent ceux qui prétendent en réfuter l'opinion. Ils disent que l'âme spirituelle ne peut être atteinte de l'action d'un être matériel. Pourquoi Dieu ne fera-t-il pas sentir immédiatement à l'âme la même douleur qu'elle sent par le moyen du corps?[98] Il n'y a là-dessus aucune difficulté; d'ailleurs il y a mille situations où l'âme pourrait être aussi malheureuse que lorsque, unie au corps, ce corps est dans le feu, comme certaines peines, certains chagrins, certains embarras que j'ai éprouvés en songes.[99]

Une objection fort sensée qu'on peut faire aux chrétiens est que, puisque la vue de Dieu fait la félicité de leurs saints, la privation de cette vue, avec la connaissance de la perte **[61]** qu'on a faite, doit faire le malheur des réprouvés. Les mahométans, auxquels ils reprochent que leur prophète leur promet un paradis matériel où ils goûtent les plaisirs grossiers des sens, peuvent aussi leur dire que cela n'est dit que par figure et qu'ils trouveront de pareilles expressions dans leurs livres sacrés que dans l'Alcoran;[100] mais en second lieu, que, puisque les chrétiens admettent bien des peines sensuelles pour punition des crimes, ils peuvent bien admettre des plaisirs sensuels pour récompense de la vertu. Je ne vois rien à répondre que de mauvaises subtilités.

Conclusion de cette section

Sur ce qu'il y a des peines et des récompenses, c'est à moi à bien examiner ce qui me les peut attirer, par conséquent ce que Dieu me demande et me défend.

|| [a]Que peut demander de moi cet être infini? A son égard, rien. Mes respects, ma vénération, mes adorations lui sont inutiles,[101] quoique je les lui [b] doive, et tout cela suit naturellement de la moindre réflexion, comme nous l'avons vu, et qu'il est [c] comme impossible de les lui refuser. C'est la suite naturelle et nécessaire de [d] notre attention, comme la peur l'est de la vue du danger. Et d'ailleurs ces adorations ne me coûtent rien, au moins si peu qu'une corruption de cœur

inconcevable ne pourrait qu'à peine faire pécher contre cet article. J'entends par adoration un sentiment intérieur de respect, et non des actions extérieures qui sont des folies devant Dieu et qui coûtent beaucoup aux hommes.

Ce n'est point pour cela que Dieu a fait pour ainsi dire des lois positives; ce ne peut être que pour *e* ce que les hommes se doivent les uns aux autres. Leur constitution est telle qu'ils ont besoin de secours mutuels et la société leur est nécessaire et essentielle, mais mille incidents et surtout leurs passions traversent ces obligations, et ils ne les peuvent remplir *f* en bien des occasions qu'en se faisant violence.

Voilà sur quoi **[62]** il faut de l'attention, voilà sur quoi il faut consulter la raison que Dieu m'a donnée pour m'éclaircir, pour connaître *g* l'essence des choses et pour en tirer les conséquences; voilà sur quoi il faut consulter la conscience, instinct dont Dieu a pénétré mon esprit et mon cœur, qui me répond toujours juste quand je le consulte, *h* qui me parle sans que je l'interroge, et qui me reproche toutes les fautes que je fais contre ses ordres.

La raison ni la conscience ne me disent point qu'adorer Dieu, c'est bâtir des édifices somptueux, se mettre à genoux le visage contre terre, tuer et consommer par le feu des animaux et même des hommes, réciter à certaines heures certaines paroles etc. Toutes *i* ces choses sont de pure *j* invention des hommes, de leur folie, de leur avidité et de leur ambition.

Il est vrai qu'aussitôt qu'on est imbu de ces opinions extravagantes, il semble que la conscience pousse à y obéir et reproche les fautes qu'on fait là-dessus. Mais il ne faut que se réveiller un peu de l'assoupissement, il ne faut qu'un peu ouvrir les yeux pour voir que la conscience ne parle qu'en général, et que c'est nous qui faisons l'application *k* de ces lois générales à des cas *l* particuliers dont nous nous sommes fait des lois mal à propos, contre la raison et sans la participation de la conscience.

La conscience et la raison me disent clairement que je dois adorer Dieu, mais je ne dois consulter que la raison pour en trouver la manière, et la raison me dit que cette adoration ne gît qu'en un sentiment intérieur du plus grand respect et de la plus grande vénération dont je suis capable, et que tout le reste sont des extravagances qui déshonorent l'esprit humain *m*.

La raison et la conscience me disent clairement que je dois agir avec tous les autres hommes comme je sens qu'ils doivent agir avec moi, faire pour eux tout ce que raisonnablement je leur puis demander, et ne leur rien faire dont je me plaindrais justement si quelqu'un me le faisait: c'est sur **[63]** cela que je dois consulter la raison afin de voir précisément ce que je puis demander et ce dont je puis me plaindre, c'est-à-dire en quoi gît essentiellement la justice, principe de nos devoirs et fondement de notre bonheur présent et à venir.

Cette vertu appelée la justice, qui renferme toutes les autres, à l'égard desquelles elle est le <parangon>, [102] est palpable; la raison et la conscience nous la font toucher au doigt partout et en même temps, il n'y a pas le moindre doute là-dessus; un paysan en sent autant que les plus savants hommes; on ne consulte personne quand on a le cœur droit; on voit tout d'un coup ce qui est juste; mais lorsqu'on voudrait bien accorder son avarice et son orgueil avec la justice, on a recours au casuiste.

Je n'entends parler ici que de la véritable justice, prise en elle-même, car on sait bien que la justice civile, qui comprend les différentes lois que les hommes ont faites, soit à droit ou à tort, demande une étude dont les particuliers ne sont pas capables, et sur quoi il faut nécessairement consulter ceux qui font leur métier d'entendre et de posséder ces lois, ce qui n'a qu'un rapport indirect avec notre conduite. Les hommes doivent agir avec justice les uns avec les autres, c'est le principe. Telle chose est juste en certain pays, je dois agir suivant les lois de ce pays lorsque j'y suis, mais en supposant que cette loi ne soit point contre le droit et l'équité naturelle, ou qu'elle ait été faite d'un consentement unanime; sans quoi je puis, en conscience, la frauder du mieux qu'il me sera possible.

Il n'en est pas de même des lois naturelles que Dieu nous a dictées lui-même, dont il a pénétré notre raison et qu'il a gravées dans notre cœur; remplissons nos devoirs par rapport à ces lois suivant nos différents états, remplissons-les de notre mieux, quelque chose qu'il nous en coûte, sans égard **[64]** aux peines qu'il nous faudra supporter et aux plaisirs dont il faudra nous priver. Dieu regardera avec complaisance tout ce que nous ferons sur ce pied-là, il l'approuvera et il nous récompensera avec une magnificence proportionnée à son pouvoir infini; il désapprouvera les actions contraires, dont il nous punira avec une exacte sévérité.

|| [a]Sommes-nous juges? recevons les plaideurs comme nous voudrions raisonnablement qu'on nous reçût et qu'on nous jugeât; ne courons point après l'état de juge par vanité, par avarice ou par ambition; ne le refusons point par paresse s'il nous est commis par ceux qui en ont [b] le droit; mais en même temps que nous l'acceptons, n'épargnons rien pour acquérir la science nécessaire pour nous en bien acquitter et donnons à notre emploi tout le temps et toute l'application qui est en [c] notre pouvoir.

En un mot, que chacun remplisse son état de son mieux et tellement[103] qu'il voudrait qu'on le remplît à [d] son égard. Que le roi soit roi, tel qu'il voudrait un roi s'il [e] était sujet; que le sujet [f] soit tel qu'il voudrait des sujets s'il était roi; ainsi du reste: soyons bon père, bon fils, bon mari, bon maître etc [g].

J'ai dit: «comme nous sentons que nous voudrions raisonnablement qu'on nous traitât», parce que l'expression ordinaire, *traitez autrui comme vous voulez être traité vous-même* [h], n'est pas exacte. L'assassin ne voudrait pas qu'on le condamnât à la roue, mais raisonnablement il voit qu'il le mérite; ainsi, le juge doit traiter non comme il voudrait être traité s'il était en sa place, mais comme il sentirait raisonnablement qu'il doit être traité. Nous l'avons déjà dit: le criminel n'est point indigné contre le juge qui le condamne [i]. **[65]**

A cette unique loi de la justice se rapporte encore une espèce de mal qui regarde l'intention du créateur, que nous ne pouvons frustrer sans crime. Nous ne devons point nous procurer des plaisirs qui ne puissent être suivis de l'effet pour lequel Dieu a fait la disposition des plaisirs. C'est faire ce que nous ne voudrions pas qu'on nous fît. Je ne voudrais pas que mon fils consommât à tirer au blanc ou sur des hirondelles la poudre et le plomb que je lui donne [pour] la chasse:[104] je veux bien qu'il s'en divertisse, mais que ce divertissement rapporte quelque profit à la maison.

Reste, pour consommer la vertu, lui donner toute sa perfection et la rendre plus méritoire, reste, dis-je, à poser pour condition essentielle que nous devons toujours avoir en vue l'approbation du créateur, n'agir jamais sans cette pensée, toujours tendre à mériter cette approbation qui nous attirera ses récompenses, toujours craindre qu'il ne voie dans nos actions quelque injustice qu'il ne manquera pas de condamner et de punir avec la sévérité d'une équité parfaite.

Il ne faut pas entendre que ces pensées doivent nous occuper toujours actuellement, il suffit d'en avoir l'habitude, que ce soit notre occupation permanente. Je veux dire que si nous rêvions là-dessus, nous trouverions que c'est notre sentiment, à peu près comme un gouverneur a toujours envie de conserver sa place, quoiqu'il n'y pense pas actuellement à tout instant. Quoique nous ne sentions pas nécessairement ce sentiment qui est véritablement dans notre cœur, Dieu ne laisse pas de l'y voir continuellement, comme il voit dans l'avare son avidité, lors même que l'avare songe à autre chose. C'est ainsi que notre vie sera une perpétuelle oraison sans en troubler les actions ni interrompre le cours de ses devoirs.

[**66**] Si Dieu nous avait fait pour la contemplation seulement et chanter verbalement, il ne nous aurait point engagé nécessairement à tant d'actions corporelles, ni attaché la conservation de la vie à tant de travaux continuels, dont tant de fourbes se dispensent, se reposant sur la peine d'autrui qu'ils devraient partager; il n'aurait point établi la propagation de l'espèce sur des actes qui emportent beaucoup de distraction et les suites tant d'embarras et de travaux pour le soutien et l'éducation d'une famille.

Je ne nie point que Dieu ne se puisse plaire à être contemplé par des créatures qui en fassent toute leur occupation. Mais en ce cas il a créé pour cela de purs esprits. Peut-être réserve-t-il une si belle et si heureuse fonction pour les âmes humaines qui auront mérité un si grand honneur par des vertus héroïques et constantes.

|| *a*Avec les dispositions que je viens de poser, qui contiennent aussi bien en essence qu'en pratique toutes les vertus et tous les moyens d'être saints devant Dieu, avec la voie de parvenir aux récompenses destinées à ceux qui auront vaincu leurs passions pour lui être agréables, on peut et on doit jouir de tous les biens que sa sagesse et sa puissance ont répandus avec tant de magnificence dans le monde,[105] pourvu qu'on en fasse un usage légitime et sans excès, surtout qu'on ne s'en mette jamais en possession contre les lois de l'exacte justice. On doit généreusement renoncer *b* à toutes sortes de biens et de plaisirs, quelque tentants qu'ils soient, dès qu'ils doivent coûter le moindre crime, dès qu'il faut faire la moindre violence *c* ou tromper.

C'est donc une folie de se faire du mal de but en blanc par la mortification *d*, et même d'en souffrir sans raison et sans nécessité; c'est une pareille folie que celle de Don Quichotte qui s'allait donner cent coups de fouet en l'honneur de sa maîtresse.[106] Je ne pense pas qu'on fît [**67**] un jugement téméraire en croyant que le bel esprit qui a fait cette agréable fable ait *e* voulu montrer le ridicule des vertus monacales.[107]

Parmi les philosophes, ceux qui ont crié contre les biens et les plaisirs sont tombés dans l'excès et dans l'illusion. C'est en quelque façon blâmer la conduite de Dieu, c'est au moins rebuter ses présents et ses bienfaits; il y a du bon à en jouir, il y en a à s'en prévaloir, à s'en régaler, à passer joyeusement la vie dans leur possession,[108] dès qu'on n'y a point une attache infinie et qu'on n'en outre point l'usage *f*. Sénèque, autant que j'en puis savoir, était fort riche, même très magnifique, et néanmoins très sage et très homme de bien; je crois qu'il était bon citoyen, bon mari, bon père, bon maître, bon voisin et que le genre humain eût été dans ses beaux jours s'il avait été en la place du malheureux qui ne put longtemps suivre ses préceptes.[109]

J'avoue néanmoins que je ne vois rien de blâmable dans ceux qui renoncent à tous les biens du monde, à toute commodité et à tous les plaisirs de la vie, pourvu qu'ils vivent de ce que la nature produit sans le travail des hommes; je ne vois rien non plus à les louer là-dedans: c'est laisser perdre ce que la sagesse infinie n'a pas fait pour être inutile. Il y a souvent en de pareilles résolutions plus de faiblesse que de force, c'est véritablement enfouir le talent.[110] A l'égard de ceux qui renoncent au monde pour y servir Dieu, se réservant tout le droit de s'en servir,[111] qui se font des ermitages dans le sein des villes, où ils ont toutes les commodités et les délices de la campagne, et tout cela aux dépens du pauvre peuple abusé, ce sont de véritables voleurs à rouer: je tranche le mot, quelque rnde qu'il paraisse, et prétends parler dans la plus précise exactitude.

Mais à quoi il est bon de renoncer, c'est au désir ardent dc posséder des richesses et toute sorte d'autres biens de cette vie **[68]**, dans la crainte que cette ardeur ne devienne une passion déréglée qui nous précipite dans l'injustice. Il est d'une extrême difficulté de garder des mesures lorsqu'il s'agit de satisfaire une violente envie, il faut donc chercher et même souhaiter ces choses sans emportement, comme il en faut jouir avec modération, travailler tranquillement, recevoir les heureux succès avec une joie douce et paisible, et les mauvais sans impatience, sans tristesse et surtout sans colère.

C'est assez la place ici d'examiner ce que nous pouvons demander à Dieu dans cette vie, puisque nous avons examiné ce qu'il demande de nous. Que pourrions-nous attendre de nouveau de cet être infiniment sage, infiniment puissant et juste? Il a tout fait dans la perfection souveraine et tout mis dans le meilleur état qu'il soit possible; il ne changera rien dans son ouvrage, ni dans ses dispositions; il nous a donné tout le pouvoir et toute la connaissance nécessaire, il n'augmentera ni l'un ni l'autre. La grâce pour les actions morales est un être de raison, ou plutôt d'extravagance, comme les miracles, dans l'enchaînement d'effets que produisent les causes nécessaires, sont des chimères.

Mais le repentir est notre propre ouvrage, comme nos mauvaises actions; nous pouvons donc et nous devons nous exciter à ce repentir, et, quand nous y sommes parvenus, l'offrir à Dieu avec nos bonnes intentions, nos désirs de bien faire et le peu de sacrifice que nous lui avons fait de nos passions; il faut lui présenter nos bonnes résolutions pour l'avenir, y joignant la réparation du tort fait à autrui autant que nous en sommes capables: dans ces dispositions, nous pouvons demander à Dieu le pardon de nos fautes passées avec une juste assurance de l'obtenir.

|| *Pour des grâces prévenantes, suffisantes, efficaces et tout ce qu'on regarde comme secours et moyens nouveaux, folies humaines; nous avons pour la vertu tout le pouvoir possible, et notre expérience et notre conscience nous en assurent assez invinciblement et si cela **[69]** n'est pas, Dieu est un tyran *exécrable ou un être impuissant.

Demander la santé, *une longue vie, la fertilité, le gain d'un procès ou d'une bataille etc.: ridicule illusion! mais bien plutôt fourberie de la prêtraille en toute religion; cela est rebattu en plusieurs endroits, surtout au 3e cahier à l'article des miracles, ainsi en quatre lignes j'en dirai ici plus que suffisamment[d].

Ces sortes de choses arrivent tous les jours sans qu'on les demande à Dieu, parce qu'elles sont des effets de la nature, c'est-à-dire des dispositions que Dieu a établies en créant l'univers; les choses qui ne suivent point de ces dispositions n'arrivent jamais, quelque demande[e] qu'on en fasse, de quelques mots que l'on se serve, quelques simagrées que l'on[f] emploie, quelque solennité dont on les accompagne.

Dites-moi, M.R.P.: si vous demandez une de ces choses, vous avez une ferme espérance[g] de l'obtenir; vous pourriez donc parier une petite somme contre une grande que vous serez exaucé; vous[h] ne parieriez cependant pas un écu contre cinq cents millions d'or, parce[i] que vous voyez clairement que vous demandez l'impossible, non du côté de la puissance divine, mais du côté de sa volonté.

Quand on presse là-dessus ces cafards qui font leur métier de demander à Dieu des miracles et d'en promettre aux hommes, qui farcissent leurs livres de ceux qu'ils ont obtenus, et qui en barbouillent les murs de leurs temples, ils vous disent gravement qu'il ne faut pas tenter Dieu[j]: ne lui demandez donc aucun acte particulier, ni aucun effet extraordinaire et nouveau de sa puissance, car vous le tentez autant en lui demandant la guérison d'une fièvre qu'en le priant de faire revenir le bras à celui qui l'a coupé, ou la résurrection d'un mort auquel on a coupé la tête et arraché le cœur, à moins que vous ne poussiez[k] la grossièreté à soutenir que l'un lui coûte plus que l'autre, et que vous ne regardiez l'Etre infini **[70]** que comme un homme dont la force est bornée, qui[l] fait que vous lui demandez bien de soutenir un poids de cent livres, mais non celui de dix milliers[m].[112]

Je puis assurer V.R. que je suis bien ferme sur cet article et bien revenu des idées populaires, je me suis trouvé plus d'une fois dans les plus pressants dangers et dans les plus cruelles situations, entouré d'ennemis, prisonnier, dans des naufrages, accusé de crime capital,[113] sans la moindre tentation de faire des vœux et des prières pour m'en tirer, encore moins de rien offrir dans cette vue à la souveraine puissance qui possède tout. Je voyais mes compagnons d'infortune suivre la route ordinaire, je me contentais d'une prière en esprit que deux mots exprimaient: Mon Dieu, mon créateur et mon juge, ayez pitié de moi, excusez ma faiblesse qui m'a fait succomber sous tant de tentations, recevez le peu de sacrifice que je puis vous avoir fait, avec mes bonnes intentions, mes profonds respects et mes sincères adorations; je vous demande pardon de mes fautes en toute humilité et avec tout le regret de les avoir commises dont je suis capable. Vous lisez au fond de mon cœur, ô mon souverain maître, et voyez mieux que moi mes sentiments; je n'implorerai jamais que votre miséricorde et non votre puissance, qui a fait tout d'un coup ce qui devait être fait.

Et cela tranquillement et sans interrompre les actions que je croyais nécessaires pour nous sauver de l'orage[114] ou des autres malheurs; le danger passé et les maheurs finis; j'en remerciais Dieu, comme je le remercie du lever du soleil, de ce que je suis mieux sur un lit que sur des boulets de canon, de ce qu'ayant passé une goutte d'huile sur la lame de mon épée, elle ne tient plus au fourreau, de ce qu'ayant percé un tonneau, j'en tire du vin, et de ce qu'ayant mis un fosset[115] dans le trou, il n'en sort plus.

[71] *Section troisième.* Reprise de quelques points qui n'ont pas été assez poussés, de crainte d'interrompre le fil du système.

Article premier. Déclaration d'un être subalterne pour l'auteur de l'univers

Quand on voudrait s'en tenir au premier pas de la connaissance de Dieu et soutenir que, content en lui-même, il ne fait rien au-dehors, pour quoi l'univers ne peut être que l'ouvrage d'un être inférieur:

1°) C'est se contredire: si cet être est une créature, il ne peut être que l'ouvrage de Dieu, par conséquent voilà Dieu agissant hors de lui-même; si cet être est éternel, c'est un être indépendant, par conséquent un véritable dieu, et nous voilà tombé dans l'énorme pluralité des dieux dont il faudra admettre un nombre infini, n'y ayant pas plus de raison pour deux que pour cent millions.

2°) Cela ne serait rien pour la pratique: il serait toujours vrai que cet être serait d'une sagesse et d'une puissance si grande, quoique au-dessous de l'infini, que nous devrions le craindre et le respecter par les mêmes raisons que nous avons vues pour l'être infini. L'excellence de sa nature, telle que nous serions son ouvrage, mériterait nos respects; ne pouvant après cela lui refuser au moins autant de justice que nous en sentons en nous, nous serions invinciblement persuadés qu'il récompenserait les bons et punirait les méchants.

[72] La justice est de l'essence de tous les êtres intelligents, comme la vérité, dont elle est une espèce. Toutes les intelligences voient nécessairement la réalité, la vérité et la justice; quand il se rencontre des hommes qui s'en éloignent, c'est que la passion les pousse à prendre un parti qu'ils connaissent mauvais. Or il ne peut rien y avoir de semblable dans l'être subalterne que nous supposons, on ne le peut comprendre que comme purement spirituel. S'il était uni à une machine matérielle comme nous, quelle grandeur donnera-t-on à cette machine, où loge-t-on celui qui a mis en mouvement l'orbe de Saturne et sa planète,[116] qui a placé un si grand nombre d'étoiles fixes[117] dont la masse est si énorme? Cela ne peut tomber dans le sens commun, ce serait donc un pur esprit, par conséquent hors de la portée de toutes tentations, par conséquent d'une grande justice.

Mais où est le fondement de cette supposition? Le seul qui ait quelque apparence se tire de quelques défauts qu'on croit voir dans la fabrique du monde, d'où l'on conclut que ce n'est pas l'ouvrage d'un être parfait.

Cette conclusion serait juste, si ces défauts étaient considérables. Une réponse ou plutôt une explication entière là-dessus ferait le sujet d'un travail à part, il suffit ici d'une seule pensée. Celui qui a eu assez de sagesse pour former le dessein de l'univers tel qu'il est a sans doute vu tous les cas que nous prenons pour des fautes et, ayant eu assez de puissance pour exécuter ce dessein, il n'en a point manqué pour tourner les choses autrement. Si ces cas qui sont le sujet de nos téméraires censures étaient véritablement des défauts, il faut donc de nécessité qu'il n'y ait de défauts qu'à nos yeux qui, bien loin de voir le rapport de toutes les parties du monde en entier, sont trop faibles pour bien contempler seulement le point que nous habitons. Comment combiner et **[73]** pénétrer toutes les pièces d'une machine sans bornes, dont notre terre et tout ce que nous voyons à l'entour, quoique d'un vaste[118] énorme, n'est qu'une petite portion, si toutes nos sciences, nos méditations et nos travaux n'ont encore pu nous en faire mesurer l'étendue ni fixer la connaissance de ses mouvements? Nous voyons bien que ce que nous appelons anomalie n'est irrégulier qu'à notre égard, et que le mouvement des cieux et des astres est aussi juste en lui-même que merveilleux à notre contemplation.

La raison veut donc que nous concluions que ce qui nous paraît des défauts sont des dispositions convenables au total de l'univers et au juste et sage dessein de l'être infini et parfait, par conséquent de véritables perfections.[119]

Une autre plus mauvaise raison serait de craindre pour le repos de l'être infini, que le gouvernement d'une telle machine altérerait. Cela ne mérite en vérité aucune réponse; cependant, comme on prétend que ç'a été la pensée de gens qui portaient le nom de philosophes,[120] faisons-en voir le ridicule, c'est trop peu de dire le faux.

1°) L'univers étant une fois formé par un simple acte de sa volonté, il n'y touche plus et laisse tout aller suivant les sages dispositions qu'il a faites et par les forces qu'il a communiquées à chaque agent.

2°)C'est juger de l'être infini comme des êtres bornés, c'est compter qu'il y a en lui du plus ou du moins, que certaines choses lui coûtent, qu'il peut être embarrassé, qu'il lui faut du temps et de l'effort à proportion de la grandeur des choses et qu'il a comme nous besoin d'une application gênante; ce n'est pas comprendre que par un seul acte d'intelligence il voit tout, que par un seul acte de sa volonté il fait tout, et qu'il ne lui faudrait pas plus d'effort, de temps et d'embarras pour déplacer toutes les parties de l'univers que pour tourner une épingle de la tête à la pointe.

Enfin quand, contre toute raison, et sans raison, on voudrait que tout le monde fût la production d'un être au-dessous de l'infini, il n'y aurait nul risque à tout rapporter à cet être infini tant parce qu'il [74] serait l'auteur de l'être subalterne qui lui serait soumis, que parce que cet être subalterne, tel qu'on voudrait le supposer, serait toujours doué de trop grandes lumières et de trop de justice pour être jaloux des honneurs qu'on rendrait à l'être suprême, son créateur, au moins son supérieur en un degré infini. Il ne pourrait encore nous rien imputer à crime vers lui là-dessus, notre ignorance étant notre excuse; ce serait à lui à nous instruire de son être, de sa volonté et de ses droits. Mais en vérité, cette supposition est si indigne de l'esprit humain que je ne puis dire combien je pâlis en la traitant.

Article deuxième. De la bonté de Dieu.

|| *ª*Le mot de *bon* est parmi nous la plus commune épithète *b* de la divinité; c'est l'épithète favorite des cafards.

Aimez bien notre bon Dieu, dit un encapuchonné *c* pour payer son écot en sortant de chez le manant. Le bon Dieu est bon, dit un cagot, de souffrir tant de libertins. Voilà le bon Dieu, dit un paysan à son enfant, lui *d* montrant une image d'un liard. Vite à genoux, crie un courtaud de boutique à ses enfants, à ses voisins et aux passants, on porte le bon Dieu. Le docteur orne le frontispice de sa thèse d'un *Deo optimo*.[121]

Je crois bien que le paysan pense que Dieu est bon, comme un bonhomme qu'on surprend aisément, qu'on irrite difficilement, qu'on apaise avec peu de peine et qui passe, comme dit le proverbe, les choses au gros sas.

Ce n'est pas à celui-là que je parle, c'est[e] au docteur, au théologien, au curé, à ce ministre, à ce prédicateur. Qu'entendez-vous, Messieurs, par bonté, quand vous l'attribuez à Dieu? Si c'est cette bonté qui est l'essence de tout l'être, comme l'unité et la vérité, il n'y a rien à dire. Mais ce n'est point dans ce sens qu'on vante la bonté de Dieu **[75]**, c'est dans le même sens qu'on vante la bonté de l'homme,[122] sans faire réflexion que cette bonté est ordinairement une véritable faiblesse. Ne serait-ce pas insulter un grand homme de dire que c'est un bonhomme? A-t-on jamais dit que Titus, Trajan, Marc-Aurèle et Antonin[f] étaient de bonnes gens? Cela renferme une bonté basse et même vicieuse. On n'a jamais mis la bonté au nombre des vertus, mais bien la justice. Notre pur naturel[123] pourrait donner le nom de bon à J.-C. C'est la plus avantageuse idée qu'on en puisse avoir[g] et la moins choquante pour les chrétiens: il avait les intentions louables, mais beaucoup de petitesse et peu de capacité. Je suis sûr que qui dirait que Dominique et Ignace étaient de bonnes gens s'attirerait les jacobins et les jésuites sur les bras.

On ne peut pas se sauver en disant qu'on dit que Dieu est bon comme on dit que Trajan[h] était un bon prince, que Turenne était un bon général. Bon, en cette occasion, est pris[i] par comparaison, ce qui ne peut avoir lieu à l'égard de la divinité: le mot se dit alors à l'égard de la qualité, et non[j] à l'égard de la personne. Ainsi on dit que Trajan était un bon empereur et non qu'il était un bon homme; on dit de même que Dieu est un bon juge, un bon ouvrier, mais on ne doit pas dire qu'il est un bon dieu. On n'a jamais dit que le soleil est un bon soleil, quoiqu'on puisse dire que c'est un bon astre. Je croirais volontiers que cette épithète vient des païens, lesquels, ayant plusieurs dieux, pouvaient appeler bon celui qu'ils croyaient le plus traitable[k]. Le mot de bon qu'on donne à Dieu est donc suivant l'idée du paysan que j'ai décrite; on veut que Dieu tolère le vice par condescendance, qu'il se paie de paroles, de simagrées, de grimaces, de compliments: babioles! On veut qu'il aime les hommes comme la plupart des femmes aiment leurs premiers enfants,[124] aux cris et aux importunités desquels elles accordent des choses **[76]** déraisonnables et même pernicieuses. On veut que Dieu soit comme ces princes faibles, qui n'ont ni force d'agir, ni celle de rien refuser.

On crie que Dieu aime les hommes qui sont son plus bel ouvrage. Quel sens renferme cette expression? Dieu n'aime que lui-même, il ne peut aimer autre chose: l'amour, à le bien prendre, est la connaissance de ce qu'il y a de bon dans un objet, mêlée de quelque admiration, avec un violent désir de la possession. Si l'on prend le mot d'aimer pour: avoir de la considération, Dieu aime les hommes comme il aime les pierres, ce qui n'emporte pas qu'il les puisse traiter comme des pierres, sa justice s'y opposant; le mot d'aimer en ce rencontre[125] n'a rapport ni à l'amour ni à l'amitié, c'est une simple vue mêlée d'une espèce d'estime ou, pour mieux dire, Dieu voit les hommes, il veut qu'ils soient ce qu'il les a faits et rien plus.[126]

Quelle marque les hommes ont-ils qu'il les aime, à prendre le mot d'aimer comme on l'entend ordinairement, comme j'aime ma femme, mes enfants, mes amis? Est-ce par leur création? Il ne les a pas créés pour l'amour d'eux, nous l'avons déjà dit, et je défie le plus habile argumenteur[127] de me donner la moindre preuve que la création soit pour les hommes un bien dans l'espèce des biens que l'on attend des gens dont on est aimé. Si nous aimons l'existence, c'est par instinct et non par raison; si la sagesse divine n'avait pas donné cet instinct, il n'y aurait pas un homme qui, dans un temps ou dans un autre, ne souhaitât l'anéantissement, et presque tous se le procureraient s'il était en leur pouvoir dès qu'ils auraient l'âge de raison. Où est donc le régal de la vie, même pour les plus heureux? Pour sentir cela, il ne faut que faire réflexion au plaisir qu'on se fait du sommeil, sans **[77]** parcourir[128] les dégoûts et les ennuis qui nous la[129] rendent à charge, les maladies, les chagrins, les embarras, les vexations, les afflictions qui font les hommes les plus malheureux de tous les êtres, ce qui n'est encore rien en comparaison de ce que la religion factice y ajoute, qui la rend odieuse et détestable.

Quand toutes les belles promesses que font les religions factices seraient vraies, les menaces qu'elles font rendent la vie pire mille fois, puisque l'effet de ces menaces est cent millions de fois plus à craindre que l'effet des promesses n'est à espérer, tant par la différence de la peine au plaisir, qui n'a point de comparaison, que par la difficulté du succès. Mais Dieu est juste et parfaitement juste, il nous a mis entre les biens et les maux, nous pouvons jouir des uns et éviter les autres, avec certains égards et à certaines conditions; nous devons en certaines rencontres nous priver des biens et souffrir les maux, ce sacrifice sera récompensé magnifiquement, peut-être même qu'un éternel bonheur sera le prix d'une haute vertu.

Voilà toute la bonté qu'on puisse attribuer à l'Etre parfait, quand on veut parler en s'entendant et pour se faire entendre. De là suit qu'il faut adorer la divinité pour sa grandeur, la respecter pour sa justice; on pourrait en certain sens dire: sans la craindre, mais comme ce mot entraîne à l'esprit, malgré qu'on en ait, une espèce d'horreur et de haine, la crainte que les brebis ont des loups et le pauvre peuple des exacteurs: à proprement parler un honnête homme ne craint point le prévôt ni le lieutenant criminel, mais un voleur les craint.

Nous parlons ici du premier sentiment de l'homme au moment qu'il commence à faire usage de sa raison; alors, à proprement parler, il ne craint point la justice de Dieu; dès qu'il a péché, **[78]** ce n'est plus la même chose, il craint la justice divine d'une crainte qui n'est point la crainte ordinaire mêlée d'incertitude, c'est plutôt la crainte du criminel qui va au supplice que la crainte d'un accusé. Il y a cependant deux grandes différences: la première, qu'il n'est pas impossible que le criminel échappe, quoiqu'il soit très difficile, et que le pécheur ne peut absolument échapper à Dieu. La seconde, que le criminel n'a nulle espérance d'obtenir pardon et que le pécheur est le maître absolu de l'avoir. Ces deux passions à l'égard du supplice, dans le criminel simplement accusé et dans le criminel condamné, sont aussi différentes entre elles que l'indignation et la colère; le malheur est qu'on n'ait pas inventé des termes pour les exprimer différemment et qu'on les appelle toutes deux craintes. C'est de cette disette de mots que viennent une infinité d'expressions mal entendues partout[130] et surtout dans la religion où l'abus est encore de plus grande conséquence; on veut que les mêmes choses soient partout où l'on s'exprime par les mêmes termes. Je vais essayer de m'expliquer.

On aurait dû faire un mot pour signifier ce qu'on appelle crainte lorsqu'il s'agit de ce qu'on sent quand on est prêt à tomber entre les mains des corsaires, des exacteurs etc., et un autre pour exprimer la modification de notre âme lorsqu'elle se voit dans le danger de faire quelque chose qui blesse un ami. On devrait avoir des termes différents pour l'espèce de bonté qui est en Dieu et celle que nous convenons être dans les hommes, pour l'espèce d'amour dont nous sommes capables vers lui et l'amour que nous avons pour les créatures, pour l'espèce de crainte que sa justice doit inspirer et pour celle que la justice humaine nous donne, comme on a fait le mot d'adorer pour l'espèce de devoir et de vénération qu'on doit à **[79]** Dieu, ce qui signifie un sentiment intérieur, de toutes nos puissances, dans toute l'étendue de nos forces, vers l'être infini, dans la vue de ses perfections sans bornes; d'autant qu'un tel sens ne peut convenir à aucune créature, il faut un mot singulier. Les termes de bonté, d'amour et de crainte ne renferment que l'idée de ce que nous sentons pour les créatures, par conséquent n'expriment pas les impressions qui viennent du créateur, ni les actions de notre âme vers son essence, ou ses actions; comme on ne manque jamais de prendre ces termes dans le sens ordinaire, ils ont toujours une fausse signification.

Le mot pour la bonté devrait signifier seulement ce qu'on entend quand on dit: un bon juge; ce n'est pas celui qui pardonne au criminel et qui donne gain de cause au pauvre qui a tort; ce qu'on entend quand on dit un bon ouvrier, ce n'est pas celui qui raccommode la charrue de la veuve et de l'orphellin, qui couvre la maison du nécessiteux; ce qu'on entend quand on dit que certaine chose est bonne pour une autre, ce n'est pas que la bonne se dépouille de rien pour en revêtir l'autre; on entend que le juge est bon juge, parce qu'il fait exactement justice, condamnant quiconque a tort, absolvant quiconque a droit; on entend que l'ouvrier est bon ouvrier parce qu'il travaille bien et loyalement, on entend que certain valet est bon pour certain maître parce qu'il lui convient: un valet douceureux, papelard conviendra à un cagot; un valet alerte, audacieux conviendra à un gendarme.[131]

Voilà à peu près les sens dans lesquels Dieu est bon, et c'est dans l'autre qu'on le prend, comme du juge qui a pitié du pauvre qui a intenté un mauvais procès, de l'ouvrier qui travaille mal, mais gratuitement et par commisération, ou du maître qui souffre tout à son valet, débauches, friponneries etc. pourvu qu'il le papeline[132] et le flatte.

Le terme pour l'amour ne devrait avoir d'autre sens que ce qu'on pense quand on dit qu'on aime l'ordre, la vérité, les sciences, ce n'est **[80]** pas ni amour, ni amitié, c'est tout autre chose, c'est plus que la simple estime: il n'y a guère de gens qui n'estiment les sciences et il y en a peu qui les aiment; tous les hommes estiment la vertu, tous ne l'aiment pas, quelques-uns même la haïssent. Ce terme, dans le sens que nous venons de définir, ou plutôt dans le sens dont nous venons de tâcher de donner une idée, exprimerait ce qui s'appelle l'amour de Dieu pour ses créatures, qui n'est que le coup d'œil pour ainsi dire dont il les regarde; il exprimerait l'action dont notre volonté est capable à l'égard du créateur, qui n'est qu'un sentiment d'admiration et de soumission; assurément que le mot d'amour qu'on prend sans y penser, et même exprès, pour ce qu'on sent pour un ami ou pour une maîtresse donne une fausse idée qui ne trouve entrée que dans les cervelles creuses et fanatiques; ces gens à visions et à extases, ces faiseurs de noces spirituelles s'écrient qu'ils aiment Dieu au sens qu'on aime une maîtresse dont on est passionné, ils adoptent les termes les plus tendres des véritables amoureux, les plus emportées expressions des poètes ne les satisfont pas, ils en forgent de nouvelles: tout cela est vision. Il y avait autrefois des gens qui aimaient Jupiter, Neptune, Cybèle, Cérès etc., il y en a aujourd'hui qui aiment tout de même Sommonocodan, le soleil etc. et les autres que l'artifice intéresse à imaginer, mais qui leur donnent bien d'autres marques de cet amour chimérique que ne font nos béats et nos mystiques.

Ce sont des fous comme Don Quichotte dans ses amours pour Dulcinée.[133] Amour, amitié emportent quelque égalité, une familiarité, une réciprocation[134] de plaisirs. Je fais la joie de mon ami comme il fait la mienne, je fais les plaisirs de ma maîtresse comme elle fait les miens, nous perdrions à peu près également les uns et les autres en rompant notre union. Il n'y a rien de semblable dans ce que Dieu a pour les hommes, ni dans les sentiments des hommes pour la divinité. On n'aime point les gens qu'on craint, mais l'on craint en quelque sorte ceux qu'on aime, c'est-à-dire qu'on se tient toujours [81] sur ses gardes, pour ne rien faire qui leur puisse déplaire: ce n'est point eux qu'on craint, c'est soi-même, on appréhende de les blesser, parce que nous participerions à leur mal. Le sens de ces deux craintes est aussi différent que celui de plaisir et d'insulte. C'est dans le sens d'une crainte de rien commettre que Dieu désapprouve en le voyant et que sa justice doive punir, qu'il faudrait un mot qui renfermât un sens tout autre que la crainte que nous avons de déplaire à un grand qui s'en vengerait, parce que nous supposons toujours que nous avons[135] été en droit de faire ce qui lui a déplu, ou que, supposé que nous ayons tort, il pousserait la vengeance au delà des bornes de la justice.

Pour finir, Dieu n'a point la bonté qu'on prône, il ne nous a point faits par bonté, il ne nous distribue aucunes commodités ou nécessités par bonté, il ne nous fera jamais aucun bien précisément par bonté, non plus qu'il ne nous fera aucun mal par malice, il agira toujours en l'un et en l'autre cas suivant nos mérites et démérites. Prenez-y bien garde, M.R.P., il y a deux espèces de méchants que nous distinguons par notre pensée et par des termes différents. Ceux qui sont absolument mauvais s'appellent purement méchants, mais ceux qui ne sont mauvais que d'une certaine manière[136] peu dangereuse, nous les appelons malins; ainsi nous avons méchanceté et malice; nous devrions de même avoir des pensées et des termes différents pour ceux qui sont véritablement bons d'une bonté absolue qui n'est autre que la parfaite justice, et pour ceux qui ne sont bons que d'une manière peu juste, qui est proprement une faiblesse; ou c'est dans ce dernier sens que le mot de bon s'entend quand il est l'épithète de la personne et non de sa qualité, comme nous l'avons vu. Il est bien évident que le mot de bon ne peut convenir à Dieu, non plus qu'on ne pourrait dire du diable, dans l'idée que nous en avons comme d'un [82] être souverainement méchant, qu'il est malin; un prédicateur grave ne le dira pas en chaire, ni un professeur de théologie dans ses écrits, quoiqu'un poète burlesque le puisse dire agréablement parce qu'il en parle comme d'une fable.

Au reste, comme je l'ai déjà dit, il n'y a pas grand mal quand on se servira des termes de crainte et d'amour de Dieu, mais celui de bonté est dangereux en ce qu'il suppose de la faiblesse et de la petitesse dans la divinité. Il donne, outre cela, une idée basse et peu juste de l'être souverainement parfait et, ce qui est de pire, il engage dans une confiance mal réglée, excessive et pernicieuse.

Il faudrait aussi supprimer l'expression d'offenser Dieu.[137] On n'offense pas l'être infini comme les hommes s'entre-offensent, l'offense entre les hommes est un tort réel qui les rend malheureux ou moins heureux, de même que les caresses, les secours etc. qui sont le contraire de l'offense, augmentent leur bonheur ou diminuent leur malheur. Or le vice ne rend pas Dieu moins heureux, ni la vertu ne le fait point plus heureux; il voit l'un et l'autre avec une égale tranquillité et sans la moindre altération, sans que sa parfaite félicité en souffre la moindre atteinte; il ne sent pas même de l'indignation ou de la satisfaction, c'est une simple approbation ou désapprobation; il voit d'une vue simple que telle action est juste ou injuste, bonne ou mauvaise, et qu'elle mérite telle punition ou telle récompense en quelque façon. Comme si on nous racontait que dans un pays éloigné où[138] nous ne prenons aucun intérêt, il y a un pont fort solide, large et commode, naturellement on trouverait cela bien, sans émotion et sans en être plus content; si on nous disait qu'en un autre et semblable endroit, il y en a un étroit et mal bâti, on désapprouverait un tel ouvrage, sans en ressentir de chagrin **[83]**, cela choque le discernement et les règles de la prudence, mais cela n'offense pas comme quand on reçoit un coup, une injure, comme quand on est volé. C'est néanmoins sur ce faux sens ridicule que non seulement les prédicateurs fondent leurs déclarations impertinentes, mais que les théologiens établissent mille folles[139] suppositions.

Le mot de pécher et de péché sont singuliers, fort expressifs et tout établis; ce sont ceux auxquels il faut s'en tenir; ne disons donc jamais: un tel a offensé Dieu, je me repens des offenses que j'ai faites à Dieu; mais: un tel a péché, je me repens de mes péchés.[140] Les fautes que nous commettons envers les hommes sont des offenses, nous leur faisons tort, nous altérons la paisible situation de leur esprit et souvent nous leur causons une douleur corporelle ou les privons de quelques commodités; celles que nous commettons et que nous appelons mal à propos offenses de Dieu ne sont que fautes devant Dieu et non envers Dieu, elles ne l'intéressent en aucune façon. La comparaison qu'on fait d'un roi dont on transgresse les lois est impertinente: c'est un bien pour un roi que l'observation de ses ordonnances, c'est une marque de respect et de crainte qui le flatte, comme la transgression de ces mêmes ordonnances est prise pour une espèce de mépris, au moins de négligence qui le blesse; de la part de Dieu, il n'y a qu'une simple vue de notre action, de son injustice et du degré précis de punition qu'elle mérite, comme de notre part, il n'y a qu'une action contre l'ordre et la justice, il n'y entre ni rébellion ni mépris. Dieu, qui voit les choses en elles-mêmes et comme elles sont effectivement, n'y en voit point. Nous avons dit partout que Dieu demande, que Dieu veut, c'est une manière de parler, car par une juste expression on peut dire que Dieu ne veut ni ne demande rien, c'est l'ordre qui demande et la justice divine punit et récompense les êtres qu'il a formés avec la connaissance de l'ordre,[141] suivant qu'ils le suivent ou le négligent. **[84]** On ne pèche pas même contre l'ordre par rébellion ou par mépris, les plus scélérats en connaissent la beauté et la nécessité, ils la confessent, ils l'estiment, mais les passions les emportent à agir au contraire, quoiqu'ils voient qu'ils font mal et qu'ils sentent qu'ils pourraient vaincre ces passions.

J'ai dit qu'il n'y a nulle rébellion dans le péché, ni contre Dieu, ni contre l'ordre; lorsque des inférieurs se rebellent contre le supérieur d'une rébellion proprement dite, c'est qu'ils disputent son autorité et soutiennent qu'il en abuse, soit à droit ou à tort; or le pécheur reconnaît l'autorité de l'ordre, il en reconnaît la beauté, il reconnaît, si l'on veut, la puissance légitime et la justice de Dieu, il ne la conteste point, il ne prétend point qu'elle soit poussée trop loin. Si un malfaiteur se défend contre le prévôt, cela s'appelle rébellion, mais improprement: il reconnaît l'autorité de cet officier et la justice qu'il a de le poursuivre et de le prendre, il l'avoue dans son cœur, mais il veut défendre sa vie qu'il va perdre s'il se laisse saisir. C'est donc une juste offense suivant les seules règles de l'intérêt naturel, quoique injuste suivant les règles de la morale et de la politique; à peu près de même le pécheur ne se dit point innocent, il reconnaît qu'il a failli, il veut seulement s'excuser sur sa faiblesse et la force de la tentation.

Article troisième. De la liberté de Dieu.

Dieu est libre de la plus grande liberté qu'il soit possible de concevoir, et même telle que nous ne pouvons la concevoir et encore moins exprimer, puisqu'il est plus libre que nous qui le sommes parfaitement, quoique, comme nous l'avons déjà remarqué ailleurs, il ne semble jamais agir librement parce **[85]** qu'il suit toujours les lois de sa sagesse et de sa justice.

Il est aisé de comprendre que ces lois ne contraignent point son infinie et parfaite liberté, puisqu'il les suit librement et qu'il peut, à chaque instant, les enfreindre s'il veut. Je suis aussi libre de poignarder mon ami qui vient me demander à coucher chez moi que de jeter mon chapeau sur une table ou sur un siège, je ne le fais cependant point, retenu par l'amitié et l'horreur du crime, qui ne font pas la moindre violence à ma liberté.

‖ *a*De conclure de l'efficacité des volontés de Dieu et de sa liberté qu'il peut changer les essences et les natures réelles, c'est se confondre soi-même. C'est dire que Dieu peut faire que la même chose soit et ne soit pas en même temps. Dieu ne peut faire que deux fois trois égalent sept, ni que ce qui est mal métaphysiquement soit bien, il ne peut pas faire que l'ingratitude soit meilleure que la reconnaissance *b*. S'il est vrai que M. Descartes ait dit le contraire,[142] comme je crois l'avoir ouï dire, je parierais toute chose, sauf mon salut éternel, qu'il a lâché une extravagance et une absurdité qu'il voyait bien que personne n'adopterait et dans laquelle les gens d'esprit ne le croiraient par capable de donner, pour se tirer des cris des prêtres, qui criaient que sa philosophie n'était pas favorable à la religion. Que faire à pareilles gens qui sont entêtés et écoutés du prince? On leur ferme la bouche de ce qu'on peut, comme on jette un os à un chien pour l'empêcher d'aboyer.[143] Dieu est libre à l'égard de ses actions – qui est la seule liberté possible – et il est aussi libre qu'il est puissant: il peut bien faire un cercle d'un carré, mais il ne fera pas un cercle carré.

Vouloir approfondir les essences à force de raisonnements, c'est bien se fatiguer à chercher ce qu'on tient. Mais pourquoi cela est-il ainsi? Qu'est-ce que c'est que les essences? Une chose **[86]** peut être ou n'être pas, mais dès qu'elle est, elle est une certaine chose. Cela peut-il être autrement?

Ce sont les choses les plus simples qui sont les plus aisément et les plus clairement comprises et qu'on peut cependant le moins expliquer.[144] Tout le monde, jusqu'aux enfants, sait distinctement ce que c'est que le temps; les philosophes les plus profonds [ne] peuvent l'expliquer. || [a]On parle sans y penser des choses mêmes comme de leurs qualités, comme d'un annexe ajouté. Changer les essences, c'est changer les choses; ainsi c'est un terme impropre que celui de *changer* en [b] cette occasion: c'est détruire une chose pour en mettre une autre en sa place, ce que Dieu peut faire sans difficulté; mais, la chose subsistante, il [c] n'en peut changer l'essence, puisque c'est la chose même. Un cercle, en lui-même, n'est autre chose [d] qu'une figure dont tous les diamètres sont égaux: Dieu ne peut point faire un cercle qui ait des diamètres plus petits les uns que les autres, quoi qu'il puisse faire que ce qui était un cercle ne le soit plus, mais c'est en détruisant le cercle.

Encore une fois, le rare génie dont je viens de parler n'a [e] point eu peur que son autorité engageât les bons esprits à croire que les essences sont arbitraires et que Dieu puisse faire que la moitié d'une chose soit égale au total; il avait à contenter des gens qui ne se paient point de raisons; il a répondu au fou selon sa folie. Ces gens admettent toutes sortes d'impossibilités pourvu qu'ils parviennent à leurs fins; il leur en a lâché, et [f] d'autant plus volontiers qu'elles étaient plus choquantes.

Tout ce qui est, est une certaine chose et non pas l'autre. Si vous ôtez au nombre pair la propriété de se pouvoir diviser en deux également, vous ne le changez pas, vous le détruisez; mais comme les essences sont indépendantes de l'existence, elles ne peuvent se détruire et encore moins changer. Dieu peut détruire les existences, mais il ne les peut changer, car à l'existence **[87]** prise simplement pour existence, il n'y a d'opposé que le néant. Dès que l'existence sera réduite au néant, il n'y aura plus d'existence, on pourra dire que l'existence est détruite, mais non qu'elle est changée; un cercle est toujours une figure sans angles et sans parties à ligne droite [g], ou n'est point en tout; 4 est toujours le carré le plus simple, ou n'est point en tout.[145]

Plus on veut traiter, approfondir ou éclaircir ces matières, plus on les embrouille, plus on obscurcit l'idée naturelle qu'on en a, qui est toute des plus distinctes.

Section quatrième. Solution des difficultés.

Je me suis engagé, M.R.P., à expliquer les énigmes qui ont fait suer tant de beaux génies, fait inventer des systèmes extravagants et précipité de bons esprits dans une espèce d'athéisme ou dans le pyrrhonisme; j'espère m'acquitter de ma promesse sans grand effort; ne m'accusez de témérité qu'après avoir vu mes raisons.

Les plus considérables de ces énigmes sont la distribution des biens et des maux, la providence et la nature, la cause du bien et du mal moral, l'efficace des volontés de Dieu, la prédestination, la destinée et le hasard.

J'ai ouï parler de ces difficultés étant fort jeune et, quoique je n'en visse pas le dénouement, je sentais qu'il n'était point si impossible qu'on le prêchait, je voyais confusément la lumière au travers de ces obscurités qui ne me paraissaient point impénétrables: au moins les raisonnements qu'on faisait ne me paraissaient pas solides; je me suis appliqué à débrouiller les ombres et diverses réflexions les ont entièrement dissipées. [88] Il y a bien d'autres embarras qui s'évanouissent naturellement par tout ce qui a été dit et établi ci-dessus, en sorte qu'il serait superflu de rentrer en aucun détail à ce sujet, comme ceux sur la prescience et la liberté, sur l'élection, réprobation et la bonté de Dieu etc., qui[146] ne soit pas d'autre nature que celle qu'on se forgerait en voulant accorder le néant avec l'existence, la figure circulaire avec l'inégalité des diamètres etc. Ce qui me surprend, c'est que des docteurs et de véritables savants aient apporté tant de mauvaises raisons pour sauver la providence sur le chapitre de la fortune, qu'ils les aient été chercher si loin, tandis qu'ils en avaient de bonnes dans leurs mains.

Article premier. De la distribution des biens et des maux.

Ainsi que nous l'avons déjà vu, Dieu a mis dans le moment de la création toutes les choses sur le pied où elles devaient être, suivant une sagesse infiniment parfaite; il n'en fait point la distribution, elles sont à la portée de tout le monde, chacun s'en peut saisir, mais bien ou mal. Dieu a, en même temps, donné la connaissance des règles de la justice, et par conséquent des conditions auxquelles on peut s'emparer des biens dont il a rempli l'univers. Il les a laissés depuis cet instant sans y toucher, il n'opère rien de plus, si ce n'est peut-être d'entretenir la continuation du mouvement et de créer des âmes humaines;[147] ce que je n'examine pas, et que je suis bien sûr que les plus rares génies examineraient vainement; d'ailleurs, cela ne fait rien à la question: si le mouvement doit être entretenu par une continuation d'action ou de volonté de la part de Dieu, c'est la même chose à l'égard du succès que s'il avait été imprimé tout d'un coup. Que Dieu crée des âmes semblables et à mêmes conditions à chaque fois qu'il y a un corps formé est aussi la même chose que s'il en avait créé un nombre immense [89] à une seule fois.

Venons au sujet précis de l'article: ce qui fait la félicité des hommes, ce qu'on appelle la prospérité de ce monde se termine à la santé, aux grandeurs, aux richesses, et aux plaisirs; il suffit que Dieu ait mis tout cela dans une juste balance et également à la portée de tous les hommes pour justifier sa conduite et sa providence, et faire évanouir tout ce qu'on allègue au contraire. Mais la vertu n'est pas le chemin à tout cela, elle n'a pour ainsi dire qu'une corde à son arc, elle n'a que le plus faible de tous les moyens, le vice en a mille très forts. Pourquoi donc s'étonner que des scélérats soient comblés de biens de la fortune et les gens de bien accablés de misère? Autant vaudrait-il admirer qu'un paysan jeune et vigoureux fasse de bons glands,[148] pendant qu'un vieillard estropié n'amasse presque rien. Entrons dans le détail.

A l'égard de la santé, on crie mal à propos: il n'est pas vrai que les mauvais se portent mieux que les bons, qu'autant que cela suit des commodités qu'ils ont pour entretenir leurs bonne disposition, pour prévenir les maladies et s'en délivrer par les médicaments. Pour la santé originaire, la chose est égale; et, à l'égard du courant de la vie, l'usage immodéré des plaisirs ruine ordinairement la constitution de ces heureux criminels; il deviennent languissants, gros, gras, pesants et sujets à mille infirmités: il y a dix mille de ces gens contre un malheureux qui ait les gouttes. Il en est de même pour la longueur de la vie: la débauche précipite au tombeau la moitié des opulents. Ainsi, il n'y aura rien à dire sur ce point dès qu'il sera bien examiné, car à l'égard des secours qui manquent au pauvre, cela retombe dans le cas des richesses, dont nous allons bientôt parler.

Pour les grandeurs et tout ce qui flatte la vanité, l'ambition et l'esprit de supériorité, par quel moyen un homme d'honneur y peut-il parvenir? Par celui seul du mérite. En vérité, est-ce par ce degré qu'on y monte? Qui découvrira ce mérite, qui le prônera, qui le présentera? Presque personne. Et mille jaloux, mille ambitieux **[90]** s'y opposent, il faut des patrons qui ne se gagnent que par intrigues, par flatteries, bassesses, les présents et souvent par des crimes; il faut être hâbleur, impudent, effronté, insensible aux refus et aux affronts, n'épargner ni fourberies, ni mauvaises pratiques, ni infidélités, ni trahisons, il faut tout sacrifier, amis, parents, bien public etc. La vertu ne permet rien de tout cela et, par conséquent, elle laisse son homme où elle l'a trouvé; mais quand, par un cas extraordinaire, le mérite serait déterré et choisi, c'est la fortune de la république et non pas celle de l'homme vertueux: il sera contrarié, il se fera des ennemis de tous les méchants dont le nombre est toujours le plus grand, il se fatiguera, il épuisera sa santé, il n'aura pas un moment de repos et n'en mourra pas plus riche, au lieu que le vice au front d'airain, au cœur de marbre et aux griffes de fer et d'acier, ruinera toute une province en deux ou trois ans et en sortira avec un mont d'or.

|| *ª*Comptons les moyens de devenir riche légitimement; je n'en connais que deux: le travail et le commerce. Le premier est presque infructueux à cet égard, c'est-à-dire *ᵇ* par rapport à ce qui s'appelle fortune; c'est beaucoup que de vivre et il est bien rare qu'il se rencontre un savant ou un habile ouvrier en tout un siècle qui laisse un bien considérable à sa famille. Reste donc le négoce que tout le monde ne peut pas embrasser, et qui est sujet à tant de risques, de pertes et de revers,[149] qui demande du temps, des talents et tant d'heureuses conjonctures que le nombre de ceux qu'il met dans l'abondance ne peut être que petit en comparaison du reste des hommes. Qui seront donc ceux qui deviendront riches avec la vertu? Personne. Au lieu qu'avec le vice on fait fortune en un instant et

à coup sûr: il n'y a qu'à piller, voler, vendre sa femme, sa fille, sa voisine, ramper auprès du grand, flatter ses désordres et en être ministre ^{c}, faire banqueroute, etc.

Il est comme inutile de parler des plaisirs, après avoir traité des richesses, puisque celles-ci sont la source de ceux-là; il suffit de remarquer que la plupart des grands plaisirs sont la source des crimes ^{d}: le pouvoir despotique et arbitraire sur les hommes, les galanteries éclatantes, les débauches, les vengeances, les magnificences excessives; les autres ne ^{e} se peuvent prendre qu'à force d'argent et de dépense, c'est-à-dire par le moyen des richesses qu'on vient de montrer être **[91]** presque inaccessibles aux honnêtes gens.

Où est donc le sujet de s'étonner que les scélérats soient dans la prospérité, les honneurs, la joie et les plaisirs, pendant que les gens de bien gémissent dans l'obscurité, quelquefois dans le mépris, dans la pauvreté et dans la tristesse ^{f}, comme il y en aurait d'être surpris qu'un enfant poussât une boule bien loin pendant qu'un puissant homme ne pourrait faire que quelques tours à un cube de même poids? Cela est naturel, cela est fondé sur des raisons claires et immanquables, cela est fondé sur l'essence et la nature même des choses. Pour ne rien laisser en arrière, touchons encore une difficulté, qui est la dernière, je pense, qui puisse naître dans l'esprit sur cette matière.

On dira: il est vrai que la vertu n'est pas le chemin des prospérités temporelles, elles sont à égale portée de tous les hommes et elles seraient à peu près également partagées si les honnêtes gens avaient autant de moyens de s'en emparer que les scélérats. Mais d'où vient ^{150} celui-là est-il né roi et moi esclave, soit que Dieu ait créé une quantité d'âmes lesquelles il fait circuler dans tous les corps à mesure qu'il en périt et qu'il s'en forme d'autres, ^{151} soit qu'il les crée pour chaque embryon? Dieu voit une reine enceinte en même temps qu'il y a mille autres femmes dont les embryons sont également capables de recevoir l'infusion d'une âme. Dieu voit de même un embryon qui a donné la pierre, la gravelle, la goutte, l'hydropisie, la sciatique et d'autres pareilles maladies qui ne manquent point à se déclarer dans un temps ou dans un autre, pendant qu'il en voit plusieurs qui ont des dispositions absolues pour une vigueur et une santé parfaites, même à l'épreuve de toutes les débauches: Pourquoi donc, dira le pauvre nègre, Dieu n'a-t-il pas mis mon âme dans les flancs d'une telle reine, d'une telle duchesse, qui est devenue grosse en même temps que ma mère? Pourquoi, dira le goutteux, l'hydropique, le paralytique, Dieu n'a-t-il pas mis mon âme dans le corps d'un tel et d'un tel **[92]** qui jouissent d'une santé parfaite, qui ont si belle figure, avec une force si extraordinaire? nous avons été conçus dans le même instant. Cette plainte renferme deux questions; la première regarde Dieu, savoir: qui peut le déterminer en cette occasion, n'y ayant pas d'apparence qu'il y ait différence d'âme à âme que la simple indivisibilité?

Je réponds 1°) que c'est une curiosité toute simple ^{152} que cette question et que nous n'avons là-dedans aucun intérêt; 2°) qu'il est absolument sûr que cela se fait, donc il y a une bonne et solide raison que nous ne connaissons pas.

La seconde question nous regarde, le pauvre et l'infirme pouvant dire qu'ils sont malheureux que leurs âmes n'aient pas été unies à des machines formées dans d'autres femmes.

En examinant bien toutes ces choses, je trouve qu'il y a une juste compensation et que le tout retombe dans le cours d'une parfaite justice, en ce qu'il est plus aisé de faire un bon usage des adversités que des prospérités: les richesses et la santé entraînent dans le désordre, la pauvreté et la maladie mettent à couvert de presque tous les vices; il est malaisé de ne pas s'enorgueillir dans les honneurs et de ne pas abuser d'une grande puissance, rien n'est plus facile que d'être dans la bassesse et modéré dans les petites situations; un roi a mille tentations de conséquence à essuyer contre un esclave une. Enfin, la vie des malheureux est en quelque façon un perpétuel mérite, sans beaucoup d'autres vertus, pour peu qu'ils souffrent patiemment; la vie des heureux du siècle est quasi une perpétuelle récompense de leur vertu,[153] pour peu qu'ils y mêlent des vices. Il y a bien peu de rois éclairés et judicieux qui, à la mort, ne voulût avoir vécu en esclave. Il n'y a pas un esclave capable d'un peu de réflexion qui, dans ce moment, voulût avoir vécu roi. J'avoue que c'est aux rois à attendre les grandes récompenses, mais qu'il leur est difficile de les mériter, qu'il est difficile d'être bon roi. Je ne sais si Epictète,[154] si sage, **[93]** si saint, si éclairé, si bien intentionné, n'aurait pas cru risquer en changeant sa misérable fortune contre celle d'un empereur romain.

Article deuxième. De la providence et de la nature.

Mille endroits de chacun de ces cahiers ont assez éclairci ce sujet pour que je m'en tins[155] là, mais il y a des choses si fameuses et sur quoi la prévention est si forte qu'il les faut traiter exprès, étant certain[156] qu'on passe sur tout ce qui les touche sans s'en apercevoir.

Il n'y a point en Dieu, il n'y a point dans la conduite de l'univers de providence telle que le commun des hommes l'entend et telle que presque tous la voudraient:[157] il leur faudrait une providence humaine, indéterminée et qui s'accordât à leurs désirs insensés, qu'on gagnât par prières, par cérémonies, par amis et par corruption, une providence humaine vague, prodigue et avare, telle que les plus rusés et les plus importants en profitassent aux dépens des autres.

Telle est la providence de la plupart du genre humain, partie par ignorance, partie par faiblesse, partie par passion. On ne met en un endroit que la moitié de ce qui est nécessaire, et dans un autre une fois plus qu'il ne faut: celui à qui tout manque crie et n'obtient rien, celui qui a beaucoup de superflu le dépense inutilement et trouve le moyen d'avoir de nouveaux secours.

Encore, un bon roi, un prince sage et puissant donne tout d'un coup ce qui est nécessaire à chacun, autant qu'il le peut **[94]** prévoir et que ses moyens le permettent, il n'attend pas que l'un demande une chose, l'autre l'autre; si, par malheur, il est obligé de changer ses dispositions ou de remédier à des inconvénients, c'est toujours la faiblesse humaine qui en est cause, c'est qu'il n'avait pu prévoir ces inconvénients ou que, les prévoyant, il n'en ait pas vu le remède, ou bien que ses moyens ne s'étendaient pas jusques à les pouvoir appliquer; autrement il a tort; chacun sait qu'on estime les princes à proportion qu'ils approchent d'en agir comme nous venons de dire, et qu'on les blâme et les méprise suivant qu'ils s'en éloignent.

Il est manifeste que la providence que l'on donne à Dieu est justement celle que l'on blâmerait dans un prince. On veut que, voyant tous les inconvénients et tous les remèdes, et ayant le moyen de les appliquer, il attende le temps de l'inconvénient et que chaque particulier demande le remède; il est encore plus manifeste que rien n'est plus diamétralement opposé à l'idée de l'être parfait: un fol ou un voluptueux n'examine pas les choses et ne s'en donne pas la peine, il agit à peu près au hasard, il ne pourvoit à rien qu'à la nécessité, à force de cris et à sa fantaisie. Un homme sage pourvoit à tout de son mieux, le plus tôt qu'il peut, et épuise ses moyens à tout mettre au meilleur état qu'il lui est possible, mais comme sa sagesse est bornée, il y a toujours quelque chose à quoi il faut qu'il retouche pour mettre ordre aux accidents imprévus et comme sa puissance est bornée, il ne peut agir que successivement, courant au plus pressé et laissant bien des endroits imparfaitement munis.

Dieu, au contraire, dont la sagesse et la prévoyance sont infinies, qui a vu en un seul instant toutes les circonstances **[95]** possibles et toutes les combinaisons de ces circonstances, qui a vu en un seul instant tous les inconvénients possibles et tous les remèdes possibles à ces inconvénients, Dieu, dont le pouvoir est infini, a mis au même instant tout ce qui était possible de remède à ces inconvénients. Dieu a mis tous ses ouvrages dans la plus haute perfection possible,[158] il n'a pas fait une machine à laquelle il fallût à toute heure travailler; ce serait rare invention et un rare travail, bien glorieux pour l'ouvrier, qu'une pendule où il faudrait vingt fois par jour remettre le balancier en mouvement et pousser l'aiguille[159] sur l'heure avec le doigt, qui s'arrêterait un jour et courrait l'autre sans mesure, en sorte qu'il faudrait incessamment avoir recours à l'horloger!

C'est néanmoins ainsi que l'on veut que l'univers soit fait, on veut qu'il y manque mille choses, que mille autres aillent de travers et que, pour obtenir les unes et la réparation des autres, il faille à toute heure appeler et faire agir la divinité par des actes particuliers, distincts de l'acte général par lequel elle a produit et entretient l'univers dans l'état parfait où il est.

On demande ici la pluie, là de la sécheresse, là le gain d'une bataille, ici celui d'un procès, et la satisfaction de l'un est le mécontentement de l'autre. A Londres, on fait des vœux pour la santé d'un prince, à Paris, on dit des messes pour sa mort.[160] Dieu n'avait-il donc pas prévu la possibilité de toutes ces choses? n'avait-il pas prévu ce qui était plus juste, plus expédient et plus raisonnable? Qui l'a empêché de réduire ces possibilités en tels et tels faits pour le temps nécessaire? Qui l'a empêché de prendre parti et de faire pencher la balance? Il est désagréable de rebattre tant la même chose: sa sagesse a déterminé et donné tout d'un coup, à l'instant de la création tout le mouvement nécessaire aux êtres matériels; elle a distribué aux êtres spirituels toute la connaissance et tout le pouvoir convenable; voilà comme agit un être infini, **[96]** et puis tout va suivant ses desseins, c'est-à-dire suivant cette impression du mouvement[161] et suivant l'usage que les êtres intelligents font de leur liberté.

Nos désirs et nos folles prières n'obtiennent aucun changement, ni aucune nouveauté: il pleut ou il fait sec, ou bien il doit pleuvoir ou faire sec, suivant la disposition de la nature; celui-là meurt ou guérit dont la disposition est telle pour soutenir une maladie ou pour y succomber. Celui-là gagne son procès qui l'éclaircit bien, qui a bon droit et de bons juges; celui-là perd la bataille qui est le moins bon général, qui a les plus mauvaises troupes et les moins nombreuses avec les autres circonstances désavantageuses. Enfin, tout étant égal d'ailleurs, celui qui a perdu la bataille l'aurait également perdue, quelques prières, quelques vœux et quelques sacrifices qu'il eût faits. Celui qui a gagné son procès après avoir fait bien des vœux et des prières l'aurait tout de même gagné, quand il s'en serait moqué, comme il m'est arrivé:[162] je me suis moqué de ces vœux et de ces prières, j'ai gagné, j'ai perdu. Si j'avais donné dans la folie courante, j'attribuerais le gain à mes vœux, au crédit des forçats[163] qui m'auraient excroqué; j'attribuerais la perte à ma négligence et à mon irréligion.[164]

Le commun du genre humain, incapable de pénétrer la solidité des raisons, se paie de faits; pour répondre à cette grossière et stupide partie des hommes, il ne faut que leur montrer les légendes de toutes les autres religions qu'ils condamnent et détestent. Tiens, chrétien, tiens, papiste, tu dis que par des [pro]cessions,[165] des reliques, par des messes etc., tu as obtenu de la pluie, je soutiens que la pluie serait aussi bien tombée quand tu aurais brûlé tes os et que tu aurais assommé les diseurs de messes: tu le nies, accorde donc aux Chinois, aux Siamois, aux Turcs et à bien des païens de l'Amérique que mêmes pluies venues après leurs vœux, leurs sacrifices et leurs processions sont l'effet de la tendresse **[97]** et de la puissance de leurs dieux imaginaires. Voilà leurs légendes où il y en a cent mille exemples comme dans les tien[ne]s.

Il n'est pas moins vrai pour tout cela qu'on peut toujours dire que tout va comme il plaît à Dieu, parce qu'effectivement il plaît à Dieu que les choses aillent comme elles vont, c'est-à-dire que c'est le train qu'il a prévu qu'elles pouvaient prendre et qu'il a permis sans s'y opposer: il n'en est pas moins vrai qu'on peut dire que, si Dieu le veut, les choses iront ainsi ou ainsi, de telle ou telle manière, parce qu'effectivement Dieu peut tout changer et conduire toutes sortes de choses particulières de toutes les manières possibles: il pouvait faire mourir à six ans celui qui en a présentement quatre-vingt-dix, il peut faire remonter les fleuves vers leurs sources, raser les montagnes, faire tourner toute la sphère vers l'orient; mais il ne fera jamais rien de tout cela.

Dieu laisse agir les puissances matérielles et nécessaires, comme quand j'ai donné le branle à une pirouette,[166] elle va son cours sans aucune nouvelle action de ma part, et cependant tant qu'il me plaît et en quelque façon comme il me plaît, parce que je pourrais absolument l'arrêter, et aussi en hâter ou retarder la vitesse et en changer la situation. Dieu laisse agir les puissances libres comme quand je laisse jouer mes enfants; je pourrais les arrêter ou les faire jouer à d'autres jeux.

Il en est de même de l'expression si commune, *par la permission de Dieu*; sans doute que rien n'arrive sans la permission de Dieu; cela veut dire qu'il l'arrêterait, ou changerait tout s'il voulait, et que, pour qu'une telle chose soit, il a fallu que Dieu l'ait permis et ne s'y soit point opposé, mais cela ne signifie pas qu'il y ait eu pour cela une action particulière de Dieu, distincte de l'ordre et de l'action générale. C'est par la permission de Dieu que l'eau d'un vaisseau percé se répand, **[98]** c'est-à-dire qu'il a fait l'eau de telle nature qu'elle s'écoule par toutes les ouvertures du lieu où elle est contenue et qu'il ne s'y oppose point par aucune autre action. Il n'y a point d'autre permission en quelque occasion que ce soit; au lieu qu'on entend très véritable en elle-même une chose très fausse, savoir une action positive comme une cause particulière de la chose dont il s'agit. Marque démonstrative que ces actions particulières sont une illusion et qu'il n'y a que la première communication générale de Dieu, c'est que je donnerai à coup sûr ce que fera la providence en mille occasions, je la ferai agir comme il me plaira malgré tant de vœux, de processions, de messes, de sacrifices, de prières et d'autres actes de religion que vous voudrez. Que je sois le maître dans un endroit, livrez-moi dix forçats et dix honnêtes gens, je vous garantis que la providence a résolu que les dix forçats meurent de faim,[167] quoique je leur laisse la liberté d'épuiser toutes leurs ruses et les moyens dont ils pillent les bourses; je vous assure que la providence a pourvu à un raisonnable entretien pour les dix autres et à une suffisante nourriture: je ne suis cependant pas prophète, je ne pénètre point dans les secrets de la providence, mais je vois clair dans l'action générale de Dieu et sais qu'il m'a donné des forces dont je suis le maître d'user, sans que jamais il les augmente ou les diminue, sans qu'il les pousse ou s'oppose à leurs cours.

|| *a*Quand jusqu'ici j'ai parlé de la nature, je n'ai point entendu une substance, je me suis seulement servi de ce mot en usage pour exprimer l'arrangement que Dieu a fait de la matière et le mouvement qu'il lui a imprimé avec toutes les autres dispositions nécessaires et la force qu'il a communiquée à tous les êtres. Je n'ai pas prétendu que la nature fût une chose, mais j'appelle la nature la modification de toutes choses;[168] c'en est l'essence accidentelle; l'essence de la matière est **[99]** d'être impénétrable, capable de repos et de mouvement, de division et de diverses figures; l'essence accidentelle de cette même matière, c'est la division, mouvement et arrangement *b* qui en fait un corps particulier. Après cela, le mouvement universel et le reste des dispositions de toutes les parties du monde constituent une seconde essence accidentelle pleine de relations et de rapports, et ces deux essences accidentelles avec la pure essence éternelle et nécessaire sont la nature de l'univers matériel.

La nature des intelligences est tout de même leur essence réelle, éternelle et nécessaire, qui*c* consiste à voir la vérité et à *d* en tirer des conséquences, et à pouvoir aimer et choisir, avec leur essence accidentelle qui résulte*e* de l'impression des corps auxquels elles sont unies. Cela posé, tous les êtres agissent par eux-mêmes, c'est-à-dire par la force qu'ils ont une fois reçue du créateur, les uns nécessairement, les autres librement; et ce pouvoir de se mouvoir avec la première direction du mouvement qui se diversifie en une infinité de manières est la nature à l'égard des êtres matériels, et ce pouvoir une fois reçu par les intelligences, de voir la vérité et d'agir librement, est la nature des êtres spirituels.

Quand je dis donc que c'est la nature qui fait que les plantes portent des semences capables de produire leurs semblables, je n'entends autre chose, sinon que Dieu a configuré certaine portion de la matière et l'a mise en tel mouvement, ou, si l'on veut une autre philosophie, que Dieu*f* lui a donné des formes et des qualités telles qu'elle doit produire sa semence*g*.

Je ne rejette point vos causes occasionnelles, M.R.P., vous les appuyez sur de fortes raisons,[169] mais quelque étendue que vous leur donniez, il faut toujours que votre volonté ait quelque chose qui soit absolument à elle, quoiqu'un présent du créateur. Je vous passe que je ne puisse remuer mon bras et que c'est Dieu qui le remue à ma volonté, mais il faut que vous m'accordiez que c'est une volonté qui le remue[170] elle-même, c'est elle qui se détermine **[100]** par elle-même, elle est le propre principe de ses modifications par la force de son essence qui est l'ouvrage de Dieu. C'est un acte de sa puissance, une fois fait, qui n'a plus besoin de rien de nouveau, en quelque façon comme lorsqu'un ouvrier a formé un ressort et qu'il l'a bien trempé, ce ressort, si on le plie, s'ouvre et s'étend de lui-même, sans aucune nouvelle action de l'ouvrier; comme, quand mon père m'a donné de l'argent pour ma campagne,[171] j'en ai fait tel usage qu'il m'a plu, bon ou mauvais, sans qu'il m'y poussât, m'aidât ou me suggérât rien. Joignez le sens de ces deux comparaisons, vous aurez quelque idée du pouvoir de notre volonté, d'un pouvoir réel qui lui appartient après l'avoir reçu. Je ne pense pas néanmoins qu'il y ait une juste égalité, ni ne crois pas qu'il soit possible de la trouver; il suffit qu'elle donne du jour à ce que j'ai dit, qui est très convenable et dont on sent la réalité; ainsi, je dis que j'agis naturellement et par mes forces naturelles quand j'agis par les forces que j'ai reçues une fois de Dieu, qui consistent au pouvoir de contempler la vérité, de faire des jugements, d'aimer, de vouloir et de choisir avec une parfaite liberté quand il faut agir. Ceux sur qui les rêveries et les ergotismes[172] de l'école, fondés en mots et non en sens et en raison, auront fait une impression dont ils ne peuvent se défaire, peuvent conserver leur concours. Dieu ayant une fois établi qu'il concourra de sa puissance aux opérations de la volonté des intelligences, c'est assez que le premier acte de la volonté soit absolument libre, lui appartienne et en dépende entièrement et uniquement; après cela, le mal ou le bien qu'il peut y avoir dans cet acte est de son fond et sur son compte. Etant un jour tombé sur ce chapitre dans une compagnie où était un docteur de Sorbonne:[173] Vous voulez, me dit-il, tout donner à la nature. Si par ce mot, lui répondis-je, j'entendais une puissance distincte de celle que Dieu a imprimée et qui en fût indépendante, j'aurais tort; mais dès que je l'entends comme je viens d'essayer de l'expliquer, je fais honneur à la puissance, à la sagesse et à la justice de Dieu: je dis ce qui est vrai et qui ne peut être autrement.[174]

Il faut que ces Messieurrs conçoivent un être distinct de la divinité, **[101]** lequel être a une très grande puissance, en sorte qu'il est la cause efficiente de la plupart des événements; et qu'ils craignent de mettre Dieu en jalousie, puisqu'ils rabattent si fort de tout ce qu'on dit de la nature; cela paraît évident, c'est néanmoins une erreur très pernicieuse.

Il serait très possible de faire un horloge[175] qui marcherait un temps considérable par un bon coup de poing donné sur certaine partie, sans ressorts ni poids; lors, l'arrangement, la proportion, le nombre, la figure des pièces de cet horloge, son mouvement seraient entièrement de l'ingénieur: tout cela sera la nature de cette machine et je dirai qu'elle marque les heures naturellement, c'est-à-dire qu'elle a en elle-même la force pour porter l'aiguille et la justesse pour suivre le temps, sans que l'ingénieur y mette la main, ni l'aide de la moindre et nouvelle chose. Cela diminuera-t-il de la gloire de l'ingénieur? cela sera-t-il injurieux à la subtilité inventive de son esprit et de son adresse dans le travail? Tout au contraire. La différence qu'il y a de cette machine à notre volonté, c'est que cette machine n'a que des actions nécessaires, et que celles de notre volonté sont libres. Aussi la machine n'est-elle que l'ouvrage d'un homme, et notre volonté l'ouvrage de Dieu[176] dont c'est assurément le chef-d'œuvre et le dernier effort, pour ainsi dire. Une pierre qui n'est point soutenue en l'air tombe à terre, le liège nage sur l'eau, le fer y enfonce, le tout naturellement, c'est-à-dire que cela arrive par les dispositions que Dieu y a mises et établies, et par les forces qu'il a une fois imprimées. Quand même il n'y aurait que des causes occasionnelles dans tous les agents bruts et nécessaires, le décret de Dieu d'agir de telle façon, en telles et telles circonstances, serait toujours la nature; je serais également en droit de dire que c'est naturellement que ces choses arrivent et ce serait surnaturellement s'il se faisait quelque chose contre ce décret général et primitif. Supposant les causes accidentelles, Dieu a résolu de pousser en avant les corps à l'occasion d'un autre corps en mouvement qui le choque; cela arrivant ainsi, c'est un événement naturel; mais si ce corps touché retournait en arrière, ce serait un miracle, comme on en raconte à millions. La plupart de ces miracles sont faux dans le fait: que le soleil fut arrêté par Josué,[177] que **[102]** les flèches des Sarrasins qui assiégeaient les Espagnols dans certaines cavernes retournaient contre eux et les blessaient; les autres sont véritables dans le fait, mais l'attribution du miracle est fausse, les suppôts des religions factices ne manquent pas de profiter de l'occasion: nulles maladies guéries naturellement n'ont cessé que par leurs prières, on leur doit la victoire en certaines batailles; ils ont encore mis une autre ruse en usage, ils se sont emparés des forces naturelles et en attribuent tous les effets à leur crédit.

C'est naturellement que les eaux de Bourgogne, près la ville de S[aint]e-Reine, guérissent bien des maladies par la qualité des corpuscules dont elles sont mêlées;[178] des moines ont planté là leur repaire et prêchent hardiment que cette vertu vient de ce que certaine fille a perdu la vie en ce lieu-là pour certain sujet, qu'il faut de la foi vers la sainte martyre et de l'argent pour payer le crédit de ses ministres auprès d'elle.[179]

On peut, en quelque manière, regarder les mots d'artificiel et de naturel comme égaux et univoques, quoique dans l'usage ils soient contraires. Il y a l'art de Dieu et l'art des hommes: c'est l'art de Dieu que nous appelons la nature, c'est ce que Dieu a ajouté à tous les êtres outre la simple existence; ce que les hommes ajoutent aux êtres existants et pourvus de ce que Dieu y a mis au-delà de la simple existence, c'est ce que nous appelons art.[180] Ainsi, la nature est l'art de Dieu et l'art est la nature des ouvrages humains. C'est artificiellement que marchait le petit carrosse que nous venons de voir et cet artifice en était la nature; c'est naturellement que marche un cheval et cette nature est l'art du créateur. La différence entre le naturel divin et le naturel humain, entre l'artificiel divin et l'artificiel humain, c'est que Dieu tire de lui-même la force qu'il donne, au lieu que les hommes empruntent et ne font que placer et appliquer celle que Dieu a créée; aussi la machine artificielle une fois disposée va malgré l'ouvrier, et la machine naturelle, par un simple acte de la volonté de Dieu, peut être arrêtée, changée ou détruite, mais [c'est] ce que[181] Dieu ne fera jamais, à l'égard des êtres bruts **[103]** parce que leur nature est la plus parfaite qu'il soit possible, à l'égard des êtres intelligents parce qu'ils sont formés sur les lois éternelles et nécessaires, sur les règles inviolables de la sagesse et de la justice infinie, qui sont l'essence des choses et en quelque façon Dieu même. Cette nature est une vérité avec ce qu'il ne s'y peut faire aucun changement[182] sans tomber dans le faux. Par exemple, si Dieu tournait mon esprit à voir que quatre et quatre font plus ou moins que huit, qu'il est mieux d'insulter son père que de le respecter etc.

Article troisième. De la cause du bien et du mal moral.

Dieu connaît le bien et le mal; dans sa justice, il a créé des êtres auxquels il a communiqué cette connaissance et de l'essence desquels il était qu'ils eussent cette connaissance, aussi bien que le pouvoir de se porter librement à l'un ou à l'autre à leur choix.

Il n'a fait ni décret conditionnel, ni décret absolu, il en a un éternel comme lui: c'est sa justice, par laquelle il doit traiter chacun suivant ses œuvres. Un bon juge a-t-il un décret, une résolution de punir celui-ci ou celui-là? Un bon roi a-t-il un décret de faire pendre tel soldat et d'élever tel au bâton de maréchal de France? Il n'en a aucun que celui de suivre la justice; il fera pendre le soldat déserteur, voleur; il avancera celui qui sera sage, obéissant, brave et fidèle.

Que peut-on avancer de plus pitoyable que de dire que Dieu est l'auteur du mal parce qu'il a donné le pouvoir de le faire, ou que, l'ayant prévu, il ne l'a pas empêché? Il n'en a prévu que la possibilité et, quoique cette possibilité soit telle qu'elle est une immanquabilité[183] morale, elle n'est pourtant qu'une **[104]** possibilité physique, qui n'exclut point la possibilité qu'aucun homme ne fasse du mal. Il y a cent millions à parier contre un que tous les hommes pécheront et que plusieurs feront de grands péchés, mais enfin il n'est pas physiquement impossible qu'aucun homme ne pèche.

Mais posons qu'il soit sûr que tous les hommes commettent de mauvaises actions; Dieu n'est point l'auteur de ces actions, ni du mal moral qu'elles renferment: le bien et le mal sont des qualités éternelles, nécessaires et essentielles aux actions des intelligences, c'en sont les propriétés, comme la droiture[183] et la courbure à la ligne, comme la commensurabilité ou l'incommensurabilité quand je fais un carré et que j'en tire la diagonale.

A parler exactement, Dieu n'a fait ni commandement ni défense, comme nous l'avons déjà dit en passant; il a fait les intelligences capables de voir les lois éternelles et les essences de certaines choses: il traitera les hommes suivant les égards qu'ils y ont eus. Ce n'est point un commandement de Dieu qu'une ligne courbe est plus longue qu'une droite comprise entre les deux mêmes points, ce n'est point contre le commandement de Dieu que pèche celui qui, ayant précisément affaire d'un point à un autre, y va par une ligne courbe au lieu d'y aller par une ligne droite, c'est contre l'ordre et la raison, à proportion de la conséquence de l'action, comme je ferais une réprimande à mon fils[184] qui prendrait le chemin courbe au lieu du droit, quoique je ne lui eusse jamais rien prescrit là-dessus.

Quand les hommes seraient abrutis sur le fait de l'existence de Dieu, ils n'en auraient pas moins l'idée du bien et du mal, mais ils n'auraient pas les mêmes motifs pour se déterminer au choix.

On dira peut-être qu'il est vrai que Dieu n'est point l'auteur du mal pris métaphysiquement, mais qu'il l'est du mal physique et actuel, puisqu'il a créé des êtres qui le commettent.

1°) Il ne les a pas créés dans la nécessité de le commettre [105] mais avec le seul pouvoir, avec un égal pouvoir et une grande raison de ne le pas commettre.

2°) L'inconvénient de se pouvoir porter au vice est compensé par celui de pouvoir embrasser la vertu.

3°) Ces êtres capables de bien et de mal n'ont aucun sujet de se plaindre, puisqu'ils sont traités avec une parfaite équité, toutes les actions et leurs circonstances, la faiblesse de l'agent, la force des tentations etc. étant combinées avec une parfaite justesse.

C'est dans le système des chrétiens, et peut-être de toutes les religions factices, qu'on ne peut justifier la divinité; on y prêche qu'elle punit de supplices horribles et éternels un seul crime où l'on était poussé par des tentations très difficiles à vaincre, pour des fautes involontaires, pour le crime d'autrui, pour la transgression de lois inconnues et douteuses, pour n'avoir pas cru des choses incroyables, sans la moindre raison de les croire; enfin on y prêche et on y soutient de vive voix et par mille millions d'écrits que Dieu ensevelit dans des abîmes éternelles[185] de maux inconcevables, par pure fantaisie, presque tous les hommes sans égard à leurs mérites, et, ce qui est bien pis, malgré leurs mérites.

Mais qui pousse les suppôts de ces religions à débiter tant d'horreurs? C'est qu'il faut étourdir les gens, les transir de crainte et leur embarrasser l'esprit d'idées monstrueuses pour les soumettre à des opinions qui comblent ces indignes personnages des biens de la fortune. Si Dieu est juste, qu'ai-je à faire de vos contes bleus, il me jugera sur ce qu'il m'a dit, sur ce que je sais: bien loin de vous écouter, je vous fuis; quand même vous diriez la vérité, je ne veux point me charger de nouveaux devoirs et exposer mon salut à de nouveaux risques: dans la loi naturelle mon salut est facile, dans la loi artificielle il est presque impossible et, outre cela, il faut que je demeure votre esclave pendant toute ma vie.[186] Voilà pourquoi on crie si haut que Dieu demandera compte de ce dont on n'a aucune connaissance et qu'il n'entend point de [106] raison; de là roule la nécessité des maîtres, des honneurs qu'il leur faut rendre, et des grosses sommes dont il les faut payer.

Tout ce que Dieu a fait est très juste et très bon; il a fait des êtres capables du bien et du mal, il leur a donné la connaissance de l'un et de l'autre, il leur a donné le pouvoir d'en faire le choix et les motifs de ce choix en les instruisant de ce qu'il leur en arriverait. La raison et la conscience disent tout cela.

Faisons attention que Dieu veut exercer sa justice, que sa sagesse le demande, qu'il ne peut le faire en lui-même et qu'ainsi c'est une perfection inutile, à moins qu'il ne crée des êtres hors de lui qu'il jugera et qu'il pourra récompenser ou punir; que pour juger il faut du différent, il faut des choses capables de propriétés contraires, et que pour récompenser ou punir, il faut du crime ou de la vertu; qu'ainsi il était d'une nécessité indispensable qu'il y eût des êtres capables de choses contraires, et de bonnes ou mauvaises.[187]

La justice divine, à le bien prendre et à la considérer en elle-même, est également contente dans la punition et la récompense à l'égard d'autrui; elle est satisfaite dès qu'elle a donné le pouvoir, la liberté et le motif des choix. Ce qui alarme et révolte l'esprit, c'est la difficulté de remplir les devoirs que prescrivent les religions factices.[188]

Dans la religion naturelle, dans la véritable religion que Dieu nous a dictée d'une manière digne de lui, de sa puissance, de sa sagesse et de sa justice, d'une manière claire et incontestable, d'une manière qui ne demande ni étude ni consultation, pas même d'attention, nos devoirs sont très aisés, très simples et en petit nombre; notre raison en voit l'équité, l'utilité et la nécessité il n'y a que l'excès de corruption qui nous puisse détourner. Faut-il donc se faire une grande violence pour adorer le souverain être et respecter notre créateur et notre juge, secourir les autres hommes que nous trouvons dans le malheur et dans le besoin, pour garder nos promesses, pour payer nos dettes, **[107]** pour ne point tuer, ne point voler, ne point prendre de femmes par force?

On ne blâme point un père qui, ayant plusieurs enfants, leur donne à chacun des chevaux, des armes, de l'argent pour aller à l'armée acquérir de la gloire, soutenir l'honneur de leur maison et mériter leur avancement en servant leur patrie. Si ce père ne les laisse partir qu'après avoir épuisé sa sagesse et sa tendresse à les exhorter à la vertu et à les détourner de la débauche, leur faisant envisager les heureuses et glorieuses suites de l'une et les funestes et honteux effets de l'autre, si ces jeunes gens font quelques fautes, si ces jeunes gens s'abandonnent au vice, s'ils dépensent leur argent en festins, en jeux, en galanteries, si, épuisés de moyens pour soutenir leur désordre, ils se jettent dans le brigandage,[189] peut-on dire que ce père est l'auteur de leurs vices et du malheur de ses enfants punis ignominieusement par la justice?

Dieu, dit-on, pouvait ne point donner la liberté aux hommes ou les tourner de manière et les mettre en telles circonstances, qu'ils n'eussent fait que le bien.

Le premier cas, anéantissant tout vice, anéantit toute vertu; c'est faire des automates, des marionnettes et des machines absolument inutiles aux attributs divins, par conséquent rendre vain tout le reste de l'univers, dont l'homme libre, connaissant le bien et le mal, ayant le pouvoir de se porter à l'un ou à l'autre, est la cause finale. Le second cas était impossible, car dès qu'il restait la liberté, les hommes pouvaient toujours commettre le mal.

Il ne peut rester qu'une plainte, c'est que Dieu pouvait mettre les hommes dans des situations moins violentes pour le mal et même telles qu'il eût été très difficile qu'il ne s'en fût abstenu, cela est vrai. Assurément qu'un homme de quatre-vingt-dix ans qui ne voit que des vieilles et vilaines femmes est assez à couvert de l'amour vicieux, mais on retrancherait de la vertu à proportion qu'on retrancherait du vice; il n'y aurait peut-être point eu de mauvais, il n'y **[108]** aurait peut-être point eu de bons, ce qui n'était pas convenable à la justice divine et revenait à la rendre une perfection inutile; après cela, la chose est égale aux hommes, Dieu ayant dans ses jugements égard à la force des circonstances.

Ne m'opposez point, M.R.P., que je flatte les pécheurs et leur fournis des prétextes et des excuses, que ma doctrine est très dangereuse et que, puisque les menaces des peines éternelles pour les moindres fautes ne font point d'effet et ne suffisent pas pour arrêter les méchants, de moindres craintes ne feront rien du tout, en sorte qu'ils courront au crime à bride abattue.

Ce serait à la doctrine de la prédestination et à la nécessité de la grâce à qui on pourrait faire judicieusement ces reproches, mais outre la récrimination,[190] je veux me justifier positivement.

La fausseté est toujours fausseté et ne doit jamais être d'usage; si elle fait un bon effet, elle en fait mille mauvais, et quand la proportion serait toute contraire, on ne doit jamais employer le mensonge qui est toujours un crime. Mais bien loin que la fausseté et l'exagération fassent plus de bons effets que de mauvais, elles éteignent entièrement la lumière de la vérité et en étouffent toute l'action.

> *Je me ris de Lucifer,*
> *De son croc, de ses tenailles;*
> *Ah, qu'on a bien fait d'inventer l'enfer*
> *Pour épouvanter la canaille!*[191]

Voilà ce que chante la jeunesse débauchée. Qui dit trop ne dit rien. On craindrait un peu la vérité, on ne craint point du tout le mensonge ni les extravagances. Comme on voit bien clairement qu'il est impossible que les choses soient ainsi, au lieu de conclure qu'elles sont autrement, on conclut qu'il n'y a rien du tout: tout ce qu'on dit de plus horrible et de plus outré ne fait presque point d'impression, au moins ce n'est qu'une impression passagère. L'esprit qui en aperçoit confusément la fausseté en couvre aussitôt **[109]** les traces. C'est par cette raison que les particularistes, les calvinistes, les jansénistes et autres sont faits dans la pratique comme les molinistes, les universalistes,[192] les arminiens et les pélagiens; les partisans de la prédestination, de la grâce et d'autres telles belles choses vivent comme ceux qui s'en moquent. Le grand St Paul, ravi lui-même au troisième ciel, n'avait point d'autre train de vie que moi, malotru, qui n'ai vu qu'une partie de la terre;[193] il fuyait le danger, il appelait à César de la condamnation des juges inférieurs, il priait dans l'occasion, il menaçait, il flattait, il promettait[194] de la même manière que ceux qui reconnaissent bonnement Dieu pour la justice même, qui s'en rapportent à la raison, à l'expérience et à leur sentiment intérieur et se croient parfaitement libres.

La raison, malgré qu'on en ait, prend le dessus et la nature parle si haut qu'on ne peut se dispenser de l'entendre, à moins que les impressions étrangères n'aillent jusqu'à perdre entièrement l'esprit et rendre les gens entièrement fols et fanatiques. Conviction que[195] la simple vérité fait plus que cet amas de visions fausses et ridicules, c'est que les enfants, les sauvages et les philosophes valent infiniment mieux qu'aucun docteur et qu'aucun dévôt de quelque religion factice que ce soit. Vous n'oserez dire, M.R.P., qu'un pape ne croit ni la grâce, ni la prédestination, ni l'enfer; sa foi ne peut manquer: J.-C. l'a dit à St Pierre,[196] qui les représentait tous; les deux tiers n'en ont pas moins été les plus abominables de tous les hommes et les plus scélérats, et il n'y en a peut-être pas un seul qui ait été homme de probité: vous savez mieux que moi quels ont été ceux dont nous célébrons la fête, lâches, flatteurs, intéressés, politiques, avares, ambitieux, parjures, trompeurs etc.

[110] *Article quatrième.* De l'efficacité des volontés de Dieu.

Autre chimère que les hommes se forment eux-mêmes pour s'embarrasser et s'épouvanter: les volontés de Dieu, dit-on, sont efficaces; il ne peut rien vouloir qui ne soit à l'instant même; ainsi si Dieu voulait que tous les hommes fussent sauvés, ils le seraient à coup sûr; tous ne le sont pas, donc il veut que quelques-uns soient damnés.

|| [a]Premièrement, il est faux que Dieu veuille que tous les hommes soient sauvés, il veut simplement que la justice soit faite, il ne veut pas positivement [b] ni sauver ni damner personne, il ne veut point par une volonté fixe ou conditionnelle ou telle qu'on voudra imaginer ou nommer [c], que sa justice agisse par des récompenses ou par des châtiments, mais seulement en traitant les êtres libres suivant leurs mérites. Et voilà sa justice et sa puissance d'accord.

Dieu veut punir ceux qui seront vicieux, et cela sera infaillible; il veut récompenser ceux qui seront vertueux, et cela aura immanquablement son effet; sa volonté ne sera jamais frustrée, elle est active et absolue au possible, sans faire[197] de Dieu un tyran exécrable comme le font les théologiens chrétiens et peut-être bien d'autres.

Que j'aie plusieurs trous à boucher et une multitude de chevilles de toutes grandeurs, de toutes couleurs et de toutes espèces de bois, ma volonté sera efficace, elle ne sera point frustrée, elle n'a point d'autre but que de boucher ces trous; sans dessein d'employer les chevilles noires ou blanches, celles de chêne ou d'ormeau, j'emploierai celles qui conviennent aux trous.

Tout de même, Dieu veut faire justice; il n'a dessein ni de châtier ni de donner de prix, il prendra les peines et les récompenses et les emploiera comme il conviendra, suivant le mérite: sa volonté est efficace et a tout l'effet possible, son intention est entièrement remplie.

Je ne vois rien de si aisé à trouver et à comprendre et rien de **[111]** si satisfaisant [d] que cela. Rien n'est plus naturel ni plus plausible. Pourquoi aller chercher tant de détours et creuser soi-même des abîmes pour s'y perdre? Qu'y a-t-il là-dedans qui choque l'idée la plus belle que l'on [e] puisse avoir de l'être parfait [f]? C'est une idée naturelle qui se présente à tous les esprits d'elle-même, au moins confusément, et que l'esprit adopte sans peine dès qu'on la lui éclaircit, l'autre est recherchée par un sophisme qui choque le bon sens et dont les suites au moins l'effarouchent.

Pour moi, je trouve ce que je viens de dire si raisonnable et si évident que je ne comprends pas qu'il y ait rien à y expliquer; la seule chose qui se présente et que je confesse être assez impénétrable, c'est que nous ne voulons point qu'il puisse être absolument indifférent à Dieu de punir ou de récompenser; notre intérêt parle peut-être plus là que nous ne croyons; un sentiment naturel et sympathique de compassion pour les autres nous émeut[198] de même; si nous nous examinions bien, peut-être verrions-nous qu'il n'y a que cela qui nous embarrasse, quoique, à le bien prendre, cela ne nous fasse absolument rien.

Cependant, je sens moi-même trop vivement cette idée et ne puis me rendre sur cette indifférence absolue entre faire du plaisir et de la douleur, quoique avec justice; je ne puis résister à un torrent qui m'entraîne dans le sentiment que Dieu voudrait que tous les hommes se rendissent dignes de ses bienfaits et qu'aucun ne méritât de sentir sa sévérité; mais c'est que je suis homme et que je vois qu'il me serait plus convenable qu'il en fût ansi et qu'il le serait de même pour les autres hommes, et par la liaison naturelle que nous avons les uns avec les autres, qui ne permet pas que nous voyions souffrir violemment sans souffrir aussi, je veux pour autrui ce que je veux pour moi.

On reviendra à la charge, disant[199] qu'il n'y a point en Dieu de plus ou de moins, qu'il ne prend jamais aucun plaisir et qu'il faudrait qu'il y eût plus dans la vertu que dans le vice, que Dieu perdrait **[112]** au moins un degré de plaisir en punissant, celui de punir n'égalant point celui de récompenser. Tout cela est spécieux; néanmoins j'y vois une réponse qui me paraît très juste et suffisante:

1°) Il est sûr qu'il y a plus dans la vertu que dans le vice, comme nous l'avons vu ci-devant; la vertu est plus belle que le vice n'est hideux, la vertu est une action qui demande un grand effort, le vice est le simple relâchement de cet effort.

2°) Il y a bien des choses que je suis le maître de faire sans peine, que je voudrais qui fussent et que je ne fais néanmoins pas. J'ai fait en ma vie une loterie où il ne se trouva personne le jour que j'avais indiqué pour la tirer; j'aurais bien voulu qu'un de mes amis gagnât le cheval dont il s'agissait, rien ne m'empêchait de lui[200] faire avoir, je ne courais aucun risque en lui faisant tomber; je ne le fis cependant pas, l'équité me le défend: voilà deux actes de ma volonté très distincts qui ne s'entrenuisent ni contredisent[201] pas. L'action de tirer la loterie dans les règles n'a donné aucune atteinte au pouvoir et à la liberté que j'avais de la tirer frauduleusement pour que mon ami eût le cheval dont il avait besoin.

Pourquoi ne reconnaîtrions-nous pas la même chose en Dieu? Je crois qu'ici, comme en tant d'autres occasions, tout le mal vient de la disette des mots; s'il y en avait un particulier pour exprimer chacun de ces deux actes de la volonté, aucune difficulté ne paraîtrait sur les rangs, mais nous attribuons à chacun de ces deux actes de la volonté, très différents en eux-mêmes, la même essence pour la seule raison que nous les exprimons par le même mot. Faux jugement, sujet de mille et mille erreurs et de la plupart des disputes qui sont le plus grand malheur des hommes. Si au lieu d'emprunter l'imparfait subjonctif[202] du verbe vouloir, pour en exprimer le présent dans le sens que je veux que mon ami ait le lot, on avait fait un autre terme, rien ne troublerait les idées ni n'embarrasserait; à la vérité, on a retenu le mot de vouloir pour l'un et pour l'autre acte **[113]** parce que c'est véritablement un vouloir, mais l'un est un vouloir simple, tirer ma loterie sans partialité; je veux conditionnellement que mon ami ait le prix, c'est supposé que[203] je lui puisse faire tomber sans fraude; ce dernier sens conditionnel et de supposition est celui qui s'exprime par l'imparfait du subjonctif, au lieu du présent de l'indicatif.

Pour éviter l'embarras qui naît du même mot à deux sens, faisons un nouveau mot; il y a dans l'école celui de velléité, mais outre qu'il rappelle toujours l'idée de vouloir, ce n'est qu'un substantif sans verbe; d'ailleurs il y a quelque chose de mince qui ne serait pas séant à la divinité dans l'attribution qu'on en ferait. Appelons ce vouloir conditionnel et de supposition *olouvrir*[204] et le retenons pour le verbe et pour le substantif, comme on fait celui de *vouloir*. Je dirai que j'ai voulu tirer ma loterie équitablement et que j'ai *olouvrit* que mon ami fût l'heureux. On dira de même que Dieu veut exercer sa justice dans sa dernière perfection et qu'il a *olouvrit* que tous les hommes soient heureux.

Si on dit donc que toutes les volontés et les *olouvrirs* de Dieu sont absolus, je l'accorde; si on ajoute qu'ils ont un effet infaillible, je le nie des *olouvrirs*. Mon *olouvrir* en certain cas est, pour ainsi dire, absolu comme celui de Dieu; il est absolu pour le pouvoir: dans l'exemple que je viens de donner, je pouvais distribuer les billets blancs à tous les intéressés de ma loterie et réserver le noir à mon ami; cet *olouvrir* néanmoins d'aucun effet, ce sera la même chose de *l'olouvrir* de Dieu dans la distribution des peines et des récompenses, il peut ne donner[205] que des récompenses et nulle peine, il infligera cependant des châtiments à ceux qui le méritent. Ainsi les choses se passeront comme on comprend qu'elles doivent se passer, sans rien diminuer de l'étendue de la puissance de Dieu qui est infinie.

[114] Les chrétiens en particulier ne peuvent rien opposer à cette doctrine, s'ils suivent les principes incontestablement reçus chez eux: ils demandent dans l'oraison qui leur est laissée par J.-C. que la volonté de Dieu soit accomplie sur la terre comme au ciel; il entendait donc que certaines volontés de Dieu n'étaient pas accomplies ou pouvaient ne le pas être. On ne souhaite pas seulement une chose immanquable: jamais homme tirant un coup de canon dans des vitres n'a souhaité qu'elles fussent cassées, quoique ce fût son dessein; souhaiter ne tombe que sur des choses incertaines. Si J.-C. avait demandé dans son oraison que le bonheur de Dieu n'eût point de discontinuation, que son pouvoir ne trouvât point d'opposition, que diriez-vous, M.R.P.?

On pourrait encore expliquer la difficulté volontaire des théologiens, dissiper les ténèbres qu'ils prennent tant de soin de ramasser de tous côtés pour s'aveugler eux-mêmes, d'une autre manière, quoique revenant à peu près au même. Voici comment.

On veut diverses choses à la fois par des volontés positives et absolues; chacune est capable de produire infailliblement son effet, mais la plus simple volonté est la plus forte, elle l'emporte sur les autres. Je veux conserver ma vie, je veux à quelque prix que ce soit conserver mon honneur: la dernière volonté est la plus simple (je veux à quelque prix que ce soit), la première l'est moins (je veux conserver ma vie, mais non pas aux dépens de mon honneur); je cours des premiers à l'assaut où je mets ma vie en un danger évident et éminent.

Cela me paraît clair dans les hommes. A l'égard de Dieu, il faut un peu de commentaire: si on ne veut point perdre de vue ce sentiment si naturel, peut-être bien fondé, que Dieu voudrait que tous les hommes fussent sauvés, disons [115] donc que Dieu a deux volontés véritables, efficaces en elles-mêmes et qui ne peuvent être frustrées, l'une de sauver tous les hommes, l'autre de suivre les règles de sa justice infiniment parfaite. La dernière, qui est la plus simple, l'emporte: il punit le pécheur, il ne veut que tous les hommes soient sauvés qu'en voulant qu'ils soient tous vertueux. En deux mots, ne disons point que Dieu veut que tous les hommes soient sauvés, disons plutôt que Dieu veut que tous les hommes soient dignes d'être sauvés; c'en est assez pour contenter le sentiment de la préférence des biens aux maux, que nous ne saurions abandonner, et il me semble que les partisans de l'efficacité mal entendue des volontés de Dieu doivent aussi être contents, puisqu'ils suffit que cette efficacité soit dans le pouvoir: ma volonté est aussi entière, aussi absolue et aussi entièrement en tous ses droits pour ce que je veux et puis, quoique je ne le fasse pas, comme si je le faisais.

Ceux qui ne comprendront pas ce que je comprends par toutes ces explications[206] et ces exemples n'ont qu'à s'en tenir à la pure idée de la justice également contente dans la punition des mauvais que dans la récompense des bons. Cela est très évident et ne peut être combattu directement par la moindre raison plausible. Nous le verrions sans répugnance, si nous étions parfaitement justes et désintéressés; nous verrions clairement que Dieu veut que les hommes soient libres, qu'ils puissent être bons ou mauvais, et qu'il veut récompenser les uns ou punir les autres.

On trouvera que Dieu ne veut pas plus que tous les hommes soient sauvés qu'il ne veut qu'ils soient tous damnés, qu'il veut simplement qu'ils reçoivent le traitement que méritent leurs actions, ce qui encore une fois est égal pour nous et comprend tout ce que nous saurions raisonnablement désirer.

On ne peut point objecter que, par là, la vertu et le vice seraient indifférents à Dieu; la bonne ou la mauvaise peinture n'est point indifférente, quoiqu'il me soit indifférent que Pierre soit bon ou mauvais peintre. Dieu voit la vertu comme une chose qui mérite l'approbation, le vice au contraire. Il voit la vertu comme une chose ayant relation à la vérité et à l'Etre, le vice comme ayant relation à la fausseté [116] et au néant; mais l'un ou l'autre posé, il est également content par la punition que par la récompense, comme la bonne ou la mauvaise peinture ne m'est point indifférente, quoique je sois également satisfait en louant le bon peintre qu'en blâmant le mauvais.

La justice civile est établie pour punir les coupables; j'approuve cet établissement, j'en suis content, je l'estime, je suis tranquille là-dessus;[207] s'il y en avait une de même pour donner des prix à la vertu, je serais à son égard dans la même disposition; la différence que j'y trouve, c'est que je pourrais me flatter de quelque mérite et me plaindre que cette justice serait mal exercée lorsqu'elle ne me donnerait pas ce que je croirais mériter, mais cela n'ayant point de lieu dans la justice divine, je suis sûr d'être traité avec une exacte justice, dont je serai moi-même convaincu et dont je verrai moi-même la parfaite et admirable disposition.

Il y a encore une terrible difficulté que je ne veux pas dissimuler; l'homme peut dire: «Pourquoi Dieu m'a-t-il créé? pour m'exposer à de grands maux? Il n'y a point de justice dans une alternative de douleurs et de plaisirs; si Dieu m'avait proposé ses récompenses et ses punitions, avec les violences qu'il me faut faire pour obtenir les unes et éviter les autres, j'aurais bien mieux aimé retomber dans le néant ou dans l'insensibilité. Sa puissance me fait violence et par conséquent injustice. Je ne pense pas que l'amoureux le plus outré voulût tirer au billet dont l'un porterait la jouissance de sa maîtresse pendant vingt-quatre heures, l'autre la torture pendant le même temps; celui qui l'accepterait n'aurait point à se plaindre, mais moi qui ne suis point de cette humeur, j'ai droit de me récrier.» Il n'y a qu'une réponse: cela est sans doute et incontestablement, nous l'avons vu, donc cela est juste et nous verrons cette justice clairement et sans ombre de difficulté lorsque nous serons au point de l'exécution.

Je me suis servi des mots de damner et sauver,[208] entraîné par l'usage, ce qui ne fait rien dans le fond, puisque quelque opinion qu'on ait des jugements de Dieu sur des peines et des récompenses [117], on peut toujours appeler damnés ceux qu'il condamne à des châtiments, quels qu'ils soient, et sauvés ceux à qui il accorde des récompenses. J'entends toujours par ces termes l'état où Dieu mettra chaque homme après sa mort suivant ses œuvres combinées et compensées les unes avec les autres, suivant les différentes circonstances qui peuvent entrer dans leur bonté ou malice, et en constituer le degré devant sa justice infiniment parfaite et les lumières de sa sagesse infiniment pénétrante.

Article cinquième. De la prédestination, de la destinée et du hasard.

La prédestination des chrétiens à l'égard du salut a été traitée en particulier par ce qui a été dit sur la prescience et sur la justice de Dieu. L'horreur de cette prédestination a été mise dans tout son jour, et l'impossibilité et le néant en ont été démontrés. Pour l'erreur populaire sur le cours de la vie, dont, dit-on, les jours sont comptés, il est bien vrai[209] que Dieu voit dès l'instant de la conception ce que l'homme peut vivre suivant une infinité d'hypothèses, il voit déterminément[210] dans chacune tous les mouvements de la vie de ce sujet, il y voit tous les temps de la santé, des maladies, de la mort même, mais la liberté de ce sujet, et celle des autres parmi lesquels il en usera, fait que Dieu ne se détermine point sur aucune de ces hypothèses; il voit seulement toutes les possibilités avec l'incertitude réelle qu'il y a pour chacune. Il en est de même de tous les êtres qui sont à la portée des hommes. Dieu ne sait pas la durée d'un carreau de vitre de mon cabinet, parce que moi ou d'autres pouvons le casser exprès ou par des actions faites pour autre chose; il voit bien absolument et déterminément [118] quelle doit être la durée de ce carreau en lui-même par rapport à sa force et à celle de tous les agents nécessaires, il voit aussi toutes les hypothèses possibles suivant lesquelles le carreau peut rester entier ou être cassé, comment, en combien de pièces et suivant quelles lignes et figures, ce qui est une connaissance infinie, incommunicable à tout autre qu'à l'être parfait; il voit l'incertitude de toutes ces hypothèses par rapport à l'exécution, ce qui est une autre connaissance parfaite qui remplit la possibilité, car il y a le même degré de perfection à voir l'incertitude où il y en a qu'à voir la certitude où elle est, comme à voir le néant et l'être.

Il n'y a point de différence de doctrine sur tous les incidents de ce monde, sur les prospérités et les adversités, sur la maladie ou la santé, sur la longueur ou la brièveté de la vie et généralement sur tout ce qui peut être atteint des actions libres des hommes; ce n'est jamais que dans l'accablement des malheurs qu'on a recours au destin, à la nécessité et à l'étoile, c'est pour se consoler que l'on se dit que ces maux étaient inévitables, c'est pour s'excuser soi-même, c'est pour ne pas se reprocher les fautes qui nous les ont attirés.[211]

On ne donne point à la destinée et à l'étoile ses prospérités, on est trop sensible au plaisir de les devoir à sa prudence et à ses autres talents; pour les prospérités d'autrui, on en fait volontiers honneur à la fortune, par envie ou pour endormir le chagrin qu'on sent de n'avoir pu se procurer rien de semblable. Cela est si vrai que celui qui est parvenu à pareils honneurs et à pareilles richesses après en avoir été également éloigné ne dira pas plus de soi que cet autre de lui-même que tout cela est au tour de la roue de l'aveugle déesse.[212]

Il est encore plus ridicule et plus contre le sens commun de vouloir que le sort des états et des républiques ait des bornes fixes, qu'ils aient comme les plantes et les animaux un temps pour naître, pour croître et pour périr.[213] Sur quoi [119] fonder cela que sur la fantaisie et l'ignorance, au moins sur le manque d'attention et de réflexion, puisque tout cela est soumis à la liberté des hommes? Les républiques se ruinent elles-mêmes par la négligence, par la tyrannie, par le luxe et par le mauvais gouvernement, ou elles sont ruinées par d'autres potentats qui se trouvent plus habiles, plus entreprenants et plus forts; de quelque manière que ce soit, il n'en est pas autrement que des affaires du moindre particulier.

La vie d'un individu dépend de l'organisation de son corps, de son tempérament et de la dissolution du ressort et des pièces qui l'agitent; tout cela s'use, par conséquent le jeu doit en finir. La vie d'une république ne dépend que de l'union morale, de la volonté des hommes; ce qu'il y a de physique est une multitude d'hommes qui sont remplacés par d'autres semblables à mesure qu'il en périt, en sorte que ce peut être toujours la même chose. A force de faire sauter et gambader Polichinelle, il se rompt un fil, une charnière se démonte, mais on en met un autre neuf, et le jeu entier des marionnettes peut durer éternellement.[214]

Il n'y a donc dans la naissance, la continuation, l'agrandissement, le déclin, la décadence et la destruction des corps politiques aucune destinée, fatalité, influences ni autres pareilles causes chimériques. L'empire romain a péri par ses désordres et par son propre poids, par l'introduction du christianisme[215] qui a semé la discorde et la révolte, par les entreprises des barbares du nord qui se sont trouvés en certaines dispositions avantageuses en même temps que les Romains étaient dans d'autres, contraires.

Quand le ciel et tous les astres auraient été dans une autre situation, quand le nombre des années de la durée de cette énorme puissance aurait été plus ou moins grand, tout aurait été le même train, ce sont choses manifestes que la raison comprend et voit sans répugnance et dont l'expérience ne permet pas de douter. Qui cherche d'autres raisons donne dans le fanatisme et dément ses sens et son jugement, il préfère ce qu'il ne voit ni ne comprend à ce qu'il sent et conçoit aisément.

[120] Ce n'est point ici le langage de l'orgueil; on pourrait peut-être croire qu'ayant réussi à faire fortune et à m'y soutenir parmi de grandes difficultés, je me suis porté à croire que les malheureux le sont par leur faute et que notre sort est entre nos mains. Rien n'est plus éloigné de la vérité. Peu de gens devraient être plus entêtés de la destinée que moi, dont la vie a été un perpétuel cours de disgrâces qu'il semble que la prudence humaine ne pouvait prévoir: je suis actuellement dans une pauvreté très proche de la nécessité quoique avec quelques talents, l'estime de la plupart de ceux dont je suis connu[216] et peut-être sans l'inimitié d'aucun; tout cela ne m'aveugle point et ne m'empêche pas de voir que je me suis attiré une partie de mes malheurs, que j'ai manqué d'éviter les autres, partie par trop de rigidité, partie par faiblesse et paresse, et que le reste a tourné suivant les allures naturelles ou ordinaires du monde et de la manière d'agir des hommes.[217] Je vois bien que le contraire pouvait arriver tout de même et que de simples bagatelles pouvaient changer les choses en mille façons.

Le hasard peut bien avoir donné occasion aux raisons[218] que je viens de combattre, bien assuré de vaincre devant tout esprit raisonnable. Comme l'on ne comprend point ordinairement le hasard et qu'on en voit les effets, quelques-uns se sont imaginé qu'il y a une cause externe qui gouverne les effets fortuits; après cela, belle découverte, ils ont étendu la puissance de cette chimère sur tout ce qui les embarrassait et sur tout ce qui leur paraissait extraordinaire.

Pour dissiper cette funeste vision, il faut faire l'anatomie du hasard ou, pour mieux dire, en démontrer le néant; il faut faire voir qu'à proprement parler et à parler vrai, il n'y en a point, car par rapport à nous, s'il y en a, c'est faute de cette distinction qu'on est tombé dans l'erreur et dans le désordre.

‖ *a*Il n'y a point de hasard dans la nature même des choses, quoique nous y en croyions; il*b* en est comme des couleurs, des saveurs et des sons: les corps n'ont rien en eux-mêmes de semblable, quoique nous l'y sentions; toutes choses vont suivant*c* l'impression qu'elles reçoivent **[121]** des causes qui les meuvent. Ces causes une fois posées avec toutes les circonstances qui les accompagnent, il est donc d'une*d* impossibilité physique que les choses aillent autrement. Tout ce que nous disons qui arrive*e* par hasard est la suite d'un enchaînement aussi sûr, aussi efficace*f* qu'aucune de nos actions faite avec toute la délibération possible; nous verrions cette suite et cet enchaînement et prévoirions*g* l'effet si nous connaissions les causes et pouvions*h* envisager toutes les circonstances.

A parler vrai, il n'y a pas plus de hasard qu'un dé jette le six que lorsque je l'y mets exprès avec la main, pas plus qu'il s'arrête sur certain endroit de la table. Ce paradoxe s'évanouira dès qu'on fera attention que, la situation du dé sur une telle face posée, avec sa chute d'une telle hauteur, la matière et la figure de ce dé, celle de la table, sa dureté et sa configuration plus ou moins unie, car tout cela posé, il est impossible que le dé ne tombe sur certain endroit de la table et que, suivant la relative dureté du dé et de la table, combinée avec le degré de force de l'impulsion, le dé ne roule un certain nombre de tours d'un certain côté, par conséquent ne reste en certain endroit et sur certaine face*i*; je suis persuadé que non seulement Dieu, mais une pure intelligence, une âme humaine sans corps, voit le succès de la chance dès le point d'instant que le dé est jeté.[219] C'est supposé que*j* les esprits voient les corps.

Mais à notre égard, tout cela est fortuit, ce qui ne signifie autre chose, sinon que nous ne pouvons connaître toutes ces circonstances, que nous ne pouvons les comparer*k*, encore moins en combiner toutes les forces; ainsi ces choses très sûres, très réglées et très déterminées sont pour nous incertaines.

Quand nous voyons une personne sur le pas de sa porte, mettant son épée et ajustant son habit, nous ne savons de quel côté il tournera ses pas; il prend à droite ou à gauche, par hasard à notre égard, mais à son égard à lui, son*l* parti est pris et sûr.

[122] Il n'y a aucune différence d'une action composée à une action plus simple, la difficulté*m* ne vient que de notre pénétration trop bornée et du défaut de nos lumières. Nous jugeons bien le bond d'une balle au jeu de paume, c'est la même chose*n* sans la moindre différence que celle d'un jet de dé, nous jugeons la hauteur de ce bond et de quel côté il*o* se jettera parce que la pratique nous a donné une connaissance suffisante des degrés du mouvement dont la balle est poussée, de la force du ressort de la balle et du pavé, et parce que cette même pratique nous a instruits de la proportion qui est entre le chemin par lequel la balle tombe et celui*p* par lequel elle doit rejaillir. Si la balle était cube ou à plusieurs facettes et le pavé plein d'inégalités, nous ne pourrions plus juger la hauteur du bond, ni le côté où il s'élèverait*q*; nous ne jugerions plus la balle, quoiqu'elle bondît par des règles aussi sûres que celles du globe sur un plan; c'est par cette raison que nous appelons hasard le mouvement extraordinaire de la balle, qui ne provient cependant que d'une inégalité dans la balle ou dans le pavé, dont nous n'avons point de connaissance; au contraire on compte sur la régularité de l'un et de l'autre.'

Cela paraît suffisamment débrouillé et mis à telles lumières que les esprits les moins forts aux spéculations peuvent le voir sans ombre; donnons néanmoins encore un exemple ou deux qui achèvent de satisfaire à tout ce qui peut inquiéter.

J'ai affaire à Pierre qui demeure à la porte Saint-Martin, moi sur le pont Notre-Dame.[220] Je trouve Pierre au coin de la rue Saint-Merry, qui vient de la porte Saint-Honoré et s'en va à Lyon d'où il ne reviendra de longtemps; je finis mon affaire avec lui et compte que voilà un grand hasard et un grand coup de bonheur: il n'y avait qu'un point[221] d'heure et de lieu. Un cagot ne manquerait pas de dire que c'est un miracle de la providence, surtout s'il s'agissait de quelque intérêt monacal, mais au fond **[123]** ce coup véritablement si heureux pour moi était infaillible. La libre détermination de nos volontés une fois posée, Pierre est sorti de chez lui à six heures, il fait vingt toises de chemin par minute, il y a 1200 toises de sa maison à la porte Saint-Honoré, il y est donc arrivé justement à sept heures, il y est resté une heure, ainsi il en est parti à huit, de là à Saint-Merry il y a 900 toises, par conséquent il s'y est trouvé à huit heures trois quarts. Moi, je suis sorti à 8 heures 1/2, j'avance dix toises par minute et il y a 150 toises de chez moi au coin de la rue Neuve Saint-Merry, j'ai dû absolument y être à 8 h 3/4 et par conséquent rencontrer mon homme. La chose était infaillible, mais comme je ne savais rien de tout cela, à mon égard c'est un hasard, c'est-à-dire que c'est une chose que je ne pouvais attendre ni prévoir, mais la prétendue providence n'y a pas plus de part que quand je vide un vase, le mettant l'ouverture en bas. La destinée ou la fatalité sont des mots en l'air qui n'y en ont point du tout;[222] tout cela est dans l'ordre naturel, suivant l'essence des choses et suivant la force des agents libres et nécessaires.

Un sauvage qui passerait à diverses fois sur le Pont-Neuf et remarquerait les différentes situations de l'aiguille de l'horloge de la Samaritaine,[223] croirait que c'est par hasard qu'il la voit tantôt en haut, tantôt en bas, tantôt de niveau, puisqu'il ne sait pas la fabrique et la puissance de la machine qui la meut; il croit de même que c'est par hasard que les éclipses arrivent. Nous jetons un dé qui vient tantôt sur une face, tantôt sur l'autre, nous ne saurions mesurer le degré de mouvement que nous lui avons imprimé pour le faire rouler, nous ne connaissons pas précisément sa figure ni sa dureté, non plus que celle de la table, nous disons que c'est par hasard qu'il fait 6 ou 4 etc. Si nous avions ce qui serait nécessaire pour juger exactement de toutes ces circonstances, nous saurions positivement quelle chance **[124]** donnerait le dé, et n'appellerions plus cela hasard, par la même raison que nous ne disons pas que c'est hasard que l'aiguille de la montre est sur un certain point à certaine heure du jour, savoir parce que nous connaissons la fabrique de l'horloge et sa puissance de faire faire à l'aiguille deux fois le tour du cadran justement pendant que le soleil fait celui du monde. De même, un astronome qui connaît au juste le mouvement du soleil et de la lune ne dit point que les éclipses soient des rencontres fortuites de ces deux astres.

Je n'ai point oublié que j'ai fondé[224] sur le hasard des démonstrations de la dernière conséquence; il faut prévenir les partisans de la prescience des actes libres et de la providence humaine et tyrannique en Dieu. Ils chanteraient victoire à la vue de ce que je viens de dire: on fonde des preuves sur le hasard et on dit qu'il n'y en a point. Ils crieraient miracle! C'est que Dieu permet que ceux qui combattent de si saints sentiments s'aveuglent et se contredisent d'une manière grossière et pitoyable.

Qu'ils mettent bas la trompette: le hasard tel qu'il a été expliqué ci-dessus et tel qu'il est effectivement a toute l'incertitude nécessaire à mes démonstrations, il ne s'agit pas là du hasard en lui-même, mais du hasard en nous.

J'ai dit que le hasard n'est point uniforme, et posé cela comme une vérité claire et incontestable, démontrée *a priori* par la faiblesse de notre connaissance et par la multitude des circonstances incombinables[224bis] à notre esprit, et *a posteriori* par l'expérience éternelle; ainsi, j'ai pu me servir du terme ordinaire; quoique la simplification en soit fausse en un sens, elle est vraie en celui où je la prends.

Cela me fournit encore une réflexion qui achèvera la conviction sur le hasard, c'est que la même chose est hasard pour l'un et ne l'est pas pour l'autre. Il ne serait pas impossible de **[125]** marquer un point sur le mur d'un jeu de paume tel qu'en y poussant une balle d'un certain lieu, elle toucherait les quatre murs et irait de là casser un verre dans la galerie; toute l'assemblée croirait que le verre a été cassé par hasard, celui seul qui aurait marqué le point et poussé la balle saurait que cela était immanquable. Ce n'est donc que notre ignorance qui nous fait prendre les choses, qui en elles-mêmes sont très déterminées, pour fortuites.

Revenons à mes démonstrations fondées sur le hasard: les actes que je propose ne peuvent être uniformes, étant faits sans principes sûrs. Si je dis que l'empereur de la Chine est présentement debout et qu'il[225] soit vrai, c'est par hasard que j'ai dit la vérité, parce que je n'ai aucune raison qui me fasse dire qu'il est debout plutôt qu'assis, et c'est pour cette raison qu'interrogé plusieurs fois sur pareille chose, je répondrais souvent faux. Un homme qui n'est point astronome ne marquera point juste les éclipses pour une douzaine d'années, quoique rien ne soit plus sûr et plus déterminé en soi-même.

C'est véritablement par hasard pour moi qu'il vient une telle chance quand je jette trois dés, parce que je ne puis mesurer la secousse[226] qu'il fallait pour cela par rapport à la matière et à la figure des dés, de la table et de la situation des dés dans le cornet, du contour et de la combinaison desquelles choses dépendait la détermination de cette chance. Et, ces choses posées, la chance elle-même n'est plus un coup de hasard, elle était physiquement, absolument déterminée; de là suit que cette secousse ne peut être uniforme, n'ayant point de règle pour la mesurer, par conséquent qu'elle sera toujours incertaine et donnera tantôt une chance, tantôt une autre, non pas qu'elle soit incertaine en elle-même, mais parce qu'il nous manque ce qui est nécessaire pour en avoir la certitude.

[126] Concluons qu'il n'y a point de hasard dans les choses mêmes, qui[227] est le but de cet article, mais qu'il y en a pour nous, ce qui suffit pour la certitude de mes démonstrations.

Section cinquième. De l'Instruction et du Culte.

Le tout sera bien glorieux à Dieu et bien facile aux hommes, sans crainte d'aucunes mauvaises suites exécrables et pernicieuses, comme celles immanquables aux religions factices, qui désolent la face de la terre et sont la honte du genre humain; le père sera le docteur de sa famille, il n'enseignera rien à proprement parler, il fera seulement remarquer, chacun sera prêtre, sacrificateur etc.

Article premier. De l'Instruction.

Le catéchisme que ce docteur aura à composer consiste à très peu de choses raisonnables, dont tous les esprits humains ont l'idée plus ou moins claire; elles seront reçues par une véritable acceptation éclairée et vraiment consentie intérieurement à la première proposition qui en sera faite. On saura sa religion comme on sait qu'on a cinq sens, et mille autres choses qu'on a remarquées soi-même être ainsi, une seule fois qu'on en a ouï parler;[228] on n'a point senti d'opposition intérieure, on n'a point contesté, il n'a point fallu charger sa mémoire, renoncer à son jugement et renier le bon sens; il ne faudra point mettre sa liberté aux fers, abandonner sa raison **[127]** et son bien à d'autres par le seul poids de l'autorité.

Bien peu de lignes contiendront tout ce catéchisme. Par le projet que j'ai suivi pour moi-même dans ce cahier,[229] commençant par: «Qui nous a faits, mon fils? Qui a fait le ciel et la terre etc.? Ne concevez-vous pas qu'il faut que ce soit un être d'une souveraine sagesse, d'une souveraine industrie et d'une puissance sans bornes, ne comprenez-vous pas que cet être si sage est juste, et que par conséquent il punira les méchants et récompensera les bons? Que croyez-vous que ce soit d'être bon et d'être méchant?», un enfant de trois ans répondra de lui-même que les bons sont ceux qui ne font de mal à personne, et les méchants ceux qui font du mal aux autres. «Oui, mon fils, c'est ce que vous dites; les bons ne font de mal à personne et font du bien à tout le monde, autant qu'ils peuvent; les méchants ne cherchent qu'à se satisfaire sans s'embarrasser s'ils font du mal aux autres.»

«Mais, mon fils, qu'entendez-vous par du bien et du mal?» L'enfant répondra encore de lui-même que du bien c'est de donner à manger, de caresser etc., que du mal est de battre, de prendre ce que les autres ont. —Cela est vrai, mon fils, mais quand vous serez plus grand, vous verrez mieux les différentes espèces de biens et de maux. Pour les connaître toutes, vous n'avez qu'à vous examiner vous-même dans toutes les occasions où vous aurez à agir avec autrui; considérez la manière dont vous sentez qu'on en devrait agir avec vous; tout ce que vous sentirez qu'on devrait vous faire, c'est le bien, c'est le mérite devant Dieu et devant les hommes; tout ce que vous sentirez qu'on ne doit pas vous faire, c'est le mal, c'est ce qu'on entend par le mot de péché, ainsi de l'omission qu'on ferait de rendre à Dieu l'adoration que nous lui devons à si juste titre.

Qu'avez-vous donc à faire, mon fils, vers cet être infiniment sage, infiniment puissant et infiniment juste que nous appelons Dieu? Le respecter et le révérer comme il le mérite autant que cela nous est possible, c'est ce qu'on nomme adorer Dieu; être dans la pensée et le dessein continuel de ne faire que le bien afin d'avoir son approbation [128] et ses récompenses, de ne jamais faire de mal de crainte d'en être désapprouvé et par conséquent puni.

—Mais, mon père, quelles seront les récompenses et les châtiments? —Nous n'en savons rien, mon fils, ne vous en embarrassez pas. Il vous suffit que tout sera dans une parfaite équité, que vous serez traité après votre mort comme vous l'avez mérité pendant votre vie.[230]

Vous comprenez bien encore, mon fils, qu'il est bien difficile de ne faire jamais aucun mal et vous le comprendrez mieux lorsque vous serez expérimenté dans le monde. Quand vous avez fait quelque faute dont je vous blâme, vous me demandez pardon, vous rejetez ce que vous avez mal fait; il en faut user ainsi avec Dieu et devant Dieu, il faut lui demander pardon et réparer le mal qu'on a fait aux autres, tout autant qu'il est en son pouvoir.

Mais remarquez bien, mon fils, que, lorsque vous me demandez pardon, je ne sais point si vous êtes vraiment fâché d'avoir mal fait; il n'en est pas de même de Dieu, il voit au fond de notre cœur et dans nos plus secrètes pensées, ainsi ce ne sera point les paroles que vous prononcerez dont il se satisfera, mais du repentir sincère dans lequel il vous verra.»

On pourra un peu paraphraser tout cela, à mesure que les enfants croîtront et auront plus de discernement, mais tenons-nous en aux principes généraux tout le plus qu'il est possible, rien n'est de plus grande conséquence: si un particulier erre, le mal est petit; quand on erre comme docteur, on en jette quantité d'autres dans l'erreur, on sème la discorde en s'entêtant de ses folles opinions et en blâmant celles des autres, et on met tout en feu. Que mille personnes tirent pour leur conduite des principes généraux, qu'ils en fassent de mauvaises applications, ce n'est rien en comparaison de ce qui arrive par le sentiment d'un fol mis au jour.

Ce catéchisme si succinct, si recevable et qu'on sait dès la première fois sans pouvoir jamais l'oublier, qui ne peut recevoir aucune contestation de la part des autres hommes ni d'oppositions dans notre esprit, fera plus d'honnêtes gens et de vrais serviteurs de Dieu que tous nos cours de théologie, tous nos livres de morale de tous nos casuistes, et que le [129] *Quinquennium* en Sorbonne.

Qu'on s'en tienne donc aux principes généraux incontestables qu'il y a un Dieu auteur de toutes choses, qui récompensera la vertu et punira le vice; qu'il n'y a d'autre vertu que d'adorer Dieu intérieurement du fond du cour et avec tout l'effort dont notre esprit est capable, et en second lieu d'agir en toute occasion avec les autres hommes comme nous sentons que nous pouvons vouloir raisonnablement qu'on en agisse avec nous, le tout dans le dessein de mériter l'approbation de Dieu, enfin que le contraire est le vice que Dieu blâme et punit, en un mot, qu'il n'y a point de religion que ce que la pure raison, sans passion, sans intérêt et sans suggestion, nous dicte, et point de vertu que la justice, et point de vice que l'injustice.

En voilà autant qu'il en faut pour rendre à Dieu toute la gloire qu'il peut recevoir des créatures ou, pour parler exactement, pour remplir les desseins du créateur et pour le bonheur du genre humain, ainsi que pour le gouvernement des républiques comme des moindres sociétés et des familles.

Il n'y a point de vertu dans le néant, par conséquent dans l'omission d'aucune action, qu'autant que cette action est criminelle; loin de là, c'est frustrer l'intention du créateur, mépriser ses libéralités et en quelque façon rédarguer[231] sa sagesse. Il n'y a point de vertu dans des actions inutiles, encore moins dans celles qui naturellement sont mauvaises comme de sacrifier soi ou les autres, soit par la mort, soit par des souffrances, sans nécessité; il y a plutôt beaucoup de vanité, de folie ou d'intérêt. Il n'y a point de vertu et de sainteté à lire plusieurs feuillets d'un livre ni à chanter quelques paroles que ce soit: des paroles renferment nos pensées ou elles ne les renferment pas. Si elles les renferment, je veux dire si nous pensons véritablement ce que signifient nos paroles, nous ne disons rien à la divinité qu'elle ne voie, ces paroles sont aussi superflues que si un courtisan disait et rebattait **[130]** trois ou quatre fois par jour au roi que c'est à Versailles qu'il fait sa résidence.[232] Si nos paroles sont différentes de nos pensées, c'est une chose abominable et exécrable.

Qu'on n'allègue point qu'une prière unanime ouvre le ciel et le force,[233] c'est une extravagance, tout au moins la faiblesse d'un petit génie qui juge de Dieu comme des hommes, qui a vu un magistrat se rendre aux crieries d'une populace après avoir résisté aux importunités de quelques particuliers. Il n'y a qu'une espèce de prière, unanime ou particulière, il n'importe, c'est l'adoration et la demande du pardon des péchés; quand cette prière est faite en public et conjointement avec plusieurs, cela peut être de quelque édification, c'est-à-dire que cela peut rendre la chose plus sensible et en faire mieux sentir la nécessité et l'usage, mais cela n'y ajoute pas un grain de force ni d'efficace, cela peut encore émouvoir plus fortement les volontés et rendre les sentiments plus vifs, ce qui est à peu près inutile devant Dieu qui voit la réalité. Dieu voit si nous l'adorons, il voit si nous nous repentons, les paroles sont absolument inutiles, la prière sur toute autre chose que le pardon de nos péchés ne peut être que mauvaise, et encore pire si nous en faisions une commune à une multitude, comme celle principalement des chrétiens:[234] il est impossible que cette prière renferme les sentiments de chaque personne ni qu'elle convienne à son état particulier, et on peut assurer que dans ces récits de prières publiques et unanimes comme on les appelle, il y a toujours quelqu'un qui ment impudemment à Dieu.

Ces quatre dernières réflexions ne sont point du catéchisme général, mais elles sont nécessaires dans les pays qui gémissent sous la tyrannie et la superstition des religions factices, où il y a des moines, des prêtres, des bonzes, des imans, des molas, des talapoins, etc.

[131] *Article deuxième*. Du Culte.

Il n'en faut pas d'extérieur; un particulier, intérieur n'est pas indispensablement nécessaire, le seul sentiment habituel sur l'adoration de Dieu et le dessein de ne faire que ce qu'il approuve est suffisant; mais il est bon de donner un quart d'heure par jour à se rappeler ces principes pour se fortifier dans ses résolutions de lui être fidèles, surtout s'exciter au véritable repentir des cas où on aura manqué, ce qui fait que le soir est préférable au matin.

Le chef de famille pourra faire quelquefois cette courte méditation tout haut devant sa femme, ses enfants et ses domestiques, ensuite il avertira que chacun fasse la revue de ses actions et se repente sincèrement des mauvaises, laissant quelque instant pour cela, pendant lequel il s'examinera lui-même, enfin il prononcera la prière afin de donner aux enfants et aux plus grossiers de sa maison quelque espèce, non de modèle, toujours dangereux, mais d'exemple à imiter et non à suivre à la lettre.

Qu'il ne manque jamais à cet acte, uniquement nécessaire à la religion en son particulier, et le fasse de telle manière que, sans affectation, toute sa famille voie qu'il y est exact: l'exemple est un grand motif au commun des hommes, chacun sera édifié et confirmé dans l'utilité de cette pratique.

Voilà tout le culte, toutes les cérémonies, les sacrifices et toute la religion extérieure. Dieu ne reçoit rien autre chose. Voilà les prêtres; Dieu ne veut point être servi par procureur.[235] Voilà tous les ministres, Dieu n'en a que faire, sa puissance étant infinie; ils seraient pernicieux aux hommes qu'ils ne manqueraient point de conduire suivant leurs intérêts.

[132] Pour la religion intérieure, qui est la véritable et l'unique nécessaire, elle doit être perpétuelle, sans la moindre interruption; c'est cette habitude à dessein formé et immanent,[236] cette envie continuelle dans laquelle nous avons vu que l'homme doit être d'agir de manière à mériter l'approbation de l'Etre parfait, son créateur et son juge.

La question qu'on peut faire sur la posture où l'on doit être pendant l'acte extérieur dont nous venons de parler ne mérite point de considération; toute chose absolument corporelle est indifférente d'elle-même, cependant il est assez à propos d'en avoir une particulière, et celle d'être à genoux me parait assez convenable, mais sans affectation et sans mines. Le meilleur même est de fermer les yeux et de se cacher le visage dans ses mains, s'appuyant sur les coudes si la commodité s'en présente:[237] il ne faut de sensible que tout le moins qu'il est possible, puisqu'on parle à Dieu qui voit nos pensées en elles-mêmes. Les postures, les cérémonies, tous les signes corporels ne sont bons que pour les hommes qui ne peuvent pénétrer jusqu'à l'âme les uns des autres et qui n'en connaissent les modifications que par ces signes matériels qui souvent sont si impertinents en fait de cagotage[238] qu'on excite la risée du public au lieu de cette haute idée de dévotion dont on prétend se parer à nos yeux.

Article troisième. Réponse aux objections.

On ne va pas manquer de crier que tout est perdu s'il n'y a pas des gens chargés de l'instruction et du culte public, que les hommes oublieront tout sentiment de religion et tomberont dans l'athéisme; à quoi je réponds:

1°) Qu'il est faux que les hommes tombassent[239] dans l'athéisme quand il n'y aurait aucun[240] ombre de culte, au lieu que nous venons d'en établir un bon, suffisant, sans reproche et sans **[133]** inconvénient.

2°) Les hommes n'ont aucune connaissance plus claire que celle de la divinité, ni aucun désir plus vif et plus fort que celui qui les porte à y penser. Sans profession de logique,[241] personne ne prend une fausse conséquence pour une juste, pour peu que la chose soit d'usage; sans profession de droit, tous les hommes connaissent la justice et y défèrent; s'ils la violent, ils ne la perdent point de vue pour cela; sans maître de cérémonies, un enfant cède le pas aux personnes faites; sans juge de police, les femmes subissent la supériorité des hommes; sans professeurs d'économie, les maris et les femmes unissent leurs soins pour la prospérité de leur famille et la gouvernent fort bien; sans professeurs de règles et de devoirs, les pères travaillent pour donner la subsistance à leurs enfants, les mères les allaitent et se donnent mille soins si rudes et si ennuyeux; les sauvages, sans livres, sans sciences, sans prédicateurs, observent tout cela et ne sont point athées; loin de là, ils ont de plus justes idées de la divinité qu'aucun chrétien.[242]

Qu'il s'établisse des professeurs de la manière de nourrir les enfants et que les professeurs gagnent à mesure qu'ils multiplieront les lois et leurs préceptes, ils inventeront mille extravagances inutiles et en prêcheront si fort la nécessité qu'on négligera ce qui est essentiel.

Voilà justement ce qui est arrivé à la justice et à la religion: la jurisprudence a établi et introduit la chicane, on traîne pendant vingt ans des questions,[243] [...] lui étant proposées simplement et en termes naturels; la théologie a introduit mille croyances et autorisé mille cérémonies ridicules, elle a couvert la véritable piété et la morale, comme un embrasement du mont Vésuve couvre de pierres et de cendres les champs des environs; ces champs deviennent inutiles, on ne les reconnaît pas seulement.[244] Plus cette espèce de théologie a cours, moins il y a de vertu et de sainteté. Faites un tour dans les pays d'inquisition[245] et vous verrez, M.R.P., [134] si j'outre les choses et si je me trompe.

Il arriverait donc tout au plus un obscurcissement des lumières naturelles, une espèce d'oubli ou plutôt une négligence, un manque d'attention sur la divinité; peu de gens songeraient à lui rendre leurs respects, peu feraient réflexion qu'ils doivent lui demander pardon de leurs fautes, lui promettre leur amendement en s'excitant devant elle et par rapport à elle [à][246] s'y résoudre sérieusement; c'est à peu près l'état de beaucoup de sauvages, mais personne ne tomberait dans l'athéisme positif, qui est de nier l'existence d'un être parfait, nécessaire, éternel et libre, auteur de toutes choses.

Or je soutiens que cet état serait meilleur d'une infinité de degrés que celui des religions factices, qui donne occasion à l'athéisme positif par les impertinences qu'elles disent de la divinité, par les tyrannies qu'elles exercent sous son nom; de là naissent tant de discordes qui mettent toute la terre en feu, dépouillent les hommes de l'humanité et arment les plus forts contre les plus faibles de toutes les espèces de cruautés et de perfidies, au lieu que cet état des sauvages laisse la paix, la concorde et l'humanité régner dans la société. Mais le culte que nous avons posé, tout simple et facile qu'il est, remédie à tout inconvénient; cependant, s'il n'y a point de nécessité à un culte public, je ne nie point qu'étant bien réglé, il n'eût de l'utilité, malheureusement cette utilité est un atome épicurien[247] en comparaison du danger infini où il expose de jeter dans l'idolâtrie et toutes les absurdes superstitions qui inondent la face de la terre aussi bien que dans les fers les plus cruels des plus avides et des plus indignes tyrans.

Si, malgré ces considérations si naturellement concluantes et malgré l'expérience universelle et de tous les temps, on veut un culte public et une face extérieure de religion, que tout soit borné à s'assembler **[135]** certains jours pour entendre un discours sur les grandeurs de Dieu avec une exhortation à la vertu, dans les principes que nous avons vus, après quoi viendra une courte prière unanime pour implorer pardon des faiblesses humaines, offrant à la divinité ses adorations et son repentir par des pensées vives et justes, exprimées solidement et sans figures, non pas de longs compliments en style oratoire, mais dans le style naturel, simple et naïf, qui a tout autre noblesse et tout autre élévation; quand il ne s'agit que de la vérité et d'un dessein pur, alors on n'a besoin que de la clarté et de la brièveté et c'est en cette rencontre qu'on pourrait véritablement dire: *Omne tulit punctum qui miscuit brevitati clarum*.[248] C'est la réelle et véritable éloquence; la rhétorique ordinaire n'est d'usage que pour éblouir et tromper,[249] il faudrait surtout que ces discours et prières fussent en termes propres et hors de toute équivoque.

Chanter des hymnes et des psaumes sont des folies, quelque belles que soient ces chansons: la poésie n'est de mise que d'amant à maîtresse, il est permis d'être fou en amour, il est défendu partout ailleurs; la poésie a tout gâté, elle a corrompu les princes par les flatteries auxquelles elle sait donner un tour agréable, insinuant et supportable; on dit au nez des gens des sottises outrées dont on n'oserait dire le quart en prose; elle a corrompu la religion en donnant de fausses idées de la divinité et faisant passer mille extravagances qui feraient horreur sans ses dangereux agréments. Je ne puis comprendre qu'un bel esprit[250] n'ait pu souffrir que dans nos opéras, qui sont des actions de pur divertissement et où par conséquent on peut tout outrer et donner jusque dans l'extravagance, pourvu qu'il n'y ait rien de criminel, que ce bel esprit, dis-je, n'ait pu souffrir sur un théâtre qu'on se fâche, qu'on dise des injures, qu'on s'emporte, qu'on pousse **[136]** des soupirs en chantant, tandis que lui-même dans le temple portait ses adorations au trône redoutable du tout puissant et se déchaînait contre les pécheurs et les profanes par d'assez méchante poésie et très mauvaise musique.

Le simple culte que je viens de décrire pourrait sans doute avoir quelque succès, mais ce sont de ces belles propositions métaphysiques dont il ne faut point tenter la pratique. Le prédicateur et le composeur de prières ne manqueraient jamais d'y mêler quelques-unes de leurs fantaisies. Insensiblement la vanité et l'intérêt s'y mêleront avec l'ambition et le désir de se distinguer et de dominer, les termes de clergé et de laïques s'inventeront; et peut-être en moins d'un siècle on sera surpris de se voir de la religion de Gaspard, de Gautier, de Durand etc. au lieu d'être de celle du genre humain, instruit par Dieu même.

Cette religion sortie du cerveau des particuliers n'aura point de limites, et ce clergé sera une troupe de tyrans et de voleurs publics. Le pauvre peuple, par le seul nom qui en grec signifie peuple,[251] se trouvera ne plus être peuple, mais bêtes brutes en quelques lieux et dans d'autres vils esclaves soumis à recevoir quelque sorte de traitement que ce soit, prêt à tendre le dos aux coups et ne possédant rien pour eux-mêmes. Le nom de Dieu ne sera plus que ce qu'est le nom du roi aux sangsues publicaines.

Aucune conjecture n'est plus raisonnable ni mieux fondée que de croire que c'est ainsi que l'idolâtrie est entrée dans le monde; il est évident dans le fait que c'est par ce progrès que s'est fait la métamorphose du christianisme en papisme, qui a enfin mis sur pied l'Inquisition pour étouffer toute lumière et toute liberté qui aurait pu prévaloir. Qui aurait pu ajouter foi au pénétrant philosophe qui eût assuré qu'à ces apôtres qu'on nous dépeint si humbles et si simples, si soumis aux puissances, succéderaient d'audacieux coquins qui excommunieraient les empereurs pour ne **[137]** leur avoir pas bien tenu[252] l'étrier, et soulèveraient contre eux jusqu'à leurs propres enfants?[253]

D'inventer des lois et des précautions pour éviter ce malheur, je confesse mon insuffisance; si quelqu'un, contre la raison et l'expérience, en peut trouver qui soient immanquables, le culte public sera la plus belle chose du monde, mais l'espérance de réussir n'égalera jamais la crainte d'y manquer, et le bien du succès sera toujours un grain de sable, tandis que le mal d'une fausse réussite sera le globe du cercle de Saturne.[254]

Les juifs, les chrétiens, les mahométans même, peuvent moins que les autres se récrier sur l'abolition du culte public, puisque leurs livres sacrés portent que le monde s'en est passé pendant le premier tiers de son âge et encore plus, puisque jusqu'à Moïse, la nation sainte se gouvernait dans chaque famille à l'égard de la religion comme pour l'économie domestique. Enfin, comme le mal est invétéré et universel, il y a peu d'apparence de le dompter. Que ceux donc qui ne peuvent renoncer au culte public prennent garde qu'il faut surtout qu'il n'y ait point de gens qui fassent leur métier du ministériat, j'entends qui en fassent leur gagne-pain, encore moins l'établissement d'une fortune abondante et splendide.

Qu'on élise quelque personne des plus sages, des plus vertueux et des plus éclairés, surtout une personne âgée, qui ne reste en fonction que peu de temps, trois mois, six ou un an au plus dans les petits endroits; mais qu'il n'ait aucune récompense ou si petite qu'on puisse imaginer. Un homme de bien est trop content de celle qu'il attend de Dieu avec le plaisir de servir le genre humain; il n'y a qu'un scélérat qui se moque de Dieu et des hommes qui puisse faire marché avec les hommes pour servir Dieu; le vain prétexte d'étude n'a plus lieu ici.

[138] Il faut après cela qu'il soit permis à quiconque[255] de regarder en face et de reprendre publiquement et à l'instant même le prédicateur au cas qu'il s'échappe dans ses imaginations et qu'il mêle quelque chose du sien dans la doctrine universelle, au moins qu'il y ait toujours quelques personnes préposées pour cela, si l'on craint la confusion en confiant ce soin généralement à tous les particuliers.

Tout le peuple jugera sur le champ la question et traitera le prédicateur suivant sa folie ou sa malice; il serait encore mieux dans les nombreuses assemblées, comme dans les paroisses des grandes villes, que l'on changeât chaque jour de prédicateur, l'élisant un jour pour l'autre afin qu'il pût être prêt et, pour prévenir le long verbiage qui engage à dire de mauvaises choses, fixer le discours à un quart d'heure, montre sur la table, et la prière à demi-quart d'heure (six minutes suffiraient).

On pourrait encore composer un modèle ou formule de l'un et de l'autre, qui, après avoir été unanimement reçu, passera avec le court catéchisme que nous avons vu pour le cours de doctrine, l'adoration et la pénitence, sans qu'on y puisse rien ajouter. Le tout devrait être écrit en marbre ou en bronze dans le lieu de l'assemblée, et ce serait le plus sûr parti qu'on ne fît jamais que lire ces trois pièces qui ne demanderaient qu'une demi-heure de temps, auquel on pourrait ajouter un quart d'heure de silence pour la méditation particulière de chaque personne, dont le but serait de se pénétrer des grandeurs de Dieu, surtout de sa justice, de se confirmer dans la résolution de ne jamais agir que de la manière qu'on sait qu'il approuve, et de lui demander pardon des fautes qu'on a faites contre ces sentiments.

Pour prévenir toute occasion de changement et de désordre, il serait bon de mettre à la fin de chaque siècle de nouvelles tables au-dessous des premières, les y laissant ensemble avec les mêmes prononciations[256] et les mêmes mots et dans une parfaite égalité. Tous les cent ans, on ôterait les premières et on en mettrait des troisièmes, ainsi à l'infini. Mais comme les langues vivantes changent, **[139]** ces tables devraient être doubles, un mot en langue vulgaire en ayant un autre au-dessus, d'une langue morte la plus commune du pays.

Il faudrait encore, dans une table à part, définir les mots qui en auraient besoin à cause de quelque signification louche et obscure.

Avec tout cela et tout ce que les plus habiles y peuvent ajouter, insensiblement l'avarice et l'ambition joueront leur jeu; l'inaction, la paresse, la stupidité seront les dupes;[257] il n'y a que du plus ou du moins de temps.

Epilogue

Ce système, M.R.P., est naturel et je crois qu'il paraîtra judicieux aux esprits libres; il est fondé sur l'essence et les perfections divines, sur les desseins de l'être infini découverts par l'inspection de ses ouvrages, par l'attention sur les sentiments de notre conscience, et enfin par la voie des raisonnements simples et clairs, le tout bien lié et bien suivi.

Ce système est non seulement incontestable, mais tous les peuples de la terre le reconnaissent actuellement; vous-même, M.R.P., ne le pouvez combattre en ce qu'il y a d'essentiel; marque démonstrative que tous les autres sont faux, c'est qu'il n'y en a pas un qui ne soit contesté et regardé comme abominable par presque tous les hommes, ce qui est une conviction évidente que tous ces systèmes ne sont que des déguisements de la vérité ou des suppositions, additions et changements qu'on y a faits. Cette seule pensée est d'un tel poids qu'en y donnant une juste attention on la trouverait suffisante pour dessiller les yeux du genre humain abusé, et **[140]** faire rentrer dans leur néant tous suppôts et ministres des religions factices.

Ce n'est que sur le principe de l'existence de Dieu qu'on a fondé toutes les religions; ce n'est que sur les fausses conséquences de ce principe et sur la fausse explication de nos devoirs vers l'être souverain qu'on a fondé le culte extérieur, les sacrifices et tant de pratiques ridicules auxquelles on a donné le nom de dévotion; ensuite, les orgueilleux et les avares s'étant emparés de ce culte extérieur et en ayant fait un métier à part, chacun de ces scélérats a imaginé et inventé tout ce qu'il a cru capable de rendre ce métier meilleur; et lorsque l'on veut toucher ces folies, crient[258] qu'on en veut à tout ce que la religion a de plus saint et de plus sacré. Mais la religion crie bien plus haut et bien plus véritable-ruent, quoique avec moins d'effet:[259] Malheureuses canailles, insensés mania-ques, impudents scélérats, pourquoi donnez-vous des impertinences et même des crimes pour des choses saintes et sacrées?

L'idée de la vertu héroïque, si respectable par elle-même et si brillante aux yeux des hommes, leur a fourni l'occasion de placer les hommes illustres dans le ciel et d'en faire des dieux subalternes. Enfin, la folie et l'intérêt tournant les plus beaux principes à leur guise, n'épargnant ni suppositions ni fourberies et payant tantôt d'impudence, tantôt d'hypocrisie, on est parvenu à tout l'odieux attirail des différentes religions, à ce burlesque amas de cérémonies, d'images, d'habits, de grimaces, d'observations puériles et ridicules, et pour comble d'horreur, les crimes les plus énormes, les actions que la raison déclare impies et abominables, que la nature abhorre et dont le seul récit la fait frémir, sont devenus des actes de religion et de sainteté.

La vérité conduit tous les hommes au même point, leur fantaisie et leur intérêt leur font prendre mille routes différentes **[141]** qui les en écartent, d'où la conclusion est naturelle qu'il n'y a de vrai dans toutes les religions que ce qui leur est commun, dont je prétends que tout ce cahier n'est que le fidèle rapport, mais paraphrasé, prouvé, éclairé, illustré par la découverte de ses sources et la description de son progrès.[260]

Toutes les religions ont toujours été plus composées à mesure qu'elles ont été en avant, autre marque démonstrative de leur fausseté: la vérité est une, simple, incapable de plus ou de moins. On a toujours entassé dogmes sur dogmes, mystères sur mystères, grimaces sur grimaces, le tout tournant en clair revenant-bon à ceux qui les prêchent.

Je parie, je suis sûr, comme je suis sûr que Paris est plus grand que Vaugirard, qu'il n'y a pas une religion dans l'univers où celui qui la prêche donne quelque chose et ne reçoive rien; tous les ministres de celles que je connais ne donnent rien, reçoivent beaucoup[261] et jamais autant qu'ils demandent.

Je compte donc, M.R.P., jusqu'à votre réponse, que mon système ne peut être ni renversé, ni réfuté, que c'est celui-là même que Dieu a pour ainsi dire planté dans tous les cœurs humains sans livres, sans ministres, sans interprètes, sans commentaires, même avec la privation de tous les sens, enfin de la manière digne de sa justice et de sa puissance.

Dieu, suivant ce système, sera adoré à la perfection, de la manière la plus parfaite dont les hommes sont capables, par conséquent de la manière que sa parfaite sagesse et sa parfaite justice demandent. Toutes les véritables vertus seront connues sans peine par la plus simple voie qu'on puisse imaginer, sans doute ni embarras, sans crainte de suppositions, de faux prophètes, de corrup-tions, de poètes, **[142]** de monuments,[262] sans commentaires, sans interprètes, sans procès, sans étude, sans sciences acquises, sans nécessités de consultation ni de[263] jugement étranger. Le plus stupide de tous les hommes en[264] saura autant que le plus bel esprit, que le plus profond génie, que le plus grand théologien, que le plus vieil casuiste. L'aveugle sera aussi savant que celui qui a blanchi sur les livres, le sourd autant que celui qui a mis tout son temps à courir des catéchismes aux sermons, comme cela doit être nécessairement, la religion étant d'une égale nécessité pour tout le monde et pour chacun des hommes.

En vérité, M.R.P., voyez-vous qu'il y ait plus de vertu parmi nous avec nos montagnes de livres et nos légions de prédicateurs et de théologiens que chez les philosophes et les sauvages? La véritable sainteté, la simplicité et la justice ne se doivent point chercher en Sorbonne, dans les cloîtres ni dans la maison des cagots; la candeur, la droiture, la franchise, la véritable pureté de cœur ne se doivent pas chercher à Paris, à Madrid, à Lisbonne, à Venise, à Rome; c'est dans les villages les plus éloignés de la ville épiscopale et de la paroisse, c'est parmi les enfants qui ne connaissent encore que la nature et ne sont corrompus par aucune instruction.

Les philosophes qui se sont mis au-dessus des préjugés et des impertinences dont on les a bercés, qui, comme un homme abîmé regagne l'air par un généreux effort, après avoir été longtemps sous les eaux, y respire les aliments de la vie les plus purs et les plus essentiels,[265] ont écarté les nuages obscurs qui les aveuglaient, qui ont secoué le poids énorme des faussetés qui les accablaient, se trouvent dans la plus simple vérité où ils rafraîchissent leur esprit, et jouissent de la vive lumière **[143]** qui en est la vie et la satisfaction; ils ne connaissent pour toute religion que ce que dicte la droite raison.

Demandez à un homme sage qui ait de la pratique dans le monde et qui soit revenu de la prévention, à qui il aime mieux avoir affaire, à un homme qui se rit de toutes les dévotions ou à un dévôt; pour moi, je vous puis jurer devant Dieu qu'on ne doit rien attendre de bon d'un homme attaché aux pratiques de la religion; c'est sur l'expérience que je parle: j'ai prévu en deux occasions de conséquence ce qui en devait arriver, quoique ce fût des injustices criantes, des effets de la plus lâche avarice et de la plus indigne infidélité.[266]

Ah, s'il y avait une république qui ne connût d'autre religion que celle que nous venons de voir, disons mieux, si le monde entier n'entendait prêcher que l'adoration de Dieu et la véritable morale, qu'on le verrait bien autrement florissant et paisible! Toute la vertu consiste en des opinions extravagantes, en des pratiques grotesques, en des crimes, en des omissions d'actes bons et nécessaires. Qu'en peut-il résulter que cruautés, que brigandages, désolations et dépeuplement, qu'horreurs[267] et exécrables abominations?

Je crois bien, M.R.P., que vous conviendrez assez de ce que j'ai établi positivement, mais vous nierez que ce soit tout et voudrez qu'il y ait bien des choses à ajouter, me renvoyant à la *Somme* de St Thomas, à vos *Conversations Chrétiennes* et à vos *Entretiens Métaphysiques*.[268] J'ai vu tout cela; loin de m'avoir convaincu, ç'a été le dernier coup à mes convictions, à mes préjugés, aux suites de mon éducation; c'est ce qui a délié mon esprit, c'est ce qui lui a fait tomber le bandeau.

C'est naturellement à vous à établir vos droits et à prouver ce que vous prétendez m'imposer au delà de ce que je trouve que Dieu m'ait dit; je suis prêt à me rendre, commencez par répondre **[144]** solidement, philosophiquement, non oratoirement, par des raisons, non par des mots figurés et arrangés dans un beau tour, à mon second et troisième cahier.

Qu'on examine tous les raisonnements des théologiens sur le positif de la religion, sur ce que la religion a de particulier et au delà de la religion naturelle; qu'on les réduise en syllogismes,[269] il n'y en aura pas un en forme dont les prémisses ne soient fausses, d'une fausseté à ne pas surprendre un paysan de quinze ans: tout autant de suppositions manifestes, tout autant de contes en l'air, de propositions ridicules, de pétitions de principes[270] etc. Cela gît en fait.

Que ne puis-je mettre ici: *Iamque opus exegi, quod nec papae ira, nec ignes, nec poterit furtum, nec edax abolere vetustas.*[271]

Mais si cette cinquantaine de feuillets[272] devenaient publics, ils seraient contredits par cent millions de gens, parce que c'est la vérité qu'ils prêchent, mais une vérité odieuse au pauvre peuple abusé, et encore plus odieuse aux scélérats qui trouvent leur fortune dans cet abus.

S'il était possible d'établir cette vérité en conservant chacun des ministres de l'erreur dans la possession des biens et des honneurs usurpés, de renverser les religions factices sans détrôner leurs suppôts, le véritable règne de Dieu trouverait peu de difficultés.

Cet écrit serait donc reçu bien différemment s'il devenait public, quelques personnes garderaient le silence, la plupart s'en tiendraient au proverbe ordinaire: «Nous sommes bien heureux de n'avoir pas tant d'esprit et de science, nous nous en tenons au prône de notre curé, de notre rabbin, de notre iman, de notre molla, de notre talapoin, de notre ministre, de notre ganga, de notre gongis,[273] etc. Toutes ces réflexions, tous ces raisonnements nous embarrassent, allons notre train sans tant raffiner.» O pauvres gens, qui vous laissez mettre aux fers dans votre **[145]** propre doctrine; ceux qui sont dans une mauvaise religion sont hors de la voie du salut: comment pouvez-vous demeurer en repos?

Ce n'est pas la raison, la justice ni la vérité qui vous fixent, c'est la paresse, la lâcheté qui vous retiennent dans le risque; vous êtes exposés au même malheur que vous déplorez dans les autres, et que vous damnez[274] sans miséricorde. Examinez donc s'ils ont tort et si vous avez raison, il ne faut qu'ouvrir les yeux. Qu'avez-vous les uns plus que les autres? Rien. Tout est égal, le pur hasard de la naissance et de l'éducation a tout fait.

On vous a tourmenté le corps et l'esprit pour vous séduire, on vous a fait de longs discours, on vous a forcé de les aller entendre et à les croire malgré les cris de notre raison et sans y rien comprendre; on a chargé votre mémoire de mille articles d'autant plus difficiles à retenir que le bon sens les refusait; on vous mène encore tous les jours par les oreilles aux lieux où l'on rebat tout cela, pour vous retenir sous le joug et dans les fers de gens que vous payez d'un prix infini pour vous tromper et vous rendre misérables pendant cette vie et après votre mort. Car enfin, qui sait si Dieu se paiera d'une espèce de bonne foi qu'on pourra lui alléguer contre ce que dicte la raison si clairement, et si nous ne verrons pas alors que nous avons négligé par paresse les lumières si sûres et si faciles que nous avons reçues de la divinité pour notre conduite, en nous rendant aux premières impressions de gens que nous voyons manifestement intéressés à nous tromper?

Pour briser ces fers si pesants et si dangereux, on ne vous demande point une attention laborieuse, des méditations ennuyeuses ni des bibliothèques à feuilleter: un quart d'heure de réflexion, un petit entretien avec vous-même, un moment d'audience à votre raison et à votre conscience suffira. On ne vous demande point de pensions, de dîmes ou d'autres impôts, on **[146]** ne vous demande point de respects, d'immunités etc.

Mais ceux dont l'erreur est le gras patrimoine, ceux à qui elle fournit des honneurs sans bornes et une opulence outrée, ceux qui, sans aucun mérite et couverts de tous les crimes, s'y voient adorés – les papes, les muphtis, les molas, les rabbins, les évêques, les curés, les talapoins, les imans, les moines, les bonzes, les dervis, les marabous etc. – crieront à l'impie, à l'athée, au séducteur, à l'empoisonneur, et l'Inquisition détachera tous ses familiers et allumera des bûchers. J'avoue que rien ne peut tenir là-contre et que cela est bien plus court et bien plus sûr que de répondre![275] Par ce moyen, on fera taire Euclide, Archimède, Proclus et Diophante,[276] on établira la plus grossière opinion du menu peuple sur la proposition de l'étendue, sur l'objet des sens et sur la fabrique de l'univers. Ce qu'il y a d'admirable, c'est que si j'avais criblé[277] toutes les religions comme j'ai fait la chrétienne, je serais applaudi universellement, chacune ne me blâmant qu'à l'égard de la sienne. Si on voulait bien se laisser pénétrer du faux et du ridicule que cela emporte, il n'en faudrait pas davantage.

Quoi qu'il en soit, je prends Dieu à témoin, qui est mon créateur et mon juge, que je n'ai aucune mauvaise intention.[278] Je me pique d'équité et de droiture, j'ai même une humanité tendre qui n'est qu'une vertu de tempérament; je ferais avec joie un sacrifice, non de ma vie, dont je fais peu de cas,[279] mais du repos dans lequel je m'efforce de passer ce qui m'en reste, pour procurer aux hommes une parfaite concorde et une heureuse paix, qui les rendît tous contents les uns des autres; je voudrais qu'ils s'aimassent et s'entretraitassent avec justice comme la nature les y engage si fortement et si clairement.

Je crois et crains Dieu et me féliciterais beaucoup, quelque **[147]** chose qui m'en arrivât, si je pouvais contribuer par l'usage de mes petits talents à ce que le genre humain donnât à l'être parfait, son créateur et son juge, toute la gloire pour laquelle il l'a créé. Je ne cherche ni à me faire riche, ni à me donner un nom dans le monde, je consens de vivre pauvre et inconnu comme je suis:[280] ce souverain être sait si c'est mon cœur qui parle.

Ma seule utilité, ou plutôt ma seule nécessité, m'a engagé dans ce travail que je n'ai entrepris que pour moi seul. La force de l'éducation est si grande que mille raisons et mille lumières qui brillaient de temps en temps et m'éclairaient l'esprit, n'étaient que comme un éclair qui dissipe un instant l'obscurité de la nuit mais dont on ne fait point d'usage, au contraire on en reste ébloui et épouvanté; je retombais toujours dans les travers que causent les affreuses menaces dont on a été bercé,[281] je voulais rappeler ces raisons et ces lumières, mais elles ne se représentaient plus.

Je m'avisai de mettre sur le papier tout ce qui me viendrait à mesure que j'en serais frappé, j'y joignis les réflexions qui en coulaient naturellement, sur quoi j'ai depuis médité de toutes mes forces; ensuite, j'ai tout disposé dans le meilleur ordre que j'ai pu, et en ai enfin composé cet ouvrage, rangeant les choses sous quatre titres[282] et les liant autant que j'en suis capable, pour consulter là-dessus l'auteur de *La Recherche de la Vérité*.

Mais il n'y aura plus de culte extérieur, plus de processions, plus de messes, plus d'enterrements illuminés en plein jour, plus de sacrifices, plus de prélats, plus de prêtres, plus de gens au-dessus des lois, vénérables sans vertu, scélérats sans crainte de châtiment; personne ne vivra [148] que du travail, contribuant réellement au besoin et à l'entretien de la vie, et d'un bien acquis suivant les lois et non par charlatanerie. Les revenus immenses ne seront plus le salaire de l'inutilité; la profession de chasteté ne sera plus le plus court et le plus sûr moyen de débaucher les femmes, les filles et les garçons; Dieu se trouvera partout et ne se gagnera que par des actes de vertu; les présents, les vaines paroles, les compliments étudiés suivant toutes les règles de la rhétorique,[283] la fumée, les simagrées, les massacres d'hommes et d'animaux seront comptés pour rien et même regardés comme abominables; on ne vendra plus à haut prix des billevesées; ne rien faire ne sera plus le meilleur de tous les métiers. Chacun peut peser ces inconvénients et ces malheurs.

Voilà ce qui alarme les suppôts des religions factices, voilà ce qui les met aux champs[284] et les porte à tant d'artifices et de cruautés; ce sont des tyrans qu'on veut détrôner, ce sont des Denis, des Phalaris,[285] des noms odieux et insupportables à tous ceux qui les connaissent. Voilà ce qui les rend si alertes à découvrir ceux qui voient la vérité et ce qui leur a fait trouver le moyen de perdre tous ceux qui parlent en sa faveur.[286] Voilà ce qui a produit l'inquisition: aucun tyran n'a jamais poussé si loin l'injustice et l'inhumanité parce qu'aucune tyrannie n'a jamais eu un si mauvais fondement et qu'aucun tyran n'a jamais tiré tant d'avantage de sa tyrannie.

On obsède les princes, on abuse de leur enfance pour les prévenir et les infatuer, on couvre les murs de leurs appartements [149] de tapisseries et de tableaux qui représentent, de la manière la plus touchante que peut fournir l'art, les fables de la religion, afin de remplir leur imagination de mille suppositions, filles de la politique ecclésiastique; on n'a point de honte d'exposer à leurs yeux des choses manifestement fausses; c'est Constantin qui voit dans le ciel une croix,[287] c'est son baptême par le pape Silvestre avec tout l'attirail et le faste de la cour papale d'aujourd'hui, c'est [   ][288] repoussé par l'épée de St Paul, c'est une colombe qui apporte l'huile pour oindre Clovis etc.

On fait aux souverains un capital[289] des abus de la religion, en quoi on leur insinue que consiste toute la vertu; la véritable vertu n'est point prêchée; on leur abandonne même volontiers tous les vices; les livres qu'on leur distribue sont du même genre que les tapisseries et les tableaux, et si dans l'histoire on leur veut montrer un modèle à imiter, on choisit justement un fol qui a tendu la main à la férule et mis chausses bas devant un insolent maraud qui aurait été la crosse en main et mitre en tête encenser la concubine d'un prince ferme, éclairé et résolu. Ensuite, ces princes, occupés du soin de leur état ou de leurs plaisirs, n'écoutent que les ministres de l'un ou de l'autre, à quoi se mêlent ceux que l'ambition pousse à leurs pieds; ils ne sentent pas le fardeau qui accable leurs sujets, l'argent est pour eux peu de chose et on leur abandonne tout le reste de la religion qui ne choque ni l'orgueil, ni l'avarice du chef et des subalternes.

Disons plutôt qu'on leur abandonne tout le reste de la religion d'une manière qui ne choque point cet orgueil [150] et cette avarice; c'est par des dispenses qui supposent l'autorité de ces messieurs et la dépendance des souverains, c'est moyennant les profusions des propres richesses de ces princes ou la permission de piller leurs sujets.

J'ose espérer, M.R.P., que tant de fortes raisons et tant de lumières si brillantes ne vous paraîtront pas indignes de quelque attention; je pourrai y joindre par la suite quelques pensées qui contiendront encore bien de la matière à exercer votre métaphysique et votre théologie, quoique par des difficultés moins essentielles; je les mettrai dans un ordre relatif à ces quatre cahiers, distinguant celles qui auront rapport au troisième en différentes classes, pour le christianisme en gros, le papisme et le protestantisme.

Je me risque beaucoup et me jette peut-être dans les cachots de la Bastille, mais je ne puis soupçonner la probité d'un homme de qualité, quelque engagement où il se trouve; je vous communique mes sentiments et mes découvertes en secret et en confiance, avec franchise et de bonne foi, pour profiter de vos lumières si je suis dans l'erreur. D'ailleurs, je ne prétends point dogmatiser[290] ni me faire chef de parti, je ne suis pas assez brave ni assez fou pour courir les risques d'un pareil dessein; ainsi, que le zèle papiste ne s'allume point et ne vous entraîne point dans l'indigne et infâme métier de délateur. Souvenez-vous, M.R.P., que vous êtes homme avant d'être chrétien, papiste et prêtre, que je n'ai aucune mauvaise intention et que personne ne vous respecte et ne vous estime plus sincèrement que moi.

Pour rendre ceci complet, je médite encore quelques petits traités: la réfutation des apparitions d'esprits, celle de **[151]** l'existence des mauvais génies ou diables tels que nous les prêchons, de la magie, sorcellerie,[291] enchantements et possessions de démon, l'origine de l'idolâtrie autant qu'on le peut conjecturer, ce qu'on peut penser vraisemblablement de Moïse, de J,-C., de Mahomet,[292] les inscriptions théologiques et morales,[293] les discours et prières dont j'ai parlé dans l'article deux de la section cinquième contenant le culte extérieur,[294] et enfin une censure des dévotions des religions factices, de leurs mystères et de ce qu'elles regardent comme saint et sacré contre la raison et la conscience, ainsi que de ce qu'elles donnent pour profane ou vicieux contre la voix de la nature et du bon sens.

Le tout sera si succinct qu'il ne fera pas la dixième partie de ces quatre cahiers et ne doit pas ainsi faire grande peur à votre application aux sciences et à vos études, M.R.P.

Table du manuscrit M1163

Table des extraits du manuscrit Sepher

Elle figure en tête du manuscrit, sous le titre: 'Système de religion / purement naturelle / et / objections contre le christianisme. / Table / de la Iè partie, p. 1, / qui renferme les objections.' Le chiffre entre crochets renvoie à la page de la présente édition; l'autre à la page du manuscrit Sepher.

Deuxième partie

62°. Chacun convient qu'il porte en lui une religion, p.266 [269]

63°. Il est évident par la seule raison qu'il y a un Dieu, p.268 [271]

64°. Cet être est infini, p.273 [273]

65°. Il est contre la raison d'admettre plusieurs dieux, p.276 [276]

66°. L'adoration est un tribut dû en rigueur au souverain Etre, p.280 [277]

67°. La droite raison nous enseigne ce qui est essentiel pour pratiquer la vertu, p.282 [279]

68°. Il est évident que Dieu est éternel, et créateur de tout; pour l'éternité de la matière, *ibid.*, p.286 [280]

69°. Il est évident que l'âme est séparée du corps, p.289 [281]

70°. L'âme est évidemment spirituelle et immortelle, p.293 [285]

71°. Le droit naturel est simple. En quoi il consiste. Chacun en porte les principes en soi, p.304 [288]

72°. On sent avec évidence qu'on est libre; mais non sur la peine et le plaisir, p.314 [291]

73°. On voit évidemment que les autres hommes sont libres, p.316 [292]

74°. Il ne suffit pas de connaître la vérité, il faut pratiquer la vertu, p.319 [295]

75°. La connaissance de Dieu prouve la nécessité des hommes tels qu'ils sont, sujets aux passions, p.320 [296]

76°. L'éternité des peines est une chimère. Les vices seront punis avec proportion, p.325 [300]

77°. Tout en Dieu est juste; il n'a ni bonté ni miséricorde envers nous, p.326 et 338 [300 et 308]

78°. Dieu n'a que faire de mon culte; mais je lui dois l'adoration. Les lois positives ne sont faites que parce que les hommes sont en société. Le culte de Dieu n'est que spirituel, p.328 [301]

79°. Principes de morale par la pure raison, p.331 [303]

80°. Règles de conduite par la seule raison, p.333 [304]

81°. Il est fou de demander le gain d'une bataille, p.335 [305]

82°. Le bon dieu est une expression ridicule, parce que l'on compare sa bonté par ce mot à celle des hommes, p.338 [308]

83°. Dieu ne peut changer l'essence des choses, p.341 [314]

84°. Même vérité des choses bien prouvées, p.341 [315]

85°. L'homme vertueux ne peut guère amasser de richesses, p.344 [317]

86°. Qu'est-ce que la nature, p.345 [322]

87°. Dieu récompensera chacun suivant ses œuvres, et chacun est libre de faire le bien ou le mal, p.349 [329]

88°. Le hasard est un mot vide de sens, p.351 [335]

Fin [On lit, en bas à droite de la feuille, la signature abrégée de Sepher: *Seph.*]

Postface

La pensée de Robert Challe dans les
Difficultés sur la religion

On ne saurait nier l'originalité des *Difficultés sur la religion proposées au père Malebranche*: elle éclate encore à la lecture, et le fait qu'une œuvre écrite en 1710 ait paru d'actualité à Voltaire en 1767 suffit à la confirmer. Tout le problème consiste donc à replacer l'ouvrage dans son temps. Que devait-il à l'état d'esprit d'une époque, traditions orales ou littérature clandestine? De quelles sources imprimées la pensée de Challe procède-t-elle, soit pour attaquer le christianisme, soit pour proposer un nouveau système de religion? Quels sont les procédés de sa critique du christianisme, auxquels Voltaire reconnaît une telle efficacité? Il y a là des questions si diverses et parfois si vastes qu'il est manifestement impossible d'y répondre complètement dans le cadre d'une édition. Il a paru néanmoins utile de joindre aux indications discontinues fournies dans les notes un commentaire suivi dans lequel le propos de l'auteur sera rapporté au contexte historique constitué aussi bien par la philosophie du temps que par les tendances opposées de l'apologétique chrétienne et du 'libertinage'.[1]

Dans l'article 'Epicure' de l'*Encyclopédie*, Diderot croit pouvoir retracer comme suit la transmission de la doctrine matérialiste: Après la chambre de Gassendi, elle aurait été recueillie par le salon de Ninon de Lenclos; de là, elle serait passée aux réunions d'Auteuil, où, à côté des écrivains classiques, Molière, Racine, Boileau et La Fontaine, se rencontraient Chapelle, Bachaumont, Bernier, le baron de Blot et le poète Des Barreaux; les assemblés à Neuilly chez Chapelle et les Sonnings auraient continué la tradition; et celle-ci aurait été cultivée ensuite chez les Vendôme, à Anet ou au Temple. Il est d'autant plus tentant d'appliquer ce schéma au cas de Robert Challe qu'on a d'assez bonnes raisons de penser qu'il a personnellement fréquenté la société du Temple: il fait état, dans ses *Mémoires*,[2] de fréquentes visites dans l'enceinte du Temple, et surtout un document cité dans la note IV.216 montre qu'il avait des relations avec le prieur de Vendôme. Pourtant, rien n'indique que les choses se sont passées de cette façon. Bien d'autres modes de transmission de la pensée libertine existaient. Dans le cas qui nous occupe, les discussions qu'entraînaient les cours de la classe de philosophie au collège de La Marche, les conversations fort libres auxquelles Challe avait pris part dans sa vie aventureuse, et dont le *Journal de voyage aux Indes* nous renvoie des échos fidèles, plus tard les comptes rendus d'ouvrages hétérodoxes paraissant dans les journaux de Hollande et même dans le *Journal des savants* lui permettaient manifestement, pour peu qu'il en eût le goût, de s'imprégner de la manière la plus variée des courants de la libre-pensée du temps.

De même qu'il est hasardeux de faire intervenir dans la formation 'philoso-phique' de l'auteur des *Difficultés sur la religion* l'influence de cercles de pensée connus des historiens, de même est-il impossible de prouver qu'il ait connu des ouvrages clandestins du genre de celui qu'il devait écrire lui-même. Certes, la chose n'a rien d'impossible en théorie, mais, en fait, la grande majorité des manuscrits clandestins de ce genre qui nous sont parvenus semblent avoir été rédigés postérieurement au sien. Il est vrai que des versions manuscrites du *Theophrastes redivivus* et du *De tribus impostoribus* circulaient dans la seconde moitié du XVIIème siècle. Il est pourtant douteux que ces ouvrages dangereux, rédigés en latin – que Challe, il est vrai, connaissait – soient tombés entre ses mains. Du reste, outre leur caractère érudit et abstrait, le fait que ces deux traités professent ouvertement un matérialisme athée les lui aurait fait regarder avec défiance.

C'est donc essentiellement par rapport aux ouvrages publiés et aux doctrines professées qu'il y a lieu de chercher l'origine des idées de Challe et de juger de leur originalité. On est du reste cette fois sur un terrain d'autant plus solide que lui-même livre plusieurs clés de son savoir. Ce sont d'abord les systèmes anciens, celui de Pythagore, celui d'Epicure, qu'il connaît, sinon directement,[3] du moins à travers Lucrèce et Gassendi; à quoi s'ajoute le stoïcisme d'Epictète, très populaire vers le milieu du XVIIIème siècle. Quant aux modernes, Challe cite lui-même, parmi ses lectures, pour le XVIème siècle, non seulement Rabelais et Montaigne, mais aussi Charron,[4] et, ce qui est encore plus significatif, Pasquier et ses *Recherches de la France*;[5] pour le XVIIème siècle, outre Descartes et Pascal, des libertins comme Gassendi,[6] Des Barreaux,[7] Saint-Amant, Mairet et Théophile.[8] Il pratique Cyrano et approuve fort sa lettre sur le carême.[9] Fait curieux, il cite un mot, inconnu à notre connaissance, de Chausson, fameux libertin qui ne semble pas avoir laissé d'écrit.[10] Il connaît aussi l'œuvre de savants comme le médecin La Chambre et le physicien Rohault,[11] dont les tendances au matérialisme ne sont contrebalancées que par des déclarations déistes.

Mais, avant d'examiner dans le détail les thèses soutenues dans les *Difficultés sur la religion*, il faut souligner que Challe manifeste à l'égard de tous ses devanciers une grande indépendance. Non seulement il n'en proclame aucun pour son maître, mais même il serait hasardeux d'en désigner un dont il s'inspire plus particulièrement. Ainsi, cet homme qui voudrait 'voir les secrets de la nature à découvert, sans énigme et sans emblème'[12] n'a rien de commun avec des sceptiques tels que Montaigne ou Charron. S'il a été fortement tenté par des doctrines panthéistes comme une métempsycose interstellaire dans la manière de Nicolas de Cuse, qui lui permettraient d'intégrer les idées avancées à l'époque sur la pluralité des mondes, son rationalisme, inspiré de Descartes, lui fait finalement rejeter le naturalisme mystique des Vanini et des Théophile.[13] De même, le fait qu'il soit très attaché à une morale stricte, fondée sur une rémunération rigoureuse du bien et du mal, le distingue fortement de la plupart des libertins de la première moitié du XVIIème siècle. Pour prendre un exemple frappant, la démonstration que fait Challe de l'immortalité de l'âme, base du déisme, se rattache autant à la pensée de La Bruyère et de Malebranche qu'elle s'oppose à la thèse de Cyrano dans son *Histoire comique des Etats et empires de la lune*. Pour Robert Challe, comme pour Descartes, l'immortalité de l'âme se déduit de son caractère spirituel et immatériel;[14] Cyrano, au contraire, soutient vigoureusement qu'une âme privée de l'usage des sens serait comme abolie, ce qui revient à dire que la mort efface toute conscience:

> ... si cette âme était spirituelle et par soi-même raisonnable, comme ils disent; qu'elle fût aussi capable d'intelligence quand elle est séparée de notre masse que quand elle en est revêtue, pourquoi les aveugles nés, avec tous les beaux avantages de cette âme intellectuelle, ne sauraient-ils même s'imaginer ce que c'est que de voir? [...] ils veulent que cette âme, qui ne peut qu'agir imparfaitement par la perte d'un de ses outils dans le cours de la vie, puisse alors travailler avec perfection, quand après notre mort elle les aura tous perdus. S'ils viennent nous rechanter qu'elle n'a pas besoin de ses instruments pour faire les fonctions, je leur rechanterai qu'il faut fouetter les quinze-vingts qui font semblant de ne voir goutte.[15]

Du reste, par rapport aux libertins du XVIIème siècle, l'originalité de Challe ne réside par seulement dans des divergences d'opinion importantes avec chacun d'entre eux, elle se définit encore par le groupement de thèses que l'on ne trouve nulle part ailleurs ainsi réunies et liées. Mais elle résulte peut-être avant tout de la démarche rigoureuse selon laquelle l'auteur procède pour substituer aux religions révélées son 'système de religion naturelle'. On suivra donc cette démarche pour juger de son œuvre.

Telles qu'elles nous sont parvenues, et sans doute telles que les a conçues l'auteur, les *Difficultés sur la religion* se composent de six pièces d'importance inégale: une Préface, qui n'est pas attribué à l'auteur, quoiqu'elle soit probablement de lui pour l'essentiel; une lettre-dédicace à Malebranche; quatre 'cahiers' qui constituent le corps de l'ouvrage. Le premier de ces cahiers, 'contenant ce qui m'a fait ouvrir les yeux', est une sorte d'introduction; les trois autres comportent respectivement, le premier une critique de toutes les religions révélées, dites 'factices'; le second une critique du christianisme, spécialement sous la forme du catholicisme; le troisième enfin un 'système de religion naturelle', c'est-à-dire un système déiste. Ces trois cahiers, de longueur sensiblement égale, s'enchaînent de façon logique, chacun prenant appui sur le précédent pour assurer la progression de la pensée vers une solution positive. Cette composition rigoureuse, jointe à l'absence de tout détour, de toute précaution dans l'exposé des thèses même les plus audacieuses, distingue sensiblement les *Difficultés sur la religion* de tous les ouvrages imprimés du temps. Elle apparente celles-ci à des œuvres clandestines telles que le *Theophrastes redivivus* et le *De tribus impostoribus*, mais ce sont cette fois la manière, le style de l'auteur qui, sans compter les thèses déistes déjà mentionnées, vont faire la différence.

La Préface

La Préface met en valeur trois points: l'auteur, son projet, la destination de l'ouvrage à Malebranche. L'auteur est distingué, implicitement, de tous les spécialistes: c'est un 'honnête homme', 'sans intérêt'. Il rejette l'athéisme, qui détruit la morale, autant que les religions révélées, qui la prêchent mais ne s'y conforment pas. Son ouvrage enseigne 'la pure vérité incontestable', celle dont 'toutes les religions conviennent obscurément' (p.38), c'est-à-dire la croyance en un Dieu qui, par-delà la mort, récompense les bonnes actions et punit les mauvaises. Rendant sensible la 'crainte de Dieu', ce système fonde par là 'la plus pure morale' (p.39), fondée sur 'le libre arbitre' et le respect des règles de la société. La Préface insiste fortement sur ce dernier point: l'auteur, y est-il dit, 'fait voir l'injustice des plaintes qu'on fait contre la distribution des biens de la fortune' (p.39). C'est dire que ce déisme, très éloigné de certain libertinage agressif du XVIIème siècle, écarte toute contestation sociale en faisant d'une morale sévère le cœur même de la religion. Le programme ainsi esquissé est effectivement conforme au contenu de l'ouvrage. Il est complété par l'exposé de la méthode suivie, laquelle est dite 'une véritable démonstration'. Elle consiste pour l'auteur à 'proposer une vérité claire et incontestable qu'il détaille et qu'il tourne de tous sens pour en faire pénétrer la force et la mettre au grand jour; puis il prend cette vérité pour la majeure d'un syllogisme' (p.39). Cette méthode, qui combine curieusement le principe cartésien de l'idée claire et distincte et le mode de raisonnement scolastique, est, il est vrai, employée dans l'ouvrage, mais seulement dans le deuxième cahier, dit aussi 'Première partie' et intitulé 'Examen général des religions factices', et encore, à l'exclusion des trente pages qui la terminent sous le titre 'Réfutation de la foi': dans ce dernier morceau, comme dans le premier cahier, 'Contenant ce qui m'a fait ouvrir les yeux', le développement se présente de façon continue. Quant aux cahiers III et IV, ils sont divisés en sections, subdivisées elles-mêmes en articles. Si l'auteur de la Préface commet une inexactitude quand il exagère le rôle de la démonstration syllogistique dans les *Difficultés sur la religion*, il n'a pas tort de signaler, dès la première ligne, comme un trait essentiel de l'ouvrage le fait qu'il est destiné à un lecteur privilégié, Malebranche.

La Lettre-dédicace

La lettre-dédicace qui suit la Préface place en effet tout l'ouvrage sous le patronage de 'l'auteur de *la Recherche de la vérité*' (p.41). La signification de ce recours à Malebranche, capitale sur le plan philosophique, est loin d'être sans signification sur le plan psychologique. Dès qu'il veut s'exprimer, Robert Challe a besoin de s'adresser à une personne concrète, à un individu. Les différentes versions de son journal de voyage aux Indes n'avaient pas seulement été écrites pour des destinataires particuliers, Seignelay, un oncle: il a fallu que Challe le publiât sous la forme d'un mémoire 'à Monsieur ***', ce qui ne s'imposait nullement. De même, chacune des histoires racontées soit dans ce même journal, soit dans les romans, *Illustres Françaises* ou suite du *Don Quichotte*, est confiée à un ou plusieurs interlocuteurs particuliers, sollicités d'être attentifs, invités à formuler leur avis, si ce n'est leur jugement. A un moment où Challe est ébranlé dans sa foi, il veut à la fois éprouver ses propres doutes, que la crainte du Jugement lui a rendus intolérables, et s'en ouvrir à un interlocuteur qui soit en même temps un intercesseur. Pourquoi choisir Malebranche? C'est, bien sûr, parce que celui-ci, cartésien enthousiaste, a tenté d'accorder cartésianisme et foi chrétienne. Challe, converti au cartésianisme sans doute depuis sa classe de philosophie, et s'émancipant comme beaucoup de cartésiens, trouvait en Malebranche le plus proche de ses adversaires. Et comme Malebranche, disciple de Descartes et de Bérulle, se recommande surtout de saint Augustin, on comprend l'insistance de Challe sur les thèses de ce dernier, alors qu'il néglige saint Thomas. Mais des raisons personnelles, importantes pour un homme comme Challe, ont dû aussi jouer. Parmi les défenseurs de la foi chrétienne, Malebranche est le plus accueillant à ses interlocuteurs: sa correspndance avec Mayran, quelques années après la rédaction des *Difficultés sur la religion*, en sera une preuve parmi d'autres. Non content d'accueillir les esprits forts, ils les défie:

On trouve assez souvent des esprits de deux humeurs bien différentes; les uns veulent toujours croire aveuglément: les autres veulent toujours voir évidemment. Les premiers n'ayant presque jamais fait usage de leur esprit, croient sans discernement tout ce qu'on leur dit; les autres voulant toujours faire usage de leur esprit sur des matières même qui les surpassent infiniment, méprisent indifféremment toutes sortes d'autorités. Les premiers sont ordinairement des stupides et des esprits faibles, comme les enfants et les femmes; les autres sont des esprits superbes et libertins, comme les hérétiques et les philosophes. (*Recherche de la vérité*, IV, II, 3)

Déjà poussé par son tempérament à relever un tel défi, et tenté de secouer le joug des croyances non fondées en raison, Challe pouvait se souvenir que Malebranche ne recommande pas seulement dans la *Recherche de la vérité* de 'découvrir les erreurs auxquelles nous sommes sujets', mais encourage le goût de la novation dans un domaine dangereusement proche de celui de la religion quand il déclare encore:

C'est tenir injustement captive la vérité que de s'opposer par intérêt aux opinions nouvelles de la philosophie qui peuvent être vraies pour conserver celles que l'on sait être fausses ou inutiles.

Outre l'influence que ses thèses et sa pensée ont dû exercer sur Challe, sa personne n'a pu que lui être sympathique. Attaqué par les jésuites, il a eu aussi de longs et célèbres démêlés avec Arnauld relativement à la grâce: on ne pouvait donc le suspecter d'être favorable au jansénisme, qui, au nom de la prédestination, détruit la liberté humaine. Il est aussi le plus illustre des philosophes modernes, celui qui, récusant l'autorité d'Aristote, est devenu l'égal de Descartes; qui cultive aussi brillament les mathématiques que la théologie; qui même, lors d'une visite dans un porte de guerre, fait l'admiration de ses interlocuteurs par ses connaissances sur la marine! Autant de raisons pour Challe de préférer à tout autre à un tel interlocuteur.

Le Premier cahier

Le 'Premier cahier', sous-titré 'contenant ce qui m'a fait ouvrir les yeux', n'est pas, aux yeux de l'auteur, sur le même plan que les trois autres. Le second est en effet intitulé 'Première partie', ce qui est logique puisqu'il forme avec les cahiers III et IV un système qui se suffit à lui-même. Le premier cahier est d'une autre nature. Beaucoup plus bref que les autres (13 pages dans notre édition contre environ 80 pour chacun des autres), il expose, comme son titre l'indique, les raisons personnelles qui ont amené l'auteur à rejeter le christianisme et à se faire une religion déiste. A notre connaissance, les confessions de ce genre sont peu communes, et nous doutons qu'il existe pour l'époque un témoignage aussi circonstancié que celui-ci. Ce n'est pas que, pour l'essentiel, les bases de l'anticléricalisme de Challe soient originales. Il n'est qu'à lire ce que le père Garasse dit à ce sujet dans ses *Recherches des Recherches et autres œuvres de M. Estienne Pasquier* (Paris 1622), pp.681-685, pour voir que le 'libertinage' de Challe peut avoir ressemblé fort à celui de la génération de son père ou même de son grand-père:

Par le mot de libertin, je n'entends ni un huguenot, ni un athée, ni un hérétique, ni un politique, mais un certain composé de toutes ces qualités. Le fond est catholique, relevé par après des couleurs bizarres et changeantes à proportion des discours, des compagnies, des sujets qui se présentent [...] Le libertin ne fait pas ouvertement profession d'irréligion, mais [dit] qu'il ne croit pas néanmoins tous ces menus fatras dont on abuse le simple peuple. Quant aux cérémonies, aux traditions ecclésiastiques, aux visions et apparitions, et choses pareilles, il les appellera par risée *la petite oie de la religion* [...] Quand il entendra raconter quelque histoire difficile, de dure créance, sujette à caution, il dira que ce sont des révélations de sainte Brigitte; si on lui récite quelque merveille ancienne, advenue par l'entremise de quelque saint, il vous fera cette demande: Serai-je damné si je ne crois pas cela? [...] S'il est besoin d'interposer son avis en matière de religion, il s'avancera incontinent et s'engagera au plus épais, comme fait une mouche dans la colle. Aussitôt vous l'entendrez dire: Quant à moi, je suis pour le mariage contre le célibat; saint Grégoire de Naziance avait tort de taxer la réputation de l'empereur Julien; Constantin était cafard; saint Louis pensa ruiner la France par ses bigoteries. Les papes se sont emparés peu à peu de la domination temporelle, etc. A chaque période, il fera résonner le mot de liberté gallicane. Il soutiendra que Clovis ne fut jamais chrétien catholique, mais qu'il mourut arien; que Bèze était bel esprit, Marot l'honneur de la France [...], qu'il faut procéder doucement envers les hérétiques; que c'est une barbarie de punir les huguenots; que l'Inquisition était une cruauté de cannibales, etc.

Lorsqu'on retrouve ces traits sous la plume de Challe, on peu d'autant plus vraisemblablement les rattacher à une tradition familiale qu'il les relie lui-même aux expériences de ses 'plus tendres années' (p.45). La coloration personnelle qu'il leur donne est sans doute de bon aloi lorsqu'il évoque ses souvenirs d'enfance (pélerinage à Notre-Dame des Ardilliers, livre de dévotion illustré qu'il a entre les mains) ou de jeunesse (voyages à Rome ou au Portugal). On est plus sceptique sur le cas des 'conversions qu'on vante tant' si Challe entend par là les conversions opérées par les missionaires, car il ne dit jamais en avoir été témoin direct ou indirect dans ses voyages. Peut-être n'a-t-on là qu'un thème de l'anticléricalisme. Du reste, des éléments plus significatifs interviennent. Ce sont d'abord des critiques de la religion chrétienne à base rationaliste: manque d'efficacité des sacrements, vanité de l'invocation des saints, mauvaises justifications du pouvoir temporel du pape, recours abusif à la notion de Providence, conciles se recommandant en sens contraire de l'Esprit saint, contradiction entre les doctrines morales affichées et la pratique effectivement suivie, etc. (pp.51-53). Par ces remarques, Challe livre un trait de son esprit raisonneur, 'examinant',[16] que l'influence cartésienne n'a pu que renforcer. L'autre motif, plus personnel encore, de rebellion contre le christianisme est la référence explicite (pp.53-54) aux autres religions que Challe a personnellement connues dans ses voyages. La révolution scientifique de la Renaissance, en remettant en cause l'anthropocentrisme d'Aristote, avait produit de nouveaux systèmes d'explication de l'univers physique et spirituel; de même, ainsi que l'annonçait Campanella en 1636[17] l'exploration de contrées nouvelles, en ébranlant la foi dans les récits bibliques, devait provoquer l'apparition de nouvelles philosophies de l'homme. Ainsi Bayle invoque souvent l'autorité de voyageurs dont le témoignage contredit bien des reçues. A leur façon, les voyages utopiques de Gabriel de Foigny, du baron de La Hontan, de Tyssot de Patot, manifestent la liaison entre l'exotisme et la remise en question des pratiques traditionnelles. Le cas de Challe est d'autant plus intéressant que, lorsqu'il oppose à Malebranche les 'mille extravagances' (p.53) communes à toutes les religions, nous pouvons dire quelles expériences au Canada, aux Comores, à Pondichéry ou au Bengale lui ont inspiré les réflexions qu'il résume ici.[18]

Avant de passer à l'offensive en forme qu'il va lancer contre les religions révélées, Challe avance quelques exemples des 'contrariétés' qu'il aperçoit dans le christianisme, et ces échantillons donnent une idée de sa pénétration. Le plus frappant, pp.54-55, est le commentaire qu'il fait, sans le citer, du passage de *Matthieu*, xxiv.36, relatif au jour du jugement, que personne ne connaît, 'ni les anges des cieux, ni le Fils (*neque Filius*), personne que le Père seul'.

Tel est la difficulté d'interprétation de ce passage que saint Ambroise et des exégètes modernes en ont contesté l'authenticité. Saint Jérôme n'a pas inséré l'incise *neque filius* dans l'ancienne vulgate du premier évangile, mais la tient finalement pour authentique, car elle figure dans presque tous les manuscrits grecs de *Marc*, xiii.32. Se fondant sur ce passage, les Ariens ont nié que le Christ fût égal au Père, ouvrant ainsi une longue querelle théologique. Contre la doctrine arienne, saint Athanase, dans le IIIème *Discours contre les Ariens*, 44-45, et saint Cyrille d'Alexandrie, dans le *Trésor de la sainte et consubstantielle Trinité*, XXII, P.G. 75, 363-380, attribuent au Verbe la science infinie, mais expliquent son ignorance en la matière par 'l'économie' de sa mission, c'est-à-dire par ce que l'Incarnation comporte d'humain. Mais saint Cyrille aperçoit le danger qu'il y a dans cette explication à 'diviser le Christ'. Aussi une tradition s'établit-elle, à partir de saint Augustin (*Comment. in Ps.* 36, *Liber emendationis 10*, P.L. 31, 1229) affirmant que le Christ conaissait le jour du Jugement, mais qu'il n'appartient pas à sa mission de le révéler. Pour sa part, au terme de certaines hésitations, saint Thomas, distinguant les divers ordres de connaissance du Christ, place le don de prophétie parmi les attributs de la science infuse dont le Seigneur 'pouvait faire usage quand il voulait' (*Somme*, 1.C). Et d'expliquer que 'la raison pour laquelle Dieu a voulu que le temps du jugement futur demeurât caché, c'est afin que tous les hommes veillassent avec attention à n'être pas surpris en mauvais état par le jugement' (*Compendium*, 242, p.368). Enfin, l'exégèse moderne, s'appuyant notamment sur *Jean*, vii.15b ('Ma doctrine n'est pas de moi, mais de celui qui m'a envoyé') et Paul, *II. Philippiens*, 6-7 ('alors qu'il était de condition divine, il ne s'est pas prévalu de son égalité avec Dieu, mais il s'est anéanti lui-même [...] s'étant fait semblable aux hommes et comporté en homme'), insiste sur l'humilité du Christ, modèle proposé à l'humanité.

Sans s'embarrasser de subtilités théologiques, Challe oppose au christianisme le cas de l'hermaphrodite et celui, plus personnel et conséquemment plus frappant, de l'homme aux deux 'casquettes', capitaine de vaisseau et secrétaire du roi, qui, interrogé s'il avait jamais été à la mer, aurait été de mauvaise foi de répondre qu'il n'y avait jamais été comme secrétaire du roi (pp.54-55).

Malebranche concluait la *Recherche de la vérité* par une profession de foi; après avoir affirmé que 'la méthode la plus courte et la plus assurée pour découvrir la vérité et pour s'unir à Dieu de la manière la plus pure et la plus parfaite qui se puisse, c'est de vivre en véritable chrétien [...] C'est d'écouter notre foi plutôt que notre raison', il ajoutait: 'Car enfin, il vaut beaucoup mieux, comme les gens de bien, passer quelques années dans l'ignorance de certaines choses et se trouver en un moment éclairé pour toujours, que d'acquérir par les voies naturelles avec beaucoup d'application et de peine une science fort imparfaite, et qui nous laisse dans les ténèbres penant toute l'éternité' (Conclusion des trois derniers livres, p.376; éd. Robinet, ii.454). Il n'est pas impossible de trouver dans de telles formules les traces d'un fidéisme qui devait être condamné par le concile de Vatican I (1870). Rien d'étonnant à cela. Alors que pour les thomistes et le magistère il ne faut pas 'écouter notre foi plutôt que notre raison', mais élever sans la détruire la raison au niveau de la foi, laquelle est participation à l'intelligence divine, le fidéisme est la conclusion logique d'une philosophie cartésienne; il est en effet le seul moyen de réintégrer la foi quand on a posé le doute universel. Mais la difficulté est qu'alors la raison se révolte contre cette démission qui lui est imposée. C'est ici que Challe attend Malebranche pour le prendre en défaut. Son argumentation, qui conclut le cahier et annonce toute sa démarche ultérieure, se fonde sur la diversité des religions, dont il a fait une expérience concrète:

Il s'agit, M.R.P., de savoir si j'ai tort. Pour en commencer l'examen, voici comment je raisonne et comme je divise la matière. Il faut avoir de la religion ou il n'en faut point avoir. Vous ne manquerez pas de répondre qu'il en faut avoir. Pour avoir une religion, il faut demeurer dans celle où on est né, quelle qu'elle soit, ou bien les croire toutes bonnes, et prendre indifféremment celle qui convient le mieux; ou bien les examiner toutes et prendre celle qu'on trouvera bonne; ou bien, si on les trouve toutes fausses et mauvaises, s'en faire une soi-même, Je ne vois ni milieu ni alternative. Vous ne donnerez pas, M.R.P., dans la première ni dans la deuxième proposition. Reste donc à examiner toutes les religions établies; mais si on les trouve toutes fausses et pernicieuses, de s'en faire une soi-même fondée sur les pures lumières naturelles, sur la raison, sur cette lumière que Dieu a donnée aux hommes pour les conduire, lumière qui est une participation à sa propre intelligence, sans laquelle nous ne pouvons découvrir ni suivre aucune vérité, sans l'instinct et le dictamen de la conscience qui nous instruit clairement, sans recherches, sans étude, sans instruction, sans besoin de consultation étrangère, en tous lieux et malgré nous. (pp.57-58)

Reste à voir comment ce plan se trouve rempli.

Le Deuxième cahier

Qualifié de Première partie et intitulé Examen général des religions factices, ce deuxième cahier présente des traits qui, réunis, en font un morceau aussi original que le premier.

Par son caractère systématique, il rappelle le *Theophrastes redivivus*. L'examen des religions révélées y est en effet mené avec aussi peu de ménagement que dans cet ouvrage, où toutes les religions, avec leurs miracles, leurs prophéties et leurs révélations sont présentées comme instituées à des fins purement humaines; fins surtout politiques il est vrai, alors que Challe insiste plutôt sur la cupidité des ministres des cultes. Mais les différences éclatent quand on considère les aspects positifs des deux doctrines. Pour l'auteur du *Theophrastes redivivus*, il n'existe pas de Dieu, à moins qu'on n'appelle ainsi le soleil; l'immortalité de l'âme est traitée de fable; conséquemment, la morale est d'ordre purement humain; elle ne consiste qu'à vivre selon les leçons de la nature et de l'expérience. Ainsi, le précepte 'ne fais pas à autrui ce que tu ne voudrais pas qu'on te fît à toi-même' n'est pas fondé sur une loi divine ou sur la voix de la conscience, mais seulement sur le fait d'expérience que le mal fait à autrui attire la vengeance. En un mot, l'homme, dépourvu d'âme véritable, n'est qu'un animal parmi d'autres, et ne diffère d'eux que comme une espèce diffère d'une autre espèce. Dans les *Difficultés sur la religion*, ouvrage déiste, Dieu reste personnel, ne serait-ce que dans la mesure où il tient un compte exact du bien et du mal commis par chacun.

Quoique Challe rejette avec force toute influence de Spinoza, on ne peut négliger le problème que posent certaines ressemblances entre ce second cahier et l'œuvre du philosophe d'Amsterdam. On est tenté de comparer, par exemple l'allure géométrique de l'*Ethique*, avec ses propositions, démonstrations et scolies, et la présentation du présent cahier par 'arguments démonstratifs', constitués chaque fois de majeure, mineure et conclusion. Certes, après la publication posthume en latin de 1677, l'*Ethique* ne fut traduite en français par Boulainvilliers qu'à la fin du siècle, et publiée seulement après la mort de Challe; mais Challe peut l'avoir parcourue en latin. Il demeure pourtant que le propos de cet ouvrage est beaucoup plus général que celui du second cahier. Plus proche serait le *Tractatus theologico-politicus*, que Challe peut cette fois avoir connu aisément dans la traduction publiée sous le nom de la *Clé du sanctuaire* par Saint-Glain en 1678, ou plus simplement encore par la réfutation du père François Lamy, *Le Nouvel athéisme renversé* (1696). Certes, le moraliste sévère qu'est Challe a dû partager l'indignation du père Lamy à l'égard d'un système qui ruine la morale en permettant à l'homme de se livrer à ses instincts naturels. Certes encore le dessein de Spinoza est plus limité, puisqu'il ne généralise pas son propos à toutes les religions révélées. Mais l'auteur des *Difficultés sur la religion* devait goûter la critique des livres saints et des prophéties; ou le commentaire ajouté au chapitre CI à la réflexion sur les miracles, à savoir que si quelque chose arrivait dans la nature qui se trouvât en contredire les lois, cela contredirait la nature même de Dieu. On peut aussi remarquer que les idées exprimées au chapitre XII du *Tractatus* sur la 'véritable' charte de la Loi divine connue 'par la lumière naturelle à tous' sont proches de l'inspiration qui anime implicitement la démarche de plusieurs 'vérités'. On peut même se demander si les réflexions sur le partage entre le domaine de la Foi et celui de la Raison, au ch. XIV du *Tractatus*, n'annoncent pas, obliquement et timidement il est vrai, le passage intitulé 'Réfutation de la Foi' (pp.121-140), dans lequel, changeant de ton, bousculant le mode d'exposition qu'il a respecté jusque là, Challe se lance dans une longue diatribe, non dénuée d'éloquence, contre la Foi qui fait le ressort de toutes les religions 'factices'.

Si la tradition spinoziste semble transparaître de façon diffuse dans l'Examen des religions 'factices', il est une autre influence qui s'y exerce plus fortement, à ciel ouvert en quelque sorte, celle de Malebranche.

Certes, il n'est pas question d'assigner telle ou telle source malebranchiste précise à chaque proposition de Challe; ni à plus forte raison à son propos, qui est d'établir la liberté de chacun en fait de religion, le droit et le devoir d'examiner, la possibilité de découvrir la vérité par la raison, l'incapacité de toute religion révélée à établir ses preuves, et finalement la nécessité de rejeter toute religion 'factice'. L'auteur des *Difficultés sur la religion* s'oppose à celui des *Conversations chrétiennes* et des *Entretiens sur la métaphysique* en ce qu'il refuse de fonder la métaphysique sur la foi. A Malebranche qui estime que 'les philosophes sont obligés à la religion' des lumières qu'elle leur fournit pour résoudre leurs difficultés, Challe répondrait, en retournant le mot de saint Augustin, qu'il faut 'comprendre pour croire'.

Mais pour importante qu'elle soit, cette opposition ne doit pas faire oublier que pour l'un et pour l'autre la Raison ne peut ni ne doit être laissée de côté. A la fin des *Entretiens métaphysiques*, Ariste confesse qu'il avait tort de vouloir 'bannir la Raison de la Religion' (XIV, § 13, p.264); car, précise-t-il, 'celui qui a la Raison de son côté a des armes bien puissantes pour se rendre maître des esprits. Car enfin, nous sommes tous raisonnables et essentiellement raisonnables.' De part et d'autre, les conditions d'un bon fonctionnement de la raison sont définies en des termes comparables, par l'absence de préjugés. Dans les *Conversations chrétiennes*, I, p.7, on recourt comme juge à 'un jeune homme que le commerce du monde n'ait point gâté, afin que la Nature, ou plutôt la Raison toute seule parle en lui'; de même Challe propose-t-il comme arbitre à Malebranche, p.59, 'un sauvage [...] un enfant que nous élèverons dans les sciences exactes, dans la véritable philosophie, dans la saine logique'. Selon Malebranche, la connaissance de la vérité n'est autre chose que 'l'union de l'esprit avec Dieu', comme l'aveuglement n'est que 'la séparation de l'esprit d'avec Dieu, et que l'union de cet esprit à quelque chose qui soit au-dessous de lui, c'est-à-dire au corps' (*Recherche*, V, 5, p.480). Proposition contraire à la doctrine thomiste, pour laquelle Dieu nous fait connaissants selon notre nature, à la fois corporelle et spirituelle, selon une certaine participation à sa lumière et par un mode de connaissance qui, n'ayant rien d'angélique, ne permet pas d'apercevoir dans les idées divines. Challe retient l'idée de Malebranche pour l'étendre au problème de la connaissance religieuse. Son premier argument contre les religions révélées est en effet que 'la religion ne peut se traiter par des livres ni par des discours', puisque 'les choses spirituelles entre des êtres spirituels ne se peuvent traiter que par des voies spirituelles' (p.66).

Séparant la connaissance de la vérité de la connaissance sensible, Malebranche assimilait la première à la connaissance de Dieu; c'est, disait-il, 'connaître Dieu que de connaître la vérité, ou que de connaître les choses selon la vérité' (*Recherche*, V, 5, p.481). Challe établit une équivalence du même ordre et l'exprime en des termes quasi-malebranchistes (pp.64-65): '[Dieu] a instruit l'âme par le moyen de la Raison, de la reconnaissance de l'ordre, et de la vue des vérités réelles, nécessaires et éternelles'.

On notera enfin que la recherche déiste à laquelle il procède se trouve encore, au moins à première vue, justifiée par l'égalité que Malebranche admet, à propos de morale, entre la connaissance rationnelle et la connaissance par la foi:

...je ne prétends pas que les hommes puissent facilement découvrir par la force de leur esprit toutes les règles de la morale qui sont nécessaires au salut, et encore moins qu'ils puissent agir selon leurs lumières, car leur cœur est encore plus corrompu que leur esprit. Je dis seulement que s'ils n'admettent que des principes évidents, et que s'ils raisonnent conséquemment sur ces principes, ils découvriront les mêmes vérités que nous apprenons dans l'Evangile: parce que c'est la même Sagesse qui parle immédiatement par elle-même à ceux qui découvrent la vérité dans l'évidence des raisonnements, et qui parle par les saintes Ecritures à ceux qui en prennent bien le sens. (*Recherche de la vérité*, VI, II, 6, pp.236-237)

Certes, si l'on considère l'ensemble de la pensée malebranchiste, la contradiction entre cette exaltation de la raison, de la recherche métaphysique fondée sur des idées claires, d'une part, et la fin religieuse, d'autre part, se dissipe, tandis que se dégage l'intuition profonde que l'homme, créature finie, liée au corps par le péché originel, ne peut arriver à une vérité spéculative que par la médiation du Rédempteur. Mais cette solution n'apparaît clairement que dans les *Conversations chrétiennes* et les *Entretiens métaphysiques* (par exemple, dans ce dernier ouvrage, VI, § 1, p.202-203: 'Ainsi, pour réduire en deux mots tout ceci, il me paraît évident...'). Lorsque Challe écrit, p.70: 'il y a des moyens et des règles pour parvenir à la vérité', il reste fidèle à l'enseignement fondamental de la *Recherche de la vérité*; et avec Mairan minutant une lettre à Malebranche il pourrait dire qu'on 'n'est pas toujours maître de ne raisonner plus quand on a raisonné jusqu'à un certain point.'[19] Il ne fait en tout cas que suivre à l'extrême une pente de la pensée de Malebranche, d'ailleurs fidèle sur ce point à Descartes, lorsqu'il rejette toute perspective historique, c'est à dire tout fondement propre aux religions révélées, qu'il appelle significativement 'factices'.[20] Pour lui, les différentes religions, juive, chrétienne, mahométane, mais aussi siamoise ou autre,[21] sont fondées par des événements historiques; ceux-ci ne sont connus que par des témoignages, des rapports auxquels, en conscience, l'homme ne peut être contraint d'accorder foi. En outre, toutes les religions sont sur le même plan: si l'on ajoute foi à l'une, il n'y a pas de raison de ne pas ajouter foi à l'autre; et si on en rejette une, on doit les rejeter toutes. C'est dire qu'aucune n'est qualifiée à se dire seule vraie. Si certains y ajoutent foi, c'est par la force de l'habitude, du préjugé, de l'éducation. Ceux qui les y ont induits ont agi par intérêt; consciemment ou non, ils ont commis une imposture. Ainsi, les religions, créations humaines, ne peuvent exiger qu'une foi 'humaine', simple persuasion à laquelle Challe oppose une 'conviction' fondée sur la 'raison': 'je ne me fonde que sur la raison humaine commune à tout le genre humain.' (p.60).

Dans le débat qui avait opposé au XVIIème siècle un Pascal recourant au témoignage des apôtres et aux prophéties pour prouver la vérité du christianisme, et les Descartes, Leibniz et Malebranche pour qui la raison humaine, homogène à la raison divine, démontre l'existence de Dieu, Challe se range si radicalement du côté des seconds, qu'il en vient à exclure totalement la foi: elle est 'anéantie' (p.129). Suivant une formule décisive, 'on ne croit pas' en Dieu, on le 'sait' (p.127). La religion est une 'science naturelle' (p.112), entendons par là une science fondée sur des vérités métaphysiques. Mais s'il en est ainsi, seuls quelques grands esprits, auxquels la révélation n'est pas nécessaire, parviendront-ils à la connaissance des vérités 'naturelles', ou ces grands esprits, fondateurs de la religion déiste, les communiqueront-ils au reste de l'humanité? Ni ici, ni dans la dernière partie, Challe ne semblera imaginer l'objection.

Troisième cahier

Le troisième cahier, intitulé peut-être *E*[*xamen de la religion chrétienne*], et dont, en tout cas, le contenu répond bien à ce titre, est dans l'ensemble plus traditionnel que les précédents; ce qui ne veut pas dire qu'il n'ouvre pas la voie à de nombreux aspects de la critique voltairienne du christianisme. Après avoir rappelé qu'à ses yeux la raison et la conscience devraient suffire à fonder la religion, l'auteur répond à deux arguments des apologistes contre les religions païennes. On leur reproche la 'pluralité des dieux': il y oppose – faiblement, car le monothéisme est un caractère indéniable de la tradition judéo-chrétienne – la Trinité, le culte des anges et des saints. Aux 'vices' des dieux païens, ivrognerie, impudicité, emportement, il répond par la prédestination qui fait de Dieu 'un tyran abominable' en nous 'imput[ant] un crime auquel nous n'avons nulle part' (p.142). Vient ensuite l'objet essentiel de cette partie, la réfutation des 'preuves' de la religion chrétienne. Comment situer cette argumentation?

Le problème des rapports de la raison et de la foi, et celui, connexe, de la possibilité d'établir des 'preuves' de la religion, sont aussi anciens que la Révélation: Moïse se demande comment savoir si un prophète est bien inspiré par Dieu, et ce qui le distingue d'un faux prophète. De tout temps, les argumentations ont oscillé entre deux pôles, l'un fidéiste: on ne peut rien prouver, il faut croire; l'autre rationaliste: on peut tout prouver, même le mystère de la Trinité.

Dans l'Ancien Testament, la preuve que 'Dieu est celui qui est', c'est-à-dire qu'il est activement présent au milieu de son peuple, qu'il parle par ses envoyés, ce sont ses signes, *mirabilia Dei*, ses interventions extraordinaires qui ont marqué le peuple d'Israël, les miracles et les prophéties qu'il permet à ses prophètes de réaliser. Le vrai prophète, c'est celui dont la prophétie s'accomplit, celui qui enseigne la loi de Dieu, essentiellement un monothéisme absolu et cordial. Le problème de l'existence de Dieu se pose à peine: tout le monde est religieux, mais Israël seul est monothéiste. Il faut lui prouver que son Dieu est le seul Dieu, le Dieu de tout l'univers, et que 'tout ce qu'il veut, il le fait. 'Le débat est donc entre les prophètes à l'intérieur du peuple, contre les idoles païennes vis-à-vis de l'extérieur.

Dans le Nouveau Testament, il s'agit d'authentifier la mission de Jésus par ses miracles ('Si je fais [les œuvres de mon Père], lors même que vous ne voudriez pas me croire, croyez du moins mes œuvres', *Jean*, x.38), et surtout par le 'signe de Jonas', la Résurrection (*Actes*, ii.13; vii; xxvii.23). Face aux Juifs, saint Pierre recourt aux prophéties, aux 'signes'. Vis-à-vis des païens, saint Paul commence par prêcher à Athènes le monothéisme. Avec les Corinthiens, il se heurte au platonisme à propos de la Résurrection. Aux Grecs raisonneurs, il prêche certes la 'folie de la croix', mais aussi il précise bien, d'une part, que l'homme peut, par ses seules forces naturelles, parvenir à une certaine connaissance de Dieu; et d'autre part que, pour les vérités inaccessibles au raisonnement philosophique, comme la Résurrection, les témoignages sont très nombreux et très forts, à commencer par le sien.

Chez les Pères, la discussion s'engage dans trois directions. Contre les Juifs, on recourt surtout, comme Justin dans *Contre Tryphon*, aux signes et aux prophéties. Contre les païens, Tertullien dans son *Apologie*, Origène dans *Contre Celse*, tentent de montrer l'inanité du polythéisme. Contre les hérétiques, on use, comme Irénée dans *Adversus haereticos*, des arguments de raison et surtout d'autorité. Noter qu'à l'égard de la philosophie grecque, les Pères, très cultivés, en ont assimilé assez d'éléments pour l'utiliser, sans se laisser pourtant enfermer dans ses limites.

Au Moyen-Age, la sympathie à l'égard des philosophes reste grande, malgré certaines réactions. Certains ménagent l'accord de la raison et de la foi au point qu'ils vont, comme Abélard, jusqu'à vouloir prouver les dogmes surnaturels. Saint Thomas donne la note orthodoxe en accordant à la raison de prouver l'existence de Dieu; d'établir qu'il est raisonnable de croire; d'exploiter enfin les données de la Révélation, en en tirant les conséquences. Mais il ne lui appartient pas, à proprement parler, de prouver le contenu des dogmes surnaturels: seul Dieu peut nous révéler sa vraie nature. La foi est l'adhésion de l'intelligence, mue par la grâce, à la révélation, c'est-à-dire à ce que nous ne pouvons apprendre que de Dieu. Cette adhésion ne peut être que volontaire, car il n'y a pas d'évidence dans ce domaine; mais elle est raisonnable, car existe des motifs de croire. Vis-à-vis des Juifs et des musulmans, la controverse reste active; du reste, plusieurs Juifs convertis se font apologistes. Ces religions rivales admettant un Dieu personnel unique et des livres inspirés, l'apologétique n'est pas confrontée, par rapport à eux, au problème fondamental. Pourtant, les averroïstes développent un rationalisme qui pousse saint Thomas à les combattre. Dans la *Somme contre les Gentils*, après avoir commencé par établi les vérités d'ordre naturel, il défend, contre leurs attaques, des vérités révélées surnaturellement.

Mais le pas décisif est fait sous la Renaissance. Dans les polémiques très vives engendrées par la Réforme, une foule de problèmes sont soulevés (structure hiérarchique de l'Eglise, culte des saints et des reliques, sacrements...) qui seront exploités par les esprits forts au début du XVIIème siècle. A l'époque classique, le christianisme est obligé de se défendre contre les libertins, qui mettent en cause toute révélation, et qui reçoivent l'appui de la philosophie cartésienne, comme l'écrit Bourdaloue dans ses *Pensées diverses sur la foi et les vices opposés*:

On propose à un libertin les révélations de la foi, c'est-à-dire des révélations fondées sur la tradition la plus ancienne et la plus constante, confirmée par un nombre infini de miracles, et de miracles éclatants, signées du sang de martyrs, autorisées par le témoignage des plus savants hommes, par la créance de tous les peuples; mais tout cela ne fait sur lui aucune impression, et il n'en tient nul compte. On lui propose d'ailleurs les rêveries et les vaines impressions d'un nouveau philosophe qui veut régler le monde selon son gré; qui raisonne sur toutes les parties de ce grand univers, sur la nature et l'arrangement de tous les êtres qui composent, avec autant d'assurance que si c'était l'ouvrage de ses mains; qui le fait naître, agir, mouvoir comme il lui plaît: et voilà ce que ce grand génie admire; ce qu'il médite profondément; ce qu'il soutient opiniâtrement, à quoi il s'attache et de quoi il se ferait presque le martyr. (iv.326)

Parmi les apologistes qui ont lutté contre une telle attitude, quels sont ceux qui ont servi de cible à Challe? Il en est dont il cite les ouvrages, Desmarets de Saint-Sorlin, le père Mauduit, de l'Oratoire, qui, dans son *Traité de la religion contre les athées, les déistes et les nouveaux pyrrhoniens* (1677), entreprend de convaincre ses adversaires 'en supposant leurs principes', ce qui l'amène à leur proposer un raisonnement comparable à celui du pari de Pascal; Jacques Abbadie; le père Bernard Lamy et son homonyme le père François Lamy; Ellies Du Pin; Isaac Jaquelot, théologien protestant mentionné dès la préface des *Difficultés sur la religion*; Louis Bastide enfin, qu'il semble avoir lu avec une particulière attention. Il en est qu'il ne mentionne pas, comme Grotius, dont le *De veritate religionis christianae* fut critiqué par Bossuel, l'imposante *Demonstratio evangelica*, de Huet (1679). Mais c'est l'absence de Pascal qui constitue le fait le plus curieux. Quoique grand amateur des *Provinciales*, plusieurs fois citées dans le *Journal de voyage aux Indes*, Challe de fait en effet que rarement allusion aux *Pensées*, et n'invoque leur auteur qu'une fois, sous l'appellation de 'grand génie, mais papiste et cagot' (p.250). Pourquoi ne jamais se référer, par exemple, à la thèse du 'Dieu caché', qui arrêtait Pierre Bayle?

Certes, dans l'atmosphère du rationalisme cartésien, le 'Dieu sensible au cœur' n'est guère de mise. Les citations de Pascal sont rares chez Malebranche, et les références aux *Pensées* presque absentes. Pourtant si Challe ne répond guère directement à Pascal, et ne tient pas compte des aspects les plus originaux de son apologie (la religion chrétienne rend seule compte de la double nature de l'homme, etc.), il ne peut manquer de le rencontrer d'une autre façon. C'est en effet des *Pensées* de Pascal, complétées et appuyées par les réflexions de Filleau de La Chaise dans ses *Discours* sur la nature des témoignages historiques, que les apologistes des années 1670-1710 ont tiré l'essentiel de leur argumentation en faveur de l'authenticité de l'Écriture sainte. Comme ceux-ci font souvent référence aux *Pensées*, ainsi que le remarque A. MacKenna,[22] on est fondé à supposer que l'auteur des *Difficultés* a volontairement évité le tête-à-tête avec Pascal, considéré comme un adversaire trop redoutable.

Du reste, quoiqu'ils empruntent la substance de leurs preuves à Pascal, les apologistes auxquels se réfère Challe ont infléchi sa démonstration. D'une part, ils ont négligé, parmi les quinze 'marques de la véritable religion' contenues dans le chapitre II de l'édition de Port-Royal des *Pensées*, celles qui consistent à montrer que la religion chrétienne est la seule à commander l'amour de Dieu, parce que l'homme est capable d'amour; la seule à connaître l'homme dans ses contradictions, et à en rendre compte par les dogmes du péché originel et de la Rédemption; la seule proportionée à tous les esprits: autrement dit les preuves fondées sur l'explication du mystère de l'homme. En revanche, en retenant l'argumentation historique de Pascal, ils lui donnent un caractère global, systématique. Ainsi, Jaquelot tire argument du fait que, par l'histoire du Déluge, Moïse retranche deux mille ans de l'âge du monde, 'au lieu de la reculer dans une antiquité inconnue et impénétrable, comme un imposteur l'eût infailliblement fait'.[23] Il s'ensuit que, si l'histoire du Déluge est vraie, Moïse doit avoir eu des lumières 'plus que naturelles'. Mais l'histoire du Déluge est-elle vraie? Elle l'est, puisque Moïse la place 'seize ou dix-sept siècles tout au plus avant lui'; certes, 'si un seul homme était issu d'une autre source, l'histoire de Moïse serait fausse'; mais, puisque personne n'a pu le convaincre de faux sur ce point, 'il faut nécessairement le recevoir pour vrai, et croire la divinité qu'il suppose'. De tous ces faits ou arguments réunis, on tire la conclusion que 'tout étant lié, tout est vrai'.[24]

Or, outre la faiblesse des arguments présentés par les apologistes, que l'esprit critique acéré de Challe décèle aisément, les travaux de Richard Simon, et notamment l'*Histoire critique du Vieux Testament*, avaient montré que l'interprétation et parfois le détail du texte hébreu ne sont pas toujours absolument certains. Alors que ce qui nous frappe aujourd'hui est la remarquable unité de la tradition testamentaire, à travers ses différentes versions, les thèses de Richard Simon, soutenant que si Dieu a inspiré la Bible globalement, elle n'a pas été rédigée par un seul homme, mais par le corps des écrivains publics hébreux,[25] bouleversaient l'idée reçue selon laquelle la Genèse tirait toute sa valeur historique du fait qu'elle avait été entièrement écrite par Moïse lui-même. Ces thèses, dont les *Nouvelles de la République des Lettres* de Bayle avaient largement rendu compte, et auxquelles les persécutions mêmes de Bossuet avaient donné du lustre, ne pouvaient qu'encourager les esprits sceptiques à aller plus loin, à passer de l'examen littéral des textes à l'examen de fond des récits bibliques, ce à quoi le *Tractatus theologico-politicus* de Spinoza n'incitait déjà que trop. S'il est douteux que Challe ait lu attentivement Richard Simon, il ne l'est pas que les conséquences redoutées par Bossuet se sont particulièrement manifestées en lui.

Quoi qu'il en soit, les preuves de la religion chrétienne auxquelles Challe croit pouvoir réduire l'apologétique sont au nombre de onze (pp.142-143), qui donnent matière à autant de 'sections'.

Ière section. Des livres des Juifs (pp.143-172)

Ce titre recouvre cinq 'articles'.

Article premier. Si ces livres sont divins. Pascal avait écrit: 'Mahomet s'est établi [...] en défendant de lire; Jésus-Christ en ordonnant de lire.' (*Pensées*, 7, p.119). Parlant des livres saints, Challe lui répond implicitement dès la première ligne: 'On en a si bonne opinion qu'on en défend la lecture.' (p.143). De nombreuses autres remarques semblent viser Pascal, mais toujours de façon assez générale, comme si Challe ne s'était pas reporté au texte des *Pensées*. Pascal avait consacré divers passages du ch. X et tout le ch. XIII à montrer 'que la Loi était figurative'. Toujours à propos des livres saints, Challe poursuit: 'Les plus judicieux ne les regardent que comme allégoriques.' (p.143). Mais il néglige d'examiner la réponse de Pascal à l'objection 'Pourquoi les Juifs ne croyaient-ils pas au sens figuratif?':

Mais c'est leur refus même qui est le fondement de notre créance [...] Cela est admirable de voir les Juifs, grands amateurs des choses prédites et grands ennemis de l'accomplissement, et que cette aversion même ait été prédite.' (X, 9, p.71)

Pascal défend les 'contrariétés' de la Bible (X, 12, p.89-90, etc.): Challe les met au nombre des 'absurdités' qui forcent les commentateurs à 'débiter des impertinences à milliers' (p.145). Pascal vantait l'antiquité de la Bible (X, 8), insistait sur la valeur historique de l'Ancien Testament:

C'est un livre fait par les contemporains. Toute histoire qui n'est pas contemporaine est suspecte, comme les livres des Sibylles et de Trismégiste, et de tant d'autres qui ont eu crédit au monde, et se trouvent faux par la suite des temps. (VIII, 4, p.64)

Challe, qui préjuge, bien à tort, de l'antériorité des 'livres d'Hermès' sur celle des livres saints (p.144), rejette l'idée que Moïse soit l'auteur de ceux-ci, et, confondant la constitution de la tradition et sa transmission écrite, les fait 'très postérieurs et le pur ouvrage des rabbins' (p.144). De même que les éléments anthropomorphiques des parties anciennes de la Bible lui en dissimulent l'élévation doctrinale, le monothéisme jaloux et le messianisme, de même les 'défauts contre le bon sens, contre les premiers principes, contre les sciences exactes' lui en cachant la valeur historique, il en rapproche 'les premiers monuments de l'histoire fabuleuse des païens' et les 'contes' qui 'couraient au Mexique et au Pérou quand les Européens y passaient' (pp.144-145).

Un autre argument encore semble viser Pascal. Celui-ci disait des Juifs: 'ce livre qui les déshonore en tant de façons, ils le conservent aux dépens de leur vie' (VIII, 2, p.63). Challe répond:

Ce peuple garde de même le Talmud rempli de folies bizarres et monstrueuses; tous les autres peuples de la terre gardent eux-mêmes et leurs livres et leurs traditions chargés de commandements onéreux. (p.154)

ce qui frappe à côté. La loi des Juifs n'est pas en effet seulement onéreuse. Les prophéties contiennent à l'égard des Juifs des menaces terribles. Ils ont pourtant réhabilité les prophètes quand leurs menaces se sont accomplies (Jérémie) et ont soigneusement conservé leurs écrits.

De même que la critique à l'égard des thèses de Pascal reste peu précise, de même l'influence de Bayle, quoique probable, est suffisamment estompée pour qu'on puisse la mettre en doute. On croit la sentir à propos des pages (145-146, 151-152) consacrées aux 'pernicieux exemples', aux 'actions détestables louées et attribuées à des inspirations divines' (p.145) qui, d'après l'auteur, apparaissent dans la Bible. Des exemples allégués, qui seront presque tous repris par Voltaire, certains avaient déjà été discutés par Bayle, comme celui des fils d'Héli, dont les 'sottises' amènent une dure punition d'Israël (p.151, cf. *Commentaire philosophique sur le compelle intrare*, I, fin du ch. 3), ou celui de David, p.152, sévèrement traité dans l'art. David du *Dictionnaire historique et critique*. Mais il faut se souvenir que Challe est toujours sensible aux problèmes moraux et que, d'autre part, il a déjà évoqué certains des faits blâmés ici dans le *Journal de voyage*, sous un jour beaucoup plus équitable (voir p.143, note III.15). De tels développements peuvent donc provenir de son fonds.

Une des charges à l'égard de la morale biblique vise plus directement Bossuet. Si Challe ne parle pas du *Discours sur l'histoire universelle*, dont le projet correspond pourtant exactement à ce qu'il combat ici, il fait au moins une allusion précise au titre d'un livre de Bossuet, la *Politique tirée de l'Ecriture sainte*, qui lui permet d'accumuler les exemples où la Bible fait 'pis que Machiavel' (p.152): outre la polygamie, le concubinage, etc., il retient spécialement une des formes d'utilisation politique qu'on peut en faire: les rois, dit-il (*ibid.*), 'peuvent fonder sur plusieurs passages le droit de tout usurper et d'exercer leur tyrannie.'

Enfin, et quoique d'autres avant lui, comme Bossuet, aient exposé la même idée, il semble que ce soit à Malebranche lui-même que songe Robert Challe, puisqu'il le prend directement à témoin p.155, lorsqu'il examine la réponse que donne l'Eglise à ceux qui lui objectent la diversité des interprétations possibles de l'Ecriture. A Théodore qui disait chercher les dogmes 'dans la tradition et dans le consentement de l'Eglise universelle', Ariste objectait, dans les *Entretiens sur la métaphysique et sur la religion*: 'Mais ne les cherchez-vous pas aussi dans les Saintes Ecritures?' A quoi Théodore répondait:

Je crois, Ariste, que la plus sûr et le plus court est de les chercher dans les Saintes Ecritures, mais expliquées par la tradition, je veux dire par les conciles généraux, ou reçus généralement partout, expliqués par le même esprit qui les a dictés. Je sais bien que l'Ecriture est un livre divin, et la règle de notre foi. Mais je ne la sépare pas de la tradition, parce que je ne doute pas que les conciles ne l'interprètent mieux que moi. Prenez équitablement ce que je vous dis. Les conciles ne rejettent pas l'Ecriture. Ils la reçoivent avec respect: et par cela même ils l'autorisent par rapport aux fidèles, qui pourraient bien la confondre avec les livres apocryphes. Mais outre cela ils nous apprennent plusieurs vérités que les apôtres ont confiées à l'Eglise et que l'on a combattues; lesquelles vérités ne se trouvent pas facilement dans les Ecritures canoniques, car combien d'hérétiques y trouvent-ils tout le contraire? (XIV, 4, pp.230-231)

La réponse de Challe est implicitement fondée sur la philosophie de Malebranche dans la *Recherche de la vérité*, qui met sans cesse l'accent sur les 'idées claires' aux dépens de l'histoire. Ouvrage des hommes faillibles, même s'ils sont évêques, la tradition n'apporte aucune certitude métaphysique. Plus spécialement, Challe oppose à Malebranche l'incertitude de la connaissance des langues mortes et de toute traduction, que sa propre expérience lui a apprise: 'Je n'ai jamais été content d'aucune version, et je l'ai toujours trouvée différente de l'original.' (p.156). Cette remarque personnelle a plus de poids que les arguments fondés sur le caractère 'imparfait' de la langue hébraïque (p.148), dont Challe ne parle manifestement que de seconde ou de troisième main.

Article second. L'auteur s'en prend ici à la Genèse, spécialement à l'‘histoire de la création du monde et du déluge' (p.157 et suiv.). Il n'est pas de livre de l'Ecriture sur lequel savants, exégètes et philosophes aient exercé une critique plus virulente, notamment à propos des trois premiers chapitres relatifs à la création du monde et de l'homme, à la tentation et à la chute. On ne peut évidemment attendre que Challe qu'il prévoie l'attitude de l'Eglise définissent la vérité de ces récits comme une vérité religieuse. En passant, il avait noté la 'manière assez convenable' dont Moïse parle d'un Dieu unique (p.147), mais il avait affaibli cette remarque en prétendant que Moïse avait été 'instruit chez les Egyptiens', alors que ceux-ci n'ont jamais été monothéistes. Il ne distingue pas davantage le caractère très original de la création selon la Bible, dans laquelle Iahvé se distingue parfaitement de l'univers matériel qu'il met à jour par un acte volonté, d'une manière globale (seuls, les principaux éléments du monde sont énoncés), ordonnée (c'est le symbolisme des sept jours), faisant de lui le temple où il sera adoré, tandis que les mythologies antiques et spécialement orientales mettent en scène un Dieu qui se dégage en quelque sorte d'une matière à laquelle il reste immanent, et qui présente toujours un caractère incompréhensible, voire menaçant. Il n'est pourtant pas sans intérêt d'examiner son argumentation.

Le premier grief sérieux fait à la Genèse concerne la chronologie. Bossuet s'y était beaucoup intéressé et la troisième édition de son *Histoire universelle* (1700) tient compte des discussions qui avaient eu lieu à ce sujet. Adoptant le point de vue du père Pezron dans son *Antiquité des temps rétablie* (1687) et dans sa *Défense de l'antiquité des temps* (1691) en réponse aux objections des pères Martiannay et Le Quien, il admet la chronologie du texte des Septante contre celle de la version hébraïque de la Bible, parce qu'elle lui donne quatre cents ans de plus pour loger les Egyptiens, les Assyriens et les Chinois dont l'antiquité le gêne. Challe, qui a une compétence en la matière,[26] fait bon marché des efforts de Pascal pour justifier la longue vie des patriarches:[27] 'd'imagination trop bornée pour un faiseur de romans, et bien incapable de trouver les événements pour remplir un plus long espace de temps, [Moïse] l'a raccourci, et encore le pauvre homme a-t-il été obligé de faire vivre ses héros huit à neuf cents ans' (p.157).

Après avoir mis en doute, comme l'affirment les pères, que le monde ne doive durer que six mille ans 'qui expireront bientôt' (p.158), Challe en vient au point qu'il prétend traiter avec une compétence particulière encore, celui du Déluge. Ici tout particulièrement, les adversaires du christianisme, depuis Porphyre, avaient ironisé sur l'arche. L'Eglise n'ayant pas précisé qu'il ne s'agissait que d'un symbole pour figurer un 'petit reste' de l'espèce humaine et les animaux faits pour elle, comme l'avait expliqué saint Grégoire, les apologistes avaient dû défendre contre les libertins du XVIème et du XVIIème siècle la lettre du texte. Après le géomètre Jean Borrel, dit Buteo (1492-1572), le père Fournier, dans son *Hydrographie*, avait consacré un chapitre à la 'capacité de l'arche de Noé' (seconde éd., Paris, Jean Dupuis, 1667, pp.145-146) pour montrer que celle-ci, estimée à 457,000 coudées cubes, pouvait, répartie sur trois ponts, loger toutes les espèces 'primitives' d'animaux, à l'exception de 'ceux qui naissent de pourriture, poissons, amphivies [*sic*] et autres animaux', ainsi que cent-cinquante espèces d'oiseaux. Challe se garde d'entrer dans le détail des calculs du père Fournier,[28] et préfère opposer à l'histoire du Déluge des arguments géologiques (où s'est retirée l'eau qui avait atteint la hauteur des plus hautes montagnes?), géographiques (comment les espèces américaines ont-elles pu venir d'Europe? pourquoi n'y a-t-il en Amérique ni éléphant, ni chameau?), biologiques (comment a-t-on pu assurer l'alimentation des colibris qui se nourrissent d'un suc qu'ils tirent des 'fleurs et des arbres toujours verts'?), techniques enfin (étant donné la durée de construction du bateau, le bois de ses fondements aurait été pourri avant qu'il ne fût achevé; comment épuiser l'eau du bateau, alors qu'il pleuvait, que cette 'multitude prodigieuse d'animaux y répandait son urine' et que les pompes n'existaient pas encore?) (pp.159-160). Ces objections ne témoignent pas seulement de la réflexion critique acérée de Challe; elle montrent à quel point les positions traditionnelles sur la vérité matérielle des récits bibliques devenait difficile à tenir.

Article troisième. Au dogme 'du péché du premier homme', Challe oppose deux séries d'arguments 'que je ne sache point, dit-il, qui ai[ent] été proposé[s] par d'autres' (p.162). Les premiers sont d'ordre métaphysique. Comment Adam, sortant des mains de Dieu, pouvait-il n'avoir aucune connaissance du bien et du mal; et s'il n'avait pas cette connaissance, quel mal moral pouvait-il commettre? La critique est forte en effet, et ne peut être réfutée que par une définition du mot connaissance. Adam ne peut évidemment avoir ignoré le bien et le mal, sinon la critique de Challe est parfaitement fondée. Mais la connaissance qu'il veut se procurer en goûtant de l'arbre de la connaissance doit être comprise dans un sens très fort: il s'agit de déterminer lui-même ce qui est le bien ou le mal pour lui sans s'occuper de Dieu, ce qui revient à instaurer une morale 'laïciste'. L'autre série de raisonnements est fondée largement sur des expériences personnelles de Challe, et l'on y retrouve l'esprit d'observation et de raisonnement du voyageur. Ne parlant que des peuples qu'il a 'vus chez eux' (p.162), comment, demande-t-il, expliquer l'hétérogénéité des races humaines? Si la femme fut condamnée à enfanter dans la douleur, pourquoi certaines femelles d'animaux ressentent-elles des douleurs comparables, tandis que les 'sauvagesses' ne souffrent presque pas? Pour la 'honte de la nudité', d'autres peuples, prétend-il, ne savent ce que c'est: 'les nègres, les Caraïbes, les Canadiens s'en rient' (p.163). S'il s'agit de 'manger son pain à la sueur de son visage' (p.164), 'les Iroquois, les Hottentots, les Caraïbes, les Tartares et peut-être bien d'autres ne travaillent point [...] et [...] se portent mieux que nous'. Sans la mort, conséquence du péché originel, comment la multiplication géométrique n'aurait-elle pas surpeuplé la terre (p.165)? Certes il faudrait expliquer ici, par exemple, que pour les Juifs la vie est lumière, union à Dieu, et que la séparation de Dieu, source de toute vie, est une mort. Mais on aperçoit une fois de plus en la circonstance qu'une interprétation littérale de la Bible, telle que la plupart des apologistes la pratiquaient encore, ne pouvait plus guère être admise par le nouveau rationalisme, appuyé à la fois sur l'esprit cartésien et sur les découvertes du temps.

Article quatrième. Cet article, 's'il y a des prophéties dans ce livre', est traitée d'une façon tout à fait propre à l'auteur. S'il nie la possibilité même de la prévision divine, c'est sur la base de la liberté humaine. Ce point de vue, qui néglige les réflexions des pères de l'Eglise, de saint Thomas et même de Malebranche sur la nature de la volonté de Dieu et sur le rapport de celle-ci avec l'éternité (voir par exemple les *Entretiens sur la métaphysique*, VII, § 6-9, pp.256-257), sera repris avec force dans la dernière partie (voir ci-après, pp.407-408): Challe le juge en effet indispensable pour fonder une morale de la responsabilité. De la même façon, il rejette dans une lettre aux journalistes de La Haye la possibilité des prédictions humaines. Sommé d'expliquer l'emploi qu'il a fait d'une prédiction dans une des histoires des *Illustres Françaises*, il le justifie par la réalité du fait rapporté, mais ajoute: 'Je ne donne pas pour autant dans l'astrologie, et cinquante exemples de pareille nature ne m'empêcheront pas de traiter cette science de pure vanité; en un mot je n'y crois nullement, parce que ce serait admettre la prédestination, et nous ôter le libre arbitre, et par conséquent nous donner le pouvoir de rejeter sur notre étoile les crimes de notre nature corrompue, et admettre avec les païens *Dii nos sicut pilas habent*' (*Correspondance*, pp.156-157).

Les arguments qui suivent ne sont pas sur le même plan: ils consistent surtout à montrer que tout peut passer pour prophétie, et que souvent 'on a donné le nom de prophétie à tout ce que l'on a voulu' (p.225). Une allusion semble être faite aux réflexions de Pascal sur les 'preuves des deux testaments à la fois' et sur le double sens des prophéties (les prophètes 'avaient affaire à un peuple charnel, qu'il fallait rendre dépositaire du testament spirituel', *Pensées*, XII, 2, p.83). Evoquant l'interprétation figurative selon laquelle 'ces faits passés étaient des figures ou des types' et le 'sens mystique' invoqué par Pascal dans les *Pensées sur les miracles* ('car il y a deux sens parfaits, le littéral et le mystique', XXVII, 18, p.202), Challe répond brièvement; 'Sur quoi fonder cela? Les livres n'en disent rien, non plus que du sens mystique' (p.168). En quoi il n'a pas tout à fait tort pour l'Ancien Testament: ce n'est qu'à une époque récente que les découvertes archéologiques et une meilleure connaissance de la liturgie juive et des anciens commentaires de la Bible ont montré que l'orientation figurative remonte au judaïsme, au moins à certaines communautés messianiques des derniers siècles avant le Christ. Mais les contemporains même auraient pu lui remonter que le 'sens mystique' est précisément fondé sur le Nouveau Testament. 'Tout leur arrivait en figure', dit saint Paul, et de même saint Pierre, surtout dans l'*Epître aux Hébreux*. Du reste, les Evangiles résonnent de l'écho des prophéties (voir la typologie de l'agneau pascal chez saint Jean), et le Christ lui-même interprète la manne comme une figure de l'Eucharistie.

Article cinquième. Ce point de 'la promesse d'un libérateur' (p.171) est ici traité très légèrement. Challe n'a pas relu la Bible pour en parler, car cette promesse apparaît dès le ch. III de la Genèse que l'on peut considérer comme un protévangile. Elle court dans toute la tradition juive, orientée vers l'avenir, à la différence des religions païennes. Pour le Juif pieux, le rappel des événements bibliques, réel en substance, est aussi un appel à la conversion du cœur en même temps qu'une demande d'un retour de ces 'merveilles' aux temps eschatologiques.

Section seconde. Le Nouveau Testament. (pp.172-221)

Avec ses quarante-trois pages, la seconde section est une des plus longues de l'ouvrage. Elle comprend dix articles d'importance très inégale.

Article premier. Si ce livre est divin. La réponse de Challe, négative bien entendu, semble se référer à Pascal, qui disait: 'Jésus-Christ parle des plus grandes choses si simplement, qu'il semble qu'il n'y a pas pensé, et si nettement, qu'on voit bien ce qu'il en pensait. Cette clarté jointe à cette naïveté est admirable' (XIV, 4, pp.98-99). L'auteur des *Difficultés* ne juge pas le Christ, ni même le message évangélique. Son point de vue est celui d'un écrivain classique, peu familier avec le mode de composition propre aux Evangiles: il trouve l'ouvrage 'mal conçu, sans ordre, sans suite, mal exprimé' (p.172); moyennant quoi, il convient qu'il est écrit 'simplement et avec un grand air de bonne foi' (*ibid.*) Esprit logique, il y blâme l'excès des figures et des apologues, et surtout leur manque de justesse (p.175); homme de pratique et avocat, il est choqué par ce que Pascal nommait dans les *Pensées* (XVIII, titre) 'le dessein de Dieu de se cacher aux uns et de se découvrir aux autres':

Que peut-on imaginer de plus affreux que ce qui est semé dans ce livre? On y parle obscurément de crainte que ceux à qui l'on parle n'entendent ce qu'on leur demande.[29] On veut qu'ils entendent des oreilles et qu'ils n'entendent pas de l'esprit, afin que, ne pouvant obéir, on leur puisse imputer un crime, afin d'avoir l'occasion de les punir. (p.175)

Entre Pascal, qui par la conception du 'Dieu caché' met au premier plan la foi, et le juridisme de Challe, on ne peut imaginer plus totale incompréhension.

Article second. Le venue d'un libérateur. Pour justifier l'interprétation selon laquelle la prédiction de David, que le Messie délivrera son peuple de ses ennemis, signifie qu'il le délivra de ses péchés, Pascal s'appuie sur Isaïe, 'où l'équivoque est ôtée, et le sens double des ennemis réduit au sens simple d'iniquité' (XII, 19, p.93). Effectivement, les ennemis humains d'Israël sont liés aux péchés d'Israël; leur victoire est le châtiment de ces péchés, et ces ennemis sont des païens auxquels Israël ne doit à aucun prix s'assimiler, pour ne pas tomber dans l'idolâtrie; voir le troisième chapitre de la Genèse, dans lequel l'ennemi, le serpent, est un symbole païen par excellence. Et cette interprétation symbolique ancienne est devenue explicite avant l'ère chrétienne. Ce dont Dieu doit racheter son peuple, c'est de ses péchés: *Et ipse redimet Israel ex iniquitatibus ejus* (Psaume 129).

Selon un procédé déjà très voltairien, Challe, sans entrer dans le raisonnement de Pascal, se contente d'un argument analogique, qui tire sans doute une partie de sa force d'une expérience personnelle de l'auteur: si l'on disait aux Grecs de l'Archipel qu'on va les débarasser de leurs ennemis, ne croiraient-ils pas qu'on va les débarasser des Turcs? (p.178) A cet argument, l'article en joint un second, de caractère différent, et qui reprend un thème classique de l'anticléricalisme. C'est que les sacrements, qui sont les voies employées par l'Eglise pour libérer l'homme du péché, n'ont pas d'efficacité: 'Celui qui a reçu dans sa bouche le pain consacré [...] vit-il mieux?' (p.179). Challe, on l'observera ne tient pas compte des remarques de Malebranche, dans les *Entretiens sur la mort*, I, p.315-317, selon lesquelles les sacrements ne donnent, avec la grâce, qu'une virtualité, ne guérissant directement 'que l'intérieur de notre âme', et laissant subsister 'notre corruption, notre concupiscence et toutes nos mauvaises habitudes en tant qu'elles consistent dans les traces du cerveau'; ou le fait que, selon les théologiens, le sacrement ne confère la grâce qu'*ad modum recipientis* et n'agit qu'en envahissant progressivement la vie naturelle. En un mot son attitude rationaliste répugne à prendre en considération autre chose que le oui ou le non pris sous leur aspect de contradiction logique.

Article troisième. La naissance miraculeuse de ce libérateur. Challe est plus à l'aise sur ce terrain. Il ne s'agit pas en effet pour lui de discuter de doctrine, mais d'examiner des faits historiques tels que la généalogie du Christ et les circonstances de sa naissance, qui font difficulté aux chrétiens eux-mêmes; on a vu par exemple, note III.221, que les discussions avaient eu lieu sur l'étoile des bergers. Les raisonnements chers à l'auteur sur la valeur des témoignages lui suffisent d'ailleurs. Il les présente avec un esprit de pratique si poussé que le remanieur de M en supprime une bonne partie, laissant toutefois subsister la remarque de la p.181 sur le témoignage de Flavius-Josèphe qui a été discutée n. III.298.

La fin de l'article, la plus intéressante, répond implicitement au mot fameux de Pascal dans les *Pensées*, XXVIII, 72, pp.233-234: 'Je crois volontiers des histoires dont les témoins se font égorger'. La réponse de Challe se place d'abord sur le plan de la technique juridique (il faudrait avoir le procès-verbal en bonne forme de la condamnation des évangélistes pour savoir si c'est bien leur témoignage qui a justifié leur condamnation, pp.181-182), mais elle comporte aussi une tentative pour ramener le cas du martyre des apôtres à celui d'autres martyres de victimes du 'fanatisme' (le mot n'est pourtant pas prononcé; p.182), notamment les anabaptistes. On pourrait répondre à l'auteur qu'il a lui-même accordé en une autre occasion, p.63, que ceux-ci étaient accusés non de témoigner pour leur foi, mais de 'détourner les peuples de l'obéissance due à leur souverain'; mais il faut surtout noter que l'excès de son formalisme l'empêche de prendre garde que l'argumentation de Pascal, dans le passage qui suit la citation reproduite plus haut, est avant tout d'ordre psychologique.[30]

Article quatrième. La doctrine incomparable de J.-C. et la pureté de sa morale. Abordant cet article, Challe, il l'avoue lui-même, est 'hors de [lui]' (p.182). C'est que le sujet de la morale pratique le touche plus qu'un autre. Il ne lui faut pas moins d'une vingtaine de pages pour le développer; encore en trouverait-on des prolongements dans les *Mémoires* ou le *Journal de voyage*.

La première partie de l'article dénonce de façon originale la 'cléricalisation' de la morale: 'les noms de conscience, de probité, d'honneur sont oubliés', on ne parle plus que de 'religion' (p.183). Dans cette défense de l'autonomie de la morale, notamment contre Malebranche, qui avait cherché à 'ruiner la sagesse des stoïques' dans la *Recherche de la vérité*, II, III, 4, Challe examine comment, par spécialisation de sens, certains termes se sont aussi cléricalisés, *sacrement*, *église*, *prêtre*, *charité*, *saint* et *clerc* lui-même. C'est un aspect notable de sa réflexion sur le langage.

La seconde partie s'en prend au précepte chrétien 'soyez soumis aux puissance'. Ignorant la précision de saint Paul, *cui honor, honor; cui vectigal, vectigal*, et tout l'effort de saint Augustin pour établir les critères selon lesquels ce précepte doit s'appliquer, il réclame 'la distinction de la puissance légitime' (pp.183-184) qui précisément a été établie par l'Eglise.

En incluant en même temps, dans un troisième point, d'une part les dogmes 'de la foi, de la prédestination et de la grâce', et d'autre part 'l'efficace des sacrements' (p.184) comme des facteurs d'anéantissement de la morale, Challe pratique plutôt un amalgame entre des thèses hérétiques opposées qu'il ne touche réellement la doctrine orthodoxe. Lorsqu'il dit que la foi rend la vertu et les bonnes actions 'inutiles' (p.184), que la prédestination égale Socrate et Phalaris, Sénèque et Néron, que la doctrine de l'élection livre les hommes à leurs passions criminelles (pp.184-185), c'est en effet surtout le jansénisme qu'il vise, et lorsqu'il ajoute que la casuistique apprend à 'pécher en sûreté de conscience' (p.185), c'est à la morale relâchée reprochée à certains théologiens jésuites qu'il s'en prend en fait. Seule l'attaque contre les indulgences et surtout l'absolution qui 'autorisent les plus grands crimes par l'espérance du pardon' (p.185) tombe sur le catholicisme; en même temps, ce thème est particulièrement cher à Robert Challe qui y joint (p.186) une explosion de colère contre les 'exacteurs' et les 'tyrans' apaisant par des présents 'la divinité comme les hommes'. Lorsque enfin, il cite les Mingréliens et les Géorgiens comme l'exemple de peuples chrétiens qui, ayant 'abandonné l'étude de la philosophie', vivent dans 'd'affreux désordres', sa bonne foi n'est pas entière. Loin de 'lire les Evangiles', comme le dit Challe (p.187), ces peuples passaient, selon les voyageurs, pour beaucoup plus adonné à des pratiques superstitieuses qu'à la lecture des Ecritures.

La dernière partie de l'article examine quelques principes du christianisme. On ne reviendra pas sur les thèmes habituels de l'anticléricalisme, dogmes 'outrés' de l'Evangile, contradiction entre les principes et la pratique, etc. (pp.199-201). Un point plus particulier est la critique de la formule 'tout rapporter à Dieu' (p.187). Prise au sens général, elle amène Challe à évoquer Sommonocodon, divinité siamoise qu'il ne mentionne pas dans son *Journal de voyage*, mais que les déistes anglais avaient parfois rapprochée du Christ.[31] Si, dans l'emploi philosophique de cette expression, on peut penser que c'est Malebranche qui se trouve visé (voir par exemple le *Traité de morale*, II, II, § 6-8, etc.), c'est apparemment à Pascal que Challe s'en prend lorsqu'il l'entend au sens de 'pur amour des mystiques' (p.187), dont il nie violemment la possibilité au nom du bon sens (pp.187-190). C'est encore contre la tradition illustrée par Pascal qu'il s'élève à propos de 'l'humilité visionnaire' (cf. par exemple *Pensées*, XXVII, 26, p.213) et surtout de la 'destruction de l'amour-propre' qui est dite une 'chimère' (p.201): 'la vraie et unique vertu est de se haïr', avait dit Pascal, XXVIII, 64, p.231.

Article cinquième. Cet article, 'mort, résurrection et ascension de ce libérateur', est traité par deux arguments. Le premier est que d'autres religions comportent la même résurrection d'un Dieu. Il est faible, car l'ascension du Christ doit être considérée dans une perspective historique, à la différence des légendes concernant Romulus ou Sommonocodom, lequel reparaît ici (p.206): du reste, aucune de ces révélations ne venait à l'appui d'une doctrine antérieurement prêchée, ni n'a eu de conséquence de fait. Sentant la faiblesse de cette première objection, l'auteur la complète par une critique du témoignage évangélique, digne de l'homme de pratique qu'il est: elle ne comporte pas moins de six points, que le remanieur de M réduit à quatre (pp.204-206).

Article sixième. La 'révélation de la Trinité' est encore un sujet qui enflamme Challe, Il y reviendra, d'un point de vue métaphysique, dans la IVème cahier, pp.276-277, à propos des 'attributs de la divinité'. Ici, il s'en prend surtout aux racines documentaires de ce dogme. Ayant rejeté la tradition comme source d'une religion (pp.78-81), il lui reste à examiner l'Evangile où, dit-il, nul lecteur non prévenu ne trouvera ce dogme (p.206). Il n'y a pas lieu de traiter ici au fond ce point sur lequel Challe passe rapidement. L'essentiel de son argumentation se réduit à montrer, par l'analogie des deux rois de Sparte, que la formule 'je vais à mon Dieu et au vôtre' signifie que Jésus ne se dit pas Dieu; le remanieur de M en supprime d'ailleurs la plus grande partie (p.207). Connaissant le rôle du Prologue de saint Jean en ce qui concerne la théologie trinitaire – mais oubliant que les synoptiques sont plus riches en ce qui concerne l'existence révélée de la Trinité – Challe le juge apocryphe. Mais, ce faisant, n'admet-il pas indirectement l'authenticité du reste du Nouveau Testament? Cette remarque aiderait à comprendre comment l'auteur des *Difficultés sur la religion* aurait pu revenir, ultérieurement, à un christianisme 'épuré' selon son tour d'esprit.

Article septième. Le problème de la résurrection de la chair, traité ici, est mis immédiatement en rapport par Challe en relation avec 'l'inutilité du corps dans un état de récompense' (p.209), c'est-à-dire avec le dualisme; c'est pourquoi Malebranche est ici particulièrement visé.

Au moment où il pose le *cogito*, Descartes met en doute toute réalité matérielle et sensible, y compris celle du moi. L'*ego* n'est donc qu'une 'chose pensante', une substance 'dont toute l'essence est de penser': un pur esprit, uni seulement au corps par l'intermédiaire d'une hypothétique 'glande pinéale' d'où elle agirait sur tout le corps au moyen des 'esprits animaux'. Quant au corps, ce n'est qu'une 'chose étendue', un mécanisme auquel le mouvement est extrinsèque. Si cet ange et cette machine forment un tout, c'est seulement par l'action du premier sur une partie de la seconde.

Tirant les conséquences de cette doctrine, Malebranche va plus loin encore: puisqu'il y a incompatibilité absolue entre l'étendue, attribut du corps, et la pensée, attribut de l'esprit, l'influence réciproque de l'un sur l'autre se réduit à de simples coïncidences: c'est Dieu qui, par un acte de sa volonté, produit, à l'occasion d'actes déterminés qu'il produit dans l'âme, des actions matérielles correspondantes dans le corps, et réciproquement. Or, Challe admet pour sa part, au moins en principe, la théorie des 'causes occasionnelles' qu'il estime 'appuyée sur de fortes raisons' (p.322).

Mais dans un système de ce genre, on se heurte, comme l'Aréopage d'Athènes et comme certains membres de la première communauté de Corinthe imbus de platonisme, au mystère de la résurrection de la chair. Problème crucial du christianisme, puisque, de l'aveu de saint Paul, 's'il n'y a pas de résurrection des morts, le Christ non plus n'est pas ressuscité, notre prédication est sans objet, votre foi est sans objet' (*I. Corinthiens*, xv.13-14). Dans une perspective dualiste, on voit mal, en effet, pourquoi Dieu enchaînerait de nouveau l'âme des justes enfin libérée du poids de la chair à une matière qui, somme toute, lui serait toujours demeurée étrangère. Comme l'observe saint Thomas, 'si l'âme à elle seule constitue la nature humaine, [...] du moment que l'âme est béatifiée, le désir naturel de l'homme est satisfait, sans qu'il soit besoin d'admettre la résurrection des corps' (Suppl., q.75, a 1).

Challe touche donc un point sensible quand il demande à Malebranche 'où peut être la raison de cette résurrection' (p.209). De même, lorsqu'il conclut l'article, p.210, en mettant en doute la fameuse comparaison de saint Paul entre la mort du corps et la pourriture du grain de blé qui va revivre, c'est encore Malebranche qui est visé: il s'est lui-même servi de l'analogie en question (voir n. III.341), et c'est aussi à lui que Challe emprunte l'argument 'préformationniste' qui lui sert à la récuser (voir n. III.343).

Article huitième. La révélation de la prédestination. Cet article n'apporte qu'une 'pensée' nouvelle par rapport aux autres endroits de l'ouvrage où il est question de la prédestination (voir l'index). Puisque, pour Dieu, l'actualité se confond avec la durée, à quoi bon éprouver élus et réprouvés, au lieu de les faire jouir immédiatement des récompenses et des châtiments (p.211)? Cette curieuse objection ne porte que sur une doctrine qui admettrait que Dieu ne couronne que ses propres dons en couronnant ses élus, et non pas leurs mérites.

Article neuvième. La révélation du pouvoir de Satan et de ses tentations. Suivant un procédé souvent rencontré, Challe assimile Satan aux lamies et autres idoles néfastes, antiques et modernes. Certes, le fait que d'autres civilisations aient eu l'intuition de l'existence d'êtres malfaisants, supérieurs à l'homme, ne prouverait pas que ces êtres n'existent pas. Mais surtout, les différences sont nombreuses, la plus importante étant que Satan est par excellence le tentateur, celui qui pousse au mal, ce qui n'existe pas dans les religions auxquelles pense Challe. Du reste, d'autres considérations suivent celle-là, l'une tirée encore d'une philosophe dualiste (comment un pur esprit comme Satan peut-il communiquer avec le pur esprit qu'est notre âme? p.212), l'autre de l'expérience courante: sentons-nous jamais des mouvements qui ne viennent de la 'seule fabrique' de notre corps (p.212)? La conclusion, très importante, sera développée plus loin (p.247): 'Il ne faut que la constitution de notre machine pour nous tenter: voilà le diable. Il ne faut que notre raison pour nous engager à résister au désir des action honteuses: voilà la grâce.' (p.214). Cette thèse est si semblable à la pensée souvent exprimée par Malebranche que celui-ci aurait peine à démentir son interlocuteur lorsqu'il lui lance en conclusion: 'Vous le prêcheriez et le prouve-riez, mon Révérend Père, si c'était un dogme reçu et que le contraire fût soutenu par les Indiens ou par les hérétiques' (p.214).

Article dixième. Cet article, 'les miracles de J.-C. et de ses apôtres' (pp.214-221) conduit au cœur de l'apologétique chrétienne. Les miracles y sont des signes qui 'rendent témoignage' du Christ pour susciter la foi (*Jean*, ii.2; iii.2; vii.31; *Marc*, ii.10, etc.). Pères apostoliques, pères apologistes comme Origène dans *Contre Celse*, apologistes protestants comme Grotius et Leibniz, ou catholiques parmi lesquels Pascal, citant saint Augustin, 'je ne serais pas chrétien sans les miracles', tous accordent aux miracles, dont ils ne séparent pas la résurrection, une place importante, moins grande qu'aux prophéties chez les premiers, mais qui devient ensuite prépondérante. Citons Bourdaloue dans *l'Accord de la raison et de la foi*:

Quand il n'y aurait point d'autre témoignage que celui des miracles de Jésus-Christ, ce serait une preuve plus que suffisante [...] Pour autoriser sa prédiction, il se dit envoyé de Dieu. Il est évident que si c'est Dieu qui l'envoie, et que ce soit au nom de Dieu qu'il parle, tout ce qu'il dit est vrai [...] Ce qui reste à Jésus-Christ, c'est de prouver sa mission; mais comment l'entreprend-il? Par les miracles qu'il opère. 'Les choses que je fais, dit-il, rendront témoignage de moi; si vous ne m'en croyez pas sur ma parole, croyez-en mes œuvres.' Et [...] si Jésus-Christ a fait réellement des miracles, surtout certains miracles, et qu'il les ait faits pour affirmer qu'il est le Messie, on ne peut lui contester cette qualité, ni douter qu'il ne soit venu de la part de Dieu. Autrement, Dieu serait l'auteur de l'imposture. [...] Or, que Jésus-Christ ait fait des miracles [...] et que, par le prodige le plus singulier et le plus inouï, il se soit ressuscité lui-même, c'est de quoi une raison éclairée et dégagée de tout préjugé ne peut refuser de convenir. (iv.300-301)

Face à la position de l'Eglise, la démarche de Challe est la suivante. Il se garde de nier la possibilité des miracles, qu'il a entendu contester par 'certains'; mais il ajoute: 'Mais il est évident que Dieu n'a jamais fait qu'un seul miracle et qu'il n'en fera jamais d'autre: c'est la création de l'univers', car un être infiniment sage 'a prévu toutes les combinaisons possibles des mouvements qu'il a imprimés' et 'prévu en même temps tout l'ordre nécessaire et tous les remèdes possibles aux inconvénients qui pouvaient résulter' (p.214). Ce faisant, il néglige les considérations de Malebranche insérant les miracles dans la prévision divine,[32] et surtout la signification du miracle chrétien en tant que signe.

Effectivement, ce qu'il envisage surtout, ce sont les miracles résultant de vœux ('Avons-nous fait moins de vœux pour la campagne d'Hocstekt que pour celle de Fleurus? Les Allemands en avaient-ils fait plus?', p.216), et il lui est alors aisé d'en rechercher les racines psychologiques dans l'esprit humain. Quand il aborde les miracles du Nouveau Testament, sa critique porte surtout sur les documents: ils sont peu sûrs, les autres religions en allèguent de semblables, les Juifs qui les rapportent étaient superstitieux (p.217-218). Il la complète par des considérations plus générales. Supposé que les miracles existent, ils seraient inutiles, tant parce que ceux qui les voient ne peuvent juger sûrement de leur caractère que parce qu'il faudrait les répéter devant chaque particulier, nul n'étant autrement obligé d'y ajouter foi. Dans cette argumentation, il néglige divers arguments de l'apologétique. Le premier, très ancien, consiste à dire que si Dieu se montrait toujours, la foi n'aurait plus de mérite: 'Heureux qui n'auront pas vu et qui auront cru', a dit le Christ (*Jean*, xx.29). L'autre a été avancé par Pascal pour expliquer que les miracles sont devenus rares: Ceux-ci ont été nécessaires pour accomplir la prophétie que le Christ convertirait les nations; maintenant 'il n'en faut pas plus pour prouver la vérité de la religion chrétienne; car les prophéties accomplies sont un miracle subsistant' (XVI, 4, pp.114-115). Une fois de plus, on observe que les *Difficultés sur la religion* s'en prennent plutôt à un corps de doctrine qu'à un apologiste en particulier, évitant en particulier le combat singulier avec Pascal.

Section troisième. L'accomplissement des prophéties (pp.221-227)

La preuve tirée des prophéties est, dans l'apologétique, sur le même plan que celle qui est tirée des miracles. 'Les Ecritures rendent témoignage de moi', dit le Christ (*Jean*, v.39, 46; *Luc*, xxiv.25-27). A Antioche, saint Paul prêche les deux grands thèmes de la catéchèse primitive, la résurrection du Christ et l'accomplissement des prophéties. Les pères apostoliques reprennent l'argument: Tertullien, dans *Contre les Juifs*, 200-206, montre l'accomplissement des prophéties. Il en est de même des apologistes alexandrins, comme Origène dans *Contre Celse*, et des apologistes occidentaux, dont saint Augustin (*De la vraie religion* 389-391). Huet, dans sa *Démonstration évangélique* (1679), donne une forte armature historique aux arguments tirés des prophéties et des miracles. On a déjà vu que Pascal considérait les prophéties accomplies comme un 'miracle subsistant'. Il développe ce point comme suit:

La plus grande des preuves de J.-C., ce sont les prophéties. C'est aussi à quoi Dieu a le plus pourvu; car l'événement qui les a remplies est un miracle subsistant depuis la naissance de l'Eglise jusqu'à la fin. Ainsi, Dieu a suscité des prophètes durant seize cents ans; et pendant quatre cents ans après, il a dispersé toutes ces prophéties, avec tous les juifs qui les portaient, dans tous les lieux du monde. Voilà quelle a été la préparation à la naissance de J.-C., dont l'Evangile devant être cru par tout le monde, il a fallu non seulement qu'il y ait eu des prophéties pour le faire croire, mais que ces prophéties fussent répandues par tout le monde, pour le faire embrasser par tout le monde. (*Pensées*, XV, 1, pp.101-102)

Il observe encore que Mahomet 'n'a point été prédit', et que le Christ a été 'prédit et prédisant' (XVII, 6, p.119; XIV, 11, p.100); énumère toutes les prédictions d'un Messie (XV, 6, pp.104-106), et toutes les circonstances qui y font reconnaître le Christ (XV, 9, pp.108-109). Il s'efforce enfin de montrer que le temps de la venue du Messie est prédit 'par l'état du peuple juif, par l'état du peuple païen, par l'état du Temple, par le nombre des années' (XV, 3, cf. XV, 4 et XV, 5, pp.102-103). Deux principes doivent selon lui, guider l'interprète des prophéties: tenir compte de leur sens figuratif (natamment XII, 19, pp.93-94, à propos des prophéties de Moïse, David, Isaïe et Daniel); de l'obscurité qui leur est inhérente dans la perspective du 'Dieu caché':

Si la manière du Messie eût été prédite clairement, il n'y eût point eu d'obscurité même pour les méchants. Si le temps eût été prédit obscurément, il y eût eu obscurité même pour les bons [...] Mais le temps a été prédit clairement, et la manière en figures. (XVIII, 14; cf. XVIII, 12-14)

Qu'oppose Challe à ce grand effort de l'apologétique pascalienne?

La section correspondante ne comporte que trois pages dans la version M, mais S conserve un texte plus complet, contenant une introduction (remplacée dans M par un simple renvoi à la section I, art. 4) posant qu'une lecture 'naturelle' de l'Ancien Testament n'y fera pas trouver la prophétie du Nouveau. Cette réduction est caractéristique du rationalisme anti-historique de Challe, qui n'admet au fond que deux hypothèses: ou l'ouvrage est dicté mot à mot par Dieu, ou il est totalement profane; la notion d'une révélation progressive, adaptée à des conditions spirituelles particulières, lui fait manifestement défaut.

De là, négligeant les remarques de Pascal sur le sens figuré et sur l'obscurité nécessaire aux prophéties, Challe passe d'emblée à la plus discutée, celle de Daniel, et spécialement au problème des 'septante semaines' aboutissant à la venue du Messie. L'apologétique chrétienne est ici en difficulté, et Pascal doit admettre qu'il y a ici une question non résolue, encore qu'il la minimise: 'Les septante semaines de Daniel sont équivoques pour le terme du commencement, à cause des obscurités de la prophétie, et pour le terme de la fin, à cause des diversités des chronologistes' (XV, 15, p.112). Sur ce terrain, il est facile à son contradicteur de montrer que les diversités des chronologistes proviennent des difficultés de la prophétie, et non l'inverse, et que celles-ci subsistent de toute façon (pp.223-226). Les considérant comme on pouvait considérer les énigmes du *Mercure galant*, il reproche au Christ de ne pas les avoir résolues devant les prêtres, à la manière d'Œdipe (p.226). La fin de la section est une épigramme à la Voltaire: le Christ a peu prophétisé, mais s'il l'avait fait, c'est la future opulence de l'Eglise qu'il devait prédire (p.227)!

Section quatrième. La manière surprenante dont le christianisme s'est établi (pp.227-231)

C'est dans la mesure où l'établissement rapide du christianisme fut senti comme un miracle dans l'ordre moral qu'il fut présenté, sinon comme une preuve, du moins comme une marque de la divinité du christianisme. Cet établissement présentait des caractères frappants: il s'était fait non par la force, mais contre la force publique; il allait contre le culte de l'empereur et substituait à la citoyenneté impériale une nouvelle citoyenneté, celle de la 'cité de Dieu'; il mêlait les classes sociales plus profondément que ne l'avait fait le culte des mystères. 'Nous ne sommes que d'hier, disait Tertullien, et déjà nous remplissons vos villes, vos maisons, votre camp, votre forum'.

Au XVIIème siècle, ces traits singuliers sont mis en valeur par les défenseurs de la religion chrétienne. Si Pascal se contente d'alléguer comme un accomplissement de la prophétie de Daniel le fait que 'ce que Platon n'a pu persuader à quelque peu d'hommes choisis et si instruits, une force secrète le persuade à cent milliers d'hommes ignorants, par la vertu de peu de paroles' (*Pensées*, XV, 5, pp.103-104), d'autres parlent de miracle, comme Bourdaloue:

Je prétends que Jésus-Christ, dans l'établissement de sa religion, m'a fait voir un miracle plus authentique et plus convaincant que celui des Ninivites convertis, et c'est le grand miracle de la conversion du monde et de la propagation de l'Evangile, que j'appelle le miracle de la foi [...] C'est la conversion non d'une ville, mais d'un monde entier par la prédication de l'Evangile et par la mission d'un plus grand que Jonas, qui est l'Homme-Dieu, Jésus-Christ...(i.246-247, Pour le mercredi de la première semaine. Sur la religion chrétienne)

ou Bossuet:

La promptitude inouïe avec laquelle se fit ce grand changement est un miracle visible. Jésus-Christ avait prédit que son Evangile serait bientôt prêchée par toute la terre; cette merveille devait arriver incontinent après sa mort [...] Ses apôtres n'avaient pas encore achevé leur course, et saint Paul disait déjà aux Romains que leur foi était annoncée dans tout le monde [...] Sous leurs disciples, il n'y avait presque plus de pays si reculé et si inconnu où l'Evangile n'eût pénétré (*Discours sur l'Histoire universelle*, II, 20; éd. Paris 1724, pp.333-334).

A cette argumentation, Challe n'apporte aucun démenti d'ordre historique. Il préfère évoquer la façon dont la religion chrétienne se répand à l'époque moderne, ce qui lui permet d'opérer le glissement qui lui est familier: l'Evangile est désormais prêché par avarice, et qui pis est en usant de violence. On est donc amené à tenir pour ironique la formule 'notre christianisme n'est point celui de ce temps-là' (p.227). Quant au *compelle intrare*, il se trouve cité p.228, mais sans référence explicite à Bayle.

Une seconde phase de l'argumentation, d'un type également familier à Challe, consiste à éliminer les aspects particuliers du christianisme, et à assimiler celui-ci aux autres religions, comme cela avait été fait dans le 'second cahier' intitulé Examen des religions. Ici, l'auteur cite d'autres cas où des religions se sont établies promptement, le luthéranisme et le calvinisme (p.228), le mahométisme (pp.228-229); il néglige bien entendu les différences qui pourraient lui être objectées: unité doctrinale de l'Eglise primitive, par opposition à l'émiettement des sectes protestantes; établissement du mahométisme par les armes, que Pascal avait pourtant souligné: 'Mahomet s'est établi en tuant, Jésus-Christ en faisant tuer les siens' (*Pensées*, XVII, 7, p.119).

Dans une troisième phase, Challe tente de donner des explications naturelles de la rapide propagation de la religion prêchée par les apôtres, mais ces explications sont contradictoires. On veut bient que, comparé à la multiplication des divinités payennes, le christianisme primitif ait pu tenter des esprits rationnels: 'le apôtres ne prêchèrent que le pur déisme auquel ils mêlèrent le nom de Jésus-Christ, de sorte qu'on n'en avait guère d'idée que comme d'un prophète envoyé de Dieu'[33] (p.230). Mais s'il en est ainsi, on voit mal comment cette religion aurait pu tenter ses adeptes par la 'débauche' (*ibid.*), ou par le laxisme qu'elle aurait favorisé en prêchant qu'il 'ne fallait que la foi, que les œuvres sont inutiles pour le salut' (p.231), ou à plus forte raison par 'la violence et la ruse' dont certains princes se seraient servis pour l'imposer. Si l'on songe qu'il s'applique au christianisme primitif, le mot de la fin, 'pourquoi veut-on me faire croire qu'il soit si merveilleux d'établir une chose quand on ne me laisse que le choix du supplice ou de l'accepter?', ne paraît plus qu'un paradoxe. Ce n'est pas le seul cas où l'anticléricalisme de Challe fait tort à son rationalisme.

Section cinquième. Le témoignage des martyrs (pp.232-234)

Ici encore, il ne s'agit pas à proprement parler d'une preuve. Lorsque Tertullien dit 'Bien des hommes, frappés de notre courageuse constance, ont recherché la cause d'une patience si admirable; dès qu'ils ont connu la vérité, ils sont devenus des nôtres et on marché avec nous' (*Ad scapulam*, 5), ce n'est dans sa bouche qu'un argument à l'usage de ceux qu'il veut convertir. Cela dit, il est vrai que les pères de l'Eglise primitive proclament la 'multitude des martyrs', et leur témoignage est confirmé par les écrivains non chrétiens, Tacite (*Annales*, XV, 43-45) pour le règne de Néron; Pline (*Ep.*, X, 96-97) pour celui de Trajan. Il n'y a donc pas de raison de mettre en doute les allégations d'Eusèbe concernant les persécutions sous les règnes de Trajan, Marc-Aurèle, Septime-Sévère, Décie et Dioclétien (*Histoire ecclésiastique*, III, 33; V, 1; VI, 1; VII, 2), ou ce qu'il dit de la force d'âme et de l'humilité des victimes. Pourtant, au XVIIème siècle, Henry Dodwell ayant contesté la réalité du martyrologe chrétien, celle-ci est défendue par Ruinart (voir la note III.440) et devient un thème favori des prédicateurs. En faisant valoir que les martyrs ont 'attesté la vérité' (on sait que le mot martyr signifie à l'origine 'témoin'), Bossuet, dans le *Discours sur l'Histoire universelle*, II, 26, fin, et II, 27, début, Bourdaloue, dans *l'Impie convaincu par lui-même* (*Œuvres*, iv.320), suggèrent qu'il y a là une marque miraculeuse de la vérité de la religion; répandu par les apologistes, l'argument ne peut manquer d'avoir frappé Robert Challe.

Sa tentative de réfutation comporte d'abord une mise en doute des faits ('il n'y a peut-être pas la millième partie de vrai dans ce qu'on dit là-dessus', p.232), puis des motifs de condamnation ('actions purement fanatiques mérit[ant] des punitions dans tout état policé', *ibid.*): sans doute est-il plus influencé par des récits tels que celui qu'utilise Corneille dans *Polyeucte* que par les documents qui montrent que la procédure imposait aux accusés de faire un sacrifice aux dieux pour se disculper, ce qui établit le caractère religieux de l'accusation. S'appuyant sur saint Justin et sur Origène, Bossuet avait affirmé que les hérétiques étaient épargnés par les persécutions, le païens ne s'en prenant qu'à 'l'Eglise qu'ils voyaient s'étendre sur toute la terre' (*Discours sur l'Histoire universelle*, II, 26, éd. Paris 1742, p.427). Sans le citer, Challe laisse entendre qu'on a abusivement inclus des hérétiques dans le compte des martyrs (pp.232-233). Enfin, comme de coutume, il s'efforce de retirer au christianisme le bénéfice de l'originalité en rapportant cette fermeté dans les supplices soit à une 'vertu du temps' (p.233), soit à l'opiniâtreté des hommes en matière de religion (exemples tirés des victimes de l'idole de Jaggernauth aux Indes, des victimes de l'Inquisition, des réformés, des cordeliers, p.234).

Section sixième. *La tradition* (pp.234-238)

Dès les origines, le christianisme s'est signalé par l'unité de sa doctrine et le soin mis à préserver celle-ci. Pour accomplir cette tâche, saint Irénée, qui avait encore connu Polycarpe, évêque de Smyrne et martyr, disciple de saint Jean l'Evangéliste, insistait non seulement sur la filiation avec l'Ancien et le Nouveau Testament, mais déjà sur l'autorité de l'Eglise, 'l'Eglise où réside la puissance principale' (*Adversus haereticos*, III, 3), 'lieu de l'unité' selon saint Cyprien, etc. C'est toujours au nom de cette double référence que les hérétiques se virent attaqués, notamment par saint Augustin. Davantage, le rôle de l'Eglise n'est pas de pure conservation. Certes, avec la mort du dernier apôtre, la Révélation est close, mais il reste à l'Eglise non seulement à transmettre le dépôt, mais à en montrer les implications, avec l'assistance de l'Esprit saint, selon le testament du Christ: 'Je ne vous laisserai pas orphelins, je vous enverrai l'Esprit paraclet d'auprès du Père [...] Je ne parle pas de moi-même, mais dis ce que j'ai reçu de mon père; l'Esprit reçoit de moi et vous le livrerera. Il vous rappellera ce que je vous ai dit et vous conduira vers la vérité toute entière' (*Jean*, xv.26; xvi.13).

Toujours rappelée par l'Eglise, cette thèse de l'unité avait été fortement mise en lumière par Bossuet dans ses controverses avec les protestants, tant dans son *Sermon sur l'unité de l'Eglise*, Ière partie, que dans son *Histoire des variations des Eglises protestantes*. La Réforme, y dit-il au livre XV, s'est 'établie par une rupture universelle', tandis que 'l'Eglise catholique, immuable, attachée aux décrets une fois prononcés, sans qu'on y puisse montrer la moindre variation depuis l'origine du christianisme, se fait voir une Eglise bâtie sur la pierre, toujours assurée d'elle-même, ou plutôt des promesses qu'elle a reçues, ferme dans ses principes, et guidée par l'Esprit qui ne se dément jamais'.

Challe, qui n'a pas d'attirance pour le protestantisme, ne songe pas à attaquer la tradition au nom de la liberté d'examen. Il y distingue la doctrine, les écrits, les hommes. Les deux premiers points sont étudiés dans la sixième section, le troisième est renvoyé à la septième.

Pour la doctrine, au lieu de retenir, comme les pères, la continuité de l'évolution, il met en lumière la distance qui sépare le point de départ ('Vous ne diriez pas, M.R.P., que ce que les apôtres prêchaient le jour de la Pentecôte n'était pas suffisant au salut', p.236) et le point d'arrivée ('Croyez-vous que si les apôtres revenaient, ils fussent en état d'entendre la moitié des disputes des théologiens? Ils auraient besoin d'aller au catéchisme et de faire un *quinquennium*', p.235). Ici encore, son refus d'admettre un développement organique de l'Eglise, comme d'un autre corps social, est évident: la perspective rationaliste évacue le point de vue historique.

En ce qui concerne la tradition qu'il appelle 'littérale', c'est-à-dire les écrits, ses arguments consistent dans un critique des textes, reprise de celle qu'il a faite à propos de l'Ancien (pp.143 et suiv.) et du Nouveau Testament (pp.172 et suiv.). Un développement complémentaire sur les évêques, amusant, mais lourd, est éliminé de la version M; elle conserve en revanche des remarques sur les modalités de la nomination des évêques par le pouvoir civil, et termine la section par une épigramme de ton voltairien (p.238).

Section septième. Les pères, les conciles, l'étendue de la religion et le consentement des personnes illustres par leurs sciences et par leurs mœurs (pp.238-242)

Comme indique le titre, cette section se compose de trois points formant chacun un article. Tandis que le premier, concernant les pères de l'Eglise, est rapide et sommaire, le second, relatif aux conciles, est plus développé et comporte quelques références historiques. Effectivement, Challe s'est toujours intéressé aux conciles, comme en témoigne son *Journal de voyage*, pp.129 et 390. Selon l'usage, ses *Tablettes chronologiques* faisaient une place importante aux conciles généreux, et lui-même dit, dans sa *Correspondance*, p.159, que celui de Constance 'n'y [était] pas épargné'.

Dans le troisième article, relatif au 'consentement des gens de mérite' (p.289), l'auteur répond à des arguments tels que celui de Bourdaloue dans *l'Impie convaincu par lui-même*: 'Ces mystères que [l'impie] prétend incroyables [...] ont été crus [...] par les plus grands génies, par les esprits du premier ordre, par des hommes d'une profonde érudition et d'une prudence consommée: il n'y a qu'à lire les ouvrages que les pères nous ont donnés comme de sensibles monuments de la religion' (*Œuvres*, iv.119). Par la formule qu'il emploie ('le consentement de tous nos gens savants, éclairés, de tous nos philosophes', p.242), Challe détourne la discussion sur les contemporains. Il lui est alors facile d'invoquer les motifs de crainte ou d'intérêt qui peuvent avoir motivé le conformisme religieux de tel ou tel personnage du temps. Il se garde en revanche d'évoquer ici Pascal.

Section huitième. La dispersion des Juifs (pp.242-244)

Limité au problème de la dispersion des Juifs, le thème appartient à l'apologétique ancienne; l'apologétique moderne, celle du XVIIème siècle en particulier, est davantage intéressée par leur pérennité et la perspective de leur conversion future. Non seulement Pascal dans les *Pensées*, ch. X, Juifs, art. 19, 'Que les vrais chrétiens et les vrais Juifs n'ont qu'une même religion' mais aussi Bossuet, prennent le problème en ces termes. C'est ainsi que le dernier écrit dans le chapitre relatif aux 'jugements de Dieu sur les Juifs et les gentils' du *Discours sur l'Histoire universelle*, II, 20:

On ne voit plus aucun reste ni des anciens Assyriens, ni des anciens Mèdes, ni des anciens Persans, ni des anciens Grecs, ni des anciens Romains. La trace en est perdue, et ils se sont confondus avec d'autres peuples. Les Juifs, qui ont été la proie de ces anciennes nations si célèbres dans les histoires, leur ont survécu; et Dieu, les conservant, nous tient en attente de ce qu'il veut faire encore du malheureux reste d'un peuple autrefois si favorisé [...] Par ce profond conseil de Dieu, les Juifs subsistent encore au milieu desnations, où ils sont dispersés et captifs; et ils subsitent avec le caractère de la réprobation [...] Ainsi les Juifs reviendront un jour, et ils reviendont pour ne s'égarer jamais. (éd. Paris 1724, ii.325-330)

En limitant le problème aux malheurs du peuple juif, Challe peut le généraliser en citant des cas analogues, qu'il connaît par expérience personnelle, celui des nègres, 'mille fois plus singulier et pire'; celui des Grecs tombés au pouvoir des Turcs; celui des parias des Indes, 'que rien ne peut détacher de leur religion, malgré les avanies dont on les accable' (pp.242-243). En fait, aucun de ces exemples n'est probant, puisque aucun ne comporte à la fois la dispersion et le maintien d'une unité culturelle et religieuse profonde. Apparemment conscient de cette faiblesse, l'auteur ajoute divers autres arguements visant à affaiblir soit la signification de l'événement (ceux qui ont été punis ne sont pas ceux qui avaient commis le crime envers le Christ; le peuple n'avait agi qu'en suivant les 'conducteurs' que lui donnait la Loi, p.243), soit son importance réelle. En signalant que la destruction de Jérusalem n'a pas été aussi complète qu'on le dit, puisqu'on montre encore aux pélerins le prétoire et la maison d'Anne (p.243), Challe fait une fois de plus appel, tacitement en la circonstance, à son expérience vécue, puisqu'il dit expressément dans le *Journal de voyage*, p.227, qu'il est allé à Jérusalem.

Section neuvième. Les merveilleux effets du christianisme (pp.244-246)

Autre argument ancien dans l'apologétique chrétienne. Dans son *Apologétique*, Tertullien utilisait le témoignage de 'l'âme naturellement chrétienne'; de même Théophile d'Antioche: 'Si tu me dis: montre-moi ton Dieu, je te dirai: montre-moi ton âme, et je te montrerai mon Dieu'.

Survivant à travers tout le Moyen-Age, l'argumentation est reprise à l'orée des temps modernes dans un traité estimé de Jérôme Savonarole, *le Triomphe de la croix* (1497), qui exalte l'action morale du christianisme. Au XVIIème siècle, Bernard Lamy en fait le cœur de sa *Démonstration de la vérité et de la sainteté de la morale chrétienne* (1706-1711). Le thème apparaît souvent chez les prédicateurs, ainsi dans le *Sermon pour le jeudi de la troisième semaine*. Sur la religion et la probité, Ière partie, point de probité sans religion, de Bourdaloue, et Bossuet lui donne une forme achevé dans son *Discours sur l'Histoire universelle*, II, 20:

Mais le miracle des miracles, si je puis parler de la sorte, c'est qu'avec la foi des mystères, les vertus les plus éminentes et les pratiques les plus pénibles se soient répandues par toute la terre. Les disciples de Jésus-Christ l'ont suivi dans les voies les plus difficiles. Souffrir tout pour la vérité a été parmi ses enfants l'exercice ordinaire; et pour imiter leur Sauveur, ils ont couru aux tourments avec plus d'ardeur que les autres n'ont fait aux délices. (éd. Paris 1724, i.335)

Passage qu'il conclut de façon magistrale: 'Tels étaient les fruits principaux que devait produire l'Evangile. L'Eglise n'est pas moins riche en exemples qu'en préceptes, et sa doctrine a paru sainte en produisant une infinité de saints' (p.336).

Alors que les apologistes songent surtout aux vertus héroïques des premiers chrétiens, auxquels ils ajoutent parfois les saints modernes ou les missionnaires, Challe cherche des exemples en sens inverse soit dans l'histoire des princes ou des papes chrétiens, soit dans les querelles engendrées par le christianisme, soit enfin dans les persécutions exercées par les conquérants chrétiens à l'endroit des 'sauvages' (p.245). Ce sont là, comme on l'a vu dans l'introduction, p.9, des thèmes familiers de son anticléricalisme. L'opposition établie entre les vertus des païens, d'une part, les 'infamies' des chrétiens et les méfaits de la casuistique, d'autre part (p.246), est un autre argument qui lui est cher. La conclusion suit le schéma habituel: le confucianisme, la philosophie grecque ont produit de meilleurs effets. Ayant ainsi retourné l'argumentation tirée de la morale, Challe s'abstient cette fois de remarquer, comme il l'avait fait p.204, qu'on ne doit pas juger une religion aux effets de la morale qu'elle enseigne ou laisse pratiquer.

Section dixième. Les admirables découvertes des philosophes chrétiens par les lumières de l'Evangile (pp.247-263)

Dans cette section et sous ce titre, Challe répond surtout, implicitement en général, à l'apologie proprement pascalienne, fondée sur la thèse que seul le christianisme rend compte des 'contrariétés' de la nature humaine. Si en effet saint Justin, Clément d'Alexandrie, Lactance ont peu à peu dégagé l'idée que le christianisme répond mieux que la philosophie aux besoins moraux de l'homme, si Athanase montre comment le monde créé, aussi bien que l'âme humaine, avec ses aspirations morales, ne trouvent leur explication que dans la croyance en un Dieu personnel unique, l'élaboration d'une métaphysique chrétienne n'a été utilisée comme un argument spécifique et cohérent qu'à partir de Pascal: 'Nulle religion que la nôtre n'a enseigné que l'homme naît en péché [...] Nulle donc n'a dit vrai'. (*Pensées*, II, 6, p.8). On verra bientôt, du reste, que certains aspects importants de l'argumentation de Challe (art. 2) ne s'expliquent que par certaines formules de l'école française du XVIIème siècle, peu en accord avec la tradition représentée notamment par saint Thomas et le concile de Trente. Enfin, l'influence de Malebranche, quoique discrète, paraît toujours sensible.

Article premier. La corruption de la nature et le besoin d'un libérateur. Pour Pascal, le christianisme est 'cette religion qui consiste à croire que l'homme est tombé d'un état de gloire et de commerce avec Dieu en un état de tristesse, de pénitence et d'éloignement de Dieu, mais qu'enfin il sera rétabli par un Messie qui devait venir' (*Pensées*, Marques de la véritable religion, II, 6, p.18). C'est à cette thèse que répond l'article, quoique, au moins dans la version M, seule conservée, elle ne soit rappelée que par une phrase, 'Belle chimère que cette corruption!' (p.247). Tout ce qui suit développe une conception de la nature humaine selon laquelle celle-ci repose sur un équilibre entre deux forces antagonistes, le goût des plaisirs, 'la plupart criminels en certaines circonstances', qui nous vient du corps, et la résistance opposée par l'âme, 'être spirituel', qui a 'une connaissance très exacte, très pure et très parfaite du crime et de la vertu' (p.248). Selon une image qui rappelle la manière de saint François de Sales, cette situation d'équilibre est comparée d'une façon insistante, surtout dans la version S, à la constitution d'un arc tendu.

A l'origine d'une telle conception on trouve, en dernière analyse, le passage de la *Lettre aux Corinthiens*, I, 39-40, où saint Paul dépeint le combat de la chair et de l'esprit; du reste, Malebranche s'y réfère explicitement dans le troisième de ses *Entretiens sur la mort*, pp.402-403 (éd. Robinet, p.427). Mais dans la pensée de saint Paul, la 'chair', au sens biblique, n'est pas le corps en tant que réalité matérielle; c'est la nature corrompue. De même, ce qui est pour lui 'esprit' n'est pas la substance immatérielle du dualisme, mais l'âme élevée au-dessus de la nature par la grâce. C'est le cartésianisme qui amène Malebranche à pratiquer l'assimilation, malgré les difficultés qu'il y perçoit, et dont on trouve un écho dans le sommaire du IVème *Entretien sur la métaphysique*: 'De la sagesse des lois de l'union de l'âme et du corps. Cette union changée en dépendance par le péché originel' (p.111, éd. Robinet p.87). L'ambiguïté supplémentaire de la position de l'auteur vient du fait que – si l'on retient le texte de M – les plaisirs ne sont pas pour lui criminels par essence, ils ne le deviennent que s'ils se trouvent être 'contraires à la société' (p.248): peut-on penser qu'il s'agisse là d'une interpolation?

Au demeurant, l'idée même des deux forces en équilibre pourrait aussi venir de Malebranche. Celui-ci dit en effet dans le même IVème *Entretien*, § 21: '...s'il faut maintenant pour l'aimer [le vrai bien] que nous soyons prévenus de la délectation spirituelle, c'est que nous sommes faibles et corrompus: c'est que la concupiscence nous dérègle, et que pour la vaincre il faut que Dieu nous inspire une autre concupiscence toute sainte; c'est que pour acquérir l'équilibre d'une liberté parfaite, puisque nous avons un poids qui nous porte vers la terre, il faut un poids contraire qui nous relève vers le ciel' (p.150). Pour Challe, qui laïcise cette conception, c'est par sa nature, sans péché originel, que l'homme, 'enclin à son plaisir et à suivre son intérêt' (p.249), a besoin de la force antagoniste qu'il appellera ailleurs conscience.

Article second. Le péché originel qui avait besoin d'une victime d'un prix infini. Cette fois et par exception, Pascal est personnellement mis en cause sous l'appellation transparente d'un 'grand génie, mais papiste et cagot' (p.250), et ceci dès le début de l'article à propos de sa condamnation de la justice humaine. Ce à quoi Pascal se réfère, dans ce passage fameux des *Pensées* (XXV, Faiblesse de l'homme, 5, p.166, cf. note III.158), c'est à la justice au sens biblique, différente du juridisme, quoique l'enveloppant, et d'après laquelle Dieu seul, et avec lui 'Jésus le juste', est absolument juste, c'est-à-dire équitable, mais aussi saint et miséricordieux. L'homme par lui-même n'est pas tout cela, quoique par la grâce il participe à la justice divine; sa justice est misérable – Pascal dit 'plaisante' – parce qu'elle est limitée et relative.

Trés attaché à la justice humaine, à laquelle il participe grâce à son titre d'avocat, Challe feint de croire que Pascal l'oppose radicalement à la justice divine (alors que celui-ci ne l'allègue ici que comme un exemple des faiblesses de 'l'opinion', née de la 'fantaisie'): cette dernière consiste donc à 'punir Pierre pour le crime de Jean' (p.250). De cette formule, il donne deux illustrations relatives au péché originel et à la Rédemption.

La première vise la punition des descendants d'Adam. La thèse du christianisme, soutenue par saint Paul ('*omnes peccaverunt et egent gloria dei*') et saint Jean ('si nous disons que nous ne sommes pas pécheurs, nous mentons'), est que nul homme n'est innocent. Elle a été aggravée par saint Augustin qui, non sans hésitation, avait conclu que les enfants en bas âge, les insensés, etc., seraient damnés, alors que la thèse de l'Eglise est qu'ils seront seulement 'privés de la gloire de Dieu', suivant la formule de saint Paul citée un peu plus haut. Challe le combat, sous sa forme extrême, par des arguments tirés de la conception humaine de la justice, en se référant notamment à la fable du loup et de l'agneau, qui fait partie du patrimoine commun à l'Occident. Contre ceux – nous ne savons qui ils sont – qui allèguaient que la justice humaine punit parfois à juste titre des innocents, il reprend, p.250, la réfutation empruntée à Tacite dont il avait déjà fait état à un autre propos dans le *Journal de voyage* (voir n. III.519): il s'agit dans des cas de ce genre de ménager 'l'utilité publique', ce qui ne peut être invoqué ici. C'est en tous cas encore Pascal qu'il doit avoir indirectement en vue lorsqu'il cite, pour appuyer la prétendue définition qu'il a donnée de la 'contre-justice' des chrétiens, le mot de saint Paul que la sagesse des hommes est folie devant Dieu. En effet, lorsque saint Paul écrit (*I Corinthiens*, i.25) que 'ce qui est folie de Dieu est plus sage que les hommes', il ne vise pas le péché originel. C'est Pascal qui fait l'application dans les *Pensées*, III, 9, pp.37-38:

Le péché originel est une folie devant les hommes, mais on le donne pour tel. On ne doit pas reprocher le défaut de raison de cette doctrine, puisqu'on ne prétend pas que la raison y puisse atteindre. Mais cette folie est plus sage que toute la sagesse des hommes: *Quod stultum est Dei, sapientius est hominibus. I Cor.. I, 25.*

Quoi qu'il en soit, la thèse de Challe, à savoir que la justice de Dieu ne peut être que du même ordre que la justice des hommes (p.250), peut difficilement être contestée par Malebranche, qui professe toujours que la raison humaine et la raison divine sont de même nature; Challe est d'ailleurs si conscient de cette affinité qu'il rend en passant hommage à son interlocuteur qui, dit-il, s'est 'efforcé de sauver l'horreur de ces extravagances sans avoir pu contenter les philosophes' (p.250). Les considérations qu'il ajoute pour détruire la vraisemblance du récit biblique de la chute sont de moindre intérêt, et il n'y a rien d'important à ajouter au commentaire qui a été fait à propos des développements de la p.162 (voir pp.378-379).

La seconde illustration du propos sur la justice concerne le difficile problème théologique de la Rédemption. Curieusement, il est traité dans un ton de verve bouffonne que le remanieur de M trouve sans doute malséant, car il abrège le passage. En fait, l'indignation de Challe n'est pas sans fondement. N'est-il pas scandaleux de présenter la Rédemption comme une vengeance qui frappe le Juste par excellence en épargnant les véritables coupables? On examinera successivement le fond du problème et la façon dont il est traité.

Sur le fond, même s'il est vrai que le 'Juste' peut vouloir mourir pour les injustes (saint Pierre); que la volonté du Christ s'accorde à celle du Père ('il est mort parce qu'il l'a voulu', Isaïe; 'il s'est offert lui-même', saint Paul), il n'en reste pas moins que l'idée d'un Dieu vengeant sur le Christ un affront reçu des hommes est choquante. En fait, ce sont beaucoup de formules de l'Ecole française qui présentent la Rédemption comme une vengeance de Dieu poursuivant le Christ de sa haine, comme le bouc émissaire des péchés du monde. Qu'on en rencontre dans Calvin n'est pas surprenant:

Notre absolution a consisté en ceci que l'obligation de subir une peine a été transportée sur la tête du Fils de Dieu. Cette comparaison est à retenir avant tout, en effet, pour ne pas trembler de crainte et n'être pas anxieux notre vie durant, comme si nous étions menacés de la juste vengeance de Dieu que prit sur lui-même le fils de Dieu [...] il n'aurait servi de rien à notre rédemption que le Christ ne fût mort que d'une mort corporelle, mais il était précieux qu'il sentît en même temps la sévérité de la divine vengeance. (*Institution chrétienne*, ch. XVI)

Ce qui est frappant, c'est de trouver des considération analogues chez les grands prédicateurs du XVIIème siècle; ainsi Bossuet:

Parmi tant de honte et tant de tourments, il ne lui est [à 'Jésus, l'innocent Jésus'] pas même permis de penser en sa conscience qu'on le traite avec injustice. Il est vrai qu'il est innocent à l'égard des hommes, mais [...] son père le regarde lui-même comme un criminel. C'est Dieu même qui a mis sur Jésus-Christ les iniquités de tous les hommes [...] Il fallait une vengeance digne de Dieu, et que ce fût aussi Dieu qui la fit [...] [le Père] le regarde comme un pécheur, et marche contre lui avec tout l'attirail de sa justice. (*Carême des Minimes*, vendredi saint, 26 mars 1660)

Un Dieu qui se venge sur un Dieu, un Dieu qui satisfait à un Dieu, qui pourrait approfondir de si grands abîmes? (*Carême des Carmélites*, vendredi saint, 15 avril 1661)

et Bourdaloue:

Frappez maintenant, Seigneur, frappez [...] Ne jetez les yeux sur lui que pour vous souvenir qu'en l'immolant, vous satisfaites à cette divine haine dont vous poursuivez le péché. Ce n'est point dans l'enfer que [Dieu] se déclare authentiquement le 'Dieu de vengeance', c'est au calvaire, *Deus ultionum, dominus* (*Psaumes*, 93, 2)

En réalité, la doctrine de l'Eglise est, dans sa formulation au moins, sensiblement différente. Selon le concile de Trente, le Christ, 'par ses mérites, nous a réconciliés avec Dieu dans son sang' (Cinquième session, décret sur le péché originel, 17 juin 1546). La crucifixion ne constitue pas une vengeance, mais une satisfaction, car 'il n'est pas contraire à l'ordre de la justice qu'un coupable soit libéré, par la satisfaction d'un ami, du châtiment qu'il a mérité' (*Compendium theologiae*, ch. 226). Du reste, comme le remarque saint Thomas, cette satisfaction dépend moins de la peine que de l'amour: 'C'est la charité qui rend agréables à Dieu les œuvres de satisfaction. Sans la charité, les œuvres n'ont aucune valeur satisfactoire.' (III S, q 12, a2). Plus nettement encore, si la mort du Christ nous a sauvés, ce n'est pas 'en tant que mort sans plus', car 'Dieu ne se réjouit pas de la mort des vivants', moins encore en tant qu'œuvre du bourreau', mais comme 'volonté du Christ souffrant', faite 'd'obéissance au Père et de charité à l'égard des humains' (*In Rom.*, V, lect. 2, n.403).

Comment expliquer alors les outrances des prédicateurs? Apparemment par les habitudes du genre. Il s'agit d'émouvoir, de frapper à tout prix la haute société qui assiste aux office de la semaine sainte dans les monastères. De moins bons théologiens que Bossuet ou Bourdaloue devaient aller plus loin même qu'eux dans l'outrance, et un homme comme Challe ne pouvait pas les écouter de sang froid. Il est d'ailleurs à noter que, si Malebranche évoque le dure vengeance de Dieu, il le fait à propos des 'enfers' et non du 'calvaire', à l'inverse de Bourdaloue dans le passage cité plus haut. C'est même là (*Entretiens sur la mort*, i.309, éd. Robinet, p.380) qu'il pose que 'l'offense croît à proportion de la majesté offensée', et qu'il justifie cette proposition par l'analogie du roi: 'il est juste de condamner aux galères perpétuelles un sujet insolent qui aurait outragé son prince'. Ce à quoi Challe répond par le proverbe issu de sa culture latine, *non dignus Caesaris ira*, et par l'analogie qu'il établit entre le péché originel, l'Incarnation et la Rédemption d'une part, et d'autre part l'apologue du roi, du Limousin et du dauphin (p.254). C'est peut-être même encore à Malebranche qu'il réplique lorsqu'il cite le mot du Christ sous la forme (inexacte) *transfer hunc calicem a me* (p.255). Alors que son interlocuteur estimait que le Christ avait 'voulu' de son propre chef 'être frappé de la juste terreur que la mort doit faire aux pécheurs' (*Entretiens sur la mort*, i.278, éd. Robinet, p.364), Challe ne veut voir dans ce mot que le signe que Jésus-Christ n'était pas un Dieu.

Article troisième. La faiblesse de l'homme qui a besoin de grâce, sans laquelle il ne peut se porter au bien. Cet article apporte de nouveaux arguments aux thèses déjà exposées à propos de la doctrine du Christ, pp.182-184. Les trois extraits correspondants de S donnent un texte beaucoup plus étendu, ce qui laisse à penser que M ne fait apparaître qu'une expression remaniée de la pensée de Challe. Rien n'indique pourtant que celle-ci soit déformée sur le fond: on peut en effet faire à son sujet les mêmes constatations qu'en beaucoup d'autres circonstances, à savoir que sa critique tombe le plus souvent sur des thèses abandonnées ou condamnées par l'Eglise.

Ses remarques initiales s'appliquent pourtant à la doctrine orthodoxe: si l'homme peut se damner lui-même, pourquoi ne peut-il se sauver lui-même? puisque le corps a, de lui-même, la force qu'il faut pour faire ses fonctions, pourquoi l'âme n'en aurait-elle pas autant pour faire son salut? (respectivement pp.256 et 256-257). Le christianisme ne récuserait pas ces objections comme non pertinentes; il répondrait simplement que le salut étant participation à la Vie même, permettant de voir Dieu 'face à face' (saint Paul), une telle élévation au-dessus de la nature finie suppose un secours extraordinaire, de même qu'on a besoin d'ailes pour s'élever dans l'air, pas pour tomber ou rester où l'on est. Les autres remarques portent en revanche sur les propositions peu orthodoxes au même franchement hérétiques.

Ainsi, lorsque Challe prétend objecter à la doctrine de la grâce que 'si Dieu demande quelque chose aux hommes, il les a mis en état d'exécuter ses volontés' (p.256), il ne fait que rencontrer la pensée de Pie V condamnant les erreurs de Baïus dans la bulle *Ex omnibus affectionibus*, ou celle d'Innocent X condamnant la première proposition de Jansenius: 'Certains commandements de Dieu sont impossibles pour les justes avec les forces qu'ils ont en cet état présent, quels que soient leur volonté de leurs efforts: il leur manque aussi la grâce qui rend possible de les accomplir.' (31 mai 1653).

Lorsqu'il affirme: 'La justice veut qu'on ne punisse personne pour une action qu'il n'a pu éviter, ni pour la violation d'une chose ignorée quand il n'a pas pu la savoir' (p.261), sa proposition est tout à fait orthodoxe, puisque la bulle *Ex omnibus affectionibus*, déjà citée, condamne notamment les deux propositions suivantes de Baïus: '67. L'homme pèche, et même pour sa damnation, de ce qu'il fait par nécessité. 68. L'infidélité purement négative de ceux auxquels le Christ n'a pas été prêché est un péché.' Elle est d'ailleurs conforme à l'enseignement de l'Evangile: 'Si je n'avais pas fait les signes [...] ils n'auraient pas de péché'.

De même lorsqu'il consacre un long développement à établir qu'on 'peut faire à quelqu'un plus de bien qu'il n'en mérite', mais qu'on 'ne peut lui faire plus de mal, et encore moins le punir, quand il mérite aucun châtiment' (p.261), Challe exprime, apparemment sans le savoir, la doctrine catholique sur la grâce. Chacun en a assez pour se sauver, et si certains en ont davantage, c'est par surcroît. Tel est manifestement en effet le sens de la parabole du maître de la vigne dans l'Evangile: 'Tu as reçu ce dont nous étions convenus, pourquoi ton oeil est-il mauvais parce que je suis bon?' Du reste, Challe se contredit curieusement quand, dans son indignation contre les coupables qui échappent au châtiment par le sacrement de pénitence, il s'écrie, p.263: 'Quoi! Un misérable commettra tous les crimes, à l'heure de la mort il espère avoir un moment de repentir; la grâce ne lui manquera pas et le voilà sauvé.'

On peut, dans ces conditions, se demander pourquoi Challe considère les doctrines qu'il attaque comme représentant la position du christianisme orthodoxe. La question est importante, et un passage de son développement permet de la poser de façon précise; c'est le suivant, pp.260-261: 'Un père de l'Eglise a dit que les vertus des païens étaient des vices parce qu'ils étaient sans grâce. Quoi! Socrate, quoi! Trajan! quoi! Marc-Aurèle, Antonin, Titus seront éternellement dans des tourments horribles, et saint Bernard, saint Ignace et tant d'autres, imposteurs comme l'un, insensés comme l'autre, sont dans le sein de Dieu où ils goûtent des douceurs sans fin. Qu'est-ce donc que cette grâce? Ajoute-t-elle quelque chose à mon action? Oh! dira-t-on, avant la Rédemption tous les hommes étaient ennemis de Dieu, et ne pouvaient rien faire qui lui fût agréable.'

Effectivement, ceux qui soutenaient cette thèse pouvaient alléguer deux passages de saint Augustin, le 'père de l'Eglise' auquel Challe fait allusion; le premier figure dans *la Cité de Dieu*, XIX, 24-25: 'En général, la cité des impies, rebelle aux ordres du vrai Dieu, qui défend de sacrifier à d'autres qu'à lui, et partant incapables de faire prévaloir l'âme sur le corps et la raison sur les vices, ne connaît point la justice véritable [...] Comment une âme qui ignore le vrai Dieu peut-elle être maîtresse de son corps et de ses mauvaise inclinations? C'est pourquoi les vertus qu'elle pense avoir, si elle ne les rapporte à Dieu, sont plutôt des vices que des vertus.'

Le second passage se trouve dans le traité *Contre Julien le Pélasgien*, à propos du second livre de Julien (IV, 26, 30): 'Mais voici des hommes qui ont éprouvé pour la patrie terrestre une dilection babylonienne; et poussés par une vertu civile, non pas véritable, mais semblable à la véritable, ils se sont faits les esclaves des démons [...] J'affirme qu'il n'y avait en eux aucune véritable justice, car toutes les œuvres s'apprécient non seulement par leur objet matériel, mais encore et surtout d'après leur fin. / Tel païen, direz-vous, donne son vêtement à un malheureux qui n'en a pas; parce que son action n'est pas inspirée par la foi, sera-t-elle un péché? Oui, en tant qu'elle n'est pas inspirée par la foi, elle est un péché; mais quant à sa nature même, l'acte de vêtir un homme qui est nu n'est pas un péché; enfin, si l'on se glorifie de cet acte, mais non pas dans le Seigneur, il faudrait être impie pour n'y pas voir un péché'.

Que conclure de ces citations? Que saint Augustin, emporté par son tempérament et par la polémique anti-pélagienne, emploie, non sans quelque hésitation, des formules dont saint Thomas dirait charitablement qu'elles 'n'ont pas été retenues par l'Eglise'. Pour celle-ci, en effet, l'homme déchu peut sans le secours de la grâce accomplir des actes naturellement bons. Il peut les faire par une compassion spontanée, qui est un don naturel de Dieu, ou même par un effet de la grâce; le juste appartient alors à l'Eglise *in voto*, à l'Eglise invisible. Il semble aussi que saint Augustin n'ait pas perçu nettement la différence entre le péché originel, qui prive de la vision de Dieu, et le péché actuel, qui n'attire la damnation que quand il est grave et pleinement conscient.

Pourtant, à l'époque de Challe, la doctrine de l'Eglise était claire, du fait même de la querelle janséniste. Avec les protestants, avec Baïus, Jansenius professait que le péché originel avait corrompu la nature au point de la rendre incapable de tout acte méritoire. Cette thèse avait déjà été condamnée par le concile de Trente (1545), session VI, canevas 7: 'Si quelqu'un dit que toutes les œuvres qui précèdent la justification, de quelque façon qu'elles soient accomplies, sont vraiment des péchés ou méritent la haine de Dieu; ou bien que plus l'homme fait d'efforts pour se disposer à la grâce, plus grave est son péché, qu'il soit anathème'.

Plus spécialement même, la bulle *Ex omnibus afflictionibus*, déjà citée plus haut, visait expressément le cas des philosophes en condamnant la proposition ainsi formulée: 'Toutes les œuvres des infidèles sont des péchés, et les vertus des philosophes des vices'. (no 25) C'est même dans le droit fil de l'orthodoxie, et dit-on, sur l'ordre issu de Richelieu, que La Mothe le Vayer avait publié en 1641 son livre *Sur la Vertu des payens*; il y faisait, tout spécialement, une place de choix à Platon qui a 'beaucoup mérité du genre humain par ses écrits' et dont la vie a été 'exemplaire dans le paganisme'. 'Sa repentance, ajoutait La Mothe le Vayer, a pu lui attirer la grâce du ciel, et nous devons souhaiter que Dieu lui ait fait miséricorde'.

George Couton et Jean Jehasse, qui citent ce mot dans leur édition de la version de Port-Royal des *Pensées* (Saint-Etienne 1971), p.30, observent que Pascal lui-même semble partager cette opinion, d'où le mot fameux: 'Platon pour disposer au christianisme' (Brunschvicg, 219). Mais pourquoi cette phrase, qui figure dans l'édition pré-originale des *Pensées* et fera sa réapparition dans celle de 1678, disparaît-elle de l'édition originale de 1670? MM. Couton et Jehasse attribuent cette éclipse à l'influence d'Arnauld. Celui-ci avait écrit dès 1641, et sans doute pour répondre à la Mothe le Vayer, un ouvrage intitulé *La nécessité de la foi en Jésus-Christ*, qui ne parut qu'en 1701, et où il disait: 'Il paraît que non seulement on a voulu canoniser Socrate, mais principalement encore Platon, Aristote et même Diogène [...] L'Eglise se contente de savoir que, quelque connaissance qu'ils aient eu de notre éternelle demeure, ils en ont ignoré la voie, qui est Jésus-Christ, pour conclure qu'ils n'ont fait que s'égarer et tomber dans le précipice' (IV, ch. XVI, fin, et XVII, fin, cit. p.31 par MM. C. et J.).

Quoi qu'il en soit, avant même que ne parût *La nécessité de la foi en Jésus-Christ*, Pasquier Quesnel ayant soutenu des thèses analogues en des termes plus radicaux encore dans ses *Réflexions morales* (1693-1694), un décret de Clément

XII, publié en 1708 en attendant la fulmination de la bulle *Ungenitus* (8 septembre 1713), rejeta expressément, parmi d'autres, une proposition telle que la suivante (no 59): 'La prière des impies est un nouveau péché; ce que Dieu leur concède est un nouveau jugement sur eux' (à propos de *Jean*, X, 25-30, spécialement de 'Mais vous ne croyez pas parce que vous n'êtes point de mes brebis').

Il est difficile d'imaginer que Challe, attentif aux affaires de la cour romaine, ait pu croire de bonne foi qu'Arnauld et Quesnel représentaient l'orthodoxie sur ce chapitre, même si les propositions inverses n'étaient pas clairement formulées à cette époque par l'Eglise. Aussi peut-on se demander si, une fois de plus, il n'aurait pas à l'esprit des thèses de Malebranche, plus ou moins correctement interprétées. C'est ainsi qu'il pouvait lire dans le *Traité de morale* de son interlocuteur, I, VI, 11: 'Ainsi, nul philosophe, ni Socrate, ni Platon, ni Epictète, quelque éclairés qu'ils aient été sur leurs devoirs, ni même ceux qu'on peut supposer avoir répandu leur sang pour l'ordre de la justice, ne peuvent être sauvés s'ils n'ont reçu la grâce que la foi seule obtient' (éd. Robinet, p.56).

Seulement, Malebranche précise immédiatement que, 'comme les païens conservent toujours quelque amour pour l'ordre, ils peuvent éviter le péché qu'ils commettent en réveillant cet amour, en évitant ce qui excite l'amour propre, et en ne consentant point avant que d'être forcés à consentir' (*ibid.*); c'est-à-dire, apparemment, qu'il ne confond pas le fait de ne pas être sauvé, ou si l'on préfère de ne pas obtenir la gloire, et le fait d'être damné. Cette distinction, qui effectivement reste trop souvent implicite en dehors de la tradition thomiste, Challe se garde de la faire. Est-ce pour les besoins de sa démonstration, ou parce qu'elle ne lui apparaît pas nettement? La discussion sur ce point est encore ouverte; c'est en tous cas un point sur lequel Malebranche aurait pu préciser à son correspondant ce que l'orthodoxie catholique entendait et enseignait.

Section onzième. La sainteté du culte (pp.263-266)

Dans la conclusion du cahier, p.267, Challe juge 'misérable' l'argument tiré de la 'sainteté du culte'. Effectivement, en ne considérant la liturgie, comme il le fait, que comme des 'mômeries' (p.264), c'est-à-dire en la dépouillant de toute signification spirituelle, il est naturel qu'il n'y trouve aucune 'preuve' en faveur de la religion. Du reste, l'argument n'a jamais été présenté comme tel. C'est au plus si un père apologiste comme saint Justin a souligné la gravité religieuse du culte chrétien, sans en rien vouloir inférer sur la vérité du christianisme. Au XVIIème siècle, on se contente en général d'insister sur le caractère essentiellement spirituel de la véritable loi; ainsi Pascal:

Quand saint Pierre et les apôtres délibèrent d'abolir la circoncision, où il s'agissait d'agir contre la loi de Dieu, ils ne consultent point les prophètes, mais simplement la réception du Saint-Esprit, en la personne des incirconcis [...] Ils savaient que la fin de la loi n'était que le Saint-Esprit; et qu'ainsi, puisqu'on l'avait sans circoncision, elle n'était pas nécessaire. (*Pensées*, XXVIII, 11, pp.208-209).

Le problème de la 'sainteté' de la religion aurait donc dû consister à savoir si c'est pour des raisons seulement humaines que le christianisme a suscité tant d'exemples indéniables de dévouement, de ferveur et de 'sainteté'. Faute de prendre le problème à ce niveau, l'argumentation de Challe tombe souvent dans des points rebattus de son anticléricalisme, assimilation de l'adoration de l'Eucharistie aux cultes païens (pp.264-265), indignation devant les funérailles pompeuses ou le culte des reliques(*ibid.*), dont Pascal avait montré la significa-tion dans la perspective de la résurrection ('Le Saint-Esprit repose invisiblement dans les reliques de ceux qui sont morts dans la grâce de Dieu jusqu'à ce qu'il y paraisse visiblement dans la résurrection, et c'est ce qui rend les reliques des saints si dignes de vénération', *Pensées*, XXVIII, 39, pp.222-223), relativité du culte catholique lié à la présence de pain et de vin (p.265).

En un mot, la onzième section discute moins une preuve de la religion qu'elle n'évoque quelques difficultés pouvant jouer contre elle.

Conclusion du troisième cahier (pp.266-268)

La conclusion de cette partie pousse à l'extrême l'attitude de logique scolastique du second cahier. L'auteur prétend 'mettre en forme' les onze 'preuves' de la religion qu'il a identifiées, c'est-à-dire les présenter comme autant de syllogismes. Comme il est évident que le fait même d'admettre une révélation pose le problème en des termes tout à fait différents, l'argumentation de Challe n'a d'intérêt que dans la mesure où elle constitue un document remarquable sur le comportement d'un esprit assoiffé d'évidence, qui, abordant passionnément le problème des fins dernières de l'homme, ne dispose que des instruments peu adéquats de la logique scolastique revue par le cartésianisme à la mode. Non seulement l'une et l'autre négligent ou même excluent la perspective historique, mais la méthode d'analyse cartésienne contribue à faire perdre de vue à Challe le caractère global des traits distinctifs qu'il a examinés sous le nom de preuves, et dont les autres religions ne présentent que quelques-uns à la fois.

Pour ajouter une conclusion des éditeurs à celle de l'auteur, on observera encore que la critique de Challe porte trois fois sur quatre, et souvent de façon très pertinente, sur les positions jansénistes. Du concile de Trente, qu'il connaît bien, il n'a retenu que ce qui touche aux prérogatives temporelles ou spirituelles du pape, négligeant en revanche les aspects doctrinaux qui correspondaient à sa propre pensée. Le gallicanisme politique et l'anticléricalisme, tout autant que la 'raison' qu'il invoque, sont des sources du déisme qui va être exposé dans le cahier suivant.

Quatrième Cahier

Les critiques, spécialement Ira O. Wade et Roland Mortier, ont bien mis en valeur l'importance du système de 'religion naturelle', c'est-à-dire de déisme, qui apparaît dans le quatrième cahier comme le couronnement de tout l'ouvrage. Un système aussi fortement conçu et aussi clairement exprimé n'a pas son pareil dans la pensée française avant 1710, et même largement au-delà.

On peut, certes, lui trouver des précédents en Angleterre; après avoir écarté des rapprochements moins probants, on songe à Cherbury. Lord Herbert of Cherbury (1583-1648) composa à Paris, alors qu'il y était ambassadeur un ouvrage, *De veritate prout distinguitur a revelatione, a verisimili, a possibili et a falso*

(1624), traduit en français sous le titre *De la vérité, en tant qu'elle est distincte de la révélation [...]*, qui rejette la nécessité, pour la découverte de la vérité, de la révélation. La religion n'y est pas attaquée, mais elle est réduite à cinq 'notions communes'. Ces notions sont des principes rationnels admis et démontrés sans le secours de la révélation, et qui même sont appelés à juger la révélation elle-même; à savoir que, depuis le commencement des temps, l'idée qu'il existe un Dieu suprême est innée en l'homme; que ce Dieu doit être l'objet d'une adoration dont la vertu et la piété sont l'essence; que grâce à la conscience on se repent du mal qu'on a fait, et que le repentir est le véritable 'sacrement de la nature'; qu'il y a une vie future où les bons sont récompensés et les méchants châtiés. Ce système est précisé dans un autre traité, *De la religion des Gentils*, d'où il ressort que les Gentils pratiquaient, dès avant le christianisme, la religion naturelle ainsi définie.

Il est clair que plusieurs aspects de ce déisme ne sont pas éloignés du 'système de religion naturelle' professé par l'auteur des *Difficultés sur la religion*. Cependant, tant par l'importance qu'il accorde à l'histoire des religions que par l'attention qu'il porte à certains aspects surnaturel tels que le miracle, ou plus encore par la place de choix qu'il continue à réserver à l'Ecriture, le déisme de Cherbury reste sensiblement en deçà du déisme rationaliste et anticlérical de Challe. Enfin, en l'absence de tout indice positif, il faut tenir pour peu probable que ce dernier ait lu Cherbury ou se soit inspiré de lui.

Si, par delà les facteurs négatifs qui ont pu détourner Challe du christianisme, on s'attache à rechercher les sources positives de sa doctrine déiste, c'est encore à Malebranche qu'on se trouve ramené. On a montré, p.384, que le dualisme cartésien et à plus forte raison malebranchiste rend malaisée la compréhension de la résurrection, que ce soit celle du Christ ou celle des élus. D'autres difficultés dogmatiques surgissent dans un strict dualisme. Sur le plan métaphysique d'abord, l'attribution à Dieu de deux attributs aussi totalement hétérogènes que la pensée et l'étendue n'est pas très satisfaisante. Il est significatif qu'à la différence d'un Mairan, tenté par le spinozisme, Challe passe vite sur 'l'étendue intelligible infinie' comme attribut de Dieu (p.278); elle ne vient chez lui qu'après d'autres attributs tels que la sagesse, la puissance et la justice, et presque pour mémoire. Ce faisant, il rejoint le porte-parole de Malebranche, Théodore, qui dit dans les *Entretiens métaphysiques*, VIII, 8, p.310: 'Il n'y a point de substance plus imparfaite, plus éloignée de la Divinité, que la matière, fût-elle infinie'.

Les difficultés les plus graves aux yeux de Challe concernent le rôle du Christ. A l'égard de sa personne, il n'a apparemment que sympathie, et parle avec respect dans son *Journal de voyage* du 'Sauveur' ou de 'Jésus-Christ et icelui crucifié' (p.392). Mais la transsubstantiation, qu'il appelle pourtant 'cet auguste sacrement' (*ibid.*, p.245) lui pose, comme aux cartésiens, un problème insoluble: comment une substance immatérielle peut-elle se transformer en une substance étendue? ou, en d'autres termes, une substance impérissable en une 'oublie que les rats mangent'?

Plus grave encore est pour lui le problème de l'incarnation. Si, comme dit Malebranche dans les *Entretiens métaphysiques* XII, 15, p.148, l'homme 'par son péché devient esclave du démon, la plus méchante des créatures, et dépend du corps, la plus vile des substances', pourquoi le Christ, médiateur envoyé par

Dieu pour donner une valeur à la création, n'est-il pas une substance immaté-rielle comme les anges, que Malebranche fait effectivement intervenir dans sa théologie? C'est effectivement le premier point sur lequel porte l'attaque de Challe au début du quatrième cahier:

Vous avez voulu, M.R.P., jeter de la poudre aux yeux par ce principe, quand vous avez dit que plus le mystère de l'incarnation et autres étaient incroyables, plus leur vérité était certaine, puisque tous les hommes les reconnaissent et les confessent. (p.269)

Pourtant, loin de subordonner l'Incarnation à la Rédemption, comme Challe a prétendu le faire de façon quelque peu caricaturale dans le cahier précédent, pp.250-256, Malebranche la justifie par la volonté de Dieu de 'tirer l'univers de son état profane', de le rendre 'par l'union d'une personne divine' 'digne de la complaisance divine, digne de l'action d'un Dieu, dont le prix est infini' (*Entretiens*, IX, 5, p.348). Mais l'auteur des *Difficultés* n'est pas convaincu. Il répondrait à Malebranche ce qu'Ariste répondit à Théodore dans le passage cité à l'instant: 'Ah! Théodore, vous avez toujours recours aux vérités de la foi pour vous tirer d'affaire. Ce n'est pas là philosopher.' Vers la fin des *Entretiens*, le même Théodore donnait au même Ariste l'avis de demeurer 'toujours soumis à l'autorité de l'Eglise, toujours prêt de vous rendre à la Raison' (XIV, 13, p.265); c'est la seconde partie de l'avis seule que retient Challe. Le mot de raison terminait le troisième cahier, il commence le quatrième, et figure même en capitale dans le manuscrit S. Mais cela ne signifie pas que Challe abandonne Malebranche. Suivant un mot de M. André Robinet dans son pénétrant article 'Difficultés sur les *Difficultés*: réalité ou fiction dans le *Militaire philosophe*', p.71, tout ce cahier est comme un 'commentaire permanent' des XIIIème et XIVème *Entretiens métaphysiques*: mais il leur apporte en même temps une 'réplique précise'. C'est-à-dire que le déisme se construit par rapport au malebranchisme.

Voici quelques précisions qui seront données en suivant le texte de Challe, lequel se compose d'un [Prologue], de cinq sections et d'un Epilogue.

[*Prologue*] (pp.269-271)

Cet appel à la raison, si frappant au début du quatrième cahier, ne vient pas à l'appui de quelque doctrine 'rationaliste', si l'on entendait par là 'antireligieuse': ce qu'enseigne cette raison, c'est 'qu'il y a vraiment une religion' (p.269), la preuve de cet enseignement étant non pas un raisonnement, mais le fait 'qu'il n'est point de peuple sur la terre qui n'en ait une' (*ibid.*). La raison est donc l'adversaire de l'athéisme. Mieux, c'est dans un esprit et dans des termes malebranchistes que l'auteur s'achemine vers la conclusion de ce Prologue puisqu'il proclame à la fois l'unité de la raison dans le Créateur et les créatures et la nécessité de s'abstraire des préjugés pour atteindre à la vérité: 'donnons gloire à la raison qui n'est qu'une dans le créateur et les créatures intelligentes, et par une attention sérieuse et sincère, dégagés de toutes passions et libres de tout préjugé, méritons d'être éclairés.' (p.271).

Section première. De l'existence de Dieu (pp.271-278)

Cette première section se compose de deux parties, De l'existence de Dieu, Attributs de la divinité.

De l'existence de Dieu. Contrairement à Pascal, qui ne voit pas dans la preuve de l'existence de Dieu par les merveilles de la nature un motif suffisant pour amener les hommes à croire en Dieu, Challe la retient comme base de son argumentation déiste. Mais il la complète par les 'merveilles de petitesse', suggérées moins par 'l'infini de petitesse' de Pascal, invoqué dans une perspective différente, que par l'émerveillement de Malebranche devant le monde des insectes et des infiniment petits (*Entretiens*, X, 2, pp.9-12). Si Challe est moins frappé que Malebranche (*Entretiens*, X, 3, pp.12-13) par le fait que tout le développement des êtres humains comme des animaux n'est qu'une 'consé- quence des lois naturelles', il retient l'idée malebranchiste de l'art, signe qui manifeste la présence d'un 'architecte' dans l'œuvre de la nature, et rend invraisemblable qu'elle soit, comme le disait Epicure, l'œuvre du hasard (pp.272-273). Plus précisément, l'argument selon lequel une 'force mouvante', quelle qu'elle soit, ne peut avoir produit un être 'pensant, jugeant, combinant, raisonnant, niant, affirmant' tel que l'homme (p.273) est directement fondé sur le dualisme. Et c'est toujours à Malebranche que Challe se réfère quand, récusant l'exemple de l'homme du monde, Ariste, qui admet les mystères de la foi au début du XIVème et dernier des *Entretiens métaphysiques*, 1, pp.220-221, il refuse de passer du déisme au christianisme au nom du principe que le caractère de la vérité doit être 'simple et uniforme' (p.275), principe peu récusable par l'auteur de la *Recherche de la vérité*.

Attributs de la divinité. Le point de départ de Challe, à savoir que Dieu est 'l'absolue perfection' (p.276), ne se distingue pas de celui de Malebranche pour qui il était 'l'Etre infiniment parfait' (*Entretiens métaphysiques*, VIII, 1, p.286). Négligeant l'immutabilité, par laquelle commence Malebranche (*Entretiens méta- physiques*, VIII, 2-3), passant sur l'éternité et l'immensité, par lesquelles il poursuit (*ibid*, VIII, 4-9), que Challe a déjà examinées dans le *Journal de voyage aux Indes*, pp.113-125, et qu'il juge ici purs 'sujets de spéculation' (p.276), l'auteur des *Difficultés sur la religion*, après un mot sur l'unité de Dieu (*ibid.*), en arrive, comme Malebranche (*ibid.*, VIII, 10-14), aux attributs moraux, con- naissance et sagesse, confondus ici sous le nom de sagesse, puissance, justice (pp.277-278). Mais tandis que Malebranche prend soin de définir ces 'matières délicates et sublimes' (*ibid.*, VIII, 10, p.14), Challe s'en tient pour chacun des attributs aux conceptions communes. L'essentiel est pour lui de poser une distinction qui va fonder toute sa morale: celle de ce qu'il appelle 'l'univers matériel et machinal', entièrement déterminé et dont Dieu sait de toute éternité ce qu'il deviendra, d'une part; et de l'homme, d'autre part, seule fin du précédent, puisque Dieu ne peut prendre aucun intérêt dans une 'machine' dont il connaît d'avance ce qu'elle fera (p.278). Ce finalisme vient de Malebranche: c'est pour l'homme que 'Dieu a tout fait' (*Entretiens métaphysiques* XI, 10, 89-91), y compris les insectes qui tourmentent l'homme, ce que Challe ne précise pas. Par opposition aux opérations de l'univers 'machinal', les hommes sont des créatures 'absolument libres' (p.278); si leurs actes avaient été 'déterminés, enchaînés les uns aux autres et prévus', il aurait été inutile pour Dieu de leur donner l'existence (*ibid.*). Le seul intérêt de la création pour Dieu est même dans ces 'actes libres [...] réglés sur l'instinct spirituel que nous nommons conscience et sur la droite raison' (*ibid.*). On ne voit à qui attribuer, sinon à Challe lui-même, cette conception d'une création dans laquelle la liberté humaine fait de l'homme le seul interlocuteur valable de Dieu; c'est elle qui commande toute sa morale.

Section deuxième. De la morale (pp.279-306)

Rien d'étonnant que cette section soit l'une des plus longues de l'ouvrage: le sujet de la morale est l'un des plus chers à Robert Challe. La plus grande partie de son œuvre y est consacrée directement ou indirectement.

Elle commence – au moins dans la version M, que ne contredit pas la version S – par le mot de justice et par une définition de la justice. C'est en effet sur la justice, non sur la charité, que repose cette morale. Mais cette justice n'est pas non plus entendue au sens biblique et de la tradition chrétienne (voir plus haut, p.394). Elle consiste dans le respect pointilleux des droits d'autrui: 'La justice n'est autre chose que ce que dicte la droite raison par rapport à autrui' (p.279), ou, plus nettement encore: 'c'est le droit que chacun a de conserver ce qui lui appartient et l'obligation de ne point violer ce droit; se contentant de ce qu'on possède légitimement et de ce qu'on peut acquérir sans faire tort à personne' (*ibid.*). Challe ajoute même une précision sur le devoir de restitution ('Qu'on n'ôte rien aux autres, qu'on restitue si on l'a pris', p.279), idée qui lui tient à cœur, puisqu'il l'a exprimée deux fois dans le *Journal de voyage*, pp.148 et 234.[34]

Outre le respect du droit de propriété, la seconde application pratique du principe de justice défini plus haut concerne les rapports entre supérieurs et subordonnés: que le supérieur ne donne que des ordres qu'il pourrait exécuter s'il était inférieur, qu'il les exprime clairement, qu'il 'traite ensuite ses inférieurs par rapport à l'obéissance, c'est-à-dire suivant leurs mérites'; et que son côté 'l'inférieur obéisse de bonne foi dans toute l'étendue de ses forces' (p.325). Tout témoigne ici des sentiments d'un bon serviteur d'une administration qui était à l'époque un modèle pour le monde civilisé.

On observera que si cette morale est formulée sous des aspects exclusivement sociaux, Challe ne la présente à aucun moment comme une simple convention sociale. Il rejoint sur ce point Malebranche, qui affirme, contre Hobbes, dans les *Entretiens sur la métaphysique*, VIII, 14, p. 325, que 'le juste et l'injuste, aussi bien que le vrai et le faux, ne sont point des inventions de l'esprit humain'.

Après une digression sur la révélation (p.279), qui n'apporte rien de nouveau par rapport aux développement antérieurs, Challe en vient à une question qui fonde à ses yeux la problème de la morale et qu'il exprime en des termes quasi-malebranchistes: quelle raison Dieu a-t-il eu de faire l'homme, 'non comme chose nécessaire et utile, mais comme chose convenable suivant son essence infinie' (p.280)? Introduite par un intertitre, 'l'essence de l'homme' (*ibid.*), la réponse à cette question va être apportée en quatre articles. Mais avant d'y passer, l'auteur évoque une question qui a partagé philosophes et théologiens, et sur laquelle son attention a dû être encore attirée par Malebranche: l'univers est-il éternel, ou a-t-il été créé en un temps? Spinoza, en attribuant l'éternité divine aux créatures, ne contredisait pas totalement une tradition chrétienne d'origine aristotélicienne. Pour saint Thomas, la création du monde dans le temps ne peut se déduire ni de la considération du monde ni de celle de la volonté divine: d'une part, il n'y a rien dans l'essence de l'homme ou de la pierre qui nous permette de démontrer qu'ils n'aient pas toujours existé; d'autre part, la liberté de Dieu nous interdit toute argumentation sur ses desseins. Dieu ne veut nécessairement que soi-même; sa volonté est absolument libre à l'égard des créatures; donc, concluait saint Thomas, il est impossible de démontrer quoi que ce soit touchant une libre volonté de Dieu, et il convient d'attendre que lui-même nous la révèle (*Summa theol.*, I, p.46, art. 2, *Utrum mundum incepisse sit articulum fidei*). A la suite d'un saint Bonaventure, qui avait prétendu démontrer l'impossibilité de cette éternité, Malebranche affirme que la liberté de Dieu, loin d'empêcher qu'on puisse démontrer que la création a eu lieu dans le temps, est une preuve de cette vérité. Ainsi qu'il l'explique dans la *Traité de la nature et de la grâce*, 'Comme les créatures ne font point partie de son Etre, il se suffit tellement à lui-même que rien ne l'oblige à les produire; il est très indifférent ou très libre à cet égard. Et c'est pour cela qu'il a fait le monde dans le temps; car cette circonstance fait bien voir que les créatures ne sont point des émanations nécessaires de la divinité, et qu'elles sont essentiellement dépendantes d'une volonté libre du Créateur' (II, art. 52, éd. Robinet, p.33).

Ce que les *Entretiens métaphysiques* formulent plus brièvement: 'Il faut que Dieu marque qu'il se suffit tellement à lui-même qu'il a pu se passer pendant une éternité de son ouvrage' (XI, 7, p.204). Tenté, apparemment, par la thèse de l'éternité de la création, Challe pèse longuement les arguments en sens inverse, avant de conclure, sans trancher, que 'Dieu est la cause efficiente du monde' (p.281). Cela lui suffit pour passer à l'examen des trois 'articles': l'homme est un composé de 'deux parties bien différentes'; il a l'idée du bien et du mal; il est libre (p.280).

Article premier. De la distinction de l'âme et du corps et par conséquent de la spiritualité et immortalité de l'âme. Contre la pensée de libertins tels que Cyrano (cf. p.363), et de cartésiens comme Maubec,[35] cet article reprend la démonstration malebranchiste: 'si l'âme est une substance distinguée du corps, si elle n'en est point la modification, il est évident que, quand même la mort anéantirait la substance dont notre corps est composé, ce qu'elle ne fait pas, il ne s'ensuivrait pas de là que notre âme fût anéantie' (*Entretiens métaphysiques*, I, 3, p.13). La différence entre la démarche des deux auteurs est que Malebranche fonde sa distinction de l'âme et du corps sur la définition métaphysique de l'une et l'autre substance, tandis que Challe procède de façon concrète, évoquant par exemple une injure, qui ne 'peut en rien blesser le corps' et qui atteint pourtant 'un être réel et véritable sans être corporel' (p.284). On a dit dans l'introduction, p.9, que la même démonstration figure dans le *Journal de voyage*, pp.116-118. Un nouvel argument rappelle ici que Challe est romancier: en évoquant le cas d'une honnête femme qui, 'trompée sous l'apparence d'un mari' peut éprouver 'le plus vif des plaisirs' avant de ressentir 'une peine mortelle' lorsqu'elle s'aperçoit qu'elle a été trompée (p.282), il se souvient en effet d'une des histoires les plus fameuses des *Illustres Françaises*. Il revient à la métaphysique dans une sorte de *post scriptum* intitulé 'Solution des difficultés' où il s'en prend à la conception thomiste suivant laquelle l'âme est une 'substance incomplète' (p.336); nous n'insisterons pas ici sur cette question fondamentale, que Challe règle par une simple affirmation du dualisme ('il n'y a [...] nul rapport d'un esprit à un corps', p.287): il a en été traité dans la note IV.52 et ci-dessus, p.384.

Article deuxième. De la connaissance du bien et du mal. Cet article développe des considérations esquissées plus haut sur la justice. La formule définissant la justice citée p.405, 'ce que dicte la droite raison par rapport à autrui' (p.279), qui n'est pas sans présenter des ambiguïtés, est précisée ici.

D'une part, il est rappelé que le point d'application et la justification de la morale sont d'ordre social: 'Les hommes sont tenus à certains devoirs réciproques qui sont les règles de cette société: voilà le fond, le sujet et l'essentiel de cette morale' (p.288). Mais réduire ainsi la morale à l'utilité sociale, n'exclure au nom de la morale individuelle que 'certaines actions sur soi-même, parce qu'elles sont contre l'ordre' (p.288), n'est ce pas en faire une affaire du pure convention? Craignant les 'sophismes' que peuvent lui opposer de mauvais esprits (p.288), Challe réintroduit une argumentation destinée à prouver que le bien et le mal sont des absolus; explicitement, cette fois, il s'élève avec Malebranche, dans ses *Entretiens*, VIII, 14, pp.324-325, déjà cités un peu plus haut, p.405, contre 'ceux qui ont avancé que la justice est arbitraire et une simple invention humaine pour retenir les hommes dans les bornes qu'il plaît aux souverains' (p.288), c'est-à-dire Hobbes et ses sectateurs que Malebranche appelait dans le passage cité des 'esprits corrompus'. La différence, significative, entre les deux hommes réside dans le fait que, tandis que Malebranche se place d'un point de vue métaphysique, faisant de la justice humaine une participation imparfaite à la justice divine, Challe recourt, pour prouver son point, à l'introspection ('pour peu qu'on s'examine [...] on reconnaît sans peine qu'il y a dans tous les cœurs un sentiment du juste et de l'injuste indépendamment d'aucune loi et sans en avoir ouï parler', p.288) et à l'expérience: le sentiment de la justice existe chez les enfants, les sauvages, etc. Comme on l'attend dans cette perspective, l'article ne s'achève pas sans une allusion au problème de la relativité de la justice, celui du 'delà l'eau' de Pascal, déjà évoqué aussi par Malebranche (*Entretiens sur la métaphysique*, VIII, 14, p.325): Challe observe que, dans le cas des lois contradictoires, ce n'est pas le principe du juste ou de l'injuste qui est en cause, mais seulement l'application de ce principe à des cas particuliers (p.290).

Article troisième. De la liberté. Encore un point fondamental, on l'a vu, du système de Challe. Mais cette fois, le problème est considéré moins à l'égard des théologiens que par rapport aux philosophes. C'est sans doute pourquoi il est traité d'abord en termes d'expérience psychologique: chacun fait constamment l'épreuve que sa volonté est libre (p.290). Qu'elle soit totalement libre n'est pas un fait d'expérience: Challe, qui a besoin de la totale liberté humaine pour son système, appuie cette proposition sur la différence qu'il établit entre les opérations des sens et les passions, d'une part, lesquelles sont susceptibles de degrés, et le sentiment qu'on a de sa liberté, lequel est 'indépendant des sens', et qu'on perçoit lors même qu'on est 'emporté par la passion la plus violente' (p.291). Renvoyant à ce qu'il a dit des prophéties, pp.166 et suiv., pour 'établir absolument la pleine et absolue liberté' (p.291), il ajoute pourtant quelques arguments en faveur de cette liberté.

Sans entrer dans le détail, on peut remarquer qu'il fonde sa thèse *a contrario*.

Si l'homme n'est pas libre, c'est que ses actes sont commandés ou par le hasard, ou par une 'nécessité', par un 'enchaînement infaillible' (p.292): diverses expériences montrent la fausseté de ces deux hypothèses. Ainsi, contre 'les sentiments les plus vifs de la nature' (*ibid.*), c'est-à-dire contre le déterminisme représenté par l'instinct de conservation, un général peut entraîner ses soldats à la bataille: c'est donc que l'appel du devoir constitue un certain 'poids' qui contrebalance ce déterminisme. A quoi s'ajoute un argument théologique qui confirme ces raisons de l'expérience: si, malgré la 'plus claire expérience' qu'il croit en avoir, l'homme ne jouit pas de cette liberté, c'est donc que Dieu et trompeur: 'C'est un esprit de mensonge qui donne une chose pour une autre: il pénètre tous les hommes d'un sentiment de liberté pour eux-mêmes et pour les autres, quoique cette liberté ne soit point' (pp.293-294).

L'article s'achève par une distinction entre la liberté de jugement, la 'vue spirituelle' (p.295), qui n'est pas libre, car elle est 'union à la vérité', et qui apporte 'la règle des esprits', d'une part, et la liberté, 'qui ne gît pas sur la règle, mais sur l'usage de la règle' (*ibid.*). C'est sur cette dialectique entre la conscience du bien et du mal, éclairée par Dieu, et la liberté totale de la volonté que repose la morale de Challe. Après avoir ajouté cette considération à celle de l'immortalité de l'âme, déjà établie, il reste à l'auteur à déduire de là la cause finale de l'homme. C'est l'objet de l'article suivant.

Article quatrième. De la cause finale de l'homme. La thèse que présente Challe est si particulière qu'elle semblerait étrange venant de tout autre: elle est pourtant tout à fait dans la ligne de sa personnalité: homme de pratique, avocat, il n'imagine pas de plus noble occupation que celle de juge.

Ainsi donc, parmi les attributs de Dieu, seule la justice non seulement n'inclut pas une vue immédiate de 'tous les êtres possibles de la même manière qu'actuellement existants', mais elle exclut cette vue immédiate; en d'autres termes, elle a besoin du temps:

Elle ne peut s'exercer sur des actes enchaînés les uns aux autres par des lois nécessaires; il en faut de libres. Il faut des actes qui partent d'un principe maître de soi, il lui faut des actes qui appartiennent à l'agent qui les produit. Elle était donc sans action et inutile, et comme morte, jusqu'à ce qu'il y eût des êtres hors la divinité qui, quoique son ouvrage, fussent indépendants d'elle à cet égard et qui se pussent porter, en une infinité de manières, à des actes qui méritassent son attention et son jugement.' (p.296)

La fin dernière de l'homme est donc d'exercer la justice de Dieu: la 'sagesse infinie' de Dieu trouve en faveur de sa 'justice infinie' un 'expédient', à savoir la création de l'homme – et par voie de conséquence, celle de l'univers – d'un homme connaissant le bien par ce qu'il y a de spirituel en lui, âme ou conscience, porté au mal par les tentations que lui offre le corps, dont certaines sont mauvaises, doué d'une volonté parfaitement libre qui lui permet de choisir entre le bien et le mal.

Contre Malebranche, pour qui Dieu soumet l'homme à la puissance des anges pour le sauver du démon à qui le péché originel l'a livré (*Entretiens sur la métaphysique*, XII, 15, pp.146-149), Challe a déjà présenté des explications naturelles de l'état de l'homme exposé au péché (pp.212-214, 247-248); il y ajoute donc ici une considération qui replace l'homme dans le dessein divin.

Les développements qui suivent sont moins originaux; ils ne se présentent d'ailleurs plus sous la forme d'un système arrêté mais plutôt de réflexions données comme probables.

La thèse selon laquelle Dieu n'intervient ni pour punir immédiatement les crimes, ni pour céder aux sollicitations des hommes (pp.298-299), est banale chez les libertins, et Challe lui-même l'a déjà soutenue. La position de Malebranche sur ce sujet laisse place à une incertitude, au moins apparente. Dans les *Entretiens sur la mort*, III, pp.394-395, il admet que 'la Providence n'est plus si visible' que dans l'Ancienne Alliance, en d'autres termes que les châtiments et récompenses de Dieu n'interviennent qu'après la mort; mais il est probable que Challe a plutôt en vue le XIIIème *Entretien*, 3, p.171, dans lequel Malebranche admet qu'on 'a raison de dire que la mort terrible d'un brutal et d'un impie est un effet de la vengeance divine'.

Il est parfaitement orthodoxe de penser avec Challe que Dieu doit 'compenser les vertus aux vices' (p.299), c'est-à-dire tenir compte autant des bonnes actions que des mauvaises; à plus forte raison de rejeter vigoureusement l'idée que 'Dieu ne doit point de justice à ses créatures' (*ibid.*): elle ne peut avoir été soutenue que par les réformés ou les jansénistes.

C'est en revanche les *Entretiens sur la mort* qui sont visés de nouveau à l'égard des peines de l'Enfer. Lorsque Challe rejette au nom de dualisme le châtiment par le feu, p.301, il peut songer à Malebranche affirmant qu'il n'aura 'nulle peine à croire [...] qu'il y aura un feu qui tourmentera les damnés' (II, p.341, éd. Robinet, p.396); et lorsqu'il considère que l'éternité des peines n'est pas 'plausible' (*ibid.*), c'est à un autre passage du même ouvrage qu'il s'oppose, passage dans lequel, selon Malebranche, 'Dieu doit punir éternellement les damnés' (I, p.307, éd. Robinet, p.379).

Conclusion de cette section. La conclusion de la section deuxième, consacrée à la morale, est amenée p.301 par un intertitre et s'étend jusqu'à la p.306. Elle a un caractère pratique: il s'agit de savoir 'ce que Dieu me demande et me défend' (p.301). Une fois de plus elle semble se référer à Malebranche, et spécialement au *Traité de morale*, quoique celui-ci ne soit pas explicitement cité.

Ce que Dieu ne demande pas, c'est un culte extérieur, l'adoration ne devant consister qu'en un 'sentiment intérieur du plus grand respect de la plus grande vénération' (p.302). C'est le fond du catéchisme déiste, qui, dans une perspective dualiste, néglige le rôle du corps, contrairement au fameux 'abêtissez-vous' de Pascal,[36] En revanche, on trouve chez Malebranche des formules assez proches de celles de Challe, ainsi dans le XIVème *Entretien métaphysique*, 7, p.338: 'Dieu est esprit, et veut être adoré en esprit et en vérité. Le vrai culte ne consiste pas dans l'extérieur, dans telle ou telle situation de notre corps, mais dans telle ou telle situation de nos esprits en présence de la majesté divine, c'est-à-dire dans les jugements et les mouvements de l'âme.'

Ce que Dieu demande, c'est la justice, qui, suivant une conception platonicienne, 'renferme toutes les autres [vertus]' (p.302). Le développement de cette thèse présente diverses particularités.

Cette justice, sans être opposée à la justice civile, en est pourtant distinguée. Et quoique Challe porte un respect spontané aux lois de l'Etat, son attitude pratique à leur égard est assez permissive; on doit agit suivant les lois du pays où l'on est, certes, 'en supposant que cette loi ne soit point contre le droit et l'équité naturelle', et 'qu'elle ait été faite d'un consentement unanime'; sinon, je puis, 'en conscience, la frauder du mieux qu'il me sera possible' (p.358). Malebranche était plus sévère; il lui paraissait 'certain' que les sujets 'doivent obéir aveuglément lorsqu'il n'y va que de leur propre intérêt' (*Traité de morale*, II, IX, § XI, éd. Robinet, p.225); mais il admettait, il est vrai, que, dans le cas de 'puissances subalternes', si l'on est 'persuadé qu'ils fassent sur nous des exactions, ou nous obligent à des devoirs que le Prince n'entend pas ou n'approuve pas, on peut s'en exempter par l'adresse, ou par des voies qui ne blessent point le respect qui leur est dû' (*ibid.* II, IX, § XIII, éd. Robinet, p.227).

Les devoirs à l'égard d'autrui sont traités avec des détails qui révèlent encore la personnalité de l'auteur, bon sens pratique, esprit juridique, 'sincérité'.

Comme exemple des devoirs d'état, Challe choisit le cas d'un juge, et insiste sur ses devoirs comme il l'a déjà fait dans la suite du *Don Quichotte*[37] et comme il y reviendra dans les *Mémoires*;[38] mais il y ajoute une réflexion judicieuse lorsqu'il remarque que la formule 'traitez autrui comme vous voudriez être traité' ne peut s'appliquer ici, le criminel pouvant seulement demander à être traité 'comme il sentirait raisonnablement qu'il doit être traité' (p.303).

De même le problème des plaisirs est envisagé d'une façon particulière, du point de vue du 'père de famille', pourrait-on dire. Alors que la formule selon laquelle les plaisirs de doivent point 'frustrer l'intention du créateur' peut sembler très large, l'auteur en réduit la portée en l'appliquant aux plaisirs coûteux et sans profit pour la communauté, le tir au fusil, par exemple, qui ne devra être pratiqué que s'il rapporte 'quelque profit à la maison' sous forme de gibier (p.303).

Même éloignement du mysticisme à propos de la formule qu'il faut 'toujours avoir en vue l'approbation du créateur' (p.303). Sans rejeter ce principe chrétien, Challe ne veut pas que nous en soyons continuellement occupés; il faut seulement, suivant un exemple qui rappelle un épisode de la vie de l'auteur (voir n. III.201, et l'introduction, pp.14-15), que nous le conservions 'à peu près comme un gouverneur a toujours envie de conserver sa place, quoiqu'il n'y pense pas actuellement à tout instant' (p.304).

Même rejet encore de l'outrance des 'philosophes' qui ont 'crié contre les biens et les plaisirs' (p.360), au nombre desquels des philosophes chrétiens comme Malebranche, qui dénonce dans les *Entretiens sur la métaphysique*, IV, 20, p.147, les 'faux biens' procurés par le corps. La conclusion de Challe n'est pas épicurienne pour autant, mais aristotélicienne: il faut souhaiter les biens 'sans emportement', en jouir 'avec modération' (p.305).

En un mot, ce chapitre de morale pratique n'a rien du caractère abstrait de certains syllogismes du second cahier, rien non plus de la raideur tranchante de plusieurs articles du troisième cahier. Il exprime, sur un ton qui est presque celui de la confidence, une sagesse faite surtout de résignation. Le dernier alinéa est à cet égard frappant. Après avoir une fois de plus rejeté les prières par lesquelles on demande à Dieu d'intervenir dans le cours des choses, l'auteur admet celle qui implore la miséricorde divine et la prière d'actions de grâce, pourvu qu'elle soit générale. Quand il remercie Dieu d'avoir échappé à un danger, il le remercie de ce que certaines causes produisent certains effets: '...comme je le remercie du lever du soleil, de ce que je suis mieux sur un lit que sur des boulets de canon...' (p.306). Mais le modèle de prière qu'il vient de proposer ressemble étrangement au *Notre Père*, bien plus en tout cas qu'aux quatrains du déiste.

Section troisième. Reprise de quelques points qui n'ont pas été assez poussés, de crainte d'interrompre le fil du système (pp.307-315)

Cette section consitue en somme une métaphysique du déisme, développant quelques principes énoncés dans la première section.

Article premier. Déclaration d'un être subalterne pour l'auteur de l'univers. Dans cet article, Challe vise apparemment Platon et son mythe du Demiourgos, sur qui reviendra Voltaire.[39] L'auteur des *Difficultés* réfute la thèse selon laquelle les imperfections du monde justifieraient ce recours à un créateur délégué: 'La raison veut que nous concluions que ce qui nous paraît des défauts sont les dispositions convenables au total de l'univers' (p.308). Sur ce même problème des imperfections de la création, Malebranche avait émis une opinion du même genre, mais plus élaborée en ce qu'elle faisait intervenir non seulement les résultats de la création, mais ses moyens: 'Ainsi ne vous imaginez pas que Dieu ait voulu faire l'ouvrage le plus parfait qui se puisse, mais seulement le plus parfait par rapport aux voies les plus dignes de lui' (*Entretiens sur la métaphysique*, IX, 10, p.267). Comme à propos de la création des êtres vivants et spécialement des infiniments petits (voir plus haut, p.404), il apparaît que si Challe connaît bien la pensée de Malebranche dans toutes ses grandes lignes, il ne prend pas la peine de le relire à propos de chacun des points dont il à traiter.

Article deuxième. De la bonté de Dieu. Cet article combat l'idée d'un Dieu personnel, 'humanisé', comme dit Malebranche dans un passage des *Entretiens*, VIII, 9, p.311, qui présente avec celui-ci de nombreuses analogies.

'Dieu n'est si bon, ni miséricordieux selon les idées vulgaires', disait Malebranche dans ce VIIIème *Entretien*, 15, p.326; et il présentait un Dieu 'toujours sévère, toujours observateur exact des lois éternelles' à ces 'pécheurs stupides et endurcis, qui veulent un Dieu débonnaire et indulgent' (15, p.333). Challe est plus cru: 'Le mot de bon est parmi nous la plus commune épithète de la divinité: c'est l'épithète favorite des cafards' (p.308). Là où Malebranche restait dans les généralités théologiques, il interroge l'usage linguistique pour distinguer les cas où l'adjectif *bon* implique l'excellence de la qualité marquée par le nom (un bon empereur, un bon juge, un bon ouvrier) du cas présent, où il signifierait débonnaire, comme dans *bon homme*, ce qui, remarque-t-il, n'a de sens que dans une religion polythéiste (pp.308-309), Même rencontre avec Malebranche lorsque l'idée de justice est proposée pour remplacer l'idée de bonté (*Difficultés*, p.310; *Entretiens*, VIII, 15, pp.327-328), ou lorsque se trouve critiquée la notion d'offenser Dieu (*Difficultés*, p.313; *Entretiens*, VIII, 15, p.327); même supériorité de Challe dans le domaine des exemples concrets et de l'exploration lexicologique.

La façon dont les deux hommes traitent du problème du mal existant dans le monde, thème favori du voltairianisme, présente des convergences importantes et des différences significatives. Challe l'aborde à propos de la question de savoir si Dieu 'aime' les hommes. La réponse est négative: 'où donc est le régal de la vie, même pour les plus heureux?' (p.310); ainsi, 'toute la bonté qu'on puisse attribuer à l'être parfait' est une parfaite justice (*ibid.*). Chez Malebranche, le point de départ est presque le même, quoique formulé différemment; il s'agit de savoir dans quelle mesure Dieu peut se soucier de notre attitude, d'offense ou d'amour. La réponse de Théodore, son porte-parole, est que Dieu ne peut pas 'vouloir que nous aimions davantage ce qui est le moins aimable', car 'il veut naturellement que l'Ordre immuable, qui est la loi naturelle, soit aussi la nôtre'. A partir de là, l'existence du mal, conçu comme un châtiment, est lié à l'existence de la liberté:

...puisqu'il nous a faits tels que nous pouvons suivre ou ne pas suivre cette loi naturelle et indispensable, il faut que nous soyons tels que nous puissions être punis ou récompensés. Oui, Ariste, si nous sommes libres, c'est une conséquence que nous pouvons être heureux ou malheureux; et si nous sommes capables de bonheur ou de malheur, c'est une preuve certaine que nous sommes libres. (VIII, 15, pp.329-330)

Challe néglige cet argument en faveur de la liberté, indice qu'il ne démarque pas Malebranche. Il s'en sépare encore autant qu'il s'en inspire dans la conclusion de l'article, qui fait intervenir la notion d'Ordre. Malebranche la mettait au centre de ses réflexions sur les attributs de Dieu, et en concluait que Dieu est juste 'en lui-même':

Dieu [...] aime invinciblement l'Ordre immuable qui ne consiste et ne peut consister que dans les rapports de perfection qui sont entre ses attributs, et entre les idées qu'il renferme dans sa substance. Il est donc juste essentiellement et par lui-même (VIII, 13, pp.321-322).

L'auteur des *Difficultés sur la religion* rencontre la notion d'Ordre à propos d'une réflexion sur les mots de *pécher* et *péché*, 'singuliers, fort expressifs et tout établis' (p.313). Pour montrer que le péché n'est pas une 'offense' envers Dieu, il distingue entre Dieu, qui 'ne veut ni ne demande rien' et 'l'Ordre qui demande', la punition de l'infraction à l'Ordre revenant à 'la justice divine' (*ibid.*). Incidemment, Malebranche avait remarqué qu''il 'n'y eut jamais d'âme assez noire' pour que 'la beauté de l'Ordre immuable ne l'ait pu frapper en certaines occasions' (VIII, 14, pp.323-324), mais c'était pour aboutir à une condamnation de l'amour de soi. Challe retient l'idée que 'même les plus scélérats' connaissent 'la beauté et la nécessité' de l'Ordre (p.314), mais il en déduit que, s'ils le transgressent, ce n'est pas qu'ils le méprisent, c'est que leurs passions 'les emportent à agir au contraire': sa conclusion est qu'il n'y a 'nulle rebellion dans le péché' et que les théologiens qui bâtissent des systèmes sur la notion d'offenser Dieu font 'mille folles suppositions' (p.313).

Tout l'article témoigne donc autant d'une bonne connaissance de Malebranche que d'une utilisation libre de sa pensée.

Article troisième. De la liberté de Dieu. Cet article se rattache au précédent dans la mesure où le problème de la liberté de Dieu est posé par rapport aux 'lois de sa sagesse et de sa justice' (p.314). Il avait été traité en termes très généraux et dans une perspective métaphysique par Malebranche dans les *Entretiens méta-*

physiques, VIII, 2, pp.290-291. Challe se souvient certainement de ce passage, où était proposée une conciliation entre la libre volonté de Dieu et les 'lois simples et générales' qu'il a instituées; mais il ne s'intéresse qu'à un point, savoir si Dieu 'peut changer les essences et les natures réelles' (p.314), par exemple faire qu'un cercle n'ait pas tous ses diamètres égaux (p.315). On a vu qu'il s'oppose ici à Descartes (n. IV.142), lequel admettait qu'en théorie au moins Dieu peut changer les essences. Ce faisant, Challe rejoint Malebranche, qui pose dans les *Entretiens*, IX, 13, pp.380-381, que 'Dieu est à lui-même sa sagesse', que 'la Raisons souveraine lui est coéternelle et cosubstantielle', et que, conséquemment, 'c'est tout renverser que de prétendre que Dieu soit au-dessus de la Raison'. Plus précisément même, un anonyme lui ayant demandé 'si l'on peut concevoir que Dieu voit que deux et deux font quatre avant de l'avoir voulu', il répondit que oui, 'parce que cette vérité était Dieu même' (cité par H. Gouhier, *La Philosophie de Malebranche et son expérience religieuse*, p.41, n.3).

Section quatrième. Solution des difficultés (pp.316-337)

Il s'agit de 'difficultés' suscitées soit par les théologiens, soit par les philosophes, et qui 'précipitent de bons esprits dans une espèce d'athéisme et de pyrrhonisme' (p.316). Il importe donc à l'auteur d'un système de 'religion naturelle' de les résoudre.

Article premier. De la distribution des biens et des maux. Comment expliquer que la santé et la richesse ne soient pas également partagées aux hommes? Challe trouve dans le cours des choses 'une juste compensation [...] en ce qu'il est plus aisé de faire bon usage des adversités que des prospérités' (p.319): c'est-à-dire que la perspective de l'autre monde compense les malheurs endurés en ce monde par les justes. Cette position est parfaitement orthodoxe et remonte à l'Evangile: 'Car malheur aux riches, disait le Christ, car ils ont leur consolation en ce monde' (*Luc*, vi.24). Malebranche, qui cite ce mot dans le *Traité de la nature et de la grâce*, II, I, 24, éd. Robinet, p.219, envisage aussi le problème dans les *Entretiens métaphysiques*, XIII, 4, p.173, où il lui paraît 'certain qu'un motif de l'établissement des lois générales a été telle affliction de tel homme de bien, si Dieu a prévu que ce lui serait un grand sujet de mérite'. Cette thèse va un peu plus loin que celle de Challe, mais ne la contredit pas.

Article deuxième. Da la providence et de la nature. Reprenant un sujet déjà abordé à plusieurs reprises, Challe traite ici d'un point précis, ce qu'il faut entendre par la providence divine dans la création. Pour lui, l'une et l'autre se confondent; la providence ne peut remettre en cause les lois naturelles pour obéir aux prières des hommes: 'Dieu laisse agir les puissances matérielles et nécessaires comme quand j'ai donné la branle à une pirouette' (c'est-à-dire à une toupie), p.323.

Quoique l'auteur des *Difficultés* ait manifestement lu et médité ce que Malebranche a écrit sur le sujet de la providence dans les *Entretiens* X-XIII, il ne s'embarrasse pas de certains développements particuliers du philosophe-théologien, concernant par exemple le rôle des anges (XII, 17, pp.151-153). En revanche, conformément à son tour d'esprit, il discute avec attention l'expression *par la permission de Dieu*, en montrant que les actions humaines n'ont pas besoin pour exister d'une 'action particulière de Dieu, distincte de l'ordre et de l'action générale' (p.323).

C'est ici l'occasion d'un développement sur le mot *nature*, par lequel Challe se distingue vigoureusement des philosophes naturalistes du début du XVIIème siècle, tels que Campanella, Vanini ou Cyrano, ainsi que de Spinoza. Ce qu'il entend par là, marque-t-il p.385, n'est pas 'une substance', mais seulement un 'mot en usage pour exprimer l'arrangement que Dieu a fait de la matière et le mouvement qu'il lui a imprimé'. Il précise même d'abord en termes malebranchistes (voir les *Entretiens sur la métaphysique*, X, 11, pp.27-28), puis dans les termes de l'Ecole, que dire que c'est la nature 'qui fait que les plantes portent des semences capables de produire leurs semblables', ne signifie pour lui autre chose, 'sinon que Dieu a configuré certaine portion de la matière et l'a mise en mouvement, ou, si l'on veut une autre philosophie, que Dieu lui a donné des formes et des qualités telles qu'elle doit produire sa semence' (p.322). On voit quelle violence Naigeon fait à la pensée de l'auteur des *Difficultés sur la religion* lorsqu'il transforme, comme il le fait, le mot de *Dieu* en celui de *nature* dans la version imprimée sous le titre du *Militaire philosophe*.

Cet aspect du déisme de Challe est même confirmé lorsque celui-ci déclare, comme on l'a vu p.384, qu'il 'ne rejette pas' la théorie des causes occasionnelles de Malebranche (pp.322-323), à condition que soit préservé 'le premier acte de la volonté', c'est-à-dire le libre-arbitre: 'je dis que j'agis naturellement et par mes forces naturelles quand j'agis par les forces que j'ai reçues une fois de Dieu' (*ibid.*).

Article troisième. De la cause du bien et du mal moral. Ainsi formulée, la question est plus étroite que celle du mal en général, telle que Malebranche la traite amplement dans le neuvième *Entretien*, § 9-10, où il met l'accent sur la simplicité des voies de Dieu; elle se relie en revanche au problème de la liberté, et rejoint ainsi un autre aspect de la pensée de Malebranche qui a été exposé un peu plus haut (p.412). Comme dans l'article précédent, Challe tient à se distinguer à la fois des athées, qui s'appuient sur l'existence du mal pour nier Dieu, et des 'suppôts des religions factices' (p.326), qui présentent Dieu comme un tyran cruel. C'est donc en fait surtout contre les jansénistes qu'est écrite la fin de l'article, pp.327-328, qui oppose une fois de plus la 'raison' aux thèses relatives à la grâce, à la prédestination et au châtiment éternel des damnés.

Article quatrième. De l'efficacité des volontés de Dieu. Le problème débattu est ici purement théologique: 'les volontés de Dieu, dit-on, sont efficaces, il ne peut rien vouloir qui ne soit à l'instant même; ainsi, si Dieu voulait que tous les hommes fussent sauvés, ils le seraient tous à coup sûr; tous ne le sont pas, donc il veut que quelques-uns soient damnés' (p.328). A cette 'chimère' formée – apparement par les réformés et les jansénistes – pour 'épouvanter' les hommes, pourquoi Challe veut-il donner une réponse? pourquoi même le problème se pose-t-il à lui?

Bien qu'il n'y fasse pas allusion, on peut se demander si son attention n'a pas été attirée sur ce point par les fameuses querelles entre Malebranche et Arnauld. Le premier, dans son *Traité de la nature et de la grâce*, I, II, 42 (éd. Robinet, p.197), avait en premier lieu soutenu que 'Dieu ajoutait que 'la raison et l'Ecriture' l'avaient 'toujours empêché d'en douter' et qu'il avait 'peine à recevoir' les 'explications de cette vérité [...] qui [lui] semblaient mettre sans aucune nécessité des bornes à l'étendue de la bonté et de la miséricorde de Dieu'. S'appuyant sur *Ezéchiel*, xxxiii.11, selon lequel 'Dieu veut sauver tous les hommes, et même l'impie; Dieu le jure par la bouche d'Ezéchiel', Malebranche estimait que Dieu accorde la grâce non par des volontés particulières, mais par une volonté générale: 'Quelle sagesse y a-t-il à donner par des volontés particulières tant de grâces inefficaces aux pécheurs, supposé que Dieu veuille leur correction, comme nous l'apprend l'Ecriture, et qu'il n'ait point ce dessein funeste de les rendre, par ses dons, plus coupables et plus criminels?' (*ibid.*, I, II, 45, pp.199-200).

Mais cette volonté générale est comme les lois de la nature: elle agit par des voies 'simples, générales, constantes et uniformes' (*ibid.*, I, II, 43, p.198); et de même qu'une pluie est féconde ici, inefficace là, suivant la nature du terrain et les soins du laboureur, de même agit ou n'agit pas cette grâce générale. Il n'en est pas de même de la grâce accordée par le Christ selon des 'volontés particulières': celle-ci est de soi efficace. Ce qui amène Malebranche à articuler cette formule: 'Ainsi, la lumière est la grâce du créateur, la délectation est la grâce du réparateur' (*ibid.*, II, II, 59, p.224).

Cette thèse avait trouvé en Arnauld un ardent contradicteur, et le *Traité de la nature et de la grâce* avait été condamné par la congrégation de l'Index;[40] il avait aussi soulevé l'opposition de Bossuet et de Fénelon.[41] Challe, qui examine attentivement le problème de la grâce dans le *Journal de voyage*, pp.102-108, et évoque les disputes soutenues par Arnauld à ce sujet, y défend des thèses très proches de celles de Malebranche, qu'il in fléchit à peine ici: 'disons donc que Dieu a deux volontés véritables, efficaces en elles-mêmes et qui ne peuvent être frustrées, l'une de sauver tous les hommes, l'autre de suivre les règles de sa justice infiniment parfaite. La dernière, qui est la plus simple, l'emporte: il punit le pécheur, il ne veut que les hommes soient sauvés qu'en voulant qu'ils soient tous vertueux' (p.331). Au passage, il a procédé à une analyse des deux acceptions du verbe *vouloir* (vouloir inconditionnellement, vouloir bien), dans laquelle il rejoint certaines distinctions de Fénelon entre le vouloir et le vouloir faire, et qui le montre capable d'en remontrer à bien des théologiens.[42]

Article cinquième. De la prédestination, de la destinée, du hasard. Les remarques initiales sur la prédestination n'ajoutent rien à ce qui a déjà été dit par l'auteur. Elles sont seulement une occasion de rappeler que Dieu voit absolument et de façon déterminée toutes choses, sauf celles qui dépendent de la volonté humaine (p.333); pour ménager la toute-puissance de Dieu, Challe ajoute seulement qu'il 'y a le même degré de perfection à voir l'incertitude où il y en a qu'à voir la certitude où elle est, comme à voir le néant et l'être' (*ibid.*).

Les considérations qui suivent sur la 'destinée' et l''étoile' (*ibid.*) sont moins intéressantes du point de vue proprement philosophique que parce qu'il s'agit là de problèmes familiers non seulement au romancier,[43] mais aussi au mémorialiste qu'est Robert Challe. On observe en effet que, lorsqu'il s'exprime spontanément dans ses *Mémoires*, f.130r, il attribue ses échecs, au moins en partie, 'à la malheureuse influence de l'étoile sous laquelle [il est] né'; en revanche, lorsqu'il est sommé par ses correspondants rationalistes de se prononcer, justement à propos du roman où il a fait appel à l'astrologie, il affirme, dans une lettre du 22 janvier 1714, qu'il 'n'y croi[t] nullement, parce que ce serait admettre la prédestination et nous ôter le libre arbitre' (*Correspondance*, p.156). Exemple intéressant de divorce entre la pensée théorique et les conceptions qui commandent l'expérience courante, que Challe dénonce d'ailleurs lui-même en d'autres circonstances.

En ce qui concerne le hasard, Challe ne considère pas le hasard dans la perspective épicurienne de la formation du monde, comme il l'a fait ailleurs (p.272), mais dans le sens qu'on donne couramment au mot 'fortuit' (p.335, 336-337), où l'on reconnaît quelque chose du sens étymologique de 'fortune'. En ce sens, le hasard n'existe pas: ses prétendus effets résultent simplement du jeu des lois naturelles, qui, du fait de la 'faiblesse de nos connaissances', sont pour nous 'incombinables' (p.337). Mais une difficulté se présente alors: en niant le hasard, l'auteur ne va-t-il pas retomber dans le déterminisme qu'il confond avec la prédestination?

Je n'ai point oublié que j'ai fondé sur le hasard des démonstrations de la dernière conséquence;[44] il faut prévenir les partisans de la prescience des actes libres et de la providence humaine et tyrannique en Dieu. Ils chanteraient victoire à la vue de ce que je viens de dire: On fonde des preuves sur le hasard et on dit qu'il n'y en a point. Ils crieraient miracle! C'est que Dieu permet que ceux qui combattent de si saints sentiments s'aveuglent et se contredisent d'une manière grossière et pitoyable! (pp.336-337)

Sa réponse à l'exultation supposée de ses adversaires consiste à distinguer le 'hasard en lui-même', qui a 'toute l'incertitude nécessaire à ses démonstrations', et le 'hasard en nous' (p.337), qui est seulement ignorance de l'enchaînement des causes et des effets. L'interprétation que nous donnons de ces formules, qui ne sont pas des plus claires, est confirmée par la conclusion de l'article: 'Concluons qu'il n'y a point de hasard dans les choses mêmes, qui est le but de cet article, mais qu'il y en a pour nous, ce qui suffit pour la certitude de mes démonstrations.' (p.337)

Section cinquième. De l'instruction et du culte (pp.338-345)

C'est dans cette section que les *Difficultés sur la religion* annoncent le plus nettement le 'Vicaire savoyard'.

Article premier. De l'instruction. Les dogmes du déisme, croyance en un Dieu créateur du monde, rémunérateur et vengeur grâce à l'immortalité de l'âme, ont été à plusieurs reprises présentées par l'auteur comme des connaissances morales innées chez tous les hommes dès leur enfance. En dépit de cet optimisme affiché, il lui paraît pourtant nécessaire qu'on les fasse 'seulement remarquer' (p.338): en fait, c'est un véritable catéchisme qui est proposé pp.338-339, auquel ne manque même pas le nom. Comme on peut l'attendre de Challe, beaucoup plus attaché à son père qu'à sa mère, [45] c'est au père, 'docteur de la famille', qu'il revient de l'enseigner. Quant à son contenu, il ne comporte rien de nouveau; on retiendra seulement la conclusion, qui résume vigoureusement les convictions du déiste: '...il n'y a point de religion que ce que la pure raison, sans passion, sans intérêt et sans suggestion, nous dicte, et point de vertu que la justice, et point de vice que l'injustice' (p.339).

Négativement, quelques pratiques du catholicisme sont de nouveau condamnées. C'est le cas pour les vœux, pour les sacrifices et autres 'souffrances
sans nécessité' (p.340): on sait que Challe a toujours souffert impatiemment les
prescriptions concernant le jeûne.[46] Est aussi condamné en termes généraux,
ibid., un culte consistant en lectures de 'plusieurs feuillets d'un livre' (le bréviaire?) et en chants (les offices?), mais il n'est pas question spécifiquement de la
messe. En revanche, un long paragraphe est consacré aux prières publiques
censées 'ouvr[ir] le ciel et le force[r]' (p.340): il peut être inspiré à Challe soit
par les prières publiques qui avaient été faites à l'occasion des malheurs de
l'année 1709, soit par quelque souvenir plus ancien (voir n. IV.234).

Article deuxième. Du culte. Déjà touché indirectement à l'article précédent, le
problème du culte est ici abordé de front par une formule abrupte: 'Il n'en faut
pas d'extérieur, un particulier, intérieur, n'est pas indispensablement nécessaire'
(p.410). Apparemment, Challe va beaucoup plus loin que Malebranche qui,
tout en reconnaissant, comme on l'a vu p.409, que 'le vrai culte ne consiste pas
dans l'extérieur', insiste dans les *Entretiens métaphysiques*, VII, 16, p.279, sur
l'importance du 'culte spirituel'. Pourtant, la suite de l'article ne confirme pas
tout à fait ces affirmations tranchées. L'auteur institue une méditation quoti-
dienne sous la direction du père de famille, qui 'prononcera la prière', devoir
auquel il est invité à 'ne jamais manquer' (p.341). Quant au culte intérieur, il
est remplacé par une 'religion intérieure', qui doit être 'perpétuelle, sans le
moindre interruption', et qui consiste dans un désir de 'mériter l'approbation de
l'être parfait' (*ibid.*). Et si le problème de la posture à adopter pour 'l'acte
extérieur' est d'abord présenté comme ne méritant point de considération, ce
qui est normal dans une perspective dualiste, il n'en est pas moins précisé ensuite
que le plus 'convenable' est de se mettre à genoux, les yeux fermés, le visage
caché dans les mains, 's'appuyant sur les coudes si la commodité s'en présente'
(*ibid.*). Ce que Challe recommande ainsi, c'est la posture qu'on lui faisait adopter
quand il était enfant; si son déisme rejette le 'papisme' il peut ainsi retrouver
une certaine communauté avec le christianisme. On va voir que l'écrivain se
trouvera amené à faire lui-même cette distinction.

Article troisième. Réponse aux objections. Ces objections tiennent en une: 's'il n'y
a pas des gens chargés de l'instruction et du culte public [...] les hommes
oublieront tout sentiment de religion et tomberont dans l'athéisme' (p.341).
Autrement dit, peut-on se passer de prêtres?

La réponse comporte trois degrés. 1°. De même que les hommes connaissent
spontanément le juste et l'injuste, de même ils n'ont 'aucune connaissance plus
claire' que celle de Dieu, 'aucun désir plus vif et plus fort que celui qui les porte
à y penser' (p.341). Les sauvages 'ne sont point athées [...] ils ont de plus justes
idées de la divinité qu'aucun chrétien' (p.342). 2°. En admettant même, ce qui
est l'état de 'beaucoup de sauvages', un 'obscurcissement des lumières naturelles
[...] un manque d'attention sur la divinité', au moins 'personne ne tomberait
dans l'athéisme positif' (p.342). 3°. Le culte familial proposé plus haut 'remédie
à tout inconvénient' (*ibid.*). L'aveu concernant les 'sauvages' est d'importance.
En outre comment sera institué et surtout maintenu ce 'système de religion
naturelle' si personne ne l'enseigne? Quoiqu'il ne se pose pas ouvertement cette

question, l'auteur en arrive à ne pas nier qu'un culte public 'étant bien réglé, pût avoir de l'utilité' (*ibid.*). Il en imagine donc un, tout en accumulant les précautions pour qu'il ne puisse dégénérer en 'religion factice' (pp. 413-416). Averti par le destin de l'Eglise catholique, qui est passé du 'christianisme' au 'papisme', Challe conclut de façon pessimiste: quoi qu'on fasse, 'insensiblement, l'avarice et l'ambitions joueront leur jeu; l'inaction, la paresse, la stupidité seront les dupes; il n'y a que du plus ou du moins de temps' (p.345). Il pourrait ajouter qu'aucun système déiste n'a jamais pu, à quelque degré que ce soit, instituer une religion.

Toute cette section porte donc les caractères d'une utopie. Pourtant, ce n'est pas aux utopies de voyage contemporaines, celles de Jacques Massé ou de Tyssot de Passot, par exemple, que Challe doit le plus: voyageur lui-même, il les considère sans doute pour ce qu'elles sont. Son système est édifié sur son propre fond; après que son cartésianisme lui a fait éliminer tout ce qu'il y a de 'corporel' dans les religions révélées, il trouve les éléments d'une reconstruction dans sa formation personnelle, éducation dans une famille de la bourgeoisie parisienne, catholique, où un père respecté prend soin de ses enfants; solide culture antique et biblique qui, par exemple, lui suggère de confier la bonne doctrine à des tables gravées à la façon des tables de la Loi hébraïque ou romaine. Tel qu'il est, ce morceau marque une date importante dans l'histoire de la pensée religieuse française; il se rapproche du Rousseau de l'*Emile* bien plus que du Bayle du *Dictionnaire*.

Épilogue (pp.345-351)

Commencée par une dédicace à Malebranche, les *Difficultés sur la religion*, ou du moins le 'Système de religion naturelle', s'achèvent par un épilogue où Malebranche est encore invoqué comme une sorte d'arbitre. Telle que Challe expose sa méthode, celle-ci pourrait difficilement être désavouée par l'auteur de la *Recherche de la vérité*: ne s'est-il pas, lui aussi, 'fondé sur l'essence et les perfections divines, sur les desseins de l'être infini découverts par l'inspection de ses ouvrages, par l'attention sur les sentiments de notre conscience, et enfin par la voie des raisonnements simples et clairs, le tout bien lié et bien suivi' (p.345)? Fruit de cette méthode, le système est donné pour aussi solide: 'vous-même, M.R.P., ne le pouvez combattre dans ce qu'il y a d'essentiel' (*ibid.*). En effet, ce système sans révélation est l'abstraction d'une religion, le *credo* des déistes dénoncés par Pascal.[47] Si Malebranche, par une sorte de fidéisme, n'introduisait l'Incarnation dans le plan divin, il n'aurait guère d'armes pour l'attaquer efficacement, tant une philosophie purement dualiste est peu compatible avec les dogmes chrétiens, tant aussi un esprit d'examen qui fait table rase de l'histoire de l'humanité a des chances de déboucher, suivant les époques, sur le déisme ou sur le matérialisme. Comme le dit Challe lui-même, dans un paragraphe d'accent platonicien ou malebranchiste:

Les philosophes qui se sont mis au-dessus des préjugés et des impertinences dont on les a bercés, qui, comme un homme abîmé regagne l'air par un généreux effort après avoir été longtemps sous les eaux, y respire les aliments de la vie les plus purs et les plus essentiels, ont écarté les nuages obscurs qui les aveuglaient, qui ont secoué le poids énorme des faussetés qui les accablaient, se trouvent dans la plus simple vérité où ils rafraîchissent leur esprit et jouissent de la vive lumière qui en est la vie et la satisfaction; ils ne connaissent pour toute religion que ce que dicte la droite raison. (p.347)

*
* *

L'analyse à laquelle on a procédé a permis de dégager les grands traits du pourquoi et du comment de l'entreprise de Challe sur le plan de la religion. Il ne reste qu'à les regrouper rapidement.

A côté de l'anticléricalisme habituel aux adversaires du christianisme, on a décelé chez lui le rôle des facteurs intellectuels. Son rationalisme combine deux caractères plus ou moins antagonistes: un scepticisme qui l'amène à rejeter toute autorité, fût-elle appuyée sur des signes surnaturels comme les miracles, en même temps qu'un besoin intransigeant de certitude. De là viennent et le refus de toute concessions aux réalités humaines (nécessité de l'histoire, d'un symbolisme, de la révélation, de la 'foi') et l'élaboration d'un système fondé en pure logique, mais qui ne tient guère compte de ces réalités, notamment sur le plan psychologique.

On a spécialement relevé l'importance du cartésianisme dans le refus des dogmes, notamment ceux de l'Incarnation, de la Rédemption et de la Résurrection. De ce point de vue, il apparaît que l'influence de Descartes a porté autant de tort, sinon plus, au thomisme qu'à l'aristotélisme.

Un facteur important du rejet du christianisme s'est avéré consister dans une fausse identification, consciente ou non, de celui-ci avec le jansénisme. La thèse de la grâce et de la prédestination sur laquelle s'acharne Robert Challe est hérétique, mais elle a été soutenue avec assez d'éclat au XVIIème siècle pour prendre les allures d'une doctrine officielle, capable même à l'occasion de faire condamner ceux qui ne partagent pas ses vues, comme Malebranche.

Tout particulièrement, l'attachement de Challe à la morale traditionelle lui fait condamner avec la dernière vigueur tout ce qui peut à ses yeux affaiblir la responsabilité humaine. De même qu'il dénonce, en l'attribuant au christianisme en général, les errements relatifs à la direction d'intention ou à la restriction de conscience qui n'étaient le fait que de certains théologiens jésuites et que l'orthodoxie réprouvait.

Si les motivations des adversaires du christianisme ont été souvent définies avec précision, notamment grâce aux études de Gustave Lanson, ou, plus récemment, de M. René Pintard, il ne semble pas que les moyens de la polémique antireligieuse aient fait l'objet d'études aussi approfondies. Les quelques remarques que l'on trouvera ici pourront servir de point de comparaison à qui entreprendra, par exemple, de répertorier les procédés de Voltaire dans des circonstances analogues. On peut en tout cas classer les artifices polémiques de Challe sous trois rubriques: amalgame, passage à la limite, glissement.

L'amalgame, bien connu dans les joutes politiques, prend ici une forme particulière. Il consiste à masquer les traits originaux du christianisme en les assimilant à des phénomènes que l'on pose comme analogues en dehors de lui. Le processus vise notamment l'histoire de l'établissement du christianisme; c'est ainsi que les récits de la Bible sont mis au niveau des 'contes' qui couraient au Mexique ou au Pérou lors de l'arrivée des Européens (pp.144-145); la diffusion du christianisme rapportée à celle du luthéranisme ou d'autres doctrines (p.228); le sort des Juifs à celui des nègres (p.242), etc. De même, les dogmes chrétiens sont réduits à ceux d'autres religions, la résurrection du Christ à celle de Romulus ou de Sammonocodom (p.265), la croyance en Satan en la croyance aux lamies (p.211), l'Eucharistie aux cultes idolâtriques (p.265), etc.

Le second mode d'argumentation consiste à glisser du point en discussion à un point différent, ne soutenant avec le premier qu'un rapport de similitude, parfois purement verbale, mais qui permet d'éviter une discussion de fond sur un point fort de l'adversaire. C'est ainsi qu'au lieu de discuter les miracles du Christ, l'auteur évoque plutôt les prétendus miracles résultant de vœux publics, comme l'intervention de sainte Geneviève à Paris en 1709 (p.219); qu'ayant à traiter de la 'manière surprenante' dont le christianisme s'est établi, il passe presque totalement sous silence le problème du christianisme primitif, celui des apôtres et de leurs premiers successeurs, pour s'en prendre plutôt à 'notre' christianisme, prêché 'par envie et par avarice' (p.227); ou qu'ayant à traiter du 'consentement des personnes illustres par leur science et leurs mœurs' au christianisme, ce qui dans l'esprit des apologistes se réfère à des figures telles que celles d'un saint Augustin, d'un saint Bernard ou d'un saint Thomas, il détourne la discussion sur le cas de certains modernes dont effectivement la profession de foi chrétienne peut être tenue pour intéressée, voir hypocrite (p.242); ou qu'enfin, plutôt que d'approfondir les raisons qu'ont pu avoir les premiers chrétiens de soutenir les persécutions, il passe, avec moins de scrupule encore, à des considérations éloquentes sur les mauvais traitements que des conquérants chrétiens ont fait subir aux Indiens d'Amérique (pp.245-246).

Le passage à la limite consiste à pousser jusqu'à l'absurde un argument ou une thèse de l'adversaire. Si on vante les jeûnes et la clôture précoce, pourquoi de pas recommander le suicide et la clôture à trois ans (pp.53, 55); si les espèces animales ont disparu dans le Déluge, pourquoi pas aussi les poissons (p.159); si la femme fut condamnée à enfanter dans la douleur, pourquoi les femelles de certains animaux souffrent-elles de même (p.163)? Ce mode d'argumentation ne néglige pas seulement le fait que beaucoup de formules de l'Ecriture et spécialement du Nouveau Testament n'ont souvent qu'une valeur gnomique, il est manifestement lié à une vue des choses purement rationnelle, celle qui, par exemple, fait préférer à Challe le dualisme à la conception d'une humanité composée à la fois de chair et d'esprit intimement liés; qui exige que les livres sacrés ne contiennent rien d'humain; qui, généralement parlant, récuse la relativité de l'histoire au profit de l'absolu de la métaphysique.

Ces quelques remarques ne rendent assurément pas compte de façon complète ni même suffisante de la manière de Challe polémiste. Il faudrait y joindre, par exemple une étude des images concrètes, frappantes, souvent plaisantes, grâce auxquelles il rend sa pensée accessible aux 'plus simples génies'; des fréquents recours qu'il fait à l'expérience psychologique immédiate de chacun; de l'intelligence avec laquelle il discute des faits de lexique. Du moins permettront-elles de déceler chez lui, un demi-siècle à l'avance, la plupart des traits qui font de lui un précurseur remarquablement intelligent des 'philosophes' qui menèrent la bataille antichrétienne des années 1760-1770.

Encore serait-il inexact et injuste de le réduire à la figure d'un devancier d'Helvétius ou du baron d'Holbach. Sous des allures dogmatiques, agressives, les *Difficultés sur la religion* sont aussi la quête passionnée d'un homme à la recherche de l'infini. En tout cas, d'autres témoignages, ouvrages imprimés comme les *Illustres Françaises* ou le *Journal de voyage aux Indes*, inédits comme les *Mémoires* ou la *Correspondance*, remettent en question l'image que les *Difficultés sur la religion* pourraient faire concevoir de leur auteur. Certes, ce livre à certains égards magistral enrichit prodigieusement notre connaissance profonde du romancier et du mémorialiste en le doublant d'un penseur: mais il ne nous livre pas définitivement son ultime secret. Entre la soif d'absolu qui anime Challe et la phobie de toute incertitude qui le retient, il ne nous est pas donné de savoir qui eut le dernier mot.

Notes critiques

La seule abbréviation est *add. interl.* (addition interlinéaire). Les mots placés entre crochets ont fait l'objet d'une correction. On trouvera les numéros des pages de S dans la table des extraits à la fin du volume. Deux variantes sont séparées par //.

Extrait I (p.54)

a   *Début de l'extrait I dans S.*

b   condamnée en des M

c   que je M *(l'omission de* si *rend la phrase incompréhensible)*

d   Dieu (cette attache à la religion chrétienne) , mais S *(la parenthèse est interpolée)*

e   qui [très *add. interl.*] vraisemblablement S

f   éternels? Si S

g   que le Bey ordonne M

h   *Fin de l'extrait I dans S.*

Extrait II (p.54)

a   *Début de l'extrait II dans S.*

b   on le divise M

c   qu'on peut les M *(lectio facilior)*

d   séparer et S

e   *Par saut du même au même, S omet* mais Pierre ne peut pas être ignorant et savant

f   *Dans M,* car on l'interroge comme mâle et femelle *est une add. interl.*

g   *S a un texte plus simple*: Son excuse qu'il ne le peut comme femelle, puisque le mâle et la femelle en lui ne sont qu'une même personne, ne vaudrait rien; ainsi

h   toutes les unions S

i   ruse de Jésus S

j   *Fin de l'extrait II dans S.*

Extrait III (p.55)

a   *Début de l'extrait III dans S.*

b   aveugle [(à ses pasteurs) *add. interl.*] et S *(interpolation?)*

c   papisme, le calvinisme, le luthéranisme, etc . Si M

d   juge, et plus de foi. A moins que chacun ne M

e   sans soupçon et sans examen, mais à bien examiner les autres, on M *(texte apparemment corrompu)*

f   si l'on M

g   *Fin de l'extrait III dans S.*

Extrait LXII (p.269)

a   *Titre de S:* 2ème partie. Système de religion naturelle.

b   *Début de l'extrait IV dans S.*

c   *S omet* que le vent fait disparaître

d   *Dans M,* raison *est en minuscule.*

e   Elle nous dit qu'il *S*

f   si différente, si *M (nous maintenons la liaison* et, *cf. introduction , p.30)*

g   et demandons-lui *S (lectio facilior)*

h   sujet, mais devenons nous-mêmes pur naturel *M //* sujet, devinons nous même ce pur naturel *S*

i   *Fin de l'extrait LXII dans S.*

Extrait LXIII (p.271)

a   *Début de l'extrait LXIII pour S.*

b   que personne n'en [*sic*] peut *M*

c   *Dans S, le début est aménagé comme suit:* Ce n'est pas si je suis qu'il faut examiner, puisqu'il ne me paraît là-dessus aucune difficulté, et que je vois clairement que personne n'en peut douter, mais c'est sur l'existence de Dieu, [sur *add. interl.*] qui m'a fait

d   parties, en *S (cf. var. LXII.f)*

e   finies *M*

f   d'imaginer le *M*

g   filaments creux, avec une [*lacune*] *S*

h   manifestée *S*

i   toujours l'être *S (voir note grammaticale, p.552)*

j   corpuscules, c'est *S*

k   *Fin de l'extrait LXIII pour S.*

Extrait LXIV (p.273)

a   *Début de l'extrait LXIV pour S.*

b   fols et opiniâtres *S*

c   *S ajoute une glose entre parenthèses:* comme on forme l'arbre de Diane, comme on forme l'arc-en-ciel

d   médite les moyens *S*

e   Je suis libre et me porte où m'est contraire *M (texte corrompu)*

f   *Nouvel alinéa pour S.*

g   *S omet* niant

h   *M omet* et

i   ce que l'on n'a pas. On ne fait pas *S*

j   plus libre, plus sage *S*

k   Sur quel fondement demeurer, à *M (on pourrait améliorer ce texte en supprimant la virgule)*

l   *M omet* donc présentement

m   Etre, le comble *S*

n   *S omet* fort

o   *S termine l'extrait LXIV en abrégeant la fin de façon très gauche* ... que mes plus subtiles pensées et mes plus nobles dicours sont trop faibles.

Extrait LXV (p.276)

a   *Début de l'extrait LXV dans S.*

b   *S omet les mots* et d'une pièce unique

c   point que l'on *S*

d   la loi naturelle *M, qui omet* 1°, 2°, 3°

e   à l'égard de la bonté de Dieu, il n'en *S* *(avec un nouvel alinéa; un autre alinéa après* clairement)

f   dans un *S éd. Mortier (lectio facilior)*

g   *S omet les mots* séduits par des scélérats à qui un dogme si monstrueux est nécessaire *(nous laissons subsister ces mots qui anticipent sur la suite, quoiqu'ils nous paraissent probablement apocryphes)*

h   et l'homme le plus subtil *S (lectio facilior)*

i   il y aurait de *M (lectio facilior)*

j   *S porte ici une* 'Note du présent copiste': L'auteur oublie le grand argument des écoles, que chaque Dieu aurait quelque chose qui le distinguerait, qui serait une perfection et que les autres n'auraient pas, d'où il s'ensuit qu'aucun ne serait parfait.

k   soient pas partagées *S*

l   volontés, puisque rien ne pourrait fixer *M (lectio facilior; du reste, l'auteur aime les constructions participiales)*

m   et que les chrétiens soutiennent sous *S*

n   *Fin de l'extrait LXV pour S.*

Extrait LXVI (p.277)

a   *Début de l'extrait LXVI pour S.*

b   par conséquent de nous *M*

c   à cet attribut *(corrigé en* à ce tribut*) S*

d   *S omet* quasi.

e   ni chagrin, ni douleur *(au singulier) S*

f   que les *S*

g   une opiniâtretré brutale à résister *S, qui termine ainsi l'extrait LXVI.*

Extrait LXVII (p.279)

a   *Début de l'extrait LXVII pour S.*

b   *Dans M,* ce que *est une add. interl. d'une autre main.*

c   *M omet* donc.

d   si l'on a *S*

e   *M omet* avec justice // et q'il traite ensuite ses inférieurs avec justice *S f*   *S abrège:* de bonne foi et de toutes ses forces. Aucun être intelligent, sans prévention et sans intérêt, ne contestera pas cette définition. Mais établissons une maxime qui devrait avoir été écrit sur la main de chaque homme, c'est

g   passent et dont *M*

h   Suivant toutes les apparences, on s'est souvent contenté de prêcher simplement que *S*

i   qu'on pouvait entrer dans le ciel *S*

j   pas grand inconvénient *S*

k   par cette prédiction qu'une chose qui était que *S*

l   faite exprès ou si l'on veut *S //* faite exprès, si on veut *M*

m   qu'on pouvait *S*

n   pas un grand *S*

o   la grâce, [les *add. interl.*] sept *S*

p   et [enfin *add. interl.*] l'inquisition *S*

q   *M omet* droite.

r   coulé déjà *M (faute manifeste)*

s   *S omet* que

t   *Fin de l'extrait LXVII pour S.*

Extrait LXVIII (p.280)

a   *Début de l'extrait LXVIII pour S.*

b   le plus [sûr *surchargé* court] et le plus sûr chemin *S*

c   l'ouvrier, c'est *S*

d   raisons, et mille *S*

e   *M omet* 1°, 2°, *et remplace* 3° *par* et.

f   épuisons notre *S*

g   inutiles, si *M*

h   éternité. Et quelle *S //* éternité et convenu. Quelle *M*

i   avait absolument rien que *M*

j   *Pas d'alinéa dans M*

k   vrai qu'on peut dire qu'il n'y a pas de contradiction *S (lectio facilior)*

l   se perd, et je comprends seulement que [*lacune provoquée probablement par un saut du même au même*] *S // dans M* et comprends qu'il y a une extrême vraisemblance que tout autre est de même *est une add. interl.*

m   pas seulement *S*

n   par conséquent que c'est *M (cf. p.285, var. LXX.k)*

o   *Fin de l'extrait LXXVIII pour S.*

Extrait LXIX (p.281)

a   *Début de l'extrait LXIX pour S.*

b   sérieusement, que *M*

c   je suis d'une *S*

d   J'y vois ce *S*

e   sûr qu'il y a un moi en autre *M (texte absurde)*

f   le passé, l'avenir *M*

g   je tire mille conséquences d'un seul principe *S (lectio facilior)*

h   *Pas d'alinéa dans S, qui va à la ligne après* la même chose.

i   honnêteté , en *M*

j   qu'on ait *S (lectio facilior; dans notre texte il doit désigner le camarade)*

k   *S omet* un prêtreau *(ce terme de mépris n'est guère attesté après le XVIème siècle)*

l   pas au corps *M*

m   sentiments pour moi *M (lectio facilior)*

n   de moi pour *S*

o   ou qui en pourraient être *S*

p   dessous, ni gauche *S*

q   sans qu'il soit corporel (ou mon corps), que *S (la parenthèse est manifestement une interpolation)* // sans être corporel, que je connais sans être corporel, que *M (ce texte comporte une dittographie, corrigée par nous d'après éd. Mortier)*

r   n'est pas *éd. Mortier*

s   j'avais même *S*

t   *Pas d'alinéa dans S.*

u   ce qui met en plus claire évidence ma pensée et établit la distinction si importante. *S, qui termine ainsi l'extrait LXIX.*

Extrait LXX (p.285)

a   *Début de l'extrait LXX pour S.*

b   et comment *(abrégé comme d'habitude en* com') *S*

c   espérances, c'est sur quoi *S*

d   *S omet* l'histoire

e   de deux choses absolument différentes, dont une seule est véritablement à moi, l'autre n'étant qu'un annexe indifférent, bien moins considérable au véritable moi *M*

f   la mort, n'est pas anéanti, que *S (glose?)*

g   essentiel de bien examiner si mon âme, si le vrai moi est immortel *S*

h   *S omet* jamais

i   aucune idée de la durée et de la perpétuité *éd. Mortier* // aucune idée de la destruction entière et à perpetuité *S*

j   sans subtile *S*

k   par conséquent que rien *M (voir var. LXVIII.n)*

l   la matière de cette goutte d'eau était composée de parties, en quelque *S*

m   vois plus une *S*

n   tire en l'air *S*

o   grain le fait rester en l'air où il ne *S (lectio facilior; la est amené soit par l'influence de légèreté soit parce que la pensée de la 'partie' est présente à l'esprit de l'auteur; du reste S donne plus loin quand même elle retomberait)*

p   pourquoi donc un *S*

q   idée qu'ils sont après *M* // idée de ce qu'ils sont après *éd. Mortier* r   rien à craindre ou à espérer pour *M (lectio facilior)*

s   gisent *M (gissent lectio difficilior, est une forme vieillissant dès 1710, mais bien attestée)*

t   de partie à partie *M*

u   de toutes les choses *S*

v   liaison d'une partie *M*

w   sans étendue, en conséquence incapable de dissolution, incapable *S*

x   *Pas d'alinéa dans S non plus que plus loin, au début de la phrase* L'idée de la justice

y   *S omet* etc.

z   *S omet la suite de la phrase et du paragraphe. S'agirait-il d'une interpolation?*

aa   mon âme gît sur *M (cf.* agit *plus loin, qui garantit le texte de S*

bb   Je puis donc déterminer dans une machine qui aurait cent millions de roues combien *M*

cc   tous les rapports. Je n'agis donc pas en cette occasion par application de parties. Je n'agis *S*

dd   la bravoure et la timidité. Y a-t-il des espaces entre ces choses. Les grands génies sur la métaphysique et sur les sciences abstraites font la découverte de tant de sublimes vérités qu'ils auraient également faites sans yeux, sans oreilles et sans bras, et qui sont si impraticables matériellement. Je me trouve donc et me reconnais immortel, quoiqu'il y ait une machine *S*

ee   *Fin de l'extrait LXX dans S.*

Extrait LXXI (p.288)

a   *Début de l'extrait LXXI dans S.*

b   mal moral. Qu'on *S*

c   mal, que j'en ai l'idée *S*

d   à tort ou avec raison *S (lectio facilior)*

e   soient justes ou fausses. Les hommes ont en eux-mêmes l'application de cette idée générale du bien et du mal, et l'appliquent aux différentes actions et aux différents cas, et ces actions et ces cas sont bons ou mauvais suivant l'idée naturelle et primordiale de chacun. *[alinéa] Si S*

f   mal [moral même *add. interl.*] que *S*

g   peut donc pas *S*

h   claire; un homme qui n'aurait vu qu'une seule chose ne dirait pas qu'elle est grande ou petite; mais celui qui *S*

i   de bonne ou mauvaise *M (lectio facilior)*

j   pris métaphysiquement; pour *S*

k   qu'on peut se tromper *S (lectio facilior)*

l   injustes des actions indifférentes qui ne peuvent être bonnes ou mauvaises que par la convention ou par des rapports éloignés. C'est ce qu'on appelle politique, et qui *S*

m   ses cris et sans se remuer, (celui qui en rit), celui qui loin de le secourir le repousse et s'oppose aux efforts qu'il fait pour gagner le rivage, *S, qui continue:* enfin celui qui l'a jetée et l'empêche de se sauver. *[Nous suivons M, en ajoutant* et *devant* sans se remuer*]*

n   *S omet* que

o   blessé à leur *S*

p   fait soit véritable *S, qui n'introduit pas de nouvel alinéa après* supposé.

q   l'un juste, l'autre *S. Après cette phrase, pas d'alinéa dans M; dans S, l'alinéa est indiqué par une barre ajoutée après coup, dont nous avons tenu compte.*

r   ne point se tromper dans l'application qu'on en a à faire *S*

s   violences, à violer, à frapper, à voler, etc. toute résistance qui nous porte *S*

t   la société, à *éd. Mortier*

u   n'a pas eu une autre idée; il ne promet son paradis qu'à *M*

v   qui avez été *M*

w   *Nouvel alinéa dans S, qui omet* etc.

x   une violence est un mensonge *éd. Mortier (ce texte fait contre-sens)*

y   *S omet les mots* à un autre est

z   arbitraire: épouser *M*

aa   penchant à témoigner *M (lectio facilior)*

bb   et les vices *S*

cc   action dans un autre *S*

dd   mauvaises, ils ne *S*

ee   eu, et il *S*

ff   ne se peut, les actions naturellement indifférentes sont souvent devenues bonnes ou mauvaises par convention, comme un pari ou un jeu à mettre une boule près ou loin d'un certain point, une nation en mettra *S*

gg   le droit de la justice et non telle ou telle *S*

hh   convenu. A Sparte *S*

ii   *Le texte de S résulte de diverses corrections:* contraires. [Au reste *add. interl.*] parce que l'homme de bien ne fera rien de tout cela [et que *add. interl.*] ainsi la partie n'est pas égale et [que *add. interl.*] le débauché aura [tout *add. interl.*] l'avantage, il ne faut pas approuver Sparte, etc. *Non sans hésitation, nous avons préféré le texte de M, qui donne au contraire raison à Sparte au nom de ce qu'on pourrait appeler 'égalité des chances'.*

jj   *Fin de l'extrait LXXI dans S, qui donne pour ce dernier paragraphe le texte suivant:* Quoi qu'il en soit, je ne vois aucun bien ou mal, aucun vice, aucune vertu qui ne se trouve renfermé [*sic*] dans ces lois générales et si parfaitement connues de chaque particulier.

Extrait LXXII (p.291)

a   *Début de l'extrait LXXII pour S.*

b   *Par saut du même au même, M omet* Il n'est pas libre dans ses connaissances et dans ses sentiments

c   *S omet* aussi

d   *Pas d'alinéa dans S.*

e   que j'existe, si ce n'est par *S*

f   *Fin de l'extrait LXXII pour S.*

Extrait LXXIII (p.292)

a   *Début de l'extrait LXXIII pour S.*

b   si ce n'est qu'un certain *S, qui ponctue différemment (virgule après* mort, *point d'interrogation après* nécessairement) *c*   proportionnée à ce poids *S*

d   une horloge *S (lectio facilior; cf. n.IV.29)*

e   Supposons *M (lectio facilior; cf. p.276, var. LXV.l)*

f   coup, cependant je ne casserai point *S*

g   menacerai pas de *S*

h   comme deux livres dans le bassin d'une balance emporte *M*

i   *Fin de l'extrait LXXIII dans S.*

Extrait LXXIV (p.295)

a   *Début de l'extrait LXXIV pour S.*

b   *Ce début est aménagé comme suit dans S:* Ce que nous avons dit, n'est que le chemin qu'il faut dresser, pour parvenir à ce qu'il y a de conséquence: il s'agit de la pratique. *(ici, pas d'alinéa)*

c   éternellement. Mais que *S*

d   que deviendrais-je *M*

e   une abîme *M*

f   *Fin de l'extrait LXXIV pour S.*

Extrait LXXV (p.296)

a   *Début de l'extrait LXXV pour S.*

b   je suis, [or *add. interl.*] je *S*

c   *Au-dessus d'* actuellement *non biffé, S porte un autre adverbe* éternellement *biffé*

d   puisqu'il et voyait [*sic*] *S* // Puisqu'il connaissait cette puissance, voyait *M*

e   Elle est donc sans action inutile *S (avec alinéa)*

f   *Alinéa (peu justifié) dans M*

g   qui puisse les écarter *éd. Mortier*

h   l'expédient d'avoir des intelligences et des corps *éd. Mortier*

i   corps laissent aux âmes leur *S (lectio facilior)*

j   *Ni la version de M, ni celle de S ne sont satisfaisantes pour ce passage. Les deux textes semblent incomplets, mais il n'est guère possible de les compléter de façon plausible l'un par l'autre. Conformément au principe suivi, nous avons donné celui de M. Voici maintenant celui de S* mais ils leur présentent une multitude de plaisirs et de douleurs, qui, faisant une grande impression, les portent vers la vertu ou vers le vice, et souvent les y font tomber. [*alinéa*] Les sensations sont établies pour avertir les âmes de résister aux [actions des *add. interl*] corps; et ce sont ces actions du corps sur l'esprit qui sont très proprement nommées passions, puisqu'en cette occasion l'esprit souffre une impression qui est quelquefois si violente, que ses derniers efforts ont beaucoup de peine à le sauver. Ce composé est l'homme. [*alinéa*] Je suis livré à de cruelles tentations pour le vice par le goût des plaisirs; la crainte des douleurs me retient quelquefois, mais

k   *S omet* et

l   du plus ou du moins *S*

m   mais il est encore plus raisonnable de ne rien décider *S*

n   *Fin de l'extrait LXXV pour S.*

Extrait LXXVI (p.300)

a   *Début de l'extrait pour S.*

b   *S omet* et bien près de la sûreté.

c   blesse ni l'humanité *S*

d   la comparaison qu'on pourrait faire d'un roi *S*

e   trop, et il se *S*

f   *Fin de l'extrait LXXVI*

Extrait LXXVII (p.300)

a   *Début de l'extrait LXXVII pour S.*

b   En nous la justice, telle *éd. Mortier*

c   *Alinéa dans S.*

d   *Fin de l'extrait LXXVII pour S.*

Extrait LXXVIII (p.301)

a   *Début de l'extrait LXXVIII pour S.*

b   je [les *add. interl. d'une autre main*] lui *M (cf. n.IV.4 et IV.5, et la note grammaticale p.545)*

c   Et il est *S (lectio facilior; dans M* et qu'il est ... *doit être une proposition complétive dépendant, par anacoluthe, de* nous avons vu)

d   *M omet* et nécessaire.

e   que Dieu m'a fait; ainsi, les lois positives ne peuvent avoir été faites que pour *S*

f   ne peuvent les remplir *S (lectio facilior)*

g   m'éclairer, afin de connaître *S*

h   je la consulte *S*

i   paroles. Toutes *S*

j   sont de la pure *S*

k   faisons application *M*

l   à ces cas *S*

m   *Fin de l'extrait LXXVIII pour S.*

Extrait LXXIX (p.303)

a   *Début de l'extrait LXXIX pour S.*

b   ceux qui ont *M*

c   qui sont en *S*

d   qu'on le fît *S*

e   voudrait qu'un roi fût s'il *S*

f   que ce sujet *S*

g   bons pères, bons fils, bons maris, bons maîtres *S (qui omet* etc.*)*

h   traités vous-mêmes *S*

i   *Fin de l'extrait LXXIX pour S.*

Extrait LXXX (p.304)

a   *Début de l'extrait LXXX pour S.*

b   renoncer généreusement *M*

c   *M omet* la moindre.

d   *M omet* par la mortification.

e   fable n'ait *M*

f   *Fin de l'extrait LXXX pour S.*

Extrait LXXXI (p.305)

a   *Début de l'extrait LXXXI pour S.*

b   efficaces, c'est un galimatias théologique; nous avons tout ce qu'il faut pour la vertu; notre expérience et notre conscience nous en assurent assez; et si cela n'était pas, Dieu serait un tyran *S (texte plus simple que celui de M, et apparemment préférable)*

c   *S omet* la santé

d   *Cet alinéa a été remanié dans S pour faire disparaître les références au reste de l'ouvrage* Demander une longue vie, la fertilité, le gain d'un procès ou d'une bataille, ridicule illusion, ou plutôt fourberie de la prêtraille, et cela en toute religion. Cela est déjà rebattu ici en plusieurs endroits. [*pas d'alinéa ici*]

e   suivent point des dispositions n'arrivent jamais, quelque demande *M*

f   qu'on *S*

g   une espérance *S*

h   contre une très grande. Vous *M (texte lacunaire)*

i   millions, parce *S*

j   *Alinéa dans S.*

k   mort à qui on a coupé la tête et arraché le cœur, à moins que vous poussiez *S*

l   bornée, ce qui *S (lectio facilior; cf. note grammaticale, p.545)*

m   *Fin de l'extrait LXXXI pour S.*

Extrait LXXXII (p.308)

a   *Début de l'extrait LXXXII pour S.*

b   l'épithète la plus commune *S*

c   Aimez bien le bon Dieu, dit un escrocq [*sic*] encapuchonné *M*

d   à son enfant, en lui *M*

e   à celui-là, c'est *M (l'omission de* que je parle *rend la phrase incompréhensible)*

f   et Antoine *éd. Mortier*

g   qu'on puisse en avoir *éd. Mortier*

h   est bon que Trajan [*sic*] *S*

i   Bon est pris, en cette occasion *S*

j   divinité, ou bien le mot se dit à l'égard de la qualité, non *M*

k   *Fin de l'extrait LXXXII pour S.*

Extrait LXXXIII (p.314)

a   *Début de l'extrait LXXXIV pour S.*

b   *Fin de l'extrait LXXXIII pour S.*

Extrait LXXXIV (p.315)

a   *Début de l'extrait LXXXIV pour S, qui abrège la première phrase:* On parle sans y penser des choses même comme de leurs qualités. Changer les essences, etc .

b   que celui-ci en *S*

c   mais les choses subsistantes, il *S*

d   *S omet le mot* chose

e   le cercle. Le rare génie qui a un sentiment contraire n'a [*note marginale:* Descartes] *S (texte modifié pour éviter de renvoyer à un passage omis dans ce manuscrit)*

f   *S omet* et

g   *Fin de l'extrait LXXXIV pour S. Le texte de cet alinéa, qui n'est pas très clair, se présente différemment dans S; quoiqu'il y soit peut-être plus proche de l'original, il n'est pas assez satisfaisant pour que nous l'ayons adopté, et toute reconstruction de l'original reste aléatoire:* Tout ce qui est, est une certaine chose, et non pas l'autre. Si vous êtes au nombre pair, la propriété de se pouvoir diviser en deux également lui est essentielle; vous ne le changez pas si vous lui ôtez cette propriété, vous le détruisez: et comme les essences sont dépendantes [?] de l'existence, elles ne peuvent se détruire, et encore moins changer. Dieu peut détruire les existences, mais il ne peut changer les essences, car l'existence d'un cercle prise simplement pour existence n'a d'opposé que le néant: dès que l'existence sera réduite au néant, il n'y aura plus d'existence. On pourra dire que l'existence est détruite, mais non pas qu'elle est changée en un carré; un cercle est toujours une figure sans angles et sans parties à lignes droites.

Extrait LXXXV (p.317)

a   *Début de l'extrait LXXXV pour S.*

b   *S omet* à cet égard, c'est-à-dire

c   auprès des grands, flatter leurs désordres et en être les ministres *M (lectio facilior)*

d   sont des crimes *M (l'omission de* la source *fausse le sens)*

e   excessives, etc., ne *S (le 'pouvoir despotique' ne peut se prendre à force 'd'argent')*

f   *Fin de l'extrait LXXXV pour S.*

Extrait LXXXVI (p.322)

a   *Début de l'extrait LXXXVI pour S.*

b   c'est la division, le mouvement et l'arrangement *S*

c   avec la pure essence, éternelle et nécessaire qui *S (deux lignes omises par saut du même au même)*

d   la vérité, à *S*

e   choisir ce qui résulte *S (lacune)*

f   autre chose, sinon que Dieu *S (nouvelle lacune de deux lignes par saut du même au même)*

g   *Fin de l'extrait LXXXVI pour S.*

Extrait LXXXVII (p.329)

a   *Début de l'extrait LXXXVII pour S.*

b   il ne veut positivement *S*

c   qu'on la voudra imaginer et nommer *M (cf. note grammatical, p.544)*

d   rien de satisfaisant *M (satisfaisant est en haut de page, ce qui explique l'omission de* si*)*

e   que l'on *M*

f   *Fin de l'extrait LXXXVIII pour S.*

Extrait LXXXVIII (p.335)

a   *Début de l'extrait LXXXVIII et dernier pour S.*

b   nature, même des choses où nous y en voyons. Il *S*

c   semblable. Toutes choses ont, suivant *S (*vont, *que donne M, est confirmé par* aillent, *un peu plus loin)*

d   il est d'une *S*

e   disons qu'il arrive *S (lectio facilior)*

f   sûr et efficace *S*

g   et nous prévoirions *S*

h   et si nous pouvions *S*

i   *Pour tout ce début de paragraphe, nous avons adopté le texte de M, qui constitue la lectio difficilior. Voici le texte de S:* Il n'y a pas plus de hasard qu'un dé jeté sur une table après plusieurs tours se trouve sur le six, que lorsque je l'y mets exprès avec la main; pas plus lorsqu'il s'arrête sur un endroit de la table que sur un autre. Ce paradoxe s'évanouira, dès qu'on fera attention que la situation du dé sur une telle face dépend de sa chute d'une telle hauteur, de la matière et de la figure du dé, de celle de la table, de sa dureté, et de sa configuration plus ou moins unie; car tout cela posé, il est impossible que le dé ne tombe pas sur certain endroit de la table, et que suivant la dureté du dé et de la table, combinées avec le degré de force de l'impulsion, le dé ne roule un certain nombre de tours, d'un certain côté, et par conséquent ne reste en certain endroit, sur certaine face. *(Dans le texte de M,* jeter le six *fait difficulté; l'expression peut pourtant avoir existé, quoique nous ne l'ayons pas rencontrée. Il est aussi possible que le membre de phrase* sur une table après plusieurs tours se trouve *ayant disparu par saut du même au même à partir de l'élément commun* sur, *le texte* jeté sur le six *ait été transformé en* jette le six. *Quoi qu'il en soit, toujours dans M,* pas plus qu'il s'arrête *doit être compris 'pas plus que le fait qu'il s'arrête')*

j   ce qui est supposer que *S (la lectio difficilior de M est appuyée par le même tour, n.IV.203).*

k   circonstances, les comparer *M*

l   à son égard, son *S (pas d'alinéa après* pris et sûr*)*

m   d'une action composée et une qui ne l'est pas; la difficulté *S*

n   la [moindre *non biffé* même *add. interl.*] chose *S*

o   et le côté où *M (lectio facilior, réduisant l'anacoluthe; cf. note grammaticale, p.552)*

p   et de celui *M*

q   il se lèverait *S*

r   *Fin de l'extrait LXXXVIII pour S; mention* fin *de la main de l'abbé Sepher. Mention de la main de Doubrowski:* Ex musaeo Petri Dubrowsky

Notes de l'introduction

[1] 'Questions diverses sur l'histoire de l'esprit philosophique en France avant 1750', *Revue d'histoire littéraire de la France*, 19 (1912), pp.1-29, 293-317.

[2] *The clandestine organization and diffusion of philosophic ideas in France from 1700 to 1750* (Princeton 1938); nous utilisons la réédition de 1967 (Octagon Books Inc., New York), p.56.

[3] *Ibid.*, p.63.

[4] 'On nous a envoyé de Paris une bibliothèque nouvelle autrichienne; c'est *l'Esprit du clergé*, les *Prêtres démasqués*, le *Militaire phylosophe* [*sic*], *l'Imposture sacerdotales*, les *Doutes sur la religion*, la *Théologie portative*. Je n'ai lu que ce dernier.' (*Lettres à Sophie Volland*, éd. Babelon, iii.96).

[5] Jugement très superficiel. Meslier ne s'attache pas à construire un déisme. Il attaque vivement le système social de son temps, alors que Challe y est très attaché. Ce que ce dernier reprocherait au clergé, c'est plutôt de ne pas former des sujets attachés à leurs devoirs que de se montrer, comme le fait Meslier, les suppôts du régime établi. Mais l'erreur de Voltaire s'explique si l'on se souvient qu'il ne connaît l'ouvrage qu'à travers la version de Naigeon et d'Holbach, qui le tire dans le sens de l'athéisme et élimine les points de vue politiques de l'auteur.

[6] A Saurin, le 5 février 1768 (Best.D14726): 'Le dîner dont vous me parlez est sûrement de Saint-Hyacinthe. On a de lui un Militaire philosophe qui est beaucoup plus fort, et qui est très bien écrit.' A d'Argental, le 6 février (Best.D14730): 'Saint-Hyacinthe était à la vérité un sot dans la conversation, mais il écrivait bien. Il a fait de bons journaux; et il y a de lui un Militaire philosophe imprimé depuis peu en Hollande, qui est peut-être ce qu'on a fait de plus fort contre le fanatisme.' A Damilaville le 8 février, avec copie à d'Argental: 'Quelle pitié de dire: Voilà son style! je le reconnais bien! On fait tous les jours des livres contre la religion dont je voudrais bien imiter le style pour la défendre! Y a-t-il rien de plus plaisant, de plus gai, de plus salé que la plupart des traits qui se trouvent dans la Théologie portative? Y a-t-il rien de plus vigoureux, de plus profondément raisonné, d'écrit avec une éloquence plus audacieuse et plus terrible que le Militaire philosophe, ouvrage qui court toute l'Europe ? [...] Certainement les dernières Lettres provinciales ne sont pas écrites d'un style plus emporté.' Le passage le plus significatif est sans doute dans une lettre à d'Argental du 19 février 1768 (Best.D14763): 'Je ne suis pas bien sûr encore que le Militaire philosophe soit de Saint-Hyacinthe, mais les fureteurs de la littérature le croient, et cela suffit pour faire penser qu'il n'était pas indigne de dîner avec le comte de Boulainvilliers.' Voltaire parle encore du 'Militaire philosophe de feu Saint-Hyacinthe' dans une lettre à Vernes du 1er mars 1768 (Best.D14797) et du 'Militaire philosophe de Saint-Hyacinthe' dans une lettre à Mme Du Deffand du 26 décembre 1768 (Best.D15387). Mais dès qu'il apprendra par d'Alembert que 'les criailleries au sujet de l'ouvrage de Saint-Hyacinthe [le *Dîner*] sont apaisées' (29 février 1768, Best.D14782), il n'insistera plus sur cette attribution.

[7] Ironiquement, ce mot de *vérité* désigne la religion chrétienne.

[8] Ed. Tourneux, viii.10-12; cité pour l'essentiel par R. Mortier, dans l'édition des *Difficultés sur la religion proposées au père Malebranche, par Mr. ....., officier militaire dans la marine* (Presses universitaires de Bruxelles 1970), pp.9-10. C'est Brummer (voir plus loin) qui a attiré l'attention sur ce morceau. A propos de la remarque selon laquelle 'il n'y a dans tout ce livre ni force, ni chaleur, ni éloquence', il faut dire qu'effectivement le remaniement qu'a subi l'ouvrage lui a fait perdre beaucoup de force et plus encore de chaleur; voir le commentaire de R. Mortier, pp.54-58 de l'édition citée.

[9] *Ed. cit.*, p.52. Il montre que le dernier chapitre, quoique exprimant pour l'essentiel les

idées du baron, puise aussi plusieurs traits dans l'ouvrage original, et notamment dans le long passage de ce dernier intitulé 'Réfutation de la foi'.

[10] 'J'ai feuilleté le Système de la nature. Il me paraît de la même main qui a fait le *Christianisme dévoilé* et le *Militaire philosophe*' (A mme d'Epinay, 30 juin 1770, cité par R. Mortier, *éd. cit.*, p.22).

[11] A l'article 'Religion', iv.56-67, cité par R. Mortier, *éd. cit.*, p.47, Nonnotte commence par cette formule: 'Le Militaire philosophe, qui se dit ancien officier dragon, et qui n'est qu'un échappé de l'Université, ainsi qu'il paraît à sa manière d'écrire...'

[12] Sur l'histoire de la Bibliothèque Mazarine, voir A. Franklin, *Les Anciennes bibliothèques de Paris* (Paris 1873), pp.37-160.

[13] Seule exception notable, la date à la fin de l'ouvrage; cf. ci-après, n.15.

[14] Ouvrage paru dans la série *Sprache und Kultur der germanischen Völker*. C. Romanistische Reihe, Band XI (Breslau 1932). La section III va de la p.240 à la p.301. C'est Roland Mortier qui a attiré l'attention sur la contribution de Brummer.

[15] On a dit, note 13, que cette date manque dans le manuscrit M. Il est donc probable que les éditeurs l'ont inventée en se fondant sur les indications chronologiques propres au manuscrit. Elle est en tout cas plausible, et l'on ne peut même exclure qu'elle soit authentique: Challe date en effet de la même façon ses *Mémoires*: '9 sept. 1716'. Dans ce cas, il faudrait admettre que Naigeon aurait vu le manuscrit antérieur à M, et que M ne serait que la 'copie prise sur un manuscrit très correct'.

[16] Selon la *Biographie* Michaud, l'abbé Pierre-Jacques Sepher, né à Paris vers 1710, docteur en Sorbonne et brillant érudit, fut pourvu d'un canonicat de Saint-Etienne des Grés et devint vice-chancelier de la Sorbonne. Il réunissait chez lui des 'savants, artistes et amateurs' et avait rassemblé une importante bibliothèque qu'il légua à la Sorbonne (N.B.: le legs ne fut pas exécuté, et les livres en question ne sont pas à la Bibliothèque de la Sorbonne), dont le catalogue fut imprimé en 1786. Il collabora à l'édition de nombreux ouvrages, parmi lesquels les *Maximes et libertés de l'Eglise gallicane* (contre la bulle *Unigenitus*), un *Mémoire sur les libertés de l'Eglise gallicane trouvé parmi les papiers d'un grand prince et composé par son ordre*; enfin un *Discours de m. l'abbé Fleury sur les libertés de l'Eglise gallicane*. Cet ouvrage, très hostile aux papes, à la bulle *Unigenitus*, aux jésuites, fait à lui seul comprendre que Sepher devait s'intéresser aux *Difficultés sur la religion*. On lui attribue même, à tort évidemment, les *Trois imposteurs*. Mlle Ewa Nowicka, qui prépare une thèse de doctorat de IIIème cycle sur ce personnage, a découvert de nombreux documents de sa main qui confirment que le manuscrit S est bien olographe.

[17] Quelques points de détail seront précisés en note. Ainsi, l'auteur ne dit pas avoir 'vu' les Hottentots, bien au contraire (p.218, n.III.146). Quant à Montréal et à Goa, Challe n'en parle que comme 'témoin quasi oculaire', suivant sa propre expression; voir p.104, n.II.104. D'autre part, il ne faut pas tenir compte des formules très générales à valeur d'exemple, comme 'si on venait me dire que mon fils a été tué à l'armée' p.89, n.II.84. Pour d'autres raisons, on ne prendra pas non plus au pied de la lettre la mention de la 'pauvre veuve' et de la 'grosse famille' laissée par l'auteur, p.40; voir à ce propos ci-après, p.22.

[18] Sur l'intérêt de l'étude des structures associatives pour la critique d'attribution, voir Frédéric Deloffre, 'Le Rôle des associations dans la critique d'attribution', dans *Verba et vocabula*, *Festschrift Gamillscheg* (Munich 1968), pp.147-158; et, sur leur application au problème posé ici, du même: 'La critique d'attribution: statistiques ou signatures', article à paraître dans les *Mélanges offerts à G. Antoine*.

[19] Respectivement *Difficultés sur la religion*, pp.283-287, voir n.IV.49, et *Journal de voyage*, pp.116-118. Ce rapprochement, comme le précédent, a été signalé par Mme Bonnet-Picquois et étudié dans l'article 'Robert Challe père du déisme français', pp.951-963.

[20] Respectivement *Difficultés sur la religion*, p.162, n.III.142, III.144, et *Journal de voyage*, p.522.

[21] Respectivement *Difficultés sur la religion*, p.86, n.II.78, p.336, n.IV.220, et le début des *Illustres Françaises*, pp.1-2.

[22] De la liste des discordances, limitée à trois auteurs, que nous avions donnée dans l'article 'Robert Challe père du déisme français', p.959, il faut supprimer Phèdre, dont la mention p.250 paraît interpolée, voir n.III.523; voilà pour l'antiquité classique. Pour les auteurs ecclésiastiques, la mention de saint Augustin revient ici encore souvent; voir l'index.

[23] Comparer ici p.281, n.IV.41, p.301, n.IV.97, et *Journal de voyage*, 'Discours sur l'éternité', pp.113-125.

[24] Voir le *Journal de voyage*, p.125, à propos de ce 'discours sur l'éternité' et du système de métempsycose qu'il contient: 'Je l'ai dit uniquement pour prouver trois vérités: la première, l'éternité de Dieu, créateur de toutes choses; la seconde, l'immortalité de l'âme; et la dernière qu'une bonne action, faite par un esprit de charité, n'est jamais perdue'.

[25] Voir dans le *Journal de voyage*, vie de Robert Challe, la section intitulée 'Un tempérament impulsif', pp.25-26, où sont décrites près d'une demi-douzaine d'affaires de coups dans lesquelles Challe se trouve impliqué.

[26] De même, Challe écrit ses *Mémoires*, qu'il n'achèvera pas, 'pendant un temps [qu'il] prévoi[t] pour son malheur devoir être longtemps inutile' (f.3r).

[27] Voir sur ces points l'article 'Robert Challe père du déisme français', pp.975-979.

[28] Voici les termes du marquis dans les *Notices sur les pièces de théâtre*, éd. Lagrave, *Studies on Voltaire*, 42-43 (1966), i.412, à propos de la *Silvie* de Landois, tiré des *Illustres Françaises*: 'Ce roman a été fait par un jeune homme qui vivait dans la mauvaise compagnie, mais qui avait les passions vives et le cœur très sensible; au ton près, les lecteurs s'y intéressent infiniment, et surtout à Silvie et à M. des Francs.' Un témoignage postérieur, émanant cette fois de la marquise d'Argenson, et découvert par Henri Roddier épinglé à un exemplaire de l'édition Marc-Michel Rey des *Illustres Françaises* (1748), est plus explicite encore: 'Ce livre a été fort connu; peut-être la manière dont il est écrit aura pu dégoûter de nos jours de cette lecture. Il y a dans la plupart des histoires de l'intérêt, mais en effet, cet ouvrage est si mal écrit, si bourgeoisement, d'un ton si abominable, que je ne suis pas étonnée qu'on n'ait pas le courage d'aller jusqu'au bout. Il faut être véritablement amateur de romans. Il est un peu dans le genre et le ton des *Contemporaines*, avec plus d'intérêt pour tout dans celui-ci.' Les *Contemporaines*, de Rétif, sont de 1780. Le jugement de la marquise d'Argenson explique pourquoi, à deux reprises, et spécialement pour l'édition de 1748, les éditeurs avaient jugé nécessaire de revoir de bout en bout le style de Robert Challe.

[29] Voici les termes d'André Robinet, *art. cit.*, p.23: 'Le filigrane de M couvre une période large (1680-1740); le filigrane de N (ms 1192) ne peut dater d'avant 1742, et celui de O (ms 1197) d'avant 1749. L'étude graphomorphique conclut dans le même sens.'

[30] Pierre Doubrowski, diplomate russe en poste à Paris au début de la Révolution, se constitua, par des moyens plus ou moins avouables, une fort belle bibliothèque qu'il emmena en Russie quand il dut quitter la France, et qui est aujourd'hui conservée à la Bibliothèque de Leningrad. Outre l'ex-libris qui a été reproduit, Doubrowski a encore écrit de sa main, en dessous du titre de la p.3, 'SYSTEME / de / RELIGION purement NATURELLE', la mention suivante: 'mss. de la Main du Célébre Abbé / Séffers. (: Cet ouvrage est attribué / au Baron de Holbach:)'. Voir T. P. Voronova, 'P. P. Dubrovskiĭ 1754-1816 and the Saint-Germain manuscripts', *The Book collector* (1978), pp.469-478.

[31] Cette référence correspond à l'extrait XLV, p.220. Comme les autres références de ce titre, elle n'a pu être portée qu'une fois le manuscrit copié; il en est probablement de même des autres additions.

[32] Les références de notre édition sont respectivement, pour la p.44, 'mon fils qui est devant Barcelone', extrait VIII, p.89, n.II.84; pour la p.199, 'On a vu une explication

d'une prophétie qui fixe la conversion des Juifs...', extrait XLVI, p.225, n.III.414; pour la p.66, 'j'ai vu au siège de Luxembourg', extrait XIV, p.109, n.II.157.

[33] Il s'agit de l'extrait XLIII, p.216, n.III.367.

[34] C'est en effet p.267 du manuscrit, extrait LXII, p.269 de notre édition, var. *a*, que commence ce qui est pour S la '2e partie. Sisteme de religion naturelle'. Elle s'oppose à la '1e. partie. Objections contre le christianisme.' Noter que dans M, on a aussi une 'Premiere partie. Examen général des religions factices.' correspondant à la Première partie de S; mais ce qui correspond à la seconde partie de S est intitulé 'Quatriéme cahier contenant un sistéme de religion fondé métaphisiquement sur les lumières naturelles, et non sur des faits'. L'expression '2e. partie' n'intervient pas.

[35] Il semble s'agir de la Préface, appelée ici 'avis au lecteur', et de la Lettre-dédicace à Malebranche, appelée ici 'préface de l'éditeur'. Mais les termes sont équivoques.

[36] Gustave Lanson avait pourtant entrevu que la famille 1192/1197 pouvait avoir de l'autorité. Il dit incidemment que le manuscrit 1197 'a dû être fait sur l'original ou sur une copie fidèle'; mais il n'en déduit pas la nécessité de porter sur le manuscrit 1163 (M) un regard critique.

[37] Les recherches entreprises par Mme Bonnet-Picquois, Mlle Nowicka et M. Renault à partir des catalogues de vente, et spécialement de la vente de la bibliothèque Sepher, si elles ont fait apparaître qu'un ou deux manuscrits de l'ouvrage ont été mis en vente au début du XIXème siècle, n'ont pas permis de savoir ce qu'ils sont devenus, ni à quel texte ils répondaient. Un autre problème est posé par le manuscrit ayant appartenu à Casanova. Celui-ci écrit dans l'*Histoire de ma vie*, éd. Brockhaus-Plon, iv.200, 344, n.5, que, lors de son arrestation, le 26 juillet 1755, on lui confisqua 'le philosophe militaire, manuscrit que Mathilde m'avait donné'. Une note du mémento de Casanova, cote Marr U 31/61, reproduite par le docteur Mars, *Casanova gleanings*, 20 (1977), série 4, pp.44-45 confirme: 'Souvenir. Le militaire philosophe n'existait pas lorsque [*ce mot biffé*] je connoissoit [*sic*] Matilde, il étoit de Voltaire et vingt ans après Voltaire dit en vain que c'étoit de St Hyacinthe'. Matilde est la fameuse M. M. du couvent de Murano, et la maîtresse de l'ambassadeur de France, le cardinal de Bernis; comme l'a montré le docteur Mars, *Casanova gleanings*, 16 (1973), c.r. 703 b, 'il ressort clairement du contexte que le manuscrit provenait de la bibliothèque spéciale du cardinal, alors abbé de Bernis: "On y trouvait tout ce que les philosophes les plus sages avaient écrit contre la religion...", *Histoire de ma vie*, éd. cit., iv.56.' On voit l'intérêt qu'il y aurait à en savoir davantage sur ce manuscrit ayant appartenu à Bernis. Les recherches des érudits casanoviens n'ont malheureusement pu le découvrir jusqu'ici.

[38] 'On a ajouté une suite au titre qui n'est point sur le manuscrit, au moins de ma main', écrit-il le 30 décembre 1713 au *Journal littéraire, Correspondance*, p.150.

[39] Le 26 novembre 1714, Challe écrit aux journalistes que M. de Saint-Martin, qui vient de faire paraître le VIème tome de *Don Quichotte* volé à Challe, 'fait mourir son héros de plurésie pour avoir dans ses visions bu de l'eau de la fontaine de Merlin', alors que lui le faisait 'mourir chez lui bien repentant de ses extravagances et de ses folies' (*Correspondance*, p.171); il ajoute le 13 mars 1716 qu'il y a dans cet ouvrage 'des fautes terribles contre le bon sens' (*ibid.*, p.175).

[40] A propos d'un passage de l'Avertissement du *Journal de voyage*, p.55 et n.2, où il est dit que l'ouvrage présenté au public 'a été trouvé en manuscrit dans le cabinet de l'auteur après sa mort', et que, 'comme il est tout rempli de vérités extrêmement intéressantes pour certaines gens, au ressentiment desquelles on ne s'expose pas d'ordinaire impunément, il y a tout lieu de croire qu'il n'aurait jamais vu le jour, si un des amis de l'auteur ne s'en était adroitement emparé à l'insu de la famille, et n'avait pris soin d'en procurer l'impression', Prosper Marchand commente, dans l'Avant-Propos des *Illustres Françaises* (Marc-Michel Rey, 1748), i.XIX, n.23: 'Fiction toute pure, aussi bien que le prétendu

vol du manuscrit des *Illustres Françaises*, et le tout pour dérouter les curieux et se mettre à l'abri des recherches.'

[41] Dans une lettre du 14 avril 1714 à ses correspondants les journalistes hollandais, *Correspondance*, p.165, Challe demande qu'ils lui envoient leur réponse 'à Monsieur Bocheron, commissaire de l'extraordinaire des guerres rue de l'arbre sec attenant la croix du tiroir, sans autre enveloppe. Il me montre tout, et je ne lui cache rien.' On sait que Bocheron fut, notamment, l'éditeur des œuvres de Quinault.

[42] Cet inédit était une paraphrase de *Job* en vers; voir le *Journal de voyage*, p.144 et n.241.

[43] Cf. Jean Mesnard, 'L'Identité de Robert Challe', *Revue d'histoire littéraire*, 79 (1979), p.938.

[44] L'Avertissement du *Journal de voyage*, que Prosper Marchand attribue à Challe même, s'exprime comme suit: 'Il était d'ailleurs vrai, franc, sincère et si naturel, qu'il ne pouvait se gêner pour qui que ce fût: il disait sans façon tout ce qui se présentait à son esprit, et comme il le dit lui-même en plus d'un endroit de cet ouvrage, il laissait aller sa plume tout comme elle le voulait' (p.55-56). Cf. aussi 'plume sincère', p.57, la première de l'ouvrage, 'je n'ai eu en vue que la sincérité', *ibid.*, etc.

[45] Par M. Jean Carrabin, de Lyon, dans la *Correspondance de Bottu de La Barmondière, seigneur de Saint-Fonds, et du président Dugas*, publiée par Poidebard (Lyon 1900), d'après le manuscrit maintenant déposé à la Bibliothèque municipale de Lyon, cote Ms 6224, qui permet d'ajouter, dans le passage cité, les mots *bon homme*, omis par Poidebard.

[46] Egalement retrouvé par M. Jean Carrabin, ce témoignage consiste dans un passage d'une lettre de Brossette, du 5 avril 1717, en réponse à Bottu de La Barmondière, qui lui avait sans doute parlé de Challe (la lettre au président Dugas est du 20 mars 1715). Brossette, par l'intermédiaire de Bottu, prie 'M. Challe' de lui obtenir certains rensseignements de 'ces messieurs de Hollande', les journalistes de La Haye; il fait état d'un sonnet que Challe lui a donné,et que celui-ci attribuait au Grand Prieur de Vendôme, lequel était précisément à Lyon à l'époque; voir de Longevialle, *Trente lettres inédites de Brossette* (Lyon 1933).

[47] Il n'est qu'à voir comment Prosper Marchand s'exprime à propos de Challe: 'homme brusque, pétulant, emporté, mordant, satirique, se déchaînant imprudemment, même au milieu de ses parties de plaisir...' ('Mémoires touchant l'auteur...', en tête de l'édition de 1748, Marc-Michel Rey, des *Illustres Françaises*, p.IV) et spécialement à propos de la sincérité dont se targue l'auteur: 'Sa sincérité (disons plutôt son imprudence et son indiscrétion)...', *ibid*. Quant à Boscheron, le 'meilleur ami' de Challe, suivant Prosper Marchand, il n'est pas indulgent pour son ami quand il en parle à ses correspondants hollandais; mais surtout, il n'est pas dans ses habitudes de flatter ceux dont il édite les œuvres. C'est ainsi qu'il le dit dans la préface des *Varillasiana* dont il a assuré la publication: 'Un peu d'éloges bien touché n'est pas mal reçu, quelques traits d'ironie lâchés à propos sont encore lus davantage' (*Varillasiana, ou ce que l'on a entendu dire à M. Varillas...*, par M. M. Boscheron (Amsterdam, Z. Chapelain, 1734), pp.VIII-IX). Ce n'est pas là le ton de la Préface des *Difficultés sur la religion*. On ajoutera encore un indice, très léger, en faveur de l'attribution à une même personne de cette Préface et de la lettre-dédicace à Malebranche. Dans le manuscrit M, la pagination de ces deux textes est continue, de 1 à 14; après quoi commence une seconde numérotation, de 1 à 163 (cahiers I et II), une troisième, de 1 à 154 (cahier III), une quatrième, de 1 à 151 (cahier IV): cela semble indiquer que ces deux fragments ont, à un moment donné, constitué un ensemble. On a vu, p.13, n.intr.35, que Sepher les considère aussi ensemble.

[48] Cf. *Journal de voyage*, p.116: 'Je regarde ceux qui ont assez peu d'honneur pour se donner pour tels, pour gens qui veulent ridiculement passer pour esprits forts, et rien plus [...] J'en ai vu mourir deux de ce caractère; et je n'ai jamais vu de mourants plus agités de remords, ni plus timides.'

[49] Ils écrivent à Challe le 22 janvier 1715, *Correspondance*, p.173: 'Il est encore bon de

vous dire que dans un endroit où vous avancez que *les souverains sont maîtres des corps et des biens de leurs sujets*, quelqu'un a écrit au-dessus *cela est faux*. Qui que ce soit, nous sommes fort de ce sentiment.'

[50] Ainsi p.53: 'Cette armée est suffisante ou elle ne l'est pas...'.

[51] Jaquelot étant mort en 1708, il est naturel que l'auteur des *Difficultés* en parle, vers 1710, et spécialement comme de 'M. Jaquelot'. Une référence à Jaquelot serait moins vraisemblable, surtout en ces termes, au présent de l'indicatif, à une date postérieure, comme ce serait nécessairement le cas avec un remanieur. On observera du reste que la Préface ne fait allusion à aucun événement postérieur à 1715. Ni la bulle *Unigenitus* (1713) ni la mort de Malebranche (1715) ne sont, par exemple, évoqués. La première phrase ('la personne à qui il s'adresse pour être éclairé') se réfère à la composition de l'ouvrage comme à un fait contemporain et même présent.

[52] Ainsi, p.37, 'Pourquoi non ?'; *ibid.*, 'Pourquoi le philosophe [...] ne criera-t-il pas contre ces gens-là ?'; 'Pourquoi l'univers ne secouerait-il pas un joug si injuste et si pesant?' Comparer, par exemple, p.52, le passage qui va de 'Pourquoi, puisque la foi...' à 'vicaire de village.'

[53] Exemple, p.37: 'Ils fulmineront, ils remueront ciel et terre, ils étourdiront le peuple, ils intéresseront les grands, et mettront tout en rumeur, et trouble et en confusion', soit une ligne générale à cinq membres, une clausule à trois termes. Autre, *ibid*: 'Ne traitent-ils pas leurs dieux de démons, leurs simulacres d'idoles, leurs prophètes d'imposteurs, leurs prêtres de séducteurs ?' soit une ligne à quatre termes, composés chacun d'un complément d'objet et de son attribut.

[54] Page 38.

[55] Page 39, en parlant de l'ouvrage: 'S'il paraît un peu défiguré, ce ne sera qu'au goût d'une délicatesse excessive'; cf. *Mémoires*, f.9v: 'la religion [...] n'était point encore tout à fait défigurée'.

[56] Comme *s'entrefoudroyer*, p.37; cf. *s'entre-offenser*, p.313, etc.

[57] Exemple, p.39: 'comparaison à la portée des plus simples génies'; *ibid.*, 'petits génies'. Comparer, p.41: 'contre mon génie et ma coutume'; p.51, 'la raison qui parle toujours clairement [...] même aux plus simples génies'. Nombreux autres exemples dans les œuvres déjà connues de Robert Challe.

[58] Exemple, p.40: 'On n'est point instruit d'une manière claire et convaincante, qui est l'effet que doit produire un écrit tel'. Comparer, p.51: 'Ce fut alors que j'examinai, non en historien et en critique, qui est un travail infini...'; p.52: 'il le fera plutôt chanoine, qui est le poste le plus ridicule...' Voir la note grammaticale, p.545.

[59] Voir, d'une part, p.38, et d'autre part p.305, n.IV.111.

[60] Ainsi p.38, *propria dissimulans, cur aliena notas?* (c'est l'apologue de la paille et de la poutre; cf. *Matthieu*, vii.7; *Luc*, vi.37-42).

[61] Voir la note 40.

[62] Jean Mesnard, 'L'identité de Robert Challe', *Revue d'histoire littéraire*, 79 (1979), p.938, a découvert le compromis signé entre Robert Challe et ses sœurs à la mort de leur mère, en décembre 1712. Le premier renonçait à la succession de sa mère (en fait, essentiellement la maison parisienne où elle demeurait); en échange, ses sœurs, désirant lui assurer 'le moyen de vivre plus aisément lorsqu'il se trouvera sans emploi par maladie ou autrement', lui promettent une pension viagère très modique, de 200 livres par an, due seulement pendant les périodes d'inactivité. Au cas où elle lui survivrait, sa femme devrait bénéficier de cette pension si elle restait avec moins de 300 livres de rente.

[63] Les relations de Challe avec l'abbé Bignon, directeur de la Bibliothèque du roi, étaient connues par la *Correspondance*, pp.150, 160, 169, 176. Les relations avec le Temple viennent seulement d'émerger de l'ombre, comme une forte probabilité, grâce au document cité dans la note 46. Il s'agit en l'espèce du passage suivant: 'Avant que de finir ma

lettre, je vous dirai que j'ai parlé à Monsieur le Grand Prieur du sonnet que M. Challe m'avait donné sur la comédie, et ce prince m'a dit qu'il connaissait ce sonnet-là, qu'il était bon, mais qu'il n'en était pas l'auteur. Il m'a dit la même chose à l'égard des trois pièces de Campistron, *Alcibiade*, *Andronic*, etc., auxquelles ce prince assure qu'il n'en a aucune. Peut-être a-t-il ses raisons pour le dire ainsi, mais je vous répète ce qu'il m'a dit lui-même.' On peut en rapprocher d'abord le fait que Challe dit dans ses *Mémoires*, f.102*r*, à l'occasion d'un incident remontant à 1699, qu'il allait alors 'assez souvent' dans l'enclos du Prieuré; d'autre part deux mentions de Campistron et Palaprat dans le *Journal de voyage*, et surtout p.143, où Challe dit dans ce qu'il confesse être une 'digression': 'Je ne sais que MM. Capistron et Palaprat qui soient bien dans leurs affaires; mais ils le doivent à leur patrimoine et à la libéralité des princes de Vendôme, duc et Grand Prieur.'

[64] Certes, on ne peut exclure qu'il y ait ici une lacune dans le manuscrit S, mais la probablilité en est faible.

[65] En effet, il n'est guère probable qu'un copiste ou un réviseur remplace un texte banal par un texte plus difficile, quoique offrant toujours un sens satisfaisant, tandis que l'inverse est fréquent. Ces variantes 'difficiles' peuvent ici, notamment, être des archaïsmes que le copiste corrige sans presque sans rendre compte. L'exemple le plus classique est celui du pronom personnel complément de verbe + infinitif. Entre la leçon *qu'on peut les séparer*, donnée par M, p.54, var. II.*c*, et la leçon *qu'on les peut séparer*, donnée par S, il faut évidemment choisir celle-ci, qui est la plus archaïque, et celle qui, par conséquent, a le plus de chance d'être transformée après un demi-siècle.

Notes de la Préface

¹ Sur ce trait de caractère de Robert Challe, voir l'introduction, p.19, n.45.

² Ce type de raisonnement par dilemme apparaît dans l'ouvrage de Jaquelot dont il sera question dans la note suivante. Ainsi: 'Ce que disent les premiers chrétiens est véritable ou faux. S'il est véritable, l'histoire de l'Evangile est certaine. S'il est faux, ce serait, à parler sans blasphème, la fable la plus mal inventée qui fût jamais.' (*Dissertations sur l'existence de Dieu*, p.702).

³ 'Dans ses dissertations imprimées à La Haye chez Chrétienne Foulques, 1699' (note marginale de M). Le terme de 'dissertations' est vague. Jaquelot (1647-1706), ministre protestant émigré en Hollande, a composé deux ouvrages intitulés 'dissertations', à savoir, l'un, *Dissertations sur l'existence de Dieu, où l'on démontre cette vérité par l'histoire universelle, par la réfutation d'Epicure et de Spinosa, etc.*, La Haye, Foulques (1697), 705 pp.in-4°, l'autre, *Dissertations sur le Messie, où l'on prouve aux Juifs que Jésus-Christ est le Messie promis et prédit par l'Ancien Testament*, La Haye, Foulques (1699). C'est dans le premier que l'on trouve apparemment le passage visé par Challe. Dans la Préface, Jaquelot convient qu'il y a 'beaucoup d'obstacles à l'établissement de la piété': 'il faut vaincre ses propres passions et résister souvent au mouvement de la nature. Il faut ajouter foi à ce qui paraît le plus incroyable. Il faut croire, contre toutes les apparences, une résurrection, un jugement universel, un bonheur et un malheur éternel. Il faut changer le plan de ses desseins, de sa conduite, et renoncer à être soi-même.' Il reconnaît qu'il ne faut, 'pour se laisser ébranler par de fâcheux doutes, qu'entendre dire à un savant [...] que Moïse avance beaucoup de choses qu'il serait difficile de prouver'. Il ne confond pas la foi avec 'une simple crédulité', qu'il regarde comme 'une faiblesse dangereuse'. Il se garde aussi de tomber dans le travers dénoncé un peu plus loin (p.49) par Challe, c'est-à-dire confondre la démonstration de l'existence de Dieu avec celle de la vérité de telle religion révélée: 'On se vante aujourd'hui d'être philosophe. Chacun dit qu'il y a un Dieu. Mais ce grand nom fait souvent une équivoque dangereuse. Tel qui parle de Dieu, de son entendement, de sa volonté, de son amour, n'a néammoins d'autre idée de la divinité que celle de la matière de l'univers. Il faut donc chercher le Dieu que Moïse nous a enseigné.' A propos même de l'existence de Dieu: 'On a beau dire que c'est un principe contre lequel on ne doit pas discuter. Il serait à souhaiter que cela fût, mais cela n'est pas.' Et en effet, 'la Divinité est un objet qui ne tombe pas sous le sens, c'est un être spirituel'. Pourtant, Jaquelot prétend, 's'il plaît à Dieu, mettre cette idée dans un si grand jour que ceux qui savent suivre un raisonnement seront convaincus. L'athéisme sera forcé dans ses derniers retranchements'. Il ajoute enfin: 'Ceux qui ne seront pas persuadés après la lecture attentive de l'ouvrage nous feront plaisir de nous communiquer leurs doutes et leurs difficultés.'

⁴ '*Ethica ordine geometrica demonstrata*' (note marginale de M). On pourrait aussi citer le *Tractatus theologico-politicus*, publié en 1670, et traduit en français par Saint-Glain.

⁵ 'Alors que tu caches tes propres fautes, pourquoi relèves-tu celles d'autrui?' Nous n'avons pu identifier cette citation, dont l'idée vient de l'Evangile (*Matthieu* vii.7, *Luc* vi.37-42). Dans la citation, avec R. Mortier, nous corrigeons *nolas*, donné par M, en *notas*. Sur cette faute, cf. p.273, n.IV.18.

⁶ Même opposition, p.305; voir l'introduction, p.22.

⁷ Dans M, *par* est une add. interl. d'une autre main, remplaçant *pour*, rayé.

⁸ Ce mode de raisonnement syllogistique, qui vieillit à l'époque, est chez Robert Challe un héritage de sa formation scolaire. Tout le cours de philosophie se faisait alors sous cette forme. Selon Jean de Viguerie, *L'Institution des enfants* (Paris 1978), p.199, 'Le cours de philosophie n'est d'un bout à l'autre qu'une longue suite de demandes et de réponses,

qu'une longue série de discussions. "Je conclus", "je prouve", "on m'objecte", "je réponds", "je suis la majeure, je réfute la mineure". L'écolier vit au rythme de la contradiction.' Au contraire, Malebranche rejette la forme syllogistique; voir n.IV.269.

[9] Même formule que p.43; et dans les deux cas, l'auteur se garde de finir: nouvel indice que cette préface est bien de lui. Sur ces 'traits historiques d'un grand poids', voir l'introduction, p.22.

[10] Construction boiteuse; on peut naturellement corriger *épuiser* en *d'épuiser* ou *pour épuiser*, mais la justification paléographique de la faute fait défaut.

Notes de la Lettre dédicatoire

[1] Sur ces 'cahiers', voir l'introduction, pp.4-5.

[2] Au sens de 'rebuter', c'est-à-dire ici refuser de lire.

[3] *La*, c'est-à-dire la vérité.

[4] La première édition de la *Recherche de la vérité* fut publiée en deux volumes à Paris (A. Pralard, 1674-1675).

[5] Cette affirmation paraît hasardeuse. Il est peut-être vrai, pourtant, que Challe connaît surtout les objections contre le christianisme à travers les réponses qu'y avaient faites des apologistes tels que J. Abbadie, L. Bastide, I. Jaquelot et d'autres; il est vrai aussi que, s'il a probablement lu le *Dictionnaire* de Bayle et le *Tractatus theologico-politicus* de Spinoza, il ne connaît sans doute pas les déistes anglais. Mais il ne peut manquer d'être au courant de leur pensée par la lecture des comptes rendus publiés dans les journaux hollandais qu'il trouve dans la bibliothèque de l'abbé Bignon (voir sa lettre du 30 décembre 1713, *Correspondance*, p.150). Finalement, la prétention à l'originalité qui s'exprime ici est du même ordre que celle qu'on trouve dans la Préface des *Illustres Françaises*, p.LXII: 'On ne trouvera rien non plus d'emprunté d'ailleurs. Tous les incidents en sont nouveaux et de source: du moins il ne m'a point paru qu'ils aient été touchés par personne.' Affirmation vraie pour l'essentiel, mais qu'il faut se garder de prendre au pied de la lettre.

[6] En réalité, Challe, comme tous les libertins français, connaît Lucrèce depuis longtemps; voir le *Journal*, pp.97 et 295, et cf. ici même n.IV38. Mais il n'a pas besoin de le relire, d'autant plus qu'il rejette son matérialisme.

[7] Ce paragraphe et le précédent font implicitement appel à des idées chères à Malebranche; celui-ci écrit par exemple dans la *Recherche de la vérité*, VI, II, 1, pp.81-83: 'qu'il faut toujours conserver l'évidence dans ses raisonnements, pour découvrir la vérité sans crainte de se tromper' et 'que nous ne devons raisonner que sur des choses dont nous avons des idées claires'. (F. R.)

[8] Même excuse de l'auteur dans la Préface des *Illustres Françaises*, p.LXIII, sur 'le commencement ou l'entrée de son histoire', qui est 'un peu embrouillé pendant quatre ou cinq feuillets'.

[9] *Suffisance*, capacité.

[10] Ce rejet de l'autorité en matière de raisonnement est très caractéristique du tour d'esprit de Challe; selon l'Avertissement du *Journal de voyage*, p.53, 'c'était un homme fort dégagé des préjugés vulgaires; à qui les noms n'en imposaient point; qui voulait voir par ses propres yeux, et ne juger que par ses lumières'.

[11] Allusion aux *Entretiens métaphysiques*, XI, 6 et XI, 13. Mais les deux exemples allégués par Malebranche, celui du *formica leo* et celui du ver à soie, semblent confondus. On sait que Voltaire fera allusion à ce dernier passage dans le *Dictionnaire philosophique* (Résurrection II, 1765, début): 'Le père Malebranche prouve la résurrection par les chenilles qui deviennent papillons. Cette preuve, on le voit, est aussi légère que les ailes des insectes qu'il emprunte.' (F. R.). Bien entendu, il ne s'agit pas pour Malebranche d'une preuve, mais d'une similitude.

[12] L'expression est remarquable, et apparemment nouvelle, pour désigner les religions révélées. L'article du *Dictionnaire* de Richelet (Rouen 1719) sur *factice* est ainsi conçu: 'Qui est fait par art, qui n'est point naturel. Messieurs de l'Académie remarquent que ce mot n'a guère d'usage qu'en ce sens, mot factice, terme factice, pour dire un mot qui n'est pas reçu dans la langue, mais que l'on fait selon les règles de l'analogie. Cependant l'on appelle en chimie cinnabre factice celui qui est fait par les chimistes, et Monsieur Descartes nomme idée factice celle qui n'est ni naturelle ni acquise.' Pour sa part,

Furetière cite aussi les 'chevaux factices' de Rabelais, *Gargantua*, ch. XII. En fait, ce n'est pas en français, mais en latin, que Descartes emploie le mot *factice*, à savoir dans une lettre à Mersenne du 16 juin 1641, où il distingue les *ideae factae vel factitiae* 'au rang desquelles on peut mettre celles que les astronomes font du soleil par leurs raisonnements' et les *ideae adventiciae*, 'comme l'idée qu'on a vulgairement du soleil', d'une part, les *ideae innatae*, '*ut idea Dei, Mentis, Corporis, Trianguli, et generaliter omnes quae aliquas Essentias veras, immutabiles et aeternas representant*', d'autre part (éd. Alquié, Classiques Garnier, ii.337). Luynes traduit *factae* de la IIIème Méditation par '*faites et inventées par moi-même*' (éd. Adam et Tannery, ix.29-30). (G. Rodis-Lewis)

[13] Les *obsecro* étaient de longues oraisons de supplication à la Vierge; qui les récitait était assuré de connaître le moment de sa mort et pouvait ainsi se repentir; le nombre des jours dont il disposait était égal au nombre d'années pendant lesquelles il avait récité cette prière. Les allégresses étaient sept prières à la Vierge, en mémoire des sept mystères qui furent pour elle sujet de joie. Les oraisons de Sainte Brigitte ou oraisons sur la Passion étaient des oraisons de louange, deux au Christ et deux à la Vierge, qui procuraient aussi à ceux qui les récitaient la connaissance du jour et de l'heure de leur mort. Ces indications confirment la peur qu'avait Challe de mourir dans l'impénitence; voir p.57: 'Depuis que je ne crains plus de mourir sans confession, je suis tranquille sur la mort'. (F. R.) Voir aussi le rôle que la crainte de mourir réprouvé joue dans le destin de Gallouin, le mystérieux héros des *Illustres Françaises*.

[14] Le *Journal de voyage* ouvre quelques aperçus sur le 'mauvais sujet' qu'a pu être Challe; voir par exemple l'histoire de Fanchon (pp.513 sqq.). Mais c'est surtout l'histoire de Dupuis, la dernière des *Illustres Françaises* (ii.410-554), autobiographique selon le *Journal littéraire*, cité dans les *Illustres Françaises*, ii.576, qui restitue le mieux les frasques de sa jeunesse. Voir encore ci-après n.IV.217.

[15] Cette lecture de l'Evangile se traduit par de nombreuses citations ou allusions, tant dans le présent ouvrage que dans le *Journal de voyage*; voir les Index de ces deux livres.

[16] Robert Challe, qui a fait sa classe de philosophie (voir ci-après, p.48, ainsi que le *Journal de voyage*, p.95), a, pendant la seconde année du cours, étudié pendant six ou sept mois les sciences, et tout spécialement la physique; voir Jean de Viguerie, *L'Institution des enfants* (Paris 1978), p.195-206. Il a même soutenu une thèse de physique, si l'on en croit un passage certainement autobiographique des *Illustres Françaises*; voir ci-après, n.I.39.

[17] Sans doute les *Entretiens sur la métaphysique et sur la religion* (Rotterdam, R. Leers, 1688). On les désignait couramment sous ce titre abrégé.

[18] Les *Conversations chrétiennes dans lesquelles on justifie la véritéde la religion et de la morale de Jésus-Christ* (Mons, G. Migeot, 1677).

[19] Qu'a été ou qu'aurait pu être la réponse de Malebranche? Il répondait assez brièvement aux lettres de ses nombreux correspondants. A Dortous de Mairan, qui lui demandait de développer les paralogismes de Spinoza auxquels il aurait voulu résister, il écrivait: 'il faudrait être en présence pour pouvoir s'accorder sur des questions abstraites et se mettre promptement l'un et l'autre au fait' (*Correspondance*, éd. Robinet (Paris 1961), p.865). Jamais en tout cas Malebranche n'aurait envisagé de donner une réponse publique à un écrit tel que celui-ci. (F. R.)

Notes du Premier cahier

[1] Dans le *Militaire philosophe*, ce titre devient: 'Contenant l'exposition des raisons qui ont servi à me dessiller les yeux'. L'effet d'ennoblissement est obtenu au prix d'un alourdissement considérable.

[2] Sur ce voyage à Rome, voir la vie de Robert Challe, en tête de l'édition du *Journal de voyage*, p.21.

[3] Challe connaît parfaitement ce dont il parle ici; il écrit le 8 septembre 1718 aux auteurs du *Journal littéraire* auxquels il refuse de révéler son nom: 'Contentez-vous de savoir que j'ai l'honneur d'être avocat au Parlement [...] que j'ai étudié les matières papales et que je pourrais commenter les matières bénéficiales de Fra Paolo...' (*Correspondance*, p.179).

[4] *Vieux*, biffé dans M, est remplacé au-dessus de la ligne par *vieillard*, rayé à son tour et remplacé par *vieux*, d'une autre main, en-dessous de la ligne.

[5] Manifestement, l'anticléricalisme de Challe se fonde sur un gallicanisme, lui-même sans doute héréditaire dans la famille. On trouvera à l'index diverses références aux thèmes évoqués ici (s.v. maltôets, moines, papes, etc.). Ceux-ci apparaissent aussi bien dans le *Journal* que dans les *Mémoires* et la *Correspondance*, voire, à propos des moines notamment, dans les *Illustres Françaises*. On les trouverait certainement aussi dans les *Tablettes chronologiques*, si celles-ci nous étaient parvenues. Citons un passage d'une lettre de Challe au *Journal littéraire*, du 13 mars 1716, précisément relative à ce dernier ouvrage: 'Je crois qu'il serait à propos de mettre en tête [...] une estampe représentant le pape traîné dans le chariot mystérieux d'Ezéchiel, et le trône des Césars dans l'enfoncement, car en effet les papes sont les véritables souverains de la ville impériale. Il faudrait orner cette estampe de représentations d'empereurs enchaînés, d'enseignes romains traînant le fer en bas, et abattues par des excommunications représentées par des fusées. Ceci est une idée qui ne fait que me venir en vous écrivant, je vous la donne.' (*Correspondance*, p.175).

[6] Sur ce thème de l'Inquisition, voir l'index.

[7] Le parallèle entre les crimes attribuées par les chrétiens aux païens est un lieu commun de la pensée de Challe; voir l'index, s. v. Païens.

[8] Allusion à l'empereur K'ang-hi qui avait signé, en 1692, un Edit de tolérance, pour remercier les jésuites qui lui avaient rendu 'de signalés services [...] dans les guerres civiles et étrangères'. Ce succès des jésuites devait aggraver la jalousie à leur égard et aviver la querelle des 'rites chinois', condamnés en 1704 par un décret du Saint-Office, confirmé par le pape Clément XI le 20 novembre de la même année. Mais, cette fois encore, K'ang-hi prit parti pour les jésuites. (F. R.) L'argument employé par Challe ici l'avait déjà été par Bayle dans son *Commentaire sur le compelle intrare*, I, 5 (R. M): 'Les empereurs du Japon et de la Chine devraient s'opposer de toutes leurs forces à ceux qui parlent de christianisme...' (p.123).

[9] Pascal Ier, pape de 817 à 824, excommunia Léon V, qui, étant monté sur le trône d'Orient en 813, s'était déclaré contre le culte des images. Pour les empereurs allemands, voir ci-après, n.12, et n.III.299. – Dans la marge du manuscrit M, on lit, à droite de la ligne où figurent ces mots, un sigle A, auquel correspond un B, p.47, n.I.21. C'est apparemment, comme on l'a dit dans l'introduction, p.24, l'indice que le passage a été remanié. Il serait donc imprudent de le considérer comme représentant totalement la pensée de Challe.

[10] Le roi d'Angleterre est Jean sans Terre, qui, excommunié par le pape Innocent III, se soumit et s'humilia en 1213, après sept ans de résistance. Le comte de Toulouse est Raymond VI, protecteur des Albigeois, excommunié par le pape Innocent III après le

meurtre du légat Pierre de Castelnau (1208), qu'on lui imputa. Il dut aller s'humilier devant le pape à Avignon et subit la flagellation dans l'église Saint-Gilles de la main du légat Milon (1209). Pour les 'rois de l'Amérique', l'auteur (ou le remanieur) doit songer tout particulièrementà Atahualpa, roi du Pérou, étranglé sur l'ordre de Pizarre (1533), après avoir pourtant été baptisé.

[11] L'expression *faire voir au doigt et à l'œil* se retrouve sous la forme voisine *faire toucher au doigt et à l'œil* dans le *Journal de voyage*, p.188.

[12] Allusion probable soit à l'entrevue de Canossa, où Henri IV dut s'humilier devant Grégoire VII (1077), soit à l'entrevue de Venise (1177), où Frédéric Barberousse tint la bride du cheval d'Alexandre III.

[13] Dans les *Mémoires*, Challe rend pourtant parfois justice à la papauté. C'est à l'intervention d'Innocent XI qu'il attribue la suppression de l'impôt sur les bans de mariage, institué sous le règne de Louis XIV (f.51*v*).

[14] Par les jeûnes qu'ils imposent, ou encore par l'interdiction du mariage entre 'compère' et 'commère'; voir la lettre de Challe du 30 décembre 1713: 'Vous avez assez lu les anciennes histoires pour savoir qu'autrefois on a vu des princes et des rois faire casser leur mariage sur le simple prétexte d'une alliance spirituelle, qui devait empêcher une alliance corporelle subséquente. Vous savez dans quel aveuglement Rome tenait autrefois la chrétienté' (*Correspondance*, p.152).

[15] Sur l'autodafé dont Challe aurait été le témoin, voir le *Journal*, pp.139, 367.

[16] Une illustration de cette 'rigueur' est fournie dans le *Journal de voyage* par l'anecdote du curé de Quimper. Un matelot ayant dit à un autre: 'Tu ressembles à notre curé, tu porterais le bon Dieu à ta main, et tous les diables à ton cou', s'explique en disant que le curé du lieu (Quimper) 'a été obligé de plaider contre les habitants de sa paroisse, qu'il a gagné son procès, et que le père de celui qui a fait la réponse était pour lors marguillier, et qu'il a été exécuté pour les dépens, le curé n'ayant voulu faire ni quartier ni remise' (p.452).

[17] C'est-à-dire 'et telles que je les reconnaissais'; sur l'omission du pronom, voir la note grammaticale, p.544.

[18] Sur l'expérience que Robert Challe avait des 'idolâtres indiens et américains', voir le *Journal de voyage*, notamment pp.244-246 (sur Moali), 291-295, 298-303. Mais s'il y parle des 'moines, chapelets, reliques', c'est à propos des missionnaires européens, par exemple ce père Bernard qui, à Balassor, a 'plus de reliques que tous les trésors de la chrétienté n'en ont ensemble' (p.366). Il est vrai qu'à propos des catholiques du Bengale, il évoque 'leurs signes de croix avec leurs deux mains par-dessus leurs têtes jusqu'à leurs pieds' qui 'semblent un reste de leur ancienne salutation aux idoles' (p.367). Néammoins, tout compte fait, cette mention des 'moines, chapelets et reliques' surprend à propos des Indiens; elle surprend encore davantage à propos des Indiens d'Amérique, dont Challe présente la religion, dans ses *Mémoires*, ff.46r-48r, comme un vague déisme.

[19] C'est-à-dire: 'Je fis réflexion sur...' (voir l'alinéa précédent).

[20] L'idée est chère à Robert Challe. Dans le *Journal de voyage*, il la cite en latin en l'attribuant à Saint Augustin, tout en précisant qu'il n'y a pas trouvée: '*Multorum corpora veneramur in terris, quorum animae cruciantur in infernis*, nous vénérons sur terre les corps de beaucoup de gens dont les âmes sont soumises aux tourments des enfers' (p.300, n.554). Il cite la même formule dans ses *Tablettes chronologiques*, comme en témoigne un passage de sa lettre aux journalistes hollandais du 26 novembre 1714: 'J'écris d'un autre côté *multorum corpora venerantur*. Je sais bien qu'il faut *veneramur*', (*Correspondance*, p.171). Ailleurs, il prête aussi à Godeau un mot qui va dans le même sens (*Journal*, p.390).

[21] Louis Gaufridi, curé à Marseille, fut brûlé comme sorcier le 30 avril 1611 à Aix-en-Provence, 'atteint, confez et convaincu d'un grand nombre de sortilèges', suivant les termes de l'arrêt imprimé dans le *Mercure* et reproduits par le père Pierre Le Brun dans son *Histoire critique des pratiques superstitieuses* (Rouen, Veuve Behout, 1702; nous citons

d'après la seconde éd., Paris, Veuve Delaulne, 1732), i.308. Gaufridi avait surtout abusé du pouvoir que lui donnait la confession pour séduire bon nombre de femmes, qu'il prétendait initier à la magie. En 1672, Louis XIV rendit un arrêt qui interdisait à tous les tribunaux de France d'admettre l'accusation de sorcellerie en tant que telle; mais le Parlement de Paris condamnait à mort ou aux galères, après enquête basée sur des moyens naturels, ceux qui étaient convaincus d'avoir, par maléfice ou autrement, provoqué la mort d'hommes ou de têtes de bétail; voir Le Brun, *ibid.*, pp.315-316. – En face de cette phrase, le manuscrit M porte le sigle B, correspondant à A signalé n.I.9.

[22] Sur le ou les voyages de Challe en Espagne, voir le *Journal*, p.147.

[23] 'Ma conscience ne me reproche rien, il est vrai, mais je n'en suis pas justifié pour autant; mon juge, c'est le Seigneur.' (*I. Corinthiens*, iv.4) (F. R.)

[24] 'Récollet canonisé' (note marginale de M). Jean de Capistran (1385-1456), moine récollet, prêcha contre les infidèles après avoir fait brûler, en Italie, peintures frivoles, cartes à jouer et colifichets. Il combattit aussi les hussites. Il venait d'être canonisé en 1690 par Alexandre VIII. (F. R.)

[25] Le manuscrit porte *Il* (avec une majuscule), qui ne convient pas. La correction a été proposée par H. Coulet.

[26] Tel est le sens des avertissements (sinon les propos) de saint Paul, *II. Thessaloniciens* (F. R.).

[27] Le présent passage préfigure certains jugements des philosophes sur saint Louis. Selon Voltaire, dans l'*Essai sur les mœurs* (éd. Classiques Garnier), i.599, ce sont cent mille personnes qui périrent dans les deux expéditions de saint Louis; le même auteur compte que l'ensemble des croisades coûta à la chrétienté deux millions de morts.

[28] Ce membre de phrase *on l'inscrit au catalogue des saints* est omis dans l'éd. Mortier. – Effectivement, Louis IX avait été canonisé dès 1297 par Boniface VIII.

[29] M porte ici une note marginale: 'Jacques second, roi d'Angleterre. Il avait promis aux Anglais en montant sur le trône de leur laisser le libre exercice de la religion. Ayant voulu manquer à sa parole, ils l'ont chassé, il est mort à [Rome, *biffé*] Paris.' Jacques II était mort en fait au château de Saint-Germain, que lui avait cédé Louis XIV, en 1701. L'erreur du commentateur est due au fait que le fils de Jacques II, Jacques III, avait reçu à Rome à partir de 1719 l'hospitalité du pape Clément XI, qui avait tenté en vain d'obtenir de la reine Anne qu'elle l'adoptât, en tant que son demi-frère, comme héritier de la couronne. L'allusion à une canonisation est peut-être liée à la prétendue guérison miraculeuse d'une muette sur le tombeau de Jacques II; voir Le Brun, *Histoire des pratiques* (voir n.I.21), Préface, i.XVII. Du reste, Challe parle souvent de Jacques II et de l'influence qu'exerça sur lui le jésuite Peters; voir l'index. Bien entendu, son jugement, et davantage encore celui de l'annotateur, ne peuvent être acceptés sans réserve. On trouvera une synthèse équilibrée sur la politique religieuse de Jacques II dans l'*Encyclopaedia Britannica*. C'est, notamment, un édit de tolérance envers les catholiques et les protestants dissidents (avril 1667) qui renforça l'hostilité à son égard de la hiérachie anglicane. Au début de son règne, celle-ci lui avait été plus favorable qu'à son frère Charles II, qui était resté, au moins de nom, protestant et non anglican.

[30] La haine des moines mendiants apparaît souvent chez Robert Challe; voir l'index. Elle pourrait lui avoir été léguée par son père, si on interprète biographiquement un passage de l'Histoire de M. Des Prez et de Madeleine de Lépine, dans les *Illustres Françaises*, i.243: 'Je n'ai jamais su ce que les religieux lui avaient fait, surtout les mendiants, mais il les haïssait comme la peste...' Plus loin, p.244, le même personnage les appelle besaciers, comme ils sont désignés ici, p.55, 141.

[31] Dans M, *d'autres*, add. marg. d'une autre main, remplace *de*, biffé.

[32] Sur le peu de goût de Challe pour le jeûne, voir ce mot à l'index. Dans la suite du *Don Quichotte*, il se moque de ceux qui 'prêchent le jeûne aux autres' alors qu'ils sont 'gras à lard' et 'se nourrissent comme des poulets de grain' (vi.350).

[33] Grand propriétaire foncier, Voltaire reprendra souvent cette idée, ainsi dans le *Pot pourri* (*Contes et romans*, Bibliothèque de la Pléiade, éd. F. Deloffre et J. Van den Heuvel), pp.251-252, et dans le *Dictionnaire philosophique*, art. 'Catéchisme du curé'.

[34] Notre-Dame des Ardilliers est un célèbre lieu de pélerinage près de Saumur. Une statuette de la Vierge des Douleurs y ayant été découverte près de la fontaine des Ardilliers, le lieu était vénéré des habitants de Saumur et de la région dès le XVème siècle. En 1534, on entreprit la construction d'une chapelle, dont l'abside est englobée dans la sacristie actuelle. Devenue chapelle royale grâce à Louis XIII, elle fut confiée en 1614 aux prêtres de l'Oratoire, qui s'y installèrent en 1619. Sur l'autel de la chapelle refaite par Richelieu en 1634, dans une niche fermée d'une grille, on aperçoit encore la statue de Notre-Dame des Ardilliers. L'église actuelle fut édifiée en plusieurs temps (1655-1658, 1673-1674, 1690-1693). Ce pélerinage, qui a lieu notamment le 15 août et le dimache qui suit le 15 septembre, fut très en vogue au XVIIème siècle. C'est là que la mère de Chateaubriand fit relever son fils d'un vœu (*Mémoires d'Outre-Tombe*, I, 1, 4-5). Il faut surtout observer que c'est à la maison de l'Oratoire de Notre-Dame des Ardilliers que Malebranche fut envoyé le 19 avril 1661 avec son frère, pour étudier la théologie. Il fut rappelé à Paris le 22 octobre de la même année. (F. R.)

[35] Cette grille est toujours en place de nos jours; voir n.I.34.

[36] *Marmouset* est ici employé dans son sens ancien: 'figure représentant une idole'; voir d'autres emplois à l'index.

[37] Ce catéchisme n'est pas le catéchisme du concile de Trente, qui est de caractère plus abstrait, mais quelque catéchisme publié au XVIIème siècle que nous n'avons pu retrouver. Du reste, l'image est un lieu commun de la prédication catholique.

[38] Comme l'a indiqué R. Mortier, l'auteur fait allusion, dans ce paragraphe, à un ouvrage de Desmarets de Saint-Sorlin, *Les Délices de l'esprit, dédiés aux beaux-esprits du monde moderne*, gros in-folio abondamment illustré de fines gravures, 'livre étrange qui tient à la fois de l'autobiographie romancée et du traité d'initiation à la vie contemplative'. La première édition est de Paris, chez Florentin Lambert, 1658; il y en eut plusieurs autres. Nous renvoyons à l'édition Florentin Lambert, Paris, 1661, in-folio.

[39] Ce détail biographique est confirmé par un passage, également considéré comme autobiographique, des *Illustres Françaises*, dans lequel l'auteur raconte sa première aventure amoureuse: 'Je n'avais pas encore treize ans lorsque ce que je vais vous dire m'arriva; je n'étais qu'en seconde; et j'ai soutenu ma thèse en physique plus de trois ans après, que je n'en avais que seize, et même huit jours moins.' (ii.413).

[40] Challe fait allusion, de mémoire, à un passage de la Ière partie, VIème journée, 'Des délices de la réputation', p.89. Il y est question de l'amour-propre, qui 'sait faire des miroirs: mais ils sont tous faux et flatteurs; car ils représentent bien plus beau, bien plus grand et bien plus puissant qu'on n'est.' On y parle aussi de lunettes, auxquelles, comme aux miroirs, l'amour-propre 'attache [...] un certain charme doux et flatteur'.

[41] L'auteur se réfère cette fois à un passage de la Ière partie, VIIIème journée, 'Des délices de la philosophie ou de la sagesse morale', pp.120-123. En voici l'essentiel. 'Certains grands philosophes, à qui on refusait l'entrée de la ville de la vraie Volupté, à cause que leur haleine sentait les viandes de l'orgueil et de l'amour-propre, après avoir considéré que la demeure de la philosophie était attachée aux murs de la ville, s'avisèrent de fouir par-dessous terre avec un certain instrument ferré et pénétrant, qui s'appelle la réflexion, et de creuser peu à peu une mine, pour y entrer par-dessous les murs.' Cet instrument est 'courbé et replié'; d'abord il semble se porter sur une chose, 'puis revient et agit sur nous-même'. Grâce à lui, les philosophes pénètrent dans la ville et y apprennent 'quelques bons préceptes', notamment 'cette sentence qui courait par les rues, connais-toi toi-même'. Finalement reconnus à leur haleine, ils 's'échappèrent par leur mine, de peur d'être traités en ennemis'.

[42] Après avoir vu Philédon, le libertin, lui résister pendant dix journées, le pieux Eusèbe

a la surprise de le trouver un matin à genoux devant un crucifix, à côté de son lit qui n'a pas été défait, d'où son exclamation: 'Bon Dieu, que vois-je ? Philédon à genoux, et en pleurs, et devant la croix?' Comme plus loin, p.273, Challe estime que cette conversion n'est pas justifiée par ce qui précède, et le lecteur moderne est tenté de partager son opinion.

[43] Sur cette classe de philosophie, attestée aussi par le *Journal de voyage*, p.95, 157, voir la note I.39. C'est dans la seconde année de la classe de philosophie qu'on abordait la métaphysique. Challe devait alors avoir entre quinze et seize ans, et l'on était en 1674-1675.

[44] Sur les formes substantielles, celles qui déterminent l'essence de chaque être, et les accidents absolus, cf. n.II.224, et pour le fond, n.IV.52.

[45] Dans M, *que*, biffé, est remplacé par *où*, peut-être d'une autre main.

[46] Des étudiants; il se peut que Challe ait fait dans l'intervalle des études de droit.

[47] Ceci doit dans la vie de Challe s'entendre de son engagement comme volontaire pour la campagne de Flandre (1677), dont il parle dans le *Journal de voyage*, p.259.

[48] 'Les conversions par les dragons' (note marginale de M). Naigeon ajoute, dans l'éd. du *Militaire philosophe*: 'J'étais alors dragon.' Ces deux notes sont malheureuses. Les persécutions contre les protestants prirent bien d'autres formes que les dragonnades. La plupart du temps, elles furent d'ordre réglementaire et administratif: de nombreuses charges furent successivement interdites aux réformés; l'université de Saumur, des écoles, des temples furent fermés, etc. Les dragonnades ne marquèrent que la dernière phase de la persécution (1683-1685). On a déjà vu, n.I.29, que les notes de M n'ont guère d'autorité; on en verra d'autres preuves, par exemple n.IV.250. Quant à la précision donnée par Naigeon, elle est manifestement apocryphe, puisqu'elle ne figure pas dans le manuscrit M, sur lequel est basé le texte du *Militaire philosophe*; elle marque seulement la surprise de l'éditeur devant le fait qu'un officier de marine ait été mêlé aux dragonnades, et une tentative pour pallier cette difficulté.

[49] Le caractère personnel de l'anecdote peut paraître suspect, puisque, à l'époque où Challe servit dans l'armée (1677), aucun fait de ce genre n'avait eu lieu. Si on veut lui chercher une signification autobiographique, il faut penser aux années 1683-1685, pendant lesquelles Challe, en compagnie d'officiers de marine et sans doute d'autres armes, passa de Paris à La Rochelle et inversement, traversant ainsi des régions exposées aux persécutions. Il est aussi possible que ce passage fasse allusion, à des faits dont l'auteur n'aurait été que 'témoin quasi-oculaire', suivant une de ses formules dans les *Mémoires*, f.45r, à propos d'événements qui lui ont été racontés presque immédiatement après qu'ils ont eu lieu, et presque sur les lieux où ils se sont déroulés.

[50] Cette maison est l'Eglise protestante, qu'il n'a pas été possible de ramener dans le giron de l'Eglise catholique, malgré les échanges de vues entre Bossuet et le pasteur Claude.

[51] Evêques et curés étaient consultés pour la délivrance des billets de logement.

[52] On peut préciser chaque terme de cette phrase. La date, d'abord: apparemment 1690-1691, lors du voyage aux Indes. L'inquiétude métaphysique de Challe apparaît souvent à cette époque; ainsi, la contemplation du sillage du navire ou le spectacle de poissons volants lui sont des occasions de méditer sur l'éternité (*Journal*, pp.110, 149-150). Les livres qu'il a emportés et qu'il lit sont un recueil d'extraits de saint Bernard et d'autres saints, comme saint Augustin, ou docteurs comme Idiota, ainsi que l'*Imitation de Jésus-Christ* (*Journal*, p.103, n.145 et 146). Ce sont les 'pères'. Parmi les théologiens, on peut citer Louis Ellis Dupin (cf. n.III.17), ainsi que ceux qui sont spécifiés par l'auteur lui-même (p.267 et n.III.568). Au premier rang des 'philosophes chrétiens' figurent Pascal (voir l'index) et bien entendu Malebranche lui-même, comme il appert par la p.347, auxquels on peut peut-être ajouter saint Thomas, si celui-ci n'est pas compris parmi les 'pères'. Du reste, on est sceptique sur le mauvais effet qu'aurait pu produire sur

Challe la lecture des pères de l'Eglise. Pendant les premiers temps de son voyage aux Indes, il se plaît à lire saint Bernard et saint Augustin. Ce n'est que progressivement, et sous des influences extérieures que sa pensée religieuse évoluera; voir F. Deloffre, 'Un cas de conscience exemplaire à l'orée du siècle des Lumières: le cas de Robert Challe', *Studies on Voltaire*, 190-193 (1981), pp.1063-71.

[53] L'association des femmes et des enfants, dans une même visée dépréciative, est fréquente chez Robert Challe; voir ici, p.282, ainsi que *Journal de voyage*, p.157, etc.

[54] 'Descartes. Sa philosophie condamnée parce qu'il soutenait que la matière ne pouvait être sans étendue, ce qui détruit la transsubstantiation, et pour d'autres principes pareils' (note marginale de M). Cette note du manuscrit M est encore une fois très discutable. Descartes n'a jamais eu à subir les 'dernières cruautés'. On songerait à Vanini, si Challe ne réprouvait pas les athées. A défaut, c'est Galilée qui vient à l'esprit. On peut aussi se souvenir que le sort de Chausson est connu de notre auteur; voir ci-après, n.IV.98 et IV.275, ainsi que le *Journal de voyage*, p.143, n.283.

[55] 'Nouveau Testament' (note marginale de M). La même formule, qui vient de *Matthieu*, x.8, est donnée plus loin en latin, *gratis accepistis, gratis date* (p.137, n.II.260).

[56] Effectivement, après avoir conféré à ses disciples le pouvoir de guérir les malades, de ressusciter les morts, de chasser les démons, le Christ ajoute (*Matthieu*, x.8-10): 'Vous avez reçu gratuitement, donnez gratuitement. Ne vous procurez ni or ni argent, ni menue monnaie pour vos ceintures, ni besace pour la route, ni deux tuniques, ni chaussures, ni bâton: car l'ouvrier mérite sa nourriture.'

[57] Réminiscence du *Bourgeois gentilhomme*, IV.3 (R.M.). Voir à l'index d'autres références à Molière.

[58] Ce thème est repris et développé dans l'extrait LI (voir p.237).

[59] Voir encore p.141, ainsi que n.III.8, d'autres références à ce thème dans l'œuvre de Challe.

[60] 'Jephté' (note marginale de M). L'allusion est à *Juges*, xi. Il est aussi question du même épisode dans le *Journal de voyage*, p.227, mais, comme il n'a pas ici d'intention polémique, Challe se montre plus équitable. Il observe que ce sacrifice n'était nullement conforme à la religion juive, et que les Juifs, en laissant Jephté sacrifier sa fille, 'regardèrent ce sacrifice comme l'effet d'un vœu indiscret, qui n'intéressait que lui et sa famille, et nullement la religion et la conscience de la nation. Jephté ne fut même pas pressé de l'accomplir: il ne faut que lire le texte sacré.'

[61] C'est-à-dire: 'j'entretiendrai en ton honneur'.

[62] La mention de l'ouvrier est une réminiscence du texte cité à la note I.56. – Pas d'alinéa dans M.

[63] 'Paul V s'est laissé nommer ainsi.' (note marginale de M). Le titre officiel du pape est 'évêque de Rome, vicaire de J.-C., successeur du prince des apôtres, souverain pontife de l'Eglise universelle, patriarche d'Occident, primat d'Italie, archevêque et métropolite de la province romaine, souverain de l'Etat pontifical' (Hans Kühner, *Dictionnaire des papes* (Paris 1958), p.12). Le titre de vice-dieu fut donné à Paul V par Agrippa d'Aubigné, qui le nomme ainsi par dérision dans les *Tragiques*, vii.833-834. Voltaire reprend plusieurs fois le terme dans les *Lettres d'Amabed*, *Romans et contes* éd. F. Deloffre et J. Van den Heuvel, pp.497, 500, etc. On retrouve la même expression pp.192, 277.

[64] 'Comme fit Saint Bernard au retour de la croisade où il avait promis la victoire aux croisés, qui furent battus.' (note marginale de M). Cette note est encore beaucoup trop particulière pour convenir à l'expression 'les événements les plus communs'.

[65] Sur les conversions, voir l'index.

[66] Ed. Mortier: profanés en. *Profaner* signiife 'mépriser'.

[67] La fête de l'Immaculée conception de la Vierge (8 décembre), qui se diffusa en Europe à partir du XIIème siècle, malgré l'opposition de Saint Bernard, et qui est

célébrée dans la province de Canterbury depuis 1328, venait d'être étendue à toute l'Eglise par Clément X en 1708. La fête de l'Assomption de la Vierge (15 août) avait pris en France un caractère solennel depuis le vœu de Louis XIII. En 1700, Louis XIV avait rétabli la procession de l'Assomption dans toute sa splendeur. La fête de Sainte Anne, mère de la Vierge (28 juillet), réclamée par l'Angleterre dès 1328, fut insérée en 1584 dans le calendrier général de rite romain; elle était chômée depuis 1622. La fête de Saint Joachim, père de la Vierge, fut instaurée le 2 décembre 1622. Bayle écrivait dans son *Dictionnaire historique et critique* (art. 'Joachim'): 'Ce qu'il y a d'admirable est qu'encore qu'on ne sache rien de certain ni du nom, ni des qualités, ni de l'histoire du père et de la mère de la Sainte Vierge, on n'a pas laissé [...] de consacrer des fêtes à Saint Joachim et à son épouse.' (F. R.)

[68] Allusion probable au mot fameux du libertin Des Barreaux qui, entendant un coup de tonnerre alors qu'il mangeait une omelette en carême, s'écria: 'Quel fracas pour une omelette!' Cf. n.II.263.

[69] Challe utilisera ce thème deux fois comme ressort dramatique dans ses *Illustres Françaises*, histoires de Manon Dupuis et de Silvie.

[70] *Mais* est une add. interl., d'une autre main, remplaçant *moins*, biffé.

[71] Il y a en effet trois messes de Noël et trois messes le jour des Morts (2 novembre). En revanche, il n'y en a pas le vendredi saint, ce qui donne bien 368 messes les années ordinaires (369 les années bissextiles).

[72] Le texte du début de cette phrase est peut-être corrompu. Tel qu'il est, il faut comprendre: 'Si l'on voulait avoir (plutôt que *savoir*) une déclaration positive de ce qu'ils en pensent, lorsqu'ils disent que...'

[73] Le mot *mômerie*, qui revient souvent ici, pp.55, 124, 265, est aussi employé en parlant de la religion dans le *Journal de voyage*, p.435: 'Sur ce fondement (à savoir le spectacle des disputes entre jésuites et missionnaires), les souverains et les gens élevés regardent la religion comme une mômerie, et s'en rient; et le peuple la méprise.'

[74] Le carreau est un coussin sur lequel les dames s'agenouillent pendant les offices religieux pour être plus commodément. Challe, dans les *Illustres Françaises*, p.LXIV, appelle par ironie 'Madame à carreau' la femme de secrétaire, procureur, notaire ou marchand qui, par vanité, se fait appeler madame au lieu de mademoiselle.

[75] Ed. Mortier: *Il le fera plutôt chanoine. Qui = ce qui.*

[76] Dans son *Dictionnaire de la langue du XVIème siècle*, Huguet, sous l'article *abayer*, cite Calvin, *Institutions de la religion chrétienne*, III, 20, 29; 'Les autres, comme les chanoines et cafards, en abbayant le parchemin jour et nuit, et barbotant leur bréviaire, vendent leur coquille au peuple.' Mais Challe a plutôt lu Rabelais, *Tiers livre*, ch. XV (éd. Lefranc, i.8): 'Or est que, matines ayant neuf leçons, [les bons pères] plus matin se levoient par raison, plus aussi multiplioient en appetit et alteration aux abboys du parchemin, que matines estantes ourlées d'une ou trois leçons seulement.' C'est une allusion aux chants notés sur les missels et psautiers en parchemin (F. Moreau).

[77] 'J'ai prié pour toi afin que ta foi ne défaille pas' (*Luc*, xxii.32). (F. R.)

[78] 'En vérité je vous le dis, si quelqu'un dit à cette montagne: Soulève-toi et jette-toi dans la mer, et s'il n'hésite pas dans son cœur, mais croit que ce qu'il dit va arriver, cela lui sera accordé.' (*Marc*, xi.23)

[79] Comprendre: 'Est-ce suivre ces principes et ces belles idées, [qu'agir] de la manière...'

[80] Ed. Mortier omet *à son frère*.

[81] La notion de 'tenter Dieu' venait d'être examinée, notamment, par le père Le Brun, dans son *Histoire critique ...* (voir n.I.21), à l'occasion du problème controversé à l'époque des 'jugements de Dieu'. Il la définit comme suit: 'Il est certain qu'on tente Dieu lorsque, sans aucune inspiration, sans ordre, sans loi, sans qu'il ait parlé, on exige qu'en telle occasion et en tel temps précisément il agisse pour nous secourir ou pour révéler quelque

fait caché.' Il ajoutait que 'l'heure des miracles est marquée, ainsi que le dit Jésus-Christ aux noces de Cana', et que 'c'est tenter Dieu que de vouloir des miracles sans ordre' (ii.313).

⁸² Dans les *Mémoires*, Challe illustre ce thème à plusieurs reprises. A propos de la mort du traitant Le Gendre, dont 'un pasteur vraiment catholique aurait fait jeter le corps à la voirie', il expose, par exemple, que le curé de Saint-Eustache, pour éviter de 'perdre les droits qui devaient revenir pour l'enterrement d'un traitant', le fait 'porter en terre avec tout le faste qui accompagne les plus magnifiques convois'. Sans tenir compte de la mauvaise réputation du défunt, le curé, jugeant qu'il a voulu se confesser, 'puisqu'il avait fait chercher un prêtre', néglige de s'enquérir 'si celui-ci avait été demandé par le défunt, ou si c'est autrui qui l'avait réclamé' (f.114*v*). Cf. p.186, n.III.247.

⁸³ Le mot *est* est une add. interl., peut-être d'une autre main.

⁸⁴ *Lui*, c'est-à-dire le pape.

⁸⁵ Ces 'grands peuples' que Challe a vus sont apparemment les Turcs rencontrés à Constantinople, dont il loue la charité dans le *Journal*, p.213, et les peuples des Indes, cf. *ibid.*, pp.285-286, 361-368, 384-446.

⁸⁶ Ce pays ou plutôt ce monde intelligible vient de Malebranche dans ses *Entretiens métaphysiques*, I, début, pp.1-2 et I, V, pp.16-18. C'est 'l'archétype du monde visible', un 'autre monde tout rempli de beautés intelligibles', le monde des idées et de la raison. Cf. ici p.211, n.III.349.

⁸⁷ Le premier de ces mots est écrit *vuerovane* dans M. Roland Mortier a éclairé ces termes qui ne figurent apparemment dans aucun dictionnaire français grâce à Frederici, *Amerikanistisches Wörterbuch* (Hamburg 1947; nos références sont à la seconde édition, 1960, consultée pour nous par Raymond Arveiller) pp.654b-655a. Il s'agit d'un terme de l'algonquin oriental (Virginie et Caroline du Nord), signifiant chef, mais parfois aussi prêtre, puisque ce mot est identifié au prêtre ou *quiyoughcohanock*. Frederici cite Smith, *The generall historie of Virginia, New-England and the summer Isles* (London 1624), Book II, 'The sixth voyage (1606) to another part of Virginia where now are planted our English colonies ...', pp.85, 377: 'Powhatan's inferior kings whom they call werowances [...] But this word werowance [...] is a common worde whereby they call all commanders: for they haue but fewe words in their language, and but few occasions to vse anie officers more than one commander, which commonly they call werowances or caucarouse, which is captaine.' Le mot *cokarouse* a été aussi trouvé par Roland Mortier das le *Handbook of North-American Indian* (Washington 1907), s. v. cockarouse. Cet ouvrage cite Beverly, qui, en 1705, dit que le cockarouse 'is one that has the honour to be one of the king's or queen's council', c'est-à-dire un membre du conseil provincial, ce qui est manifestement un emploi tardif et dérivé. Du reste, le problème est de savoir comment Challe a pu avoir connaissance de ces mots. On peut observer qu'il fait preuve dès 1683 d'une certaine connaissance du dialecte huron, puisque, seul avec deux sauvages, il voyage pendant plus de quarante jours de l'Acadie à Québec. En outre, dans ses *Mémoires*, il fait état de divers mots indiens, *samo*, f.42*v*, *onontio*, f.46*r*, etc. En diverses autres occasions il témoigne de son intérêt pour la langue algonquine (*Journal de voyage*, p.444; ici même, p.67), dont virginien et huron ne sont que des dialectes. A noter enfin qu'avec les défaites subies en Acadie, l'intérêt de Challe s'est porté vers les établissements méridionaux du Mississipi, qu'il sait être encerclés par les colonies anglaises de la Virginie et de la Caroline; voir encore les *Mémoires*, f.117*v* sqq.

⁸⁸ Comme le signale expressément Furetière (1690; nous citons d'après l'éd. de 1694), le mot *oublie* désigne parfois à l'époque, de façon technique en quelque sorte, l'hostie non encore consacrée: 'Ce mot vient par corruption d'oblaye, qui a été fait d'oblata [étymologie exacte], dont les écrivains des derniers temps se sont servis pour désigner une hostie non consacrée.'

⁸⁹ Nous ne sommes pas en mesure d'expliquer cette allusion.

[90] Ed. Mortier: *redécouvrirait*. Nous suivons M.

[91] Allusion à saint Paul, *Romains*, ix.21.

[92] Dans certains ordres, comme les chartreux, le père procureur est chargé d'administrer les biens de la communauté; le père titrier (le mot n'est pas attesté avant l'époque de Challe) est chargé de la conservation des titres; le ministre est, chez les jésuites, un dignitaire qui commande en l'absence du général; on parle aussi chez les cordeliers de ministre général, qui est le supérieur général de l'ordre. Challe écrit dans ses *Mémoires*, f.23r, à propos du choix du procureur chez les jésuites: 'Ils ne font jamais remplir ce poste que par un homme adroit dont le cœur est à l'épreuve de tout, la conscience facile, et le front incapable de rougir.' Une longue anecdote illustre cette marque. – Dans *un garçon de quinze (15) ans*, de M, le *15* semble surchargé *18*; c'est ce dernier texte qu'a retenu éd. Mortier. Sur les besaciers, voir n.I.10 et cf. p.141, n.III.1.

[93] *Abondamment* est une add. interl. d'une autre main.

[94] *Marc*, xi.21-23; cf. aussi saint Paul, *I. Thessaloniciens*, v.21: 'N'éteignez pas l'esprit. Ne dépréciez pas les dons de prophétie, mais vérifiez tout', et surtout *I. Tim.*, iv.1-3: 'L'esprit dit expressément que dans les derniers temps certains renieront la foi pour s'attacher à des esprits trompeurs et à des doctrines diaboliques.'

[95] *Matthieu*, xix.19; *Marc*, xii.31; *Romains*, xiii.9 (F.R.).

[96] Ce syllogisme a été repris par Naigeon, *Dictionnaire de théologie portative* (Londres 1768), p.195. (F. R.)

[97] Peut-être y a-t-il ici une réminiscence de *Matthieu*, xi.28-30: 'Oui, mon joug est aisé et mon fardeau est léger.' (F. R.)

[98] Comme le remarque Roland Mortier, c'est l'argument pascalien du pari que Challe attaque ici. Sur les rapports de Challe et de Pascal à propos des *Difficultés sur la religion*, voir la postface, *passim*, ainsi que A. McKenna, 'Les *Pensées* de Pascal dans les manuscrits clandestins du XVIIIème siècle' communication présentée à la table ronde sur le matérialisme du XVIIIème siècle et la littérature clandestine (Paris, 6-7 juin 1980), dact., pp.3, 6-7.

[99] C'est-à-dire le mahométan, Voltaire relève l'impropriété dans son exemplaire du *Militaire philosophe*: 'Un Turc ne peut pas plus cesser d'être turc qu'un Genevois ne peutêtre né hors de Genève s'il y est né; il fallait dire un musulman, un mahométan.' (p.36).

[100] Cette locution n'est pas signalée par Littré, qui enregistre seulement *se blesser de son épée*, au sens figuré. Mais on la rencontre chez Mme de Sévigné: 'Vous ne direz pas que je vous donne un mauvais exemple, et que vous voulez vous tuer de la même épée' (éd. Duchêne, Bibliothèque de la Pléiade), ii.484.

[101] Sur le mot *oublie*, voir n.I.88.

[102] C'est à dire 'vous renoncez à ses lumières'.

[103] Peut-on voir ici un exemple suggéré par une situation personnelle? Robert Challe, qui souffrait apparemment de quelque maladie de peau, regrette la perte d'un grattoir qui lui a été dérobé à Moali (*Journal de voyage*, p.248). Cf. encore ici p.81, n.II.64, sans compter une allusion à Sainte-Reine, où l'on guérit les maladies de la peau, p.324.

[104] Cette conception de la grâce et de la prédestination n'est pas orthodoxe; c'est celle du jansénisme. Lorsque saint Paul, *I. Corinthiens*, ix.24, dit que 'dans les courses du stade, tous courent mais un seul remporte le prix', il lie le succès à l'effort éclairé, non à une prédestination aveugle.

[105] Déjà, dans la suite de *Don Quichotte*, vi.331, Challe avait évoqué l'enfer qui 'englouti[t] les âmes de deux qui, étant surpris de la mort sans y être préparés, ne peuvent mériter leur salut par une sincère pénitence dans une plus longue vie.' Cf. ici n.I.13, III.255, IV.281.

[106] Dans M, *cruauté*, rayé, est remplacé par *crainte*, d'une autre main.

[107] 'La réponse à tout ceci est aisée à faire. La voici: les trois quarts des hommes ne croient rien et cependant ils ne sont pas meilleurs.' La teneur de cette note marginale de M indique qu'elle n'est pas de l'auteur, ni non plus de celui qui a rédigé, la Préface; voir l'introduction, pp.27-37.

[108] Tel est le texte de M, suivi aussi par éd. Mortier. On est tenté de corriger *en être l'occasion*; il faudrait alors comprendre 'plût à Dieu être l'occasion de ma mort', c'est-à-dire me donner l'occasion de mourir pour ma foi.

[109] Il y a là une définition très nette de la conscience, qui est chez l'homme une idée innée, comme celles de Descartes.

Notes du Deuxième cahier

[1] Dans son exemplaire, Voltaire a noté en face de cet alinéa, conservé dans le *Militaire philosophe*: 'Il n'y a pas six religions écrites. Au lieu de cinq cents ans, cinq semaines suffiraient.' (p.40) A cette réflexion, on reconnaît l'homme de cabinet, tandis que Challe a eu, par exemple à Moali ou au Bengale, des expériences concrètes des autres religions du monde. Voir aussi n.IV.273.

[2] On a ici un exemple des remarques qui rappellent que Challe, avocat au parlement de Paris, a une formation juridique professionnelle.

[3] L'idée de ce personnage de jeune homme vient de Malebranche, *Conversations chrétiennes*, I (Paris, Anisson, 1702), p.7. C'est le troisième interlocuteur: 'Prenons pour troisième un jeune homme que le commerce du monde n'a point gâté, afin que la nature, ou plutôt la raison toute seule, parle en lui, et que nous puissions reconnaître lequel de nous deux est préoccupé.' Voir l'index, s.v. naturel.

[4] Le manuscrit M porte bien *je vas* et non *je vais*, comme le donne éd. Mortier, qui normalise la graphie de ce mot. Il importe pourtant de la conserver, car la forme *je vas* est usuelle dans les autographes de Challe, à côté de *je vais*, attesté aussi, mais plus rare. Deux lignes plus loin, M porte *je vais*, mais il donne encore *je vas* pp.82, 85, 94.

[5] On peut estimer, avec éd. Mortier, que cet *il* représente 'le détail des arguments de notre religion', ou y voir un pronom neutre (*il reste = il subsiste*).

[6] Cette affirmation est sujette à caution: on trouve de nombreuses références historiques, relatives notamment à la papauté, dans les *Difficultés sur la religion*. En tout cas, Challe a lu ou lira force ouvrages historiques pour composer ses *Tablettes chronologiques*; voir sa *Correspondance*, lettre du 22 janvier 1714, p.159.

[7] Souvenir probable du 'bon sens' cartésien dans le *Discours de la Méthode*, Ière partie, début.

[8] 'Ou plutôt hors la fin de la religion, qui est le salut' (note marginale de M, interprétée, apparemment à tort, comme une addition par éd. Mortier).

[9] Voltaire note ici dans son exemplaire du *Militaire philosophe*, p.45: 'Si tu te blesses, tu fais gagner ton chirurgien. Si tu te ruines, les autres s'enrichissent de tes pertes, tu ne fais de mal qu'à toi.'

[10] Cette théorie de l'origine des Etats doit peut-être quelque chose aux idées de Hobbes, qui fonde le contrat social sur les seuls besoins des hommes, et non sur la justice immanente. Encore doit-on préciser que pour Challe le souverain est celui qui est mis à la tête de quelques familles pour venger une injustice, ce qui se rattache aux idées qu'il exprime ailleurs, pp.193-194, à propos du droit de vengeance. Dans un autre contexte, ainsi que l'a remarqué A. MacKenna, *art. cit.* n.I.98, il fonde au contraire la justice sociale, c'est-à-dire la société civile, sur des 'lois naturelles que Dieu nous a dictées lui-même' (p.303). Il ne s'agit donc pas ici d'une réflexion fondamentale à ses yeux, mais d'un argument utilisé pour les besoins de la cause.

[11] Allusion claire à la révocation de l'édit de Nantes et aux mesures discriminatoires contre les protestants qui l'avaient précédée (F. R.).

[12] Très attaché à la propriété, Challe en vient à fonder le droit de guerre sur l'idée de justice distributive.

[13] Le texte est corrompu. Le copiste de M avait d'abord écrit: *des découvertes si utiles, et ne les dispensoit point*; tout en laissant subsister ce texte, il a ajouté *ce* au-dessus de *et*, en appelant cette addition par une croix portée sous cet *et*. La ponctuation, composée seulement de virgules, ne permet pas de savoir sûrement s'il faut couper la phrase après

ordonné, comme le fait non sans vraisemblance éd. Mortier, qui supprime le *et*. Le mot absent pourrait être *rebut, rejet, mépris*, etc.

[14] Première allusion claire au *compelle intrare*, qui, comme on le sait, avait inspiré à Pierre Bayle son *Commentaire philosophique sur le compelle intrare* (1686). Cf. p.104, n.II.143; p.228, n.III.422.

[15] C'est-à-dire: 'En admettant même que les tyrans soient...'

[16] Ici encore Challe parle de ce qu'il connaît par expérience: il est lui-même allé dans le 'Nord', c'est à dire dans les pays scandinaves; voir le *Journal de voyage*, p.110.

[17] Le même exemple est repris plusieurs fois sous des formes voisines; voir l'index, s.v. géométrie.

[18] La lacune de S provient manifestement d'une faute par saut du même au même sur le mot *particulier*.

[19] L'omission de cette phrase manifeste une divergence d'opinion entre Challe et le réviseur sur le problème de la tolérance.

[20] Quoique le texte de S comporte une absurdité (*invectives* pour *victimes*?), la mention des athées est certainement authentique. Cette sévérité pour les athées apparaît presque au même degré dans le *Journal de voyage*, p.106. Il s'y ajoute une remarque aussi peu tolérante que pour les sociniens: 'Je sais qu'il y a toujours eu des libertins et des impies; j'ajouterai qu'il y en aura toujours, surtout tant qu'on tolèrera la secte de Socini. Ces gens conviennent de l'existence d'un Dieu, mais ils nient l'immortalité de l'âme...'

[21] La question est évoquée avec prudence par saint Paul, *I. Corinthiens*, vii.

[22] Les sectes anabaptistes, qui prirent naissance parmi les protestants d'Allemagne à partir des prédications de Thomas Münzer (1523), donnèrent lieu à des révoltes qui furent sévèrement réprimées, en Franconie en 1525, à Münster en 1535, etc. Les anabaptistes subsistants furent réunis en une communauté par Simonis Memnon (1561), d'où le nom de memnonites qui leur fut conservé en Allemagne et surtout en Hollande.

[23] 'Ils disaient que c'est un crime de porter les armes pour la patrie, et refusaient de se soumettre aux magistrats quant à la police.' (note marginale de M).

[24] Les mots *le choc* résultent d'une add. interl., d'une autre main, remplaçant *l'écho*, rayé.

[25] Ed. Mortier: *Ce n'est certes pas*. Nous suivons M.

[26] Cf. Malebranche, *Recherche de la vérité*, I, III, 1, pp.37-38: 'Le Maître qui nous enseigne intérieurement veut que nous l'écoutions plutôt que l'autorité des plus grands philosophes; il se plaît à nous instruire, pourvu que nous soyons appliqués à ce qu'il nous dit [...] Soit qu'on lise Aristote, soit qu'on lise Descartes, il ne faut d'abord croire ni Aristote ni Descartes; mais il faut seulement méditer comme ils ont fait, ou comme ils ont dû faire, avec toute l'attention dont on est capable, et ensuite obéir à la voix de notre maître commun, et nous soumettre de bonne foi à la conviction intérieure et à ces mouvements que l'on sent en méditant.' (F. R.)

[27] Etampes est située au confluent de la Juine ou rivière d'Etampes, qui coupe la ville en deux, et dont 'un bras coule dans le bourg pour la commodité des différents ouvriers qui y demeurent', et de la Chalouette; voir Thomas Corneille, *Dictionnaire géographique*, s.v. Estampes.

[28] Challe emploie ici le mot *roman* dans son sens classique, attesté encore par le *Dictionnaire* de Furetière (1690, cité d'après éd. 1694): 'livres fabuleux qui contiennent des histoires d'amour et de chevalerie, inventées pour divertir les fainénants'. Cf. n.III.47.

[29] 'Louis onze' (note marginale de M).

[30] Les livres (éd. Mortier).

[31] Cf., dans le *Journal de voyage*, p.117: 'Ils confondent mal à propos l'âme avec ses opérations dans la machine.' L'idée présentée ici est développée plus loin, pp.283-285.

[32] Les insensés, épileptiques, etc. dont il a été question plus haut.

[33] 'Epithète que Homère donne à Pâris, fils de Priam. Ce mot veut dire beau et lâche, et répond assez bien au mot français un dameret' (note marginale de M). Cette note est légèrement inexacte. Certes, le mot ἁβρός a bien le sens qu'elle lui donne, mais il n'est pas employé par Homère; on le trouve en revanche chez Hérodote, parlant des Asiatiques efféminés, et chez Pindare et Sophocle avec la valeur favorable de fin, délicat, en parlant d'une personne ou d'un corps.

[34] Voir p.53 et n.I.87.

[35] Dans M, *que* est une add. interl.

[36] Voir p.55 et n.I.94.

[37] Appel direct à Malebranche; cf. *Recherche de la vérité*, VI, 1, 5 et VI, 2, 1 (F. R).

[38] En passant en bateau au large du pic des Canaries, Challe rapporte qu'il a effectué l'opération dont il est question ici: 'J'en ai pris la hauteur avec mes instruments de mathématiques, et suivant la distance estimée à dix lieues, je puis assurer qu'il a au moins de la mer 2730 toises de hauteur ou d'élévation jusqu'à son somme.' (*Journal*, p.94).

[39] Allusion au titre de l'ouvrage de Malebranche; cf. n.II.37.

[40] Ici encore, Malebranche est directement visé; cf. n.II.37 et II.39.

[41] C'est une réponse à Pascal, 'Vous êtes embarqué, etc.' (*Pensées*, VII, 2, p.51).

[42] Nous suivons éd. Mortier, qui restitue *plus*, que donne d'ailleurs aussi S.

[43] Réminiscence de l'Evangile. L'expression *jeter dans les ténèbres extérieures* apparaît dans plusieurs paraboles, *Matthieu*, xxii.13, xxv.30 (F. R.).

[44] Le raisonnement paraît tronqué; le texte doit comporter une lacune.

[45] Effectivement, dans les ordres mendiants, les novices sont soumis à diverses épreuves destinées à sonder leur obéissance. Mais ce genre d'épreuves n'existe pas dans les ordres plus anciens tels que les bénédictins.

[46] M porte: *et qui, ne voyant pas toutes les vérités métaphysiques, ce qui nous empêche*; sans doute y a-t-il là une lacune. Nous adoptons le texte d'éd. Mortier.

[47] On reconnaît des thèmes cartésiens, repris et développés par Malebranche. Ainsi: 'Je sais que la matière est divisible , à l'infini, et que le petit n'est tel que par rapport au plus grand. Je conçois sans peine, quoique mon imagination y résiste, que ce que nous appelons un atome, se pouvant diviser sans cesse, toute partie de l'étendue est en un sens infiniment grande [...] Car la géométrie démontre qu'il n'y a point d'unité dans l'étendue, et que la matière se peut éternellement diviser.' (*Entretiens métaphysiques*, X, V, p.18).

[48] Première d'une série d'allusions à *Don Quichotte*; voir l'index. On sait que Challe avait composé pour ce roman une conclusion, sous la forme d'un sixième livre qui s'ajoutait au cinquième composé par Filleau de Saint-Martin. C'est en 1702 qu'il avait demandé pour cette suite un privilège qui lui fut refusé. Voir le *Journal de voyage*, p.29, n.55.

[49] Nouvelle réminiscence de Malebranche. Voir la *Recherche de la vérité*, VI, I, 1, pp.2-4, où Malebranche demande à ceux qui veulent 'chercher sérieusement la vérité par eux-mêmes' qu'ils 'négligent l'autorité de tous les philosophes; qu'ils soient autant qu'il leur sera possible sans préoccupation, sans intérêt, sans passion'. (F. R.)

[50] 'En 1701'. L'affaire est plus complexe que ne le laisse entendre cette note et le texte de Challe. En 1696, les moines de la cathédrale d'Acheul découvrirent dans un 'tombeau de saint Firmin' de leur abbaye des restes et une inscription, 'FIRMINUS' à ce qu'ils croyaient lire, qui leur permit d'affirmer que les reliques de saint Firmin le confesseur, que l'on croyait jusque là conservées dans une châsse de la cathédrale d'Amiens, étaient dans le tombeau dont ils avaient la garde. Par une coïncidence, deux mois avant cet événement, selon le témoignage d'un serrurier, le chapitre d'Amiens avait été amené à constater que la châsse où l'on croyait que se trouvaient les ossements du saint était vide.

Il s'ensuivit une longue polémique entre les partisans de la thèse selon laquelle les restes étaient à Saint-Acheul et ceux qui les disaient transférées à la cathédrale, ainsi qu'en témoignaient des documents du XIIIème siècle. Une *Lettre à un curieux sur d'anciens tombeaux découverts le 10 janvier 1697 sous le grand autel d'une église qui était autrefois l'église cathédrale d'Amiens*, qui soutenait la thèse de Saint-Acheul, fut condamnée par une ordonnance de l'évêque, Feydeau de Brou (20 juillet 1697), défendant de rendre aucun culte au tombeau de Saint-Acheul. Mabillon lui-même se rendit sur les lieux. La polémique durait encore au moment où Challe écrivait. Elle fut à peu près close lorsqu'on se décida, le 10 janvier 1715, à ouvrir la châsse de la cathédrale; on y découvrit un sachet de poussière avec des documents, notamment l'acte de translation de 1279, dûment scellé, qui attestaient qu'il s'agissait bien des ossements de saint Firmin le confesseur. Le 2 avril 1715, l'évêque Sabatier ordonna que le tombeau de saint Acheul fût bouché et les ossements qui s'y trouvaient secrètement enterrés au cimetière. Voir, sur cette affaire, Joseph Roux, *Histoire de l'abbaye de Saint-Acheul-lez-Amiens* (Amiens1890), Mémoires de la société des antiquaires de Picardie, documents inédits concernant la province, t.XII, ch.X. Ces renseignements nous ont été communiqués par le conservateur en chef des archives départementales de la Somme.

[51] Page 59; cf. n.II.3.

[52] Comme le remarque Roland Mortier, le ton de ce pasage est tout cartésien. Mais l'influence de Descartes peut s'exercer à travers Malebranche. Voir la note suivante.

[53] Tout ce paragraphe est d'inspiration malebranchiste. Ainsi on peut rapprocherla première phrase de ce passage des *Entretiens métaphysiques*, à propos de Dieu (II, VI, 48-50): 'Vous le voyez comme raison universelle qui éclaire les intelligences selon la mesure de lumière qui leur est nécessaire maintenant pour se conduire' (R. M.). Et la dernière phrase rappelle la *Recherche de la vérité*, V, VII, 526-528: 'Tous les hommes sont capables de la vérité, mais ils ne s'adressent point à celui qui seul est capable de l'enseigner.' (F. R.)

[54] La présence de cet alinéa est bizarre. Il n'arrive jamais que S omette un paragraphe du texte qu'il reproduit. En outre, ce passage s'insère mal dans la suite du raisonnement. Nous pensons qu'il s'agit d'une interpolation. Du reste, M est ici sensiblement remanié. Des détails sont omis, comme celui du 'louis d'avance' de l'avocat, des substitutions sont opérées, comme celle de *futile distinction* à *distingo*, etc.

[55] Image saisie sur le vif, par un homme qui est de la partie.

[56] S ajoute entre parenthèses: *qui suppose un roi*. Cette précision ne peut venir que d'un commentateur. Non qu'elle soit fausse, mais elle énonce une vérité d'évidence pour tout joueur de piquet comme l'était Challe lui-même; voir le *Journal de voyage*, pp.267 et 320, n.596.

[57] Première mention dans l'ouvrage des *Métamorphoses* du 'cher Ovide' (*Journal*, p.343), que Challe appelle aussi 'mon Ovide' (*ibid.*, p.266, 287)et 'le plus à [s]on goût des poètes latins' (*ibid.*, p.75).

[58] L'expression *donner gloire à Dieu*, qui n'est pas enregistrée par Littré, vient de *Jean*, ix.24; c'est une adjuration biblique à ne pas mentir. Cf. ici p.113, n.II.168 et p.271, n.IV.11.

[59] 'Mahomet mit la moitié de la lune dans sa manche' (note marginale de M). Une tradition rapportait qu'une portion de la lune étant tombée dans la manche de Mahomet, celui-ci l'avait renvoyée au ciel afin qu'elle ne perdît rien de sa rondeur.

[60] Sur ce tour, voir note grammaticale, pp.545-546, et cf.: 'nous resterons à la mer deux mois plus que messieurs de la Compagnie n'ont compté' (*Journal*, p.317); et rien plus' (*Illustres Françaises*, p.412); 'il n'est rien plus certain' (*ibid.*, p.506) etc. (J. P.). Plus loin, on attendrait: 'si, emportés par... vous prétendez que...'

[61] Sur *oublie*, voir p.53 et n.I.88.

[62] Arrêté par les hommes de main des prêtres, Jésus dit à l'un des siens, qui veut

dégaîner pour le défendre: 'Penses-tu que je ne puisse faire appel à mon père, qui me fournirait sur le champ des légions d'anges ?' (*Matthieu*, xxvi.53).

[63] Le mot *me* est une add. interl. d'une autre main; un peu plus loin, dans *incertain*, *in-* est une add. (d'une autre main?).

[64] Sur ce détail, voir p.57 et n.I.103.

[65] Cette tmèse de *quoique* n'est guère attestée à l'époque; on n'en trouve mention ni dans Littré, ni dans la *Syntaxe du XVIIème siècle* de Haase, trad. Obert, ni dans l'*Histoire de la langue française* de F. Brunot, t.IV. Elle s'explique par l'origine de *quoique*; cf. F. Deloffre, *La Phrase française* (C.D.U. - S.E.D.E.S.), 4ème éd., p.109. Du reste, des exemples de la tournure semblable *combien même que* se rencontreraient probablement encore dans la première moitié du XVIIème siècle, voire chez Saint-Simon.Pour le fond, cette remarque sur la situation juridique des mineurs est à rapprocher du fait que Challe, qui fut lui-même mineur sous la tutelle mal supportée de sa mère après la mort de son père, en 1680, évoque dans ses *Mémoires*, f.10v, le sort des mineurs dont les biens ont été confiés 'à des gens qui ne leur sont de rien'.

[66] Ed. Mortier, qui lit *si je n'ai*, note avec raison que ce texte n'a pas de sens. En fait, *n'* a été biffé sur M, ce qui donne un texte acceptable, *si j'ai cette idée*. Mais le plus probable est qu'il faille lire *si j'en ai cette idée*, qui reprend très naturellement les mots 'avec cette idée de votre religion' du paragraphe précédent.

[67] Tous ces termes (*pièce, témoignage, revêtu de la forme*) manifestent une nouvelle fois l'expérience du droit et de la pratique propre à l'auteur des *Difficultés sur la religion*. Cf. plus loin le vocabulaire des alinéas *Ou bien on peut regarder...* et *Où sont les pièces...*.

[68] Il y a ici des souvenirs personnels. Après avoir été fait prisonnier par les Anglais en Acadie (1688), Challe fut ramené à Londres comme prisonnier et y fut aidé par Saint-Evremont, ainsi qu'il le rapporte dans le *Journal de voyage*, pp.97-98: 'Cela nous donna beau champ pour nous étendre sur les misères de l'homme, et y ayant peu de temps que j'étais revenu d'Angleterre, où les Anglais m'avaient ramené de Baston après m'avoir ruiné, blessé et pris sur les côtes de l'Acadie à La Hève, je leur dis ce sonnet qui m'avait été donné à Londres, et que quatre Français m'ont assuré être de M. de Saint Evremont [...] J'ai bu et mangé avec lui [...] Il est [...] grand sectateur de la tranquillité d'Epicure [...] et tenant deux maximes, de faire du bien à tout le monde, et de ne point faire de mal à personne. Je me suis ressenti de la première, et c'est bien le moins que je lui doive que d'en conserver de la reconnaissance.'

[69] On attend *prouverais* (voir *preuve* dans la phrase précédente, et surtout *je prouve ma négative* à la fin de l'alinéa *Les religions crient que Dieu...*). Nous avons pourtant gardé *trouverais* qui, quoique beaucoup moins naturel, peut à la rigueur se comprendre.

[70] Sur cette datation de l'époque des 'esprits', voir p.220, n.III.388.

[71] Cette anecdote, comme le signale R. Francillon, vient des *Mémoires de M. L. C. D. R.* de Courtilz (1687), p.330. On y trouve le récit d'un incident de la vie de Brioché (François Datelin, dit Fanchon, Brioché II, protégé de Louis XIV, qui le fit jouer pour le dauphin en juillet-août 1669), résumé comme suit dans la *Biographie universelle* (Paris 1833): 'Après avoir longtemps amusé Paris et les provinces, il passa en Suisse et ouvrit un théâtre à Soleure. La figure de Polichinelle, son attitude, ses gestes, ses discours épouvantèrent les spectateurs. Dénoncé au magistrat, Brioché fut arrêté comme magicien, Un capitaine au régiment des gardes suisses, nommé Dumont, qui se trouvait à Soleure pour y faire des recrues, vint à bout de le faire libérer en expliquant aux magistrats le mécanisme des marionnettes.' La même histoire est utilisée par Voltaire dans le *Pot pourri, Romans et contes* (Bibl. de la Pléiade), p.241, n.2. La familiarité de Challe avec les *Mémoires de M. L. C. D. R.* est connue. Elle se déduit aussi bien de l'idée qu'il en tire pour composer un épisode de ses *Illustres Françaises*, ii.418-420, que d'un passage du *Journal de voyage*, pp.499-501, où il expose un système de chiffre qui est emprunté, ainsi qu'il le dit, à cet ouvrage.

[72] Et non *vais* (éd. Mortier); sur *vas*, cf. p.60 et n.II.4.

[73] *Selon* est une add. interl., substituée à *suivant*, biffé.

[74] Le roman de *Jean de Paris, roy de France*, roman de chevalerie facétieux, est un classique de la littérature de colportage (nombreuses éd. de Troyes, Nicolas Oudot, p.ex. 1617, etc.). Voir F. Deloffre, *Agréables conférences de deux paysans* (Paris 1961), pp.10 et 94, n.64.

[75] *Choses*, add. interl. d'une autre main, remplace *faux*, rayé.

[76] Encore un aspect de la culture juridique de l'auteur, qu'on ne trouverait pas chez un 'militaire' quelconque.

[77] On sait que la majorité légale était alors fixée à vingt-cinq ans.

[78] Le thème de l'embarras de voitures survenant auprès du pont Notre-Dame, est précisément le point de départ de l'intrigue des *Illustres Françaises*, dont Challe dit lui-même: 'j'ai suivi, pour la liaison de mes histoires, la première idée qui m'est venue dans l'esprit, sans m'appliquer à inventer une économie de roman' (t. I, p.LXIII). Comme il dit lui-même p.336 qu'il habite 'sur le pont Notre-Dame', on peut imaginer que cette idée lui est venue du spectacle même qu'il avait sous les yeux lorsqu'il composait son roman.

[79] Par saut du même au même, le membre de phrase *procurent la santé, conjurent les tempêtes, les insectes, etc.* avait été omise dans M. Il y a été restitué au-dessus de la ligne, d'une autre encre et peut-être d'une autre main. – Parmi les 'etc.', Challe peut songer aux neuvaines pour changer le vent, auxquelles il a été associé pendant son voyage aux Indes; voir le *Journal*, p.266. Voir aussi le même ouvrage, p.459, sur une 'simplicité' de l'aumônier qui, au milieu d'une tempête et pendant une manœuvre difficile, veut faire mettre en prière tout l'équipage.

[80] Cette phrase, reprise par Naigeon et citée dans le compte rendu de la *Correspondance littéraire*, interrompt le mouvement de la démonstration. Ce pourrait donc être une addition, mais il n'est pas non plus exclu que cette addition remonte à l'auteur lui-même.

[81] Par exemple dans les *Caractères* de La Bruyère, ch.XVI, Des esprits forts, 22, Lucile (à partir de la septième éd., 1692). R. Mortier, qui donne cette référence, observe que l'argumentation de La Bruyère est discutée par Meslier, *Testament*, ch.XV, mais que celui-ci, n'ayant pas lu le contexte, considère La Bruyère comme un 'esprit fort'.

[82] Ce passage, modifié par le réviseur, fait allusion à la marche de Jésus sur les eaux (*Matthieu*, xiv.22-26; *Marc*, vi.45-50; *Jean*, vi.16-21). (F. R.)

[83] L'allusion est cette fois au passage de la mer des Roseaux (*Exode*, xiv.15-31). (F.R.)

[84] Au sens strict, la phrase de S semble se rapporter aux événements de 1701; la tranchée fut ouverte devant Barcelone le 6 avril 1701, et les Français s'emparèrent du fort de Montjouy (Montjuich) le 20 avril. Mais il y eut d'autres opérations devant Barcelone, par exemple la prise de la ville par les Anglais en 1705, dont Voltaire a fait un épisode de l'*Histoire de Jenni*; voir les *Romans et contes* (Bibl. de la Pléiade), p.597 et n.3. Il l'avait déjà racontée dans le *Siècle de Louis XIV*, ch.XX. Du reste, si les *Difficultés sur la religion* ont été écrites en 1710 et au début de 1711, d'autres événements militaires se déroulaient alors en Catalogne, notamment autour de Girone, dont le *Mercure de France* rendait abondamment compte à ses lecteurs. On notera aussi que M omet la précision du 'siège de Barcelone' et dit simplement 'à l'armée'. Comme on ne peut enfin exclure que cette phrase soit un simple *exemplum*, il est hasardeux d'y chercher des indications biographiques précises. Jusqu'ici, les recherches d'archives, notamment celles de Jean Mesnard, ne permettent pas d'établir si Challe a eu des enfants. Mais, de toute façon, la date de 1701 ne conviendrait pas. Voir encore p.303, n.IV.104, et p.325, n.IV.185, où il est question d'un 'fils'.

[85] La lieue de France étant l'équivalent de 3 mille marins (1/20 du degré de latitude), soit moins de 6 km, le chiffre donné par le texte est, comme le remarque R. Mortier, très inférieur à la réalité; Challe avait peut-être écrit 3000 et non 300, mais ce serait alors plus

que la réalité, même en comptant la route non par le pôle, mais le long du parallèle. Au reste, l'allusion est à *Matthieu*, xxi.2l: 'Si vous dites à cette montagne: "soulève-toi et jette-toi dans la mer", cela se fera'. *Luc*, xvii.6, rapporte différemment les paroles du Christ en réponse aux apôtres qui lui avaient dit 'Augmente en nous la foi': 'Le Seigneur répondit: Si vous aviez de la foi gros comme un grain de sénevé, vous auriez dit au mûrier que voilà "Déracine-toi et va te planter dans la mer", et il vous aurait obéi.'

[86] Ce mépris des faits au profit de la certitude métaphysique est dans la pure tradition cartésienne.

[87] L'éd. Mortier porte *des procédés verbaux*, mais M donne bien *des procès verbaux*, ce qui fournit un sens très satisfaisant. Les comptes sont d'abord enregistrés par des procès-verbaux, puis 'arrêtés'. La remarque est pleine de signification pour Challe: l'exercice qu'il décrit a été pratiqué par lui à chaque escale du voyage aux Indes; cf. par ex. p.289, 359 etc. du *Journal de voyage*.

[88] Peut-être y a-t-il ici une réminiscence de *Matthieu*, v.37: 'Que votre parole soit oui si c'est oui, non si c'est non.' (F. R.)

[89] Même l'entourage du roi, Chamillart notamment, prenait très au sérieux les recherches sur la possibilité d'obtenir de l'or par des procédés chimiques. Dans les *Entretiens métaphysiques*, X, 12, Malebranche lui-même semble admettre la possibilité théorique de changer le métal en or, tout en ajoutant aussitôt: 'Je crois néammoins que ceux qui cherchent la pierre philosophale réduiront plutôt leur or en cendres et en fumée, qu'ils n'en feront de nouveau.' (F. R.)

[90] On distinguait alors la 'Terre australe' ou 'Pays du midi', notre terre de Feu, découverte par Magellan, des 'Terres australes inconnues', parmi lesquelles le *Dictionnaire géographique* (1708) de Thomas Corneille cite 'la Nouvelle Guinée, à l'orient des Moluques; la terre des Paous, au couchant de la Nouvelle Guinée, découverte depuis peu par les Hollandais; la Nouvelle Hollande, qui est au midi des Moluques; la terre de Concorde, que les Hollandais découvrirent par hasard en 1618; le pays de Dime; la terre australe du Saint-Esprit, sur la mer Pacifique; et la Nouvelle Zélande ou le pays des Etats'. Challe pense à des terres non encore découvertes par les navigateurs, comme le seront Tahiti et l'Australie au XVIIIème siècle. Précisément, Voltaire chantera la religion de Tahiti dans les *Oreilles du comte de Chesterfield*, ch.V et VI, et ce thème aura le succès que l'on sait auprès de Diderot.

[91] Ed. Mortier: *et non de la confiance*. Nous suivons M.

[92] On ne sait quand Challe est allé à Saintes; il ne cite cette ville qu'incidemment dans ses *Mémoires* à propos du financier Thévenin, f.98v. Il a eu des occasions d'y passer à l'occasion du voyage qu'il fit par terre en Espagne, sans doute au départ de La Rochelle, ou lors de quelque séjour dans cette dernière ville. Quoi qu'il en soit, l'inscription qu'il y lut se trouvait sur un arc votif élevé en 19 sur le pont principal qui traverse la Charente, lequel survécut jusqu'en 1842. Suivant le *Dictionnaire géographique* de Thomas Corneille, elle était 'en gros caractères' et ainsi conçue: *Caesari Nep. D. Iulii Pontifici Auguri*. Le *Mercure galant* (février-mars 1711), pp.174-176, qui consacre un article à la ville de Saintes, reproduit la même inscription, mais en remplaçant *Auguri* par *Auguris*, ce qui est en effet plus satisfaisant. L'arc était dédié à Germanicus, Tibère et son fils Drusus. (F. R.)

[93] De la foi.

[94] Ce paragraphe s'applique fort bien à l'état d'esprit de Challe lors de son voyage aux Indes; voir notamment le fameux passage du *Journal de voyage*, p.110, où il évoque les méditations dans lesquelles l'entraîne la vue du sillage du navire. Pendant cette période de sa vie, il semble effectivement que parfois il 'craint de voir la vérité qui lui échappe'. Voir aussi dans le *Journal* la fin du 'discours sur l'éternité'.

[95] L'expérience de Challe dans ce domaine remonte à ses voyages au Canada et aux Indes. Il lui arrive souvent de mettre les jésuites en accusation (*Journal*, pp.212, 392, etc.), et même spécialement de dénoncer la violence commise par un jésuite lors d'une

cérémonie païenne (*Journal*, pp.245-246); mais il fait toujours une distinction pour les missionnaires (*Journal*, p.293; *Mémoires*, f.47*v*), les frères de la charité et les religieuses hospitalières, dont il reconnaît 'le soin qu'ils ont des malades tant pour l'âme que pour le corps' (*Mémoires*, f.121*r*). Ici comme en bien d'autres circonstances, les nécessités de la polémique l'entraînent au-delà de ses opinions réelles.

[96] Ceci fait apparemment allusion à un fait américain; Challe insiste dans ses *Mémoires*, f.43*v*, sur le goût des 'sauvages' pour la quildive: 'C'est leur Dieu, on peut le dire, auquel ils sacrifient tout.' L'évêque de Québec prohiba à plusieurs reprises tout commerce d'alcool avec les indigènes.

[97] Dans son voyage aux Indes, Challe avait été frappé de la parenté entre certaines croyances de la côte du Coromandel et les dogmes chrétiens, au point qu'il écrivait: 'Il faut absolument que ces peuples aient eu autrefois quelque teinture du christianisme et de la naissance de Jésus-Christ' (*Journal*, p.302), ce qui correspond en effet à la réalité historique (prédication de saint Thomas). Il souligne aussi que les chrétiens du Bengale font des signes de croix 'des deux mains par-dessus la tête jusqu'aux pieds' qui ressemblent à 'un reste de leur ancienne salutation aux idoles' (*ibid.*, p.367). On sait, du reste, que ce problème avait donné lieu à la fameuse querelle des rites chinois, évoquée également dans le *Journal de voyage*, pp.429-431, 434, à propos des jésuites.

[98] Une phrase comme celle-ci, suivie un peu plus loin de la mention des 'voyages', distingue les éléments incontestablement biographiques de ceux qui n'ont peut-être qu'une valeur générale et exemplaire; cf. n.II.95.

[99] C'est sutout à Boston, en Nouvelle-Angleterre, que Challe avait pu observer des 'ministres qui instruisent les sauvages' (*Journal*, p.392). Il faisait d'ailleurs l'éloge de cette instruction, dans laquelle, dit-il, les ministres 'réussissent infiniment mieux' que ne font les divers missionnaires catholiques du Canada. Il est aussi allé en Turquie (*Voyage*, pp.213, 482).

[100] M porte *si l'on n'en cite*, faute banale.

[101] Les 'voyages' sont aussi le thème des conversations d'Aristarque dans les *Conversations chrétiennes*, I (F. R.).

[102] Voir n.II.95.

[103] La reprise du relatif par un pronom de rappel comme *en* ou *y* est un archaïsme, blâmé par l'Académie dans son commentaire du Quinte-Curce de Vaugelas. Voir la note grammaticale, p.552.

[104] Challe n'est jamais allé à Goa; il en a seulement entendu parler par des témoins oculaires lors de son voyage aux Indes, comme il le précise dans son *Journal de voyage*, p.242. Mais, bien loin d'infirmer l'attribution que nous lui faisons des *Difficultés sur la religion*, cette phrase la confirme encore. Challe écrit en effet dans ses *Mémoires*, f.45, à propos des jésuites, dont il vient de décrire les mœurs au Canada: 'Je laisse là ces bons et chastes pères, j'espère les retrouver encore à Paris, dans un vaisseau, dans Saint-Yago aux îles de Feu, au cap de Bonne-Espérance, à Pondichéry, à Goa, à Siam, encore à Paris, et puis après en Flandre à Courtrai et à Douai. Voilà bien des rendez-vous, mais je n'en manquerai aucun.' Dans cette liste, la plupart des lieux dont il est question ont été effectivement visités par lui, à l'exception du cap de Bonne-Espérance, qu'il n'a vu en quelque sorte que de la mer, le Siam et Goa, qu'il n'a approché que de plus ou moins loin. Voir aussi l'expression 'quasi comme témoin oculaire' rapportée et commentée plus loin, n.II.106.

[105] Non seulement Challe est allé à Québec, mais il y a présenté requête au gouverneur et à l'intendant; voir ses lettres de 1683 publiées par sœur L. A. Russell, 'Robert Challe à Québec', *Revue d'histoire littéraire de la France*, 79 (1979), pp.1005-1009.

[106] Racontant un épisode qui s'est déroulé à Montréal, Challe dit dans ses *Mémoires*, f.45*r*, que, 'quoiqu'[il] sût déjà l'affaire comme témoin quasi-oculaire', il s'est fait un plaisir de se la faire conter devant des témoins. En fait, il n'est pas allé jusqu'à Montréal;

après avoir quitté Québec pour s'y rendre en août 1683, il dut regagner Québec à la suite d'une pleurésie; voir ses lettres de Québec désignées dans la n.II.105.

[107] Cf. *Jean*, ii.17: 'Un mot de l'Ecriture revint à la mémoire de ses disciples: Le zèle pour ta maison me dévorera.' C'est un souvenir des *Psaumes*, lxix.10. Pour la fin de la phrase du texte, cf. *Actes*, i.8: 'Vous serez alors mes témoins à Jérusalem, dans toute la Judée et la Samarie, et jusqu'aux confins de la terre.' (F. R.)

[108] En 1661, ainsi qu'en témoigne une délibération de la ville en date du 25 septembre 1661: 'L'assemblée obéissant au commandement exprès et positif de S. M. et passant sur les pressantes considérations qui portaient ladite assemblée à opposer comme autres fois l'établissement des R.P.J. aux faubourgs de cette ville, par le respect qui est dû par des fidèles sujets aux ordres de leur souverain, n'empêchent que lesdits pères jésuites prennent l'hospice par eux demandé...' (Inventaire sommaire des archives communales antérieures à 1790, série BB, 1888). (F. R.)

[109] De 1604 à 1624, les jésuites n'avaient pu obtenir que le collège de Troyes leur fût confié; ils tentèrent d'avoir au moins une résidence dans cette ville en 1637 et 1638, puis de 1684 à 1688 (F. R.). L'affaire avait fait du bruit; le président de Saint-Fonds rapporte, d'après le médecin Falconet, un incident qui s'était produit lorsqu'un jésuite avait, en chaire, fait allusion à cet établissement qu'il croyait acquis (Bibliothèque de Lyon, ms 6224, iii.401, vers 1715).

[110] Sur la vogue des fables d'Esope dans la littérature de colportage, voir n.II.74, la référence aux *Agréables conférences*, ouvrage bien connu de Challe, où l'on cite les 'flabes d'Ysope' (*sic*) parmi les trois classiques des lectures populaires, avec 'Lespiègle' et 'Jan de Pazi' (*Jean de Paris*).

[111] Les mots *de ce dont on est convaincu*, omis dans M par saut du même au même, sont une add. interl. d'une autre encre et apparemment d'une autre main.

[112] Effectivement, aucun tableau d'Apelle, peintre et portraitiste d'Alexandre le Grand, n'a survécu jusqu'à nos jours.

[113] Soit six mille francs; ce chiffre donne une idée du prix qu'un Raphaël aurait été estimé à l'époque.

[114] Et non *je vais* (éd. Mortier); cf. p.60, n.II.4.

[115] Ed. Mortier donne *le* pour *ce*, quoique M ait opéré la correction de *le* en *ce*. De même, un peu plus loin, *le prix* a été, dans M, corrigé en *ce prix*, et, à la fin du paragraphe, *le prix* en *son prix*.

[116] Le manuscrit comporte ici dans la marge un double trait horizontal.

[117] Peut-être y a-t-il ici un souvenir de *Matthieu*, xxvi.61: 'il s'en présenta deux qui déclarèrent: Cet homme a dit: "Je puis détruire le temple de Dieu et le rebâtir en trois jours."'

[118] M donne *n'en*; la correction *ne m'en* est apportée par Naigeon, suivi par éd. Mortier.

[119] *Les*, biffé, est remplacé par *aux*, d'une autre main.

[120] Dans son exemplaire du *Militaire philosophe*, Voltaire a noté en face de *croit* (qui est en italique dans l'édition) 'Il y a là quelque faute.'

[121] Cette analyse de la foi, remarquable pour l'époque, est à rapprocher d'un beau passage du *Journal de voyage*, p.245, relatif à une scène qui s'est passée à Moali, aux Comores. Témoin d'une cérémonie religieuse païenne, Challe a admiré la ferveur des indigènes pour l'objet de leur culte, 'un squelette de tête de bœuf ou de vache'; il commente: 'Je fus peut-être le seul des spectateurs qui prit la chose du bon côté. Je fus mortifié qu'une adoration si fervente et si attentive ne s'adressait pas au vrai Dieu, et avait un autre objet que lui [...]; mais si cela m'inspira une vraie douleur, l'édification que des peuples me donnèrent par leur ferveur et leur recueillement m'en causa une bien plus vive, et me fit sérieusement réfléchir à la manière dont vivent les chrétiens. Nous croyons, ou du moins nous faisons semblant de croire que le Saint des Saints, le Créateur

de toutes choses, en un mot Dieu lui-même, repose dans nos tabernacles; et nous avons infiniment moins de respect pour sa présence réelle et effective que des idolâtres plongés dans les ténèbres d'une ignorance crasse [...] n'en ont pour la tête d'un vil animal! Nous ne croyons pas cette présence réelle, et nous nous trompons de croire que nous la croyons. Nous aurions plus de vénération pour cet auguste sacrement que nous n'en avons; et sans doute ces peuples abîmés dans l'idolâtrie seront nos accusateurs au jour du jugement. Que de sujets de méditation pour qui veut y réfléchir!'

[122] Cette belle formule, ainsi que la phrase qui suit, sont platement remplacées, dans l'édition de 1768, par: 'Qu'est-ce donc que la religion du commun des hommes? C'est un résultat de l'éducation et des opinions vraies ou fausses reçues dans le pays où ils sont nés.'

[123] En face de cette phrase, à peu près conservée dans l'éd. de 1768, Voltaire a noté, en marge de son exemplaire: 'mal'. Curieusement, c'est peu de temps auparavant (octobre 1766) qu'il avait publié, dans le *Philosophe ignorant*, la 'Petite digression' sur les aveugles juges des couleurs, composée peut-être dès 1738, au temps de ses démêlés avec le père Castel, dans laquelle on voit le 'dictateur' des Quinze-Vingts faire croire à ceux-ci que tous leurs habits sont blancs; voir les *Romans et contes* (Bibl. de la Pléiade), p.279.

[124] En face de cette phrase, Voltaire a porté dans son exemplaire du *Militaire philosophe*: 'A examiner'.

[125] En face de cette phrase, Voltaire note: 'la chinoise celle de S[...]'. Nous sommes tentés de développer en *Socin* ce mot qui n'a pu être déchiffré par Mme Albina, bibliothécaire à Leningrad, qui propose *supposé que* (?).

[126] Dans le texte original, représenté par le ms S, la présence du mot *ordinairement* détruit le syllogisme. C'est pourquoi le réviseur le supprime. En revanche, il développe ensuite la mineure, pour la rendre plus claire ('cette croyance dans toutes les religions').

[127] Le ms M porte *les conséquences*; c'est presque certainement une erreur. D'après éd. 1768, éd. Mortier corrige *conséquences* en *croyances*, et c'est le texte que nous avons adopté.

[128] Challe pense non seulement aux blâmables querelles entre jésuites et jansénistes, que l'affaire de la bulle Unigenitus allait raviver, mais aussi aux conséquences fâcheuses qu'elles avaient dans les pays d'évangélisation, comme les querelles entre jésuites et missionnaires, dont il fait dire à François Martin, gouverneur de Pondichéry: 'C'est ce peu de concorde qui règne entre les missionnaires et les jésuites, et les disputes éternelles qu'on voit entre eux, qui achèvent de perdre dans les Indes la réputation du nom français, et qui même nous rendent odieux. Les Hollandais [...] nous représentent comme gens partagés en une infinité de religions, que nous n'entendons pas nous-mêmes, et que nous voulons forcer les autres à entendre. Cela aliène encore l'esprit des Indiens en général de notre religion, parce que naturellement l'homme aime à être prêché d'exemple, et qu'ils ne remarquent point dans la conduite des uns ni des autres cette charité mutuelle et cette mutuelle dilection qu'ils leur prêchent.' La suite du texte a été citée n.I.73.

[129] Effectivement, Challe s'est quelquefois amusé – et peut-être était-ce le sujet de sa thèse de physique, voir n.I.39 – à rendre compte des volcans par une théorie relative à la structure du globe terrestre; voir le *Journal de voyage*, pp.157-159.

[130] S ajoute, entre parenthèses, *ni mystères*. C'est apparemment une interpolation, comme dans des cas du même genre.

[131] Challe fait allusion à un fait tout récent. En 1695, la capitation avait été instituée pour subvenir aux frais de la guerre. Les Français avaient été partagés en vingt-deux classes, sans considération de nobles ou de roturiers, et payaient entre 20 sols et 2000 livres; les taillables à moins de 40 sols étaient exemptés; le clergé racheta sa quote-part par un don annuel de 4 millions. La capitation fut supprimée en 1698, mais rétablie en 1701.

[132] Phalaris, tyran d'Agrigente à partir de 571, maltraitait les Agrigentins et en faisait enfermer et brûler dans le fameux taureau d'acier. Il fut lui-même brûlé par les habitants

de la ville ses sujets en 561. Challe le cite parmi les tyrans fameux non seulement ici et plus loin (voir l'index), mais aussi dans le *Journal de voyage*, p.287.

[133] Ed. Mortier: *à la portée*. Nous suivons M.

[134] Opposé ainsi à *naturel*, *artificiel* est en quelque sorte un équivalent de *factice*.

[135] Cet alinéa qui coupe le développement ne serait-il pas interpolé? Clément XI, pape de 1700 à 1721, mena une vie décente et même très frugale: il est peu vraisemblable que la formule du texte s'applique à lui. Il est vrai qu'elle peut avoir une valeur générale.

[136] Note marginale de S: *le bréviaire, le missel*.

[137] Comme l'a remarqué Rudolf Brummer, p.271-273 de l'article cité dans l'introduction, p.5, n.14, lorsque l'auteur des *Difficultés* imagine un personnage, il l'appelle Pierre; s'il en invoque un second, c'est Jacques ou Jean; voir l'index, s.v. Pierre. Brummer en tire argument en faveur de la thèse, certainement vraie, selon laquelle la quatrième partie de l'ouvrage est du même auteur que les trois premières. On observera seulement que cette façon de nommer des personnages fictifs n'a rien d'original. Lorsqu'il a à nommer des personnes correspondant à la Trinité, Jaquelot, dans ses *Dissertations sur l'existence de Dieu* (voir p.37, n.P.3), appelle la première Pierre, la seconde Jacques et la troisième Jean.

[138] *Qui m'en fît connaître l'auteur* signifie 'qui fit connaître que j'en fusse l'auteur'. Cf. S, dont le texte est préférable.

[139] Ainsi que le signale R. Mortier, le ms 1192 porte *ont eu beau* au lieu de *ont beau*, ce qui donne en effet un texte plausible. Mais ce ms n'ayant pas eu accès à l'original, nous nous en tenons au texte garanti par l'accord de M et S.

[140] Cet *etc.* correspond à la suppression de la fin de la phrase. Il est possible que d'autres *etc.* de M doivent être interprétés de la même façon.

[141] Ed. Mortier: *pire*. Nous suivons M. Du reste, il s'agit d'un passage remanié: l'original (*devant qui...sont des saints*) est plus expressif.

[142] Denys l'Ancien, tyran de Syracuse, que Cicéron, dans ses *Tusculanes*, V.57, représente comme soupçonneux et avide, vivait au Vème siècle av. J.-C. Sur Phalaris, voir n.II.132. Même association des deux tyrans pp.246 et 350.

[143] Comme le remarque R. Mortier, le raisonnement est assez proche de celui de Bayle, à la fin de la préface de son *Commentaire philosophique sur le compelle intrare*: 'Notre siècle, et je crois que les précédents ne lui doivent guère, est plein d'esprits forts et de déistes. On s'en étonne; mais pour moi je m'étonne qu'il n'y en ait pas davantage, vu les les ravages que la religion produit dans la morale, et l'extinction qu'elle amène, par des conséquences presque inévitables, de toute vertu...' Pour la position de Challe, cf. p.270, n.IV.7.

[144] M porte *de sa fin*, que nous corrigeons. – Le titre de ce chapitre et le premier alinéa répètent plus ou moins ceux de la Quinzième vérité. En donnant dans le même ordre des extraits de ces deux 'vérités', S garantit que les deux passages se trouvaient bien dans cet ordre dans l'original commun; mais, en évitant de donner le titre (voir le sommaire respectif des deux extraits X et XII) et le début de la Quinzième vérité, la version S ne présente pas la répétition frappante dans M.

[145] Le remaniement opéré dans M introduit une figure de style, à savoir une sorte de zeugma, qui n'est pas dans l'original.

[146] Dans cet alinéa, la mention des 'suppôts des religions factices' semble être une interpolation pastichant le style de l'auteur.

[147] Ed. Mortier omet *Donc*.

[148] 'Palinure, pilote d'Enée, tombé à la mer au large de la côte lucanienne' (*Enéide*, v.814-871); 'Enée le retrouve aux Enfers, où il lui réclame une sépulture' (*ibid.*, vi.337-383) (éd. Mortier)

[149] Challe a vu aux Indes, à côté d'un corps brûlé, 'deux pots de terre du côté de la tête,

un plein de riz cuit et l'autre d'eau'. Il en donne la raison: 'Ces misérables s'imaginent que les morts y viennent manger et boire pendant quarante jours.' Commentant ensuite cette coutume, il la rapproche de celle des chrétiens: 'Je prie le lecteur de remarquer en passant que ce terme de quarante jours a toujours été consacré aux mânes ou esprits des morts, tant par les Juifs que par les païens. Il l'est encore parmi nous, malgré le précepte de Jésus-Christ, qui dit: *Sinite mortuos sepelire mortuos suos*. Nous conservons encore dans les gens de qualité cette cérémonie de l'ancien paganisme des Gaules. Croyons-nous, comme nos ancêtres le croyaient, que l'âme séparée du corps soit quarante jours errante ? Jésus-Christ nous enseigne que sitôt cette séparation faite notre âme prend possession d'une éternité heureuse, ou est précipitée dans les enfers. Pourquoi ne pas abolir un pareil abus, dont le peuple est revenu? Je n'entends point, par ce que je dis, parler ni du purgatoire ni des suffrages de l'Eglise pour les morts: je n'entends parler que de ce qui a du rapport au paganisme, et que l'Eglise primitive a jugé à propos de tolérer, pour ne pas scandaliser les nouveaux chrétiens qui y étaient accoutumés; mais qu'on pourrait abolir sans risque.' (*Journal*, p.292). Comme on le voit, la seule différence entre le *Journal de voyage* et les *Difficultés sur la religion* réside dans l'appréciation du rôle du Christ. C'est ce qui peut rendre concevable la possibilité d'un retour de l'auteur des *Difficultés* à un catholicisme épuré; voir Melâhat Menemencioglu, 'Gallouin – Don Juan: une clé pour Robert Challe', *Revue d'histoire littéraire de la France*, 79 (1979), pp.981-983, 992-993. On peut même se demander si le *Journal de voyage*, dont la mise au point a dû suivre la rédaction des *Difficultés*, ne laisse pas implicitement apparaître que ce relatif retour a déjà commencé à se faire.

[150] Au cours de la première guerre punique, le consul Appius Claudius Pulcher, avant d'engager le combat avec la flotte carthaginoise, voulut prendre les auspices. Les poulets sacrés refusant de sortir de leur cage, il les fit jeter à la mer. La bataille tourna au désastre pour les Romain (Drepanum); voir Tite-Live, xxxviii.35. (F. R.)

[151] Dans M, *cette voix* est une add. interl. d'une autre main.

[152] M donne bien *votre*, et non *notre* (éd. Mortier), de même que *sa puissance* et non *la puissance* à la fin de l'alinéa.

[153] Les traces cérébrales dont il est question dans les *Conversations chrétiennes*, IV, éd. Robinet, p.99. (F.R.)

[154] Dans M, *plus noble* est une add. interl. d'une autre main semble-t-il, remplaçant *autre*, biffé.

[155] Challe se réfère implicitement à Malebranche: 'Dieu ne quitte jamais sans de grandes raisons la simplicité de ses voies et l'uniformité de sa conduite.' (*Conversations chrétiennes*, XII.12). (F. R.)

[156] On a ici un des rares cas où M ne possède aucun texte correspondant à un extrait entier de S. On pourrait penser que la raison de cette suppression dans M est que ce passage reprend des idées exprimées plus haut (extrait X du ms S, 'Si Dieu avait voulu se servir de ministres...', p.101): mais déjà ce passage avait été omis dans M. Autre problème: où placer cet extrait par rapport au texte de M? Il doit de toute façon se trouver entre les extraits XII et XIV. Nous l'avons mis ici pour des raisons de vraisemblance, mais sans pouvoir affirmer que cette place soit hors de discussion.

[157] La ville de Luxembourg fut investie le 28 avril 1684 par les troupes du marquis de Créqui; la place, très forte, se rendit le 17 juin. Quoique Challe ne dise expressément avoir assisté qu'à un siège, celui de Saint-Omer en 1677 (*Journal de voyage*, p.259), aurait-il assisté à celui de Luxembourg, non pas comme volontaire, mais avec quelque commission d'intendance, ou pour y livrer des vivres? En d'autres termes, rentré du Canada vers octobre ou novembre 1683 (cf. lettre de Québec du 14 septembre 1683), serait-il demeuré en France jusqu'à un voyage en Espagne qui devait le conduire dans les Pyrénées, où il se trouvait le 22 octobre 1684 (*Journal*, p.147) et d'où il devait revenir pour être à Paris le 23 février 1685 (Mesnard, p.147)? Cette hypothèse doit être rejetée, car un

document récemment retrouvé par Mrs R. Runte établit sa présence au Canada à la belle saison de 1684. Restent deux possibilités, dont la seconde est la plus probable. 1°. Challe aurait introduit le détail inexact du siège de Luxembourg pour dérouter les curieux; mais pourquoi M l'aurait-il supprimé? 2°. Le nom de la ville assiégée aurait été interpolé, et Luxembourg choisi en raison de la célébrité de ce siège; mais l'abbé Sépher n'est pas coutumier de ces interpolations. La question demeure donc posée.

[158] Au Christ qui dit 'Quiconque est de la vérité écoute ma voix', Pilate répond 'Qu'est-ce que la vérité?' (*Jean*, xviii.37-38). Pénétré de l'Ecriture, Challe se souvient peut-être de ce passage. (F. R.)

[159] Ce passage a posé un problème au copiste. Après avoir écrit *Ce qu'ils voient clairement n'est-ce pas un néant donc*, il a ensuite rayé le *-ce* de *n'est-ce*. C'est le texte de l'édition Mortier, qui remplace seulement *donc* par *dont*, tout en signalant la difficulté et en renvoyant au texte de l'édition de 1768. C'est celui-ci que nous adoptons, car l'erreur commise par M (ou par le texte qui lui a servi de modèle) s'explique très naturellement par l'accumulation des négations.

[160] Cf. p.303, où cette idée est plus développée.

[161] Dans M, *juste*, biffé, est remplacé par *injuste*, add. interl. d'une autre main.

[162] Ed. Mortier: *un hors-d'œuvre*. Cette modernisation n'est pas nécessaire.

[163] Cette remarque tombe sur la loi de Moïse, qui prescrit de nombreux sacrifices à Iaveh.

[164] Ed. Mortier: *ou du moins*. Nous suivons M.

[165] Ed. Mortier: *nous y ayons*. Nous suivons encore M.

[166] C'est la tirade du *Misanthrope* qui se termine par: 'C'est ainsi qu'un amant dont l'amour est extrême / Aime jusqu'aux défauts des personnes qu'il aime.'

[167] Première allusion à la 'coutume de Satî' sur laquelle Challe reviendra deux fois plus loin; voir l'index, s.v. veuve. Il l'a longuement décrite et discutée dans le *Journal de voyage*, pp.292-295 et 297. Il y précise qu'elles 'ne se brûlent pas toutes; il n'y a que celles qui sont assez bêtes pour croire qu'elles vont jouir, avec un saint, d'un bonheur éternel' (p.294).

[168] Sur *donner gloire à Dieu*, voir n.II.58.

[169] L'expression consacrée est *corps, sang, âme et divinité* (F. R.). Ed. Mortier: *corps, et âme, et sang*. Nous suivons M.

[170] Les mots *et impossible* sont ajoutés d'une autre encre et d'une autre écriture.

[171] Ed. Mortier: *ne suffit point*. Nous suivons M.

[172] 'Faire contre se dit lorsqu'un des joueurs faisant jouer, un des autres déclare ensuite qu'il joue aussi. Vous n'avez pas assez beau jeu pour faire contre [...] Le contre paie double.' (Littré) A côté de ce sens technique, analogue à notre *contrer*, Littré cite des emplois aux sens figuré, ainsi chez Saint-Simon: 'D'Harcourt ne craignait pas de faire contre aux ministres, dans les entretiens qu'il avait avec le roi.' On en trouve de semblables chez Marivaux, dans la *Vie de Marianne* (éd. Garnier, v.222), et déjà chez Pascal, dans les *Pensées*, à côté de *faire pour*, qui a, bien entendu, le sens inverse.

[173] Allusion à *Romains*, x.17: *Fides ex auditu, auditus per verbum Christi*. Challe fait usage de cette parole dans le *Journal de voyage*, p.351: 'Fides ex auditu, certitudo ex visu, dit l'Evangile. Je suis dans ce cas, j'ai vu; par conséquent je suis convaincu qu'il est vrai.' Saint Augustin paraphrase souvent la même formule.

[174] Ed. Mortier: *et bien approfondie*. Nous suivons M.

[175] Ed. Mortier: *je suis forcé*. Nous suivons M.

[176] Voir plus haut, n.II.173.

[177] La vérité métaphysique est donc la vérité d'évidence pour la conscience. Effective-

ment, Malebranche fonde sa philosophie sur l'évidence. Les dogmes ne sont pour lui que l'explicitation de cette évidence.

[178] Dans M, *rond* est une add. interl. d'une autre encre, peut-être de la même main.

[179] C'est un thème non du Nouveau, mais de l'Ancien Testament; Iahvé est effectivement le 'dieu jaloux'.

[180] Sur l'oublie, voir n.I.88, et sur les 'os pourris', cf. p.47 et voir n.II.50.

[181] Sur ces 'pierres' et ce 'bois', cf. p.47.

[182] Ed. Mortier: *mille preuves évidentes*. *Presque*, donné par M, introduit une hésitation à retenir; cf. *je vois ou crois voir*, une dizaine de lignes plus bas.

[183] Il semble que Challe cherche à conforter son opinion, dans la mesure où il n'est pas sûr de ses évidences. L'argument démonstratif qui suit n'est pas d'une solidité sans faille.

[184] Allusion à *Marc*, iv.11-12: 'Et il leur disait: "A vous le mystère du royaume des cieux a été donné; mais à ceux-là qui sont dehors tout arrive en paraboles, afin qu'ils aient beau voir et ne n'aperçoivent point, qu'ils aient beau entendre et ne comprennent pas, de peur qu'ils ne se convertissent et qu'il ne leur soit pardonné".' Suit la parabole du semeur, qui a donné lieu à ces propos. En revanche, *Matthieu*, xiii.10-15 et *Luc*, vii.9-10, sont beaucoup moins nets. Sur la prédestination, voir l'index.

[185] M donne *je l'ai cité*, qui n'a pas de sens dans le contexte. La correction de R. Mortier est très satisfaisante. – Le mot *ergotisme*, raisonnement formaliste (cf. *ergoter*) est dans Montaigne et jusque chez Voltaire; il réapparaît ici p.323, n.IV.172. On trouve *ergoterie* dans le *Journal de voyage*, p.437.

[186] Cet *à l'ordinaire* renvoie non seulement aux habitudes de la classe de philosophie (cf. n.P.8) mais aussi à toute la tradition de l'Ecole issue de saint Thomas. Du reste, à partir de cette Réfutation de la foi et dans tout le Troisième cahier, si le mode de présentation de Challe devient moins scolastique, son argumentation semble souvent se référer implicitement, pour le fond des choses, aux démonstrations de saint Thomas dans la *Somme théologique* et surtout la *Somme contre les gentils*.

[187] Au lieu de *la*, M porte *le*; la correction, vraisemblable, est apportée par éd. Mortier.

[188] La mer du Sud est le Pacifique, ou plus proprement une des quatre parties de cet océan, qui va de la terre de Jesso au tropique du Capricorne; les navigateurs la parcouraient ordinairement d'Acapulco, au Mexique, jusqu'aux Philippines.

[189] Ed. Mortier: *et d'hérésie*. Nous suivons M.

[190] La circoncision est fondée par la *Genèse*, xvii.11, comme 'signe d'alliance'. Mais d'après *Romains*, iv.11, Abraham est justifié par sa foi, indépendamment de la circoncision. (F. R.)

[191] Le temple de Salomon; cf. *I. Rois*, viii.10-13 (F.R.).

[192] 'De la demeure de ta sainteté des cieux, regarde et bénis Israël ton peuple' (*Deutéronome*, xxvi.15). (F. R.)

[193] *Samuel*, vii.23-24; *Jérémie*, xxxi.33 (F. R.).

[194] *Lévitique*, xi; *Deutéronome*, xiv.3-21 (F.R.).

[195] *Nombres*, xix.11-16 (F. R.).

[196] Ed. Mortier: *toutes ces choses*. Nous suivons M.

[197] Ed. Mortier: *d'athéisme et d'hérésie* (de même à la fin de l'alinéa). Nous suivons M.

[198] Allusion à l'oblation mineure qui précède la prière musulmane (F R.).

[199] Ed. Mortier omet *et payer bien cher*.

[200] Ed. Mortier: *demandent*. Nous suivons M.

[201] *Crime de nature*, non enregistré par Littré, semble être l'équivalent de crime contre nature; cf. crime d'Etat.

[202] Telle était du moins la situation au temps de l'ancien Théâtre Italien, fermé en

1697. Depuis, le théâtre de la Foire n'avait repris qu'avec prudence les traditions frondeuses des Italiens.

[203] C'était un point que l'ouvrage de G. d'Emiliane [Gavin], *Histoire des tromperies des prêtres et des moines* (Rotterdam 1710), début, avait traité avec un luxe de détails, notamment à propos de l'abbaye de Cîteaux; cf. aussi p.48.

[204] Ed. Mortier: *au sergent*. Nous suivons M.

[205] *Parties* signifie ici sommes d'argent, ainsi que l'indique le *Dictionnaire* de Furetière, qui glose aussi le mot par 'articles de compte'. Le sergent est bien entendu le sergent de justice, c'est-à-dire 'le plus bas officier de justice, qui sert à exécuter les sentences' (Furetière).

[206] Cette phrase est éclairée par un article de Furetière, s.v. assistance, ainsi conçu: 'Le curé se fait payer l'assistance à un enterrement, quoiqu'il n'y soit pas, car il est réputé présent.' A propos du pillage d'un vaisseau hollandais, Challe, dans son *Journal de voyage*, p.380, dit que le commissaire Blondel s'est 'payé par ses mains avec excès de ses droits de présence', c'est-à-dire qu'il participe au pillage. Même référence au 'droit de présence' d'un curé, *Mémoires*, f.114.

[207] Le conditionnel employé par l'auteur (*n'exciterait point... si l'on faisait...*) n'est qu'une formule de style. Challe pense à une pièce déjà représentée, et même déjà imprimée, dont il donne le titre, *Les Moines*, dans le *Journal de voyage aux Indes*, p.468, à l'occasion d'une 'farce' que lui-même et quelques membres de l'équipage jouent à l'aumônier du navire, le dominicain Querduff. Cette pièce, attribuée à l'abbé Charles de Villiers par le *Dictionnaire des théâtres de Beauchamp*, et au père Lallemand par différents catalogues de bibliothèques (Bibliothèque nationale, Arsenal), parut sous le titre suivant: Les Moines, comédie en musique, composée par les RR. PP. jésuites; et représentée en leur maison de récréation à Mont-Louis, devant le R. P. D. L. C. [de La Chaise] par les jeunes de la société [le 27 août 1709, d'après une mention imprimée à la fin de l'ouvrage]. A Berg-op-Zoom. Par Habacuc Strelits, dans la grande place.' La scène se passe 'chez les RR. PP. carmes et cordeliers'. La pièce est entièrement chantée. Selon un manuscrit de la Bibliothèque Sainte-Geneviève, 404 f.7, publié dans une édition moderne de la pièce, chez Lemonnyer, libraire (Rouen, 1880), les moines mis en scène, 'par leur barbe vénérable, leur déclamation nasillarde, leurs contorsions [...] ont souvent fournis aux bons pères de quoi se divertir'. En la circonstance, l'auteur met en scène 'la force du vin sur les moines'. Ceux-ci se moquent des 'doctes Loyolas': 'Même aux jours gras, / Ils ne s'enivrent pas'. Eux-mêmes se soucient avant tout du succès de leurs frères quêteurs: 'Quand nous avions frère François, / C'était toujours nouvelle aubaine. / Chaque jour était jour des Rois, / Quand nous avions frère François. / Il sortait de chez le bourgeois / Toujours ventre et besace pleine'. Cf. encore: 'Chez nous ceux-là sont grands seigneurs / Qu' à quêter le couvent destine... / Il faut avoir de grands talents / Pour bien réussir à la quête. / Il s'agit d'appauvrir les gens: / Il faut avoir de grands talents'. Il est aussi question dans la comédie des pénitentes des pères, que ceux-ci appellent leurs 'Berthes'. – Voir une autre allusion probable à la même pièce à propos de la chanson *Frère André notre quêteur Sait faire agir la providence*, p.217, n.III.376.

[208] 'M. Molière' (note marginale de M). Il s'agit en effet d'une réminiscence de la seconde strophe du ballet final du *Malade imaginaire*. Cette 'belle chose et bien trouvée' qui fait vivre à gogo tant de gens 'de toute espèce' est la médecine. Un peu plus loin, et dans la même veine, *a parte Dei* signifie de la part de Dieu.

[209] Cf. le passage du *Journal de voyage*, p.392, déjà cité n.II.99, dans lequel Challe remarque que les missionnaires protestants de la Nouvelle-Angleterre n'agissent pas pour le profit, leurs néophytes ne possédant 'quoi que ce soit au monde'.

[210] Ed. Mortier: *catholicisée dans l'honneur*. Le ms M porte *catholique pour l'honneur*, corrigé, d'une autre main, en *catholicisée sans l'honneur*. Ce texte, dans lequel *sans* signifie 'sans

compter', est très satisfaisant: c'est celui que nous suivons. Comparer cet emploi de *sans* avec celui d'*avec*, p.324, n.IV.182.

[211] Voir p.88, n.II.82.

[212] Le fondateur des cordeliers est, on le sait, saint François d'Assise; voir n.III.263; celui des jacobins saint Dominique. Une nuit que ce dernier était en prières, il eut une vision du Christ irrité contre le monde, et sa mère qui lui présentait pour l'apaiser, deux hommes, Dominique lui-même et François d'Assise (F. R.)

[213] Le pape Pie V (saint Pie V) avait conclu, le 20 mai 1571, avec Venise et l'Espagne, une sainte ligue contre les Turcs, qui se préparaient à attaquer Chypre. Les Turcs furent défaits à la bataille de Lépante, le 5 octobre 1571. Ce fut une des plus grandes victoires chrétiennes sur l'Islam. Le pape, dominicain lui-même, et d'ailleurs moine exemplaire, institua pour commémorer l'événement la fête de Notre-Dame des Victoires, célébrée le 7 octobre. Le pape Grégoire XIII l'appela la fête du rosaire, d'où l'allusion du texte, et Clément XI l'institua pour toute l'Eglise.

[214] Les corsaires de Salé étaient pour l'Atlantique ce qu'étaient les Algériens ou les Tripolitains pour la Méditerranée. Challe, qui, s'il faut en croire son *Journal*, p.482, avait été pris par les 'Turcs', avait eu aussi affaire aux pirates de Salé, toujours d'après son *Journal*, p.92.

[215] Cette définition est incomplète. Selon Jean Le Marcant, *L'Encyclopédie de la foi...* (Caen 1679), 'la foi est un don de Dieu et une lumière au moyen de laquelle nous croyons fermement toutes les choses que Dieu nous a révélées, soit par lui, soit par son Eglise' (F. R.).

[216] Comme beaucoup de mots commençant par une voyelle et terminés par un -*e*, le mot *ombre* est tantôt masculin et tantôt féminin en moyen-français. Mais les exemples donnés par Littré pour le masculin ne dépassent pas le XVIème siècle; voir aussi n.II.235 et la note grammaticale, p.542.

[217] Dans M, *une rivière est un don de Dieu* est une add. interl.

[218] Des phrases comportant ainsi *quelque* peuvent demeurer en suspens, d'où des formules toutes faites telles que *quelque sot!* et populairement *quelque niais!* Aussi la conclusion de S, mais *cela sera-t-il solide?* pourrait-elle n'être qu'une interpolation.

[219] Le mot *retenu*, qui n'est pas immédiatement clair pour le lecteur moderne, fait ici couple avec *pris*. Littré cite, de Rollin: 'Quand la reine Cléopâtre vit son mari pris et retenu par les Parthes.' Il s'agit, bien entendu, d'un emploi figuré.

[220] Le *Dictionnaire* de Richelet (1680) commente ainsi les deux formes de ce mot: 'Le peuple est pour *excroquer*, et la cour pour *escroquer*; et ainsi il n'y a point à balancer, il faut dire *escroquer*.' *Excroquer* est la forme que Marivaux emploie dans le *Télémaque travesti*, composé vers 1715 ou 1716; voir ses *Œuvres de jeunesse* (Bibliothèque de la Pléiade), pp.820, 891. On la trouve encore chez Voltaire, ainsi dans Best.D10151, lettre olographe. Cf. ici p.274, n.IV.26.

[221] L'impératrice Fausta accusa Crispus, son beau-fils, dont elle s'était éprise, et le fit mettre à mort par Constantin en 326 (F. R.).

[222] On se demande si Challe ne songe pas au spectacle de nègres baptisés avant leur embarquement sur des navires négriers.

[223] Ce dérivé d'*entité* n'est pas connu, quoiqu'il puisse être considéré comme un dérivé du latin d'école *entitatem*. Peut-être aussi est-ce une faute pour *entitule*, petite entité.

[224] Malebranche ironise aussi sur ces formes substantielles, 'ces substances fécondes qui font tout ce que nous voyons dans la nature, quoiqu'elles ne subsistent que dans l'imagination de notre philosophe', comme il les nomme dans la *Recherche de la vérité*, I, XVI, 3, pp.209-211. (F. R.) Sur ce point, Malebranche, contre Aristote, se montre disciple de Descartes. Voir aussi n.IV.52.

[225] Allusion à *fides ex auditu*; cf. p.114, n.II.173.

[226] Et non *a-t-il de plus* (éd. Mortier). Sur l'intérêt de ce détail de langue, voir n.II.60.

[227] *Incontinent que* est un archaïsme, même au XVIIème siècle; l'exemple le plus tardif qu'en cite Littré est de Commines.

[228] C'est la formule du *credo* qui est ici visée.

[229] Le copiste de M avait d'abord écrit *un droit*; la correction est d'une autre encre, peut-être d'une autre main.

[230] Ed. Mortier: *et par conséquent.* Nous suivons M.

[231] Nous corrigeons le texte de M, suivi par éd. Mortier, *d'autre définition.*

[232] Et non pas *entre cela* (éd. Mortier).

[233] Nous corrigeons le texte de M, suivi par éd. Mortier, *marque assez.*

[234] Le texte est corrompu. Il faut sans doute suppléer ici *que* et comprendre: 'Il n'y aura pas plus de mérite quand la foi sera un don de Dieu que quand...'.

[235] *Cet* est corrigé en *cette*, apparemment d'une autre main; cf. p.125, n.II.216.

[236] Mentionné au VIIIème siècle, ce chef franc légendaire, descendant de Priam, aurait vécu au Vème siècle et serait le fondateur de la monarchie française. Au XVIIIème siècle, son existence n'était contestée de personne, et Chateaubriand la posait encore en fait. Dans la seconde moitié du XIXème siècle encore, l'histoire de France enseignée aux enfants par couplets commençait encore comme suit: 'Le premier de nos rois fut, dit-on, Pharamon; / Clodion prend Cambrai, puis règne Mérovée...'.

[237] Sur cette construction, cf. pp.80 et 127, n.II.60 et II.226.

[238] Comme Thoas dans *Iphigénie en Tauride.*

[239] *D'enfermer* est une correction d'une autre main pour *d'informer.*

[240] 'Habitants de la Crète' (note marginale de M). – Les réflexions qui suivent sur les vocations forcées sont à rapprocher de remarques similaires dans les *Illustres Françaises* où on lit, i.161: 'A quoi bon tant d'apprêt et de faste pour conduire à la mort une victime d'ambition et de haine [...] Je ne vois à l'intérieur du couvent que de l'ambition, de l'avarice et de l'envie.' (J. P.)

[241] Allusion à une idole nommée Mado, que Challe a vue aux Indes, et auxquelles on prostituait les nouvelles mariées (*Journal de voyage*, pp.300-301). Rapportant cette coutume, il rapproche explicitement cette forme de dévotion à celle qu'inspire aux femmes certaine statue de saint René conservée à l'église des chartreux de Nantes (p.302).

[242] Lire *pierres* et non *prières*, comme le porte éd. Mortier.

[243] Allusion à la cérémonie d'imposition des cendres, le mercredi de l'entrée de carême, dit mercredi des cendres.

[244] Le relatif *qui* peut soit reprendre *certitude*, quoique ce mot soit indéterminé, ce qui produit une construction que les grammairiens du temps commencent à blâmer, soit plutôt équivaloir à *ce qui*; voir la note grammaticale, p.545.

[245] Socin est Fauste Socin (1539-1604), qui nie la divinité du Christ et anéantit la rédemption, fondant le socinianisme. Bucer, excellente correction d'éd. Mortier pour *Bemar*, donné, par M, qui n'a pas de sens, est Martin Bucer (1491-1551), dominicain alsacien, qui se rallia en 1521 à Luther et fut l'artisan de la concorde de Wittenberg. Il devint ensuite professeur à Cambridge où il mourut (R.M.). Bernardino Ochino (1487-1564), né à Sienne, prédicateur cordelier, passa au protestantisme en 1542, mais se brouilla avec Calvin à propos de l'affaire Servet. On le disait antitrinitaire et partisan de la polygamie (R. M.).

[246] Cf. p.49.

[247] Par saut du même au même, éd. Mortier omet *qu'ils jeûnent, que plusieurs saints religieux fassent des processions,*

[248] Par saut du même au même, éd. Mortier omet *comme je sens que je me délasserais en m'asseyant, ou par conscience.*

[249] Dans la *Cité de Dieu*, xv.9: *Quod vero et Antipodas esse fabulantur, id est, homines a contraria parte terrae, ubi sol oritur, quando occidit nobis, adversa pedibus nostris calcare vestigiis, nulla ratione credendum est.* Cf. p.243, n.III.480. Mais saint Augustin n'a jamais damné des hommes pour croire la terre plus grande que le soleil! En conséquence, nous corrigeons, immédiatement après, *damné*, texte de M suivi par éd. Mortier, qui fait contre-sens, en *damnez*.

[250] Les mortiers à bombes avaient été rendus célèbres par leur utilisation dans l'expédition punitive contre Alger (1683).

[251] La suffisance est ici le degré de confiance à accorder à l'autorité en question; cf. un emploi voisin p.42, n.L.19.

[252] Sans doute celle du navire, dans l'entre-deux-ponts.

[253] Ed. Mortier: *vertu indienne*. Nous suivons M. Sur cette coutume, cf. p.113, n.II.167.

[254] Ed. Mortier signale ici une ressemblance entre la pensée de Challe et celle de Spinoza. Effectivement on peut citer par exemple ce passage de l'*Ethique*, prop. XVIII, scolie: 'Comme la Raison ne demande rien qui soit contre la Nature, elle demande donc que chacun s'aime lui-même, cherche l'utile propre, ce qui est réellement utile pour lui, appète tout ce qui conduit réellement l'homme à une perfection plus grande, et absolument parlant que chacun s'efforce de conserver son être, autant qu'il est en lui.' (trad. Ch. Appuhn). Ce qu'une formule résume comme soit: '...la vertu ne consiste en rien d'autre qu'à agir suivant les lois de sa nature propre' (*ibid.*).

[255] Par saut du même au même, éd. Mortier omet *et que, dans la grande difficulté de les observer*. Dans ce membre de phrase, l'emploi de la préposition *dans* avec une valeur logique (ici causale, 'étant donné que') est caractéristique du style de Challe. Cf. *Illustres Françaises*, Préface, i.LIX-LX: 'si [...], on ne verrait point dans la misère des vieillards qui s'y sont mis en faveur d'enfants assez dénaturés pour se moquer d'eux, dans la jouissance des biens dont ils se sont dépouillés en leur faveur'; le second *dans* (dans la jouissance) équivaut à *étant donné* (qu'ils jouissent...).

[256] Ce mot souligné en marge remplace dans S *persiste*, qui n'est pourtant pas rayé dans le texte.

[257] Ni *monacalité*, ni *monalisme* ne sont attestés. Challe a-t-il écrit *monachisme*, comme le porte ms 1192? Mais alors, pourquoi les deux manuscrits M et S n'auraient-ils pas gardé ce texte?

[258] Le membre de phrase *dans l'éloignement* signifie 'étant donné l'éloignement'. Cette construction de *dans* avec une valeur de circonstance logique est fréquente chez Challe; voir n.II.255, et note grammaticale, p.545.

[259] La friponnerie des munitionnaires a inspiré à Challe un développement sans exemple à l'époque, et qui constitue un document remarquable; c'est le récit de l'affaire Albus, à Brest, raconté dans le *Journal de voyage*, pp.64-76.

[260] Cf. n.I.56.

[261] Dans ses *Mémoires*, f.21v-22v, Challe un exemple concret de la façon dont les jésuites se montrent mauvais payeurs avec un artisan parisien qui a travaillé pour eux; on a déja donné, n.I.16, une illustration du fait que, selon lui, les ecclésiastiques sont 'sans quartier'.

[262] Ed. Mortier: *sans aller chercher*

[263] Cf. n.I.68.

[264] L'allusion est apparemment à Louis XIV; mais la gangrène n'ayant commencé qu'en 1715, il doit s'agir ici d'une ce ces brèves interpolations résultant du travail du réviseur; voir un autre exemple, p.205, n.III.319.

[265] Malebranche n'enseigna pas seulement les mathématiques; il inspira les *Eléments des mathématiques* (1675) de Prestet, collabora directement à la préparation de l'*Analyse des infiniment petits* (1696), de L'Hospital. Ses connaissances mathématiques, spécialement en géométrie, apparaissent dans la *Recherche de la vérité*. (F. R)

Notes du Troisième cahier

[1] C'est-à-dire, si le texte est bon, sous forme d'interprétation.

[2] Le mot de *besacier* s'employait en parlant des capucins; on lit dans les *Illustres Françaises*, i.244, à propos de Des Prez le père: 'il tourna si bien en ridicule les besaciers, c'était ainsi qu'il les nommait, que tous les domestiques crurent qu'il était instruit de mes intentions, et que je voulais absolument me faire capucin.' Cf. ici p.55, ainsi que n.I.30.

[3] Le point de départ de ce qu'on appelle l'*Evangile éternel* se trouve dans les idées de Joachim de Flore (vers 1130-1201 ou 1202), moine cistercien auteur de trois ouvrages dont le texte original ne nous est pas parvenu, le *Liber concordantiae utriusque Testamenti*, une *Expositio in Apocalypsin* et un *Psalterium*, qui ne semblent pas avoir contenu de propositions hérétiques. Il y décrit l'histoire du règne de Dieu en trois états ou âges dont chacun prépare le suivant, l'âge du Père, l'âge du Fils, l'âge du Saint-Esprit. Ce dernier âge commence avec saint Benoît , et aura pour terme 1260. Après la victoire sur l'Antéchrist, l'Evangile sera annoncé à tous les hommes. En 1254 circula à Paris un ouvrage intitulé *(Liber) Introductorius in Evangelium aeternum*. Il contenait les traités de Joachim de Flore considérablement interpolés et précédés d'une introduction qui opposait à l'Evangile écrit l'Evangile nouveau et spirituel dont la prédication serait confiée aux franciscains. Il était l'œuvre de Gherardino del Borgo San Domino, ami du général des franciscains Jean de Parme, qui représentait dans l'ordre le parti des 'spirituels' (voir p.234, n.III.443). Paraissant à une époque où l'ordre des franciscains était agité de dissensions et tombait en décadence sur le plan des mœurs, l'*Evangile Eternel* fit beaucoup de bruit. L'ouvrage fut condamné et son auteur jeté en prison jusqu'à sa mort. Sur les événements qui suivirent, voir encore la note III.443.

[4] Dans la doctrine orthodoxe de l'Eglise catholique, prières et actions de grâces ne s'adressent qu'à Dieu; les saints ne sont considérés que comme des intercesseurs.

[5] Tels qu'Origène, saint Grégoire de Nysse, saint Grégoire de Naziance, saint Bernard, et, en dernier lieu, Mme Guyon dans le *Cantique des cantiques expliqué*. (F.R.)

[6] 'M. Arnaud [*sic*]' (note marginale de M). Il est vrai qu'une des thèses d'Antoine Arnauld, censurée par la Sorbonne en 1656, était la suivante: 'Les pères nous montrent un juste en la personne de saint Pierre, à qui la grâce, sans laquelle on ne peut rien, a manqué dans une occasion où l'on ne saurait dire qu'il n'a point péché', et que cette thèse était déjà contenue dans les deux *Apologies pour Jansénius*. Mais ces œuvres anciennes (1644-1645) étaient peu connues au début du XVIIIème siècle, et on ne trouve rien de semblable dans le traité *De la fréquente communion*, par exemple. La même idée apparaît de façon plus nette chez Pascal, ainsi dans une lettre de la fin d'octobre 1656 et dans le ch.XVIII de l'édition de Port-Royal des *Pensées*, 'Dessein de Dieu de se cacher aux uns et de se découvrir aux autres', mais Pascal ne peut être dit un 'grand docteur'. En revanche, ce terme convient à saint Augustin, auquel se réfèrent d'ailleurs Arnauld et Pascal, et qui s'appuie lui-même sur l'*Epître aux Romains* de saint Paul, xi. Or saint Augustin et saint Paul sont cités plus loin. (F. R. et J. Mesnard)

[7] Ed. Mortier: *ne sont pas baptisés*; et plus loin: *qui empêcherait*.

[8] La même idée est formulée comme suit dans le *Journal de voyage*, p.300: 'L'oserai-je dire sans impiété? Il me paraît que leurs idoles sont parmi eux ce que les saints sont parmi nous'. Un peu plus loin, p.302, il fait un rapprochement très précis entre certaine idole adorée sur la côte du Coromandel et un saint René de Pierre conservé à Nantes, objet de la vénération indiscrète de femmes du pays désirant devenir fécondes. Sur la position orthodoxe de l'Eglise en la matière, voir n.III.3.

[9] Ce terme, comme *hypostase* et *hypostatique*, ne se dit que de l'union des deux natures en Jésus-Christ. Cf. n.IV.52.

[10] Il faut lire, avec M, *légumes*, non *légendes* (éd. Mortier). Challe se rencontre avec Malebranche: '... la raison n'enseigne pas qu'il faille adorer les oignons et les porreaux, par exemple, comme la souveraine divinité...' (*Recherche de la vérité*, VI, II, 3, pp.107-109). Du reste, lui-même fait plusieurs fois allusion à ces pratiques religieuses des Egyptiens, et cite; à ce propos Juvénal; voir ci-après, p.264, n.III.559, et le *Journal de voyage*, p.304, n.561.

[11] Nous n'avons pas trouvé de démonstration de l'existence de Dieu en onze articles. Les preuves sont parfois beaucoup plus nombreuses: trente-cinq par exemple chez le père Mersenne, dans son *Impiété des déistes confondue* (1624), qui répond aux *Cent-six quatrains du déiste, ou l'Antibigot*; parfois beaucoup plus réduites, comme chez Jaquelot, qui les limite à l'établissement des concordances entre les faits allégués par la Bible, notamment le *Pentateuque*, et les événements attestés de l'histoire du monde. Néammoins, la synthèse proposée par Challe couvre l'ensemble des preuves traditionnelles. En revanche, elle laisse de côté certains traits essentiels de l'apologie pascalienne, la double nature de l'homme, le 'Dieu caché', la double nature du Christ: 'Jamais homme n'a eu tant d'éclat, jamais homme n'a eu plus d'ignominie', etc.

[12] Ed. Mortier: *permettrait*. Nous suivons M.

[13] Ed. Mortier: *victoire*. Nous suivons M.

[14] Dans ses ouvrages exégétiques, *Homélies* et *Commentaires sur l'Ecriture sainte*, Origène, admirateur de Platon, professait que certains passages de l'Ecriture, y compris le récit de la Création, ne devaient être entendus que dans leur signification symbolique et profonde. (F.R.)

[15] Allusion aux sacrifices d'animaux de l'ancienne Alliance, ainsi qu'au sacrifice d'Abraham (*Genèse*, xxii). (F.R.) Noter que, lorsque Challe évoque les mêmes sacrifices humains dans le *Journal de voyage aux Indes*, p.227, il nie que ceux-ci soient chez les Juifs un 'point de religion'. Il ajoute: 'à l'égard des bêtes, j'en conviens, mais je nie les victimes humaines.' Cet exemple montre qu'il lui arrive, pour les besoins de sa démonstration, de forcer et même de déformer sa pensée dans ses attaques contre la religion chrétienne.

[16] M et éd. Mortier portent *des noix, des cocos*, ce qui n'a guère de sens.

[17] 'M. Dupin' (note marginale de M). Si cette note est exacte, il s'agit de Louis Ellies Du Pin (1657-1719), fameux théologien. On peut à la rigueur reconnaître la proposition qui est alléguée ici dans l'Avertissement ou dans le début du livre I de la I. partie du *Traité de la doctrine chrétienne et orthodoxe* (Paris, André Pralard, 1703) auteur dit, par exemple, que, 'quoique tous les fidèles ne soient pas obligés de savoir la théologie', son ouvrage sera très utile 'à ceux qui ont le plus de lumières' pour 'être instruit à fond de leur religion', (f.a ij).

[18] Par exemple Pascal: 'Les deux plus anciens livres du monde sont Moïse et Job, l'un juif, l'autre païen, qui tous deux regardent Jésus-Christ comme leur centre commun et leur objet.' (éd. Brunschvicg, fr. 741). Cf. éd. de Port-Royal, X, 14, p.77.

[19] Hermès Trismégiste est le nom grec de l'ancien dieu d'Egypte Toth. On le prenait pour un ancien roi ou philosophe égyptien qui aurait vécu vers 1900 av. J.-C. Deux dialogues, *Pimander* et *Asclépius*, avaient été publiés sous son nom à Trévise (1471), alors que les écrits théologiques de ce genre ont été écrits entre le IIIème et le Ier siècle av. J.-C. Le président d'Espagnac avait donné pour sa part, dans sa *Philosophie naturelle* (1651), un *Traité de l'ouvrage secret de la philosophie d'Hermès*.

[20] Dans M, *toutes les* est corrigé, d'une autre main, en *tous. les* [*sic*].

[21] Les pyramides n'avaient alors livré aucun texte; il s'agit donc ici des hiéroglyphes gravés sur les obélisques; cf. p.157, n.III.113.

[22] L'emploi de *devant*, au sens de *avant* et comme préposition, est un archaïsme que le *Dictionnaire portatif* extrait de Richelet par Wailly (Lyon 1780) n'enregistre déjà plus. Du reste, le réviseur remplace parfois *devant que* par *avant que*; voir l'introduction, p.29.

[23] Des sorts, c'est-à-dire des maléfices obtenus par le moyen de quelque sorcier, moyennant promesse de recompense fixée dans le marché.

[24] La 'localité' de Dieu, déjà relevée par Challe p.121, n.II.191, ressort des parties anciennes de l'Ancien Testament, *I Rois*, viii; *Deutéronome*, xxvi.15; *Chroniques*, vi.21. Elle est niée par saint Thomas. (F.R.)

[25] M porte bien *pour voir un dieu* et non *pour avoir vu Dieu* (éd. Mortier).

[26] Ed. Mortier: *des inspirations diverses*. Nous suivons M et S.

[27] S ajoute, entre parenthèses, *un furieux, un cruel*.

[28] S ajoute, entre parenthèses, un *usurpateur*.

[29] *II Samuel*, i.5-10, xiii.15. (F.R.)

[30] *II Samuel*, xxi.

[31] S ajoute, entre parenthèses: *et voilà des saints ! qu'avait fait le pauvre Saül pour être rejeté !* Ces trois additions de S ne semblent pas devoir être attribuées à l'abbé Sépher, qui signale les siennes par la mention 'note du présent copiste'. Seraient-elles d'un copiste antérieur à Sépher?

[32] Il est certain que *narrations*, texte de M, est une faute pour *variations*, correctement donné par S. Du reste, toute la phrase paraît peu à sa place, puisqu'on revient ensuite aux crimes de l'Ancien Testament. Elle constitue d'ailleurs dans S un alinéa séparé.

[33] *Genèse*, xxxvii (Joseph est jeté dans une citerne, puis vendu par ses frères).

[34] Sur le sacrifice de Jephté, *Juges*, xi, voir n.III.15. Sur le sacrifice d'Abraham – non mentionné par S, et qui aurait dû venir avant celui de Jephté – cf. *Genèse*, xxii.1-9. (F.R.)

[35] *Juges*, xiii-xvi.

[36] Qui a pourtant vivement frappé Challe. Il s'y réfère dans la suite du *Don Quichotte*, ch.LIII, vi.343-344. Dans le *Journal de voyage*, il cite une phrase de la version latine du texte, *Quare me de vulva eduxisti, qui utinam consumptus essem, translatus ex utero ad tumulum?* Mieux encore, il en a lui-même composé une paraphrase en vers dont deux fragments nous sont parvenus; voir le *Journal de voyage*, n.241, p.584.

[37] Judith assassina Holopherne, *Juges*, xiii.1-13; Jahel (Jaël) assassina pendant son sommeil Sisara (Sisera), commandant l'armée de Jabin, roi de Canaan, *Juges*, iv.17-23; Aod (Ehud), apportant un présent à Eglon, roi de Moab, l'assassina avec une épée qu'il tenait cachée dans ses vêtements, *Juges*, iii.12-13. Les différentes histoires dont il est ici question devinrent un lieu commun de la campagne philosophique au XVIIIème siècle; voir notamment Voltaire, *Dictionnaire philosophique*, art. Fanatisme. – S comporte une addition entre parenthèses: 'Ils ont fait les Barrière, Clément, Ravaillac'. La séquence 'Clément, Châtel, Ravaillac' apparaît deux fois dans le *Journal de voyage*, pp.433 et 445, Clément étant un dominicain qui avait tué Henri III en 1589, et Jean Châtel ayant tenté de tuer Henri IV en 1594; mais Barrière, qui avait conçu le projet d'assassiner Henri IV en 1593, n'y figure pas. Dans cette addition, sans doute apocryphe, l'auteur de la glose a dû se souvenir que l'on avait rapproché le projet de Barrère d'un prêche du jésuite Comolet qui, dans l'église Saint-Barthélemy, avait réclamé 'un Aod, fût-il moine, fût-il soldat, fût-il berger'. C'était une allusion à l'acte d'Aod, cf. n.III.37.

[38] Racontés dans le premier et le second livre de *Samuel*; voir aussi n.III.42 et III.43.

[39] Sur la conquête de la terre de Canaan (la Palestine) par les tribus juives venues de la Mésopotamie vers 1850 av. J.-C., voir *Exode*, xxiii.31, xxxiv.11; *Nombres*, xxxiii.52-54; *Deutéronome*, xx.16-18. (F.R.)

[40] *Sic* dans M, sans doute par saut du semblable au semblable sur *ce sont / c'est*. Il s'agit d'Alexandre, qui, après l'Egypte, conquit la Lybie, et alla y sacrifier au temple de Jupiter Ammon.

[41] Challe songe-t-il encore à l'Ancien Testament (par exemple *Genèse*, xv.18, alliance de Iahvé et d'Abraham), ou au Nouveau Testament (*Marc*, xvi; *Matthieu*, xxviii.19)? Mais

dans ce dernier cas, on ne doit pas parler de conquête: c'est, d'évangélisation pacifique qu'il serait question.

[42] *Nombres*, xxi.21-26; *Juges*, xi.19-22.

[43] Voir n.III.37. Après *ne le pouvait-il*, éd. Mortier omet les mots *sans autoriser par ses ordres des actions si injustes*.

[44] *Sic*. Ed. Mortier corrige: *dont ils sont semés ne peuvent que les rendre méprisables*, ce qui est confirmé par le texte de S.

[45] Ed. Mortier: *ne donnèrent*. M porte *ne donnaient*.

[46] 'On a cru longtemps que sa belle morale ne pouvait être accompagnée d'une mauvaise métaphysique; on en fit un père de l'Eglise,à cause de son ternaire que personne n'a jamais compris', dit Voltaire dans *Le Siècle de Louis XIV*, ch.XXXIV. (F.R.)

[47] Le copiste avait écrit *Romain*; c'est la version d'éd. Mortier. Le réviseur a corrigé à juste titre en *roman*; ce mot est couramment associé, dans ce texte comme dans toute l'œuvre de Challe, à la notion de fable, de fabuleux; cf. p.65, n.II.28.

[48] En enfer.

[49] Et non *fourrez-le* (éd. Mortier). L'ordre du texte est l'ordre ancien, du type *Va, cours, vole et nous venge*, encore bien attesté au début du XVIIIème siècle; voir la note grammaticale, p.544.

[50] Les livres deutérocanoniques, *Tobie, Judith, La Sagesse, L'Ecclésiastique*, etc. (F.R.)

[51] Challe applique à la Bible ce que Malebranche disait plus généralement dans *La Recherche de la vérité*, IV, 7, 274-275, à propos 'du désir de la science, et des jugements des faux savants': 'D'où vient qu'il y a des personnes qui passent toute leur vie à lire des rabbins, et d'autres livres écrits dans des langues étrangères, obscures et corrompues, et par des auteurs sans goût et sans intelligence...?' (F.R.)

[52] Cette phrase et ce qui précède, qui manquent dans S, sont apparemment interpolés. On a ici l'exemple d'un passage très remanié, d'une façon d'ailleurs assez peu heureuse, du fait d'un alourdissement et de répétitions.

[53] Il semble qu'il manque ici une négation.

[54] La comparaison des textes respectifs de M et de S fait clairement apparaître comment, au moins pour cette partie de l'ouvrage, le réviseur élimine le particulier au profit du général; voir encore n.III.78.

[55] Le *Dictionnaire* de Richelet définit type par 'figure, symbole'. Le *Dictionnaire universel* (Trévoux) est plus précis: il mot se dit 'des tableaux et des miroirs fidèles oû Dieu a voulu que les hommes contemplassent les desseins de sa Providence'. C'est bien en ce sens que Voltaire l'emploie dans une lettre à Bernis du 19 juillet 1762, Best.D10594, à propos de son portrait qui figure dans la salle des séances de l'Académie à côté de celui de Bernis: 'C'est, comme disent les docteurs, un vrai type.' Cf. p.168, n.III.171. Au sens plus général, Challe emploie aussi *prototype* comme dans la suite du *Don Quichotte*, vi.441.

[56] Le texte de M, *crier*, semble préférable à celui de S, *croire*. L'auteur semble, notamment, avoir en vue Pascal qui, sans déprécier la raison, ne lui accorde qu'un usage relatif. Ainsi au ch.V des *Pensées*, Soumission et usage de la raison: 'Si on soumet tout à la raison, notre religion n'aura rien de mystérieux et de surnaturel. Si on choque les principes de la raison, notre religion sera absurde et ridicule.' (p.45). Et encore: 'Ce sont deux excès également dangereux, d'exclure la raison, de n'admettre que la raison.' (p.46). C'est la pensée de saint Thomas, *Somme contre les gentils*, I, ch.V et VI.

[57] Deux ouvrages chers au cœur de Challe, qui les cite ensemble ou séparément, aussi bien dans le *Journal de voyage*, pp.98, 101-102, qu'ici même, voir l'index.

[58] La version de M est manifestement la *lectio facilior*; l'auteur imagine les pygmées en possession de la massue d'Hercule, incapables de la manier et lançant leurs flèches; le remanieur rationalise l'*exemplum*.

[59] *Genèse*, xxvii. (F.R.) *La preuve en est avec* signifie 'la preuve est du même ordre que', c'est-à-dire a aussi peu de solidité.

[60] Challe en cite plusieurs, p.244. On sait que les variations des Eglises protestantes, comparées à l'unité de doctrine du catholicisme, était un argument majeur, que Bossuet avait spécialement mis en lumière.

[61] 'Jacob et Esaü' (mention marginale de M).

[62] Comme Jacob surprend la bénédiction d'Isaac à la place de son frère Esaü (*Genèse*, xxvii).

[63] L'histoire à laquelle il est fait ici allusion est contée dans *I. Samuel*, i-iv. Les fils d'Eli, grand-prêtre du temple de Silo, se conduisent de façon scandaleuse, soit en prélevant abusivement les offrandes destinées à Iahvé, soit en couchant avec les femmes qui s'assemblent à la porte du tabernacle (ce dernier détail ne figure pas dans la Bible de Jérusalem). Comme l'a prédit Samuel, Dieu punit Israël, qui perd quatre mille hommes (et non trois mille) tués par les Philistins. Hophni et Pinhas, les fils du grand-prêtre, sont tués. Samuel, devenu grand-prêtre, relèvera Israël.

[64] La néoménie était annoncée chez les Hébreux par une sonnerie de trompettes (*Nombres*, x.10); le mois nouveau était marqué par un holocauste et des libations (*Nombres*, xxviii.11-15). (F.R.)

[65] S et M portent l'un et l'autre *assertions*, qui n'a pas de sens; on a là un indice qui semble montrer que ni M ni S ne dérivent directement du manuscrit original. Le ms 1192 corrige avec raison en *ascensions*. Ms 1197, qui conserve *assertions*, commente: 'Cela fait conjecturer que l'auteur servait dans la marine.' L'ascension droite est 'l'arc équatorial compris entre le point équinoxial et le point de l'équateur qui passe au méridien en même temps que l'astre'. Le point équinoxial est celui par où le soleil passe lorsqu'il y a égalité de jour et de nuit par toute la terre.

[66] *La Politique tirée des propres paroles de l'Ecriture sainte* parut, posthume, en 1709 (Bossuet était mort en 1704). C'était un ouvrage de circonstance, commencé pour l'instruction du dauphin Louis, à la fin de 1677, repris à partir de 1700, et demeuré inachevé. On en trouvera une bonne étude dans Jacques Truchet, *Politique de Bossuet* (Paris 1966), pp.25-31. Résumons quelques thèses de J. Truchet. Bossuet considère surtout l'Ancien Testament; il en prend le texte à la lettre; il ne tient pas compte de l'évolution des mœurs et des mentalités, sauf en ce qui concerne la polygamie et le concubinage; il fait de l'histoire d'Israël un modèle, non une exception, ou plutôt il fait participer le royaume de France à l'exception que constitue le cas du peuple juif. Le résultat est un ouvrage 'peu évangélique'. Noter que Challe rapproche ici Bossuet de Machiavel, dont il dit dans le *Journal de voyage*, p.101: 'Le paganisme n'a pas produit un scélérat de Machiavel.' Cf. ici n.III.509.

[67] Challe semble avoir repris cette idée (peut-être pour la discuter?) dans ses *Tablettes chronologiques*, si l'on en juge par une lettre que lui écrivent à propos du manuscrit de cet ouvrage les journalistes hollandais, le 22 janvier 1715: 'Il est encore bon de vous dire que dans un endroit où vous avancez que les souverains sont maîtres des corps et des biens de leurs sujets, quelqu'un a écrit au-dessus: Cela est faux.' (*Correspondance*, p.173).

[68] *Nombres*, xv.32-36. Des hommes voient un individu qui ramasse du bois le jour du sabbat. Ils le dénoncent, et il est lapidé.

[69] David s'arrange pour qu'Uri soit tué au combat; il épouse sa veuve, Bethsabée, dont il est amoureux; elle devient mère de Salomon (*II Samuel*, xi). Cet épisode inspira la verve des libres penseurs anglais; voir *Voltaire's notebooks*, ii.75-76, 242-243.

[70] Voir les différents mariages d'Esaü, *Genèse*, xxviii.9.

[71] Cf. *Genèse*, xxx, etc. Salomon avait 700 femmes et 300 concubines, *III Reg.*, xi. On a dit que Bossuet rejetait sur ce point l'exemple de l'Ancien Testament; c'est ainsi qu'il écrit dans la *Défense de l'histoire des variations* (1691) que, chez les Juifs, le mariage n'avait

pour but que la seule fécondité, et que, dans cette perspective, la polygamie fut parfois une nécessité. Mais c'est pour affirmer que, chez les chrétiens, le mariage est l'image de l'union de Jésus-Christ et de son Eglise, ce qui implique la monogamie (*Œuvres complètes*, éd. Lachat, xv.585 sqq). Pour sa part, Challe fonde ailleurs sa thèse de la monogamie sur le fait que 'Dieu ne créa qu'une seule Eve pour Adam' (*Don Quichotte*, ch.LIII, vi.328, à rapprocher des *Illustres Françaises*, ii.418) et dit que 'si par la suite des temps la multiplicité des femmes fut permise, ce ne fut uniquement que pour favoriser la multiplication du peuple' (*Don Quichotte, ibid.*).

[72] Iahvé, irrité contre le peuple d'Israël, irrite contre lui David. Celui-ci, quoique conscient de commettre une folie, procède au recensement du peuple. Obligé de choisir comme châtiment entre trois ans de famine, trois mois de fuite devant l'ennemi et trois jours de peste, il choisit la peste; celle-ci frappe soixante-dix mille personnes (*II Samuel*, xxiv.1-7). (F.R.)

[73] On a déjà souligné, p.48, n.I.32, l'irritation que cause à Challe la contrainte du jeûne; il loue à ce propos dans sa *Correspondance*, p.164, Contre le carême, de Cyrano de Bergerac, in *Nouvelles œuvres* (1662). Le réviseur supprime le passage.

[74] Voir n.IV.291, l'opinion de Challe sur ces sujets.

[75] Et non *maltraitent les hommes, emploient* (éd. Mortier).

[76] 'Elles agissent sur l'imagination. Note du présent copiste' (M). Littré, cité par éd. Mortier, définit ainsi l'eau de jalousie: 'Terme antiquité judaïque. Eau consacrée, dans laquelle on avait laissé infuser certaines herbes et qu'on faisait boire, en prononçant des paroles de malédiction, à une femme soupçonnée d'infidélité envers son mari. L'eau de jalousie devait causer la mort de l'infidèle.' Le réviseur de M déforme la pensée de Challe en confondant l'oblation de jalousie et la purification à l'eau des lépreux, accompagnée du sacrifice de deux oiseaux; cf. *Lévitique*, xiv.1-9, *Nombres*, xv.11-31. (F.R.)

[77] Le réviseur supprime ce détail important pour Challe; voir la note I.14.

[78] Respectivement: (animaux immondes) *Lévitique*, xi, *Deutéronome*, xiv.3-21); (toucher un cadavre) *Nombres*, xix.11-16; (interdiction du mariage à certains degrés) *Lévitique*, xviii; (impuretés naturelles) *Lévitique*, xv.19-29; (circoncision) *Genèse*, xvii.10.14.

[79] Nous proposons la conjecture *étaient* au lieu d'*entestés*, donné par M, suivi par éd. Mortier, qui ne fait pas de sens et ne permet pas de construire la phrase.

[80] *Sic* pour M. La correction d'éd. Mortier, *peste*, est confirmée par le texte de S.

[81] Exemple de mot familier que le réviseur de M supprime en éliminant tout le membre de phrase.

[82] Cette fois, c'est le texte de M (*pust*) qui est le bon. La leçon de S est sans doute basée sur une graphie d'imparfait du subjonctif telle que *peust*, peut-être même *peut*.

[83] Peut-être dans la célèbre version illustrée dite bible de Royaumont (1670).

[84] Héraclius, empereur en 610, défit Chosroès II, roi de Perse, qui avait ravagé la Palestine (614). Il le força notamment à rendre le bois de la vraie croix (627), d'où la fête de l'exaltation de la vraie croix, célébrée par les Grecs et les Latins le 14 septembre. En 639, l'Empereur signa l'édit appelé Ecthèse qui proclamait le monothélisme, c'est-à-dire la doctrine qui accordait au Christ deux natures, mais une seule volonté. Dans un concile, le pape Jean IV amena Héraclius à se rétracter. Pendant la même période (639-645), les Sarrazins envahirent et ravagèrent l'Egypte, la Syrie et plusieurs autres provinces. Héraclius, malade, ne put s'opposer à leurs progrès. Il mourut en 641. – Noter la graphie *monothelistes* (*sic*) de M pour *monothélites*.

[85] Cambyse, fils et successeur de Cyrus, lors d'une expédition contre les Egyptiens qui s'étaient révltés, tua lui-même le bœuf Apis. Il mourut quelque temps après d'une blessure qu'il s'était faite à la cuisse avec son épée, comme il montait à cheval (622 av. J.-C.).

[86] Il y a sans doute ici une allusion plus précise qu'il n'y paraît à un passage des *Fastes*,

l'histoire de Claudia Quinta, qui reviendra à l'esprit de Challe un peu plus loin (p.206, n.III.322).

[87] Sur l'Assomption, voir ci-dessus, p.51, n.I.67. La fête de la dédicace de Sainte-Marie aux Neiges (Sainte-Marie Majeure, à Rome), tombe le 5 août. La fête de la translation de la maison de la Vierge à Lorette le 10 décembre; la fête de la délivrance de saint Pierre (*Actes*, xii.1-19) le 1er août. L'apparition de saint Michel au Mont-Gargan – que l'Eglise de Paris ne célébrait pas – était fêtée le 8 mai, et celle de l'apparition du Mont-Saint-Michel le 17 octobre. Le 2 août, jour du pardon d'Assise, une indulgence plénière était accordée à ceux qui visitaient le sanctuaire de la Portioncule. Le 16 mai, c'était la fête du scapulaire de Notre-Dame du Mont-Carmel, et le 17 septembre celle des stigmates de saint François d'Assise. (F.R.) – A la fin du paragraphe, nous lisons dans M *dont ces fêtes* plutôt que *donc ces fêtes* (éd. Mortier).

[88] A côté du tableau ex-voto placé en 1696 dans l'église de Sainte-Geneviève, fut accroché en 1710 un tableau de François de Troy, don du prévôt des marchands et des échevins, représentant le fond du chœur de cette église orné comme il l'était lorsque fut descendue en grande pompe la châsse de la patronne de Paris pour la procession du 16 mai 1709. Ce tableau disparut sous la Révolution. (F.R.)

[89] Voltaire, dans le *Siècle de Louis XIV*, ch.XXI, estime à vingt mille le nombre des décès causés à Paris par la famine consécutive au 'grand hiver' de 1709, suivi d'un été 'pourri'.

[90] M porte ici une croix en marge, signe probable d'un passage fortement remanié, pour lequel le copiste devait sans doute se reporter à une autre copie; voir la croix correspondante en marge de l'alinéa *Mais on sent...*, p.155.

[91] Voir le livre des *Nombres*.

[92] Challe pense précisément aux habitants de Madagascar, dont il discute les mœurs, spécialement la coutume de sacrifier des enfants, dans son *Journal de voyage*, pp.225-227. Il rapproche cette coutume de celle des Amalécites.

[93] Les calenders, sorte de moines turcs fondés par Youssouf, Arabe d'Andalousie, venaient d'être mis à la mode par les *Mille et une Nuits*, dans la version française de Galland.

[94] Sur les 'maltôtes papales', voir les *Mémoires*, f.15 et la *Correspondance*, p.159.

[95] M porte ici une croix en marge, correspondant à celle qu'on a plus haut; voir n.III.90.

[96] Sur le goût de Challe pour Cicéron, voir les références à l'index.

[97] Par romans, Challe peut désigner aussi bien les romans traditionnels, ceux de La Calprenède et de Mlle de Scudéry, par exemple, que les romans modernes, de Mme de La Fayette, Subligny et autres. La mention des *Epîtres* (les *Héroïdes*) et des *Métamorphoses* est toute naturelle de sa part; le 'cher Ovide' (*Journal*, p.343) , 'le plus à [s]on goût de tous les poètes latins (*ibid.*, p.75) , qu'il sait 'presque par cœur' (*ibid.*, p.459), lui fournit de nombreuses allusions ou réminiscences; voir l'index.

[98] L'emploi de *d'où vient* au sens de *pourquoi* est récent à l'époque: Callières le cite en 1693 comme un néologisme. On le trouve avec ou sans *que*; ainsi, dans le *Dénouement imprévu* de Marivaux (*Théâtre complet*, éd. Garnier), i.503: 'D'où vient me consolerais-je, Madame?' Cf. ici p.272, n.IV.16, et p.318, n.IV.150.

[99] Ni la mention d'Horace, ni celle d'Epictète, dont le *Manuel* a été cité plus haut (p.150), ne peuvent surprendre. Celle de Juvénal est plus inattendue: mais elle s'explique lorsqu'on sait que Challe cite Juvénal parmi ses livres de chevet (*Journal de voyage*, p.92). Il l'allègue notamment pour ses préceptes moraux, notamment celui-ci: *Summum crede nefas animam praeferre pudori, Et propter vitam vivendi perdere causas* (*ibid.*, p.58). – Dans M, les mots *dans Horace* sont une add. interl. d'une autre main.

[100] Ces classiques de la littérature de colportage, avec les almanachs, *Till l'Espiègle* et les fables d'Esope, étaient généralement publiés à Troyes, chez Jacques Fabre pour

Mélusine nouvellement imprimée (1692), chez Jacques Oudot pour l'*Histoire de Mélusine* (1699) etc. Pour *Jean de Paris*, voir p.86, n.II.74. Quant à la *Terrible et merveilleuse vie de Robert le Diable*, elle eut aussi de nombreuses éditions sans lieu ni date.

[101] Le mot *ne* est une add. interl. (d'une autre main?). D'autre part, M porte une croix en marge en face du début de cet alinéa, à laquelle correspond une autre croix en face de l'alinéa suivant (*Les mahométans...*).

[102] L'Inca Atahualpa, s'adressant au dominicain V. de Valverde qui lui présentait la Bible. (F.R.)

[103] Quoi qu'il dise, Challe est tenté par l'astrologie judiciaire; voir ses lettres du 30 décembre et du 22 janvier 1714 (*Correspondance*, pp.153, 157) , et cf. ici p.215, n.III.354.

[104] Ed. Mortier: *explication*. M a bien *démonstration*.

[105] M porte *asertuation*, mais l'*r* n'a pas sa forme normale, c'est un *i* sans point. Le copiste semble avoir copié un mot qu'il ne comprenait pas. Comme d'autre part la confusion entre *f* et *s* long est courante, la lecture *infatuation* est presque sûre. Challe utilise souvent ici le mot *infatué* (voir l'index), et il s'en sert aussi, par exemple, dans la suite du *Don Quichotte*, vi.309: 'infatué de ses chevaleries'.

[106] Ce passage fait difficulté. Il faut d'abord lire, avec M, *cantons* et non *cautions* (éd. Mortier). Mais le texte n'en est pas plus clair pour autant. Aucune des nombreuses éditions de Valère-Maxime que nous avons vues, qui reproduisent toutes la traduction du 'sieur de Claveret', par exemple celle de la veuve Camusat et P. Le Petit, Paris 1656, ne donne ni 'cantons' ni 'cautions' à Métellus. Selon une hypothèse ingénieuse de Mme J. Hellegouarc'h, *cantons* pourrait être ici un terme de blason et s'appliquer spécialement à la bâtardise: mais aucun des passages où il est question chez l'historien latin des divers Métellus, spécialement de Lucius Metellus, ne peut être interprété dans ce sens. Faut-il, en désespoir de cause, rapprocher l'emploi de *canton* dans ce texte de celui qu'on trouve dans la suite du *Don Quichotte*, vi.262, à propos d'une histoire de mari trompé: 'cet homme [...] devint la fable et la risée de toute la province, où l'on aime à gloser sur autrui, surtout dans le canton'? Mais on ne trouve pas non plus de Métellus trompé dans les traductions de Valère-Maxime.

[107] Contrairement à ce qu'on a pu penser, cette phrase n'indique nullement que l'auteur des *Difficultés sur la religion* soit provençal. Elle suggère simplement qu'il a quelque expérience du provençal, ce qui est le cas de Challe, qui est allé à diverses reprises en Provence et Languedoc (voir par exemple p.218, n.III.378), qui introduit un personnage de Provençale dans la suite du *Don Quichotte*, qui a fait le voyage des Indes à la même table qu'un capitaine provençal, Glandèves de Pourrières, cite en expert le 'port des languedociennes' dans le *Voyage*, p.404, etc.

[108] Quel est ce 'fameux auteur'? Nous proposerions volontiers, avec Mme Koch, Pierre Costes, né à Uzès en 1668, qui passa en Angleterre en 1697 et publia en 1700 le célèbre *Essay on human understanding* de Locke sous le titre d'*Essai philosophique sur l'entendement humain*. Costes était en effet considéré comme un 'fameux auteur', puisqu'il fut l'éditeur de La Bruyère, membre de l'Académie royale de Londres, etc. Publié en 1694, l'original anglais peut être considéré comme 'composé presque de nos jours' (*presque* paraît même de trop) . D'autre part, Costes insiste sur la difficulté de saisir le sens de son original: 'Ma plus grande peine a été de bien entrer dans la pensée de l'auteur; et malgré toute mon application, je serais souvent demeuré court sans l'assistance de M. Locke, qui a eu la bonté de revoir ma traduction.' (Avertissement du traducteur). Mais a-t-on reproché des 'fautes grossières' à Costes? S'agit-il d'un ouvrage espagnol, tel que le *Don Quichotte*, qui avait été traduit en français par Filleau de Saint-Martin à la fin du XVIIème siècle, et dont Challe avait précisément écrit une suite et conclusion, ainsi que l'atteste sa *Correspondance*, p.171? Mais Filleau de Saint-Martin n'a pas, semble-t-il; vécu en Espagne, et Challe ne le dirait pas un 'célebre auteur'.

[109] C'est à dire en russe. Challe rejoint ici l'un des thèmes qui lui sont le plus cher: celui

des abus des 'maltôtiers'. Dans ses *Mémoires*, il dénonce longuement les fermes qu'ils se sont fait attribuer: taxe sur les bans de mariage (f.51*v*, 113*v*), sur les moules de l'abbaye de Charon (f.65*v*), sur le poisson salé (f.16*r*) etc.

[110] Dans M, *on donne aisément dans ses* a été corrigé d'une autre main: *on donne naturellement dans ces*.

[111] Dans M, un signe (croix?) a été porté en face de cette ligne. – Le problème des différentes versions de la Bible avait aussi préoccupé Pascal: on sait qu'il avait, par exemple, tenté d'établir à son usage une version unifiée de la prophétie de Daniel.

[112] Un emblème est une 'figure représentant une chose abstraite' par allusion ou par convention. Dans le *Journal de voyage*, Challe emploie deux fois ce mot; une première fois, p.96, il dit qu'il 'voudrai[t] voir sans énigme et sans emblème tous les secrets de la nature à découvert'; la seconde fois, p.509, il utilise emblème au sens de 'discours', par allusion à un passage des *Agréables conférences* (Paris 1961), p.126, n.31, où le mot est employé, comme ici, au féminin, ce qui est sans doute son genre habituel dans la langue populaire.

[113] Voir p.144, n.III.21.

[114] *Genèse*, ii.1.

[115] *Et vidit Deus lucem quod esset bona* (*Genèse*, i.4).

[116] Saïs, dans la partie occidentale du delta du Nil, fut la capitale de l'Egypte sous la XXVIéme dynastie. (F.R.)

[117] Dans M, *années* est corrigé en *annales*, d'une autre main.

[118] M porte la lettre A en marge en face la ligne començant par *l'imagination*, et B un peu plus loin, en face de la ligne commençant par *de faire vivre ses héros*.

[119] *Genèse*, v.4-32. (F.R.)

[120] Cf. *in novissimis temporibus*, *Tim.*, iv.1; *consummatio saeculi*, *Matt.*, xiii.39-40, xviii.20. (F.R.)

[121] Le copiste de M avait d'abord écrit *treize*, surchargé *trois* d'une autre main. C'est en effet trois cents ans qui conviennent, soit 4000 + 1700 + 300 = 6000, pour faire les six mille ans prévus par les pères.

[122] *Genèse*, vi.5-9, v.17. (F.R.) Déjà, dans son *Hydrographie* (Paris, Antoine Dezalliers, 1667), le pére Fournier avait tenté de répondre en détail aux objections qui étaient faites à ce récit; plus tard, après plusieurs autres, Dom Calmet devait reprendre son argumentation. Les points touchés par Challe épuisent toutes les objections qui seront faites au XVIIIème siècle par Dumarsais, Boulainvilliers, Boulanger, et, bien entendu, par Voltaire dans l'article 'Déluge' de l'*Encyclopédie*. On sent ici la marque d'un homme du métier, capable de répondre à un autre homme du métier, comme l'était le père Fournier.

[123] Comme, pour Challe, le pic des Canaries; voir p.123, n.II.38.

[124] *Genèse*, vii.11. (F.R.)

[125] S ajoute ici entre parenthèses: *Moïse ne dit pas que Dieu l'ait créée et détruite ensuite. Il suppose même qu'elle existait déjà et qu'elle se retira quelque part.* Il s'agit manifestement d'une glose.

[126] Non pas quatorze, mais quinze coudées; cf. *Genèse*, vii.20. (F.R.)

[127] Voir tout le livre de l'*Exode*. (F.R.)

[128] La Bible ne donne aucune précision sur la durée de la construction de l'arche. Challe a pu trouver celle-ci dans l'*Incrédulité des déistes confondue*, de L. Bastide (voir ci-après, p.267, n.III.568), i.73: 'Pendant les cent ans qu'il employa à la construction de l'arche...' (F.R.)

[129] En 1710 certains croyaient encore à la jonction des deux continents par le Nord. Pourtant, Challe lui-même, précisément à propos du problème du peuplement du monde, à propos duquel il évoque comme ici le Déluge, semble rejeter cette idée de la continuité des deux continents. 'Croirais-je', écrit-il dans le *Journal de voyage*, p.523, 'que, pendant

le Déluge, la terre a été brisée, si je puis me servir de ce terme, et que chaque morceau se soit arrêté avec ce qui était sur sa surface aux endroits où ils sont à présent? Dans quel temps juste fixer cette section ou solution de continuité de la terre?' Sur quoi il ajoute significativement: 'Mes réflexions me mèneraient trop loin, si j'entreprenais de les approfondir.'

[130] Sur M, les mots *ni chameaux* sont une add. interl. d'une autre main.

[131] La Bible ne parle que de huit (*Genèse*, vii.7; *I Pierre*, iii.2O), et c'est le chiffre que donne Challe dans le *Journal de voyage*, p.523 (voir la note précédente): 'Il n'y avait que huit personnes dans l'arche que Noé construisit, lui, ses trois enfants et leur femme à chacun.' Celui de treize doit venir de quelque commentateur.

[132] Challe est familier du problème des pompes. Lors de la tempête qu'essuie l'*Ecueil* en mars 1691, il note à propos d'une avarie d'un navire de l'escadre: 'il est obligé d'entretenir quatre pompes [...] il est à plaindre, n'en fallant pas plus pour mettre un équipage sur les dents. Seize hommes, ce sont huit de chaque quart, qui se relèvent de deux heures en deux heures, toujours occupés à un travail rude et pénible, font bien de la diminution sur le reste.' (*Journal*, p.461). Autre remarque sur le travail des pompes dans les *Mémoires*, f.91r à propos de la bataille de La Hougue.

[133] Se basant sur les dimensions de l'arche données par la Bible, le père Fournier estime qu'elle était très suffisante pour contenir les espèces terrestres et aériennes, et montre, après Buteo, 'contre les athées, qu'il n'y a rien dans le narré que fait l'Ecriture de cette arche, qui répugne à la vérité et à la raison' (*Hydrographie*, éd. A. Dezalliers, 1667, pp.145-146, 'De la capacité de l'arche').

[134] *Genèse*, viii.5. (F.R.)

[135] Dans M, cet alinéa est transféré un peu plus loin, § 13.

[136] *Genèse*, viii.11.

[137] Sur le mont Ararat, cf. *Genèse*, viii.4. (F.R.)

[138] *Genèse*, iii.1.

[139] *Genèse*, iii.14.

[140] M et éd. Mortier donnent *fût dans*. La correction *fût sans*, proposée par H. Coulet, s'impose. C'est parce qu'ils mangent du fruit de l'arbre défendu qu'Adam et Eve croient être *sicut dii, scientes bonum et malum* (*Genèse*, iii.5). Il faut donc qu'avant d'en manger ils soient dépourvus de cette connaissance du bien et du mal, ce que Challe trouve bizarre; sur ce problème, voir la postface, p.379.

[141] *Genèse*, ii.17. (F.R.)

[142] 'Sommes-nous descendants d'Adam et d'Eve?', tel est le point de départ d'un long développement du *Journal de voyage*, p.523, cf. n.III.129, au début duquel Challe demande: 'Qui m'expliquera, ou qui résoudra les doutes dont je suis agité à ce sujet?'

[143] La 'quantité d'idiomes ou de langues' est aussi notée dans le *Journal de voyage*, p.523, toujours dans le même contexte.

[144] C'est précisément à propos des Caraïbes, 'rouges et charnus' , qui peuplent les Antilles que Challe pose, dans le *Journal de voyage*, p.523, le problème de l'origine de 'tous les autres peuples qui habitent le monde'. Il est remarquable que la même association fonctionne ici, quoique en sens inverse. Cet indice, à lui seul, serait un très fort argument en faveur de l'attribution à Challe des *Difficultés sur la religion*, si quelque doute existait à ce sujet. Où trouverait-on en effet la même association chez un personnage du temps susceptible d'être considéré comme un auteur possible du présent ouvrage?

[145] M porte indiscutablement *pommelles*. Nous adoptons pourtant *pommettes*, proposé par éd. Mortier, qui seul convient ici. La faute s'explique par l'anticipation de la terminaison de *mammelles*, à la ligne suivante.

[146] Non seulement Challe ne dit pas avoir vu les Hottentots, mais sa phrase indique

clairement qu'il ne les a pas vus 'chez eux'. Il en parle par ouï-dire, pour en avoir entendu parler notamment sur l'*Ecueil*, lorsque le navire doublait le cap de Bonne-Espérance. Les connaissances précises sur ce peuple ne parviendront en Europe que par l'ouvrage de Kolbe, *Relation du cap de Bonne-Espérance...* (Amsterdam 1741).

[147] Ici encore, Challe ne dit nullement qu'il est allé 'à Angola'. Sa phrase signifie que, même si on transportait des Caraïbes, qui ne sont pas des noirs, en Angola, pays de noirs, îls feraient des Caraïbes, non des noirs: ce qui prouve qu'à ses yeux les races sont indépendantes du milieu géographique, et que, par conséquent, ce facteur ne peut expliquer la diversification des enfants de Noé.

[148] *Genèse*, iii.16. (F.R.)

[149] *Genèse*, iii.8-12. (F.R.)

[150] Ce passage semble bien figurer dans M sous sa forme authentique, tandis que S n'en donne apparemment qu'une version expurgée. Quand l'épisode dont il est question peut-il avoir eu lieu? Ce peut être soit pendant la guerre de la ligue d'Augsbourg, soit pendant celle de la succession d'Espagne, au cours desquelles des opérations eurent lieu en Piémont, sous Catinat, en 1688 et en 1702-1704. On sait du reste que Challe est allé en Italie; cf. n.I.2. Dans la suite du *Don Quichotte*, vi.265-266, il est question d'une femme qui est préservée du viol par les 'bandits qui couraient les Alpes' que grâce à une prudente précaution de son mari. Des Frans, dans les *Illustres Françaises*, s'engage pour aller combattre en Italie, apparemment dans le Piémont (i.306-308); ce sont aussi des bandits des Alpes qui l'ont dépouillé lors d'un voyage antérieur (i.356, 398). Enfin, à Pondichéry, les yeux de Challe ont 'vu', ses mains ont 'touché' dans des conditions qui ne sont pas sans rappeler le présent épisode (*Journal*, p.296). Celui-ci se rattache donc, à ce qu'il semble, à quelque expérience de l'auteur, mais il est difficile d'en dire davantage.

[151] *Genèse*, iii.17-19. (F.R.)

[152] Les mots *ne sèment point* sont omis dans éd. Mortier.

[153] Les Massagètes sont un peuple scythe qui s'établit vers le VIIIème siècle av. J.-C. entre les cours inférieurs du Syr-Daria et de l'Amou-Daria.

[154] *Genèse*, iii.19-20.

[155] On a ici très nettement affaire à la conception dualiste de l'homme, telle qu'elle procède de la philosophie cartésienne, reprise par Malebranche; voir n.IV.52.

[156] M porte ici, en marge, le sigle A, auquel correspond un B, en face de la dernière ligne de l'alinéa.

[157] Ed. Mortier omet *nous*.

[158] C'est-à-dire, qui vous assurent le respect des faibles d'esprit.

[159] *Exode*, xx.12. (F.R.)

[160] *Exode*, iii.8.

[161] *Exode*, xxiii.23.

[162] *Genèse*, xxii.12. Cette formule de la Bible a retenu les commentateurs, qui, comme saint Augustin, l'ont parfois rapprochée du *neque filius* (voir p.367) pour montrer que Dieu 'parle parfois en homme'.

[163] *Sic*, dans M; éd. Mortier: *une*. Le mot est masculin pour Challe, suivant un usage connu à l'époque; voir le *Journal*, pp.86, 174, 216, et la note grammaticale, p.572.

[164] M porte le sigle A en marge; cf. note III.166.

[165] Challe reprend ici un exemple de Malebranche; cf. *Recherche de la vérité*, VI, II, 3, pp.115-117: 'Comment pourrions-nous remuer notre bras? [...] il n'y a que Dieu qui le puisse et qui le sache remuer'. Voir aussi les *Entretiens métaphysiques*, XII, 17, et cf. ci-après, p.322, n.IV.169.

[166] Sigle B en marge de M; cf. n.III.164.

[167] On pourrait demander à l'auteur comment il verrait le problème s'il était question

des animaux. Pour Descartes, il est résolu dans ce cas par la thèse des animaux-machines. Mais précisément, Challe s'est élevé plusieurs fois contre cette conception; voir le *Journal de voyage*, pp.117, 144, 238, 343, 351-355.

[168] Le mot *secousse*, qui peut paraître impropre, est courant à l'époque dans ces locutions comme *prendre sa secousse*, *se donner sa secousse*, c'est-à-dire son élan. Cet emploi procède d'une confusion avec l'ancien français *escousse*. En voici un exemple célèbre de Marivaux, dans la (première) *Surprise de l'amour* (*Théâtre complet*, éd. Garnier, i.192): 'le cœur d'une femme se donne sa secousse à lui-même, il part sur un mot qu'on dit, sur un mot qu'on ne dit pas...'. Cf. ici p.337, n.IV.225. A la ligne suivante et plus loin, *chance* est pris au sens étymologique, 'chute des dés', ou plus exactement 'point résultant de la chute des dés'.

[169] Et non *peut en* (éd. Mortier); sur l'utilisation statistique de ce facteur comme critère d'attribution, voir la note grammaticale, p.544.

[170] En 1710, les sociniens étaient en effet bien connus en France, par exemple grâce au *Tableau du socinianisme*, d'Isaac Jaquelot (s.l., brochure de 103 pp. + 16 pp. pour un *Avis sur le tableau du socinianisme*). Pour citer un témoignage inédit, le sieur Bottu de Barmondiére, que Challe dut rencontrer à Villefranche ou à Lyon en 1715, notait vers cette époque sur ses tablettes: 'Il y a un grand nombre de sociniens en Angleterre.' (Bibliothèque municipale de Lyon, ms 6224, i.222).

[171] Sur *type*, voir p.150, n.III.55, et cf. ci-après, p.222, n.III.402.

[172] Jean Hus (1369-1415), réformateur religieux tchèque, fut excommunié en 1411. Il se rendit au concile de Constance, muni d'un sauf-conduit. Il y fut pourtant condamné et brûlé vif. Michel Servet (1509-1553), médecin et théologien espagnol, mit en question le dogme de la Trinité (*De Trinitatis erroribus*) et fut brûlé vif à Genève, où il s'était rendu à l'instigation de Calvin.

[173] Suétone, *In Caligulam*, cap.22. (F.R.)

[174] Allusion à diverses figures de haut-relief placées dans une arcade du charnier du cimetière des Saints-Innocents. Les alchimistes croyaient que Nicolas Flamel y avait fait représenter 'les plus vraies et essentielles marques de l'art, sous néammoins des voiles et couvertures hiéroglyphiques'. (F.R.)

[175] M donne *trouvé*; nous adoptons le texte d'éd. Mortier, qui semble confirmé par *établir*, un peu plus loin. Challe, qui n'aime pas Jurieu et le dit dans le *Journal de voyage*, p.435, n.820, fait ici allusion à l'*Accomplissement des prophéties* (1686), ouvrage dans lequel Jurieu prédit l'avénement du protestantisme en France pour 1689, date qu'il modifia ultérieurement en 1713.

[176] La référence à la p.265 permet d'identifier l'édition que Challe avait entre les mains des *Lettres galantes du chevalier d'Her...*, de Fontenelle; c'est la 'Troisième édition' (Paris, M. Brunet, 1599 [*sic* pour 1699]), 1 vol. in 12°, pièces liminaires + 384 pp., dont le texte est en effet disposé ainsi.

[177] Né en 1659, Challe avait vingt-quatre ans en 1683, année de son premier voyage en Amérique (février-novembre). On ignore s'il fut alors question d'un mariage pour lui; en tout cas, il n'était pas encore marié en 1690, lorsqu'il partit pour les Indes, semble-t-il.

[178] Parodie de *Jean*, xix.24: *Ut scriptura impleretur, dicens*. (F.R.) D. H. représente d'Her[ondas] du titre de Fontenelle.

[179] Challe pense certainement aux vers 374-379 du chœur de la *Médée*: *... et ingens / pateat tellus Tethysque novos / detegat orbes nec sit terris / ultima Thule*. Ils remontent, selon P. Grimal, qui nous fournit cette référence, à l'époque où Sénèque, éxilé en Corse, magnifiait l'expédition de Grande-Bretagne (42) dans sa *Consolation à Pollion*. Pour Ovide, la référence est à *Jamque opus exegi ...* (*Métamorphoses*, xv.871), passage qui sera paraphrasé ici, p.348, n.IV.271.

[180] Virgile, *Enéide*, i.279: *imperium sine fine dedi*.

[181] On connaît les efforts de Pascal; voir p.156, n.III.111.

[182] L'érudit protestant Joseph-Jules Scaliger (1546-1609) fut l'un des fondateurs de l'étude de la chronologie dans son *De emendatione temporum* (notamment connu dans l'éd. de Genève 1609, in f°). Denys Pétau (1583-1652), jésuite et professeur de belles-lettres et de théologie, entreprit de réformer le travail de Scaliger en s'aidant, notamment, des données de l'astronomie. Ses deux ouvrages sont *De doctrina temporum* (1627), 2 vol. in f°, et l'*Uranologia* (1630), 3 vol. in f°. Le *Rationarium temporum*, connu notamment par l'édition de Leyde (1710), est un abrégé des précédents et contient un précis de l'histoire universelle. Challe lui-même devait composer des *Tablettes chronologiques* 'depuis la naissance de J.-C. jusqu'à l'année 1702' (*Correspondance*, p.159) qu'il essaiera en vain de publier. La chronologie biblique avait été discutée, notamment, par Pezron, l'*Antiquité des temps établie et défendue contre les Juifs et les nouveaux chronologistes* (Paris 1688), qui place la création du monde en 5872 av. J.-C., le Déluge universel en 3617, la dispersion des peuples en 3086, fait mourir Adam à 930 ans et Noé à 600 ans.

[183] 'Le premier (rameau) arraché, il en pousse un autre'; la citation vient de Virgile, *Enéide*, vi.143. Elle a donné lieu à un emblème qui figure dans de nombreux recueils.

[184] En 952 mourut à Nantes Alain Barbetorte, considéré comme le premier duc de Bretagne, quoique n'ayant pas porté ce titre. Il laissait un fils légitime, Drogon, mineur, qui ne parvint pas à s'imposer et mourut en 958. C'est alors à un bâtard de Barbetorte, Hoël, que passa le titre de comte de Nantes, tandis que son frère Guirech se mettait en route pour Angers afin de s'y faire consacrer évêque de Nantes. Sur ces entrefaites, Hoël fut assassiné par Galosin; pour le remplacer, ses fidèles dépêchèrent des messagers à Guirec, le rattrapèrent, et *in loco Hoelis fratris sui comitem principem super se constituerunt* ('et à la place de son frère Hoël se le donnèrent pour comte et pour prince'), selon les termes de la chronique de Nantes. Cette histoire est rapportée dans l'*Histoire de Bretagne [...] ensemble quelques autres traictez servans à la meme histoire*, par Pierre Le Baud [...], mis en lumière par le sieur d'Hozier (Paris, G. Alliot, 1638), 1 vol. in f°. Le texte latin est dans Dom Gui-Alexis Lobineau, *Histoire de Bretagne, composée sur les titres et les auteurs originaux...* (Paris, Veuve Muguet, 1707), 2 vol. in f°, ii.48, 'Contenant les preuves et pièces justificatives'. Comme on l'a vu, il s'agit en fait du second et du troisième duc de Bretagne, non du premier et du second. L'erreur de Challe s'explique-t-elle par une mauvaise interprétation d'un texte latin portant *primus ... alter*, un premier et un second, ou par une erreur de mémoire? En tout cas, la référence montre que, la culture historique de l'auteur est bien plus étendue qu'il ne le laisse entendre. (G. Devailly)

[185] Ces termes ne sont pas équivalents. Les concordances ou synopsis mettent en parallèle les différentes versions, par exemple les quatre évangiles. Dans les harmonies, tous les textes sont intégrés en un, comme dans le fameux ouvrage du théologien protestant Andreas Osiander (1498-1552): *Harmoniae evangeliae libri quatuor, in quibus Evangelica historia ex quatuor evangelistis ita, in unum est contexta, ut nullius verbum unum omissum, nihil alienum immixtum, nullius ordo turbatus, nihil non suo loco positum* (Bâle 1537, in f°; Anvers 1540, in 8°). Le mot de chaîne désigne les éditions de la Bible dans les marges desquelles on transcrit en guise de commentaire perpétuel les citations des pères. Les premières avaient été réalisées en Orient et Richard Simon avait attiré l'attention sur leur intérêt dans l'*Histoire critique du Vieux Testament* (Roterdam, Roger Leers, 1689, in 4°), p.412, citée par Vigouroux, *Dictionnaire de la Bible*. Pourtant, ces différents mots étaient quelquefois pris pour des synonymes; ainsi, le père Bernard Lamy avait écrit une *Lettre dans laquelle il éclaircit quelques points de la Nouvelle Harmonie ou concordance des quatre évangélistes* (Bibliothèque de la Sorbonne, LE en 21-22, 12°). Voir encore, du pére Michel Mauduit, oratorien, l'*Analyse de l'Evangile, selon l'ordre historique de la concorde, avec des dissertations sur les lieux difficiles* (Paris, Roulland et de Nully, 1694), 3 vol. in 12°.

[186] Expression courante dans l'Evangile; cf. *Matthieu*, ii.25, etc. Noter que ce passage est transposé: il apparaissait plus loin dans l'original (extrait XXVI, 1er §).

[187] Challe pense à des romans comme *Jean de Paris*; voir p.86, n.II.74.

[188] Ce membre de phrase est manifestement interpolé.

[189] *Jean*, i.1-18. Noter qu'en face de *coq-à-l'âne*, M porte le sigle A: indice d'un passage très remanié, comme la comparaison avec le texte de S permet de le vérifier. Le B correspondant est en face de l'alinéa *Il est inutile...*

[190] L'aigle, symbole de saint Jean, vient apparemment de l'*Apocalypse*, iv.7, ainsi que les 'quatre animaux', dont une tradition fait le symbole des quatre évangélistes. Mais dans l'*Apocalypse*, le premier animal est un lion, le second ressemble à un veau, le troisième à un aigle, et le quatrième à un aigle, *simile aquilae volanti*.

[191] Ed. Mortier: *à chacune*. Nous suivons M.

[192] Ed. Mortier: *l'instruction en est*. Nous suivons M.

[193] Cf. *Luc*, i.4.

[194] Dans M, sigle marginal A en face de ce passage; voir n.II.196.

[195] Dans S, *informés* est suivi du mot *inspirés*, entre parenthèses.

[196] Sigle B en marge de M. – La phrase fait allusion à l'affaire des ursulines de Loudun (1632). Urbain Grandier, curé et chanoine de Loudun, était directeur des ursulines de cette ville. Dénoncé pour ses galanteries à l'official de Poitiers, il fut privé de ses bénéfices en 1632, puis innocenté en appel. Trois ans plus tard, le bruit se répandit que les ursulines étaient possédées à cause de ses maléfices. Accusé auprès de Richelieu d'être l'auteur d'un libelle, il fut jugé, subit la question, et, sur le témoignage de prétendus diables, fut condamné à mort et brûlé le 18 août 1634. Challe a sans doute lu l'*Histoire des diables de Loudun* (Amsterdam 1693, etc.), du calviniste Aubin, réfugié en Hollande, ou l'article 'Grandier' du *Dictionnaire* de Bayle. – L'appel à Malebranche qui suit s'explique peut-être par le fait que, dans la *Recherche de la vérité*, II, III, 6, intitulé 'Des sorciers par imagination et des loups-garous', Malebranche attribue 'la plupart des sorcelleries à la force de l'imagination' (pp.539-541) et approuve les parlements 'qui ne punissent point les sorciers'; car, comme il le remarque, 'il s'en trouve beaucoup moins dans les terres de leur ressort' pour la raison que 'l'envie, la haine et la malice des méchants ne peuvent se servir de ce prétexte pour perdre les innocents' (pp.544-546). (F.R.)

[197] Passage difficile. M porte *Y verrions-nous huit ou dix, y verrions-nous au plus au moins*. Ed Mortier corrige tacitement et judicieusement *au plus au moins* en *ou plus ou moins*, mais sans modifier la ponctuation. Le texte comporte, semble-t-il, trois exemples d'incertitudes, de 'peut-être' (*huit ou dix*; *plus ou moins*; *une personne ou une autre*).

[198] Ed. Mortier: *n'a pas pu*. Nous suivons M.

[199] Les évangiles apocryphes.

[200] C'est effectivement le concile de Carthage (397) qui a proclamé la liste définitive des textes inspirés.

[201] Il est curieux de citer cet exemple comme 'précepte outré' de l'Evangile, d'autant plus que c'est le seul sur lequel l'auteur revienne dans la seconde partie du paragrahe pour le commenter. Mais cette référence s'explique parfaitement par un événement essentiel de la vie de Challe: la ruine de sa fortune et la perte de toutes ses espérances provoquées par la négligence du gouverneur du fort de Chedabouctou où étaient entreposées les pelleteries précieuses qui constituaient tous ses biens; voir l'introduction, pp.15-16.

[202] Le début de cet alinéa est marqué en marge, dans M, par un A, et la fin par un B. Rien n'y correspond dans S. Peut-être est-il interpolé.

[203] Les *Actes des apôtres* s'interrompent (xxviii.32) sur la mention de saint Paul, qui demeura deux ans dans le logis qu'il avait loué à Rome, *praedicans regnum Dei, et docens quae sunt de Domino Jesu Christo cum omni fiducia, sine prohibitione*.

[204] Les *Epîtres catholiques*. (F.R.)

[205] Saint Jérôme, dont les *Œuvres* venaient d'être publiées par Dom Martiannay

(1693-1706) en cinq volumes in f°, parle à plusieurs reprises des *Epîtres* de saint Paul et spécialement de l'*Epître aux Hébreux* dans ses commentaires sur l'Ancien et le Nouveau Testament. Challe connaît sans doute le résumé de ses explications donné dans un passage, *De vir. ill.*, 5, qui est inséré dans le *Catalogus scriptorum ecclesiasticorum*, utilisé comme préface à la version latine de la Vulgate. Après d'autres exégètes de l'Eglise africaine, saint Jérôme met en doute l'attribution de l'*Epître aux Hébreux* à saint Paul, *propter stili sermonisque dissonantiam* ('à cause de la différence de style et de langue'), soit, dit-il, que cette épître ait été écrite par un autre, soit que Clément le Romain l'ait 'ordonnée et ornée', soit encore que saint Paul y ait dissimulé son nom et son style, *propter invidiam sui apud eos* [i.e. *Hebraeos*] *nominis*, c'est-à-dire 'à cause de la haine que leur inspirait son nom'.

[206] Dès 1610, Galilée avait remarqué l'anneau de Saturne; mais, à cause de la faiblesse de son télescope, il n'en avait aperçu que les deux extrémités (l'anneau a une forme ovale allongée), qu'il avait prises pour deux planètes. A la suite d'observations faites en 1655, Huyghens publia en 1659, dans son *Systema saturnium*, la proposition suivante: 'Annulo cingitur, tenui, plano, nusquam cohaerente, ad eclipticam inclinato'. En 1675, Cassini avait signalé la ligne noire partageant l'anneau. Ainsi, Saturne avait retenu la curiosité de tout le siècle, et de Malebranche lui-même, cf. *Recherche de la vérité*, VI, II, 4, 146-148, à propos des cinq lunes que Malebranche prête à Saturne: 'Peut-être même que Saturne en a un si grand nombre de si petites, qu'elles font l'effet d'un cercle continu qui semble n'avoir point d'épaisseur à cause de son grand éloignement'.

[207] Clavilène, dans *Don Quichotte*, ii.XL-XLI; voir p.74, n.II.48.

[208] Le texte de S, *fantastiques*, vaut celui de M, *fanatiques*. Les communautés orientales furent longues à accepter l'*Apocalypse*. Au IIIème siècle, saint Denys d'Alexandrie l'écartait encore des ouvrages canoniques. (F.R.)

[209] S ajoute, entre parenthèses: *et pas un ne fut pour Jésus-Christ*. C'est une interpolation manifeste, comme toutes les parenthèses de ce genre dans S.

[210] S ajoute entre parenthèses: *tous*; voir note précédente, II.209.

[211] Au-dessus de *Moïse*, Sepher a écrit: *J. C.* C'est une erreur, car c'est bien la loi de Moïse qui fut donnée comme éternelle, par exemple dans *Deutéronome*, vi. (F.R.)

[212] *Prophétier* est un verbe bien connu jusqu'au XVIème siècle, et encore enregistré par le *Dictionnaire* de Furetière (éd. 1694). Il est formé sur *prophétie*, tandis que *prophétiser* est un calque savant du grec latinisé *prophetizare*.

[213] La vision d'un monde hiérarchisé et formaliste propre à Challe apparaît ici clairement.

[214] C'est-à-dire de la mer Egée, selon la dénomination du temps.

[215] Cf. Bastide, i.20: 'C'était la servitude des démons et l'esclavage du péché dont il fallait affranchir le genre humain; ouvrage qui surpasse toutes les forces humaines'. (F.R.)

[216] *Luc*, iii.23-38; *Matthieu*, i.1-17.

[217] *Luc*, i.26-38.

[218] *Luc*, ii.8-19.

[219] *Matthieu*, ii.1-2. (F.R.)

[220] On parlait de cinquante-six ans en ce qui concernait l'Evangile de saint Luc. (F.R.)

[221] L'*Histoire des ouvrages des savants de l'Europe* (décembre 1694), rendant compte d'un ouvrage de John Edwards, *A Discourse concerning the authority [...] of the books of the Old and New Testament* (Londres, R. Wilkins, 1693), 2 vol. in 8°, discute p.171 la question de savoir si l'étoile 'qui a partagé tous les commentateurs' était une étoile fixe, une planète ou un météore; l'auteur tranche pour un météore, et assure que Pline, Macrobe et Julien l'Apostat en font mention (p.173).

[222] Dans S, *enfant* est biffé; Sépher a écrit au-dessus *femme*, biffé; enfin, dans la marge, *fille*.

[223] Pages 84-89.

[224] *Le tout*, et non *le tour* (éd. Mortier).

[225] L'*Histoire de Pierre de Provence et de la belle Maguelonne, galante, héroïque* (Troyes, Oudot, s. d.), est un ancien roman médiéval et l'un des plus célèbres ouvrages de la Bibliothèque bleue. Il y est fait allusion dans *Don Quichotte* à propos de Clavilène (voir p.177, n.III.207): 'ce doit être ce même cheval de bois sur lequel le vaillant Pierre de Provence enleva la jolie Maguelonne'. (F.R.)

[226] *Ils* = les livres des Juifs; un peu plus loin, le même pronom désigne les Juifs.

[227] Cf. Bastide, p.350: 'Clément Alexandrin, Lactance, saint Augustin et plusieurs autres pour prouver la divinité de Jésus-Christ allèguent des vers des Sybilles...' (F.R.)

[228] Allusion au *Testimonium Flavianum* dans les *Antiquitates Judaicae*, xviii.63-64. Cf. Voltaire, *Dictionnaire philosophique*, art. 'Christianisme': 'Plusieurs savants ont marqué leur surprise de ne trouver dans l'historien Josèphe aucune trace de Jésus-Christ; car tout le monde convient aujourd'hui que le petit passage où il en est question dans son histoire est interpolé.' Si le témoignage de Flavius-Josèphe ne peut en effet être authentique dans la version qui en était connue au XVIIIème siècle, nous possédons maintenant le texte original qui en confirme la teneur, sinon les termes: 'A cette époque vivait un sage nommé Jésus. Sa conduite était bonne et il était renommé pour sa vertu [...]. Nombreux furent ceux qui, parmi les Juifs et les autres nations, devinrent ses disciples. Pilate le condamna à être crucifié et à mourir. Mais ceux qui étaient ses disciples ne cessèrent pas de suivre son enseignement. Ils rapportèrent qu'il leur était apparu trois jours après sa crucifixion et qu'il était vivant; par conséquent, il était peut-être le Messie (il était considéré comme le Messie), celui dont les prophètes ont rapporté tant de merveilles.' Cf. Shlomo Pines, *An arabic version of the Testimonim Flavianum and its implications* (Jerusalem 1971). (F.R.) Challe possédait l'*Histoire des Juifs* traduite par Arnauld d'Andilly, qu'il tenait de l'amiral Duquesne-Guiton; voir le *Journal de voyage*, p.267.

[229] Seuls saint Marc et saint Matthieu seraient morts martyrs. Selon une tradition, saint Jean, martyrisé à Rome, aurait échappé miraculeusement à la mort avant d'être relégué dans l'île de Pathmos. (F.R.)

[230] Vingt-six jésuites et franciscains furent martyrisés à Nagasaki en 1597; mais la principale période de persécutions alla de 1617 à 1632. (F.R.)

[231] Sur les anabaptistes, voir p.63, n.II.22.

[232] Cf. Bastide, ii.21: 'La doctrine, la sainteté et la morale de Jésus-Christ rendent témoignage de sa divinité.' (F.R.)

[233] Ed. Mortier omet: *elle entretiendra la paix dans les familles, la fidélité dans le commerce*, donné par M.

[234] Ed. Mortier: *signifieront*

[235] Le ms M donne *Il*, ce qui est sans doute une faute de graphie pour *J.C.* ou *JC, J* et *i* long se confondant dans la graphie de Challe, comme dans celle de beaucoup de contemporains.

[236] Cf. *Romains*, xiii.1.

[237] M portait *scene*; une autre main a biffé le *s*.

[238] Ed. Mortier: *l'orgueil ou*

[239] Tite-Live, i.19 sqq. (F.R.)

[240] Ed. Mortier: *par tiers où*

[241] Dans le *Journal de voyage*, p.399, Challe raconte l'histoire d'une femme prise en flagrant délit d'adultère par son mari, qui pourtant lui cache qu'il l'a surprise. Le lendemain matin, il la voit communier, et quand il lui en parle à son retour de l'église

'elle eut l'effronterie de lui dire qu'elle avait assez fait de mauvaises actions dans sa vie pour en demander éternellement pardon à Dieu.' Pour les termes, cf. 'son secours [le secours de Dieu] m'avait abandonnée', *Illustres Françaises*, ii.403.

[242] Cinq mots, c'est-à-dire *hoc est enim corpus meum*; et pour le vin, *hic est calix sanguinis mei*. Cf. Huysmans, *En route*, I, V: 'Ah çà, est-ce qu'il ne croyait pas que, parce qu'un prêtre avait proféré cinq mots en latin sur du pain azyme, ce pain s'était transsubstancié en la chair du Christ?' (F.R.)

[243] La réaction de Challe se comprend parfaitement après les innombrables disputes provoquées par le jansénisme. Du point de vue de l'orthodoxie catholique, il y a bien prescience divine, dans la mesure où tout est présent aux yeux de Dieu; mais il n'y a pas 'détermination'. Il y a seulement appel, la grâce n'étant que la préparation au salut. Selon la tradition, 'Toute la doctrine de la prédestination se réduit en abrégé à ces trois mots du prophète [*Osée*, xiii.9, déjà cité par saint Thomas]: Ta perte vient de toi, ô Israel; ton secours et ta délivrance est de moi seul.' (Bossuet) . Ou, selon les termes de saint Thomas: 'Quand la grâce nous manque, la cause première de ce défaut de grâce est en nous; quand elle nous est donnée, la cause première de ce don est en Dieu' (Ia q 23 a 3). Selon saint Augustin, cité par Challe lui-même dans le *Journal de voyage*, p.107, n.152,'*Qui facit te sine te non potest salvare te sine te.*'

[244] Tels que le père Estienne Bauny, auteur de la *Somme des péchés qui se commettent en tous estats, de leurs conditions et qualités...* (Paris, M. Soly, 1633, in 8°, avec de nombreuses rééditions entre 1633 et 1653), cité par Pascal dans la IVème *Provinciale*.

[245] Par saut du même au même, éd. Mortier omet: *avait sa confession générale toute prête. Elle*

[246] Marie-Madeleine d'Aubry, marquise de Brinvilliers, empoisonna 'son père, ses deux frères et sa sœur. Au milieu de tant de crimes, elle avait de la religion; elle allait souvent à confesse, et même, lorsqu'on l'arrêta à Liège, on trouva une confession générale écrite de sa main.' (Voltaire, *Siècle de Louis XIV*, ch.XXVI).

[247] Pour illustrer ce passage, on se reportera à l'histoire du curé de Saint-Eustache et du traitant Le Gendre; voir p.53, n.I.82.

[248] Dans M, le sigle A apparaît en face de cette ligne; le sigle B correspondant se trouve à la fin de l'alinéa suivant, à la hauteur des mots *je ne dis pas encore tout ce que j'en sais*.

[249] Ed. Mortier: *ce que j'avoue*. Nous suivons M.

[250] Ed Mortier: *à leurs égards*. Mais le pluriel ne se justifie pas.

[251] Cf. J. S. Spink, 'The reputation of Julian the "apostate" in the Enlightenment', *Studies on Voltaire*, 67 (Genève 1967), pp.1399-1415, cité par éd. Mortier. Dans les *Mélanges* de 1769 (éd. Beuchot, xlv.197-206), on trouve un 'Portrait de l'empereur Julien, tiré de l'auteur du Militaire philosophe', qui est, bien entendu, de Voltaire lui-même, et dont le début avait même déjà paru dans le *Dictionnaire philosophique* (éd. 1767) . Il s'agit là d'un camouflage analogue à celui que Voltaire avait mis en œuvre à l'occasion de la publication du *Dîner du comte de Boulainviller*.

[252] Les vues de Challe sur les Géorgiens et les Mingréliens sont celles de son temps. Selon le *Dictionnaire géographique* de Thomas Corneille, presque contemporain de notre texte (1708), le catholicos de Mingrélie, nommé et révoqué par le prince, a pour toute sainteté 'de ne point manger de chair, de s'abstenir de vin pendant le carême, de faire de longues oraisons de jour et de nuit'. Le clergé 'ne fait aucun devoir ecclésiastique, et presque aucun ne sait lire ni écrire'. Les femmes sont fières, perfides, cruelles, impudiques'; les hommes 'n'ont pas moins de méchantes qualités. On les élève au larcin [...] L'assassinat, le mensonge, le concubinage, l'adultère leur tient lieu de vertus'. Toute leur religion 'se termine aux dons': 'Ils tiennent que l'on satisfait pour ses péchés en offrant des dons aux images auxquelles toute leur dévotion se termine'. Pour les Géorgiens, Thomas Corneille, qui renvoie à Tavernier, note qu'ils sont 'aussi ignorants que vicieux', 'irréconciliables dans leurs haines' et qu'ils 'se plongent dans toute sorte d'impuretés'.

Les gens d'Eglise 's'enivrent comme les autres et tiennent de belles esclaves; dont ils font leurs concubines'. Pour la religion, elle est dite 'composée de l'arménienne et de la grecque', tenant surtout de la première: 'ce sont les chrétiens les plus traitables de l'Orient'. La superstition n'est pas mentionnée, mais Jovet (voir n.IV.273), qui s'appuie sur Nointel, prédécesseur de Guilleragues à l'ambassade de Constantinople, et Tavernier, après avoir parle, à propos des Mingréliens, d''ignorance' et d''erreurs', y ajoute la simonie et même les 'pratiques magiques' (iii.64).

[253] Ed. Mortier: *ont faites*. La forme invariable (fait) est normale à l'époque lorsque le sujet suit le verbe, et assez fréquente si, comme c'est le cas ici, le participe n'est pas en fin de groupe rythmique; voir la note grammaticale, p.543.

[254] Sur Sommonocodom, voir Voltaire, *André Destouches à Siam*, qui résume les idées de son siècle sur ce Dieu siamois (éd. Mortier).

[255] On retrouve ici cette crainte de l'au-delà déjà signalée chez Challe, p.57, n.I.105. L'expression est ici toute proche de celle qu'on trouve dans la *Correspondance*, citée ci-après, n.IV.281, 'l'avenir qui la suit [*i.e.* la mort]'.

[256] Ed. Mortier omet *vous*.

[257] Ed. Mortier: *je ne nie pas.* – Pour l'idée, on rapprochera cet alinéa d'un passage des *Illustres Françaises*, ii.443: 'Je lui dis que ma mère ne devait s'en prendre qu'à elle. Qu'elle savait fort bien que toute l'obligation que je lui avais se bornait à celle de m'avoir mis au monde. Que cette obligation était si générale et si commune qu'elle ne méritait pas d'être comptée à moins qu'elles ne fussent soutenues par d'autres qui me fissent connaître que j'étais son fils par le cœur aussi bien que par le sang.' (J. Popin)

[258] Ed. Mortier: *bien appartenant à l'homme*. L'ordre du texte est usuel à l'époque.

[259] Cette citation de Perse, iii.21, signifiant 'clinquant à l'usage du peuple', est chère à Challe; il la met en œuvre aussi bien dans le *Journal de voyage*, p.336; n.665, que dans ses *Mémoires*, f.93v.

[260] Allusion à l'une des visions de Thérèse d'Avila, rapportée dans son autobiographie et représentée dans une œuvre célèbre du Bernin destinée à l'église Sainte-Marie de la Victoire à Rome (F.R.), où Challe avait pu la voir.

[261] Ed. Mortier place le membre de phrase *si ce n'est pas la modestie* entre parenthèses. En fait, il faut comprendre: 'L'humilité n'est qu'un fantôme de l'imagination [tel est le sens d'*être de raison* en termes de logique, cf. Furetière, etc.] si elle n'est pas la modestie et un sentiment raisonnable, etc.'

[262] *Sic* (M); ce texte n'a pas de sens; *voie* pour *vive* serait à peine meilleur.

[262bis] Le correcteur de M a ajouté *im-* en add. interl. devant *possible*, puis l'a biffé.

[263] Ce saint – car il n'y en a qu'un, contrairement à la version de M – est saint François d'Assise, devant le lac d'Assise après la séparation d'avec son père. Voltaire ne voit aussi en lui qu'un 'fanatique en démence, qui marche tout nu, qui parle aux bêtes, qui catéchise un loup, qui fait une femme de neige' (éd. Moland, xxvi.331). (F.R.)

[264] Dans tout ce passage, Challe s'élève contre les idées du 'scélérat Machiavel', comme il l'appelle dans le *Journal de voyage*, p.101. Le réviseur, apparemment moins favorable que notre auteur à la monarchie de droit divin, le censure ici.

[265] De même, c'est-à-dire comme on vient de la définir.

[266] Le père gardien est le supérieur des moines franciscains.

[267] Noter comment le texte original, conservé par S, comporte la construction libre du gérondif, courante chez Challe; voir la note grammaticale, p.549. Le texte est rectifié dans M. Des retouches de ce genre, quoique minimes, sont efficaces pour estomper les traits propres au style de Challe.

[268] La formule est *servus servorum Dei*.

[269] Ed. Mortier: *s'est laissé nommer*. Sur le fond, cf. p.51 et voir n.I.63.

[270] On peut rappeler que, selon Prosper Marchand, Robert Challe avait été obligé un jour de faire amende honorable au père Tachard auquel il avait donné un soufflet; voir le *Journal de voyage*, n.73 de l'introduction. Le réviseur de M supprime la remarque, qu'il juge sans doute trop personnelle

[271] On peut soupçonner ici une lacune de M, car il est sans exemple que Sépher fasse deux extraits différents d'un même morceau dans lequel il ne pratique aucune coupure.

[272] Le texte comporte manifestement une faute; *estimé* a dû être lu *est de même*; S donne le bon texte.

[273] Une bonne partie de ce passage (où *faire* est peut-être répété abusivement) est supprimée par le réviseur. Elle est significative des idées de Challe, elles-mêmes commandées par son tempérament impulsif; voir, sous ce titre, le *Journal de voyage*, Vie de Robert Challe, pp.25-26.

[274] Dans S, *et*, add. interl., remplace *mais*, biffé.

[275] Noter la mention de la 'philosophie', absente de l'original, qui peut servir à dater le remaniement.

[276] Cette conception de la liberté individuelle est à peu près celle qui, à la fin du siècle, inspirera la constitution américaine.

[277] Cette phrase, avec les autres qui traitent ensuite du point d'honneur, pourraient faire écho à des remarques de Bastide, xxi.525-526: 'Ceux-là même qui sont insensibles à la perte des biens ne le sont pas à celle de l'honneur. L'honneur en effet, est la nourriture et le soutien des grandes âmes [...] Tant qu'elles se contiennent dans les règles de la modération et de la justice, tous leurs efforts sont louables: mais le malheur est que le désespoir les en fait souvent sortir pour venger par le crime leur vertu méprisée et leur mérite outragé. Cependant cette épreuve qui abat les plus grandes âmes n'ébranle pas seulement celle de Jésus-Christ.' (F.R.)

[278] Ce tour, qui comporte une anacoluthe, puisque le sujet du participe n'est pas celui du verbe principal (voir la note grammaticale, p.549) est encore corrigé dans M, où *songeant* est remplacé par *ma raison me prescrit*; cf. p.192, n.III.267.

[279] Nouvelle anacoluthe, maintenue cette fois dans M: le sujet de *traiter* n'est pas celui de tombe. Elle est courante chez Robert Challe dans le tour *trop ... pour*; ainsi: 'Madame, répondit tristement Silvie, sa haine m'est trop due pour m'en plaindre' (Suite du *Don Quichotte*, vi.39). Cf. p.217, n.III.375.

[280] Image biblique, dans des passages (*Isaïe*, i.18; *Psaumes*, li.9) qui prennent place dans la liturgie. (F.R.)

[281] Dans M, *grande*, biffé, est remplacé par *prude*, de la même main. L'emploi de *vestale*, dans le sens figuré, est courant sous la plume de Challe; on le trouve dans le *Journal de voyage*, p.518; dans la suite du *Don Quichotte*, vi.217; et dans les *Illustres Françaises*, p.300 et 460. Du reste, il apparaît aussi chez Courtils de Sandras.

[282] Dans M, *que* est une add. interl. (d'une autre main?).

[283] Et non *la foi* (éd. Mortier).

[284] Si par empereur ont doit entendre un prince, comme il est presque certain, il s'agit ici de l'histoire d'un disciple de Platon et de Xénocrate, Chairon de Pellène, qui obtint, dit-on, d'Alexandre l'autorisation de gouverner sa cité natale de Pellène à sa façon et y appliqua les principes qu'il croyait pouvoir tirer de la *République* de Platon, égalité des biens et suppression de la famille traditionnelle; c'est-à-dire qu'il dépouilla les riches de leurs biens et donna leurs femmes à leurs esclaves. Cette histoire, rapportée par Pausanias, VII.27.7, est surtout connue par la conclusion qu'en tire Athénée, XI.509.a: 'Voilà l'avantage qu'il tira de cette belle République et de ces lois contraires aux lois.' Elle fait partie d'une série d'exemples de platoniciens engagés dans la vie politique, rassemblés par Pierre-Maxime Schuhl, 'Platon et l'activité politique de l'Académie', dans l'*Imagination et le merveilleux* (Paris 1969), pp.179 sqq. Ces exemples, discutés dans l'Antiquité,

pouvaient, à travers une tradition humaniste, avoir abouti au bruit dont Challe se fait l'écho. (Jacques Bompaire)

[285] C'est le fameux précepte de la 'joue gauche', *Matthieu*, v.39; *Luc*, vi.29. (F.R.)

[286] *Vende quod habes et da pauperibus* (*Matthieu*, xix.21). (F.R.)

[287] *Matthieu*, vi.21, et cf. *Luc*, xii.22-31. (F.R.)

[288] La bulle *In cœna Domini*, qui remontait au XVème siècle, frappait d'excommunication non seulement les hérétiques mais ceux qui portaient atteinte aux intérêts matériels de la papauté (revenus, biens, Etats...). Elle était fulminée tous les ans le Jeudi saint. Clément XIV, lors de son accession au pontificat, abolit cette coutume, qui indignait les 'philosophes' (1770).

[289] Sur Julien en général, voir p.186, n.III.251. La présente allusion se réfère à l'ouvrage intitulé *Misopogon*, que Julien composa contre les habitants d'Antioche, qui avaient suscité son indignation.

[290] Catulle avait poursuivi Jules César de ses violentes épigrammes (XXIX, LVII, XCIII). Pourtant selon Suétone dans sa *Vie des douze Césars*, I.73, César le reçut à sa table. (F.R.)

[291] Ce mot est écrit *Simon* dans M. La correction en *Cimon*, qui s'impose, a été proposée par Mme J. Hellegouarc'h. D'après Plutarque et Cornelius Nepos, Cimon, fils de Miltiade, après avoir rendu des services signalés à Athènes dans sa lutte contre les Perses, fut frappé d'ostracisme. L'autre Grec est apparemment Aristide, à moins que l'auteur ne pense confusément à Miltiade lui-même, qui, malgré sa part dans la victoire de Marathon, fut condamné à la prison, et y mourut en 489 av. J.-C.

[292] Au début de son pontificat, Sixte-Quint avait pris des mesures radicales contre le brigandage qui sévissait dans les Etats romains. La peine de mort fut appliquée aux complices des brigands même les plus haut placés. Dans le domaine des mœurs également, Sixte-Quint fit preuve d'une sévérité impitoyable. De nombreuses histoires et des pasquins circulaient sur son compte à ce propos.

[293] Challe confond deux émeutes: celle de Thessalonique (390) au cours de laquelle le chef de la garnison locale fut tué, et qui fut suivie du massacre de 6 000 habitants, ordonné en guise de représailles par l'empereur Théodose, à qui l'évêque de Milan, saint Ambroise, interdit l'entrée du sanctuaire; et l'émeute d'Antioche (387), appelée 'émeute des statues', au cours de laquelle la population avait renversé des statues de l'empereur, suivie elle aussi d'une sévère répression, à l'occasion de laquelle saint Jean Chrysostome prononça plusieurs sermons. (F.R.) Noter que, dans ses *Mémoires*, f.8r, Challe tire au contraire argument de l'attitude de saint Ambroise en face de Théodose pour critiquer celle du clergé français face à Louis XIV: 'Il est étonnant que parmi tant de prélats, entre lesquels il y en a de très savants et de très pieux, il ne s'en soit pas trouvé un seul qui ait suivi le chemin que saint Ambroise leur a tracé, parlant seul à seul à Théodose.' Ce n'est pas le premier cas où l'on remarque ce genre de gauchissement: voir p.50, n.I.60; p.93, n.II.95, etc.

[294] D'après sa *Vie*, dans Plutarque.

[295] C'est en tant qu'homme d'Etat athénien que Démosthène tonna contre Philippe, avant la bataille de Chéronée, où sa conduite ne fut pas, du reste, des plus glorieuses.

[296] *Le christianisme* (ce mot écrit *Xanisme*, suivant une abréviation bien connue) est une add. interl. d'une autre main, remplaçant *l'héroisme*, biffé. Cette erreur de lecture indique que le texte sur lequel travaillait le copiste comportait sans doute la même abréviation, qu'on trouve aussi dans S.

[297] Elisabeth (1207-1231), fille d'André, roi de Hongrie, canonisée en 1235, ne put faire grâce aux meurtriersde son père, mort après elle. C'est à l'occasion du meurtre de sa mère par des seigneurs hongrois qu'elle pria son frère de ne pas pousser leur père à la vengeance; voir A Huyskens, *Quellenstudien zur Geschichte der heiligen Elizabet* (1908).

[298] Ce livre fameux n'est ni la *Légende dorée*, de Jacques de Voragine, ni l'*Introduction à la vie dévote* de saint François de Sales, qui louent seulement Elisabeth de sa charité envers pauvres et malades. L'argument se trouverait-il dans les *Antiquae lectiones* du jésuite Henri Canisius (mort en 1609), que nous n'avons pu consulter? Mais cet ouvrage, qui ne devait être réédité par Basnage à Amsterdam qu'en 1725, pourrait-il être qualifié de 'livre fameux'?

[299] Dans le texte de M, le pape est Grégoire VII, et l'empereur Henri IV. Dans la version de S, sans doute authentique, il peut s'agir soit de Frédéric Barberousse, empereur germanique (1152-1190), qui dut faire face à la ligue lombarde, suscitée par le pape Alexandre III, soit de Frédéric II, fils de Henri IV, empereur germanique (1212-1250), déposé par le pape Innocent IV au concile de Lyon (1245).

[299] Dans le texte de M, le pape est Grégoire VII, et l'empereur Henri IV. Dans la version de S, sans doute authentique, il peut s'agir soit de Frédéric Barberousse, empereur germanique (1152-1190), qui dut faire face à la ligue lombarde, suscitée par le pape Alexandre III, soit de Frédéric II, fils de Henri IV, empereur germanique (1212-1250), déposé par le pape Innocent IV au concile de Lyon (1245).

[300] Ed. Mortier, par erreur typographique: *il est n'est*

[301] Cf. respectivement, pour 'fui ses ennemis', *Jean*, vii.1-3; pour 'repris aigrement', *Matthieu*, xvi.1-4; pour 'maudits', *Matthieu*, xxiii.13. Challe répond à Bastide, xii.527-528: 'Les évangélistes ne savent ce que c'est que de dissimuler en écrivant la vie de Jésus-Christ. Ils mêlent les ombres avec la lumière, suivant le sujet. Ils le cachent quand il se cache; ils le produisent quand il se montre; ils le font pleurer quand il pleure [...] Je défie la critique la plus mordante de trouver en lui le moindre vestige d'imperfection.' (F.R.)

[302] Ed. Mortier: *demandé pour lui.*

[303] *Luc*, xxiii.34.

[304] Trait personnel à Challe, s'il en est. Son goût pour le vin apparaît tout au long du *Journal de voyage*; voir encore dans les *Mémoires*, f.102: 'Le fameux Bernard maître marchand de vin des Quatre-Vents proche du Temple, avait le seul cabaret qui était pour lors dans l'enceinte du prieuré [...] et comme il [Guillaume, l'un des garçons de Bernard] me donnait toujours de bon vin, j'allais chez lui assez souvent.'

[305] En 1710, ce trait, d'ailleurs authentique (la pension était assurée à Spinoza par Jean de Witt, et c'est à ses héritiers que Spinoza voulut la remettre), n'était apparemment connu que par le *Dictionnaire* de Bayle; la *Vie de Spinoza*, d'ailleurs rare, ne parut qu'en 1712. C'est un des indices les plus nets qui pourrait montrer que Challe a lu cet ouvrage. (P. Vernière)

[306] Ce détail convient à la situation de la France en 1710, accablée par la guerre de la Succession d'Espagne et par l'hiver de 1709.

[307] *Matthieu*, xix.21. (F.R.)

[308] Même argumentation chez Diderot, dans les *Pensées philosophiques*, VI (éd. Mortier).

[309] 'Encore, seigneur!' La citation n'apparaît pas dans l'Ecriture, mais l'antienne chantée le mercredi à laudes dans l'office monastique, et, autrefois, au bréviaire romain, pour le psaume 50 (*Miserere*), contient ces mots: *Amplius lava me, Domine, ab injustitia mea*, c'est-à-dire 'Lave-moi encore, Seigneur, de mon injustice!' (M.H.D.)

[310] Rappel de tout ce qui sépare Challe des anabaptistes et des quakers.

[311] *Luc*, vi.44; *Matthieu*, vii.17, xii.33. (F.R.)

[312] Le 25 février 1699 avait été instituée une taxe d'un neuvième sur le prix des places de théâtre, dont le montant allait à l'Hôtel-Dieu de Paris.

[313] Challe songe apparemment à un mot du Christ, qu'il pastiche, *Esurivi enim, et dedistis mihi manducare; sitivi, et dedistis mihi bibere, (nudus), et cooperuistis me (Matthieu*, xxv.35-36): 'J'ai eu faim, et vous m'avez donné à manger; j'ai eu soif, et vous m'avez donné à boire [...] j'étais nu, et vous m'avez couvert.' (F.R.)

[314] *Luc*, xi.1-4; *Matthieu*, vii.7-15.

[315] *Luc*, vi.20-26; *Matthieu*, vii.7-15.Challe répond ici à Bastide, xxi.531: 'Toutes ses maximes tendent à établir la perfection sur les ruines des vices. Lisez les ch. 5, 6 et 7 de saint Matthieu qui contiennent le Sermon qu'il fit au peuple sur la montagne, vous y trouverez une doctrine céleste, qui apprend aux hommes à servir Dieu en esprit et en vérité.' (F.R.)

[316] *Luc*, xxiv.50-51; *Marc*, xvi.19; *Actes*, i.9-11.

[317] Texte du *Credo*. Tout ce développement, depuis *Je ferais volontiers* n'est pas très à sa place dans un chapitre consacré à la morale évangélique. Il est d'ailleurs précédé d'une réflexion sur la 'pure morale', et suivi d'une reprise du même thème ('que conclurait la pureté de la morale...'). On l'imagine mieux placé dans l'article Vème, 'Mort, résurrection, ascension de ce médiateur'. Du reste, la localité de Dieu a été rejetée par les pères, notamment par saint Thomas; cf. n.III.24.

[318] *Luc*, xxiv.9-11; *Matthieu*, xxviii.8.

[319] Ce membre de phrase se dénonce comme interpolé, non seulement parce qu'il ne figure pas dans S, mais parce qu'il est anachronique en 1710. C'est, sinon, comme on le dit parfois, à Paul Mallet et à ses *Monuments de la mythologie celte (sic)*, figurant dans son *Histoire de Danemark* (Genève 1758-1765), du moins à un ouvrage un peu plus ancien que la France doit sa connaissance de la mythologie scandinave, à savoir, de Desroches de Parthenay, l'*Histoire de Danemarc avant et depuis l'établissement de la monarchie*. Par M. J. Des Roches, escuyer, conseiller et avocat général du Roi Très-Chrétien au bureau des finances de la généralité de La Rochelle. Nouvelle édition revue et corrigée sur l'édition d'Hollande [...] A Paris, chez Rollin père, au Lion d'or, quai des Augustins. M.DCC.XXXII. Avec approbation et privilège du Roi. On lit en effet à la p.LXXI de la Préface historique: 'Les Danois rendent un culte singulier au dieu Odin [...] Ses soldats [...] allaient au combat sans cuirasse [...] Ce dieu Odin apparaissait, à ce qu'on prétendait, quelquefois au milieu des combats, et faisait pencher la victoire du côté de ceux qui l'invoquaient.' Cf. aussi p.LXXVIII: 'Pour entrer dans le Valhall, il fallait y être invité.' C'est pourquoi on avait imaginé qu'avant le combat Odin apparaissait à la tête des armées.' La source alléguée est l'*Histoire de Norvège*, en latin, de Thormond Torfaeus (Torff).

[320] *Faciende* 'ne se dit qu'en mauvaise part d'une compagnie de gens méchants et fripons qui s'associent pour tromper ou pour faire quelque méchante action' (Furetière). Ce mot rare, absent de Richelet, figure dans le ms autographe des *Mémoires*, f. 4r, mais y a été corrigé d'une autre main en *cabale*, comme il l'est ici en *famille*.

[321] *Revifier* n'est pas connu. C'est apparemment une faute de copie pour *revivifier*, à l'époque terme de théologie ('la grâce revivifie le pécheur', exemple de Furetière), de chimie ou d'alchimie, et jugé 'peu usité' par Richelet.

[322] Le commentaire de cette réflexion est fourni par un passage du *Journal de voyage*, p.75. Tombant au cours d'une lecture sur l'aventure de laudia Quinta, 'du troisième des Fastes' (en fait, du quatrième, v. 293-348), Challe remarque: 'C'est certainement un parfait miracle. Ovide dit: *certificata loquor* [en fait, il dit: *Mira et scaena testificata loquor*]. Si cela est, les miracles ne sont pas les preuves les plus fortes de la véritable religion, puisque, pour sauver la simple réputation d'une paienne, Dieu en permet un plus grand, à mon sens, que celui qui sauva la vie à Suzanne.' Selon Ovide, Claudia Quinta, belle et chaste, mais non crue telle, demande à Cybèle, dont on apporte la statue dans un navire qui s'est ensablé dans le Tibre, de faire un miracle en sa faveur; effectivement, elle réussit, seule, à hâler le bateau. Challe ignorait la source d'Ovide, Tite-Live, xxix.14, qui dit seulement que le fait d'être admise à recevoir la déesse avait constitué pour Claudia Quinta une justification de sa conduite, qui était soupçonnée. (H. Le Bonniec) Voir p.154, n.III.86.

[323] Saint Matthieu et saint Jean.

[324] *Luc*, xxiv.50-51; *Marc*, xvi.19 (F.R.)

[325] Saint Luc; saint Marc ne parle pas du lieu de l'Ascension.

[326] Ovide, *Métamorphoses*, xiv.805-851 (F.R.). Challe répond ici et dans les phrases suivantes à Bastide, xix.501: 'Qu'on nous parle de quelque héros qui ait pu faire quelque chose de semblable [à la résurrection et aux apparitions du Christ] [...] Que l'antiquité profane, quelque hardie qu'elle soit à nous donner des fables pour des vérités, nous raconte quelque chose de pareil. Rien de pareil n'est jamais tombé dans l'esprit de la superstition.' (F.R.)

[327] C'est sur le mont des Oliviers, à l'endroit où une tradition situe l'Ascension, que se trouvait une telle empreinte, et non sur le mont Tabor, où l'on place communément la transfiguration (F.R.)

[328] Cet article correspond au ch.ii.xvi de Bastide, 'Jésus-Christ lui-même a rendu témoignage de sa divinité.' (F.R.)

[329] Challe répond à Bastide ii.436: 'Nous trouvons non seulement que Jésus-Christ a dit qu'il était Dieu, fils unique de Dieu égal à Dieu [...] mais encore il a exigé des hommes des honneurs qui sont dus à son Père.' (F.R.) La réponse se réfère à *Jean*, x.31-38 (trad. de la Bible de Jérusalem): 'Jésus leur répondit: N'est-il pas écrit dans votre Loi: J'ai dit, vous êtes des dieux. La Loi appelle donc des dieux ceux à qui s'adressait la parole de Dieu, et on ne peut abolir l'Ecriture; or à celui que le Père a consacré et envoyé dans le monde, vous dites tu blasphèmes pour avoir dit je suis fils de Dieu.' Effectivement, les princes et les juges sont appelés dieux dans les *Psaumes*, lxxxii.6.

[330] Respectivement, pour 'si tu es prophète', *Matthieu*, xxvii.40 (le texte est: *si filius Dei es*); *Marc*, xv.32 (le texte est: *Christus rex Israel descendat*); *Luc*, xxiii.35 (texte: *se salvum faciat, si hic est Christus Dei electus*); et xxiii.36 (*si tu es rex Judaeorum*); xxiii.39 (*si tu es Christus*); et cf. xxiii.19 (*De Jesu Nazareno, qui fuit vir propheta*); pour 'à mon Dieu et au vôtre', *Jean*, xx.17, le dimanche de la Résurrection. (F.R.)

[331] Souvenir probable, quoique peut-être inconscient, de *Luc*, x.16, *Qui vos audit, me audit; et qui vos spernit, me spernit*, et de *Jean*, v.23, *qui non honorificat Filium, non honorificat Patrem, qui misit illum*. (F.R.)

[332] L'exégèse moderne admet, notamment pour des raisons stylistiques, l'authenticité du Prologue de l'*Evangile de saint Jean*.

[333] Cf. Bastide, ii, ch. XX: 'Le jugement que le Père céleste a confié au Fils est une preuve de la divinité de Jésus-Christ.' (F.R.)

[334] Voir *Matthieu*, xxii.23-33; *Marc*, xii.18-27; *Luc*, xx.27-39. (F.R.)

[335] Nouvelle expression du dualisme de Challe. Il ne peut comprendre la résurrection, qui est fondée sur l'idée que l'âme humaine privée du corps est incomplète; cf. p.280, n.IV.40, et p.287, n.IV.52, ainsi que postface, p.384.

[336] Argument familier à Challe, qui se réfère implicitement à *Matthieu*, xv.10-20: 'Ce n'est pas ce qui entre dans la bouche qui rend l'homme impur, mais ce qui sort de sa bouche'. Dans sa *Correspondance*, p.168, à la date du 14 avril 1714, il l'exprime en se servant justement du même exemple et dans la même formulation qu'ici, mais en latin, pour justifier son refus de respecter le jeûne, quoique catholique: '*Quod intrat in corpus non coinquinat animam*. La fille de votre ministre de Calais qui sans être mariées s'était fait faire un enfant le dit de même à son père. Et pourquoi voulez-vous que je sois plus rigide observateur de la loi pénale qu'une enfant de votre Eglise?' Le retour simultané de la même idée, exprimée dans les mêmes termes, et du même *exemplum*, en vue d'utilisations différentes, est un exemple significatif d'un certain mode d'association d'idées, et un argument très fort en faveur de l'attribution des deux œuvres à un même esprit.

[337] Sur cette expression, cf. p.158, n.III.120.

[338] Cf. *Luc*, xxi.25-26; *Matthieu*, xxiv.29; *Marc*, xiii.24-25. (F.R.) Pour le fond, voir la postface, p.367.

[339] Cette phrase, qui n'est pas dans S, est-elle interpolée? Certes, Challe connaît

Gassendi, puisqu'il le cite, à propos du problème de l'âme des bêtes, à côté d'Aristote, Pline, Descartes, Rohault et La Chambre, dans le *Journal de voyage*, p.349. Mais cette mention de Gassendi interrompt encore l'idée, qui est relative jusqu'ici à la bonne foi du Christ.

[340] Challe exprime ici, partiellement, une thèse qui lui est particulièrement chère, celle de la métempsycose, qu'il expose tout au long dans le *Journal de voyage*, p.115-118. Il y reviendra ici à deux reprises, pp.299 et 300, et ne l'abandonnera qu'à regret.

[341] *Corinthiens*, xv.35-38. (F.R.) Malebranche trouve dans ce phénomène 'une figure naturelle de J.-C. qui est mort pour ressusciter glorieux' (*Entretiens métaphysiques*, XI, 12, p.99).

[342] Proverbe bien connu à Paris à l'époque; Challe l'avait par exemple rencontré dans les *Agréables conférences* (Paris 1963), p.147.

[343] Tout comme Malebranche, qui écrit que 'tous les arbres sont en petit dans le germe de leur semence' (*Recherche de la vérité*, I, VI, 1, pp.71-73), Challe est préformationniste. Il affirme dans le *Journal de voyage*, p.119: 'un seul de ces corps porte en lui-même un nombre innombrable d'autres corps qui successivemen en renferment aussi d'autres; et c'est par cette voie que la propagation du genre humain s'entretient.' Voir aussi les notes 190 et 191, p.579 du même ouvrage.

[344] Nous corrigeons *et qu'il*, donné par M et éd. Mortier, en *et où il*. Avec *et qu'il*, il faudrait supposer que l'idée causale implicite dans la phrase précédente serait reprise par *que*; ce qui est peu naturel.

[315] Dans M, *avoient* a été surchargé en *auroient*, d'une autre main.

[346] Cet article répond à Bastide, ii.17: 'Les démons chassés des corps des possédés ont rendu témoignage de sa divinité.' (F.R.)

[347] *I Pierre*, v.8 (F.R.)

[348] Ed. Mortier omet *tous*

[349] Ed. Mortier: *aviez*. Le pays intelligible dont il est ici question apparaît en particulier dans les *Entretiens métaphysiques*, I, Introduction, pp.1-2; voir p.53, n.I.86.

[350] M écrit *qu'il*, qui n'a guère de sens. La phrase se réfère à *Isaïe*, xiv.14: *Ascendam super altitudinem nubium, similis ero Altissimo*.

[351] *Frocard*, moine. Marsolier, cité par Bescherelle, prête le mot à Rancé.

[352] Le remanieur a inversé les deux exemples de Challe (les veuves et les jeunes filles françaises), apparemment pour rendre plus logique le développement. Pour l'exemple, cf. p.113 et n.II.67.

[353] Cf. Bastide, ch. II.xxviii: 'Les miracles que Jésus-Christ a faits témoignent de sa divinité.' (F.R.)

[354] En réalité, Challe est plus tenté par l'astrologie judiciaire qu'il ne veut bien le dire; voir à ce sujet la discussion qu'il soutient avec les journalistes hollandais, plus rationalistes que lui, dans sa *Correspondance*, pp.152-153. Sa thèse est au fond que 'ce ne sont pas tout à fait des superstitions' (p.152) et qu'on ne peut pas 'disconvenir qu'ils ne tirent quelquefois juste' (p.153). Voir aussi l'usage qu'il fait d'une prédiction dans les *Illustres Françaises*, à propos de l'histoire de Gallouin, ce qui est d'ailleurs le point de départ de la discussion qu'on vient de rappeler. Cf. encore ci-dessus, p.156 et n.III.103.

[355] Sous une apparence de généralité, cette phrase, comme beaucoup d'autres dans les *Difficultés sur la religion*, recouvre une réalité vécue très précise. Dans son *Journal de voyage*, p.459, Challe raconte une violente tempête essuyée dans l'Océan Indien méridional, au cours de laquelle l'aumônier vient proposer au capitaine, qui travaille avec une douzaine d'hommes résolus à réparer la barre du gouvernal brisé, de 'faire mettre tous le monde en prière'; il poursuit: 'M. de La Chassée [...] sans rire comme moi, l'a envoyé prier Dieu tout seul, et songer à sa conscience; que pour nous qui l'avions nette, nous travaillions

dans la nuit, et prierions Dieu demain.' Néammoins un vœu est fait à Notre-Dame d'Auray.

[356] Sur le grain de moutarde ou de sénevé, *granum sinapis*, cf. *Matthieu*, xvii.19 et *Luc*, xvii.6 (F.R.), et voir n.II.85.

[357] M porte *l'astrologie*; mais le mot est repris par *il*.

[358] S ajoute, entre parenthèses, *de grand prix*.

[359] Comme le signale éd. Mortier, l'auteur, qui connaît bien Rabelais, se souvient peut-être du ch.XXX de *Pantagruel*, 'Comment Epistemon, qui avoit la couppe testée, fut gueri habilement par Panurge'.

[360] S ajoute, entre parenthèses, *qui devait cesser*.

[361] S ajoute, entre parenthèses, *lorsque naturellement il ne doit plus faire sec*. Il s'agit là manifestement de gloses.

[362] Le sanctuaire de Neptune, dans l'île de Tinos, l'une des Cyclades, et le sanctuaire d'Esculape, à Epidaure, où avaient lieu des guérisons miraculeuses. (F.R.)

[363] Soit le sanctuaire de saint Nicolas, considéré comme le patron des pécheurs, à Bari, où son tombeau est conservé dans la crypte de la basilique saint Nicolas, et où, de grandes cérémonies avaient lieu en mer le 9 mai de chaque année, jour de sa fête; soit peut-être le sanctuaire de Saint-Nicolas de Talantine, non loin de Lorette, alors très vénéré. (F.R.)

[364] Sur Sommonocodan, voir p.245, n.III.254.

[365] Et non *bénéficiaires* (éd. Mortier).

[366] Entre 1687 et 1712 (bataille de Denain), dix Te Deum avaient retenti à Notre-Dame de Paris. (F.R.) On sait quel parti Voltaire tirera de ce thème dans *Candide*, mais il l'avait déjà abordé dans la première *Lettre philosophique* en prenant les quakers pour ses porte-parole; cf. n.III.567.

[367] A Hochstädt, en Bavière, les Français furent vaincus le 13 août 1704 par Marlbo-rough et le prince Eugène; c'est pour les Anglais la bataille de Blenheim. A Fleurus, le maréchal de Luxembourg avait remporté la victoire sur les Hollandais et les Autrichiens (30 juin 1690). (éd. Mortier)

[368] Et récemment encore lors de la prise de Candie (1669), qui avait été vainement défendue par des volontaires français.

[369] S ajoute entre parenthèses: *ce sont de petits jacas où est renfermé un petit papier auxquels ils attribuent différentes vertus*. Cette explication est donnée parce que le mot *grigri*, attesté vers la fin du XVIe siècle, est ensuite devenu rare jusqu'au moment où le président de Brosses l'a popularisé dans son *Histoire des fétiches* (1760).

[370] A propos de ce passage, donné dans la seule version de M, R. Mortier fait un rapprochement intéressant avec une fable qui fut connue de Diderot en 1761, dans une version française de La Fermière et une version allemande de Nicolay. Des fourmis se plaignent d'une averse qui ravage leur fourmilière: 'Cependant cette pluie, à leurs yeux si cruelle, / Sauvait le camp de Marc-Aurèle, / Qui dans le désert ennemi, / Où l'avait attiré le Marcoman rebelle, / Allait périr de soif sans elle.' Voir R. Mortier, 'Diderot et ses deux petits Allemands', *Revue de littérature comparée* (1959), pp.192-199. Mais on remarquera que Challe ne rapproche pas directement l'inondation de la fourmilière et l'épisode de la pluie qui sauve l'armée de Marc-Aurèle: il ne cite celui-ci qu'à une autre occasion, p.298. Pourtant, la version du manuscrit S, en rapprochant 'le gain d'une bataille', 'la pluie ou la sécheresse venue à propos' et le 'seau d'eau renversé qui noie une fourmilière', semble annoncer le thème qui inspirera la fable.

[371] S ajoute entre parenthèses: *les plus forts*.

[372] Cette conception de la Providence est celle que Malebranche prête à Théodore dans les *Entretiens métaphysiques*, XII, 11, pp.135-137: 'Il me semble, Théodore, que vous ne considérez la sagesse de la Providence que dans l'enchaînement des causes avec leurs

effets, laissant agir librement toutes les créatures selon leur propre nature, les libres librement, et les nécessaires selon la puissance qu'elles ont en conséquence des lois générales.' (F.R.) On la retrouvera plus loin, pp.291-294.

[373] S ajoute entre parenthèses: *contre elle.*

[374] *Sic*, entre parenthèses. La lecture de ce mot est donc très douteuse.

[375] Sur cette construction libre de l'infinitif, cf. p.195, n.III.279, et voir la note grammaticale, p.548.

[376] Nous n'avons pas trouvé ces vers, le premier de sept, le second de huit syllabes, parmi les incipit des chansons répertoriées à la Bibliothèque nationale, Département de la musique. Ils font étrangement penser, tant pour le fond que pour la forme, aux couplets qu'on trouve dans la comédie des *Moines* (voir p.123, n.II.207), mais ils n'y figurent pas. Si l'on corrigeait *sait faire* en *fait*, pour rendre les vers isométriques, on aurait le même schéma métrique que dans les vers de cette pièce cités dans le *Journal de voyage*, p.468: 'Quoi qu'il entre ou quoi qu'il sorte, / J'ai droit de dîme à la porte', ou de ceux qui, dans la comédie, expriment la même idée dans un intermède (voir la note II.207, où ils sont cités). Faut-il supposer qu'ils figureraient dans une autre version de la pièce, dans laquelle la scène se passe 'à Monaco, dans les grandes casernes' (1716, 24 pp.in 8º), version que nous n'avons pu consulter? Mais de toute façon, la date interdit cette hypothèse. Il reste que sur les airs de la pièce d'autres paroles ont pu être mises en circulation dans le public vers 1710, comme cela arrivait souvent.

[377] *Sic*. Ed. Mortier restitue *que*, sous la forme *que Lazare n'était pas mort*. Mais c'est le contraire qu'on attend: que Lazare était bien mort. Pour le fond, voir *Jean*, v.1-15, xi.1-44.

[378] Vers de Boileau, *Épître au Roi* (I), vers 145-146, à propos du canal de Languedoc, non encore terminé à l'époque (1668): 'J'entends déjà frémir les deux mers étonnées / De voir leurs eaux unies au pied des Pyrénées'. La mention du 'fossé de sept à huit toises de large' semble indiquer que Challe avait vu lui-même l'ouvrage au cours d'un voyage en Languedoc.

[379] Ovide, *Métamorphoses*, xv.533. (F.R.)

[380] Sur l'Assomption, voir p.51, n.I.67. Dans la phrase suivante, *faire pour* signifie 'être valable pour', comme chez Pascal, *Pensées*, X, 10, p.72; cf. *faire contre*, p.114, n.II.272.

[381] Dans la nouvelle église du couvent des capucins, construit à Paris vers 1687, sur l'emplacement de l'actuelle rue de la Paix, étaient vénérées des reliques de saint Ovide rapportées de Rome par le duc de Créqui. (F.R.)

[382] Ce qu'Hérode avait en vain souhaité; cf. *Luc*, xxiii.8-9.

[383] Il s'agit des ouvrages suivants: Philippe d'Outreman, *Le Pédagogue chrétien* (Paris 1629, 1638 et jusqu'en 1704), livre cité ironiquement par Voltaire dans l'*Ingénu*, *Romans et contes* (Bibliothèque de la Pléiade), p.328, ainsi que dans l'article 'Enfer' du *Dictionnaire philosophique*: 'C'est un excellent livre pour les sots que le *Pédagogue chrétien*'; Philippe d'Angoumois, *Les Sept Trompettes* (1620), ou encore les *Sept Trompettes spirituelles pour réveiller les pécheurs*, mises en lumière par le R. P. Solutive, et traduites par le R. F. Charles de Jouye (Nicolas Oudot, 1678); Jean Boucher, *Le Bouquet sacré ou le voyage en Terre-Sainte* (1620); probablement enfin la *Méthode pour aymer, servir et honorer la glorieuse Vierge Marie* (Saint-Mihiel, François et Jean du Bois, 1624). (F.R.)

[384] Comparer dans le *Journal de voyage*, p.233: 'L'homme cherche partout du merveilleux; il lui en faut, et tel est l'orgueil de l'esprit qu'il croit s'élever au-dessus de la nature dans le temps même qu'il s'abaisse à des puérilités sans s'en apercevoir. C'est ainsi que les erreurs se pullulent [*sic*]'. Le rapprochement est frappant, mais, curieusement, il se fait avec le texte de M. Celui de S aurait-il été modifié, comme il arrive à plusieurs reprises en fin d'extrait?

[385] Cf. p.154, n.III.88.

[386] Respectivement sainte Brigitte de Suède (vers 1303-1373), dont les *Révélations célestes et divines* parurent en latin à Rome en 1606; sainte Thérèse d'Avila, qui fait dans son œuvre une large place à ses visions mystiques; sainte Gertrude (1256-vers 1301), religieuse allemande, auteur de *Révélations*; sainte Catherine de Sienne (1347-1380), qui raconte ses visions et ses extases dans le *Dialogue de la divine Providence*; Marie de Jésus d'Agréda (1602-1655), religieuse espagnole. A la suite de la publication à Marseille, en 1696, de la traduction par le père Thomas Crozet de la *Mistica Ciudad*, les théologiens français s'étaient divisés en deux camps. L'affaire fut soumise à la Faculté de Théologie. La discussion s'ouvrit le 14 juillet 1697, au milieu d'une vive agitation; le 17 septembre, une motion de censure était adoptée. Pour leur part, les universités de Salamanque et d'Alcala approuvèrent au contraire, en 1699, une réfutation des critiques formulées contre l'ouvrage. (F.R.) La mise à l'index romain de l'ouvrage en 1681 fut levée en 1747. Dès l'origine, les théologiens espagnols avaient soutenu que les difficultés ne résultaient que d'une mauvaise interprétation du texte espagnol. Noter qu'aux yeux de l'Eglise les révélations particulières ne peuvent mettre en cause la Révélation. Elles ne peuvent qu'en mettre en lumière, suivant les circonstances, tel ou tel aspect.

[387] Sur Mélusine, voir p.155, n.III.100.

[388] La correction de M, *avant-dernier siècle* pour *dernier siècle*, traduit le fait que l'auteur de la révision se considère comme du XVIIIème siècle, tandis que l'auteur se considère encore pour sa part comme du XVIIème.

[389] *Enchapperonné* rappelle *chaperonné* dans la suite du *Don Quichotte*, vi.225: 'démon chaperonné de cornes'.

[390] 'Je suis d'un parlement [de Paris] où nous ne croyons point aux sorcières', dit Challe dans une lettre du 22 janvier 1714, *Correspondance*, p.158. Effectivement, si le parlement de Paris condamnait à mort ou aux galères des bergers convaincus d'avoir cause la mort de moutons de leurs rivaux, c'était sans considération de mort par maléfices ou par des 'herbes'. Voir n.I.21 et III.196.

[391] *Grue*, 'niais. Guy Patin écrit: 'Le monde n'est plus si grue et ne se mouche plus sur la manche.' (éd. Mortier); voir surtout Challe lui-même dans sa *Correspondance*, p.162: 'Il n'y a que des Français véritablement grues qui puissent vous prendre pour des grenouilles'.

[392] *Prêter le collet*, 'lutter contre, se battre avec' selon Littré, qui cite un exemple figuré chez Molière, *Amour médecin*, I.4, 'je vous prêterai le collet en tout genre d'érudition', ainsi que deux exemples chez Saint-Simon, dont le suivant: 'Villars manqua plusieurs occasions de prêter le collet au prince Eugène.'

[393] Construction archaïque, pour *et où*; voir note grammaticale, p.547.

[394] Il doit s'agir de l'ouvrage de Jean-Baptiste Thiers, *Traité des superstitions selon l'Ecriture sainte* ..., t. I et II (Paris, Dezalliers, 1697), III et IV (Paris, Jean de Nully, 1703-1704), auquel renvoient tous les dictionnaires du temps qui traitent de l'exorcisme, Furetière, Trévoux, l'*Encyclopédie*. Dans les éditions ultérieures, il fut joint au livre du père Le Brun décrit n.I.21.

[395] Ce texte résulte d'une correction, d'une autre main; le copiste avait écrit *en veut*, ce qui est sans doute le texte original, correspondant à l'ordre des mots ancien.

[396] Challe n'envisage pas la possibilité d'un miracle qui subsisterait en quelque sorte, comme celui que pourrait constituer le Saint-Suaire de Turin.

[397] A plusieurs reprises Challe revient sur ces artifices à base de camphre qui peuvent brûler dans l'eau. Dans le *Journal de voyage*, p.441, il en attribue le secret aux jésuites qui cherchent par là à passer pour posséder des pouvoirs plus que naturels; et dans la suite du *Don Quichotte*, vi.225, il donne même la recette d'une composition de ce genre (poudre à canon, eau-de-vie, camphre) destinée à manifester aux yeux du naïf Sancho la puissance surnaturelle de l'enchanteur Freston.

[398] Dans M, *parmy* est une add. interl., d'une autre main, substituée à *avec*, biffé.

[399] Non pas l'*Apocalypse*, mais saint Paul, *Thessaloniciens*, seconde lettre, ii.9. (F.R.)

[400] IIIème cahier, I, III, art.4, 'S'il y a des prophéties dans ce livre', p.166.

[401] Sur ce 'pur naturel', voir n.II.3 et cf. l'index, s.v. naturel.

[402] Sur *type*, voir p.150, n.III.55.

[403] Souvenir inexact de La Fontaine. Dans la fable *Les Frelons et les mouches à miel*, I.21, le juge est une guêpe, qui entend pour témoins une fourmilière, vers 14. Le singe apparaît comme un juge sage et équitable dans une autre fable, *L'Eléphant et le singe de Jupiter*, xii.21.

[404] Aussi Challe lui-même, dans l'ouvrage de chronologie dont on a déjà parlé, n.III.182, se contente-t-il de placer son point de départ à la naissance du Christ.

[405] Noter la correction caractéristique de M, *emphase* pour *fanfare*, qui affaiblit le texte et lui ôte la saveur propre au style de Robert Challe.

[406] On peut se demander avec R. Mortier si l'auteur n'a pas lu le ch.II, 'Des Prophètes', du *Tractatus theologico-politicus* de Spinoza. Mais si c'est le cas, sa démarche est assez différente, et il laisse de côté la plupart des arguments de Spinoza, par exemple la nécessité d'un 'signe' qui rend la prophétie 'inférieure à la connaissance naturelle', ou le rôle de l'imagination et du tempérament des prophètes dans la nature de leurs prophéties, etc. L'importance qu'il attache à la prophétie de Daniel le rapproche plutôt de Pascal. Voir la note suivante.

[407] Confronté avec ce problème, Pascal a tenté d'établir à son usage une version composite des prophéties de Daniel comportant, outre la traduction de la *Vulgate*, le texte de Vatable ou des commentateurs hébraïques, ainsi que des additions de son cru résumant le texte sacré; c'est le fragment 722 de Brunschvicg que Challe n'a pu connaître, puisqu'il ne figure pas dans les éditions des *Pensées* selon Port-Royal. Mais il a dû lire le ch.XV, 'Preuves de Jesus-Christ par les prophètes', pp.101-113 de l'édition de 1714. Il semble surtout avoir à l'esprit Bastide, i.7. A propos des difficultés chronologiques de la prophétie de David, Pascal dit seulement, p.112: 'Les septante semaines de David sont équivoques pour le terme du commencement, à cause des termes de la prophétie, et pour le terme de la fin, à cause de la diversité des chronologistes. Mais toute cette différence ne va qu'à deux cents ans.' Bastide développe davantage, pp.126-127: '...il est fort inutile de vétiller sur le temps qu'ont dû commencer les soixante-dix semaines ou les quatre-cents quatre-vingt-dix années de cette prophétie, et sur celui où elles sont finies, car les choses prédites qui ne doivent arriver qu'après qu'elles seraient expirées étant certaine-ment arrivées, savoir la profanation du Temple, sa destruction, celle de la ville, la dispersion des Juifs, leurs misères, l'abolition de leurs cérémonies et de leurs sacrifices, toutes ces choses étant, dis-je, arrivées dans leur temps et après l'expiration des soixante-dix semaines, sont une preuve incontestable que celles qui devaient arriver auparavant y sont aussi arrivées. Ainsi, si dans une supputation d'années si reculées, qui dépend des faits, qui ne nous sont pas assez connus, il se trouvait quelque chose qu'on ne peut pas facilement ajuster aux termes fixes d'une exacte et sévère chronologie, il serait raisonnable d'avouer ingénuement notre ignorance dans des faits si obscurs, et non pas de nier des vérités constantes.'

[408] La réflexion, supprimée par le remanieur de M, témoigne que Challe se souvient des recherches du père Pétau; voir p.170, n.III.182. – Une 'note du présent copiste' de S porte ici: 'N.B. Selon le P. Hardouin, *Chronologie du Vieux Testament*, il y a trente-trois hypothèses sur les prophéties de Daniel, sans compter la sienne'.

[409] La plupart des exégètes interprètent ainsi les soixante-neuf ou soixante-dix semaines de Daniel, ix.24; ainsi Bastide, p.317. Mais certains ont pensé aussi que ce pouvait être des semaines de mois. (F.R.)

[410] Le rituel de l'oblation est défini par le *Lévitique*, vi.7-16. (F.R.)

[411] *Exode*, xxix; *Lévitique*, vi.

[412] Si ce n'est pour eux.

[413] *Genèse*, xlix.10-28. Cette prédiction est discutée par Bastide, pp.78 sqq. Pascal ne s'y attache pas.

[414] Allusion à Jurieu, l'*Accomplissement des prophéties, ou la délivrance prochaine de l'Eglise* (1686), que Bastide s'efforce de combattre. Voir p.169, n.III.175.

[415] Cf. Bastide, pp.82-83: 'Le mot de Juda peut être pris en deux sens différents, ou pour la tribu de Juda, ou pour le royaume de Juda, qui comprend toute la Judée [...] Si l'on entend (par la prophétie) que le sceptre ne sera point enlevé à la Judée jusqu'à ce que le Messie soit arrivé, elle se trouve accomplie à la lettre, puisque après la naissance de Jésus-Christ, la Judée devint une province de l'Empire romain...'(F.R.). L'argumentation de Pascal sur le problème soulevé ici est différente; on la trouve dans le ch.XVI, 'Diverses preuves de Jésus-Christ', pp.115-116: 'L'état où l'on voit les Juifs est encore une grande preuve de la religion [...] Mais n'ont-ils pas été presque au même état au temps de la captivité? Non. Le sceptre ne fut point interrompu par la captivité de Babylone, à cause que le retour était promis et prédit. Quand Nabuchodonosor emmena le peuple, de peur qu'on ne crût que le sceptre fût ôté de Juda, il leur fut dit auparavant qu'ils y seraient peu, et qu'ils seraient rétablis. Ils furent toujours consolés par les prophètes, et leurs rois continuèrent. Mais la seconde destruction est sans promesse de rétablissement, sans prophètes, sans rois, sans consolation, sans espérance; parce que le sceptre est ôté pour jamais.'

[416] *Genèse*, xlix.5-7. (F.R.)

[417] C'est ce que fait Jacob, qui prophétise par figures devant ses fils sur son lit de mort, *Genèse*, xlix.

[418] Une fois le Christ crucifié, les Juifs demandent qu'on brise les jambes des trois suppliciés pour éviter qu'ils ne restent en croix le jour du sabbat. Les soldats viennent et brisent les jambes des deux larrons; arrivés devant Jésus, ils le trouvent mort, et l'un des soldats lui perce le flanc de sa lance: 'Car cela est arrivé pour que s'accomplît l'Ecriture, On ne lui brisera pas les os [*Exode*, xii.46]'. Ailleurs, l'Ecriture dit encore: 'Ils regarderont celui qu'ils ont transpercé [*Zacharie*, xii.10]' (*Jean*, xix.30-36).

[419] Par saut du même au même, éd. Mortier omet: *il a éludé toutes les occasions qui se sont présentées d'en faire.*

[420] C'est ce que fait Bastide, qui, se référant à *Matthieu*, x.17-18, *Marc*, xiii.9, *Luc*, xxi.12, parle des 'admirables prophéties du Christ'. Pascal s'en tient à une formule générale, ch.XIV, p.100: 'Les prophètes ont prédit et n'ont pas été prédits. Les saints ensuite sont prédits, mais non prédisants. Jésus-Christ est prédit et prédisant.'

[421] *Philippiens*, i.15, 17-19.

[422] *Luc*, xiv.23. R. Mortier se demande ici si l'auteur n'a pas lu le *Commentaire philosophique sur le compelle intrare*, de Bayle (1686), cf. n.II.14, et II.143. Il en est sans doute ainsi mais Challe n'a pas retenu grand chose de l'imposant appareil théologique et philosophique de Bayle, dont le point de vue est d'ailleurs plutôt celui d'un protestant que d'un déiste.

[423] L'évêque est très probablement Bossuet. L'allusion peut viser les *Instructions pour Pâques 1686, aux nouveaux convertis* (Cioranescu, no.14080). Une hypothèse moins plausible renverrait à Jacques-Nicolas Colbert, coadjuteur de l'évêque de Rouen, qui, dans une harangue faite au roi à Versailles, le 21 juillet 1685, citée par Bayle, *Ce que c'est que la France toute catholique sous le règne de Louis le Grand* (éd. E. Labrousse, avec le concours de H. Himelfarb et R. Zuber, Paris 1973), p.122, déclarait: 'C'est en gagnant le cœur des hérétiques que vous gagnez l'obstination de leur esprit; c'est par vos bienfaits que vous combattez leur endurcissement, etc.' Dans les deux hypothèses, une difficulté chronologique existe. C'est surtout vers la fin de la guerre des Camisards (1702-1704) que les galères, selon un mot de R. Zuber, devinrent 'un fait d'opinion'. Mais, dès 1686, certains de ceux qui tentaient de passer à l'étranger y avaient été condamnés. – Du reste, ici comme en d'autres occasions (cf. n.III.293), Challe adopte des positions qui, pour les

besoins de la polémique, vont au-delà de ses jugements habituels: en d'autres occasions, comme dans ses *Mémoires*, f.14r, il évoque l'attitude de prélats tels que Le Camus, archevêque de Grenoble, qui, soutenu par le pape Innocent XI, s'opposa aux 'missions à la dragonne' dans son diocèse. Quant à la formule 'courage [...] mal placé', elle elle s'explique moins par la haine du 'fanatisme', comme c'est le cas chez Voltaire, que pour des raisons politiques. Soit à propos de la guerre de la Ligue d'Augsbourg, à l'occasion du 'commerce' entretenu par les protestants avec leurs parents émigrés (cf. *Mémoires*, f.86v), soit à propos de la guerre de la Succession d'Espagne, Challe regrette que certains réformés, comme Jurieu, soient 'objectivement' du côté des Anglais, ennemis de la France en Nouvelle France, à laquelle il est très attaché.

[424] Un procès devait être intenté contre le cadavre ou la mémoire du relaps; son corps était traîné sur une claie, face contre terre, et jeté à la voirie. (F.R.) Cette pratique fut en usage entre 1686 et 1695; après quoi, le scandale qu'elle produisait la fit cesser.

[425] La différence entre les deux textes est curieuse. Le texte original devait être: *et cela par un simple moine*. Par une faute de lecture, S transforme *moine* en *moien*; quant à M, qui porte *moyne*, son texte résulte sans doute d'une correction apportée à l'original, où la construction libre de *par*, courante chez Challe, a été prise pour une incorrection et rectifiée.

[426] *Apparent* est à prendre au sens défini par Richelet, 'important, considérable'.

[427] On attend *que le*, d'autant plus que le second complément du verbe, *une religion*, est construit directement. La faute s'expliquerait-elle par la conservation partielle du texte initial, *n'avait à faire qu'à*? Une faute de lecture, *au* pour *un*, est pourtant plus probable. Du reste, le texte de la fin de la phrase est peu satisfaisant; *a résisté* semble vouloir dire 's'est heurté'. Le texte de S est beaucoup plus clair. Bien entendu, Challe oublie que le mahométanisme s'est établi par le moyen de la guerre sainte; voir la note suivante.

[428] Challe répond, assez mal, à Abbadie, qui, dans son *Traité de la vérité de la religion chrétienne* (Rotterdam 1684), ii.19, remarque que les religions mahométane et païenne se répandent 'à la faveur de prospérités éclatantes et le christianisme lorsqu'il n'est accompagné que de misères et d'opprobres, et que les princes de la terre emploient toute leur adresse à l'anéantir dans sa naissance'. (F.R.) L'argument était aussi chez Pascal: 'Mahomet s'est établi en tuant; Jésus-Christ en faisant tuer les siens. Mahomet en défendant de lire; Jésus-Christ en ordonnant de lire. Enfin, cela est si contraire, que si Mahomet a pris la voie de réussir humainement, Jésus-Christ a pris celle de périr humainement. Et au lieu de conclure que, puisque Mahomet a réussi, Jésus-Christ a bien pu réussir, il faut dire que, puisque Mahomet a réussi, le christianisme devait périr s'il n'eût été soutenu par une force toute divine.' (*Pensées*, ch.XVII, pp.119-120).

[429] M porte *peut*, mais, comme éd. Mortier, nous interprétons cette forme comme un passé simple, suivant une graphie bien connue à l'époque.

[430] Les décrétales sont des décisions pontificales sur les points de doctrine. Parmi ces décrétales, les *Clémentines*, œuvre de Clément V (1305-1314), constituent le plus important additif au *Corpus Iuris*, recueil de droit canon, avant le *Codex* de 1917. La *Somme* de saint Thomas est d'un ordre tout différent. Elle constitue l'une des philosophies sous-jacentes au christianisme, ou plutôt l'une des philosophies compatibles avec la doctrine chrétienne; voir n.IV.52 et les autres références à l'index.

[431] Dans M, *deurent*, add. interl., est substitué à *devoient*, biffé.

[432] Saint Paul, *I Corinthiens*, ii.21; du reste, S ajoute ici, entre parenthèses, *selon saint Paul*. Dans M, notez *nuisit* (accord avec le plus rapproché) pour *nuisirent*.

[433] S ajoute ici, entre parenthèses, *la loi romaine*.

[434] Nouvelle allusion à la doctrine pythagoricienne, qui, après avoir été envisagée jusqu'ici sur le plan philosophique (voir p.210, n.III.340), l'est ici sur le plan de la morale pratique.

[435] L'abbé Sépher a noté, au verso de la page de titre du manuscrit: 'Ce qui est attribué

à S. Clément le Romain aux environs de la p.220 [en fait, p.211] sur la communauté des femmes parmi les chrétiens n'est pas dans les deux épîtres, mais dans les (fausses) clémentines.' Des deux versions M et S, c'est S qui est la bonne: c'est à saint Clément de Rome, pape de 88 à 97 ou de 92 à 101, et non à Clément d'Alexandrie (vers 150-vers 215), prêtre, auteur du *Protrepticus*, du *Paedagogus* et du *Stromates*, que conviendrait l'attribution de décrétales. Pourtant, Sépher a raison de la mettre en doute. La seule œuvre que l'on puisse rapporter à Clément de Rome est une important épître à l'Eglise de Corinthe, écrite aux environs de l'année 96. Ce qui est vrai, c'est que, dans l'abondante 'littérature clémentine' qui lui est faussement attribuée, figure, parmi des décrétales, une lettre forgée, qui fut utilisée par les anabaptistes pour justifier la communauté des femmes.

[436] *Sic*; il s'agit de purger les crimes, non leur auteur. Du reste, l'idée exprimée ici est capitale aux yeux de Challe, qui la développe dans le *Journal de voyage*, p.366, et dans les *Mémoires*, f.93v, soit à propos du baptême, soit à propos de l'absolution. Chaque fois, il nie que des crimes puissent être effacés par l'effet d'un sacrement, et chaque fois il cite les vers suivants des *Fastes* d'Ovide, ii.45-46: O nimium faciles, qui tristia crimina caedis / Fluminea tolli posse aqua; c'est-à-dire 'O, hommes crédules, qui croyez que le sinistre crime d'un meurtre puisse être effacé par l'eau d'une rivière!'

[437] Vers l'an 777, selon Desroches (voir n.III.319), ii.14, qui renvoie au père Daniel, Witikinde, duc des Saxons, à la tête de troupes saxonnes et danoises, ces dernières fournies par son beau-père le roi de Danemark Sigefroi, se rebelle contre Charlemagne et la foi chrétienne. Victorieux, Charlemagne fait trancher la tête à 4500 Saxons. Witikinde se soumet alors par la paix d'Ottigny. Sa femme et lui se font instruire dans la foi chrétienne, ce qui entraîne de nombreuses conversion en Danemark. Les livres historiques du père Daniel sont postérieurs à 1710-1711, mais les éléments de cette histoire se trouvent déjà dans Mézeray, bien connu de Challe; voir le *Journal de voyage*, pp.101, 150.

[438] L'expression, chère aux prédicateurs, résume un argument fréquent chez les pères de l'Eglise. *Sanguis martyrum, semen christianorum*, disait Tertullien.

[439] Ces références suggèrent que Challe doit se souvenir de Tertullien, qui, dans son *Apologétique*, l.5-10, ironise sur l'héroïsme des païens et cite divers héros, dont Mucius Scaevola, Regulus et 'une certaine courtisane d'Athènes'. Il s'agit presque certainement d'Epicharis, dont le nom est d'ailleurs donné par M. C'était une affranchie romaine, peut-être d'origine grecque si l'on en juge par son nom. L'histoire ne dit pas qu'elle fût courtisane, mais Tertullien, induit en erreur par son nom, semble l'avoir mêlée dans sa mémoire avec les courtisanes Phryné et Néère, qui furent jugées à Athènes. Quoi qu'il en soit, Epicharis, qui était entrée dans la conjuration de Pison contre Néron, fut dénoncée et arrêtée. Mise à la question, elle ne révéla aucun nom; et comme le lendemain on venait de nouveau la chercher pour la torturer, elle s'étrangla avec sa ceinture pour ne pas succomber à la douleur. Ce fut le sujet d'une pièce, *Epicharis ou la mort de Néron* (Brenner 11659), jouée le 2 janvier 1753, non imprimée. Le 'philosophe' dont il est question plus haut, à côté de Scaevola et de Regulus, est le fakir indien Kalanos, 'très avancé dans l'étude de la philosophie'. Agé, atteint d'une maladie cruelle et incurable, il pria Alexandre de lui faire préparer un bûcher. Le roi finit par y consentir, et Kalanos mourut sans faiblesse. Suivant Diodore de Sicile, xvii.107.1-5, 'certains condamnèrent sa folie, d'autres l'admirèrent'. Alexandre lui fit élever un monument. (J. Tréheux) Quinte-Curce fait une allusion vague à cette coutume des 'sages' de se faire brûler vifs (viii.9), mais la source de Challe doit être Cicéron, *Tusculanes*, ii.22.52: 'Entretenons dans notre esprit des images d'honneur: ayons devant les yeux Zénon d'Elée [...]; songeons à Anaxarque [...]. Callanus, un Indien, un barbare ignorant, né au pied du Caucase, se fit volontairement brûler vif. Et nous [...], une rage de dents, nous ne pouvons la supporter.'

[440] Par exemple celui-ci, qu'on venait de rééditer: Ruinart (Theodoricus), *Acta primorum martyrum sincera et selecta* (Parisiis 1689). Edition française: *Les véritables actes des martyrs*

(Paris 1708), trad. par J.-B. de Maupertuis, qui se présente comme une réfutation de Henry Dodwell, *De paucitate martyrum*.

[441] L'objection est prévue par Abbadie (cf. n.III.428), i.10: 'Qui doute qu'il y ait des mahométans tellement persuadés de la divinité de l'Alcoran qu'ils souffriraient la mort pour confirmer cette erreur?' Il cite Tertullien: 'La multitude des martyrs fait [...] voir qu'une infinité de personnes ont été fort persuadés de la vérité de la religion chrétienne: mais elle ne montre pas que leur persuasion fût bien fondée.' (F.R.)

[442] La mention de l'Amérique dans M a induit R. Mortier en erreur. Il n'est pas question ici des sacrifices rituels des Aztèques mexicains, mais de l'évocation du char de Jaggernaut à Purî, au Bengale. On se souvient que Challe était allé jusqu'au Bengale lors de son voyage aux Indes.

[443] Cette présentation caricaturale est dans la manière de Voltaire, qui, reprenant une idée déjà exploitée dans *Sottise des deux parts*, écrit dans l'*Essai sur les mœurs*, ch.LXVIII (éd. Pomeau, Garnier), i.672, à propos des franciscains: 'Quelques-uns avaient pretendu que la perfection consistait à porter un capuchon plus pointu et un habit plus serré...'. En réalité, la question posée était fondamentale pour l'ordre. La règle de saint François était fondée sur la pauvreté absolue, selon le *gratis accepistis, gratis date* cité par Challe (voir p.50, n.I.56, etc.). L'ordre renonçait même à la propriété. Depuis, il était partagé entre ceux qui voulaient appliquer strictement la règle et ceux, appuyés par le pape, qui admettaient, pour des raisons pratiques, que l'ordre pût être, sinon propriétaire, du moins usufruitier de ses biens, comme le stipulait une bulle d'Innocent IV (1245), qui en réservait la nue-propriété à la papauté. Les plus intransigeants ou spiritualistes, mêlés à l'affaire de l'*Evangile éternel* (voir p.141, n.III.2), subsistèrent malgré la nomination comme général de l'ordre de saint Bonaventure, leur adversaire. Une nouvelle interprétation de la règle de la pauvreté par le pape Nicolas III ne fit que les irriter. Tenant tête à son successeur Boniface VIII, qui les accusait de schisme et d'hérésie, ils proclamèrent le principe de l'*usus pauper*, ou usage du strict indispensable. Clément V eut beau se prononcer pour l'*usus pauper* au concile de Vienne (1311-1312), la dissidence persista, spécialement à Narbonne et à Béziers. Une délégation de Béziers présidée par Délicieux se rendit auprès de Jean XXII en 1317. Délicieux fut condamné comme hérétique, et quatre spirituels furent brûlés comme tels à Marseille. Le pape excommunia le parti en 1318. Pourtant, les spirituels, devenus observants, finirent par prendre le dessus. Ils furent reconnus par le concile de Constance (1415), se rendirent maîtres la même année du monastère fondateur de Portioncule. Leur victoire fut assurée par l'éviction des conventuels lors de l'élection du général de l'ordre en 1517.

[444] Il s'agit de Kétévan, reine de Kakhétie, un des trois royaumes de Géorgie. Née vers 1573, elle épousa vers 1587 David, futur roi de Kakhétie. Celui-ci mort en 1604, Kétévan joua une première fois un rôle historique lorsque les habitants du royaume la mirent à leur tête dans une révolte dontre le roi Constantin, qui fut battu et exécuté en 1606. Theimouraz, fils de Kétévan, devint alors roi. Plus tard, lorsque Schah-Abbas, schah de Perse, chercha à réduire la Georgie sous son obéissance et se mit à persécuter la religon chrétienne, la vieille reine se rendit auprès de lui avec les deux jeunes princes pour le supplier d'épargner la Géorgie. Le schah garda d'abord les princes en otage, puis il se ravisa et les fit périr. Kétévan, sommée d'abjurer le christianisme et d'embrasser l'islamisme, s'y refusa. Désespérant de la faire céder, le schah la fit périr comme ses fils dans les tortures. Assistée par des missionnaires catholiques, elle rendit l'âme le 12 septembre 1624. L'Eglise géorgienne la canonisa. Son fils Theimouraz, poète renommé, composa en son honneur le *Martyre de la reine Kétévan*. Son histoire, contée par Dom Figueroa Garcias de Silvia dans le récit de son ambassade en Perse de 1617 à 1627 (Paris 1667), pp.134, 346, inspira divers écrivains, Claude Mélingue dans ses *Histoires tragiques*, puis, en 1657, le dramaturge allemand Gryphius dans sa *Catharina von Georgien*. Voir A. Monvelichvili, *Histoire de Géorgie* (Paris 1951), pp.284-288, et Cyrille Toumanoff, *Manuel de généalogie et de chronologie pour l'histoire de la Géorgie chrétienne* (Rome 1976), p.142 (note

de M. G. Kursanskis). Noter que le remanieur, qui sans doute ignore l'histoire de Kétévan, supprime tout le passage la concernant.

⁴⁴⁵ Roland Mortier évoque ici à juste titre Vanini. On peut songer en outre à Chausson; voir la note IV.98 et les autres références à l'index.

⁴⁴⁶ Ed. Mortier: *trouvons pas*.

⁴⁴⁷ Le *quinquennium* est un cours d'étude de cinq ans, en philosophie et en théologie (éd. Mortier).

⁴⁴⁸ Comme le remarque Roland Mortier, cette idée sera développée par Dostoïevski dans le fameux passage du grand inquisiteur des *Frères Karamazov*.

⁴⁴⁹ *Jean*, xviii.36.

⁴⁵⁰ Cf. p.50, n.I.56.

⁴⁵¹ *Corinthiens*, vii.25. Saint Paul ajoute, à titre personnel et 'en raison de la détresse présente': 'Es-tu lié à une femme? Ne cherche pas à rompre. N'es-tu pas lié à une femme? Ne cherche pas de femme. Si cependant tu te maries, tu ne pèches pas; et si la jeune fille se marie, elle ne pèche pas.'

⁴⁵² Dans ses *Mémoires*, f.24v, à propos d'une proposition de caractère historique qu'il vient d'avancer, Challe ajoute: 'Ce que j'en rapporterai par la suite en formera une démonstration aussi claire que pourrait être celle d'un point de mathématiques, ce qui est tout dire, comme je crois.' Comme Descartes, il emploie le mot *expérience* non pas au sens moderne, mais au sens de 'perception par les sens'. Voir aussi n.III.112, une autre formule de caractère rationaliste.

⁴⁵³ Sur l'expression *faire peur aux petits enfants*, cf. p.49, n.I.53.

⁴⁵⁴ Ed. Mortier omet *pas*.

⁴⁵⁵ L'expression est conscrée dans les pays où le mot Eglise est féminin; il ne peut l'être dans des langues comme le polonais, où le mot correspondant est masculin.

⁴⁵⁶ *Sic*. Curieusement, M introduit un nouvel alinéa avec le mot *Puis*. Mais la division par paragraphes doit être souvent simple affaire de copiste.

⁴⁵⁷ Ed. Mortier omet tacitement *qu'il*. Si on le conserve, comme nous l'avons fait, il faut supposer que ce *que* reprend une idée causale implicite; cf. peut-être p.211, n.III.344.

⁴⁵⁸ Ces deux néologismes, *épiscopiser* et *épiscopisation*, sont éliminés par le réviseur avec tout le passage. Outre qu'il est dans la manière de Challe de forger des mots quand il en a besoin, comme nous l'avons montré dans l'article 'Robert Challe père du déisme français', pp.977-978, les deux mots qu'on a ici rappellent le verbe *episcopari*, dans la suite du *Don Quichotte*, vi.388: 'on condamna les ambitieux ecclésiastiques qui recherchent et briguent les dignités de l'Eglise; on se moqua de l'hypocrisie de ceux qui ne disent que des lèvres: *Nolo episcopari*.' *Episcopari*, briguer les dignités de l'Eglise, était, avec l'amour des femmes, la grande tentation à laquelle devaient résister les pères du Désert. Saint Jérôme se voit contraint de mettre en garde contre elle.

⁴⁵⁹ M portait *par les*, corrigé, d'une autre encre, en *parlez*. Ed. Mortier donne le texte suivant: *par les diverses langues guérissez les maladies*, ce qui n'est pas satisfaisant. En fait, le texte de Challe se réfère à *Marc*, xvi.15-18: 'Et il leur dit: Allez dans le monde entier proclamer la bonne nouvelle [...] Et voici les miracles qui accompagneront ceux qui auront cru: par mon nom ils chasseront les démons, ils parleront en langues [...]; s'ils boivent quelque poison mortel, ils n'éprouveront aucun mal; ils imposeront les mains aux malades et ceux-ci seront guéris.'

⁴⁶⁰ Ed. Mortier: *inquisiteurs*.

⁴⁶¹ Dans M, *dogmes* a été biffé, récrit, rayé, et non remplacé.

⁴⁶² Suivi dans S de *et des faits* (add. interl.).

⁴⁶³ Suivi dans S de *et des raisonnements* (add. interl.).

⁴⁶⁴ Suivi dans S de *des raisonnements et des faits* (add. interl.).

[465] Suivi dans S de *et les faits faux* (add. interl.). Toutes ces additions sont des interpolations qui montrent que Sepher n'a pas compris le raisonnement de l'auteur; celui-ci, bien loin de les rapprocher, oppose les faits et les raisonnements.

[466] Cf. n.III.458, fin.

[467] Allusion à la longue querelle de Malebranche et d'Arnauld sur la grâce, spécialement à propos des sentiments de saint Augustin.

[468] Faut-il opposer ici *moralement* à *physiquement* et lui donner le sens de 'selon les apparences' enregistré par les dictionnaires (Furetière), ou l'opposer à *verbalement*, comme Locke oppose *vérité morale* et *vérité verbale*, et le gloser 'dans son sens plein, en son plein sens'?

[469] *Colossiens*, i.23. (F.R.)

[470] Le mot *grivois* s'emploie au XVIIème siècle pour désigner les soldats étrangers au service de la France, puis plus généralement, vers la fin du siècle, les soldats de métier. Dans un passage des *Chinois* (1692), pièce jouée au Théâtre Italien, Regnard met en scène Mezzetin en 'grivois', qui chante ce qui suit: 'Dans le combat je suis un diable; / Mon nom de guerre est la Fureur. / Mais chez un hôte un peu traitable, / Je suis pour ma bonté surnommé la Douceur. / Pourvu qu'il me laisse égorger sa volaille, / Vider sa futaille, / Emporter son manteau, / Je suis doux comme un agneau. / [...] / Si je passe la nuit à table, / C'est pour ne point user ni ses draps ni son lit. / Pourvu qu'il me donne pour mon ustensile / Sa femme, sa fille, / Sa servante Isabeau, / Je suis doux comme un agneau' (iii.3). Et comme Mezzetin prétend prendre aussi Colombine 'comme ustensile', elle répond: 'Un ustensile comme moi n'est pas à l'usage d'un grivois.' Mais Challe fait aussi lui-même un autre usage du mot dans une lettre du 22 janvier 1714, *Correspondance*, p.158: défendant la thèse que les blessures peuvent être guéries à distance par la 'poudre de sympathie', il écrit: 'Pour être convaincu de cette vérité, il ne faut qu'avoir un peu fréquenté de ces sortes de gens qu'on appelle grivois dans les armées et ceux qui savent guérir de secret.' Nouvel exemple montrant que l'usage d'un simple mot peut recouvrir une expérience personnelle de l'auteur.

[471] 'Innocent X', écrit Mayeul-Chaudon dans son *Nouveau dictionnaire historique* (1774), 'mourut le 6 janvier 1655, à 81 ans, laissant une réputation équivoque, à cause du trop grand ascendant qu'il laissait prendre sur lui à Olimpia Maldacchini, sa belle-sœur, et à la princesse de Rossano, sa nièce.'

[471 bis] Le 'prince ferme' sous lequel 'les évêques rampent' fait songer à Henri VIII d'Angleterre.

[472] Dans un synode à Jérusalem, il fut décidé (*Actes*, xv.29) de ne plus imposer la circoncision de la Loi juive; on maintint seulement le précepte de s'abstenir 'de ce qui a été souillé par les idoles, de l'impudicité, des chairs étouffées et du sang'. Le précepte dont parle Challe tomba de lui-même en désuétude.

[473] En relation avec le thème de la prostitution sacrée, laquelle est attestée par Hérodote pour Babylone, ainsi qu'à Chypre, en Phénicie et ailleurs, des histoires de ce genre sont racontées en plusieurs occasions, soit à propos des prêtres de Babylone, soit à propos d'autres desservants. Mais c'est encore Challe qui en fournit le meilleur équivalent lorsqu'à propos du sacrifice du pucelage des jeunes mariées à une idole indienne il commente dans le *Journal de voyage*, p.301: 'J'ai lieu de croire qu'en cette occasion, c'est un bramène qui prend la place de l'idole.'

[474] Cf. par exemple *De baptismo contra donatistas*, II.3.4. (G. Folliet)

[475] Le concile de Trente est le XIXème concile oecuménique; il avait été convoqué par Paul III pour faire face aux progrès de la Réforme et siégea à trois reprises (1545-1549, 1551-1552, 1562-1563). Challe en parle dans le *Journal de voyage*, p.120. Le synode de Dordrecht fut tenu par les théologiens protestants en 1618-1619; voir n.III.497.

[476] Le concile de Constance eut lieu en 1414-1418. Challe le mentionne dans sa *Correspondance*, p.159, pour dire qu'il ne l'a 'pas épargné' dans ses *Tablettes chronologiques*.

[477] Diophante d'Alexandrie était un fameux mathématicien qui vivait vers 270 av. J.-C. Son œuvre mathématique a été étudiée par T. L. Heath, *Diophantes of Alexandria, a study in the History of Greek Algebra* (1889, 2ème éd., 1910), et éditée par P. Tannery (1893-1894), en deux vol., avec une traduction latine.

[478] 'Pour ce qui est des esclaves', dit Challe dans le *Journal de voyage*, p.295, 'leur nom porte leur condition. Il n'y a qui que ce soit au monde plus malheureux et plus misérable qu'eux. Ils obéissent avec un abaissement et une humiliation qui tient plus du chien que de l'homme, et qui est inexprimable. Ce sont eux qu'on nomme ici lascaris.' A propos de deux lascaris recueillis par l'escadre, il note encore: 'Ces malheureux se laisseraient plutôt mourir de faim que de toucher ce qu'un chrétien aurait touché.' (p.275).

[479] Comme il 'affermait' les principautés moldo-valaques.

[480] Voir p.132, n.II.249.

[481] Cette phrase, qui répète ce qui a été dit pp.226-227, n'est-elle pas interpolée?

[482] Notre texte résulte d'une excellente correction d'éd. Mortier. M porte: *Tout est raisonnable qui.*

[483] Voir *Exode*, xx.5: 'Je suis un Dieu jaloux qui punis la faute des pères sur les enfants, les petits-enfants et les arrière-petits-enfants'; cf. *Nombres*, xiv.8; *Deutéronome*, v.9. (F.R.)

[484] A l'inverse, voir *Jean*, ix.1-3.

[485] *Heureux* et non *hommes* (éd. Mortier).

[486] Carthage, prise et détruite par Scipion l'Emilien; Thèbes, prise et rasée par Alexandre le Grand, puis de nouveau par les Romains; Sparte dévastée lors des invasions barbares.

[487] Dont il est question chez *Jean*, xviii.13 (F.R.), et qu'on montre aux touristes. Challe lui-même prétend, dans le *Journal de voyage*, p.227, être allé à Jérusalem: 'J'y ai été.'

[488] Voir *Matthieu*, xxiii.2-3: 'Alors Jésus-Christ déclara aux foules et à ses disciples: Les scribes et les phrisiens occupent la chaire de Moise; faites donc et observez tout ce qu'ils pourront vous dire; mais ne vous réglez pas sur leurs actes, car ils disent et ne font pas.' (F.R.)

[489] Fait rapporté par Flavius-Josèphe dans son *Histoire des Juifs*.

[490] Voir ci-après, p.334.

[491] M porte *ces*. Nous adoptons la correction d'éd. Mortier. Il s'agit ici de Constantin, qui, le 27 mai 337, partagea l'Empire entre ses trois fils, Constantin, Constance et Constant, après avoir fait construire Byzance, qui devint un des sièges de l'Empire.

[492] Au lieu de *quotistes*, texte de M, qui n'a pas de sens, et de *gnostiques*, correction d'éd. Mortier, nous adoptons la forme ancienne *gnotistes*, utilisée par exemple par le père Garasse dans ses *Recherches des recherches*, et qui convient parfaitement du point de vue paléographique. Noter que *quakers* est écrit dans M *kakers*. Les gnostiques se réclamaient d'une tradition mi-oriental, mi-chrétienne; ils condamnaient le mariage et la propriété; les adamiens, hérétiques du IIème siècle, avaient fait du nudisme une pratique religieuse destinée à rétablir l'innocence originelle; ils proscrivaient aussi le mariage. Leur secte avait reparu en Europe au XVIème siècle. On connaît mieux les quiétistes, qui, à la suite de Molinos, soutenaient avec Mme Guyon, et même avec Fénelon, que la perfection de l'âme dépend de son abandon 'tranquille' à Dieu, et attachaient peu de prix à l'accomplissement des devoirs extérieurs. Les multipliants étaient une secte qui prétendait que Dieu avait fait à l'homme une prescription formelle de se multiplier; ils se confondirent au XVème siècle avec les anabaptistes. Les quakers furent rendu célèbres par les quatre premières *Lettres philosophiques* de Voltaire. (R. Mortier) Parmi les sectes qu'il passe en revue, Jovet (voir n.IV.273) parle, i.464, des anabaptistes; i.469, des adamites; i.488, des polygamistes.

[493] En fait, Constantin ne fut baptisé que peu de temps avant sa mort (337). Mais, dès 313, il se considérait comme l'élu de 'la plus haute divinité', qu'il identifiait avec le Dieu

des chrétiens. On sait aussi que sa politique fut favorable aux chrétiens dans tous les domaines, et qu'il fit de Byzance, fondée en 329 (voir n.III.491), une ville chrétienne; voir aussi p.350, n.IV.287.

[494] Sur Julien l'Apostat, voir p.186, n.III.251.

[495] Sur Challe et Machiavel, voir n.III.66, fin.

[496] Sur M, *établir*, biffé, est remplacé par *étaler*, add. interl.

[497] Contre Gomar et les gomaristes, qui soutenaient la toute-puissance de la prédestination, les arminient affirmaient que le choix des élus est lié à l'omniscience divine, qui connaît à l'avance les actes humains. Ils ajoutaient que la volonté divine exerce sa souveraineté par le biais d'un amour qui va jusqu'à souffrir les contradictions du refus humain. Soupçonnés de républicanisme, les arminiens furent combattus par le prince Maurice et condamnés par le synode de Dordrecht; voir n.III.475. Le mot est écrit dans M *arméniens* (*sic*).

[498] *Jean*, xiv.27. (F.R.)

[499] *Luc*, xii.51. (F.R.)

[500] Le texte de S semble refait, mais l'inverse n'est pas exclu.

[501] Le membre de phrase manque dans S; pourtant, *mission des dragons* rappelle *missions à la dragonne* des *Mémoires*, f.14r.

[502] Cf. *Journal de voyage*, p.100: 'Les Espagnols ont fait des cruautés inouies, jusques à faire étrangler et brûler les souverains du Nouveau-Monde. Il est impossible de lire sans horreur les barbaries qu'ils y ont exercées.'

[503] Par la bulle *Inter coetera* (1493), promulguée par Alexandre VI (Borgia), qui partageait le monde à découvrir entre l'Espagne et le Portugal suivant le méridien passant par le pic des Canaries. Pour un rapprochement détaillé entre tout ce passage et des développements qu'on trouve dans le *Journal de voyage*, p.94 et surtout p.100, voir l'introduction, p.9.

[504] Cette phrase est apparemment interpolée. Non seulement elle ne figure pas dans S, mais on ne pourrait l'y introduire sans rompre le développement et aboutir à une absurdité. C'est sur un exemple comme celui-ci que l'on peut saisir le mieux les procédés du remanieur, au moins dans ce troisième cahier.

[505] Inversement, cette phrase supprimée par le remanieur, comme trop déiste ou même trop chrétienne, est manifestement de Challe. Il disait dans le *Journal de voyage*, p.100, d'une manière qui était spontanément 'providentialiste': 'On ne peut pas lire non plus sans adorer la juste vengeance de Dieu la mort funeste de leurs premiers conquérants.' Challe pense, par exemple, à Francisco Pizarro, assassiné par les amis d'Almagro son rival.

[506] Le développement sur le partage du monde et les crimes des chrétiens en Amérique aboutit aussi, dans le *Journal de voyage*, p.101, à un parallèle avec les païens. Après avoir cité Cicéron Challe continue: 'Voilà parler en chrétien, et les chrétiens agissent en païens: supposé, cependant, que ces païens fussent abîmés dans toutes sortes de crimes [...] C'est ce dont les honnêtes gens, dépouillés de toutes passions, ne conviennent pas, parce qu'ils ne remarquent dans un Aristote, un Socrate, un Platon, un Cicéron, un Sénèque etc une infinité de païens qu'une morale pure et naturelle, et, si j'ose le dire, conforme à l'Evangile; au lieu qu'ils remarquent dans une infinité de chrétiens les mœurs corrompues qu'on attribue aux païens...'. Ce qui rappelle une citation attribuée à saint Augustin dans le *Journal*, p.101: '*Verbo christiani sumus, moribus autem pagani*'.

[507] Ed. Mortier: *Titus*. Sur Phalaris, cf. n.II.132.

[508] On conserve quatre-vingt-une lettres de saint Cyprien, écrites à ses ouaillles pendant la persécution de Décie, vers 250. Challe évoque, dans le *Journal de voyage*, p.390, ses disputes théologiques avec le pape saint Etienne.

[509] Cf. *Journal de voyage*, p.101: 'Le paganisme n'a point produit un scélérat de Machiavel.'

La direction d'intention, la restriction mentale et d'autres inventions diaboliques lui étaient totalement inconnues.' Cf. p.152, n.III.66.

[510] Cf. *Romains*, ix.21: 'Le potier n'est-il pas maître de son argile pour fabriquer de la même pâte un vase de luxe ou un vase ordinaire?'

[511] Nous corrigeons le texte de M, suivi par éd. Mortier: *continuent.*

[512] S ajoute, entre parenthèses: *tels qu'ils soient, vicieux ou non, il ne les connaît pas.*

[513] S ajoute, entre parenthèses: *si elle est vicieuse.*

[514] Ce *que* est une conjonction, non un relatif: '(sentiment) consistant en ce que...'. Pour le fond, la répétition insistante du verbe *croire* (auquel s'ajoute *s'imaginer croire*, un peu plus loin) rappelle un passage capital du *Journal de voyage*, p.245: 'Nous croyons, ou du moins nous faisons semblant de croire que le Saint des Saints, le créateur de toutes choses, en un mot Dieu lui-même, repose dans nos tabernacles, et nous avons infiniment moins de respect pour sa présence réelle et effective que des idolâtres plongés dans les ténèbres [...] Nous ne croyons point cette présence réelle; et nous nous trompons de croire que nous la croyons. Nous aurions plus de vénération pour cet auguste sacrement que nous n'en avons'.

[515] Comme le remarque R. Mortier, il n'y a là qu'une morale toute laïque et sociale: celle d'Helvétius et d'Holbach.

[516] Encore une idée exprimée dans le *Journal de voyage*, p.228: 'La théologie dit que *nemo malus quoad malum*; en effet, personne ne se porte au mal que pour l'utilité ou pour le plaisir qu'il y trouve.'

[517] M porte *eût*, d'une autre main, au-dessus de *a*, non biffé. C'est ce dernier texte que nous avons adopté; éd. Mortier a choisi *eût.*

[518] L'auteur pense apparemment au passage fameux de Pascal sur l'imagination, ch.XXV, 'Faiblesse de l'homme', de l'édition de Port-Royal (éd. de 1714), pp.163 et suiv., et spécialement à l'alinéa 5: 'On ne voit presque rien de juste ou d'injuste, qui ne change de qualité en changeant de climat. Trois degrés d'élévation du Pôle renversent toute la jurisprudence. Un méridien décide de la vérité, ou peu d'années de possession. Les lois fondamentales changent. Plaisante justice qu'une rivière ou une montagne borne! Vérité au-deçà des Pyrénées, erreur au-delà.' Une note marginale de M confirme: 'M. Pascal'.

[519] Cette justification de l'injustice au nom de l'intérêt général existe déjà dans le *Journal de voyage*, p.345, à propos d'une loi du Pégu: 'Cette prohibition du mariage et l'intérêt général qui en résulte me font souvenir de ce que dit Corneille Tacite au sujet de trois cents esclaves qu'on fit mourir parce qu'ils n'avaient pas assez bien gardé le sénateur Papirius leur maître pour l'empêcher d'être assassiné. *Omnis justitia habet in se aliquid ex iniquo, quod utilitate publica rependitur.*' La citation, faite librement de mémoire, vient des *Annales*, xliv.7.

[520] *Genèse*, i.26.

[521] *II Corinthiens*, xii.2.

[522] Cf. *I Corinthiens*, iii.19: 'Car la sagesse des hommes est folie devant Dieu.' (F.R.)

[523] Malgré la précision apportée par M ('Phèdre avait eu connaissance...'), ce ne doit pas être à la fable I.1 de Phèdre que pense Challe, car la pointe 'quelqu'un des tiens' n'y figure pas. Il songe en revanche à La Fontaine, qui écrit au vers 23 de la fable I.10, *Le Loup et l'agneau*: 'C'est donc quelqu'un des tiens.'

[524] S ajoute, entre parenthèses: *en général.*

[525] Ce docteur étrillé fait penser à celui de Molière, étrillé par Sganarelle dans le *Mariage forcé*, sc.8. La réminiscence est plus nette p.293, n.IV.70.

[526] S porte *que le sceptre parfait.* Le mot *cercle* a été ajouté au dessus de *sceptre*, qui n'est pas biffé.

[527] Cette phrase semble résumer la thèse adverse, celle des chrétiens; la phrase suivante la réfute. Si Adam avait été parfait, il ne serait pas tombé dans une faute, averti comme il l'était du risque. Nous qui l'éviterions sommes donc plus parfait que lui.

[528] Cette parenthèse semble cette fois une glose.

[529] Cette graphie est bien attestée du XVIIème siècle: M. de Pourceaugnac est un 'gentilhomme limosin' dans la pièce de Molière qui porte ce nom. Le ms M modernise en *Limousin*.

[530] Une tradition identifiait l'arbre de la connaissance avec un figuier. (F.R.)

[531] Il s'agit en effet plutôt d'un proverbe que d'une citation. Si le groupe *Caesaris ira* revient une douzaine de fois dans l'œuvre d'Ovide, l'expression la plus proche de celle du texte que nous ayons trouvée est chez Lucain, que Challe connaissait bien, *Pharsale*, iii.136: *Dignum te Caesaris ira nullus honor faciet*: 'Aucune distinction ne te rendra digne de la colère de César.'

[532] Anecdote très caractéristique, tant pour le fond (voir p.193, n.III.273) que pour le style (cf. des expressions telles que *prendre feu, pousser les choses jusqu'à se perdre*): elle est naturellement éliminée par le réviseur qui a établi la version M.

[533] *Sic.* M omet deux mots par saut du même au même; voir le texte de S.

[534] S ajoute ici entre parenthèses: *la mort de son fils*. Pour le fond, l'auteur, comme le remarque R. Mortier, rejoint ici le *Tractatus theologico-politicus* de Spinoza; voir par exemple la Préface, où il est question des hommes: 'Qu'il leur arrive maintenant de voir avec surprise quelque chose d'insolite, ils croient que c'est un prodige manifestant la colère des Dieux ou de la suprême divinité [...] Voilà à quel point de déraison la crainte porte les hommes.' (trad. Ch. Appuhn).

[535] S ajoute entre parenthèses: *Parce qu'un homme a mangé une pomme, Dieu condamne tout l'univers. Parce qu'une nation a tué ignominieusement son fils, il sauve l'univers, qui cependant n'est pas sauvé.*

[536] *Marc*, xiv.36 (Challe inverse les mots *calicem hunc*). La liturgie plaçait ce texte le mardi saint (*feria* III). En 1710, le mardi saint tombait le 15 avril; en 1711, le 31 mars.

[537] Ed. Mortier omet *habiles*.

[538] Ed. Mortier omet *de*.

[539] Ed. Mortier donne *au*.

[540] Ed. Mortier: *si Dieu donne*.

[541] Le texte de M semble être le bon, ainsi que le suggère l'opposition *damner / sauver*. Mais le texte de S, qui oppose les vertus qu'on peut se donner sur le plan humain et celles qui procurent le salut est aussi acceptable.

[542] Ce paragraphe ne résume l'original, représenté par S, que de façon très approximative.

[543] *Matthieu*, xiii.10-14; *Marc*, iv.10-12; *Luc*, viii.9-10. (F.R) Ces passages posent un problème difficile aux exégètes. Pascal examine ce problème dans le ch.XVIII des *Pensées* (éd. de Port-Royal, 1714), pp.120-128, dont le dernier alinéa est ainsi conçu, no.24, p.128: 'On n'entend rien aux ouvrages de Dieu, si on ne prend pour principe qu'il aveugle les uns, et éclaire les autres.' C'est ce principe que Challe rejette sans le discuter.

[544] C'est-à-dire, accordé.

[545] Ecrit *j'encourre*.

[546] Ovide, *Métamorphoses*, vii.20-21. Traduction: 'Je vois le meilleur parti, je l'approuve, et je suis le plus mauvais.'

[547] Parmi les 'moindres animaux', il faut entendre les puces et les poux eux-mêmes. Challe explique, dans son *Journal de voyage*, p.291 et 304; comment les Indiens, non seulement ne tuent pas ces parasites, mais, après les avoir capturés, assurent leur nourriture en leur livrant de temps en temps, dans l'espace où on les enferme, un lascari

payé à cet effet dont ils sucent le sang. Dans ces deux passages, il parle des 'insectes les plus vils' et des 'insectes les plus immondes', ce qui correspond même pour la forme au texte qu'on a ici.

[548] L'hérésie de Pélasge (IVème siècle), adversaire de saint Jérôme et de saint Augustin, affirmant que l'homme naît sans péché, faisait la part la plus large à la liberté humaine. C'est largement pour la combattre que saint Augustin se trouva amener à forcer ses thèses sur la prédestination.

[549] Ce père de l'Eglise est saint Augustin; Challe écrit en effet dans le *Journal de voyage*, p.103: 'Cela me convainc de la prédestination à la vie éternelle: j'y suis confirmé par saint Augustin [...] Je trouve dans le 28ème chapitre de ses *Soliloques*, n.3, où il parle des élus à salut, *qui nequaquam perire possunt, quibus omnia cooperantur in bonum, etiam peccata*. Je trouve aussi n.4 du même chapitre, où il parle des prédestinés à la damnation, *quos praescivisti ad mortem aeternam*, dit-il parlant toujours à Dieu, *quibus omnia cooperantur in malum, et ipsa oratio vertitur in peccatum*. Il ne se peut rien de plus fort sur la prédestination; le mot *elegisti*, dont saint Augustin se sert, l'emporte.' Au lieu de concilier, comme il le fait ensuite dans ce passage, la prédestination avec le libre arbitre, Challe s'indigne ici sur l'injustice de cette doctrine. Voir postface, pp.398-399.

[550] Pierre Bayle, dans son *Dictionnaire historique et critique* (Rotterdam 1697), qualifie aussi saint Bernard d'imposteur (s.v. Bernard) et saint Ignace d'insensé (s.v. Loyola). (F.R.) Mais les deux termes ne sont pas rapprochés, et l'indice reste trop mince pour permettre de conclure à une influence. En tout cas, l'opinion de Challe sur saint Bernard, à en juger par le *Journal de voyage*, est loin d'être aussi défavorable sur sa doctrine que sur son œuvre politique.

[551] A une époque où *christianiser* n'est guère usité (il apparaît dès le XVIème siècle, mais semble encore néologique quand le *Journal de Trévoux* l'emploie en 1716 au sens de 'donner des sentiments chrétiens' à quelqu'un, en l'occurrence à Homère), *christianifier* est un néologisme comme Challe aime à en forger; voir l'introduction, p.11, n.intr.27, et l'article 'Robert Challe père du déisme français', pp.975-979.

[552] S ajoute, entre parenthèses: *ou dans une autre*.

[553] Ce mot, dont la lecture est sûre, mais qui donne une leçon assez peu satisfaisante, est surmonté dans S d'un sigle (*m* ?) placé en interligne au-dessus des deux lettres finales, *es*.

[554] Texte peu satisfaisant, et d'ailleurs interpolé. Une correction avait été amorcée au-dessus de la ligne, entre *faire* et *avoir*; mais elle a été biffée. On doit comprendre: je ne puis me figurer; *faire croire* serait meilleur.

[555] *Galates*, iv.8-11.

[556] Sur le même thème, l'indignation de Challe peut être aussi vive lorsqu'il reste dans le cadre de l'orthodoxie, comme dans ce passage du *Journal de voyage*, p.107-108: 'Quoi! un homme qui aura vécu en scélérat complet, qui aura sacrifié à sa fortune et à son ambition une infinité de peuples, qui aura écrasé la veuve et l'orphelin, qui n'aura point connu d'autre Dieu que lui-même, qui par ses avis et ses exactions aura arraché le pain de la main et précipité dans la misère des provinces entières, qui aura résisté à la grâce qui lui faisait intérieurement connaître ses iniquités, sera assez heureux pour être frappé, à la mort, d'un coup impératif de la grâce efficace?' Cf. ici-même, p.265, n.IV.565.

[557] Alexandre VI, né à Valence (Espagne), avait succédé à Innocent VIII en 1402. Neveu du pape Calixte III par sa mère, il adopta le nom de Borgia. Il eut d'une dame romaine quatre enfants, dont le plus célèbre fut César Borgia. On l'accusait d'être l'amant de sa propre fille, qu'il aurait enlevée à ses deux premiers maris pour la marier à un troisième, qu'il aurait fait assassiner. L'historien Guichardin prétend que le pape et son fils, pour hériter du cardinal Corneto, lui avaient fait préparer un poison qu'ils auraient eux-mêmes avalé par mégarde (1503). Ce récit fut plus tard contesté avec de bonnes raisons par Voltaire dans sa *Dissertation sur la mort de Henri IV*. Quoi qu'il en soit,

Challe se fait l'écho de Guichardin non seulement ici, mais dans le *Journal de voyage*, p.473: 'Alexandre VI et Clément VII n'étaient certainement point infaillibles. S'ils l'avaient été, le premier ne se serait pas empoisonné avec César Borgia, son bâtard, en buvant l'un et l'autre le même vin qu'ils avaient préparé pour empoisonner le cardinal.' Noter que, dans les deux passages, Challe omet le nom du cardinal, qu'il n'a pas gardé en mémoire.

[558] Ce qualificatif pittoresque rappelle *enchapperonné*, p.220, n.III.389.

[559] On trouve la même citation de Juvénal, *Satires*, XV.X.II, dans le *Journal de voyage*, p.304, n.561. Elle signifie 'Sainte nation, qui dans ses jardins fait pousser ses divinités!' Dans la seconde version, *arvis*, champs, remplace *hortis*, jardins. Pour l'idée, cf. p.142, n.III.10.

[560] Scapulaires et chapelets. (F.R.)

[561] Sur *mômerie*, cf. p.52, n.I.73.

[562] Dans M, *une pièce*, add. interl., d'une autre main, remplace *treize pièces*, biffé.

[563] *Je vous épouse, de cet argent* sont une add. interl., d'une autre main, appelée par une marque entre *anneau* et *je*.

[564] Sur ce 'pur naturel', cf. p.59, n.II.3.

[565] Constantin; voir p.244 et n.III.493.

[566] Aucun auteur ancien n'atteste l'existence d'une 'grande pompe' au cours de laquelle les Romains auraient porté en l'honneur de Cérès une masse de pâte représentant un ventre de femme, c'est-à-dire un sexe. L'allusion doit être au culte de Déméter, qui s'était, il est vrai, confondu avec celui de Cérès à Rome. Dans le début de l'*Hymne à Déméter* de Callimaque, il est question, vers 1, d'un *kalathos* porté par les femmes, dont l'arrivée, vers 119, amène la conclusion du poème. Or, selon les commentateurs, le *kalathos* contenait des gâteaux en forme de sexe. (H. Le Bonniec)

[567] Sans doute à l'occasion des *Te Deum*. Cf. Voltaire, *Lettres philosophiques*, I (éd. Naves, Garnier), p.7: 'lorsqu'après des victoires gagnées, tout Londres brille d'illuminations, que le ciel est enflammé de fusées, que l'air retentit du bruit des actions de grâces, des cloches, des orgues, des canons, nous [les quakers] gémissons en silence sur ces meurtres qui causent la publique allégresse.' Cf. ici p.216, n.III.366.

[568] Respectivement: Jacques Abbadie, *Traité de la religion chrétienne* (Rotterdam, R. Leers, 1684, 2 vol. in 8°; nombreuses rééditions jusqu'en 1864); abbé Louis Bastide, *L'Incrédulité des déistes confondue* (Paris, J. de Nully, 1706, 2 vol. in 12°); Jacques Abbadie, *Traité de la divinité de N. S. J.-C.* (Rotterdam, R. Leers, 1689, in 12°), ou peut-être Etienne Rouxelin, *Traité de la divinité de Jésus-Christ, prouvée par des raisonnements tirés des Saintes Ecritures* (Paris, Huget, 1707); Bernard Lamy, *Démonstration [...] de la sainteté et de la vérité de la morale chrétienne* (Rouen et Paris, 1706-1711), ou peut-être J. Charon, *Démonstration évangélique, ou Traité de l'unité et de la perpétuité de la véritable religion* (Paris, L. Coignard, 1703); enfin, peut-être, de dom François Lamy, *La Vérité évidente de la religion chrétienne, ou Elite de ses preuves* (Paris, F. Couterot, 1694), mais ce dernier titre n'a peut-être qu'une valeur générale (R. Mortier).

[569] Sur Scaliger et Petau, voir p.170, n.III.182. Chouvrau, comme le remarque R. Mortier, est certainement une faute pour [Urbain] Chevreau. Celui-ci (1613-1701), secrétaire de Christine de Suède, précepteur du duc du Maine, est l'auteur d'une *Histoire du monde*, où selon Mayeul-Chaudon dans son *Nouveau dictionnaire historique* (1784), 'l'histoire grecque et la romaine, la mahométane et celle de Chine sont traitées avec assez d'exactitude [mais où] l'auteur aurait pu se dispenser de mêler aux vérités utiles de son ouvrage les généalogies rabbiniques qui le défigurent'.

[570] La langue des Taupinambous, peuple indien de la côte amazonienne, dont le nom était proverbial.

[571] Le mot *donc* est add. interl.: il semble interpolé pour donner à la phrase une allure de conclusion générale.

Notes du Quatrième cahier

[1] *Abstraitement* semble pris au sens de 'théoriquement, en principe'.

[2] Sur ce 'pur naturel', cf. p.59, n.II.3, et voir l'index, s.v. naturel.

[3] C'est dans les *Entretiens sur la métaphysique et sur la religion*, p.220, que Malebranche énonce, au sommaire du XIVème Entretien, que 'L'incompréhensibilité de nos mystères est une preuve certaine de leur vérité.' Cette proposition est longuement développée ensuite. Ainsi, pp.221-222: 'Comment, par exemple, accorder l'unité avec la Trinité, une société de trois personnes avec la simplicité parfaite de la nature divine? Cela est incompréhensible assurément, mais cela n'est pas incroyable. Cela nous passe, il est vrai. Mais un peu de bon sens, et nous le croirons, du moins si nous voulons être de la religion des Apôtres. Car enfin supposé qu'ils n'aient point connu cet ineffable mystère, ou qu'ils ne l'aient point enseigné à leurs successeurs; je soutiens qu'il n'est pas possible qu'un sentiment si extraordinaire ait pu trouver dans les esprits cette créance universelle qu'on lui donne dans toute l'Eglise, et parmi tant de diverses nations. Plus cet adorable mystère paraît monstrueux [...], plus il choque la raison humaine [...] plus il est obscur, incompréhensible, impénétrable; moins est-il croyable qu'il se soit insinué naturellement dans l'esprit et dans le cœur de tous les catholiques [...] Si Jésus-Christ ne veillait point sur son Eglise, le nombre des unitaires surpasserait bientôt celui des vrais catholiques.'.

[4] *Leur* équivaut à *le leur*, suivant un usage encore courant à l'époque; de même, *lui = le lui* ou *la lui*, etc. Cf. Marivaux, *Arlequin poli par l'amour* (*Théâtre complet*, éd. Garnier), i.89: 'Je vais lui demander.' Voir note IV.5.

[5] Sur *leur = la leur*, cf. n.IV.5 et note grammaticale, p.544.

[6] A quoi renvoie ce *lui*? Sans doute à Malebranche. Mais, de toute façon, le texte n'est pas satisfaisant: ce n'est pas *lui*, mais *vous* qu'on attend; Challe a peut-être pensé à *Votre Révérence*.

[7] En somme, Challe rejette la faute de l'athéisme sur les religions révélées; c'est le point de vue de Voltaire dans l'*Histoire de Jenni*, et déjà dans la première *Lettre philosophique*. Cf. aussi p.104, n.II.143.

[8] Cf. Malebranche, *Entretiens sur la métaphysique et sur la religion*, Préface de l'édition de 1696, pp.6-9: 'Je tâche [...] de bien convaincre Ariste, l'un des interlocuteurs, que les objets sensibles ont bien moins de réalité qu'on ne l'imagine; que toutes les sensations que nous en avons viennent uniquement de l'efficace des idées divines; que l'âme n'est directement et immédiatement unie qu'à Dieu, qu'à la souveraine Raison, en qui se trouve, dit saint Augustin (*de Civ. Dei*, I.8, c.4), la puissance qui nous donne l'être, la lumière qui nous éclaire, et la règle immuable de notre conduite.' (F.R.)

[9] Cette fois, l'hommage à la tradition se rattache à une source d'inspiration thomiste.

[10] On attend, dans cette expression, *tirer* et non *tourner*. Ce dernier verbe est inspiré par le jeu de cartes, où l'on tourne (c'est-à-dire retourne) l'atout, la carte sur laquelle on fait des paris, etc.

[11] Cf. *da gloriam* de l'Evangile; voir p.79, n.II.58.

[12] Ici encore, l'accent est malebranchiste; cf. *Conversations chrétiennes*, I: 'Apprenez [...] à rentrer dans vous-même, à être attentif à la Vérité intérieure qui préside à tous les esprits, à demander et à recevoir les réponses de notre Maître commun.'; ou encore la *Recherche de la vérité*, Préface, pp.18-20: 'un homme qui juge de toutes choses par les sens [...] est infiniment éloigné de la vérité et de son bien. Mais lorsqu'un homme ne juge les hommes que sur les idées pures de l'esprit, qu'il évite avec soin le bruit confus des créatures, et que, rentrant en lui-même, il écoute son souverain Maître dans le silence de ses sens et de ses passions, il est imposible qu'il tombe dans l'erreur.' (F.R.) Voir aussi p.281, n.IV.42.

[13] Affirmation du goût de l'auteur pour le style simple; cf. ci-après, p.343, n.IV.249.

[14] Comparer Malebranche, *Recherche de la vérité*, VI, II, 6, pp.215-216: 'De toutes nos connaissances, la première c'est l'existence de notre âme: toutes nos pensées en sont des démonstrations incontestables, car il n'y a rien de plus évident que ce qui pense actuellement est actuellement quelque chose. Mais s'il est facile de connaître l'existence de son âme, il n'est pas si facile d'en connaître l'essence et la nature.' En la prolongeant Challe infléchit la pensée de Malebranche. Pour l'allusion au cogito cartésien, cf. p.280, n.IV.39.

[15] La réflexion sur le 'ciron' est déjà dans Pascal, mais Challe a sans doute plutôt à l'esprit Malebranche, *Recherche de la vérité*, I, VI, 1, pp.67-69: 'On voit assez souvent avec des lunettes des animaux beaucoup plus petits qu'un grain de sable qui est presque invisible; on en a vu même mille fois plus petits. Ces atomes vivants marchent aussi bien que les autres animaux. Ils ont donc des jambes et des pieds, des os dans ces jambes pour les soutenir (ou plutôt sur ces jambes, car les os des insectes c'est leur peau). Ils ont des muscles pour les remuer; des tendons et une infinité de fibres dans chaque muscle, et enfin du sang ou des esprits animaux extrêmement subtils et déliés pour remplir ou pour faire mouvoir successivement ces muscles [...] L'imagination se perd et s'étonne à la vue d'une si étrange petitesse: elle ne peut atteindre ni se prendre à des parties qui n'ont point de prise pour elle'. (F.R.)

[16] Sur cette construction de *d'où vient*, cf. p.155, n.II.98.

[17] L'estame ou étame est un fil de laine tricoté.

[18] Nous adoptons l'excellente correction proposée par R. Mortier. M porte *Archillas*. 'Archytas, philosophe, mathématicien, astronome, ingénieur, homme d'Etat. Né au au Vème siècle av. J.-C. à Tarente, il aurait inventé la vis, la poulie, la crécelle et une colombe volante qui fit l'admiration des Anciens.' (R. Mortier). En ce qui concerne la faute de copie, on peut la rapprocher de la graphie *nolas* pour *notas*, p.38, n.P.5, ainsi que de la faute inverse, *pitas* pour *pilas*, dans le *Journal de voyage*, p.122, n.199. Effectivement, le *t* de Challe, assez long et à peine barré, ressemble fort à son *l*, qui n'est pas bouclé.

[19] C'est-à-dire 'suivant leurs conceptions'; mais le singulier serait meilleur.

[20] Cf. Malebranche, *Recherche de la vérité*, II, I, 4, §3, pp.270-272: 'Si l'on examine les raisons et la fin de toutes ces choses, on y trouvera tant d'ordre et de sagesse, qu'une attention un peu sérieuse sera capable de convaincre les personnes les plus attachées à Epicure et à Lucrèce qu'il y a une providence qui régit le monde. Quand je vois une montre, j'ai raison de conclure qu'il y a une intelligence, puisqu'il est impossible que le hasard ait pu produire et arranger toutes ses roues. Comment donc serait-il possible que le hasard et la rencontre des atomes fût capable d'arranger dans tous les hommes et dans tous les animaux tant de ressorts divers, avec la justesse et la proportion que je viens d'expliquer; et que les hommes et les animaux en engendrassent d'autres qui leur fussent tout-à-fait semblables?' (F.R.)

[21] Cf. Malebranche, *Recherche de la vérité*, II, I, 4, §3, pp.272-274: 'quand on affecte une fois de faire l'esprit fort, ou plutôt l'impie, ainsi que faisaient les Epicuriens, on se trouve incontinent tout couvert de ténèbres, et on ne voit plus que de fausses lueurs'. (F.R.)

[22] 'Endroit des Délices de l'esprit' (note marginale de M). Sur ce passage de l'ouvrage de Desmarets de Saint-Sorlin, voir p.48, n.I.38, I.42.

[23] 'Endroit des *Conversations métaphysiques*' (note marginale de M). Il s'agit effectivement d'une citation des *Entretiens sur la métaphysique et la religion*; c'est la première phrase de l'entretien XIV, pp.220-221. Sur cet entretien, voir n.IV.3.

[24] Même expression de 'vil animal' pour désigner l'objet du culte des indigènes de l'île Moali, dans le *Journal de voyage*, p.245. Ce 'vil animal' est pourtant l'objet d'un tel respect qu'il fournit à l'auteur l'occasion de réfléchir 'sur le manière dont vivent les chrétiens'.

[25] L'autel du 'dieu inconnu' dont parle saint Paul devant l'Aréopage d'Athènes:

'Athéniens, à tous égards vous êtes, je crois, les plus religieux des hommes. Parcourant en effet votre ville et considérant vos monuments sacrés, j'ai trouvé jusqu'à un autel avec l'inscription au dieu inconnu. Eh bien, ce que vous adorez sans le connaître, je viens, moi, vous l'annoncer.' (*Actes*, xvii.22-23). Une fois de plus, on retrouve dans le *Journal de voyage* une allusion au même fait, p.111: 'Je me souviens même d'avoir lu que ce fut lui [Aristote] qui érigea dans Athènes cet autel au dieu inconnu que saint Paul annonça dans la synagogue [en fait, devant l'Aréopage] être le Messie, *Actes*, ch.XVII.' La différence est que, dans le *Journal*, et comme d'habitude, Challe inscrit cette réflexion dans un cadre orthodoxe, puisqu'il continue: 'Depuis Aristote, ce Dieu qui lui était inconnu a pris chair humaine, et a opéré notre salut'.

[26] *Excroquer* est la forme populaire d'*escroquer*; cf. p.115, n.II.220. Ed. Mortier: *escroquer*.

[27] Cf. dans les *Illustres Françaises*, ii.485, ce fragment de dialogue où, dans un style très différent, on trouve la même association 'pénétration', 'faire découvrir', 'mille' jointe à l'idée de beauté: 'Vous me trouvez donc belle, lui dit-elle en riant? Comme tous les anges, répondit Poitiers, et je suis certain que mon maître vous trouvera encore mille fois plus belle que vous ne me paraissez, parce que sa pénétration lui fera découvrir en vous mille choses aimables qu'il ne m'est pas permis d'y voir.' (J. Popin)

[28] Cf., dans le *Journal de voyage*, p.105, après une discussion portant sur la grâce: 'Quoiqu'il semble que j'aie voulu ici théologiser, je n'ai certainement songé à rien moins qu'à faire le théologien ni le docteur.' Voir encore, ici même, p.41 et p.351, n.IV.290.

[29] Et non *une horloge* (éd. Mortier). Le mot est masculin, ici, pp.292 et 323, et *Journal de voyage*, pp.86, 350, 386.

[30] Sur *vicaire de Jésus-Christ*, voir p.51, n.I.63.

[31] Proposition évidemment très discutable.

[32] Cette citation pose un problème. Elle semble constituer un alexandrin: or, on ne la trouve pas dans les comédies en vers de Scarron; quant aux œuvres burlesques 'classiques' de Scarron, d'Assoucy, Richer, Cyrano de Bergerac et autres, elles sont écrites en octosyllabes. Deux dictionnaires de proverbes citent la phrase 'Les princes et les bourgeois viennent l'offrande en main pour te graisser la patte'; le *Dictionnaire comique* de Leroux l'attribue au 'Théâtre Italien', le *Dictionnaire des proverbes* de Panckoucke à Molière, mais cette dernière attribution résulte suivant toute apparence d'une interversion dans la lecture de l'ouvrage précédent. Or, François Moureau, qui a bien voulu prendre la charge de la vérification, ne l'a retrouvée ni dans les six volumes du classique *Théâtre italien* de Gherardi, ni dans la *Suite* et le *Supplément*, ni dans le *Nouveau Théâtre Italien* de P. F. Biancolelli, publié en 1712, mais contenant des pièces jouées antérieurement en province. D'autre part, elle n'est pas enregistrée dans W. John Kirkness, *Le Français du Théâtre italien d'après le recueil de Gherardi* (Genève 1971), ni dans les matériaux du 'T.L.F.' de Nancy.

[33] C'est-à-dire 'si ce n'est que cette existence était...'.

[34] Dans M, *in* de *infinie* semble avoir été biffé; éd. Mortier: *finie*.

[35] Si le nom de philosophe chrétien convient à La Bruyère, on peut observer que, tant sur ce point que pour demontrer l'immortalité de l'âme, l'auteur des *Difficultés* rencontre souvent celui des *Caractères*, ch. des Esprits forts, éd. Garapon, pp.473-474 etc.

[36] Sur l'importance que Challe attache à la restitution, et les reproches amers qu'il adresse à ceux qui ne la font pas aller de pair avec le repentir, voir le *Journal de voyage*, p.148: 'Tout le monde va à confesse, et personne ne restitue. Est-ce que les Bretons sont en même temps ivrognes, larrons et dévots? Je n'y connais rien, sinon qu'ils devraient opter.' De même, il cite avec éloge dans ses *Mémoires*, f.31r, la remontrance qu'un théatin fait à Mazarin mourant en lui 'représent[ant] avec St. Agustin que *non remittitur peccatum, nisi restitutum ablatum*. Cf. encore ici, p.299, n.IV.88.

[37] Cf. *Actes*, iv.12: 'Car il n'y a pas sous le ciel d'autre nom donné aux hommes, par lequel il nous faille être sauvés.' (F.R.)

[38] Lucrèce, *De natura rerum*, i.101: 'Tant la religion a pu inspirer de maux!' Même citation dans le *Journal de voyage*, p.295. Cf. ici, p.41, n.L.6.

[39] Allusion évidente au *cogito*, dont Challe dit, dans le *Journal de voyage*, p.351, à propos des animaux-machines: 'J'avoue que Descartes me choque avec sa définition [*sic*] Je pense, donc je suis. Il est certain que si les bêtes avaient pu avoir connaissance de ce ridicule syllogisme, et qu'elles eussent pu se faire entendre, elles auraient pu lui répondre: 'Nous pensons, donc nous sommes.' Cf. p.271, n.IV.14, et p.291, n.IV.61.

[40] Ici, en revanche, Challe revient à la stricte observance cartésienne, qui a des conséquences sur toute sa conception de l'homme et de la religion; voir n.IV.52.

[41] En fait, Challe est ici tenté de concilier les deux ordres d'éternité, matériel et spirituel, grâce à la métempsycose. Comme il le dit dans le *Journal de voyage*, p.115: 'Cette éternité que toute notre spéculation ne peut comprendre doit être réunie en Dieu.' Selon les thèses qu'il expose plus ou moins clairement dans ce passage, 'c'est par cette révolution de vies différentes que l'éternité apparaît avec le plus de jour.' (p.125).

[42] Le ton de ce passage est remarquable. Il rappelle celui d'un passage fameux du *Journal de voyage*, p.180: 'Il me suffit de me mettre dans la grande chambre du vaisseau à une fenêtre, ou du haut de la dunette [...] et de regarder le gouvernail du navire pour me jeter dans une méditation profonde et pour m'inspirer une espèce de mélancolie qui m'a jusqu'ici été inconnue...'. On songe aussi à Malebranche; voir p.271, n.IV.12.

[43] La situation imaginée ici est à peu près celle de Silvie dans les *Illustres Françaises*, pp.515-516. La seule différence est qu'elle n'a pas été trompée 'sous l'apparence de son mari', mais dans un état second provoqué par un 'charme'. Lorsqu'elle revient à elle, elle 'déteste' ce qui lui est arrivé. Selon les termes de celui qui a ainsi abusé d'elle: 'Je ne vis plus en elle qu'une furieuse; elle s'arracha de mes bras, elle appela du monde, et cria au secours à pleine tête. Sa colère alla si loin que je fus obligé de lui arracher de force mon épée des mains pour l'empêcher de me tuer ou de se tuer elle-même.' On ne peut mieux illustrer l'expression de 'peine mortelle' qu'on rencontre ici.

[44] C'est-à-dire, des sensations corporelles.

[45] Cf. p.281, n.IV.41.

[46] M porte *difficulté*; notre texte résulte d'une correction proposée judicieusement par éd. Mortier. Si l'on conserve la phrase telle quelle, il faut supposer que quelque inadvertance a entraîné l'auteur a écrire *quoiqu'ils* au lieu de *quoiqu'elles* (= ces difficultés); que le mot représenté par *l'* dans *l'embarrassant* est *raison* (c'est pourquoi nous introduisons une virgule entre *mes sens* et *ni ma raison*); enfin que l'antécédent du dernier *qui* est encore *difficultés*. Accessoirement, on pourrait encore considérer que ce *qui* équivaut à *qu'ils*, représentant encore par inadvertance *les difficultés*; mais l'indicatif *ont*, après *quoique*, serait peu admissible.

C'est à peu près la thèse du 'tout en Dieu'. Tirant les conséquences extrêmes du dualisme cartésien, Malebranche considère que, puisqu'il y a incompatibilité absolue entre l'étendue, attribut du corps, et la pensée, attribut de l'esprit, l'une ne peut exercer aucune action directe sur l'autre: leurs influences réciproques se réduisent à de simples coincidences, Dieu produisant, à l'occasion des actes déterminés qu'il suscite dans l'esprit, des actions matérielles correspondantes dans le corps.

[48] Correction avortée de M: *les* [*opéations opé* biffé *alté* add. interl. biffée].

[49] Ce raisonnement concernant la distinction de l'âme spirituelle et du corps matériel est déjà bien plus qu'esquissé, avec des arguments tout semblables, dans le *Journal de voyage*, pp.113-114; voir 'Robert Challe, père du déisme français', pp.961-963. A ce qu'on lit ici, on peut, par exemple, comparer, p.117 du *Journal*: ' Je leur demanderai [aux adversaires d'une âme immatérielle] si un enfant qui vient au monde sourd et aveugle a laissé une partie de son âme dans les entrailles de sa mère?' Cet argument vise à démontrer 'que cette âme indépendante de la matière est un être simple, et par conséquent une émanation de la divinité' (*ibid.*).

[50] L'utilisation des songes dans un développement de ce genre est intéressante. On peut regretter que Challe ne nous ait pas laissé le recueil dont il parle ici. Du reste, il rencontre Malebranche dans cette tentative. Celui-ci, dans les *Entretiens métaphysiques*, III, II, pp.92-94, tire argument du fait que dans un rêve il entendait des sons qui n'existaient pas, par exemple 'le hurlement d'un chien qui sans doute n'existait pas, puisqu'il était mort', pour démontrer qu'il 'n'y a rien dans les objets de nos sens qui soit semblable aux sentiments que nous en avons.' Voir p.301, n.IV.99, un échantillon des remarques qu'avait pu faire Challe.

[51] Même raisonnement chez Malebranche, traitant de l'immortalité de l'âme: 'Si l'on sépare un grain de moutarde en deux, en quatre, en vingt parties, on l'anéantit à nos yeux, car on ne le voit plus; mais on ne l'anéantit pas en lui-même...' (*Recherche de la vérité*, IV, II, 4, pp.216-218).

[52] On est ici au cœur du problème philosophique, métaphysique et religieux à propos duquel Challe s'oppose aux 'philosophes chrétiens', et spécialement à saint Thomas. Comme il le laisse entendre, la formule, classique dans l'enseignement de la philosophie scolastique tel qu'il l'avait reçu, ne figure pas littéralement chez saint Thomas. Mais elle reflète fidèlement sa pensée, telle qu'il l'exprime en particulier dans la *Somme théologique*, 1a q 75-76 notamment, dans la *Somme contre les gentils*, C. G. lib. II, c 57, 58, 59, et surtout dans la *Question disputée De anima*, a 1, in corp. art., 6 2: 'Il reste que l'âme soit un individu substantiel (*hoc aliquid*, 'quelque chose') en ce sens, qu'elle peut subsister par soi, non comme possédant par soi une nature complète, mais comme achevant, à titre de forme du corps, la nature spécifique de l'homme. Aussi est-elle à la fois forme et individu substantiel.' Comme Challe l'aperçoit fort bien, ce problème est lié à la résurrection des corps: si l'âme est une 'substance complète', faite pour subsister à elle seule en soi, la résurrection de la chair est inutile, voire absurde. Si au contraire l'âme est une substance 'incomplète', c'est-à-dire destinée par nature à être unie à un autre principe qui la complète, la réunion à cet autre principe assure l'achèvement de l'être humain pour l'éternité. Alors que Challe se rallie au dualisme cartésien, selon lequel le moi réside dans la seule pensée, pour saint Thomas, comme pour Aristote, l'homme n'est pas un ange qui meut une machine, mais un animal raisonnable. Seul le composé humain dans son ensemble est 'une réalité subsistante d'un ordre déterminé', comme dit la *Somme théologique*, q 75 a 2, et donc, en l'occurrence, 'une hypostase ou personne' dont le corps et l'âme ne sont que des parties (a 4 ad 2 m), destinées par nature à être unies l'une à l'autre comme la matière à la forme: l'âme donne au corps son unité, sa vie, ses opérations (q 75 a 1; a 4, ad lm); inversement, sans le corps, l'âme ne peut être achevée dans la ligne de sa nature spécifique' (q. d. *De anima*, a 1, in corp. art. § 2), car elle 'dépend de lui pour son opération' caractéristique, la pensée (q 76 a 1; q 84 a 8 col. 1); en effet, l'objet propre de l'intelligence humaine n'est pas l'intelligible pur, mais 'l'être, le vrai, considéré dans les réalités matérielles' (q 87 a 3; cf. a 7), et atteint par abstraction à partir de la connaissance sensible fournie par le corps (q 84-86). C'est donc 'pour son bien' (q 89, a 1) que l'âme est unie au corps. Inutile de dire que, quoi qu'en ait pensé Challe, c'est finalement saint Thomas plutôt que Descartes qui fait figure, sur ce point, de précurseur par rapport à la pensée scientifique moderne. (M.H.D.)

[53] Ces lois auxquelles pensent Challe concernent certainement les sacrifices d'enfants, soit chez les Gaulois (p.213), soit chez les Malgaches (cf. p.155, n.III.92), probablement l'adultère à Sparte (cf. p.290), peut-être encore l'avortement chez les Malgaches (cf. p.155, n.III.92).

[54] Voir notamment *Matthieu*, xxv.31-46, déjà cité partiellement n.III.313.

[55] Nouvelle insistance caractéristique de l'auteur sur le plaisir de la vengeance. Peut-être pense-t-il spécialement à Desmarets de Saint-Sorlin, qui, dans la VIIème journée des *Délices de l'esprit*, p.107, n.I.38, vante 'l'admirable plaisir de ne se venger pas quand on le peut'.

[56] Platon, dans la définition de la justice donné par Socrate aux livres I et IV de la

République; ainsi I.353c: 'Ne sommes-nous pas tombés d'accord que la justice est une vertu, et l'injustice un vice de l'âme?' De même IV.444d-e: 'La vertu est donc, en quelque sorte, semble-t-il, la santé, la beauté, le bon état de l'âme, et le vice en est la maladie, la laideur et la faiblesse. Or, le bon état de l'âme, c'est la justice, et l'injustice en est la maladie.' (J. Laborderie)

[57] Pascal; il s'agit du passage sur l'imagination déjà cité plus haut, n.III.518.

[58] Ed. Mortier: *Il voit, on ne voit pas quand il voit bien.* En réalité, M donne *ou* et non pas *on*, ce qui permet une première correction; il suffit ensuite de placer la virgule après *ne voit pas* pour obtenir un texte satisfaisant; *quand il voit bien* signifie 'pour peu qu'il ait la vue bonne'. Au contraire, les sens sont plus ou moins fidèles, avec une infinité de degrés.

[59] Ed. Mortier et M: *Il y a plus, et moins mal et plus mal, bien et mieux à l'infini.* La ponctuation que nous avons adoptée a été judicieusement proposée par Henri Coulet.

[60] La même idée est fortement exprimée dans le *Journal de voyage*, p.124: 'Je soutiens et je prétends que nous n'agissons que par notre propre volonté et notre propre mouvement; et qu'ainsi nous ne sommes criminels que parce que nous voulons bien l'être.'

[61] Nouvelle condamnation du *cogito*; cf. p.271, n.IV.14, et surtout p.280, n.IV.39.

[62] La querelle de la grâce et de la liberté; elle devait aboutir bientôt à la fulmination de la bulle *Unigenitus* (1713).

[63] Pages 166-171.

[64] C'est-à-dire, tomber juste.

[65] Ed. Mortier: *ne peut se rencontrer.* Nous suivons M.

[66] Nouvel exemple de construction très libre du gérondif, puisque le sujet de *s'exposant*, les soldats, n'est pas le même que celui du verbe principal, un général; cf. p.192, n.III.267, ainsi que la note grammaticale.

[67] Nouveau trait du caractère de Challe, voir p.254, n.III.532.

[68] Madame Gigogne était la femme de Polichinelle dans le théâtre de marionnettes de Brioché; Voltaire, dans le *Pot pourri*, en fait le symbole de l'Eglise catholique (*Romans et contes*, Bibliothèque de la Pléiade), p.239. Voir J. Chesnais, *Histoire général des marionnettes*, pp.106 sqq., ainsi que l'ouvrage cité n.IV.69.

[69] Le premier des Brioché fut Pierre Datelin, dit Brioché Ier. Celui auquel pense Challe est sans doute le plus célèbre de la lignée, François Datelin, dit Brioché II, dont il a été question plus haut, p.85, n.II.71. Mais il y eut encore d'autres Brioché au XVIIIème siècle, et le nom peut avoir valeur générique en quelque sorte. Voir G. d'Outrepont, *Les Types populaires dans la littérature française*, Académie Royale de Belgique, Classe des Lettres et des Sciences morales et politiques, Mémoires, coll. in 8°, 22 (Bruxelles 1926), i.161-166.

[70] Nouvelle réminiscence du *Mariage forcé*, de Molière, sc.8; cf. p.252, n.III.525.

[71] Autre remarque de caractère très personnel, que le réviseur laisse encore subsister.

[72] Dans M, le copiste avait d'abord écrit *n'en peuvent être affectés*; il a ensuite ajouté *pas* au-dessus de la ligne, ce qui donne le texte *n'en peuvent pas être affectés* (éd. Mortier), qui n'offre pas de sens satisfaisant. Pour aboutir au texte correct, il faut, comme l'a remarqué Henri Coulet, tenir compte d'une autre addition, de la main du réviseur, *n'en* devant *pas*. Il suffit alors de corriger *n'en* en *ne* devant *peuvent* pour obtenir un texte excellent.

[73] Cette insistance sur l'éternité rappelle le 'Discours sur l'éternité' rapporté aux pp.113-125 du *Journal de voyage*. Ainsi, à la formule *Je vois [...] que je serai éternellement* du présent texte, on peut comparer dans le *Journal*, p.115: 'tous les peuples du monde croient l'âme immortelle, qu'elle a existé et qu'elle existera toujours.'

[74] C'est-à-dire, 'que s'ils étaient actuellement existants'. Nouvel emploi libre du participe présent; voir la note grammaticale.

[75] Cf. *Journal de voyage*, p.119: 'J'ai dit que tous les astronomes prétendent que toutes les étoiles sont autant de mondes différents et distingués.'

[76] 'Punition et récompense' (note marginale de M).

[77] Et non *qui puisse la combattre* (éd. Mortier). Sur la place du pronom complément de verbe + infinitif, voir la note grammaticale.

[78] Comme Erasme dans son *Eloge de la Folie*, ou Ronsard dans celui de la surdité.

[79] C'est-à-dire, de la cécité.

[80] *Succéder* a ici le sens classique, 'advenir de façon favorable ou défavorable', selon le *Dictionnaire général*, qui cite Molière, *Dépit amoureux*, iii.1: 'Quelque chose de bon nous pourra succéder.'

[81] M et éd. Mortier ont *infortunés*; la correction est nécessaire et aisée.

[82] Néologisme plaisant, à la façon de Rabelais, formé du radical *pape*, cf. *papimane*, et du suffixe péjoratif *-asse*, le tout avec une influence de mots comme *patelin*, *pateliner*.

[83] *Il* est ici apparemment Dieu; mais la construction est boiteuse, puisque le *il* suivant renvoie au *malheureux*.

[84] Allusion à l'orage qui fournit à la légion la Fulminante, pendant la campagne contre les Marcomans et les Quades en Bohême (174) l'eau qui lui manquait. Cet événement fut rapporté sur la colonne de Marc-Aurèle à Rome sous la forme du Dieu de la pluie portant secours aux troupes. Mais Tertullien, dans son *Apologie*, ch.V, passage repris par L. Bastide, p.479, attribue le miracle à la prière des soldats chrétiens de la légion Mélitine. (F.R.) Comme on le voit, l'épisode n'est pas rapproché ici de l'anecdote de la fourmilière noyée; voir p.217, n.III.370.

[85] M porte bien *lieu* et non pas *lien* (éd. Mortier).

[86] Les auteurs de la *Légende dorée* et autres vies de saints, comme Ruinart; cf. p.281, n.III.440.

[87] 'Miséricorde' (mention marginale de M).

[88] Sur l'importance de la réparation ou restitution aux yeux de Challe, cf. p.279, n.IV.36. A propos de la phrase suivante, on remarquera à quel point l'idée de compensation des péchés par les bonnes œuvres s'oppose aux conceptions calvinistes. 'Toute la justice des hommes ensemble ne suffit pas à la récompense d'un seul péché', disait Calvin, *Institut*, 614.

[89] Nous n'avons pu identifier l'ouvrage auquel Challe se réfère, d'ailleurs de façon très vague. Mais il cite dans le *Journal de voyage*, p.103, des phrases de saint Augustin qui vont dans ce sens, par exemple à propos de ceux dont la prière *vertitur in peccatum*, 'se tourne en péché'. Voir n.III.549.

[90] Faible indication de caractère biographique. Ce passage, comme le reste de l'ouvrage, peut avoir été rédigé pendant une de ces périodes du 'loisir' auquel, 'pour son malheur', Challe, qui fait des tournées en province quand il est commissionné à cet effet, est sujet plus souvent qu'il ne le voudrait; voir le début des *Mémoires*, f.2v.

[91] Le texte est bizarre; on attend en effet une négation, *quoiqu'il puisse ne la pas faire*. Faut-il comprendre *quoique* au sens de *alors que*, et faire abstraction de la virgule: 'il est impossible qu'il ne la fasse pas alors que rien ne s'oppose à ce qu'il puisse la faire'?

[92] Encore un trait du caractère méfiant de Challe, peut-être accentué par les événements de sa vie.

[93] Formule remarquable, qu'illustrent maints épisodes du *Journal de voyage*, par exemple l'acharnement de Challe contre le pauvre lieutenant Bouchetière, pp.78-82, 180 sqq., et surtout 200-206, et plus tard contre Le Vasseur, p.270 sqq. Le même trait de caractère se retrouve chez plusieurs héros des histoires de Challe, qui sont presque toujours plus portés spontanément à punir ou à se venger, quoique l'auteur les en blâme parfois, comme dans la suite du *Don Quichotte*, ch.LIII, vi.325-335.

[94] Une 'note du présent copiste' (Sépher) de S commente en marge ce passage: 'L'auteur distingue la bonté de la libéralité. C'est [deux mots en marge illisibles du fait de la photographie]'. D'après S, le copiste du ms 1197, p.250, note en marge: 'Il faut, pour ce, distinguer la bonté de la libéralité.'

[95] Notamment dans les *Entretiens sur la métaphysique et sur la religion*, VIII, .XV, pp.325-327: 'Dieu n'est ni bon ni miséricordieux ni patient selon les idées vulgaires. Ces attributs tels qu'on les conçoit ordinairement sont indignes de l'Etre parfait...'; cf. aussi *Méditations chrétiennes*, V, V, p.14; *Méditations*, ch.XIX, §8-9; *Prémotion physique*, XX, p.114. (A. Robinet) – Sur *dont* = *ce dont*, voir la note grammaticale.

[96] Commentaire du ms 1197, p.251: 'L'auteur tombe lui-même dans la mysticité. L'éternité des récompenses n'est pas plus admissible que l'éternité des peines.'

[97] Le développement sur la métempsycose qu'à son grand regret Challe ne peut donner ici se trouvera tout au long dans le *Journal de voyage*, p.114-125. On y trouvera notamment l'idée que l'âme circule 'dans tant d'autres mondes dont le nombre est immense', ce qui est un développement des thèses pythagoriciennes à la lumière des découvertes astronomiques du temps: 'Ne se pourrait-il pas que Dieu [...] eût en effet créé autant de mondes différents qu'il y a d'étoiles; que ces étoiles fussent autant de mondes que tous les hommes allassent successivement habiter l'un après l'autre [...]; qu'enfin chaque homme vécût, seul, dans tous ces mondes et dans différents états, autant que tous les hommes ensemble ont vécu, vivent et vivront dans le monde que nous habitons?' (p.122). L'un des arguments de l'auteur est que 'l'éternité heureuse nous est accordée à trop bon prix, si nous l'obtenons pour une vie aussi courte que la nôtre' (p.123).

[98] Challe pourrait ici se souvenir d'un mot de Chausson qu'il cite dans le *Journal de voyage*, p.143: 'Chausson, condamné à être brûlé vif, dit à ses juges qu'il n'y avait point d'âme à l'épreuve du feu.' Cf. n.III.445 et n.pf.10.

[99] Cette remarque pouvait prendre dans le projet de recueil évoqué p.284, n.IV.50.

[100] En fait, Challe sait bien que cette interprétation n'est pas la bonne. Il écrit aux auteurs du *Journal littéraire*, dans la *Correspondance*, p.166: 'Si c'est sur le plaisir des sens que vous estimez une religion plus raisonnable que l'autre, vous auriez certainement tort de ne vous faire pas mahométan; vous goûteriez dans ce monde tous les plaisirs sensuels que Mahomet y permet, et avec cela vous auriez encore l'espérance de prendre dans l'autre ces mêmes plaisirs que l'Alcoran promet aux fidèles musulmans.' Voir aussi dans le *Journal de voyage*, pp.437-438, un jugement sévère sur la religion 'politique' de Mahomet.

[101] Malebranche prête à Ariste cette objection: 'Que fait à Dieu notre amour et notre estime? Rien du tout. Nous voulons peut-être qu'on nous estime nous, et qu'on nous aime, parce que nous avons tous besoin les uns des autres. Mais Dieu est si au-dessus de ses créatures, qu'apparemment il ne prend aucun intérêt dans les jugements que nous portons de lui et de ses ouvrages.' (*Entretiens sur la métaphysique et la religion*, III, 15, pp.329-331). (F.R.)

[102] M comporte ici un blanc, que l'éd. Mortier conserve. Nous proposons de lire *parangon*, 1°. parce que le sens convient assez bien; 2°. parce que ce mot était déjà archaïque et désuet au XVIIIième siècle, et pouvait donc ne pas être compris du copiste; 3°. parce que ce mot fait partie du vocabulaire de Challe; on le trouve en effet dans la suite du *Don Quichotte*, vi.341: 'C'est la vertu même, et le parangon de toutes les bonnes qualités.'

[103] De la manière que. Littré cite encore un exemple de Houdart de la Motte où l'on trouve, comme ici, l'indicatif.

[104] Nous corrigeons *sur la chasse* (M et éd. Mortier) en *pour la chasse*. – Challe, on s'en souvient, est excellent chasseur; voir le *Journal de voyage*, pp.236, 250, 338. Pour le 'fils', cf. p.89, n.II.84, et p.325, n.IV.184. *Tirer au blanc* signifie 'tirer à la cible'.

[105] Formule caractéristique de l'hédonisme de Challe.

[106] La mémoire de Challe le trompe curieusement. Il n'est pas question, dans *Don*

Quichotte, de coups que le héros se donnerait pour désenchanter Dulcinée. C'est à Sancho qu'il revient de le faire, et celui-ci, peu satisfait de la combinaison, suggère que son maître les prenne à son compte, puisqu'il y est intéressé. A plus forte raison, l'interprétation qui est donnée ici ne semble guère fondée. En tout cas, dans la suite du roman, Challe fait volontiers la satire des moines, par exemple vi.191, 349, 436, 447.

[107] L'expression *montrer le ridicule de*, employée à propos d'une fiction romanesque à valeur symbolique, en parlant aussi de 'moines plongés dans les superstitions', se trouve aussi dans la *Correspondance*, p.152. Nouvel exemple des associations 'rhema-thema' dans l'esprit de l'auteur.

[108] Cette fois, la formule rappelle toutes les scènes de réjouissances contées dans le *Journal de voyage* et même dans la *Correspondance*, p.162.

[109] Ce 'malheureux' qui ne suivit pas longtemps les conseils de Sénèque est, on le sait, Néron.

[110] Allusion à la parabole des talents; cf. *Matthieu*, xxv.24-25. (F.R.)

[111] On a déjà rencontré cette opposition, p.38.

[112] Un millier (de livres) représente environ une demi-tonne.

[113] Chacune de ces notations correspond effectivement à une circonstance dans laquelle s'est trouvé Challe. Ainsi, 'entouré d'ennemis' se rapporte à la bataille de La Hougue: 'Il faut que je dise ce qui arriva dans cette action au vaisseau le Prince. A la troisième décharge, nous nous trouvâmes entre trois vaisseaux ennemis, dont le moindre valait bien le nôtre, qui n'était monté que de 56 canons. Nous étions placés le mieux du monde pour être coulés à fond.' *Mémoires*, f.88; et plus loin: 'le temps s'éclaircit et la lune nous fit voir que nous étions entourés de vaisseaux de toutes parts [...] A l'égard des vaisseaux que nous voyons [dit le pilote], je ne me connais point au gabarit ou ce sont des Anglais', *ibid.*, f.91v. 'Prisonnier' se rapporte apparemment au fait que Challe a été fait prisonnier par les Anglais en Acadie (1688), *Journal de voyage*, pp.97-98, 215, etc. Pour 'dans des naufrages', voir p.215, n.II.355. Pour 'accusé de crime capital', en 1692, au retour de la campagne de La Hougue, Challe est arrêté avec d'autres, à l'occasion de détournement de marchandises prises par le marquis de Nesmond et transférées clandestinement à bord du navire le Prince, dont Challe était 'écrivain'. Or, si l'accusation portée contre lui comportait le chef de faux en écritures, elle pouvait entraîner la mort; comme le dit l'*Ordonnance de la Marine*, 'Le registre de l'écrivain fera foi en justice; lui défendons sous peine de vie d'y inscrire chose contraire à la vérité'; voir le *Journal de voyage*, p.27.

[115] *Fosset* ou *fausset* (éd. Mortier).

[116] Sur l'orbe, non la planète de Saturne, cf. n.III.206.

[117] *Fixes* et non *fines* (éd. Mortier).

[118] *Vaste* est ici un nom.

[119] C'est en gros la thèse leibnizienne.

[120] Nous ne pouvons dire qui étaient ces 'philosophes'.

[121] Traduction: 'A Dieu très bon'.

[122] Il est piquant de voir que l'épithète a précisément été appliquée à Challe par un contemporain, quelques années après qu'il eut écrit ceci. On a vu plus haut, p.19, n.intr.45, que M. de Saint-Fonds, l'ayant reçu à sa table en mars 1715, le décrit dans une lettre à un ami comme 'bon homme et honnête homme'.

[123] Sur ce 'pur naturel', voir p.59, n.II.3.

[124] L'idée peut paraître banale, mais elle a pour Challe un sens particulier, car sa mère l'a toujours défavorisé, après la mort de son père, au profit du frère aîné; voir J. Mesnard, 'L'identité de Robert Challe', pp.932-933. Notre écrivain a même porté de thème dans son œuvre romanesque; l'un des personnages de son roman qui a le plus de ses traits, Dupuis, dit en parlant de son frère aîné: 'Il fut reçu de ma mère en enfant gâté. Je

comparai les caresses qu'elle lui faisait avec l'indifférence qu'elle avait pour moi. Cela acheva de me rendre la maison de mon père odieuse.' (*Illustres Françaises*, ii.417).

[125] Le mot *rencontre*, qui apparaît au féminin p.310, est encore parfois masculin à l'époque. Pour le fond, Challe ne comprend évidemment pas le lien personnel que le christianisme établit grâce au Christ entre l'homme et la divinité.

[126] Et non *rien de plus* (éd. Mortier); cf. p.80, n.II.60.

[127] Les dictionnaires ne connaissent qu'*argumentateur*.

[128] C'est-à-dire 'sans même qu'il soit besoin de parcourir'.

[129] *La vie* (éd. Mortier). Pour l'idée exprimée par cette phrase, cf. *Journal de voyage*, pp.143-144, à propos de la mort accidentelle d'un matelot. Challe écrit: 'Cela m'inspira une idée de la vie qui va jusqu'au mépris, et me force de dire comme Job: *Quare me de vulva eduxisti, qui utinam consumptus essem, translatus ex utero ad tumulum* [...] Examinons-nous nous-mêmes, dépouillons notre amour-propre, mettons bas nos orgueilleux préjugés; et nous conviendrons que l'homme est le plus disgrâcié et le plus malheureux de tous les animaux.'

[130] Dans cette réflexion sur l'insuffisance du vocabulaire, Challe rencontre Locke; voir l'*Essai philosophique sur l'entendement humain*, trad. Coste (Amsterdam 1755; rééd. Paris 1972), III.9, 'De l'insuffisance des mots'.

[131] Ce valet 'alerte, audacieux, convenant à un gendarme' (c'est-à-dire à un militaire), Challe l'a eu à son service, et nous savons son nom, c'est Landais, 'enfant de Nantes en Bretagne, tout aussi brutal que fidèle, c'est-à-dire souverainement', comme il le décrit dans le *Journal de voyage*, p.79. Challe l'a même fait figurer dans l'histoire, de toute évidence autobiographique, de Dupuis et de Mme de Londé, sous le nom de Poitiers, 'hardi et capable de toutes sortes d'intrigues' (*Illustres Françaises*, ii.485).

[132] Comme *papinasse*, p.298, n.IV.82, *papeliner* est une création expressive à la façon de Rabelais, signifiant 'cajoler' (R. Mortier). Les dictionnaires ne connaissent que *papelarder*, faire l'hypocrite, ou *pateliner*, verbe dérivé du nom de l'avocat Patelin.

[133] Un contexte semblable amène une nouvelle référence à *Don Quichotte*; cf. p.74, n.II.48.

[134] *Réciprocation* est un mot rare, mais enregistré par les dicitionnaires, comme Richelet. Challe emploie aussi le verbe; 'je la réciproquerai' (*Illustres Françaises*, i.202). (J.P.)

[135] Par saut du même au même, éd. Mortier omet les mots *de déplaire à un grand qui s'en vengerait, parceque nous supposons toujours que nous avons*, ce qui rend le passage incompréhensible.

[136] Et non *matière* (éd. Mortier). Quatre lignes plus bas, nous corrigeons en *or* (*or c'est dans ce dernier sens*) la forme *ou*, donnée par M et éd. Mortier, qui ne fait pas de sens.

[137] Challe fait écho à Malebranche, ou plutôt à une difficulté élevée par Ariste dans les *Entretiens métaphysiques*, VIII, XV, pp.322-325: 'Je conçois, Théodore, que si les créatures sont capables d'offenser Dieu, il ne manquera pas de s'en venger, lui qui s'aime par nécessité de son être. Mais que Dieu puisse être offensé, c'est ce qui ne me paraît pas concevable.' (F.R.) Théodore répond: 'Ce n'est pas que le pécheur offense Dieu, dans le sens qu'un homme en offense un autre, ni que Dieu le punisse par le plaisir qu'il trouve dans la vengeance. Mais c'est que Dieu ne peut qu'il n'agisse selon ce qu'il est, selon que l'exige l'Ordre immuable des rapports nécessaires de tout ce qu'il renferme, dont la disposition des parties de l'Univers doit porter le caractère. Ainsi Dieu n'est point indifférent à l'égard de la punition de nos désordres.' Quoique Challe omette un point essentiel de l'argumentation de Malebranche, à savoir que, s'il est vrai que Dieu 'n'est ni clément ni miséricordieux ni bon suivant les idées vulgaires', en revanche 'il est clément et miséricordieux, mais c'est en son fils et par son fils' (pp.329-331), il est manifestement influencé par son mode de pensée et son argumentation.

[138] Sur *où* = *auquel*, voir la note grammaticale.

[139] Ed. Mortier omet *folles*.

[140] Le fait que Challe conserve si aisément ce mot de *pécher* suffit à montrer qu'il n'a pas rompu aussi radicalement qu'il le croit avec le christianisme.

[141] Même insistance chez Malebranche sur l'Ordre; voir n.IV.137.

[142] Effectivement, Descartes exprime plusieurs fois cette idée. Les textes les plus clairs sont dans des lettres; l'une à Mesland du 2 mai 1644: 'Pour la difficulté de concevoir comment il a été libre et indifférent à Dieu de faire qu'il ne fût pas vrai que les trois angles d'un triangle fussent égaux à deux droits, ou généralement que les contradictoires ne peuvent être ensemble, on la peut aisément ôter en considérant que le puissance de Dieu ne peut avoir aucunes bornes; puis en considérant que notre esprit est fini et créé de telle nature qu'il peut concevoir comme possibles les choses que Dieu a voulu être véritablement possibles, mais non pas de telle qu'il puisse aussi concevoir comme possibles celles que Dieu aurait pu rendre possibles, mais qu'il a toutefois voulu rendre impossibles.' (éd. Alquié, Garnier, iii.74-75); l'autre à Arnaud du 29 juillet 1648: 'Pour moi, il me semble qu'on ne doit jamais dire d'aucune chose qu'elle est impossible à Dieu; car tout ce qui est vrai et bon étant dépendant de sa toute puissance, je n'ose pas même dire que Dieu ne peut faire une montagne sans vallée, ou que l'agrégé d'un et deux ne fasse pas trois, etc. Je dis seulement que de telles choses impliquent contradiction en ma conception.' (*ibid.*, iii.865). (P. Cahné)

[143] Pour l'expression, très caractéristique du style de Challe, comparer ce passage des *Mémoires*, f.90r, à propos du bâton de maréchal de Tourville: 'M. de Pontchartrain le lui fit obtenir, et si j'ose me servir de ce terme, il le lui jeta à la tête comme on jete un os à un chien pour l'empêcher d'aboyer.'

[144] Idée juste, qui s'applique à d'autres notions, comme la température, etc.

[145] *Point en tout* n'est guère attesté pour *point du tout*.

[146] Le texte de cette phrase est certainement corrompu; *ceux* peut renvoyer à *embarras*; l'antécédent de *qui* pourrait être un mot comme *explication* ou *hypothèse*.

[147] C'est cette seconde hypothèse, la création simultanée des âmes, qui a les secrètes préférences de Challe dans son système de métempsycose: 'C'est [...] à Dieu seul que nous devons notre création, puisqu'il nous a tous créés et formés dans le premier homme; et c'est par ce nombre innombrable d'enfants renfermés les uns dans les autres, et tous créés en même temps, que nous devons à Dieu seul ce corps matériel [...] Si Dieu, par sa toute-puissance, a renfermé tant d'enfants dans le sein d'un seul, pouvons-nous douter qu'il n'ait pu y renfermer aussi les âmes dont nos corps devaient être animés?' (*Journal de voyage*, pp.119-120). On a ici l'un des rapprochements les plus frappants, quoique presque sous-entendu, entre les *Difficultés sur la religion* et l'œuvre de Robert Challe.

[148] Avec cette orthographe, il s'agit probablement, comme le dit R. Mortier, d'une récolte de glands, qui remplaçaient le pain en période de disette, alors qu'on les donnait aux cochons en période normale. Rendant visite à la duchesse de Médoc, la femme de Sancho lui dit, dans la suite du *Don Quichotte*, vi.427: 'Je vous aurais apporté un présent si le gland avait été mûr.'

[149] Comme ceux qu'avait subis Challe lui-même; voir pp.15-16.

[150] Sur *d'où vient*, cf. p.155, n.III.98.

[151] Voir p.316, n.IV.147. Quoique Challe ne le dise pas expressément ici, c'est précisément cette circulation des âmes par laquelle tous les hommes font à tour de rôle dans tous les mondes 'des figures différentes celui qui a été grand seigneur dans l'un devenant pauvre et misérable dans l'autre' (*Journal de voyage*, p.122) qui rétablit à ses yeux l'égalité des destinées entre toutes les âmes. En revanche, la thèse qu'il expose ici est peu convaincante, et il est douteux qu'il en soit convaincu lui-même.

[152] C'est-à-dire, toute pure.

[153] Cette phrase fait difficulté. Il semble qu'il faille prendre le mot de *récompense* presque

au sens de châtiment, et entendre que les tentations de la vie heureuse sont une perpétuelle épreuve de la vertu, pour peu que cette vertu ne soit pas entière, exempte de tout tendance au vice. – A la ligne suivante, noter que *voulût* est accordé selon le sens ('il n'y en a pas un qui ne voulût ...').

[154] La morale d'Epictète, selon le *Nouveau dictionnaire historique* de Mayeul-Chaudon (1774), 'est digne d'un chrétien. Il n'était pas permis d'aller plus loin avec les seules lumières du paganisme. Les plus grands saints, Augustin, Charles Borromée, l'ont lue avec plaisir, et les plus grands libertins avec fruit.'

[155] Il faut se garder de corriger cette forme. On trouve une vingtaine d'exemples analogues dans les œuvres de Marivaux écrites entre 1712 et 1716, c'est-à-dire juste à l'époque de notre texte; ainsi, dans le *Télémaque travesti*, *Romans de jeunesse de Marivaux* (Bibliothèque de la Pléiade), p.745: 'Il fallait que je devins patient.' Il s'agit de formes aberrantes d'imparfaits du subjonctif; voir F. Deloffre, 'Marivaux grammairien', *Cahiers de l'Association internationale des études françaises*, no.25 (mai 1973), pp.113-123. On doit pourtant reconnaître que l'on n'en trouve pas d'exemple, sauf erreur, dans les autographes que l'on a de Robert Challe, dont l'orthographe est très correcte.

[156] Noter ce participe absolu, comme *y ayant*, p.158, 297, etc. Voir la note grammaticale.

[157] Cf. Malebranche, *Entretiens métaphysiques*, XI, I, pp.334-335: 'Nous humanisons à tout moment la divinité: nous limitons naturellement l'infini.'; *ibid.*, VIII, XV, pp.331-333: 'Dieu est toujours observateur exact des lois éternelles [...] quoique cela ne s'accorde nullement avec les idées grossières de ces pécheurs endurcis, qui veulent un Dieu humainement débonnaire et indulgent, ou un Dieu qui ne se mêle point de nos affaires, et qui soit indifférent sur la vie que nous menons.' Toutefois, il est important de noter que, selon Malebranche, *ibid.*, XIII, IV, pp.173-175: 'Il vaut mieux laisser aux hommes, prévenus comme ils sont de leur nature imaginaire, la liberté de juger trop affirmativement des desseins de Dieu, que de les critiquer sur la contradiction de leurs jugements touchant des effets qui paraissent contredire les attributs divins [...] Car il vaut encore mieux attribuer à Dieu une Providence humaine, que de croire que tout se fait au hasard.' Ce qu'Ariste, l'interlocuteur, résume comme suit, *ibid.*, pp.175-177: 'Je vous entends, Théodore. Il vaut mieux que les hommes parlent mal de la Providence, que de n'en parler jamais'; tandis que Théodore le corrige: 'Il vaut mieux que les hommes parlent de Dieu humainement, que de n'en dire jamais rien.' (F.R.)

[158] La formule est presque leibnizienne; cf. p.308, n.IV.119.

[159] *L'aiguille* est une excellente correction d'éd. Mortier pour *l'orignolle*, donné par M, qui n'a aucun sens. A la même ligne, M porte *courreroit*, normal à l'époque, que nous modernisons en *courrait*.

[160] Pendant la guerre de la Ligue d'Augsbourg, où l'on faisait effectivement en France de tels vœux à l'égard de Guillaume d'Orange, officiellement moins pour son hostilité à l'égard de la France que pour son attitude à l'égard du roi légitime et le fait qu'il était 'hérétique'.

[161] C'est-à-dire, suivant le mouvement imprimé une fois pour toutes.

[162] Parlant d'un nommé Lalanne, rencontré au Canada, avec lequel il s'était querellé et qu'il avait frappé, Challe écrit dans le *Journal de voyage*, p.216: 'Il me fit un beau procès; j'écrivis à M. de Seignelay; il fut cassé, et le procès en est resté là. Il peut le faire juger si bon lui semble. Je ne m'en suis point remué et ne m'en remuerai poit encore [...] c'était au mois de janvier 1689.'

[163] L'emploi figuré de *forçat*, mot qu'on trouve depuis le XVIème siècle dans le sens moderne, n'est pas commun. *Forçat* désigne ici les moines et les ecclésiastiques, supposés avoir du crédit auprès de Dieu. Sur la forme *excroquer*, voir p.125, n.II.220.

[164] Si le texte n'est pas corrompu, il faut comprendre: 'à la négligence des pratiques de piété et à mon irréligion'.

[165] M, suivi par éd. Mortier, porte *par des expressions*, qui n'a guère de sens, et que nous

corrigeons en *par des processions*. A la fin du même alinéa, *tiens* doit être encore un lapsus, entraîné par la proximité du masculin *exemples*.

[166] Une pirouette est une 'pièce de bois, de métal ou d'ivoire qui est ronde et percée, à travers de laquelle on passe un pivot ou brin de bois, sur lequel on la fait tourner pour divertir les enfants.' (Furetière, 1690, cité d'après l'éd. de 1694).

[167] Cette fois, *forçat* semble pris au sens propre; voir n.IV.163. Pour le fond, on voit que Challe n'a rien d'un saint Vincent de Paul; la justice passe à ses yeux avant la charité.

[168] A la différence de Spinoza, Challe prend bien garde de ne pas confondre la nature avec Dieu.

[169] C'est dans la *Recherche de la vérité*, VI, II, 3, dans les *Eclaircissements*, XV, 6ème preuve, et dans les *Entretiens métaphysiques*, XII, XVII, que Malebranche expose sa théorie des 'causes occasionnelles'. Ainsi, dans le dernier ouvrage cité, pp.150-151: 'Je suis persuadé, Théodore, que les créatures n'ont point d'efficace propre, et que Dieu ne leur communique sa puissance que par l'établissement de quelques lois générales. J'ai la puissance de remuer le bras, mais c'est en conséquence des lois générales de l'union de l'âme et du corps.' Le système du 'tout en Dieu' est une conséquence du dualisme: l'âme et le corps sont d'une nature si hétérogène qu'ils en arrivent à n'avoir plus de point de contact qu'en Dieu.

[170] Il faut apparemment lire *se remue*.

[171] Pour la campagne de 1677, la seule dans laquelle Challe ait pris part à de véritables batailles, en l'occurrence à la bataille du Mont-Cassel et au siège de Saint-Omer; voir le *Journal de voyage*, Vie de Robert Challe, p.18, n.22.

[172] Sur *ergotisme*, voir p.120, n.II.185. Dans la même phrase, *concours* signifie 'action réciproque des personnes ou des choses qui agissent ensemble pour tendre à une même fin' (Furetière, 1690).

[173] Ce docteur de Sorbonne pourrait être Grandin, que Challe cite, dans le *Journal de voyage*, p.111, comme 'doyen de Sorbonne, et un des plus savants hommes du monde'. Mais celui-ci (1604-1691), auteur d'une *Martini Grandini disputatio theologica* (Paris 1710), en 6 vol. in 8°, semble trop vieux pour que Challe ait pu le connaître autrement que par ses conférences publiques. Aussi estimons-nous beaucoup plus probable qu'il s'agit ici d'Edme Pirot (1631-1713), mort chancelier du chapitre de Notre-Dame de Paris, mêlé à l'affaire du quiétisme comme examinateur de l'*Explication des maximes des saints*, de Fénelon, auteur de divers ouvrages dont un au moins, un *Mémoire sur l'autorité du concile de Trente*, ne put manquer d'intéresser Challe. Nous savons en effet que celui-ci le connaissait personnellement, comme le montre un passage du *Journal de voyage*, p.144: 'Je me souviens qu'étant un jour à dîner avec M. Pirot, docteur de Sorbonne, il prouva, par deux actions faites sous nos yeux, que le chien du cocher du maître chez lequel nous mangions avait plus de raison qu'un homme qui venait de sortir, et ajouta plaisamment qu'il en connaissait plusieurs qui n'avaient rien d'humain que la figure, et auxquels il semblait que la nature avait mis une âme dans le corps comme un charcutier met du sel dans celui d'un cochon, uniquement pour l'empêcher de pourrir.'

[174] Même précaution chez Malebranche, qui, dans les *Entretiens métaphysiques*, VIII, II, pp.289-291, déclare préférer le terme de 'causes occasionnelles' à celui de 'causes naturelles', 'de peur de favoriser le préjugé dangereux d'une nature et d'une efficace distinguées de la volonté de Dieu et de sa toute-puissance'. (F.R.)

[175] Et non *une horloge* (éd. Mortier); cf. p.275, n.IV.29.

[176] Par saut du même au même, éd. Mortier omet les mots *d'un homme et notre volonté l'ouvrage*. – Immédiatement après, nous corrigeons avec éd. Mortier *donc*, donné par M suivant une confusion qui lui est coutumière, en *dont*.

[177] *Josué*, x.12-14. Nous n'avons pu identifier l'*exemplum* des flèches qui se retournaient contre les Sarrazins.

[178] La source de Sainte-Reine, sur le chemin de Paris à Lyon, entre Flavigny et le château de Bussy, était l'objet d'un pélerinage important depuis le Moyen-Age; saint Vincent de Paul y avait fondé un hospice destiné aux malades venus en pélerinage auprès de la source. On racontait qu'elle avait jailli à l'endroit où sainte Reine avait été décapitée pour avoir refusé d'épouser un gouverneur romain. Mme de Sévigné se faisait apporter de son eau, et Bussy écrivait (2 septembre 1678) que ce voisinage lui procurait 'la connaissance de beaucoup d'honnêtes gens'. Challe lui-même mentionne la source dans ses *Mémoires*, f.124*v*: 'Tout le monde sait qu'à Sainte-Reine en Bourgogne, il y a des eaux minérales qui guérissent les maux infâmes qui proviennent *Venere naturali.*' Pour la théorie des 'corpuscules', voir les idées de Challe sur la 'poudre de sympathie', dont le principe actif était censé résider dans des atomes ou corpuscules, *Correspondance*, p.158, et la note 54 afférente à ce passage. On constate, une fois de plus, que le texte des *Difficultés* reflète les connaissances et les préoccupations de Robert Challe.

[179] D'après G. D'Emiliane (pseudonyme de Gavin), *Histoire des tromperies des prêtres et des moines* (Rotterdam 1701), i.6-7, les cordeliers, ne se contentant pas d'avoir la fontaine miraculeuse, 'et voulant attirer à eux toute la dévotion du pélerinage, prétendirent un beau matin avoir une partie considérable du corps de la sainte. Ils commencèrent d'en exposer publiquement un bras tout entier, de sorte que l'on vit paraître dans la distance de moins d'une lieue une sainte à trois bras, au grand étonnement et scandale des peuples d'alentour et d'une infinité de voyageurs et de pélerins.' (F.R.)

[180] La formule rappelle la célèbre définition de l'art selon Bacon, *homo additus naturae*. Citons aussi Thomas Browne, *Religio medici* (1642), I, XVI, 'All things are artificial, since nature is the art of God'.

[181] L'addition de *c'est*, indispensable, a été proposée par H. Coulet.

[182] Si le texte est correct, il faut comprendre: 'Cette nature est une vérité; à quoi l'on peut ajouter qu'il ne s'y peut faire aucun changement...'. Cet emploi d'*avec* correspond à un emploi de *sans* relevé p.124, n.II.210.

[183] *Immanquabilité* est un néologisme. Un dictionnaire aussi complet que celui de Bescherelle ne l'enregistre pas encore. Le cas de *droiture*, employé au sens physique dans le paragraphe suivant, est différent, puisque Richelet et Furetière enregistrent au moins le sens propre de ce mot dans les expressions *à droiture* ou *en droiture*.

[184] Sur cette mention du 'fils', cf. p.89, n.II.84, et p.303, n.IV.104.

[185] *Sic*. Le féminin, conservé ici par éd. Mortier, qui le corrige p.276, extrait LXV, var. f, n'est pas surprenant pour un mot terminé par un *-e* et commençant par une voyelle; cf. en sens inverse *ombre*, p.125, n.II.216, et plus généralement de nombreux exemples similaires, contemporains, chez Marivaux, *Romans de jeunesse* (Bibliothèque de la Pléiade), p.1366.

[186] Challe dégage bien les deux motifs de son déisme. Dans le christianisme, il craint pour son salut; d'autre part, par le jeûne et diverses autres obligations, le même christianisme lui impose des contraintes qui lui sont insupportables.

[187] Ce paragraphe résume toute la pensée de Challe sur la justice divine et la liberté humaine.

[188] Nouvelle expression de l'inquiétude signalée n.IV.186.

[189] On ne peut s'empêcher de se souvenir que Challe avait un père qui 'épuisait sa sagesse et sa tendresse à exhorter ses enfants', et que parmi ces derniers un au moins, André, après quelques années d'une vie agitée, disparut si bien qu'on le tint finalement pour mort; cf. J. Mesnard, 'L'identité de Robert Challe', pp.928-929.

[190] Le mot *récrimination* est pris dans son sens juridique: 'Accusation postérieure que fait un accusé contre son accusateur sur le même fait' (Furetière).

[191] Nous n'avons pu identifier cette chanson, dont le premier vers ne figure pas dans les incipit du Département de la musique de la Bibliothèque nationale. Peut-être est-ce le

pastiche d'un air d'opéra; comparer les vers que, selon Challe, *Mémoires*, f.90r, chantait un lieutenant à la Hougue: 'Pour te reprocher ta faiblesse, / C'est aux Enfers que je t'attends'. Pour l'idée, cf. Jaquelot, *Dissertations sur l'existence de Dieu* (cf. p.37, n.P.3), p.675: 'D'autres croient avoir des arguments pour rejeter la religion. Ils parlent de Dieu [...] Mais si l'on parle d'un Dieu qui juge les hommes pour rendre à chacun selon ses œuvres, cette idée de Dieu les choque et les irrite. Une telle divinité n'a été inventée, si on les croit, que pour contenir le petit peuple dans son devoir.' Mais Jaquelot conclut à l'inverse de Challe: 'Ce serait donc peu de prouver à ces gens l'existence de Dieu, si l'on n'établissait en même temps la divinité des saintes lettres.'

[192] Les particularistes croient que le Christ est mort uniquement pour les élus (éd. Mortier). Les universalistes croient en revanche qu'il est mort pour tous les hommes.

[193] 'A la moitié de son âge, il avait parcourut la moitié du monde et l'avait observée d'un œil pénétrant', dit Eva-Maria Knapp-Tepperberg dans son ouvrage, *Robert Challe's Illustres Françaises: Erzählte Wirklichkeit in der französischen Frühaufklärung* (Heidelberg 1970), Epigraphe.

[194] Les allusions à saint Paul se réfèrent respectivement à: (troisième ciel), *II Corinthiens*, xii.2; (fuyait le danger) *II Corinthiens*, xi.32-33; *Actes*, ix.23-25; (appelait à César) *Actes*, xxv.10-11; (priait, menaçait, flattait, promettait) *Actes*, xxiii.1, 6, 17-22, xxiv.10, etc. (F.R.)

[195] Un des plus audacieux exemples de phrase nominale de l'ouvrage; mais, comme on ne rencontre rien de tel dans S, il est douteux que le texte soit authentique, et l'on en arrive à se demander si d'autres types de phrase comparables ne sont pas aussi interpolés.

[196] *Luc*, xxii.32. (F.R.)

[197] C'est-à-dire: 'sans qu'il soit besoin de faire...'.

[198] M porte *émût*, qu'il faudrait alors interpréter comme un imparfait du subjonctif équivalent d'un conditionnel (= *émouvrait*), ce qui est difficile, et pour le sens et par rapport à l'usage du temps. La correction est approuvée par H. Coulet.

[199] M, suivi par éd. Mortier, porte *disons*; ce texte ne convient pas, et la correction s'impose.

[200] Pour *lui* = *le lui*, voir la note grammaticale, p.544.

[201] Sans doute faudrait-il corriger en *ni ne contredisent*, qui serait plus correct.

[202] Ce que la grammaire du temps appelle imparfait subjonctif est ce qui a été appelé au cours du XVIIIème siècle conditionnel. Ce dernier mot n'est pas encore dans Furetière (1690). Voir le même emploi un peu plus loin.

[203] C'est à condition que; même tour p.335.

[204] 'Anagramme de vouloir' (note marginale de M). Dans la même phrase lire *et le retenons*, et non *et retenons-le* (éd. Mortier).

[205] Nous avons modifié sur plusieurs points le texte de M (dont le copiste ne se montre guère plus soucieux du sens que de coutume), suivi par éd. Mortier. Après *absolu pour le pouvoir*, nous supprimons, avec M, le point-virgule d'éd. Mortier; nous remplaçons, après *viens de donner*, la virgule de M par deux points; nous remplaçons *c'est* de M et éd. Mortier par *cet* dans *c'est olouvrir d'aucun effet*; enfin, suivant une suggestion d'Henri Coulet, nous supprimons *ne* dans *il ne peut donner*, où sa présence, manifestement amenée par une dittographie, fait contresens.

[206] *Par toutes ces explications* dépend de *ne comprendront pas*. Le souci pédagogique de Challe est frappant.

[207] Nouvelle expression du conservatisme de Challe dans le domaine économique et social.

[208] Plus haut, p.331. Cf. l'emploi de *pécher*, commenté plus haut, p.313, n.IV.140.

[209] 'Ce passage n'est pas clair, et la ponctuation est fort difficile à établir', observe éd.

Mortier, qui donne le texte suivant: 'Pour l'erreur populaire sur le cours de la vie – "Donc", dit-on, "les jours sont comptés" - il est bien vrai...'. Mais on notera que si le tiret devant *donc* est bien dans M, ce n'est que le trait dont le copiste se sert pour compléter une ligne insuffisamment remplie. Le manuscrit donne aussi *donc*, mais, comme l'a remarqué Henri Coulet, c'est manifestement une faute (banale) pour *dont*. A partir de ces considérations, on aboutit aisément au texte proposé, qui est satisfaisant et même très naturel.

[210] A l'époque, *déterminément* n'est pas un néologisme (on le trouve chez Oresme au XIVème siècle), mais bien plutôt un archaïsme qu'on ne rencontre guère après l'emploi qu'en fait La Bruyère dans les *Caractères*, ch.IV (éd. R. Garapon, Garnier), p.147: 'Il y a des gens qui veulent si ardemment et si déterminément une certaine chose que...

[211] Si Challe admet l'excuse de l''étoile' pour les héros de ses romans ('mon étoile qui m'entraînait...', dit Des Frans dans un passage des *Illustres Françaises*, ii.314, imité à trois reprises par l'abbé Prévost et une fois par Diderot), il la rejette pour lui-même. C'est ainsi qu'à propos de l'astrologie il écrit aux journalistes de La Haye, dans sa *Correspondance*, pp.156-157: '... en un mot, je n'y crois nullement, parce que ce serait admettre la prédestination, et nous ôter le libre arbitre, et par conséquent nous donner le pouvoir de rejeter sur notre étoile les crimes de notre nature corrompue, et admettre avec les païens: *dii nos sicut pilas habent.*'

[212] Dans les fêtes médiévales, et encore de nos jours dans certaines fêtes de la Belgique et du Nord de la France, à Douai par exemple, on promenait une sorte de charrette portant une roue tournant lentement dans un plan incliné à environ 30° de l'horizontale sous l'impulsion d'un engrenage commandé par le mouvement des roues du véhicule. Sur cette roue étaient figurés des personnages en mi-grandeur, bourgeois, noble, paysan, ecclésiastique, qui se trouvaient ainsi à tour de rôle au sommet et au bas de la roue. C'est pourquoi nous comprenons *au tour* (écrit *autour* dans M et éd. Mortier) comme 'selon le tour'.

[213] L'idée est exprimée dans l'*Ecclésiaste*, iii.1-2: 'Il y a un le moment pour tout [...] un temps pour enfanter et un temps pour mourir [...] un temps pour bâtir et un temps pour détruire.' (F.R.) Mais Challe étend l'idée aux Etats.

[214] Dans le *Journal de voyage*, Challe dit à propos du 'monde': 'Je le regarde comme un véritable théâtre; et bien malheureux, à mon sens, ceux qui s'y attachent autrement que comme à une comédie.' (p.346).

[215] Comme le note R. Mortier, c'est déjà la thèse que Gibbon soutiendra un siècle plus tard.

[216] Les recherches de Jean Mesnard ont illustré ce point. Les revenus annuels de Robert Challe pouvaient descendre jusqu'à moins de 300 livres; voir 'L'identité de Robert Challe', p.938. Pour l''estime' de ceux dont Challe est connu, on dispose désormais non seulement du document cité dans l'introduction, p.19, n.intr.45, et rappelé n.IV.122, mais d'un autre document, également mis à jour par M. Jean Carrabin, les lettres écrites par Brossette, de Lyon, à M. de Saint-Fonds, à Villefranche, publiées par de Longevialle. On y voit Brossette, qui a connu Challe à Lyon, le solliciter le 5 avril 1715, par l'entremise de Saint-Fonds, de demander pour lui des renseignements aux auteurs du *Journal littéraire*. Il apparaît aussi par cette même lettre que Challe a communiqué à Brossette diverses pièces de littérature, dont un sonnet attribué au Grand Prieur de Vendôme. Les dires de Challe sont ainsi parfaitement confirmés.

[217] Ce passage est à rapprocher, tant pour le fond que pour le ton, de deux autres confessions presque contemporaines faites par Challe dans ses *Mémoires* (1716), d'abord au début de cet ouvrage, f.3r: 'J'espère que mon exemple portera [les jeunes gens] à suivre un train de vie plus réglé que le mien, et leur fera éviter les occasions où je me suis mal à propos trouvé. C'a été involontairement, il est vrai; mais s'ils font attention à ce que je dirai, ils n'éprouveront pas, comme moi, les malheurs, les peines et les chagrins

dont j'ai été accablé par ma faute [...] ils trouveront aussi matière à des réflexions, réflexions qui ne m'ont de rien servi, parce que je les ai faites trop tard pour pouvoir en profiter moi-même.' Plus loin, f.130, il revient sur le même propos, évoquant les 'bontés' de Seignelay qui ne lui 'ont de rien servi', 'par [sa] faute en partie, et aussi en partie à cause de la malheureuse influence de l'étoile où [il est] né'. Il avoue par la même occasion qu'il n'a 'jamais voulu rien valoir, ni profiter des occasions que la fortune [lui] a assez souvent présentées pour [s]on avancement'. Voir encore le *Journal de voyage*, pp.143, 504-509. Nous avons ici un passage qui fournit encore à lui seul un indice décisif de l'attribution de l'ouvrage.

[218] Dans M, *raisons* a été barré, puis restitué grâce au sigle typographique constitué par une ligne de points.

[219] L'esprit, tel que le conçoit Challe, fonctionnerait donc à la façon d'un ordinateur en réduisant les aspects matériels du problème à leur formulation mathématique.

[220] Le pont Notre-Dame était couvert de maisons; quant à la porte Saint-Martin, elle venait d'être édifiée en 1674. (F.R.) Le domicile de Challe en 1710 n'est pas connu; en 1712, tandis qu'il était en tournée à Arras, sa femme était restée dans leur logis parisien rue des Frondeurs, paroisse Saint-Roch; voyez Jean Mesnard, 'L'identité de Robert Challe', p.938. En tout cas, la rencontre fortuite imaginée ici fait invinciblement penser au début des *Illustres Françaises*, où la rencontre imprévue des deux amis, Des Frans et Des Ronais, se fait précisément 'au bout de la rue de Gesvres', qui aboutissait au pont notre-Dame, également cité dans le même passage des *Illustres Françaises*, i.1. On se souvient enfin que Challe a parlé ici, p.86, cf. n.II.78, du pont Notre-Dame où il habite et où se produit un embarras de voitures. Ces coincidences sont manifestement liées à des associations d'idées propres à l'imagination de l'auteur.

[221] Un même point d'heure et de lieu, sans quoi la rencontre était impossible.

[222] *En* = de part (éd. Mortier); *y* = à la chose.

[223] La pompe de la Samaritaine, construite en 1608, comportait une horloge astronomique indiquant les jours et les mois. Vétuste à l'époque, elle fut restaurée entre 1712 et 1714. (F.R.)

[224] Apparemment p.126.

[224 bis] *Incombinable* n'est guère attesté.

[225] *Il* = cela; voir la note grammaticale, p.543.

[226] *Secousse* signifie élan, impulsion, comme p.167, n.III.168. Dans la même phrase, *chance*, conformément à l'étymologie (chute des dés), désigne le point marqué par les dés.

[227] *Qui* = *ce qui*; cf. la note grammaticale.

[228] Dès qu'on en a entendu parler une seule fois.

[229] Nous ponctuons après *catéchisme* et *cahier*. Même si on adopte une autre ponctuation, par exemple en supprimant tout signe après *catéchisme*, *ce cahier* doit s'entendre comme 'le présent cahier', et non 'un autre cahier commençant par...'.

[230] Ceci, on le notera, reste compatible avec le système de la métempsycose. On lit dans le *Journal de voyage*, p.123, à propos des conséquences de ce système sur la morale: 'chaque homme vivant, se mettant dans l'esprit qu'il ira faire dans un autre monde la même figure qu'il voit faire dans celui-ci à un malheureux, en aurait compassion et l'assisterait dans l'espérance d'en être assisté à son tour.'

[231] *Rédarguer*, reprendre, blâmer (Richelet). Les dictionnaires ne signalent guère d'emploi attesté de ce mot après le XVIème siècle (Calvin).

[232] Peut-être y a-t-il ici une réminiscence de la parodie du *Pater noster* qu'on colportait à Versailles à la fin du règne de Louis XIV: 'Notre père qui êtes à Versailles, que votre nom ne soit plus sanctifié, que votre règne ne soit plus aussi grand...' (F. R.)

[233] *Matthieu*, xviii.19: 'Si deux d'entre vous unissent leur voix pour demander quoi que

ce soit, cela leur sera accordé par mon père'. (F.R.) Du reste, Challe recommande lui-même ailleurs (p.343) la pratique de la prière unanime.

[234] Dans ses *Mémoires*, f.92v, Challe commente précisément la coutume de faire dire à l'équipage une prière publique avant le combat: 'Il est bon sans doute de prier Dieu, surtout sur le point de livrer bataille. Cependant, si j'étais capitaine de vaisseau, je me contenterais de prier Dieu pour moi seul, mais je me donnerais bien de garde d'obliger mon équipage d'en faire autant en public.' Il est vrai que la raison qu'il allègue en cette occasion est la peur excessive que cause cette pratique; mais le scepticisme à l'égard de son efficacité n'est pas absent non plus.

[235] Le procureur est ici celui qui a procuration: 'Si quelque affaire t'importe, / Ne la fais pas par procureur', dit La Fontaine, *Fables*, xi.3.

[236] *Immanent* est ici à prendre au sens de 'constant, continu' (Richelet).

[237] Il est notable que Challe retrouve ici l'attitude de la prière chrétienne.

[238] Si *cagoterie* et *cagotisme* étaient attestés à l'époque, *cagotage* ne l'était pas.

[239] Cet imparfait du subjonctif est un subjonctif du conditionnel ('les hommes ne sombreraient pas dans l'athéisme même s'il n'y avait aucune ombre...').

[240] *Sic*; éd. Mortier donne *aucune*; cf. p.125, n.II.216.

[241] C'est à dire 'sans qu'il soit besoin de faire profession de logique'. Comparer cet emploi de *sans* avec celui qu'on a relevé p.124, n.II.210, et celui d'*avec*, p.324, n.IV.182.

[242] Un peu plus loin, p.342, l'auteur est moins positif sur la religion qu'il prête aux sauvages. Voici du reste une partie du discours du chef iroquois Arouim-Tesche, tel que Challe le rapporte dans ses *Mémoires*, f.47r (passage omis dans l'éd. A. Augustin-Thierry), d'où ressortent les traits de la religion des Indiens du Canada vue par lui. Arouim-Tesche s'adresse à La Barre, gouverneur: 'Tu nous dis qu'en nous instruisant de ta religion nous en deviendrons meilleurs: et quel est celui d'entre vous qui vaut mieux que nous?... Nous ravissons-nous l'un à l'autre quelque chose? Non. Car nous vivons ensemble comme si nous ne composions qu'une seule cabane, ou qui que ce soit n'a rien de propre, où tout est commun... Ecoute, Onontio [sur ce mot signifiant chef, voir n.I.87], vis comme nous, vis pour vivre tant que le Grand Esprit te laissera où tu es et jusques à ce qu'il transporte ton âme dans le pays des âmes... Ne fais point de tort à personne et dis à ton Onontio que tu n'en veux point faire par ses ordres... Tes missionnaires nous disent cela tous les jours, mais nous voyons qu'à notre vue ils font le contraire... Ce qu'ils nous disent est bon; qu'avons-nous besoin qu'ils nous le répètent, puisque la nature nous le dit à tout moment, et que nous le disons à nous-mêmes... Nous voulons pourtant bien l'entendre, car cela nous confirme qu'il y a un sens commun universellement répandu parmi les hommes et que nous ne sommes pas si brutes que tu le crois [...] Ecoute, Onontio, nous ne croyons que ce qui cadre à la raison et qui frappe les yeux...'. Noter que dans ce texte les points de suspension correspondent, non à des coupures, mais à des pauses de l'orateur.

[243] Un signe (une croix suivie de sept points), placé au-dessus de la ligne entre *questions* et *lui*, indique apparemment que le passage a posé des difficultés, sans doute à la suite d'une lacune. Nous proposons de restituer: '[qui seraient résolues sur le champ par un enfant] lui étant proposées...' (c'est-à-dire: si elles lui étaient proposées).

[244] Cette image du Vésuve, notable pour l'époque, s'appuie sur un souvenir, ou du moins sur une réflexion personnelle. Dans le *Journal de voyage*, p.158, Challe, tentant de donner une explication des volcans, écrit: 'Lorsque le mont Vésuve jette beaucoup de flammes et porte l'inondation de ses feux plus loin qu'à l'ordinaire; c'est un signe, disent les Siciliens, que l'année ne sera pas bonne.' S'agissant du Vésuve, et non de l'Etna, Siciliens semble résulter d'une inadvertance, à moins que le nom ne désigne les habitants du royaume des Deux-Siciles, ainsi que les actes officiels espagnol désignaient encore, à l'époque, le royaume de Naples et ses annexes insulaires; voir à ce sujet le *Dictionnaire géographique* de Thomas Corneille, s.v. Sicile.

[245] Ce 'tour dans les pays d'Inquisition', Challe l'avait fait lui-même, ainsi qu'il le

précise dans le *Journal de voyage*, p.366-367: 'Tous ceux qui, comme moi, ont été en Portugal, savent que ce n'est plus la religion de Jésus-Christ qui y prime [...] C'est l'indigne et exécrable tribunal de l'Inquisition qui entretient, multiplie et fomente ces abus. Il ne faut que lire ce qu'en écrit un savant capucin, qui a pensé y être grillé, et qui se plaint de l'ignorance des juges aussi bien que Dellon [...] J'ai vu à Lisbonne leur Atto da fe, ou acte de foi; les exécrables inquisiteurs y représentent Eaque, Rhadamante et Minos...'; voir aussi *ibid.*, pp.425-426, sur l'inquisition de Goa, pp.469 sqq. sur celle d'Espagne, et les notes afférentes à ces passages.

[246] M, suivi par éd. Mortier, porte *par rapport à elle et*; nous corrigeons *et* en *a* pour donner un complément à *s'exciter*, qui autrement n'offre pas un sens satisfaisant.

[247] Les atomes, issus de 'la doctrine de Démocrite et de Leucippe, renouvelée par Epicure, et fort bien expliquée par l'illustre Gassendi', dit Furetière (cité dans l'éd. de 1694), étaient à la mode. Regnard parle, dans le *Bal*, sc.XIII, d'un 'atome bourgeois', et Malebranche d'un 'atome vivant' à propos d'un insecte vu au microscope, cf. p.271, n.IV.15. Le sens est ici 'quantité négligeable'.

[248] Horace, *Art poétique*, vers 343. En substituant *brevitate clarum* ('la clarté à la brièveté') à *utile dulci* ('l'utile à l'agréable'), Challe rend le vers faux. Dans M, *miscuit* est en surcharge sur un autre mot.

[249] Cette théorie de la rhétorique, maîtresse de mensonge, opposée au naturel, lié au vrai, est fondamentale chez Robert Challe. On la retrouve dans l'opposition qu'il établit entre le style 'brillant et persuasif' par lequel les jésuites déguisent la vérité et le style 'simple et naturel', qui a 'tout à fait renoncé aux embellissements rhétoriques' des missionnaires (*Journal de voyage*, p.339). Du reste, il applique pour son compte cette leçon de naturel. Ainsi, dans la Préface du *Journal de voyage*, il annonce qu'on n'y trouvera pas 'un de ces styles fleuris qui rendent recommandables toutes sortes de relations', mais qu'en revanche, 'outre l'exactitude, la simple vérité s'y trouvera' (p.61). Même programme dans la Préface des *Illustres Françaises*; puisque l'auteur conte des vérités qui ont leur règle 'contraire à celle des romans', il écrit comme il aurait 'parlé à [s]es amis, dans un style purement naturel et familier'. Stylistique résumée en une formule frappante: 'car tout, en étant vrai, ne peut être que naturel' (pp.LXI et LXII).

[250] 'S. Evremont' (note marginale de M). Cette note est un nouvel exemple de la légèreté avec laquelle le texte de M est commenté. Certes, son auteur a songé à la *Comédie des opéras*, de Saint-Evremont, ou mieux à sa *Dissertation sur l'opéra, à Monsieur le duc de Buckingham*, publiée dans ses *Œuvres mêlées* (Amsterdam 1705), iii.653, dans laquelle l'écrivain juge 'contre nature' de faire en chantant des confidences, de donner des ordres à un valet, etc. Mais Saint-Evremont ne se souciait guère du temple, et ne se déchaînait contre les pécheurs ni par sa poésie, ni par sa musique. Challe pense en fait à un de ses contemporains, Jean-Baptiste Rousseau (1671-1741), qui, quoique lui-même auteur de deux opéras, qui eurent peu de succès, dénigra l'opéra dans plusieurs de ses poèmes, notamment dans son *Opéra de Naples* (Allégorie no.1). Dans ses douze *Allégories* satiriques, Rousseau vise surtout les pécheurs et les profanes; et dans ses dix-neuf *Odes sacrées* il 'porte ses adorations au trône redoutable du Tout-Puissant'. (Robert Finch, Eugène Joliat)

[251] Challe, qui ne semble pas avoir su le grec, s'exprime de façon obscure; en grec, ni *dèmos* ni *laos*, qui signifient peuple, ne désignent des bêtes brutes. Mais l'auteur peut penser à Dèmos, le personnage du Peuple, qui, chez Aristophane (dont une belle édition grecque-latine venait de paraître en 1710 à Amsterdam), est une bête stupide. D'autre part, le *poimèn*, berger ou pasteur, est comme Agamemnon chez Homère, le pasteur des peuples, c'est-à-dire, selon une plaisanterie que Voltaire ne sera sans doute pas le premier à faire, celui qui les 'tond'; d'où l'assimilation du peuple à un troupeau de moutons.

[252] Et non *ne pas leur avoir bien tenu* (éd. Mortier). L'allusion est au cérémonial des rencontres de l'empereur et du pape; cf. p.46, n.I.12.

²⁵³ On peut citer les enfants de Frédéric II; mais l'exemple le plus célèbre de fils révoltés contre son père est celui de Henri V, fils de l'empereur Henri IV excommunié par Grégoire VII.

²⁵⁴ Sur l'orbe ou anneau de Saturne, voir p.177, n.III.206.

²⁵⁵ M porte *quelconque*; nous adoptons la correction d'éd. Mortier, *quiconque*.

²⁵⁶ L'emploi de ce mot fait difficulté; il semble signifier la même chose qu'*énonciation*.

²⁵⁷ Construction difficile. Comprendre: 'par inaction, paresse, stupidité, les gens seront dupes'. Le réalisme désabusé de cette phrase finale corrige l'impression d'utopie que laisse souvent le quatrième cahier.

²⁵⁸ Il n'y a pas lieu de corriger, avec éd. Mortier, *crient* en *ils crient*. C'est précisément en effet un des traits du style de Challe que de faire ainsi l'ellipse du pronom sujet; voir le *Journal de voyage*, n.288 (p.588), où l'on trouvera cités plusieurs exemples analogues.

²⁵⁹ Cette absence d'effet, reconnue par Challe, devrait l'amener à se demander si l'homme n'a pas besoin de ce qu'il appelle 'le merveilleux', et que l'on pourrait appeler la transcendance.

²⁶⁰ Comme le prouve le paragraphe suivant, *ses* et *son* renvoient de façon irrégulière à 'la religion'.

²⁶¹ Souvenir du fameux *gratis accepistis, gratis date*; voir p.50, n.I.55, et p.137, n.II.263.

²⁶² *Monuments* est à entendre au sens classique, ce qui fait souvenir, ce qui remémore, notamment les écrits.

²⁶³ M porte: *sans nécessité consultation ni de*. Ed. Mortier corrige tacitement: *sans nécessité ni consultation de*, ce qui n'est pas encore satisfaisant. Nous nous contentons de restituer *de* après *nécessités* dans le texte de M, car cette préposition a pu tomber sous l'influence du *de* qui suit presque immédiatement.

²⁶⁴ Alors que le début du paragraphe faisait attendre l'éloge des 'philosophes' et des 'sauvages', curieusement réunis, il se termine sur celui des villageois et des enfants; on est ainsi passé de Voltaire – au moins du Voltaire de l'*Ingénu* – à Rousseau, et l'on s'est aussi rapproché du message évangélique.

²⁶⁵ Si l'accent du paragraphe précédent était quasi rousseauiste, celui-ci est au contraire curieusement platonicien.

²⁶⁶ Encore une allusion de caractère très personnel, contrastant avec la manière habituelle des philosophes et des apologistes. Quoique Challe sans doute allusion à des faits que nous ne connaissons pas, on peut rappeler que dans son *Journal de voyage*, pp.449, 467, il accuse l'aumônier Kerduff d'avoir dépouillé des malades qui s'étaient confessés à lui avant de mourir. On peut aussi penser à l attitude qu'il prête aux Jésuites au Siam, lors de la mort de Constance Phaulkon et du roi, *ibid.*, pp.430-431.

²⁶⁷ M porte *que d'horreurs*. Nous avons adopté la correction proposée tacitement par éd. Mortier; on aurait pu lire aussi *que d'horribles* pour *que d'horreurs*.

²⁶⁸ Voir p.43, n.L.17, 18. Sur l'effet de ces lectures, cf. p.49, n.I.52.

²⁶⁹ Cette requête de Challe est curieuse et trahit l'influence de l'Ecole. Pour sa part, Malebranche écrivait le 24 août 1709 au père André: 'Je n'ai jamais fait usage de ce qu'on m'a enseigné sur les syllogismes. Un peu de bon sens et d'attention fait découvrir quand un argument ne vaut rien.' (F.R.)

²⁷⁰ Et non *de répétition de principes* (M et éd. Mortier). *Gît en fait* signifie 'est un fait'.

²⁷¹ Souvenir d'Horace, *Odes*, III, 30, 1-7: '*Exegi monumentum aere perennius, / Regalique situ pyramidum altius, / Quod non imber edax, non aquilo impotens / Possit diruere aut innumerabilis / Annorum series et fuga temporum. / Non omnis moriar, multaque pars mei / Vitabit libitinam.*' Ce qui menace ici l'œuvre de Challe, ce sont la colère du pape, les feux (des bûchers où l'on consumait les livres défendus), le vol, puis le temps. Sur le vol, voir la *Correspondance*, p.171, où Challe écrit: 'il semble que ce soit ma destinée qu'on me vole tous mes manuscrits'.

[272] Ce chiffre est curieux; dans le manuscrit M, le quatrième cahier comporte 151 pages, soit près de 80 feuillets. Il faut supposer que Challe écrivait sur des feuillets aussi grands, et d'une écriture plus serrée, comme l'est effectivement la sienne. – Noter que, plus loin, l'auteur continue par des féminins, comme s'il avait écrit *feuilles* ou *pages* plutôt que *feuillets*.

[273] Le rapprochement de ces deux mots, qui n'apparaissent dans ce texte qu'ici, incite à leur rechercher une source commune. Ce pourrait être l'*Histoire des religions de tous les royaumes du monde ...*, par le sieur Jovet, chanoine de Laon, prieur de Plainchâtel, à Paris, chez Gilles Paulus du Mesnil, rue Frementelle, au Petit Corbeil, près le Puits-Certain, 1710, 4 vol. in 12° (1ère éd., T. Girard, 1673; autres éd. en 1680, 1686, 1697). Dans cet ouvrage, qui devait intéresser Challe, on lit, iv.98, à propos de l'Angola: 'Les gangas, qui sont les prêtres de ces idoles, sont respectés eux-mêmes comme des dieux, parce qu'ils se vantent de pouvoir fermer le ciel, ou en faire tomber la pluie, de donner la vie ou la mort, et de découvrir l'avenir et les choses les plus cachées par la vertu des moquites. Mais s'ils font quelque chose de surprenant, c'est par quelque secret de médecin, ou par leurs enchantements, étant tous magiciens.' D'après le même ouvrage, iii.156-157, les goëghys ou secte de Goëghy adorent Bruin et son serviteur Mecis; ils n'ont pas de temple, mènent une vie très chaste, et sont très respectés des Indiens: 'Ils ne croient point la métempsycose comme les autres banians, mais ils disent que les âmes vont au sortir du corps droit auprès de leur dieu Bruin pour vivre avec lui éternellement et pour être unies avec cette lumière infinie.' La source de ce dernier passage est la *Relation du voyage des Indes* (fait en 1638) de Mandeslo, trad. par Wicquefort (1659). Le problème est que tous les ouvrages qui parlent des goeghys (Trévoux, 1752; Moréri, 1759, etc.) les appellent goeghys ou goeghis. La forme gongis n'apparaît que dans les dictionnaires du XIXème siècle, ceux de Napoléon Landais (1840), Bescherelle, etc. On se demande par quelle voie elle a pu pénétrer ici et s'il faut l'attribuer telle quelle à l'auteur. Pour sa part, Voltaire parle de janguis dans sa *Lettre d'un Turc* (composée avant 1750), *Contes et romans* (Bibliothèque de la Pléiade), p.131: 'Un jour nous allâmes ensemble à la pagode de Gavani. Nous y vîmes plusieurs bandes de fakirs, dont les uns étaient des janguis, c'est-à-dire des fakirs contemplatifs, et les autres des disciples des gymnosphistes, qui menaient une vie active.' On trouve aussi *jogui* dans le titre d'une gravure de B. Picard datée de 1722.

[274] Avec ce texte, *damner* a le sens dérivé de 'condamner'; si on veut lui donner son sens théologique, il faut supprimer *et* devant *que*, l'antécédent de *que* étant alors *les autres* et non plus *malheur*; cette interprétation semble en elle-même préférable.

[275] Challe se souvient peut-être encore ici du mot de Chausson cité n.IV.98.

[276] Il s'agit certainement de Proclus Diadocus, philosophe néoplatonicien, qui vécut au Vème siècle et écrivit contre la religion chrétienne. Challe pouvait le connaître comme commentateur des *Eléments* d'Euclide; une nouvelle édition de ses ouvrages, commentés par le mathématicien Fermat, avait paru en 1670. Sur Diophante, voir p.242, n.III.477.

[277] *Cribler*, selon Furetière (1690, cité d'après l'éd. de 1694), 'se dit figurément en choses morales et signifie éplucher une affaire, en examiner les moindres circonstances'.

[278] Comparer cette protestation de l'auteur dans le *Journal de voyage*, après l'exposé purement déiste de la théorie de la métempsycose: 'Je n'ai point dit [cela] par aucun mauvais principe, puisque je ne le crois pas.' (p.125).

[279] A propos de la tempête dans laquelle il s'est trouvé, Challe écrit dans le *Journal de voyage*, p.460: 'Pour moi, qui ai toujours regardé la mort comme un mal nécessaire et en stoïque...'. Cf. p.306, n.IV.113.

[280] Cf. dans les *Mémoires*, f.2r: 'L'envie de passer pour auteur ne m'a jamais tenté.'

[281] Cette peur de l'au-delà apparaîtra de nouveau un peu plus tard dans la lettre du 22 janvier 1714, *Correspondance*, pp.155-156: 'Franchement, je n'aime point qu'on pronostique ma mort, ni qu'on la présume. Et c'est sur ce seul article que j'envie la condition des

bêtes qui ne sont point frappées de la terreur de l'avenir qui la suit [...] Ne me jouez plus sur la mort, Messieurs, je vous demande quartier...'. Cf. notes I.105 et III.255.

[282] Apparemment ceux des quatre cahiers. On voit mal, du reste, à quoi s'oppose le *Mais* qui commence le paragraphe suivant.

[283] Nouvelle attaque contre le style orné; cf. p.343, n.IV.249. On observera encore que Challe se rencontre avec La Bruyère, dans le ch. 'de la chaire' des *Caractères*, §13 (éd. Garapon), p.450.

[284] Les met en campagne.

[285] Sur Denys et Phalaris, cf. pp.104, n.II.142, et 100, n.II.132.

[286] M et éd. Mortier portent *en leur faveur*. L'emploi de *leur* paraît dû à une faute de copiste, soit que celui-ci ait pensé que l'expression *parler en faveur de* s'emploie plutôt à propos de personnes, soit qu'il ait machinalement répété le *leur* de la phrase précédente.

[287] Avant la bataille contre Maxence (28 octobre 312), Constantin vit dans le ciel une croix lumineuse avec l'inscription *in hoc signo vinces*. Le lendemain il vit en songe Jésus-Christ qui lui ordonnait de se servir de cette croix pour étendard. Il la fit réaliser sous la forme d'une enseigne, le *labarum*, qui portait une sorte de P traversé par une barre horizontale.

[288] Le mot manque dans M et éd. Mortier. S'agit-il du démon? Ce sont les artistes modernes qui ont adopté la coutume de figurer saint Paul armé d'un glaive. 'Son attribut personnel est une épée, instrument de sa décollation', dit Louis Réau, *Iconographie de l'art chrétien* (Paris 1959), iii.1039. Mais on ne voit pas qui cette épée pourrait écarter. (J. Deprun) Quant à la légende de la colombe apportant la Sainte Ampoule pour le baptême de Clovis, ampoule utilisée jusqu'à la Révolution pour le sacre des rois à Reims, elle remonte au XIV-XVème siècle et est d'inspiration plus dynastique que religieuse.

[289] Au sens défini par le *Dictionnaire* de Furetière: 'On a encore appelé capital le chef cens [c'est-à-dire le premier cens par opposition au surcens] dû sur un héritage. On dit figurément en ce sens faire son capital d'une chose pour dire en faire fonds, en être assuré, espérer qu'il produira quelque chose de bon. C'est le capital ou point principal du procès.' Donc, on fait des pratiques religieuses et des faveurs accordées à l'Eglise l'essentiel de la religion pour les souverains.

[290] A propos de ce refus de 'dogmatiser', cf. p.275, n.IV.28, en comparant *dogmatiser* à *théologiser*.

[291] L'attitude de Challe à l'égard de la magie, nette en théorie, l'est moins quand il est question des pratiques. Défendant le recours à la magie dans l'Histoire de Des Frans et de Silvie, pp.512-513 des *Illustres Françaises*, il se dit dans sa lettre du 30 décembre 1713, *Correspondance*, p.153 'très persuadé qu'il y a [...] des secrets qui passent la nature.'

[292] G. Lanson, p.27 de l'article cité dans l'introduction, p.4, avait émis l'hypothèse qu'il pourrait s'agir des *Trois Imposteurs*, dont le contenu correspond en effet à ce qui est indiqué ici. Mais cette hypothèse ne peut être retenue un instant, tant pour des raisons externes, chronologiques et historiques, que parce que la sécheresse du style de cet ouvrage est aux antipodes de la manière de Challe. Aucun des traités dont parle ici Challe ne semble figurer dans ce qui nous est parvenu de la littérature clandestine du temps.

Notes de la postface

[1] Les références aux ouvrages dont il fait état dans la postface sont données d'après les indications portées aux pages 33-34. Pour les œuvres de Malebranche autres que *la Recherche de la vérité* et les *Entretiens métaphysiques*, le numéro de page indiqué est celui de l'édition collective publiée sous la direction de M. André Robinet. Les œuvres de Bourdaloue sont citées d'après l'édition des *Œuvres complètes* publiée par des prêtres de l'Immaculée Conception de Saint-Dizier (Haute Marne). A Paris, Victor Palmé, éditeur, 6 rue Saint-Suplice; Louis Guérin, éditeur-imprimeur, à Bar-le-Duc, 1864. On notera que l'édition de 1714 des *Pensées* de Pascal à laquelle nous renvoyons est identique à celle de 1678, dont les additions par rapport à celle de 1670 sont reproduites pp.495-523 de la réimpression en fac-similé des *Pensées* dans la version de Port-Royal par G. Couton et J. Jehasse (Centre universitaire d'éditions et de rééditions, Saint-Etienne 1971).

[2] Folio 101; cf. note IV.216.

[3] C'est-à-dire à travers Diogène Laërce, qui a consacré le livre X de ses *Vies et opinions des philosophes illustres* à Epicure, et qui nous a conservé le texte de trois lettres et de quarante aphorismes illustrant sa doctrine. Ce n'est qu'avec les fouilles d'Herculanum (1752-1754) que des papyrus ont révélé le texte de fragments importants de l'ouvrage d'Epicure *Sur la nature*. Cicéron et Plutarque parlent aussi de la doctrine d'Epicure.

[4] Voir le *Journal de voyage*, p.198.

[5] Voir le *Journal de voyage*, p.369, et la *Correspondance*, p.152 et note 37.

[6] Cité dans le *Journal de voyage*, p.343, et ici même, p.210 (version M).

[7] Voir le *Journal de voyage*, p.353.

[8] Saint-Amant, Mairet et Théophile sont mentionnés parmi les lectures favorites de Challe dans le *Journal de voyage*, p.143.

[9] Dans une lettre du 14 avril 1714, en réponse à une remarque des journalistes hollandais dans leur lettre du 22 mars 1714, *Correspondance*, p.164.

[10] Sur Chausson, voir notes III.445 et IV.98, ainsi que le *Journal de voyage*, p.143 et note 238. Chausson n'est cité à notre connaissance dans aucun des ouvrages qui seront mentionnés dans la note 13. Mais M. François Berriot a eu l'obligeance de nous donner les renseignements qu'il a trouvés sur ce personnage dans la copie, exécutée par Gueulette (B.N., ms fr. 10969, pp.649-720), des pièces du procès de Jacques Chausson, dit des Etangs, 'ancien commis aux fermes du Roi, ancien commis des douanes', 'vivant d'écritures et de copies qu'il faisait pour les uns et les autres qui voulaient l'employer', etc. A l'âge de 43 ans, il fut inculpé pour tentative de 'sodomie' et d'assassinat sur la personne d'un adolescent de 17 ans. Après plusieurs interrogatoires, Chausson et Paulmier, commis aux fermes générales, son complice, reconnurent avoir servi d'entremetteurs aux marquis de Bellay et de Belleforce. La sentence (p.711 du ms) les déclare 'atteints et convaincus d'avoir dit et proféré des blasphèmes et impiétés mentionnées au procès, et en outre d'avoir commis et fait commettre le crime de sodomie et péché contre nature'. Ils furent condamnés à avoir la langue coupée et à être 'brûlés et réduits en cendres'. L'appel ayant été rejeté, la sentence fut exécutée le 29 décembre 1669. C'était le même châtiment qui avait été infligé un peu moins de cinquante ans auparavant à Vanini.

[11] La Chambre et Rohault sont cités dans le *Journal de voyage*, p.343.

[12] *Journal de voyage*, p.96.

[13] Parmi les nombreuses études sur les libertins, nous nous sommes surtout servis de celle de Gustave Lanson, parue dans la *Revue des cours et conférences* (1908-1909), du *Libertinage érudit* de M. René Pintard, et de *Free French Thought from Gassendi to Voltaire* (London 1960), de M. J. S. Spink.

[14] Voir p.406.

[15] *Etats et empires de la lune*, *Œuvres complètes*, éd. J. Prévost (Paris 1977), p.420.

[16] Le qualificatif lui est appliqué par un de ses compagnons de toute dans le *Journal du voyage aux Indes*, p.469; voir 'Robert Challe, père du déisme français', p.974.

[17] Voir J. S. Spink, *Free French Thought from Gassendi to Voltaire*, p.45. Sur Campanella, on peut se reporter à l'ouvrage d'A. Corsano, *Tommaso Campanella* (1944). Une édition complète de ses œuvres a été commencée en 1954 par son bibliographe L. Firpo.

[18] Cf. La Bruyère, *Caractères*, des Esprits forts: 'Quelques-uns achèvent de se corrompre par de longs voyages et perdent le peu de religion qui leur restait. Ils voient de jour en jour un nouveau culte, divers mœurs, diverses cérémonies. Ils ressemblent à ceux qui entrent dans les magasins –...) ils ne se fixent point, ils restent sans emplette', éd. Garapon (Paris 1962), p.459.

[19] Cité par A. Robinet, 'Difficultés sur les *Difficultés*. Réalité ou fiction dans le *Militaire philosophe*', *Annales de l'Institut de Philosophie* (Bruxelles 1972), p.72.

[20] Sur l'emploi de ce mot au XVIIème siècle, voir note L.12. A. MacKenna, dans la communication citée plus loin, note 22, signale que Bolingbroke emploie souvent le mot *artificial* dans un contexte analogue ('artificial theology'), et que, de plus, il désigne Malebranche comme la source de la 'théologie factice' de Clarke (*Philosophical works*, v.96). Mais, outre que ces exemples sont postérieurs, le sens ne paraît pas être chez Bolingbroke exactement le même que chez Challe. Pour ce dernier, factice se rattache à fait; une religion factice est aussi une religion bâtie sur des faits, non sur la voix de la conscience.

[21] Exemple significatif d'amalgame discutable. On ne peut pas confondre les événements historiques qui ont fondé le christianisme avec les légendes qu'on rencontre dans les religions indo-européennes ou orientales et extrême-orientales.

[22] Anthony MacKenna, 'Les *Pensées* de Pascal dans les manuscrits clandestins du XVIIIème siècle', *Table ronde sur le matérialisme du XVIIIème siècle et la littérature clandestine* (Paris, Sorbonne, 6-7 juin 1980), p.3 et n.9. Anthony MacKenna annonce une thèse de doctorat d'Etat sur l'influence des *Pensées*, notamment sur les apologistes suivants: Nicole, Malebranche, Mauduit, Desgabets, Huet, La Bruyère, Bernard Lamy, Levassor, Allix, François Lamy, Jaquelot, Régis, etc.

[23] *Dissertation sur l'existence de Dieu* (Paris 1697; cf. note Pr.3), pp.676-677.

[24] Mlle Marie-Hélène Cotoni met en valeur cet aspect dans sa thèse, *L'Exégèse du Nouveau testament dans le philosophie du XVIIIème siècle*, ex. dactyl., p.100.

[25] Voir J. Steinmann, *Richard Simon et les origines de l'exégèse biblique* (Desclées de Brouwer 1960), pp.100-103.

[26] On sait qu'il est l'auteur d'un ouvrage intitulé *Tablettes chronologiques*, qui va de la naissance de Jésus-Christ à l'année 1702. Cet ouvrage, dont il est longuement question dans la lettre du 22 janvier 1714 (*Correspondance*, pp.159-160), ne nous est pas parvenu.

[27] 'Moïse était habile homme [...] Donc, s'il eût eu dessein de tromper, il l'eût fait en sorte qu'on ne pût le convaincre de tromperie [...] Pourquoi, par exemple, a-t-on fait la vie des premiers hommes si longue, et si peu de générations? Il eût pu se cacher dans une multitude de générations, mais il ne le pouvait en si peu; car ce n'est pas le nombre des années, c'est la multitude des générations qui rend les choses obscures [...] La longueur de la vie des patriarches, au lieu de faire que les histoires passées se perdissent, servait au contraire à les conserver. Car ce qui fait que l'on n'est pas quelquefois assez instruit dans l'histoire de ses ancêtres, c'est qu'on n'a jamais vécu avec eux, et qu'ils sont morts souvent avant qu'on eût atteint l'âge de raison, etc.' (XI, 4, pp.80-81).

[28] 'Je ne dis rien de l'impossibilité de loger tout cela: elle saute aux yeux; elle a été objectée mille fois, et a donné lieu à de beaux châteaux en Espagne' (p.160, texte de M).

[29] Challe prend la parole d'Isaïe au sens littéral, suivant l'interprétation calviniste et

janséniste, condamnée par le concile de Trente, sixième session, canevas 6 et 17 sur la justification (13 janvier). La doctrine de l'Eglise entend: 'Si vous vous soustrayez volontairement à la grâce, même si vous entendez matériellement les paroles de vérité, vous ne les comprendrez pas et vous courrez à votre perte'. La forme abrupte de la citation s'explique et par la conscience très vive qu'avaient les anciens Hébreux de la toute-puissance de Dieu, à qui ils attribuaient même les péchés qu'il permet, et par le genre littéraire de la prophétie: les prophètes prêtent à Dieu les invectives de l'époux outragé, mais toujours prêt à reprendre l'épouse infidèle après l'avoir purifiée. Une fois de plus, la formule doit être prise dans son sens gnomique et non littéral.

[30] 'Qu'on s'imagine ces douze hommes assemblés après la mort de Jésus-Christ, faisant le complot de dire qu'il est ressuscité. Ils attaquent par là toutes les puissances. Le cœur des hommes est étrangement penchant à la légèreté, au changement, aux promesses, aux biens. Si peu qu'un d'entre eux se fût démenti par tous ces attraits, et qui plus est par les prisons, par les tortures et par la mort, ils étaient perdus. Qu'on suive cela. Tandis que Jésus-Christ était avec eux, ils les pouvaient soutenir. Mais après cela, s'il ne leur est apparu, qui les a fait agir?' (*Pensées*, XVI, 1-2, pp.113-114.

[31] Voir notamment Toland, *Christianity not mysterious;* (1696), traduction Vigoureux, *Les Livres saints et la critique rationaliste, histoire et réfutation* (Paris 1886), ii.23: 'Supposez qu'un talapoin siamois soutienne à un missionaire chrétien que Sammonocodom a défendu d'examiner à l'aide des lumières de la raison si sa religion est bonne, comment le chrétien pourrait-il la réfuter s'il prétendait également que certains points du christianisme sont au-dessus de la raison?' Cf. aussi les *Lettres sur Sammonocodom*, de Charles Leslie, dans Migne, *Démonstration évangélique*, iv.871, cit. par Vigoureux, *ibid.*, ii.23.

[32] 'Lorsque Dieu fait un miracle, et qu'il n'agit point en conséquence des lois générales qui nous sont connues, je prétends que Dieu agit en conséquence d'autres lois générales qui nous sont inconnues, ou que ce qu'il fait alors, il y est déterminé par des circonstances qu'il a en vue de toute éternité, en formant cet acte simple, éternel, invariable, qui renferme et les lois générales de sa providence ordinaire, et encore les exceptions de ces mêmes lois' (*Entretiens sur la métaphysique*, VIII, 3, pp.292-293). On a là une expression du 'mécanisme' de Malebranche, comme le remarque M. Ferdinant Alquié, *Malebranche et le rationalisme chrétien* (Paris 1977), pp.42-44.

[33] Comparer le texte de S, sans doute plus proche de l'original: '...auquel ils mêlèrent le nom de Jésus-Christ d'une manière obscure, en sorte qu'on n'avait d'autre idée que celle d'un prédicateur envoyé immédiatement de Dieu, que la malice des hommes, ennemis de la vérité, avait fait périr, en récompense de quoi Dieu l'avait comblé d'une grande gloire et d'une puissance extraordinaire, ce qui n'avait rien absolument de choquant.' (p.230). Dans les deux cas, le problème de la résurrection, qui n'a du reste jamais été traité de façon 'obscure', est passé sous silence.

[34] Noter aussi le passage de la p.101 du même ouvrage dans lequel Challe cite Cicéron parlant de César: *Non liberalis erat, dum bona civium militibus dabat.* Cette phrase, dont nous n'avions pas retrouvé l'origine exacte, rappelle en tout cas étrangement, comme nous le signale M. Jean Carrabin, un texte de Cicéron, *De Officiis*, I, 14, *Pecuniarum translatio a justis dominis ad alienos non debet liberalis videri*, que Challe avait pu trouver cité par Montaigne dans le chapitre des coches, III, 6.

[35] Dans ses *Principes physiques de la raison et des passions de l'homme* (Paris 1709), Maubec en arrive, comme le remarque J. S. Spink, *Free French Thought from Gassendi to Voltaire*, p.219, à une position matérialiste à partir du dualisme suivi d'une critique et d'un rejet de la 'substance pensante' de Descartes. L'argumentation de Maubec est que Descartes a échoué en voulant prouver que la 'pensée' est une substance séparée, immatérielle. La pensée peut être une propriété de la matière. Un enfant ne pense pas dans le ventre de sa mère; il commence à penser après sa naissance, quand les premières implusions du monde extérieur atteigne son cerveau par le moyen des nerfs. Toutes les idées viennent de la sensation: *nihil est in intellectu quod prius non fuerit in sensu.* Les impressions sont

enregistrées dans le cerveau comme sur une tablette de cire, les unes plaisantes, les autres déplaisantes, d'où les premières passions de désir et d'aversion. Ce que nous appelons jugement n'est qu'un processus d'association d'impressions. Les idées claires ne sont que des impressions vives. Le raisonnement est l'union de plusieurs idées. Des deux substances, Maubec ne conserve, malgré le fidéisme qu'il affiche dans sa conclusion, que la 'substance étendue', qu'il propose de doter d'attributs autres que l'extension, particulièrement la pensée.

[36] 'Abêtissez-vous' n'est pas une citation exacte, mais résume un passage du fragment Br. 233, Lafuma 418: 'apprenez de ceux, etc. qui ont été liés comme vous et qui parient maintenant tout leur bien [...] C'est en faisant tout comme s'ils croyaient, en prenant de l'eau bénite, en faisant dire des messes, etc. Naturellement même cela vous fera croire et vous abêtira.' Mais l'éd. de Port-Royal ne conserve de l'original qu'un résumé très plat (II,7): 'Suivez la manière par où ils ont commencé; imitez leurs actions extérieurs, si vous ne pouvez encore entrer dans leurs dispositions intérieures; quittez ces vains amusements qui vous occupent tout entier.' (p.60 de l'éd. de 1670; p.55 de l'éd. de 1714).

[37] Un long développement du sixième livre du *Don Quichotte*, ch.XLIV, pp.144-146, est consacré à l'éloge de la police, notamment lorsqu'elle s'exerce contre les voleurs de grand chemin.

[38] La justice vénale est attaqué trois fois dans cet ouvrage, f.10*v*, 17, 73*v*. Elle l'était déjà dans la suite du *Don Quichotte*, ch.LVII, vi.430.

[39] Dans *Le Songe de Platon*; voir *Romans et contes*, par F. Deloffre et J. Van den Heuvel, Bibliothèque de la Pléiade, pp.15-17 et notice, pp.687-692.

[40] Voir l'introduction de Ginette Dreyfus dans le volume consacré à cet ouvrage (Paris 1958), pp.47-127 et 168-173.

[41] *Ibid.*, pp.127-157.

[42] Ginette Dreyfus relève (*ibid.*, pp.151-152) que Fénelon confond dans son raisonnement deux valeurs du mot *possible*, possibilité logique de la conception théorique et possibilité pratique de la réalisation dans l'existence, ce qui l'amène à affirmer que tout ce qui est pratiquement impossible est logiquement impossible. A l'inverse, à partir de la même confusion, Spinoza soutient que tout ce qui est logiquement possible est pratiquement et existentiellement possible.

[43] L'horoscope fatal de Gallouin joue un grand rôle dans les *Illustres Françaises*; voir Melâhat Menemencioglu, 'Gallouin – Don Juan, un clé pour Robert Challe', pp.981-993.

[44] Apparemment lorsqu'il attribue au hasard le choix d'une religion; cf. p.68: 'Je suis né à Paris, je suis papiste...'. Il est aussi question du hasard p.126, et, implicitement, pp.297-298, lorsque l'auteur nie l'effet des prières dans la réalisation des vœux.

[45] Ceci ressort aussi bien des écrits autobiographiques (*Journal de voyage*, p.193) que de la transposition romanesque que représentent *Les Illustres Françaises*; voir notamment l'histoire de Dupuis, ii.418-420, 443-448. Jean Mesnard a montré dans 'L'identité de Robert Challe', pp.932-933, que la mère de Challe avait avantagé l'aîné de ses enfants, Pierre, au détriment de son jeune frère, Robert.

[46] L'hostilité de Challe à l'égard du jeûne s'exprime dans tous ses ouvrages autobiographiques, *Journal de voyage*, pp.488-489, *Correspondance*, p.162, et même dans la suite du *Don Quichotte*, ch.LIV, pp.348-351. Voir n.I.32.

[47] 'Sur ce fondement les impies prennent lieu de blasphémer la religion chrétienne parce qu'ils la connaissent mal. Ils s'imaginent qu'elle consiste simplement en l'adoration d'un Dieu considéré comme grand, puissant et éternel; ce qui est proprement le déisme, presque aussi éloigné de la religion chrétienne que l'athéisme qui y est tout à fait contraire. Et de là ils concluent que cette religion n'est pas véritable; parce que si elle l'était il faudrait que Dieu se manifestât aux hommes par des preuves si sensibles qu'il fût impossible que personne se méconnût. / Mais qu'ils en concluent ce qu'ils voudront

contre le déisme, ils n'en concluront rien contre la religion chrétienne qui reconnaît que depuis le péché Dieu ne se montre point aux hommes avec toute l'évidence qu'il pourrait faire...' (II, 14, pp.23-24).

Note grammaticale

Les particularités de la grammaire de Challe, telle qu'on la trouve dans les *Difficultés sur la religion*, s'expliquent bien entendu d'abord par l'époque à laquelle il écrit, à savoir la période de transition entre la langue classique, dont Vaugelas est le meilleur observateur, et la langue du XVIIIème siècle, dans laquelle l'influence des partisans de la grammaire logique s'exercera de façon dominante.

Pourtant, certains traits individuels de son usage grammatical apparaissent quand on se réfère à des ouvrages composés exactement à la même époque. Ainsi, les œuvres de jeunesse de Marivaux, composées entre 1710 et 1720, fourniront quelques repères utiles.

On se souviendra que le texte du présent ouvrage n'est pas connu par un manuscrit autographe, mais par des copies tardives. Les divergences que l'on observe parfois entre le texte de M et celui de S (par exemple à propos du genre des mots comme *abîme* et *ombre*) obligent à considérer avec prudence les faits purement orthographiques. Nous n'y insisterons donc pas, réservant leur étude plus détaillée au volume contenant les *Mémoires* et la *Correspondance* de Challe, textes pour lesquels nous disposons de manuscrits olographes.

Les ouvrages cités ci-après en référence sont les suivants:

F. Brunot, *Histoire de la langue française* (Paris 1966), t.IV et VI [par Alexis François]; abréviation: *H.L.F.*

F. Deloffre, *Marivaux et le marivaudage* (Paris 1967); abréviation: *Marivaux et le marivaudage.*

Marivaux, *Théâtre complet*, éd. par F. Deloffre (Paris 1968); abréviation: Marivaux, *Théâtre.*

Marivaux, *Œuvres de jeunesse*, éd. par F. Deloffre, avec la collaboration de Claude Rigault (Paris 1972); abréviation: Marivaux, *Œuvres de jeunesse.*

Marivaux, *Journaux et œuvres diverses*, éd. par F. Deloffre et M. Gilot (Paris 1969); abréviation: Marivaux, *Journaux.*

Les sigles S et M signalent que l'exemple cité ne figure que dans le manuscrit en question.

Formes verbales

A la première personne du singulier du présent du verbe *aller*, la forme *je vas*, discutée mais toujours vivante, est ici conservée p.60, n.II.4, p.82, p.85, p.94, p.96, n.II.114. Minoritaire ici, peut-être du fait du copiste, elle est largement majoritaire dans le *Journal de voyage aux Indes*. Cf. *H.L.F.*, vi.1447-1448.

La forme archaïque de troisième personne du pluriel de l'indicatif présent du verbe *gésir, gissent*, n'est plus guère signalée au XVIIIème siècle; cf. *H.L.F.*, vi.1451. Elle est attestée ici p.286, S (var.LXX.s).

Une forme de première personne du singulier de l'imparfait du subjunctif confondue avec celle du passé simple, *tins* dans 'pour que je m'en tins là', p.319, n.IV.155, est d'un type fréquent dans les *Œuvres de jeunesse* de Marivaux, pp.1368-1369. Comme elle est exceptionnelle chez Challe, doit-on l'attribuer à un lapsus de l'auteur ou du copiste?

Nous avons aussi considéré comme un lapsus la forme *j'encourre*, pour *j'encours*, p.259, n.III.545, et nous l'avons corrigée en conséquence. Il n'est pourtant pas exclu que la faute remonte à l'auteur.

En revanche, nous avons maintenu les formes de futur et de conditionnel *courreront*, p.327, et *courrerait*, p.320, qui sont très courantes à l'époque, quoique rejetées par les puristes (*H.L.F.*, vi.1449), ainsi que les formes de futur du type *j'envoierai*, qui trouvent encore des défenseurs au XVIIIème siècle (*H.L.F.*, vi.1449).

Autres problèmes morphologiques

La forme *pire* apparaît pour un adverbe dans *faire encore pire*, p.300. Plus curieusement encore, on trouve *pis* comme comparatif de l'adjectif dans le membre de phrase *monstre pis mille fois que les Denys*, p.104, mais ce texte suspect n'est donné que par M.

Noter encore l'archaïsme *vieil* pour *vieux* devant un mot commençant par une consonne dans *le plus vieil casuiste*, p.346.

Genre

Au XVIIIème siècle, on hésite sur le genre des noms commençant par une voyelle, surtout s'ils se terminent par un e muet, et d'autant plus que l'article *un* semble dans cette position se prononcer comme *une*, ainsi qu'on le remarque encore de nos jours dans certaines régions de l'Est; cf. *H.L.F.*, iv.783-805. Quoique rarement notée par les grammairiens, cette hésitation subsiste au XVIIIème siècle.

On trouve ici au féminin *abîme*, p.295 et p.326, n.IV.185; *emblème*, p.157; *Evangile*, p.133; *ombre*, p.125, n.II.216, et p.341, n.IV.240. Mais les exemples inverses sont plus nombreux.

Inversement, on trouve au masculin *annexe*, p.285 M, *équivoque*, p.294, *étoffe*, p.225 S. Par archaïsme, *rencontre* est aussi parfois masculin, pp.166, n.III.163; 275, n.IV.29; 323, n.IV.175; *horloge* l'est toujours.

On notera que l'hésitation sur les genres, qui porte du reste sur des mots différents, à l'exception d'*équivoque*, est encore beaucoup plus fréquente dans les œuvres contemporaines de Marivaux; voir *Théâtre*, ii.1360; *Œuvres de jeunesse*, pp.1366-1367; *Journaux*, p.797.

L'accord

Accord en genre. Quoique *personne* soit un mot féminin, il est repris par un pronom masculin, pp.300, 335, 344, comme le serait *gens*. Les grammairiens n'enregistrent le problème que pour *gens* (*H.L.F.*, vi.1576-1577), pas pour *personne*.

Accord avec le plus rapproché. La pratique quasi constante est de faire l'accord de l'adjectif ou du verbe non avec l'ensemble des termes, mais avec le plus rapproché. Ainsi: 'il serait toujours vrai que cet être serait d'une sagesse et d'une puissance si grande...', p.307. Cet accord avec le plus rapproché se fait parfois de façon illogique et surprenante: 'Il est naturel que les trois quarts de l'auditoire conclut...', p.138; 'ces mystères où le vin était reçu ne nuisit à rien', p.230 M; S. corrige: *ne nuisirent.*

Accord du participe passé. Le participe passé conjugué avec *avoir*, conformément à la règle ancienne, reste invariable si le sujet est postposé: 'C'est par ce progrès que s'est fait la métamorphose du christianisme en papisme', p.344.

Moins régulièrement, il reste parfois encore invariable lorsque le participe passé ne termine pas le groupe: 'tous les monuments anciens sont pleins de punitions qu'ils ont fait des crimes, des récompenses données à la vertu', p.187, n.III.253; noter dans ce dernier exemple que l'accord est fait pour *données* en raison de la proximité.

Dans l'ensemble, l'accord des participes passés, autant qu'on peut en juger à travers les manuscrits, est fait avec soin, ce qui est conforme à la pratique de Robert Challe; sur l'usage de Marivaux, beaucoup plus aberrant, voir *Théâtre*, ii.1133-1134, et *Œuvres de jeunesse*, pp.1374-1376.

Article

Omission de l'article. Suivant un usage ancien, l'article est omis dans un certain nombre de cas:

– devant *gens*: 'bien des choses que gens plus historiques que moi pourraient dire', p.231 S (M corrige: 'que des gens...'). Cf. *Marivaux et le marivaudage*, p.366;

– devant *demi-heure*, suivant un usage qui subsiste encore de nos jours dans la région lyonnaise, etc., ou plus exactement ici devant *demi-quart d'heure*, p.344;

– devant *millions*, apparement assimilé à *cent*, *mille*, etc: 'Et qu'est-ce qu'Adam était devant Dieu? Millions de fois moins qu'un enfant devant un ancien philosophe', p.254 S; le manuscrit M porte: 'mille fois moins...';

– devant l'indéfini *même*: 'que Dieu crée des âmes semblables et à mêmes conditions que...', p.316;

– exceptionnellement, devant un superlatif relatif: 'en des temps où l'on devrait avoir plus [= le plus] de connaissances', p.51. Cf. *pour la faire plus prompte qu'il m'était possible* (*Journal de voyage*, p.460).

Article à valeur pronominale. Par ellipse, l'article défini prend valeur pronominale: 'le religion [chinoise] fait moins de mauvais effets que la chrétienne', p.246: Si les cas d'omission de l'article signalés plus haut ont été discutés par les grammairiens du XVIIIème siècle (cf. *H.L.F.*, vi.1553-1554), cet emploi à valeur pronominale ne semble pas avoir retenu leur attention.

Pronom personnel

IL employé comme neutre. Malgré l'Académie (*H.L.F.*, vi.1644-1645), Challe, comme Marivaux (voir *Théâtre*, ii.1136), emploie souvent *il* avec valeur de neutre (= *cela*): 'il reste toujours sujet de dispute', p.60, n.II.5; 'si je dis que l'empereur de Chine est présentement debout et qu'il soit vrai', p.337; 'il est permis d'être fou en amour, il est défendu partout ailleurs', p.343.

Haplologie. Suivant un usage ancien, toujours existant dans la langue parlée moderne, les deux pronoms personnels direct et indirect non réfléchis se réduisent au second; ainsi *le lui* à *lui*: 'rien ne m'empêchait de lui faire avoir', p.330; 'je ne courais aucun risque en lui faisant tomber', *ibid.*; *le leur* à *leur*: 'ce n'est pas sans difficulté qu'ils s'y rendent quand on leur propose', p.269; etc. Même usage chez Marivaux, *Œuvres de jeunesse*, p.1170.

La preuve que ce phénomène n'est pas d'ordre purement phonétique, c'est qu'on constate la même ellipse après *tel que* et *autant que*: 'par une volonté fixe ou conditionnelle, et telle qu'on voudra (= qu'on la voudra) imaginer ou nommer', p.328 S, var.LXXXVII.c; cette *lectio difficilior* semble préférable au texte de M; 'des cérémonies en si grand nombre et telles que je reconnaissais chez les Grecs et chez les Romains païens', p.47, n.I.17; 'lorsqu'on leur propose', p.269, n.IV.4; 'quand on leur présente', p.270, n.IV.5, etc.

Place du pronom personnel complément d'un impératif. Conformément à l'ancien usage, qui subsiste (voir *Marivaux et le marivaudage*, pp.484-486), le pronom personnel complément se place devant l'impératif si celui-ci s'appuie sur la conjonction *et* (type: 'Va, cours, vole et nous venge'): 'prenez-en quelques lambeaux, et les fourrez dans un autre ouvrage', pp.147-148; 'ayons encore recours à notre père naturel et lui demandons...', p.269; 'appelons ce vouloir [...] olouvrir et le retenons pour le verbe et pour le substantif', p.330.

Place du pronom personnel complément de verbe + infinitif. On sait que la langue dispose à l'époque de deux ordres entre lesquels le choix est libre: pronom, verbe, infinitif (ordre ancien), comme dans *auquel cas il en faudrait donner une copie fidèle* (p.43); verbe, pronom, infinitif (ordre moderne), comme dans *pourquoi la fausseté viendrait à moi se présenter* (p.41). La proportion du tour ancien au tour moderne s'élève dans les *Difficultés sur la religion* à environ 40%, chiffre établi après rectification de certaines leçons de l'éd. Mortier, au lieu des 31% avancés dans l'article 'Challe père du déisme français', p.978, n.116. Cette proportion est celle qu'on trouve habituellement chez Challe; elle est assez nettement suppérieur à celle qu'on peut calculer chez Marivaux; voir *Marivaux et le marivaudage*, pp.484-485.

Pronom démonstratif

Les grammairiens et l'Académie blâment l'emploi de *celui* avec un adjectif ou une préposition autre que *de*; pourtant ce tour se développe au XVIIIème siècle et on en rencontre des exemples chez Voltaire, ainsi dans les *Mémoires pour servir à la vie de M. de Voltaire*; cf. *H.L.F.*, vi.1642-1643. De même ici: 'celui en question', p.148 S; 'il y a bien d'autres embarras qui s'évanouissent [...] comme ceux sur la prescience et sur la liberté', p.316; 'sans crainte d'aucunes mauvaises suites que celles immanquables aux religions factices', (p.338).

Pronom interrogatif

Dans l'ancienne langue, *qui* peut interroger sur la cause ('Qui te rend si hardi...?') et même sur le motif ('Qui fait l'oiseau? C'est le plumage.'). Cf. ici: 'Qui fait les papes? la brigue, l'argent, les promesses', p.240.

Pronom relatif

QUI = CE QUI. Conformément à l'ancien usage, le pronom relatif peut représenter un neutre ou une idée même sans être précédé de *ce*. Ainsi, *qui* représente *ce qui* dans les exemples suivants: 'on se trouve [...] embarrassé d'idées confuses et point instruit d'une manière claire et convaincante, qui est l'effet que doit produire un écrit tel et du caractère de celui-ci', p.40; 'c'est alors que j'examinai non en historien, qui est un travail infini', p.51; 'il le fera plutôt chanoine, qui est le poste le plus ridicule...', p.52; 'ils ne sont pas inébranlables dans leurs croyances, parce qu'ils n'ont pas de certitude, qui est impossible', p.131; 'à moins que vous ne regardiez l'être infini que comme un homme dont la force est bornée, qui fait que...', p.306 M (S corrige en *ce qui*, cf. var.LXXXI.1); 'concluons qu'il n'y a pas de hasard dans les choses mêmes, qui est le but de cet article', p.337.

De même, *dont = ce dont*: 'Je crois, M.R.P., avoir remarqué que vous êtes de ces sentiments, dont je me sens extrêmement glorieux', p.301; 'd'où la conclusion [...] qu'il n'y a de vrai dans toutes les religions que ce qui leur est commun, dont je prétends que tout ce cahier n'est que le fidèle rapport' (p.346). Comparer dans la suite du *Don Quichotte*, ch. LV: 'Mais c'est dont il n'a jamais eu de connaissance certaine', vi.388.

Emplois de DONT et de OÙ. Comme dans l'ancienne langue, *dont* est employé au sens d'*avec lequel*: 'avec la même bonne foi et la même circonspection dont j'agis dans les occasions de ma vie les plus intéressantes' (p.83). *Où* est employé pour introduire un complément d'objet indirect (= *auquel*): 'la justice est une vérité où plusieurs personnes ont intérêt', p.62; 'dans un pays éloigné où nous ne prenons nul intérêt', p.313.

Préposition

L'emploi et parfois la forme de quelques prépositions appellent des remarques.

À. La préposition *à* est employée quand on en attendrait plutôt une autre, à savoir tantôt la préposition *pour*: 'il n'y a pas plus de récompense qu'à une tuile qui en tombant se brise', p.298; 'la vertu n'est pas le chemin à tout cela', p.316; tantôt la préposition *en*: 'à une seule fois', p.316. Noter qu'*au contraire* signifie ordinairement 'en sens contraire': 'tout ce qu'on allègue au contraire', p.317.

AVEC. Cette préposition, comme *sans*, son contraire, est parfois employée avec une valeur prégnante: 'Cette nature est une vérité avec ce qu'il ne s'y peut faire aucun changement sans tomber dans le faux', p.324, cf. n.IV.182; voir aussi l'article *conjonction*.

DANS. Challe donne volontiers à cette préposition une valeur logique, correspondant à peu près à 'étant donné que'; voir p.135, n.II.255, et p.136, n.II.258.

DE. L'omission de la préposition *de* entre thème et prédicat est un archaïsme fréquent dans ce texte et dans les autres œuvres de Challe, qu'on ne trouve pas en revanche dans les œuvres contemporains de Marivaux: 'quelque chose digne de votre attention', p.42; 'tel homme [...] n'a rien plus que les autres', p.80, n.II.60; 'Quelle marque [...] a-t-il plus que le rabbin', p.127, n.II.226; 'Qu'avons nous [...] plus que le Juif', p.130; 'et rien plus', p.293; 'Dieu ne reçoit rien autre chose', p.341.

Un autre archaïsme consiste dans l'emploi de *de* pour *à* dans 'je suis né de Paris', p.68 S; M corrige d'ailleurs en 'je suis né à Paris'.

DEVANT. L'emploi de cette préposition pour *avant* est un archaïsme caractérisé qu'on ne retrouve déjà plus chez Marivaux: 'il y en avait devant Jacob même', p.144, n.III.22.

HORS. L'emploi de cette préposition sans *de* est un archaïsme relevé par l'Académie dans son commentaire du *Quinte-Curce* de Vaugelas (*H.L.F.*, vi.1523); on ne le trouve guère non plus chez Marivaux, sauf naturellement au sens d'excepté. Cf. ici: 'les choses qui sont hors le cours ordinaire de la nature', p.204 S; 'quoique hors et contre le bon sens', p.270; des êtres hors la divinité', p.296. Pas d'exemple similaire dans *Les Illustres Françaises*.

SANS. Comme *avec*, *sans* a souvent des valeurs prégnantes. On peut traduire cette préposition par 'sans compter' p.124, n.II.210; par 'même sans', p.156, dans la phrase 'Sans ignorance et sans malice, on donne naturellement dans ces préjugés'; par 'sans qu'il soit besoin', p.310, n.IV.128. Enfin, *être sans* signifie 'être privé de', p.162, n.III.140.

VERS. Déjà blâmé par Vaugelas, l'emploi de *vers* pour *envers* ne se trouve plus, en prose, dès le XVIIème siècle; et au début du XVIIIème siècle l'abbé d'Olivet doutera qu'on puisse encore le dire en vers malgré l'autorité de Voltaire; cf. *H.L.F.*, vi.1881-1882. Curieusement, tandis que l'emploi d'*envers* est exceptionnel dans les *Difficultés sur la religion* ('les fautes que nous commettons envers les hommes', p.313; 'envers Dieu', *ibid.*), l'emploi de *vers* est courant: 'l'action de Dieu vers les esprits créés [...] et de ces esprits vers Dieu', p.64; 'le sentiment d'amour vers Dieu', p.188; 'un mensonge vers autrui', p.289; 'l'offense vers Dieu', p.300; 'il ne pourrait rien nous imputer à crime vers lui'; 'un sentiment [...] vers l'Etre infini', p.311; 'il faut de la foi vers la sainte martyre', p.324; 'qu'avez-vous donc à faire vers cet être...', p.338; 'nos devoirs vers l'Etre souverain', p.345. Comme dans le cas de *hors* pour *hors de*, on ne trouve pas d'emploi de *vers* pour *envers* dans *Les Illustres Françaises*; faut-il donc les attribuer ici à un style archaïsant propre aux sujets touchant à la dévotion?

Conjonction

Formes. Devant que, p.300, est un archaïsme; Voltaire ne l'emploie plus qu'en vers; cf. *H.L.F.*, v.1532. La tmèse *quoi même que*, p.122, est également archaïsante, quoiqu'on en trouve de semblables chez Malebranche lui-même; peut-être est-elle propre au style dogmatique. La forme *incontinent que*, p.127, est plus archaïque encore; il n'en est nulle part question au XVIIIème siècle. *Une seule fois que*, variante de *une fois que*, a le sens de *dès que*, p.338.

Emplois. On peut signaler l'emploi d'*à mesure que* là où nous emploierions plutôt *dans la mesure où*, p.105, M et S; de *lorsque* pour *alors que*, 41; d'*au lieu que* pour *alors que*, p.57; de *sans que* pour *si ce n'est que*, p.278. Pour les emplois de *si ... que* et *tellement ... que* à valeur comparative, voir l'article *tours comparatifs*.

Conjonctions à l'état naissant. Des locutions telles que *à la charge que*, p.66, *étant certain que*, p.319, *posé que*, p.253, représentent des conjonctions à l'état naissant.

On peut aussi considérer *avec ce que* comme telle, car il est difficile d'y donner une valeur pronominale à *ce que*; voir l'exemple de la p.324 cité à l'article *préposition*.

QUE à valeur causale (?). Si l'on peut se fier au texte du manuscrit, on a peut-être un *que* à valeur causale p.211, voir n.III.344, et p.237, voir n.III.457.

Tours comparatifs

Les tours *si ... que* et *tellement que* peuvent être employés avec une valeur comparative et non consécutive: 'S'il y a quelque chose d'obscur et de trop serré, je l'étendrai et le mettrai en si grand jour qu'il vous plaira' (= en aussi ... que); 'en un mot, que chacun remplisse son état de son mieux et tellement qu'il voudrait qu'on le remplît à son égard', p.303.

Noter les tours *également que*, pp.270, 332, et *pareil que*, p.301, formés par analogie avec *ainsi que*, *de même que*, etc.

Négation

On relève certains emplois pléonastiques de la négation: 'aucun être intelligent ne contestera pas cette vérité', p.279; 'on a dispersé ces pierres, je n'en vois plus pas une', p.285; 'ce n'est pas ni l'amour, ni l'amitié, c'est autre chose', p.311.

Non répétition de l'outil grammatical

La langue moderne tend de plus en plus à imposer la répétition de l'outil grammatical. Sur ce point, la syntaxe des *Difficultés sur la religion* présente de nombreux exemples archaïsants, dont voici les principaux types:

Non répétition de l'article. L'article partitif n'est pas répété dans cette phrase: 'par d'assez méchante poésie et très méchante musique', p.343.

Non répétition du pronom sujet. Exemples: 'je l'étendrai et le mettrai en si grand jour qu'il vous plaira', p.43; 'Je suis un peu physicien et ai quelque entrée de mathématique', p.43.

Non répétition du pronom relatif. Exemple: 'Ils soupirent [...] après un temps de ténèbres et d'ignorance où leur pouvoir se ranimera et les miracles reviendront sur les rangs', p.220, n.III.393.

Non répétition de la préposition. *Dans* n'est pas répété: 'le danger infini de jeter dans l'idolâtrie et toutes les absurdes superstitions qui inondent la terre', p.342. *De* n'est pas répété: 's'il y a quelque chose d'obscur et trop serré', p.43. Spécialement, *en* n'est pas répété devant le gérondif: 'les religions commencent par surprendre les hommes en les prévenant dès l'enfance, leur imposant par autorité et abusant de leur faiblesse', p.82; 'elle a corrompu la religion en donnant de fausses idées de la divinité et faisant passer mille extravagances qui feraient horreur sans ses dangereux agréments', p.343; 'on sème le désordre en s'entêtant de ses folles opinions et blâmant celles des autres', p.339.

Non répétition de NE après NI. Exemple: 'voilà deux actes de ma volonté qui ne s'entrenuisent ni contredisent pas', p.330.

Non répétition de QUE (?). Il semble que *que* ne soit pas répété dans la phrase suivante: 'Je suis également en droit de dire que c'est naturellement que ces choses arrivent et ce serait naturellement s'il se faisait quelque chose contre ce décret général', p.324.

Temps et modes

Subjonctif du conditionnel. De façon classique, et toujours correcte de nos jours, Challe emploie l'imparfait du subjonctif comme subjonctif du conditionnel: 'Je réponds [...] qu'il est faux que les hommes tombassent dans l'athéisme quand il n'y aurait aucune ombre de culte', pp.341-342; 'S'il n'y a point de nécessité à un culte public, je ne nie point qu'étant bien réglé il n'eût de l'utilité', p.342.

Concordance des temps composés. Comme Marivaux (voyez *Marivaux et le marivaudage*, pp.400-401), Challe pratique l'ancienne attraction ou concordance des temps composés, c'est-à-dire qu'un temps composé dans la proposition principale entraîne un temps composé dans la proposition dépendante: 's'il a fallu qu'une partie de la divinité ait subi (et non *subît*) une mort cruelle et honteuse pour une pomme mangée', p.255 S.

Concordance des temps omise (?). La concordance qui devrait amener l'imparfait du subjonctif est omise dans la phrase suivante: 'Ils ont ensuite passé à faire des dieux matériels afin qu'on ne pût les trouver que chez eux, qu'on les vînt chercher avec des offrandes de la même nature et qu'ils *puissent* s'enrichir des brutales dévotions du peuple.' p.277. Il est douteux que la faute remonte à l'auteur, et on est tenté de corriger *puissent* en *pussent*.

Infinitif

Pour l'Académie examinant le *Quinte-Curce* de Vaugelas, comme pour Voltaire annotant Corneille, le sujet de l'infinitif doit être le même que le sujet du verbe principal; la pratique est moins stricte, cf. *H.L.F.*, vi.1823-1827. Les exceptions concernent ici surtout le tour *trop ... pour*: 'La question du point d'honneur tombe ici trop naturellement pour ne la pas traiter en deux mots', p.195, n.III.279, où l'on trouvera des exemples analogues dans les autres œuvres de Challe; 'un trait de chanson [...] vient trop bien au sujet pour me le refuser', p.217, n.III.375.

Gérondif

L'emploi du gérondif, avec celui du participe, constitue un des traits les plus notables de la grammaire des *Difficultés sur la religion*.

Gérondif sans EN. Suivant l'ancien usage, le gérondif se construit parfois sans *en*: 'quand on voudrait savoir cette déclaration positive de ce qu'ils se pensent, disant que...', p.52, n.I.72; 'il faut [...] se venger lorsque notre honneur souffrirait si nous restions dans l'inaction, songeant néanmoins toujours ...', p.195, n. III.278; 'il faut de nécessité donner dans le faux, ou expliquer ces idées fanatiques les rapportant à de justes idées de soi-même', p.201 S; 'les théologiens de cette secte avouent qu'il faut prêcher à la pélagienne, supposant une pleine et entière liberté', p.260 S; 'Alexandre IV qui empoisonna son bâtard, voulant en empoisonner un autre', p.263; '...un être qui se détermine lui-même suivant les raisons qui se présentent, y ayant tel égard qu'il lui plaît', p.294; etc.

Sujet du gérondif. Plus intéressant est le fait que le gérondif – qu'il soit employé avec ou sans *en* – puisse avoir un sujet, souvent général, différent de celui du verbe principal. Blâmé par l'Académie (cf. *H.L.F.*, vi.1848), ce tour apparaît ici à de nombreux exemples. Dans le suivant, par exemple, *supposant*, malgré les apparences, a un sujet général: 'S'il n'y avait qu'une seule religion sur toute la terre [...] on pourrait en quelque façon rester en repos, supposant que tous les hommes ne peuvent pas s'être accordés sur une fausseté', p.68. Il est en effet tout semblable à celui-ci: 'cet établissement est extraordinaire [...] supposant les hommes tels qu'ils devraient être', p.227 S; cf. *en supposant que*, p.303; *y joignant*, p.305, etc. On a exactement la même construction dès la première page de la préface des *Illustres Françaises*: 'Presque tous les romans ne tendent qu'à faire voir par des fictions que la vertu est toujours persécutée, mais qu'enfin qu'elle triomphe de ses ennemis, en supposant néanmoins comme eux que la résistance que leurs héros ou leurs héroïnes apportent à la volonté de leurs parents en faveur de leurs maîtresses ou de leurs amants soit en effet une action de vertu', p.LIX.

Autres exemples analogues ici: 'de malheureux enfants que l'on sacrifie à l'orgueil et à la vanité, ainsi qu'à l'avarice abominable, en disant qu'on les consacre à Dieu', p.326 S (M transforme: 'tandis qu'on dit qu'on...'); 'et rien ne choquera les règles de notre sagesse, en agissant sans fin', p.252 S; 'Comment un général compte-t-il faire remuer une armée à son gré, même contre les sentiments les plus vifs de la nature en s'exposant à la mort?', p.292 (ce sont les soldats, non le général qui s'expose); 'de là vient que cette secousse ne peut être uniforme, n'ayant point de règle pour la mesurer', p.337; 'après quoi viendra une courte prière unanime pour implorer pardon des faiblesses humaines, offrant à la divinité ses adorations et son repentir par des pensées vives et justes', p.343.

Certains des exemples précédents comportent une nuance logique du gérondif; ainsi *en disant qu'on les consacre à Dieu* signifie 'alors qu'on dit...'; on a ailleurs la même nuance d'opposition: 'Celui qui est le dépositaire [...] de cette loi d'humilité, en prenant la qualité de serviteur des serviteurs dont il ne fait aucune fonction [= alors qu'il prend ...], veut exercer toutes celles de Roi des Rois', p.192. On retrouvera des faits de ce genre, plus nombreux et plus frappants, avec le participe présent.

Participe présent

Accord. Contrairement à la règle posée par l'Académie en 1679 pour distinguer le participe présent, invariable, de l'adjectif verbal, variable, on trouve parfois l'accord du participe présent fait dans le cas de verbes intransitifs: 'des propositions tendantes à séduire les âmes pieuses', p.25; 'mais, la chose subsistante, il n'en peut changer l'essence', p.315. Cet usage est surtout attesté au masculin pluriel: 'Un tambour rappelle du pillage des soldats quelquefois mourants de faim', p.253. Rappelons que, dans ce cas, la prononciation n'étant pas concernée, nous avons introduit l'invariabilité. Sur l'ensemble de la question, la pratique de Challe est sensiblement celle de Marivaux à la même époque; voir ses *Œuvres de jeunesse*, p.1374.

Emploi absolu. Critiqué par l'Académie à propos d'*étant certain que*, l'emploi absolu du participe reste en fait courant chez des écrivains comme Montesquieu ou Rousseau (*H.L.F.*, vi.1847-1848). Il est particulièrement fréquent dans les *Difficultés sur la religion*: 'n'y ayant pas plus de raison pour l'un que pour l'autre', p.71; exemple analogue p.307; 'y ayant des montagnes qui ont plus que cette hauteur perpendiculaire', pp.158-159; 'qu'est-ce que donc, y ayant tant de millions d'hommes sur la terre?', p.297; 'qui peut se déterminer, n'y ayant pas d'apparence qu'il y ait différence d'âme à âme...', p.318; 'il y a des choses si fameuses [...] qu'il les faut traiter exprès, étant certain qu'on passe sur tout ce qui les touche sans s'en apercevoir', p.319, etc. Mêmes emplois dans les autres œuvres de Challe: 'et y ayant peu de temps que...', *Journal*, p.97; 'Outre cela, nous avons ici assez d'ennemis sans nous en faire d'autres, étant une insulte aux Portugais de prendre dans leur rade des gens qui s'y sont retirés', *Journal*, p.283. De tels tours sont au contraire rares chez Marivaux.

Sujet du participe présent. En dépit de la sévérité de l'Académie (*H.L.F.*, vi.1842-1843), le participe peut avoir pour sujet, non le sujet de la proposition dans laquelle il se trouve, mais un mot de la phrase précédente: 'L'article des insensés et des furieux ne doit point faire d'accroc; étant incapables de faire bien ou mal moralement, la religion ne leur est pas nécessaire', p.60. Même usage chez Marivaux à ses débuts; cf. *Marivaux et le marivaudage*, pp.404-405.

Valeurs logiques du participe. Comme le gérondif, le participe présent est souvent employé avec une forte valeur logique, que ne signale pourtant aucun adverbe. Cette valeur peut être

– de cause: 'Combien les chrétiens ne doivent-ils pas trembler après cette réflexion, se formant [= puisqu'ils se forment] l'idée d'un Dieu aussi pointilleux que celui qu'ils croient sans cesse à leurs trousses', p.156;

– de concession: 'ils ont l'impudence de prêcher la pauvreté, regorgeans [*sic* dans M] de biens [...]; le désintéressement, prenant à toute main où il ne leur est rien dû', p.46;

– d'hypothèse: 'puisqu'il voyait tous les êtres possibles de la même manière qu'actuellement existants [= que s'ils existaient actuellement]', p.296;

– d'hypothèse et de cause: 'Ce parti est une preuve du sentiment intérieur que chacun suit le bien plutôt que le mal, l'un et l'autre lui étant égal [= pourvu que l'un et l'autre lui soit égal]', p.249; cf. *lui étant proposées*, p.342, n.IV.243.

Participe passé

Quelques participes passés, de valeur passive, sont employés absolument, *posé que* ('mais posé qu'on puisse le dire', p.158; 'Non en vérité, il ne le ferait pas. Mais posé qu'il le fît...', p.253); *supposé que*, dans l'expression *c'est supposé que*, pp.330, 335, n.IV.203. *Supposé que* figure dans *les Illustres Françaises*, i.79, ainsi que l'expression *cela posé*, ii.411 et ii.535.

La phrase nominale

Un aspect curieux du style des *Difficultés sur la religion* est l'audace avec laquelle l'auteur recourt à des constructions sommaires et à certains types de phrases nominales.

Voici d'abord des exemples de diverses constructions sommaires;

– avec un tour exclamatif: 'Certes, *bella cosa et bene trovata*, qui fait à gogo vivre tant de gens *omni genere*!', p.123; 'On veut que Dieu tolère le vice par condescendance, qu'il se paie de paroles, de simagrées, de grimaces, de compliments, babioles!' (p.309)

– avec une négation, *autant de*, *autre*: 'Mais il y en a dans toutes les religions. Par conséquent, nul fond à faire sur leur disposition', p.125; 'qu'on examine tous les raisonnements des théologies [..]: tout autant de suppositions manifestes, tout autant de contes en l'air', pp.347-348; 'Toutes les religions ont toujours été plus composées à mesure qu'elles ont été en avant, autre marque démonstrative de leur fausseté', p.346.

Un schéma particulier consiste dans le tour '*marque que..., c'est que...*', les variantes consistent seulement dans le choix du substantif introducteur: 'une grande démonstration que ce n'est qu'un galimatias, c'est qu'il n'y a aucun endroit qui ne soit contesté', p.144; 'marque démonstrative que ces actions particulières sont une illusion [...], c'est que je donnerai à coup sûr ce que fera la Providence en mille occasions', p.321; 'marque démonstrative que tous les autres [systèmes] sont faux, c'est qu'il n'y en a pas un qui ne soit contesté', p.345; 'conviction que la simple vérité fait plus que cet amas de visions fausses et ridicules, c'est que...', p.328.

Ce genre de constructions étant rares à l'époque, faut-il conclure qu'elles proviennent d'une influence particulière, en l'espèce celle des *Pensées*? L'hypothèse serait très forte si l'on pouvait se référer à des phrases telles que 'Inconcevable que Dieu soit...' (ms, f.17). Mais il n'en est guère conservé d'aussi audacieuse dans l'édition de Port-Royal. On y lit pourtant: 'Chose étonnante, cependant, que le mystère les plus éloigné de notre connaissance, qui est celui de la transmission du péché originel soit une chose sans laquelle nous ne pouvons avoir aucune connaissance de nous-mêmes', on encore: 'Jésus-Christ pour tous, Moïse pour un peuple', XIV, 12, p.100. Mais la plupart des constructions audacieuses sont soit effacées, soit rectifiées, comme lorsque la phrase 'Imagination. C'est cette partie décevante de l'homme, cette maîtresse d'erreur et de fausseté, et d'autant plus fourbe qu'elle ne l'est pas toujours' (Br.82) devient 'Cette maîtresse d'erreur que l'on appelle fantaisie et opinion, est d'autant plus fourbe qu'elle ne l'est pas toujours.', XXV, 4, p.164. Comment, dans ces conditions, en rapprocher 'Faux jugement, sujet de mille erreurs et de la plupart des disputes qui sont [*sic*; fausse lecture pour *font*?] le plus grand malheur des hommes', p.330, d'autant plus que cette phrase nominale renvoie à ce qui précède? On ne peut donc que poser la question sans prétendre y apporter une réponse satisfaisante.

Anacoluthes

On a rangé sous cette rubrique des constructions comportant une absence de symétrie, qui, après avoir été jugées élégantes au XVIIème siècle, allaient se trouver exposées aux critiques de plus en plus sévères des grammairiens; voir *H.L.F.*, vi.2001-2005. L'asymétrie porte:

– sur un adjectif et une proposition verbale: 'quoique jeune et que je n'eusse qu'environ dix-huit ans', p.49

– un nom et un infinitif: 'on ne voit guère de catholiques romains qui manquent la messe et à faire leurs Pâques', p.136 S (M corrige significativement: 'qui manquent la messe et qui manquent à faire leurs Pâques'); 'si Dieu nous avait fait pour la contemplation seulement et chanter verbalement', p.304

– un nom et une proposition complétive: 'on veut que [Dieu] attende le temps de l'inconvénient [...] et que chaque particulier demande le remède', p.320

– une proposition complétive et un nom: 'on saura sa religion comme on sait qu'on a cinq sens, et mille autres choses qu'on a remarquées soi-même être ainsi une seule fois qu'on en a ouï parler', p.338.

Constructions relatives

Relatives enchevêtrées. Comme chez tous les écrivains du XVIIème siècle, on trouve dans les *Difficultés sur la religion* des constructions du type 'des lettres qu'on veut qui soient admirables' (Sévigné; voir F. Deloffre, *La Phrase française* (Paris 1969), pp.64-65). Exemple: 'cette force d'esprit et de courage dont on se fait honneur avec tant de bruit, et qu'on veut qui soit un miracle', p.233 S, alors que M corrige significativement: 'cette force d'esprit [...] qu'on traite de miracle'.

Reprise du relatif par un pronom personnel. Ce tour est relevé et blâmé par l'Académie dans des phrases du *Quinte-Curce* de Vaugelas telles que: 'Les Macédoniens passèrent à Mytilène que Charès avait prise depuis peu, et s'y était renfermé avec deux mille Perses' (*H.L.F.*, vi.1996). On la trouve parfois ici: 'ce sont des esprits simples dont la communauté profite et ensuite en fait de gros établissements', p.94, n.II.103.

Pléonasme de la représentation pronominale. Les grammairiens du XVIIIème siècle comme Féraud blâment des tours comme 'Nous entrâmes dans la ville où nous y vîmes', dans lesquels l'antécédent est repris deux fois (*H.L.F.*, vi.1997). En voici un exemple, dans lequel l'antécédent du relatif n'est d'ailleurs pas très clair: 'Or le sentiment qu'on a de sa liberté et de celle des autres est un sentiment spirituel indépendant des sens, qui, bien loin d'être combattu par des raisonnements fondés sur les premiers principes, a pour lui la plus pure lumière de la raison, dont tous les hommes généralement sentent la force et dont l'occasion d'en faire l'épreuve est toujours prête.', p.291.

Pléonasme de la fonction. Dans le tour *c'est...qui*, la double expression de la fonction par l'antécédent et par le relatif est condamnée dans la seconde moitié du XVIIIème siècle par l'Académie et par les grammairiens; voir *H.L.F.*, vi.1654. Mais cette construction est encore courante dans la première moitié du siècle, et c'est par exemple celle que préfère Marivaux: 'c'est à vous à qui je parle', *Théâtre*, ii.87. On la trouve ici: 'ce serait toujours à l'être infini à qui il devrait...', tandis que le tour moderne serait: 'ce serait à l'être infini qu'il devrait...' Comparer avec *il y a*: 'Il n'y a que des trésors de sa la sagesse de l'être parfait dont il puisse sortir une pareille subtilité', p.254.

Non répétition du relatif. Voir l'article *Non répétition de l'outil grammatical.*

Index

L'index comprend les noms propres, à l'exclusion des appels à Malebranche faits par l'auteur; un certain nombre de mots-thèmes (par exemple grâce, liberté, etc.); des mots ou locutions jugés intéressants du point de vue de la langue ou du style (néologismes, mots marqués); des citations latines, auxquelles on a joint la traduction quand elle n'était pas donnée dans le commentaire; certains titres d'ouvrages, les autres se trouvant sous le nom de l'auteur.

Les sigles employés sont, rappelons-le, les suivants:

int.	Introduction des éditeurs
P	Préface
L.	Lettre à Malebranche commençant par M.R.P.
I.	Premier cahier
II.	Deuxième cahier
III.	Troisième cahier
IV.	Quatrième cahier
pf.	Postface des éditeurs.

Les références aux pages de l'introduction, du texte et de la postface sont données les premières, sous forme d'un simple numéro; viennent ensuite les références aux notes, précédées de n. et du sigle. Les crochets signalent des références non textuelles.

Lorsqu'un mot ne se trouve que dans une des deux versions, il est marqué respectivement par le sigle M ou S.

Les menues variantes entre notre texte et le texte de l'édition Mortier, signalées en note, ne sont pas reprises dans l'index. Il en est de même pour les références à M. Francis Renault, indiquées dans les notes par l'abréviation F. R.